PAGINA 38 ON THE ROAD

PAGINA 495 GUIDA PRATICA

INDISPENSABILE E FACILE DA CONSULTARE
Come muoversi, trovare una stanza, viaggiare sicuri, comunicare

EDIZIONE SCRITTA E AGGIORNATA DA

Carolyn McCarthy, Jean-Bernard Carillet, Bridget Gleeson, Anja Mutić, Kevin Raub

destinazione Cile

Una terra di estremi

Incredibilmente lungo e stretto, il Cile si estende per metà continente, dal deserto più arido del mondo ai ghiacci dell'estremo sud. La natura si mostra in ogni suo possibile aspetto e lungo i 4300 km del paese si dispiega una sorprendente diversità di paesaggi: dune riarse, fertili valli, vulcani, antiche foreste, limpidi fiumi, vasti ghiacciai e fiordi. I viaggiatori avranno modo di scoprire meraviglie in ogni dettaglio, esaminando i contorni frastagliati di un ghiacciaio, osservando un condor che scivola in volo da una rupe scoscesa o inerpicandosi sulle Ande per scrutare un orizzonte privo di tracce umane a 360 gradi. Si resta sbalorditi al pensiero di come tutto ciò sia potuto rimanere intatto per così tanto tempo. L'aspirazione umana allo sviluppo potrebbe mettere in pericolo questi tesori più velocemente di quanto pensiamo, ma per ora il Cile custodisce lembi di territorio che sono ancora tra i più incontaminati del nostro pianeta: non dovreste perdere l'occasione di ammirarli.

La Buena Onda

La ristrettezza dei confini cileni favorisce un senso d'intimità: ovunque si vada, ci si sente un po' come nel cortile di casa. Stretto tra le Ande e il Pacifico, il paese è largo in media appena 175 km. Non c'è da stupirsi se comincerete a salutare le stesse facce e se tornando in un posto vi sembrerà di tornare

WOODS WHEATCROFT/LONELY PLANET IMAGES ©

Il Cile è natura all'ennesima potenza, una terra di estremi in cui la varietà dei paesaggi può soddisfare tutti i gusti, anche grazie alla facilità negli spostamenti e allo spirito accogliente degli abitanti.

(a sinistra) Vigogne nel Parque Nacional Lauca (p168)
(sotto) Centro Cultural Palacio La Moneda (p48), Santiago

CRAIG PERSHOUSE/LONELY PLANET IMAGES ©

a casa. Forse è perché si tratta della fine del continente, ma una cosa che salta agli occhi è l'ospitalità. La *buena onda* significa avere un atteggiamento cordiale. E mentre in molti posti del mondo il viaggiatore può sentirsi come un cliente, qui è ancora un ospite. In città la gente rimane ore a tavola a chiacchierare bevendo del buon vino. In Patagonia tra amici si offrono giri e giri di *mate*. Questi rituali – di relazione e di relax – sono parte talmente integrante del tessuto della vita sociale che non li si nota nemmeno. Ma ci dicono una cosa: fermati e abbassa le difese.

Avventura a passo lento

In Cile, l'avventura è ciò che capita mentre ci si accinge a vivere un'avventura. Pedalare sulla grossa ghiaia della Carretera Austral e finire su un traghetto insieme a SUV e carri da buoi; prendere il bivio sbagliato e trovare il paradiso in un anonimo frutteto. Potete pianificare il viaggio, ma cercate di essere aperti alle esperienze inattese. Preparatevi a sperimentare la solitudine di deserti sconfinati, a scalare le cime rocciose delle Ande e a errare per le foreste sacre di Pablo Neruda. Fate surf, andate in kayak o in barca a vela lungo una costa che sembra infinita. Partite alla scoperta dei misteri dell'Isola di Pasqua, osservate le stelle, mettetevi a mollo in acque termali o assistete allo spettacolo dei ghiacciai che si spaccano. Se riuscirete a rimanere fermi abbastanza a lungo, il Cile potrebbe ricompensarvi con un momento di lucidità.

› Cile e Isola di Pasqua

Valle de Colchagua
Vigneti assolati e degustazioni di vino (p118)
Regione dei Laghi
Vulcani, laghi e campagne ondulate (p274)
Chiloé
Le vestigia delle chiese di legno dell'isola (p304)
Carretera Austral
Il viaggio 'on the road' più epico del Cile (p330)
Torres del Paine
Le guglie di granito famose in tutto il mondo (p386)
Valle Chacabuco (Parque Nacional Patagonia)
Guanaco e condor (p357)
Monumento Natural Los Pingüinos
Per incontrare i pinguini di Magellano (p375)
Puerto Williams
L'avamposto più a sud del continente (p416)
ALTITUDINE
4000m
3000m
2000m
1000m
500m
0
0
500 km
0
300 miles
CONCEPCIÓN
Chillán
Los Angeles
Parque Nacional Nahuelbuta
TEMUCO
Villarrica
Pucón
VALDIVIA
Osorno
Frutillar
Puerto Varas
PUERTO MONTT
Ancud
Isla Grande de Chiloé
Castro
Quellón
Chaitén
Cochamó
Parque Nacional Puyehue
Parque Nacional Vicente Pérez Rosales
COYHAIQUE
Valle Chacabuco (Parque Nacional Patagonia)
Cordillera de los Andes
Cordillera de
NEUQUÉN
Bahía Blanca
ATLANTIC OCEAN
Comodoro Rivadavia
ARGENTINA
El Calafate
Parque Nacional Torres del Paine
Puerto Natales
RIO GALLEGOS
Monumento Natural Los Pingüinos Isla Magdalena
PUNTA ARENAS
Porvenir
Isla Grande de Tierra del Fuego
Parque Nacional Tierra del Fuego
USHUAIA
Puerto Williams
Cabo de Hornos (Cape Horn)
STANLEY
Falkland Islands (Islas Malvinas)
35°S
40°S
45°S
50°S
95°W
90°W
85°W
80°W
75°W
70°W
65°W
60°W
55°W

TOP 20

Di museo in museo nel Barrio Bellas Artes

1 Il nome del Barrio Bellas Artes (p50), un quartiere lungo il fiume nel centro di Santiago, dice tutto. Gli appassionati potranno ammirare opere d'arte cilena al Museo Nacional de Bellas Artes e al Museo de Arte Contemporáneo nel sontuoso Palacio de Bellas Artes, prima di dare un'occhiata a fotografie e sculture contemporanee nel vicino Museo de Artes Visuales. E, per una pausa, dirigetevi in uno dei tanti caffè delle vie pedonali.
Palacio de Bellas Artes (p50)

Parque Nacional Torres del Paine

2 Alcuni riti di passaggio non perdono mai il loro fascino. I picchi di granito del parco (p386) ne sono l'attrattiva principale, ma consigliamo anche un trekking sull'accidentata superficie del Glaciar Grey, i tranquilli dintorni del Circuito, un'uscita in kayak sul placido Río Serrano e il panorama mozzafiato sui ghiacciai che si gode dal Passo John Gardner.

1
JOHN ELK III/LONELY PLANET IMAGES ©

JOHN ELK III/LONELY PLANET IMAGES ©

Moai

3 Gli impressionanti ed enigmatici *moai* (statue) sono l'immagine più diffusa dell'Isola di Pasqua (Rapa Nui; p445). Sparse per tutta l'isola, queste imponenti figure scolpite si ergono sopra piattaforme di pietra come colossali marionette su un palco soprannaturale. Immerse in un'aura mistica, si pensa raffigurino gli antenati delle antiche popolazioni originarie. Ma l'enigma più grande è: come sono riusciti a spostare queste gigantesche statue dal luogo in cui furono intagliate fino alle loro piattaforme? Tra gli specialisti il dibattito non ha fine.

L'ascesa al Volcán Villarrica

4 Poche cose suonano minacciose quanto un vulcano che brontola, soprattutto se ci si trova sull'orlo del suo cratere. Questo è esattamente il tipo di esperienza per cui si intraprende la gratificante ascesa alla cima del Volcán Villarrica (p251). Girare intorno al bordo innevato di un cratere che erutta zolfo a 2847 m di altezza è un'esperienza cui nulla può prepararvi e proprio per questo è così emozionante, oltre che per il pericolo di scivolare giù per il fianco ghiacciato della montagna. Ma non preoccupatevi: il vulcano non ha più eruttato dal 1984!

3

MANFRED GOTTSCHALK/LONELY PLANET IMAGES ©

4

MICHELE FALZONE/JAI/CORBIS ©

PAUL KENNEDY/LONELY PLANET IMAGES ©

JOHN ELK III/LONELY PLANET IMAGES ©

ROBERTO CUMSILLE/GETTY IMAGES ©

In surf lungo la costa nord

5 Affrontate i potenti tubi di Iquique (p173) e Arica (p155), le capitali del surf nel Cile settentrionale. Tutto l'anno i surfisti vi arrivano a frotte per il consistente moto ondoso e la serie di fantastici break che si infrangono vicino alla riva del deserto. Stiamo parlando di onde enormi, cave e quasi tutte sinistre, potentissime, soprattutto in luglio e agosto, quando i surfisti più irriducibili prendono d'assalto la costa. Portatevi calzari e muta: i reef in acque poco profonde sono pieni di ricci e l'acqua è fredda a causa della corrente di Humboldt. Arica

Le chiese di Chiloé

6 Le 14 chiese di legno di Chiloé (p307), dichiarate Patrimonio dell'Umanità dall'UNESCO e risalenti al XVII e XVIII secolo, non assomigliano a nessun altro luogo di culto che possiate mai aver visto. Ciascuna è una meraviglia architettonica che unisce allo stile europeo elementi indigeni, con colori e tecniche costruttive inusuali. Furono costruite dai missionari gesuiti giunti per convertire i pagani al cattolicesimo. La loro sopravvivenza riflette la miracolosa capacità di resistenza dei chiloti.

Iglesia de Nuestra Señora del Patrocinio, Tenaún (p314)

Degustazioni di vino nella Valle de Colchagua

7 Chiunque abbia assaggiato il vino cileno conosce già, anche senza saperlo, il fascino della Valle de Colchagua (p118). La regione vinicola di più antica tradizione nel Cile si estende a qualche ora di distanza da Santiago in direzione sud e grazie al sole brillante e al suolo ricco produce alcuni dei migliori Cabernet Sauvignon del Sud America. Spillate il vino direttamente dalle botti di cantine come la lussuosa Lapostolle, l'antica Viu Manent o l'emergente Emiliana, una tenuta che utilizza innovative tecniche di coltivazione biodinamica.

WOODS WHEATCROFT/LONELY PLANET IMAGES ©

GUIDO COZZI/4CORNERS ©

Lo spettacolo della Valle de la Luna

8 Dall'alto di una gigantesca duna di sabbia, osservate il deserto indossare il suo surreale mantello quando il sole scivola dietro l'orizzonte e le sabbie si colorano di infinite sfumature, sullo sfondo di lontani vulcani e dell'increspata Cordillera de la Sal. Nella Valle de la Luna (p199), nel momento in cui comincia lo spettacolo dei colori – ogni gradazione di porpora, oro, rosa e giallo fin dove l'occhio riesce a spaziare – ci si dimentica della folla circostante, accorsa ad ammirare il tramonto nella valle.

Valle del Elqui

9 Trascorrendo qualche languida giornata nella lussureggiante Valle del Elqui (p229) comincerete a sentirvi poetici e a evocare lo spirito del premio Nobel Gabriela Mistral, cresciuta da queste parti. Pervasa di poesia, pisco, villaggi incantevoli e notti stellate, questa è una florida terra di ritiri spirituali, alberghi, osservatori sulle cime e distillerie artigianali dove si produce una forte grappa. Assaggiate i piatti cotti con l'energia solare, purificatevi l'aura, banchettate con cibo fusion pieno di erbe andine e cavalcate l'onda mistica della valle.

10

BETHUNE CARMICHAEL/LONELY PLANET IMAGES ©

11

JOHN ELK III/LONELY PLANET IMAGES ©

I tre parchi nazionali di La Araucanía

10 Nel Sur Chico ci sono sette parchi nazionali, nessuno dei quali ha un aspetto più sovrannaturale della Reserva Nacional Malalcahuello-Nalcas (p250) o del Parque Nacional Conguillío (p247), con gli scuri paesaggi desertici dovuti alle eruzioni di vulcani come il Lonquimay e il Llaima. Insieme al Parque Nacional Tolhuaca (p247), ricco di araucarie e lagune di colore intenso, questo sorprendente trio, facilmente raggiungibile dalla strada per Lonquimay, è un microcosmo di tutte le bellezze del Sur Chico.

Parque Nacional Conguillío

La Chascona

11 La casa di Pablo Neruda a Santiago (p51), costruita ai piedi del Cerro San Cristobal, rende tributo ai due grandi amori del poeta: la moglie Matilde (il nome 'La Chascona' ricorda i suoi capelli ribelli) e il mare. Non importa che questa casa, diversamente dalle altre dimore di Neruda in Cile, non sia vicina all'oceano: in soggiorno sembra di essere in un faro, mentre la sala da pranzo assomiglia alla cabina di una nave. Qui potrete inoltre ammirare l'eccentrica collezione di bicchieri colorati, conchiglie e attrezzi nautici raccolta dal grande poeta cileno.

PRISMA BILDAGENTUR AG/ALAMY ©

HEMIS/ALAMY ©

ED DARACK/SCIENCE FACTION/CORBIS ©

In viaggio lungo la Carretera Austral

12 Scoprite quali avventure vi attendono in questo viaggio di 1240 km attraverso la remota campagna andina tappezzata di parchi e fattorie di pionieri. La strada polverosa, che non porta da nessuna parte (p330) come nei sogni di ogni girovago, fu realizzata dal regime di Pinochet durante gli anni '80 nel tentativo di unire gli isolati abitanti della regione al resto del paese e stabilire con loro un collegamento. Se avete tempo, vale la pena di fare qualche deviazione per ghiacciai, villaggi marinari e frazioni di montagna.

La vita notturna di Santiago

13 La capitale cilena non è nota per essere una città che non dorme mai come Buenos Aires o Rio de Janeiro, ma la sua vita notturna sta prendendo slancio. Ecco cosa può riservare una serata fuori: chef di livello mondiale che modernizzano la classica cucina di mare nei ristoranti biologici di Providencia (p69), bella gente che affolla il bar in cima al W Hotel Santiago (p73) per bere cocktail di pisco davanti a una splendida vista sulle Ande e animazione fino all'alba nei bar e nei locali alternativi di Bellavista (p72) dove si fa musica dal vivo.

Liguria (p69), Providencia

Puerto Williams, all'estremo sud

14 Nell'avamposto più meridionale delle Americhe (p416) i puledri vagano per la via principale, i diportisti raccontano di viaggi intorno al mondo e la natura incombe in tutta la sua potenza. Parte del fascino del luogo sta nella traversata del Canale di Beagle che si fa per raggiungerlo, in traghetto o in barca. Puerto Williams è il tipo di posto in cui la gente impara il tuo nome pochi giorni dopo il tuo arrivo. Chi cerca un po' d'avventura può fare un trekking di cinque giorni sul circuito dei Dientes de Navarino, su un altopiano selvaggio tra picchi frastagliati.

I geyser di El Tatio

15 Indossate indumenti ben caldi e ammirate l'alba nel corso di questa gelida camminata in mezzo a geyser che gorgogliano, crateri contorti e fumarole erbose. El Tatio (p202), il campo di geyser più alto del mondo, è circondato da vulcani e montagne imponenti a 4300 m sul livello del mare. Ascoltatelo sibilare, gemere, sfrigolare e brontolare mentre spara in alto i suoi getti di vapore bianco e il sole sorge dietro la cordigliera, inondando tutto in un improvviso e surreale gioco di spruzzi rossi, violetti, verdi e blu.

Valle Chacabuco (Parque Nacional Patagonia)

16 Soprannominato il Serengeti del Cono Sud (p357), questo nuovo parco è il posto migliore per avvistare gli animali selvatici della Patagonia, come guanaco, condor e fenicotteri. Era un'area di allevamento abbandonata, che è stata meticolosamente recuperata per farne un parco modello, dove è possibile andare per sentieri tra lagune turchesi nella steppa e sui crinali, o semplicemente osservare gli animali lungo la strada che sale fino al confine con l'Argentina vicino alla Ruta 40.

JOHN ELK III/LONELY PLANET IMAGES ©

CAROLYN MCCARTHY/LONELY PLANET IMAGES ©

17

MANFRED GOTTSCHALK/LONELY PLANET IMAGES ©

18

MIGUEL VASQUEZ/GETTYIMAGES ©

Spiaggia di Anakena

17 Sognate un'idilliaca spiaggia di sabbia bianca? La spiaggia di Anakena (p447) è quello che fa per voi: è la più grande e popolare dell'Isola di Pasqua, un'ampia curva di sabbia bianca e mare turchese circondata da palme da cocco lungo la costa settentrionale. Ci sono chioschi che vendono da mangiare, ripari per il picnic e qualche servizio. Ma quello che rende la spiaggia di Anakena così speciale sono i due importanti siti archeologici che le fanno da sfondo. Una magnifica spiaggia con grandiosi *moai*: difficile trovare qualcosa di più irresistibile.

Monumento Natural Los Pingüinos

18 Ogni anno, 60.000 coppie di pinguini di Magellano si riuniscono sull'Isla Magdalena (p375) al largo di Punta Arenas. Con una bella gita si può osservarli camminare alla loro buffa andatura, covare, nutrire i loro soffici piccoli fuori misura e voltarsi a guardare incuriositi i visitatori. Sull'isola, raggiungibile con un regolare traghetto dalla terraferma, c'è anche un vecchio faro trasformato in centro visitatori che merita di essere visitato. I pinguini vivono sull'isola da ottobre a marzo.

JOHN ELK III/LONELY PLANET IMAGES ©

PAUL KENNEDY/LONELY PLANET IMAGES ©

La Regione dei Laghi

19 Non basatevi soltanto sul nome. Se nella Regione dei Laghi (p274), Los Lagos in spagnolo, il paesaggio è dominato da laghi glaciali con acque turchesi, questi non ne costituiscono affatto l'unica attrattiva. Alti e perfetti coni vulcanici incappucciati di neve, villaggi lacustri incantevoli, spettacolari parchi nazionali, un lungo elenco di avventure all'aperto e una singolare cultura latina con influenze tedesche contribuiscono alla bellezza, si potrebbe dire cinematografica, dell'area, ben al di là della sua *agua*.

Il Lago Todos Los Santos e il Volcán Puntiagudo (p289)

I colli di Valparaíso

20 È al porto che Valparaíso (p91) deve la sua importanza, ma sono i ripidi *cerros* (colli) ad aver ispirato generazioni di poeti, artisti e filosofi. Un dedalo di stradine tortuose, case in legno dai colori vivaci, antiche funicolari e lampioni brillanti si inerpicano per i pendii, offrendo panorami spettacolari sul mare sottostante e misteriosi momenti di quiete che potrebbero far trovare anche a voi l'ispirazione poetica. Cominciate a salire provando a usare la cartina: probabilmente vi perderete a metà strada, ma anche questo fa parte del fascino.

in breve

Moneta
» Peso cileno (CH$). Dove compare il simbolo $ o U$ si intendono dollari americani.

Lingua
» Spagnolo

Quando andare

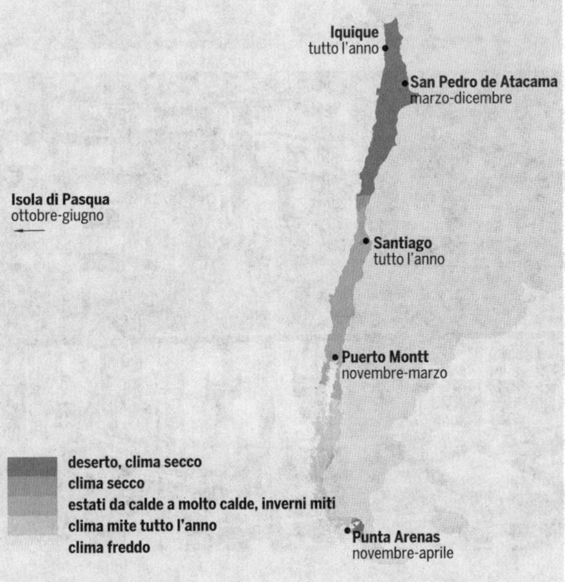

Alta stagione
(nov-feb)

» La Patagonia è più bella (e costosa) da dicembre a febbraio

» Le spiagge sono affollate da fine dicembre a tutto gennaio

» Il periodo migliore per sciare va da giugno ad agosto

Media stagione
(set-nov e marzo-mag)

» Le temperature migliori a Santiago

» La Regione dei Laghi da settembre a novembre; in aprile nel sud le foglie cambiano colore

» Cominciano la vendemmia e le feste del vino (marzo)

Bassa stagione
(giu-agosto)

» Ottima per visitare il nord (insieme ai mesi di media stagione)

» Pochi servizi lungo la Carretera Austral; i passi di montagna possono essere chiusi

» In luglio trasporti e sistemazioni sono affollati per le vacanze

Budget giornaliero

Basso
CH$20.000–30.000

» Camera o letto in camerata in un *hospedaje* economico CH$10.000

» Portata principale a cena in un ristorante economico CH$5000

» Pranzo a prezzo fisso e porzioni pronte nei supermercati

» Alcuni monumenti e parchi gratuiti

Medio
CH$60.000–75.000

» Doppia in un albergo di media categoria o B&B CH$45.000

» Portata principale a cena in un ristorante medio CH$8000

» Noleggio di un'auto da CH$20.000 al giorno

Più di
CH$100.000

» Doppia in un albergo di alta categoria CH$65.000

» Portata principale in un ristorante di lusso CH$12.000

» Attività all'aperto organizzate da un'agenzia

Banche

» I bancomat sono molto diffusi. Le carte di credito sono accettate negli alberghi di alta categoria e in qualche ristorante e negozio. I travellers' cheque invece vengono accettati di rado.

Visti

» Il visto non è richiesto ai viaggiatori italiani e svizzeri per soggiorni fino a 90 giorni (v. p509).

Telefoni cellulari

» Le carte SIM locali (ricaricabili) sono economiche e molto diffuse e possono essere usate soltanto con i telefoni GSM 850/1900 sbloccati.

Trasporti

» I voli interni e gli autobus sono comodi e frequenti. Si guida a destra; il volante si trova nella parte sinistra dell'automobile.

Siti web

» **Chile Information Project** (www.chip.cl) Fa parte del *Santiago Times* (edito in lingua inglese); tratta di ogni argomento, dai diritti umani ai souvenir.

» **Go Chile** (www.gochile.cl) Informazioni turistiche di carattere generale.

» **Interpatagonia** (www.interpatagonia.com) Tutto quello che un turista deve sapere sulla Patagonia.

» **Lonely Planet Italia** (www.lonelyplanetitalia.it/cile/) Offre notizie sui viaggi e consigli.

» **Sernatur** (www.chile.travel/en.html) L'ente nazionale del turismo.

Tassi di cambio

Area euro	€1	CH$628,85
Argentina	AR$1	CH$95,38
Bolivia	B$1	CH$68,33
Perú	S$1	CH$184,93
Stati Uniti	$1	CH$472,14
Svizzera	Sfr1	CH$506,18

Cambio aggiornato al mese di gennaio 2013, con il dollaro a un valore di €0,75. Per i tassi di cambio correnti, v. i siti www.xe.com/ucc/full/ o www.uic.it.

Numeri utili

Prefisso di accesso internazionale	☎00
Prefisso di uscita internazionale	☎ numero di tre cifre della compagnia telefonica + 0 (+39 Italia, +41 Svizzera)
Prefisso del paese	☎56
Informazioni elenco	☎103
Ufficio turistico nazionale (a Santiago)	☎562-731-8310
Polizia	☎133

Arrivo

» **Aeropuerto Internacional Arturo Merino Benítez**
Navette minibus – frequenti con il centro di Santiago (40 min; CH$6000)
Autobus locali – scomodi (1 h per il centro; CH$1600)
Autobus Transantiago – intorno a CH$600, che si pagano con la carta Bip!
Metro – al livello inferiore del terminal degli autobus (CH$600).
Taxi – CH$16.000

CAMBIO NUMERAZIONE TELEFONICA

Dal 20 ottobre 2012, ed entro giugno 2013, la numerazione telefonica del Cile cambierà progressivamente. A tutti i numeri cileni di rete fissa che compaiono in questa guida occorrerà anteporre il numero **2**. A p505 troverete una tabella dettagliata che riporta il calendario del passaggio alla nuova numerazione. Per maggiori informazioni, consultate il sito www.cambionumeracion.cl.

se vi piace...

Visitare le città

Come nelle altre città del Sud America, la vita si riversa nelle vie di Santiago e Valparaíso, con i loro muri ricoperti di graffiti, i mercati disordinati, le tortuose scalinate e i verdi quartieri dei musei.

La Vega Central Questo mercato è una festa per gli occhi: pile di fichi, avocado e *chirimoya* e, oltre il ponte, il mercato del pesce al Mercado Central (p50)

Musei I manufatti del Museo Chileno de Arte Precolombino compensano la moderna stravaganza del Museo de Arte Contemporáneo e del Museo de la Moda (p45)

Graffiti Vivaci, divertenti e talvolta tristi, fiancheggiano e ispirano i vicoli e le ripide scalinate di Valparaíso (p95)

In bicicletta di notte Dopo il tramonto, il traffico di Santiago diminuisce, l'aria rinfresca e si accendono le luci: l'ora giusta per un giro su due ruote (p60)

Camminare

Certo, le Torres del Paine sono la meta principale, ma il Cile è percorso da 4000 km di montagne e ovunque, dal deserto alla foresta pluviale temperata, ci sono sentieri che permettono di spingersi su percorsi poco conosciuti.

Putre Questo minuscolo villaggio sull'*altiplano* è la base dei trekking in altitudine nel deserto ed è molto meno affollato di San Pedro de Atacama (p165)

Siete Tazas Vicino alla regione vinicola, un fiume scorre attraverso sette piscine naturali scavate nel basalto nero; si raggiunge con il Sendero Los Chiquillanes (p129)

Valle de Cochamó Questa valle incontaminata, amata dagli alpinisti, vanta cascate, paesaggi di granito e sentieri ben segnati, anche se noti per il fango (p292)

Cerro Castillo Girare intorno alle sue vette frastagliate nel cuore della Patagonia con un trekking di quattro giorni è un'avventura straordinaria (p351)

Incontrare gli animali

Se il grande condor andino vola su tutta la cordigliera delle Ande, altri animali vivono in zone circoscritte. Grazie alla fredda corrente di Humboldt il mare cileno è ricco di vita, dai leoni marini alle balenottere azzurre, mentre sulla terra si incontrano numerosi camelidi, diverse specie di uccelli e l'huemul, simbolo nazionale in pericolo di estinzione.

Lago Chungará Questo surreale specchio d'acqua, brulicante di uccelli e fenicotteri, si trova sull'*altiplano* vicino al confine boliviano (p169)

Reserva Nacional Las Vicuñas Più di 20.000 esemplari degli omonimi camelidi vagano in questo deserto d'altitudine circondato da altissimi vulcani (p170)

Chiloé I pinguini di Magellano e di Humboldt nidificano nel nord dell'isola, mentre nel Parque Tatauco, al centro-sud, vivono pudú e numerosi uccelli (p325)

Valle Chacabuco Guanaco, volpi e condor andini, puma e huemul: questo ex ranch è ora un vero tesoro di fauna patagonica (p357)

» Llama, Lago Chungará, Parque Nacional Lauca (p168)

Cibo e vita notturna

Buongustai, non temete: l'alta cucina è una conquista recente, ma il Cile può contare su ottimi e freschissimi ingredienti (come le verdure del centro e il pesce del sud). La vita notturna va dal rustico al raffinato, soprattutto nella capitale.

Norte Chico Data la scarsità di legna nel deserto, le donne di Villaseca usano forni a energia solare per i loro manicaretti (p231)

Santiago Dal bar in cima al W Hotel Santiago al Bar Constitución di quartiere, ce n'è per tutti i gusti (p71)

Regione dei Laghi L'influenza tedesca non ha portato soltanto crauti e salsicce. Negli *asados* (barbecue) compaiono tenere carni di manzo, torte ai frutti di bosco e insalate biologiche (p274)

Patagonia Le *cocinas custombristas* sono ristoranti alla buona dove cuoche di talento preparano meravigliose zuppe di pesce (p335)

Paesaggi memorabili

Non è difficile trovare scenari grandiosi in Cile, dove gli ambienti vanno dal deserto riarso ai picchi dei ghiacciai.

Deserto di Atacama Canyon di roccia rossa, cactus e montagne di rame creano un forte contrasto con l'azzurro intenso del cielo (p205)

Arcipelago di Chiloé Dalle scogliere occidentali sferzate dal Pacifico alle quiete isolette orientali, disseminate di palafitte e barche da pesca, questo verde arcipelago accende la fantasia (p304)

Regione dei Laghi Meta agreste e talvolta piovosa, segnata dal blu profondo di decine di laghi e dal profilo di vulcani incappucciati di neve (p274)

Ande della Patagonia Questa meravigliosa catena corre lungo tutto il Sud America, ma nell'estremo sud è più spettacolare (p387)

Tierra del Fuego Aspra e mistica, è una destinazione estrema, fatta di isole remote e paesaggi scolpiti dal vento (p409)

Allontanarvi da tutto

Con più del 90% della popolazione concentrata al centro, il Cile offre possibilità di evasione in ogni direzione. A nord ci sono le aride e selvagge distese dell'Atacama. A sud, il remoto dedalo dei fiordi della Patagonia cede il passo alla brulla Tierra del Fuego. Oppure si può fuggire sull'Isola di Pasqua (Rapa Nui).

Precordillera di Belén Lontano dalle strade più battute: antichi pittogrammi, chiese coloniali e bei paesaggi (p164)

Costa nord dell'Isola di Pasqua A nord di Ahu Tenai: alti *moai* (grandi statue antropomorfe) e colline erbose davanti al Pacifico (p445)

Raul Marín Balmaceda Un villaggio con enormi felci e vie sabbiose, sperduto in un fiordo abitato da lontre, delfini e leoni marini (p340)

Caleta Tortel Costruito interamente su passerelle, questo villaggio sull'oceano era un tempo abitato dagli alacalufe che si spostavano in canoa (p360)

Se vi piace... la natura, non perdetevi i fiumi turchesi, i laghi incontaminati e i picchi ricoperti di ghiacciai lungo la Carretera Austral.

La terra del vino

Il cielo di un blu stupefacente, una bicicletta che passa accanto a file ordinate di viti, alti pioppi e picchi innevati in lontananza: la terra del vino cileno è fatta di vaste tenute di grandi famiglie ed emergenti cantine indipendenti.

Ruta del Vino Seguite gli esperti locali facendo il giro della principale regione vinicola del paese in cui si producono i rossi migliori (p118)

Azienda vinicola Lapostolle Uno scenario raffinato e incantevole per far conoscenza con il più ricco *terroir* del Cile (p119)

Valle de Casablanca Centro di produzione di vino in clima fresco e meta di evasione a poca distanza da Santiago (p111)

Museo de Colchagua Interrompete le degustazioni di rossi per visitare l'affascinante esposizione 'El Gran Rescate', che ricorda l'incredibile salvataggio dei 33 minatori nel 2011 (p119)

Storia vivente

Il Cile custodisce molti tesori nei suoi musei, in particolare a Santiago o nelle collezioni archeologiche del nord. Ma la storia vive anche nell'antica corvetta *Esmeralda* (ormeggiata a Iquique), nei sentieri della Patagonia tracciati dai pionieri, nei villaggi chiloti che ancora usano strumenti ancestrali e nei luoghi che seguono.

Humberstone Sorta con il boom dei nitrati, è diventata una città fantasma che stimola l'immaginazione (p180)

Ascensor Concepción Rivivete i giorni gloriosi di Valparaíso salendo in cima alla città con la sua antica funicolare (p94)

Villaggio cerimoniale di Orongo Il surreale centro dello strano culto dell'uomo-uccello sull'Isola di Pasqua (p446)

Lago Llanquihue I suoi storici villaggi, ex colonia tedesca, disorientano con la singolare architettura e i dolci di origine europea (p281)

Adrenalina pura

Grazie ad agenzie esperte, alla geografia selvaggia e ai paesaggi incontaminati, il Cile è una meta fantastica per gli sport avventura.

V. anche Attività all'aperto (p27).

Sci e snowboard Le migliori stazioni sciistiche del Cile sono Valle Nevado (p88), Portillo (p116) e la località termale di Nevados de Chillán (p133)

Trekking sui ghiacciai Il più noto si inerpica sul Glaciar Grey nel parco delle Torres del Paine (p392), ma lungo la Carretera Austral ora si arriva fino al Glaciar San Rafael (p350) e da Puerto Guadal si accede a manti remoti (p355) combinando tratti in barca e a piedi

Surf Alcune delle migliori onde del Sud America si trovano a Pichilemu (p121) o Iquique (p174), ma potrete anche scoprire il tranquillo stile di vita dei surfisti di Buchupureo (p134)

Rafting e kayak Scendete le rapide del Cajón de Maipo a Santiago (p85), nei dintorni di Puerto Varas (p283) e a Futaleufú (p336)

mese per mese

Il meglio

1 **Capodanno a Valparaíso**, dicembre

2 **Fiestas Patrias**, settembre

3 **Carnaval Ginga**, febbraio

4 **Campeonato Nacional de Rodeo**, marzo

5 **Tapati Rapa Nui**, febbraio

Gennaio

Nell'alta stagione estiva, i cileni cominciano a migrare verso le spiagge. In ogni città e villaggio vengono organizzate manifestazioni con musica dal vivo, specialità gastronomiche e fuochi d'artificio. È alta stagione anche in Patagonia.

Santiago a Mil
Il maggior festival teatrale dell'America Latina (www.stgoamil.cl) porta a Santiago spettacoli di strada, produzioni internazionali, compagnie emergenti e acrobati.

Semanas Musicales
Per tutto il mese giungono da ogni dove musicisti prestigiosi di qualunque genere, dalla classica all'hip-hop, per esibirsi nel favoloso Teatro de Frutillar (www.semanasmusicales.cl), nel sud del paese, con una vista magnifica sul lago e sul vulcano.

Brotes de Chile
Uno dei maggiori festival folkloristici del Cile si tiene ad Angol nella seconda settimana di gennaio, con danze, gastronomia e artigianato tradizionali.

Febbraio

È il mese in cui tutti vanno in vacanza: il caldo è implacabile e i cileni migrano verso il sud, soprattutto a Pucón e nella Regione dei Laghi. Le spiagge si affollano e la vita notturna della capitale si trasferisce a Viña del Mar e Valparaíso.

Fiesta de la Candelaria
Festa religiosa dei primi di febbraio, celebrata con particolare fervore a Copiapó, dove convergono migliaia di pellegrini e di danzatori.

Festival Internacional de la Canción
Una serie di concerti, con grandi nomi del pop latinoamericano, che si tiene a Vina del Mar.

Festival Costumbrista
È forse la più bella festa rurale della Carretera Austral, con danze, musica e un autentico rodeo patagonico a Villa Cerro Castillo.

Carnaval
Putre, sull'altopiano, celebra con allegria e bombe di farina il carnevale, che culmina con il rogo del *momo*, una figura che ne simboleggia la frivolezza.

Tapati Rapa Nui
Il principale festival dell'Isola di Pasqua è un evento incredibilmente colorato, con due settimane di feste e gare di ballo, musica e cultura.

Festival Costumbrista
La musica e la danza tradizionali di Chiloé, oltre a montagne di cibo, sono in mostra a Castro a metà febbraio.

Carnaval Ginga
Organizzata ad Arica a metà febbraio, questa festa consente di apprezzare la bravura dei gruppi regionali di *comparsa* (danza tradizionale).

Marzo

Un ottimo mese per viaggiare in Cile. L'autunno è alle porte e le folle estive si disperdono. Il clima rinfresca in tutto il paese, ma di solito in Patagonia è ancora secco e meno ventoso: l'ideale per camminare. Comincia la vendemmia nelle valli centrali.

Campeonato Nacional de Rodeo

Baldoria, *cueca* (una danza scherzosa con sventolio di fazzoletti che imita il corteggiamento di galli e galline) e, soprattutto, cowboy cileni che sfoggiano la loro destrezza. Si tiene a Rancagua a fine marzo.

Fiesta de la Vendimia

Santa Cruz celebra la vendemmia in piazza con le bancarelle delle aziende vinicole locali, l'elezione della regina della vendemmia, canti e balli.

Aprile

Le foreste della Patagonia settentrionale si colorano di rosso e di giallo, anche se ormai può piovere in qualsiasi momento. Il sud si svuota, ma con un po' di fortuna il tempo potrebbe non essere male per fare escursioni. Santiago e il Cile centrale godono ancora di temperature piacevoli.

Lollapalooza Chile

Edizione cilena del festival rock internazionale (www.lollapaloozacl.com), con 60 band che suonano al Parque O'Higgins di Santiago; i bambini si divertono nell'annesso Kidsapalooza.

Giugno

Inizia l'inverno. Con l'accorciarsi delle giornate, la vita notturna e gli eventi culturali riprendono vita. Le stazioni sciistiche vicino a Santiago cominciano ad aprire e il periodo è ancora buono per andare nel deserto.

Fiesta de San Pedro y San Pablo

Festa religiosa, che si tiene il 29 giugno a San Pedro de Atacama, e viene celebrata con esibizioni di gruppi di danza tradizionale, un rodeo e processioni solenni.

Luglio

Le vacanze d'inverno portano in viaggio le famiglie cilene. Le stazioni sciistiche sono piene e chi affronta la Patagonia troverà bei paesaggi invernali senza il famigerato vento estivo.

Festival de la Virgen del Carmen

Circa 40.000 pellegrini rendono omaggio alla Vergine con danze per le vie, maschere da demoni con corna a spirale, occhi infuocati e mantelli ricoperti di lustrini. Ha luogo a La Tirana a metà luglio.

Carnaval de Invierno

Fuochi d'artificio, musica e sfilate rallegrano le lunghe notti di Punta Arenas a fine luglio.

Settembre

A Santiago arriva la primavera, con giorni tiepidi e soleggiati. In tutto il Cile è ancora bassa stagione, ma non è male come periodo per viaggiare. Nella settimana di festa nazionale è tutto chiuso e la gente si diverte.

Fiestas Patrias

L'Indipendenza Nazionale è celebrata durante le Fiestas Patrias nei giorni intorno al 18 settembre, con una settimana intera di grandi grigliate, *terremotos* (un forte cocktail di vino) e baldoria in tutto il Cile.

Ottobre

È un bel periodo per viaggiare tra i fiori primaverili del Cile settentrionale e centrale.

Oktoberfest

Grandi bevute di birra e bande musicali in costume bavarese a Puerto Varas e Valdivia.

Novembre

Il Cile meridionale è in piena fioritura, sebbene l'aria sia ancora frizzante. È un buon periodo per andare al mare e in Patagonia, dato che la folla e i prezzi alti arriveranno soltanto tra un mese.

Dicembre

Inizia l'estate e sulla Carretera Austral tornano i mezzi pubblici. La situazione è ancora tranquilla ed è l'ideale per le attività all'aperto nella Regione dei Laghi e in Patagonia.

Capodanno

Il 31 dicembre è la festa più importante dell'anno a Valparaíso, dove sulle terrazze e per le vie si balla, si beve e si ammirano i fuochi d'artificio sulla baia.

itinerari

Che abbiate a disposizione sei giorni o 60, questi itinerari vi forniranno lo spunto per il viaggio della vostra vita. Se volete altre idee, collegatevi in rete al sito lonelyplanetitalia.it/forum e consultatevi con altri viaggiatori.

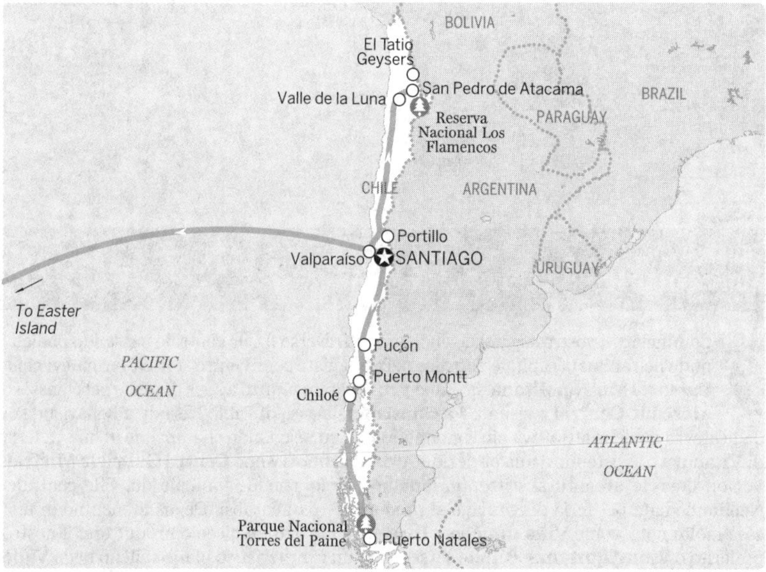

Quattro settimane

Il meglio del Cile

Da **Santiago** dirigetevi verso **Valparaíso**, una città ricca di creatività. In inverno, fate un salto nelle vicine località sciistiche andine come **Portillo**.

Poi invertite la rotta e provate il deserto. Prendete un aereo o un autobus per il villaggio di **San Pedro de Atacama**. Ambientatevi sull'altopiano visitando la **Valle de la Luna**, gli strani e bollenti **geyser di El Tatio** e la brulla **Reserva Nacional Los Flamencos**.

Immergetevi nella foresta pluviale temperata di **Pucón**, dove rafting, escursioni e sorgenti termali occuperanno i vostri giorni nella Regione dei Laghi. Da **Puerto Montt** fate una deviazione a **Chiloé**, capitale del folklore, o imbarcatevi per una crociera di quattro giorni attraverso fiordi e ghiacciai fino a **Puerto Natales**. Ora sarete probabilmente pronti per affrontare una settimana sui sentieri del **Parque Nacional Torres del Paine**, meta escursionistica famosa in tutto il mondo. Tornati a Santiago, raggiungete in aereo l'**Isola di Pasqua (Rapa Nui)**, dove passerete cinque giorni ad ammirarne gli enigmatici tesori archeologici.

Due settimane

La capitale e la terra del vino

Cominciate il vostro soggiorno enologico attraverso il Cile centrale passando qualche notte nell'animata capitale, **Santiago**. Passeggiate per il centro storico, fermatevi nella **Catedral Metropolitana**, fate una pausa per un pranzo a base di pesce nel chiassoso **Mercado Central** e visitate **La Chascona**, la casa di Pablo Neruda a Bellavista. Poi dedicatevi a qualche attrattiva più contemporanea, sorseggiando champagne in una galleria di **Vitacura** o assistendo a una proiezione d'essai al nuovissimo **Centro Gabriela Mistral**.

Non dovrete avventurarvi troppo lontano per le aziende vinicole del Cile centrale. Nell'immediata periferia di Santiago si producono rossi corposi. Degustatene uno di una casa molto nota, come **Viña Concha y Toro**, e un altro di un piccolo produttore: il nostro preferito è **Viña Aquitania**. Potrete sorseggiare un caratteristico bianco cileno nella **Valle de Casablanca**, dove in marzo, volendo, si può partecipare alla vendemmia della **Viña Casas del Bosque**.

Il tour della **Valle de Colchagua** a **Santa Cruz** porta dritto nel cuore enologico del paese. Potrete fare un giro su un carro attraverso le vigne di **Viu Manent**, gustare i vini biodinamici di **Emiliana** e capire la filosofia della raccolta manuale di **Casa Lapostolle**. Metà del divertimento sta nel viaggio per arrivarci: il **Tren del Vino** a vapore che parte da Santa Cruz offre un servizio di navette a domicilio e degustazioni a bordo.

Riprendetevi dagli stravizi dirigendovi verso il mare e arrampicandovi almeno una volta su una delle famose e ripide colline di **Valparaíso**; ma non perdetevi neanche il viaggio sulla più antica funicolare della città, quella del **Cerro Concepción**. Girovagate per gli incantevoli vicoli, ammirando i fantastici panorami sull'oceano, poi entrate nella casa di Neruda **La Sebastiana** prima di banchettare con pesce appena pescato.

Rilassatevi nella vicina stazione balneare di **Viña del Mar**, la meta preferita dagli abitanti di Santiago, dove non c'è molto da vedere: prendete semplicemente una poltrona all'**Enjoy del Mar**, in posizione strategica dove il Río Marga si getta nel mare, e fate un brindisi con un pisco sour.

Altri rinomati tour enologici partono da **Talca**, dove gli estimatori dei grandi vini possono fare esperienze di vario tipo: alla Viña Gillmore è possibile anche sottoporsi a una vinoterapia nella spa!

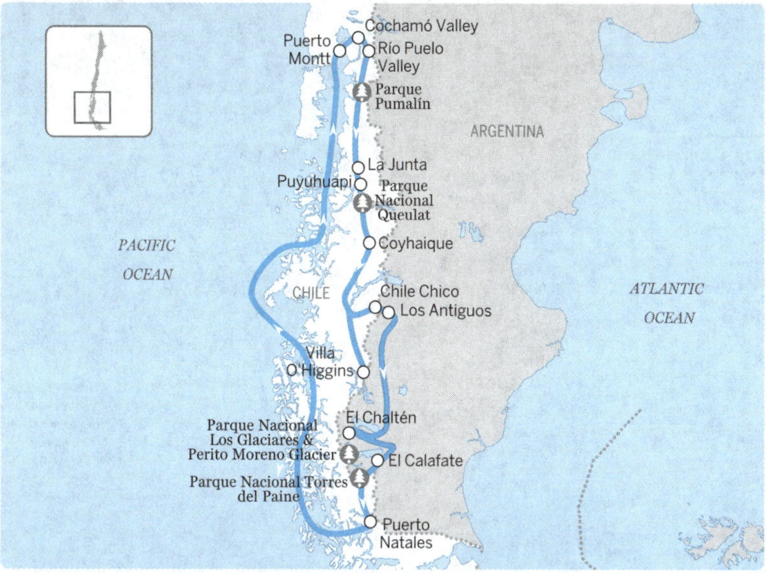

Quattro settimane

In Patagonia da pionieri

Se volete percorrere soltanto strade secondarie, se volete viaggiare senza curarvi della pulizia e delle comodità, questo programma è quello che cercate. Seguendo la **Carretera Austral**, questo itinerario incrocia luoghi poco noti lasciando diverso tempo per l'esplorazione. Il periodo migliore per andarci è l'estate, quando i servizi del trasporto pubblico viaggiano con maggiore frequenza e le temperature sono miti.

Partite da **Puerto Montt** o da Puerto Varas e raggiungete la **Valle de Cochamó** o la **Valle del Río Puelo**, dove potrete fare trekking a piedi o a cavallo campeggiando o soggiornando in una sistemazione remota. Da Puerto Montt, prendete un traghetto per il **Parque Pumalín** e campeggiate in un'antica foresta con passerelle che portano a cascate possenti. Proseguite sulla Carretera Austral fino a **La Junta**, dove una notte in fattoria e una tranquilla discesa lungo il fiume vi faranno provare il gusto della libertà. Vicino a **Puyuhuapi** potrete bagnarvi nelle sorgenti termali, ma se potete rinunciare alla pulizia accampatevi sotto il ghiacciaio del **Parque Nacional Queulat**.

Coyhaique è il centro successivo. Dopo **Chile Chico** sul grande Lago General Carrera, raggiungete il confine a **Los Antiguos** e percorrete la classica Ruta 40 argentina fino a **El Chaltén**, per fare escursioni sul contorto dente del Cerro Fitz Roy. Dedicate due giorni a visitare **El Calafate** e passatene uno al cospetto del gradioso ghiacciaio **Perito Moreno** nel **Parque Nacional Los Glaciares**; mentre siete lì, banchettate con una gigantesca bistecca e una bottiglia di buon vino Malbec. Da El Calafate c'è un collegamento in autobus per il **Parque Nacional Torres del Paine** via **Puerto Natales**. Seguite il trekking del 'W' oppure percorrete l'intero Circuito di una settimana; a quel punto sarete perfettamente in forma e potrete divertirvi a superare gli altri escursionisti lungo il sentiero. Tornate a Puerto Natales per un po' di meritato riposo con una birra artigianale, un idromassaggio e una pizza dalla pasta sottile. Se vi avanzerà tempo, fate ritorno a Puerto Montt con un **traghetto Navimag**. Altrimenti, prendete un volo da Punta Arenas.

Un percorso alternativo evita Chile Chico e segue la Carretera Austral fino al capolinea sud, **Villa O'Higgins**. Qui ci si può rilassare, andare a pesca e fare escursioni. Dopo di che, un percorso misto a piedi e in barca porta oltre il confine a El Chaltén, dove tornerete all'itinerario principale una settimana dopo il previsto.

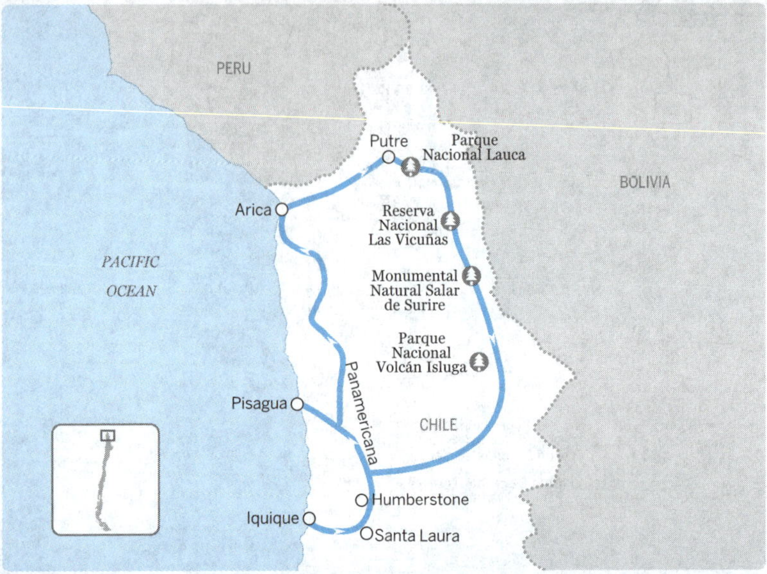

Da sette a 10 giorni

Solitudine e deserti

Cosa ne pensate di una decina di notti sotto un cielo pieno di stelle, osservando le ombre dei condor sulle vette che circondano il deserto? Dovrete avere un fuoristrada e un'abbondante scorta di cibo, acqua e carburante. Cominciate con un po' di surf a **Iquique**, per provare le onde di Playa Cavancha e Playa Huaiquique, e poi lanciatevi da una scogliera con un parapendio in tandem. Scaricate l'adrenalina e rallentate il ritmo con una passeggiata contemplativa nelle città fantasma di **Humberstone** e **Santa Laura**, dove potrete vagare tra le case abbandonate e ammirare il fatiscente splendore di questi centri un tempo prosperi.

Proseguite verso nord fermandovi nella remota cittadina costiera di **Pisagua**, che all'epoca dell'estrazione dei nitrati era un porto animato; poi è diventata una colonia penale e oggi è una località quasi abbandonata e stranamente romantica, dove i raccoglitori di alghe sono al lavoro accanto alle rovine di palazzi ormai distrutti; non perdetevi il vecchio e desolato cimitero sulla collina spazzata dal vento. Ritrovate il sorriso nell'assolata **Arica**, dove il surf vi aspetta sotto lo scenografico promontorio di El Morro che sovrasta l'abitato e le mummie chinchorro ben conservate nel piccolo museo. Dalla costa dirigetevi verso l'entroterra con la Ruta 11, che oltrepassa geoglifi, cappelle di epoca coloniale e nebbiosi borghi di montagna fino al bel villaggio andino di **Putre**; riprendete fiato per uno o due giorni in questa località a 3530 m. Una volta abituati all'altitudine, andate nel vicino **Parque Nacional Lauca**, dove potrete ammirare il cono perfetto del Volcán Parinacota, girare per l'omonimo minuscolo villaggio aymara e camminare intorno al grazioso Lago Chungará, oltre ad avvistare la sorprendente fauna e flora di questa Riserva della Biosfera riconosciuta dall'UNESCO.

Più a sud, la remota **Reserva Nacional Las Vicuñas** è il rifugio di migliaia di agili vigogne e pochi ne disturbano il ritmo di vita, quindi adottate un comportamento rispettoso anche voi. Proseguite ancora verso sud, lungo strade piuttosto impegnative che si snodano tra paesaggi splendidi e attraverso l'isolato pianoro salato del **Monumento Natural Salar de Surire**, con le sue tre specie di fenicotteri (tra dicembre e aprile se ne avvistano di più): prima di fare ritorno a Iquique, sarete premiati con il remotissimo **Parque Nacional Volcán Isluga**.

Attività all'aperto

Le avventure più emozionanti in Cile

A piedi nella Valle Francés Questa valle preso le Torres del Paine, circondata da vette scoscese, lascia a bocca aperta.

Arrampicarsi su un vulcano L'Ojos del Salado è il vulcano più alto del mondo, ma ce ne sono a decine ben attrezzati per gli esploratori.

Alla scoperta dell'Atacama Scalate le dune imponenti, ammirate i petroglifi e lasciatevi confondere dai miraggi di oasi che baluginano in lontananza.

Sul surf a Pichilemu Punta de Lobos è considerata un perfetto left break.

Un giorno sugli sci a Portillo Le piste ripide e profonde sono una delizia per sciatori e amanti dello snowboard.

Immersioni al largo dell'Isola di Pasqua Le acque intorno alla stupefacente struttura marina del Motu Kao Kao vantano una visibilità di 60 m.

In bicicletta lungo la Carretera Austral Ogni estate, un numero sempre maggiore di ciclisti accetta la sfida di questo epico viaggio.

In Cile le attività all'aperto beneficiano di una geografia grandiosa, che va dalle interminabili distese del Deserto dell'Atacama alle terre del sud coperte di ghiaccio passando per le foreste pluviali temperate. Il Pacifico è una presenza costante: potrete fare surf su molti break, esplorare in kayak i fiordi del meridione punteggiati da isole selvagge, oppure scegliere l'entroterra per fare rafting su torrenti tumultuosi o immergervi in calde pozze termali. Un'altra costante sono le Ande, dove è possibile salire sui vulcani, seguire in bicicletta itinerari scenografici, sciare su piste di livello mondiale e camminare per valli e colline; l'unico limite sarà il tempo che avrete a disposizione. Pianificate sempre facendo attenzione ai cambi stagionali, all'equipaggiamento richiesto e ai casi in cui è necessario l'aiuto di una guida esperta.

Escursionismo e trekking

In Cile potrete trovare alcuni dei percorsi più suggestivi del mondo, immersi in paesaggi di tale bellezza da farvi dimenticare il peso dello zaino e i dolori ai muscoli delle gambe. Le righe seguenti illustrano soltanto in minima parte le possibilità di escursionismo e trekking, ma dovrebbero essere sufficienti a farvi venire il desiderio di mettere in valigia anche gli scarponcini.

Il magnifico parco delle Torres del Paine è una delle destinazioni del continente più amate dagli escursionisti, con maestosi ghiacciai, laghi scintillanti e le famose guglie di granito. Il luogo offre una discreta rete di trasporti, *refugios* e campeggi che permetto-

Non partite senza...

» Indumenti caldi e impermeabili – indispensabili tutto l'anno in Patagonia

» Crema solare ad alto fattore di protezione, stick per le labbra e berretto contro il sole delle grandi altitudini e il buco nell'ozono dell'emisfero meridionale

» Un comodo sacco a pelo per l'inverno, anche se non si ha intenzione di dormire in tenda

» Attrezzature da campeggio: si trovano pure sul posto, ma sono care, per cui conviene portarsele da casa

» Accessori fondamentali come un coltellino svizzero

» Carta igienica (molti servizi in Cile ne sono sprovvisti)

» Uno zoom o un binocolo per osservare gli animali selvatici più schivi

» Farmacia da viaggio (v. p525)

» Adattatori per i caricabatterie

no di fare escursioni di un giorno così come trekking più lunghi. Tuttavia è diventato così popolare da essere sovraffollato nei mesi estivi, pertanto chi cerca un luogo più solitario può provare il circuito dei Dientes de Navarino, nella Tierra del Fuego, più difficile da raggiungere, ma altrettanto stupendo.

Nell'angolo settentrionale della Patagonia, anche il Parque Pumalín permette di fare alcune splendide escursioni di un giorno e ora è possibile compiere l'ascensione al Volcán Chaitén, di recente entrato in attività, accompagnati da guide locali.

Nella Regione dei Laghi potrete scegliere tra una serie di sentieri e spazi aperti affascinanti: i migliori si snodano nel Parque Nacional Conguillío, lungo la costa di Valdivia. L'attività vulcanica a Cordón Caulle può invece limitare l'accesso al Parque Nacional Puyehue.

Per fuggire dallo smog di Santiago si possono organizzare gite al vicino Monumento Natural El Morado o al Parque Nacional La Campana. Altos de Lircay, nel Cile centrale, offre un bellissimo circuito in zone isolate. Nel nord, nell'oasi desertica di San Pedro de Atacama si possono fare interessanti escursioni e lo stesso dicasi del Parque Nacional Lauca. Potrete poi volare sul Pacifico alla volta dei sentieri del Parque Nacional Juan Fernández e dell'Isola di Pasqua.

Le opportunità non si limitano ai parchi nazionali: informatevi sul Sendero de Chile e sulle possibilità di fare turismo rurale nelle comunità del sud del paese. Ci sono poi riserve private come il Parque Tantauco ed El Mirador de Chepu a Chiloé, oltre al futuro Parque Nacional Patagonia vicino a Cochrane, che salvaguardano alcuni dei luoghi più belli del paese.

Diversi uffici regionali del Conaf (p499) dispongono di buone cartine dei sentieri e le stesse le cartine JLM, benché più turistiche, riportano indicazioni a riguardo (v. p499).

Gli appassionati di trekking potranno trovare descrizioni dettagliate e cartine di lunghi percorsi in Cile e, oltre la frontiera, in Argentina, nel volume Lonely Planet *Trekking in Patagonia*. Sempre di Lonely Planet, segnaliamo il più recente *Trekking intorno al mondo. 240 escursioni nei 5 continenti*, che offre idee e consigli pratici per organizzare al meglio e in sicurezza trekking di ogni livello e durata in tutto il mondo.

Alpinismo e scalate

Il Cile è un paese che ha moltissimo da offrire agli alpinisti e a chi vuole scalare i ghiacciai. Si può scegliere tra centinaia di vette, tra cui 50 vulcani attivi, che vanno dal cono perfetto del Parinacota, dormiente nell'*altiplano* settentrionale e con un gemello proprio al di là del confine con la Bolivia, fino all'impegnativo trekking sull'Ojos del Salado.

Una collana di incantevoli coni vulcanici di altezza inferiore si erge attraverso La Araucanía, la Regione dei Laghi e le Torres del Paine. Le scalate più praticate sono al Volcán Osorno, alla cui sommità si trovano grotte di ghiaccio, e al Volcán Villarrica, la cui vetta emette ancora un fumo sinistro. Chi vuole scalare i ghiacciai può dirigersi verso i massicci Loma Larga e Plomo, che si trovano a poche ore di automobile da Santiago.

Se intendete scalare vette di confine come i Pallachatas o l'Ojos del Salado, dovete richiedere l'autorizzazione alla **Dirección de Fronteras y Límites** (Difrol; ☎02-671-4110; www.difrol.cl, in spagnolo; Bandera 52, 4° piano, Santiago). Potete farlo anche prima dell'arrivo in Cile:

il modulo per la richiesta è scaricabile dal sito web.

Per ulteriori informazioni, rivolgetevi alla **Federación de Andinismo** (☎02-222-9140; www.feach.cl, in spagnolo; Almirante Simpson 77, Providencia, Santiago).

Troverete dati, descrizioni di itinerari e fotografie relative all'alpinismo e alle scalate su vulcani e ghiacciai di tutto il Cile sul sito www.escalando.cl. Un buon sito italiano sul mondo della montagna è www.montagna.tv.

Sci e snowboard

Gli amanti della neve saranno soddisfatti: sulle Ande cilene, stazioni sciistiche di livello internazionale offrono moltissime possibilità di praticare lo sci, lo snowboard e perfino l'eliski. Non aspettatevi però di spendere poco: molte località applicano tariffe adeguate al loro livello.

Le piste si trovano quasi tutte a un'ora di automobile da Santiago. La Parva, per esempio, ne offre un'ampia varietà, indicata soprattutto per le famiglie; El Colorado è invece adatta a tutti i livelli, mentre l'ampia Valle Nevado è rinomata per l'eliski. La leggendaria Portillo, dove sono stati stabiliti parecchi record di velocità e che d'estate viene utilizzata come luogo di allenamento da molti dei più importanti sciatori dell'emisfero settentrionale, si trova a nord-est di Santiago vicino al valico di confine con l'Argentina che porta a Mendoza. Termas de Chillán, immediatamente a est di Chillán, è un posto dall'atmosfera molto più rilassata e con numerose piste per principianti, mentre il Parque Nacional Villarrica, vicino alla località di soggiorno di Pucón, offre il brivido di sciare sul cono di un vulcano fumante. Nei pressi anch'esse di vulcani, le stazioni sciistiche di Osorno e di Antillanca, a est di Osorno, vantano ampi spazi naturali con panorami incredibili e un'atmosfera familiare. Le ultime quattro località hanno il vantaggio di trovarsi nelle vicinanze di fonti termali, una manna dal cielo dopo una faticosa giornata trascorsa sulle piste.

Il cono perfetto del Volcán Osorno offre piste ideali per le famiglie. A Coyhaique c'è una piccola stazione di sci, mentre Punta Arenas può vantare il fatto di essere uno dei pochissimi posti dove si può sciare guardando l'oceano. L'ultima moda, per forza di cose limitata a pochi, è tentare nuove vie di discesa lungo i versanti della Patagonia cilena. I principianti potranno trovare piste adatte e prezzi più economici

TREKKING RESPONSABILE

Per contribuire a conservare l'ambiente e le bellezze naturali del Cile, ricordate i seguenti suggerimenti.

» Fate estrema attenzione a non cucinare o fumare nelle vicinanze di erba secca o di altri materiali combustibili, soprattutto nella steppa patagonica battuta dal vento.

» Non dipendete dai fuochi da campo per cucinare. Usate un fornello e non abbandonate in giro le cartucce di butano.

» Portate via tutti i rifiuti, facendo attenzione a non lasciare cose facili da dimenticare come la carta argentata, le bucce d'arancia, i mozziconi di sigaretta e gli involucri di cellophane.

» Le fonti d'acqua contaminate da feci umane portano alla diffusione di malattie. Quando ci sono i servizi igienici, usateli. Quando non ci sono, seppellite i vostri escrementi in una piccola buca profonda 15 cm, ad almeno 100 m da qualsiasi corso d'acqua, e ricopriteli con della terra e una pietra. Portate via la carta igienica.

» Per lavarvi usate sapone biodegradabile e un contenitore d'acqua, ponendovi ad almeno 50 m di distanza da qualsiasi corso d'acqua. Spargete l'acqua usata su un'area ampia, in modo che il terreno riesca ad assorbirla completamente.

» Non date da mangiare agli animali selvatici, per evitare che sviluppino una forma di dipendenza dal cibo elargito, che si determinino squilibri nella popolazione faunistica e che si diffondano malattie.

» Alcuni sentieri attraversano proprietà private. È buona norma chiedere ai proprietari prima di passare sul loro terreno: fate attenzione anche a lasciare i cancelli dei recinti del bestiame come li avete trovati.

E C'È DELL'ALTRO...

» **Canyoning** Scendete i torrenti nei canyon del Cile meridionale saltando nelle pozze cristalline e calandovi in corda doppia sotto cascate scroscianti. I posti migliori si trovano vicino a Puerto Varas e Pucón.

» **Canopying** Con le zip-line, popolari nella Regione dei Laghi e a La Araucanía, vi lancerete su liane oscillanti nella volta delle foreste sospesi a corde assicurate a carrucole. È un'attività entusiasmante che richiede poca fatica fisica, ma rivolgetevi a tour operator affidabili. L'attrezzatura minima comprende un'imbracatura di sicurezza con due cinghie (una delle quali è una corda di sicurezza) che si attaccano al cavo, un casco rigido e guanti.

» **Parapendio e landsailing** Con le sue falesie costiere a strapiombo, le correnti aeree ascensionali e la distesa di morbide dune, Iquique è uno dei posti migliori del continente per praticare il parapendio, indicato anche per landsailing (carrovelismo) e kite buggy nel deserto.

» **Pesca con la mosca** La Regione dei Laghi è una destinazione magnifica per i pescatori che vogliono tirar su gigantesche trote comuni o arcobaleno e salmoni (una specie non endemica). La stagione in genere va da novembre a maggio.

» **Sandboarding** Preparatevi a riempirvi di sabbia anche in posti che non riuscite a immaginare. Provate il surf sulla sabbia a San Pedro de Atacama o a Iquique.

» **Immersioni** Alcuni siti molto belli per le immersioni si trovano nell'arcipelago Juan Fernández e intorno all'Isola di Pasqua. Sul continente potete provare lungo la costa del Norte Chico.

» **Nuoto** Lungo l'interminabile costa cilena ci sono numerose spiagge sabbiose, ma a causa della corrente di Humboldt l'acqua è fredda; fa eccezione l'estremo nord, nei pressi di Arica.

anche a Volcán Lonquimay; Chapa Verde vicino Rancagua è ugualmente un'alternativa a buon mercato, poco conosciuta, con vari tipi di piste.

La stagione sciistica va da giugno a ottobre. A Santiago alcuni negozi noleggiano l'attrezzatura; altrimenti, i resort possono offrire pacchetti completi.

Un buon sito web per raccogliere informazioni sulle stazioni sciistiche di Cile e Argentina è www.andesweb.com, con reportage fotografici, recensioni e mappe delle piste.

Bicicletta e mountain bike

Sia che abbiate intenzione di pedalare con calma lungo tranquilli sentieri sulle sponde di un lago, sia che preferiate scendere a tutta velocità lungo i pendii di un vulcano fumante, in Cile troverete ampie opportunità di spostarvi sulle due ruote. Tra le destinazioni settentrionali preferite dagli amanti della mountain bike figura San Pedro de Atacama, mentre la Regione dei Laghi offre la possibilità di fare splendide escursioni in zone quasi incontaminate, difficilmente raggiungibili con i limitati mezzi del trasporto pubblico. La nuova pista ciclabile intorno al Lago Llanquihue è molto frequentata (anche se non copre ancora l'intera circonferenza), così come l'itinerario ad anello dell'Ojos de Caburgua vicino a Pucón. La lunga, impegnativa ma estremamente gratificante Carretera Austral richiama gruppi di ciclisti da tutto il mondo e merita veramente di essere percorsa.

È sempre maggiore il numero di ciclisti impegnati nell'impresa suprema: percorrere l'intera lunghezza del Cile sulle due ruote. In quasi tutte le grandi città ci sono centri che riparano le biciclette e vendono i principali pezzi di ricambio, ma è essenziale avere con sé un kit completo per le riparazioni di emergenza. V. p519 per maggiori informazioni su come spostarsi in Cile in bicicletta, sui posti dove è possibile noleggiarne una e su come trasportarla.

Passeggiate ed escursioni a cavallo

Montare a cavallo e seguire le orme degli *huasos* (mandriani) cileni è un modo facile e divertente di immergersi nella natura selvaggia. I cavalli cileni sono piccoli e robusti, con incredibili capacità di guadare i fiumi e di arrampicarsi sulle creste andine. Oggi più che mai, un'escursione di più giorni in sella consente di visitare luoghi altrimenti inaccessibili, a volte raggiungendo l'Argentina attraverso le Ande. Fatta eccezione per l'estremo nord, è possibile cavalcare un po' dappertutto.

Nelle regioni meridionali, le numerose iniziative di turismo rurale gestite dalle comunità locali consentono di scoprire località remote partecipando a escursioni guidate a cavallo o a trekking con cavalli da soma per i bagagli. Le guide ingaggiate sul posto applicano tariffe convenienti, ospitano i turisti a casa loro e consentono di dare uno sguardo all'interno della loro cultura. Cercate le offerte a Río Cochamó, Palena e Coyhaique.

Gli organizzatori di gite avventura hanno guide poliglotte e offrono una serie di servizi più articolata. In molti luoghi, prima della partenza vengono proposte lezioni preliminari per chi non è mai salito in sella. I posti più frequentati per le escursioni di uno o più giorni sono Pucón, Puelo Valley, Valle del Elqui, Hurtado, San Pedro de Atacama e i dintorni delle Torres del Paine. Molto rinomata è anche l'Isla de Chiloé.

Rafting e kayak

La ricchezza di fiumi scenografici, laghi, fiordi e insenature che caratterizza il sud del Cile ne fa una destinazione ideale per gli amanti dell'acqua. Gli appassionati di rafting in acque bianche assicurano che i fiumi cileni, che scendono impetuosi dalle Ande stretti fra le gole, sono di livello eccezionale. Se molti sono minacciati da piani di sviluppo idroelettrico, il Futaleufú, nella Patagonia settentrionale, continua a offrire la possibilità di compiere eccezionali discese con diversi tratti di IV e V livello di difficoltà. Assai apprezzate sono pure le discese sui fiumi fuori da Pucón e il magnifico Petrohué, a Puerto Varas nella Regione dei Laghi. Altri fiumi interessanti sono il Río Simpson e il Río Baker nella regione di Aisén. Anche vicino a Santiago è possibile fare una bella, anche se più tranquilla, discesa sulle acque del Cajón del Maipo.

Le agenzie di Santiago, Pucón, Puerto Varas e di altre località propongono escursioni di vari livelli. Dal momento che non esiste una certificazione per le guide, controllate che l'agenzia disponga di una formazione specifica per la sicurezza sui fiumi e il primo soccorso e verificate che l'attrezzatura sia di buona qualità.

I fiordi e le baie del Cile meridionale sono un paradiso anche per chi ama praticare il kayak in mare. Tra i posti più rinomati figurano i fiordi del Parque Pumalín e i dintorni delle baie riparate di Chiloé, ma ricordiamo che persino Capo Horn è stato doppiato in kayak dai canoisti più intrepidi. La Regione dei Laghi offre infine magnifiche opportunità di uscire in kayak sulle acque dei laghi.

Surf e kitesurf

Grazie ai numerosi break che si susseguono lungo la costa del Pacifico, il paese ha sviluppato una forte cultura del surf, soprattutto lungo la costa del Cile centrale e settentrionale. La capitale del surf è Pichilemu, che ospita il campionato nazionale di questo sport sui suoi grandi break e lunghi left-hander. Gli appassionati affollano anche il perfetto left break della Punta de Lobos a Pichilemu, mentre i principianti possono cimentarsi lì vicino a La Puntilla. A Iquique c'è un reef break in acque basse, ma occorre indossare calzature apposite per evitare i ricci di mare. La Ruta 1, che corre lungo la costa, passa accanto a diverse spiagge per surfisti, ma a causa di campeggiatori irrispettosi dell'ambiente la zona è piena di rifiuti. Soltanto ad Arica l'acqua è abbastanza calda: nelle altre località è necessario indossare una muta.

I break più grandi si formano a luglio. Le onde violente e le correnti di ritorno rendono poco sicure alcune zone e in ogni caso è sempre meglio non avventurarsi mai da soli. In tutte le principali località per surfisti è possibile acquistare o noleggiare l'attrezzatura e prendere lezioni.

Il Cile offre anche buone opportunità di kitesurf, però è più difficile trovare attrezzatura e lezioni: provate a Pichilemu e Puclaro (vicino a Vicuña). Se capite lo spagnolo, potete trovare ulteriori informazioni sul sito www.kitesurf.cl.

Viaggiare con i bambini

Le mete migliori per i bambini

Santiago La capitale ha un mucchio di musei e parchi adatti ai bambini e nelle vicine stazioni sciistiche ci sono piste facili, divertimenti e scuole di sci.

Sur Chico Passeggiate a cavallo, bagni al lago, zip-line e vulcani. Le città lacustri di Pucón e Puerto Varas sono le basi migliori da dove partire alla scoperta della regione.

Norte Chico Nelle stazioni balneari ci sono divertimenti da spiaggia e si può fare surf. Ai bambini piace giocare nelle pozze di marea di La Piscina a Bahía Inglesa. Il clima mite e soleggiato aiuta a portare a termine tutti i progetti.

I viaggiatori di solito scoprono che portare i bambini in Cile può presentare notevoli vantaggi. In tutto il paese i piccoli sono ben accolti e vezzeggiati e attirano sentimenti di forte empatia verso i genitori: la gente, anche gli estranei, non esita a dare aiuto e in genere gli alberghi e gli erogatori di servizi sono pronti a soddisfare ogni esigenza. Il Cile offre ai bambini molte cose da vedere e da fare, con un mucchio di occasioni di praticare sport acquatici o vivere un'avventura, grazie anche a numerosi resort e alberghi orientati alle famiglie.

Il Cile per i bambini

Il Cile è una delle destinazioni più adatte ai bambini, ma conviene prendere tutte le precauzioni di viaggio opportune. Il biglietto per eventi e spettacoli è spesso ridotto o gratuito. Per consigli riguardo a Santiago, v. p61.

Avventura

Agli occhi dei bambini, viaggi ordinari come attraversare un fiordo in traghetto o prendere la metropolitana possono risultare già vere e proprie avventure. Ma anche molte delle attività destinate agli adulti possono essere adattate ai più piccoli; alcune hanno limiti di età, come le passeggiate a cavallo guidate (praticabili di solito a partire dagli otto anni) e il canyoning, ma sono sempre apprezzate anche dagli adolescenti.

Nelle zone rurali, le sistemazioni in agriturismo possono essere un'ottima scelta, perché potrebbero prevedere attività in fattoria o semplici escursioni a piedi accompagnate da cavalli che portano i bagagli. Alcuni fiumi, infine, sono adatti a essere percorsi dai bambini su galleggianti o facendo rafting, fatta salva la disponibilità di giubbotti salvagente della misura giusta.

Informazioni pratiche

Sui mezzi di trasporto pubblici la gente è gentile; capita spesso che qualcuno ceda il proprio posto a un genitore con un bambino. Le mamme in attesa hanno alcuni posti riservati nei parcheggi e alle code per pagare nei negozi di generi alimentari.

Per quanto le famiglie più agiate si avvalgano spesso di una *nana* che vive in casa o arriva ogni giorno per badare ai bambini, trovare un aiuto all'ultimo momento non è facile. In genere i servizi di babysitting o i miniclub con attività per bambini sono presenti soltanto negli alberghi e nelle stazioni sciistiche di categoria elevata. Se però non avete problemi con un approccio più informale, potrete farvi raccomandare una baby sitter da conoscenti affidabili.

Latte in polvere, cibo per neonati e pannolini usa e getta sono facili da trovare. Di solito i servizi igienici pubblici sono maltenuti e in ogni caso conviene avere sempre con sé della carta igienica, che in Cile sembra quasi sconosciuta. Non ci sono problemi se una donna porta un maschietto nel bagno delle donne, mentre è socialmente inaccettabile che un uomo porti una bambina nel bagno degli uomini.

Mangiar fuori

I ristoranti non hanno pasti speciali per i bambini, ma di solito il menu comprende una gamma di piatti adatti anche ai più piccini e la cucina cilena non è piccante. È perfettamente accettabile ordinare un pasto da dividere fra due bambini o fra un adulto e un bambino (le porzioni sono quasi sempre abbondanti), ma raramente troverete seggioloni. L'unico problema potrebbe essere l'orario dei pasti: a cena i ristoranti non aprono prima delle 19, talvolta alle 20, e il servizio può essere piuttosto lento.

Sicurezza

Per quel che riguarda gli alimenti e i rischi sanitari, non è necessario prestare particolare attenzione a ciò che si ingerisce, ma per gli stomaci delicati è consigliabile l'acqua in bottiglia. Non sono rari i cani randagi, anche se di solito sono mansueti e semplicemente alla ricerca di scarti di cibo. Altre informazioni sono presenti nel capitolo Salute (p523).

Da non perdere

Avventura

» Rafting sul fiume Petrohué

» Passeggiate a cavallo ai piedi delle colline andine

» Lo snowpark e i barbecue familiari nella stazione sciistica di Valle Nevado

Divertimenti

» I rodei estivi nei *medialuna* (stadi a mezzaluna)

» I chioschi per bambini al Lollapalooza

» I tour gratuiti e il Parque Bicentenario di Santiago

Pasti

» *Asados* (barbecue) con griglie immense e un ambiente familiare

» Hamburger sbocconcellati sugli sgargianti sgabelli di una *fuente de soda* (caffè economico, tavola calda)

» *Küchen* freschi ai frutti di bosco (dolci di origine tedesca) serviti nelle sale da tè della Regione dei Laghi

Rifugi per un giorno di pioggia

» Il Museo Interactivo Mirador a Santiago

» I laboratori per bambini del Teatro del Lago a Frutillar

» L'atelier del Museo Artequín a Santiago, dove i bambini creano i loro capolavori

Pianificare il viaggio

Tenete presente i bambini quando studiate il vostro itinerario o coinvolgeteli fin dall'inizio nella pianificazione del viaggio. Se intendete noleggiare un'automobile e avete necessità di un seggiolino, comunicatelo in anticipo, dal momento che non sempre sono disponibili. Informazioni e suggerimenti utili si trovano nel volume di Cathy Lanigan *Viaggiare con i bambini*, una pubblicazione Lonely Planet.

Se quando viaggiate non amate sentirvi legati a una tabella di marcia troppo rigida, sappiate che ci sono molte attività che possono essere prenotate con pochi giorni d'anticipo.

Quando andare

☐ L'estate (da dicembre a febbraio) garantisce bel tempo e divertimenti all'aperto

☐ Il deserto settentrionale può essere visitato tutto l'anno

☐ Si può viaggiare fuori stagione in ogni parte del Cile

☐ Cercate di evitare il sud nei mesi più piovosi (da maggio a luglio)

☐ In inverno (da giugno ad agosto) è divertente provare a sciare e vedere le fumarole che sbuffano dal paesaggio imbiancato

Dove soggiornare

☐ Gli alberghi hanno spesso sconti per famiglie e alcuni possono fornire lettini

☐ I bungalow sono disponibili praticamente ovunque d'estate e spesso permettono agli ospiti di cucinare i propri pasti

☐ Nei campeggi del sud possono esserci *quinchos* (capanni per il barbecue) dove ripararsi dalla pioggia

Cosa mettere in valigia

☐ Costume da bagno, cappellino per il sole e abiti caldi

☐ Repellente per gli insetti

☐ Buone scarpe da passeggio già ben utilizzate

☐ Zaino portabimbi (i passeggini non sempre si rivelano comodi)

primo piano

La sottile sagoma del Cile si distende verso Capo Horn, passando dal centro astronomico del deserto più arido del mondo a un mosaico di vigneti e campi coltivati, dal verde intenso delle foreste pluviali temperate al freddo azzurro dei ghiacciai. Da un capo all'altro del paese è costante la presenza del turbolento Oceano Pacifico e della frastagliata muraglia delle Ande. Gran parte della popolazione cilena abita nel centro del paese, e così Santiago è animata fino alle ore piccole. Ma Valparaíso, con i suoi stretti passaggi coperti di graffiti, non è da meno quanto a vita urbana. In qualunque direzione vi muoviate troverete un paese molto vitale, nei villaggi dove il tempo sembra scorrere un po' più lentamente o in mezzo a una natura selvaggia che non chiede altro che essere esplorata.

Santiago

Storia ✓✓
Arti ✓✓✓
Vita notturna ✓✓

Storia
Dall'indipendenza dalla Spagna alla deposizione di Salvador Allende nel 1973 e agli anni della dittatura militare, ripercorrete storia del Cile nei musei di Santiago.

Arti
Santiago ha il meglio del vecchio e del nuovo. Manufatti precolombiani e capolavori cileni nei musei tradizionali, artisti, fotografi e registi emergenti nei centri e nelle gallerie contemporanee.

Vita notturna
La vivace capitale cilena piace ai nottambuli. Troverete il *carrete* (vita notturna) nei semplici bar di Bellavista e Barrio Brasil, negli eleganti cocktail lounge di Vitacura e nei locali di musica live per tutta la città.

p40

Cile centrale

Vino ✓✓✓
Spiagge ✓✓
Attività ✓✓

Vino
Rosso o bianco? Le accoglienti aziende vinicole della regione li producono entrambi: nella Valle del Maule soprattutto Cabernet Sauvignon, mentre nella Valle de Casablanca Chardonnay e Sauvignon Blanc.

Spiagge
La costa è rinomata per il surf e i placidi villaggi. Per imparare a cavalcare le onde, prendete una tavola a Pichilemu o Buchupureo e andate nella più tranquilla Maitencillo.

Attività all'aperto
Affrontate la pista sciistica più lunga del Sud America (14 km). D'estate, i viaggiatori affollano le mete escursionistiche più note (le Torres del Paine e l'Atacama), così i parchi nazionali del Cile centrale si svuotano.

p90

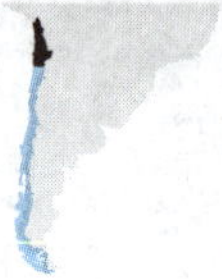

Norte Grande

Paesaggi ✓✓✓
Attività ✓✓✓
Storia ✓✓

Paesaggi

Ammirate la spettacolare varietà dei paesaggi del Norte Grande, dalle alture dell'*altiplano* ai tramonti nel deserto e le notti tempestate di stelle.

Attività

Il Norte Grande offre sport adrenalinici come surf sulle onde di Arica, parapendio dalla scogliera di Iquique, sandboarding nei pressi di San Pedro de Atacama e cavalcate attraverso il deserto più arido del mondo.

Storia

Vagate per le vie di Humberstone e Santa Laura, due città fantasma dell'era del boom dei nitrati, visitate la mitica *Esmeralda* nel porto di Iquique e osservate le inquietanti mummie chinchorro nel museo di Arica.

p150

Norte Chico

Spiagge ✓✓
Attività ✓✓✓
Architettura ✓

Spiagge

La costa del Norte Chico è un susseguirsi di belle spiagge e centri di attività animati come La Serena, ma anche strisce di sabbia praticamente vergini e rifugi balneari alla moda come la minuscola Bahía Inglesa.

Attività

Potrete arrampicarvi sul vulcano attivo più alto del mondo, l'Ojos del Salado, veleggiare a Bahía Inglesa, imbarcarvi per andare a vedere i pinguini di Humboldt e fare windsurf al largo di La Serena.

Architettura

Dal fascino coloniale della verde La Serena alle dimore neoclassiche di Caldera, il Norte Chico riserva un interessante mix di bellezze architettoniche.

p207

Sur Chico

Parchi ✓✓✓
Attività ✓✓✓
Laghi ✓✓✓

Parchi

I parchi del Sur Chico custodiscono un vero patrimonio paesaggistico. Si può salire fino al cratere del Volcán Villarrica, che erutta gas, o muoversi tra laghi alpini, foreste di araucaria e piste da sci.

Attività all'aperto

Si può fare trekking, rafting, canopying in zip-line, kayak, mountain bike e arrampicarsi sui vulcani. L'epicentro delle attività adrenaliniche in Cile è Pucón, come anche Puerto Varas.

Laghi

La regione è punteggiata da laghi blu e verde giada, ma ci sono anche sorgenti termali; le più allettanti sono alle Termas Geométricas. I fiumi sono ricchi di trote e cascate.

p239

Chiloé

Chiese ✓✓✓
Cultura ✓✓
Natura ✓✓

Chiese

Dichiarate Patrimonio dell'Umanità dall'UNESCO, le chiese di Chiloé furono costruite nei villaggi dell'isola per volere dei missionari gesuiti nel XVII e XVIII secolo.

Cultura

La peculiarità di Chiloé, particolarmente evidente nella mitologia e nel folklore, si esprime anche nell'architettura di chiese e *palafitos*. La cucina ha origini preispaniche, con piatti celebri come il *curanto* (stufato di carne, patate e pesce).

Natura

Il Parque Nacional Chiloé e il Parque Tantauco tutelano la foresta pluviale e suoi animali. Per vedere i pinguini di Magellano e di Humboldt, visitate il Monumento Natural Islotes de Puñihuil.

p304

Patagonia settentrionale

Cultura ✓✓
Attività ✓✓✓
Natura ✓✓

Cultura

La Patagonia settentrionale, rimasta a lungo piuttosto isolata, è un terra di cowboy. Visitate i coloni delle zone rurali, che vivono in armonia con una natura terribile e capricciosa.

Attività all'aperto

Pesca con la mosca, rafting su fiumi impetuosi, cavalcate per la campagna remota: panorami e avventura non mancano lungo la Carretera Austral, la sterrata che percorre il Cile meridionale.

Natura

Nella Valle Chacabuco (Parque Nacional Patagonia) si avvistano molti animali, come il guanaco e i fenicotteri. Vicino a Raul Marín Balmaceda, osservate dal vostro kayak delfini e leoni marini che giocano.

p326

Patagonia meridionale

Navigazione ✓✓
Trekking ✓✓✓
Parchi ✓✓✓

Navigazione

Per gli antichi marinai questo era un canale mitico, pieno di isole rocciose, balene e delfini, ma oggi i traghetti fanno la spola tra Puerto Montt e Puerto Williams. Si può scivolare in kayak sulle baie silenziose, dominate dai ghiacciai.

Trekking

Non c'è trekking più bello di quello tra le Torres del Paine e la catena argentina del Fitz Roy. I comodi *refugios* facilitano un po' l'impresa. Ci sono percorsi meno battuti a Pali Aike o Cabo Froward.

Parchi

Ghiacciai, picchi e steppa: la Patagonia meridionale è una festa per gli occhi. Il parco delle Torres del Paine e il Parque Nacional Los Glaciares argentino sono tra i più belli del continente.

p364

Tierra del Fuego

Natura ✓✓✓
Storia ✓✓
Paesaggi ✓✓✓

Natura selvaggia

Zaino in spalla lungo l'aspro circuito dei Dientes de Navarino, tra i pinguini o in mezzo a ghiacciai e leoni marini, in questo singolare luogo del pianeta ritroverete il vostro lato selvaggio.

Storia

Il passato è sempre presente in questa isola remota. Dei nativi rimangono ancora i cumuli di conchiglie. Al Museo Martín Guisinde di Puerto Williams e al Museo del Presido, ex prigione di Ushuaia, è possibile conoscerne la storia.

Paesaggi

Cime che spuntano dalla neve, fulvi pianori, isole accidentate in un labirinto di canali: un paesaggio mozzafiato da ammirare muovendosi a piedi o in barca.

p409

Isola di Pasqua

Storia ✓✓✓
Paesaggi ✓✓
Attività ✓✓

Storia

L'Isola di Pasqua (Rapa Nui) è un museo all'aria aperta grazie ai *moai* (grandi statue antropomorfe), agli *ahu* (piattaforme cerimoniali) e ai tumuli funerari risalenti all'epoca preeuropea.

Paesaggi

Preparate il grandangolo per catturare magnifici paesaggi. I più spettacolari si ammirano dal bordo del Rano Kau, un lago vulcanico, o camminando sulla Península Poike.

Attività all'aperto

I tipi più attivi saranno al settimo cielo: potranno salire sul Terevaka per godere della vista straordinaria, fare surf, snorkelling o immersioni in acque cristalline, cavalcare sullaPenínsula Poike e girare in bicicletta.

p435

Tutte le voci sono state selezionate dai nostri autori e sono elencate in ordine di preferenza

Attenzione a questi simboli:

TOP Raccomandato dai nostri autori

Opzione verde o ecosostenibile

FREE Non è richiesto alcun pagamento

V. l'indice analitico per l'elenco completo delle località

On the Road

Santiago

Include »

I migliori ristoranti

» Liguria (p69)
» Peluquería Francesa (p68)
» Azul Profundo (p68)
» Astrid y Gastón (p69)
» Tiramisú (p70)
» Aquí Está Coco (p69)

I migliori hotel

» W Hotel Santiago (p66)
» The Aubrey Hotel (p64)
» Vilafranca Petit Hotel (p65)
» Bellavista Home (p64)

Perché andare?

La capitale del Cile, all'improvviso, è diventata di moda. Santiago ha sempre avuto diverse attrattive – ottimi ristoranti, giardini perfettamente curati, un celebre mercato del pesce, lo splendido paesaggio delle Ande sullo sfondo – ma negli ultimi anni ha vissuto una vera e propria metamorfosi. Per celebrare il bicentenario del Cile, la città ha investito milioni di pesos nella costruzione di nuovi ed eleganti centri culturali, eccellenti musei e magnifici spazi verdi. Negli esclusivi quartieri di Vitacura ed El Golf sono state aperte moltissime gallerie d'arte raffinate, il W Hotel Santiago ha iniziato ad attirare celebrità nel suo bar all'ultimo piano e il fatiscente ma suggestivo Barrio (Quartiere) Brasil oggi può vantare vivaci opere d'arte pubblica e originali ostelli della gioventù. Santiago non sarà glamour come Rio o dinamica come Buenos Aires, ma ormai non rappresenta più una semplice tappa lungo il tragitto per la Patagonia o la Regione di Atacama. Sobria e al tempo stesso in piena fioritura, la capitale cilena oggi è una meta turistica a pieno titolo.

Quando andare

Santiago

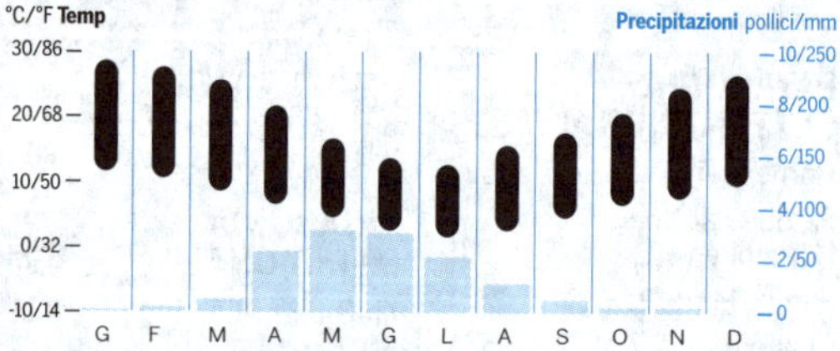

Marzo-agosto La vendemmia inizia in marzo, la stagione sciistica nelle Tres Valles in maggio.

Set-nov Le piacevoli temperature rendono la media stagione ideale per visitare i siti turistici.

Dic-feb D'estate Santiago ospita feste di strada e gli abitanti vanno in gita nel Cajón del Maipo.

La cucina di Santiago

Santiago è un vero paradiso per gli amanti della buona tavola: potrete gustarvi le specialità di tutto il Cile così come piatti classici rivisitati da una nuova generazione di chef creativi. Che pranziate seduti a un tavolo di plastica dentro l'affollato mercato del pesce o ceniate in un ristorante esclusivo di Providencia, tenete presente che è consuetudine iniziare il pasto con un pisco sour e le *machas a la parmesana* (cannolicchi al forno con parmigiano e vino bianco) o un'empanada *de pino* (ripiena di manzo macinato, cipolle e uova sode) prima di passare alle portate principali, tra le quali spiccano la *paila marina* (stufato di pesce), il *pastel de choclo* (pasticcio al forno a base di mais, carne e formaggio) e il pesce. Come dessert, provate una torta o un gelato ricoperti di *manjar,* la versione cilena del *dulce de leche* (ma non aspettatevi un espresso: i cileni vanno pazzi per il caffè solubile Nescafé).

PARQUE POR LA PAZ

Durante la dittatura di Pinochet, circa 4500 prigionieri politici furono torturati e 266 uccisi a Villa Grimaldi dalla DINA (Dirección Nacional de Inteligencia), ora disciolta. Il complesso venne raso al suolo negli ultimi giorni del regime per eliminare le prove, ma con il ritorno della democrazia l'area è stata trasformata in un parco della memoria di forte impatto, il **Parque por la Paz** (☎292-5229; www.villagrimaldi.cl, in spagnolo; Av Arrieta 8401; ⏲10-18). Ciascun elemento al suo interno simboleggia un aspetto delle atrocità commesse in questo luogo, perciò la visita è suggestiva ma anche straziante. Siate discreti nello scattare fotografie: gli altri visitatori potrebbero essere ex detenuti o familiari delle vittime. Per partecipare a una visita guidata, consultate il sito web con largo anticipo. Il luogo si raggiunge con l'autobus giallo n. D09 (è necessaria la tessera Bip!), che parte all'uscita della stazione della metropolitana Plaza Egaña in Av Vespucio; vi lascerà proprio di fronte.

I migliori musei di Santiago

» Museo de la Moda (p58)
» Museo de la Memoria y los Derechos Humanos (p54)
» Museo Nacional de Bellas Artes (p50)
» Museo de Arte Contemporáneo (p51)
» Museo Chileno de Arte Precolombino (p45)
» Museo de Artes Visuales (p51)

Come arrivare

» Aeropuerto Internacional Arturo Merino Benítez: aeroporto internazionale.

» Terminal de Buses Santiago: principale stazione degli autobus.

» Estación Central: stazione ferroviaria con collegamenti per il Cile centro-meridionale.

In breve

» Popolazione: 5.883.000
» Superficie: 2030 kmq
» Altitudine: 543 m
» Prefisso telefonico: ☎02

Consiglio

» Una volta usciti nella hall degli arrivi dell'aeroporto a Santiago, evitate il posteggio dei taxi e dirigetevi subito agli sportelli dei taxi a tariffa fissa e dei minibus.

Siti utili

» www.lonelyplanet.italia.it/cile
» www.chile.travel
» www.santiagotimes.cl
» www.eatwineguides.com
» www.chile-travel.com/santiago

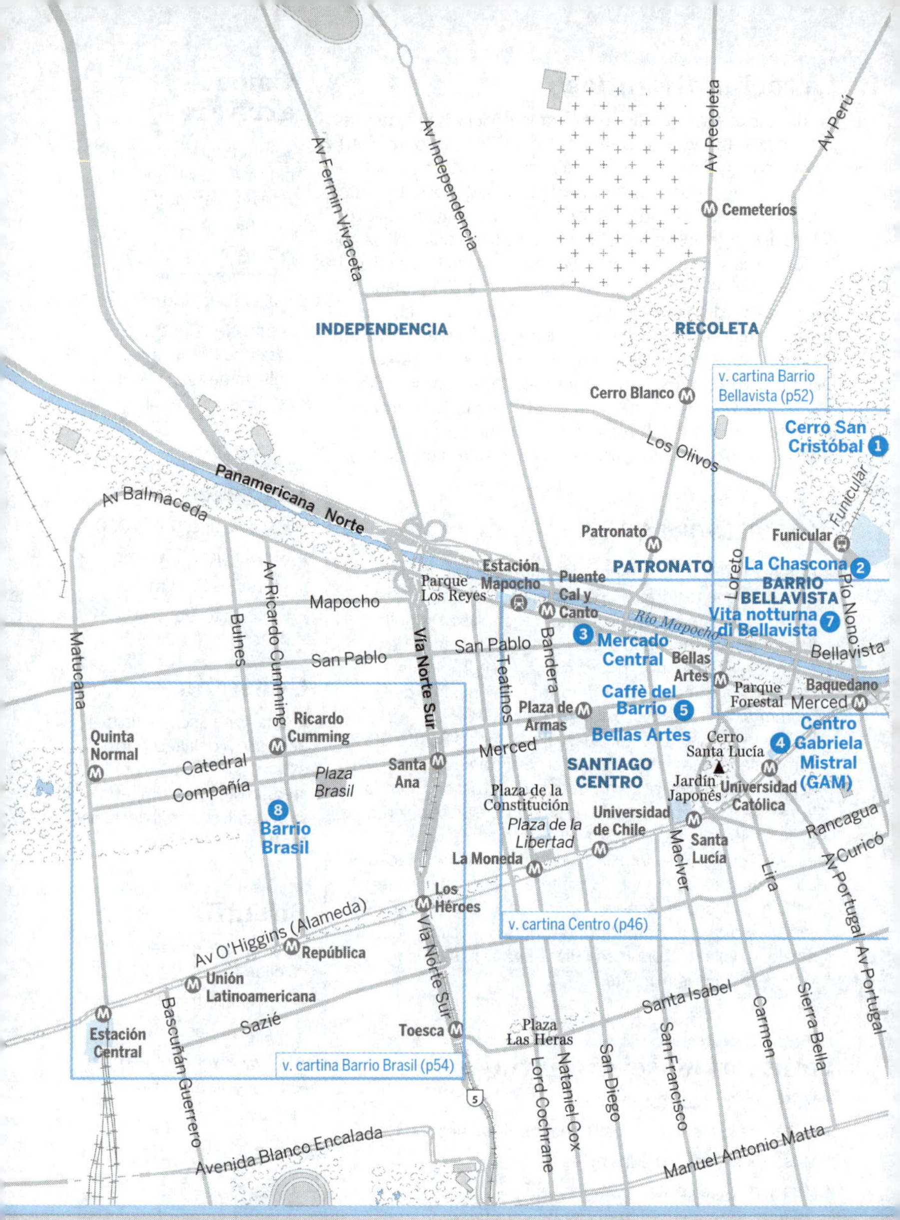

Il meglio di Santiago

❶ Il panorama mozzafiato della città dalla cima del **Cerro San Cristóbal** (p51)

❷ Sulle tracce di Pablo Neruda a **La Chascona** (p51), un tempo residenza del leggendario poeta cileno

❸ La *paila marina* (stufato di pesce) e la gente del posto che contratta il prezzo del pesce fresco al chiassoso **Mercado Central** (p45)

❹ Un film d'essai cileno presso il nuovo ed elegante **Centro Gabriela Mistral** (GAM; p51)

❺ Il viavai dei passanti bevendo un caffè e mangiando una torta nei pittoreschi caffè

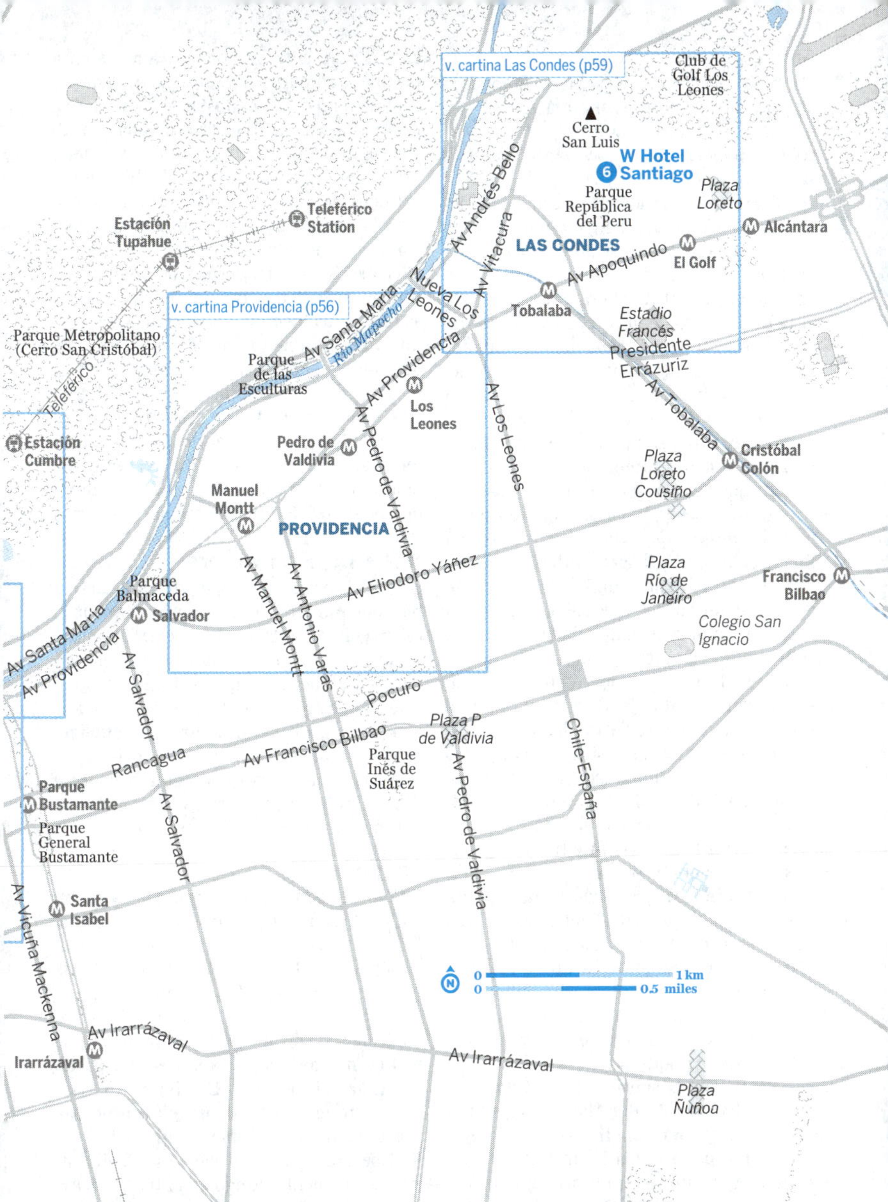

del **Barrio Bellas Artes** o del **Barrio Lastarria** (p71)

6 Le Ande al tramonto e un paio di pisco sour al bar sul tetto del **W Hotel Santiago** (p73)

7 Le radici della cultura cilena grazie ai manufatti precolombiani esposti nel **Museo Chileno de Arte Precolombino** (p45)

8 Cenare, bere e ballare fino all'alba nel quartiere centrale di **Bellavista** (p72), l'ideale per chi ama il *carrete* (vita notturna)

9 Le piste della migliore stazione sciistica cilena, **Valle Nevado** (p88)

Storia

Gruppi di cacciatori-raccoglitori nomadi si aggiravano in questa zona già nel 10.000 a.C., ma soltanto nell'800 a.C. vi si stabilirono le popolazioni che avevano legami di sangue con i mapuche (il 'Popolo della Terra' considerato originario del Cile centrale e meridionale). Non molto tempo dopo, gli incas fecero dell'area un importante crocevia fino all'arrivo del conquistatore spagnolo Pedro de Valdivia, che il 12 febbraio 1541 fondò la città di Santiago de la Nueva Extremadura, per poi raggiungere i mapuche stanziati più a sud e attaccarli. I mapuche che vivevano nei pressi della città reagirono prontamente, ma la compagna di Valdivia, Inés de Suárez, si rivelò altrettanto sanguinaria e guidò la difesa di Santiago decapitando personalmente almeno uno dei capi della rivolta. Nonostante i continui attacchi, le inondazioni e i terremoti, i *conquistadores* non si arresero e alla fine la città cominciò a espandersi.

Santiago fu teatro della dichiarazione di indipendenza del Cile dalla Spagna nel 1810, così come della battaglia finale che nel 1818 rovesciò il potere coloniale. L'aumento della popolazione e le opere pubbliche trasformarono la città, che divenne il punto di snodo della rete ferroviaria cilena, in rapida espansione, prima di sostituire Valparaíso come capitale finanziaria della nazione all'inizio del XX secolo. Non tutti, però, prosperavano e la povertà costrinse numerosi agricoltori a trasferirsi in città, mentre le classi più elevate si spostavano nei quartieri periferici orientali. Dopo la seconda guerra mondiale, la rapida industrializzazione creò nuove opportunità di lavoro, purtroppo mai sufficienti a soddisfare la domanda. Ciò portò alla nascita dei numerosi insediamenti abusivi noti come *callampas* ('funghi', così chiamati perché spuntavano praticamente nell'arco di una notte).

A Santiago ebbe luogo il colpo di stato che nel 1973 depose Salvador Allende. Negli anni bui che seguirono, migliaia di prigionieri politici furono giustiziati e in tutta la città sorsero centri di tortura e prigioni clandestine. Nonostante ciò, il generale Augusto Pinochet, comandante supremo dell'esercito, rimase in carica come presidente del Cile fino al 1990. Quell'anno, con l'elezione di Patricio Aylwin alla presidenza, fu restaurato nel paese il governo democratico; Pinochet rimase a capo dell'esercito.

Negli anni '90 il divario tra ricchi e poveri si fece sempre più marcato e la disuguaglianza sociale, per quanto meno acuta che in altre città latinoamericane, sembra destinata ad affliggere Santiago ancora per diverso tempo. Ciò nonostante, una relativa prosperità economica ha favorito una sorta di rinascita a Santiago, soprattutto nel periodo precedente alla celebrazione del bicentenario del Cile nel 2010. Negli ultimi anni la città ha visto l'apertura di numerosi parchi e musei, la riqualificazione del lungofiume e la costruzione di modernissimi condomini; sono in corso di realizzazione anche progetti su larga scala tra cui il Costanera Center (che, una volta terminato, sarà l'edificio più alto del Sud America) e nuovi complessi edilizi in zone commerciali e residenziali esclusive come Vitacura e Dehesa. Grazie al design funzionale e alla rigida normativa edilizia, il terremoto che ha colpito il Cile centrale nel febbraio 2010 ha provocato danni sorprendentemente ridotti nella capitale.

Che cosa vedere

Grazie al recente sviluppo edilizio legato al bicentenario del Cile, oggi Santiago è piena di centri culturali ultramoderni, eleganti musei e ampi parchi gremiti di interessanti sculture dove gli abitanti del posto si crogiolano al sole. I mercati alimentari, le verdi strade residenziali, i caffè all'aperto e le affollate arterie commerciali sono spesso i luoghi migliori in cui osservare il peculiare insieme di trambusto latinoamericano e riservatezza europea che caratterizza Santiago.

CENTRO

Il Centro, a forma triangolare, è la parte più antica di Santiago e anche la più affollata. È delimitato da tre confini piuttosto difficili da superare: il Río Mapocho e la superstrada Autopista Central, che soltanto in alcuni punti presentano ponti sopraelevati, e l'Alameda, l'Av O'Higgins percorsa da binari che metteranno a dura prova la vostra capacità di saltare gli ostacoli. Dal punto di vista architettonico, il Centro è più grandioso che elegante: edifici malandati risalenti al XIX secolo sorgono accanto a sfavillanti grattacieli, mentre lungo gli affollati *paseos* (aree pedonali) si susseguono negozi di abbigliamento dozzinali e fast food. Ma anche gli uffici governativi, il palazzo presidenziale e il distretto bancario si trovano qui. Questa zona, dunque, è il fulcro della vita cittadina e offre alcune interessanti attrazioni turistiche.

TOP **Mercado Central** MERCATO
(cartina p46; 7-17 lun-sab, 7-15 dom; M Puente Cal y Canto) Scintillanti pile di pesce fresco e crosta-

SANTIAGO IN...

Due giorni

Iniziate la giornata nel cuore della città, l'animata **Plaza de Armas**. Visitate il **Museo Chileno de Arte Precolombino**, oppure prendete un caffè e ammirate opere d'arte contemporanea e manufatti artigianali fair trade presso il **Centro Cultural Palacio La Moneda**. Fermatevi per un pranzo a base di pesce al **Mercado Central**, poi inerpicatevi rapidamente sul **Cerro Santa Lucía** per contemplare la città dall'alto. Fate una sosta per bere un tè e osservare il viavai dei passanti in un **caffè del Barrio Bellas Artes**. Dirigetevi nel quartiere di Bellavista per gustare una tipica cena cilena al ristorante **Galindo**, poi rilassatevi al **Bar Constitución**. Prendete ispirazione per il vostro secondo giorno di visita alla casa di Pablo Neruda, **La Chascona**, poi godetevi altri splendidi panorami dalla sommità del **Cerro San Cristóbal**. Dopo un pranzo a base di ceviche presso il ristorante **Azul Profundo**, visitate il **Centro Cultural Gabriela Mistral**. Più tardi bevete un pisco sour al **Red2One**, il cocktail bar del W Hotel Santiago, poi cenate in compagnia dei *santiaguinos* alla moda nel ristorante **Tiramisú**.

Quattro giorni

Il terzo giorno fate un'escursione al **Cajón del Maipo** o visitate un'**azienda vinicola**. In inverno potreste andare a sciare a **Tres Valles**. Trascorrete il quarto giorno ad ammirare l'arte di strada nel **Barrio Brasil**, pranzando alla **Peluquería Francesa** in un palazzo antico. Concludete in bellezza il vostro soggiorno a Santiago bevendo un drink al **Bar:Liguria** di Providencia.

cei poste sopra cumuli di ghiaccio altrettanto luccicanti attirano buongustai, appassionati di pesca e fotografi nel Mercato Centrale, delimitato da 21 de Mayo, San Pablo, Paseo Puente e Valdés Vergara. I rivenditori si fanno concorrenza a suon di grida per accaparrarsi i clienti in una metà del mercato, mentre i procacciatori dei numerosi ristoranti di pesce fanno la stessa cosa nell'altra (ma per gustare un'esperienza culinaria più autentica, evitate i ristoranti di pesce del Centro e optate per quelli periferici, che all'ora di pranzo pullulano di abitanti del posto).

Plaza de Armas PIAZZA

(cartinap46; Ⓜ Plaza de Armas) Sin dalla fondazione della città nel 1541, Plaza de Armas ne rappresenta il cuore simbolico. In epoca coloniale un macabro patibolo era collocato al centro della piazza; oggi, al suo posto, c'è una fontana che celebra il *libertador* (liberatore) Simón Bolívar, ombreggiata da oltre un centinaio di palme del Cile. Due strade pedonali parallele, Paseo Ahumada e Paseo Estado, nei fine settimana e nei pomeriggi assolati infrasettimanali conducono nella piazza schiere di abitanti di Santiago; a intrattenerli ci sono clown, venditori di palloncini e bancarelle gastronomiche per tutti i gusti.

Catedral Metropolitana CHIESA

(cartinap46; Plaza de Armas; ⌚9-19 lun-sab, 9-12 dom; Ⓜ Plaza de Armas) Su Plaza de Armas si affaccia la Catedral Metropolitana, costruita fra il 1748 e il 1800 in stile neoclassico. I vescovi celebrano la messa sul sontuoso altare maggiore che poggia sopra la cripta dove sono sepolti i loro predecessori.

Museo Chileno de Arte Precolombino MUSEO

(cartinap46; ☎928-1500; www.precolombino.cl; Bandera 361; interi/bambini CH$3000/gratuito; ⌚10-18 mar-dom; Ⓜ Plaza de Armas) Raffinate ceramiche prodotte da importanti culture precolombiane costituiscono la principale attrazione del più bel museo di Santiago, il Museo Cileno di Arte Precolombiana. Oltre alle decine di elaborati recipienti antropomorfici, i pezzi forti della collezione sono una pesante stele maya in pietra e un'affascinante mostra di tessuti andini. Oggetti più insoliti sono le spatole usate dagli sciamani dell'Amazzonia per provocare il vomito prima di ingerire sostanze psicotrope. Il museo è stato appena riaperto dopo alcuni lavori di ampliamento. Controllate il sito web per informazioni aggiornate.

Cerro Santa Lucía COLLINA

(cartina p46; ingressi all'angolo tra Alameda e Santa Lucía e all'angolo tra Santa Lucía e Subercaseaux; ⌚9-19 marzo-set, 9-20 ott-feb; Ⓜ Santa Lucía o Bellas Artes) Sul lato orientale del Centro si erge il Cerro Santa Lucía. Nel XIX secolo questa collina rocciosa fu trasformata in un magnifico parco all'inglese su commissione

Santiago Centro

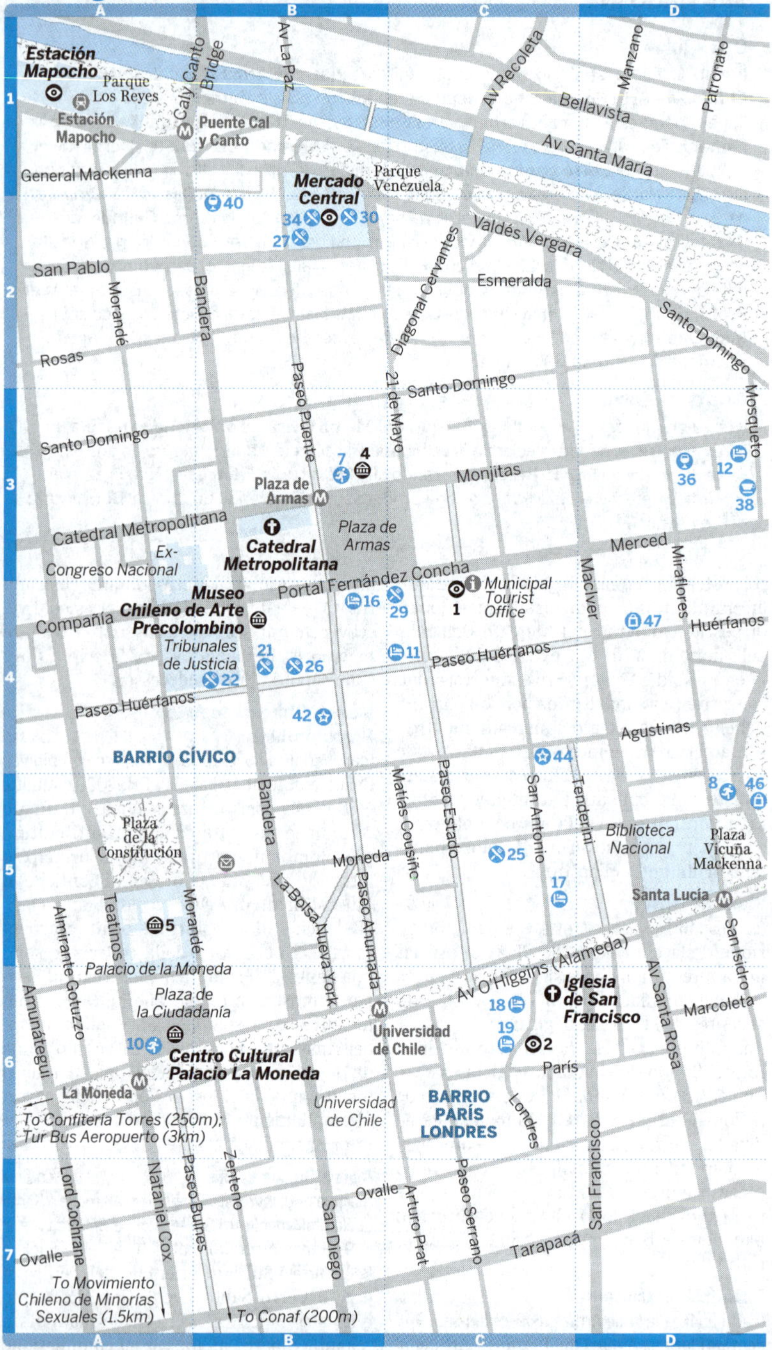

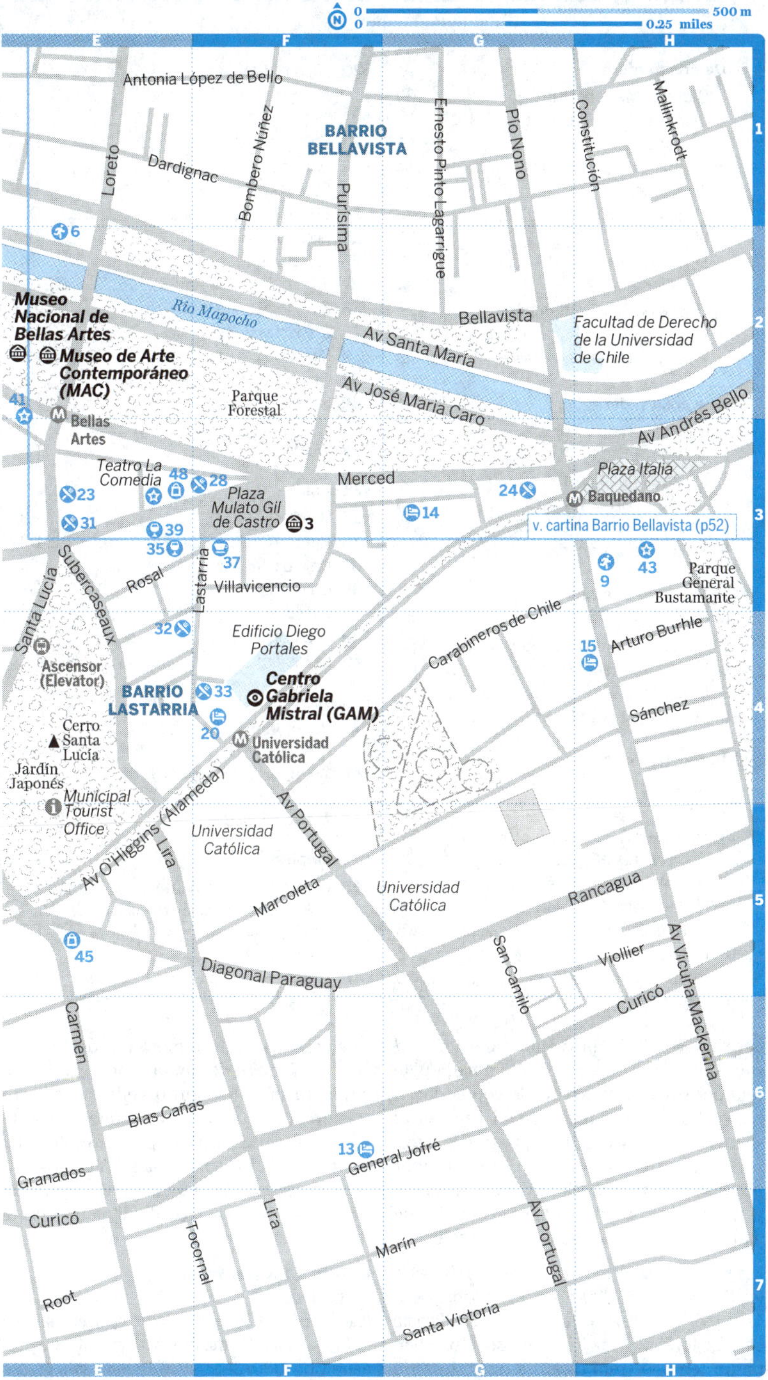
0 500 m
0 0.25 miles
E
F
G
H
1
2
3
4
5
6
7
Antonia López de Bello
Loreto
Dardignac
Bombero Núñez
BARRIO BELLAVISTA
Purísima
Ernesto Pinto Lagarrigue
Pío Nono
Constitución
Mallinkrodt
6
Museo Nacional de Bellas Artes
Río Mapocho
Bellavista
Facultad de Derecho de la Universidad de Chile
Museo de Arte Contemporáneo (MAC)
Av Santa María
Parque Forestal
Av José María Caro
41
Bellas Artes
Av Andrés Bello
Teatro La Comedia
48
28
Merced
Plaza Italia
23
Plaza Mulato Gil de Castro
24
Baquedano
3
14
31
39
v. cartina Barrio Bellavista (p52)
35
37
9
43
Parque General Bustamante
Santa Lucía
Subercaseaux
Rosal
Lastarria
Villavicencio
Carabineros de Chile
32
Edificio Diego Portales
15
Arturo Burhle
Ascensor (Elevator)
BARRIO LASTARRIA
33
Centro Gabriela Mistral (GAM)
Sánchez
20
Universidad Católica
Cerro Santa Lucía
Jardín Japonés
Municipal Tourist Office
Av O'Higgins (Alameda)
Universidad Católica
Av Portugal
Lira
Universidad Católica
Marcoleta
Rancagua
45
San Camilo
Viollier
Diagonal Paraguay
Curicó
Av Vicuña Mackenna
Carmen
Blas Cañas
13
General Jofré
Granados
Curicó
Lira
Tocornal
Marín
Av Portugal
Root
Santa Victoria

Centro

Da non perdere

Catedral Metropolitana B3
Centro Cultural Palacio La Moneda A6
Centro Gabriela Mistral (GAM) F4
Estación Mapocho A1
Iglesia de San Francisco C6
Mercado Central B2
Museo Chileno de Arte Precolombino B4
Museo de Arte Contemporáneo (MAC) E2
Museo Nacional de Bellas Artes E2

Che cosa vedere

1 Casa Colorada C4
2 Londres 38 .... C6
Museo Arqueológico de Santiago .... (v. 3)
3 Museo de Artes Visuales F3
4 Museo Histórico Nacional B3
5 Palacio de la Moneda A5

Attività, corsi e tour

6 Chip Travel E2
7 Punto di incontro Free Tour Santiago B3
8 Instituto Chileno-Británico D5
9 Natalislang H3
10 Punto di incontro Spicy Chile A6

Pernottamento

11 Ameristar C4
12 Andes Hostel D3
13 Ecohostel F6
14 Hostal Forestal G3
15 Hostal Río Amazonas H4
16 Hostel Plaza de Armas B4
17 Hotel Galerías C5
18 Hotel Plaza San Francisco C6
19 Hotel Vegas C6
20 Lastarria 43 .... F4

Pasti

21 Bar Nacional B4
22 Bar Nacional 2 .... B4
23 Café Bistro de la Barra E3
24 El Bombón Oriental G3
25 El Naturista C5
26 El Naturista B4
27 Empanadas Zunino B2
28 Emporio La Rosa F3
29 Chioschi gastronomici C4
30 Mercado Central B2
31 Opera E3
32 Sur Patagónico E4
33 Tambo F4
34 Tio Willy B2

Locali

35 Bar Berri E3
36 Bar the Clinic D3
37 Café del Museo F3
38 Café Mosqueto D3
Catedral .... (v. 31)
39 El Diablito E3
40 La Piojera B2

Divertimenti

41 Bar El Tunel E2
42 Feria del Disco B4
43 Teatro de la Universidad de Chile H3
44 Teatro Municipal C4

Shopping

45 Centro Artesanal Santa Lucía E5
46 Centro de Exposición de Arte Indígena D5
47 Contrapunto D4
48 Kind of Blue E3

del sindaco Benjamín Vicuña Mackenna. I suoi spazi verdi rappresentano ancora oggi uno dei rifugi prediletti delle coppie locali che vogliono scambiarsi effusioni. Una rete di sentieri e ripide scalinate in pietra sale attraverso alcune terrazze fino alla Torre Mirador posta sulla sommità. Nel 1833 Charles Darwin definì 'sorprendente' la vista che si gode dall'altura e tuttora vale la pena di salirvi.

Estación Mapocho CENTRO CULTURALE

(cartina p46; ☎787-0000; www.estacionmapocho.cl, in spagnolo; Plaza de la Cultura s/n; Ⓜ Puente Cal y Canto) Dalla Stazione Mapocho partivano un tempo i treni diretti a nord. I danni provocati da un terremoto e il declino del sistema ferroviario hanno portato alla sua chiusura, ma in seguito l'edificio è stato trasformato in un centro culturale che ospita mostre d'arte, concerti importanti e fiere. La svettante struttura in ghisa dell'atrio principale fu costruita in Francia e poi assemblata a Santiago dietro la facciata di pietra dorata in stile beaux-arts.

Centro Cultural Palacio La Moneda CENTRO CULTURALE

(cartina p46; ☎355-6500; www.ccplm.cl; Plaza de la Ciudadanía 26; mostre interi/bambini e studenti CH$1000/CH$500, 9-12 lun-ven ingresso libero, biglietti del cinema interi/bambini e studenti CH$2000/1000; ⏲9-19.30; ⓂLa Moneda) L'arte underground assume un nuovo significato in uno dei più recenti spazi culturali di Santiago, il Centro Cultural Palacio La Moneda situato sotto **Plaza de la Ciudadanía**. Una lastra di vetro che funge da tetto permette alla luce naturale di inondare questo spazio sotterraneo, dove alcune rampe si snodano attraverso l'atrio centrale superando la Cineteca Nacional (un cinema statale dove si proiettano film d'essai) fino a raggiungere due ampie sale che ospitano mostre temporanee. Al piano più elevato ci sono un negozio di artigianato fair trade, alcuni caffè e una galleria dedicata alla cantante folk, artista e attivista cilena Violeta Parra.

Barrio París-Londres QUARTIERE

Immediatamente a sud dell'**Iglesia de San Francisco**, un convento francescano, si è sviluppato il minuscolo Barrio París-Londres. Questo quartiere è formato da due strade acciottolate che si intersecano e si chiamano – facile da indovinare – París e Londres. Lungo di esse si affacciano graziose case a schiera in stile europeo risalenti a gli anni '20, alcune delle quali oggi racchiudono alberghi vecchio stile. Osservate il monumento commemorativo eretto presso il **Londres 38** (www.londres38.cl, in spagnolo; ⏲10-13 e 15-18 mar-ven), un edificio utilizzato come centro di tortura durante il regime di Pinochet.

Iglesia de San Francisco CHIESA

(cartina p46; Alameda 834; ⏲11-18 lun-sab, 10-13 dom; ⓂUniversidad de Chile) La prima pietra dell'austera Iglesia de San Francisco, il più antico edificio coloniale di Santiago giunto fino a noi, fu posata nel 1586. I suoi muri massicci hanno resistito a violenti terremoti, mentre la torre è crollata più volte; quella attuale, terminata nel 1857, è la quarta. Sull'altare maggiore cercate la statua della Virgen del Socorro (Nostra Signora del Perpetuo Ausilio), che Pedro de Valdivia, il fondatore di Santiago, portò in Cile durante la sua missione di conquista nel 1540 per essere protetto dagli attacchi dei nativi.

FREE **Palacio de la Moneda** PALAZZO

(cartina p46; ☎690-4000; Morandé 130; ⏲10-18 lun-ven; ⓂLa Moneda) Gli uffici presidenziali cileni si trovano all'interno del Palacio de la Moneda. Questo elaborato edificio neoclassico fu progettato dall'architetto italiano Gioacchino (Joaquín) Toesca alla fine del XVIII secolo e in origine era la sede ufficiale della Zecca – il suo nome, infatti, significa 'la moneta'. La facciata settentrionale venne gravemente danneggiata dagli attacchi missilistici dell'aviazione durante il colpo di stato del 1973, quando qui fu rovesciato il presidente Salvador Allende che rifiutava di andarsene. Un monumento in sua memoria sorge proprio di fronte, in **Plaza de la Constitución**.

Museo Histórico Nacional MUSEO

(cartina p46; ☎411-7010; www.dibam.cl/historico_nacional, in spagnolo; Plaza de Armas 951; interi/bambini CH$600/300; ⏲10-17.30 mar-dom; ⓂPlaza de Armas) Mobili di epoca coloniale, armi, dipinti, oggetti storici e modellini in scala illustrano la storia coloniale e repubblicana del Cile nel Museo Storico Nazionale. Il pianterreno ospita una piccola sezione dedicata alla cultura precolombiana, ma tratta soprattutto del periodo della conquista e del dominio coloniale. Al piano superiore sono rappresentati gli anni tra la conquista dell'indipendenza e il colpo di stato del 1973, passando per la rivoluzione industriale. Gli occhiali rotti di Allende costituiscono l'ultimo agghiacciante oggetto in mostra.

Casa Colorada EDIFICIO STORICO

(cartina p46; Merced 860) Tra le poche case coloniali ancora visibili a Santiago spicca la semplice Casa Rossa, dalla facciata rosso

ORIENTAMENTO

L'area metropolitana di Santiago è incuneata tra due catene montuose, le Ande e la *cordillera* costiera. Comprende 32 *comunas* (distretti), ma la maggior parte dei siti interessanti e delle attività è raggruppata in pochi quartieri centrali.

La principale arteria della città è Av O'Higgins (meglio nota come Alameda), che corre in direzione ovest-est; a est di Plaza Italia prende il nome di Av Providencia e poi di Av Apoquindo. La Línea 1 della metropolitana segue questo asse per gran parte della sua lunghezza. L'inquinatissimo Río Mapocho scorre più o meno parallelo inclinato in direzione nord, fungendo da confine tra il centro e i quartieri periferici settentrionali.

L'area urbana, per il resto pianeggiante, è punteggiata da due colline: il Cerro San Cristóbal, dove sorge un grande parco ricreativo, e il più piccolo Cerro Santa Lucía.

VALE IL VIAGGIO

BARRIO RECOLETA

Animati ristoranti coreani e takeaway mediorientali, un vivace mercato traboccante di frutta matura, un pittoresco miscuglio di venditori ambulanti e un cocktail lounge alla moda: questo barrio in rapida espansione, subito a ovest di Bellavista, rappresenta una piacevole alternativa agli itinerari più battuti. Ecco un elenco di indirizzi da non lasciarsi sfuggire.

Patronato (cartina p52; Ⓜ Patronato) Questo barrio nel barrio, delimitato approssimativamente da Recoleta, Loreto, Bellavista e Dominica, è il cuore delle comunità di immigrati di Santiago, soprattutto coreani, cinesi e arabi. Nei suoi variopinti isolati, a tratti fatiscenti e illuminati da insegne al neon, sorgono edifici antichi, mentre in sottofondo si sentono costantemente le note della cumbia. Qui potrete fare un giro nei semplici supermercati etnici, assaggiare le delizie in vendita sulle bancarelle o vagabondare nel mercato dell'abbigliamento, dove la gente del posto contratta i prezzi degli abiti *quinceañera* (per il quindicesimo compleanno) e delle ciabatte cinesi.

La Vega Central (⏲6-18 lun-sab, 6-15 dom; Ⓜ Patronato) Lamponi, fichi, mele cotogne, pesche, cachi, anone… in questo mercato, delimitato da Dávila Baeza, Nueva Rengifo, López de Bello e Salas, troverete la migliore frutta cilena. Visitatelo al mattino presto, per osservare i venditori ambulanti che declamano a gran voce la qualità dei loro prodotti.

Vietnam Discovery (cartina p52; ☎737-2037; www.vietnamdiscovery.cl; Loreto 324; portate principali CH$4800-7600; ⏲sab solo pranzo; Ⓜ Patronato; ✍) I *santiaguinos* alla moda hanno fatto la fila intorno all'isolato quando una coppia franco-thailandese ha aperto questo nuovo ristorante dall'atmosfera intima. Si tratta di una versione giovane ed elegante dei tradizionali ristoranti etnici del barrio, dove è possibile gustare invitanti piatti thailandesi e vietnamiti. Se volete trovare posto prenotate in anticipo, utilizzando il modulo disponibile online.

Restobar KY (cartina p52; www.restobarky.cl; Av Perú 631; ⏲chiuso lun; Ⓜ Cerro Blanco) Anche questo nuovo, fantastico cocktail bar trae ispirazione dall'atmosfera da Sud-est asiatico del barrio. Il proprietario, fotografo di professione, ha fatto miracoli con un vecchio edificio dalla struttura irregolare: l'interno, illuminato da lanterne cinesi e dalla luce soffusa di antichi lampadari a bracci, ha un'atmosfera quasi mistica e offre un'affascinante mescolanza di sedie d'epoca, piante esotiche, mobili in legno intagliato e vivaci opere d'arte. Scegliete un cocktail thailandese dal menu e sedetevi ad osservare il bel mondo che si diverte sotto lo sguardo di una statua del Buddha.

cupo; purtroppo, dell'originario edificio settecentesco è sopravvissuta soltanto la metà anteriore.

BARRIO LASTARRIA E BARRIO BELLAS ARTES

Questi pittoreschi quartieri che si estendono in prossimità del Cerro Santa Lucía ospitano tre dei migliori musei di Santiago e sono i più alla moda della città. A est del Cerro, il Barrio Lastarria prende il nome dalla sua strada principale, JV Lastarria, rivestita di ciottoli e fiancheggiata da bar e ristoranti alternativi. La strada che la interseca, Merced, arricchisce lo scenario con originali negozi e caffè. Il vero fulcro della 'cultura dei caffè' di Santiago, però, si trova più avanti, nel Barrio Bellas Artes, nome con cui oggi sono conosciuti i pochi isolati che si estendono a nord del Cerro Santa Lucía. JM de la Barra è l'arteria principale di questo quartiere.

Museo Nacional de Bellas Artes MUSEO
(cartina p46; ☎499-1600; www.mnba.cl, in spagnolo; Parque Forestal s/n; interi/bambini CH$600/300; ⏲10-18.50 mar-dom; Ⓜ Bellas Artes) Al centro del Parque Forestal sorge l'imponente **Palacio de Bellas Artes**, in stile neoclassico, costruito nel 1910 per celebrare il centenario dell'indipendenza del Cile. L'interno ospita ben due musei d'arte, il Museo Nazionale di Belle Arti e il Museo d'Arte Contemporanea. Il primo racchiude una splendida collezione permanente di arte cilena: non lasciatevi sfuggire le opere di Luis Vargas Rosas, ex direttore del museo e membro del movimento Abstraction-Création così come il suo collega cileno

Roberto Matta, la cui produzione è a sua volta ben rappresentata.

Museo de Arte Contemporáneo MUSEO
(MAC; cartina p46; ☎977-1741; www.mac.uchile.cl, in spagnolo; Mosqueto s/n; ingresso su offerta; ⏲11-19 mar-sab, 11-18 dom; Ⓜ Bellas Artes) Presso il Museo d'Arte Contemporanea, anch'esso situato nel Palacio de Bellas Artes, si tengono spesso mostre di fotografia contemporanea, design, scultura, installazioni e web art. Le sue immacolate gallerie sono il risultato di un intenso lavoro di restauro, volto a rimediare ai danni causati da incendi e terremoti. La pittura cilena del XX secolo forma il nucleo principale della collezione permanente.

FREE **Centro Gabriela Mistral** CENTRO CULTURALE
(GAM; cartina p46; ☎566-5500; www.gam.cl, in spagnolo; Av O'Higgins 227; ⏲aree commerciali 8-24, spazi espositivi 10-20 mar-sab, 11-20 dom; Ⓜ Universidad Católica) Questo splendido centro culturale è intitolato alla poetessa cilena Gabriela Mistral, prima donna latinoamericana a vincere il premio Nobel per la letteratura, e rappresenta un'entusiasmante novità nel panorama artistico di Santiago. Oltre a due ampi spazi espositivi e a graziose aree commerciali esterne, il modernissimo GAM comprende un'incantevole libreria, un caffè-ristorante alla moda, un'enoteca e una piccola fiera dell'antiquariato all'aperto. Ogni ora partono visite guidate del luogo; rivolgetevi al banco informazioni.

Museo de Artes Visuales MUSEO
(MAVI; cartina p46; ☎638-3502; www.mavi.cl; Lastarria 307, Plaza Mulato Gil de Castro, Centro; interi/bambini CH$1000/500, dom ingresso libero; ⏲10.30-18.30 mar-dom, chiuso feb; Ⓜ Bellas Artes) Cemento a vista, legno decapato e vetro sono i materiali scelti dall'architetto locale Cristián Undurraga per il semplice ma straordinario Museo di Arti Visive. Il contenuto delle quattro gallerie a pianta aperta è affascinante come l'edificio: durante le mostre temporanee, che cambiano regolarmente, si possono ammirare modernissime incisioni, sculture, opere pittoriche e fotografie. Il biglietto di ingresso permette di accedere anche al **Museo Arqueológico de Santiago** (MAS), situato all'ultimo piano. Le sale dall'illuminazione fioca, con muri e pavimenti in pietra scura, creano la giusta atmosfera per questa piccola ma interessante collezione, che comprende ceramiche diaguite, di San Pedro e della cultura di el molle oltre a gioielli mapuche e incisioni dell'Isola di Pasqua.

Parque Forestal PARCO
(cartina p46) Nei pomeriggi dei fine settimana, le giovani coppie si appartano nel Parque Forestal, uno stretto spazio verde incuneato tra il Río Mapocho e Merced. Negli altri giorni il parco è frequentato da appassionati di jogging e power walking.

BARRIO BELLAVISTA

I turisti associano Bellavista alla casa di Pablo Neruda e alla statua della Vergine Maria che domina la città dal parco situato sulla cima dell'imponente Cerro San Cristóbal. Per la gente del posto, invece, Bellavista è il simbolo del *carrete* (vita notturna). Di notte i bagordi si protraggono effettivamente fino alle ore piccole, ma di giorno le strade pittoresche e le piazze acciottolate del quartiere sono piacevolmente tranquille. Dimenticate la cartina: le alberate vie residenziali a est di Constitución sono ideali per gironzolare senza meta, mentre gli isolati a ovest, pieni di graffiti, susciteranno l'interesse degli appassionati di fotografia.

La Chascona EDIFICIO STORICO
(cartina p52; ☎777-8741; www.fundacionneruda.org; Fernando Márquez de La Plata 0192; ingresso solo con visita guidata, interi/bambini in spagnolo CH$2500/1500, in inglese CH$3500, studenti e senior CH$1500; ⏲10-19 mar-dom gen e feb, 10-18 mar-dom marzo-dic; Ⓜ Baquedano) Quando il poeta Pablo Neruda ebbe bisogno di un luogo segreto per incontrare la sua amante Matilde Urrutia, fece costruire La Chascona (traducibile, approssimativamente, con 'capelli arruffati') ispirandosi per il nome ai ricci ribelli della donna. Neruda, come è noto, adorava il mare, perciò la sala da pranzo ha la forma della cabina di una nave e il salotto ricorda un faro. Durante le visite guidate potrete scoprire la storia dell'edificio e ammirare la collezione di bicchieri colorati, conchiglie, mobili e opere d'arte realizzati da celebri amici di Neruda. Purtroppo, molto andò perduto durante la dittatura, quando il luogo fu saccheggiato, ma la Fundación Neruda, che tutela le case in cui visse il poeta, ha sede qui e gestisce un grazioso caffè e un negozio di souvenir. Prenotate con almeno un giorno di anticipo utilizzando il modulo disponibile online o telefonando direttamente.

Cerro San Cristóbal MONTAGNA
(cartina p52; ☎730-1331; www.parquemet.cl, in spagnolo) entrata Bellavista (Pío Nono 450, Barrio Bellavista; Ⓜ Baquedano); entrata Providencia (Av Pedro de Valdivia e El Cerro, Providencia; Ⓜ Pedro de Valdivia) Le migliori vedute di Santiago si

Barrio Bellavista

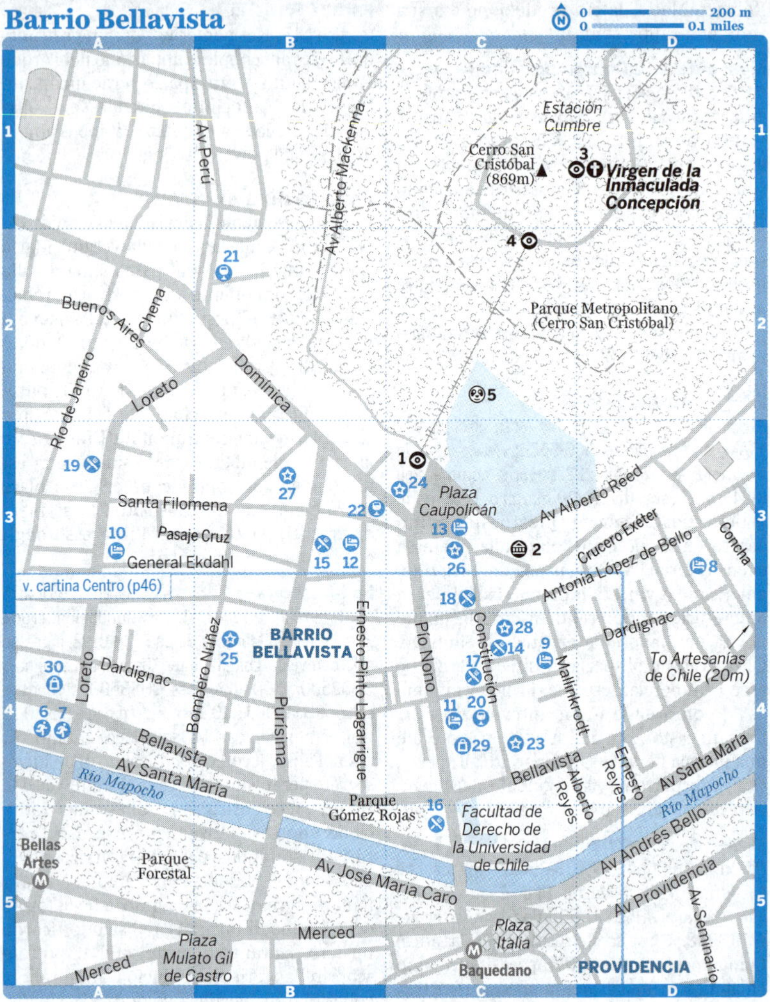

possono ammirare dalle cime e dai punti panoramici del **Parque Metropolitano**, meglio noto come Cerro San Cristóbal. Esteso su una superficie di 722 ettari, il parco è lo spazio verde più grande di Santiago, ma ha un carattere decisamente urbano: una funicolare trasporta i visitatori nelle diverse aree paesaggistiche e le strade che lo attraversano sembrano più adatte alle automobili che agli escursionisti. Il parco si trova a nord di Bellavista e Providencia e vi si accede da entrambi i quartieri.

La bianchissima statua della **Virgen de la Inmaculada Concepción** (cartina p52), alta 14 m, domina la *cumbre* (cima) che si trova all'estremità del parco confinante con Bellavista. Le panchine ai piedi dell'immagine costituiscono la chiesa all'aperto dove papa Giovanni Paolo II celebrò la messa nel 1984.

Il mezzo più utilizzato per raggiungere la vetta è stato per anni il *teleférico* (funivia); al momento della stesura di questa guida, però, era fuori servizio e ci si poteva recare sulla cima della montagna soltanto con la **funicolare** (cartina p52; interi/bambini andata e ritorno CH$1800/1100; ⏲10-20 mar-dom, 13-20 lun), che sale per 284 m da Plaza Caupolicán, all'estremità settentrionale di Pío Nono. La

Barrio Bellavista

funicolare fa una sosta intermedia al piccolo **Zoológico Nacional** (cartina p52; ☎730-1334; Parque Metropolitano; interi/bambini CH$3000/1500; ⊙10-18 mar-dom; Ⓜ Baquedano); pur non essendo di particolare interesse, questo zoo è uno degli unici posti in Cile dove è possibile vedere il minuscolo cervo pudú, la mascotte nazionale. Tenete presente che la funicolare ferma allo zoo all'andata ma non al ritorno.

Altre attrazioni da ammirare sul fianco della collina sono il **Jardín Botánico Mapulemu**, un giardino botanico, la **Plaza de Juegos Infantiles Gabriela Mistral**, un piacevole parco giochi per bambini con strutture in legno e una fontana interattiva, e due grandi piscine pubbliche, la **Piscina Tupahue** e la **Piscina Antilén** (v. p59). Il piccolo ma curatissimo **Jardín Japonés** (Giardino Giapponese; cartina p46) si trova 400 m più a est.

Ci sono chioschi che vendono spuntini vicino alle stazioni della funicolare, ma il Cerro San Cristóbal è un luogo ideale per i picnic: vi consigliamo di fare la spesa a Bellavista prima di salire. Vicino alla stazione di arrivo della funicolare sorge la **Terraza Bellavista** (cartina p52), che offre uno splendido panorama della città.

Patio Bellavista CENTRO CULTURALE
(cartina p52; ☎249-8700; www.patiobellavista.cl; Constitución 30-70; ⊙11-14 dom-mer, 10-16 gio-sab; Ⓜ Baquedano) Ristoranti esclusivi e pretenziosi negozi di souvenir disposti intorno a un ampio cortile formano il Patio Bellavista, un chiaro tentativo degli imprenditori edili di valorizzare il barrio. È un complesso molto turistico, ma ciò nonostante merita una visita per l'atmosfera raffinata. Visitate il sito web per conoscere l'elenco completo delle attività commerciali e dei concerti e spettacoli teatrali in programma.

BARRIO BRASIL E BARRIO YUNGAY

Lasciate perdere la cartina ma non dimenticate la macchina fotografica: gironzolare per questi tranquilli barrios a ovest del Centro è come fare un viaggio indietro nel tempo. Caratterizzati da vivaci esempi di arte di strada, vecchie case fatiscenti, rustici mercati all'aperto e minuscoli ristoranti etnici, questi *barrios históricos* (quartieri storici) offrono un suggestivo contrappunto agli sfavillanti grattacieli del quartiere affaristico di Santiago. La zona non vanta molti siti di interesse e ha la fama di essere pericolosa dopo il tramonto, ma esprime un fascino decadente che è difficile trovare in altre aree della capitale cilena.

Un alto e sottile albero di araucaria ombreggia **Plaza Brasil**, cuore verde del quartiere, mentre un'ondata di rinnovamento urbanistico sta a poco a poco investendo le strade circostanti, dove iniziano a spuntare sempre

Barrio Brasil

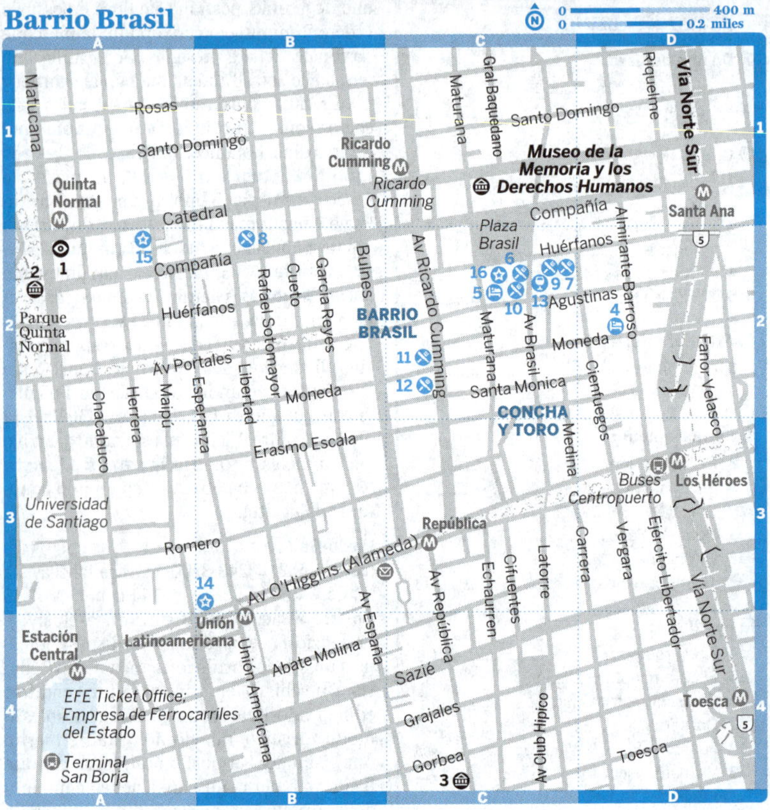

più bar, ostelli e alberghetti alla moda. Tra i negozi di ricambi per auto che si estendono fra questa zona e l'Alameda sorge curiosamente il minuscolo **Barrio Concha y Toro**, che vanta una magnifica piazzetta nella quale convergono strade acciottolate e si affacciano dimore in stile art déco e neoclassico.

FREE **Museo de la Memoria y los Derechos Humanos** MUSEO
(cartina p54; ☎597-9600; www.museodelamemoria.cl, in spagnolo; Matucana 501; ⏲10-20 mar-dom; Ⓜ Ricardo Cumming) Aperto nel 2010, questo nuovissimo Museo della Memoria e dei Diritti Umani non fa per voi se siete impressionabili: gli oggetti esposti testimoniano le terrificanti violazioni dei diritti umani e le 'scomparse' avvenute in larga scala sotto la dittatura militare cilena tra il 1973 e il 1990. Conoscere il tragico destino toccato alle 40.000 vittime delle torture ed esecuzioni del regime è sconvolgente, inutile negarlo, ma una visita a questo museo, molto ben organizzato, aiuta a contestualizzare la turbolenta storia cilena degli ultimi decenni.

Parque Quinta Normal PARCO
(cartina p54; Ⓜ Quinta Normal) In questo parco di 40 ettari, situato subito a ovest del Barrio Brasil, è possibile passeggiare, fare picnic, andare sul pedalò in un laghetto, giocare a calcio e improvvisarsi predicatori. Vi sono anche alcuni musei, il cui livello, però, è più basso della media cittadina. Per informazioni sul Museo Artequín, ideale per i bambini, v. p61.

Museo de Arte Contemporáneo Espacio Quinta Normal MUSEO
(cartina p54; ☎681-7813; www.mac.uchile.cl, in spagnolo; Matucana 464; ingresso su offerta; ⏲11-19 mar-sab, 11-18 dom; Ⓜ Ricardo Cumming) Questa filiale del Museo d'Arte Contemporanea è specializzata in mostre anticonformistiche e sperimentali. Si trova all'interno del **Palacio Versailles**, dichiarato monumento nazionale nel 2004.

Barrio Brasil

Da non perdere

Museo de la Memoria y los Derechos Humanos C1

Che cosa vedere

1 Centro Cultural Matucana 100 ..... A2
2 Museo de Arte Contemporáneo Espacio Quinta Normal A2
3 Museo de la Solidaridad Salvador Allende C4

Pernottamento

4 Happy House Hostel D2
5 La Casa Roja C2

Pasti

6 El Café C2
7 Las Vacas Gordas C2
8 Peluquería Francesa B2
9 Peperone Pizza & Wine C2
10 Platipus C2
11 Plaza Garibaldi C2
12 Squella Restaurant C2

Locali

13 Baires C2

Divertimenti

14 Blondie B3
15 El Huaso Enrique A2
16 Galpón Víctor Jara C2

FREE Centro Cultural Matucana 100 CENTRO CULTURALE
(cartina p54; ☎682-4502; www.m100.cl, in spagnolo; Matucana 100; prezzi variabili a seconda degli eventi; ⊙11-13 e 14-21; Ⓜ Quinta Normal ed Estación Central) Uno dei ritrovi artistici più alternativi e alla moda di Santiago è il vasto Centro Cultural Matucana 100, un edificio di mattoni rossi che un tempo fungeva da magazzino di stato e ha conservato il suo ruvido aspetto industriale. Ristrutturato in occasione del bicentenario del Cile, oggi racchiude una galleria simile a un hangar e un teatro che ospita cicli di film d'essai, concerti e spettacoli d'avanguardia.

PROVIDENCIA

Dirigendovi a est del Centro noterete che i quartieri di Santiago diventeranno via via più eleganti. Il primo fra questi è Providencia, una zona abitata per tradizione dalla borghesia medio-alta, che non vanta molti siti d'interesse ma offre una vasta scelta di ristoranti e locali in cui bere qualcosa. I grattacieli anni '70 e '80 che si allineano lungo l'arteria principale, Av Providencia, non sono interessanti da un punto di vista estetico, ma sulle strade secondarie, a vocazione più residenziale, si affacciano graziosi edifici di inizio Novecento.

FREE Parque de las Esculturas ARTE, PARCO
(cartina p56; ☎340-7303; Av Santa María 2205; ⊙10-19.30; Ⓜ Pedro de Valdivia) Sulla sponda settentrionale del Río Mapocho sorge uno dei pochi motivi di vanto del paesaggio urbano di Santiago: il Parco delle Sculture, uno spazio verde che si estende lungo il fiume e racchiude 20 sculture uniche nel loro genere, realizzate da famosi artisti cileni.

Casa Museo Eduardo Frei Montalva EDIFICIO STORICO
(fuori cartina p56; ☎881-8674; www.casamuseoeduardofrei.cl; Hindenburg 683; interi/bambini e senior CH$1300/700, ultima domenica del mese ingresso libero; ⊙10-18 mar-dom, chiuso feb; Ⓜ Pedro de Valdivia) Questa dimora storica, un tempo residenza del presidente cileno Eduardo Frei Montalva (eletto nel 1964), ospita una collezione di mobili, tessuti, dipinti, oggetti in vetro e posate appartenute al noto uomo politico, oltre a fotografie di famiglia e souvenir dei suoi viaggi ufficiali.

VALE IL VIAGGIO

CEMENTERIO GENERAL

Molto più che un semplice cimitero, il **Cementerio General** (☎737-9469; www.cementeriogeneral.cl; Av Profesor Alberto Zañartu 951; ⊙8.30-18; Ⓜ Cementerios) di Santiago è una vera e propria città funeraria. Molte delle sue tombe sono abbellite dalle opere dei più famosi scultori locali e sopra le cripte sono visibili i nomi di importanti personaggi della storia cilena. I suoi momenti più drammatici sono testimoniati dalla tomba di Salvador Allende e dal **Memorial del Detenido Desaparecido y del Ejecutado Político**, un monumento eretto in ricordo dei desaparecidos della dittatura di Pinochet. Per raggiungerlo dall'entrata principale, scendete lungo Av Lima e girate a destra in Horvitz per altri 200 m; lo troverete al di là del ponte sulla destra.

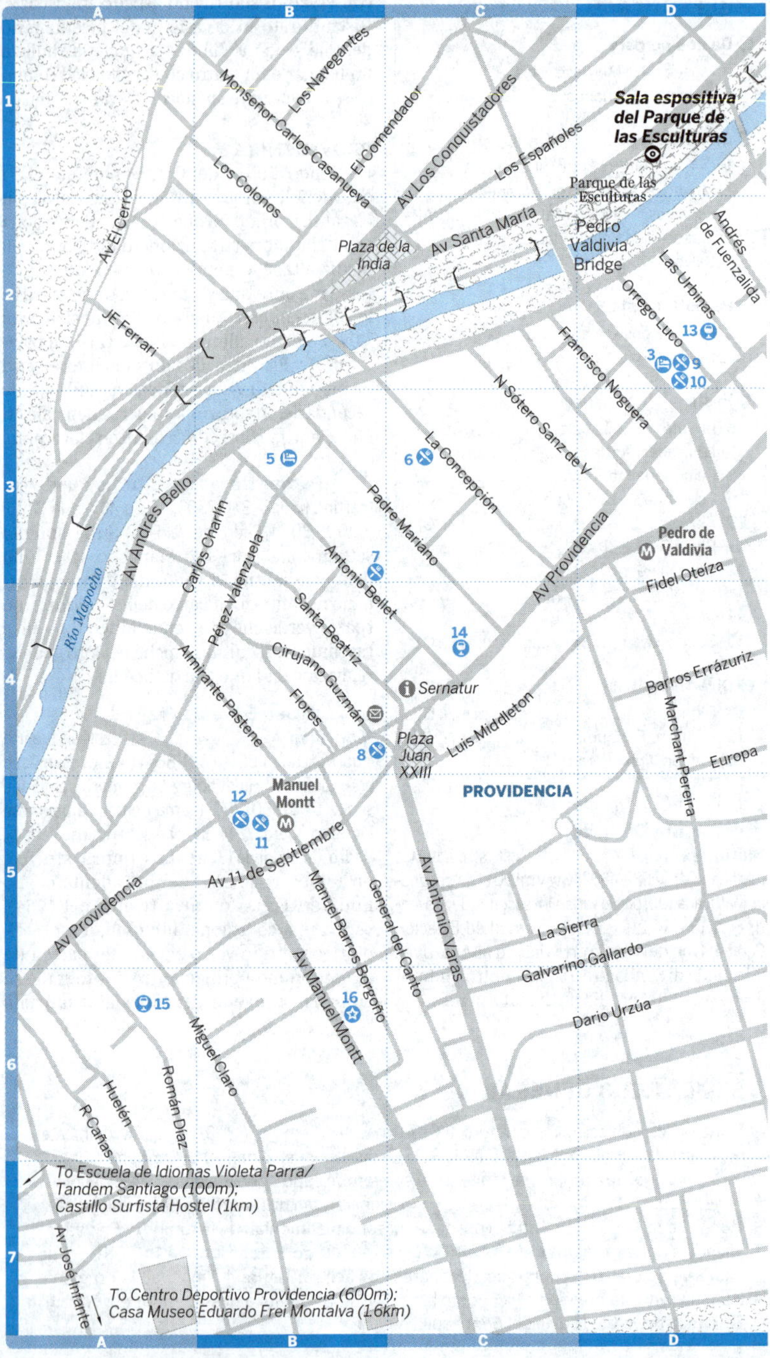

Sala espositiva del Parque de las Esculturas
Parque de las Esculturas
Pedro Valdivia Bridge
Plaza de la India
Av Santa María
Av Los Conquistadores
Los Españoles
Los Navegantes
Monseñor Carlos Casanueva
El Comendador
Los Colonos
Av El Cerro
JE Ferrari
Río Mapocho
Av Andrés Bello
Andrés de Fuenzalida
Las Urbinas
Orrego Luco
Francisco Noguera
N Sótero Sanz de V
La Concepción
Padre Mariano
Antonio Bellet
Santa Beatriz
Carlos Charlín
Perez Valenzuela
Almirante Pastene
Cirujano Guzmán
Flores
Sernatur
Plaza Juan XXIII
Luis Middleton
Av Providencia
Pedro de Valdivia
Fidel Oteíza
Barros Errázuriz
Marchant Pereira
Europa
PROVIDENCIA
Manuel Montt
Av 11 de Septiembre
Manuel Barros Borgoño
General del Canto
Av Antonio Varas
La Sierra
Galvarino Gallardo
Dario Urzúa
Av Manuel Montt
Miguel Claro
Román Díaz
Huelén
R Cañas
Av José Infante
To Escuela de Idiomas Violeta Parra/ Tandem Santiago (100m); Castillo Surfista Hostel (1km)
To Centro Deportivo Providencia (600m); Casa Museo Eduardo Frei Montalva (1.6km)

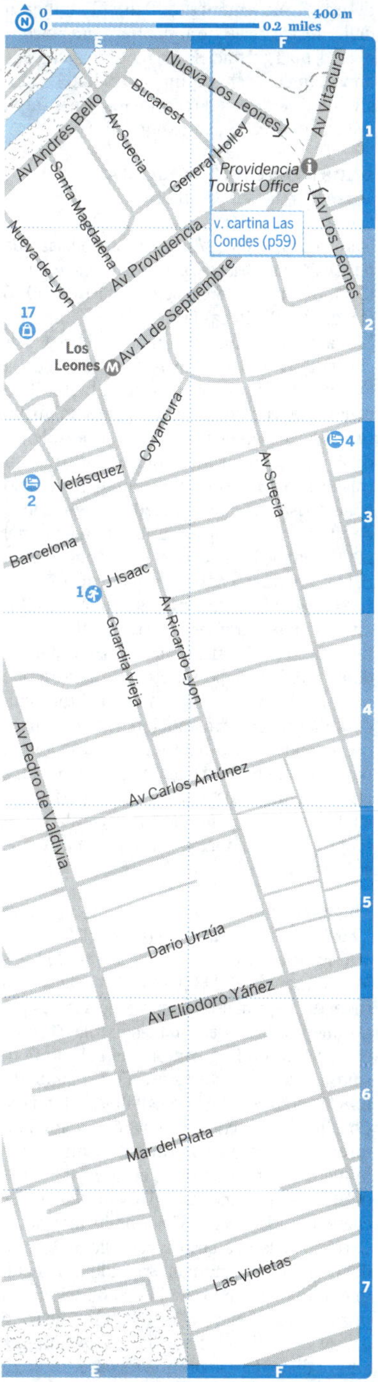

Providencia

Da non perdere

Parque de las Esculturas D1

Attività, corsi e tour

1 Santiago Adventures E3

Pernottamento

2 Andes Suites E3
3 Hotel Orly D2
4 Intiwasi Hotel F3
5 Vilafranca Petit Hotel B3

Pasti

6 Aquí Está Coco C3
7 Astrid y Gastón B3
8 Doner House B4
9 El Huerto D2
10 Liguria D2
11 Liguria B5
12 Voraz Pizza B5

Locali

Bar:Liguria .... (v. 10)
13 California Cantina D2
14 Phone Box Pub C4
15 Santo Remedio A6

Divertimenti

16 Mito Urbano B6

Shopping

Contrapunto .... (v. 17)
Galería del Patio .... (v. 14)
17 Galería Drugstore E2

LAS CONDES, BARRIO EL GOLF E VITACURA

Grattacieli scintillanti, condomini a prova di intrusione e centri commerciali nuovi di zecca: Las Condes in particolare ha tutte le intenzioni di diventare il volto internazionale della fenomenale crescita economica cilena. Oltre a raffinati ristoranti e filiali di catene di ristorazione americane, questi lussuosi quartieri racchiudono anche la via commerciale più esclusiva della città, Av Alonso de Córdova, i cui hotel, ricavati in sfavillanti edifici, sono frequentati da una folta clientela che viaggia per affari. Talvolta, per descrivere il distretto finanziario che si sviluppa intorno al Costanera Center, destinato a diventare l'edificio più alto del Sud America, viene usato lo scherzoso soprannome 'Sanhattan'.

TOP Museo de la Moda — MUSEO

(fuori cartina p59; ☎218-5500; www.museodelamoda.cl; Av Vitacura 4562, Vitacura; interi/studenti e senior/bambini CH$3500/2000/gratuito, mer e dom CH$1800 per tutti i visitatori; ⏲10-18 mar-ven, 11-19 sab e dom; Ⓜ Escuela Militar) Questo eccellente museo, gestito da privati, racchiude una vasta e raffinata collezione permanente di abbigliamento occidentale dove sono ben rappresentati soprattutto gli stilisti del XX secolo. Tra le attrazioni principali figurano una giacca di John Lennon del 1966, il 'reggiseno conico' che Jean Paul Gaultier disegnò per Madonna e un vestito da sera indossato da Lady Diana nel 1981 (tenete presente, però, che i ben 10.000 pezzi di proprietà del museo vengono esposti a rotazione). Il museo ospita mostre temporanee su temi leggeri che vanno da un omaggio a Michael Jackson a un 'Ritorno agli anni '80', passando per un'esposizione sul *fútbol* nella quale si potevano ammirare le divise indossate dai calciatori durante la Coppa del Mondo giocata in Cile nel 1962. Il grazioso caffè annesso è un locale alla moda in cui si può anche pranzare.

Per raggiungere il museo, prendete un taxi dalla stazione della metropolitana Escuela Militar, oppure salite sull'autobus n. 305 dal lato ovest di Américo Vespucio (è necessaria la tessera Bip!) e scendete all'incrocio con Av Vitacura.

Parque Bicentenario — PARCO

(fuori cartina p59; Andrés Bello 2461; Ⓜ Tobalaba) Questa splendida oasi urbana è stata creata, come suggerisce il nome, per celebrare il bicentenario del Cile. Oltre a vantare più di 4000 alberi, una posizione tranquilla accanto al Río Mapocho e l'accesso alle piste ciclabili cittadine, il Parco del Bicentenario offre invitanti sedie a sdraio, ombrelloni sotto i quali rilassarsi e un modernissimo parco giochi per bambini. Il luogo si raggiunge rapidamente in taxi dalla stazione della metropolitana di Tobalaba. In alternativa, prendete l'autobus n. 405 e scendete ad Alonso de Córdova; continuate a camminare nella direzione dell'autobus fino al momento di svoltare in Av Bicentenario, a pochi isolati dal parco.

Costanera Center — ARCHITETTURA

(cartina p59; Andrés Bello 2461; Ⓜ Tobalaba) La realizzazione di questo ambizioso progetto architettonico è stata più volte interrotta per problemi economici. I quattro grattacieli che formano il futuro Costanera Center comprendono comunque la **Gran Torre Santiago**, che una volta completata sarà l'edificio più alto di tutto il Sud America (300 m). Al momento delle nostre ricerche il cantiere era ancora aperto, ma i grattacieli dovrebbero includere appartamenti di lusso, un paio di hotel esclusivi, un grande centro commerciale e un'area ristorazione con vista panoramica.

BARRIO ESTACIÓN CENTRAL

Museo de la Solidaridad Salvador Allende — MUSEO

(cartina p54; ☎689-8761; www.museodelasolidaridad.cl; Av República 475; interi/studenti e senior CH$1000/gratuito, dom ingresso libero; ⏲10-18 mar-dom; Ⓜ República) Picasso, Miró, Tápies e Matta sono soltanto alcuni dei celebri artisti che hanno donato le loro opere al Museo della Solidarietà Salvador Allende. L'incredibile collezione, che ebbe origine come un'iniziativa di arte populista durante la presidenza di Allende, negli anni della dittatura fu trasferita all'estero, dove divenne un simbolo della resistenza cilena. Le 2000 opere che la costituiscono trovarono infine una sede nel 2006, quando la Fundación Allende acquistò e ristrutturò questa antica e imponente dimora. La collezione permanente talvolta viene affittata da musei stranieri e sostituita da mostre temporanee. C'è anche una stanza oscurata, dall'atmosfera un po' inquietante, che espone alcuni effetti personali di Allende. I tour guidati (da prenotare in anticipo tramite e-mail) prevedono la visita del seminterrato, dove si possono vedere i cavi telefonici aggrovigliati e gli strumenti di tortura risalenti al periodo in cui l'edificio era usato dalla famigerata DINA (Dirección Nacional de Inteligencia) come stazione di ascolto.

Palacio Cousiño — PALAZZO

(☎698-5063; www.palaciocousino.co.cl; Dieciocho 438; ingresso solo con visita guidata; ⏲9.30-13.30 e 14.30-17 mar-ven, 9.30-13.30 sab e dom, ultima visita guidata un'ora prima della chiusura; Ⓜ Toesca) 'Ostentazione' sembra essere stata la parola d'ordine che ha ispirato i costruttori del Palacio Cousiño, incredibilmente fastoso. Fu realizzato tra il 1870 e il 1878 per conto dell'illustre famiglia Cousiño-Goyenechea, che aveva accumulato un'enorme fortuna con l'attività vinicola e le miniere di carbone e di argento, e costituisce un'affascinante finestra sulla vita delle élites cilene nel XIX secolo. Colonne in marmo di Carrara, un lampadario in cristallo di Boemia del peso di mezza tonnellata, mobili in legno di ciliegio cinese, posate in oro massiccio e i primi impianti elettrici installati in Cile sono alcuni esempi del modo in cui la famiglia amava dilapidare le proprie fortune.

Las Condes

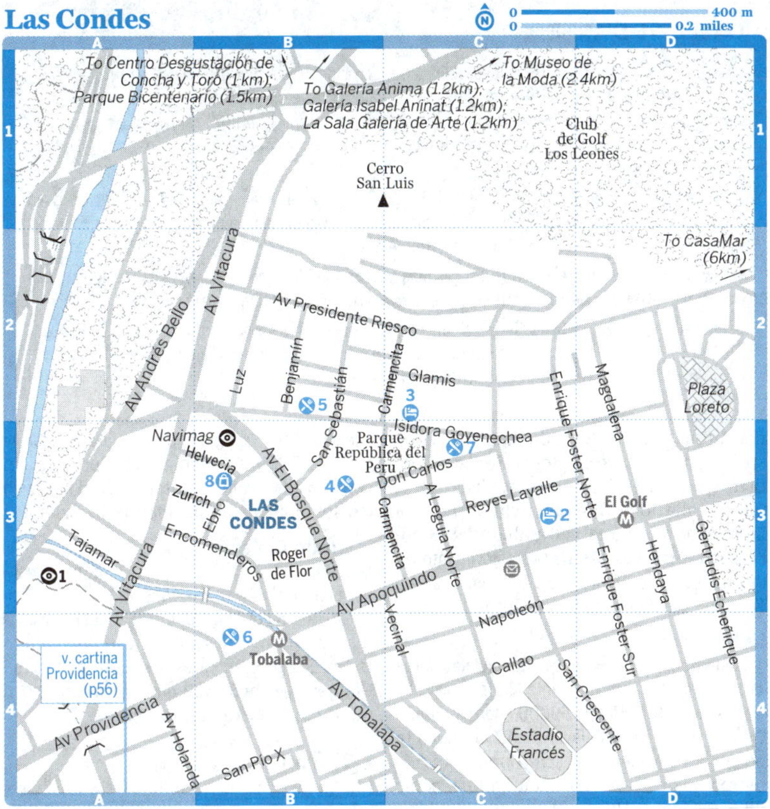

Attività

Nuoto

Le due grandi piscine all'aperto situate sulla cima del Cerro San Cristóbal, la **Piscina Tupahue** (☎732-0998; interi/bambini CH$6000/3500; ⏲10-19.30 mar-dom nov-marzo) e la **Piscina Antilén** (☎732-0998; interi/bambini CH$7500/4000; ⏲10-19.30 mar-dom nov-marzo), offrono magnifiche vedute. Entrambe sono più adatte a fare una piacevole nuotata che ad allenarsi seriamente.

Centro Deportivo Providencia NUOTO
(fuori cartina p56; ☎341-4790; www.cdprovidencia.cl; Santa Isabel 0830; ingresso giornaliero CH$5000-7000; ⏲6.30-22 lun-ven, 9-18 sab e dom) In questa piscina coperta di 25 m potrete fare le vostre vasche in qualsiasi stagione dell'anno.

Passeggiate, jogging, ciclismo

Gli abitanti di Santiago fanno jogging, passeggiano e vanno in bicicletta lungo il Río Mapocho (soprattutto nel Parque Forestal),

Las Condes

Che cosa vedere
1 Costanera Center A3

Pernottamento
2 Ritz Carlton C3
3 W Hotel Santiago C2

Pasti
4 Café Melba B3
5 Dominó B2
6 Liguria B4
7 Tiramisú C3

Locali
Red2One .... (v. 3)

Shopping
8 Andesgear B3
Mundo del Vino .... (v. 3)

GALLERIE D'ARTE

I posti migliori per ammirare l'arte cilena contemporanea e osservare i *santiaguinos* più alla moda nel loro ambiente naturale sono le gallerie situate nella zona di Alonso de Córdova: fate un salto in uno di questi spazi espositivi per l'inaugurazione di una mostra e vedrete scorrere fiumi di champagne. Visitate i loro siti internet per conoscere gli eventi in programma e gli orari di apertura.

» **Galería Animal** (fuori cartina p59; ☎371-9090; www.galeriaanimal.com; Alonso de Córdova 3105) Originali opere d'arte contemporanea in un fantastico spazio su più livelli, con tanto di terrazza all'ultimo piano affacciata sulle Ande.

» **La Sala Galería de Arte** (fuori cartina p59; ☎246-7013; www.galerialasala.cl; Alonso de Córdova 2700) Espone fotografie, sculture e dipinti di artisti cileni emergenti.

» **Galería Isabel Aninat** (fuori cartina p59; ☎481-9870; www.galeriaisabelaninat.cl; Espoz 3100) Dal 1983, questa famosa galleria ha ospitato opere di importanti artisti cileni e stranieri tra i quali Joan Miró e Antoni Gaudí.

nel Parque Quinta Normal e lungo le ripide strade del Cerro San Cristóbal. Se vi capiterà di trovarvi in città il primo martedì del mese, unitevi alla folla di ciclisti che attraversa la città su due ruote nell'ambito del **Movimiento Furiosos Ciclistas** (Movimento dei Ciclisti Furiosi; www.furiosos.cl). Rivolgetevi a La Bicicleta Verde per maggiori informazioni.

La Bicicleta Verde CICLISMO
(cartina p52; ☎570-9338; www.labicicletaverde.cl; all'angolo tra Loreto e Santa María, Bellavista; mezza giornata CH$4000-9000, giornata intera CH$9000-15.000; Ⓜ Bellas Artes) Qui potrete noleggiare biciclette e caschi, oppure scegliere tra uno degli eccellenti tour guidati come Bike at Night (CH$30.000).

Corsi

Santiago non è una città particolarmente economica per iniziare a studiare lo spagnolo, ma vi segnaliamo alcune scuole di lingua molto rinomate.

Escuela de Idiomas Violeta Parra/Tandem Santiago CORSI DI LINGUA
(cartina p56; ☎236-4241; www.tandemsantiago.cl; Triana 863, Providencia; tassa di iscrizione $50, lezioni individuali a partire da $20, corsi intensivi di una settimana con alloggio a partire da $365; Ⓜ Salvador) Questa scuola combina un eccellente livello accademico con un'atmosfera accogliente e numerose attività culturali. La sistemazione (opzionale) è in appartamenti condivisi o privati. Visitate il sito web per informazioni su corsi speciali come 'spagnolo legale' o 'spagnolo medico'.

Natalislang CORSI DI LINGUA
(cartina p46; ☎222-8721; www.natalislang.com; Av Vicuña Mackenna 6, 7° piano, Oficina 4, Centro; corso tradizionale di una settimana a partire da CH$99.000, corso intensivo di 3 giorni per viaggiatori a partire da CH$150.000) La scuola ideale per chi è in cerca di corsi veloci e intensivi. Sul sito web è disponibile un ampio elenco di opzioni.

Instituto Chileno-Británico CORSI DI LINGUA
(cartina p46; ☎413-2350; www.britanico.cl, in spagnolo; Huérfanos 554, Centro; Ⓜ Santa Lucía) Gli insegnanti di inglese qualificati potrebbero trovare lavoro in questa scuola di lingue. Comprende anche una biblioteca con alcuni quotidiani e periodici in inglese.

Tour

Alcune agenzie di recente fondazione propongono visite guidate gratuite a piedi che si svolgono in inglese e toccano i siti turistici centrali della città. Le guide sono volontarie, perciò i turisti vengono incoraggiati a lasciare loro un piccolo compenso per il servizio offerto.

Free Tour Santiago (☎236-8789; www.freetoursantiago.cl) organizza visite guidate ogni giorno alle 10 e alle 15. Non è necessario prenotare: vi basterà cercare le guide che indossano camicie rosse davanti alla Catedral Metropolitana. **Spicy Chile** (☎342-3307; www.spicychile.cl) offre lo stesso servizio, con partenza alle 10 e alle 14 ogni giorno tranne domenica. Cercate le guide che indossano T-shirt verdi nel punto di incontro davanti al Palacio de la Moneda.

Per compiere splendidi tour su due ruote, rivolgetevi a La Bicicleta Verde (v. p60).

Chip Travel TOUR
(cartina p46; ☎737-5649; www.chiptravel.cl; Av Santa María 227, Oficina 11; Ⓜ Bellas Artes) Il simpatico slogan di questo eccellente tour operator è 'Niente più autobus. Niente più

cartellini con i nomi'. Chip Travel organizza visite guidate indipendenti, tra cui un tour dedicato al tema dei diritti umani (a partire da CH$35.000 per persona) che prevede soste al Parque por la Paz, un monumento che celebra le vittime dell'ultima dittatura (v. lettura p41), e alla Fundación Pinochet.

Santiago Adventures TOUR
(cartina p56; ☎244-2750; www.santiagoadventures.com; Guardia Vieja 255, Oficina 403, Providencia; Ⓜ Los Leones) Guide esperte che parlano inglese conducono tour enogastronomici della città e gite in giornata sulla costa.

Turistik IN AUTOBUS
(☎220-1000; www.turistik.cl; biglietto giornaliero a partire da CH$17,100; ⏲9.30-18) Questa agenzia gestisce autobus a due piani che effettuano 13 fermate fra il Centro e il centro commerciale del Parque Arauco; lungo il tragitto è possibile scendere e risalire a piacimento. Controllate la cartina online per ulteriori informazioni.

Feste ed eventi

Santiago a Mil TEATRO
(www.stgoamil.cl) Questo importante festival di teatro vede la partecipazione di compagnie sperimentali provenienti da tutto il mondo, che si esibiscono sui palcoscenici di Santiago nel gennaio di ogni anno.

Festival Nacional del Folklore MUSICA
(www.sanbernardo.cl, in spagnolo) Il sobborgo meridionale di San Bernardo, a fine gennaio, ospita questo festival di cinque giorni che celebra la musica, la cultura, la danza e il cibo tradizionali del Cile.

Fiesta del Vino VINO
(www.fiestadelvinodepirque.cl, in spagnolo) Questa festa del vino, una delle tante che si svolgono nei dintorni di Santiago nel periodo della

SANTIAGO PER I BAMBINI

Gli abitanti di Santiago danno grande importanza alla famiglia e in genere riservano una calorosa accoglienza ai viaggiatori con figli al seguito. Qui i bambini restano alzati fino a tardi e accompagnano i genitori alle feste o nei ristoranti, dove ordinano piatti dal menu normale invece che da uno concepito appositamente per i più piccoli. Detto questo, le attività rivolte ai bambini sono semplici intrattenimenti per tenerli occupati più che attrattive memorabili. In caso di emergenza, tenete presente il cremoso gelato cileno, reperibile ovunque, e anche i clown e gli acrobati che si esibiscono in Plaza de Armas e nel Parque Forestal durante i fine settimana.

Fantasilandia (☎476-8600; www.fantasilandia.cl; Av Beaucheff 938; adulti/bambini a partire da CH$7900/4400, bambini sotto i 90 cm gratuito; ⏲12-21 tutti i giorni gen-metà feb, 12-19 tutti i giorni metà feb-marzo, 12-19 sab e dom apr-giu; Ⓜ Parque O'Higgins) Concedete ai vostri figli un po' di adrenalina e di zucchero filato in questo variopinto parco dei divertimenti. Consultate il sito web per ulteriori informazioni, aggiornamenti, promozioni e sconti (piuttosto frequenti).

Parque Metropolitano Questo parco (p52) offre un sano divertimento grazie a un modesto zoo, due grandi piscine all'aperto e un parco giochi ben tenuto che vanta due interessanti mezzi di trasporto: una cigolante funivia, che al momento è fuori servizio, e una funicolare. Nei fine settimana venditori di mele caramellate e fotogenici lama (le fotografie sono a pagamento) affollano l'ingresso di Bellavista.

Museo Interactivo Mirador (MIM; ☎828-8000; www.mim.cl; Punta Arenas 6711, La Granja; interi/bambini CH$3900/2600, biglietti a metà prezzo mer; ⏲9.30-18.30 mar-dom; Ⓜ Mirador) Per stimoli di carattere più intellettuale, ma pur sempre divertenti, visitate il Museo Interactivo Mirador. Qui non sarete costretti a ripetere ai bambini l'odiata frase 'non toccare': è infatti possibile maneggiare, spingere, stendersi sopra e persino entrare dentro la maggior parte degli oggetti esposti.

Museo Artequín (cartina p54; ☎681-8656; www.artequin.cl; Av Portales 3530; interi/bambini CH$800/500; ⏲9-17 mar-ven, 11-18 sab e dom, chiuso feb; Ⓜ Quinta Normal) Istruzione e divertimento vanno a braccetto anche nel Museo Artequín, dove sono custodite copie di celebri opere d'arte appese ad altezza bambino, in una splendida struttura di ghisa e vetro utilizzata come padiglione del Cile all'Esposizione Universale di Parigi del 1889.

vendemmia, si tiene a Pirque e prevede assaggi di cucina tradizionale e musica popolare.

Stagione del rodeo RODEO
(www.rodeochileno.cl, in spagnolo) In Cile, marzo è il mese dedicato agli *huasos* (mandriani) e ai cavalli selvatici da domare. La maggior parte dei rodei si svolge a Rancagua, 145 km a sud di Santiago, ma sono previsti eventi anche nella capitale.

Lollapalooza Chile MUSICA
(www.lollapaloozacl.com) Questo celebre festival musicale ora viene organizzato anche in Cile: alla fine di marzo, artisti nazionali e internazionali si esibiscono a Santiago.

Santiago Festival Internacional de Cine FILM
(SANFIC; www.sanfic.cl) Questo festival si tiene ogni anno, in agosto, a Santiago. Per una settimana vengono proiettati film indipendenti in vari cinema della città.

Festival de Jazz de Ñuñoa MUSICA
(www.ccn.cl, in spagnolo) Concerti gratuiti di jazz e blues, tenuti da alcuni dei migliori musicisti cileni, si svolgono al Teatro Municipal de Ñuñoa nell'arco di un fine settimana di agosto.

Feria Internacional de Artesanía ARTE
Talentuosi artigiani mettono in mostra le proprie creazioni nel mese di novembre al Parque Bustamente, nel quartiere di Providencia.

Feria Internacional del Libro LIBRI
(www.camlibro.cl) L'ultima settimana di novembre, numerosi editori e autori provenienti da tutti i paesi di lingua spagnola si ritrovano presso l'Estación Mapocho per questa fiera del libro.

Pernottamento

Per soggiorni prolungati, considerate l'ipotesi di affittare un appartamento ammobiliato. **Contact Chile** (264-1719; www.contactchile.cl) e **Lastarria 43** (cartina p46; 639-3132; www.apartmentsantiago.cl; Lastarria 43, Centro) sono due agenzie immobiliari affidabili; **Ameristar** (cartina p46; 581-3715; www.ameristar.cl) propone miniappartamenti arredati in un edificio situato in posizione eccellente nel Barrio Lastarria.

CENTRO

Hostel Plaza de Armas OSTELLO $
(cartina p46; 671-4436; www.plazadearmashostel.com; Compañía 960, Apt 607, Plaza de Armas; letti in camerata CH$8800, doppie o appartamenti con prima colazione CH$29.000; @; M Plaza de Armas) Appena sarete arrivati in questo animato condominio sulla piazza principale di Santiago, vi sembrerà di aver sbagliato posto. Niente paura, però: l'ascensore vi porterà al 6° piano, dove sorge l'allegro Hostel Plaza de Armas ricavato in un grande appartamento. La struttura comprende piccole camerate, una cucina comune ben attrezzata e splendidi balconi con vista su Plaza de Armas. Il livello delle camere doppie indipendenti è molto variabile: chiedete di vederle prima di scegliere.

Hotel Vegas HOTEL $$
(cartina p46; 632-2514; www.hotelvegas.net; Londres 49; singole/doppie con prima colazione CH$37.000/46.200, appartamenti per 2/3 persone CH$32.900/37.800; P@; M Universidad de Chile) Le antiche e fastose camere dell'Hotel Vegas hanno un tocco vintage, con rivestimenti in legno scuro, bagni beige e dettagli verde acido. Alcuni viaggiatori si sono lamentati del rumore notturno, ma questo edificio storico, situato nell'elegante Barrio París-Londres, ha molti punti a suo favore: camere spaziose, una discreta prima colazione, uno staff cordiale e un elevato standard di pulizia. I proprietari gestiscono anche alcuni appartamenti (in un altro edificio lungo la strada) con un eccellente rapporto qualità-prezzo; tenete presente che è richiesta una permanenza minima di tre notti.

Hostal Río Amazonas HOSTAL $
(cartina p46; 635-1631; www.hostalrioamazonas.cl; Av Vicuña Mackenna 47; singole/doppie/quadruple con prima colazione CH$19.000/25.000/43.000; @; M Baquedano) Questa dimora in finto stile Tudor, dipinta con calde sfumature giallo-arancio, attira soprattutto famiglie e coppie. Le camere sono semplici ma luminose e hanno graziosi pavimenti in parquet; i doppi vetri alle finestre proteggono dal rumore del viale sottostante.

Hotel Galerías HOTEL $$$
(cartina p46; 470-7400; www.hotelgalerias.cl; San Antonio 65; singole/doppie con prima colazione CH$78.000/88.000; @; M Santa Lucía) Questo albergo si mostra indubbiamente orgoglioso di essere cileno: l'ingresso è sorvegliato da finti *moai* (statue dell'Isola di Pasqua), il ristorante è specializzato in cucina regionale e le camere, semplici ma curate, vantano tessuti tradizionali e mobili in legno duro. La piscina all'aperto e il soggiorno gratuito per i bambini fino a 10 anni lo rendono una sistemazione molto apprezzata dalle famiglie.

SANTIAGO GAY-FRIENDLY

Nonostante Santiago sia meno aperta rispetto ad altre città latinoamericane come Buenos Aires o Rio, la sua comunità gay è sorprendentemente vivace se si considera che il Cile è un paese ancora fortemente cattolico e conservatore dal punto di vista sociale.

Ogni anno, a giugno, migliaia di persone partecipano alla **Marcha del Orgullo Gay** (Gay Pride), organizzata dal **Movimiento Chileno de Minorías Sexuales** (Movilh; cartina p46; www.movilh.org, in spagnolo; Coquimbo 1410, Centro) il cui sito web offre diversi link a eventi sociali. A fine novembre si svolge un'altra sfilata annuale, l'**Open Mind Fest** (www.movilh.cl/gayparade, in spagnolo), che consiste in una grande festa per le strade della città al ritmo della musica elettronica. **Sitiosgay** (www.sitiosgay.cl, in spagnolo) fornisce elenchi di organizzazioni cilene gay e di hotel, pub, bar, locali notturni e boutique gay-friendly. Per elenchi in inglese, provate **Queer City** (www.santiago.queercity.info).

Il cuore della vita notturna è Bellavista, in particolare Bombero Núñez, una strada costellata di bar e discoteche. Oltre ai locali menzionati di seguito, anche il **Blondie** (p74) attira una clientela in buona parte gay.

Vox Populi (cartina p52; ☎738-0562; Ernesto Pinto Lagarrigue 364, Bellavista; ⏲a partire dalle 21 mar-sab; Ⓜ Baquedano) Questo bar dall'atmosfera rilassata, nascosto in una strada secondaria di Bellavista, esteriormente non fa nulla per attirare l'attenzione e l'anonimo ingresso contribuisce al suo fascino. Si trova all'interno di una vecchia casa piena di mobili spaiati ed è frequentato da una clientela alternativa, sia gay sia etero. In estate, potrete sorseggiare i vostri cocktail in un patio ricolmo di piante, ma nei fine settimana il volume della musica è altissimo.

Bokhara (cartina p52; www.bokhara.cl, in spagnolo; Pío Nono 430, Bellavista; ⏲22-4 tutti i giorni; Ⓜ Baquedano) Anche se gli intenditori del posto sostengono che sia un po' démodée, questa discoteca è ancora la più frequentata della città nelle serate infrasettimanali. House e techno sono i generi che vanno per la maggiore sui suoi due piani e ogni sera, alle 23.30 e alle 2.30, vengono proposti spettacoli dal vivo. Acquistando un drink non dovrete pagare l'ingresso di CH$2000.

Bunker (cartina p52; www.bunker.cl, in spagnolo; Bombero Núñez 159, Bellavista; ingresso CH$5000-7000; ⏲a partire dalle 23 ven e sab; Ⓜ Baquedano) La discoteca gay più alla moda della città attira un mix di gente del posto ben vestita (comprese alcune celebrità minori) e turisti che amano la musica a tutto volume, i ballerini fascinosi e le serate a tema (la 'Whitney Houston Forever', in onore della cantante recentemente scomparsa, attirava fiumi di gente ai tempi della nostra visita).

Hotel Plaza San Francisco HOTEL DI LUSSO $$$
(cartina p46; ☎639-3832; www.plazasanfrancisco.cl; Alameda 816; doppie con prima colazione CH$91.500; ❄@🛜🏊; Ⓜ Universidad de Chile) Questo albergo tenta di ricreare l'atmosfera di un salotto inglese: le pareti sono rivestite di pannelli di quercia e le camere racchiudono stampe con scene di caccia e sobri arredi color marrone e senape. Il servizio è impeccabile e all'altezza dei migliori maggiordomi, il fitness center è a buon prezzo, la prima colazione a buffet e il ristorante annesso sono eccellenti, ma la struttura, nel complesso, inizia a mostrare i segni del tempo.

BARRIO LASTARRIA E BARRIO BELLAS ARTES

Hostal Forestal OSTELLO $
(cartina p46; ☎638-1347; www.hostalforestal.cl; Coronel Santiago Bueras 120; letti in camerata/singole senza bagno CH$6000/18.000, doppie con /senza bagno CH$13.500/11.000 per persona; @🛜; Ⓜ Baquedano) I recenti lavori di ristrutturazione e i nuovi, variopinti murales hanno reso più gradevole questo vivace ostello. Le camerate con letti a castello sono funzionali e i bagni spartani, ma le singole e le doppie private hanno un'atmosfera un po' più accogliente. La struttura propone anche corsi di cucina cilena, musica dal vivo, biciclette a noleggio, *asados* (barbecue) settimanali e letture di poesie.

Andes Hostel OSTELLO $
(cartina p46; ☎633-1976; www.andeshostel.com; Monjitas 506; letti in camerata CH$8250, doppie con/senza bagno CH$31.500/24.100, appartamenti per 1-4 persone CH$36.300-65.300; @🛜🏊; Ⓜ Bellas Artes) Pareti color pistacchio, un tappeto zebrato, divani retrò spaiati e un bar decorato con piastrelle a mosaico sono

alcuni degli elementi che contribuiscono a creare il fascino pop-art di questo ostello, situato in posizione centrale. Purtroppo le camerate sono prive di aria condizionata e nelle notti più calde possono risultare soffocanti: vale la pena di spendere qualcosa di più per affittare un appartamento Andes nell'isolato successivo, soprattutto perché si può accedere a una piscina e alcuni alloggi dispongono di balcone privato.

BELLAVISTA

TOP Bellavista Home B&B $$
(cartina p52; ☎735-9259; www.bellavistahome.cl; Capellán Abarzúa 143; doppie con/senza bagno CH$35.000/45.000, triple senza bagno CH$ 45.000; @; M Baquedano) Questo B&B costituito da quattro camere, situato all'interno di un antico edificio che un tempo conteneva laboratori di artisti, è ideale per le famiglie e rappresenta un tranquillo rifugio dal *carrete* e dalle folle di Bellavista. Le camere sono ariose e possono vantare lenzuola candide, tappeti variopinti e porte in legno dai colori vivaci. Tutti gli ospiti possono utilizzare la cucina, inoltre nel grazioso patio con giardino viene servita una deliziosa prima colazione e sono sempre disponibili tè e caffè. La prima colazione è compresa nel prezzo.

The Aubrey Hotel HOTEL DI LUSSO $$$
(cartina p52; ☎940-2800; www.theaubrey.com; Constitución 299-317; doppie con prima colazione $240-350, suite $450-550; @; M Baquedano) L'Aubrey è diventato famoso a livello internazionale nel 2010, quando è entrato nella Hot List della Condé Nast. Il riconoscimento sembra più che meritato, visti gli imponenti lavori di ristrutturazione che hanno trasformato questa dimora patrizia in stile spagnolo e l'adiacente casa art déco, entrambe risalenti al 1927, in un raffinatissimo boutique hotel. Al di là dei lussuosi servizi offerti, tipici di questa fascia di prezzi, l'albergo vanta diversi assi nella manica: un'incantevole (e ben riscaldata) piscina scoperta, un'illuminazione all'avanguardia, un ristorante italiano dove gustare una cena romantica all'aperto e una posizione strepitosa, ai piedi del Cerro San Cristóbal.

Bellavista Hostel OSTELLO $
(cartina p52; ☎732-8737; www.bellavistahostel.com; Dardignac 0184; letti in camerata CH$8000, singole/doppie senza bagno CH$15.000/25.000; @; M Baquedano) Un classico di Bellavista. Pareti dai colori vivaci, decorate con dipinti e graffiti variopinti, rispecchiano l'atmosfera rilassata e alternativa che regna in questo ostello. I migliori bar e locali notturni della città sono a pochi passi, perciò chi alloggia qui non deve aspettarsi di dormire sonni tranquilli, anche se le camere situate nell'edificio annesso sono più tranquille. La prima colazione è compresa nel prezzo.

DITE LA VOSTRA

Avete scoperto un ristorante fantastico e volete farlo sapere a tutti? Non siete d'accordo con i nostri consigli? Volete parlarci del vostro ultimo viaggio? Qualunque siano le vostre ragioni, sul sito lonelyplanetitalia.it potrete scrivere una recensione o il vostro diario di viaggio, fare o rispondere a una domanda all'interno del forum, condividere fotografie. Che cosa state aspettando? Dite la vostra.

Hotel del Patio BOUTIQUE HOTEL $$
(cartina p52; ☎732-7571; www.hoteldelpatio.cl; Pío Nono 61; singole/doppie/triple con prima colazione a partire da CH$53.200/55.600/62.900; @; M Baquedano) Questo boutique hotel, che fa del design il suo cavallo di battaglia, è stato ricavato in una dimora ottocentesca dalla struttura irregolare e comprende 10 camere disposte intorno a un cortile. I pavimenti originali in legno indigeno sono rimasti intatti, ma le TV a schermo piatto e le tonalità contemporanee, come azzurro ceruleo, verde smeraldo, pistacchio e cioccolato, conferiscono un tocco moderno. La prima colazione a buffet è squisita, ma tenete presente che di notte le pareti sottili non isolano dai rumori.

Hostal Caracol OSTELLO $
(cartina p52; ☎732-4644; www.hostalcaracol.cl/hostel_santiago; General Ekdhal 151; letti in camerata CH$8000, doppie/quadruple a partire da CH$28.000/CH$44.000; @; M Patronato) Questo ostello situato in comoda posizione è nuovo di zecca e si vede: i letti e i bagni danno l'idea di essere stati a malapena utilizzati. Le camerate sono un po' anguste (la struttura è stata ricavata da una casa anni '20), ma il problema non vi toccherà se sarete riusciti ad aggiudicarvi una delle doppie con bagno in camera e grazioso balcone privato. Un cortile erboso, un'ampia terrazza e una pulitissima cucina a pianta aperta completano il quadro. La prima colazione è compresa nel prezzo.

La Chimba OSTELLO $
(cartina p52; ☎735-8978; www.lachimba.com; Ernesto Pinto Lagarrigue 262; letti in camerata CH$7000-8000, doppie CH$20.000; @; M Baquedano)

Spaziosi letti a castello con materassi a molle e trapunte di piuma d'oca garantiscono sogni d'oro in questo piccolo ostello (anche se nei fine settimana arrivano gli echi della musica dei vicini locali notturni). Il salotto dalle pareti rosse ha un'atmosfera accogliente e la cucina è piccola ma ben attrezzata. Peccato che la stessa attenzione non venga riservata anche alle maniglie rotte delle porte o alle docce che perdono... Lo staff, tuttavia, è molto cordiale ed estremamente disponibile. I prezzi comprendono la prima colazione.

BARRIO BRASIL E BARRIO YUNGAY

Happy House Hostel OSTELLO $
(cartina p54; ☎688-4849; www.happyhousehostel.cl; Moneda 1829, Barrio Brasil; letti in camerata senza prima colazione CH$8000, letti in camerata/singole/doppie/triple con prima colazione CH$10.000/23.000/25.000/35.000; @ⓦ≋; Ⓜ Los Héroes) Ottime notizie: questo popolare ostello si è trasferito dalla sua posizione originaria restando però nel Barrio Brasil. Tale spostamento è stato accompagnato da una lieve riduzione dei prezzi e da piacevoli novità: terrazze aperte, spaziose camere doppie con arredi all'avanguardia, una piscina e un deposito bagagli. L'edificio, poi, è una magnifica dimora restaurata, che vanta colori vivaci ed eccentrici lampadari a bracci. Se ci andrete durante la stagione sciistica, tenete presente che soltanto le aree comuni e le camere private sono riscaldate.

La Casa Roja OSTELLO $
(cartina p54; ☎696-4241; www.lacasaroja.cl; Agustinas 2113; letti in camerata CH$6800, doppie con/senza bagno CH$23.100/18.800; @≋; ⓂRicardo Cumming) È facile capire perché questa struttura a gestione australiana, con la sua piscina, i piacevoli patios, il bar all'aperto, il giardino e la spaziosa e bella cucina, sia la sistemazione preferita dai backpacker in visita a Santiago (anche se si lamentano sempre del personale scontroso). La possibilità di socializzare non è l'unica attrattiva: con le sue ampie scalinate e i suoi alti soffitti decorati a stucco, questa dimora ottocentesca accuratamente restaurata ha una spiccata personalità. Il miglior rapporto qualità-prezzo è offerto dalle doppie, con eleganti mobili rétro e graziosi bagni.

PROVIDENCIA

Vilafranca Petit Hotel B&B $$
(cartina p56; ☎235-1413; www.vilafranca.cl; Pérez Valenzuela 1650; singole CH$41.000, doppie CH$49.000-53.000; @ⓦ; ⓂPedro de Valdivia) Perché tutti i B&B non possono essere così belli? I morbidi divani del salotto e le sedie a sdraio in legno nel patio ricco di piante vi faranno sentire come a casa vostra. Le incantevoli camere ricordano le ambientazioni dei film di James Ivory: pareti color salvia decorate con quadretti che racchiudono fiori secchi, parquet consumato e mobili antichi piacevolmente spaiati. La prima colazione è compresa nel prezzo.

Castillo Surfista Hostel OSTELLO $
(fuori cartina p56; ☎893-3350; www.castillosurfista.com; Maria Luisa Santander 0329; letti in camerata CH$8000-9000, doppie senza bagno a partire da CH$20.000-24.000; @ⓦ; ⓂBaquedano) Se avete previsto di fare soltanto una breve sosta a Santiago durante il viaggio verso le celebri spiagge del Cile, o se cercate un posto pulito e accogliente in cui dormire, questo nuovissimo ostello fa al caso vostro. Gestito da un surfista californiano e ricavato in una dimora ristrutturata, vanta confortevoli camerate e camere doppie, aree comuni molto curate e ospiti rilassati, che vi aiuteranno a raggiungere le aree migliori per il surf (il proprietario mette a disposizione anche una navetta per le sue spiagge preferite). La posizione un po' defilata assicura sonni tranquilli.

Intiwasi Hotel BOUTIQUE HOTEL $$
(cartina p56; ☎985-5285; www.intiwasihotel.com; Josue Smith Solar 380; doppie CH$34.000-37.400; ❄@ⓦ; ⓂLos Leones) Questo albergo dall'atmosfera intima, situato in posizione centrale, è più simile a un boutique hostel per adulti. I proprietari ne sono orgogliosi e aiutano volentieri gli ospiti a pianificare il loro viaggio. Gli interni celebrano la cultura indigena cilena – Intiwasi significa 'casa del sole' nella lingua quechua – con tessuti realizzati dai nativi, legni scuri e brillanti tonalità rosso e arancio. Le camere dispongono di bagni privati e televisori LCD.

Hotel Orly HOTEL DI LUSSO $$$
(cartina p56; ☎231-8947; www.orlyhotel.com; Av Pedro de Valdivia 027; singole/doppie con prima colazione $120/135, appartamenti con prima colazione $110; ❄@; ⓂPedro de Valdivia) Questo imponente albergo attirerà la vostra attenzione sin dalla strada. L'ambiente è classico, con mobili in legno scuro, biancheria candida e fresca di bucato e pesanti tendaggi marroni; le camere vantano lussuosi dettagli come lavandini di marmo nei bagni ristrutturati e finestre dotate di vetri insonorizzati. Nella sala dove viene servita la prima colazione ci sono tè, caffè e dolci a disposizione degli ospiti per tutta la giornata. I gestori possiedono anche 12 appartamenti poco avanti

nello stesso isolato a tariffe più economiche; chi vi alloggia può consumare la prima colazione presso l'hotel.

Andes Suites APPARTAMENTI **$$$**
(cartina p56; ☎761-7070; www.andes-suites.cl; Diego de Velázquez 2071; appartamenti con 1/2 camere e prima colazione $95/105; ❄🏊; Ⓜ Pedro de Valdivia) Un albergo esclusivo gestisce questi appartamenti arredati, il che consente di usufruire di qualche vantaggio in più, come il servizio di pulizia giornaliero e la prima colazione. Le cucine potrebbero essere meglio attrezzate, ma c'è una magnifica piscina all'ultimo piano con vista sulle Ande. Nei giorni infrasettimanali le tariffe sono notevolmente più basse.

LAS CONDES, BARRIO EL GOLF E VITACURA

W Hotel Santiago HOTEL DI LUSSO **$$$**
(cartina p59; ☎770-0000; www.starwoodhotels.com; Isidora Goyenechea 3000, Las Condes; camere a partire da $269; ❄@📶🏊; Ⓜ El Golf) Con tre ristoranti alla moda, un paio di eleganti cocktail bar, una raffinata spa, un salone di bellezza, un fitness center e un'infinity pool sul tetto con vista panoramica sulle Ande, questo albergo della catena W, aperto alla fine del 2009, è subito diventato uno dei punti di riferimento della vita sociale di Santiago. Come gli altri hotel affiliati alla stessa catena nel resto del mondo, ha un'atmosfera sofisticata e un'inclinazione artistica; gli arazzi cileni nella lobby e gli eccellenti pisco sour e ceviche presenti sul menu aggiungono un tocco di sapore locale. Le splendide camere e suite offrono servizi hi-tech e panorami mozzafiato sulle montagne. Se ancora non vi basta, la struttura accetta gli animali e opera nel rispetto dell'ambiente, dal risparmio dell'acqua al riciclaggio.

Ritz-Carlton HOTEL DI LUSSO **$$$**
(cartina p59; ☎470-8500; www.ritzcarlton.com/santiago; El Alcalde 15; camere a partire da $398; ❄@📶🏊; Ⓜ El Golf) Sfavillante simbolo dell'economia cilena in rapida crescita, il Ritz è l'albergo più lussuoso di Santiago e si distingue per l'attenzione riservata ai dettagli: i letti king-size hanno lenzuola di cotone egiziano e materassi deliziosamente comodi e c'è persino un menu di trattamenti per il corpo. La principale attrazione, però, è il centro benessere situato all'ultimo piano, con tanto di piscina che grazie al soffitto a volta di vetro consente di guardare il cielo stellato mentre si nuota. Se preferite liquidi di altro genere, gli originali pisco sour serviti al bar sono leggendari.

BARRIO ESTACIÓN CENTRAL

Ecohost el OSTELLO **$**
(cartina p46; ☎222-6833; www.ecohostel.cl; General Jofré 349B; letti in camerata/doppie senza bagno CH$7000/20.000; @📶; Ⓜ Universidad Católica) I backpacker e le famiglie in cerca di un posto tranquillo adorano l'atmosfera accogliente e il servizio personalizzato di questo ostello, con comodi divani e un patio soleggiato completo di amaca. Le camerate situate nella vecchia dimora restaurata possono risultare un po' buie, ma i letti a castello e gli armadietti sono spaziosi e i numerosi bagni sono divisi in modo funzionale. L'ostello pratica la raccolta differenziata dei rifiuti, da cui il nome.

Pasti

Oggi più che mai, Santiago è una destinazione culinaria paradisiaca. Negli ultimi anni, l'arrivo di ristoratori creativi da Perú, Argentina ed Europa ha ulteriormente arricchito il già eccellente panorama gastronomico cittadino. Le tradizionali specialità cilene a base di pesce regnano ancora sovrane, ma la moderna cucina peruviana e quella giapponese si stanno facendo strada, così come i sofisticati piatti dei caffè.

I migliori ristoranti di categoria elevata si concentrano nei quartieri di Lastarria, Bellavista e Providencia; se ne volete sperimentare più di uno, tenete presente che durante la settimana, con i menu a prezzo fisso proposti a pranzo, è possibile risparmiare notevolmente. Se volete gustare piatti cileni più classici, optate per un allegro pranzo a base di specialità di mare al mercato centrale del pesce, oppure per le empanadas vendute dai take-away di tutta la città e per i *completos* (hot dog) con contorno di avocado serviti nelle tavole calde del centro.

CENTRO

Dagli impiegati che pranzano tenendo d'occhio l'orologio ai turisti che vogliono mangiare un boccone tra una visita e l'altra, i ristoranti del centro tendono a proporre pasti veloci. Una valida opzione per il pranzo è costituita dalle *fuentes de soda* (caffè economici, tavole calde) del Centro, pittoreschi locali d'altri tempi dove gli uomini d'affari divorano sandwich e comfort food cileno. Di sera, se cercate una cucina di qualità più elevata, vi consigliamo di spostarvi in altre zone della città.

Alcuni dei pasti più a buon mercato di Santiago si possono consumare presso i numerosi chioschi situati lungo Portal Fernández Concha, il porticato che si estende sul lato nord di Plaza de Armas. Gli spuntini che vanno per la maggiore, di giorno e di sera, sono enormi empanadas, *completos* e fette di pizza.

Mercado Central MERCATO $
(cartina p46; www.mercadocentral.cl; ⏲bancarelle alimentari e ristoranti 9-17 lun-ven, 7-15.30 sab e dom; Ⓜ Puente Cal y Canto) Il mercato del pesce di Santiago, una struttura in ferro battuto, è una classica meta per i pranzi a base di pesce (o per curare i postumi delle sbornie, al mattino, con stufati di pesce come il *caldillo de congrio,* il preferito di Pablo Neruda, con pomodori e patate). Evitate i ristoranti turistici che si trovano al centro del mercato e dirigetevi verso uno dei modesti chioschi situati ai margini, come il delizioso ed economico **Tio Willy** (Local 120-75; portate principali CH$2500-4000). Il mercato è delimitato da 21 de Mayo, San Pablo, Paseo Puente e Valdés Vergara.

TOP **Bar Nacional** TAVOLA CALDA $
(cartina p46; www.barnacional1.cl; Bandera 317; portate principali CH$3400-4500; ⏲7-23 lun-sab; Ⓜ Plaza de Armas) Dal bancone cromato al personale vecchio stile, questa *fuente de soda* è un gioiello d'altri tempi che da anni serve tipiche specialità cilene come il *lomo a lo pobre* (bistecca con patatine ricoperte da un uovo fritto). Per risparmiare qualche centinaio di pesos, chiedete il menu dei sandwich. C'è anche una filiale, il **Bar Nacional 2** (☎696-5986; Paseo Huérfanos 1151).

Empanadas Zunino PANETTERIA $
(cartina p46; www.empanadaszunino.cl; Puente 801; empanadas CH$850-1600; Ⓜ Puente Cal y Canto) Fondata negli anni '30, questa classica panetteria serve favolose empanadas: i giornalisti gastronomici del Cile le hanno recentemente assegnato il secondo posto in un concorso per le migliori empanadas di Santiago.

El Naturista VEGETARIANO $
(www.elnaturista.cl; portate principali CH$3000-4000; ⏲9-20 lun-ven, 10-15 sab) Huérfanos (cartina p46; Huérfanos 1046; Ⓜ Plaza de Armas); Moneda (cartina p46; Moneda 846; Ⓜ Santa Lucía) Questo apprezzato ristorante vegetariano del Centro, in attività da diversi decenni, propone zuppe semplici ma sostanziose, sandwich, insalate, torte e succhi di frutta freschi, oltre a prime colazioni leggere e gelati alla frutta.

BARRIO LASTARRIA E BARRIO BELLAS ARTES

Questi eleganti quartieri vantano alcuni dei migliori ristoranti cittadini oltre a un'ampia scelta di caffè in stile contemporaneo e di locali etnici, spesso con piacevoli tavoli sui marciapiedi per cenare all'aperto.

Opera FRANCESE $$
(cartina p46; ☎664-3048; Merced 395; portate principali CH$9200-12.000; ⏲13-15.30 e 8-23 lun-ven, 20-24 sab; Ⓜ Bellas Artes) Dal primo assaggio di foie gras all'ultima cucchiaiata di crème brûlée, la cucina di questo locale reca l'impronta della classica tradizione gastronomica francese ma è realizzata con i migliori ingredienti cileni. Tra le sostanziose portate principali figurano lo stinco di agnello in salsa di Cabernet e la costoletta di vitello accompagnata da una salsa bernese ricca di burro. Il bar Catedral (p71), situato al piano superiore, serve piatti più semplici ma altrettanto gustosi. Il ristorante si trova in un antico e splendido edificio d'angolo, dichiarato monumento storico nazionale.

Sur Patagónico CILENO $$
(cartina p46; Lastarria 92; portate principali CH$ 3800-7500; ⏲13-1 lun e mar, 11-4 mer, 12-1 gio-dom; Ⓜ Universidad Católica) Qui il servizio è notoriamente lento, ma se riuscirete ad assicurarvi uno dei graziosi tavoli sul marciapiede, potrete passare il tempo a osservare il viavai dei passanti in quest'angolo animato della città: un'esperienza fantastica, soprattutto se si ha in mano una fresca birra artigianale cilena. Le cozze al vapore sono ideali da condividere, mentre tra le specialità più sostanziose segnaliamo il risotto ai funghi e la bistecca e l'agnello cotti sulla *parrilla* (griglia). All'interno troverete una piacevole sala da pranzo in stile rustico, che ricorda una drogheria d'altri tempi.

Café Bistro de la Barra CAFFÈ $
(cartina p46; JM de la Barra 455; sandwich CH$ 3500-7000; ⏲9-21.30 lun-ven, 10-21.30 sab e dom; Ⓜ Bellas Artes; ✎) Un pavimento di mattonelle consumate, un divano di velluto, melodie anni '40 e paralumi realizzati con tazze e teiere costituiscono l'originale e gradevole sfondo in cui gustare brunch e *onces* (tè pomeridiani) tra i migliori della città. I golosi sandwich spaziano dai croissant ripieni di salmone ai friabili panini alle olive verdi con prosciutto di Parma e rucola, ma ricordate di lasciare un posticino per l'eccellente cheesecake, compatta al punto giusto e ricca di frutti di bosco.

Tambo PERUVIANO $$
(cartina p46; www.tambochile.cl; Lastarria 65; portate principali CH$4000-7500; ⏲9-23 lun-sab, fino alle 16.30 dom; Ⓜ Universidad Católica) Situato in una

splendida posizione lungo uno dei passaggi più suggestivi di Lastarria, questo ristorante peruviano contemporaneo propone piccanti rivisitazioni di specialità e bevande che nel corso del tempo sono state adottate dai cileni: non perdetevi lo squisito ceviche. Per quanto riguarda i cocktail, iniziate i vostri assaggi con un delizioso pisco sour aromatizzato al *maracuyá* (frutto della passione).

Emporio La Rosa PANETTERIA $
(cartina p46; Merced 291; gelato CH$900-1800, insalate e sandwich CH$2500-3900; ⌚8-21 lun-mer, 8-22 gio e ven, 9-22 sab e dom; Ⓜ Bellas Artes;) Cioccolato al peperoncino, fragola e pepe nero e petali di rosa sono solo alcuni dei sublimi gusti del cremoso gelato artigianale proposto da questa panetteria, che potrebbe causare dipendenza in chi lo assaggia. I *pains-au-chocolat* di pasta sfoglia e le morbide focacce ripiene rappresentano due ragioni in più per sedersi ai tavolini cromati del locale.

BELLAVISTA

A Bellavista è possibile mangiare e bere durante tutto l'arco della giornata. I ristoranti del quartiere si dividono, sostanzialmente, in tre categorie: i locali tipici a gestione familiare, da sempre meta degli abitanti del posto, i nuovi ristoranti esclusivi affacciati su Constitución e Dardignac e i chioschi alla buona situati lungo Pío Nono, che servono spuntini semplici ed economici come empanadas, fette di pizza, *completos* e sandwich e sono molto frequentati dai giovani durante le notti brave.

Azul Profundo CILENO $$
(cartina p52; www.azulprofundo.cl; Constitución 111; portate principali CH$7500-13.000; ⌚13-16.30 tutti i giorni, 19.30-0.30 dom-gio, 19.30-1.30 ven e sab; Ⓜ Baquedano) In questo ristorante dalle tonalità blu scuro (come suggerisce il nome) potrete ammirare una collezione di telescopi, arredi in stile marinaro e un bancone di legno d'epoca, il tutto ispirato all'estetica di Pablo Neruda, oltre ad assaggiare piatti di pesce freschissimi e creativi. Se siete in vena di condividere, ordinate la deliziosa degustazione di ceviche e un giro di pisco sour: l'enorme e variopinto vassoio che vi verrà servito costituirà probabilmente una delle esperienze gastronomiche più memorabili del vostro viaggio in Cile.

TOP Galindo CILENO $
(cartina p52; www.galindo.cl; Dardignac 098; portate principali CH$2800-5800; ⌚12.30-2 dom-gio, 12.30-4 ven e sab; Ⓜ Baquedano) Insegne retrò al neon decorano il bar con le pareti in legno di questo apprezzato locale di lunga tradizione, sempre pieno di clienti chiassosi ed entusiasti. È facile capire perché: a differenza dei pretenziosi ristoranti che lo circondano, il Galindo propone soltanto sfrigolanti *parrilladas* (grigliate miste di carne) e sostanziose specialità cilene come la *chorrillana* (patate fritte servite con cipolle alla griglia e carne), il tutto accompagnato da pinte di birra appena spillata o caraffe di vino della casa.

El Caramaño CILENO $$
(cartina p52; http://caramano.tripod.com; Purísima 257; portate principali CH$3200-7500; ⌚13-24; Ⓜ Baquedano) Un ampio menu di classici piatti cileni preparati a regola d'arte, come *machas a la parmesana* (cannolicchi gratinati), *merluza a la trauca* (merluzzo al forno in salsa di salame piccante e pomodoro) e *oreganato* (formaggio di capra fuso spolverizzato con origano), richiama anno dopo anno una clientela affezionata di famiglie locali. Il posto giusto per una cena di classe a prezzi accessibili.

Peperone Pizza & Wine PIZZERIA $$
(cartina p52; www.peperone.cl; Antonia López de Bello 0118; portate principali CH$3000-7500; ⌚12.30-16.30 e 19-24 mar-gio, fino all'1 ven e sab, 12.30-16.30 dom; Ⓜ Baquedano) Un locale dall'atmosfera informale e accogliente, con mobili d'epoca spaiati, pareti dipinte con colori vivaci e candele accese la sera. Il Peperone è ideale per un pasto veloce, oppure un bicchiere di vino prima o dopo la visita alla vicina Chascona.

BARRIO BRASIL E BARRIO YUNGAY

Peluquería Francesa FRANCESE, CILENO $$
(cartina p54; ☎682-5243; www.boulevardlavaud.cl; Compañía de Jesús 2789; portate principali CH$3300-7000; ⌚9-1 lun-gio, fino alle 3 ven e sab, 11-17 dom; Ⓜ Ricardo Cumming) Uno dei migliori locali di Santiago. Il nome significa 'barberia francese', perché un tempo l'elegante edificio d'angolo che lo ospita, costruito nel 1868, ospitava la bottega di un barbiere. Impreziosito da originali pezzi di antiquariato (tutti in vendita), il ristorante conserva un fascino *fin de siècle* e nelle serate del fine settimana si riempie di *santiaguinos* alla moda che adorano i suoi eccellenti piatti di pesce di ispirazione francese e la sua atmosfera eccentrica.

TOP El Café CILENO $
(cartina p54; all'angolo tra Av Brasil e Huérfanos, Barrio Brasil; pranzo a prezzo fisso CH$3200; ⌚10-24; Ⓜ Cumming) Questo grazioso edificio d'angolo

dagli esterni rosa e bianchi ha un interno altrettanto pittoresco, con vecchi tavoli in legno e pavimenti piastrellati d'epoca. Sia i tavoli all'interno sia quelli sul marciapiede sono ideali per bere un caffè al mattino, gustare un economico pranzo a prezzo fisso o sorseggiare una birra di pomeriggio, ammirando la verdeggiante piazza centrale del Barrio Brasil.

Squella Restaurant CUCINA DI MARE **$$**
(cartina p54; www.squellarestaurant.cl; Av Ricardo Cumming 94; portate principali CH$7200-9500; ⌚19-24 lun-sab; Ⓜ Ricardo Cumming) Quando entrerete in questo ristorante dagli interni bianchi ed essenziali, i pesci e i crostacei che mangerete staranno con ogni probabilità nuotando nelle vasche gorgoglianti allineate lungo una parete della sala da pranzo. Le ostriche, i gamberi, i molluschi e il ceviche, con la loro freschezza, attirano da decenni gli abitanti del posto in questa istituzione cittadina.

Las Vacas Gordas STEAKHOUSE **$$**
(cartina p54; Cienfuegos 280; portate principali CH$4000-7000; ⌚12-16 e 19-24 lun-sab, 12-16 dom; Ⓜ Cumming o Santa Ana) Bistecche di manzo, carne di maiale, pollo e verdure sfrigolano sull'enorme griglia situata davanti alla chiassosa sala da pranzo principale, dove vengono serviti da imperturbabili camerieri vecchio stile. Questa popolare steakhouse è sempre piena, perciò è consigliabile prenotare o arrivare molto presto.

Plaza Garibaldi MESSICANO **$**
(cartina p54; www.plazagaribaldi.cl; Moneda 2319; portate principali CH$3800-6200; ⌚12-16 e 19-24 lun-sab; Ⓜ Cumming) Dalle pareti dipinte con colori vivaci alle porte in stile saloon ai tacos, le quesadillas e le *chimichangas* (burritos fritti), il Plaza Garibaldi ha una tipica atmosfera messicana. I piatti, freschi e sostanziosi, sono versioni cilene, quindi meno speziate, delle classiche specialità messicane. Il servizio è molto cordiale.

Platipus ASIATICO **$**
(cartina p54; www.platipus.cl; Agustinas 2099, Barrio Brasil; sushi CH$2900-5900; ⌚17-fino a tardi lun-ven, 19-fino a tardi sab; Ⓜ Cumming) Le candele diffondono una luce calda sulle pareti con i mattoni a vista di questo ristorante di sushi dall'atmosfera tranquilla. Il servizio è lento, ma sia il sushi sia le *tablas* (taglieri di stuzzichini) valgono l'attesa. Anche i vegetariani avranno l'imbarazzo della scelta.

Peperone Pizza & Wine PIZZERIA **$$**
(cartina p54; Huérfanos 1954) Una filiale del ristorante di Bellavista particolarmente famosa per le empanadas.

PROVIDENCIA

Aquí Está Coco CILENO **$$**
(cartina p56; ☎410-6200; www.aquiestacoco.cl; La Concepción 236; portate principali CH$4000-8500; ⌚13-15 e 19-23 lun-ven, 13-15 e 20-23 sab, chiuso feb; 🍷; Ⓜ Pedro de Valdivia) Questa piccola dimora magnificamente restaurata con materiali ecosostenibili ospita uno dei ristoranti più alla moda di Providencia. Il nome, che significa 'Coco è qui', si riferisce al creativo proprietario, il quale utilizza lo spazio del locale per esporre opere d'arte e manufatti acquistati durante i suoi viaggi in tutto il mondo. Coco ha un notevole talento culinario ed è un grande esperto di vini. La *centolla* (granchio gigante pescato in Patagonia) è la specialità della casa. La cucina proposta dal locale, definita dal proprietario stesso 'semplice e onesta', comprende anche pettini (sorta di capesante) con salsa al cocco e tonno dell'Isola di Pasqua cotto a fuoco vivo.

Liguria MEDITERRANEO **$$**
(www.liguria.cl; portate principali CH$5200-8500; ⌚12-1 lun-sab) Av Pedro de Valdivia Norte (cartina p56; Av Pedro de Valdivia 047; Ⓜ Pedro de Valdivia); Av Providencia (cartina p56; Av Providencia 1373; Ⓜ Manuel Montt); Las Condes (cartina p59; Luis Thayer Ojeda 019, Las Condes; Ⓜ Tobalaba) Autentica leggenda nel circuito dei ristoranti di Santiago, il Liguria rappresenta una perfetta via di mezzo tra un bar e un bistrò. Sulla lavagna vengono scritti con il gesso i piatti del giorno, come lo stufato di coniglio o il girello di maiale in pastella, che eleganti camerieri della vecchia scuola servono con molto aplomb ai tavoli apparecchiati con tovaglie a scacchi rossi. Pubblicità d'epoca, cimeli cileni e vecchie bottiglie decorano l'interno, rivestito di pannelli di legno, ma la vera attrazione sono i tavolini sul marciapiede contesi dai clienti; anche nei giorni infrasettimanali è consigliabile prenotare per trovare un posto. La filiale di Av Providencia comprende il popolarissimo **Bar:Liguria** (⌚aperto fino alle 3), ideale per bere qualcosa.

Astrid y Gastón PERUVIANO **$$$**
(cartina p56; ☎650-9125; www.astridygaston.com; Antonio Bellet 201; portate principali CH$8000-13.500; ⌚13-15 e 20-24 lun-ven, cena solo sab; Ⓜ Pedro de Valdivia) Il menu stagionale di haute cuisine peruviana ha reso questo ristorante uno dei più rinomati di Santiago. Il personale, cordiale e al tempo stesso esperto, sarà lieto di illustrarvi le moderne e raffinate variazioni dello chef su piatti tradizionali come

ceviche, *chupes* (stufati di pesce) e *cochinillo* (maialino da latte), tutte splendidamente presentate. Il barman merita un applauso per i suoi cocktail elaborati: il pisco peruviano, per esempio, viene preparato con succo di aguaymanto.

Doner House TURCO $
(cartina p56; www.donerhouse.cl; Av Providencia 1457; portate principali CH$1900-4200; ⌚12-22 lun-ven, fino alle 21 sab; Ⓜ Manuel Montt) Il maestro del doner, che ha portato per primo il kebap turco a Santiago, prepara eccezionali shawarma. Nel locale si possono assaggiare anche spuntini come falafel e foglie di vite ripiene.

Voraz Pizza PIZZERIA $
(cartina p56; www.vorazpizza.cl; Av Providencia 1321; pizze CH$4000-12.000; ⌚13-23 lun-mer, 13-24 gio-sab; Ⓜ Manuel Montt; ✎) Questa minuscola pizzeria serve pizze dalla pasta sottile con un ottimo rapporto qualità-prezzo e birre artigianali ai suoi tavolini disposti lungo il marciapiede; effettua anche consegne a domicilio. Un ulteriore bonus sono le gustose pizze adatte a vegetariani e vegani. Di recente Voraz ha aperto una filiale in Av Vitacura 2892.

El Huerto CAFFÈ $
(cartina p56; www.elhuerto.cl; Orrego Luco 054; portate principali CH$4700-5900; ⌚12-24 lun-sab; Ⓜ Pedro de Valdivia; ✎) I sostanziosi e salutari piatti vegetariani proposti da questo locale attirano, a pranzo, giovani alla moda e signore più attempate. Potrete gustarvi omelette di albumi d'uovo, smoothie alla fragola, insalate di quinoa e golosi dessert accompagnati da *café au lait*.

LAS CONDES, BARRIO EL GOLF E VITACURA

I quartieri più esclusivi di Santiago ospitano l'élite della città e i costosissimi ristoranti e bar che frequenta. Qui troverete anche innumerevoli filiali di Starbucks e di altre catene americane; si distingue soltanto un piccolo gruppo di ristoranti.

Tiramisú PIZZERIA $$
(cartina p59; www.tiramisu.cl; Isidora Goyenechea 3141, Las Condes; pizze CH$3500-7800; ⌚12.45-16 e 19-24; Ⓜ Tobalaba; ✎) Vivaci murales, tavoli di legno grezzo e allegre tovaglie a scacchi rossi caratterizzano gli interni di questa pizzeria, sempre gremita di abitanti del posto. Impiegherete più tempo a scegliere una delle innumerevoli pizze sottili che a mangiarla.

Café Melba CAFFÈ $
(cartina p59; Don Carlos 2898; sandwich CH$2900, portate principali CH$4000-7500; ⌚7.30-21 lun-ven, 8-17 sab; Ⓜ Tobalaba; ✎) Questo accogliente caffè, gestito da un emigrato neozelandese, serve tutto il giorno prime colazioni a base di uova e bacon, muffin, bagel ed enormi tazze di caffè. Sandwich dalla ricca farcitura e piatti più sostanziosi come il curry verde di pesce o i medaglioni di maiale sono molto richiesti, a pranzo, dagli impiegati del settore finanziario che lavorano nella zona; la principale attrazione, però, è costituita dal lungo brunch, che attira una fedele clientela di madrelingua inglese.

CasaMar CUCINA DI MARE $$
(fuori cartina p59; ☎054-2112; www.restaurantcasamar.cl, in spagnolo; Av Padre Hurtado 1480, Vitacura; portate principali CH$7900-11.900; ⌚13-15.30 e 20-23 lun-sab, solo pranzo dom; Ⓜ Tobalaba) Piatti cileni raffinati e contemporanei a base di pesce e ottimi vini vanno per la maggiore in questo elegante locale di Vitacura. Se siete in vena di spese folli, scegliete il favoloso menu degustazione da sei portate con vini abbinati (CH$35.000).

Dominó SANDWICH $
(cartina p59; Isidora Goyenechea 2930, Las Condes; sandwich CH$1800-4000; ⌚8-22 lun-mer, fino alle 23 gio e ven, 12-23 sab; Ⓜ Tobalaba) Questa filiale del Dominó – una versione contemporanea della tradizionale *fuente de soda* – all'ora di pranzo pullula di giovani impiegati di bell'aspetto che lavorano nel quartiere. Negli interni alla moda, dove trionfano bianco e acciaio cromato, si possono gustare sandwich e *completos* a prezzi modici: una sorta di elegante fast food in salsa cilena. In città ci sono anche altre filiali.

ÑUÑOA

Bar e ristoranti senza pretese ma dall'atmosfera vivace rendono Ñuñoa una delle mete predilette dagli abitanti di Santiago per le serate fuori. Situato a est del Centro ma molto più a sud di Providencia, questo quartiere è lontano da qualunque stazione della metropolitana, tuttavia non fatevi scoraggiare: l'autobus n. 505 percorre Merced e Salvador fino a Plaza Ñuñoa, dove si concentrano i locali. Una corsa in taxi dal Centro costa circa CH$5000.

Café de la Isla CAFFÈ $
(www.cafedelaisla.cl; Av Irarrázaval 3465; portate principali CH$2900-5500; ⌚18-1 lun-gio, fino alle 3 ven e sab) Questo caffè alla buona è

uno dei gioielli di Ñuñoa. I piatti, di ispirazione cilena e asiatica, sono preparati con le verdure dell'orto annesso; la sera, il locale è gremito di abitanti del posto che sorseggiano smoothie di frutta fresca nel patio con giardino o bevono vino seduti ai rustici tavoli di legno dell'interno. Se potete, scegliete un tavolo nel suggestivo dehors illuminato da candele.

Fuente Suiza TAVOLA CALDA $

(www.fuentesuiza.cl; Av Irarrázaval 3361; sandwich CH$2400-3600; ⏲11-24 lun-gio, 11-2 ven, 11-1 sab, 13-17 dom) I succulenti sandwich con *lomo* (maiale) e le morbide empanadas fritte rendono questo semplice ristorante a gestione familiare il posto perfetto per prepararsi a una lunga notte di bevute o per riprendersi dai suoi postumi.

Locali

Caffè

Gli abitanti di Santiago prendono i loro *onces* molto seriamente: all'inizio della serata, i giovani di solito bevono un caffè e mangiano una fetta di torta invece di celebrare il rito dell'happy hour con una birra. La fiorente cultura dei caffè di Santiago ha il suo fulcro in JM de la Barra, un breve tratto di strada che corre tra il Cerro Santa Lucía e il fiume.

Confitería Torres BAR, CAFFÈ

(fuori cartina p46; ☎688-0751; www.confiteriatorres.cl; Alameda 1570; ⏲10.30-24 lun-sab; Ⓜ Los Héroes) Nonostante i lavori di ristrutturazione le abbiano conferito un tocco di eleganza contemporanea, la Confitería Torres – uno dei caffè più antichi di Santiago – è ancora imbevuta di storia. Gli attempati camerieri servono i clienti con grande aplomb, i lampadari a bracci scintillano e il pavimento di piastrelle bianche e verdi è consumato dall'uso. L'ex presidente Barros Luco ordinava sempre una bistecca e un sandwich con formaggio fuso e tra gli altri personaggi celebri che hanno bevuto un caffè o un pisco sour in questo locale figurano Plácido Domingo e Rubén Darío.

TOP **Café Mosqueto** CAFFÈ

(cartina p46; ☎664-0273; Mosqueto 440; ⏲8.30-22 lun-ven, 10-21.30 sab, 11-21 dom; Ⓜ Bellas Artes) L'interno di questo incantevole caffè è un rifugio accogliente nei giorni di pioggia, mentre i tavoli sul marciapiede, affacciati su una strada pedonale, offrono fantastiche opportunità di osservare i passanti. Nello stesso isolato (Mosqueto, tra Monjitas e Santo Domingo) vi sono altri locali simili e la sera, quando i clienti bevono il caffè a lume di candela, l'atmosfera è molto suggestiva.

Café del Museo CAFFÈ

(cartina p46; ☎633-2291; Lastarria 305, Plaza Mulato Gil, Lastarria; ⏲11-20.30 lun-ven, 10-21.30 sab e dom; Ⓜ Bellas Artes) Situato accanto a un piccolo museo di arti visive (da qui il nome) lungo uno dei pittoreschi passaggi acciottolati di Lastarria, questo pittoresco caffè nascosto in un cortile prepara deliziosi cappuccini, tè in foglie, paste dolci, sandwich squisiti e insalate.

Pub e bar

I *santiaguinos* adorano bere e lo fanno senza mezze misure, tanto da competere con i loro rivali stranieri. Anche nei giorni infrasettimanali, verso le 20 o le 21 molti bar sono già pieni di gente che si ritrova dopo il lavoro o dopo la scuola e sotto i tavoli si notano bottiglie e bicchieri di birra vuoti. Dai pub chiassosi alle enoteche dall'atmosfera più intima, vicino a voi ci sarà senz'altro uno splendido locale.

CENTRO

La Piojera BAR

(cartina p46; ☎698-1682; Aillavilú 1030, Centro; ⏲12-24 lun-sab; Ⓜ Puente Cal y Canto) Sfuggito allo sviluppo edilizio di Santiago grazie alle proteste della sua fedele clientela, che comprende chiassosi habitués ma anche presidenti e poeti, questo locale alla buona è davvero fantastico. I suoi tavoli appiccicosi e sovraffollati straripano di bicchieri delle due specialità della casa: la *chicha,* cidro cileno dolce, e il fortissimo *terremoto,* un potente mix di vino e gelato. La segatura sparsa sul pavimento assorbe i liquidi rovesciati.

BARRIO LASTARRIA E BARRIO BELLAS ARTES

TOP **Bar the Clinic** COCKTAIL BAR

(cartina p46; Monjitas 578, Barrio Bellas Artes; Ⓜ Bellas Artes) Questo bar-ristorante originale e alla moda offre un'atmosfera intellettuale, essendo il luogo di ritrovo ufficiale dei collaboratori della rivista politica cilena *The Clinic*. Potrete sorseggiare classici cocktail e gustare ottimi piatti da pub in compagnia di giornalisti dal look alternativo con occhiali dalla montatura nera.

Catedral COCKTAIL BAR

(cartina p46; ☎664-3048; www.operacatedral.cl; JM de la Barra e Merced; ⏲12.30-3 lun-gio, 12.30-5 ven e sab; Ⓜ Bellas Artes) Questo elegante cocktail bar ha un menu che offre molto più

DEGUSTAZIONI IN CITTÀ

Se non avete tempo a sufficienza per visitare la regione dei vini, potrete ripiegare su una degustazione guidata o un corso di enologia presso il **Centro Desgustación de Concha y Toro** (cartina p59; www.vinoscyt.com; Av Alonso de Córdova 2391; ⏲9-20 lun-ven, 10-14 sab) di Vitacura. È la nuova filiale cittadina dell'azienda vinicola Concha y Toro (v. p84) e rappresenta il posto ideale per bere un bicchiere di Viognier dopo aver visitato le gallerie d'arte e le boutique del barrio.

dei semplici spuntini da bar, per esempio champagne con crème brûlée alla violetta. Una compassata clientela di professionisti tra i 20 e i 30 anni adora inoltre i suoi divani minimalisti a due colori, i lisci pannelli di legno alle pareti e la musica soft. Il Catedral è uno dei tanti locali raffinati situati dietro il ristorante Opera e con questo condivide lo stesso edificio d'angolo, magnificamente restaurato.

Bar Berri COCKTAIL BAR
(cartina p46; ☎632-3190; Rosal 321, Barrio Bellas Artes; Ⓜ Bellas Artes) Un classico di Santiago da molti anni, il suggestivo Bar Berri ha un'atmosfera spiccatamente bohémienne ed è arredato con un eclettico mix di mobili antichi di fine Ottocento. Come dimostra la lista delle bevande, che cambia periodicamente, il proprietario è un esperto di birre artigianali. Non perdetevi il Café Berri, situato al piano superiore, dove il tempo sembra essersi fermato.

El Diablito BAR
(cartina p46; ☎638-3512; Merced 336, Centro; Ⓜ Bellas Artes) Vecchie foto e cimeli riempiono le scure pareti di questo locale fumoso. Dopo il tramonto, i minuscoli tavolini illuminati da candele sembrano invitare i clienti a confabulare fino alle ore piccole; la *schop* (birra alla spina) e i pisco sour a buon mercato sono altre due buone ragioni per fermarsi qui.

BELLAVISTA

A Santiago, il cuore e l'anima del *carrete* è il Barrio Bellavista. Intorno alle 22, i tavolini all'interno e all'esterno dei suoi numerosi bar sono già affollati da chiassosi gruppi di giovani che si dedicano alla *previa* (il giro di bevute prima della discoteca). Anche molti dei ristoranti e dei locali notturni di Bellavista fungono da luoghi di ritrovo in cui bere qualcosa.

I locali situati lungo Pío Nono, tutti uguali tra loro, sono spartani e molto economici: in genere vi si ordina una caraffa di birra. La lista delle bevande e la clientela sono un po' più sofisticate nei cocktail bar dall'atmosfera alternativa che si trovano lungo Constitución e Antonia López de Bello. A ovest, Bombero Núñez ospita una manciata di bar e club più underground, tra i quali figurano alcuni dei migliori locali gay di Santiago (v. lettura p63).

Sebbene i bar e i caffè situati all'interno del **Patio Bellavista** (cartina p52; ☎777-4582; www.patiobellavista.cl; Pío Nono 73; Ⓜ Baquedano) abbiano l'aria un po' anonima, sono praticamente gli unici posti aperti la domenica sera.

Dublin PUB
(cartina p52; ☎730-0526; www.dublin.cl; Constitución 58; ⏲12-24 dom-gio, 12-4 ven e sab; Ⓜ Baquedano) Questo vivace pub irlandese non ha molto di cileno, a parte forse gli spuntini, ma vanta un fantastico assortimento di whisky e una spensierata clientela di giovani *santiaguinos* e residenti stranieri che lo frequentano quasi ogni sera della settimana.

BARRIO BRASIL

Questo barrio a sinistra del Centro sta diventando sempre più vivace la sera, ma tenete presente che, dopo l'orario di chiusura dei locali, le sue silenziose strade secondarie possono diventare poco sicure. È consigliabile prendere un taxi.

Baires BAR
(cartina p54; ☎697-4430; www.bairessushiclub.cl; Brasil 255; ⏲12.30-3 dom-mer, fino alle 5 gio-sab; Ⓜ Ricardo Cumming) Tecnicamente si tratta di un 'sushi club', ma è soprattutto la sua vita notturna ad attirare i clienti. I tavoli nel dehors si riempiono in fretta anche nelle sere dei giorni infrasettimanali, c'è una lista delle bevande enciclopedica e nei fine settimana i DJ ravvivano l'atmosfera al piano superiore.

PROVIDENCIA

Santo Remedio BAR
(cartina p56; ☎235-0984; www.santoremedio.cl; Román Díaz 152; ⏲18.30-3 lun-sab, a partire dalle 20.30 dom; Ⓜ Manuel Montt) Questa vecchia casa dalle luci soffuse e dai soffitti alti in realtà è

un ristorante, e per di più afrodisiaco, ma è soprattutto il bar ad attirare i clienti: i potenti cocktail ben mixati e i DJ che si esibiscono regolarmente mantengono di buonumore frotte di giovani tra i 20 e i 30 anni.

California Cantina BAR SPORT
(cartina p56; ☎361-1056; www.californiacantina.cl; Las Urbinas 56; ⏲17.30-2.30 lun e mar, a partire dalle 12.30 mer-ven, a partire dalle 15.30 sab e dom; Ⓜ Los Leones) Questo spazioso bar di ispirazione californiana, già molto popolare, è un nuovo acquisto del circuito degli happy hour di Providencia e riesce a soddisfare praticamente tutti i gusti: vanta una dozzina di birre alla spina, spuntini da pub messicani come tacos e quesadillas, un dehors con posti a sedere, cocktail diversi ogni giorno e un maxischermo che trasmette partite di *fútbol*.

Phone Box Pub PUB
(cartina p56; ☎235-9972; Av Providencia 1652; ⏲10-1 lun e mar, fino alle 2 mer e gio, fino alle 3 ven e sab; Ⓜ Manuel Montt) Per entrare in questo pub dall'atmosfera informale, molto apprezzato dai giovani cileni e dagli stranieri residenti in città, si passa attraverso una tipica cabina telefonica inglese di colore rosso. La combinazione di birre ben spillate e classici piatti da pub (oltre a specialità latinoamericane come empanadas e burritos) funziona perfettamente.

LAS CONDES, BARRIO EL GOLF E VITACURA

Red2One COCKTAIL BAR
(cartina p59; ☎770-0000; www.starwoodhotels.com; Isidora Goyenechea 3000, Las Condes; @ 📶; Ⓜ El Golf) Non lasciatevi scoraggiare dal nome difficile: l'elegante bar all'ultimo piano del W Hotel Santiago, considerato il locale più esclusivo della città in cui bere qualcosa, vale il viaggio. Il raffinato design minimalista e la clientela VIP che lo frequenta riusciranno quasi a distrarvi dalla veduta mozzafiato delle Ande ricoperte di neve. Se volete provare a entrare, fatelo al tramonto.

ÑUÑOA

HBH Brewery BIRRIFICIO CON PUB
(☎204-2106; www.cervezahbh.cl; Av Irarrázaval 3176; ⏲17-2 lun-ven, a parrire dalle 19.30 sab) Appassionati di birra e studenti vanno pazzi per questo piccolo birrificio dall'atmosfera rilassata. Oltre a servire boccali ghiacciati delle sue stout e lager, l'HBH offre un fantastico assortimento di birre artigianali provenienti da tutto il mondo.

☆ Divertimenti

Che vi piaccia scatenarvi sulle piste da ballo o allo stadio di calcio, battere le mani a ritmo ascoltando cantanti folk o applaudire cantanti d'opera dopo una rappresentazione di tre ore, Santiago non vi deluderà. I quotidiani nazionali *El Mercurio* e *La Tercera* riportano gli orari e i programmi di cinema, teatri e sale da concerto. Per i biglietti e le informazioni relative agli spettacoli e agli eventi sportivi di maggiore rilievo, rivolgetevi a **Ticketmaster** (☎689-2000; www.ticketmaster.cl), che ha punti vendita anche presso i grandi magazzini Falabella e i cinema Hoyts, o a **FeriaTicket** (☎592-8500; www.feriaticket.cl) presso i negozi di musica Feria del Disco. Per informazioni aggiornate sulle discoteche, la musica dal vivo e la vita notturna, consultate i comodi elenchi presenti sul sito di **Saborizante** (www.saborizante.com), o andate direttamente alla fonte visitando i siti web o i blog dei locali notturni e dei bar: quelli riportati in questa guida vengono aggiornati regolarmente.

Musica live

Il Cile non può vantare la ricca tradizione musicale di altri paesi latinoamericani, ma non mancano gruppi interessanti, alcuni dei quali si esibiscono nell'edizione di Santiago del Lollapalooza (p62) e in vari bar che ospitano concerti dal vivo. Lasciate la salsa e il tango ai paesi che più se ne intendono e optate invece per i cantautori folk, i gruppi indipendenti cileni o argentini, le band emergenti che propongono *rock nacional* (rock cileno) e i musicisti specializzati nel più latino dei ritmi locali, la *cumbia chilombiana*. Anche gli artisti di fama internazionale si esibiscono regolarmente in Cile e in genere i biglietti per i loro spettacoli sono molto meno cari che in altre nazioni.

Bar Constitución MUSICA LIVE
(cartina p52; ☎244-4569; www.barconstitucion.cl, in spagnolo; Constitución 62, Bellavista; ⏲20-5 lun-sab; Ⓜ Baquedano) Il locale notturno più trendy di Bellavista ospita ogni sera band e DJ che si esibiscono dal vivo. I gusti eclettici (ma infallibili) del Bar comprendono electroclash, garage, nu-folk, house e molto altro ancora, pertanto consultate il sito web per verificare se il programma della serata vi interessa.

Club de Jazz JAZZ
(☎326-5065; www.clubdejazz.cl, in spagnolo; Av Alessandri 85, Ñuñoa; ⏲22.30-3 gio-sab) Questo club, che ha sede in uno spazioso edificio

DA NON PERDERE

EL HUASO ENRIQUE

Le uniche occasioni per vedere i cileni che danzano *la cueca* – l'allegro rituale nazionale in cui si sventolano fazzoletti e gli uomini imitano i galli che corteggiano le galline – sono le feste popolari, le celebrazioni del Giorno dell'Indipendenza o gli eventi organizzati in remote cittadine di campagna. Fa eccezione **El Huaso Enrique** (cartina p54; ☎681-5257; www.elhuasoenrique.cl; Maipú 462, Barrio Yungay; coperto CH$2500-3000; Ⓜ Quinta Normal), un ristorante tradizionale aperto nel Barrio Yungay quasi 60 anni fa. Qui potrete ammirare abitanti del posto che si esibiscono orgogliosi sulla pista da ballo mentre divorate sostanziosi piatti tipici come il *pastel de choclo* (un pasticcio al forno a base di mais, carne e formaggio). Il locale si anima nei fine settimana, quando viene proposta musica dal vivo. Se volete entrare davvero nello spirito del posto, El Huaso Enrique offre anche lezioni di *cueca*; visitate il sito web per maggiori dettagli.

in legno, è uno dei locali di jazz più famosi dell'America Latina, tanto che Louis Armstrong e Herbie Hancock sono soltanto due dei grandi nomi che vi hanno suonato. Ospita musicisti jazz e blues locali e internazionali, oltre a grandi orchestre jazz.

La Casa en el Aire ARTI DELLO SPETTACOLO
(cartina p52; ☎735-6680; www.lacasaenelaire.cl, in spagnolo; Antonia López de Bello 0125, Bellavista; ⏲20-fino a tardi tutti i giorni; Ⓜ Baquedano) Musica folk latinoamericana, ritrovi di cantastorie, rassegne cinematografiche e letture di poesie sono soltanto alcuni degli eventi proposti tutte le sere in questa vecchia casa dall'atmosfera tranquilla, trasformata in bar.

Batuta MUSICA LIVE
(www.batuta.cl, in spagnolo; Jorge Washington 52, Ñuñoa; ⏲22-3 mer-sab) Una folla entusiasta si scatena al ritmo dello ska, della *patchanka* (genere simile a quello di Manu Chao), della *cumbia chilombiana,* del rockabilly, del surf e del goth rock, oltre che con la musica suonata dalle tribute band: al Batuta, tutto ciò che è alternativo va per la maggiore.

Galpón Víctor Jara MUSICA LIVE
(cartina p54; ☎697-3941; Huérfanos 2146, Barrio Brasil; Ⓜ Cumming) Intitolato al cantautore folk e attivista politico Víctor Jara (un rivoluzionario cileno desaparecido, che a quanto sembra fu giustiziato dal governo militare dopo aver espresso pubblicamente le sue vedute liberali), questo spazio simile a un magazzino ospita esibizioni di musicisti locali emergenti.

Teatro Caupolicán MUSICA LIVE
(☎699-1556; www.teatrocaupolican.cl, in spagnolo; San Diego 850; Ⓜ Parque O'Higgins) In questo teatro si tengono performance di artisti internazionali famosi, da Jarvis Cocker a Brett Anderson fino agli Hives. Tra i rocker latinoamericani che si sono esibiti qui, figurano gli eccezionali messicani Café Tacuba e l'uruguayano Jorge Drexler, vincitore di un premio Oscar.

Locali notturni

Non pensate neanche per un momento di entrare in uno dei locali descritti di seguito prima di mezzanotte: a Santiago è consuetudine iniziare la serata tardi e concluderla all'alba. La maggior parte delle discoteche chiude intorno alle 4 o alle 5, ma chi ha la forza di stare ancora in piedi si trasferisce in un altro locale per concludere la nottata con un after-hour.

Blondie DISCOTECA
(cartina p54; ☎681-7793; www.blondie.cl, in spagnolo; Alameda 2879, Barrio Brasil; ingresso CH$3000-5000; ⏲a partire dalle 23 gio-sab) Gli anni '80 dettano ancora legge su almeno una delle piste del Blondie, mentre sull'altra si può ballare di tutto, dal goth rock alla techno, dal Britpop all'indie cilena. Molto apprezzata dagli studenti e dalla comunità gay di Santiago, di solito questa discoteca è sempre piena.

Club La Feria DISCOTECA
(cartina p52; ☎735-8433; www.clublaferia.cl; Constitución 275, Bellavista; ingresso CH$3000-5000; ⏲a partire dalle 23 gio-sab; Ⓜ Baquedano) La martellante musica house e techno, una clientela entusiasta e fantastici DJ rendono ancora questa discoteca il posto ideale per un'immersione nella musica elettronica.

El Clan CLUB
(cartina p52; ☎735-3655; www.elclan.cl; Bombero Núñez 363, Bellavista; ingresso CH$2000-5000; ⏲a partire dalle 23 mar-sab; Ⓜ Baquedano) Il nome è l'abbreviazione di 'El Clandestino', un riferi-

mento ai tempi in cui l'esistenza di questo piccolo locale era segreta. Un gruppetto di DJ fa ballare senza sosta una folla di ventenni, spaziando dalla musica anni '80 alla house, dal R&B al funk o alla techno.

Mito Urbano DISCOTECA
(cartina p56; ☎235-7097; www.mitourbano.cl; Manuel Montt 350, Providencia; ingresso CH$4000-6000; ⏲18-4 mar-sab) In questo divertente locale, le classiche palle da discoteca illuminano una clientela di bell'aspetto, dai 20 ai 30 anni, che si scatena al ritmo di successi d'epoca e pop cileno. Mito Urbano organizza anche corsi di salsa, serate di karaoke, concerti jazz dal vivo e altri eventi che si tengono prima di mezzanotte: controllate le date sul sito web.

Bar El Tunel DISCOTECA
(cartina p46; ☎639-4914; www.bareltunel.cl; Santo Domingo 439, Centro; ingresso CH$2000-3500; ⏲22-4 mer-sab; Ⓜ Bellas Artes) Teenager di tutto il mondo unitevi: se vi siete persi gli anni '70 e '80, questo è il posto dove imparare le mosse di John Travolta e mostrarle al mondo.

Teatro, danza e musica classica

Sebbene la scena teatrale cilena abbia come principali protagoniste showgirl vestite di lustrini e fiocchetti che interpretano le cosiddette *comedias musicales*, Santiago ospita anche eccellenti orchestre, cori e compagnie teatrali e di danza.

Teatro Municipal TEATRO
(cartina p46; ☎463-1000; www.municipal.cl, in spagnolo; Agustinas 794, Centro; ⏲biglietteria 10-19 lun-ven, 10-14 sab e dom; Ⓜ Santa Lucía) Questo raffinato edificio neoclassico è il teatro più prestigioso della città. È la sede del Ballet de Santiago e mette in scena opere liriche, esibizioni di tango e concerti di musica classica di alto livello.

Teatro de la Universidad de Chile TEATRO
(cartina p46; ☎634-5295; http://teatro.uchile.cl, in spagnolo; Providencia 043, Centro; Ⓜ Baquedano) L'Orquesta Sinfónica de Chile e il Ballet Nacional de Chile sono due compagnie di alto profilo che hanno sede in questo eccellente teatro. In autunno vi si tengono balletti e concerti di musica sinfonica, corale e da camera; di tanto in tanto viene proposto anche qualche concerto rock.

Sport spettacolo

Estadio Nacional CALCIO
(☎238-8102; Av Grecia 2001, Ñuñoa) I cileni, nel complesso, sono un popolo piuttosto tranquillo, almeno finché non mettono piede in uno stadio di calcio. Urla e danze (oppure invettive, pianti e capelli strappati) accompagnano le partite internazionali, le più appassionanti delle quali sono disputate contro paesi vicini come il Perú o l'Argentina. Durante questi match, il grido 'Ci-Ci-Ci-le-le-le' riecheggia in tutto lo Stadio Nazionale; i biglietti si possono acquistare allo stadio o alla Feria del Disco. Altrettanto infervorati sono gli *hinchas* (fan) delle squadre di calcio della Primera División di Santiago, come Colo Colo, Universidad de Chile e Universidad Católica.

Club Hípico de Santiago CORSE DI CAVALLI
(☎693-9600; www.clubhipico.cl, in spagnolo; Av Blanco Encalada 2540; Ⓜ Parque O'Higgins) Il principale ippodromo cittadino è il grandioso Club Hípico de Santiago, dove gli splendidi panorami sulle Ande attirano l'attenzione almeno quanto le gare.

Shopping

Pur non essendo una meta di shopping a livello internazionale, Santiago offre la possibilità di acquistare pezzi di artigianato interessanti e capi di vestiario insoliti, oppure oggetti di arredamento firmati da giovani designer lo-

VALE IL VIAGGIO

PERSA BÍO BÍO

Oggetti di antiquariato, pezzi da collezione e affascinanti cianfrusaglie d'epoca affollano le disordinate bancarelle di questo celebre **mercato delle pulci** (Franklin Market; ⏲9-19 sab e dom; Ⓜ Franklin) che si estende tra Bío Bío e Franklin. Spulciare il suo assortimento di occhiali da sole vintage, antichi bicchieri da brandy, speroni da cowboy, costumi da bagno fuori moda e libri usati è un'esperienza da non perdere. Qui avrete anche la possibilità di assaggiare tipici cibi di strada cileni, tra cui empanadas fritte, tacos, sandwich di maiale alla griglia, succhi di frutta freschi e il classico *mote con huesillo* (un dolce spuntino locale a base di pesche essiccate e grano tenero). Ricordate, tuttavia, di tenere d'occhio i vostri oggetti di valore mentre mangiate: capita spesso che i borseggiatori derubino chi sta facendo compere e non se lo aspetta.

cali. Lungo le più affollate strade commerciali del Centro, Ahumada e Huérfanos (entrambe pedonali), si affacciano negozi di abbigliamento e calzature e grandi magazzini a buon mercato. Per abiti ancora più economici, recatevi nella zona degli immigrati coreani e palestinesi a Patronato, a ovest di Bellavista tra Patronato e Manzano. In città abbondano anche i negozi di vestiario di seconda mano (spesso con insegne che recano la scritta 'Ropa Europea/Americana'), soprattutto nei pressi della stazione della metropolitana Manuel Montt di Providencia.

Tra i migliori prodotti di artigianato cileno che si possono acquistare a Santiago figurano scialli di alpaca tessuti a mano, gioielli mapuche in argento, lapislazzuli, oggetti in legno, pelletteria e (più raramente) manufatti in rame. Vicino all'ingresso del Cerro Santa Lucía, cercate le bancarelle all'aperto del **Centro de Exposición de Arte Indígena** (cartina p46; ☎632-3668; Alameda 499, Centro; ⏲10-18 lun-sab), che propone soprattutto lavori indigeni, e quelle del più commerciale **Centro Artesanal Santa Lucía** (cartina p46; all'angolo tra Carmen e Diagonal Paraguay, Centro; ⏲10-19; Ⓜ Santa Lucía).

Patio Bellavista CENTRO COMMERCIALE
(cartina p52; ☎249-8700; Pío Nono 73, Bellavista; ⏲11-22; Ⓜ Baquedano) Lussuosi oggetti di artigianato contemporaneo, articoli di pelletteria, tessuti e gioielli sono in vendita a prezzi elevati in questo centro commerciale che si sviluppa intorno a un cortile.

Galería Drugstore MODA
(cartina p56; ☎490-1241; Av Providencia 2124, Providencia; ⏲10.30-20 lun-sab; Ⓜ Los Leones) Se cercate capi d'abbigliamento originali che difficilmente potreste trovare a casa, visitate questo splendido centro commerciale su quattro piani che ospita le boutique di numerosi stilisti emergenti oltre a librerie alternative e caffè.

Artesanías de Chile ARTE E ARTIGIANATO
(fuori cartina p52; ☎777-8643; www.artesaniasdechile.cl; Bellavista 0357, Bellavista; ⏲10-18 lun-sab; Ⓜ Baquedano) Questa fondazione vende gioielli, oggetti di legno intagliato, ceramiche e indumenti di lana a prezzi ragionevoli; la maggior parte del ricavato va agli artigiani che li hanno realizzati. Ne esistono vari punti vendita a Santiago e in tutto il Cile.

El Mundo del Vino VINI
(cartina p59; ☎584-1173; www.emdv.cl, in spagnolo; Isidora Goyenechea 3000, Las Condes; ⏲10-21; Ⓜ Tobalaba) Questa sede dell'esclusiva catena di negozi di vini che ha altre filiali a Santiago e nel resto del Cile è stata da poco ristrutturata e ha sede presso il trendy W Hotel Santiago. Potrete scegliere tra circa 600 bottiglie provenienti da tutto il mondo o prodotte a breve distanza, nella Valle de Colchagua.

Portal La Dehesa CENTRO COMMERCIALE
(fuori cartina p59; ☎876-0700; www.cencosudshopping.cl/portalladehesa, in spagnolo; Av La Dehesa 1445, La Barnechea; ⏲10-21) Il più nuovo ed esclusivo centro commerciale della città, con spazi all'aperto e 140 negozi, si trova molto distante dal Centro.

Alto Las Condes CENTRO COMMERCIALE
(☎299-6999; www.altolascondes.cl, in spagnolo; Av Kennedy 9001, Las Condes; ⏲10-22) Oltre alle migliori marche di abbigliamento cilene e argentine, qui troverete anche una filiale del grande magazzino Falabella e un cinema multisala. Il modo migliore per raggiungere questo centro commerciale è prendere l'autobus con l'indicazione 'Alto Las Condes' fuori dalla stazione della metropolitana Escuela Militar.

Parque Arauco CENTRO COMMERCIALE
(☎299-0500; www.parquearauco.cl, in spagnolo; Av Kennedy 5413, Las Condes; ⏲10-21; Ⓜ Manquehue) Un'incredibile varietà di negozi di abbigliamento di marchi locali e internazionali rende questo centro commerciale il prediletto dagli appassionati di moda. Per raggiungerlo, scendete alla stazione della metropolitana Manquehue e proseguite per circa 1,5 km a piedi (o in taxi) in direzione nord-ovest lungo Alonso de Cordova.

Kind of Blue MUSICA
(cartina p46; ☎664-4322; www.kindofblue.cl, in spagnolo; Merced 323; ⏲10-22 dom-gio, 10-23 ven e sab; Ⓜ Bellas Artes) Il personale del migliore negozio di musica della città è competente e poliglotta e vi illustrerà volentieri i generi e gli artisti locali oltre a procurarvi in pochi giorni dischi rari d'importazione.

Galería del Patio LIBRI
(cartina p56; Local 5, Providencia; ⏲11-14 e 16-20 lun-ven, 11-15 sab; Ⓜ Pedro de Valdivia) Qui troverete guide Lonely Planet, libri usati e pubblicazioni sul Cile (in inglese).

Contrapunto LIBRI
(www.contrapunto.cl; ⏲10.30-20 lun-ven, 10.30-14 sab) Centro (cartina p46; ☎481-9776; Huérfanos 665, Local 1, Centro; Ⓜ Universidad de Chile); Providencia (cartina p56; ☎231-2947; Av Providencia 2124, Galería Drugstore, Local 010-011e, Providencia; Ⓜ Pedro de Valdivia) Contrapunto è specializ-

zato in libri strenna di arte, architettura, fotografia e design. Ha varie sedi in tutta la città, compresi i principali centri commerciali.

Andesgear TEMPO LIBERO
(cartina p59; ☎245-7076; www.andesgear.cl; Helvecia 210, Las Condes; ⏲10-20 lun-ven, 10.30-14 sab; Ⓜ Tobalaba) Vende attrezzatura d'importazione per scalate e campeggio d'alta quota: l'ideale per chi è diretto nella Patagonia cilena.

Informazioni

Accessi a internet e telefono

Gli internet bar sono diffusi in tutta la città: i prezzi variano da CH$400 a CH$1000 l'ora. Molti fanno parte di un *centro de llamados* (centro telefonico pubblico), dove è possibile effettuare anche chiamate locali e internazionali.

Centro de Llamados (Moneda 1118, Centro; CH$600 l'ora; ⏲9.30-22.30 lun-ven, 10-20 sab e dom; Ⓜ Universidad de Chile)

Cyber Station (www.cyberstation.cl; Av Brasil 167, Barrio Brasil; CH$700 l'ora; ⏲13-23 lun-sab, a partire dalle 16 dom; Ⓜ Cumming)

Agenzie di viaggi

Navimag (cartina p59; ☎442-3120; www.navimag.cl; Av El Bosque Norte 0440, Piso 11, Las Condes; ⏲9-18.30 lun-ven; Ⓜ Tobalaba) Può prenotare in anticipo biglietti per i traghetti che raggiungono la Patagonia cilena.

Assistenza sanitaria

Il costo delle visite mediche presso gli ospedali pubblici di Santiago è modico, ma capita spesso di dover aspettare a lungo e non è scontato trovare personale che parli inglese. In caso di urgente necessità di un medico o di un dentista, recatevi in una *clínica* (clinica privata), ma aspettatevi tariffe elevate, per le quali è indispensabile avere l'assicurazione sanitaria.

Clínica Alemana (☎210-1111; www.alemana.cl; Av Vitacura 5951, Vitacura) Uno dei migliori – e più costosi – ospedali privati della città.

Clínica Las Condes (☎210-4000; www.cllnicalascondes.cl, in spagnolo; Lo Fontecilla 441, Las Condes)

Clínica Universidad Católica (☎384-6000; www.clinicauc.cl, in spagnolo; Lira 40, Centro; Ⓜ Universidad Católica)

Farmacia Ahumada (☎631-3005; Av Portugal 155, Centro; Ⓜ Universidad Católica) Una farmacia aperta 24 h su 24.

Hospital de Urgencia Asistencia Pública (☎436-3800; Av Portugal 125, Centro; ⏲24 h su 24; Ⓜ Universidad Católica) Il principale pronto soccorso di Santiago.

Hospital San Juan de Dios (☎574-2091; www.hospitalsanjuandedios.cl, in spagnolo; Huérfanos 3255, Barrio Brasil; Ⓜ Quinta Normal) Il più importante ospedale pubblico cittadino.

Cambio

A Santiago i bancomat sono molto diffusi. In genere si trovano nei pressi di supermercati, farmacie e stazioni di servizio, ma anche agli angoli delle strade: cercate l'insegna bordeaux e bianca 'Redbanc'.

Cambios Afex (☎688-1143; www.afex.cl; Agustinas 1050, Centro, ⏲9-18 lun-ven, 10-14 sab; Ⓜ Universidad de Chile) Un ufficio di cambio affidabile, con filiali in tutta la città.

Cartine

Gli uffici turistici distribuiscono cartine gratuite (perché sponsorizzate) del Centro e di Providencia in versioni sempre nuove, ma spesso prive di determinate strade o monumenti. Le cartine di **Map City** (www.mapcity.com, in spagnolo) ed **EMOL** (www.mapas.emol.com), disponibili online, sono facili da consultare e affidabili.

Per informazioni sul trekking e l'alpinismo, cartine a buon mercato e altre pubblicazioni sui parchi nazionali (per lo più in spagnolo), recatevi al **Conaf** (Corporación Nacional Forestal; fuori cartina p46; ☎390-0125; www.conaf.cl, in spagnolo; Bulnes 285, Centro; ⏲9.30-17.30 lun-gio, 9.30-16.30 ven).

Emergenze

Ambulanza (☎131)

Polizia (☎133)

Prefectura de Carabineros (questura; ☎922-3660; Alameda 280, Centro)

Vigili del fuoco (☎132)

Informazioni turistiche

Sernatur (www.chile.travel/en.html) Aeroporto (☎601-9320; Aeropuerto Arturo Merino Benítez all'altezza di Pudahuel; ⏲8.15-21.30); Providencia (cartina p56; ☎731-8310; Av Providencia 1550, Providencia; ⏲8.45-18.30 lun-ven, 9-14 sab, fino alle 19 o alle 20 in estate; Ⓜ Manuel Montt) Fornisce cartine, opuscoli e consigli, oltre a prenotare visite alle aziende vinicole.

Lavanderie

Quasi tutti gli alberghi e gli ostelli offrono un servizio di lavanderia; in alternativa, si possono lasciare gli abiti (calcolando circa CH$5000 a carico) presso una qualsiasi '*lavandería*'. Tenete presente che in Cile le lavanderie self-service sono piuttosto rare.

Laundromat (☎662-1531; Amunategui 480, Centro; Ⓜ Santa Ana)

Lavaseco Astra (☎264-1946; Av Providencia 1604, Providencia; CH$4000 a carico; Ⓜ Manuel Montt)

Pericoli e contrattempi

I crimini violenti sono relativamente rari a Santiago. Borseggi e scippi, invece, sono in aumento e spesso i turisti rappresentano i bersagli più ambiti. Tenete gli occhi aperti e non separatevi dalla vostra borsa, soprattutto in Plaza de Armas, al Mercado Central, sul Cerro Santa Lucía e sul Cerro San Cristóbal. Guardatevi attorno prima di estrarre una macchina fotografica digitale e tenete presente che gruppi organizzati di borseggiatori talvolta prendono di mira i clienti dei bar situati lungo Pío Nono a Bellavista; anche le strade secondarie del Barrio Brasil possono essere un po' rischiose dopo il tramonto.

Posta

FedEx (☎301-6000; Av Providencia 1951, Providencia; ⏲9-13.30 e 14.30-19; Ⓜ Pedro de Valdivia)

Ufficio postale (cartina p46; ☎800-267-736; www.correos.cl; Catedral 987, Plaza de Armas, Centro; ⏲8-19 lun-ven, 9-14 sab; Ⓜ Plaza de Armas) Filiali in tutta la città.

ℹ Per/da Santiago

Aereo

Il principale hub aereo cileno per i voli nazionali e internazionali è l'**Aeropuerto Internacional Arturo Merino Benítez** (Pudahuel; cartina p83; ☎690-1752, oggetti smarriti 690-1707; www.aeropuertosantiago.cl), situato 26 km a ovest del centro di Santiago.

Lan (☎600-526-2000; www.lan.com), **Aerolíneas Argentinas** (☎800-610-200; www.aerolineas.com.ar) e la compagnia low-cost **Gol** (☎1-888-0042-0090; www.voegol.com.br) effettuano regolarmente voli nazionali e regionali da questo aeroporto. Le principali compagnie aeree internazionali che raggiungono il Cile hanno uffici o rappresentanti a Santiago: v. p515 per un elenco completo. Per una lista degli uffici Lan a Santiago e alcuni esempi di tariffe per voli interni di sola andata da Santiago, v. p515.

Autobus

Un numero impressionante di autolinee collega Santiago con il resto del Cile, l'Argentina e il Perú. Ad aumentare la confusione, i mezzi partono da quattro diversi terminal e le tariffe dei biglietti variano notevolmente durante l'alta stagione; spesso raddoppiano in caso di servizi con *cama* (cuccetta). Di seguito elenchiamo esempi (approssimativi) di tariffe degli autobus *clásico* o *semi-cama* (standard) e i tempi di percorrenza per le principali destinazioni servite dalle diverse compagnie; spesso vengono proposti sconti, quindi vi consigliamo comunque di confrontare i prezzi. Per le tariffe relative alle destinazioni minori, v. gli elenchi nei paragrafi relativi a ciascun terminal.

DESTINAZIONE	TARIFFA (CH$)	DURATA (ORE)
Antofagasta	29.300	19
Arica	40.900	30
Buenos Aires	67.745	22
Chillán	6300	5
Concepción	9900	6½
Copiapó	21.600	12
Iquique	34.400	25
La Serena	5500	7
Los Andes	2900	1½
Mendoza (Argentina)	16.000	8
Osorno	23.300	12
Pichilemu	5000	4
Pucón	16.800	11
Puerto Montt	24.600	12
San Pedro de Atacama	37.400	23
Santa Cruz	4000	4
Talca	4900	3½
Temuco	14.400	9½
Valdivia	19.100	10-11
Valparaíso	1900	2
Viña del Mar	2800	2¼

TERMINAL DE BUSES ALAMEDA

Tur Bus (☎600-660-6600; www.turbus.cl) e **Pullman Bus** (☎600-320-3200; www.pullman.cl) utilizzano questo **terminal** (cartina p46; ☎270-7500; Alameda 3750; Ⓜ Universidad de Santiago) situato accanto al Terminal de Buses Santiago. Entrambe le autolinee offrono servizi confortevoli e puntuali per numerose destinazioni in tutto il Cile, compresa la corsa in partenza ogni 15 min per Valparaíso e Viña del Mar.

TERMINAL DE BUSES SANTIAGO

Il più grande **terminal** (☎376-1750; Alameda 3850; Ⓜ Universidad de Santiago) di Santiago, noto anche come Terminal Sur, in genere è terribilmente affollato. Le compagnie che partono dall'area semicoperta della biglietteria servono principalmente destinazioni a sud della città, tra cui la costa centrale, la Regione dei Laghi e Chiloé. Alcune autolinee, però, effettuano anche tragitti verso nord.

Bus Norte (☎779-5433; www.busnortechile.cl) gestisce servizi convenienti per Puerto Montt e Valparaíso. I moderni e ben attrezzati autobus di **Línea Azul** (☎481-8862; www.buseslineaazul.cl) collegano Santiago con le destinazioni meridionali, così come quelli di **JAC** (☎481-1678; www.jac.

cl) e **Andimar** (☎779-3810; www.andimar.cl). I mezzi della compagnia **Inter** (☎270-7508; www.busesinter.cl) servono tutto il Cile.

Nilahué (☎778-5222; www.busesnilahue.cl) raggiunge Cobquecura (CH$11.000, 7 h, 1 corsa al giorno), la stazione sciistica di Termas de Chillán (CH$10.000, 7 h, 2 corse al giorno), Santa Cruz (CH$5500, 4 h, 2 corse ogni ora) e Pichilemu (CH$6000, 4 h, corse ogni ora). **Pullman del Sur** (☎776-2424; www.pdelsur.cl) offre servizi simili ma leggermente più confortevoli per Santa Cruz e Pichilemu. **Condor** (☎680-6900; www.condorbus.cl) collega Santiago con Concón e Quintero (CH$4800, 2 h 30 min, 3 corse ogni ora) e con le principali città meridionali.

I biglietti internazionali sono in vendita presso gli sportelli situati all'interno del terminal. **Cata Internacional** (☎779-3660; www.catainternacional.com) effettua 4 corse al giorno per Mendoza e Buenos Aires. **El Rápido** (☎779-0310; www.elrapidoint.com.ar) offre servizi simili ma leggermente più economici, così come **Tas Choapa** (☎490-7561; www.taschoapa.cl).

TERMINAL LOS HÉROES

Chiamato anche Terrapuerto, questo **terminal** (☎420-0099; Tucapel Jiménez 21; Ⓜ Los Héroes) piccolo ma centrale ospita un numero limitato di autolinee. **Libac** (☎698-5974) effettua 2 corse giornaliere in direzione nord, mentre **Cruz del Sur** (☎696-9324; www.busescruzdelsur.cl) serve diverse località meridionali e vende anche biglietti per le coincidenze per Bariloche, in Argentina, via Osorno (CH$28.000, 24 h su 24). **Ahumada International** (☎784-2512; www.busesahumada.cl) raggiunge 3 volte al giorno Mendoza; alcuni mezzi proseguono per Buenos Aires.

TERMINAL SAN BORJA

Da questo **terminal** (cartina p54; ☎776-0645; www.terminalsanborja.cl, in spagnolo; San Borja 184; Ⓜ Estación Central) partono gli autobus diretti nelle località vicine a Santiago. Le biglietterie si trovano al secondo piano, suddivise per regione. I mezzi più utili in partenza da qui sono gestiti da **Ahumada** (☎684-2516; www.busesahumada.cl) e **Pullman Bus** (☎764-5060; www.pullman.cl). Da terminal partono anche servizi per Pomaire: v. p82.

TERMINAL PAJARITOS

Gli autobus in partenza da Santiago e diretti all'aeroporto, a Valparaíso e a Viña operano da questo piccolo **terminal** (☎250-3464; General Bonilla 5600; Ⓜ Pajaritos). Si trova lungo la Línea 1 della metropolitana, quindi è l'ideale per evitare il traffico del centro.

Automobile

Considerando il traffico intenso dell'ora di punta e le elevate tariffe dei parcheggi, noleggiare un'automobile per spostarsi a Santiago è sconsigliabile. Disporre di un proprio mezzo di trasporto, tuttavia, si rivela utilissimo per visitare la Valle de Casablanca e attrazioni naturalistiche come il Cerro la Campana.

Le compagnie di autonoleggio cilene in genere sono più economiche di quelle internazionali, ma tenete presente che spesso hanno franchigie elevatissime. La maggior parte dispone di un proprio servizio di assistenza stradale; in alternativa, l'**Automóvil Club de Chile** (Acchi; ☎431-1000; www.automovilclub.cl; Av Andrés Bello 1863, Providencia) fornisce soccorso ai soci dell'American Automobile Association e di altri club automobilistici, ma occorre registrarsi presso il suo ufficio. Alcune delle compagnie elencate di seguito hanno uffici anche presso l'aeroporto a Pudahuel.

Budget (☎362-3605; www.budget.cl; Av Francisco Bilbao 1439, Providencia)

Chilean (☎737-9650; www.chileanrentacar.cl; Bellavista 0183, Bellavista)

First Rent a Car (☎225-6328; www.firstrentacar.cl; Rancagua 0514, Providencia)

Hertz (☎496-1000; www.hertz.com; Av Andrés Bello 1469, Providencia)

Piamonte (☎225-2623; www.piamonte.cl; Irarrázaval 4290, Ñuñoa)

United (☎236-1483; www.united-chile.com; Padre Mariano 430, Providencia)

Treno

L'eccellente rete ferroviaria interurbana del Cile, l'**Empresa de Ferrocarriles del Estado** (EFE; ☎600-585-5000; www.efe.cl, in spagnolo), ha come fulcro l'**Estación Central** (cartina p54; Alameda 3170; Ⓜ Estación Central). I viaggi in treno sono di solito più lenti e costosi rispetto ai tragitti in autobus, ma i vagoni sono ben tenuti e i servizi generalmente puntuali.

Il servizio ferroviario TerraSur collega Santiago da 3 a 5 volte al giorno con Rancagua (CH$4750, 1 h), Curicó (da CH$4000 a CH$8000, 2 h 15 min), Talca (da CH$4000 a CH$8000, 3 h) e Chillán (CH$8000, 5 h 30 min), da dove parte una coincidenza in autobus per Concepción. Prenotando online si ha diritto a uno sconto del 10%; i biglietti di prima classe costano circa il 20% in più.

ℹ Trasporti urbani

Per/dall'aeroporto

Due servizi di autobus economici ed efficienti collegano l'aeroporto con il centro cittadino: **Buses Centropuerto** (cartina p54; ☎601-9883; www.centropuerto.cl; Manuel Rodríguez 846; sola andata/andata e ritorno CH$1600/2800; ⏲ogni 10-15 min 6-23.30) e **Tur Bus Aeropuerto** (fuori cartina p46; ☎607-9573; www.turbus.cl; Moneda 1523, Centro; sola andata/andata e ritorno CH$1700/2900; ⏲ogni 20 min 6-24). Entrambi

Metropolitana di Santiago

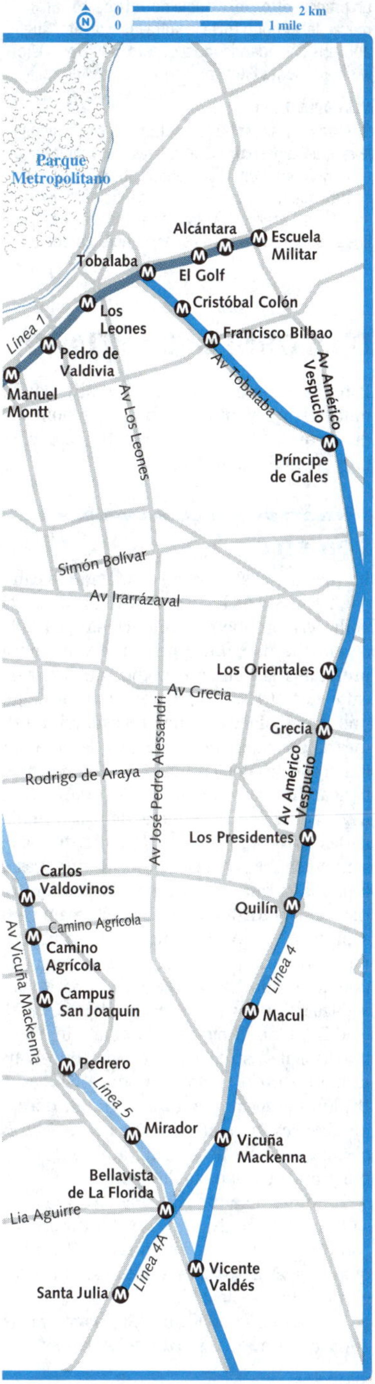

partono fuori dalla hall degli arrivi e i biglietti si possono acquistare a bordo o presso le biglietterie all'interno del terminal. Tutti i mezzi, tranne quelli che partono al mattino presto, fermano alla stazione della metropolitana Pajaritos sulla Línea 1; scendendo qui e prendendo la metropolitana si evita il traffico del centro. Il tragitto dura in tutto 40 min circa.

Alcuni assillanti taxisti che si autoproclamano 'ufficiali' pubblicizzano i propri servizi nella hall degli arrivi: il costo di una corsa fino al centro dovrebbe ammontare a circa CH$16.000, ma spesso questi conducenti chiedono tariffe molto più elevate. Per un servizio di trasferimento privato più sicuro, rivolgetevi agli sportelli di **Transvip** (☎677-3000; www.transvip.cl), che effettua corse a tariffa fissa per il Centro in taxi (a partire da CH$16.000) o in minibus a 8 posti (a partire da CH$6000). Le corse per Providencia e Las Condes sono leggermente più costose. **TurBus Aeropuerto** (☎607-9573; www.turbus.cl) offre servizi simili.

Automobile e motocicletta

Per guidare su una qualunque delle superstrade del raccordo cittadino di Santiago, la vostra auto dovrà essere munita di un sensore elettronico chiamato TAG da collocare sul parabrezza; tutte le auto a noleggio ne sono provviste. In alcune zone del centro è proibito parcheggiare lungo la strada, mentre in altre vi sono parcheggi con parchimetro (e spesso parcheggiatori) dove le tariffe oscillano tra CH$1000 e CH$3000 l'ora in base alla zona; se non c'è il parchimetro, calcolate di pagare una tariffa analoga al 'custode del parcheggio'. Per informazioni più dettagliate sulla guida e il parcheggio a Santiago, consultate l'utile sezione in inglese del sito **Car Rental in Chile** (www.mietwagen-in-chile.de), tramite il quale è anche possibile noleggiare veicoli.

Bicicletta

Santiago è una città sufficientemente pianeggiante e compatta da poter essere esplorata in bicicletta, inoltre il clima è ideale per questo mezzo di trasporto. La città non è particolarmente 'bike-friendly', ma possiede una piccola rete di *ciclovías* (piste ciclabili). Consultate la mappa interattiva delle piste ciclabili e dei servizi per ciclisti sul sito di **Recicleta** (www.recicleta.cl/mapa-de-santiago-en-bicicleta), un gruppo che promuove il ciclismo urbano. Un altro punto di riferimento per i ciclisti locali è il **Movimiento Furiosos Ciclistas** (www.furiosos.cl, in spagnolo), che organizza una manifestazione su due ruote in stile Massa Critica il primo martedì di ogni mese. Per noleggiare biciclette e caschi, rivolgetevi al tour operator La Bicicleta Verde (p60).

Taxi

A Santiago circolano numerosi taxi con tassametro, tutti neri con il tetto giallo. La tariffa base di una corsa è CH$250, dopodiché si spendono

CH$100 ogni 200 m (o min di attesa); per i tragitti più lunghi – per esempio dal centro all'aeroporto – è talvolta possibile concordare una tariffa fissa. In genere è sicuro fermare i taxi lungo la strada, altrimenti il personale di alberghi e ristoranti sarà lieto di chiamarne uno per voi. Quasi tutti i taxisti di Santiago sono onesti, cortesi e disponibili, ma alcuni compiono giri più lunghi per far lievitare il prezzo della corsa, perciò informatevi prima sul tragitto da effettuare.

Transantiago

Nel 2006, eleganti autobus extra-lunghi hanno sostituito i mezzi delle numerose autolinee private in concorrenza tra loro, mentre i servizi di autobus e metropolitana sono stati unificati sotto il nome di **Transantiago** (☎800-730-073; www.transantiago.cl). Questo sistema di trasporti pubblici a gestione statale si rivela rapido, economico ed efficiente per spostarsi nella zona centrale di Santiago. Sul sito web troverete cartine scaricabili dei percorsi e la possibilità di pianificare un itinerario punto per punto.

Per utilizzare questo sistema occorre la *tarjeta* Bip! (una tessera magnetica da passare sopra i sensori). Una tessera costa CH$1350 (non rimborsabili), la si può 'caricare' con la somma desiderata ed è condivisibile da due persone. Transantiago applica una tariffa che varia da CH$580 a CH$660 durante le ore di punta (dalle 7 alle 9 e dalle 18 alle 20) e da CH$550 e CH$600 nelle altre fasce orarie. Il pagamento di una tariffa consente di utilizzare il sistema per 2 h, effettuando anche cambi.

AUTOBUS

Gli autobus Transantiago rappresentano un modo comodo e a buon mercato per spostarsi in città, soprattutto di notte, quando la metropolitana è chiusa. Questi mezzi bianchi e verdi collegano le varie parti del centro di Santiago o due aree della città. Ogni sobborgo ha i propri autobus, contrassegnati da uno specifico colore, e una lettera identificativa che precede il numero del percorso (per esempio, i percorsi di Las Condes e Vitacura iniziano con la C e i veicoli sono di colore arancione). In genere gli autobus percorrono le strade e i viali principali; le fermate sono ben distanziate fra loro, di solito si trovano in prossimità delle stazioni delle metropolitana e spesso dispongono di mappe degli itinerari: è più sicuro consultarle (o rivolgersi agli autisti) che chiedere informazioni alla gente del posto, non sempre al corrente dei nuovi percorsi.

La domenica e nei giorni festivi approfittate del nuovo **Circuito Cultural Santiago** (www.transantiago.cl; ⌚10-18.30 dom e festivi), un itinerario circolare che si effettua in autobus e tocca le principali attrazioni turistiche della città (musei, centri culturali) partendo dall'Estación Central. Utilizzerete la vostra tessera Bip! per pagare una normale corsa in autobus e il conducente vi darà un braccialetto con il quale potrete salire sui mezzi del circuito tutte le volte che vorrete. Sugli autobus che aderiscono a questo servizio è visibile chiaramente l'indicazione 'Circuito Cultural.'

METROPOLITANA

Gestita da Transantiago e sempre in espansione, la rete della **metropolitana** (www.metrosantiago.cl; ⌚6-23 lun-ven, 6.30-22.30 sab, 8-22.30 dom) costituisce un sistema pulito ed efficiente per spostarsi. I mezzi che circolano lungo le sue 5 linee sono frequenti, ma spesso incredibilmente affollati.

DINTORNI DI SANTIAGO

Parchi nazionali, villaggi tranquilli, pendii innevati (in inverno) e sentieri escursionistici di alta quota (in estate) sono tutti facilmente raggiungibili da Santiago.

Pomaire

In questo piccolo e rustico villaggio di campagna situato 68 km a sud-ovest di Santiago, abili vasai producono semplici ma splendide ceramiche marroni e nere e le vendono a prezzi incredibilmente modici (una tazza da caffè costa CH$1000). Pomaire rappresenta una meta piacevole per un'escursione di mezza giornata, anche perché è famosa per la sua cucina cilena tradizionale. Le informali bancarelle gastronomiche che sorgono tra i negozi di ceramica vendono deliziose empanadas al forno, *humitas* (tamales di mais), sand-wich con bistecca e dolci fatti in casa; lungo la strada principale troverete inoltre ristoranti tradizionali in cui gustare un vero e proprio pasto in un'atmosfera rilassata. La carne alla griglia domina la scena al popolarissimo **La Greda** (☎831-1166; Manuel Rodríguez 251; portate principali CH$3000-5800; ⌚10-24). Il nome significa 'argilla' e in effetti i sostanziosi stufati della casa sono cotti in piatti di terracotta di produzione locale. Il più grande motivo di orgoglio di questo locale è l'essere stato inserito nel *Guinness dei primati* per aver realizzato nel 1995 la più grande empanada del mondo.

Tenete presente che, mentre nei fine settimana Pomaire è invasa dai turisti che compiono escursioni in giornata, il lunedì, quando i vasai osservano il turno di riposo, è praticamente deserta.

Vari autobus collegano Santiago con la zona di Pomaire, partendo dal terminal

Dintorni di Santiago

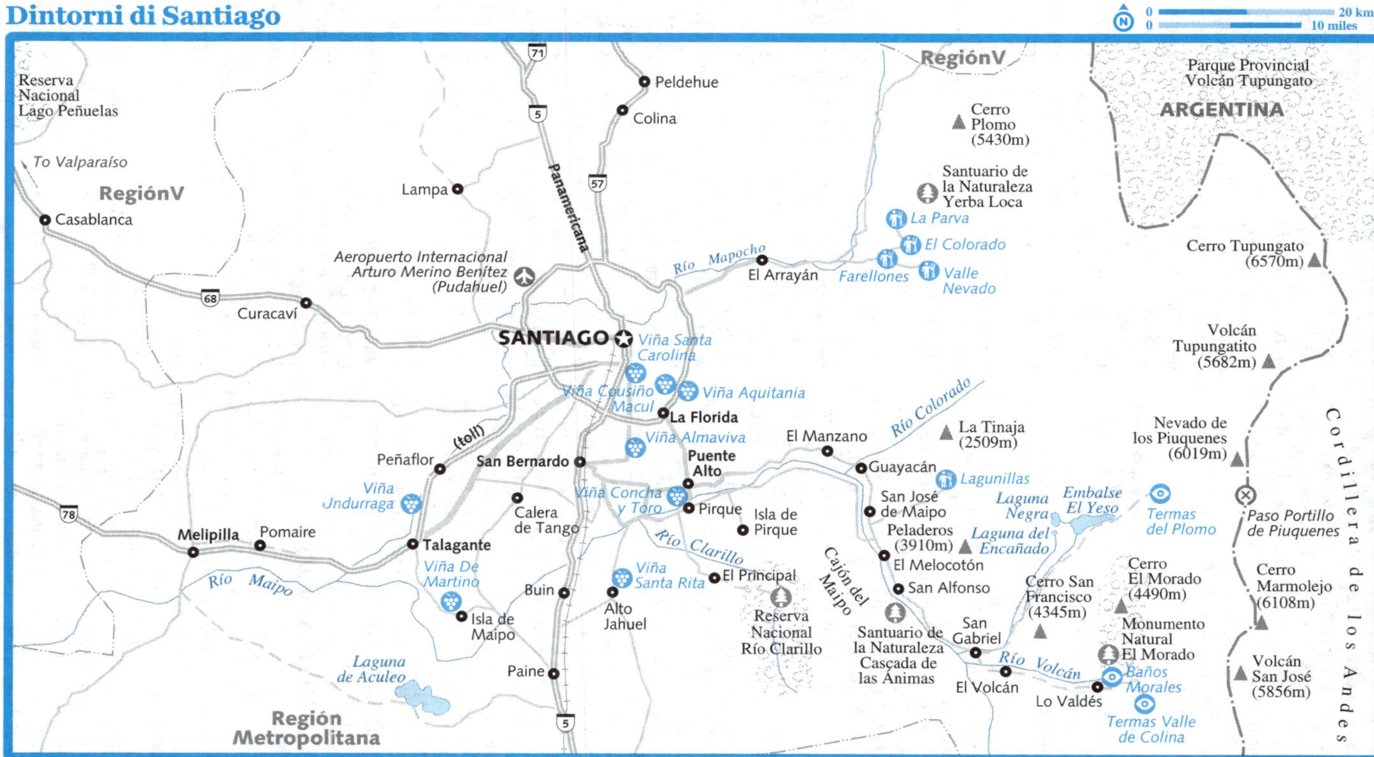

San Borja (CH$1200, 1 h). In genere c'è un autobus diretto alle 9.30; in alternativa, si può prendere uno dei tanti autobus per Melipilla (CH$1300, 30 min, 4 corse ogni ora), scendere al *cruce* (incrocio) per Pomaire e salire su un *colectivo* o un *liebre* (minibus) diretto in città (CH$500). **Buses Jiménez** (☎776-5786) effettua diverse corse l'ora per Melipilla.

Aziende vinicole della Valle del Maipo

Quando avrete esaurito la vostra lista di musei e piazze, dirigetevi a sud del centro cittadino per visitare siti più 'inebrianti': le aziende vinicole della Valle del Maipo, una delle più importanti regioni del vino cilene. La valle è specializzata nella produzione di rossi corposi, come Cabernet Sauvignon, Merlot, Carménère e Syrah, molti dei quali presentano note di eucalipto o menta.

Potrete effettuare le visite da soli: le aziende indicate di seguito si trovano a non più di un'ora e mezzo di distanza dal centro e si raggiungono con i trasporti pubblici. Se però volete percorrere il circuito dei vini con una guida esperta, vi consigliamo i tour proposti da **Uncorked Wine Tours** (☎981-6242; www.uncorked.cl; tour di mezza giornata/giornata intera $135/195): una guida che parla inglese vi accompagnerà in tre aziende vinicole e potrete gustare un delizioso pranzo compreso nel prezzo. Hanno un'ottima fama anche i tour personalizzati offerti da Chip Travel (p60) e il tour in bicicletta organizzato da La Bicicleta Verde (p60), durante il quale pedalerete attraverso la campagna per raggiungere aziende vinicole situate a non oltre 10 km da Santiago.

Per localizzare (approssimativamente) le aziende vinicole vicine a Santiago, v. cartina p83.

Che cosa vedere

Viña Aquitania AZIENDA VINICOLA
(cartina p83; ☎791-4500; www.aquitania.cl; Av Consistorial 5090, Peñalolén; visita guidata standard con 2 degustazioni Reserva CH$7000, visita guidata premium con 3 degustazioni CH$15.000; ⏲ 9-17 lun-ven solo su appuntamento; Ⓜ Grecia) L'azienda vinicola più interessante di Santiago si trova ai piedi delle Ande. L'Aquitania punta su una produzione limitata per garantire un'altissima qualità. Dalla stazione della metropolitana Grecia (Línea 4), prendete l'autobus n. D07 in direzione sud alla fermata 6 e scendete all'incrocio tra Av Los Presidentes e Consistorial (è necessaria la tessera Bip!). L'azienda si trova 150 m a sud. Tenete presente che la Viña Cousiño Macul si trova a soli 2 km di distanza.

Viña Cousiño Macul AZIENDA VINICOLA
(cartina p83; ☎351-4135; www.cousinomacul.cl; Av Quilín 7100, Peñalolén; visita guidata con 1 degustazione Varietal e 1 degustazione Reserva CH$8000; ⏲visite guidate alle 11, 12, 15 e 16 lun-ven in inglese, alle 11 e alle 12 sab; Ⓜ Quilín) Una graziosa azienda vinicola situata all'interno dell'area urbana di Santiago. Oggi la maggior parte dei vigneti si trova a Buin, ma le visite guidate si concentrano sul processo di produzione e sulla *bodega* (cantina) sotterranea costruita nel 1872. Si raggiunge camminando per 2,25 km o con una breve corsa in taxi dalla stazione della metropolitana.

Viña Almaviva AZIENDA VINICOLA
(cartina p83; ☎470-0225; www.almavivawinery.com; Av Santa Rosa 821, Paradero 45, Puente Alto; visita guidata con 1 degustazione $80; ⏲9-17 lun-ven solo su appuntamento) Questa azienda esclusiva opera in associazione con la Baron Philippe de Rothschild; le sue degustazioni di alto livello si possono effettuare soltanto su prenotazione e l'autobus n. 207 proveniente dalla Estación Mapocho ferma davanti all'ingresso, a circa 1 km dall'edificio dell'azienda. La Viña Almaviva è la sorella più sofisticata della **Viña Concha y Toro** (☎476-5269; www.conchaytoro.com; Virginia Subercaseaux 210, Pirque; visita guidata e degustazione standard CH$8000, degustazione guidata da un sommelier CH$17.000; ⏲10-17), dove è possibile osservare la produzione di vino su vasta scala durante una delle affollate visite guidate.

Viña Santa Rita AZIENDA VINICOLA
(cartina p83; ☎362-2594; www.santarita.com; Camino Padre Hurtado 0695, Alto Jahuel) Famosa per il pregiato Casa Real Cabernet, la Santa Rita propone picnic e itinerari in bicicletta alla scoperta dei vigneti. Per raggiungerla prendete la metropolitana fino alla stazione Buin, poi l'autobus n. 5064 fino all'ingresso dell'azienda.

Viña de Martino AZIENDA VINICOLA
(cartina p83; ☎819-2959; www.demartino.cl; Manuel Rodríguez 229, Isla de Maipo) La prima azienda vinicola a impatto zero del Sud America offre degustazioni in una tenuta in stile toscano.

Viña Undurraga AZIENDA VINICOLA
(cartina p83; ☎372-2850; www.undurraga.cl; Camino a Melipilla, Km 34, Talagante) Le cantine sotterranee dell'Undurraga risalgono al 1885.

Cajón del Maipo

Una vegetazione lussureggiante orla le ripide pareti rocciose di questa imponente gola attraversata dal Río Maipo. Situata soltanto 25 km a sud-est di Santiago, nei fine settimana è presa d'assalto dagli abitanti della capitale, che vi si recano per campeggiare, fare escursioni a piedi e in bicicletta, arrampicate, rafting o sci. La zona è ideale anche per gli amanti della buona cucina, poiché offre numerosi ristoranti tradizionali e sale da tè, nonché una grande azienda vinicola. Di recente, alcune nuove attività proposte nel Cajón del Maipo – tra cui tour in motocicletta e un'area per il 'glamping' (campeggio glamour) – hanno vivacizzato la regione, per il resto tranquilla. Al momento delle nostre ricerche, correva voce che una società internazionale stesse progettando di costruire una centrale idroelettrica nell'area, evento che potrebbe avere serie conseguenze sul suo ecosistema. Finché possibile, vi consigliamo dunque di approfittare di questo luogo incontaminato che si raggiunge facilmente dalla capitale in automobile o con i mezzi pubblici.

Due strade tortuose si inerpicano sul Cajón da entrambi i lati del fiume per poi riunirsi all'altezza di El Melocotón, 7 km prima di San Alfonso. La strada non numerata sul lato meridionale passa per Pirque, mentre la G-25 corre lungo il lato nord oltrepassando San José de Maipo e San Alfonso fino a raggiungere Baños Morales e il Monumento Natural el Morado.

Il fiume è costituito da una serie di rapide, per lo più di classe III, intervallate da poche aree tranquille – in effetti, chi pratica il rafting spesso finisce in acqua. Oggi, comunque, questa attività risulta meno pericolosa di un tempo: negli anni '70, i primi canoisti che discesero le rapide si trovarono di fronte a una spianata di armi automatiche perché avevano varcato inconsapevolmente i confini della proprietà del generale Pinochet a El Melocotón (la stretta cascata rocciosa che scende qui, una delle più entusiasmanti rapide del fiume, è oggi nota come 'El Pinocho', soprannome dell'ex dittatore).

La stagione del rafting va da novembre a marzo; i fanatici dello sci si riversano qui da giugno a settembre, mentre le passeggiate, le escursioni a cavallo e le gite culinarie sono popolari tutto l'anno. Ricordate di portare con voi i documenti se avete intenzione di proseguire oltre San Gabriel, dove termina la strada asfaltata e c'è il bivio per Baños Morales: data la vicinanza del confine con l'Argentina, la polizia effettua regolarmente controlli.

PIRQUE

Pur trovandosi a breve distanza da Santiago, Pirque ha l'atmosfera di una cittadina. La sua principale attrazione, tuttavia, non si può certo definire piccola o modesta: l'azienda vinicola Viña Concha y Toro è la più grande e tecnologica del Cile (v. p84). La strada principale si snoda in direzione est dalla Concha y Toro lungo il lato meridionale del Cajón verso San Alfonso. Dopo circa 3 km inizia serie di ristoranti: il più frequentato è **La Vaquita Echá** (www.lavaquitaecha.cl; Ramón Subercaseaux 3355, Pirque; portate principali CH$5200-8500), di lunga tradizione e giustamente famoso per le sue specialità alla griglia. Bistecche, costolette e persino cinghiale selvatico sfrigolano sopra la carbonella e il locale propone anche musica e balli cileni.

RESERVA NACIONAL RÍO CLARILLO

Un mix di foresta andina e boscaglia caratterizza questa **riserva naturale** (cartina p83; www.conaf.cl; interi/bambini CH$3000/1000; ⏲8.30-18) collinare, estesa su una superficie di 100 kmq in uno spettacolare canyon che confluisce nel Cajón del Maipo, 18 km a sud-est di Pirque. La riserva ospita numerose specie di uccelli, volpi e roditori oltre all'iguana del Cile, una specie a rischio di estinzione. Due brevi sentieri ben tracciati e segnati partono nei pressi dell'ufficio dei ranger Conaf, circa 300 m dopo l'entrata: il Quebrada Jorquera richiede circa mezz'ora, mentre per l'Aliwen Mahuida si impiega un'ora e mezzo. I ranger forniscono consigli anche sulle escursioni più lunghe che seguono il corso del fiume, ma fate in modo di partire presto perché non è consentito campeggiare. Per maggiori informazioni sulle escursioni e una semplice cartina, visitate il sito www.pirque.com.

SAN ALFONSO E CASCADA DE LAS ANIMAS

Risalendo il Cajón del Maipo, a metà strada circa, si incontra il gruppo di case e sale da tè che costituisce San Alfonso. Questa località ospita il **Santuario de la Naturaleza**

Cascada de las Animas (cartina p83; ☎861-1303; www.cascada.net; Camino al Volcán 31087), una splendida riserva naturale privata che si presenta come un parco tematico all'aperto. L'unico modo per visitarla è prendere parte a un'attività organizzata: escursioni a piedi e a cavallo, rafting e zip-line sono alcune delle opzioni proposte. Ricordate di prenotare in anticipo.

La riserva prende il nome da una magnifica cascata raggiungibile con il più breve degli itinerari proposti (CH$4000). Vengono offerte inoltre escursioni guidate di mezza giornata sulle colline (CH$10.000), anche se le **passeggiate a cavallo** sono l'attività più popolare dal momento che la riserva comprende un ranch in attività; se le condizioni climatiche lo permettono, si possono fare uscite di due ore (CH$20.000), di un'intera giornata (CH$45.000 incluso un pranzo a base di *asado*) o con pernottamento (CH$160.000).

Le **uscite di rafting** (CH$20.000) di tre ore, con discesa di rapide di classe III o IV, attraversano alcune gole incantevoli prima di concludersi a San José de Maipo. Sono condotte da guide esperte e ai partecipanti vengono forniti caschi, mute e giubbotti salvagente. Le promozioni e i pacchetti comprendono spesso il pranzo e l'uso dell'invitante piscina; informatevi con largo anticipo. In ogni caso, potrete fare un picnic all'ombra sotto appositi ripari o pranzare nel ristorante simile a una casa sull'albero sul promontorio che domina il fiume.

Se siete in cerca di pace e tranquillità, trascorrete la notte in una delle suite ricavate nei bungalow del nuovissimo **Cascada Lodge** (singole/doppie con prima colazione CH$60.000/80.000). Gli interni, in stile rustico-chic, vantano arredi di legno biologico, decorazioni in pietra, lucernari, piastrelle a mosaico e letti king-size importati dall'Italia. Potrete anche scegliere di alloggiare in uno degli **chalet di legno** (per 3/6/8 persone CH$50.000/90.000/110.000) con caminetti e cucine ben attrezzate, o in **camere degli ospiti** (doppie/quadruple CH$25.000/45.000) di dimensioni minori. In alternativa, piantate la tenda nell'ombreggiato **campeggio** (CH$6000-10.000 per persona).

Nel 2011, **Los Baqueanos** (☎056-9-9618-7066; www.losbaqueanos.cl; pacchetto con pasti a partire da CH$80.000; 📶) ha proposto un'esperienza del tutto nuova, il 'glamping' (campeggio glamour). In questo caso, dormire all'aperto non significa dover rinunciare ai comfort: gli ospiti alloggiano in lussuose tende a cupola riscaldate a energia solare e dotate di comode brande, sedie ergonomiche e wi-fi. Lo chef prepara prime colazioni e pasti gourmet, mentre splendidi cavalli cileni aspettano soltanto di accompagnare la guida e i viaggiatori per escursioni in giornata nel Cajón del Maipo.

La riserva gestisce un servizio di furgoni privati per/da Santiago e Valparaíso (per 1/2 persone andata e ritorno CH$70.000/170.000). Se invece preferite risparmiare denaro e utilizzare i mezzi pubblici, prendete la Línea 4 della metropolitana di Santiago per il terminal Las Mercedes, poi salite sull'autobus n. 72 (CH$550) con l'indicazione 'San Alfonso' sul parabrezza e chiedete al conducente di farvi scendere all'ingresso del Cascada de las Animas. La corsa in autobus dura circa un'ora e mezzo.

BAÑOS MORALES E MONUMENTO NATURAL EL MORADO

La G-25 prosegue risalendo la collina da San Alfonso e dopo circa 10 km di strada asfaltata, seguita da 20 km di strada sterrata piena di solchi e buche, si raggiungono le piccole sorgenti termali di Baños Morales. Qui potrete campeggiare o alloggiare in una delle semplici camere rivestite di legno del **Refugio Lo Valdés** (Refugio Alemán; ☎099-220-8525; www.refugiolovaldes.com; Ruta G-25 Km 77; letti in camerata CH$15.000, doppie con prima colazione CH$48.000), situato sulla sponda opposta del Río Volcán rispetto a Baños Morales. Tenete presente che le camerate definite 'attici' non includono lenzuola e asciugamani; sono concepite per i campeggiatori che viaggiano con la loro attrezzatura.

Molto frequentata nei fine settimana, questa struttura vanta una vista mozzafiato sul Cajón. Il ristorante annesso è rinomato per i suoi sostanziosi pasti e *onces*. I proprietari del Refugio Lo Valdés organizzano anche escursioni: splendide **passeggiate a cavallo** (CH$14.000-30.000) si possono combinare con una grigliata sulle montagne (a partire da CH$30.000, passeggiata compresa) e vengono proposte anche uscite di trekking ed escursioni con guida alle sorgenti calde delle Termas Valle de Colina; in inverno noleggiano le racchette da neve (CH$10.000 al giorno).

Sempre a Baños Morales si trova l'ingresso del **Monumento Natural El Morado** (cartina p83; interi/bambini CH$2000/1000; ⏲8.30-14.30 ott-apr), un piccolo parco nazionale. All'interno, dalle sponde della scintillante Laguna El Morado si possono ammirare splendidi panorami sul ghiacciaio San Francisco e la vetta del Cerro El Morado (5000 m). Occorrono circa due ore per raggiungere il lago seguendo il sentiero ben tracciato di 8 km che parte dalla postazione del Conaf. In estate, gli escursionisti più motivati possono proseguire fino alla base del Glaciar El Morado sulle pendici più basse della montagna; intorno al lago ci sono aree di campeggio gratuite.

TERMAS VALLE DE COLINA

Circa 16 km dopo il bivio per Baños Morales, la G-25 raggiunge le sorgenti termali di **Termas Valle de Colina** (cartina p83; Baños Colina; ☎239-6797; www.termasvalledecolina.cl; ingresso compreso campeggio adulti/bambini CH$6000/3000, doppie senza bagno CH$30.000; ⏲ott-feb), dove alcune piscine naturali di acqua calda si affacciano sulla valle. Troverete un campeggio ben organizzato e un ostello semplice ma pulito; assicuratevi soltanto di portare con voi provviste sufficienti. L'amministrazione offre anche escursioni guidate a piedi e spedizioni a cavallo di durata variabile da uno a tre giorni.

Se volete vivere un'autentica avventura, partecipate a uno dei tour guidati in motocicletta proposti da **Enduro Trip** (☎56-2-229-1697; www.endurotrip.com; tour CH$100.000 per persona). Le energiche guide di questa agenzia partono da Santiago alle 9 e propongono quattro circuiti standard, tra cui uno che comprende Baños Morales, le Termas Valle de Colina e il Glaciar El Morado. Lungo il tragitto potrete ammirare splendidi paesaggi e fermarvi ad assaggiare specialità regionali che vanno dalle empanadas al pane fatto in casa.

ℹ Per/dal Cajón del Maipo

Per raggiungere Pirque da Santiago, prendete la metropolitana fino a Plaza de Puente Alto, ultima fermata della Línea 4, dopodiché salite su un minibus blu (con l'indicazione 'Pirque' sul parabrezza) e dite al conducente che siete diretti a Plaza Pirque o alla Viña Concha y Toro. Le partenze sono frequenti e la tariffa è di CH$500. Plaza Pirque è situata circa 4 km prima dell'ingresso alla Reserva Nacional Río Clarillo e alcuni servizi proseguono fino all'entrata del parco.

Per raggiungere San Alfonso da Santiago, prendete la Línea 4 della metropolitana fino al terminal Las Mercedes, poi salite sull'autobus n. 72 (CH$550) o su un qualsiasi altro autobus con l'indicazione 'San Alfonso' sul parabrezza. Alcune linee proseguono fino a Baños Morales da settembre a marzo, dove nei fine settimana da aprile a ottobre è previsto un servizio al giorno alle 7 con ritorno alle 17. Tenete presente che alcuni autobus arrivano soltanto fino a San José de Maipo (CH$450, 1 h 30 min, 4 corse ogni ora): l'informazione è indicata con chiarezza sui veicoli. Si può salire su questi mezzi anche fuori dalla stazione della metropolitana Bellavista La Florida (Línea 5), ma il tragitto è più breve se si prende la metropolitana fino a Las Mercedes.

Non ci sono mezzi pubblici diretti alle Termas Valle de Colina, ma esistono navette private gestite da **Manzur Expediciones** (☎777-4284) che raggiungono le terme da Plaza Italia, a Santiago, in genere il mercoledì, il sabato e la domenica. **Alicia Miranda** (☎737-2844) offre servizi simili da Alameda.

Il tragitto di 93 km dal centro di Santiago a Baños Morales dura circa 2 h e in genere si può percorrere con un'auto normale. Calcolate altri 20 min per raggiungere le Termas Valle de Colina; se le condizioni dell'ultimo tratto di strada dovessero lasciare a desiderare, potrebbe rendersi necessario un 4x4.

Località sciistiche

Alcuni dei migliori comprensori sciistici del Cile sono raggiungibili con un'escursione di un giorno o due da Santiago. Se potete, cercate di recarvi in queste località durante la settimana: tra venerdì e domenica, i *santiaguinos* amanti della neve affollano sia le piste sia le strade che raggiungono i resort.

LAGUNILLAS

Le piste da sci più economiche nei pressi di Santiago si trovano a **Lagunillas** (cartina p83; ☎638-0497; www.skilagunillas.cl, in spagnolo; skipass giornaliero interi/bambini CH$18.000/12.000), un piccolo resort sciistico situato 67 km a sud-est di Santiago dopo San José de Maipo. Gestito dal Club Andino de Chile, offre quattro impianti di risalita e 13 piste; ricordate che, anche se il panorama è magnifico, di solito la qualità della neve è inferiore a quella delle stazioni sciistiche più esclusive. Il Club Andino affitta alcuni piccoli bungalow, ma Lagunilass si raggiunge facilmente in giornata dalla capitale.

CAJÓN DE MAPOCHO – TRES VALLES

Le quattro stazioni sciistiche più frequentate di Santiago – Farellones/El Colorado, La Parva e Valle Nevado – sono raggruppate in tre valli del canyon del Río Mapocho: da qui il nome collettivo di Tres Valles. Nonostante si trovino da 30 a 40 km a nord-est della capitale, il viaggio può diventare lungo perché la strada che le raggiunge è spesso molto trafficata. Tutti i prezzi citati di seguito si intendono per il fine settimana e l'alta stagione (in genere da inizio luglio a metà agosto). Al di fuori di questo periodo sono previsti forti sconti nei giorni infrasettimanali, sia per gli skipass sia per gli alberghi. Durante le vacanze invernali si formano lunghe code presso gli skilift, mentre in altri periodi l'affollamento è sopportabile. Per sciare in più di un resort, informatevi sui biglietti cumulativi.

Farellones ed El Colorado

Questi due **resort** (☎398-8080; www.elcolorado.cl; Apoquindo 4900, Oficina 48, Santiago) distano appena 32 km da Santiago e sono abbastanza vicini da poter essere considerati un'unica destinazione. I ristoranti e i locali in cui bere qualcosa dopo lo sci però scarseggiano, così gli abitanti del posto tendono ad andarci soltanto in giornata.

Il più economico è il villaggio di **Farellones** (cartina p83; skipass giornaliero CH$11.000), la prima stazione sciistica del Cile. Si trova a una quota leggermente inferiore (circa 2500 m) rispetto a El Colorado e in genere la sua manciata di piste attira soprattutto sciatori principianti, oltre che appassionati di snowtube. C'è più scelta a **El Colorado** (cartina p83; skipass giornaliero interi/bambini CH$33.000/22.000). Le sue 22 piste offrono diversi gradi di difficoltà, da quelle per principianti a quelle per esperti, e i 18 impianti di risalita conducono a 3333 m sul livello del mare.

La Parva

Il più esclusivo dei resort sciistici nei dintorni di Santiago è **La Parva** (cartina p83; ☎a Santiago 339-8482, a La Parva 220-9530; www.laparva.cl; ufficio Av El Bosque Norte 0177, 2° piano, Las Condes, Santiago; skipass giornaliero interi/bambini CH$35.000/25.000), più indicato per le famiglie benestanti che per chi ama gli aspetti sociali e mondani dello sci. Cottage privati e condomini formano il comprensorio sciistico di Villa La Parva, da dove 14 impianti di risalita conducono a 30 diverse piste: la più alta inizia a 3630 m sul livello del mare e, neve permettendo, non manca neppure la possibilità di sciare fuori pista. Anche la zona che si estende tra La Parva e Valle Nevado o Farellones (via Valle Olímpico) è tra le predilette dagli sciatori più esperti.

Valle Nevado

A circa 12 km da Farellones si incontra **Valle Nevado** (cartina p83; ☎477-7700; www.vallenevado.com; Av Vitacura 5250, Oficina 304, Santiago; skipass giornaliero interi/bambini CH$37.000/26.000). Ispirata alle stazioni sciistiche europee, vanta quasi 3000 ettari di superficie sciabile, il che ne fa il comprensorio più grande del Sud America. È anche il meglio tenuto tra i resort dei dintorni di Santiago e offre le piste più impegnative. La grande varietà di discese per principianti lo rende ugualmente adatto ai bambini. Tredici fra seggiovie e skilift vi condurranno ai 27 punti di partenza ad alta quota delle piste, che vanno dai 2860 m ai 3670 m di altitudine; al momento delle nostre ricerche era in corso anche la costruzione di una funivia con cabine da otto persone, la prima di questo genere in Cile. Chi è in cerca di adrenalina potrà scegliere tra lo snow park, buoni fuoripista e la possibilità di dedicarsi all'eliski.

In estate, è aperta tutti i giorni anche la seggiovia Mirador (biglietto di andata e ritorno CH$10.000), che trasporta a 3000 m escursionisti e famiglie intenzionate a fare un picnic. Consultate il sito web per maggiori informazioni sulle passeggiate a cavallo, l'arrampicata su roccia, il trekking guidato, le attività per bambini e i pranzi con vista panoramica presso il ristorante in cima alla montagna.

I tre alberghi di Valle Nevado sono costosi, ma la qualità degli alloggi e del servizio è assai variabile. Le tariffe comprendono uno skipass e il trattamento di mezza pensione. In luglio è richiesta una permanenza minima di una settimana; per una maggiore flessibilità, andateci in giugno, agosto o settembre.

L'**Hotel Valle Nevado** (Camino Farellones s/n; doppie con prima colazione e cena a partire da $724; @≋) si trova direttamente sulle piste. È la struttura più curata del resort e dispone di piscina all'aperto riscaldata, spa e piano bar con un enorme caminetto aperto; la cena al ristorante dell'albergo, il Fourchette D'or, consola in qualche modo delle tariffe stratosferiche. La sistemazione 'economica' del resort risparmia sui lussi ma non sui prezzi: l'**Hotel Tres Puntas** (Camino Farellones s/n; letti in camerata/doppie con prima colazione e cena $219/412) offre un mix di camere standard e camerate, tutte un po' anguste ma funzionali. In alternativa potrete alloggiare in piacevoli appartamenti in condominio (appartamenti per 2/3/6 persone a partire da $427/586/1137 per notte), dove però i biglietti per gli impianti di risalita e i pasti non sono compresi nel prezzo della sistemazione.

Il migliore dei sei ristoranti di Valle Nevado è **La Fourchette D'or** (☎698-0103; Hotel Valle Nevado; portate principali CH$15.000-22.000; ⌚8-23 lun-ven, 12.30-15.30 e 20-23 sab e dom). Per uno spuntino o un sandwich veloce, provate il fast food adiacente all'area delle piste presso l'Hotel Puerta del Sol. Tenete presente che nei resort non ci sono supermercati: dovrete fare provvista di generi alimentari e altri prodotti a Santiago prima di partire.

Per/dalle località sciistiche

Non esistono mezzi pubblici per le località sciistiche dei dintorni di Santiago, ma in stagione varie compagnie private gestiscono navette regolari per le Tres Valles e Lagunillas. Segnaliamo le seguenti:

KL Adventure (☎217-9101; www.kladventure.com; Augusto Mira Fernández 14248, Las Condes, Santiago; andata e ritorno alle Tres Valles CH$10.000, con pickup in albergo CH$22.000) La navetta parte alle 8 e torna alle 17.

SkiTotal (☎246-0156; www.skitotal.cl; Av Apoquindo 4900, Local 39-42, Las Condes, Santiago; andata e ritorno a Valle Nevado CH$12.000, con pickup in albergo CH$20.000-35.000) La navetta parte alle 8 e torna alle 17.

Si può raggiungere Lagunillas anche prendendo un autobus per San José de Maipo (v. p87) e da lì percorrere in taxi i restanti 20 km.

Cile centrale

Include »

I migliori ristoranti

» Café Vinilo (p102)

» Vino Bello (p120)

» La Casa de las Empanadas (p122)

» Restaurante Miguel Torres (p128)

» La Cocó (p102)

I migliori hotel

» La Joya del Mar (p135)

» Yellow House (p100)

» Cabañas Guzmán Lyon (p122)

» Hotel Santa Cruz Plaza (p120)

» Ecobox Andino (p133)

Perché andare?

Il Cile centrale è stato purtroppo l'epicentro del terribile terremoto del febbraio 2010 e, ancora ai tempi delle nostre ricerche, piccole e grandi città come Concepción, Talca e Curicó non si erano del tutto riprese dalle conseguenze del sisma. Tuttavia, nonostante la presenza di alcune chiese in rovina, di piazze recintate e della ridotta disponibilità di alberghi e ristoranti, le cose stanno decisamente migliorando e i turisti, ovviamente, sono più che benvenuti. Per fortuna, molti dei principali luoghi interessanti, come la pittoresca città portuale di Valparaíso, la mecca del surf di Pichilemu, gli splendidi parchi nazionali, le stazioni sciistiche e l'incantevole regione vinicola collinare, si sono ripresi in maniera soddisfacente. Alcuni quartieri e aree periferiche urbane sono ancora in fase di ricostruzione e migliaia di bottiglie sono andate perdute nelle cantine delle aziende vinicole, ma il Cile centrale vanta tuttora un surf di categoria mondiale, piste di sci di livello eccellente e un superbo Cabernet Sauvignon.

Quando andare

Valparaíso

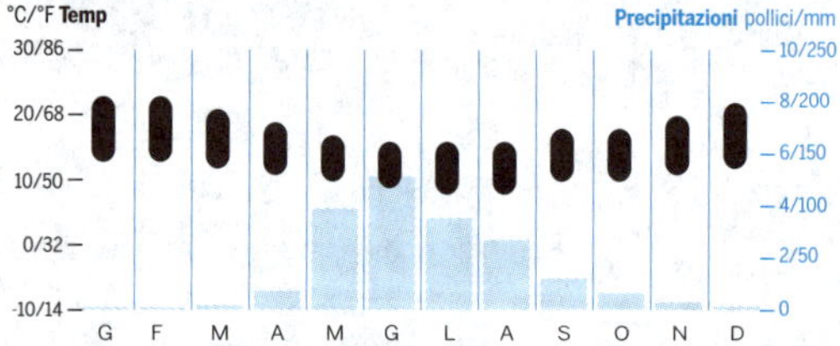

Giu-set Le frequenti nevicate richiamano sciatori e appassionati di snowboard.

Ott-dic Le spiagge delle città sono meno affollate e i prezzi degli alberghi più contenuti.

Gen-mag Gli amanti del buon vino si dirigono verso i vigneti per la vendemmia e le sue feste.

Per/dal Cile centrale

La Panamericana attraversa o costeggia la maggior parte delle zone descritte in questo capitolo, tutte raggiungibili in giornata da Santiago. L'eccellente servizio di autobus a lunga percorrenza che copre la statale in entrambe le direzioni rappresenta il mezzo di trasporto più comodo ed economico per raggiungere le località del Cile Centrale, sia per chi proviene dalla zona meridionale dei laghi sia per chi arriva dal nord e da Santiago o, attraverso il confine, dall'Argentina via Mendoza.

Trasporti locali

Tutte le principali città del Cile centrale sono collegate tra loro e con Santiago, situata al centro della regione, da corse frequenti di autobus locali o a lunga percorrenza. Altrimenti ci si può servire del treno, che serve le località situate lungo la Panamericana tra Santiago e Chillán. I tempi di percorrenza sono analoghi a quelli degli autobus, ma i prezzi decisamente più alti, quindi gli spostamenti in ferrovia offrono in pratica l'unica alternativa della novità.

Raggiungere i parchi nazionali e i centri urbani minori può comportare qualche difficoltà in più: d'inverno alcune zone sono impraticabili a causa della neve, in altre i mezzi pubblici vengono considerevolmente ridotti al di fuori della stagione estiva e qualche località non è servita da alcun tipo di trasporto pubblico.

Per raggiungere rapidamente i parchi nazionali più fuori mano ed esplorare la regione vinicola e le sue aziende conviene disporre di un mezzo proprio.

VALPARAÍSO E COSTA CENTRALE

A soli 120 km a nord-ovest di Santiago si trova la seconda città del Cile, l'interessante e caratteristica Valparaíso, centro culturale del paese, importante porto sul Pacifico e sede del Parlamento. A nord della città si trovano Viña del Mar e le altre località costiere in cui gli abitanti di Santiago amano passare le vacanze. Lo spazio tra la costa e la capitale è occupato da una delle principali regioni vinicole cilene (la Valle de Casablanca) e dal poco conosciuto parco nazionale La Campana.

Valparaíso

032 / POP. 282.500

Pablo Neruda ha scritto: 'Valparaíso, qué disparate eres ... no acabas de peinarte, nunca tuviste tiempo de vestirte, siempre te sorprendiò la vida'. Ma il fascino mutevole di 'Valpo' ha sedotto altri artisti oltre Neruda. Da sempre la città più interessante del Cile – e forse di tutta l'America Latina – conquista poeti, pittori e aspiranti filosofi. Insieme alla tipica popolazione in perenne movimento che abita le città portuali, fatta di marinai, scaricatori e prostitute, artisti e intellettuali le conferiscono un'aria di spigliata immediatezza e anticonformismo. Se a ciò si aggiunge la grazia spettacolare e leggermente appassita dei suoi caotici *cerros* (colli), un labirinto di ripide e tortuose viuzze ed *escaleras* (scale) lungo cui si ammassano uno sopra l'altro decadenti palazzi coloniali in rovina, si capisce perché molti visitatori preferiscano passare più tempo qui che a Santiago.

Storia

Il mare ha sempre avuto un ruolo fondamentale nella storia di Valparaíso e della regione circostante. I primi abitanti della zona, i chango, vivevano di pesca e subito dopo l'arrivo dei conquistatori spagnoli Valparaíso divenne un importante porto di scalo per i galeoni carichi d'oro e di altri prodotti del Nuovo Mondo diretti in Spagna. Sempre dal mare arrivarono ben presto anche i pirati olandesi e inglesi, il più noto dei quali, Sir Francis Drake, saccheggiò ripetutamente la città deprendandola delle sue ricchezze.

Valparaíso non si è sviluppata velocemente. All'inizio crebbe con un certa lentezza, tuttavia la forte richiesta di grano cileno, alimentata dalla corsa all'oro in California, la portò rapidamente a un vero e proprio boom economico. Come primo grande porto di scalo delle navi in arrivo da Capo Horn, Valparaíso si trasformò alla fine in uno dei principali snodi commerciali dell'intera costa del Pacifico e nel fulcro della nascente attività bancaria cilena.

Il XX secolo non si presentò sotto prospettive altrettanto rosee. Il violento terremoto del 1906 distrusse gran parte degli edifici di Valparaíso e l'apertura del Canale di Panama inferse un altro grave colpo all'economia della città. L'unica presenza costante nel porto cittadino rimase quella della Marina Militare cilena.

Oggi il porto di Valparaíso è nuovamente presente sulle carte nautiche come importante scalo delle navi da crociera e la sua economia è rifiorita grazie alle crescenti esportazioni di frutta. Dal 1990 la città è sede del Parlamento e nel 2003 è stata votata unanimamente capitale culturale del paese. L'UNESCO ne ha confermato l'importanza inserendola nell'elenco dei siti Patrimonio dell'Umanità, cosa che ha contribuito a

Il meglio del Cile centrale

1. Il dedalo di viuzze che s'inerpicano sulle colline alle spalle di **Valparaíso** (p91)
2. La regione dei vigneti e le specialità vinicole della **Valle de Colchagua** (p118)
3. Il surf sulle celebri onde di **Pichilemu** (p121)
4. Il Sendero El Enladrillado nella **Reserva Nacional Altos de Lircay** (p126) e la spettacolare vista a 360 gradi dal suo punto più alto
5. Un picnic con empanadas ai frutti di mare al tramonto, sulle tranquille sabbie di **Buchupureo** (p134)

6 Il sole della spiaggia di **Viña del Mar** (p106) a fianco dei vacanzieri *santiaguinos*

7 Sciare tra i boschi della pista più lunga dell'America meridionale a **Nevados de Chillán** (p133)

8 Un trattamento termale a base di vino e una degustazione dello squisito Cabernet Franc a **Viña Gillmore** (p124)

9 L'emozionante avventura del naufrago Robinson Crusoe nell'**Archipiélago Juan Fernández** (p142)

ORIENTARSI A VALPARAÍSO

Valparaíso è suddivisa in due parti: El Plan, il congestionato quartiere commerciale che si estende in posizione pianeggiante vicino al mare, e i 42 *cerros* che s'innalzano ripidamente alle sue spalle. Quasi tutte le principali arterie di El Plan si snodano in direzione est-ovest parallelamente al litorale; la più vicina al mare, Av Errázuriz, confluisce in Av España e prosegue fino a Viña del Mar. La parte più antica della città, il Barrio El Puerto (Quartiere del Porto), occupa la zona ovest di El Plan. A est, le due vie principali sono Independencia e Av Pedro Montt, dove si trova la stazione degli autobus.

Le colline di Valparaíso mettono a dura prova l'abilità dei cartografi più determinati. Av Almirante Montt e Urriola portano da El Plan al Cerros Concepción e ad Alegre. Da Plaza Aníbal Pinto, Cumming porta al Cerro Cárcel, mentre dalla vicina Av Ecuador, Yerbas Buenas s'inerpica tortuosamente lungo il Cerro Bellavista, accessibile dalla parte opposta tramite Ferrari. Av Alemania si snoda zigzagando in cima ai *cerros* più centrali.

La **Valparaíso Map** (www.valparaisomap.cl) è di gran lunga la cartina più utile per orientarsi in questa città dalla struttura urbanistica notoriamente complessa, mentre **Ascensores de Valparaíso** (www.ascensoresvalparaiso.org) mette a disposizione una carta interattiva delle vecchie funicolari della città. Consultate anche le eccellenti mappe dei vari quartieri disponibili online sul sito **Ciudad de Valparaíso** (www.ciudaddevalparaiso.cl). Copie stampate delle cartine di Valparaíso sono reperibili presso gli alberghi e i chioschi di informazioni turistiche.

renderla una meta turistica sempre più apprezzata.

Che cosa vedere e fare

Non siamo noi a dirlo, ma l'UNESCO: l'intera Valparaíso merita di essere vista. In effetti potrete visitare diversi edifici pregevoli e alcuni interessanti musei, ma ciò che questa città ha da offrire soprattutto è il piacere di vagabondare senza meta per le sue strade, in particolare all'entusiasmante scoperta dei suoi 15 traballanti *ascensores* (funicolari) che, costruiti tra il 1883 e il 1916, risalgono sferragliando i ripidi fianchi delle colline attraverso l'intricato dedalo di vicoli. In qualunque angolo vi avventurerete, tenete pronta la macchina fotografica.

CERRO CONCEPCIÓN E CERRO ALEGRE

Un'esclamazione di meraviglia all'angolo di ogni strada diventa presto un'abitudine esplorando a piedi queste due colline, le cui ripide strade acciottolate sono fiancheggiate da coloratissime costruzioni ottocentesche che danno vita a un variopinto e pittoresco mosaico. Qui si concentrano alcuni dei migliori caffè e ristoranti della città (ma non locali notturni nè discoteche, perché la musica dopo una certa ora è vietata) e nuovi alberghi e ostelli fanno costantemente la loro comparsa. Il più basso Cerro Concepción è maggiormente turistico, mentre il Cerro Alegre conserva una simpatica atmosfera bohémienne.

Ascensor Concepción SITO STORICO
(CH$250; ⌚7-22) L'Ascensor Concepción, la funicolare più antica della città, porta al viale Paseo Gervasoni all'estremità inferiore del Cerro Concepción. Costruita nel 1883, questa funicolare in origine funzionava a vapore.

Palacio Baburizza PALAZZO
(Paseo Yugoslavo s/n, Cerro Alegre) Il bizzarro edificio art nouveau che vedrete all'estremità occidentale del Cerro Alegre è il Palacio Baburizza, sede del **Museo de Bellas Artes.** Il museo è stato sottoposto a lavori di restauro durati circa 15 anni ed è stato riaperto nel settembre 2012. L'**Ascensor El Peral** (CH$100; ⌚7-20) si trova a pochi passi da Plaza Sotomayor. Risalendo brevemente il lato est del Cerro Alegre si raggiunge l'**Ascensor Reina Victoria** (CH$250; ⌚7-23), che collega Av Elias con Paseo Dimalow.

Museo Lukas MUSEO
(☎222-1344; www.lukas.cl; Paseo Gervasoni 448, Cerro Concepción; interi/bambini e anziani CH$1000/500; ⌚10.30-14 e 15-18 mar-dom) Il caricaturista locale Lukas sapeva rappresentare con sagacia le idiosincrasie di Valparaíso. Occorre conoscere lo spagnolo per capire le sue pungenti vignette politiche esposte nell'omonimo Museo Lukas, ma i disegni a inchiostro dei principali edifici di Valpo sono molto eloquenti e non necessitano di traduzione.

CERRO CÁRCEL

FREE **Parque Cultural Valparaíso (Parque Cultural Ex-Cárcel)** SITO STORICO

(ex Parco Culturale del Carcere; www.excarcel.cl; Castro s/n, Cerro Cárcel) La prigione da cui prende il nome la collina è stata chiusa nel 1999, ma i resti in rovina dei blocchi delle celle e dei cortili per l'ora d'aria, decorati con giganteschi graffiti, hanno funzionato ancora per anni come spazio culturale. Il progetto destinato a realizzare sul posto un grande centro per le arti venne inizialmente affidato all'architetto brasiliano Oscar Niemeyer, che dopo le forti proteste è stato sciolto dal suo impegno. Il nuovo **Parque Cultural Valparaíso** è una versione riciclata del carcere originale, completata da una sala teatrale e da laboratori per artisti. Ci si arriva a piedi risalendo Subida Cumming.

CERRO PANTEÓN

Cementerio 1 e Cementerio 2 CIMITERO

(Dinamarca s/n; ⏲8-tramonto) Gli abitanti più illustri, influenti e anche famigerati della città sono sepolti nel Cementerio 1, le cui tombe assomigliano a sontuosi palazzi in miniatura. Il Cementerio 1 confina con il Cementerio 2, che comprende il **Cementerio de Disidentes**, ma che, nonostante il nome, è semplicemente il settore riservato agli immigranti europei di religione protestante. Il Cerro Panteón merita una visita non fosse che per lo splendido panorama: chi ama camminare può arrivarci percorrendo Av Ecuador.

PRENDETE L'AUTOBUS

Certo, si può raggiungere la città alta a bordo delle vecchie e scricchiolanti funicolari, oppure farsela a piedi sbuffando per la fatica; ma c'è un'altro modo, particolarmente interessante, per vedere Valparaíso da un prospettiva del tutto unica. L'autobus urbano O (indicato come *micro O*, o talvolta come *micro 612*) trasporta una popolazione di locali dall'aria stanca e di turisti armati di macchina fotografica lungo gli stretti vicoli e i fianchi scoscesi di gran parte delle colline di Valparaíso. Ci sono una fermata davanti al Congreso Nacional, un'altra in cima al Cerro Alegre e altre ancora in diversi punti della città. Per saperne di più sui trasporti pubblici di Valparaíso, v. p105.

CERRO BELLAVISTA

Artisti e scrittori amano da sempre abitare sulle pendici di questo tranquillo quartiere residenziale, ma la costante apertura di nuovi alberghi e ostelli indica che il Cerro Bellavista si appresta a diventare la zona più turistica di Valpo.

TOP **La Sebastiana** EDIFICIO STORICO

(☎225-6606; www.fundacionneruda.org; Ferrari 692, Cerro Bellavista; interi/bambini e anziani CH$3000/1500; ⏲10.30-18.50 mar-dom gen e feb, 10.10-18 mar-dom marzo-dic) L'abitante più illustre del Cerro Bellavista fu sicuramente Pablo Neruda, il quale non mancava mai di guardare i fuochi d'artificio di Capodanno dalla sua casa sulla cima della collina, La Sebastiana. Arrivarci comporta una faticosa camminata in salita che continua anche all'interno della casa, ma a ogni piano sarete comunque ricompensati da una vista sempre più straordinaria sul porto; la più spettacolare si gode dallo studio nel sottotetto. A differenza delle altre case del poeta, La Sebastiana può essere visitata in tutta libertà, soffermandosi quanto più si desidera sulla caotica collezione di antiche polene, bicchieri, mobili degli anni '50 e opere d'arte di amici famosi. L'unico luogo in cui non si può entrare è il bar color rosa intenso, già a suo tempo riservato a Don Pablo.

La Fundación Neruda ha realizzato accanto alla casa il **Centro Cultural La Sebastiana**, comprendente un piccolo spazio espositivo, un caffè e un negozio di souvenir. Per arrivarci a piedi, dall'Ascensor Espíritu Santo risalite per 800 m Héctor Calvo; altrimenti prendete l'autobus verde O a El Plan, in Serrano vicino a Plaza Sotomayor, oppure nella piazza al fondo di Templeman sulla cima del Cerro Alegre, e scendete all'isolato 6900 di Av Alemania.

FREE **Museo a Cielo Abierto** MUSEO

(www.pucv.cl/site/pags/museo) Venti classici e coloratissimi murales decorano le strade della parte bassa di questo *cerro* dando vita al Museo a Cielo Aperto realizzato tra il 1969 e il 1973 dagli studenti dell'Instituto de Arte della Universidad Católica. Da un punto alle spalle di Plaza Victoria, l'**Ascensor Espíritu Santo** (CH$250; ⏲7-20.30) vi porterà nel cuore di questa interessante espressione artistica.

CERRO ARTILLERÍA

Una vista spaziosa sul mare rende da sempre questa collina nella zona sud-occidentale della città uno strategico punto di difesa (da cui il nome).

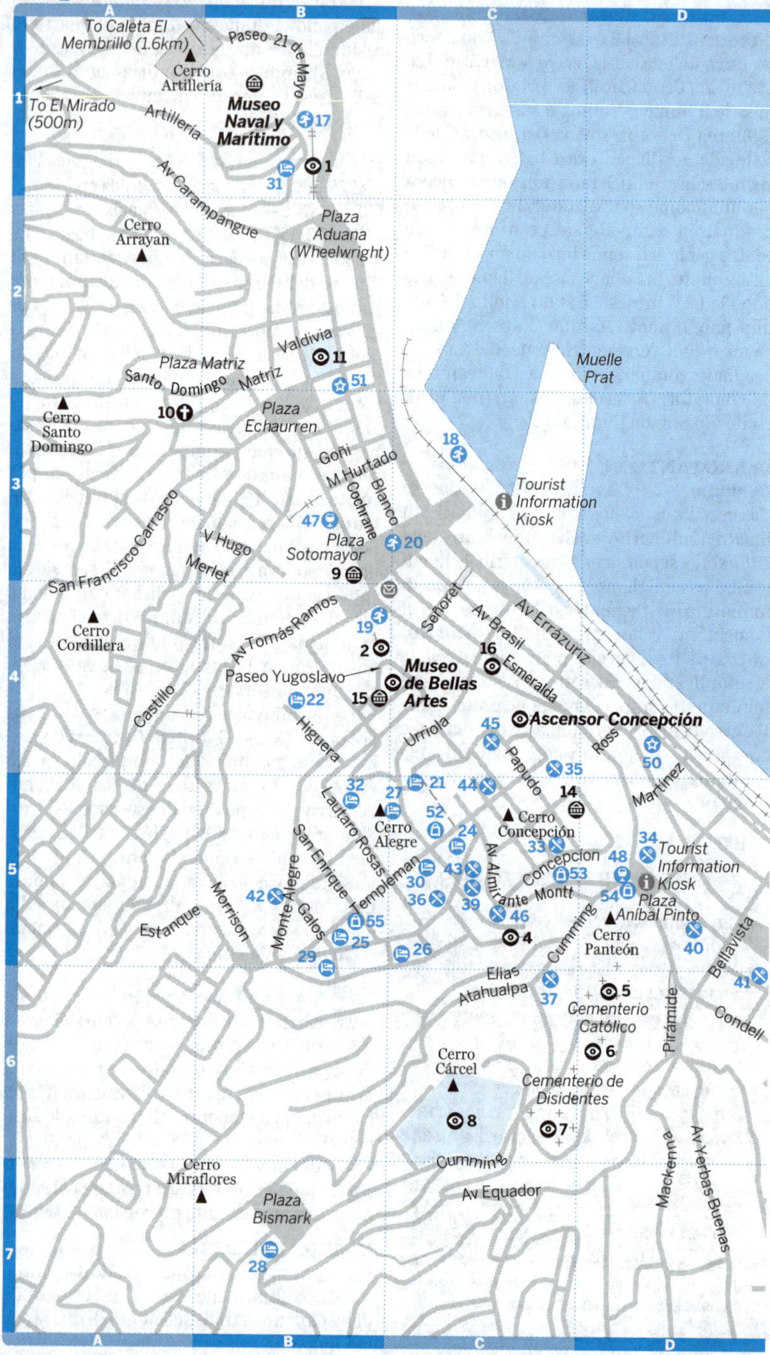
A
B
C
D
1
2
3
4
5
6
7
To Caleta El Membrillo (1.6km)
Paseo 21 de Mayo
Cerro Artillería
To El Mirado (500m)
Artillería
Museo Naval y Marítimo
17
31
1
Av Carampangue
Plaza Aduana (Wheelwright)
Cerro Arrayan
Valdivia
11
51
Plaza Matriz
Santo Domingo
Matriz
Cerro Santo Domingo
10
Plaza Echaurren
Muelle Prat
18
Goñi
M Hurtado
Cochrane
Blanco
Tourist Information Kiosk
47
Carrasco
V Hugo
San Francisco
Merlet
Plaza Sotomayor
20
9
Cerro Cordillera
Av Tomás Ramos
Señoret
19
2
Av Brasil
Av Errázuriz
16
Esmeralda
Paseo Yugoslavo
Museo de Bellas Artes
15
22
Castillo
Ascensor Concepción
45
Higuera
Urriola
Ross
50
Papudo
35
32
27
21
44
14
Martínez
Lautaro Rosas
Cerro Alegre
52
Cerro Concepción
24
34
Tourist Information Kiosk
33
San Enrique
Concepcion
48
43
53
Templeman
Av Almirante Montt
30
42
Monte Alegre
Morrison
36
39
54
Plaza Aníbal Pinto
Galos
46
Estanque
55
25
4
Cerro Panteón
40
Cumming
Bellavista
29
26
Elias
Atahualpa
41
37
5
Cementerio Católico
Condell
Pirámide
Cerro Cárcel
6
Cementerio de Disidentes
8
7
Cumming
Cerro Miraflores
Av Equador
Plaza Bismark
Mackenna
Av Yerbas Buenas
28

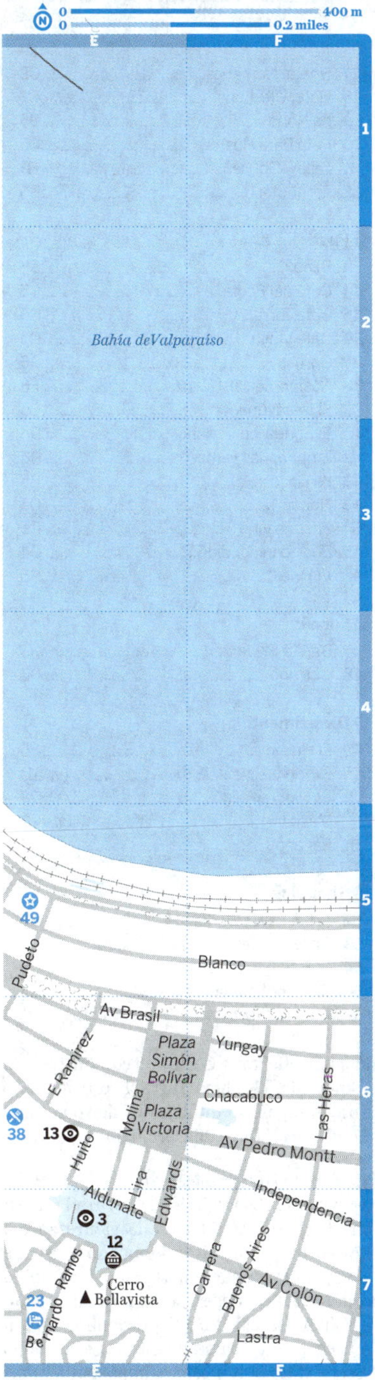

Museo Naval y Marítimo MUSEO

(☎243-7651; www.museonaval.cl; Paseo 21 de Mayo 45, Cerro Artillería; interi/bambini CH$700/300; ⏰10-17.30 mar-dom) I cannoni sono ancora schierati all'esterno del Museo Navale e Marittimo che celebra tuttora la vittoria del Cile sul Perú durante la Guerra del Pacifico (1879-84). Nelle sale che costeggiano da un lato un grande cortile sono esposti quadri a soggetto storico, uniformi, arredi navali, spade, strumenti di navigazione e medaglie. L'**Ascensor Artillería** (CH$250; ⏰7-22) sale sferragliando fin qui da Plaza Aduana (Wheelwright).

CERRO BARÓN E CERRO LECHEROS

Mirador Diego Portales PUNTO DI OSSERVAZIONE

(all'angolo tra Av Diego Portales e Castelar, Cerro Barón) Dal Mirador Diego Portales, nella zona est della città, si gode un incantevole panorama sulle pittoresche colline del centro di Valpo.

Iglesia San Francisco CHIESA

(all'angolo tra Blanco Viel e Zañartu, Cerro Barón) Nei pressi del *mirador* si staglia il campanile della Iglesia San Francisco, una chiesa in mattoni riccamente decorata e punto di riferimento per i naviganti in arrivo in vista della costa. A essi si deve l'attribuzione alla città del soprannome 'Pancho' (diminutivo di Francisco).

EL PLAN ED EL PUERTO

La bassa zona pianeggiante occupata dal quartiere commerciale di Valparaíso è meno suggestiva di quella collinare che le fa da sfondo, ma ospita alcuni monumenti ed edifici che meritano di essere visti.

Barrio El Puerto QUARTIERE

Il Barrio El Puerto (Quartiere del Porto) che si sviluppa nella parte ovest di El Plan è al tempo stesso il quartiere più antico e più fatiscente di Valparaíso. Di molti storici edifici non rimangono che le diroccate facciate in pietra, come quella del **Mercado Puerto** (all'angolo tra Cochrane e San Martín, Puerto), un antico mercato alimentare coperto in cui oggi si aggirano soltanto schiere di gatti randagi.

Plaza Matriz PIAZZA

Il cuore storico della città è la Plaza Matriz, dominata dalla **Iglesia La Matriz**. Risalente al 1837, quest'ultima è la quinta chiesa edificata sul sito a partire dalla cappella originale del 1559. Nelle vie limitrofe, le vistose insegne dei cosiddetti 'cabaret' (case di piacere) e di

Valparaíso

Da non perdere

Ascensor Concepción C4
Museo de Bellas Artes C4
Museo Naval y Marítimo B1

Che cosa vedere

1 Ascensor Artillería B1
2 Ascensor El Peral B4
3 Ascensor Espíritu Santo E7
4 Ascensor Reina Victoria C5
5 Cementerio 1 .... D6
6 Cementerio 2 .... D6
7 Cementerio de Disidentes C6
8 Parque Cultural Valparaíso (Parque Cultural Ex Cárcel) C6
9 Edificio de la Comandancia Naval B3
10 Iglesia Matriz A3
11 Mercado Puerto B2
Monumento a los Héroes de Iquique .... (v. 9)
12 Museo a Cielo Abierto E7
13 Museo de Historia Natural E6
14 Museo Lukas C5
15 Palacio Baburizza B4
16 Reloj Turri C4

Attività, corsi e tour

17 Corsi di cucina cilena B1
Gonzalo Lara .... (v. 36)
18 Crociere nel porto C3
19 Natalis Language Center B4
20 Tours 4 Tips (visite a piedi della città) .. C3

Pernottamento

21 Casa Aventura C5
22 Casa Higueras B4
23 Hostal Caracol E7
24 Hostal Jacaranda C5
25 Hostal Luna Sonrisa B5
26 Hostal Morgan C5
27 Hostal Nomades C5
28 Hotel Ultramar B7
29 La Nona B5
30 Pata Pata Hostel C5
31 Yellow House B1
32 Zerohotel B5

Pasti

33 Bijoux C5
34 Café del Poeta D5
35 Café Turri C4
36 Café Vinilo C5
37 Caruso C6
38 Casino Social J. Cruz E6
39 El Desayunador C5
40 El Sandwich Cubano D5
41 Empanadas Famosas D6
42 La Cocó B5
43 Norma's C5
44 Pasta e Vino C5
45 Puerto Escondido C4
46 Viá Viá Café C5

Locali

47 Bar La Playa B3
48 Cinzano D5

Divertimenti

49 El Huevo E5
Exodo .... (v. 51)
50 La Piedra Feliz D4
Máscara .... (v. 48)
51 Pagano B2

Shopping

52 Art in Silver Workshop C5
53 Bazar La Pasión C5
54 Cummings 1 .... D5
55 Taller Antiquina B5

botteghe di liquori testimoniano che il porto di Valpo è più che mai animato e vitale. Per una vista panoramica sulle gru e i container del porto, appostatevi sul lungomare all'altezza del **Muelle Prat**.

Il luogo che meglio rappresenta lo spirito marinaro di Valparaíso è Plaza Sotomayor, il cui lato sud-occidentale è dominato dalla severa sagoma blu petrolio dell'**Edificio de la Comandancia Naval** (Palazzo del Comando Navale); al centro si erge invece il **Monumento a los Héroes de Iquique**, un tributo ai caduti delle guerre navali cilene, che oggi sono sepolti in una cripta sottostante. Nel punto in cui le vie Prat e Cochrane confluiscono in Esmeralda, l'Edificio Turri si restringe fino a raggiungere le dimensioni dell'omonima **Reloj Turri** (Torre dell'Orologio).

Museo de Historia Natural MUSEO
(www.mhnv.cl; Condell 1546, El Plan) Tra i reperti che le guardie addette alla sicurezza del Museo di Storia Naturale amano mostrare ai visitatori si nota in particolare il bambino con due teste (conservato in formalina) nato a Valparaíso nel 1915. Nel dicembre 2012, il museo è stato parzialmente riaperto dopo essere stato sottoposto a importanti lavori

di restauro. Per informazioni aggiornate anche sui nuovi orari e i prezzi dei biglietti, consultate il sito internet.

Congreso Nacional EDIFICIO STORICO
(Av Pedro Montt s/n, El Plan) L'unica costruzione moderna diventata simbolo della città di Valparaíso è il discusso palazzo del Parlamento, situato nel settore orientale di El Plan. La sua origine è legata al periodo della presidenza Pinochet, in quanto costruita in seguito all'emanazione della nuova Costituzione del 1980 (che prevedeva il trasferimento del potere legislativo da Santiago a Valparaíso) sulle fondamenta di una delle case in cui il generale aveva trascorso la sua infanzia.

Mercado Cardonal MERCATO
(6-17) Pittoresche e colorate come le tipiche case di Valparaíso – e quasi altrettanto alte – sono le piramidi di frutta e verdura esposte nel mercato alimentare delimitato da Yungay, Brasil, Uruguay e Rawson. Le bancarelle del piano terra straripano fin sulla strada, mentre il piano superiore è occupato da economici ristoranti di pesce (v. p102) costantemente pattugliati da intere famiglie di gatti.

Corsi

Cucina cilena CORSI DI CUCINA
(096-621-4626; www.cookingclasseschile.cl; punto d'incontro stazione superiore dell'Ascensor Artillería; 5 h di corso CH$37.000 per persona) Un energico chef vi guiderà nell'acquisto degli ingredienti necessari presso il mercato del quartiere, poi vi insegnerà a preparare il pisco sour, a degustare i vini locali e a cucinare – per finalmente mangiare – un menu di classiche specialità cilene. Per farvi un'idea di ciò che vi aspetta visitate il sito online; a noi è piaciuta la lezione di preparazione del pesce, ma ci sono anche proposte vegetariane.

Gonzalo Lara CORSI DI CUCINA
(223-0665; gonzalolarachef@yahoo.es) I corsi dello stesso genere offerti dall'eccentrico chef del Café Vinilo (p102) hanno suscitato le lodi sperticate di molti viaggiatori. Contattatelo direttamente via mail per informazioni su disponibilità e prezzi.

Natalis Language Center CORSI DI LINGUA
(246-9936; www.natalislang.com; Plaza Justicia 45, 6° piano, Oficina 602, El Plan; corsi a partire da CH$99.000 la settimana, corsi intensivi di 3 giorni CH$150.000, corso di spagnolo di sopravvivenza di 1 giorno CH$33.000) Garantisce risultati rapidi e gode di buona reputazione.

Tour

Molti operatori turistici di Santiago organizzano in giornata brevi visite guidate a Valparaíso, che però concedono poco tempo per esplorare la città tranquillamente per proprio conto. Un'agenzia che offre tour di livello eccellente, anche personalizzati, è **Santiago Adventures** (02-244-2750; www.santiagoadventures.com; Guardia Vieja 255, Oficina 403, Providencia, Santiago).

Le agenzie locali aprono e chiudono. Vi consigliamo di rivolgervi all'ufficio turistico di Valparaíso una volta giunti sul posto o di cercare i volantini di operatori specializzati nell'organizzazione di tour a tema, come la visita al quartiere degli antiquari o agli studi di artisti locali.

Crociere nel porto GITE IN BARCA
(dal Muelle Prat; tour di 20 min a partire da CH$1500 per persona, tour di 1 h su un'imbarcazione privata CH$12.000; 9.30-18.30) Per avvistare i leoni marini che sguazzano nella baia o navigare tra gigantesche navi da crociera o della Marina Militare, ci si può rivolgere a diversi operatori: chiedete in giro chi ha i prezzi migliori.

DA NON PERDERE

SENDERO BICENTENARIO

Se il tempo a vostra disposizione a Valparaíso è molto limitato, ma desiderate farvi comunque un'idea approfondita della città, vi consigliamo di percorrere almeno in parte il **Sendero Bicentenario**, un itinerario culturale e storico di 30 km ideato dall'organizzazione locale senza scopo di lucro **Fundación Valparaíso**. Il sentiero, suddiviso in 15 tratti a tema, esplora alcune aree del porto, El Plan e molti dei *cerros* meno noti della città. Dall'ottimo **sito internet** (www.senderobicentenario.cl) potrete scaricare cartine e descrizioni (anche in inglese) di ogni sua parte, accompagnate da interessanti particolari e curiosità sulle diverse vie ed edifici che incontrerete lungo il percorso. Se non riuscite ad accedere alla cartina online, richiedetene una copia stampata negli alberghi o nei chioschi di rivendita dei giornali.

Tours 4 Tips ITINERARIO A PIEDI
(www.tours4tips.bligoo.cl; Plaza Sotomayor 120, El Plan; ⏲alle 10 e alle 15) Ecco un modo simpatico di conoscere la città con visite a piedi organizzate sul momento presentandosi direttamente in Plaza Sotomayor, sia al mattino sia al pomeriggio. Il percorso e i prezzi si concordano di volta in volta sulla base dei gusti e del tempo a disposizione e la prenotazione non è necessaria.

Feste ed eventi

Año Nuevo CAPODANNO
Ogni anno, il 31 dicembre, fantastici fuochi d'artificio illuminano il cielo sopra il porto richiamando in città centinaia di migliaia di spettatori. Prenotate l'albergo con largo anticipo.

Pernottamento

TOP **Yellow House** B&B $
(☎233-9435; www.theyellowhouse.cl; Capitán Muñoz Gamero 91, Cerro Artillería; doppie con prima colazione CH$26.000-33.000, singole/doppie senza bagno CH$18.000/24,000, appartamento CH$40.000; @📶) A fare di questo tranquillo B&B un posto veramente speciale contribuiscono in egual misura la vista mozzafiato sul vecchio porto e sulle colline e l'attenzione riservata ai clienti dai simpatici proprietari, una coppia cileno-australiana. Le accoglienti camere dipinte a colori pastello sono dotate di bollitori per l'acqua e riscaldamento; se a ciò aggiungete l'abbondante prima colazione, la cucina, la lavanderia, la connessione wi-fi e la tranquilla posizione sul Cerro Artillería, capirete perché la Yellow House gode di così grande popolarità tra i viaggiatori. L'appartamento adiacente ha un bagno privato e una cucina completamente attrezzata.

El Mirador B&B $$
(☎234-5937; www.elmiradordevalparaiso.cl; Levarte 251, Cerro Playa Ancha; singole/doppie/triple con prima colazione CH$15.500/36.200/51.700, appartamento per 2 persone CH$41,300; @) Le coppie attente a non spendere troppo e i viaggiatori solitari vanno matti per questo delizioso B&B: nonostante sia un po' fuori mano, è tenuto con ogni cura. Questa casa amorevolmente restaurata – con confortevoli camere doppie, appartamenti con angolo cottura, proprietari attenti e disponibili e una spaziosa terrazza su cui sorseggiare un caffè o un cocktail godendosi la vista dell'oceano – offre inoltre uno straordinario rapporto qualità-prezzo. Ci si arriva a piedi dal Museo Naval y Marítimo risalendo Playa Ancha e svoltando poi a sinistra in Levarte.

Hostal Jacaranda OSTELLO $
(☎327-7567; www.hostaljacaranda.blogspot.com; Urriola 636, Cerro Alegre; letti in camerata/doppie senza bagno a partire da CH$6800/24.200; 📶) Non grande, ma molto accogliente e situato in ottima posizione in un'area animata del Cerro Alegre piena di piccoli musei e di simpatici caffè, questo ostello allegro e gestito con particolare attenzione all'ambiente (soprattutto al riciclaggio) ha una romantica terrazza che la sera viene suggestivamente illuminata. I proprietari sono vere miniere di informazioni locali e, a chi lo chiedesse, potrebbero perfino insegnare a preparare specialità cilene come pisco sour ed empanadas.

Hostal Nomades B&B $$
(☎327-0374; www.hostalnomades.cl; Urriola 562, Cerro Alegre; doppie con/senza bagno con prima colazione CH$40.000/27.000, triple senza bagno CH$40.700; 📶) In una città bohémienne e pittoresca come Valparaíso, dove cercare da dormire se non nella casa di un artista? Il proprietario di questo accogliente B&B è un pittore di talento e i suoi grandi dipinti rallegrano le pareti di una casa d'epoca già di per sé piena di charme, grazie alle rustiche travi in legno sul soffitto e alle mattonelle in stile spagnolo. Nonostante funzioni come un B&B, il Nomades offre gli spazi e i servizi comunitari di un ostello: uso della cucina, sala TV, deposito bagagli e scambio di libri.

Casa Higueras BOUTIQUE HOTEL $$$
(☎249-7900; www.hotelcasahigueras.cl; Higuera 133, Cerro Alegre; camere CH$145.200-265.370; 📶🏊) Da sempre, i *santiaguinos* benestanti preferiscono trascorrere il fine settimana a 'Viña' piuttosto che a Valpo, ma hanno ceduto al comfort e all'eleganza delle camere di questo albergo, corredate di mobili in pesante legno scuro, letti immensi e bagni di mosaico con grandi lavandini. Dal silenzioso salotto, abbellito da raffinate sculture asiatiche e bassi e comodi sofà beige, si gode un'incantevole vista sulla baia, così come dalla bella piscina e dalla terrazza con vasca idromassaggio, tutti posti ideali per un cocktail al tramonto.

Hostal Morgan B&B $$
(☎211-4931; www.hostalmorgan.cl; Capilla 784, Cerro Alegre; doppie/suite con prima colazione CH$45.000/50.000; @📶) Questo allegro B&B dipinto di giallo continua a godere del favore dei viaggiatori. Le antiche testate dei letti in ferro battuto e legno, i soffici materassi e la

fresca biancheria da letto di questa deliziosa casa d'epoca dall'atmosfera simpaticamente familiare invitano a lunghe e riposanti notti di sonno. Cercate comunque di svegliarvi in tempo per l'ottima prima colazione servita in una luminosa sala da pranzo su rustici tavoli in legno di pino.

La Nona B&B $
(☎618-6186; www.bblanona.com; Galos 660, Cerro Alegre; singole/doppie con prima colazione CH$16.000/30.000; 📶) Gli anglofoni proprietari di questo B&B sono letteralmente innamorati di Valpo e non aspettano altro che condividere con i loro ospiti preziose informazioni e suggerimenti sulla visita della città. La prima colazione è più abbondante rispetto alla media dei B&B locali e le camere doppie sono in generale spaziose. Un ulteriore punto a favore è la comoda posizione centrale sul Cerro Alegre.

Hostal Luna Sonrisa OSTELLO $
(☎273-4117; www.lunasonrisa.cl; Templeman 833, Cerro Alegre; letti in camerata/doppie senza bagno con prima colazione CH$7000/22.000, appartamento CH$49.000; 📶) Questo piccolo, accogliente e silenzioso ostello situato vicino ai ristoranti e ai bar del Cerro Alegre è diretto da uno scrittore di guide turistiche sempre disponibile ad aiutare i visitatori nella progettazione della visita alla città; la moglie gestisce invece un'eccellente panetteria nelle vicinanze. Se desiderate maggiore privacy, chiedete l'appartamento indipendente (El Nidito 1; www.elnidito.cl) all'ultimo piano della casa.

Casa Aventura OSTELLO $
(☎275-5963; www.casaventura.cl; Pasaje Gálvez 11, Cerro Concepción; letti in camerata/singole/doppie senza bagno con prima colazione CH$8500/12.000/20.000; 📶) Uno dei più vecchi ostelli di Valpo è ospitato in un fatiscente edificio con camerate spaziose dipinte a colori pastello. Le doppie hanno soffitti altissimi e pavimenti in legno originali, ma le camere al piano inferiore, data l'ottima posizione centrale, possono essere rumorose; chiedete, se possibile, una camera al piano superiore. La prima colazione prevede uova e frutta, oltre alll'usuale pane e formaggio.

Puerto Natura B&B B&B $$$
(☎222-4405; www.puertonatura.cl; Héctor Calvo 850, Cerro Bellavista; doppie con/senza bagno con prima colazione CH$67.000/40.000; 📶🏊) Un castello del 1935 con camere pulitissime tutte arredate in modo diverso, letti soffici e alcuni bagni in comune vi daranno l'impressione di trovarvi nella casa particolarmente accogliente di un parente benestante. I proprietari sono naturopati che praticano reiki e yoga, offrendo massaggi e bagni turchi sul posto. Sul retro, a pochi passi dalla casa La Sebastiana di Pablo Neruda, c'è un bel giardino terrazzato pieno di alberi da frutta.

Hotel Ultramar BOUTIQUE HOTEL $$$
(☎221-0000; www.hotelultramar.com; Pérez 173, Cerro Cárcel; doppie/suite con prima colazione CH$72.500/88.700; 📶) L'impareggiabile vista sulla baia merita la salita all'elegante Ultramar, arroccato sulla parte altra del Cerro Cárcel. Dietro la severa facciata di mattoni scuri si aprono ambienti molto moderni, con alte pareti rosse e bianche, ringhiere nere e pavimenti di piastrelle a scacchi. Si tratta di un B&B pieno di personalità in stile boutique hotel. Assicuratevi soltanto di prenotare per tempo, informandovi con esattezza sul tipo di camera che vi verrà data perché la differenza di prezzo tra una doppia spaziosa con vista e una camera più piccola che non dà sull'oceano è considerevole.

Zerohotel BOUTIQUE HOTEL $$$
(☎211-3113; www.zerohotel.com; Lautaro Rosas 343, Cerro Alegre; doppie lato strada/mare con prima colazione CH$115.600/163.800; ❄📶🏊) Sprofondatevi nell'immenso e soffice letto della vostra spaziosa camera sotto l'alto soffitto e preparatevi a prendere la decisione più importante della giornata: da dove ammirare meglio lo splendido panorama, se dalle finestre a bovindo del soggiorno, dalla piscina o dal giardino terrazzato su tre livelli sfolgoranti di bougainvillea. Su richiesta, il personale serve la prima colazione in camera e organizza tour privati e guidati della città; il comodo 'honesty bar' permette di servirsi autonomamente un bicchiere di Carménère o di bere comunque qualcosa prima di andare a dormire.

Pata Pata Hostel OSTELLO $
(☎317-3153; www.patapatahostel.com; Templeman 657, Cerro Alegre; letti in camerata/doppie senza bagno CH$8500/22.000; 📶) Camerate luminose e molto semplici, doppie accoglienti, un piacevole patio comune e un'atmosfera simpatica e tranquilla.

Hostal Caracol OSTELLO $
(☎239-5817; www.hostalcaracol.cl; Hector Calvo 371, Cerro Bellavista; letti in camerata/doppie con prima colazione CH$8000/28.000; 📶) In questo ostello non si lesina sui particolari: stufa a legna nel soggiorno per l'inverno, letti in camerata dotati di calde trapunte di piumino, materassi comodi e luci di lettura.

Pasti

CERRO CONCEPCIÓN

Bijoux CILENO $$
(322-5306; Abtao 561, Cerro Concepción; portate principali CH$7900; 12.30-24 lun-ven, 13-1 sab, 13-24 dom;) Questo nuovo ristorante, piccolo ma innovativo, basa la sua attività su di un semplice concetto: volendo servire sempre una cucina fresca e stagionale, non ha un menu. Il cuoco dà il benvenuto ai clienti direttamente al tavolo e discute con loro i piatti che potrebbe cucinare con il pescato e gli ingredienti del giorno, improvvisando a seconda delle preferenze. Soprattutto la cena è personalizzata, ma il tutto si svolge in un'atmosfera di assoluta semplicità – la 'lista dei vini' consta esattamente di una bottiglia di vino rosso e di una di vino bianco.

Puerto Escondido CILENO $
(www.puertoescondido.cl; Papudo 424; portate principali CH$3500-6200) Questo ristorante a gestione familiare, ospitato in una bella casa d'epoca, propone un breve menu di classici piatti cileni preparati con cura, come *pastel de papas* (un pasticcio di carne e patate) e altri piatti casalinghi ormai scomparsi dai menu dei ristoranti contemporanei. Oltre che per la buona cucina, veniteci anche per il piacevole ambiente senza pretese.

Café Turri CUCINA DI MARE $$
(www.cafeturri.cl; Templeman 146; portate principali CH$4500-8200) Anche se il servizio a volte lascia a desiderare e i prezzi sono elevati rispetto alla qualità, il Café Turri vanta un panorama indimenticabile sul porto e sull'oceano. Se non siete di fretta, non esitate ad assicurarvi un tavolo sulla terrazza e a ordinare un pisco sour con cozze cotte al vapore o un *palta cardenal* (avocado farcito con gamberetti).

CERRO ALEGRE

La Cocó SANDWICH $
(www.lacoco-sangucheriaartesanal.blogspot.com; Monte Alegre 546; sandwich CH$3800-5000; chiuso lun, solo pranzo dom;) Appena inaugurata e già popolarissima tra i *porteños* (abitanti di Valparaíso) di tendenza e i viaggiatori che se ne intendono, questa *sanguchería artesanal* (panineria artigianale) un po' anticonformista e gestita da una giovane coppia modaiola è un'autentica delizia. Raffinati sandwich di pesce (non perdetevi quelli al salmone affumicato con chorizo piccante) o vegetariani (vi consigliamo il Simona, con formaggio di capra, rucola, pesto, olive e pomodori essiccati al sole) sono impilati l'uno sull'altro in alte piramidi, mentre birra, vino, caffè, insalate e pasticcini completano il creativo menu. La sera, il locale è animato da spettacoli musicali dal vivo e letture di poesie.

Café Vinilo CILENO $$
(www.cafevinilo.cl; Almirante Montt 448; portate principali CH$5200-8500) Panetteria, macelleria e oggi bar ristorante alla moda: le piastrelle scompagnate del pavimento la dicono lunga sulle molte anime di questa istituzione del Cerro Alegre. Di giorno ci si può far tentare da sandwich e torta al cioccolato e lamponi, la sera da insolite ricette della tradizione cilena. Dopo cena, il locale si trasforma in un bar di tendenza e la musica la fa da padrona, ovviamente sotto forma di vinile.

TOP **Norma's** CILENO $$
(Almirante Montt 391; pranzo a prezzo fisso $4900-6900) Non lasciatevi distogliere dall'ingresso poco invitante del Norma's: salite le ripide scale e vi troverete in un locale allegro, allo stesso tempo elegante e senza pretese, dove potrete gustare un pasto a prezzo fisso preparato con ogni cura e sorprendentemente più conveniente della media dei ristoranti della zona. La casa d'epoca ben restaurata è ancora di dimensioni grandiose, arredata con abbondanza di lucido legno e con i bei telai originali alle finestre. Il personale si dà molto da fare per rendere l'ambiente confortevole servendo con prontezza un piccante pisco sour, piatti cileni gourmet e una varietà di squisiti dessert che spazia dal cheesecake ai frutti di bosco e il flan fatto in casa.

El Desayunador PRIMA COLAZIONE $
(www.eldesayunador.cl; Almirante Montt 399; prima colazione CH$2500-4800; 8.15-20.45 lun-sab, 8.30-20 dom;) Questo incantevole caffè vecchio stampo, situato in un antico edificio in pietra con pavimento in piastrelle d'epoca e rustici tavoli in legno, serve la prima colazione tutto il giorno oltre a sandwich, insalate, dessert, caffè e succhi di frutta fresca. Gran parte dei piatti è preparata con prodotti biologici.

Viá Viá Café FUSION $$
(www.viaviacafe.cl; Almirante Montt 217; pranzo a prezzo fisso CH$4500-5900; 12-17, cena solo su prenotazione;) Se l'idea di mangiare cucina d'ispirazione belga durante un viaggio in Cile non vi fa impazzire, provate questo locale: il Viá Viá si trova in una stupenda casa art déco,

dimostra una particolare attenzione alle pratiche ambientali (da notare la cucina alimentata a energia solare), offre un tranquillo dehors all'ombra di grandi alberi frondosi e per il pranzo dei giorni infrasettimanali propone a rotazione piatti del giorno economici, come pesce spadellato con la birra, burritos di quinoa e mousse alla papaya e al cocco.

Pasta e Vino ITALIANO **$$**
(☎249-6187; www.pastaevinoristorante.cl; Templeman 352; portate principali CH$6900-9900) Riguardo al Pasta e Vino – accreditato a suo tempo della rinascita gastronomica di Valpo – i pareri sono passati da 'favoloso' a 'sopravvalutato' e poi di nuovo a 'favoloso'. Per competere con i giudizi dei gourmet locali, dovrete probabilmente prenotare in anticipo (basta riempire il formulario online che troverete sul sito internet del ristorante) per poi trovarvi ad assaporare insieme a loro il fantasioso piatto di pasta del giorno in un ambiente intimo e raffinato con non più di una dozzina di tavoli.

I PUNTI PANORAMICI DI VALPO

» Paseo 21 de Mayo sul Cerro Artillería, per una prospettiva sulle gru e i container del porto.

» Plaza Bismark sul Cerro Cárcel, per una vista panoramica sulla baia.

» Mirador Diego Portales sul Cerro Barón, per un'ampia carrellata sulla zona centrale di Valpo con le case colorate ammassate disordinatamente le une sulle altre.

» Il punto panoramico al fondo di Calle Merlet sul Cerro Cordillera, per uno sguardo dall'alto sui tetti arrugginiti del Barrio El Puerto e sugli edifici pubblici di Plaza Sotomayor.

» Paseo Atkinson sul Cerro Concepción, per un'immagine delle tipiche case di Valpo di giorno e delle colline ammantate di luci scintillanti la sera.

CERRO CÁRCEL

Caruso CUCINA DI MARE **$$**
(www.caruso.cl; Av Cumming 201; portate principali CH$6000-7800; ⏲ chiuso lun) Pesce e frutti di mare freschissimi in un ambiente senza pretese sono i tratti caratteristici del Caruso. Iniziate con le sottili empanadas di pasta sfoglia ai frutti di mare, proseguite con il piccante ceviche alla peruviana e completate il pranzo con un ricco gelato al mais.

EL PLAN ED EL PUERTO

Empanadas Famosas CILENO **$**
(Salvador Donoso 1381, El Plan; empanadas CH$1200-2000) Questa classico locale specializzato in empanadas, che nel 2012 ha festeggiato il mezzo secolo di attività, non è cambiato molto nel corso degli anni. Qui la gente del posto viene per le famose *empanadas de pino* (manzo) e di *mariscos* (frutti di mare) cotte al forno, oltre che per l'ampia scelta di empanadas fritte, dalle più semplici al *queso* (formaggio) a quelle ai *camarones* (gamberoni), tutte indistintamente accompagnate da birra ghiacciata o da un robusto vino rosso.

El Rincón de Pancho MERCATO **$**
(Mercado Cardonal, 2° piano, Local 164, El Plan; portate principali CH$3500-5000; ⏲9-22) È il più noto dei tanti ristorantini di pesce all'interno del Mercado Cardonal, il principale mercato alimentare di Valparaíso. Le specialità di Pancho sono la frittura di pesce, lo stufato di mare, la carne alla griglia e le insalate, il tutto a prezzi concorrenziali.

Caleta El Membrillo CUCINA DI MARE **$**
(Av Altamirano 1569, El Puerto; portate principali CH$2800-5200; ⏲12-18 lun-gio, fino a tardi ven e sab) Una semplice e tranquilla trattoria per famiglie sul lungomare, dove è piacevole sedersi a osservare il vivace mercato del pesce assaporando un piatto di gamberi freschissimi, di pesce fritto o di altre specialità cilene.

Casino Social J Cruz CILENO **$**
(Condell 1466, El Plan; portate principali CH$4500-6000) I graffiti di generazioni di avventori ricoprono i tavoli e le finestre di questo minuscolo caffè nascosto al fondo di un vicoletto di El Plan. Lasciate perdere il menu, perché c'è un piatto che merita di essere assaggiato: la *chorrillana* (un letto di carne di maiale con cipolle e uova sopra una montagna di patatine fritte). Nel fine settimana i cantanti folk vi fanno la serenata fino alle ore piccole.

Café del Poeta CAFFÈ **$**
(Plaza Aníbal Pinto 1181, El Plan; portate principali CH$3500-7800; ⏲8.30-24 lun-ven, a partire dalle 11 sab e dom; 📶) Questo delizioso caffè e ristorante dona un tocco di ricercatezza alla trafficata piazza centrale di El Plan. Il menu elenca gustose crêpes, piatti di pasta e pesce. Tra i particolari piacevoli vi sono un piccolo dehors sul marciapiede, ideale per un rilassante tè pomeridiano, il vino disponibile al

bicchiere e una raccolta di libri su Valparaíso che i clienti sono invitati a sfogliare.

El Sandwich Cubano SANDWICH $
(O'Higgins 1224, Local 16, El Plan; sandwich CH$1100-1600; ⏲ 12-22 lun-sab) Questo caffè cubano appena più grande del fazzoletto di Fidel sforna panini superfarciti. Abbandonate per un momento il vostro spirito rivoluzionario e ordinate il classico *ropa vieja* (letteralmente 'vestiti vecchi', un sandwich con straccetti di manzo).

Locali e divertimenti

Pajarito BAR
(www.pajaritobar.blogspot.com; Salvador Donoso 1433, El Plan) *Porteños* ventenni e trentenni con pretese artistiche e intellettuali si accalcano ai tavoli di formica di questo tranquillo bar vecchio stile per discutere di poesia e di politica bevendo birra e *piscola* (a base di pisco e cola).

Cinzano BAR
(www.barcinzano.cl; Plaza Aníbal Pinto 1182, El Plan) Bevitori, marinai e cantanti sentimentali s'incontrano al bancone di questo bar fin dal lontano 1896. Oggi il Cinzano è molto frequentato anche dai turisti attirati dalle esibizioni di bravi ballerini non più giovanissimi di tango e di bolero.

TOP **La Piedra Feliz** BAR, DISCOTECA
(☎225-6788; www.lapiedrafeliz.cl; Av Errázuriz 1054; ingresso a partire da CH$3000) Qui si beve, si mangia, si ascolta jazz, blues, tango, son, salsa, rock e si vedono film: c'è qualcosa che questo immenso locale sul lungomare non offra? Nella discoteca **La Sala**, nel seminterrato, si balla ai ritmi della musica proposta dai DJ fino alle 4 del mattino.

Bar La Playa BAR
(Serrano 567, El Puerto) Nonostante gli oltre 80 anni di attività, questo vecchio bar con le pareti rivestite in legno non mostra segni di cedimento. Nelle serate del fine settimana la birra a prezzi economici, il potente pisco e l'atmosfera chiassosa, ma allegra e accogliente, richiamano folle di studenti e di giovani bohémiens locali.

Exodo CLUB
(www.paganoindustry.cl/exodo; Blanco 298, El Puerto; ⏲21.30-3.30 mer e gio, 22-4.30 ven e sab) Un'atmosfera gotica e alternativa caratterizza questa pietra miliare del panorama gay di Valpo. I cocktail buoni e non cari assicurano un costante afflusso di fedeli clienti sia gay sia etero.

El Huevo DISCOTECA
(www.elhuevo.cl; Blanco 1386, El Plan; coperto CH$1500-4000; ⏲ 23-tardi mer-sab) Chiedete a qualsiasi ventenne dal trucco pesante dove trascorra generalmente il sabato sera e vi indicherà sicuramente questa gigantesca discoteca in cui i giovani *porteños* si scatenano fino all'alba.

Máscara CLUB
(www.mascara.cl; Plaza Aníbal Pinto 1178, El Plan; coperto CH$2500-3500) Gli intenditori di musica ventenni e trentenni adorano questo posto: la birra costa poco, lo spazio è grande e non ci sono rumorosi adolescenti. Happy hour da martedì a venerdì dalle 18 alle 22.

Pagano CLUB
(☎223-1118; www.paganoindustry.cl; Blanco 236, El Puerto; il costo del coperto varia) Irriducibili nottambuli e frequentatori di club gay ed etero si scatenano sull'affollatissima pista da ballo del Pagano tutte le sere della settimana.

Shopping

A Valparaíso abbondano i giovani stilisti, gli artigiani e gli artisti. I negozi e le boutique che vendono le loro creazioni compaiono e scompaiono da un momento all'altro e si concentrano per lo più sul Cerro Concepción e sul Cerro Alegre: con una passeggiata di un paio d'ore tra le stradine riuscirete a vederli tutti. Pittori, fotografi e fabbricanti di calamite decorate spesso aprono le loro bancarelle in Pasaje Atkins e sul Muelle Prat.

Taller Antiquina ACCESSORI
(San Enrique 510, Cerro Alegre; ⏲11-20) Borse, cinture e portafogli in pelle di produzione locale e di qualità eccellente.

Bazar La Pasión MODA, GIOIELLI
(www.bazarlapasion.blogspot.com; Almirante Jorge Montt 1, Cerro Concepción) Due sorelle stiliste espongono la loro incantevole collezione di abiti e accessori ecocompatibili; anche oggetti di antiquariato.

Art in Silver Workshop GIOIELLI
(☎222-2963; Pasaje Templeman 8, Cerro Concepción) Argento e lapislazzuli, combinati in fantasiosi e insoliti motivi, affollano questo piccolo laboratorio. Con un po' di fortuna si riesce talvolta a vedere il loro creatore, l'argentiere Victor Hugo, al lavoro.

Cummings 1 LIBRI
(www.cummings1.cl; Subida Cummings 1, Plaza Aníbal Pinto, El Plan; ⏲ 12-21 lun, 11.30-14 e 16.30-21 mar-sab) Letteratura latinoamericana in spagnolo, francese e tedesco.

Informazioni

Accessi a internet e telefono

Molti alberghi e ostelli offrono il collegamento gratuito a internet o la connessione wi-fi.

Centro de Llamados (Condell 1265, Local 19, El Plan; CH$700 l'ora; ⏲9.30-21) Uno dei molti punti internet presenti lungo questa via.

Cerro@legre (Urriola 678, Cerro Alegre; CH$600 l'ora; ⏲10.30-22 lun-ven, fino alle 23.30 sab e dom) Internet bar molto conosciuto e frequentato.

Tera Cyber (☎251-6759; www.teracyber.cl; Condell 1340; CH$700 l'ora; ⏲9.30-1 lun-sab, dalle 11 dom) Questo internet bar dispone di monitor a schermo piatto e cuffie.

Assistenza sanitaria

Hospital Carlos Van Buren (☎220-4000; Av Colón 2454, El Plan) Ospedale pubblico.

Cambio

Banco Santander (☎220-7940; Prat 882, El Plan) Una delle numerose banche dotate di bancomat che troverete in Prat.

Inter Cambio (☎215-6290; Plaza Sotomayor 11, El Plan; ⏲9-18 lun-ven, 10-13 sab)

Informazioni turistiche

Chioschi informazioni turistiche (☎293-9262; www.ciudaddevalparaiso.cl; Condell 1490, El Plan; ⏲10-14 e 15-18 lun-sab) Muelle Prat (di fronte a Plaza Sotomayor, El Plan); Plaza Aníbal Pinto (all'angolo tra O'Higgins e Plaza Aníbal Pinto, El Plan) In questi due chioschi potrete procurarvi cartine della città e lottare con gli altri turisti per attirare l'attenzione degli addetti. Per il vostro bene, vi raccomandiamo di consultare prima di partire il rinnovato e utile sito web, un'autentica miniera di informazioni.

Lavanderie

Lavanda Café (Av Almirante Montt 454, Cerro Alegre; CH$7500 a carico; ⏲9.30-19 lun-ven, 10-14 sab)

Media

Ciudad de Valparaíso (www.ciudaddevalparaiso.cl) Con elenchi dei servizi disponibili in città; utile e completo.

El Mercurio de Valparaíso (www.mercuriovalpo.cl) Il quotidiano più letto a Valparaíso.

Valparaíso Times (www.valparaisotimes.cl) Quotidiano online, in inglese, pubblicato dallo stesso editore del *Santiago Times*.

Pericoli e contrattempi

Nella zona del porto vecchio di Valparaíso, scippi e rapine si verificano spesso; conviene quindi tenere d'occhio i propri oggetti di valore, in particolare macchine fotografiche e altre apparecchiature elettroniche. Il resto della città può essere ritenuto abbastanza sicuro durante le ore del giorno, mentre di notte è meglio non allontanarsi dalle vie principali ed evitare le *escaleras*.

Posta

Ufficio postale (Prat 856, El Plan; ⏲9-18 lun-ven, 10-13 sab)

Per/da Valparaíso

Autobus

Tutte le principali linee interurbane arrivano e partono dal **Terminal Rodoviario** (☎293-9695; Av Pedro Montt 2800, El Plan), circa 20 isolati a est del centro città. Tenete presente, soprattutto se arrivate di sera o di notte, che non sempre ci sono taxi in attesa al terminal; se vi serve un taxi per raggiungere il vostro albergo o il vostro ostello, dovrete telefonare per chiamarne uno oppure organizzarvi in anticipo per farvi venire a prendere.

Ogni 15-20 min partono corse per Santiago delle autolinee **Tur Bus** (☎221-2028; www.turbus.cl) e **Condor Bus** (☎221-2927; www.condorbus.cl); queste compagnie servono anche località meridionali come Puerto Montt (3 corse al giorno), Osorno (3 corse al giorno) e Temuco (3 corse al giorno). Tur Bus serve poi Pucón (3 corse al giorno), Concepción (5 corse al giorno) e Chillán (3 corse al giorno).

I MURALES DI VALPARAÍSO

Girovagando tra le colline di Valparaíso, scoprirete che ogni angolo della città è rallegrato dai vivaci colori di un'arte pittorica di strada costituita da grandi murales di soggetto e dimensione diversi, dalle seducenti immagini femminili che attirano gli sguardi dei passanti dalle pareti delle case ai graffiti a sfondo politico dipinti sulle porte dei garage. Una nuova prospettiva sull'arte a cielo aperto e un fresco impulso allo scenario artistico di strada della città sono offerti dall'opera del pittore cileno Inti, da poco rientrato dal trionfo dell'esposizione parigina a lui esclusivamente dedicata. Il suo gigantesco murales, visibile dal Cerro Concepción, unisce in un unico immenso affresco le facciate di diversi edifici confinanti ed è stato svelato al pubblico all'inizio del 2012. La vivace immagine laterale rappresenta una misteriosa figura, in parte frammentata e ornata di gioielli esotici, i cui piedi sgraziati, ma allo stesso tempo intriganti, costituiscono l'elemento più avvincente: da vedere con i propri occhi!

Tur Bus collega Valparaíso pure con le città del Cile settentrionale di Iquique (2 corse al giorno), Calama (3 corse al giorno) e Antofagasta (3 corse al giorno). **Romani** (☎222-0662; www.romani.cl) serve le stesse linee con minore frequenza.

Tur Bus, **Cata Internacional** (☎225-7587; www.catainternacional.com), **El Rápido** (☎225-8322; www.elrapidoint.com.ar), **Ahumada** (☎221-6663; www.busesahumada.cl) e **Andesmar** (www.andesmar.com) collegano Valparaíso con la città argentina di Mendoza; da lì alcuni autobus proseguono per Buenos Aires. **Pullman Bus San Felipe de los Andes** (☎225-3125) e **Buses JM** (☎225-2106; www.busesjm.cl) effettuano entrambi corse ogni ora per Los Andes.

Pullman Bus Lago Peñuela (☎222-4025) parte ogni 15 min per Isla Negra. I taxi *colectivos* di **Transportes Quintay** (☎236-2669) partono ogni 15 min per Quintay dalla via 12 de Febrero, appena fuori del terminal.

La rete dei trasporti urbani, **Transporte Metropolitano Valparaíso** (TMV; www.tmv.cl), serve le località costiere a nord di Valparaíso e Viña del Mar. Per Reñaca, prendete l'autobus arancione n. 607, 601 o 605. Il n. 601 e il 605 proseguono per Concón. Tutti viaggiano via Condell e poi proseguono lungo Yungay.

Da notare che le tariffe dei trasporti pubblici tendono ad aumentare considerevolmente durante le vacanze scolastiche e i fine settimana lunghi. Più cari di tutti sono i posti della categoria *cama* (con sedili totalmente reclinabili) disponibili sugli autobus a lunga percorrenza.

DESTINAZIONE	TARIFFA (CH$)	DURATA (ORE)
Antofagasta	33.600	15
Calama	35.300	23
Chillán	3900	8
Concepción	10.700	9
Iquique	34.700	20
Isla Negra	2600	1½
Los Andes	4500	7
Mendoza	21.200	8
Osorno	24.100	14
Pucón	16.500	12
Puerto Montt	23.800	16
Santiago	1500	1½
Temuco	15.100	11

Automobile

Guidare tra le ripide colline e le strade intasate di Valparaíso è un vero incubo. Tuttavia un'auto è indispensabile per visitare i vigneti e le aziende vinicole della Valle de Casablanca e per raggiungere il Cerro La Campana. Le agenzie di autonoleggio più vicine a Valparaíso si trovano a Viña del Mar (p112) – prenotando in anticipo, l'auto vi verrà consegnata direttamente all'albergo.

Trasporti locali

Il modo migliore per spostarsi nel centro di Valparaíso ed esplorare i suoi *cerros* è a piedi – per salire ci si può servire di un *ascensor* o di un taxi *colectivo* (CH$500). Il posteggio dei *colectivos* per il Cerro Concepción e il Cerro Alegre si trova al fondo di Almirante Montt, mentre i *colectivos* per il Cerro La Cárcel e il Cerro Bellavista partono da Av Ecuador.

Una miriade di autobus urbani **TMV** (sola andata all'interno di El Plan CH$310, da El Plan a Cerro CH$370) collega in continuazione El Plan da un capo all'altro lungo Condell e Av Pedro Montt, Av Brasil e Yungay. Alcuni proseguono per Viña passando per diversi *cerros* o per la costa settentrionale; la destinazione è scritta sul parabrezza. Lungo la celebre linea urbana n. 801 corrono i tram più vecchi del mondo; si tratta di vetture risalenti al 1947 dichiarate monumento nazionale.

La **Metro Regional de Valparaíso** (Merval; ☎252-7633; www.merval.cl) gestisce un servizio di treni per lavoratori pendolari che collega ogni 6-12 min la **Estación Puerto** di Valparaíso (all'angolo tra Errázuriz e Urriola) e l'**Estación Bellavista** (all'angolo tra Errázuriz e Bellavista) con Viña del Mar (CH$389).

I taxi di Valparaíso sono molto più cari di quelli di altre città cilene. E gli stretti tornanti delle ripide strade collinari imboccati a tutta velocità li rendono anche i più pericolosi.

Se ve la sentite di affrontare le colline di Valparaíso su due ruote, in città non mancano i posti in cui noleggiare una bicicletta (CH$5000 per mezza giornata); pagando un supplemento di CH$1000 vi verrà consegnata in albergo.

Viña del Mar

☎032 / POP. 320.000

La pulita e ordinata Viña del Mar, meglio nota come *Ciudad Jardín* (Città Giardino) per i suoi viali curatissimi costeggiati da alte palme e gli ampi parchi perfettamente tenuti, contrasta nettamente con la pittoresca confusione della vicina Valparaíso. Il nome ufficiale, che significa 'vigneto accanto al mare', risale all'epoca coloniale, quando il territorio su cui sorge la città faceva parte della hacienda della famiglia Carrera. Viña continua a essere una delle località preferite dai *santiaguinos* benestanti per il fine settimane e le vacanze estive, nonostante il grande affollamento delle spiagge e il fatto che le gelide acque della corrente di Humboldt riescano a dissuadere da un tuffo in mare anche il bagnante più determinato.

I cileni amano molto Viña del Mar, ma dal punto di vista turistico non c'è molto da vedere; se il tempo a disposizione è poco, una gita in giornata da Valparaíso sarà più che sufficiente.

Che cosa vedere e fare

Parque Quinta Vergara PARCO

(7-18) Il magnifico e curatissimo Parque Quinta Vergara giustifica meglio di qualsiasi altro luogo il soprannome di Città Giardino attribuito a Viña; l'ingresso è da Errázuriz, all'estremità meridionale di Libertad. Un tempo apparteneva agli Alvares-Vergaras, una delle più illustri famiglie della città, i quali però, in un momento di difficoltà economiche, lo vendettero all'amministrazione comunale. La famiglia risiedeva nel grandioso Palacio Vergara, la costruzione in stile neogotico veneziano in cui ha sede l'interessante collezione di arte cilena ed europea dal XVII al XIX secolo del **Museo Municipal de Bellas Artes**; seriamente danneggiato dal terremoto del 2010, è stato da poco riaperto. Importanti concerti e il famoso Festival Internacional de la Canción si tengono nell'imponente anfiteatro in cemento ospitato all'interno del parco.

Museo de Arqueología e Historia Francisco Fonck MUSEO

(268-6753; www.museofonck.cl; 4 Norte 784; interi/bambini CH$2000/300; 10-18 mar-ven, 10-14 sab e dom) Il *moai* (così si chiamano le statue dell'Isola di Pasqua) autentico situato davanti all'ingresso del Museo di Archeologia e Storia Francisco Fonck è soltanto un esempio dei bei reperti archeologici dell'Isola di Pasqua esposti all'interno insieme agli argenti mapuche e alle ceramiche antropomorfiche moche. Al piano superiore, oltre a varie specie di insetti racchiusi in vecchie teche, viene spiegato in maniera molto interessante il metodo a suo tempo utilizzato dagli indigeni locali per rimpicciolire le teste (con tanto di esempi).

FREE **Castillo Wulff** EDIFICIO STORICO

(226-9728; Av Marina s/n; 10-13.30 e 15-17.30 mar-dom) Il grazioso castello, fatto costruire da un importante uomo d'affari di Valparaíso all'inizio del XX secolo, si protende a picco sul mare: dopo aver dato un'occhiata alla sua galleria d'arte, dirigetevi verso la torre sul retro per ammirare il suggestivo spettacolo delle rocce e delle onde che vi s'infrangono contro attraverso lo spesso pavimento in vetro.

Jardín Botánico Nacional PARCO

(267-2566; www.jardin-botanico.cl; Camino El Olivar s/n; interi/bambini CH$1200/400; 10-18.30) Oltre 3000 diverse specie di piante occupano la superficie di 61 ettari di questo parco, che comprende il Giardino Botanico Nazionale del Cile. Situato 8 km a sud-est del centro città, è raggiungibile con un taxi o l'autobus n. 203 che da Viña percorre Calle Alvarez fino al Puente El Olivar; attraversate il ponte e proseguite per circa 500 m in direzione nord fino all'ingresso del parco.

Spiagge SPIAGGIA

Le spiagge di fine sabbia bianca di Viña si estendono verso nord dalla sponda settentrionale dell'Estero Marga Marga ai quartieri periferici di Reñaca e Concón (v. lettura p114).

Feste ed eventi

Festival Internacional de la Canción CANZONI

(Festival Internazionale della Canzone; www.festivaldevina.cl) Il più importante festival musicale cileno richiama nomi di primo piano del pop, rock e folk latinoamericano fino dal 1960.

Pernottamento

È risaputo che i prezzi degli alberghi di Viña sono alti indipendentemente dal livello e nonostante il fatto che soltanto in piena estate l'offerta superi effettivamente la domanda.

Casa Olga B&B $$

(318-2972; www.casa-olga.com; 18 de Septiembre 31; doppie/appartamenti con prima colazione CH$45.000/55.000;) Questo splendido B&B tutto bianco, arredato nello stile di un boutique hotel, con TV a cristalli liquidi di ultima generazione e accoglienti doppie con bagno privato completamente ristrutturato, si trova in pratica sulla spiaggia. Situato appena fuori Viña (il che rappresenta un vantaggio o uno svantaggio a seconda dei piani di viaggio), è vicino alla stazione della metropolitana di Recreo, da dove in sole due fermate si raggiunge il centro della città (CH$147).

Kalagen Hostel OSTELLO $$

(299-1669; www.kalagenhostel.com; Av Valparaíso 618; letti in camerata/doppie con prima colazione CH$10.300, doppie con/senza bagno CH$76.600/70.400;) Questo ostello allegro e accogliente è stato recentemente rimodernato e dotato di eleganti camerate e camere doppie con lenzuola colorate,

Viña del Mar

Viña del Mar

Che cosa vedere

1 Castillo Wulff B1
2 Museo de Arqueología e Historia Francisco Fonck E1
3 Museo Municipal de Bellas Artes E4
4 Parque Quinta Vergara D4

Pernottamento

5 Che Lagarto Hostel B3
6 Hotel Cap Ducal B1
7 Hotel Monterilla C2
8 Kalagen Hostel E3
9 Residencia Offenbacher-hof B2
10 Vista Hermosa 26 .... B3

Pasti

11 Chez Gerald C1
12 Divino Pecado C1
13 Enjoy del Mar C1
14 Entremasas D1
15 Panzoni E3
16 Portal Álamos D3
17 Samoiedo E3

Divertimenti

18 Café Journal B3
19 Casino Municipal C1

pavimenti in legno e lampadari simili a lanterne cinesi. Per essere un ostello i prezzi sono cari, ma la posizione centrale è molto comoda e la cucina in comune permette di risparmiare.

TOP Hotel Cap Ducal HOTEL STORICO **$$**
(☎262-6655; www.capducal.cl; Av Marina 51; camere con prima colazione CH$58.100, suite CH$68.000-87.100; ❄@) Le onde s'infrangono contro

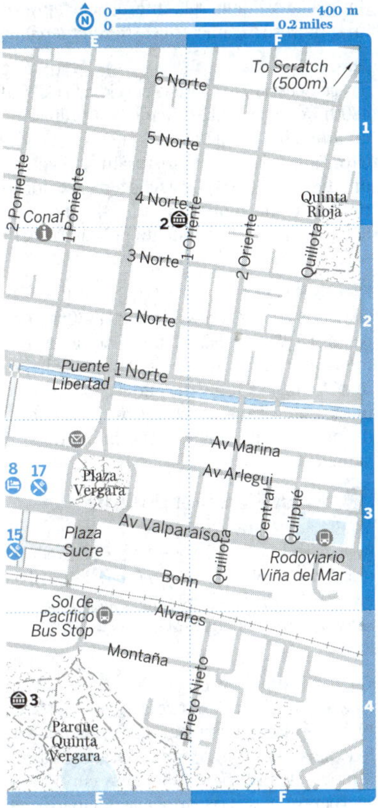

le fondamenta di questo singolare edificio art déco costruito a forma di nave. Le scale a chiocciola e gli stretti corridoi portano a camere dalla forma irregolare da cui si vede il mare come in una grande nave da crociera (quelle al terzo piano hanno anche il balcone). L'arredamento incomincia a mostrare i segni del tempo, ma conserva lo charme decadente del suo grandioso passato. Il ristorante di pesce è un'elegante istituzione di Viña.

Che Lagarto Hostel OSTELLO $
(☎262-5759; www.chelagarto.com; Portales 131; letti in camerata/doppie con prima colazione a partire da CH$6250/17.200; 📶) Il lungo giardino di fronte al più vecchio ostello di Viña rappresenta una piacevole alternativa alla spiaggia. La gradevole atmosfera dell'esterno svanisce appena sulla soglia: le nude camerate fanno pensare a un'anonima residenza universitaria.

Residencia Offenbacher-hof B&B $$
(☎262-1483; www.offenbacher-hof.cl; Balmaceda 102; singole con prima colazione CH$33.000, doppie CH$38.500-44.000; 📶) Da questa casa di legno marrone e giallo arroccata sulla cima del tranquillo Cerro Castillo il panorama sull'oceano e la città è veramente grandioso. La magnifica vista sul mare, i bagni recentemente rinnovati e i bei mobili d'epoca meritano il supplemento previsto per le spaziose camere 'superior'.

Vista Hermosa 26 HOTEL $$
(☎266-6820; www.vistahermosa26.cl; Vista Hermosa 26; singole/doppie/triple CH$27.000/34.000/39.000; 📶) I lucidi pavimenti in legno e il grande camino conferiscono un fascino raffinato alla lounge di questo albergo silenzioso ma accogliente situato ai margini del Cerro Castillo. Le camere sono semplici ma molto spaziose e i bagni piccoli ma nuovi (e pieni di asciugamani).

Hotel del Mar HOTEL DI LUSSO $$$
(☎250-0800; www.enjoy.cl; all'angolo tra Av Perú e Los Héroes; camere con prima colazione CH$158.000-214.200; ❄📶🏊) La vista dalla grande vetrata dell'elegante lobby del primo albergo di Viña è soltanto un assaggio di ciò che aspetta gli ospiti ai piani superiori – in molte camere si vede il mare direttamente dal proprio letto e persino la piscina coperta sembra confondersi con le onde. Il servizio di gran classe evoca il fascino patinato di un'epoca ormai lontana: la clientela viene viziata con cioccolatini di benvenuto, lussuosi bagni in marmo, accesso alla spa dell'ultimo piano e fiches gratuite con cui tentare la fortuna nel vicino casinò.

Hotel Monterilla HOTEL $$$
(☎297-6950; www.monterilla.cl; 2 Norte 65; singole/doppie CH$54.500/85.500; 📶) Non lasciatevi trarre in inganno dall'anonima facciata esterna: all'interno la luce inonda la lobby e il ristorante, arredati con comodi divani dalla forma squadrata e pareti bianche abbellite da vivaci opere d'arte e incisioni. I pavimenti in ceramica e l'essenzialità dei mobili danno alle sale un aspetto piacevolmente fresco nei caldi mesi estivi, ma d'inverno qualche tocco di colore in più renderebbe l'ambiente più caldo e accogliente – un posto comunque consigliabile a chi preferisce gli alberghi che abbinano strutture e servizi moderni in stile nordamericano allo charme cileno.

Pasti

Quasi tutti i ristoranti economici di Viña si concentrano nell'animata zona centrale intorno ad Av Valparaíso. Questi locali comprendono la serie di birrerie – *schops* con birra alla spina e sandwich – che occupa la

INDIRIZZI

Diversi ponti sul Marga Marga danno accesso alla nuova area residenziale nella zona nord di Viña. In questa parte della città la maggior parte delle strade è identificata per numero e direzione, cioè Norte, Oriente o Poniente. Av Libertad separa le strade dirette a Poniente da quelle dirette a Oriente. Il numero delle vie è normalmente scritto in cifre, ma talvolta è riportato in lettere (1 Norte o Uno Norte).

galleria al secondo piano del centro commerciale **Portal Álamos** (Av Valparaíso 553) e le balconate che dal secondo piano si affacciano sulle vie centrali dei negozi.

Entremasas CILENO $
(5 Norte 377; empanadas CH$800-1200;) Spumoso pisco sour e fantasiose empanadas – gamberi e funghi in salsa di formaggio e coriandolo, macinato di manzo e chorizo con formaggio di capra – costituiscono il tipico e veloce spuntino cileno consumato a pranzo o nel tardo pomeriggio. In zona vedrete altri locali dello stesso genere.

TOP **Enjoy del Mar** CILENO $$
(www.enjoy.cl; Av Perú s/n; menu a prezzo fisso $7900;) Un aperitivo al tramonto in questo locale è un'esperienza assolutamente d'obbligo a Viña: dalla terrazza affacciata sulla foce del Marga Marga la vista spazia a perdita d'occhio sull'Oceano Pacifico. Il pranzo a prezzo fisso offre un rapporto qualità-prezzo nettamente superiore rispetto al menu serale *à la carte*.

Chez Gerald SPAGNOLO $$
(www.chezgerald.com; Perú 496; portate principali CH$7900-10.900) Una vecchia istituzione di Viña, che serve drink robusti, saporite lasagne, pasta ai frutti di mare e piatti della tradizione spagnola da oltre 50 anni. Chez Gerald è un locale di classe quasi di fronte alla spiaggia, dove la sera si possono ammirare tramonti spettacolari attraverso le grandi vetrate istoriate.

Samoiedo SANDWICH $
(268-1382; Valparaíso 637; sandwich CH$2500-4500) Da mezzo secolo gli affezionati clienti di questa vecchia *confitería* (sala da tè) si ritrovano all'ora di pranzo per banchettare con bistecca e patatine fritte o sandwich generosamente imbottiti. Il dehors è molto più piacevole della sala interna, che apre su un rumoroso e trafficato centro commerciale.

Panzoni ITALIANO $
(Paseo Cousiño 12-B; portate principali CH$3000-4800) Con specialità italiane ben preparate, un ambiente accogliente e un servizio sollecito, Panzoni è uno dei ristoranti più convenienti del centro di Viña, che a mezzogiorno richiama una numerosa e fedele clientela. Si trova in una posizione un po' nascosta, in una viuzza secondaria.

Divino Pecado ITALIANO $$
(www.divinopecado.cl; Av San Martín 180; portate principali CH$6500-9900) Il breve ma fantasioso menu di questo intimo ristorante italiano, in cui si cena a lume di candela, comprende piatti come capesante al gratin, carpaccio di tonno e fantastiche fettuccine al ragù di agnello.

Locali e divertimenti

La Flor de Chile BAR
(www.laflordechile.cl; 8 Norte 601; 22-tardi) Da quasi un secolo i *viñamarinos* di qualsiasi età si ritrovano a sorseggiare la loro solita *schops* ai tavoli di questa gloriosa istituzione locale.

Casino Municipal CASINÒ
(250-0700; www.enjoy.cl/casino; Av San Martín 199) Affacciato sulla spiaggia della sponda settentrionale del Marga Marga, l'elegante Casinò Municipale di Viña è il posto in cui potrete sperperare i vostri risparmi alle slot machines, il bingo, la roulette e una varietà di giochi di carte. È apprezzato un abbigliamento formale.

Café Journal DISCOTECA
(www.cafejournal.cl; all'angolo tra Santa Agua e Alvares; coperto gratuito-CH$3000; 22-tardi mer-sab) La musica elettronica è all'ordine del giorno in questa ormai popolarissima discoteca, ora dotata di tre piste da ballo mobili.

Scratch DISCOTECA
(www.scratch.cl; Quillota 898; coperto CH$2000-5000) Il locale notturno preferito dagli studenti universitari e dai ventenni del posto, che si scatenano al suono del reggaeton e della musica proposta dai DJ fino alle 5 del mattino.

Informazioni

Afex (268-8102; Av Arlegui 690; 9-18.30 lun-ven, 9-14 sab) Cambia contanti e travellers' cheque.

Banco Santander (226-6917; Plaza Vergara 108) Una delle numerose banche con bancomat sulla piazza principale.

Conaf (☎232-0210; www.conaf.cl; 3 Norte 541; ⏱8.30-17.30 lun-ven) Fornisce informazioni sui parchi della zona, compreso il Parque Nacional La Campana.

Hospital Gustavo Fricke (☎265-2200; Alvares 1532) Il principale ospedale pubblico di Viña, situato a est del centro città.

Lavarápido (☎290-6263; Av Arlegui 440; CH$4200 a carico; ⏱10-21 lun-sab)

Tecomp (Av Valparaíso 684; ⏱9-24 lun-sab, 11-21 dom) Una dei tanti centralini telefonici presenti in molte vie della città, che offrono chiamate internazionali a prezzi modici e accesso a internet.

Tera Cyber (☎276-8091; www.teracyber.cl; Quinta 219; CH$700 l'ora; ⏱9.30-1 lun-sab, a partire dalle 11 dom) I 50 computer ben tenuti di questo internet bar sono tutti dotati di monitor con schermo piatto e cuffie.

Ufficio postale (Plaza Latorre 32; ⏱9-19 lun-ven, 10-13 sab)

Ufficio turistico municipale (www.visitevinadelmar.cl) Plaza Vergara (☎226-9330; Av Arlegui 715, nell'Hotel O'Higgins; ⏱9-14 e 15-19 lun-ven, 10-14 e 15-19 sab e dom); Rodoviario (☎275-2000; Av Valparaíso 1055; ⏱9-18) Distribuisce utili cartine della città e il calendario mensile degli eventi.

Per/da Viña del Mar

Tutti gli autobus a lunga percorrenza fanno capolinea, sia in arrivo sia in partenza, al **Rodoviario Viña del Mar** (☎275-2000; www.rodoviario.cl; Valparaíso 1055), quattro lunghi isolati a est di Plaza Vergara. Quasi tutti gli autobus a lunga percorrenza per e da Valparaíso fermano qui; per i particolari relativi a orari e tariffe, v. p105.

Diversi autobus locali collegati alla rete **Transporte Metropolitano Valparaíso** (TMV; www.tmv.cl) e l'autolinea privata Sol del Pacífico offrono frequenti collegamenti con le città costiere settentrionali tra Reñaca e Concón. Troverete questi mezzi in Plaza Vergara e nella zona circostante la stazione metro di Viña del Mar; il prezzo della corsa varia da CH$1200 a CH$2200 per la sola andata a seconda della destinazione finale. Per Reñaca, prendete l'autobus arancione n. 607, 601 o 605. Il n. 601 e il 605 proseguono per Concón.

Trasporti locali

Gli autobus locali gestiti da **Transporte Metropolitano Valparaíso** (TMV; www.tmv.cl; sola andata CH$440) collegano con frequenza Viña con Valparaíso. Alcune linee viaggiano lungo le litoranee Av Marina e Av San Martín, altre attraversano il centro città percorrendo Av España e Av Libertad. La destinazione è generalmente indicata sul parabrezza. Anche i treni per pendolari della **Metro Regional de Valparaíso** (Merval; ☎252-7633; www.merval.cl) collegano Viña con Valpo.

D'estate Viña è presa d'assalto dal traffico e trovare un parcheggio in città è un'impresa quasi disperata. Tuttavia poter disporre di un'auto per visitare in maniera indipendente le aziende vinicole della Valle de Casablanca è molto utile. **Budget** (☎268-3420; www.budget.cl; 7 Norte 1023) è la migliore agenzia di autonoleggio di Viña.

Aziende vinicole della Valle de Casablanca

Grazie al clima fresco e alla notevole escursione termica tra il giorno e la notte, in questa valle situata a metà strada tra Santiago e Valparaíso si producono alcuni dei migliori Chardonnay, Sauvignon Blanc e Pinot del paese. Le aziende vinicole del luogo si sono organizzate in modo da accogliere il turismo enologico e gastronomico nel migliore dei modi e alcune si sono dotate di ristoranti interni. Nessuna è servita dai trasporti pubblici, ma noleggiando un'automobile se ne possono visitare facilmente quattro o cinque in giornata: la maggior parte è situata sulla Ruta 68 o nelle sue immediate vicinanze. Altrimenti contattate l'agenzia **Ruta del Vino de Casablanca** (☎032-274-3755; www.casablancavalley.cl; Punta Arenas 46, Casablanca) che organizza tour dedicati. Oltre che di ottimi ristoranti, quasi tutte le aziende vinicole dispongono anche di alberghi di buon livello; alcuni dei migliori sono elencati di seguito.

Da notare che le degustazioni sono in genere piuttosto abbondanti: dividendole tra due persone ne beneficeranno portafoglio e lucidità.

Che cosa vedere e fare

Per localizzare la maggior parte di queste aziende vinicole, v. cartina p112.

TOP **Viñedos Orgańnicos Emiliana** AZIENDA VINICOLA
(☎099-9327-4019; www.emiliana.cl; Ruta 68 Km 61,5; degustazioni a partire da CH$6800; ⏱10-17) Le degustazioni si svolgono in un magnifico edificio in legno e ardesia con vista sui vigneti, coltivati secondo i principi dell'agricoltura biodinamica. Per degustazioni particolari come 'cioccolatini biologici e vino' e 'formaggio biologico e vino', prenotate in anticipo.

Viña Indómita AZIENDA VINICOLA
(☎032-215-3900; www.indomita.cl; Ruta 68 Km 6; tour con tre degustazioni CH$9000; ⏱11-17) La vista da questi vigneti è assolutamente imperdibile: l'enorme cartello in stile Hollywood sul fianco della collina è visibile da lontano. Il suo Carménère di prima scelta si

Dintorni di Valparaíso e Viña del Mar

è guadagnato una menzione d'onore nella recente edizione dell'International Wine Competition.

Viña Matetic AZIENDA VINICOLA
(☎562-232-3134; www.matetic.com; Fundo Rosario, Lagunillas; tour con due degustazioni CH$10.000; ⏲11-15.30 mar-dom) Un vero capolavoro: oltre che per la sua produzione vinicola, questo stabilimento in vetro, legno e acciaio suscita grande interesse per il particolare procedimento di lavorazione dell'uva che sfrutta la forza di gravità. Le visite vanno prenotate con diversi giorni di anticipo e si può pernottare nell'annesso boutique hotel La Casona.

House of Morandé AZIENDA VINICOLA
(☎032-275-4701; www.morande.cl) Vanta un fantastico ristorante.

Viña Casas del Bosque AZIENDA VINICOLA
(☎02-480-6900; www.casasdelbosque.cl) Uno straordinario *mirador* (punto panoramico) sulla Valle de Casablanca.

William Cole Vineyards AZIENDA VINICOLA
(☎032-215-7777; www.williamcolevineyards.cl) Una costruzione moderna, molto accogliente, ispirata alle antiche missioni cilene. Prenotate in anticipo se possibile.

Catrala AZIENDA VINICOLA
(☎562-243-2861; www.catrala.cl) La degustazione comprende una passeggiata tra i vigneti della tenuta, il cui nome si rifà all'enigmatica donna cilena vissuta qui nel XVII secolo.

Viña Mar AZIENDA VINICOLA
(☎032-275-4300; www.vinamar.cl) L'imponente maniero sede del raffinato Ristorante San Marco è situato nel cuore di questa proprietà accuratamente progettata dal punto di vista paesaggistico.

Viña Veramonte AZIENDA VINICOLA
(☎032-232-9924; www.veramonte.cl) I Cabernet e gli Chardonnay di Veramonte si guadagnano spesso le lodi della rivista Wine Spectator.

ℹ Per/dalla Valle de Casablanca

Per visitare queste aziende vinicole è necessario noleggiare un'automobile a Valparaíso. Per le agenzie di autonoleggio di Santiago, v. p79.

A sud di Valparaíso

QUINTAY

Quando il sole tramonta sul Pacifico, la frastagliata scogliera che protegge la minuscola baia e il paesino di pescatori di **Caleta Quintay** si colora di un rosa intenso. Molte delle pittoresche case arroccate le une accanto alle altre sono ristoranti di pesce. Uno dei posti migliori in cui godersi un aperitivo accompagnato da un piatto di gamberi all'aglio o di *centolla* (granchio gigante) è la terrazza del **Restaurant Miramar** (Costanera s/n; portate principali CH$5900-8500). Potrete vedere da vicino i principali ingredienti della vostra futura cena partecipando alle immersioni subacquee con istruttore organizzate da **Austral Divers** (www.australdivers.cl), un centro autorizzato PADI con una sede a Quintay.

Ritornando sulla strada per Valparaíso, dopo 1,2 km s'incontra il bivio, segnalato da un cartello, per la grande **Playa de Quintay**; seguite la strada sterrata per 1,5 km e raggiungerete una delle spiagge più incontaminate della regione.

ℹ Per/da Quintay

Quintay può essere la meta di una piacevole escursione di mezza giornata da Valparaíso. **Trans-**

portes Quintay (032-236-2669) gestisce un servizio di taxi *colectivos* tra la stazione degli autobus di Valparaíso e la via principale di Quintay (a partire da CH$1800, 1 h), distante 500 m da Caleta Quintay e 2,5 km dalla Playa de Quintay. Arrivando con la vostra auto da Valparaíso o da Viña, prendete la Ruta 68 in direzione di Santiago; troverete il bivio 18 km a sud di Valpo, da dove proseguirete per altri 23 km fino a Quintay.

ISLA NEGRA

Situata in posizione spettacolare su un promontorio spazzato dal vento a picco sull'oceano, l'**Isla Negra** (035-461-284; www.fundacionneruda.org; Poeta Neruda s/n; ingresso solo con visita guidata in inglese/spagnolo CH$3500/3000; 10-18 mar-dom, fino alle 20 sab e dom gen-feb) era la casa in cui Pablo Neruda preferiva abitare. Fatta costruire dal poeta negli anni '50, quando aveva ormai raggiunto un certo benessere economico, l'Isla Negra fu devastata dai militari qualche giorno dopo il colpo di stato del 1973, mentre Neruda stava morendo di cancro. Oggi, l'eccessiva commercializzazione fa sì che le visite si svolgano in un'atmosfera disneyana: le guide, apparentemente poco interessate al loro lavoro, attraversano velocemente la casa per indirizzare i visitatori verso il negozio di souvenir, invece di lasciare che si soffermino sulle straordinarie collezioni di conchiglie, navi in bottiglia, strumenti nautici, bicchieri colorati e libri appartenute al poeta. Ciò nonostante l'edificio, la cui costruzione non fu in effetti mai portata a temine perché Neruda continuò ad ampliarlo anno dopo anno, e quanto vi è esposto ispirano tuttora grande emozione e interesse. Al termine della visita ci si può comunque trattenere sulla terrazza affacciata sul mare, presso la quale Neruda riposa insieme alla terza moglie Matilde. In alta stagione la prenotazione è indispensabile.

Per/da Isla Negra

Isla Negra può essere la meta di una piacevole escursione di mezza giornata da Valparaíso. Gli autobus **Pullman Bus Lago Peñuela** (032-222-4025) partono dall'autostazione di Valparaíso ogni 30 min (CH$3200, 1 h 30 min). **Pullman Bus** (600-320-3200; www.pullmanbus.com) arriva invece direttamente dal Terminal de Buses Alameda (CH$7500, 1 h 30 min, ogni 30 min) di Santiago.

Parque Nacional La Campana

In questo **parco nazionale** (033-441-342; www.conaf.cl/parques/ficha-parque_nacional_la_campana-38.html; interi/bambini CH$2500/1500; 9-17.30 sab-gio, 9-16.30 ven) ci sono due delle montagne più alte della cordigliera litoranea, il **Cerro El Roble** (2200m) e il **Cerro La Campana** (1880 m), sulla cui vetta Charles Darwin salì nel 1834. Da quell'epoca il numero dei visitatori è sicuramente aumentato, ma La Campana rimane relativamente poco visitato nonostante la sua vicinanza a Santiago. Il parco è suddiviso in due settori principali: la sede centrale Conaf si trova a **Granizo** vicino a Olmué, 1,5 km prima dell'ingresso sud-occidentale della riserva; altri ranger sono talvolta di stanza anche a **Ocoa**, nella zona nord del parco.

La Campana occupa una superficie di 80 kmq; la struttura geologica e la vegetazione assomigliano alla boscaglia secca e irregolare delle montagne della California meridionale. Il parco protegge le ultime macchie di rauli, i faggi australi di Santiago *(Nothofagus obliqua)*, ed è famoso per il suo bosco di 20 kmq di palme cilene *(jubaea chilensis)*. Dal punto di vista escursionistico offre eccellenti opportunità e la profusione di fiori selvatici grazie all'abbondanza di acqua fanno della primavera la stagione migliore per visitarlo. Strade asfaltate portano fino ai due ingressi, mentre all'interno della riserva ci sono solo sentieri.

Che cosa vedere e fare

Il parco è frequentato soprattutto da visitatori emuli di Darwin che, come lui, hanno come meta la vetta del Cerro La Campana: nei giorni limpidi dalla cima della montagna si ammira uno spettacolare panorama a perdita d'occhio, che spazia dall'Oceano Pacifico alla vetta andina dell'Aconcagua. Dall'ingresso di Granizo (373 m sul livello del mare), il **Sendero Andinista** risale i 1455 m della vetta in soli 7 km, ma fortunatamente gran parte del percorso è all'ombra e lungo la strada s'incontrano tre sorgenti. Prima della vertiginosa salita finale si costeggia una parete di granito su cui è affissa una targa che commemora l'impresa di Darwin. Calcolate almeno quattro ore per arrivare in cima e tre ore per la discesa.

Il **Sendero Los Peumos**, di 5,5 km, collega l'ingresso di Granizo con il **Sendero Amasijo**, un itinerario che si snoda per altri 7 km fino a Ocoa attraverso un canyon disseminato di palme; l'intero percorso richiede cinque ore per la sola andata. Il tratto meridionale del Sendero Amasijo precipita nel Cajón Grande, un canyon rivestito di foresta decidua di faggi australi. Da Ocoa, il **Sendero La Cascada** porta in 6 km al **Salto de la Cortadera**, una bella cascata alta 30

LOCALITÁ DI MARE A NORD DI VIÑA DEL MAR

A nord di Viña del Mar la strada si snoda lungo la costa attraversando una serie di località balneari che tra dicembre e gennaio si affollano di vacanzieri cileni. Le spiagge sono di vario genere e dimensione, da piccole insenature rocciose a vaste distese sabbiose. Alcune sono sovrastate da torreggianti condomini, mentre su altre si affacciano cottage più rustici e le immense e lussuose residenze estive dei cileni ricchi e famosi.

Reñaca e Concón

La lunga fila di grattacieli di Viña si fonde con quella degli alti condomini a più piani di Reñaca, un quartiere periferico a nord della città con un'ampia e piacevole spiaggia. L'elemento naturale di maggiore spicco di questa zona è rappresentato dalla **Roca Oceánica**, un'altura rocciosa rivolta verso il Pacifico dalla cui cima, raggiungibile con una piacevole passeggiata al tramonto, si gode un panorama mozzafiato (si trova sulla sinistra, sul lato dell'oceano, uscendo dalla città in direzione nord). Concón, subito a nord di Reñaca, è nota per i suoi simpatici, informali e genuini ristoranti di pesce. Al primo posto segnaliamo le empanadas al granchio di **Las Deliciosas** (Av Borgoño 25370; empanadas CH$900) e i cocktail serali con *machas* (cannolicchi) del leggendario **La Gatita** (Av Borgoño 21550; portate principali CH$6000-8500).

Horcón

Il movimento hippy cileno ha visto la luce nel villaggio di pescatori di Horcón, situato su una piccola penisola dalla forma sinuosa che si protende nel Pacifico 28 km a nord di Concón. Le vecchie case dipinte a vivaci colori si arrampicano sul fianco della collina, lungo la ripida strada centrale che scende verso la piccola spiaggia rocciosa animata dal viavai delle barche da pesca. Dei tempi di pace, amore e vita comunitaria rimane ancora qualcosa: osservate la gente dall'aria allegra e serena che si raduna al tramonto sulla spiaggia con cani, chitarre e bottiglie di liquore avvolte in sacchetti di carta!

Maitencillo

Circa 21 km a nord di Horcón, le lunghe spiagge sabbiose di Maitencillo si estendono per diversi chilometri lungo la costa richiamando folle di visitatori. La **Escuela de Surf Maitencillo** (www.escueladesurfmaitencillo.cl; Av del Mar 1250; lezione di gruppo CH$15.000 per persona) è un posto in cui si impara a cavalcare le onde in maniera simpatica e rilassante. Nonostante sia piena di case di villeggiatura e di vacanzieri, la cittadina mantiene un aspetto piacevolmente informale. Per una buona pizza cotta nel fuoco a legna e, ovviamente, dell'ottimo pesce fresco, vi consigliamo il noto bar-ristorante **La Canasta** (www.hermansen.cl; Av del Mar 592; portate principali CH$5900-8800).

Cachagua

Questa piccola e tranquilla cittadina, situata 13 km a nord di Maitencillo, è adagiata sulla punta settentrionale di una lunga spiaggia a forma di mezzaluna. Proprio di fronte si staglia il **Monumento Nacional Isla de Cachagua**, un promontorio roccioso ricoperto di guano abitato da oltre 2000 pinguini di Humboldt e da una colonia di leoni marini.

Zapallar

L'élite di Santiago non si sognerebbe di andare in vacanza al mare se non a Zapallar, la più esclusiva tra le località balneari cilene, 2 km a nord di Cachagua. Qui, al posto dei mastodontici condomini presenti in altre cittadine costiere, grandiose residenze multimilionarie si affacciano sull'oceano dalle colline boscose che fanno da sfondo all'incontaminato arco di sabbia dorata racchiuso in una baia protetta. Chiunque conti qualcosa a Zapallar non mancherà di ritrovarsi per pranzo all'**El Chiringuito** (Caleta de Pescadores; portate principale CH$8200-12.400), un ristorante con dehors sul mare dal quale si osservano i pellicani procurarsi la cena.

Papudo

Papudo, la località più settentrionale lungo questo tratto di costa, è conosciuta per il suo carattere meno esclusivo e per la lunga e bella **Playa Grande**. Papudo è un luogo tutt'altro che paradisiaco: numerosi grattacieli, risalenti agli anni '80, si susseguono lungo la spiaggia e il piccolo centro città è polveroso e fatiscente. La litoranea Av Irarrázaval costeggia prima la riparata Playa Chica e poi prosegue verso la Playa Grande. D'estate, l'immensa sala blu oltremare del ristorante **Gran Azul** (Irarrázaval 86; portate principali CH$4500-6800) è sempre piena dei clienti richiamati dalla scelta di ottime specialità di mare tipiche.

Per informazioni di carattere generale sulle località balneari, v. p112. Per raggiungere le spiagge più a nord di Viña del Mar o di Valparaíso conviene noleggiare un'automobile. Altrimenti ci si può servire degli autobus locali (v. p111), o raggiungere Concón direttamente da Santiago con i mezzi di **Pullman del Sur** (☎02-776-2424; www.pdelsur.cl); v. p78.

m che offre il meglio di sé nel periodo del disgelo primaverile.

Pernottamento

Il Conaf gestisce due **campeggi** (CH$7000) molto spartani con servizi igienici, barbecue e docce con acqua fredda a Granizo e a Cajón Grande, un po' più a sud. Il campeggio libero all'interno del parco è vietato. Nei periodi di grande siccità, il numero di campeggiatori ammessi viene molto limitato allo scopo di ridurre il pericolo di incendi. Non dimenticate comunque di portare provviste alimentari sufficienti per il periodo di soggiorno previsto e, a seconda delle condizioni climatiche, anche una buona scorta di acqua potabile.

Per/dal Parque Nacional La Campana

Data la presenza sporadica di ranger a Ocoa, è consigliabile accedere al parco tramite l'ingesso di Granizo. Un servizio di autobus collega regolarmente Valparaíso (Av Errázuriz) con Limache (CH$1000), da dove autobus locali e *colectivos* proseguono per Olmué e alcuni per Granizo. L'agenzia **Casa Chueca/Trekking Chile** (☎071-197-0096; www.trekkingchile.com), con sede a Talca, organizza escursioni a piedi con guida (CH$30.000) nel parco.

La Campana è raggiungibile da Santiago (160 km) e da Viña del Mar/Valparaíso (60 km) anche in automobile. Da Santiago, prendete la Panamericana (CH-5) in direzione nord, poi il bivio per Tiltil e proseguite per Olmué, a 4 km da Granizo. Da Viña e Valparaíso prendete invece l'Autopista Troncal Sur (CH-62) e, superate Quilpuém e Villa Alemana, raggiungete Limache, da dove proseguirete verso est fino a Olmué.

VALLE DE ACONCAGUA

Il primo paesaggio del Cile che si presenta davanti agli occhi di chi vi arriva via terra dalla provincia argentina di Mendoza è quello della fertile Valle de Aconcagua. La valle è bagnata dal Río Aconcagua che scorre verso ovest dal Cerro Aconcagua (6959 m), la montagna più alta delle Americhe che si erge appena oltre il confine argentino. La panoramica statale CH-60 percorre l'intera vallata e attraversa le Ande per scendere a Mendoza.

Los Andes

☎034 / pop. 61.000

Il nome di Los Andes si addice perfettamente a questa cittadina situata ai piedi delle grandi e magnifiche montagne che le fanno da sfondo. La maggior parte dei visitatori di Los Andes è diretta verso le piste della stazione sciistica di Portillo, vicino al confine argentino. Ma Los Andes è famosa anche per due leggendarie donne cilene che vi abitarono: il premio Nobel per la poesia Gabriela Mistral, insegnante nella scuola locale, e Santa Teresa de los Andes, che qui entrò in convento e morì. La cittadina può essere un piacevole luogo di sosta, ma di per sé non ha molto da offrire ai visitatori – a parte, ovviamente, la splendida vista sulle Ande.

Che cosa vedere

Museo Arqueológico MUSEO
(☎420-115; Av Santa Teresa 398; ingresso CH$1000; ⏲10-18 mar-sab) Il piccolo Museo Archeologico raccoglie in teche impolverate alcune interessanti ceramiche di epoca precolombiana.

Museo Antiguo Monasterio del Espíritu Santo MUSEO
(☎421-765; Av Santa Teresa 389; interi/bambini CH$500/300; ⏲9-13 e 15-18 lun-ven, 10-18 sab e dom) Il premio per il museo (involontariamente) più bizzarro del Cile centrale va a questo Museo Antico Monastero dello Spirito Santo. Manichini in abiti monacali ricostruiscono scene della vita di Santa Teresa che in questo ex convento prese i voti e morì di tifo all'età di 19 anni. Qui si celebra anche la memoria di Laura Vicuña, una ragazzina preadolescente venerata come santa dalla tradizione popolare, lasciatasi morire per espiare il peccato della madre vedova che si era presa come amante un uomo sposato.

Pernottamento e pasti

In Av Santa Teresa ci sono diversi ristoranti per famiglie.

Hotel Don Ambrosio HOTEL $
(☎425-496; Freire 472; singole/doppie con prima colazione CH$20.000/25.000; 📶) Le camere più economiche della città non sono certamente eleganti, ma appaiono molto funzionali; alcune sono perfino dotate di TV via cavo e wi-fi gratuito. Il Don Ambrosio si trova in una strada tranquilla a due isolati da Plaza de Armas.

Hotel Plaza HOTEL $$
(☎402-157; www.hotelplazalosandes.cl; Rodríguez 368; singole/doppie CH$28.000/32.500) Ambientazione anni '70 per le camere con copriletti beige e mobili in legno laccato del migliore albergo di Los Andes, ma non aspettatevi granché. Affacciate sul parcheggio, le camere sono comunque grandi, ariose, luminose e

VALE IL VIAGGIO

L'ACONCAGUA DA VICINO

Il vostro sogno è da sempre quello di vedere da vicino la montagna più alta delle Americhe, ma il tempo a disposizione è sempre troppo poco? L'operatore turistico di Santiago **Andes Wind** (02-458-7411; www.andeswind.cl; escursione in giornata CH$48.000) vi offre la possibilità di arrivare nei pressi della vetta dell'Aconcagua nell'arco di una gita in giornata. Partendo dall'albergo alle 7.30, in circa tre ore d'auto raggiungerete il confine argentino e da lì salirete a piedi al punto di osservazione dell'Aconcagua. Il pranzo al sacco e una guida bilingue sono compresi nel prezzo, insieme a un paio di racchette da neve d'inverno. Sulla via del ritorno, dopo una sosta a Portillo, vi ritroverete nella capitale verso le 19.30, in tempo per un pisco sour e una notte di follie in città.

fornite di riscaldamento e TV via cavo. A pranzo, il menu del ristorante dell'albergo offre un buon rapporto qualità-prezzo.

Fuente de Soda Primavera CILENO **$**
(all'angolo tra Santa Rosa e O'Higgins; portate principali CH$2850-5200) La specialità della casa di questa frequentatissima *fuente de soda* è il delizioso *completo* (hot dog) generosamente farcito in vari modi. Sandwich molto curati e i principali piatti della cucina cilena chiudono il quadro del menu standard.

La Table de France FRANCESE **$$$**
(www.latabledefrance.cl; Camino Internacional Km 3, El Sauce; portate principali CH$4500-12.900) Dalla terrazza di questo ristorante francese situato a 3 km dalla città, la vista spazia sul dolce paesaggio collinare incorniciato dalle Ande. I carnivori potranno scegliere tra anatra, lepre, cinghiale e perfino struzzo, mentre ai vegetariani e agli amanti del pesce consigliamo di assaggiare gli gnocchi al formaggio di capra e l'abadeco al Carménère. Dal centro, prendete Av Esmeralda in direzione est fino a General del Canto; in macchina non ci voglio più di tre minuti.

Informazioni

La statale per il confine argentino (CH-60, la Carretera Internacional) attraversa la zona nord di Los Andes prendendo il nome di Av Argentina. A nord, e a otto isolati dal centro, si trova la stazione degli autobus. In Esmeralda, la principale via dei negozi che costeggia il lato sud di Plaza de Armas, si concentra la maggior parte dei servizi turistici.

Banco Santander (421-061; O'Higgins 348; 9-14)

Hospital San Juan de Diós (490-300; www.hosla.cl; Av Argentina 315 e Hermanos Clark) Ospedale pubblico.

Ufficio postale (800-267-736; Av Esmeralda 387; 9-14 e 15.30-18 lun-ven, 10-13 sab)

Ufficio turistico municipale (902-525; Av Santa Teresa 333; 10-18 mar-dom) Ufficio turistico situato vicino al museo archeologico.

Per/da Los Andes

Los Andes è l'ultima (o la prima) cittadina cilena che s'incontra lungo il tragitto tra Santiago e Mendoza (Argentina). Gli autobus fermano al **Rodoviario Internacional** (408-188; Av Carlos Díaz 111), otto isolati a nord-ovest di Plaza de Armas, sul prolungamento nord di Av Santa Teresa.

Ahumada (421-227; www.busesahumada.cl) e **Pullman Bus** (425-973; www.pullman.cl) effettuano collegamenti di linea con il terminal San Borja di Santiago (da CH$1500 a CH$2900, 1 h 30 min, ogni ora), mentre **El Rápido** (779-0310; www.elrapidoint.com.ar) serve Mendoza (CH$21.200, 6 h, 5 corse al giorno).

Portillo

Adagiata intorno allo spettacolare lago alpino di Laguna del Inca al confine con l'Argentina, **Portillo** (02-263-0606; www.skiportillo.cl; skipass giornaliero interi/bambini CH$33.000/22.000) è una delle più famose stazioni sciistiche cilene. Non soltanto è un posto per sciatori amatoriali che vogliono cimentarsi con piste ripidissime: qui, nei mesi estivi, vengono ad allenarsi le squadre nazionali di Stati Uniti, Austria e Italia ed è qui che è stata superata per la prima volta la barriera dei 200 km orari. Alcune piste sono adatte anche ai principianti, o a chi non si sente molto sicuro sugli sci, ma sono gli sciatori più accaniti e amanti della velocità che trovano ciò che fa per loro. Per quanto riguarda le quote, le 19 piste del comprensorio, la più lunga delle quali misura 3,2 km, vanno dai 2590 m ai 3310 m. Vengono tutte ben battute e preparate quotidianamente a eccezione della Cóndor, La Garganta e Roca Jack, da cui si scende in neve fresca naturale.

Le strutture ricettive di Portillo tendono a offrire pacchetti settimanali tutto compreso (ma per spendere decisamente di meno, si può prendere in considerazione il pernottamento a Los Andes, 70 km più a ovest). L'albergo più lussuoso è l'**Hotel Portillo** (camera con pensione completa e skipass $3350-4000 per persona a settimana), che dispone di accoglienti doppie con vista lago o sulla valle. Altri due lodge di Portillo offrono una sistemazione più economica in camere con letti a castello. L'**Octagon Lodge** (camera con pensione completa e skipass $1800 per persona a settimana) ha camere con quattro letti a castello con bagno ed è frequentato da gente un po' più anziana, mentre l'**Inca Lodge** (camere con pensione completa $990 per persona a settimana), dove si respira un'atmosfera un po' da ostello, richiama soprattutto giovani backpacker. Pagando un supplemento si può avere una camera privata sia all'Octagon sia all'Inca e, indipendentemente dal tipo di sistemazione, si può usufruire gratuitamente della palestra, dei corsi di yoga, della pista di pattinaggio sul ghiaccio, di una sala giochi, di un piccolo cinematografo e del servizio di babysitting. A Portillo troverete alcuni negozi, un internet bar e una discoteca. Ma l'attrazione che gode di maggiore popolarità è sicuramente la spettacolare piscina riscaldata all'aperto – l'immagine di snowbordisti in costume da bagno che saltano con la tavola nell'acqua della piscina immersa in un paesaggio innevato è veramente unica e straordinaria.

Per/da Portillo

Da Santiago, Portillo si raggiunge in 1 o 2 h di auto a seconda delle condizioni della strada.

Il comprensorio sciistico (www.skiportillo.cl) offre, solamente il sabato, un servizio di autobus navetta ($70 sola andata) per e dall'aeroporto di Santiago. **Portillo Tours & Travel** (☎263-0606; ptours@skiportillo.com) propone lo stesso servizio negli altri giorni della settimana a un prezzo leggermente superiore.

Un'alternativa è rappresentata dalle navette gestite da privati che il mercoledì e il sabato trasportano gli sciatori da Santiago direttamente alle piste di sci; a noi è piaciuta **Ski Total** (☎02-236-0156; www.skitotal.cl; Apoquindo 4900, locales 37-46, Las Condes, Santiago; sola andata CH$20.000), che affitta anche l'attrezzatura facendo risparmiare un po' di tempo una volta arrivati a Portillo.

Gli autobus Santiago–Mendoza delle autolinee **Buses Tas Choapa** (☎02-438-238) fermano a Portillo e potrete servirvene per raggiungere Los Andes, Santiago o Mendoza, sempre che ci siano posti liberi.

ZONA MERIDIONALE INTERNA

A sud di Santiago, stretta tra le Ande e la cordigliera litoranea, si estende la valle centrale del Cile, principale centro di produzione di frutta del paese grazie al clima mite di tipo mediterraneo. Il paesaggio si presenta come un interminabile susseguirsi di orti, frutteti e vigneti, perché la regione produce anche la maggior parte del vino cileno. Qui le Ande si presentano in tutta la loro magnificenza, con i versanti scoscesi delle montagne ammantati di foreste decidue di faggi e gli ampi e ghiaiosi letti dei torrenti che scendono precipitosamente a valle. I più importanti centri abitati si dedicano in prevalenza all'agricoltura e sono buone basi da cui partire per escursioni nell'entroterra.

Il terribile terremoto di magnitudo 8.8 che ha sconvolto il Cile nel febbraio 2010 si è rivelato particolarmente devastante per questa regione. Oltre al numero incalcolabile di case e di uffici distrutti a Curicó, Concepción e Chillán, edifici storici come il mercato centrale di Talca sono stati danneggiati al punto da impedirne probabilmente la ricostruzione e il riutilizzo. Le aziende sopravvissute al cataclisma hanno inoltre dovuto fronteggiare un caotico periodo di saccheggi e disordini, tanto che a seguito del terremoto le autorità municipali di Concepción sono state costrette a imporre per mesi un severo e generalizzato coprifuoco.

Tuttavia, nonostante le conseguenze del sisma abbiano avuto un forte impatto diretto sulla nascente industria enoturistica della regione, all'epoca delle nostre ricerche la valle centrale si era già più o meno riassestata dal punto di vista della produzione vinicola. La disponibilità di alberghi, ristoranti e servizi turistici in generale è forse ridotta rispetto al periodo precedente il terremoto, ma nuove imprese stanno aprendo velocemente con l'aiuto dei fondi stanziati dal governo cileno.

Storia

Dopo 7000 anni di vita relativamente tranquilla, il territorio da sempre abitato dalle tribù mapuche del Cile centrale venne invaso e occupato due volte nel giro di poco tempo, prima dagli incas e poi dagli spagnoli. Ma le città fondate dagli spagnoli ebbero vita breve, a causa dei terremoti e della costante pressione delle comunità native. Alla fine i mapuche si ritirarono a sud del Río Biobío e la regione centrale cilena, sotto i colonizzatori spagnoli, prese a crescere e a svilupparsi per diventare

DA NON PERDERE

IL RODEO DI RANCAGUA

Un'arena polverosa, in cui autentici cowboy in pantaloni di cuoio tentano di non farsi sgroppare dai cavalli: ecco a voi il **Campeonato Nacional de Rodeo** (☎221-286; www.rodeochileno.cl; Medialuna de Rancagua, all'angolo tra Av España e Germán Ibarra; ingresso CH$7500-12.000). Il Campionato Nazionale di Rodeo, che si svolge a Roncagua dalla fine di marzo all'inizio di aprile, rappresenta il culmine dell'annuale stagione dei rodei di Rancagua. La sera in Plaza de los Héroes si svolgono le tradizionali danze *cueca* (in cui si sventolano fazzoletti per imitare il corteggiamento dei galli) e si tiene un pittoresco mercato dei prodotti artigianali e alimentari della regione.

Rancagua può essere la meta di una gita in giornata da Santiago. Dalla **stazione ferroviaria** (☎600-585-5000; www.terrasur.cl; all'angolo tra Av Estación e Carrera Pinto) delle linee di stato (EFE) partono da cinque a sette treni Terrasur al giorno per il nord e per Santiago (CH$4750, 1 h), mentre gli autobus di **Tur Bus** (☎230-341; www.turbus.cl; O'Carroll 1175) e di **Pullman** (☎227-756; www.pullman.cl; all'angolo tra Av Brasil e Lastarria) partono ogni ora per e da Santiago (da CH$1500 a CH$2200, 1 h 30 min) dai terminal della zona ovest della città.

il fulcro della lotta per l'indipendenza del paese. La conquista della libertà aprì la strada alla crescita economica: gli imponenti progetti di irrigazione su vasta scala trasformarono le valli centrali in un fertile territorio agricolo, che iniziò a prosperare anche grazie alla scoperta e allo sfruttamento delle importanti risorse naturali presenti nel sottosuolo: il carbone intorno a Concepción e il rame a Rancagua. Centro di dure repressioni da parte dei militari durante la dittatura, con il ritorno alla democrazia la regione interna del Cile ha fatto spesso da scenario a clamorose azioni di rivendicazione e sciopero da parte di lavoratori e studenti.

ℹ Per/dalla zona meridionale interna

La comoda e facilmente utilizzabile linea ferroviaria TerraSur (p79) collega Santiago con Chillán fermando, lungo il percorso, in tutte le principali città e cittadine della zona. Tuttavia la rete di autobus che serve la regione offre l'opportunità di corse più frequenti e prezzi meno cari.

ℹ Trasporti locali

Dal punto di vista della praticità, il noleggio di un'auto è d'obbligo per poter visitare le aziende vinicole e i parchi nazionali più fuori mano della regione. Alcune località sono servite dai mezzi pubblici, anche se raramente con linee dirette che non richiedano cambi e i viaggiatori devono essere pronti a fare qualche chilometro a piedi dopo essere scesi dagli autobus.

Valle de Colchagua

Con circa una ventina di aziende vinicole aperte al pubblico, la Valle de Colchagua è la più vasta e rinomata regione vinicola cilena. Il suo ricco terreno argilloso, l'abbondanza d'acqua, il clima secco, il sole caldo di giorno e le notti fresche hanno dato vita alla produzione di alcuni dei più pregiati vini rossi del paese: Cabernet Sauvignon, Merlot e Carménère, a cui si sono aggiunti recentemente Malbec di prima qualità. Molti viaggiatori in visita alle aziende vinicole della valle prenotano una camera negli alberghi di Santa Cruz.

AZIENDE VINICOLE DELLA VALLE DE COLCHAGUA

Una fonte di informazioni estremamente utile, con un ufficio molto accogliente e disponibile sulla piazza principale di Santa Cruz, è **Ruta del Vino** (☎823-199; www.rutadelvino.cl; Plaza de Armas 298, Santa Cruz; ⏲9-18 lun-ven, 10-18 sab e dom). Oltre a fornire ai turisti informazioni e consigli sulla visita alle aziende vinicole della regione, Ruta del Vino organizza tour di degustazione che vanno da CH$10.000 a CH$20.000 (con richiesta di prenotazione 48 h prima).

Il trasporto, che nella Valle de Colchagua costa un occhio della testa, non è compreso nel prezzo base dell'escursione e il costo totale, comprendente pranzo e trasporto, supera i CH$128.500. Ma se ci si accontenta di visitare le aziende vinicole più vicine alla città, si può largheggiare con gli spostamenti in taxi. Dato che a Santa Cruz non ci sono agenzie di autonoleggio, si può anche optare per l'affitto di una vettura a Santiago e visitare la regione del vino con la propria auto – anche al seguito di un tour organizzato con guida. La disponibilità di un mezzo proprio offre ugualmente maggiori possibilità di scelta per quanto riguarda il pernottamento: se preferite essere del tutto indipendenti, sappiate che B&B a gestione familiare e boutique hotel di livello elevato sono sparsi in tutta la regione vinicola e che diverse aziende dispongono del proprio albergo.

Che cosa vedere e fare

Le migliori aziende vinicole della valle sono elencate di seguito. Prenotate per tempo tenendo presente che alcune chiudono in agosto.

Lapostolle/Clos Apalta Winery AZIENDA VINICOLA
(072-321-803; www.lapostolle.com; visite con 2 degustazioni CH$20.000; 10.30-17.30) L'impresa più esclusiva di Colchagua, se non di tutto il Cile, produce un unico vino di primissima qualità con uve raccolte e separate a mano. La prenotazione di extra, per esempio il giro dei vigneti a cavallo (CH$50.000), può essere effettuata online.

TOP **Emiliana** AZIENDA VINICOLA
(099-9225-5679; www.emiliana.cl; Camino Lo Moscoso s/n, Placilla; visite con 4 degustazioni CH$8400, 1 degustazione CH$1000-2350; alle 10.30, 12, 15.30 e 16.30) Le particolari tecniche di coltivazione ecocompatibile vengono spiegate nel corso dei 'tour biologici e biodinamici' di questi vigneti (CH$10.000). Per rimanere in tema, completate la visita con un prelibato picnic biologico gourmet (CH$28.000 per 2 persone, compresa la visita).

Viu Manent AZIENDA VINICOLA
(072-858-751; www.viumanent.cl; Carretera del Vino Km 37; visite con 3 degustazioni CH$14.000; alle 10.30, 12, 15 e 16.30 mar-dom) La visita a questa proprietà comprende un giro in carrozza tra i vigneti coltivati da 80 anni da tre generazioni della stessa famiglia e un tour approfondito dell'azienda. Viu Manent si trova nelle vicinanze di Santa Cruz.

MontGras AZIENDA VINICOLA
(072-823-242; www.montgras.cl; Camino Isla de Yáquil s/n, Palmilla; degustazione di 2/4/6 *reservas* CH$6000/9000/12,000; 10.30-18 lun-ven, 10.30-16-30 sab) Oltre alle degustazioni e ai laboratori di produzione del 'proprio vino personale', questa aziende accogliente e di alto livello offre escursioni a piedi o a cavallo, percorsi di zip-line e gite in mountain bike tra i vigneti.

Estampa AZIENDA VINICOLA
(02-202-7000; www.estampa.com) Dopo la degustazione interattiva, concedetevi un piacevole picnic all'ombra di un fico gigantesco.

Montes AZIENDA VINICOLA
(072-825-417; www.monteswines.com) Pittoreschi vigneti in posizione collinare per una produzione ecocompatibile secondo tecnologie di avanguardia.

Viña Bisquertt AZIENDA VINICOLA
(072-821-792; www.bisquertt.cl) Celebre per il suo La Joya Cabernet, offre il pernottamento a Las Majadas, la sua incantevole guesthouse.

Viña Casa Silva AZIENDA VINICOLA
(072-710-204; www.casasilva.cl) Uno dei più vecchi produttori di vino cileni; offre giri dei vigneti in carrozza e un pitch di polo.

SANTA CRUZ

L'epicentro della produzione vinicola e del mercato enoturistico del paese è una placida cittadina di campagna con una graziosa piazza centrale. Ma l'aspetto da tranquillo centro agricolo sta forse cambiando. All'epoca della nostra visita avevano appena aperto un elegante resort in stile mediterraneo e un casinò, cosicché, passeggiando nella zona centrale di Santa Cruz, si vedevano visitatori dall'aria danarosa prendere il sole intorno a una piscina grande come un lago e sorseggiare Cabernet di produzione locale nel sofisticato wine bar. La principale attrazione locale rimane infatti il vino, come ricordano le belle colline ammantate di vigneti che fanno da sfondo a Santa Cruz.

Che cosa vedere e fare

Museo de Colchagua MUSEO
(821-050; www.museocolchagua.cl; Errázuriz 145; interi/bambini CH$5000/2000; 10-19) Il più grande museo privato del Cile espone le opere raccolte dal discusso imprenditore e trafficante di armi Carlos Cardoen. La collezione comprende ceramiche antropomorfe di epoca precolombiana provenienti da tutta l'America Latina, armi, manufatti di carattere religioso, oggetti d'argento mapuche e un'intera sala dedicata all'equipaggiamento degli *huasos* (mandriani). Una nuova e importante mostra, intitolata *El Gran Rescate* (Il grande salvataggio), espone oggetti, fotografie e filmati collegati al salvataggio dei 33 minatori rimasti intrappolati 700 m sotto terra, a San José, nell'agosto 2010. Nel cortile del museo sono raccolti infine macchinari a vapore, utensili per la vinificazione e la ricostruzione della vecchia stazione ferroviaria di Colchagua, mentre in alcune sale attigue sono esposte carrozze e auto d'epoca.

Tren del Vino TOUR ORGANIZZATO
(www.rutadelvino.cl) All'epoca delle nostre ricerche il 'treno del vino' era stato sospeso a tempo indeterminato; per informazioni sull'eventuale ripristino di questa attrazione da sempre molto apprezzata dai viaggiatori, rivolgetevi agli uffici della Ruta del Vino. Il programma dell'escursione con il treno a vapore prevedeva la partenza dalla stazione di San Fernando, un'iniziale degustazione a bordo, la visita con pranzo in un'azienda vinicola, una puntata al museo di Colchagua e il ritorno a Santiago in autobus.

Feste ed eventi

Fiesta de la Vendimia FESTA DELLA VENDEMMIA
Santa Cruz festeggia la vendemmia tutti gli anni nel mese di marzo. In quest'allegra occasione, le aziende vinicole della zona allestiscono stand e bancarelle in Plaza de Armas e danno il via ai festeggiamenti con l'elezione di una regina della vendemmia seguita da canti e danze popolari.

Pernottamento e pasti

La regione vinicola è piena di bellissimi B&B e lodge, molti dei quali annessi alle aziende stesse. La maggior parte è di livello elevato e si rivolge a una clientela che si sposta in maniera autonoma con la propria auto.

Hotel Santa Cruz Plaza RESORT $$$
(☎209-600; www.hscp.cl; Plaza de Armas 286; singole/doppie/suite a partire da CH$110.000/140.000/210.000; P 🛜 ≋ 👪) Attraversate l'arco situato nelle immediate vicinanze della piazza principale e fate il vostro ingresso in questo nuovo e grandioso resort ispirato alle residenze coloniali spagnole. Attraversate il curatissimo parco progettato da raffinati paesaggisti per raggiungere la grande piscina in stile lagunare, l'elegante *vinoteca,* i due ristoranti gourmet (altamente raccomandati e aperti al pubblico), la spa e, ovviamente, il nuovissimo Casino Colchagua. Le camere sono spaziose e impeccabili, arredate con letti peruviani in legno e lampade realizzate da artigiani locali. Tra gli elementi degni di nota vi sono il riscaldamento alimentato da pompe a energia solare e un innovativo centro ricreativo per i bambini, ideale per chi viaggia con la famiglia.

Hostal D'Vid B&B $
(☎821-269; www.dvid.cl; Alberto Edwards 205; singole/doppie con prima colazione senza bagno CH$17.000/25000, doppie/camere per famiglie con bagno CH$38.000/55.000; P 🛜 ≋ 👪) Tranquillo B&B in posizione centrale, con camere piccole ma moderne, letti nuovi e confortevoli e TV a schermo piatto. L'eccellente prima colazione continentale è servita nel bel giardino con piscina.

Casa Silva HOTEL STORICO $$$
(☎710-204; www.casasilva.cl; Hijuela Norte s/n, San Fernando; doppie con prima colazione a partire da CH$120.000) Grandi aceri fanno ombra all'ampio cortile lastricato in pietra con fontana, circondato dalla vecchia casa secolare situata ai margini di un vigneto all'altezza del Km 132 della Ruta 5. Le sontuose camere, rivestite di tappezzerie in stoffa, hanno vecchie stampe alle pareti, armadi e letti d'epoca (molti con baldacchino) e rimandano a un'epoca ormai lontana ma ancora ricca di fascino.

Vino Bello ITALIANO $$
(www.vinobello.cl; Barreales s/n; portate principali CH$4600-7800) In questo accogliente ristorante italiano, distante soltanto 1 km dalla città, ci si sente realmente nel cuore di una regione vinicola, soprattutto mentre si sorseggia un bicchiere di Carménère al tramonto nello splendido patio o si cena a lume di candela con squisiti gnocchi fatti in casa, pizza dalla pasta sottile e brie al forno con le pere. Da Plaza de Armas, prendete Nicolas Palacios e costeggiate i vigneti Laura Hartwig; vedrete l'ingresso al ristorante Vino Bello sulla vostra sinistra.

VALE IL VIAGGIO

LOLOL

La sonnolenta **Lolol**, 23 km a sud-est di Santa Cruz, può essere la meta di una piacevole gita in giornata dalla cittadina. Osservate gli edifici coloniali con le colonne in legno e i tetti in terracotta perfettamente conservati prima di dirigervi verso il **Museo Artesanía Chilena** (Los Aromos 95; interi/bambini CH$2000/1000). Questo nuovo museo delle tradizioni, molto ben gestito, documenta l'arte rurale cilena con migliaia di oggetti – dalle ceramiche ai tessuti e gli speroni usati dai cowboy – molti dei quali giacevano accatastati da decenni nei polverosi magazzini della Universidad Católica de Chile. Lolol e il Cile centrale possono oggi vantare una nuova e interessante attrattiva culturale.

179 Sandwich Bar SANDWICH, BAR $
(www.bar179.cl; Besoain 179; sandwich CH$3400-5900) Sandwich per palati fini e vini di gran classe (disponibili anche al bicchiere) richiamano all'ora di pranzo un folto pubblico in questo locale elegante affacciato su Plaza de Armas. Di sera il bar s'illumina di splendenti luci azzurre, si ascolta la musica selezionata dai DJ e si sorseggiano cocktail potenti e fantasiosi.

La Casita de Barreales PERUVIANO $$
(www.lacasitadebarreales.cl; Barreales s/n; portate principali CH$5600-8500) I buongustai locali vanno matti per i piatti di ceviche e *chaufa* (riso fritto alla cinese) di questa casa di adobe dalle luci calde e invitanti. Una versione gourmet della tradizione culinaria peruviana, con prezzi all'altezza della situazione.

Informazioni

BancoEstado (745-874; Besoain 24; 9-14 lun-ven)

Cibermanía (821-527; Av Errázuriz 559; CH$500 l'ora; 11-22) Uno dei numerosi internet bar sulla via principale.

Ufficio postale (800-267-736; Besoain 96; 9-14 e 15-18 lun-ven, 10-13 sab)

Per/da Santa Cruz

Gli autobus a lunga percorrenza fanno capolinea al **Terminal de Buses Santa Cruz** (Rafael Casanova 478), circa quattro isolati a ovest di Plaza de Armas. I mezzi di **Buses Nilahué** (825-582; www.busesnilahue.cl) e di altre autolinee partono ogni 2 h da Santa Cruz per Pichilemu (CH$4000, 3 h 30 min), San Fernando (CH$1000, 30 min) e Santiago (CH$7000, 4 h).

Lolol e Curicó (da CH$800 a CH$1200) sono servite da una piccola flotta di minibus locali, generalmente in attesa di fare il pieno di passeggeri nel parcheggio adiacente al terminal principale.

Pichilemu

072 / POP. 12.500

Dèi e dee delle onde cavalcano tutto l'anno le acque gelate della cosiddetta capitale cilena del surf, mentre i comuni mortali affollano le sue lunghe spiagge nere da dicembre alla fine di marzo. Tranne le vie principali, le strade di Pichilemu sono ancora tutte sterrate, il che dà alla cittadina un'aria modesta al limite della trascuratezza. All'inizio del XX secolo, il suo ricco fondatore Agustín Ross Edwards sognava invece per lei un destino da lussuosa località di villeggiatura, arroccata su un promontorio a picco sulla spiaggia.

L'atmosfera rilassante che caratterizza comunque Pichilemu, le grandi onde e la vita notturna estiva sorprendentemente vivace rendono evidente la ragione della sua grande popolarità tra i cultori del surf non soltanto locali, ma anche stranieri.

Che cosa vedere e fare

Spiagge

La Puntilla, la lingua di terra che si protende nel mare all'estremità occidentale di 'Pichi', è il punto in cui si può fare surf più vicino all'abitato. A nord-est, davanti al centro di Pichilemu, si trova la tranquilla **Playa Principal** (Spiaggia Principale), mentre a sud si estende la più lunga e rocciosa **Infiernillo**, nota per le onde pericolose e veloci. Il punto più adatto al surf della zona è però la **Punta de Lobos**, 6 km a sud della cittadina, raggiungibile in auto o con l'autostop.

Surf

Lobos del Pacífico SURF
(098- 461-3634; www.lobosdelpacifico.cl; Av Costanera 720; noleggio tavola CH$8000-5000 per l'intera giornata, lezioni di 2 h CH$12.000) Questo operatore con base a Infernillo noleggia tavole e mute (indispensabili), offre lezioni di istruttori con brevetto internazionale ed è ritenuto il miglior centro di riparazione di tavole di Pichilemu.

Escuela de Surf Manzana 54 SURF
(099-574-5984; www.manzana54.cl; Av Costanera s/n; noleggio tavola e attrezzatura CH$7000-8000 per l'intera giornata, lezioni di 2 h CH$10.000) Un'altra buona scuola di surf sulla spiaggia di La Puntilla, dove le condizioni del mare sono adatte anche ai principianti.

Discover Surf Trips SURF
(www.discoversurftrips.cl; tour con pasti e pernottamento $1600 la settimana) Se v'interessa conoscere altre aree adatte al surf nella regione (e avete un po' di denaro in più da spendere), vi consigliamo questo tour con guida della durata di una settimana. Discover Surf offre l'esplorazione di una serie di spiagge fuori mano e non facili da raggiungere come Matanzas e Puertecillo, entrambe a nord di Pichilemu. Tenete presente che combinando con un gruppo di amici spenderete molto meno.

Passeggiate a cavallo

Avete sempre sognato di galoppare su una spiaggia lungo il mare? Siete fortunati. Quando non fa troppo caldo, all'estremità nord della spiaggia principale di Pichilemu vedrete alcuni splendidi cavalli, sellati e pronti a essere montati, che si aggirano nei pressi del lago. All'epoca delle nostre ricerche non era difficile contrattare una bellissima passeggiata guidata di un'ora (da CH$4000 a CH$6000), che dopo aver costeggiato il lago attraversa la foresta e ritorna sulla spiaggia lungo l'oceano.

Pernottamento

Prenotate molto per tempo nei mesi estivi e informatevi sugli sconti in inverno e in autunno.

Cabañas Guzmán Lyon BUNGALOW $$
(841-068; www.cabanasguzmanlyon.cl; San Antonio 48; bungalow per 2 persone con prima colazione CH$45.500;) Questo scalcagnato resort in cima alla scogliera è formato da una serie di cottage di assi di legno bianco rimasti immutati dagli anni '50. Ma la vista sull'oceano e sul lago, dal porticato di cui è dotato ogni singolo bungalow e su cui la mattina viene servita la prima colazione, è veramente impagabile. Particolari piacevoli, come il frigorifero in camera e la bella piscina, anch'essa con splendida vista sul mare, compensano mancanze come la difficoltà di connessione wi-fi data la debolezza del segnale in molti bungalow.

Hotel Chile España HOTEL $$
(841-270; www.chileespana.cl; Av Ortúzar 255; singole/doppie/triple con prima colazione CH$30.000/40.000/60.000; @) Questo albergo economico in posizione centrale, un tempo ritrovo preferito dei surfisti, è frequentato oggi da un pubblico più anziano. Se la convivenza in ostello con altri giovani surfisti non v'interessa particolarmente, optate per una camera qui: la costruzione in stile spagnolo, il verdeggiante e ombroso patio centrale, le persiane in legno e l'interno un po' antiquato sono assolutamente incantevoli.

Pichilemu Surf Hostal OSTELLO $$
(842-350; www.pichilemusurfhostal.com; Eugenio D. Lyra 167; letti in camerata/doppie CH$11.200/39.700) Un ostello dall'aspetto insolito, rivestito in legno di fronte alla spiaggia di Infiernillo, con finestre da soffitta ma vista sul mare imperdibile. Ogni camera è dotata di letti comodi, biancheria in colori chiari e gigantesche fotografie incorniciate delle onde locali. Marcel, il proprietario olandese, è un esperto surfista, prodigo di informazioni utili. È vero che per essere un ostello i prezzi sono alti, ma è altrettanto vero che il Pichilemu Surf Hostal è situato in un posto piuttosto isolato e lontano dall'abitato.

Posada Punta de Lobos LODGE $$$
(099-8154-1106; www.posadapuntadelobos.cl; singole/doppie con prima colazione CH$60.000/75.000, bungalow per 4/10 persone CH$90.000/120.000) Pini ed eucalipti circondano le strutture modulari dalla forma squadrata di questo lodge per surfisti situato a 1 km dal bivio per Punta de Lobos. Le camere, rivestite in pannelli di legno di pino e con bagni in ardesia, sono calde e accoglienti, ma le pareti sottili non garantiscono tranquillità.

Pasti e locali

A Pichileumu la movida serale si concentra soprattutto negli ostelli per surfisti situati lungo la spiaggia, ma non mancano bar e birrerie senza pretese in altre zone della città.

La Casa de las Empanadas CILENO $
(Aníbal Pinto 268; empanadas CH$1200-1900) Osservate il gran numero di surfisti che consumano allegramente il loro pasto seduti sulle panche all'esterno di questo simpatico takeaway. Le sue empanadas sono squisite, in particolare quelle ai frutti di mare: le *machas y queso* (cannolicchi al formaggio) sono la fine del mondo.

Restaurant Los Colchaguinos CILENO $
(Aníbal Pinto 298; empanadas e pailas CH$900-2500; 12-15 e 19.30-23 lun-sab, 12-15 dom) La specialità di questa piccola trattoria a gestione familiare sono le grandi e ben farcite empanadas, ma anche la sostanziosa *paila marina* (stufato di pesce) non è niente male.

El Puente Holandés CUCINA DI MARE $$
(842-350; Costanera Eugenio Díaz Lira 167; portate principali CH$3500-6900; 9-23) Un ponte di legno a schiena d'asino collega la litoranea Costanera con questo bar-ristorante dagli alti soffitti situato sulla spiaggia di Infiernillo e gestito dagli stessi proprietari del Pichilemu Surf Hostal. La cucina di mare è semplice e curata – da provare, per esempio, la spigola alla griglia o i ravioli con vongole e scampi – ma si possono anche passare un paio d'ore in modo piacevole sorseggiando una birra con empanadas sulla terrazza.

El Alero CILENO $
(Av Ross 427; portate principali CH$3400-5800) In questo semplice ristorante a gestione familiare sulla collina potrete assaggiare alcuni classici della tradizione culinaria cilena come *paila marina* e pesce alla griglia, ma la principale attrattiva del posto è la stupenda vista sull'oceano che si gode dalle grandi vetrate panoramiche. Vale la pena di venirci a pranzo per ammirare il panorama di giorno.

Donde Pinpón CILENO $
(Av Ross 9; portate principali CH$3000-5500) Il breve menu elenca soltanto bistecche, pesce

DORMIRE SULLA SPIAGGIA

Ai tempi delle nostre ricerche, diversi nuovi ostelli per surfisti stavano aprendo sul tratto di spiaggia tra l'abitato e Punta de Lobos. Se intendete recarvi a Pichilemu soltanto per fare del surf, vi conviene cercare una sistemazione a breve distanza dalle onde; gli altri viaggiatori preferiranno invece trovare una camera vicino ai bar, ai negozi, ai ristoranti e ai servizi della città. Prima di prenotare, informatevi esattamente sulla zona in cui si trova l'ostello o albergo prescelto.

fritto e stufato di mare, ma basta e avanza per richiamare in questo ristorante accogliente e senza pretese, con alte finestre affacciate sulla via principale, un'affezionata clientela di gruppi familiari locali.

☆ Divertimenti

Disco 127 DISCOTECA

(Av Angel Gaete 217; ⌚22-tardi gio-sab marzo-dic, tutti i giorni gen e feb) I racconti delle ardimentose imprese di molti viaggiatori in visita a Pichilemu terminano con le parole 'e poi sono crollato/a sulla pista da ballo' di questa chiassosa e turbolenta discoteca.

Informazioni

BancoEstado (☎745-650; Errázuriz 397; ⌚9-14 lun-ven) Bancomat e cambio di valuta.

Oficina de Información Turística (☎841-017; www.pichilemu.cl; Municipalidad, Av Angel Gaete 365; ⌚9-18) Questo ufficio turistico con sede all'interno del municipio fornisce informazioni di massima sulle strutture ricettive e gli eventi locali.

Surfnet (☎841-324; Aníbal Pinto 105; CH$600 l'ora; ⌚9-23.30 lun-dom) Uno dei numerosi internet bar della città; offre accesso a internet e chiamate telefoniche a basso prezzo.

Ufficio postale (☎800-267-736; Av Ortúzar 568; ⌚9.30-16 lun-ven, 9.30-12 sab)

Per/da Pichilemu

Il **Terminal de Buses** (☎841-709; all'angolo tra Av Millaco e Los Alerces) si trova nella zona sud-occidentale di Pichilemu; la fermata più vicina al centro città è all'angolo tra Santa María e Ortúzar. Dal terminal ci sono corse frequenti per Santa Cruz (CH$3000, 3 h), San Fernando (CH$4000, 3 h 30 min) e Santiago (CH$5500, 4 h), gestite dalle autolinee **Buses Nilahué** (☎842-138; 842-042; www.busesnilahue.cl; Aníbal Pinto 301) e **Pullman del Sur** (☎843-008; wwwpdelsur.cl; Aníbal Pinto 213, Local A). I biglietti si comprano nelle rispettive agenzie in centro. Chi è diretto a sud deve cambiare autobus o treno a San Fernando. Per Santiago, assicuratevi che il vostro autobus viaggi via Melipilla, una linea nuova e più diretta che nonostante i lunghi tratti di strade di campagna non asfaltate vi porterà a Santiago in meno di 4 h.

Valle de Maule

La Valle de Maule, un'importantissima regione vinicola cilena, produce la maggior parte del vino destinato all'esportazione, soprattutto un corposo Cabernet Sauvignon. La zona è stata l'epicentro del terribile terremoto del febbraio 2010: un produttore del posto ha dichiarato di aver perso il suo intero patrimonio di 80.000 bottiglie, mentre un numero incalcolabile di dipendenti delle aziende vinicole locali è rimasto senza casa e nella vicina città di Talca sono andati distrutti lo storico mercato, l'ospedale e il museo. Di questo disastro ha ovviamente risentito anche il turismo, ma la produzione vinicola si è ormai per lo più riassestata, grazie in parte al generoso sostegno della comunità.

A parte il vino, molti viaggiatori utilizzano Talca come base di partenza per la visita alle aziende vinicole della zona e alla vicina Reserva Nacional Altos de Lircay. Per maggiori informazioni sugli itinerari escursionistici, la flora e la fauna della regione, richiedete l'opuscolo gratuito *Región del Maule*.

AZIENDE VINICOLE DELLA VALLE DE MAULE

Le aziende vinicole della Valle de Maule possono essere visitate autonomamente o con un tour organizzato da **Ruta del Vino** (☎08-157-9951; www.valledelmaule.cl; Plaza Cienfuegos 1 Sur e 4 Oriente, Talca; ⌚9-18.30 lun-ven). Tra la quindicina di aziende associate, consigliamo le seguenti (per localizzarle, v. cartina p126).

Che cosa vedere e fare

Viña Balduzzi AZIENDA VINICOLA

(☎073-322-138; www.balduzziwines.cl; Av Balmaceda 1189, San Javier; visita CH$5000-7000; ⌚9-18 lun-sab) Azienda vinicola in attività da quattro generazioni, circondata da un vasto giardino e da edifici coloniali molto ben tenuti. A differenza di molte altre imprese del settore, non richiede prenotazioni ed è una delle poche facilmente raggiungibili con i mezzi pubblici. All'autostazione di Talca cercate l'autobus con la scritta 'San Javier

Directo' (CH$750), che vi lascerà a brevissima distanza dall'ingresso.

Via Wines AZIENDA VINICOLA
(☎071-415-511; www.viawines.com; Fundo Las Chilcas s/n; visita CH$10.500-18.000, degustazioni CH$11.500-19.000; ⏰9-17 lun-sab, visita e degustazioni su prenotazione) Una delle prime aziende vinicole cilene a operare secondo procedimenti ecocompatibili. Via Wines produce deliziosi Sauvignon Blanc e Syrah. Il programma di visita prevede il giro dello stabilimento di produzione e il tour 'Vino, Arte y Sabores' (da CH$60.000 a CH$94.500 per persona compreso il pranzo), che prima di procedere alla degustazione di una scelta di quattro *reservas* fa incontrare i visitatori con gli artigiani locali.

Viña Gillmore AZIENDA VINICOLA
(☎073-197-5539; www.gillmore.cl; Camino Constitución Km 20; ⏰9-17 lun-sab) Viña Gillmore offre molto di più di una semplice degustazione (anche se il suo Cabernet Franc è veramente fantastico). Questa azienda, che sta passando alla produzione biologica, offre anche una rete di bellissimi sentieri panoramici e una spa specializzata in trattamenti di vinoterapia.

Viña J Bouchon AZIENDA VINICOLA
(☎073-972-708; www.jbouchon.cl; Evaristo Lillo 178, Of. 21, Las Condes; ⏰9am-6pm Mon-Sat) Situata a 30 km da Constitución, quest'azienda vinicola che lavora in modo sostenibile offre passeggiate a cavallo e altre attività all'aperto, oltre al pernottamento nella sua magnifica locanda.

Casa Donoso AZIENDA VINICOLA
(☎071-341-400; www.casadonoso.cl; Fundo La Oriental, Camino a Palmira Km 3,5; ⏰8-18 lun-ven) Un vigneto a gestione tradizionale, disposto intorno a una fattoria di epoca coloniale. Gravemente danneggiata dal terremoto, ha appena riaperto al pubblico visite e degustazioni.

TALCA

☎071 / POP. 199.000

Fondata nel 1690, Talca era un tempo considerata una delle più importanti città cilene dal punto di vista storico; qui, infatti, nel 1818 fu firmata la dichiarazione d'indipendenza del Cile. Oggi Talca è nota soprattutto come comoda base di partenza per la visita alla stupenda Reserva Nacional Altos de Lircay e alle aziende vinicole della Valle de Maule. Alcuni dei suoi quartieri sono stati seriamente danneggiati dal terremoto del 2010, ma la cittadina è ormai sulla via della guarigione. Alla buona gamma di servizi turistici presenti sul posto, compresi alberghi e ristoranti, è d'obbligo aggiungere l'incantevole panorama sulle Ande che si ammira passeggiando a mezzogiorno lungo l'assolata arteria pedonale.

Pernottamento e pasti

Cabañas Stella Bordestero BUNGALOW $
(☎235-545; www.turismostella.cl; 4 Poniente 1183; singole/doppie/triple/quadruple CH$18.000/25.000/36.000/42.000; ❄📶🏊) Questi bungalow in legno si trovano a soli quattro isolati da Plaza de Armas, ma sembrano appartenere a un altro mondo. Immersi in un verdeggiante giardino con piscina, sedie a sdraio e dondoli, sono arredati con letti comodi, TV via cavo e un piccolo porticato in cui la sera ci si può rilassare con un bicchiere di buon vino.

Hostal Casa Chueca OSTELLO $$
(☎197-0096, 099-419-0625; www.trekkingchile.com/casachueca; Viña Andrea s/n, Sector Alto Lircay; letti in camerata con prima colazione CH$9500-12.000, doppie CH$39.000; 📶🏊👪) Il giardino affacciato sul Río Lircay circonda i rustici bungalow di questo complesso a gestione tedesca. Situato nella campagna fuori Talca, l'ostello si è guadagnato una ben meritata fama tra i viaggiatori amanti della vita agreste all'aria aperta. I proprietari, informati e competenti, organizzano su richiesta avventurose escursioni a piedi e a cavallo nel vicino Parque Nacional Altos de Lircay. Offrono inoltre tour di degustazioni vinicole, lezioni di spagnolo e persino cacce al tesoro per i bambini. Arrivando a Talca telefonate dal terminal (oppure comunicate prima all'ostello l'ora del vostro arrivo), poi prendete il minibus (*micro*) 'A' Taxutal per San Valentín fino al capolinea, dove troverete qualcuno ad attendervi.

Hostal Maea HOSTAL $
(☎210-910; www.hostalmaea.cl; 1 Sur 1080; doppie con/senza bagno a partire da CH$15,000/10,000; 📶) Questo albergo molto spartano, ma accogliente, combina un arredamento anni '50 con un'atmosfera leggermente istituzionale (sembra essere stato ricavato da ex un palazzo di uffici). Le ariose camere a due letti costano però pochissimo e la posizione nelle immediate vicinanze della passeggiata pedonale di Talca è ideale.

La Buena Carne CILENO, STEAKHOUSE $
(all'angolo tra 6 Oriente e 1 Norte; portate principali CH$3000-5500) Simpatica e moderna steakhouse che offre un servizio attento e gentile,

una splendida posizione centrale, una scelta di monumentali sandwich di bistecca, vino al bicchiere, piatti misti di classiche specialità cilene e perfino un ceviche alla peruviana preparato con molta cura. La sera, la gente del posto si ritrova qui per bere una birra e guardare la partita di *fútbol*.

Tierra & Fuego STEAKHOUSE $$
(www.tierrafuego.cl; 10 Oriente 1261; portate principali CH$4800-8000; ⏲ 12-23.30) Uno dei ristoranti più eleganti di Talca è questa steak-house dalle luci basse, tavoli sulla romantica terrazza con piscina e cantina privata. Il menu propone anche sushi e pesce, ma noi consigliamo di attenersi ai tagli di manzo o agnello sfrigolanti sulla *parrilla* (griglia), da accompagnare con un paio di bicchieri di Cabernet. Il pisco costa CH$1000 durante la happy hour tra le 19 e le 21.30.

Las Viejas Cochinas CILENO $
(☎221-749; www.lasviejascochinas.cl; Rivera Poniente; portate principali CH$4200-10.000; ⏲ 12-24) Questa specie di enorme mensa, chiassosa e con il soffitto basso, è situata fuori città in riva al Río Claro ed è il ristorante più popolare di Talca. I camerieri dall'aria accigliata ci mettono un sacco di tempo a portare in tavola la specialità della casa, il *pollo mariscal* (con salsa al brandy e frutti di mare), ma l'attesa vale assolutamente la pena e le porzioni sono così generose da poter essere divise tra due persone. Per arrivarci, uscite dalla città seguendo Av Bernardo O'Higgins in direzione ovest, attraversate il ponte sul Río Claro, tenetevi sulla destra e al bivio proseguite ancora sulla destra.

Rossini CAFFÈ $
(all'angolo tra 1 Norte e 3 Oriente; pranzo a prezzo fisso CH$3300; 📶) Questo caffè moderno in posizione centrale è il posto ideale in cui consultare la propria posta elettronica o fare un veloce spuntino all'ora di pranzo.

Centro Alemán SANDWICH $
(1 Sur 1330, Local 21-26; sandwich CH$1800-4200) Deliziosi sandwich di carne di maiale e dehors sulla strada.

Cafetería La Papa CAFFÈ $
(1 Sur 1271; spuntini CH$800) Un buon espresso forte e una fetta di torta fatta in casa sono ciò che ci vuole per chi la sera prima si è concesso qualche bicchiere di troppo del vino locale.

Pirandello PIZZERIA $
(5 Oriente 1186; pizza CH$5000) Pasti economici, pisco sour a poco prezzo ... qui tutto costa poco.

Informazioni

BancoEstado (☎345-201; 1 Sur 971; ⏲9-14) Uno dei tanti bancomat lungo 1 Sur.

Cibernautus Internet Café (5 Oriente 1058; CH$600 l'ora; ⏲9-21 lun-ven)

Conaf (☎228-029; 3 Sur 564; ⏲9-13 e 14-17.30 lun-ven) Fornisce informazioni limitate sui vicini parchi nazionali.

Hospital Regional (☎242-406; www.hospitaldetalca.cl; 1 Norte) Ospedale pubblico, sempre molto affollato, all'angolo con 13 Oriente.

Sernatur (☎233-669; www.chile.travel/en.html; 1 Oriente 1150; ⏲8.30-17.30 lun-ven) Personale multilingue straordinariamente disponibile che fornisce informazioni su alberghi e attività, oltre a consigli su come risparmiare a Talca.

Ufficio postale (☎800-267-736; 1 Oriente 1150; ⏲9-18 lun-ven, 9-12 sab) In un grande edificio nei pressi di Plaza de Armas.

Per/da Talca

AUTOBUS

La maggior parte delle autolinee fa capolinea al **Terminal de Buses de Talca** (☎243-366; 2 Sur 1920, all'angolo con 12 Oriente), 11 isolati a est di Plaza de Armas. **Talca, París y Londres** (☎261-000; www.busestalcaparisylondres.cl) ha corse per Santiago ogni ora, così come **Buses Linatal** (☎242-759; www.linatal.cl). che ha anche 11 corse quotidiane dirette a sud. **Buses Línea Azul** (☎613-670; www.buseslineaazul.cl) ha corse ogni ora per il sud con destinazione Chillán. **Buses Vilches** (☎235-327) offre 5 collegamenti al giorno con Vilches Alto, punto di accesso alla Reserva Nacional Altos de Lircay. Per Villa Cultural Huilquilemu, prendete un autobus per San Clemente e chiedete di farvi scendere alla fermata Ruta del Vino (CH$500, 10 min).

Tur Bus (☎265-715; www.turbus.cl; 3 Sur 1960) ha autobus ogni ora per Santiago e 6 partenze giornaliere per il sud, con destinazione finale Puerto Montt, che fermano a Chillán, Los Angeles, Temuco, Osorno e varie località sulla Panamericana. Tra le altre autolinee che operano lungo la stessa linea segnaliamo **Pullman del Sur** (☎264-787; www.pdelsur.cl) e **Pullman Bus** (☎244-039; www.pullman.cl).

DESTINAZIONE	TARIFFA (CH$)	DURATA (ORE)
Chillán	3500	3
Osorno	11.200	11
Puerto Montt	14.700	12
Santiago	3200	3
Temuco	5300	6
Valparaíso/ Viña del Mar	7500	6
Vilches	1400	1½

TRENO

Dalla **stazione ferroviaria EFE** (☎226-254; 11 Oriente 1000) partono 8 treni al giorno per Santiago (da CH$4000 a CH$8000, 2 h 45 min) e per il sud con destinazione Chillán (CH$9500, 2 h).

Dintorni di Talca

VILLA CULTURAL HUILQUILEMU

Questo complesso di edifici ottocenteschi, un tempo importante *fundo* (fattoria agricola), è un punto di riferimento culturale e uno splendido esempio di architettura coloniale. Il complesso è stato danneggiato dal terremoto del 2010 e il museo (che esponeva arte popolare, quadri a soggetto religioso e il fonte battesimale in cui fu battezzato il primo capo di Stato del Cile Bernardo O'Higgins) fu costretto a chiudere. All'epoca delle nostre ricerche, lo spazio espositivo era stato riaperto per ospitare eventi e manifestazioni particolari, ma in ogni caso vale la pena di visitare gli antichi edifici con i muri in adobe e il grande parco circostante, con alberi ad alto fusto come sequoie, araucarie del Cile, magnolie, palme e querce. Per maggiori informazioni, rivolgetevi all'ufficio della Ruta del Vino (p123) di Talca. Dalla città, la Villa Cultural Huilquilemu dista 7 km in direzione est; tutti gli autobus per San Clemente provenienti dall'autostazione di Talca passano da qui.

Dintorni di Curicó e Talca

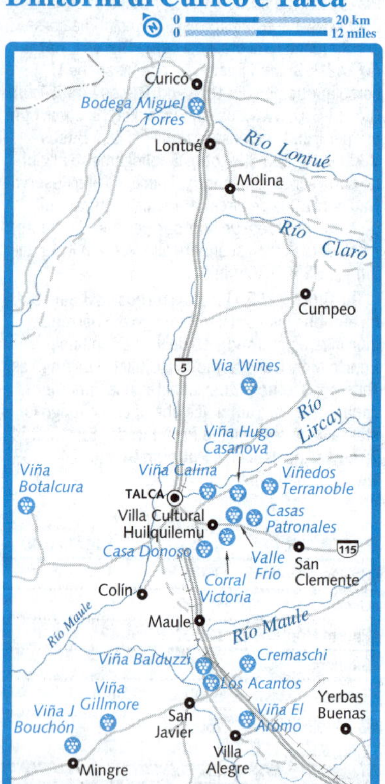

Reserva Nacional Altos de Lircay

L'ampia rete di impegnativi sentieri escursionistici che si snoda attraverso questo **parco nazionale** (www.altosdelircay.cl; interi/bambini CH $3500/600; ⏲8.30-17.30) ben organizzato e di facile accesso vi lascerà senza fiato per la bellezza e la varietà del paesaggio. I suoi 121 kmq scomprendono tratti di steppa andina d'alta quota e tratti di foresta decidua – da notare in particolare le sette specie di *Nothofagus* (faggio australe) e l'*Austrocedrus chilensis,* una conifera tipica della Cordillera Patagonica – abitata da una nutrita popolazione di tricahue, o conuro della Patagonia, e altri pappagalli autoctoni. La riserva ospita anche cervi pudú, volpi della Patagonia e gatti delle pampas, ma non è facile avvistarli.

Nel **Centro de Información Ambiental** del Conaf, circa 2 km prima dell'entrata del parco, sono esposti alcuni tabelloni che documentano la storia naturale e culturale della zona (interessata da quattro successive occupazioni indigene). Per campeggiare e fare escursioni nel parco occorre registrarsi e pagare presso l'**Administración**, situata circa 500 m dopo l'ingresso.

Attività

Escursionismo

La disponibile squadra di ranger Conaf che amministra il parco fornisce informazioni e consigli dettagliati sulle possibilità di escursioni e campeggio al suo interno e distribuisce cartine della zona. Il percorso più interessante di tutto il Cile centrale è probabilmente il **Sendero Enladrillado**, che porta alla cima di un altopiano basaltico alto 2300 m. Il sentiero inizia seguendo per circa due ore il Sendero de Chile in direzione est fino a un incrocio segnato. Da qui prosegue per circa un'ora, salendo ripidamente sulla destra, attraverso una fitta foresta per poi percorrere un tratto in piano. Alla fine si sbuca sulla piatta distesa di **El Enladrillado** (che molti pensano sia un campo di atterraggio degli UFO!). Guardando verso ovest si vede il cratere tronco del **Volcán Descabezado** (letteralmente 'vulcano decapitato'), accanto al quale svetta la cima appuntita del **Cerro Azul**. L'itinerario di 10 km richiede circa quattro ore di marcia per la salita e tre ore per la discesa. Prima che il sentiero superi il limite della vegetazione incontrerete due o tre sorgenti di acqua potabile, ma vi converrà comunque averne con voi una buona scorta.

Anche il **Sendero Laguna** segue per un'ora il Sendero de Chile prima di piegare a destra e salire ripidamente per tre ore verso la meravigliosa **Laguna del Alto**, un lago incastonato tra le montagne a 2000 m di altezza. Calcolate tre ore tra la salita e la discesa; altrimenti potrete proseguire per circa due ore lungo un sentiero diretto a nord-ovest che porta all'altopiano El Enladrillado seguendo un percorso ad anello che richiede otto ore di cammino.

Un percorso di tre ore meno impegnativo, sempre lungo il Sendero de Chile, porta dall'Administración al **Mirador del Valle Venado**, da cui si gode un bel panorama sul Volcán Descabezado e sulla Valle del Río Claro. Da qui, un sentiero prosegue verso sud-est (sempre seguendo il Sendero de Chile) attraverso una lunga gola per poi raggiungere il Río Claro, a 15 km (6 h) dall'Administración, dove si trova un piccolo rifugio. Dopo altri 5 km (3 h) si raggiunge la Valle del Venado, in cui si può campeggiare. Si tratta di un trekking di due giorni in tutto.

Tra gli altri percorsi escursionistici che si possono seguire all'interno del parco o nei dintorni segnaliamo il **Circuito de los Cóndores**, della durata di sette giorni, per il quale è consigliabile munirsi di buone mappe topografiche o farsi accompagnare da una guida. Un altro itinerario consigliabile è il percorso ad anello attraverso il bacino idrografico del Río Claro, che termina alla Reserva Nacional Radal Siete Tazas (p129).

Ecco le guide e agenzie della zona che godono di buona reputazione:

Casa Chueca/Trekking Chile ESCURSIONIMO, GUIDE
Offre escursioni organizzate da un esperto alpinista tedesco, tra cui una di un giorno intero a El Enladrillado (CH$33,000); ha sede nell'Hostal Casa Chueca (v. p124).

Costa y Cumbre Tours ESCURSIONISMO A PIEDI E A CAVALLO
(☎99-435-766; www.costaycumbretours.cl) Organizza trekking e passeggiate a cavallo e fornisce l'attrezzatura per il campeggio.

Passeggiate a cavallo

Se desiderate esplorare le zone più remote del parco senza massacrarvi i piedi, potrete farlo in sella a un cavallo. Molti abitanti di Vilches noleggiano cavalcature nei pressi dell'ingresso del parco (cavallo/guida CH$10.000/15.000 al giorno).

Pernottamento

Camping Antahuara CAMPEGGIO
(piazzole CH$2500 per persona, posto tenda CH$8000 a notte) Il Conaf gestisce l'eccellente Camping Antahuara, situato circa 500 m oltre l'Adminstración nei pressi del Río Lircay. Il campeggio è raggiungibile in automobile ed è dotato di elettricità, acqua calda, servizi igienici con sciacquone e raccolta rifiuti. Ci sono anche due *campings primitivos* (aree riservate al campeggio ma prive di servizi) che si trovano entrambi lungo il Sendero de Chile, rispettivamente a un'ora e a due ore e mezzo di marcia dall'Administración in direzione est.

Hostería de Vilches BUNGALOW
(☎9-826-7046; www.hosteriadevilches.cl; Camino Vilches Alto Km 22, San Clemente; bungalow per 2 persone a partire da CH$50.000; piscina) L'Hostería de Vilches è situata appena fuori dal parco ma ne conserva l'atmosfera di stretto contatto con la natura. Gli incantevoli bungalow privati si affacciano su un giardino tenuto con ogni cura e un paio di piscine. La saporita cucina casalinga (cena CH$7500), l'ambiente tranquillo e distensivo e l'invitante hot tub sono la fine del mondo dopo una giornata di duro cammino.

Per/dalla Reserva Nacional Altos de Lircay

L'autolinea Buses Vilches collega il **Terminal de Buses de Talca** (☎071-243-366; 2 Sur 1920, Talca) con Vilches Alto (CH$1400, 2 h), un paesino di poche case situato circa 3 km sotto il Centro de Información Ambiental e a 5 km dall'Administración della Reserva Nacional Altos de Lircay. Gli autobus partono da Talca tutti i giorni alle 7.15, 10, 12, 13 e 16.55 da marzo a dicembre; nei mesi di gennaio e febbraio le corse aumentano a 10 al giorno.

Con la propria auto ci vuole circa 1 h 30 min da Talca alla riserva. Prendete la strada 115 che attraversa San Clemente e dopo circa 38 km da Talca svoltate a sinistra per Vilches: dal bivio proseguite per altri 25 km.

Curicó

☎075 / POP. 244.053

"Bella piazza!" è più o meno tutto ciò che locali e visitatori riescono a dire di Curicó. E hanno ragione: circa una sessantina di palme ad alto fusto delimitano i margini della piazza, che all'interno è ombreggiata da grandi cedri e araucarie del Cile. Ingentilita da un bellissimo palco in ferro battuto di inizio '900 su cui si esibisce la banda municipale, ospita anche una statua in legno del capo mapuche Toqui Lautaro (particolare curioso: in lingua mapuche, Curicó significa 'acqua nera'). Fortunatamente, questa bella piazza da cartolina illustrata non è stata danneggiata dal terremoto del 2010. Al resto della città è andata peggio: stando ai resoconti della BBC, fino al 90% degli antichi edifici del centro storico è andato perduto. Nonostante le recenti difficoltà, Curicó continua però a pulsare di vita in occasione del **Festival de la Vendimia**, la manifestazione di tre giorni con cui ogni anno festeggia la vendemmia all'inizio dell'autunno.

Molti viaggiatori scelgono Curicó come base per visitare la splendida Reserva Nacional Radal Siete Tazas.

Pernottamento e pasti

Hotel Prat HOSTAL $
(☎311-069; hotelpratcurico.cl; Peña 427; singole/doppie con prima colazione CH$24.000/34.000, singole senza bagno CH$13.000; 📶) In un vecchio edificio fatiscente dipinto a colori acidi troverete le camere più economiche di Curicó. La cucina e la TV via cavo le rendono molto popolari tra gli studenti degli scambi internazionali, ma tenete presente che sono prive di riscaldamento e che quasi tutte danno direttamente sul patio.

Hostal Viñedos B&B $
(☎326-785; www.hostalvinedos.cl; Chacabuco 645; singole/doppie con prima colazione a partire da CH$28.000/38.000; 📶) Le camere di questo B&B moderno, che si rifà al tema del vino, sono intitolate a diversi tipi di uva e quelle che danno sulla facciata anteriore sono più luminose. Bevitori e astemi apprezzeranno in ugual misura i letti grandi e soffici.

Hotel Raíces BUSINESS HOTEL $$
(☎543-440; www.hotelraices.cl; Carmen 727; singole/doppie con prima colazione CH$49.000/58.000) Questo albergo moderno, che si avvantaggia di una nuova gestione e di una recente ristrutturazione, è molto frequentato da imprenditori e manager del settore vinicolo in viaggio d'affari. Ha pavimenti in ardesia, un elegante wine bar e un luminoso caffè con pareti in vetro. Le camere, forse un po' anonime, sono dotate di grandi TV al plasma e di letti assai confortevoli in cui rilassarsi dopo aver degustato Cabernet tutto il giorno.

Restaurante Miguel Torres CILENO $$$
(☎242-9360; www.migueltorres.cl; Panamericana Sur Km 195; portate principali CH$8100-13.400) Circondato da dolci colline rivestite di vigneti, questo ristorante di lusso offre una versione gourmet dei classici della cucina cilena, ognuno dei quali viene abbinato al vino che meglio gli si accompagna (ravioli alle olive con ripieno di salmone affumicato e formaggio blu tipo gorgonzola abbinati a rosé Santa Digna? *Si, por favor.*) Il vino è disponibile anche al bicchiere, mentre i dessert superlativi e il grandioso menu a prezzo fisso all'ora di pranzo contribuiscono al fascino rustico-chic di questo ristorante, che troverete subito a sud della città uscendo dalla Ruta 5.

El Rincón Che SANDWICH $
(Carmen 485; portate principali CH$3500-5200) Buoni sandwich e birra artigianale in questo locale piacevole e rilassante nei pressi di Plaza Talca.

Informazioni

Banco Santander (☎311-585; Estado 356; ⏲9-14 lun-ven) Una delle tante banche con bancomat nella zona di Plaza de Armas.

Centro de Llamados (☎314-426; Prat 588; ⏲9-21 lun-sab, 10-14 dom) Centro telefonico

Ufficio postale (☎800-277-736; Carmen 556; ⏲9-18 lun-ven, 9-12.30 sab)

Ufficio turistico (☎543-027; www.turismocurico.cl; Yungay 620)

Per/da Curicó

Autobus

Quasi tutti gli autobus in arrivo e partenza da Curicó fanno capolinea al **Terminal de Buses** (all'angolo tra Prat e Maipú), cinque isolati a ovest di Plaza de Armas vicino alla stazione ferroviaria. Da qui, **Andimar** (☎312-000; www.andimar.cl) e **Pullman del Sur** (☎328-090; www.pdelsur.cl) offrono corse frequenti per Santiago (da CH$2000 a CH$3200, 2 h 30 min, ogni 30 min).

Per il Parque Nacional Las Siete Tazas prendete un autobus per Molina (CH$500, 35 min, ogni 5 min) delle autolinee **Aquelarre** (☎314-307) al Terminal de Buses Rurales, di fronte all'autostazione principale. Da Molina ci sono corse frequenti per il parco nei mesi di gennaio e febbraio; nel resto dell'anno c'è soltanto una corsa al giorno per Radal, 9 km prima dell'ingresso. Per maggiori particolari, v. p129.

Tur Bus (☎312-115; www.turbus.cl; Av Manso de Velasco 0106) ha un suo terminal situato a sud-est della città. Da lì partono corse per Santiago (CH$2900, 2 h 30 min, 3 corse al giorno) e Valparaíso (CH$10.000, 4 h 30 min, 1 corsa al giorno) e collegamenti a sud con destinazione Osorno (CH$5900, 10 h, 4 corse al giorno), Puerto Montt (CH$7200, 12 h, 2 corse al giorno) e Valdivia (CH$8600, 11 h, 2 corse al giorno). Tur Bus serve anche Talca (da CH$900 a CH$2100, 1 h 15 min, ogni 15 min).

Treno

I treni passeggeri EFE in servizio tra Santiago e Chillán fermano alla **stazione ferroviaria** (☎600-585-5000; www.terrasur.cl; Maipú 657) di Curicó, situata vicino al terminal degli autobus e distante cinque isolati da Plaza de Armas percorrendo Prat. Da Curicó ci sono 7 treni al giorno per Santiago (da CH$4000 a CH$8000, 2 h 15 min) e Chillán (CH$8000, 2 h 30 min) con coincidenze per Concepción.

Reserva Nacional Radal Siete Tazas

Il bacino superiore del Río Claro segna il punto di transizione ambientale tra la vegetazione settentrionale di tipo mediterraneo che sopporta la siccità e l'umida foresta sempreverde tipica della regione meridionale. Qui, 78 km a sud-est di Curicó e al fondo di una stretta strada a fondo ghiaioso, si estende la **Reserva Nacional Radal Siete Tazas** (☎09-168-7820; www.conaf.cl, www.sietetazas.cl; interi/bambini CH$4000/600; ⌚8.30-20 dic-feb, fino alle 17.30 marzo-nov).

La stazione principale del Conaf si trova nel settore del **Parque Inglés**, 9 km oltre l'ingresso del parco a Radal, ma tra questi due punti ci sono un paio di cose interessanti da vedere. La prima è il **Velo de la Novia** (letteralmente 'il velo della sposa'), una cascata alta 40 m visibile da un piccolo osservatorio situato sul lato della strada a 2,6 km da Radal. Proseguendo per altri 4,4 km s'incontrano il parcheggio e la stazione dei ranger (aperta per lo più d'estate), che segnano il punto d'inizio del sentiero di 400 m per le **Siete Tazas** ('sette tazze'), una spettacolare serie di sette cascate e piscine naturali scavate dal Río Claro nella nera roccia basaltica. Da qui, un altro breve sentiero porta a un punto panoramico affacciato sul **Salto la Leona**, una cascata che precipita da un'altezza di 50 m in una stretta gola nel corso principale del Río Claro.

Due sentieri ben segnati compiono un percorso ad anello dal Camping Los Robles al Parque Inglés: il **Sendero el Coigüe** (1 km) e il **Sendero Los Chiquillanes** (7 km), che offre splendidi scorci panoramici sulla Valle del Indio (calcolate circa 4 h di marcia in totale). Il primo tratto fa parte del **Sendero de Chile** (www.senderodechile.cl) e prosegue per El Bolsón, dove c'è un rifugio, e per la Valle del Indio. Da qui è possibile attraversare a piedi il bacino idrografico del Río Claro e in due giorni raggiungere la Reserva Nacional Altos de Lircay: il percorso non è segnato e attraversa un terreno privato, per cui sarebbe consigliabile farsi accompagnare da una guida o procurarsi informazioni dettagliate presso il Conaf e munirsi di carta topografica, bussola e provviste sufficienti.

Tour

Casa Chueca/Trekking Chile ESCURSIONI CON GUIDA
(☎071-197-0097; www.trekkingchile.com) Offre escursioni di una giornata da Talca al parco Siete Tazas.

Pernottamento e pasti

Il Conaf gestisce due **campeggi** (☎075-228-029; piazzole CH$1500 per persona) con acqua fredda al Parque Inglés: il Camping Rocas Basálticas e il Camping Parque Inglés. D'estate sono entrambi molto affollati.

Camping Los Robles CAMPEGGIO $
(☎075-228-029; piazzole fino a 6 persone CH$8000) Questo campeggio a gestione privata è attrezzato con acqua calda e barbecue. Per le provviste, vi consigliamo il grande supermercato di Molina di fronte alla stazione degli autobus.

Valle de las Catas CAMPEGGIO $$
(☎099-168-7820; www.sietetazas.cl; Camino Privado s/n; piazzole per 2/4/6 persone CH$12.000/20.000/30.000, bungalow per 2/4/6 persone CH$35.000/40.000/45.000) L'amministrazione di questo ottimo campeggio vi aiuterà a organizzare escursioni in kayak e mountain bike.

Per/dalla Reserva Nacional Radal Siete Tazas

Nei mesi di gennaio e febbraio, l'autolinea Buses Hernández collega frequentemente Molina (Maipú CH$1735) con il settore Parque Inglés della riserva (CH$1800, 2 h 30 min, 8 corse al giorno). Da marzo a dicembre c'è invece un solo autobus al giorno per Radal (CH$2000, 2 h, tutti i giorni alle 17), ai piedi della collina a 10 km dal Parque Inglés.

Per raggiungere in macchina il parco Radal Siete Tazas da Curicó, prendete la Panamericana in direzione sud e poi il bivio per Molina. Da Molina, dirigetevi ancora a sud lungo la strada asfaltata K-25 con destinazione Cumpeo, 25 km più avanti; da questo punto l'asfalto si trasforma in ghiaia e prosegue per altri 39 km fino a Radal e poi per altri 10 km fino al Parque Inglés.

Chillán

042 / POP. 180.197

I terremoti hanno colpito duramente Chillán durante l'intero corso della sua vita turbolenta e quello del 2010 non è stato da meno. Se da un lato questa città in perenne stato di ricostruzione non ha di per sé molto da offrire all'interesse dei visitatori, rimane comunque il punto di accesso più comodo a paesaggi e bellezze naturali tra i più incantevoli del Cile centrale.

Che cosa vedere

Catedral de Chillán CHIESA

(all'angolo tra Av Libertad e Arauco; 10-18 lun-sab, 10-14 dom) Nell'angolo nord-orientale della piazza principale di Chillán si staglia la severa sagoma modernista della Cattedrale. Costruita nel 1941, è caratterizzata da una struttura ovoidale retta da un susseguirsi di archi giganteschi costruiti in materiale antisismico. La croce, alta 36 m, commemora le migliaia di abitanti di Chillán morti nel terremoto del 1939.

Escuela México MONUMENTO

(Av O'Higgins 250; sono gradite le offerte; 10-13.30 e 14-18 lun-ven, 10-18 sab e dom) A risarcimento della devastazione causata dal terremoto del 1939, il governo messicano fece dono a Chillán della Escuela México. Su richiesta di Pablo Neruda, i muralisti messicani David Alfaro Siqueiros e Xavier Guerrero ne decorarono la biblioteca e lo scalone con spettacolari affreschi simbolici che contrastano con l'aspetto del tutto normale della scuola.

TOP **Mercado de Chillán** MERCATO

(9-18) Il principale mercato della città è suddiviso in due settori, divisi da Maipón, nel tratto tra Isabel Riquelme e 5 de Abril. Nel settore coperto del lato nord, chiamato **Mercado Central**, si concentrano trattorie economiche e banchi di macellai sormontati da festoni di *longaniza,* la salsiccia piccante di Chillán famosa in tutto il Cile. Le bancarelle all'aperto di Plaza de la Merced che costituiscono **La Feria de Chillán** offrono un pittoresco e variopinto colpo d'occhio grazie alle pile di frutta e verdura e ai prodotti artigianali locali. Di particolare interesse sono le ceramiche provenienti dal vicino villaggio di Quinchamalí, ma troverete anche oggetti in cuoio e pelle, cestini e altro in vimini e i tipici cappelli di paglia chiamati *chupallas.*

Pernottamento

Durante la stagione sciistica gli alberghi di Chillán tendono a riempirsi in fretta, quindi prenotate per tempo.

Hotel Bavaria GUESTHOUSE $

(217-235; www.hotelbavaria.cl; 18 de Septiembre 648; doppia con prima colazione CH$20.000-30.000;) Una casa accogliente trasformata in piccolo albergo, con camere a due letti molto curate, TV e bagno privato. L'area soggiorno al piano terra ha un piacevole e intimo aspetto casalingo, purtroppo un po' guastato dal lieve odore di fumo che aleggia costantemente nell'aria.

Hostal Canadá GUESTHOUSE $

(234-515; hostalcanada269chile@gmail.com; Av Libertad 269; singole/doppie CH$7000/14.000) Passare la notte in questa pensione pratica e senza pretese, gestita da madre e figlia, è come stare a casa loro: lenzuola a fiori piuttosto consunte, tappeti logori, guanciali bitorzoluti e così via. Bisogna però riconoscere che il bagno in comune è perfettamente pulito. Nelle stesso isolato le pensioncine economiche di questo tipo non mancano, ma l'Hostal Canadá sembra più adatto alle donne che viaggiano da sole.

Hotel Las Terrazas Express HOTEL $$$

(437-000; www.lasterrazas.cl; Constitución 663; singole/doppie con prima colazione CH$48.00/61.000; @) Una lobby ariosa e piena di luce e personale gentile e sorridente accolgono chi arriva in questo piccolo albergo situato a mezzo isolato da Plaza de Armas. Altrettanto graditi sono il cocktail di benvenuto, la prima colazione a buffet e il parcheggio gratuito.

Pasti e locali

Cocinerías del Mercado Central MERCATO $

(Maipón tra 5 de Abril e Isabel Riquelme; pranzo a prezzo fisso CH$1800-2800; 8-18 lun-sab) Il menu delle piccole osterie del mercato si limita ad alcuni semplici ma ottimi piatti tipici locali come il *chupe* (un ricco e saporito stufato di pesce) e la più semplice *paila marina*. Anche la *longaniza* è una componente essenziale della grassa ma nutriente cucina del mercato.

Fuego Divino STEAKHOUSE $$

(430-988; www.fuegodivino.cl; Gamero 980; portate principali CH$5500-7800) A Chillán i ristoranti eleganti non sono molti ed è forse per questa ragione che nel fine settimana i lucenti tavoli neri di questo locale

Chillán

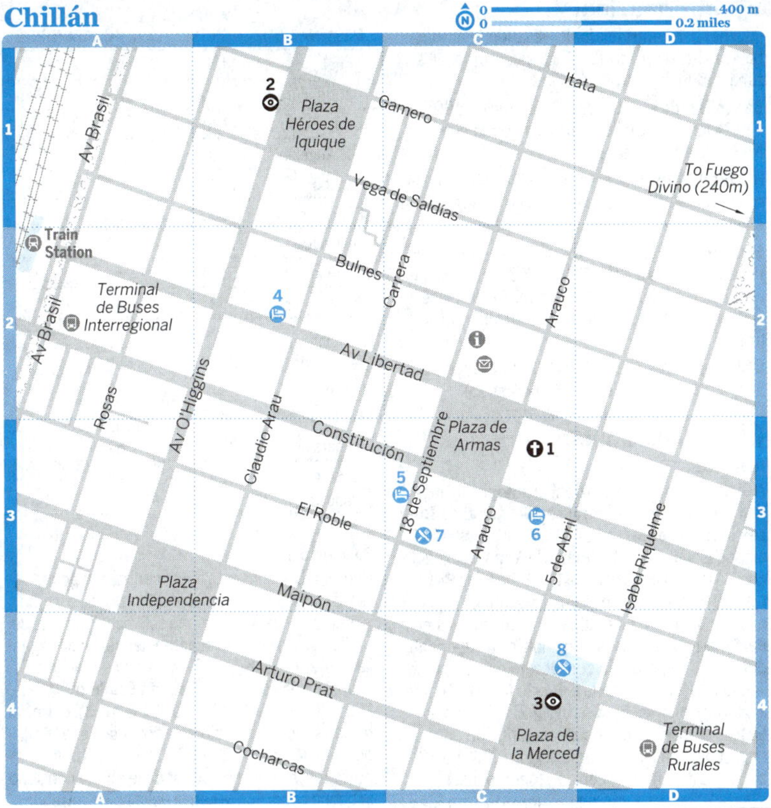

sono sempre tutti prenotati. Ma il motivo potrebbe essere anche il delizioso sapore delle bistecche di manzo di Temuco, grigliate con mano esperta dai cuochi di questo posto raffinato.

Arcoiris Vegetariano VEGETARIANO $
(El Roble 525; portate principali CH$2500-5200; ⌚9-18.30 lun-sab; 📶) Un buon ristorante vegetariano nella provincia cilena? Proviamolo. Gustosi e nutrienti pasti a prezzo fisso (a base, per esempio, di lenticchie e bulgur) sono serviti nella sala sul retro, mentre nel caffè della parte anteriore si gustano ottimi sandwich e torte accompagnati dal suono di campane a vento e musica d'ambiente.

Santos Pecadores COCKTAIL BAR
(www.santospecadores.cl; Av Vicente Méndez 275; ⌚8.30-tardi mar-sab; 📶) I *chillanejos* modaioli e danarosi si danno appuntamento per sushi, ceviche e un'ampia scelta di cocktail in questo bar dalle pareti rosse situato nella parte nord-orientale della città. Nei fine settimana i DJ animano la serata fino alle ore piccole.

Chillán

Che cosa vedere

1 Catedral de Chillán C3
2 Escuela México B1
3 Mercado de Chillán C4

Pernottamento

4 Hostal Canadá B2
5 Hotel Bavaria C3
6 Hotel Las Terrazas Express C3

Pasti

7 Arcoiris Vegetariano C3
8 Cocinerías del Mercado Central C4
Mercado de Chillán .... (v. 3)

Informazioni

Internet bar, centri telefonici, lavanderie automatiche e altri servizi turistici si concentrano nella zona pedonale di Arauco.

BancoEstado (455-291; Constitución 500; 9-14 lun-ven) Uno dei tanti bancomat che troverete lungo questa via.

Hospital Herminda Martín (208-221; Francisco Ramírez 10) Ospedale pubblico all'angolo con Av Argentina.

Sernatur (223-272; www.chile.travel/en.html; 18 de Septiembre 455; 8.30-13.30 e 15-18 lun-ven) Il personale, gentile e disponibile, fornisce cartine della città e informazioni su alberghi e trasporti.

Ufficio postale (800-267-736; Av Libertad 501; 8.30-18.30 lun-ven, 9-12.45 sab)

Per/da Chillán

Autobus

A Chillán ci sono due stazioni di autobus a lunga percorrenza. La più centrale è il **Terminal de Buses Interregional** (221-014; Constitución 01), cinque isolati a ovest di Plaza de Armas all'angolo con Rosas. Da qui partono gli autobus **Tur Bus** (248-327; www.turbus.cl) per Santiago (ogni ora); alcuni fermano a Talca e in altre città lungo la Panamericana. Tur Bus offre inoltre collegamenti diretti con Valparaíso e con località del sud come Temuco, Osorno, Valdivia e Puerto Montt (7 corse al giorno). Anche **Línea Azul** (211-192; www.buseslineaazul.cl) offre collegamenti con Santiago, Los Angeles (10 corse al giorno), Angol (2 corse al giorno) e Concepción (ogni 15 min).

Altre compagnie di autobus a lunga percorrenza utilizzano il **Terminal María Teresa** (272-149; O'Higgins 010), a nord di Av Ecuador. Tra queste ricordiamo **Buses Jota Be** (423-230), che collega quotidianamente Chillán con Salto del Laja e ha corse dirette per Los Angeles (ogni ora). **Pullman Bus** (272-178; www.pullmanbus.cl) serve località settentrionali come Calama, Antofagasta e Arica (5 corse al giorno) e meridionali come Puerto Montt (5 corse al giorno).

Sol del Pacífico (272-177) serve Santiago, Viña e Valparaíso. Tra le altre autolinee che percorrono la Panamericana segnaliamo **Buses Jac** (273-581) e **Condor** (270-264), che fa servizio tra Temuco e Santiago.

I trasporti locali e regionali fanno capolinea al **Terminal de Buses Rurales** (423-814; Maipón 890). L'autolinea **Rembus** (229-377) serve la Valle Las Trancas (da 6 a 7 corse al giorno) e nei giorni di venerdì, sabato e domenica le corse delle 7.50 e delle 13.20 proseguono per Valle Hermoso. **Vía Itata** (www.busesviaitata.cl) offre collegamenti con Ninhué (10 corse al giorno) e Cobquecura (4 corse al giorno), mentre **Turbus** serve Quirihue (3 corse al giorno) con coincidenze per Buchupureo, meta dei surfisti.

DESTINAZIONE	TARIFFA (CH$)	DURATA (ORE)
Angol	1400	2¼
Cobquecura	1800	2¾
Concepción	1700	1½
Los Angeles	2600	1½
Osorno	7200	8
Puerto Montt	7300	9
Quirihue	1500	1
Santiago	5100	6
Talca	3500	3
Temuco	3300	5
Termas de Chillán	2200	1½
Valdivia	6800	6
Valparaíso	8700	8
Valle Los Trancas	1500	1¼

Automobile

L'automobile consente di concentrare in poco tempo la visita di diversi parchi nazionali e in una giornata quella alla stazione sciistica di Termas de Chillán. Tra le agenzie di autonoleggio locali segnaliamo **Rent-a-car** (212-243; www.rentacares.com; 18 de Septiembre 380) ed **EcaRent** (229-262; www.ecarent.cl; Av Brasil, Oficina 3), entrambe con sede nella stazione ferroviaria. Le tariffe partono da circa CH$23.000 al giorno. Tenete presente che d'inverno, quando le strade non sono in buone condizioni a causa della neve, potrebbe rendersi necessario affittare anche le catene.

Treno

La linea EFE TerraSur collega la **stazione ferroviaria** (222-424; www.terrasur.cl; all'angolo tra Av Brasil e Av Libertad) con Santiago (CH$8000, 4 h 30 min, 3 treni al giorno), fermando anche a Talca (CH$8000, 1 h 45 min) e a Curicó (CH$8000, 3 h 30 min).

Termas de Chillán e Valle Las Trancas

Una strada tutta curve sale tra le montagne per 80 km da Chillán alla Valle Las Trancas e alle Termas de Chillán, la stazione sciistica che d'inverno richiama un gran numero di amanti della neve. Nel resto dell'anno, quando le vallate si ricoprono di una folta vegetazione verdeggiante, il luogo è meno affollato e si presta alle escursioni a piedi o a cavallo, alle arrampicate o semplicemente a lunghe ore di completo relax davanti allo splendido paesaggio alpino. Nei fine settimana d'estate il posto si anima un po', ma nei giorni infrasettimanali è praticamente deserto, perciò portatevi il pranzo al sacco e non aspettatevi di trovare molti alberghi aperti. Non dimenticate inoltre che qui i bancomat sono quasi del tutto inesistenti e che occorre procurarsi i contanti a Chillán.

Che cosa vedere e fare

Centro Sciistico Nevados de Chillán SCI
(☎600-626-3300; www.nevadosdechillan.com; skipass giornaliero interi/bambini CH$30.000/20.000) Il versante meridionale del Volcán Chillán (3122 m) è lo straordinario scenario che fa da sfondo a questa destinazione sciistica cilena. A differenza che in analoghi centri del paese, gran parte delle 30 piste di questo comprensorio si snoda tra i boschi e offre eccellenti possibilità di scelta a principianti e sciatori esperti. Qui i superlativi si sprecano: Nevados de Chillán vanta la pista più lunga del Sud America (Las Tres Marías, 13 km), il più lungo impianto di risalita e alcuni tra i più lunghi e interessanti percorsi fuori pista. Nel 2008 è stato inoltre inaugurato uno snow park. La stagione può iniziare già a metà maggio e prosegue generalmente fino a metà ottobre; anzi, la gente del posto assicura che uno dei periodi migliori per andarci è l'inizio di ottobre, quando si trovano neve bellissima, piste vuote e skipass scontati. D'estate si possono fare escursioni a piedi o a cavallo ed è possibile cimentarsi con l'arrampicata e il canyoning o noleggiare una mountain bike; per maggiori particolari, visitate il sito web. Se non avete problemi di denaro vi consigliamo di prenotare all'**Hotel Nevados de Chillán** (doppie con prima colazione e cena CH$118.000-149.000;) dove potrete nuotare in una piscina di fumante acqua termale all'aperto circondati dalla neve.

Valle Hermoso ATTIVITÀ ALL'APERTO
(interi/bambini CH$4500/2500) Un bivio a metà strada tra la Valle Las Trancas e il centro sciistico porta a questa verde area ricreativa. Quasi tutti ci vengono per le **sorgenti termali** (9-17), che rimangono aperte tutto l'anno perché protette all'interno di una costruzione in legno. D'estate ci si può divertire anche con zip-line, pareti attrezzate per l'arrampicata ed escursioni a cavallo per poi pernottare nel piccolo **campeggio** (CH$21.000 a tenda). Sul posto troverete uno spaccio e un fast food.

Pernottamento e pasti

Le strutture ricettive della zona sono di due generi: gli hotel di lusso delle Termas de Chillán, all'estremità della strada, offrono il vantaggio di essere vicini alle piste di sci, ma qualche chilometro più in basso, nella Valle Las Trancas, ci sono bungalow, ostelli e lodge molto più economici. Qui c'è anche un po' più di scelta per quanto riguarda i ristoranti e i bar in cui passare la serata, ma in effetti l'intero tratto di questa strada di montagna è costeggiato da locali dove è possibile fermarsi per mangiare o bere qualcosa. Detto ciò, a meno che non si abbia voglia di prendere sempre la macchina, è molto più comodo fare la prima colazione e cenare nel proprio albergo od ostello; oltretutto in bassa stagione quasi tutti gli alberghi praticano sconti molto consistenti.

Ecobox Andino BOUTIQUE HOTEL $$$
(☎042-423-134; www.ecoboxandino.cl; Camino a Shangri-Lá Km 0,2; bungalow per 2-5 persone a partire da CH$100.000;) Unico nel suo genere, questo è forse l'albergo più interessante di tutto il Cile centrale. Che questi bungalow arredati con un gusto impeccabile fossero un tempo container navali è difficile da immaginare: disegni a motivi geometrici e a vivaci colori decorano le pareti esterne, mentre l'interno si presenta come una gradevole combinazione di mobili moderni e artigianato locale. Le terrazze in legno si affacciano sul parco alberato attraversato da sentieri che conducono alla bella piscina.

Riding Chile Hostal & Restaurant OSTELLO $
(☎042-835-120, 07-779-197; www.ridingchile.com; Ruta 55, Camino Termas de Chillán Km 73; letti in camerata/doppie senza bagno con prima colazione CH$10.000/20.000;) Semplice ostello in legno, ai piedi delle montagne, la cui principale attrattiva è rappresentata dalla vicinanza alle piste di sci (a differenza della maggior parte degli altri ostelli del posto, che si trovano molto più in basso). A ciò si aggiungano una piccola piscina e un bel caffè-ristorante con dehors.

Chil'in Hostería & Restaurante OSTELLO $
(☎042-247-075; www.chil-in.com; Ruta 55, Camino Termas de Chillán Km 72; letti in camerata/doppie senza bagno CH$10.000/25.000; @) Ostello in stile ski lodge, con camere semplici ma pulite, in alcuni casi dotate di un soppalco che consente di ospitare persone in più. Nell'accogliente area soggiorno ci sono un caminetto e la connessione wi-fi, mentre nel ristorante il proprietario francese Gregory serve deliziose pizze sottili, croccanti e ben farcite.

MI Lodge LODGE $$$
(☎099-9623-0412; www.milodge.com; Camino a Shangri-Lá; singole/doppie con prima colazione CH$50.000/90.000; @≋) Lodge ecocompatibile molto accogliente, arredato con mobili rustici ma eleganti. Un allegro caminetto scoppietta al centro del bel ristorante francese in vetro e legno, aperto al pubblico e specializzato in crêpes. I proprietari, appassionati di snowboard, sono prodighi di informazioni su tutto quanto riguarda il comprensorio sciistico, mentre d'estate organizzano escursioni a piedi e a cavallo. I viaggiatori che sono stati al MI Lodge ci hanno raccontato meraviglie della zip-line, ma, se tutto ciò non vi basta, aggiungeteci la splendida vista panoramica che si gode della piscina e dalle hot tub all'aperto.

Restaurante El Tren CILENO $$
(Camino Termas de Chillán Km 73; portate principali CH$4500-6800) La confortevole sala da pranzo del raffinato ristorante El Tren è ricavata dal vagone di un treno inglese d'epoca. Offre una buona lista dei vini, specialità cilene cucinate con cura e un bel dehors con vista incantevole sulle montagne incappucciate di neve.

Snow Pub PUB $
(www.snowpub.cl; Camino Termas de Chillán Km 71,5; portate principali CH$3200-5000) Da anni, gli sciatori di ritorno dalle piste si ritrovano in questo accogliente locale della Valle Las Trancas, sempre molto affollato in alta stagione.

Per/dalle Termas de Chillán e Valle Las Trancas

Dal Terminal de Buses Rurales di Chillán partono gli autobus di **Rembus** (☎042-229-377; www.busesrembus.cl) per la Valle Las Trancas (CH$1800, 1 h 15 min) alle 7.50, 8.50, 10.15, 11.15, 12.40, 13.20, 15.10, 17, 17.50 e 19.20 da lunedì a sabato (gli orari variano leggermente a seconda della stagione). Tutte le corse, meno l'ultima, vengono effettuate anche la domenica e il venerdì e nel fine settimana alcuni autobus proseguono per la Valle Hermoso (CH$3000, 1 h 30 min); se questa è la vostra destinazione finale, assicuratevi di prendere il mezzo giusto prima di partire da Chillán. Dal Terminal Sur di Santiago ci sono 2 corse dirette per la Valle Las Trancas (CH$14,000, 7 h, alle 6.50 e alle 14.55) gestite da **Buses Nilahué** (☎ a Santiago 02-778-5222, a Chillán 042-270-569; www.busesnilahue.cl). D'inverno, un servizio di autobus fa la spola tra la Valle Las Trancas e il centro sciistico. L'autostop è un'alternativa possibile.

Località costiere

Le località costiere a nord-ovest di Chillán sono incorniciate da spiagge tranquillo e da un verde paesaggio agreste. La zona richiama chi preferisce dedicarsi al surf e alle lunghe passeggiate in riva al mare in un ambiente silenzioso e rilassante.

COBQUECURA

Cobquecura, una cittadina piacevole e tranquilla di case pittoresche con muri a secco in ardesia locale e in molti casi seriamente danneggiate dal terremoto del 2010, è delimitata da un'ampia spiaggia dall'aspetto remoto e selvaggio. Ogni anno, in occasione del Campeonato Nacional de Surf y Body Board che si tiene all'inizio di febbraio, verso Cobquecura convergono folle di appassionati di sport acquatici. Profondi suoni simili a latrati provengono da uno scoglio situato a circa 50 m dalla riva, conosciuto come **Piedra de la Lobería** e abitato di una numerosa colonia di leoni marini. A 5 km dall'abitato, in direzione nord lungo la strada costiera, si trova poi l'incantevole **Iglesia de Piedra** (Chiesa di Pietra), un imponente monolite con immense grotte aperte sul mare e illuminate all'interno da una luce misteriosa e suggestiva, dove le popolazioni preispaniche tenevano cerimonie rituali mentre oggi risiede una statua della Vergine Maria.

Gli autobus di **Via Itata** (☎042-211-196; www.busesviaitata.cl) per Cobquecura (CH$2200, 2 h 30 min) partono dal Terminal de Buses Rurales di Chillán e proseguono per Buchupureo (CH$2500). Nei mesi estivi le corse giornaliere sono numerose, mentre in bassa stagione ce n'è una sola alle 7.30. La società **Nilahué** (☎02-778-5222; www.busesnilahue.cl) effettua una corsa diretta per Cobquecura (CH$11,000, 7 h, 1 corsa al giorno) dal Terminal Sur di Santiago.

BUCHUPUREO

Il luogo più magico della costa del Cile centrale è forse questo sereno villaggio situato 13 km a nord di Cobquecura, a cui è collegato da una strada sterrata sempre più battuta dai surfisti in concorrenza a Pichilemu. I ripidi pendii ammantati di folta vegetazione danno a Buchupureo un aspetto tropicale; in effetti in questa zona è molto diffusa la coltivazione della papaya, come quella di patate che molti ritengono le migliori del paese. Nonostante l'afflusso turistico sempre più consistente, a Buchupureo la vita scorre tranquilla come un tempo e la vista di carri trainati da buoi è molto comune. Il posto è anche famoso per la pesca e pare che le *corvinas* (branzino) abbocchino in gran numero a qualsiasi amo teso lungo la spiaggia.

Dune e arbusti separano la spiaggia dalla strada principale, che corre parallela al litorale per poi attraversare il piccolo centro dell'abitato e raggiungere il lungomare. Anche un paio di passerelle in legno collegano la strada alla spiaggia.

Pernottamento e pasti

La Joya del Mar RESORT $$$
(042-197-1733; www.lajoyadelmar.com; ville per 2/4 persone con prima colazione CH$95.000/115.000;) Vale la pena di sposarsi per passare la luna di miele in una di queste ville deliziose con soffici letti bianchi, bagni eleganti e ampie terrazze con vista panoramica sul Pacifico. Dai balconi scendono a cascata piante lussureggianti e rampicanti tropicali, mentre la piscina sembra confondersi con l'azzurro del mare. L'atmosfera idilliaca si propaga all'arioso ristorante illuminato da grandi vetrate (portate principali da CH$5200 a CH$9800, aperto dalle 12 alle 22) e specializzato in pizze, insalate e fantasiosi sandwich preparati con freschissimi ingredienti locali. L'aperitivo al tramonto è d'obbligo.

Ayekán Aldea Turística CAMPEGGIO $$
(9-988-5986; www.turismoayekan.cl; piazzole CH$15,000, bungalow per 4/6/8 persone CH$40.000/60.000/70.000) D'estate si può piantare la tenda in una delle venti piazzole di questa graziosa radura situata al fondo di un viale di eucalipti vicino alla spiaggia, oppure affittare un bungalow. Nella grande costruzione in legno tipo granaio c'è il ristorante in cui si serve un'economica cucina casalinga.

Cabañas Mirador de Magdalena BUNGALOW $$
(042-197-1890; www.miradormagdalena.com; La Boca s/n; bungalow per 4 persone a partire da CH$38.000) Appollaiati su palafitte vicino al delta del fiume, all'ingresso di Buchupureo, questi bungalow interamente in legno godono di una vista meravigliosa sul mare. Le strutture, semplici ma pulite, sono circondate da un bel giardino verdeggiante direttamente collegato alla spiaggia da una passerella.

Per/da Buchupureo

In alta stagione, alcuni autobus della compagnia **Via Itata** (042-211-196; www.busesviaitata.cl) collegano giornalmente il Terminal de Buses Rurales di Chillán con Buchupureo (CH$2500, 3 h), offrendo la soluzione migliore per le coincidenze con altre destinazioni.

Concepción

041 / POP. 221.163 / 12 M

Purtroppo anche 'Conce' è stata duramente colpita dal terremoto del febbraio 2010, in seguito al quale è rimasta vittima di saccheggi e illegalità quasi altrettanto devastanti. A differenza di altri centri urbani della regione, tuttavia, Concepción è da sempre una città d'importanza fondamentale per l'economia del paese, in particolare per la sua industria manifatturiera, le attrezzature portuali e i giacimenti carboniferi dei dintorni. In Cile, Concepción è considerata una roccaforte socialista a causa dell'influenza esercitata in città dalle molte facoltà universitarie.

Concepción è situata sulla sponda settentrionale del Río Biobío (l'unico corso d'acqua di una certa importanza navigabile in Cile), a circa 10 km dalla sua foce. Poiché le colline impediscono l'espansione verso sud e verso est, la città si sta rapidamente estendendo nella direzione opposta, cioè verso Talcahuano, 15 km a nord-ovest.

Storia

Il sito originario su cui nel 1551 Pedro de Valdivia fondò Concepción si trova a nord dell'odierno insediamento urbano nei pressi di Penco (ed è per questa ragione che gli abitanti di Conce sono tuttora chiamati *penquistas*). Nei secoli successivi la città ebbe una vita molto travagliata: assediata diverse volte dai mapuche durante la guerra tra questi e gli spagnoli, fu poi attaccata e saccheggiata dai pirati inglesi e olandesi e devastata dai terremoti del 1730 e del 1751. Ma i coloni insediatisi nella regione non si arresero alle numerose avversità e Concepción finì per diventare uno degli avamposti fortificati più meridionali dell'impero coloniale spagnolo.

Dopo l'indipendenza, l'isolamento di Concepción da Santiago e la scoperta di giacimenti di lignite nei pressi di Lota, una cittadina costiera a sud di Concepción, permisero all'economia della città di svilupparsi in modo autonomo. L'esportazione di grano verso i mercati nordamericani all'epoca della corsa all'oro in California stimolò ulteriormente la crescita economica della regione.

Roccaforte del sostegno al presidente marxista Salvador Allende e al suo partito di Unidad Popular all'inizio degli anni '70, la zona di Concepción subì più di altre una dura repressione da parte della dittatura militare che governò al paese dal 1973 al 1990.

Che cosa vedere

FREE La Casa del Arte MUSEO
(☎224-2567; all'angolo tra Chacabuco e Paicaví, Barrio Universitario; ⊙10-18 mar-ven, 10-17 sab, 10-14 dom) *La Presencia de América Latina* è un imponente murales a tema fieramente politico che celebra le popolazioni indigene dell'America Latina e l'indipendenza dai poteri coloniali e imperialisti. Dipinto dall'artista messicano Jorge González Camarena, discepolo prediletto del leggendario muralista José Clemente Orozco, è il pezzo forte del museo d'arte universitario di Concepción. A chi è particolarmente interessato all'arte a sfondo sociale e politico consigliamo comunque una passeggiata nel campus, alla scoperta dei tanti coloratissimi murales che ricoprono praticamente ogni parete.

Parque Ecuador PARCO
(Av Lamas) Il museo è situato alcuni isolati a sud del centro città all'interno del Parque Ecuador, uno stretto spazio verde molto curato che si estende ai piedi del **Cerro Caracol**. Risalite una delle due strade di accesso (il proseguimento delle vie Caupolicán e Tucapel) che portano allo splendido punto panoramico da cui la vista spazia su Concepción.

Pernottamento

La clientela degli alberghi di Concepción è costituita per la maggior parte da persone in viaggio d'affari. A causa della costante richiesta di camere dovuta alla loro presenza in città, i prezzi tendono a essere eccessivamente alti in rapporto all'effettiva qualità del servizio e del trattamento offerti.

Hotel Boutique Antiyal MOTEL $$
(☎221-8623; antiyalhltda@hotmail.com; doppie CH$40.000; 📶) Questa accogliente struttura a gestione familiare – potrebbe essere definita un 'boutique motel' – offre un'ampia scelta di camere confortevoli con soffici trapunte di piumino sui letti, pareti rivestite in legno e TV via cavo. In pochi passi si raggiungono il centro città e diversi grandi supermercati.

Hotel Alborada BOUTIQUE HOTEL $$
(☎291-1121; www.hotelalborada.cl; Barros Arana 457; doppie con prima colazione CH$56.800; 📶) Elegante e minimalista, questo albergo in posizione centrale è una new entry sorprendentemente raffinata sulla scena ricettiva di Concepción. Le aree comuni – caratterizzate da vetri, specchi e mobili bianchi – hanno più carattere delle camere, che pur essendo spaziose e confortevoli hanno comunque un aspetto un po' anonimo.

Hostal Bianca HOSTAL $
(☎225-2103; www.hostalbianca.cl; Salas 643-C; singole/doppie con prima colazione CH$21.600/29.600, senza bagno CH$15.000/25.000; 📶) Il miglior albergo economico di Conce ha camere allegre e luminose – seppure un po' piccole – recentemente rinnovate con letti comodi e TV via cavo.

Pasti e locali

Per i *penquistas* il *tomar once* (caffè o tè pomeridiano) è un rito a cui non rinunciano mai e di conseguenza la città è piena di locali in cui si può bere un buon caffè accompagnato da una deliziosa fetta di torta. Per una cucina etnica a poco prezzo (cibo giapponese, pizza, gyros, tacos e molto altro ancora, con birra a fiumi e pisco) dirigetevi verso la zona universitaria di Plaza Perú, mentre intorno a Plaza España, nel quartiere conosciuto come Barrio Estación, si concentrano i ristoranti e i bar aperti fino a notte inoltrata.

Café Rometsch CAFFÈ $
(☎274-7040; Barros Arana 685; ⊙8.30-20.30) Squisiti gelati e torte serviti nell'elegante dehors sulla plaza.

TOP Deli House CILENO $
(www.delihouse.cl; Av Diagonal Pedro Aguirre Cerda 12-34; portate principali CH$3500-4800; 📶) Con i tavolini all'aperto sotto l'ombra degli alberi, è il posto ideale in cui rilassarsi con un buon caffè, un sandwich o una pizza deliziosa. Ci si può anche ritrovare per la happy hour e osservare il viavai della comunità studentesca e bohémienne della città.

Fina Estampa PERUVIANO $$
(Angol 289; portate principali CH$4900-7500) Le tovaglie inamidate, i tovaglioli perfettamente piegati e gli ossequiosi camerieri con farfallino conferiscono a questo ristorante peruviano un'elegante atmosfera d'altri tempi. Ceviche, *ají de gallina* (pollo in una piccante salsa ai peperoni gialli) e altre specialità della tradizione peruviana sono cucinati alla perfezione, così come il pesce di stagione alla griglia.

Chela's TAVOLA CALDA $
(Barros Arana 405; portate principali CH$2000-3500) La TV imperversa a tutto volume in

questo piccolo caffè di quartiere che mette in tavola porzioni monumentali di *chorrillana* (una montagna di patatine fritte e cipolle con pezzetti di salsiccia) e bistecche così gigantesche da far salire alle stelle i valori del colesterolo.

Informazioni

BancoEstado (☎905-200; O'Higgins 486; ⏲9-14 lun-ven) Una delle tante banche con bancomat della zona intorno a Plaza Independencia.

Conaf (☎262-4000; www.conaf.cl; Barros Arana 215; ⏲8.30-13 e 14.30-17.30 lun-ven) Fornisce informazioni limitate sui parchi e sulle riserve nazionali dei dintorni.

Hospital Regional (☎220-8500; all'angolo tra San Martín e Av Roosevelt) Ospedale pubblico.

Matrix (☎279-0460; Caupolicán 346; CH$600 l'ora; ⏲9.30-23 lun-sab) Accesso veloce a internet e telefonate a prezzi modici.

Sernatur (☎02-741-4145; www.chile.travel/en.html; Aníbal Pinto 460; ⏲8.30-20 gen e feb, 8.30-13 e 15-18 lun-ven marzo-dic) Qualche opuscolo informativo, ma non molto di più.

Ufficio postale (☎800-267-7736; all'angolo tra O'Higgins e Colo Colo; ⏲8.30-19 lun-ven, 8.30-13 sab)

Per/da Concepción

Autobus

A Concepción ci sono due stazioni degli autobus a lunga percorrenza. Quasi tutte le compagnie private fanno riferimento al **Terminal de Buses Collao** (☎274-9000; Tegualda 860), 3 km a est del centro città, al cui esterno c'è un posteggio di taxi. Alcune autolinee si servono anche del **Terminal Chillancito** (☎231-5036; Camilo Henríquez 2565), sul prolungamento nord-orientale di Bulnes.

I numerosi collegamenti giornalieri con Santiago sono gestiti da diverse compagnie, tra cui **Eme Bus** (☎232-0094), **Pullman Bus** (☎232-0309; www.pullmanbus.cl), **Nilahué** (☎231-0489; www.busesnilahue.cl) e **Tur Bus** (☎231-5555; www.turbus.cl; Tucapel 530); quest'ultima serve anche Valparaíso e le località meridionali di Temuco, Valdivia e Puerto Montt.

Línea Azul (☎286-1179; www.buseslineaazul.cl) serve Chillán (ogni 30 min), mentre **Buses Jota Be** (☎286-1533; www.busesjotabe.cl) collega Conce con Los Angeles (25 corse al giorno) in alcuni casi con sosta al Salto del Laja. **Buses Biobío** (☎231-5554; www.busesbiobio.cl) serve le stesse località e Angol (10 corse al giorno).

Per le località costiere meridionali, rivolgetevi a **Jota Ewert** (☎285-5587; agenzia e biglietteria in centro città Lincoyán 557).

DESTINAZIONE	TARIFFA (CH$)	DURATA (ORE)
Angol	4000	2½
Chillán	3500	2
Los Angeles	4500	2
Lota	700	30 min
Puerto Montt	18.000	7
Santiago	15.000	6½
Talcahuano	500	30 min
Temuco	15.000	4
Valdivia	12.000	6
Valparaíso/Viña del Mar	18.000	8

Automobile

Per visitare i parchi nazionali a sud di Concepción disporre di un proprio mezzo può essere utile. **Hertz** (☎279-7461; www.autorentas.cl; Av Arturo Prat 248) ha un'agenzia in centro città.

Treno

Non ci sono treni diretti per Concepción, ma sono in vendita biglietti cumulativi autobus-treno per Santiago (CH$12.000, 6 h 15 min, 5 al giorno) presso l'**EFE** (☎286-8008; www.terrasur.cl; all'angolo tra Freire e Av Padre Hurtado) nel Barrio Estación. Il cambio di mezzo, dall'autobus al treno, si effettua a Chillán; tuttavia il viaggio con autobus diretto da Concepción a Santiago, anche se leggermente più lungo, è più comodo (ed economico).

Salto del Laja

A metà strada tra Los Angeles e Chillán, il Río Laja precipita da una ripida scarpata per quasi 50 m formando una **cascata** a forma di ferro di cavallo che, secondo alcuni, è simile a una riproduzione in miniatura delle Cascate di Iguazú nel periodo di massima portata. A nostro parere il paragone non regge, benché non si possa negare che il colpo d'occhio dal ponte sul Río Laja sia spettacolare. Il sito si trovava sulla vecchia Panamericana, ma viene lasciato fuori dalla nuova Ruta 5 che corre più a ovest e soltanto pochi autobus in servizio tra Chillán e Los Angeles effettuano la deviazione. D'altra parte, che il Salto del Laja goda di molta popolarità tra i cileni della regione è testimoniato dalla presenza sul posto di diversi banchetti di souvenir e di alcuni ristoranti che si fanno una concorrenza feroce.

Qualora desideraste fermarvi per la notte al Salto del Laja, vi consigliamo il **Los Manantiales** (☎043-314-275; www.

losmanantiales.saltosdellaja.com; Variante Salto del Laja Km 480; piazzole per campeggio CH$12.000-16.000, singole/doppie con prima colazione CH$21.000/30.000;), un albergo economico con un grande ristorante da cui si gode una vista bellissima sulle cascate. Le camere, con pareti rivestite in legno, sono spaziose e pulite e l'intero complesso sembra essere rimasto piacevolmente immutato dagli anni '70. Chi viaggia con la tenda troverà un settore riservato. Nonostante quanto affermato dai cartelli situati all'inizio della tortuosa strada di accesso, per arrivare all'albergo ci vuole un buon quarto d'ora a piedi.

Se al Los Manantiales non dovesse esserci posto, fate un tentativo all'**Hotel Salto del Laja** (043-321-706; www.saltodellaja.cl; Ruta 5 Sur, Km 480; singole/doppie con prima colazione a partire da $80/100;) sul lato opposto della strada, che offre camere con caminetto e vista panoramica sulle cascate. Tenete presente che il ristorante di questo albergo è aperto al pubblico, nel caso foste soltanto di passaggio in giornata.

Circondato da uno splendido paesaggio agreste, 15 km a sud del Salto del Laja, il lodge a gestione tedesca **Residencial El Rincón** (099-9082-3168; www.elrinconchile.cl; singole/doppie CH$30.000/37.000, senza bagno CH$19.000/27.000) è il luogo ideale in cui concedersi qualche giorno di completo relax. Le camere arredate esclusivamente in legno sono molto accoglienti e la cucina casalinga, per quanto riguarda sia la prima colazione sia la cena (tre portate CH$16.000), è fantastica. I proprietari organizzano anche escursioni guidate a piedi e a cavallo. Arrivando con un autobus diretto a sud, chiedete di scendere all'uscita Perales/Los Olivos della Panamericana (Km 494), anche chiamata Cruce La Mona (l'autista saprà dove fermare). In quel punto i cartelli indicano 2 km di distanza dal lodge; previa telefonata o e-mail in anticipo, qualcuno vi verrà a prendere gratuitamente.

Molti autobus di **Buses Jota Be** (in Concepción 041-286-1533; www.busesjotabe.cl) in servizio tra Los Angeles e Concepción o Chillán fermano al Salto del Laja. Gli orari cambiano

VALE IL VIAGGIO

LOTA

La scoperta dei giacimenti di lignite lungo la cosiddetta Costa del Carbón ha favorito la crescita esponenziale dell'economia e delle industrie di Concepción. La chiusura delle miniere nel 1997 ha trascinato poi la piccola località collinare di Lota in una spirale di impoverimento che le ha lasciato in eredità alcune delle più misere baraccopoli del paese. Tuttavia la cittadina è riuscita recentemente a reinventarsi come località turistica e può essere la meta di un'interessante escursione di mezza giornata da Concepción.

Il fiore all'occhiello di Lota è rappresentato dalla **Mina Chiflón del Diablo** (Miniera del Fischio del Diavolo; 041-287-1549; www.lotasorprendente.cl; visite interi/bambini CH$5000/4500; 10.30-19.30), una miniera sottomarina a ventilazione naturale in funzione dal 1884 al 1976. Gli ex minatori oggi lavorano come guide di visite di 45 minuti, molto ben organizzate, che conducono i visitatori attraverso una rete di tunnel e gallerie fino a un giacimento di carbone situato circa 50 m sotto il mare. Prima di entrare nella gabbia di metallo che scende sferragliando nelle viscere della terra, vengono fatti indossare casco ed equipaggiamento di sicurezza. Nella miniera si può visitare anche il **Pueblito Minero**, la precisa e interessante ricostruzione delle tipiche case dei minatori realizzata per le riprese del film cileno *Sub Terra* (Sotto terra) girato qui nel 2003. Il biglietto d'ingresso comprende l'accesso allo straordinario **Parque Botánico Isidora Cousiño**, un orto botanico di 14 ettari situato un po' più avanti lungo la strada. Alcuni sentieri si snodano tra curatissime aiuole fiorite, laghetti e piccoli boschi fino a raggiungere un faro sulla punta di una lingua di terra protesa nel mare. La bellezza idilliaca del parco contrasta con la desolazione dei resti industriali di una galleria e di una montagna di scorie minerarie abbandonate sulla destra.

Da Concepción, prendete l'autobus contrassegnato 'Coronel-Lota' (CH$800, 30 min, ogni 15 min). Chiedete all'autista di lasciarvi alla Iglesia Parroquial, da dove potrete scendere alla miniera seguendo le indicazioni. Ai tempi delle nostre ricerche il servizio di minibus era stato temporaneamente sospeso a causa di uno sciopero. Per informazioni aggiornate, rivolgetevi alla stazione degli autobus di Concepción.

frequentemente, perciò informatevi sempre anche sui percorsi per non rimanere bloccati da qualche parte e non dimenticate di dire all'autista che volete scendere al Salto del Laja, in modo che non tiri diritto o aggiri la vostra destinazione.

Parque Nacional Laguna del Laja

Circa 93 km a est di Los Angeles, il **Parque Nacional Laguna del Laja** (☎043-321-086; www.conaf.cl; interi/bambini CH$1200/600; ⏲8.30-20 dic-apr, fino alle 18.30 mag-nov) occupa un territorio di 116 kmq dominato dalla caratteristica sagoma a tronco di cono del **Volcán Antuco** (2985 m). La lava eruttata nel corso del tempo ha bloccato il corso del **Río Laja** creando una specie di diga, mentre i campi di lava che circondano il lago (da cui il parco prende il nome) danno vita a uno strano paesaggio di tipo lunare. Nonostante l'aspetto tranquillo, il vulcano non è estinto e l'ultima attività è stata registrata ancora una settantina di anni fa.

Il parco è stato istituito per proteggere il cipresso della Cordigliera *(Austrocedrus chilensis)*, l'araucaria del Cile e altre specie di piante non comuni. Pur essendo stati avvistati puma, volpi e viscacce, i mammiferi sono rari, mentre, per quanto riguarda l'avifauna, il parco ospita quasi 50 specie di uccelli, tra cui il condor andino.

All'ingresso del parco, a **Los Pangües**, c'è una piccola stazione Conaf presso cui ci si può registrare. Da questo punto, una strada tutta curve porta a **Chacay**, 3 km più avanti, dove si trova la sede centrale del parco.

Che cosa vedere e fare

Oltre che a piedi, in alcune zone del parco si può circolare anche in auto: tra Chacay e l'inizio dei campi di lava della Laguna del Laja ci sono 6 km di ripida salita a tornanti, poi si costeggia il lago per 28 km fino al rifugio militare di Los Barros; da qui i veicoli fuoristrada possono proseguire fino al confine argentino (chiuso da aprile a tutto settembre).

Chacay ESCURSIONISMO

Chacay è il punto di partenza di diversi sentieri ben segnati. Dal lato sinistro della strada ha inizio la facile passeggiata di un'ora e mezzo che raggiunge due piccole ma bellissime cascate, il **Salto de Las Chilcas** (il punto in cui il Río Laja emerge dal sottosuolo) e il **Salto del Torbellino**.

Un tratto di 10 km del Sendero de Chile parte dal lato destro della strada per la **Laguna del Laja**. Non lontano inizia il **Sendero Los Coigües**, che in 2,5 km porta a un punto panoramico con una vista favolosa su Volcán Antuco.

Sendero Sierra Velluda ESCURSIONISMO

Il trekking più interessante e spettacolare all'interno del parco è quello di tre giorni lungo il Sendero Sierra Velluda, un percorso ad anello che prende il nome dal ghiacciaio sospeso che costeggia per un tratto. Il percorso si snoda intorno al Volcán Antuco superando cascate e campi di lava su cui volteggiano i condor. I ranger Conaf forniscono informazioni dettagliate e consigli su come affrontare ognuno di questi itinerari.

Club de Esqui de los Angeles SCI

(☎043-322-651; www.skiantuco.cl; skipass giornaliero interi/bambini CH$19.000/12.000) D'inverno, il Club de Esqui de los Angeles gestisce due skilift e un ristorantino sulle piste di un piccolo comprensorio sciistico vicino a Chacay chiamato Cancha de Ski Antuco.

Pernottamento

Lagunillas CAMPEGGIO $

(☎043-321-086; piazzole CH$10.000, bungalow per 6 persone CH$30.000) Nel parco si può campeggiare a Lagunillas, a 2 km dall'ingresso, un'area attrezzata con 22 piazzole per tende, elettricità, docce e servizi igienici. Anche i semplici bungalow sono dotati di acqua calda ed elettricità e possono essere affittati per più giorni. Prenotate in anticipo inviando una e-mail all'indirizzo altosdellaja@gmail.com.

Per/dal Parque Nacional Laguna del Laja

Gli autobus locali in partenza dal Terminal de Buses Rurales di Los Angeles attraversano il villaggio di Antuco e raggiungono quello di El Abanico, a 11 km dall'ingresso del Parque Nacional Laguna del Laja (CH$1600, 1 h 30 min, 7 corse al giorno). L'ultima corsa di ritorno a Los Angeles parte da Abanico alle 17.30 tranne la domenica, quando parte alle 19.15. Da notare che tra Abanico e il parco non esistono trasporti pubblici; a piedi ci vogliono circa un'ora e mezzo fino all'ingresso e un'altra mezz'ora per il campeggio di Lagunillas. L'autostop è teoricamente possibile, ma di veicoli da queste parti ne passano pochi. Se viaggiate con i vostri mezzi non dimenticate che questo tratto di strada tra maggio e settembre richiede l'uso di un fuoristrada e di catene da neve.

Los Angeles

043 / POP. 169.929

Los Angeles, comoda base di partenza per la visita al Parque Nacional Laguna del Laja, è un anonimo centro industriale e agricolo situato 110 km a sud di Chillán.

Che cosa vedere

FREE **Museo de la Alta Frontera** MUSEO
(408-643; Colón 121, 2° piano, Plaza de Armas) Questo museo costruito nel 1989 per celebrare i 250 anni della città era chiuso all'epoca della nostra visita a Los Angeles, ma se aperto merita di essere visto per la straordinaria collezione di argenti mapuche. Altrettanto interessante è la raccolta di maschere, copricapi, tessuti e ceramiche.

Pernottamento e pasti

Una fila di *residenciales* (camere in affitto) costeggia Caupolicán a ovest di Plaza de Armas. Nonostante l'aspetto modesto, queste pensioncine non sono particolarmente economiche e la maggior parte sembra essere frequentata da uomini e quindi poco adatte alle donne che viaggiano da sole. Nel trafficato centro città troverete una miriade di caffè e case da tè semplici e senza pretese in cui mangiare un sandwich o una fetta di torta.

Hotel Dikran HOTEL $$
(230-030; www.hoteldikran.cl; Almagro 393; singole/doppie con prima colazione CH$31.500/42.000;) Ambiente caldo e accogliente grazie alla gradevole combinazione di mobili in vimini, pavimenti di legno e pareti crema e ocra.

Hotel del Centro HOTEL $$
(236-961; www.hoteldelcentro.cl; Lautaro 579; singole/doppie con prima colazione CH$36.900/46.800) Nonostante gli importanti lavori di rinnovamento effettuati nel 2010, questo albergo conserva un aspetto più tradizionale che raffinato. Tuttavia i dipinti dai toni vivaci alle pareti, le TV a schermo piatto nelle camere e l'ottima prima colazione continentale ne fanno una buona soluzione per una notte di passaggio in città.

Four Points Sheraton BUSINESS HOTEL $$$
(406-400; www.starwoodhotels.com; Colo Colo 565; camere con prima colazione CH$68,800;) Questo nuovo ed elegante business hotel è perfetto se si desidera un posto dove ricaricare le batterie in una struttura moderna dotata di tutti i comfort di un albergo nordamericano: bella piscina, centro fitness, spa e una lobby con cocktail bar aperto al pubblico.

Solcito CILENO $
(www.solcito.cl; Villagrán 300; portate principali CH$2800-4500; 9-24 lun-sab, 12-19 dom) Giornali e tazze di caffè e di cioccolata calda si ammucchiano di giorno sui tavoli di questo luminoso e animato ristorante sull'angolo di Lautaro e di bicchieri di *schop* ghiacciata la sera. Nella sala sul retro si servono semplici ma saporite grigliate di carne e di pesce con accompagnamento in sottofondo di partite di calcio in TV.

Informazioni

BancoEstado (455-450; Colón 140) Bancomat e cambio di dollari.

Ciber Plus Internet (345-710; Colo Colo 451, Local 1; CH$550 l'ora; 9.30-24)

Hospital Los Angeles (409-600; Ricardo Vicuña 160) Ospedale pubblico.

Lavandería Matic (348-015; Almagro 748; CH$1000 al kg; 9-13 e 15-18.30 lun-sab)

Sernatur (317-107; www.chile.travel/en.html; Caupolicán 450, 3° piano, Oficina 6; 9-17.30 lun-ven)

Ufficio postale (800-276-7736; Caupolicán 464; 9-19 lun-ven, 9-13 sab)

Per/da Los Angeles

Autobus

Gli autobus a lunga percorrenza arrivano e partono da due autostazioni adiacenti situate in Av Sor Vicenta, il prolungamento di Villagrán alla periferia nord-orientale della città.

Pullman Bus (363-053) e **Tur Bus** (600-660-6600; www.turbus.cl) partono dal **Terminal Tur Bus** (363-136; Av Sor Vicenta 2061). Entrambe le compagnie offrono numerosi collegamenti giornalieri con Santiago (CH$8000, 6 h 30 min), gran parte dei quali con sosta a Talca, Curicó e Rancagua. Oltre 20 autobus partono inoltre quotidianamente per il sud con destinazione Temuco (CH$4300, 2 h), Osorno (CH$8100, 5 h 30 min) e Puerto Montt (CH$9300, 7 h).

Tutte le altre autolinee fanno riferimento al vicino **Terminal Santa María** (363-035; Av Sor Vicenta 2051). **Buses Jota Be** (533-181; www.busesjotabe.cl) offre collegamenti con Concepción (CH$2400, 2 h, ogni 30 min) e Angol (CH$1000, 1 h 30 min, ogni ora), punto di accesso al Parque Nacional Nahuelbuta. Alcuni autobus per Chillán (CH$2600, 1 h 45 min, ogni ora) passano per il Salto del Laja (CH$2000, 45 min), mentre **Buses Bio Bio** (534-699; www.busesbiobio.cl) serve le stesse località con minore frequenza.

Gli autobus locali fanno capolinea al **Terminal de Buses Rurales** (Terminal Santa Rita; 313-232; Villagrán 501), all'angolo con Rengo. Per il Parque Nacional Laguna del Laja, v. p139.

Automobile

Per il Parque Nacional Laguna del Laja, in mancanza di trasporti pubblici conviene noleggiare un'automobile, soprattutto se si ha in programma una visita al parco di uno o due giorni. **Interbruna** (☎313-812; www.interbruna.cl; Caupolicán 350) è una delle poche agenzie di autonoleggio nella zona; calcolate una spesa di circa CH$32.000 al giorno per un'utilitaria e di CH$60.000 per un fuoristrada.

Angol

☎045 / POP. 56.204

Per ben sette volte Angol è ritornata a vivere, dopo essere stata rasa al suolo in sei diverse occasioni durante le guerre tra i mapuche e i *conquistadores*. Ma nonostante questa storia turbolenta, oggi Angol si presenta come una cittadina tranquilla e sonnolenta, senza molto da offrire dal punto di vista turistico se non il più comodo punto di accesso al Parque Nacional Nahuelbuta, una montuosa riserva forestale istituita per proteggere la più vasta pineta di araucaria del Cile rimasta lungo la fascia costiera.

Angol è adagiata sulle due sponde del Río Vergara, un affluente superiore del Biobío formato dalla confluenza del Río Picoiquén con il Río Rehue. Il cuore antico della cittadina, a ovest del fiume, si raccoglie intorno alla suggestiva Plaza de Armas, ombreggiata da grandi alberi secolari e dotata di belle aiuole fiorite con una grandiosa **fontana**, ornata da quattro imponenti statue in marmo che rappresentano l'Europa, l'Asia, le Americhe e l'Africa.

Feste ed eventi

Brotes de Chile MUSICA

Nella seconda settimana di gennaio, ad Angol si svolge uno dei più importanti festival di musica folkloristica cilena, accompagnato da danze tradizionali e vendita di prodotti artigianali e specialità gastronomiche locali.

Pernottamento e pasti

Hotel Angol HOTEL $

(☎719-036; Lautaro 176; doppie con prima colazione CH$28.000; 📶) Albergo in posizione centrale che offre 15 camere con bagno privato e TV via cavo. La prima colazione è servita al piano terra nel Café de la Rueda, aperto al pubblico.

Duhatao BOUTIQUE HOTEL $$

(☎714-320; www.hotelduhatao.cl; Arturo Prat 420; singole/doppie con prima colazione CH$36.00/43.500; 📶) Forse vi sorprenderete di trovare un hotel di design nella sperduta cittadina di Angol, ma il Duhatao sa combinare con gusto linee moderne essenziali e colori e motivi dell'artigianato locale: letti confortevoli, copriletti tessuti a mano, testiere in ferro battuto ricavate da vecchi cancelli e grandi lavabi d'epoca nei bagni. Annessi all'albergo ci sono un ristorante raffinato e un bar.

Sparlatto Pizza PIZZERIA $

(Lautaro 418; portate principali CH$3500-5200) Vivace ristorantino sulla piazza specializzato in sandwich, insalate, cucina casalinga cilena e pizza. La sera è frequentato soprattutto da giovani, che vi si ritrovano per una birra.

Informazioni

BancoEstado (☎945-900; Chorillos 390) Bancomat e cambio di valuta.

Hospital Angol (☎551-048; Ilabaca 752) Ospedale pubblico.

Ufficio postale (☎800-276-7736; Lautaro 202; ⏲9-13 e 15-18.30 lun-ven, 9-12.30 sab)

Ufficio turistico municipale (☎990-840; Glorieta Plaza de las Siete Fundaciones; ⏲8.30-17.20 lun-ven marzo-dic, 8-20 tutti i giorni gen e feb) Al centro della piazza.

Per/da Angol

Quasi tutti gli autobus a lunga percorrenza arrivano e partono dal **Terminal Rodoviario** (Bonilla 428), una decina di minuti a piedi da Plaza de Armas. Uscite dall'ingresso principale dell'autostazione, svoltate a sinistra e seguite per quattro isolati José Luis Osorio fino all'incrocio con Bulevar O'Higgins, la via principale; qui girate a destra, attraversate il ponte e vi troverete in centro città.

I collegamenti verso nord con Santiago (da CH$9300 a CH$11.200, 8 h) sono assicurati da diverse compagnie, tra cui **Pullman JC** (☎716-866), **Línea Azul** (☎715-867; www.buseslineaazul.cl) e **Tur Bus** (☎711-655; www.turbus.cl); quest'ultima ferma a Chillán (CH$2500, 3 h 15 min, 2 corse al giorno) e a Talca (CH$7500, 5 h, 2 corse al giorno). **Buses Jota Be** (☎712-262; www.busesjotabe.cl) ha corse per Los Angeles (CH$3600, 1 h, 22 corse al giorno) e Concepción (CH$3200, 2 h 30 min, ogni 30 min).

Buses Bio Bio (☎465-387; www.busesbiobio.cl; Caupolicán 98) parte dal proprio terminal per Los Angeles (CH$1000, 1 h, 11 corse al giorno) e Concepción (CH$3500, 2 h 30 min, 25 corse al giorno).

Gli autobus locali e regionali, compresi quelli per il Parque Nacional Nahuelbuta, partono dal **Terminal de Buses Rurales** (☎712-021; Ilabaca 422).

Parque Nacional Nahuelbuta

Tra Angol e il Pacifico, la cordigliera litoranea raggiunge la quota di 1550 m nel **Parque Nacional Nahuelbuta** (www.conaf.cl; interi/bambini CH$4500/2000; ⌚8.30-20), un territorio di 68 kmq destinato alla tutela di uno degli ultimi habitat non andini di araucaria del Cile. Nei mesi estivi nel parco crescono altre piante rare e interessanti, tra cui 16 varietà di orchidee, due specie di piante carnivore e vari tipi di *Nothofagus* (faggio australe). A chi si diletta di birdwatching segnaliamo la presenza del picchio di Magellano, mentre i rari mammiferi comprendono il puma, la volpe andina o di Darwin e il piccolo cervo cileno conosciuto con il nome di pudú. Secondo alcuni, questo parco è perfino un luogo di primaria importanza per l'avvistamento degli UFO.

La strada sterrata che collega Angol con Cañete attraversa anche il parco; il quartier generale e il centro informazioni Conaf si trovano a **Pehuenco** più o meno a metà strada tra i due ingressi della riserva, talvolta sorvegliati da ranger. All'interno del Nahuelbuta non ci sono né negozi né ristoranti, quindi è necessario avere con sé provviste e tutto ciò di cui si possa aver bisogno. D'estate il parco gode di un clima caldo e secco, mentre d'inverno è generalmente soggetto a nevicate: i mesi più adatti alle visite vanno da novembre ad aprile.

Che cosa vedere e fare

I circa 30 km di strade e i 15 km di sentieri che si snodano all'interno del Parque Nacional Nahuelbuta permettono di visitare la riserva sia in auto sia a piedi. Diversi sentieri **escursionistici** segnati partono da Pehuenco. Il più battuto è un facile percorso di 4,5 km che attraversa una foresta di *pehuén* (araucaria) e raggiunge la cima del **Cerro Piedra del Águila**, un 'picco d'aquila' alto 1379 m da cui la vista spazia dalle Ande al Pacifico. Guardando verso sud-est si può vedere l'intera catena dei vulcani andini – dall'Antuco, a est di Chillán, al Villarrica e il Lanín a est di Pucón. Il ritorno a Pehuenco passa per la valle dell'Estero Cabrería, più a sud: il sentiero inizia ai piedi del lato ovest del roccione e l'intero tragitto richiede circa tre ore. Altrimenti si può raggiungere la Piedra del Águila con una breve passeggiata di 800 m dal termine di una scorciatoia accessibile in automobile. Un altro sentiero che parte da Pehuenco si dirige verso nord e dopo 5 km raggiunge la cima del **Cerro Anay**, un'altura di 1450 m da cui si gode un panorama altrettanto spettacolare. Si tratta di una facile escursione di tre ore tra distese di fiori selvatici e grandi macchie di araucaria.

Pernottamento

Camping Pehuenco CAMPEGGIO **$**
(piazzole per 6 persone CH$12.000) Vicino alla sede centrale del parco, a 5,5 km dall'ingresso arrivando da Angol. Le 11 piazzole sono disposte in radure ombrose e attrezzate con tavoli da picnic, docce fredde e servizi igienici con sciacquone.

Per/dal Parque Nacional Nahuelbuta

Diverse autolinee locali, tra cui **Buses Carrasco** (☎045-715-287), **Buses Nahuelbuta** (☎045-715-611) e **Buses Moncada** (☎045-712-021) partono da Angol alle 6.45 e alle 16 per Vegas Blancas (CH$1700, 1 h 30 min), una località situata a 7 km dall'ingresso orientale del parco e a 12,5 km dal quartier generale Conaf di Pehuenco. Alcune autolinee viaggiano di lunedì, mercoledì e venerdì, altre a giorni alterni della settimana, ma tutte partono dal **Terminal de Buses Rurales** (all'angolo tra Ilabaca e Lautaro) di Angol e ripartono da Vegas Blancas alle 9 e alle 18 (assicuratevi che questi orari non siano cambiati per evitare di rimanere bloccati in posti sperduti); nei mesi di gennaio e febbraio la corsa del mattino di solito prosegue fino all'ingresso del parco. Per chi viaggia con la propria auto, la strada si presenta a tratti piuttosto ripida e impegnativa e da giugno a fine agosto è percorribile soltanto in fuoristrada e con catene.

Anche i ciclisti più esperti e allenati sono generalmente costretti a scendere dalla loro mountain bike e a percorrere a piedi almeno parte della salita; tenete presente che lungo il tragitto non è facile trovare dell'acqua. In alternativa, si può caricare la bicicletta su uno degli autobus locali per Vegas Blancas e percorrere in sella soltanto l'ultimo tratto di strada.

ARCHIPIÉLAGO JUAN FERNÁNDEZ

Nonostante si trovino ben 667 km a ovest di Valparaíso, queste piccole isole vulcaniche sperdute nell'oceano sono considerate parte della regione di Valparaíso. L'arcipelago fu scoperto per caso da un navigatore in cerca di una nuova rotta tra il Perú e Valparaíso e su una di esse il naufrago Alexander Selkirk (alla cui avventura Daniel Defoe s'ispirò per scrivere il suo *Robinson Crusoe*) trascorse anni in solitudine inseguendo capre e scrutando l'orizzonte in attesa della nave che l'avrebbe finalmente portato in salvo. Un tempo approdo sconosciuto di pirati, cacciatori di foche e navi da guerra, l'arcipelago è stato poi ufficialmente dichiarato parco nazionale dal governo cileno e Riserva della Biosfera dall'UNESCO.

Archipiélago Juan Fernández

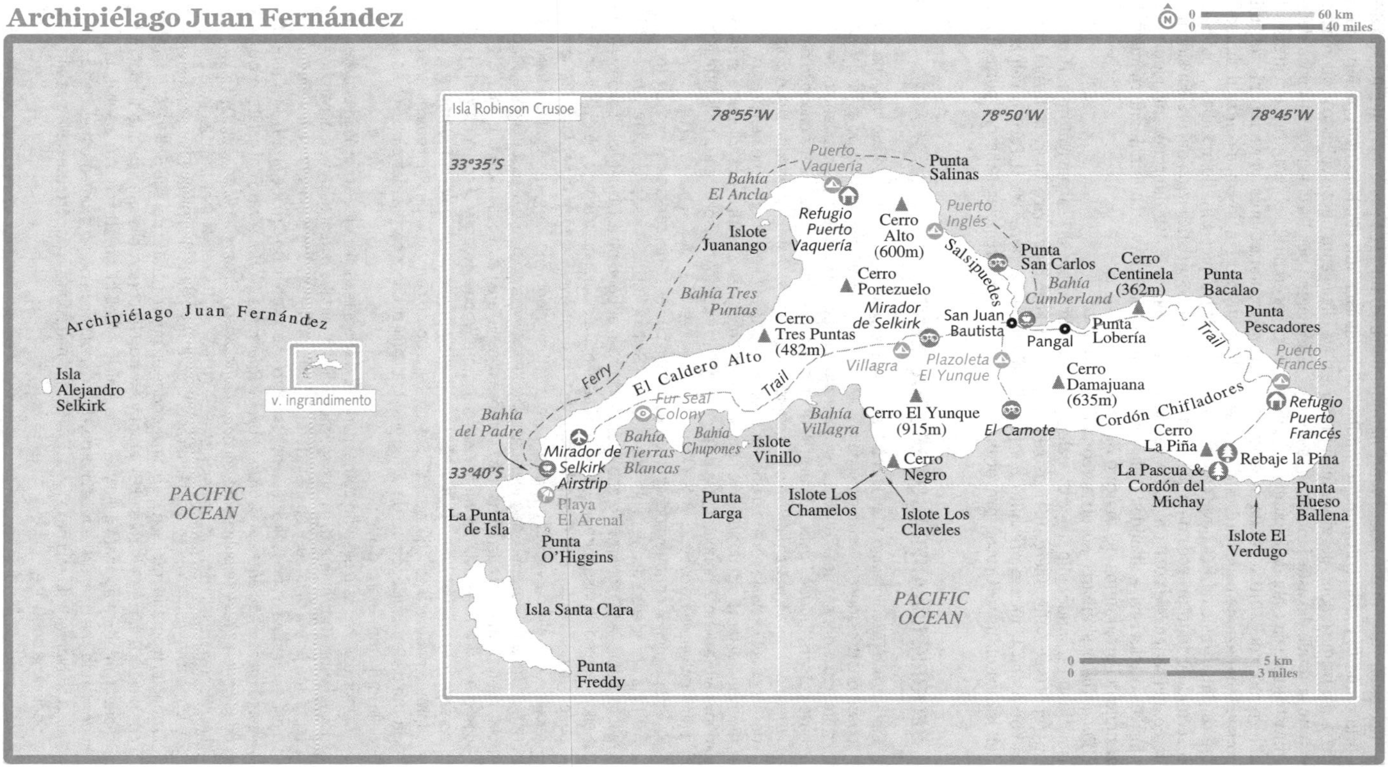

Recentemente, due tragici eventi hanno portato questo roccioso avamposto sul Pacifico sulle prime pagine dei giornali: il primo è stato la totale devastazione di abitazioni e infrastrutture causata dallo tsunami seguito al terremoto del 2010, a cui ha prestato soccorso la fondazione benefica Desafío Levantemos Chile (Insieme Risolleveremo il Cile). Il secondo è stato provocato da un disastro aereo: nel settembre 2011, un gruppo di noti giornalisti televisivi e di addetti alla realizzazione del programma del mattino *Buenos Días a Todos* s'imbarcò su un aereo per le isole Juan Fernández allo scopo di realizzare un reportage sulle opere di ricostruzione in corso, ma il mezzo precipitò nei pressi dell'isola Robinson Crusoe provocando la morte di tutti i 21 passeggeri. Il fatto suscitò un'enorme impressione nell'opinione pubblica cilena e un nuovo collasso economico e d'immagine per l'arcipelago. All'epoca delle nostre ricerche le isole erano ancora in fase di ricupero: nonostante si preveda per i prossimi anni un loro lancio come centro di immersioni subacquee a livello mondiale, come destinazione turistica sono ancora considerate 'zona sensibile'. Per informazioni aggiornate, visitate il sito www.comunajuanfernandez.cl.

Storia

Nel novembre 1574, il navigatore portoghese Juan Fernández virò fuori rotta nel corso della navigazione tra il Perú e Valparaíso e scoperse l'arcipelago che ora porta il suo

SELKIRK: IL NAUFRAGO PER ECCELLENZA

La fama dell'Archipiélago Juan Fernández si deve allo scozzese Alexander Selkirk, che passò quattro anni e quattro mesi della sua vita sull'isola di Masatierra dopo esservi stato abbandonato nel 1704. Selkirk aveva avuto una discussione con il capitano della nave corsara *Cinque Ports*, su cui era imbarcato, perché preoccupato della capacità del veliero di tenere il mare (la nave era in effetti in pessimo stato). L'abbandono su un'isola deserta equivaleva in genere a una condanna a morte per i naufraghi, che ben presto morivano di fame o si uccidevano sparandosi un colpo, ma Selkirk riuscì ad adattarsi alla nuova situazione e, nonostante la disperazione per il completo isolamento, resistette fino a quando venne ritrovato.

Gli spagnoli si opponevano vigorosamente alla presenza dei corsari nei loro territori, ma fu la previdenza di questi ultimi a far sì che Selkirk riuscisse a sopravvivere. Grazie a loro, infatti, a Masatierra c'erano acqua e capre in abbondanza. Disdegnando il pesce, Selkirk si diede a inseguire questi animali selvatici, a cibarsi della loro carne e a vestirsi delle loro pelli; alcuni addirittura li addomesticò, dopo averli azzoppati per facilitarsi la caccia. Oltre alle capre, per compagni aveva soltanto leoni marini, gatti selvatici e topi (introdotti dagli europei), dunque spesso Selkirk saliva a un punto di osservazione affacciato sulla Bahía Cumberland nella speranza di avvistare l'arrivo di una nave. Nel 1708 comparve finalmente all'orizzonte il suo salvatore Woodes Rogers, al comando delle navi corsare britanniche *Duke* e *Duchess* timonate dal famoso corsaro William Dampier. Il capitano ricorderà poi che, quando Selkirk salì a bordo con gli uomini dell'equipaggio di ritorno da terra, gli apparve 'un uomo vestito di pelli di capra con l'aspetto più selvatico delle loro proprietarie d'origine'.

Dopo essere stato assunto come marinaio da Rogers, Selkirk fece ritorno in Scozia, dove divenne una celebrità e poi l'ispiratore di una miriade di reality show e di parchi a tema, ma prima di famose opere letterarie. Si ritiene infatti che dalla sua avventura Daniel Defoe abbia tratto ispirazione per scrivere il suo *Robinson Crusoe* (1719). Meritano di essere menzionati anche *A Cruising Voyage Round the World*, scritto dal capitano Woodes Rogers stesso e pubblicato già nel 1712, *Robinson Crusoe's Island* (1969) di Ralph Lee Woodward e il romanzo revisionista *Foe* (1986) del Premio Nobel J. M. Coetzee.

Dopo aver visitato le isole del naufrago, la scrittrice britannica Diane Souhami ne rivoluzionò la biografia tradizionale dipingendone un nuovo ritratto nel suo *Selkirk's Island*, che nel 2001 vinse il Whitbread Biography Award. Nel corso delle sue ricerche sul posto, Diane fu infatti affascinata dalla vita essenziale che Selkirk dovette condurre sull'isola, ricordando che quando ne fece ritorno, dopo averla in un primo momento maledetta, iniziò a chiamarla 'la mia bella isola'. 'Divenne la relazione più importante della sua vita', concluse la scrittrice.

nome. Nei secoli successivi, le isole divennero un importante punto di approdo per le navi che cercavano di evitare la corrente di Humboldt. Tra le poche insenature nascoste dell'arcipelago trovavano rifugio i pirati – che sulle isole cacciavano le capre selvatiche e coltivavano orti per immagazzinare viveri con cui sfamarsi in caso di emergenza – e con l'afflusso dei cacciatori di foche il movimento intorno all'arcipelago aumentò ulteriormente.

All'inizio del XIX secolo, una delle isole svolse un ruolo importante nella lotta per l'indipendenza cilena. Dopo la disastrosa Battaglia di Rancagua del 1814, gli spagnoli esiliarono 42 patrioti criollo nelle umide grotte sopra San Juan Bautista. Tra i confinati c'erano Juan Egaña e Manuel de Salas, personalità di primo piano dell'élite cilena che non avrebbero dimenticato facilmente quel duro periodo della loro vita.

Nel 1877 il Cile istituì sull'isola un insediamento permanente, adibito in pratica a prigione politica, a prova di fuga, per il nuovo stato indipendente. Più tardi, durante la prima guerra mondiale, l'arcipelago tornò alla ribalta quando le navi da guerra britanniche *Glasgow* e *Orama* si scontrarono con l'incrociatore tedesco *Dresden* nella Bahía Cumberland.

Geografia e clima

Sperduto nell'Oceano Pacifico, l'arcipelago Juan Fernández è formato da tre isole: l'Isla Robinson Crusoe, la minuscola Isla Santa Clara, chiamata dagli antichi corsari Isola delle Capre e situata a soli 3 km di distanza dalla punta meridionale dell'isola principale, e la Isla Alejandro Selkirk, ad altri 170 km dal continente.

La superficie terrestre delle isole è molto limitata, ma è caratterizzata da una topografia estremamente accidentata. Dal punto di vista geologico, l'intero arcipelago è costituito infatti da un gruppo di cime emergenti della catena montuosa sommersa nota con il nome di Dorsale delle Juan Fernández; questa si snoda in direzione est-ovest per oltre 400 km in corrispondenza dell'estremità meridionale del Bacino Peruviano-cileno.

L'arcipelago è abbastanza distante dal continente da lasciare che le masse d'acqua subtropicale mitighino le basse temperature delle gelide acque subantartiche della corrente di Humboldt, che costeggia il litorale cileno da sud a nord. Il clima di tipo mediterraneo è nettamente suddiviso in estati calde e asciutte e inverni freschi e piovosi.

Natura

FAUNA

L'unico mammifero endemico dell'arcipelago è rappresentato dall'otaria orsina delle Juan Fernández, che vive nelle acque e sulle sponde dell'Isla Robinson Crusoe e dell'Isla Santa Clara. Delle 11 specie autoctone di uccelli, la più appariscente è quella del colibrì delle Juan Fernández *(Sephanoides fernandensis)*. Soltanto 700 esemplari di colibrì sopravvivono nutrendosi del singolare cavolo delle Juan Fernández, che cresce in diverse aree di San Juan Bautista; gli uccelli in genere preferiscono abitare nelle foreste endemiche.

FLORA

L'arcipelago è considerato un'ecoregione unica, caratterizzata da piante che si sono sviluppate nell'isolamento adattandosi pian piano alle locali nicchie ambientali. Oggi la maggior concentrazione di flora endemica sopravvive nelle zone in cui le capre selvatiche non possono penetrare o dominare.

La vegetazione esibisce una straordinaria varietà di affinità geografiche, che vanno dalle Ande e la regione subantartica magellanica alle Hawaii e la Nuova Zelanda. Delle 87 famiglie vegetali delle isole, 16 sono endemiche e non si trovano in alcun altro luogo del mondo; delle 140 specie native, 101 sono endemiche. Queste piante sopravvivono in tre diversi ambienti: la foresta pluviale sempreverde, la landa di arbusti sempreverde e la steppa erbosa. Ma la varietà più straordinaria è probabilmente rappresentata dal fitto sottobosco di rampicanti e dalle altissime felci arboree *Dicksonia berteroana* e *Thyrsopteris elegans*.

ℹ Per/dall'Archipiélago Juan Fernández

Due compagnie aeree collegano Santiago con le isole Juan Fernández. Diversi voli giornalieri vengono normalmente effettuati tra settembre e aprile, con minore frequenza nel resto dell'anno. Gli aerei trasportano da 10 a 20 passeggeri e il volo dura 2 h 15 min; in caso di condizioni meteorologiche sfavorevoli, gli orari di partenza possono cambiare fino all'ultimo momento e i voli essere annullati.

I voli partono dall'Aeródromo Tobalaba di Santiago, situato nel quartiere residenziale di La Reina nella zona est della città. Per arrivarci, prendete la metropolitana fino alla stazione Principe de Gales e da lì un taxi (CH$3500) per il vicino hangar. All'arrivo sull'isola, i passeggeri vengono fatti salire su un taxi d'acqua (generalmente compreso nel prezzo del biglietto aereo) che in circa un'ora li trasporta al molo di San Juan Bautista. Per la partenza dei voli di ritorno sul continente è richiesto un numero minimo di passeggeri; vi consigliamo quindi di programmare il viaggio con una certa flessibilità prevedendo l'eventualità di qualche giorno in più sull'isola. Per informazioni sui prezzi, rivolgetevi alle compagnie aeree interessate calcolando una spesa minima di CH$350.000 tra andata e ritorno.

ATA (☎02-234-3389; www.aerolineasata.cl; Larraíin Alcalde s/n)

Lassa (☎02-273-4354; www.aerolassa.cl; Larraíin Alcalde s/n)

Trasporti locali

Con pochi chilometri di strada a disposizione intorno a San Juan Bautista e un accidentato territorio interno disseminato di picchi scoscesi, il mezzo di trasporto più adatto a spostarsi da una parte all'altra dell'isola è rappresentato dalla barca. Per noleggiare un taxi d'acqua rivolgetevi alla Municipalidad di fronte alla plaza.

San Juan Bautista

☎032 / POP. 600

San Juan Bautista, l'unico centro abitato dell'Isla Robinson Crusoe, è il tipico e sonnolento villaggio di pescatori di aragoste con il berretto lavorato a maglia e di polverose botteghe, in cui le scorte di birra e di formaggio si esauriscono prima dell'arrivo della nave con i rifornimenti. Lungo i ripidi fianchi delle colline che fanno da sfondo all'abitato si arrampicano verdi giardini e modeste casette con sentieri che portano ai pascoli per i cavalli e a belle escursioni nei boschi. Purtroppo il vecchio faro, simbolo del posto, è stato distrutto dal terremoto, così come il cimitero.

Che cosa vedere

San Juan è il centro organizzativo e il punto di partenza di tutte le attività sulle isole, compresa la pesca, l'escursionismo, i tour in barca, le immersioni e la visita ai luoghi interessanti.

Fuerte Santa Bárbara MONUMENTO

Erette nel 1749 per scoraggiare le incursioni dei pirati, queste fortificazioni spagnole furono ricostruite nel 1974. Per arrivarci, seguite il sentiero che parte dalla Cuevas de los Patriotas, o raggiungete il forte direttamente dalla piazza risalendo la Subida El Castillo. Il sentiero prosegue fino al Mirador de Selkirk.

Cuevas de los Patriotas GROTTE

Percorrendo un breve sentiero in salita che parte da Larraín Alcalde, illuminato di notte, si raggiungono le umide grotte che diedero rifugio a Juan Egaña, Manuel de Salas e altri 40 patrioti, esiliati qui per diversi anni in seguito alla sconfitta del movimento indipendentista cileno nella Battaglia di Rancagua del 1814.

Attività

Immergendosi nelle acque intorno a Robinson Crusoe si ha l'impressione di precipitare in un profondo abisso: questo caratteristico ecosistema offre esperienze subacquee di livello mondiale. Murene, passere di mare, aragoste e immensi banchi di ricciole del Pacifico popolano le limpide acque dell'isola. Ma la principale attrazione locale è ovviamente rappresentata dalla giocosa otaria orsina di Juan Fernández *(Arctocephalus philippii)*.

Tour

Il chiosco Conaf sulla piazza dispone del programma di escursioni e di un elenco delle guide autorizzate.

Endémica Expediciones IMMERSIONI, PESCA

(☎032-275-1003; www.endemica.com; Larraín Alcalde 399b) Questa eccellente agenzia multilingue e d'avanguardia propone un'ampia scelta di attività, tra cui immersioni, escursioni a piedi, gite in kayak, pesca e snorkelling; raccomandiamo soprattutto le escursioni in giornata alle zone di pesca delle aragoste con accompagnamento dei pescatori locali. Il proprietario ha in programma la riapertura del rinomato Hostal Pez Volador; per informazioni aggiornate, visitate il sito web dell'agenzia.

Feste ed eventi

Rodeo de Villagra RODEO

Una festa-rodeo che si tiene tra la fine di gennaio e l'inizio di febbraio; tutta l'isola partecipa alla festa con una quantità di bestiame inimmaginabile se non la si vedesse.

Fiesta de San Pedro FESTA RELIGIOSA

Il santo patrono dei pescatori viene festeggiato il 29 giugno con una processione in mare di barche decorate a festa.

Fiesta de Aniversario RICORRENZA STORICA

Nel Día de la Isla, il 22 novembre, si commemora il giorno in cui il navigatore portoghese Juan Fernández scoprì l'arcipelago nel 1574. Il programma dei festeggiamenti prevede una regata e una gara di corsa di 13 km da Punta de Isla a Bahía Cumberland.

Pernottamento e pasti

Dall'epoca dello tsunami, l'economia dell'isola è instabile, ma il sito internet municipale (comunajuanfernandez.cl) riporta una dozzina di strutture ricettive molto semplici e attualmente aperte. Il numero limitato dei ristoranti induce molti visitatori a optare per la mezza pensione (prima colazione e cena), inclusa nei prezzi indicati di seguito; su richiesta è generalmente disponibile anche la pensione completa. Per andare invece al ristorante, prenotate in anticipo, soprattutto se siete in gruppo o desiderate ordinare un piatto speciale.

Residencial Mirador de Selkirk GUESTHOUSE **$$**
(☎275-1028, 988-457-024; mfernandeziana@hotmail.com; Pasaje del Castillo 251; camere con prima colazione CH$30.000 per persona; @) Questa casa privata in posizione elevata sul fianco della collina offre tre camere accoglienti e una grande terrazza affacciata sulla baia (dove riprenderete fiato dopo la ripida salita). La señora Julia prepara pasti deliziosi (CH$5000): ai buongustai consigliamo di provare assolutamente le sue empanadas di aragosta o il *parol* (stufato) di pesce .

Hostería Petit Breulh GUESTHOUSE **$$**
(☎275-1107; crusoeppetithotmail.com; Vicente González 80; camere CH$22.500 per person; @) Minibar come tavolini da notte, cuoio scuro, docce con idromassaggio e TV via cavo caratterizzano questo rifugio per aspiranti playboy che non mancheranno di apprezzare anche le pelli appese alle pareti (in stile anni '80). I pasti (CH$6000) sono comunque di qualità eccellente; tanto per fare un esempio, ceviche con capperi e zucchini ripieni di pesce fresco infornati sotto uno strato di formaggio. Su prenotazione, il ristorante è aperto anche a chi non è cliente dell'albergo.

Refugio Naútico BOUTIQUE HOTEL **$$$**
(☎974-835-014; www.islarobinsoncrusoe.cl; Carrera Pinto 280; singole/doppie/triple con prima colazione CH$55.000/100.000/135.000; @) Questo delizioso e accogliente albergo sul mare si distingue per l'ottima cucina e il comfort di un intimo ambiente casalingo. Le luminose camere con terrazza offrono molta privacy, ma la carta vincente è la zona soggiorno, piena di libri, DVD e musica, perfetta per un giorno di pioggia o per la siesta dopo un pranzo particolarmente abbondante. Si affittano kayak e si organizzano escursioni e immersioni tramite l'annesso centro PADI, con pagamento in carta di credito.

Crusoe Island Lodge HOTEL DI LUSSO **$$$**
(☎562-432-6800; www.crusoeislandlodge.com; singole/doppie con prima colazione a partire da $US244/406;) *Travel & Leisure* ha già

San Juan Bautista

San Juan Bautista

Che cosa vedere
1 Cuevas de los Patriotas A3
2 Fuerte Santa Bárbara A2
3 Faro B1
4 Fori dei proiettili e targa del Dresden B1

Attività, corsi e tour
5 Endémica Expediciones A2

Pernottamento
6 Hostería Petit Breuhl A3
7 Refugio Naútico B4
8 Residencial Mirador Selkirk A2

recensito questo nuovo ecolodge raffinato, con 15 camere e suite in stile rustico-chic affacciate sulla Baia di Pangal. Oltre alla piccola spa e al ristorante gourmet specializzato in aragosta e granchio reale freschissimi, il lodge organizza uscite di birdwatching, trekking, tour a tema storico e partite di pesca.

Baron de Rodt CILENO **$$**
(☎994-402-007; La Polvera 353; portate principali CH$5000-8500) Provate il delizioso sandwich di pesce chiamato *la vidriolaza*.

Informazioni

Sull'isola non ci sono banche o uffici cambiavalute, perciò portate con voi tutti i pesos di cui pensate di avere bisogno, preferibilmente in piccoli tagli. Le carte di credito sono accettate soltanto raramente e alcuni operatori turistici e alberghi ricevono pagamenti in dollari USA o euro ma a tassi molto sfavorevoli.

In diversi chioschi troverete telefoni pubblici, anche se le tariffe internazionali sono proibitive.

Centro Información al Turista (Vicente González; ⌚8-12.30 e 14-18 lun-ven, 8-12.30 e 14-16.30 sab e dom) Questa grande sala aperta, al fondo di Vicente González, allestisce mostre fotografiche, ha una sala riunioni e fornisce informazioni precise sul parco e sulla storia delle isole con traduzione in inglese.

Conaf (Larraín Alcalde; ⌚8-18 lun-ven, 9-18 sab e dom) Un piccolo chiosco nei pressi della piazza, che funge da biglietteria del parco e distribuisce opuscoli e cartine di qualità discreta. Per informazioni sulla visita a zone del parco situate oltre gli immediati dintorni dell'abitato di San Juan Bautista, si consiglia di contattarla in anticipo.

Posta de Salud (☎275-1067; Vicente González) Ambulatorio medico statale, sotto l'ufficio amministrativo Conaf.

Ufficio amministrativo Conaf (☎275-1004, 275-1022; Vicente González) Accanto al Centro Información al Turista. Chiedete di visitare il vicino vivaio in cui sono coltivate oltre 40 specie di piante endemiche. I giovani alberelli vengono poi ripiantati nel parco o affidati alla gente del posto per essere messi a terra in vari punti della città.

Ufficio postale (⌚9-18 lun-ven, 9-12 sab) Sul lato sud della piazza.

Parque Nacional Archipiélago Juan Fernández

Questo **parco nazionale** (www.conaf.cl; interi/bambini CH$3000/800) abbraccia l'intero arcipelago per un totale di 93 kmq, sebbene il territorio urbano di San Juan Bautista e della pista di atterraggio ne sia di fatto escluso. Nel tentativo di controllare l'accesso alle aree più delicate dal punto di vista ambientale, il Conaf richiede che molte escursioni a piedi vengano organizzate e condotte da guide locali ufficialmente autorizzate. Il loro elenco con le relative tariffe è affisso nel chiosco vicino alla piazza, dove ci si deve registrare anche prima di intraprendere un'escursione senza guida. Una gita in giornata per un gruppo di sei persone costa tra CH$15.000 e CH$30.000 e diverse zone sono comunque accessibili senza guida. Il parco può anche essere visitato in barca. Le agenzie turistiche locali organizzano tour nei diversi punti in cui si concentrano le colonie di otarie orsine. Il campeggio è consentito, per non più di una notte, soltanto nei campeggi organizzati.

Escursioni senza guida

MIRADOR DE SELKIRK

L'escursione più emozionante e gratificante dal punto di vista paesaggistico è probabilmente quella al *mirador* di Selkirk, sopra San Juan Bautista, dove il naufrago si appostava per scrutare l'orizzonte in attesa della nave che l'avrebbe portato in salvo. Il percorso di 3 km di lunghezza e 565 m di dislivello richiede circa un'ora e mezzo di marcia, ma ricompensa l'escursionista con un magnifico e vasto panorama su entrambi i lati dell'isola.

DA VILLAGRA ALLA PUNTA DE ISLA

Oltre l'osservatorio di Selkirk, il sentiero continua lungo il lato sud e in circa un'ora raggiunge **Villagra** (4,8 km), un punto attrezzato per il campeggio. Da qui l'ampio sentiero prosegue costeggiando la scogliera meridionale fino a **La Punta de Isla** (13 km; circa 4 h) e alla pista di atterraggio, dove ci sono altre possibilità di campeggio. Lungo il percorso s'incontra **Bahía Tierras Blancas**, la principale colonia di riproduzione delle otarie orsine di Juan Fernández. L'itinerario, panoramico e relativamente impegnativo, percorre un tratto significativo dell'isola e offre un'eccellente opportunità di coglierne la bellezza e la serenità.

PLAZOLETA EL YUNQUE

La Plazoleta El Yunque è una tranquilla radura nella foresta, con servizi igienici, acqua e aree per il pranzo al sacco ai piedi del Cerro El Yunque (L'Incudine), un picco alto 915 m. Il sentiero supera le rovine della casa di un tedesco sopravvissuto all'affondamento del *Dresden*, che aveva avuto in concessione questo terreno ed era chiamato il 'Robinson tedesco'.

CENTINELA

Il Cerro Centinela (362 m) conserva i resti della prima stazione radio installata sull'isola nel 1909. La passeggiata di 3 km parte da Pangal.

SALSIPUEDES

Dalla cima di La Pólvora, un sentiero procede zigzagando attraverso macchie di eucalipti, poi di felci endemiche e quindi di *murtilla* (mirto rosso tipico del Cile) fino a raggiungere il crinale Salsipuedes; il nome significa 'parti se puoi'.

Per organizzare un'**escursione con guida**, rivolgetevi a una qualsiasi delle agenzie turistiche dell'isola.

PUERTO INGLÉS E PUERTO VAQUERÍA

Il sentiero di 2,3 km per Puerto Inglés parte da Salsipuedes e scende lungo una cresta dall'aspetto alquanto precario fino alla zona della spiaggia in cui è stata realizzata una ricostruzione del capanno di Selkirk.

DA VILLAGRA A CERRO NEGRO

Alcune escursioni guidate vanno da Villagra alla base del Cerro El Yunque e del Cerro Negro (3,5 km).

PUERTO FRANCÉS

Il Puerto Francés, situato sulla sponda orientale dell'isola, era il rifugio dei corsari francesi. Nel 1779 la loro presenza indusse la Spagna a erigere una serie di fortificazioni di cui non rimane praticamente nulla. Dal Cerro Centinela un sentiero di 6,4 km raggiunge il porto, attrezzato con cinque piazzole per campeggio, un *refugio*, acqua corrente e servizi igienici.

Isla Alejandro Selkirk

Se sull'Isla Robinson Crusoe l'ambiente 'povero naufrago' è ormai andato perduto, vi consigliamo una puntata all'Isla Alejandro Selkirk, che non vi deluderà. Quest'isola difficile da raggiungere, e raramente visitata dai turisti stranieri, è situata 181 km a ovest della Robinson Crusoe ed è utilizzata da 25 famiglie di Crusoe come base stagionale per la pesca dell'aragosta. Quando non pescano, potrete vedere le stesse persone intente a giocare a calcio, a riparare le barche o a cacciare le capre selvatiche. Più montuosa di Robinson Crusoe, Selkirk ospita la cima più alta dell'intero arcipelago, il Cerro Los Inocentes (1650 m). Gli isolani accolgono cordialmente i visitatori rispettosi dell'ambiente, i quali devono però programmare il pernottamento in tenda e portare con sé le necessarie provviste. Non dimenticate di organizzare per tempo il viaggio di ritorno, per non ritrovarvi a sperimentare anche voi la vita del naufrago su un'isola deserta.

Norte Grande

Include »

I migliori ristoranti

» El Tercer Ojito (p178)
» La Casona (p196)
» Mata-Rangi (p160)
» Blanco (p196)

I migliori hotel

» Mirador El Buey (p159)
» Terrace Lodge & Cafe (p167)
» Tierra Atacama Hotel & Spa (p194) La Casona 1920 (p177)

Perché andare?

Mulinelli di polvere volteggiano nel Norte Grande, che offre ondulati scenari di rocce e pietre, lagune andine, vulcani innevati, pianure salate e un suggestivo litorale frastagliato. La regione vanta osservatori astronomici posti sulle alture, ma anche ricchissimi giacimenti di rame. Caratterizzato da vasti spazi disabitati di grande suggestione, la sua attrattiva principale è San Pedro de Atacama, un villaggio di edifici di adobe, da dove è possibile raggiungere in giornata il campo geotermico più elevato del mondo e alcune affascinanti formazioni geologiche. Potrete inoltre cimentarvi in un'impegnativa escursione sulle splendide montagne di Putre; visitare un villaggio del Parque Nacional Lauca o spingervi sino al Salar de Surire; trascorrere una settimana sulle spiagge di Iquique e Arica, oppure avventurarvi nelle città fantasma e nei centri minerari che rendono unica questa regione.

Quando andare?

Iquique

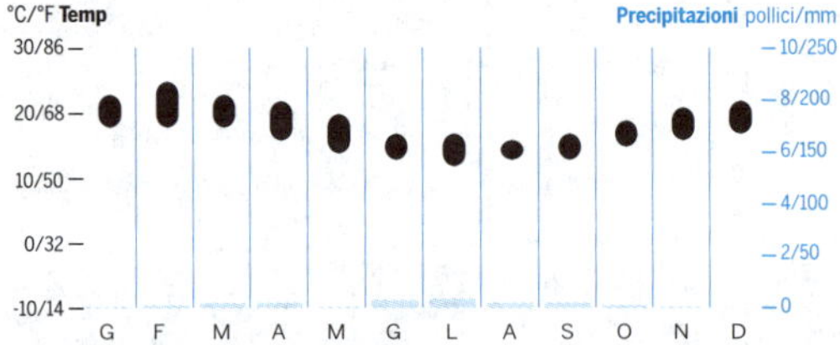

Gen–feb La costa è meta turistica locale. Alcune destinazioni montane non sono raggiungibili.

Set–ott L'*altiplano* vanta tempo stabile e si svuota di turisti.

Giu–agosto Adatti per le zone montane (ma le temperature notturne si abbassano) e per il surf.

Pericoli e contrattempi

Il Cile settentrionale è nel complesso un posto molto sicuro. Nelle rudi cittadine minerarie come Calama, tuttavia, le donne potrebbero essere oggetto di fischi e sguardi indiscreti, e la sera devono fare attenzione se camminano per strada da sole. Attualmente molti alberghi economici della regione fungono da foresteria per i lavoratori itineranti delle miniere, il che potrebbe dare adito a situazioni sgradevoli per le donne in viaggio da sole.

Le correnti oceaniche possono essere molto forti, una condizione ideale per la pratica del surf, ma assolutamente sconsigliata per il nuoto. Su quasi tutte le spiagge con correnti forti sono esposti cartelli con la scritta *'no apta para bañarse'* (non adatta per nuotare).

Di giorno (come di notte) dovreste guidare con le luci accese. Fate attenzione quando incontrate un cartello con la scritta *zona de derrumbes* (pericolo di caduta massi).

Un'altra cosa da ricordare è che ci sono ancora alcune mine antiuomo nel deserto intorno a San Pedro, persino nella turistica Valle de la Luna, in particolare nelle zone vicine al Perú. Furono collocate negli anni '70 durante la dittatura di Pinochet in un periodo di tensioni con il paese vicino. L'incidente più recente si è verificato nel febbraio del 2012, quando il confine tra i due paesi è stato chiuso per alcuni giorni dopo che le intense piogge avevano provocato lo spostamento di alcune di queste mine, poi trasportate dall'acqua sulla Panamericana. Sebbene sia difficile che ne calpestiate una, vi invitiamo a pensarci due volte prima di avventurarvi da soli nelle remote zone di confine.

Per/dal Norte Grande

Se intendete entrare in Perú o in Bolivia in automobile, informatevi presso il vostro consolato riguardo alle ultime norme in vigore. Il posto di confine di Chacalluta è aperto dalle 8 alle 24 (ora cilena), e 24 h su 24 il venerdì e il sabato. Non partite senza una scorta di carburante, acqua e antigelo. Se siete diretti a nord verso il Perú, varcherete il confine passando per il Complejo Fronterizo Santa Rosa at Tacna, aperto dalle 7 alle 23 (ora peruviana), e 24 h su 24 il venerdì e il sabato.

Il modo migliore per esplorare il Norte Grande è noleggiare un'automobile, cosa che potrete fare nelle città principali. Gli autobus viaggiano con frequenza e offrono un servizio ottimo con quasi tutte le destinazioni, mentre i parchi nazionali più difficili da raggiungere possono essere visitati prendendo parte alle escursioni organizzate dalle agenzie di viaggio. Tutte le principali città del Norte Grande possono essere raggiunte in aereo, ma i biglietti aerei sono molto costosi.

Arica

058 / POP. 185.268

Arica è una città davvero deliziosa. Calda e soleggiata tutto l'anno, offre una gradevole zona pedonale dove passeggiare al tramonto e belle spiagge color ocra a pochi passi dal centro. Il tutto è completato da favolosi break per praticare il surf e dal suggestivo campo di battaglia di El Morro, teatro di uno scontro cruciale della Guerra del Pacifico, che invogliano il visitatore a fermarsi ancora un giorno o due prima di proseguire per il vicino Parque Nacional Lauca, o a sospendere l'attività balneare per un pomeriggio per visitare la Valle de Azapa, dove sono state scoperte alcune delle mummie più antiche del mondo.

Storia

I popoli preispanici hanno abitato la zona per millenni, e proprio Arica era il punto di arrivo di un'importante via commerciale lungo la quale gli abitanti della costa scambiavano pesce, cotone e mais con le patate, la lana e il *charqui* (carne tagliata a fette sottili ed essiccata al sole) delle tribù della *precordillera* e dell'*altiplano*.

Con l'arrivo degli spagnoli all'inizio del XVI secolo Arica divenne il porto della miniera d'argento di Potosí, assai produttiva, situata nell'odierna Bolivia. Entrata a far parte del Perú dopo l'indipendenza, nel XIX secolo la città non riuscì a stare al passo con la frenetica attività delle miniere di nitrati situate più a sud, e in seguito alla drammatica battaglia combattuta sul Morro, l'altura che domina l'abitato, Arica diventò di fatto territorio cileno, una situazione formalizzata nel 1929.

Che cosa vedere

La città è dominata dal suggestivo promontorio noto come El Morro de Arica, teatro di un'importante battaglia della Guerra del Pacifico. Ai piedi dell'altura si estendono i curatissimi giardini di Plaza Vicuña Mackenna.

Museo de Sitio Colón 10 MUSEO

(Colón 10; interi/bambini CH$2000/1000; 10-19 mar-dom gen-feb, 10-18 mar-dom marzo-dic) In questo minuscolo museo situato sotto El Morro è possibile vedere le 32 mummie chinchorro portate alla luce in situ, scoperte quando un architetto acquistò questa dimora privata con l'intenzione di trasformarla in albergo. Le mummie, protette da lastre di vetro, giacciono nel punto in cui furono ritrovate, nella sabbia sotto i pavimenti, in varie posizioni, con le loro bende, la pelle e penne di uccelli marini. Alcune mummie

Il meglio del Norte Grande

1. Le mummie più antiche del mondo nel **Museo Arqueológico San Miguel de Azapa** (p163)
2. I villaggi andini e i laghi d'alta quota del **Parque Nacional Lauca** (p168)
3. Il surf durante il giorno e il relax serale con un pisco nell'affascinante città di **Iquique** (p171)
4. I villaggi della *precordillera* a nord di **Putre** (v. lettura p164)

5 In cammino avvistando lama e vigogne, verso **El Tatio** (p202) il campo geotermico più alto del mondo

6 Il sandboard nella Valle de la Muerte, alle porte di **San Pedro de Atacama** (p193)

7 Le città fantasma di **Humberstone e Santa Laura** (p180)

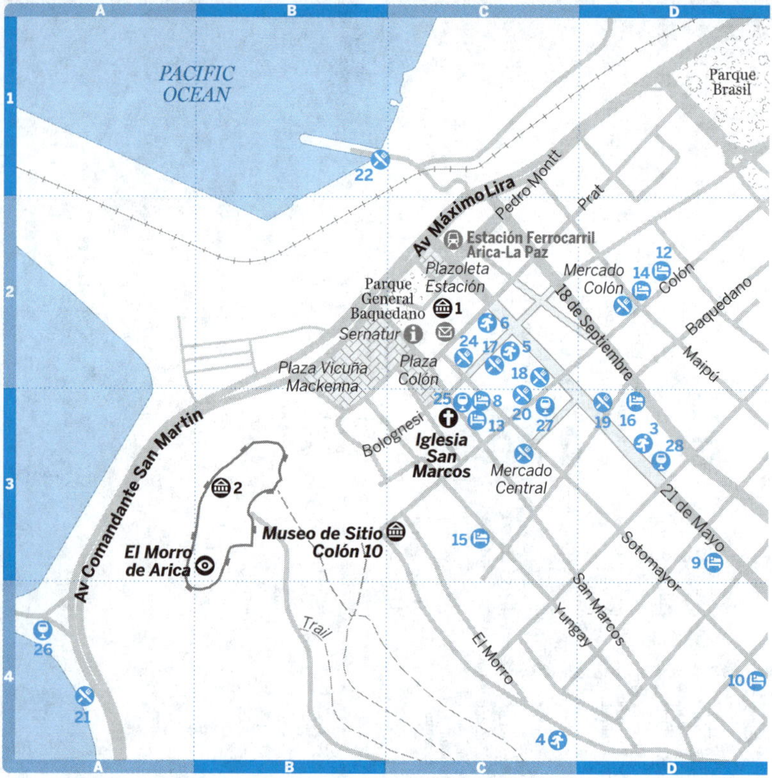

con maschere di argilla dipinte di rosso appartengono a bambini. Salite su una rampa di legno per osservare meglio le mummie e poi ammirate il panorama della città dalla terrazza coperta.

El Morro de Arica COLLINA

Su Arica incombe questo imponente promontorio di roccia bruna alto 110 m, la cui sommità rappresenta il posto ideale per orientarsi, offrendo una veduta a volo d'uccello della città, del porto e dell'Oceano Pacifico. Nel 1880, un anno dopo l'inizio della Guerra del Pacifico, il luogo fu teatro di una battaglia decisiva, che vide l'esercito cileno attaccare e sottrarre El Morro alle forze peruviane in meno di un'ora. La sommità dell'altura è raggiungibile in automobile o in taxi (CH$4000 andata e ritorno con una sosta di 30 min), oppure a piedi salendo su per un ripido sentiero che inizia all'estremità sud di Calle Colón. Le varie fasi della battaglia sono ripercorse dal patriottico **Museo Histórico y de Armas** (ingresso CH$600; ⏲9-17), con testi esplicativi in spagnolo e in inglese.

Iglesia San Marcos CHIESA

(Plaza Colón; ingresso libero; ⏲messa 8.30 lun-ven, 20 sab, 10-12 e 20 dom) Questa chiesa in stile neogotico è rinomata per ben tre motivi. Anzitutto, è stata progettata dal celebre ingegnere parigino Alexandre Gustave Eiffel, prima che diventasse famoso per la Tour Eiffel. In secondo luogo, fu prefabbricata nel laboratorio parigino di Eiffel intorno al 1870 (su commissione del presidente peruviano) e poi inviata via mare intorno al globo per essere assemblata sul luogo. Ma ancora più curioso è l'edificio stesso: l'intera struttura è stata costruita in ghisa con pezzi realizzati a stampo e poi verniciati.

FREE **Ex-Aduana de Arica** EDIFICIO STORICO

(⏲8.30-20 tutti i giorni gen e feb, 8.30-17.30 lun-gio e 8.30-16.30 ven marzo-dic) Il lascito di Eiffel ad Arica non si ferma qui, poiché l'ingegnere

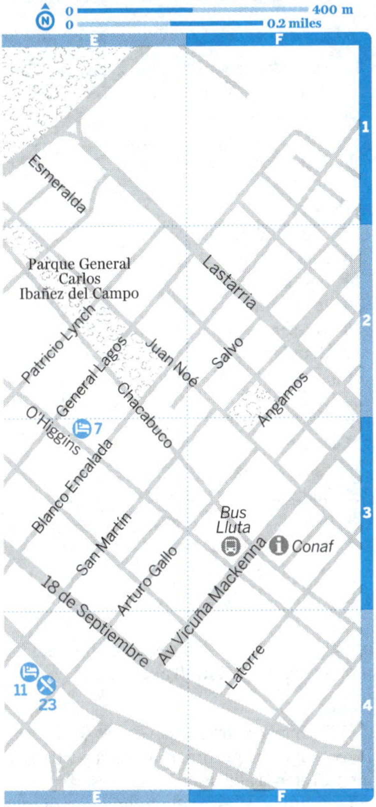

progettò anche la dogana della città. Anch'essa prefabbricata a Parigi, la struttura fu assemblata sul posto nel 1874, con pareti di blocchi e mattoni impilate tra supporti metallici. L'edificio è stato restaurato e adibito a centro culturale cittadino in cui vengono allestite mostre. Fate caso alla scala a chiocciola in ferro battuto con 32 gradini.

Attività

Spiagge

Surfisti, bagnanti e amanti della tintarella, tutti troveranno il posto che fa per loro tra le numerose spiagge di Arica. Le acque del Pacifico sono sufficientemente calde per fare il bagno, ma le forti correnti oceaniche rendono alcuni tratti di spiaggia più pericolosi di altri. Le placide acque della riparata Playa La Lisera sono le più sicure dove portare i bambini a fare il bagno.

Le spiagge più frequentate sono situate a sud della città, lungo Av Comandante San Martín, dove s'incontrano diverse baie protette e ristoranti in riva al mare. La spiaggia più vicina è **Playa El Laucho**, a 20 minuti di distanza a piedi, seguita da **Playa La Lisera**, 2 km a sud del centro, decisamente più bella e dotata di spogliatoi e docce. Lambite da onde calme, entrambe le spiagge sono adatte alla balneazione e alla tintarella, mentre nella vicina **Playa Brava**, dal mare più agitato, è preferibile limitarsi a prendere il sole.

Circa 9 km a sud della città, oltrepassato un maleodorante impianto per la lavorazione del pesce, si incontra **Playa Corazones**, dove si trovano un chiosco e un campeggio libero. Subito dopo la spiaggia un sentiero conduce a grotte, colonie di cormorani e a una colonia di leoni marini. Potrete arrivarci in taxi o con una bici a noleggio.

Altre spiagge si susseguono lungo la Panamericana Norte per 19 km fino al confine peruviano; queste spiagge sono più lunghe e bagnate da mare più agitato, ma anche più pulite delle precedenti. L'enorme **Playa Chinchorro**, 2 km a nord del centro, è una spiaggia lunga e ampia che offre ristoranti costosi, gelaterie e, durante le vacanze, noleggi di moto d'acqua. Il mare è un po' mosso, ma non presenta difficoltà per i nuotatori esperti. A febbraio l'acqua è leggermente melmosa.

Playa Las Machas, qualche chilometro più a nord, è un ritrovo di surfisti. Prendete l'autobus n. 12 o 14 da 18 de Septiembre, scendendo all'angolo di Av Antarctica e Av España.

Surf

Ormai non è più un segreto: la fama degli straordinari tube di Arica si è diffusa in tutto il mondo. Oggi la località ospita competizioni di altissimo livello e richiama le troupe di film dedicati al surf. I break migliori si formano a luglio. Oltre a quelle di Playa Las Machas, i surfisti esperti affrontano anche le altissime onde di El Gringo e El Buey all'Isla de Alacrán, a sud del Club de Yates.

Potete acquistare pantaloncini e altri indumenti per il surf al **Solari Surf Shop** (☎233-773; 21 de Mayo 160).

Corsi

Academia de Artes y Lenguas CORSO DI LINGUA
(☎258-645; www.spanishinchile.blogspot.com; 21 de Mayo 483, 3° piano) Questa scuola offre corsi di spagnolo (CH$6000 l'ora o CH$162.000 per 30 h) e a volte lezioni di musica.

Tour

Svariate agenzie cittadine organizzano tour ed escursioni di vario tipo, che vanno da gite di un giorno per lo shopping a Tacna

Arica

Da non perdere

- El Morro de Arica B3
- Iglesia San Marcos C3
- Museo de Sitio Colón 10 .... C3

Che cosa vedere

1 Ex-Aduana de Arica C2
2 Museo Histórico y de Armas B3

Attività, corsi e tour

3 Academia de Artes y Lenguas D3
Chinchorro Expediciones .... (v. 22)
4 Raíces Andinas C4
5 Ruta Andina C2
6 Solari Surf Shop C2

Pernottamento

7 Arica Surfhouse E3
8 Casa Beltrán C3
9 Hostal Huanta-Jaya D3
10 Hostal Jardín del Sol D4
11 Hotel Inti-Jaya E4
12 Hotel Mar Azul D2
13 Hotel Plaza Colón C3
14 Hotel Samaña D2
15 Hotel Savona C3
16 Residencial Arica D3

Pasti

17 Boulevard Vereda Bolognesi C2
18 Cafe del Mar C2
19 El Arriero D3
20 La Bomba C3
21 Maracuyá A4
22 Mata-Rangi B1
23 Salon de Te 890 .... E4
24 Zumería C2

Locali

25 Así Sea Club C3
26 Barrabás A4
27 Naif C3
28 Vieja Habana D3

a escursioni di mezza giornata alla Valle di Azapa. Il tour più popolare è quello alla volta del Parque Nacional Lauca (CH$20.000 per l'escursione in giornata, da CH$70.000 a CH$100.000 per quella di due giorni con pernottamento); tenete presente che molte agenzie non effettuano l'escursione a Lauca il lunedì. I visitatori solitamente optano per l'escursione in giornata, ma è preferibile dedicare alla visita del parco almeno due giorni per consentire all'organismo di acclimatarsi.

Altri tour disponibili raggiungono destinazioni meno note dell'*altiplano* e della *precordillera*. Si organizzano inoltre tour di quattro giorni a Lauca, Surire e Isluga, con una puntata a Iquique alla fine del viaggio (a partire da CH$180.000).

Le agenzie qui elencate offrono tutte la stessa gamma di escursioni (fatta eccezione per Chinchorro), ma ognuna ha la sua specialità. I prezzi variano a seconda del numero di partecipanti.

Raíces Andinas TOUR ORGANIZZATO
(☎233-305; www.raicesandinas.com; Héroes del Morro 632) Raccomandiamo questa valida agenzia che incoraggia una conoscenza più approfondita delle popolazioni locali. È specializzata in tour di due o più giorni e organizza spedizioni a Sajama in Bolivia passando per Lauca, oltre ad avventurosi tour al Salar de Uyuni. Noleggia anche qualche motocicletta (CH$7000 al giorno).

Suma Inti TOUR ORGANIZZATO
(☎225-685; www.sumainti.cl; Gonzalo Cerda 1366) Piccola agenzia gestita da aymara particolarmente attenta alle tradizioni ancestrali; i tour comprendono spesso rituali con foglie di coca e canti. Può organizzare anche escursioni più lunghe e spedizioni alpinistiche.

Ruta Andina TOUR ORGANIZZATO
(☎252-676; www.rutaandina.com; Bolognesi 362) Le escursioni più interessanti (2 giorni al minimo) seguono la Ruta de las Misiones che si snoda tra i villaggi della *precordillera*; è possibile scegliere se compiere l'escursione a piedi, in bicicletta o a bordo di un fuoristrada. I tour più lunghi per il nord inesplorato, da dove proviene il proprietario dell'agenzia, prevedono incontri culturali e raggiungono località appartate. L'agenzia noleggia anche motociclette (CH$10.000 al giorno) e vende i biglietti degli autobus per Arequipa, Cusco e Lima.

Chinchorro Expediciones GITE IN BARCA
(☎233-404; chinchorroexpediciones@gmail.com; Muelle Pesquero) Agenzia specializzata in escursioni marine che offre uscite di tre ore (comprendenti un picnic, una sosta per il nuoto e kayak) con partenza dal molo dei pescatori e un tour di due giorni in fuori-

strada con pernottamento in tenda nel corso del quale si raggiungono spiagge vergini, dimenticati villaggi di pescatori e siti archeologici nascosti.

Feste ed eventi

Carnaval Andino con La Fuerza del Sol — CARNEVALE

Chi visita Arica tra fine gennaio e i primi di febbraio potrà assistere alle sfilate delle bande d'ottoni e alle danze tradizionali dei gruppi di *comparsas*. La manifestazione richiama in città circa 15.000 spettatori nel corso di un weekend di tre giorni. Gli eventi hanno luogo prevalentemente in Av Comandante San Martín vicino a El Morro.

Concurso Nacional de Cueca — DANZA

Festival di danze folkloristiche in programma a giugno nella Valle de Azapa.

Semana Ariqueña — FESTA

All'inizio di giugno la città è in festa per una settimana.

Pernottamento

I taxisti ricevono la commissione da alcuni *residenciales* (sistemazioni economiche) e alberghi; cercate di evitarli. Il campeggio libero è consentito nel settore nord di Playa Las Machas e in Playa Corazones, una spiaggia di sabbia scura priva di ombra situata 8 km a sud della città alla fine di Av Comandante San Martín, dove troverete piazzole sporche e affollate; portatevi l'acqua.

Arica Surfhouse — OSTELLO $

(☎312-213; www.aricasurfhouse.cl; O'Higgins 661; letti in camerata CH$9500 per persona, singole/doppie CH$20.000/27.000, senza bagno CH$14.000/23.000; @ 📶) Molto rinomato tra i surfisti, è uno dei migliori ostelli di Arica. Offre camere pulite di vario tipo, prima colazione compresa nel prezzo con vero caffè, una bella area comune all'aperto, acqua calda 24 h su 24 e servizio di lavanderia. Nei mesi invernali è previsto un servizio di autobus navetta per le spiagge; offre anche lezioni di surf e noleggio dell'attrezzatura.

Sunny Days — OSTELLO $

(☎241-038; www.sunny-days-arica.cl; Tomas Aravena 161; letti in camerata CH$9000, camere con prima colazione con/senza bagno CH$10.000/12.000 per persona; P @ 📶) Situato a poca distanza dal terminal degli autobus, in un vicolo dietro

LE MUMMIE CHINCHORRO

Le mummie chinchorro sono le salme conservate artificialmente più antiche che si conoscano, anteriori di oltre due millenni alle mummie egizie. Furono le piccole comunità indigene che vivevano di pesca e di caccia lungo la costa del Perú e del Cile settentrionale, a iniziare, intorno al 7000 a.C., questa pratica di conservazione dei corpi, che era estremamente complessa per una cultura così semplice. Nel corso dei millenni le tecniche utilizzate e la successione delle varie fasi del processo subirono un'evoluzione, ma le mummie più antiche venivano ottenute grossomodo in questo modo:

- il corpo veniva privato della testa, degli arti e della pelle
- si rimuoveva il cervello aprendo il cranio, oppure estraendolo dalla base
- venivano estratti gli altri organi interni
- la salma veniva fatta seccare con pietre bollenti o con il fuoco
- veniva quindi riempita di bastoncini, canne, argilla e peli di camelide
- si riassemblavano le varie parti, forse cucendole insieme con spine di cactus
- il corpo era trattato con una densa pasta a base di cenere
- e nuovamente ricoperto di pelle, facendo i rattoppi con pelle di leone marino
- si attaccava una parrucca di capelli umani e si applicava una maschera d'argilla
- la mummia era infine dipinta con tintura nera al manganese (o, in seguito, con ocra rossa)

Finora sono state scoperte alcune centinaia di mummie chinchorro appartenenti a individui di tutte le età; non esistono prove che la mummificazione fosse riservata unicamente alle persone di rango più elevato. È interessante notare che alcune mummie sono state ridipinte più volte, forse perché i chinchorro le conservavano per lungo tempo prima di seppellirle definitivamente. Millenni dopo, i *conquistadores* furono inorriditi da pratiche simili in uso presso gli incas, che mummificavano gli antenati per abbigliarli a festa e portarli in processione durante le feste religiose.

LA STORIA DEL NORTE GRANDE

Nonostante la lontananza da Santiago, il Norte Grande ha sempre svolto un ruolo significativo nella politica e nell'economia cilena, grazie soprattutto alle ricchissime risorse minerarie esistenti poco sotto la superficie rocciosa del suolo. E, sebbene sia fortemente arida, questa regione è abitata da molte migliaia di anni.

La prima cultura a lasciare le proprie tracce nella zona fu quella dei chinchorro, celebre per i suoi stupefacenti riti funebri. In epoca precolombiana i chango, che vivevano sulla costa, praticavano la pesca a bordo di canoe gonfiabili di pelle di foca e la caccia del guanaco, mentre nel lontano deserto, in oasi vicino alle odierne Calama e San Pedro de Atacama, vivevano gli atacameño, che praticavano l'agricoltura con tecniche d'irrigazione adottate dalla cultura tiwanaku, il cui centro era localizzato nei pressi del Lago Titicaca, nell'odierna Bolivia. Queste civiltà – insieme agli incas, che regnarono per breve periodo nella regione dal 1470 fino all'epoca della conquista – ci hanno lasciato imponenti fortezze, coltivazioni a terrazze e giganteschi disegni stilizzati (detti geoglifi) tracciati sui fianchi delle colline. Le rappresentazioni delle carovane di lama ornano tuttora le stesse valli tra la *cordillera* e la costa attraversate dai mercanti in epoca precolombiana.

Le popolazioni indigene vennero in larga parte sottomesse durante la conquista, che avvenne nella seconda metà del XVI secolo. Gli spagnoli adottarono il sistema dell'*encomienda*, in base al quale la Corona accordava ai suoi sudditi il diritto di sfruttare gli indigeni e di riscuotere i tributi; i conquistatori crearono dei porti nelle città costiere di Arica, Pisagua e Iquique. Tuttavia, alcune comunità di chango riuscirono a conservare la loro indipendenza, e la zona venne colonizzata veramente soltanto a partire dal 1810 circa, quando vi furono scoperti ingenti depositi di 'oro bianco', il nitrato di sodio.

Va ricordato che questa parte del paese, rivendicata a lungo da Perú e Bolivia, divenne ufficialmente cilena soltanto alla fine del XIX secolo. La svolta si ebbe con la Guerra del Pacifico (1879-84), scatenata da disaccordi su un trattato, dalla presenza di migliaia di lavoratori cileni nelle miniere boliviane e dai tentativi della Bolivia di aumentare le tasse sull'esportazione di minerali. Nel giro di cinque anni il Cile assunse il controllo dei territori dove si trovavano le miniere di rame e nitrati, vitali per l'economia del paese.

I cileni, però, non furono gli unici a beneficiare dell'esito della guerra, poiché gli investitori stranieri, che attendevano da tempo il momento di farsi avanti, agirono rapidamente per trarre vantaggio dal nuovo assetto territoriale cileno. Tra quanti riuscirono a trarre profitto dalla nuova situazione vi fu in particolare lo speculatore John Thomas North, che nel periodo successivo alla Guerra del Pacifico riuscì a ottenere il controllo delle linee ferroviarie e giunse quasi a controllare l'economia della regione.

Il periodo aureo dell'industria dei nitrati ebbe dimensioni particolarmente ragguardevoli nella regione. Le *oficinas*, le cittadine in cui i minerali venivano estratti e lavorati, come per esempio Humberstone, prosperarono durante i primi anni del XX secolo. Chiamate anche *salitreras*, queste effimere città erano centri prosperi e pieni di vita circondati dal deserto. In questo periodo iniziarono ad affermarsi anche grandi città portuali come Antofagasta e Iquique. Il rapido sviluppo industriale, tuttavia, fu seguito da un crollo altrettanto repentino quando in Europa furono messi a punto i nitrati sintetici, provocando il declino dei centri estrattivi: il Cile dimostrò in quel momento quanto forte fosse la sua dipendenza dai profitti di quel settore.

La crisi condusse la nazione quasi sull'orlo della bancarotta, e oggi la Panamericana è punteggiata da una miriade di città fantasma sorte nel XIX e XX secolo. Fortunatamente per il Cile, il Norte Grande aveva un altro asso nella manica: il rame, presente in abbondanza nel sottosuolo della regione. Il rame costituisce ancora oggi una voce di vitale importanza per l'economia cilena, in particolare in seguito all'aumento dei prezzi del prezioso minerale. A Chuquicamata c'è una delle più grandi miniere di rame a cielo aperto del mondo, una delle tante della regione. Ma lo sfruttamento di questa risorsa è stato accompagnato da gravi problemi, tra cui il degrado ambientale, l'aumento dei prezzi, la sovrappopolazione e l'inquinamento.

Le risorse naturali di cui la regione è ricca sono state talvolta utilizzate dai politici per gettare fumo negli occhi alla popolazione: il profitto sicuro e costante è stato utilizzato come un pretesto per posticipare la risoluzione di seri problemi sociali e politici.

Anche i sindacati nacquero nel nord del paese tra la fine del XIX e l'inizio del XX secolo, costituendo da quel momento in poi un nuovo e importante interlocutore del mondo politico cileno.

la spiaggia di Chinchorro, il Sunny Days è un ostello estremamente accogliente gestito con passione da una gentile coppia cileno-neozelandese che vive sul posto. Offre lavanderia, deposito bagagli, noleggio di biciclette, utilizzo di due cucine comuni e un sacco di informazioni. Nel prezzo è compresa la prima colazione all-you-can-eat che si consuma a un grande tavolo comune. Pagamento solo in contanti.

TOP Mirador El Buey GUESTHOUSE $$
(☎325-530; www.miradorelbuey.cl; Punta del Este 605; singole/doppie/suite CH$20.000/40.000/50.000; P@) Questa guesthouse, la più bella tra le sistemazioni sul mare, è una casa imbiancata a calce dallo stile mediterraneo situata sulle pendici della collina residenziale che domina la spiaggia di La Lisera. Si rivolge ai surfisti più esigenti offrendo pavimenti di legno duro, fantastiche terrazze, cucine linde, ampia vista sul mare e una terrazza comune con amache sul tetto. Inoltre offre noleggio di attrezzatura per il surf, lezioni di surf, servizio di tow-in e noleggio di biciclette. Volendo è possibile affittare un piano intero (che può ospitare fino a otto persone) al prezzo di CH$100.000.

Casa Beltrán HOTEL $$
(☎257-898; www.hotelcasabeltran.cl; Sotomayor 266; singole/doppie CH$50.000/60.000; P@) L'unico autentico boutique hotel esistente ad Arica, Casa Beltrán è un elegante albergo ricavato all'interno di una *casona* d'epoca. Situato in posizione centrale, mette a disposizione 17 camere ben progettate con pavimenti di legno duro scuro e tutti i comfort che ci si aspetta in una struttura di questo livello. Alcune camere sono dotate di balcone. Si rivolge a una clientela esigente anche il ristorante (chiuso la domenica), affacciato su un patio verdeggiante, che serve *almuerzos* (pranzi a prezzo fisso) e tè pomeridiano. La terrazza al quarto piano offre un bel panorama di El Morro.

Hostal Jardín del Sol HOSTAL $
(☎232-795; www.hostaljardindelsol.cl; Sotomayor 848; singole/doppie con prima colazione CH$11.000/$22.000; @) In attività da molto tempo, continua a essere uno dei migliori *hostales* della città. Dispone di camere piccole ma molto pulite dotate di ventilatore. Gli ospiti possono socializzare nel patio abbellito da piante, sulla terrazza, nella cucina comune e nel soggiorno. Offre inoltre un servizio di scambio libri e un gran numero di informazioni turistiche.

Hotel Samaña HOTEL $$
(☎255-453; www.hotelsamana.cl, in spagnolo; Maipú 271; singole/doppie CH$33.000/36.500; P@) Il Samaña è un albergo nuovo di zecca situato in pieno centro che mette a disposizione camere ben arredate disposte intorno a un soleggiato cortile centrale, tutte con TV via cavo e spaziosi bagni. Le camere si surriscaldano parecchio, ma fortunatamente sono dotate di ventilatore.

Hotel Savona HOTEL $$
(☎231-000; www.hotelsavona.cl, in spagnolo; Yungay 380; singole/doppie CH$25.500/36.000; P@) Ospitato in un candido edificio la cui facciata ricorda una fisarmonica e situato ai piedi di El Morro, il Savona vanta un bel patio interno abbellito da una buganvillea e una piscina ovale. Uno stile classico caratterizza le camere, un po' ingombre ma ben attrezzate. Quelle affacciate sulla piscina possono essere rumorose.

Hotel Inti-Jaya HOTEL $$
(☎230-536; www.hotelintijaya.cl; 21 de Mayo 850; singole/doppie CH$19.350/32.500; P@) Dietro la facciata di vetro, questo lussuoso albergo nasconde statue, grandi specchi, piante in vaso, rifiniture in pietra levigata ed elaborate sculture di legno. Nelle camere, ben attrezzate, troverete cassaforte e un nécessaire per la toeletta (CH$3000). Dal quarto piano si gode una bella vista. Si accettano solo contanti.

Hotel Arica HOTEL $$$
(☎254-540; www.panamericanahoteles.cl; Av Comandante San Martín 599; singole/doppie CH$95.000/112.000, bungalow per 2 persone CH$130.000; P@) Grande resort in riva al mare che offre camere di vario tipo, tra cui bungalow affacciati sull'acqua, con tutti i servizi e le attrezzature di una struttura a quattro stelle. Si trova a sud del centro nei pressi di Playa El Laucho. Chiedete una camera con vista mare e informatevi sulle offerte riservate a chi effettua la prenotazione online.

Hostelling International Doña Inés OSTELLO $
(☎248-108; hiarica@hostelling.cl; Pasaje Manuel Rojas 2864; letti in camerata con prima colazione CH$7800-8500, doppie CH$16.500-18.500; @) Gestito dal re della vita notturna cittadina, questo ostello è anche un luogo di ritrovo alla moda, con pareti ricoperte da graffiti, un patio con biliardino, prima colazione servita fino alle 12 e barbecue e feste tutte le settimane. Dista 20 mi-

nuti a piedi dalla stazione degli autobus. Si organizzano uscite di parapendio.

Hostal Huanta-Jaya HOSTAL $
(☎314-605; hostal.huanta.jaya@gmail.com; 21 de Mayo 660; singole/doppie CH$12.000/20.000; 📶) Un lungo atrio arredato con opere d'arte a tema africano conduce alle camere, gradevoli, pulite e spaziose, ma leggermente buie. C'è un piccolo soggiorno comune e sala da pranzo, dove viene servita la prima colazione (CH$1500).

Hotel Plaza Colón HOTEL $
(☎232-125; www.hotelplazacolon.cl, in spagnolo; San Marcos 261; singole/doppie CH$24.000/30.000; P@📶) La magnifica posizione di fronte all'Iglesia San Marcos e a El Morro compensa le camere antiquate, alcune delle quali, comunque, sono molto luminose e con bellissima vista (fatevene mostrare qualcuna).

Hotel Mar Azul HOTEL $
(☎256-272; www.hotelmarazul.cl, in spagnolo; Colón 665; singole/doppie CH$15.000/20.000; 📶🏊) Riconoscibile per la bandiera che sventola sulla facciata, il Mar Azul è un albergo situato in pieno centro con ambienti interni dominati dal colore bianco, un'invitante piccola piscina all'aperto, TV via cavo, prima colazione servita fino alle 11 e massaggi su richiesta.

Residencial Arica GUESTHOUSE $
(☎255-399; 18 de Septiembre 466; doppie CH$12.000, singole/doppie senza bagno CH$6000/9000; 📶) Pulito e centrale, questo accogliente *residencial* rappresenta una scelta valida per chi viaggia con un occhio al portafoglio. Offre nove allegre camere complete di TV e ventilatore, ma con materassi molli.

Pasti

Mata-Rangi PESCE $
(Muelle Pesquero; menu a prezzo fisso CH$3800-4800, portate principali CH$3500-4500; ⏰solo pranzo) Superbo pesce viene servito in questo adorabile locale affacciato sul porto accanto al molo dei pescatori. È una struttura in legno piena di campane del vento; è possibile accomodarsi in un'ariosa sala da pranzo o in un piccolo dehors affacciato sul mare. Arrivate presto per trovare un tavolo libero oppure preparatevi ad aspettare.

Zumería CAFFÈ $
(Sotomayor 193; spuntini CH$750-900; ⏰chiuso a cena e dom) In questo minuscolo takeaway potrete ordinare un succo o uno smoothie preparato sul momento, ma anche un involtino o un sandwich fatto con ingredienti genuini e, per finire, una deliziosa torta casalinga. Ottimo per la prima colazione, un picnic sulla spiaggia o un pranzo rapido da consumare al piccolo bancone.

El Arriero PARRILLA $$
(21 de Mayo 385; portate principali CH$4000-9100; ⏰chiuso dom) Questo ristorante vecchio stile è l'ideale per gli amanti della carne a cui non importa aspettare per gustare la tradizionale *parrillada* (grigliata di carne mista). Il servizio è gentile e l'atmosfera quella tipica delle vecchie steakhouse.

Boulevard Vereda Bolognesi AREA RISTORAZIONE $
(Bolognesi 340; ⏰chiuso dom) In questo piccolo centro commerciale troverete un assortimento di simpatici caffè, ristoranti e bar. Dopo aver scelto tra un salad bar, un locale peruviano, una trattoria italiana e un sushi bar, potrete accomodarvi a mangiare nel patio centrale. Si prepara anche vero espresso.

Salon de Te 890 PIZZERIA $
(21 de Mayo 890; pizze CH$2700-3600; ⏰chiuso dom) Questa allegra sala da tè propone ottime pizze e torte servite in un paio di sale color pastello con pavimenti di legno duro. Non perdetevi la specialità della casa, la torta Siete Sabores.

Cafe del Mar CAFFÈ $
(21 de Mayo 260; portate principali CH$2550-4200; ⏰chiuso dom) Consigliamo questo animato locale non tanto per il cibo – anche se il menu è davvero ricco – quanto per la posizione. Potrete consumare qualcosa seduti a uno dei tavoli all'aperto e osservare il viavai.

Maracuyá PESCE $$
(Av Comandante San Martín 0321; portate principali CH$6000-11.000) Concedetevi un superbo pasto a base di pesce servito da camerieri in cravattino in questo elegante locale con vista mare situato accanto a Playa El Laucho.

La Bomba CILENO $
(Colón 357; menu a prezzo fisso a pranzo CH$2800, portate principali CH$2000-5000) Situato all'interno della stazione dei vigili del fuoco, è un locale senza pretese frequentato dalla gente del posto. Serve portate principali della cucina cilena a buon mercato e in porzioni tali da soddisfare l'appetito di un pompiere.

Locali

Concedetevi una pausa sorseggiando un caffè bollente o una Escudo ghiacciata in uno dei numerosi caffè esistenti lungo la pedonale 21 de Mayo. Di notte andate nei bar lungo Bolognesi tra 21 de Mayo e Plaza Colón.

Así Sea Club BAR
(San Marcos 251; ⌚chiuso dom) Una grande dimora storica ospita questo sofisticato locale formato da eleganti ambienti con arredi e suppellettili d'epoca e un patio sul retro. Nei giorni feriali serve deliziosi piatti a pranzo (CH$2800), mentre nel weekend alla sera propone un menu di *tablas* (piatti da condividere; da CH$3900 a CH$7500), cocktail e vini cileni da assaporare con l'accompagnamento di musica lounge.

Naif BAR
(Colón 342) Il Naif è un grande locale sempre animato frequentato da una clientela giovane. Offre cibo servito in porzioni abbondanti durante il giorno, un'atmosfera fumosa, musica ad alto volume, musica live nel weekend e DJ alcune sere alla settimana.

Barrabás BAR
(Av Comandante San Martín 222) Situato sul mare, è un locale di recente apertura dove è possibile venire a prendere un cocktail al tramonto e ammirare la splendida vista delle onde che si infrangono sulla battigia. Durante il giorno funge anche da ristorante (portate principali da CH$5100 a CH$8500); in futuro dovrebbe anche ospitare dei DJ.

Vieja Habana BAR
(21 de Mayo 487) Nel fine settimana la sera offre lezioni di salsa e bachata (CH$2000), mentre nel weekend funziona come *salsoteca* (club di salsa).

☆ Divertimenti

Alcuni dei bar e delle discoteche più alla moda sono situati lungo Playa Chinchorro. Tra essi ricordiamo **Soho** (ingresso con consumazione CH$6000-8000; ⌚chiuso dom), la discoteca più animata dalla città, e il pub annesso, **Drake** (ingresso con consumazione CH$6000-8000; ⌚chiuso dom), in entrambi i quali si esibiscono DJ e gruppi di salsa e rock. Non lontano è il **Bar Previa** (Av Buenos Aires 160), un locale con un grande dehors, aperto sette giorni su sette, che propone spettacoli di musica dal vivo e serate di karaoke; spendendo più di CH$5000 in bevande si entra gratis al Soho.

Shopping

Lungo Pasaje Bolognesi, uno stretto passaggio che parte da Plaza Colón, viene allestito un mercato in cui troverete sia artigianato che paccottiglia.

Poblado Artesanal MERCATO
(Hualles 2825; ⌚10.30-13.30 e 15.30-19 mar-dom) Alla periferia di Arica, vicino alla Panamericana Sur, è stata creata la copia di un villaggio dell'*altiplano* in cui potrete fare una full-immersion di shopping. Nei negozi e nei laboratori di artigiani seri troverete gli articoli più diversi, dalle ceramiche originali a strumenti musicali ben fabbricati. Il villaggio ha persino la chiesa, copia di quella di Parinacota, con le riproduzioni dei suoi affascinanti murales. I taxi *colectivos* n. 7 e 8 fermano vicino all'ingresso, così come gli autobus n. 7, 8 e 9.

ℹ Informazioni

Accessi a internet

In 21 de Mayo e Bolognesi ci sono diversi internet bar; di solito la tariffa applicata è di CH$400 l'ora.

Assistenza sanitaria

Farmacia (all'angolo tra Colón e 18 de Septiembre)
Hospital Dr Juan Noé (☎232-242; 18 de Septiembre 1000)

Cambio

Lungo la via pedonale (21 de Mayo) ci sono numerosi bancomat in funzione 24 h su 24, oltre a molte *casas de cambio*, che cambiano dollari statunitensi, euro, valuta peruviana, boliviana e argentina.

Informazioni turistiche

Conaf (☎201-200; tarapaca@conaf.cl; Av Vicuña Mackenna 820; ⌚8.30-17.35 lun-ven) Qui troverete utili informazioni sui parchi nazionali della Región I (Tarapacá). Per arrivarci prendete il *micro* n. 9 o i *colectivos* n. 7, 2 o 23 dal centro (*micro* CH$350, *colectivo* CH$500).

Sernatur (☎252-054; infoarica@sernatur.cl; San Marcos 101; ⌚9-20 lun-ven, 10-14 sab gen-feb, 9-18 marzo-dic) Personale disponibile e materiale informativo su Tarapacá e altre regioni cilene.

Posta

Ufficio postale (Prat 305) Si trova in un passaggio pedonale tra Pedro Montt e Prat.

Telefono

Lungo 21 de Mayo ci sono diverse cabine telefoniche pubbliche e in tutta la città troverete dei centri telefonici.

Pericoli e contrattempi

Anche se Arica è una città molto sicura, il fenomeno del borseggio è piuttosto diffuso. Consigliamo particolare prudenza quando vi trovate in spiaggia e nelle stazioni degli autobus.

ℹ Per/da Arica

Da Arica, i viaggiatori possono dirigersi a nord e attraversare il confine peruviano alla volta di Tacna e Lima, oppure a sud verso Santiago o a est in Bolivia.

Aereo

L'Aeropuerto Internacional Chacalluta si trova 18 km a nord di Arica, vicino al confine peruviano. I passeggeri diretti a Santiago dovrebbero sedersi sul lato sinistro del velivolo per avere la possibilità di ammirare il magnifico panorama delle Ande e la distesa bruna del Deserto di Atacama che si estende a perdita d'occhio.

Lan (☎600-526-2000; www.lan.com; Arturo Prat 391) ha 1 volo diretto giornaliero per Santiago (CH$223.000, 2 h 30 min) e per Iquique (CH$31.500, 50 min).

Sky (☎600-600-2828; www.skyairline.cl, in spagnolo; 21 de Mayo 356) gestisce voli meno frequenti per Santiago (circa CH$85.200), Calama (CH$51.500) e Iquique (CH$19.600). Questa compagnia ha anche voli per Arequipa (CH$52.000) il giovedì e la domenica e per La Paz tutti i giorni (CH$71.200).

Autobus

Arica ha 2 autostazioni principali. Il **Terminal Rodoviario de Arica** (Terminal de Buses; ☎241-390; Diego Portales 948) è la stazione di quasi tutte le compagnie che viaggiano in direzione sud per altre destinazioni cilene. Accanto si trova il **Terminal Internacional de Buses** (☎248-709; Diego Portales 1002), cui fanno capo le corse internazionali e alcune corse regionali. La zona è famigerata per la presenza di borseggiatori, perciò tenete sempre d'occhio i vostri bagagli. Per raggiungere i terminal, prendete il *colectivo* n. 8 da Maipú o San Marcos; una corsa in taxi costa tra CH$1500 e CH$2000.

Oltre una decina di compagnie hanno i loro uffici nel Terminal Rodoviario de Arica, e servono le destinazioni a sud della città, da Iquique a Santiago. Tra le più importanti figurano **Buses Pullman Santa Rosa** (☎241-029), **Buses Zembrano** (☎248-672), **Flota Barrios** (☎223-587), **Pullman Bus** (☎241-972), **Pullman Carmelita** (☎241-591), **Pullman San Andrés** (☎242-971), **Ramos Cholele** (☎221-029) e **Tur Bus** (☎222-217).

Per trovare l'autobus che cercate consultate il tabellone degli orari all'interno del terminal (sappiate però che non sempre gli orari indicati sono esatti). La domenica le corse sono meno frequenti.

Qui di seguito sono elencate alcune delle principali destinazioni con le relative tariffe.

DESTINAZIONE	TARIFFA (CH$)	DURATA (ORE)
Antofagasta	16.000	10
Calama	16.000	9
Copiapó	18.000	18
Iquique	7000	4
La Paz, Bolivia	8000	9
La Serena	25.000	23
Santiago	30.000	27

Bus Lluta (all'angolo tra Chacabuco e Av Vicuña Mackenna) raggiunge Poconchile e Lluta da 4 a 5 volte al giorno (da CH$900 a CH$2000, 1 h).

Buses La Paloma (☎222-710; Germán Riesco 2071) serve i villaggi della *precordillera* di Belén: Socoroma mercoledì e sabato (CH$3500), Belén martedì e venerdì (CH$3500), con partenza da Arica alle 7 e ritorno alle 13, Putre tutti i giorni (CH$3500) alle 7, con ritorno alle 14. La Paloma effettua anche corse per Codpa il lunedì, il mercoledì e il venerdì alle 8 (CH$2500, 3 h), con ritorno alle 17. Se dovete mettervi in viaggio al mattino presto, vi consigliamo di prendere un taxi per raggiungere questa zona.

Transportes Gutierréz (☎229-338; Esteban Ríos 2140) ha anche autobus per Putre il mercoledì e il venerdì alle 7.30 e la domenica alle 20 (CH$3500, 3 h).

I collegamenti per Parinacota (CH$5000) e il Parque Nacional Lauca sono gestiti da **Trans Cali Internacional** (☎261-068; Oficina 15) nel terminal internazionale. Le corse partono tutti i giorni alle 9.15.

Per raggiungere Tacna, in Perú, gli autobus di **Adsubliata** (☎263-526) partono ogni mezz'ora dal terminal internazionale (CH$2000); i *colectivos* applicano una tariffa di CH$3500. Non è consentito portare frutta e verdura oltre il confine.

Per raggiungere La Paz, in Bolivia (circa CH$8000, 9 h), il servizio più confortevole e veloce è quello offerto da **Chile Bus** (☎260-505), ma ci sono anche corse più economiche, gestite da **Trans Cali Internacional** (☎261-068) e **Trans Salvador** (☎246-064), in partenza dal terminal internazionale degli autobus. Gli autobus in servizio su questa linea possono far scendere i passeggeri al Parque Nacional Lauca, ma bisogna comunque pagare la tariffa intera fino a La Paz.

Buses Géminis (☎351-465), nel terminal principale, raggiunge Salta e Jujuy, in Argentina, via Calama e San Pedro de Atacama (CH$42.000) il lunedì, giovedì e sabato alle 22.

Treno

I treni per Tacna (CH$1900, 1 h 30 min) partono dalla **Estación Ferrocarril Arica-Tacna** (☎097-633-2896; Av Máximo Lira 791) alle 9, da lunedì a sabato.

Trasporti locali

Per/dall'aeroporto

L'**Aeropuerto Internacional Chacalluta** (☎211-116) si trova 18 km a nord di Arica. La corsa in taxi *colectivo* fino all'aeroporto costa CH$3500. In città chiamate **Radio Taxi Aeropuerto Chacalluta** (☎254-812; Patricio Lynch 371). **Arica Service** (☎314-031) gestisce un servizio navetta per l'aeroporto (CH$3000 per persona). Se preferite viaggiare da soli, chiamate il **servizio di Radio Taxi** (☎259-000), che applica una tariffa di CH$7000.

Autobus e taxi

Gli autobus locali *(micros)* e i taxi collettivi *(colectivos)* collegano il centro con la stazione principale degli autobus. I taxi *colectivos* sono più veloci e frequenti, e costano CH$500 per persona. Le destinazioni sono chiaramente indicate sull'insegna luminosa posta sul tettuccio della vettura. I *micros* raggiungono le destinazioni principali e costano CH$400 per persona. Se preferite non condividere il taxi con altri passeggeri, telefonate al **servizio di Radio Taxi** (☎259-000); la tariffa della corsa varia da CH$1500 a CH$1800, a seconda della destinazione.

Automobile

In città ci sono diversi autonoleggi, con tariffe a partire da circa CH$22.000 al giorno. Le due compagnie cilene offrono tariffe più economiche rispetto alle compagnie internazionali.

Cactus Rent a Car (☎257-430; cactusrent@hotmail.com; General Lagos 666)

Europcar (☎258-911) All'aeroporto

Hertz (☎231-487; Baquedano 999)

Klasse (☎254-498; www.klasserentacar.cl; Av General Velásquez 762, Local 25)

Bicicletta

È possibile noleggiare mountain bike presso alcuni ostelli e agenzie di viaggio della città.

Dintorni di Arica

VALLE DE AZAPA

Alcune delle mummie più antiche del mondo di cui si sia a conoscenza sono custodite nel bellissimo **Museo Arqueológico San Miguel de Azapa** (interi/bambini CH$2000/1000; ⏲10-19 gen e feb, 10-18 marzo-dic), situato nella Valle de Azapa. Immerso in un rigoglioso giardino punteggiato di alte palme, il museo è suddiviso in due sezioni. Nella sala originale è esposta una cospicua raccolta di pezzi che vanno dal 7000 a.C. fino all'invasione spagnola: diorami, cesti, maschere, vasellame, flauti di Pan e un enorme torchio settecentesco per l'olio. È possibile effettuare la visita di questa sezione con l'ausilio di opuscoli ben scritti disponibili in più lingue. Dopo il 'parco dei petroglifi' all'aperto c'è la nuova sezione del museo, ospitata in un moderno edificio di cemento con montagne e uliveti alle spalle. Qui sono esposte, con un allestimento assai curato, le mummie chinchorro: all'interno di teche sono custoditi utensili, indumenti e ornamenti che facevano parte del corredo funebre, insieme alle mummie di bambini, alcuni teschi e statue a grandezza naturale dei chinchorro.

Al termine della visita potete fare un salto nel simpatico **Machakuna cafe** (☎098-684-7577; sandwich CH$800-2500), sull'altro lato della strada, che serve *almuerzos* (pranzi a prezzo fisso; CH$2300), oltre a succhi naturali, caffè e sandwich. Il proprietario può organizzare escursioni a cavallo nella valle e in spiaggia, a partire da CH$15.000, per le quali occorre prendere accordi con almeno un giorno di anticipo.

Il museo si trova 12 km a est di Arica. Dal Parque General Carlos Ibáñez del Campo ad Arica, all'angolo di Chacabuco e Patricio Lynch, *colectivos* gialli fanno pagare CH$1000 (sola andata) fino all'ingresso del museo.

Ruta Chile 11

Circa 10 km a nord di Arica, la Panamericana interseca la Ruta Chile 11, la strada asfaltata che si dirige a est risalendo la valle del Río Lluta fino a Poconchile e prosegue fino a Putre e al Parque Nacional Lauca. Per chi desidera spezzare il viaggio lungo il tragitto non mancano varie soste interessanti. Tenete presente che la strada, che segue un andamento sinuoso e raggiunge La Paz, in Bolivia, è assai trafficata e percorsa da circa 500 camion al giorno.

Verso l'interno a poca distanza dall'intersezione della Panamericana con la Ruta Chile 11, vedrete i **geoglifi di Lluta**, chiamati anche Gigantes de Lluta, risalenti al periodo precolombiano. Disseminati lungo un arido versante della Valle de Lluta meridionale, i geoglifi sono indicati lungo il tragitto. Queste interessanti raffigurazioni (una rana, un'aquila, dei lama, oltre ad alcune figure umane) costituiscono una prova dell'importanza, in epoca precolombiana, delle carovane dirette a Tiwanaku.

Nel villaggio di Poconchile, lungo una strada di ghiaia che corre per 1 km lungo i binari del treno dalla svolta (segnalata) della Chile 11, c'è un ashram degli Hare Krishna dall'aspetto vagamente surreale chiamato **Eco Truly** (☎096-875-0732; www.ecotrulyarica.cl, in spagnolo; Sector Linderos, Km 29; piazzole CH$4000 per persona, camere con prima colazione CH$8000). È un bel posto dove consumare un pranzo vegetariano (CH$4000, servito dalle 13 alle 15.30) o una torta senza zucchero, ma ci si può anche fermare per trascorrere qualche giorno di semplice relax. Dando una mano per qualche ora al giorno il vitto è gratis e il pernottamento scontato. Le originali camere 'truly' dalla volta conica sono realizzate con materiali locali e riciclati. Il lunedì, mercoledì e venerdì mattina si tengono lezioni di yoga gratuite e l'ultimo weekend del mese è previsto un temazcal (sauna cerimoniale). Non sarete oggetto di insistenti tentativi di conversione, anche se i membri della comunità sono felici di condividere con gli ospiti le loro convinzioni religiose e spirituali. Per raggiungere Poconchile, situata a 35 km da Arica, prendete un autobus di Bus Lluta fino al capolinea, presso il posto di controllo della polizia. La corsa in taxi *colectivo* dal terminal internazionale degli autobus di Arica costa circa CH$2000; occorre aspettare che il mezzo sia pieno.

Dal momento che qui la strada inizia a salire in maniera costante, è una buona idea fare una sosta alla **Posada Pueblo Taki** (Km 88; piazzole e una pagnotta di pane casalingo e tè di coca CH$7000 per persona), situata al lato della statale, a quota 3166 m, dove i simpatici Andrea e Alexis servono deliziose tisane che vi aiuteranno ad abituarvi all'altitudine, e possono controllarvi la pressione e il livello di ossigeno. La coppia, che ha istruito i sei figli a casa, una dimora alimentata con energia eolica e solare, gestisce un'attività senza fini di lucro volta alla valorizzazione del mondo andino e organizza escursioni guidate alla scoperta delle località nascoste della zona (CH$6000 l'ora). Vale veramente la pena di

VALE IL VIAGGIO

NUOVE FRONTIERE DEL TURISMO NELLA PRECORDILLERA

Nella zona di Arica esiste una nuova frontiera per i viaggiatori amanti dell'avventura che desiderano abbandonare gli itinerari più battuti: una serie di isolati villaggi disseminati sui fianchi dei rilievi pedemontani andini. Una rete di strade accidentate con il fondo di ghiaia collega questi pittoreschi villaggi tradizionali della *precordillera*. **Belén**, **Saxamar**, **Tignamar** e **Codpa** sono alcuni di essi. Per il visitatore il motivo di interesse è rappresentato dalla presenza di chiese coloniali, antiche coltivazioni a terrazze e *pukarás* (fortificazioni preispaniche). Negli ultimi tempi in questa regione andina si è cercato di promuovere un tipo di turismo attento alla cultura e alle tradizioni locali; il progetto viene pubblicizzato come la Ruta de las Misiones. Responsabile del progetto è la **Fundación Altiplano** (www.fundacionaltiplano.cl), una fondazione che si sta adoperando per promuovere lo sviluppo sostenibile di queste comunità andine quasi dimenticate.

Per i viaggiatori provvisti di veicolo (tenete presente che l'utilizzo di un mezzo a trazione integrale è caldamente raccomandato, sebbene sia anche possibile usarne uno normale) questo spettacolare itinerario è un modo eccezionale per andare da Codpa a Putre, o viceversa. Procuratevi una buona cartina stradale e guardatevi bene dall'affrontare questo viaggio durante la stagione invernale (da dicembre a marzo), quando i fiumi diventano impetuosi a causa delle abbondanti piogge, giungendo spesso a spazzare via interi tratti di strada.

In questi villaggi per mangiare e dormire occorre accontentarsi di alcuni semplici *hospedajes* (sistemazioni economiche); quando arrivate in uno di questi centri abitati chiedete in giro e probabilmente troverete qualcuno disposto a ospitarvi a casa sua. La fertile oasi della Valle de Codpa vanta la sistemazione più bella della zona, il **Codpa Valley Lodge** (www.codpavalleylodge.cl; doppie con prima colazione CH$60.000;), gestito da Azimut 360. Alimentato con energia solare (l'elettricità è disponibile unicamente la sera per 2 h), questo lodge offre accoglienti camere dallo stile rustico con patio privato disposte intorno a una piscina e un buon ristorante. Si organizzano vari tour, tra cui un'escursione di due giorni attraverso la *precordillera* alla volta di Putre. Questo tour, che riveste notevole interesse paesaggistico, comprende un pernottamento a Putre, la visita di Lauca e Surire il giorno dopo e il ritorno al lodge la notte del secondo giorno. Costa CH$255.000, tariffa basata sulla partecipazione di due persone; il prezzo scende se ci sono più partecipanti. Durante il vostro soggiorno non mancate di assaggiare il *pintatani*, il vino dolce da dessert che viene prodotto unicamente nella Valle de Codpa.

La Paloma ad Arica assicura collegamenti con Belén e Codpa più volte alla settimana; v. (p161) per informazioni più dettagliate sui trasporti. Comunque, tenete presente che non è possibile compiere un itinerario ad anello di tutti i villaggi servendosi dei trasporti pubblici.

fermarsi alla *posada* per acquistare ottimo pane appena sfornato, prendere una bevanda calda e scambiare qualche parola con questa deliziosa coppia.

Proseguendo, 1,5 km dopo la *posada*, appollaiata sul ciglio di uno spettacolare canyon, sorge la **Pukará de Copaquilla** (ingresso libero), una fortezza edificata nel XII secolo per proteggere le fattorie indie del fondovalle, abitate all'epoca da circa 500 persone. Affacciandovi sul canyon potrete ammirare il panorama dei terrazzamenti abbandonati e delle impervie montagne che s'innalzano tutt'intorno. Nel luogo è molto pronunciato il fenomeno dell'eco. A volte al mattino, intorno alle 10, è possibile vedere condor che planano sopra la fortezza.

Dopo Copaquilla, l'asfaltata Chile 11 sale rapidamente nella *precordillera* in direzione dell'*altiplano* vero e proprio. Per chi viaggia in automobile vale la pena di fare una rapida deviazione a **Socoroma**, un villaggio rurale aymara situato sul percorso seguito dalle carovane coloniali tra Arica e Potosí. Per vedere le sue vie acciottolate, la chiesa seicentesca attualmente in fase di restauro, alcune vestigia del periodo coloniale e le alture con terrazzamenti coltivati a origano, prendete la strada che scende dalla Ruta Chile 11 snodandosi per 4,5 km.

Putre

058 / POP. 1977

La minuscola Putre è un pittoresco villaggio aymara appollaiato in posizione precaria sul fianco di un'altura nella *precordillera* a quota 3530 m. Situata ad appena 150 km da Arica, costituisce una località ideale per abituarsi all'altitudine per chi è diretto al Parque Nacional Lauca, situato ad alta quota nell'*altiplano*. Di conseguenza in questa tranquilla località montana sono presenti diversi alberghi e agenzie di viaggio.

Sorto nel XVI secolo come *reducción* (insediamento spagnolo per il controllo delle popolazione indigene), il villaggio conserva case con particolari del periodo tardocoloniale. Sulle colline della zona, su vaste terrazze sostenute da muretti di pietra ancora più antichi, viene coltivata l'alfalfa utilizzata come mangime per i lama, le pecore e i bovini.

Tour

Non è detto che le escursioni in partenza da Putre per il Parque Nacional Lauca costino di meno di quelle organizzate dalle agenzie di Arica, ma danno più tempo per abituarsi all'altitudine. Al momento delle nostre ricerche erano in corso impegnativi lavori sia sulla strada che conduce a Lauca sia all'interno del parco, nell'ambito del progetto del Corredor Oceanico, la nuova strada che collegherà il Brasile al Cile passando per la Bolivia. Ciò ha avuto conseguenze sulla visita del parco, dato che le escursioni in giornata comportavano spesso lunghe attese in corrispondenza dei lavori.

Tra le altre destinazioni raggiungibili da Putre figurano il Salar de Surire, il Parque Nacional Volcán Isluga e la regione desertica poco esplorata che si estende a nord verso il confine con il Perú. Questa zona, che vanta scenari spettacolari come i canyon della Quebrada de Allane e i monti di Suriplaza, dai mille colori, sta diventando la nuova frontiera dei viaggiatori più avventurosi; il consiglio è quindi quello di visitarla prima che sia scoperta da altri.

Tenete presente che le cose rallentano molto a Putre da metà dicembre a febbraio, durante la stagione delle piogge. Alcune zone diventano inaccessibili, interi tratti di strada vengono spazzati via e numerose agenzie lavorano unicamente su richiesta. Se visitate il Cile in questo periodo dell'anno, prima di partire in autobus da Arica, telefonate a una delle agenzie di Putre (controllano la posta elettronica solo sporadicamente) per prendere accordi e organizzare le attività prima del vostro arrivo. Se mancherete di farlo, vi potrebbe capitare di aspettare un paio di giorni prima di trovare un'escursione.

Prima di prenotare un'escursione, chiedete che tipo di mezzo viene utilizzato, se la guida parla inglese (cosa rara) e se vengono portate bombole d'ossigeno, tutti fattori decisivi nella riuscita del tour.

Alto Andino Nature Tours BIRDWATCHING
(099-890-7291; www.birdingaltoandino.com; Baquedano 299) Barbara Knapton, una biologa originaria dell'Alaska, organizza escursioni personalizzate dedicate al birdwatching, alla flora e alla storia naturale, sia in inglese che in spagnolo. Prenotate con largo anticipo. Barbara può fare da guida a persone munite di automobile, ma dispone anche di un veicolo da noleggiare.

Terrace Lodge & Tours TOUR ORGANIZZATO
(584-275; www.terracelodge.com; Circunvalación 25) Oltre a essere una miniera di informazioni, Flavio, del Terrace Lodge, organizza ottime escursioni guidate alla scoperta di località nascoste lontano dagli itinerari più

Ruta Chile 11 e Parque Nacional Lauca

battuti, sia negli immediati dintorni di Putre sia in aree più lontane a nord.

Tour Andino AVVENTURA
(☎099-011-0702; www.tourandino.com; Baquedano 340) La guida locale Justino Jirón gestisce da solo questa agenzia che offre il solito programma di escursioni – che ricevono giudizi misti – ma è specializzata in passeggiate sulle montagne circostanti e ascensioni di vulcani.

Cali Tours TOUR ORGANIZZATO
(☎098-536-1242; www.calitours.cl; Baquedano 399) Questa agenzia propone avventurose escursioni e trekking. Noleggia anche mountain bike (CH$12.000 al giorno) e automobili (a partire da CH$50.000 per una vettura piccola), e vende biglietti per La Paz (partenze ogni giorno alle 11.30, 6 h, da CH$7000 a CH$20.000 a seconda della stagione).

Mayuru Tours TOUR ORGANIZZATO
(☎098-844-6568; www.mayurutour.com; Baquedano 411) Anche questa agenzia locale propone un'ampia gamma di tour che vanno da escursioni ai dipinti murali di Wilacabrani ad avventure di due giorni a Isluga passando per Surire.

Feste ed eventi

Carnaval CARNEVALE
Se capiterete a Putre a febbraio, sarete trascinati nel divertente Carnaval locale, vivacizzato da lanci di palloncini pieni di farina e nuvole di colorati *chaya* (coriandoli), mentre il sottofondo musicale è fornito da due gruppi di dilettanti, la *banda* e la *tarqueada*, formate, rispettivamente, da musicisti più attempati e più giovani. I festeggiamenti si concludono con il falò del *momo*, simbolo della natura effimera del carnevale.

Feria Regional FESTA TRADIZIONALE
In programma a novembre, questa manifestazione prevede musica, danze e l'allestimento di decine di bancarelle che vendono artigianato, prodotti agricoli regionali e buoni piatti locali.

Pernottamento

Al momento delle nostre ricerche un paio delle strutture economiche su cui in genere era possibile contare erano prenotate sino a tutto il 2013 da minatori e operai impegnati nei lavori stradali. Durante l'alta stagione di Putre, da luglio a ottobre, è bene prenotare con largo anticipo.

TOP Terrace Lodge & Cafe LODGE $$
(☎584-275; www.terracelodge.com; Circunvalación 25; doppie/triple CH$30.000/37.000; P @) Una gentile coppia italiana che parla diverse lingue gestisce questa struttura formata da cinque camere caratterizzate da un raffinato stile rustico. Le unità sono piccole ma ben riscaldate, con strette finestre affacciate sui monti, piumini e acqua calda disponibile tutto il giorno. La prima colazione compresa nel prezzo viene servita fino alle 9 nel caffè, che prepara anche autentici espressi e cappuccini. Troverete l'indicazione per raggiungerlo all'ingresso dell'abitato. Si tratta dell'unica struttura ricettiva di Putre che accetta il pagamento con carta di credito. È consigliabile prenotare con largo anticipo. Il proprietario organizza anche escursioni.

Hotel Q'antati HOTEL $$
(☎228-916; reservashotelqantati@vtr.net; Hijuela 208; doppie CH$48.000; P) Gestito da aymara, è l'albergo di Putre preferito dai gruppi organizzati, oltre a essere quello più elegante e costoso, con docce con acqua calda disponibile 24 h su 24, materassi rigidi al punto giusto, camere doppie riscaldate con ampi bagni (non riscaldati) e un elegante soggiorno con tanto di caminetto. Le camere n. 8, 9 o 10 sono quelle con la vista migliore. È situato in periferia, dietro alla caserma dell'esercito.

Hotel Kukuli HOTEL $
(☎099-161-4709; reservashotelkukuli@gmail.com; Baquedano; singole/doppie CH$20.000/30.000; P) Il Kukuli, situato sulla via principale di Putre, è un albergo valido. Le camere sono molto pulite e dispongono di terrazzino o di veranda soleggiata, ma, purtroppo, non sono riscaldate. Nel caso vi sembri chiuso, rivolgetevi al negozio del proprietario al n. 301 di Baquedano.

Hostal Cali HOSTAL $
(☎318-456; contacto@calitours.com; Baquedano s/n; singole/doppie CH$15.000/24.000, doppie senza bagno $18.000; P @) Dotato di 12 camere, il Cali è una struttura a gestione familiare adatta per chi viaggia in economia. Le docce con acqua calda sono una manna e pagando un supplemento di circa CH$4000 è possibile avere una stufetta. Organizza anche escursioni.

Residencial La Paloma GUESTHOUSE $
(☎099-197-9319; lapalomaputre@hotmail.com; O'Higgins 353; camere con/senza bagno CH$6000/8000 per persona; P) Il *residencial* e ristorante più rinomato di Putre dispone di nove camere disposte intorno a due cortili di cemento. Le docce sono calde (solo mattino e sera), ma le camere sono rumorose. Si entra dal retro o passando per il ristorante.

Pasti

Il Residencial La Paloma propone un buon ristorante, che serve semplici pranzi e prime colazioni.

Cantaverdi INTERNAZIONALE $
(Arturo Perez Canto 339; pranzo a prezzo fisso CH$4000, portate principali CH$4500-6500; ⏱pranzo e cena) Situato a pochi passi dalla

piazza principale, il Cantaverdi è costituito da due sale in stile rustico arredate con opere d'arte contemporanea e con un caminetto. Il menu prevede pietanze tipiche della cucina andina, ma anche altre proposte che piacciono un po' a tutti, come sandwich, pizze, *tablas* ed empanadas.

Rosamel CILENO **$**
(Latorre 400; pasto a prezzo fisso CH$3500) Unitevi alla clientela formata da gente del posto e operai impegnati nei lavori stradali in questo modesto ristorante che serve pasti a prezzo fisso sotto le luci al neon. È aperto per la prima colazione (a partire da CH$1000) già alle 5.

Kuchu Marka CILENO **$**
(Baquedano 351; pranzo a prezzo fisso CH$3500, cena a pranzo fisso CH$5500; ⏲pranzo e cena) Il Kuchu Marka è un ristorante intimo e colorato che propone una buona cucina locale, con piatti come bistecche di alpaca, oltre a pietanze vegetariane e bevande.

ℹ Informazioni

BancoEstado (Arturo Prat 301) L'unica banca di Putre, situata vicino alla piazza principale, ha un bancomat funzionante 24 h su 24, che però non accetta alcune carte Visa. Cambia euro e dollari statunitensi in contanti, ma è bene portarsi una quantità sufficiente di contanti da Arica.

Centro de Llamadas & Internet Campanani (Baquedano 500; ⏲9-22) Presso questo centro è possibile effettuare chiamate internazionali e collegarsi alla rete.

Hospital (Baquedano 261) Clinica aperta 24 h su 24 dove vi potrà essere somministrato ossigeno nel caso accusiate i disturbi del mal di montagna.

Oficina de Información Turística (☎594-897; imputre@entelchile.net; Latorre s/n; ⏲10-13 e 14-17.45 lun, 8.30-13 e 14-17.45 mar-ven) Questo comodo centro informazioni sulla piazza apre solo sporadicamente e non dispone di cartine della cittadina.

ℹ Per/da Putre

Putre è situata 150 km a est di Arica sulla Chile 11 (asfaltata), che è anche la via di collegamento internazionale con la Bolivia. **Buses La Paloma** (☎222-710; Germán Riesco 2071) ha corse giornaliere per Putre, con partenze da Arica alle 7 e ritorno alle 14 (CH$3500). Potrete acquistare i biglietti di andata e ritorno all'Hotel Kukuli.

Transportes Gutierréz (☎229-338; Esteban Ríos 2140) offre collegamenti da Arica a Putre il mercoledì e il venerdì alle 7.30 e domenica alle 20 (CH$3500, 3 h). Da Putre gli autobus partono per Arica il mercoledì e il venerdì alle 17.

Gli autobus per Parinacota, nel Parque Nacional Lauca, transitano dal bivio per Putre, a 5 km dalla statale.

Parque Nacional Lauca

Indubbiamente non è solo l'altitudine elevata (tra 3000 e 6300 m sul livello del mare) a lasciare senza fiato i visitatori di questo parco nazionale. Lauca vanta infatti spettacolari panorami dell'*altiplano*, con vulcani spruzzati di neve, laghi scintillanti, remote sorgenti termali, caratteristici villaggi montani e una flora e una fauna assai varie. Per quanto riguarda gli animali, tra quelli più interessanti figurano l'agile vigogna (v. lettura, p170) e la viscaccia, simile al coniglio, ma potrete anche vedere altri camelidi sudamericani e una ricca avifauna (il parco ospita più di 150 specie ornitologiche, tra cui il condor e il nandù).

La principale attrazione di Lauca è lo splendido Lago Chungará, uno dei laghi più alti del mondo, le cui sponde offrono ospitalità a un'avifauna particolarmente numerosa. Le sue acque sfavillanti sono dominate dal cono assolutamente perfetto del Volcán Parinacota, un vulcano inattivo con un gemello appena oltre il confine, il Volcán Pomerape. Questi vulcani dalle cime incappucciate di candida neve potrebbero addirittura sembrare dipinti, mentre il Volcán Guallatire sbuffa minaccioso poco più a sud.

Situato 160 km a nord-est di Arica, vicino al confine boliviano, il Parque Nacional Lauca tutela un'area di *altiplano* di 1380 kmq, ed è una Riserva della Biosfera UNESCO popolata da svariate specie animali. Il parco confina con altre due aree protette, la Reserva Nacional Las Vicuñas e il Monumento Natural Salar de Surire. Un tempo queste due riserve facevano parte del parco, mentre oggi formano due entità tecnicamente distinte, pur essendo sempre gestite dal Conaf. Vale la pena di organizzare il soggiorno nella zona in modo tale da vedere tutti e tre i parchi.

Le precipitazioni e la vegetazione aumentano di pari passo con l'altitudine e la distanza dalla costa; può nevicare anche durante la piovosa stagione estiva, detta *invierno boliviano*, quando una fitta nebbia avvolge spesso le strade di accesso al parco nella *precordillera*.

Pericoli e contrattempi

All'inizio non abbiate fretta: il parco è situato in gran parte ben oltre i 4000 m e nei primi giorni occorre assolutamente evitare di affaticarsi per consentire all'organismo di acclimatarsi. Mangiate e bevete con moderazione, dando la preferenza a cibi leggeri ed evitando le bevande gassate e l'alcol (o limitandolo). Se, pur attenendovi a questi consigli, doveste stare male, provate a bere una tazza di tisana preparata con le erbe degli aymara: *chachacoma, rica rica* o *mate de coca*. Tenete sempre dell'acqua a portata di mano, dato che la gola si secca rapidamente e l'organismo perde molti liquidi in questo clima arido. Infine, non mancate di usare una crema solare e un cappello a larga tesa perché i raggi del sole sono molto aggressivi a quest'altitudine.

Che cosa vedere e fare

La maggior parte delle agenzie copre le località descritte qui di seguito. La principale attrazione di Lauca, lo scintillante **Lago Chungará** (4517 m sul livello del mare), è uno specchio d'acqua poco profondo formato dalle colate laviche che hanno arginato il torrente di neve sciolta proveniente dal Volcán Parinacota (6350 m), uno spettacolare cono dalla sommità innevata che sorge immediatamente a nord. Ai piedi delle estese colate di lava e dei coni di cenere si estende la **Laguna Cotacotani**, ancora pittoresca nonostante il livello ormai basso dell'acqua (purtroppo attraversata da linee elettriche che compromettono le fotografie). Le acque del lago sono state parzialmente prosciugate dalla compagnia elettrica nazionale, ma sulle sue sponde si possono ancora vedere molte specie ornitologiche e macchie sparse di queñoa *(Polylepis tarapacana)*, uno degli alberi in grado di crescere alle quote più elevate.

Le escursioni organizzate comprendono una camminata intorno alla splendida **Parinacota**, un minuscolo villaggio aymara di case imbiancate a calce e vie lastricate in pietra. Se siete fortunati, la guida vi farà entrare nella gemma indiscussa del paese, la seicentesca **chiesa coloniale** (ingresso su offerta), ricostruita nel 1789, dove si ammira una serie di murales opera di artisti della scuola di Cuzco. Caratterizzati da uno stile surreale, fanno pensare a un'opera di Hieronymus Bosch realizzata in fretta e furia. Fate caso a un tavolino legato a una sorta di guinzaglio: stando a una leggenda locale il tavolo fuggì dalla chiesa, attraversò l'abitato e andò a fermarsi davanti alla casa di un uomo, il quale il giorno dopo morì. A **Las Cuevas**, l'ingresso ovest del parco, c'è una terrazza panoramica, indicato da una scultura che somiglia a una *zampoña* in bilico su una vistosa scalinata.

Alcuni tour comprendono un tuffo nelle **Termas Jurasi** (adulti/bambini CH$2000/1000), gradevoli bagni termali raggruppati in una zona rocciosa 11 km a nord-est di Putre.

Tour

Molte agenzie organizzano escursioni in giornata con partenza da Arica (sul livello del mare) al Lago Chungará, nel Parque Nacional Lauca, a 4517 m di quota, un metodo infallibile per soffrire di *soroche* (mal di montagna). Il costo di queste escursioni parte da CH$20.000 (comprensivi di un pranzo, che si consuma sul tardi a Putre); si parte alle 7.30 circa e si rientra ad Arica intorno alle 20.30. Assicuratevi che sull'autobus ci sia una bombola di ossigeno, dato che molte persone si sentono male per l'altitudine. Evitate di consumare pasti abbondanti, di assumere alcol e di fumare sia il giorno prima che durante la gita. Noi però consigliamo di raggiungere il parco con un'escursione che preveda almeno un pernottamento a Putre, avendo così più tempo per acclimatarsi.

Informazioni

L'amministrazione del parco ha sede nel *refugio* di Parinacota, ma a volte anche i ranger in servizio all'ingresso di Las Cuevas e al Lago Chungará sono disponibili a fornire informazioni; in teoria dovrebbero essere presenti presso le loro postazioni ai seguenti orari: circa dalle 9 alle 12.30 e dalle 13 alle 17.30. Nel caso preferiate visitare il parco in modo indipendente, avrete bisogno di un'automobile con una scorta di carburante, molta flessibilità e un atteggiamento rilassato. Il Conaf può fornire informazioni sulle escursioni e le sistemazioni (che sono per lo più alloggi estremamente spartani).

Per/dal Parque Nacional Lauca

Il Parque Nacional Lauca è attraversato dalla Ruta Chile 11, la statale asfaltata che collega Arica a La Paz; da Arica il parco è raggiungibile in poco meno di 3 h. Da Arica sono in servizio diversi autobus. Altre autolinee con corse giornaliere per La Paz, in Bolivia, fermano presso il parco, ma in molti casi si deve pagare la tariffa per l'intera tratta.

Le agenzie di Arica e Putre organizzano escursioni guidate a Lauca. Se si sceglie di noleggiare un'automobile è possibile raggiungere le zone più remote del parco, ovvero località come Guallatire, Caquena e altre ancora più fuori mano, come il Salar de Surire (quest'ultimo accessibile unicamente con un veicolo con la carrozzeria rialzata, in quanto si devono guadare diversi corsi d'acqua, e non durante la stagione delle piogge). Portatevi delle taniche con carburante extra; la maggior parte delle agenzie di autonoleggio le fornisce. Munitevi inoltre di indumenti caldi e di sacco a pelo; acclimatatevi gradualmente.

A sud del Parque Nacional Lauca

Si stima che la remota **Reserva Nacional Las Vicuñas**, un'area di 2100 kmq scarsamente popolata e situata immediatamente a sud di Lauca e circondata da maestosi vulcani, ospiti più di 20.000 vigogne selvatiche. Istituita per garantire un'area protetta per Lauca, la riserva è minacciata da quando, nell'agosto del 2007, la compagnia mineraria Vilacollo ha ottenuto l'autorizzazione di effettuare prospezioni nella zona in cerca di risorse minerarie. Ai piedi del fumante Volcán Guallatire, a 60 km da Parinacota lungo un tortuoso percorso, il villaggio di **Guallatire** vanta una chiesa del XVII secolo e un paio di sistemazioni senza fronzoli. Portatevi un sacco a pelo caldo.

La visita del vicino **Monumento Natural Salar de Surire** è una garanzia per vedere enormi branchi di vigogne, gruppi di tenere viscacce, oltre ai più rari nandù, goffi e simili agli struzzi. Ma l'animale che suscita maggiormente l'interesse dei visitatori di questo isolato pianoro salato è il fenicottero; sulle sponde dell'immenso lago salato (113 kmq) vengono a nidificare tre specie di fenicottero, tra cui il raro fenicottero di James. Il periodo migliore in cui avvistarli è quello che va da dicembre ad aprile. Situata a 126 km da Putre, la riserva è stata istituita nel 1983, quando il governo suddivise il Parque Nacional Lauca. Nel 1989, uno degli ultimi atti della dittatura di Pinochet fu di assegnare 4560 ettari del parco alla compagnia mineraria Quiborax. Il parco non è servito da mezzi pubblici e l'unica sistemazione disponibile per la notte è uno spartano *refugio*; prenotate rivolgendovi al Conaf di Arica. Si può campeggiare di fianco agli invitanti bagni termali di Polloquere, ma non ci sono servizi igienici e la zona è particolarmente esposta agli elementi.

Sebbene molti visitatori preferiscano tornare a Putre, è possibile effettuare un itinerario circolare verso sud passando dal Parque Nacional Volcán Isluga e tornando ad Arica via Camiña o Huara. Prima di partire chiedete informazioni al Conaf o alla polizia. Questo itinerario è particolarmente inaffidabile durante la piovosa stagione estiva.

La maggior parte delle agenzie di Arica e Putre offre tour lungo itinerari circolari

LA RINASCITA DELLA VIGOGNA: UNA VITTORIA DELLA TUTELA AMBIENTALE

Ai tempi degli incas enormi greggi di vigogne, composte da milioni di capi, vagavano liberamente in questo altopiano fino nell'Ecuador meridionale. Ma la caccia smodata di cui questo animale andino è stato vittima e la distruzione del suo habitat hanno provocato negli anni un drastico calo della specie, al punto che negli anni '70 nel Cile settentrionali se ne contavano appena un migliaio di esemplari. Oggi questa parte del paese ospita oltre 25.000 vigogne, mentre nell'intera regione andina l'animale è rappresentato da diverse centinaia di migliaia di esemplari: un risultato di straordinaria importanza per la tutela dell'ambiente, che sembra promettere risultati ancora migliori per il futuro.

A differenza dell'alpaca e del lama, la vigogna non è mai stata addomesticata. Inoltre, questo timido animale pare restio ad accoppiarsi in cattività. Così gli ambientalisti hanno dovuto pensare a un modo per proteggerlo, mantenendone al contempo la funzione di fonte di reddito per gli aymara della regione, che per secoli ne hanno utilizzato la carne e il pelo. Inizialmente, furono introdotte delle misure di protezione della specie, ma neppure lo status di razza a rischio d'estinzione si dimostrò sufficiente per salvare la sorte della vigogna, la cui lana straordinariamente fine e soffice viene utilizzata per realizzare scialli che costano centinaia (se non migliaia) di dollari statunitensi. Negli anni '90 si cominciò a catturare le vigogne vive, tosarle sul posto e rimetterle in libertà. Questo programma innovativo permette di continuare a sfruttare la lana della vigogna, scoraggiando contemporaneamente l'attività dei cacciatori di frodo, dato che una vigogna tosata non ha alcun valore commerciale. Grazie a queste misure, abbinate all'ampliamento dei parchi nazionali e a una maggiore tutela, queste creature graziose ed eleganti possono di nuovo pascolare tranquillamente nei territori d'alta quota della regione andina.

da due a quattro giorni che toccano le due riserve e al ritorno possono riportare i partecipanti ad Arica o Iquique.

Iquique

☎057 / POP. 216.419

Surfisti a piedi nudi, professionisti del parapendio, frequentatori di casino e commercianti frenetici si incontrano nella disarmante città di Iquique. Adagiata lungo un dorato tratto di litorale a mezzaluna, Iquique è considerata una delle principali località balneari del paese, con un elegante casinò, una passerella di legno sul mare e un'ampia gamma di attività (dal parapendio al sandboard), che potranno tenervi occupati per una settimana e anche di più. La principale attrattiva della località è costituita dalle bellissime spiagge, lambite da acque particolarmente indicate per la pratica del surf.

Gli edifici in stile georgiano, risalenti al XIX secolo, il periodo del boom dell'industria estrattiva, sono stati restaurati e si presentano in ottimo stato, mentre la via pedonale Baquedano vanta caratteristici marciapiedi di legno. Ma Iquique è famosa soprattutto per essere una zona franca, con un caotico quartiere di negozi duty-free *(zona franca)*, che utilizza le colline di sabbia alle spalle della città come un inconsueto tabellone pubblicitario notturno.

La città, situata 1853 km a nord di Santiago e 315 km a sud di Arica, sorge su una stretta area, tra il mare e la brulla catena montuosa costiera, dal tipico colore bruno, che si erge bruscamente alle sue spalle, a soli 600 m di distanza.

Storia

La desolata pampa nei dintorni di Iquique è disseminata di geoglifi realizzati dagli antichi popoli indigeni della regione (v. p183 e p182), e la piattaforma dove sorge oggi la città era frequentata dall'etnia dei chango, che vivevano sulla costa. La zona di Iquique, tuttavia, divenne importante solo a partire dall'epoca coloniale, quando fu scoperta la miniera d'argento di Huantajaya.

Nel XIX secolo le linee ferroviarie a scartamento ridotto trasportavano minerali e nitrati fino al porto di Iquique. I proprietari delle miniere fecero costruire in città sontuose dimore, garantirono l'approvvigionamento idrico dalla lontana *cordillera* e importarono il terriccio per realizzare splendidi giardini. Il centro di Iquique riflette quindi la storia della florida industria ottocentesca dei nitrati, così come delle vicine Humberstone e Santa Laura, oggi fatiscenti città fantasma, dove i nitrati venivano estratti e lavorati.

Dopo la crisi del settore, Iquique si è reinventata principalmente come porto di pesca, da cui parte la maggior quantità di farina di pesce di tutto il mondo; ma è stata la creazione della zona franca, nel 1975, a trasformarla in una delle città più ricche del Cile.

Che cosa vedere

Nel centro di Iquique spiccano le testimonianze dell'epoca d'oro della città, in particolare in Plaza Prat e Av Baquedano, una gradevole via pedonale che corre immediatamente a sud della piazza, fiancheggiata da edifici balaustrati in stile georgiano costruiti tra il 1880 e il 1930.

Museo Corbeta Esmeralda MUSEO

(www.museoesmeralda.cl, in spagnolo; Paseo Almirante Lynch; ingresso CH$3000; ⏲10-13 e 14-18 mar-dom) Il nuovo fiore all'occhiello di Iquique è la copia dell'*Esmeralda,* la piccola corvetta cilena che durante la guerra del Pacifico sfidò le corazzate della Marina peruviana. La corvetta, che fu poi affondata, era comandata da Arturo Prat (1848-79), a cui sono intitolate centinaia di vie, piazze e istituzioni cilene. Durante la visita guidata (quella in inglese va prenotata in anticipo) è possibile vedere gli alloggi dell'equipaggio, la sala macchine con luci arancioni e il ponte della nave dove viene proiettato un video che mostra come i cannoni colpivano i peruviani. Il tutto è reso più realistico da alcuni suoni. Prenotate la visita con un certo anticipo o venite di domenica, quando si accede alla nave in base all'ordine di arrivo.

Plaza Prat PIAZZA

La piazza centrale di Iquique è un affascinante retaggio del periodo d'oro vissuto dalla città nel XIX secolo. Nella piazza campeggia l'elaborata **Torre Reloj** (1877), la torre dell'orologio. Dal lato sud della piazza si dirama un breve viale fiancheggiato da fontane che conduce al **Teatro Municipal**, un edificio neoclassico (1890) preceduto da una scalinata di marmo che ospita spettacoli d'opera e di prosa. Davanti al teatro è fermo un **tram** splendidamente restaurato, che a volte durante l'alta stagione percorre sferragliando Av Baquedano.

FREE Centro Cultural Palacio Astoreca EDIFICIO STORICO

(O'Higgins 350; ⏲10-115 e 16-19 lun-ven, 11-14 sab) Costruito nel 1904 per un magnate

Iquique

dell'industria dei nitrati, questo palazzo in stile georgiano è oggi un centro culturale in cui vengono allestite mostre di artisti contemporanei cileni. Meravigliosi gli ambienti interni, sfarzose camere con elaborate rifiniture in legno e alti soffitti, grandiosi lampadari, un enorme tavolo da biliardo e balconi.

Casino Español — EDIFICIO STORICO

L'angolo nord-orientale della piazza è occupato dall'edificio più appariscente di Iquique, il casinò cittadino, costruito in stile moresco nel 1904. L'edificio, rivestito di piastrelle colorate, ospita un locale notturno e un ristorante, ma il personale si mostra sorprendentemente tollerante nei confronti dei turisti che danno una rapida occhiata al suo favoloso interno, con murales e dipinti dedicati a Don Chisciotte.

Museo Regional — MUSEO

(Baquedano 951; ingresso CH$1500; ⏲9-17.30 mar-ven, 9.30-18 sab inverno, più 10-14 dom estate) Il vecchio palazzo di giustizia di Iquique ospita oggi l'eterogeneo museo regionale, che ricrea fedelmente un tradizionale villaggio di adobe dell'*altiplano*. Tra le altre cose, nel museo sono esposti teschi allungati, mummie chinchorro con maschere sul volto e fotogra-

Iquique

Da non perdere

	Centro Cultural Palacio Astoreca	B3
	Museo Corbeta Esmeralda	B1
	Museo Regional	B3

Che cosa vedere

	Casino Español	(v. 19)
1	Muelle de Pasajeros	B1
2	Museo Naval	B1
3	Teatro Municipal	B2
4	Torre Reloj	B2
5	Tram	B2

Attività, corsi e tour

6	Academia de Idiomas del Norte	C4
7	Civet Adventure	C1
8	Magical Tour Chile	B3
9	Puro Vuelo	B4
10	Vertical	C5

Pernottamento

11	Hostal Casa Blanca	A2
12	Hostal Catedral	B1
13	Hotel Barros Arana	C4
14	Hotel de la Plaza	B3
15	Hotel Santa Laura	D3
16	Jham Hotel	B2
17	La Casona 1920	C5
18	YMCA	B3

Pasti

19	Casino Español	B2
20	Cioccolata	B2
21	Club Croata	B2
22	Doña Lucy	C3
23	El Tercer Ojito	B5
24	El Viejo Clipper	B2
25	La Protectora	B2
26	M.Koo	C2
27	Mercado Centenario	C3
28	Ruta del Gigante	B4
29	Skorpios	B2

Locali

	La Mona Stereo	(v. 11)
30	Lobby Resto Bar	B2
31	Mi Otra Casa	B4
32	Pub Britania	A3

fie della vecchia Iquique. Non manca un'affascinante sezione sull'industria dei nitrati.

FREE **Museo Naval** MUSEO

(Esmeralda 250; ⏲10-13 e 15-18 mar-sab, 11-14 dom) Una serie di oggetti recuperati dal relitto dell'*Esmeralda* è esposta in questo piccolo museo allestito all'interno dell'edificio della dogana, una maestosa struttura in stile coloniale eretta nel 1871, quando Iquique si trovava ancora in territorio peruviano. Qui il Perú incarcerò i prigionieri durante la Guerra del Pacifico, e nel 1891 l'edificio fu teatro di una battaglia della guerra civile cilena.

Attività

Spiagge

Le spiagge di Iquique si trovano per lo più a sud del centro. La più popolare è **Playa Cavancha**, che si estende dall'incrocio tra Av Arturo Prat e Av Amunátegui. Si tratta di una spiaggia piacevole per nuotare, ma può essere affollata. Lungo la parte settentrionale della spiaggia, rocciosa, ci sono anche belle onde da surf, e un parco giochi per bambini. Nei mesi estivi il chiosco gestito dall'ufficio turistico comunale fornisce utili informazioni.

Playa Brava è un ampio lido adatto per prendere il sole, ma non per nuotare, essendo bagnata da un mare agitato e percorso da forti correnti. Guardando in direzione delle colline si notano le imponenti dune del Cerro Dragón, che paiono l'ambientazione perfetta per un film di fantascienza.

La spiaggia è raggiungibile dal centro con i taxi *colectivos*; la destinazione è indicata sul tettuccio della vettura. Proseguendo verso sud si incontrano numerose spiagge sabbiose, ma per raggiungerle dovrete noleggiare un'automobile o una bicicletta, oppure prendere un taxi.

Surf

Percorrendo la litoranea di Iquique s'incontra sempre un vero e proprio esercito di guerrieri gocciolanti in muta da surf. La stagione più adatta al surf e al bodyboard è l'inverno, quando il moto ondoso arriva da nord, ma in realtà questi sport si possono praticare tutto l'anno. A Playa Cavancha c'è meno competizione per accaparrarsi i break del primo mattino. **Playa Huaiquique**, alla periferia sud della città, offre onde altrettanto divertenti, ma se preferite un mare più caldo, spostatevi più a nord vicino ad Arica. Iquique ospita anche una delle principali competizioni surfistiche del paese, Héroes de Mayo, in programma il 21 di maggio.

VALE IL VIAGGIO

LA SUGGESTIVA PISAGUA

Il peso del passato sembra particolarmente forte a Pisagua, un isolato villaggio costiero situato 120 km a nord di Iquique. Oggi la città è l'ombra di se stessa: un tempo era uno dei principali porti cileni per il commercio dei nitrati, mentre ora ospita appena 250 abitanti circa, che traggono il loro sostentamento dalla raccolta dell'*huiro* (alghe) e dai *mariscos* (frutti di mare). Sede di una colonia penale dove Pinochet visse le sue prime esperienze da capitano dell'esercito, nel periodo della dittatura militare (1973-89) Pisagua divenne tristemente famosa come campo di prigionia. Dopo il ritorno della democrazia, la scoperta di numerose fosse comuni nel cimitero locale provocò scalpore in tutto il mondo.

Una magia e una poesia intrise di malinconia si respirano a Pisagua, accovacciata come una tigre ferita su una stretta piattaforma dominata da una parete rocciosa quasi a strapiombo. Gli appassionati di storia apprezzeranno le eleganti dimore risalenti all'epoca dell'estrazione dei nitrati, oggi abbandonate, i racconti di serate di gala e le testimonianze di una delle pagine più buie della storia cilena.

È possibile visitare il **Teatro Municipal**, oggi in rovina ma un tempo sontuoso, con un ampio palcoscenico, palchi all'italiana e figure di cherubini dipinte sul soffitto. Chiedete la chiave alla biblioteca adiacente, aperta dal lunedì al venerdì a partire dalle 10 alle 15 e dalle 16 alle 19. Subito dopo la stazione di polizia, la **stazione ferroviaria in disuso** ricorda i tempi in cui Pisagua era il capolinea settentrionale di El Longino, la linea ferroviaria che seguendo un percorso longitudinale collegava le miniere di nitrati con i porti del Norte Grande. Il luogo più toccante di Pisagua è il vecchio **cimitero**, situato 3 km a nord dell'abitato, sul versante di un rilievo che si getta a picco nel mare. Qui gli avvoltoi montano la guardia a una buca che si apre ai piedi della parete rocciosa, dove è stata scoperta una fossa comune delle vittime della dittatura di Pinochet. Su una targa è riportata una suggestiva frase di Neruda: 'Si potrebbero lasciare le proprie orme su questo suolo per mille anni, senza riuscire a coprire il sangue di coloro che qui sono morti'. Dopo il cimitero la strada continua per 3,5 km fino a **Pisagua Vieja**, con alcuni edifici di adobe diroccati, un cimitero precolombiano e un'ampia spiaggia sabbiosa.

Se volete fermarvi, potrete dormire all'**Hostal La Roca** (☎057-731-502; caterine.saldana@gmail.com; singole/doppie/triple con prima colazione CH$20.000/24.000/26.000; P@), un piccolo *hostal* caratteristico situato su un affioramento roccioso affacciato sul Pacifico. Gestito da una studiosa di storia e dal marito, offre quattro camere davvero incantevoli, di cui due con vista sul mare. La gentile *señora* parla francese e un po' d'inglese, e se lo richiederete vi preparerà una cena di pesce. L'utilizzo della connessione wi-fi è a pagamento.

Pisagua è situata 40 km a ovest della Panamericana lungo una strada asfaltata ma piena di buche che si imbocca 85 km a sud del posto di controllo della polizia di Cuya, e 47 km a nord di Huara. La località non è raggiunta da alcun mezzo di trasporto pubblico.

Vertical SURF
(www.verticalst.cl, in spagnolo; Av Arturo Prat 580) Si tratta del principale indirizzo di Iquique per il surf, dove potrete acquistare o noleggiare l'equipaggiamento necessario. Per muta e tavola si spendono CH$10.000 per due ore; dovendo affittare solo l'una o l'altra si spendono CH$7000. Le lezioni private partono da CH$20.000 per un'ora e mezzo e si organizzano anche uscite per località fuori città. Presso il posto c'è un caffè e un sushi bar. Vertical organizza anche uscite di **sandboard** al Cerro Dragón, che costano CH$25.000 per tre ore; in genere si parte nel pomeriggio in modo tale da svolgere l'attività al tramonto.

Parapendio

Gettatevi da una scogliera...e volate! Questo è il messaggio lanciato dai molti appassionati di *parapente* (parapendio) di Iquique. La particolare conformazione geografica della città, con la sua ripida parete costiera, le correnti ascensionali e le morbide ed estese dune del Cerro Dragón fanno di Iquique una delle destinazioni migliori del Sud America per la pratica di questo sport. In teoria è possibile volare fino a Tocopilla, 240 km più a sud, ma non è certamente un'impresa per principianti. Armatevi di giacca a vento, crema solare e un bel po' di coraggio.

Altazor SPORT ESTREMI
(☎380-110; www.altazor.cl; Flight Park, Vía 6, Manzana A, Sitio 3, Bajo Molle) Altazor, un'agenzia situata 500 m a sud dell'Universidad del Mar (a sud del centro di Iquique), offre corsi di parapendio (CH$40.000 al giorno, compresa l'attrezzatura e il trasporto). Un volo introduttivo in tandem costa CH$35.000; sono disponibili anche corsi di due settimane e sistemazioni presso il loro piccolo **ostello** (singole/doppie CH$15.000/18.000, senza bagno CH$10.000/12.000). Per i più esperti, l'agenzia offre il noleggio e le riparazioni dell'attrezzatura. I proprietari Philip e Marlene parlano tedesco, inglese, portoghese e francese.

Puro Vuelo SPORT ESTREMI
(☎311-127; www.purovuelo.cl; Baquedano 1440) Anche questo è un operatore affidabile specializzato in parapendio. Il volo in tandem costa CH$35.000, foto comprese. Come la maggior parte delle uscite di parapendio di Iquique, anche quella organizzata da Puro Vuelo comprende il trasporto dal vostro albergo, una breve istruzione e un volo di una trentina di minuti. Il momento miglio-

LA DAKAR IN SUD AMERICA

Nel 1977, quando il corridore francese Thierry Sabine si smarrì con la sua motocicletta nel deserto libico e fece ritorno in patria sano e salvo non poteva immaginare che la sua disavventura avrebbe ispirato la più famosa corsa fuori strada del mondo. Pieno di entusiasmo il motociclista ideò un rally che sarebbe partito da Parigi, avrebbe attraversato Algeri e sarebbe proseguito attraverso le praterie e i deserti dell'Africa, per concludersi a Dakar, in Senegal. Così nacque la leggendaria Parigi–Dakar. Con il suo motto che si ricorda facilmente: 'A challenge for those who go. A dream for those who stay behind,' il rally iniziò ben presto ad attirare corridori dilettanti e professionisti dai quattro angoli del globo.

Nel corso dei 30 anni successivi, la Parigi-Dakar passò per i 27 paesi ospiti in Africa e in Europa. Fino al 2008, quando quattro cittadini francesi e tre soldati mauritani furono uccisi in attacchi terroristici in Mauritania. La gara fu sospesa, ma l'interruzione non durò molto: la competizione cambiò semplicemente continente, dato che l'edizione successiva, nel 2009, si svolse interamente fuori dal suolo africano, in Argentina e in Cile. Da allora, nel giro di pochi, anni, la storica competizione ha preso saldamente piede in Sud America e tutti gli anni attraversa il continente, partendo da Buenos Aires, attraversando il Cile, passando per il deserto più arido della terra, per concludersi nella capitale argentina. Nel 2011 la terza edizione ha richiamato almeno 5 milioni di spettatori, di cui 1,5 milioni in Cile.

Nel 2012, poi, ai due paesi ospiti si è aggiunto il Perú: ora la corsa univa i due Oceani. L'edizione del 2012 è partita dalla città argentina di Mar de Plata, affacciata sull'Atlantico, ha attraversato l'Atacama, per proseguire in direzione nord, in Perú, per le tappe finali della corsa. La cerimonia di premiazione si è svolta a Lima, sulla costa del continente bagnata dal Pacifico, trasformando il rally in un'impresa coast-to-coast.

Inoltre, rispetto al 2011 il numero dei partecipanti è aumentato del 15% e 465 veicoli hanno gareggiato in quattro categorie: motociclette, quad, automobili e camion. Concorrenti provenienti da oltre 50 paesi hanno percorso oltre 9000 km attraversando Argentina, Cile e Perú. Oltre a gareggiare tra di loro, i partecipanti si sono misurati con un ambiente ostile: gigantesche dune sabbiose, fango, arbusti e rocce. Il Cile ha ospitato quattro – dalla settima alla decima – delle 14 tappe del rally. Apposite zone per gli spettatori sono state create a Vallenar, Copiapó, Antofagasta, Iquique e Arica.

Ad alimentare il mito della competizione contribuiscono anche gli incidenti mortali che si verificano ogni anno. Nel 2012 un corridore argentino è morto dopo uno scontro durante la prima fase della gara e due spettatori si sono schiantati a bordo del loro velivolo ultraleggero. Ma non sarà questo a fermare la Dakar, che è già diventata un appuntamento fisso dell'estate sudamericana. In così poco tempo la sua fama è diventata tale in Cile che attualmente alcuni tour operator del paese organizzano viaggi lungo il percorso del rally.

Per maggiori informazioni consultate il sito web ufficiale: www.dakar.com.

re per lanciarsi è tra le 10 e le 11, quando i venti sono calmi. Si atterra a Playa Cavancha o Playa Brava. La tariffa scende di circa CH$5000 nella bassa stagione, tra aprile e novembre.

Gite in barca

Boat Tours GITE IN BARCA
(interi/bambini CH$3000/2000, minimo 11 passeggeri) Potrete esplorare il mare circostante partecipando a una delle gite in barca di un'ora in partenza dal molo passeggeri di Iquique del 1901, immediatamente a ovest dell'Aduana. Si passa vicino alla boa commemorativa che segnala il punto il cui l'*Esmeralda* affondò e anche a una colonia di leoni marini.

Nautitour GITE IN BARCA
(interi/bambini CH$3000/2000, minimo 10 passeggeri) È anche possibile fare un giro della baia a bordo dei battelli che partono accanto al Museo Esmeralda. La compagnia Nautitour si serve di battelli più grandi, dotati di servizi igienici e anche di un caffè. Sono previste due partenze al giorno, alle 14.30 e alle 18, e c'è anche un'uscita di tre ore al tramonto per Playa Cavancha e ritorno, durante la quale viene servito un cocktail compreso nel prezzo (CH$10.000).

Corsi

Academia de Idiomas del Norte CORSI DI LINGUA
(☎411-827; www.languages.cl; Ramírez 1345) L'Academia de Idiomas del Norte, gestita da svizzeri, organizza corsi di lingua spagnola. Le classi sono poco numerose (da 1 a 4 studenti) e il costo dei corsi varia da CH$252.000 a CH$317.000 a settimana, a seconda del numero di ore di lezione.

Tour

Raggiungere alcune località dei dintorni con i trasporti pubblici è complicato, pertanto vale la pena di prendere in considerazione le escursioni organizzate. In estate le varie agenzie allestiscono banchetti in Plaza Prat e lungo Baquedano, proponendo le loro escursioni più rinomate. Tra esse figura una gita in giornata, effettuata tutti i giorni in estate, alle oasi di Pica, La Tirana e Matilla, e che tocca anche le città fantasma di Humberstone e Santa Laura (da CH$20.000 a CH$28,000). Altre escursioni, organizzate però con minore regolarità, sono quella alle sorgenti calde di Mamiña (a partire da CH$30.000), una gita di un giorno a tema storico al Gigante de Atacama e Pisagua (a partire da CH$27.000) e visite guidate della città di quattro ore (a partire da CH$12.000).

A partire da marzo, quando il tempo sull'*altiplano* migliora, è possibile effettuare escursioni più avventurose, come quella alle spettacolari lagune colorate vicino a Camiña (CH$80.000 al giorno, CH$110.000 per l'escursione di 2 giorni) e al Parque Nacional Volcán Isluga (CH$45.000). Tenete presente che spesso per questi tour è richiesto un numero di almeno cinque partecipanti.

Disponendo di più tempo e denaro, vale la pena di effettuare un tour di tre giorni nell'*altiplano*, con un itinerario che tocca Isluga, Salar de Surire, Las Vicuñas e Lauca e si conclude ad Arica oppure a Iquique a ora tarda.

Civet Adventure MOUNTAIN BIKE
(☎428-483; www.civet-adventure.cl; Bolívar 684) Organizza avventurosi tour di tre o più giorni a bordo di mezzi fuoristrada, buggy o in bicicletta in destinazioni dell'*altiplano*, oltre a campeggi e uscite di landsailing nel Deserto di Atacama. I gruppi sono limitati e le attrezzature valide. Si parla tedesco e inglese.

OC Travel TOUR ORGANIZZATO
(☎573-260; www.octravel.cl, in spagnolo; Luis Uribe 445, Oficina 2H) Offre quasi tutte le escursioni alle destinazioni principali, tra cui il popolare tour a Pica, che tocca Humberstone e Santa Laura. Organizza anche immersioni nelle acque di Playa Blanca (CH$35.000) e gite in bicicletta in cui si visita la città e si raggiungono le spiagge ($35.000 per 6 h).

Magical Tour Chile TOUR ORGANIZZATO
(☎217-290; www.magicaltour.tk, in spagnolo; Baquedano 1035) Si tratta dell'unica agenzia che organizza emozionanti visite notturne delle *salitreras*, con partenza alle 20 e ritorno in città intorno alle 2.30. Vengono organizzate un paio di volte alla settimana e costano $21.000 per persona, ma è richiesto un numero di almeno 10 partecipanti.

Ferrocarril TransAtacama TRENO
(☎02-620-9620; www.transatacama.com) Salite sul treno d'epoca restaurato di recente che ripercorre la strada dei nitrati del XIX secolo da Iquique attraverso il deserto, passando per le *salitreras* e spingendosi fino a Pintados per poi fare rientro in città. Il treno parte il sabato (ma controllate prima, dato che potrebbero esserci delle variazioni) e la gita costa CH$35.000, comprensivi di pranzo e guida bilingue.

Llamatrekking CULTURA
(☎097-709-6864; www.llamatrekking.cl) Facili escursioni a mete dei dintorni incentrate sulle tradizioni aymara dell'*altiplano*. Si va da gite in giornata a villaggi vicini a tour di sette giorni con carovane di lama.

Show Travel AVVENTURA
(☎099-382-7212; www.showtravel.cl, in spagnolo) Oltre ai tour offerti dalla concorrenza, questa agenzia propone anche avventurose escursioni in località lontane dagli itinerari più battuti, tra cui un eco-camp a El Huarango vicino a La Tirana.

Pernottamento

I taxisti ricevono una commissione da alcuni *residenciales* e alberghi. Perciò mostratevi decisi sulla vostra meta oppure prendete in considerazione la possibilità di raggiungere a piedi il vostro alloggio. Nel caso preferiate un'affidabile catena alberghiera, sul lungomare ci sono un Holiday Inn Express e un Radisson.

La Casona 1920 OSTELLO $
(☎413-000; www.casonahostel.com; Barros Arana 1585; letti in camerata con prima colazione CH$ 6000-8000 per persona, doppie con prima colazione CH$20.000; @ Wi-Fi) Ricavato all'interno di una vecchia *casona*, questo ostello colorato e alla moda è una delle sistemazioni migliori di Iquique. È possibile scegliere tra camerate da quattro a nove letti e alcune doppie, di cui alcune con balconi affacciati sulla via e altre che danno sul patio sul retro. Offre una cucina in comune, un tavolo da biliardo, armadietti, personale poliglotta e prima colazione compresa nel prezzo; tutte le settimane si organizzano sushi party vivacizzati da DJ, serate di poker, corsi di salsa e proiezioni di film.

Jham Hotel HOTEL $$
(☎549-134; www.hoteljham.cl; Latorre 426; singole CH$31.000-34.000, doppie CH$39.000-47.000; P Wi-Fi) Questo business hotel è indubbiamente kitsch, con le sue pareti pitturate di rosa scuro, ma dispone di camere spaziose, luminose e pulitissime (di cui alcune dotate di vasca con idromassaggio) e di un piccolo patio con graziose piante sul retro. Nel caso sia al completo, sul lato opposto della via c'è una dépendance.

Hotel Barros Arana HOTEL $$
(☎412-840; www.hotelbarrosarana.cl; Barros Arana 1302; singole CH$36.500-45.000, doppie CH$46.500-55.000; P @ Wi-Fi piscina) Il cortile interno e la piscina contornata di sedie a sdraio fanno di questo albergo un luogo piacevole in cui ricaricare le pile. Le camere standard, dotate di minuscole vasche, sono tenute bene, ma un po' antiquate e non particolarmente spaziose, mentre quelle di categoria 'superior' sono ampie, luminose e alcune anche con vista mare.

Backpacker's Hostel Iquique OSTELLO $
(☎320-223; www.hosteliquique.cl; Amunátegui 2075; letti in camerata/singole/doppie soci CH$6000/9500/18.000, non soci CH$6500/10.000/19.000; @ Wi-Fi) Il migliore ostello della città per gli amanti della spiaggia, essendo situato a pochi passi da Cavancha e con una gradevole atmosfera da surfisti. Dispone di salone, cucina comune, amache, ping-pong, lavanderia e tutte le settimane si organizzano barbecue, lezioni di surf e uscite di sandboard. La prima colazione è compresa nel prezzo. Nelle doppie c'è il bagno privato (CH$19.000).

Sunfish Hotel HOTEL $$$
(☎541-000; www.sunfish.cl; Amunátegui 1990; singole/doppie CH$80.000/85.000; P aria condizionata @ Wi-Fi piscina) Situato immediatamente alle spalle di Playa Cavancha, il Sunfish è un lussuoso albergo che ha sede in un alto edificio color azzurro vivo. Mette a disposizione dei suoi ospiti tutti i servizi e le attrezzature di una struttura a quattro stelle, tra cui un business center, un ristorante di sushi e una piscina sul tetto. La maggior parte delle camere è dotata di balcone. Quelle agli ultimi due piani offrono la vista migliore.

Hotel Terrado Suites HOTEL $$$
(☎363-900; www.terrado.cl; Los Rieles 126; doppie CH$115.700-155.500; P aria condizionata @ Wi-Fi piscina) Il Terrado è un alto albergo a cinque stelle che torreggia su Playa Cavancha e offre ogni tipo di lusso e comfort: due ristoranti, un bar, tre piscine, sia coperte sia all'aperto, sauna e palestra. Le camere più piccole hanno la vista sulla città, mentre quelle più grandi e costose sono affacciate sul mare.

Hotel de La Plaza HOTEL $
(☎417-172; Baquedano 1025; singole/doppie CH$18.000/30,000; Wi-Fi) Ospitato in un edificio in stile georgiano che si affaccia sulla via pedonale, rappresenta una delle soluzioni più convenienti in questa fascia di prezzo. C'è un'accogliente lobby con un grande lucernario; le camere con TV sono disposte intorno a un patio in cui cresce un albero altissimo.

Hostal Casa Blanca HOSTAL **$**
(☎420-007; www.hostalcasablanca.cl, in spagnolo; Gorostiaga 127-129; singole/doppie con prima colazione CH$17.000/26.000; 📶) Questo accogliente *hostal* è nascosto in una via anonima a un tiro di schioppo dalla piazza. È un posto tranquillo in cui troverete camere spaziose e pulite caratterizzate da semplici tonalità pastello. Lo consigliamo anche per la cortesia del servizio.

YMCA OSTELLO **$**
(☎415-551; reservas@ymcaiquique.com; Baquedano 964; camere CH$10.000 per persona; 📶) All'interno di un'elegante *casona* è stato ricavato questo ostello della YMCA. Le camere hanno i letti a castello e bagni puliti, ma possono essere rumorose. Alcune sere al piano terra si tengono lezioni di salsa e bachata.

Hostal Catedral HOSTAL **$**
(☎391-296; Obispo Labbé 253; singole/doppie con prima colazione CH$18.000/28.000, senza bagno CH$12.000 per persona; 📶) Sistemazione dall'atmosfera familiare situata di fronte al duomo di Iquique; è comoda per chi deve partire con un mezzo della Tur Bus al mattino presto o la sera. Le camere sono un po' opprimenti ma decorose e i bagni puliti; ci sono piante sia vere sia finte disseminate ovunque.

Hotel Santa Laura HOTEL **$**
(☎474-238; hotelsantalaura@hotmail.com; Juan Martínez 849; doppie/triple CH$30.000/35.000; 📶) Il Santa Laura è un ambizioso albergo di 80 camere che si impegna molto offrendo un servizio gentile e un interno accogliente. Ma è costoso per quello che offre (la prima colazione non è compresa nel prezzo e le camere sono buie) e la zona circostante è un po' malfamata.

Pasti

Per consumare un pasto economico e veloce recatevi al Mercado Centenario, in Barros Arana. Tenete presente che molti ristoranti sono chiusi la domenica; alcuni di quelli indicati qui di seguito restano aperti.

El Tercer Ojito INTERNAZIONALE **$$**
(Patricio Lynch 1420; pranzo a prezzo fisso giorni feriali CH$3900, portate principali CH$5200-8900; ⏲chiuso tutto il giorno lun e dom a cena; 🖉) Riconoscibile dal grosso pezzo di quarzo all'esterno, questo ristorante dall'atmosfera informale serve ottimi piatti sia vegetariani sia a base di carne. Propone una cucina d'ispirazione internazionale che spazia dai piatti peruviani ai curry della cucina thai, non disdegnando di quando in quando il sushi. C'è anche un piacevole patio rivestito di bambù reso con gradevoli murales e piante grasse.

Ruta del Gigante CILENO **$$**
(Baquedano 1288; portate principali CH$6500-13.500) Gustate una cucina andina fusion, con piatti come lama alla Stroganoff e melanzana ripiena di *charqui* in questo ristorante dedicato al tema dell'*altiplano*, con tovaglie e cornamuse andine. Il *pan de coca* (una specie di focaccia) è offerto dalla casa.

Club Croata CILENO **$**
(Plaza Prat 310; pranzo a prezzo fisso CH$3700; ⏲pranzo, chiuso dom) Situato nella piazza centrale di Iquique, ha finestre ad arco, stemmi croati e alcuni tavoli all'aperto. Tra i ristoranti della piazza è quello che offre il miglior pranzo a prezzo fisso (comprendente tre portate e una bevanda).

Skorpios CILENO **$**
(Latorre 433; pranzo a prezzo fisso CH$2500; ⏲pranzo solo lun-sab) Cercate l'insegna verde Café Express, attraversate l'atrio e troverete questo sgangherato localino arredato con mobili d'epoca, che serve pranzi casalinghi a un'affezionata clientela locale.

El Viejo Clipper INTERNAZIONALE **$$**
(Baquedano 796; pranzo a pranzo fisso CH$3500, portate principali CH$3200-12.000) Il servizio è quanto meno irregolare, ma bisogna riconoscere che questo rinomato ristorante di Baquedano esercita un grande richiamo con le sue deliziose pizze cotte nel forno di mattoni e un'ampia gamma di portate principali internazionali, dalle *tablas* alle tapas e al pollo thai.

Cioccolata CAFFÈ **$**
(Aníbal Pinto 487; menu a prezzo fisso CH$4150, sandwich CH$1400-4100; ⏲chiuso dom) Questo raffinato locale sempre pieno di gente è la dimostrazione che i cileni amano il buon espresso; offre anche sostanziosi pranzi e prime colazioni, sandwich e altre leccornie, tra cui torte e waffle.

La Protectora CILENO **$$**
(Thompson 207; pranzo a prezzo fisso CH$3900, portate principali CH$4000-7000; ⏲pranzo e cena, solo pranzo dom e mar) Un'atmosfera d'altri tempi regna in questo magnifico ristorante sempre animato affacciato sulla piazza principale; l'edificio fu sede di uno dei primi sindacati del Cile, la Sociedad Protectora de Empleados de Tarapacá.

Doña Lucy
CAFFÈ $

(Vivar 855; sandwich CH$1200-3400, torte CH$1700; ⌚chiuso dom) Gli abitanti di Iquique affollano questo piccolo caffè dallo stile fru fru, assai apprezzato per le sue paradisiache torte alla crema, ma anche per il cappuccino, il gelato e le spremute di frutta fresche. Ci sono anche alcuni tavoli in un cortile sul retro delimitato da siepi.

M.Koo
DOLCI $

(Latorre 600; spuntini a partire da CH$700) Caratteristico negozio famoso per i friabili *chumbeques* (biscotti tipici della regione), la cui ricetta è custodita gelosamente. Vende anche spuntini come le *humitas* (tamales di mais) e empanadas.

Casino Español
INTERNAZIONALE $$

(Plaza Prat 584; portate principali CH$4500-9500; ⌚chiuso a pranzo dom) Aspettatevi un arredamento davvero vistoso – vetri istoriati, piastrelle a scacchi, armature – e un menu internazionale di piatti à la carte.

Locali e divertimenti

Iquique vanta una vita notturna molto vivace, con alcuni ristobar pieni di atmosfera nella zona del centro e club e pub sul lungomare a sud della città.

Lobby Resto Bar
BAR

(Gorostiaga 142; ⌚chiuso dom) Il Lobby, un delizioso ristobar dall'atmosfera alternativa, ha quattro salette e un accogliente patio sul retro. Oltre a fantastici cocktail – provate la *raspirinha,* preparata con vodka al lampone e frutti di lampone, offre un sushi bar, musica scelta da DJ nel weekend, *tablas* da dividere tra più commensali e happy hour tutte le sere.

La Mona Stereo
BAR

(Gorostiaga 123; ⌚gio, ven e sab sera) In questo sofisticato ristobar potrete rilassarvi sorseggiando un pisco o un bourbon fresco in una delle due sale dalle luci soffuse o nel patio sul retro, pieno di alberi. Ma lo consigliamo anche per la sua cucina e per la selezione musicale.

Mi Otra Casa
BAR

(Baquedano 1334; ⌚chiuso dom) Situato all'estremità di Baquedano, è un bar dall'atmosfera bohémienne arredato con una miscellanea di oggetti. Ospita eventi di vario tipo, dai recital di poesia alla musica dal vivo.

Pub Britania
PUB

(Av Arturo Prat 1092) Sarà di cattivo gusto, ma questo finto forte medievale disposto su tre piani è sempre animatissimo: si va dal karaoke alla salsa e dal tango alla musica live.

Shopping

Istituita nel 1975, la **zona franca** (Zofri; ⌚11-21 lun-sab) di Iquique è un monumento al consumismo più sfrenato. Tutta la regione di Tarapacá non è altro che un immenso duty-free, il cui cuore è proprio questo centro commerciale specializzato in elettronica d'importazione, abbigliamento, automobili e praticamente ogni altra categoria merceologica. Per venire qui a fare shopping, prendete qualunque *colectivo* dal centro.

Informazioni

In centro e nella *zona franca* ci sono numerosi bancomat. Svariati *cambios* cambiano valuta straniera e travellers' cheque.

La zona del centro è anche piena di internet bar, che applicano la tariffa di circa CH$500 l'ora.

Chiosco municipale di informazioni turistiche (⌚10-14 e 15-19 solo in estate) Personale molto gentile e competente fornisce informazioni in inglese e spagnolo nei due chioschi aperti in estate, uno vicino al Museo Corbeta Esmeralda e l'altro in Playa Cavancha.

Hospital Regional Dr Torres Galdames (☎395-555; Av Héroes de la Concepción 502) Dieci isolati a est di Plaza Condell.

Sernatur (☎419-241; infoiquique@sernatur.cl; Aníbal Pinto 436; ⌚10-20 lun-sab, 10-15 dom in estate, 9-17 lun-gio, 9-16.30 ven nel resto dell'anno) Informazioni turistiche, opuscoli e cartine della città gratuite.

Ufficio postale (Bolívar 458)

Per/da Iquique

Aereo

L'aeroporto locale, **Aeropuerto Diego Aracena** (☎410-787), si trova 41 km a sud del centro lungo la Ruta 1.

Lan (☎600-526-2000; www.lan.cl; Aníbal Pinto 699; ⌚9-13.30 e 16-20 lun-ven, 9.30-13 sab) garantisce voli giornalieri per Arica (CH$31.500, 50 min), Antofagasta (CH$47.500, 50 min) e Santiago (CH$220.000, 2 h 30 min). Ha inoltre 4 voli settimanali per La Paz, in Bolivia (circa CH$192.000, 1 h 30 min). Quanto più si prenota in anticipo, tanto maggiore è lo sconto di cui si usufruisce.

Sky (☎600-600-2828; www.skyairline.cl; Tarapacá 530) è un'altra compagnia che assicura voli per Arica (CH$19.700, 2 voli al giorno), Antofagasta (CH$27.800, 2 voli al giorno), Santiago (CH$83.900, 4 voli al giorno) e altre destinazioni nella parte meridionale del paese.

Autobus

La stazione degli autobus di Iquique, il **Terminal Rodoviario** (☎427-100), si trova all'estremità settentrionale di Patricio Lynch. Gli uffici della maggior parte delle compagnie di autobus più importanti, e di alcune di quelle locali, sono raggruppati intorno al Mercado Centenario, per lo più lungo Barros Arana. I servizi diretti a nord e sud sono frequenti, ma quasi tutti quelli diretti a sud percorrono la Ruta 1, la strada statale costiera per Tocopilla (per coincidenze per Calama) e Antofagasta (per coincidenze lungo la Panamericana: Copiapó, La Serena e Santiago).

Diverse autolinee principali viaggiano in direzione nord per Arica e in direzione sud fino a Santiago:

Expreso Norte (☎573-693; www.expresonorte.cl, in spagnolo) Mercado Centenario (Barros Arana 881).

Pullman (☎429-852; www.pullman.cl, in spagnolo) Mercado Centenario (Barros Arana 825).

Ramos Cholele (☎471-628; www.ramoscholele.cl, in spagnolo) Mercado Centenario (Barros Arana 851).

Tur Bus (☎420-634; www.turbus.cl, in spagnolo) Mercado Centenario (Barros Arana 869); Plaza Condell (Esmeralda 594).

Qui di seguito riportiamo le tariffe previste per alcune destinazioni:

DESTINAZIONE	TARIFFA (CH$)	DURATA (ORE)
Antofagasta	10.000	6
Arica	7000	4
Calama	10.000	6
Copiapó	22.000	14
La Serena	28.000	18
Santiago	35.000	24

Per raggiungere Pica, provate una delle agenzie in Barros Arana, tra Zegers e Latorre. **Chacón** (Barros Arana 957) ha ogni giorno più partenze per Pica (circa CH$2500). L'adiacente **Agencia Barreda** (☎411-425; Barros Arana 965) effettua anche collegamenti con La Tirana (CH$2000) e Humberstone (CH$1900). Anche **Santa Angela** (☎423-751; Barros Arana 971) serve corse per Pica (CH$2500).

Tamarugal (☎419-288; Barros Arana 897-B) ha minibus *colectivos* per Mamiña (CH$4000).

Per raggiungere La Paz, in Bolivia, provate **Paraiso** (☎318-821; Juan Martínez 220), che effettua partenze alle 20.30 dal lunedì al venerdì (CH$7000, 17 h) o **Lujan** (☎326-955; Esmeralda 999), che effettua due partenze al giorno (11 e 20.30) dal lunedì al venerdì (CH$7000, 12 h).

Il modo più facile per raggiungere il Perú, consiste nell'andare prima ad Arica (CH$7000), e da qui prendere un autobus internazionale.

ℹ Trasporti urbani

I *colectivos* sono il mezzo più comodo per spostarsi in città. Le destinazioni sono chiaramente indicate sull'insegna luminosa posta sul tettuccio della vettura.

Per/dall'aeroporto

L'**Aeropuerto Diego Aracena** di Iquique (☎461-200) si trova 41 km a sud della città, sulla Ruta 1. I minibus navetta che svolgono servizio per gli alberghi costano CH$5500; stazionano in alcuni punti presso lo scalo. In alternativa, i taxi collettivi applicano una tariffa di CH$7000 per persona; i taxi privati costano CH$15.000. Provate **Taxis Aeropuerto** (☎419-004; all'angolo tra Gorostiaga e Baquedano), a pochi passi dalla piazza, oppure **AG Taxis** (☎413-368; Aníbal Pinto s/n).

Automobile

Il costo del noleggio di una vettura parte da CH$25.000 al giorno. All'epoca della stesura della guida l'agenzia che offriva le tariffe più basse era Procar. Spesso le agenzie locali richiedono la patente di guida internazionale. Le seguenti agenzie sono presenti all'aeroporto:

Econorent Car Rental (☎417-091; Hernán Fuenzalida 1058)

Europcar (☎416-332; Manuel Bulnes 542)

Hertz (☎510-432; Aníbal Pinto 1303)

Procar (☎413-470; Serrano 796)

Bicicletta

Paseando en Bici (☎099-033-1906; bicicletas.baquedano@hotmail.com; Baquedano 1440) noleggia biciclette e tandem a tariffe comprese fra CH$2000 (1 h 30 min) e CH$6000 (8 h). Suonate il campanello fuori dalla porta di legno.

Iquique Biking (www.iquiquebiking.cl) Offre interessanti itinerari guidati in bicicletta in città.

A est di Iquique

☎057

Il desertico entroterra di Iquique è punteggiato di cittadine fantasma, inquietanti resti delle colonie, un tempo fiorenti, di minatori impegnati nell'estrazione dell'oro bianco dell'Atacama, i nitrati. Lungo il tragitto si passa accanto ai geoglifi del periodo preispanico, suggestiva testimonianza della secolare presenza dell'uomo nella regione. Man mano che ci si spinge nell'interno il paesaggio desolato lascia il posto a pittoresche località termali, mentre l'elevato *altiplano*, culla di una cultura pastorale dai tratti unici, offre paesaggi di straordinaria bellezza.

HUMBERSTONE E SANTA LAURA

Il prestigio e la ricchezza derivanti dalla florida industria dei nitrati paiono ancora echeggiare nella città fantasma di **Humberstone** (www.museodelsalitre.cl, in spagnolo; interi/bambini CH$2000/500; ⏲9-19). Fondata

TAPPE LUNGO LA COSTA

Date le ragguardevoli distanze che separano molte destinazioni del Norte Grande, il viaggiatore deve spesso affrontare lunghi e noiosi spostamenti attraverso le strade polverose della regione. Sia che stiate viaggiando in direzione nord o vi dirigiate verso sud potrete spezzare il viaggio in queste due località dove potrete fare rifornimento, rifocillarvi e riposarvi.

Situata a metà strada tra Antofagasta e Iquique, **Tocopilla** è un brutto porto al servizio delle ultime *oficinas* di nitrati rimaste a Pedro de Valdivia e María Elena, che però offre l'opportunità di spezzare il lungo viaggio lungo un desolato tratto di costa. La città è raggiungibile dalla Ruta 1, la statale asfaltata che collega Iquique a Tocopilla e che ha quasi del tutto rimpiazzato la più vecchia Panamericana come via di transito per chi è diretto a sud. La città offre alcune sistemazioni che però sono spesso interamente occupate da minatori; quella che presenta il miglior rapporto qualità-prezzo è l'**Hotel Galvarino** (☎055-813-585; www.hotelgalvarino.cl; 21 de Mayo 2182; singole/doppie CH$28,000/32,000; P 🛜), situato all'estremità nord della via principale, che dispone di camere gradevoli. Potrete consumare un pasto buono e sostanzioso a **El Trebol** (Bolívar 1345), un ristorante formato da due allegre sale a pochi passi dalla via principale, che serve menu a prezzo fisso a cena (CH$4500).

L'unico centro abitato di una certa dimensione sul lungo e arido tratto di strada che va da Chañaral ad Antofagasta è il porto peschereccio di **Taltal**, una cittadina sorprendentemente ben tenuta. Nonostante le sue dimensioni contenute, Taltal va infatti orgogliosa del suo patrimonio storico e architettonico, rappresentato da piazze eleganti e curate e splendidi edifici risalenti al periodo d'oro dell'industria dei nitrati (quando la cittadina contava 20.000 abitanti). Oltre a ciò, non c'è molto altro da vedere o da fare, oltre a fare una passeggiata, mangiare qualcosa e farsi una bella dormita. Un isolato a ovest della piazza troverete il **Club Social Taltal** (Torreblanca 162; portate principali CH$5500-9000), un ristorante tradizionale in attività dal 1893, con soffitti alti, che propone una buona cucina di pesce, ma il servizio non è particolarmente cortese. La sistemazione migliore esistente in città è l'**Hotel Mi Tampi** (☎055-613-605; www.hotelmitampi.cl; O'Higgins 138; singole/doppie CH$24.000/29.000; P 🛜), con spaziose camere dotate di TV e letti con materassi rigidi al punto giusto, disposte intorno a un bel patio con piante.

nel 1872 con il nome di La Palma, questa cittadina mineraria era un tempo un fermento di energia, cultura e ingegno, che conobbe il suo culmine negli anni '40 del XX secolo. L'introduzione dei nitrati sintetici, tuttavia, costrinse l'*oficina* a chiudere i battenti nel 1960; 3000 operai persero il lavoro e la città si spopolò lentamente.

Il sontuoso teatro (a quanto si dice popolato da fantasmi, come molti altri edifici della città), in cui un tempo si esibivano artisti di fama internazionale; la piscina costruita con la ghisa recuperata da una nave affondata; la sala da ballo, dove decine di giovani *pampinos* (gli operai e gli abitanti delle cittadine nate nel deserto per l'estrazione e la lavorazione dei nitrati) intrecciavano i loro flirt; e poi scuole, campi da tennis e pallacanestro; un mercato e un albergo frequentato dai magnati dell'industria estrattiva: su tutto ormai regna il silenzio e la stasi.

Alcuni edifici sono stati restaurati, mentre altri stanno andando a pezzi; perciò fate attenzione se entrate. All'estremità occidentale dell'abitato sorge ancora la centrale elettrica, insieme ai resti della ferrovia a scartamento ridotto che conduceva all'Oficina Santa Laura.

Pur essendo stata dichiarata monumento storico nel 1970, Humberstone è stata oggetto di atti vandalici e saccheggi. Le sue sorti furono risollevate nel 2002, quando il sito fu acquisito da un'associazione di *pampinos* senza scopo di lucro (Corporación Museo del Salitre), che ha avviato i lavori di restauro degli edifici in rovina. Nel luglio del 2005 Humberstone è entrata a far parte dei siti Patrimonio dell'Umanità dell'UNESCO. Il biglietto d'ingresso al sito comprende un opuscolo in inglese o spagnolo.

A 2 km dalla città sorge la carcassa dell'**Oficina Santa Laura** (ingresso libero), raggiungibile a piedi in mezz'ora camminando in direzione sud-ovest dalla strada. Vale la pena di camminare sin qui per vedere l'*oficina*, ancora più suggestiva di Humberstone, e il piccolo museo dai pavimenti scricchiolanti articolato in alcune sale con vecchi macchinari, indumenti polverosi e mucchi di vecchie scarpe. Qui come a Humberstone abbondano le storie di fantasmi; alcuni visitatori affermano di aver sentito il pianto di bambini e avvertito strane presenze che li seguivano.

Per/da Humberstone

Humberstone è raggiungibile agevolmente in giornata da Iquique. Si trova a meno di 1 km dalla Panamericana, circa 45 km a est della città. Qualsiasi autobus in partenza da Iquique diretto a est vi lascerà qui, e non ci sono problemi a trovare un mezzo per il ritorno (CH$1500, 40 min). Volendo potete anche prendere uno qualsiasi dei *colectivos* in partenza dalla zona del Mercado Central diretti a Pozo Almonte (da CH$2000 a CH$2300); provate **Taxi Pampa y Mar** (all'angolo tra Barros Arana e Sargento Aldea) o **Taxi Chubasco** (all'angolo tra Amunátegui e Sargento Aldea). Da Iquique partono anche escursioni organizzate.

Indossate scarpe chiuse e portate con voi cibo, acqua, crema solare e una macchina fotografica, dato che la visita della città può richiedere anche più ore. È consigliabile partire al mattino presto, anche se spesso la brezza pomeridiana mitiga la calura del mezzogiorno.

EL GIGANTE DE ATACAMA

Si tratta della più grande rappresentazione della figura umana giunta a noi dal mondo antico – misurando ben 86 m di altezza – eppure si sa molto poco del 'Gigante di Atacama'. Si pensa che il geoglifo, tracciato sull'isolato fianco occidentale del Cerro Unita, 14 km a est di Huara, raffiguri un potente sciamano. Secondo gli studiosi sarebbe stato realizzato intorno al 900 d.C. Non salite sulla collina, per evitare di danneggiare il sito.

La strada Huara–Colchane, ovvero il principale collegamento tra Iquique e la Bolivia, è asfaltata; solo il brevissimo tratto (di circa 1 km) dalla strada asfaltata alla collina segue una pista nel deserto. Questo luogo isolato si trova 80 km da Iquique; il modo migliore per raggiungerlo è noleggiare un'automobile o un taxi, oppure partecipare a un tour organizzato.

PARQUE NACIONAL VOLCÁN ISLUGA

Se volete allontanarvi dagli itinerari più battuti, questo remoto parco nazionale vi ricompenserà ampiamente dello sforzo fatto per raggiungerlo. Dominato dalla minacciosa mole fumante del Volcán Isluga, il parco è disseminato di paesini abitati da coraggiose famiglie dedite alla pastorizia o, a volte, del tutto deserti. Il villaggio che dà il nome al parco, **Isluga**, anch'esso disabitato, funge da *pueblo ritual* (villaggio cerimoniale), dove alcune famiglie di nomadi si radunano per celebrare i loro culti nella pittoresca chiesa in adobe risalente al XVII secolo. A 2 km dal villaggio di **Enquelga** ci sono delle sorgenti termali.

Il Parque Nacional Volcán Isluga, che occupa un'area di 1750 kmq, è caratterizzato da una flora e da una fauna simili a quelle del Parque Nacional Lauca, ma è assai meno visitato. Il parco si trova 250 km da Iquique e 13 km a ovest da **Colchane**, un piccolo villaggio sul confine con la Bolivia.

Da Isluga una strada accidentata ma molto panoramica conduce al magnifico **Monumento Natural Salar de Surire** e al **Parque Nacional Lauca**, per poi finire ad Arica. Prima di mettervi in viaggio informatevi sulle condizioni della strada, in particolare durante la stagione delle piogge, ed evitate di intraprendere questa escursione se non disponete di un veicolo con la carrozzeria rialzata; è inoltre indispensabile mettersi in viaggio con una scorta di carburante e di antigelo. Quest'escursione è organizzata da diverse agenzie di viaggio di Arica e Iquique.

Pernottamento

La piccola e gelida Colchane, 3730 m sul livello del mare, è la base più comoda per i viaggiatori.

Hotel Isluga HOTEL $

(☎527-668; www.hotelisluga.cl; Teniente González s/n, Colchane; singole senza bagno CH$16.000, doppie $20.000-36.000) La sistemazione più bella disponibile nella zona è questo piccolo hotel che propone camere confortevoli, che però tendono a diventare fredde di notte. Organizza anche escursioni alle attrazioni dei dintorni.

Hostal Camino del Inca HOSTAL $

(☎098-446-3586; Teniente González s/n, Colchane; camere CH$13.500 per persona, senza bagno CH$10.500) Gestito da una famiglia del posto, offre camere semplici ma pulite con docce dotate di acqua calda. Dato che di notte fa molto freddo, occorre portare un sacco a pelo e una torcia, perché dopo le 24 l'elettricità non viene più erogata. Le tariffe comprendono la prima colazione e la cena.

Refugio Enquelga RIFUGIO $

(Enquelga; letti in camerata CH$5500) Se proprio non avete trovato un'altra sistemazione, provate questo spartano *refugio* di Enquelga, con otto posti letto. È possibile prenotare tramite l'ufficio Conaf di Arica.

Per/dal Parque Nacional Volcán Isluga

La strada per Colchane è asfaltata, mentre il territorio del parco è attraversato da una fitta rete di piste sterrate. Ogni giorno da Iquique, a 251 km di distanza, partono diversi autobus (la domenica ci sono meno corse) diretti a Oruro che passano per Colchane (CH$6000, 8 h, più il tempo necessario per attraversare la frontiera); provate **Lujan** (326-955; Esmeralda 999), che ha partenze alle 12.30 e alle 21 dal lunedì al sabato.

A Colchane è anche possibile attraversare il confine e salire a bordo di un camion o un autobus diretto alla città di Oruro, in Bolivia.

MAMIÑA

057 / POP. 429

Di primo acchito, Mamiña non sembra altro che un polveroso villaggio del deserto circondato dalla riarsa *precordillera*, ma il fondovalle ospita delle sorgenti calde celebri per il loro odore acre, attorno alle quali è sorto un piccolo e sonnolento insediamento turistico. Le terme, che sono frequentate soprattutto dai minatori della zona, sono l'unico motivo per venire qui. L'escursione può essere effettuata agevolmente in giornata da Iquique.

Il villaggio è suddiviso in due zone, superiore e inferiore: la prima si è sviluppata intorno all'affioramento roccioso su cui sorge la **Iglesia de San Marcos** (1632), mentre l'altra è adagiata sul fondovalle, dove sono situate le sorgenti. Le 'attrezzature del resort' comprendono **Barros Chinos** (ingresso CH$2000; 9-17), che offre trattamenti di fango e **Baños de Ipla** (8-14 e 15-21), dove pagando CH$2000 è possibile immergersi in (sporche) piccole vasche.

Tenete presente che nella località non esistono banche, quindi dovrete portare abbastanza contanti. Di notte le temperature scendono notevolmente.

Pernottamento e pasti

Termas de Mamiña HOTEL $$$
(574-635; www.termasdemamina.cl; Sulumpa 85; singole con pensione completa CH$35.000-45.000, doppie con pensione completa CH$60.000-80.000; P) Appollaiato proprio sopra il fondovalle, questo hotel e spa recentemente ammodernato mette a disposizione camere 'executive' e 'superior'; le seconde sono dotate di balcone e di vasca con idromassaggio con vista sulla valle. Le più economiche 'standard' sono quasi sempre interamente occupate da minatori provenienti da fuori. La struttura comprende una piscina con acqua termale e un valido ristorante; c'è anche un servizio di massaggi.

Hotel Los Cardenales HOTEL $$
(575-642; hotelloscardenales2009@yahoo.cl; camere con pensione completa CH$35.000 per persona; P) Adagiato sul fianco di una collina, questo gradevole hotel ha una grande piscina coperta alimentata da acque sorgive e camere complete di TV e grandi vasche in cui arrivano le acque curative.

Per/da Mamiña

Mamiña si trova 73 km a est di Pozo Almonte. Autobus e taxi *colectivos* provenienti da Iquique fermano nella piazza di fronte alla chiesa. Da Iquique prendete uno dei minibus *colectivos* della **Tamarugal** (419-288; Barros Arana 897-B) (CH$4000), che ha partenze tutti i giorni alle 8, con ritorno da Mamiña alle 18.

LA TIRANA

Diavoli dalle corna ritorte che ballano, un mare di gonne corte che ruotano velocemente, una galassia di lustrini scintillanti e decine di bande che suonano una musica vivace e ritmata: è la **festa della Vergine del Carmen**: la manifestazione religiosa più spettacolare di tutto il Cile, che si svolge a metà luglio. Per dieci giorni fino a 230.000 pellegrini invadono il villaggio (la cui popolazione residente non supera le 1300 anime) per rendere omaggio alla Vergine in un'atmosfera carnevalesca animata da balli in costume.

Il villaggio, situato a 72 km da Iquique all'estremità settentrionale del Salar de Pintados, è noto come luogo di sepoltura di una famosa principessa inca (v. lettura p184), ed è sede di un importante luogo di culto, il **Santuario de La Tirana**, formato da un'ampia piazza cerimoniale su cui si affaccia una delle chiese più insolite, per non dire eccentriche, del paese.

Sulla piazza ci sono alcuni ristoranti, ma la località è del tutto priva di strutture ricettive.

PINTADOS

Non meno di 420 geoglifi, simili a tanti giganteschi scarabocchi, sono stati tracciati in epoca precolombiana sulle colline di **Pintados** (interi/bambini CH$2000/gratuito; 10-16), 45 km a sud di Pozo Almonte. Ci sono disegni geometrici (tra cui intriganti scale, cerchi e frecce), animali e figure che ricordano dei marziani, mentre la figura umana è rappresentata in vivaci scene di caccia in canoa e di donne che partoriscono. Alla base delle colline corre un percorso di 2 km, che potrete seguire a piedi o in automobile per osservare i geoglifi.

LA PRINCIPESSA TIRANNA

Il villaggio di La Tirana prende il nome da una sanguinosa vicenda risalente all'epoca dei *conquistadores*. Si narra che una principessa inca fu costretta ad accompagnare Diego de Almagro durante la sua incursione in Cile nel 1535. La giovane riuscì però a fuggire raggiungendo Pica, dove raccolse un gruppo di fedeli guerrieri inca bramosi di vendetta, che subito si diedero a massacrare quanti più spagnoli possibile, insieme agli indigeni che erano stati nel frattempo battezzati. La principessa si guadagnò così l'appellativo di La Tirana.

La vita della donna ebbe però una svolta fatale nel 1544, quando i suoi seguaci catturarono un minatore portoghese che combatteva insieme agli spagnoli. Secondo la leggenda la feroce principessa si innamorò del soldato dalla pelle chiara e cercò di proteggerlo dall'esecuzione, scatenando l'ira dei suoi soldati. Alla scoperta che la principessa si era convertita alla religione cattolica dell'innamorato la furia degli indigeni non ebbe più limite e pochi istanti dopo il battesimo la coppia fu uccisa da una tempesta di frecce.

Dieci anni dopo un evangelista di passaggio scoprì una croce nel bosco, che probabilmente indicava il luogo di sepoltura dei due amanti, e vi costruì una cappella. In seguito la struttura fu rimpiazzata da un edificio più grande, e la leggenda della Tirana cominciò a diffondersi.

Si pensa che queste enigmatiche immagini fungessero da punti di riferimento, fossero come dei cartelli stradali per le genti nomadi del periodo precolombiano, indicando le vie commerciali, luoghi d'incontro e la presenza d'acqua. Ma probabilmente i geoglifi avevano anche un significato religioso e venivano usati per identificare i vari gruppi etnici. Furono realizzati in gran parte tra il 500 e il 1450 d.C.

Pintados, stazione di smistamento dei nitrati ormai abbandonata, con edifici fatiscenti e materiale rotabile arrugginito, si trova 4,5 km a ovest della Panamericana ed è raggiungibile percorrendo una strada di ghiaia, quasi di fronte alla svolta verso est per Pica.

Pica

☎057 / POP. 6178

Da lontano l'accogliente e placida oasi di Pica sembra una macchia di colore verde che spicca su una tela marrone. Pica è famosa per i suoi rigogliosi frutteti e in particolare per i suoi lime, ingrediente indispensabile nella preparazione di un buon pisco sour. I visitatori vengono a Pica per rinfrescarsi facendo il bagno nella bella ma affollata piscina d'acqua dolce e bevendo un succo di frutta fresca.

La principale attrazione di Pica è **Cocha Resbaladero** (ingresso CH$2000; ⏲8-20.30), all'estremità superiore di General Ibáñez. Le rocce, la vegetazione e una grotta piena d'acqua fanno di questa piscina un posto favoloso dove cercare sollievo dalla calura del deserto, ma nei mesi estivi si riempie di famiglie in vacanza e di bambini urlanti.

Consigliamo di visitare Pica in giornata da Iquique, ma nel caso vogliate trascorrervi la notte, la località offre un paio di sistemazioni e di ristoranti.

Pernottamento e pasti

Lungo la strada per il Resbaladero incontrerete diversi ristoranti. Sono tutti discreti; scegliete quello con l'atmosfera che vi piace di più.

Hostal Cafe Suizo HOSTAL $
(☎741-551; Ibáñez 210; singole/doppie CH$16.000/20.000; P 📶) Appena 100 m a ovest del Resbaladero troverete questo simpatico *hostal* gestito da un'anziana coppia danese-elvetica. Riconoscibile dallo steccato bianco in facciata, offre camere molto ben tenute disposte intorno a un piccolo patio con piante. Si prepara anche la prima colazione (a partire da CH$1800).

Alfajores Rah DOLCI $
(Balmaceda; alfajores CH$100) Di fronte alla chiesa si trova questo piccolo locale malandato dove potrete gustare deliziosi *alfajores* (biscotti farciti di *dulce de leche*, e poi passati nel cocco grattuggiato) e miele di produzione locale.

El Gato Rapido CILENO $
(Esmeralda 255; portate principali CH$2500-7500) Semplice locale nei pressi della piazza principale che serve economici pranzi a prezzo fisso (spesso, però, i piatti si esauriscono presto), oltre a sandwich e portate principali di carne.

Informazioni

Un minuscolo **ufficio turistico** (741-841; Balmaceda 203; 8.30-14 e 15.30-18.30 lun-ven, 9-14.30 e 16-19 sab e dom in estate, solo nei giorni feriali in inverno), qualche isolato a est della piazza, offre informazioni sulle attrazioni della zona, ma il personale ha una conoscenza limitata dell'inglese.

Per/da Pica

Situata a soli 42 km da La Tirana lungo una strada asfaltata, Pica è servita da autobus, ma è anche raggiunta da escursioni organizzate in partenza da Iquique.

Calama

055 / POP 138.402

La città di Calama (2250 m di altitudine), che al visitatore apparirà un'anonima città industriale, è in realtà il vanto e la gloria del Cile settentrionale, essendo un polo dell'industria del rame che anno dopo anno riversa ingenti proventi nelle casse dello stato. E pur rivestendo scarso interesse per il turista – la maggior parte delle persone vi si ferma soltanto per una notte (se proprio non può farne a meno) mentre è diretta alla ben più celebre San Pedro de Atacama – questa cittadina mineraria è ancora un posto autentico, non privo di un fascino rude e intenso.

Il prezioso metallo è presente ovunque: ci sono statue, sculture e bassorilievi di rame, e persino una guglia rivestita di rame in cima alla cattedrale. Nel 2004 Calama ha anche accolto un'ondata di operai provenienti da Chuquicamata, un altro importante centro estrattivo, la cui intera popolazione è stata trasferita qui per sfuggire all'inquinamento legato all'estrazione del rame.

La breve storia di Calama è legata a quella di Chuquicamata. La città è relativamente giovane, come dimostra il fatto che acquisì la sua cattedrale soltanto nel 1906: fino ad allora dal punto di vista ecclesiastico dipese dalla minuscola Chiu Chiu.

Calama è adagiata sulla sponda nord del Río Loa e, sebbene si sia notevolmente ampliata dopo l'arrivo dei lavoratori di Chuquicamata, il suo centro è tuttora chiuso al traffico. Il primo tratto di Calle Ramírez è una gradevole zona pedonale che sbocca in Plaza 23 de Marzo, una piazza ombreggiata popolata di piccioni e occupata da bancarelle.

Pernottamento

La maggior parte degli alberghi si rivolge ai lavoratori itineranti delle lucrose miniere di rame e quindi applica tariffe molto elevate. Consigliamo di prenotare con un certo anticipo, specialmente se prevedete di pernottare a Calama in un giorno feriale.

Hotel L&S HOTEL $$

(361-113; www.lyshotel.cl; Vicuña Mackenna 1819; singole CH$34.000, doppie CH$36.000-44.000; P@) Questo hotel è in assoluto la sistemazione di Calama che presenta il miglior rapporto qualità-prezzo. Si tratta di un elegante 'business-lite' hotel con un fresco stile moderno e interni pieni di luce. Le camere, dalla pulizia meticolosa, sono dominate da tonalità beige, arredate con mobili di legno chiaro e dotate di riscaldamento. Non dimenticate di chiedere che per voi venga applicato il *'convenio,'* il prezzo speciale riservato agli stranieri.

Hotel El Mirador HOTEL $$

(340-329; www.hotelmirador.cl; Sotomayor 2064; singole/doppie CH$43.000/48.000; P) Facilmente riconoscibile dalla torre ottagonale, questo albergo storico offre accoglienti camere in stile coloniale con piccoli bagni, disposte tutte intorno a un patio inondato dal sole. Le pareti del soggiorno sono tappezzate da fotografie della Calama di un tempo. Si accetta unicamente il pagamento in contanti.

Hostería Calama HOTEL $$$

(341-511; www.hosteriacalama.cl; Latorre 1521; singole/doppie CH$64.000/73.000; P@) Questo albergo di fascia alta mette a disposizione dei suoi ospiti spaziose camere arredate in modo classico e con pavimenti rivestiti di moquette; alcune hanno vista sul verde. Offre tutti i comfort e le attrezzature che ci si aspetta in una struttura di questo livello, tra cui una palestra, un ristorante, un patio e una piccola piscina vicino al parcheggio.

Hostal Abaroa HOSTAL $

(941-025; Abaroa 2128; singole/doppie CH$16.000/32.000, senza bagno CH$10.000 per persona;) Aperto di recente, l'accogliente Abaroa è la struttura che propone il miglior rapporto qualità-prezzo in questa categoria. Situato un paio di isolati dalla piazza, in posizione comoda per le partenze degli autobus, offre camere pulite e luminose disposte lungo un patio sul retro. Si preparano anche la prima colazione e il pranzo.

Hostal Nativo HOSTAL $$

(846-331; www.nativo.cl, in spagnolo; Sotomayor 2215; singole/doppie con prima colazione CH$25.000/39.000, senza bagno CH$15.000/27.000;) La posizione è il maggior punto di forza di questo piccolo *hostal* situato a un passo dalla piazza principale. Inoltre, le tariffe comprendono anche la prima colazione. Le camere sono un po' buie.

Hotel Atenas HOTEL $
(☎342-666; inmobiliariacalama@yahoo.com; Ramírez 1961; singole/doppie CH$15.000/20.000; 📶) L'Atenas è in assoluto la migliore tra le sistemazioni più a buon mercato disponibili a Calama. Situato a pochi passi dalla zona pedonale, è formato da un dedalo di camere buie dotate di bagni spaziosi e puliti.

Pasti

Club Croata CILENO $$
(Abaroa 1869; portate principali CH$5000-8500, pranzo a prezzo fisso CH$3000-5500) Situato nella piazza principale e riconoscibile dallo stemma croato all'esterno, è uno dei migliori ristoranti in stile tradizionale della città. Serve specialità cilene, tra cui il *pastel de choclo* (pasticcio di mais).

Café Viena TAVOLA CALDA $
(Abaroa 2023; portate principali CH$1300-5500) Locale alla buona che propone un ampio assortimento di piatti semplici, ma prepara anche rapidi spuntini come sandwich, pizze e hot dog. Funziona anche come takeaway e rimane aperto fino alle 2.

Barlovento CILENO $$
(Av Granaderos 2034; portate principali CH$5000-7000; ⏲chiuso dom) Questo semplice ristorante con serate di *peña* (spettacoli folkloristici dal vivo) il venerdì e il sabato (ingresso CH$5000) è un posto gradevole in cui consumare un pasto a base di carne o venire a ballare.

Brooklyn RISTORANTE, BAR $
(Vicuña Mackenna 1973; portate principali CH$2800-6000; ⏲chiuso dom) Il Brooklyn è un locale disposto su due piani caratterizzato da un'atmosfera ruspante semplice, dove potrete venire a bere un boccale di *schop* (birra alla spina) o a consumare *tablas*. Serve anche menu a prezzo fisso a pranzo e rimane aperto fino a tardi.

Mercado Central MERCATO $
(Latorre; pasti a prezzo fisso CH$2200-2500) Per un pasto veloce e sostanzioso provate le *cocinerías* (bettole) di questo piccolo e animato mercato tra Ramírez e Vargas.

Informazioni

Nella zona del centro ci sono alcune banche dotate di bancomat, alcune delle quali cambiano anche valuta.

Ci sono telefoni a pagamento e call center lungo la via pedonale di Calama, e internet bar (circa CH$400 l'ora) in tutta la zona pedonale e nelle vie circostanti.

Hospital Carlos Cisterna (☎655-700; Av Granaderos 2253) Cinque isolati a nord di Plaza 23 de Marzo.

Oficina Municipal de Información Turística (☎096-679-7253; infoturismo@calamacultural.cl; Latorre 1689; ⏲8-13 e 14-18 lun-ven) Personale cordiale e disponibile lavora presso questo ufficio turistico, dove potrete prenotare una visita guidata di Chuqui.

Per/da Calama

Aereo

Lan (☎600-526-2000; Latorre 1726) assicura voli per Santiago (CH$223.000) più volte al giorno. Anche **Sky** (☎600-600-2828; Latorre 1499) ha voli per Santiago (a partire da CH$102.000).

Autobus

Le compagnie di autobus sono diffuse in tutta la città, ma la maggior parte è concentrata lungo Av Balmaceda e Antofagasta. Alcune autolinee che servono le destinazioni a nord e a sud lungo la Panamericana sono le seguenti:

Condor Bus/Flota Barrios (☎345-883; www.condorbus.cl, in spagnolo; Av Balmaceda 1852)

Expreso Norte (☎347-250; www.expresonorte.cl, in spagnolo; Balmaceda 1902)

Géminis (☎892-050; www.geminis.cl, in spagnolo; Antofagasta 2239) Effettua solo collegamenti con Salta e Arica.

Pullman Bus (☎341-282; www.pullmanbus.cl, in spagnolo; Balmaceda 4155)

Tur Bus (☎688-812; www.turbus.cl, in spagnolo; Ramírez 1850) Solo biglietteria; i mezzi partono dal terminal (Granaderos 3048).

DESTINAZIONE	TARIFFA (CH$)	DURATA (ORE)
Antofagasta	4000	3
Arica	14.000	6
Iquique	14.000	6½
La Serena	22.800	14
Santiago	30.000	22

Tur Bus garantisce servizi regolari per San Pedro de Atacama (CH$2600, 1 h). **Buses Frontera** (☎824-269; Antofagasta 2046) effettua anche corse per San Pedro (CH$2200, 1 h 30 min), così come **Buses Atacama 2000** (☎316-664; Abaroa 2106), che applica tariffe leggermente più basse.

Gli autobus internazionali sono sempre al completo, perciò consigliamo di prenotare quanto prima possibile. Per raggiungere Uyuni, in Bolivia (CH$14.000, 9 h) passando da Ollagüe (CH$7000,

3 h), rivolgetevi a Frontera e Buses Atacama 2000; è bene acquistare il biglietto in anticipo, dato che sono previsti soltanto alcuni collegamenti alla settimana.

I collegamenti per Salta e Jujuy, in Argentina, sono assicurati da Pullman, con partenze lunedì, mercoledì e venerdì mattina alle 8 (CH$32.000, 12 h), e da Géminis martedì, venerdì e domenica alle 8.30 (CH$32.000). Durante l'alta stagione estiva occorre acquistare i biglietti in anticipo.

Trasporti locali

L'**Aeropuerto El Loa** (☎312-348) si trova a sud di Calama ed è raggiungibile con una breve corsa in taxi (CH$3000). I minibus navetta per gli alberghi costano CH$2500. San Pedro de Atacama può essere raggiunta in taxi (da CH$25.000 a CH$35.000), ma è più economico organizzare il viaggio in anticipo (da CH$10.000 a CH$12.000); provate **City Express** (☎099-816-2091) o **Transfer Lincancabur** (☎543-426).

Tra gli autonoleggi segnaliamo **Hertz** (☎341-380; Av Granaderos 1416) e **Avis** (☎563-152; calama@avischile.cl; Aeropuerto El Loa); le tariffe per noleggiare un veicolo per un giorno partono da CH$28.500.

Fate rifornimento a Calama: l'unico benzinaio di San Pedro è carissimo. Per visitare i geyser di El Tatio, vi consigliamo di noleggiare un mezzo a trazione integrale o un pickup; le normali automobili sono troppo basse per affrontare le strade accidentate e guadare i corsi d'acqua della zona.

Chuquicamata

Cumuli di scorie minerarie alti come montagne, una voragine più profonda del più profondo lago degli Stati Uniti, e camion grandi come case: queste sono soltanto alcune delle dimensioni strabilianti che richiamano i visitatori alla spettacolare miniera di Chuquicamata (anche nota semplicemente come Chuqui). Questo impressionante abisso, scavato nel suolo desertico 16 km a nord di Calama, è una delle più grandi miniere a cielo aperto del mondo.

Sino a non molto tempo fa Chuqui era anche la principale produttrice mondiale di questo minerale (primato che le è stato recentemente sottratto da Mina Escondida, 170 km a sud-est di Antofagasta), con una produzione di ben 630.000 tonnellate all'anno. È in larga misura grazie a Chuqui se il Cile è il maggiore produttore di rame del pianeta. In totale, il rame rappresenta circa un terzo delle esportazioni del paese, e con lo straordinario incremento del prezzo del rame verificatosi negli ultimi anni (grazie alla fortissima richiesta di paesi come la Cina e l'India) è difficile sopravvalutare la sua importanza per l'economia cilena.

Dalla miniera, in cui lavorano 20.000 operai, sale costantemente una nuvola di polvere visibile a molti chilometri di distanza nel deserto senza nuvole, ma qui tutto è sovradimensionato. Il pozzo a forma ellittica misura 8 milioni di metri quadri, ed ha una profondità massima di 1250 m. La 'visita guidata' consiste per lo più nel contemplare il baratro e aggirarsi intorno a un enorme camion dalle ruote alte più di 3 m; le informazioni sono minime, ma la guida bilingue risponderà alle vostre domande.

Un tempo gli operai della miniera di Chuquicamata vivevano in una cittadina

CHUQUI VISTA CON GLI OCCHI DEL CHE

Più di 50 anni fa, quand'era già una miniera di dimensioni impressionanti, Chuquicamata fu visitata dal giovane Ernesto Che Guevara. Il futuro rivoluzionario e il suo compagno di viaggio Alberto Granado si trovavano a metà strada del loro mitico viaggio attraverso il Sud America, immortalato nel diario di viaggio del Che, *Diari della motocicletta* (Feltrinelli 2004). L'incontro con un comunista durante il viaggio a Chuqui è generalmente riconosciuto come determinate per la nascente coscienza politica del Che. È dunque molto interessante leggerne le memorie dedicate alla visita della miniera (che all'epoca era di proprietà americana). In un paragrafo di particolare intensità, l'errabondo studente di medicina descrive così il posto: '...con l'abituale corollario di vite umane, le vite dei poveri eroi dimenticati di questa battaglia, che muoiono miseramente in una delle mille trappole create dalla natura per difendere i propri tesori, quando tutto quello che vogliono è guadagnarsi il pane quotidiano'.

In una nota in calce a questo incontro molto analizzato si legge che i direttori della miniera: 'biondi, efficienti e arroganti' dissero sgarbatamente ai due viaggiatori che Chuquicamata non era una 'città turistica'. Ebbene, oggi la località richiama circa 40.000 visitatori all'anno.

ben organizzata, ma i problemi ambientali e la presenza di rame nel suolo sotto l'abitato hanno reso necessario il trasferimento dell'intera popolazione a Calama nel 2007. Oggi la 'città di Chiquicamata' è poco più che una città fantasma.

Storia

I depositi di Chuquicamata furono scoperti nel 1911 e di lì a poco l'Anaconda Copper Mining Company, un'importante compagnia estrattiva con sede nel Montana, ne iniziò lo sfruttamento. In breve tempo l'azienda americana creò una cittadina mineraria perfettamente funzionante, con tanto di rudimentali abitazioni, scuole, cinema, negozi e un ospedale, ma ben presto tra i lavoratori iniziò a diffondersi il malcontento e il risentimento nei confronti della compagnia straniera. Negli anni '60 le tre miniere più grandi del Cile (gestite tutte dall'Anaconda) producevano più dell'80% del rame estratto nel paese, che rappresentava il 60% del totale delle esportazioni e l'80% del gettito fiscale. Benché pagasse onerose tasse per lo sfruttamento di Chuquicamata, l'Anaconda fu presa di mira dai sostenitori della nazionalizzazione.

Durante il governo del presidente Eduardo Frei Montalva, alla fine degli anni '60, il Cile ottenne la partecipazione azionaria di maggioranza nelle attività cilene delle compagnie Anaconda e Kennecott e nel 1971 il Congresso approvò la piena nazionalizzazione dell'industria. Dopo il 1973 la giunta militare acconsentì a risarcire le compagnie straniere per la perdita subita, ma conservò la proprietà delle miniere tramite la Corporación del Cobre de Chile (Codelco).

Tour

Codelco VISITE GUIDATE DELLA MINIERA (☎322-122; visitas@codelco.cl; all'angolo tra Granaderos e Central Sur, Calama; ⌚prenotazioni 9-17 lun-ven) È possibile organizzare la visita tramite Codelco, telefonando o con un messaggio di posta elettronica, oppure rivolgendosi all'ufficio turistico di Calama. Le visite si effettuano dal lunedì al venerdì, sia in inglese sia in spagnolo. Occorre presentarsi all'Oficina, all'angolo tra Av Granaderos e Central Sur, nella parte settentrionale della città, 15 minuti prima dell'inizio della visita, portando con sé un documento d'identità; è gradita un'offerta. Possono prendere parte alla visita 40 persone al massimo, ma a volte se ci sono molti visitatori entra in servizio un secondo autobus. A gennaio e febbraio c'è una grande affluenza di visitatori, perciò vi consigliamo di prenotare con almeno una settimana di anticipo.

La visita inizia alle 13.30 e dura due ore. Indossate scarpe robuste (i sandali sono da evitare), pantaloni lunghi e una camicia o una maglia dalle maniche lunghe.

Per/da Chuquicamata

Una navetta gratuita della Codelco parte dall'Oficina, a Calama. Occorre arrivare alle 13.15. Per arrivarci prendete un taxi *colectivo* (CH$600, 15 min) – vanno bene i n. 5, 65, 11 o 17 – da Latorre, oppure salite sul micro D (CH$400).

San Pedro de Atacama

☎055 / POP. 4969

Si dice che gli ingenti giacimenti di quarzo e di rame della regione conferiscano ai suoi abitanti la loro caratteristica energia positiva, che si avverte in maniera particolare in quella che è la principale località turistica del Cile settentrionale, San Pedro de Atacama, situata nella *precordillera* a 2438 m di altitudine.

La fama di questo villaggio di edifici di adobe è dovuta alla sua posizione nel cuore di uno degli scenari più spettacolari del Cile settentrionale, mentre non lontano si trova la più grande pianura salata del paese, ai cui margini si innalzano alcuni vulcani (quello più vicino a San Pedro è il Licancábur, alto 5916 m, dalla mole simmetrica). Tra le altre attrazioni della zona figurano geyser, surreali formazioni rocciose e paesaggi stratificati altrettanto bizzarri.

San Pedro, situata 106 km a sud-est di Calama lungo la strada asfaltata Chile 23, riesce a stento ad accogliere le orde di turisti che la invadono, essendo poco più di una manciata di caratteristici edifici di adobe raccolti intorno a una graziosa piazza alberata e a una pittoresca chiesa. Nell'ultimo decennio, tuttavia, lungo le sue vie polverose si è assistito a una proliferazione di guesthouse, lussuosi resort, ristoranti, internet bar e agenzie di viaggio, che hanno trasformato San Pedro in una sorta di Disneyland di adobe.

La località risente indubbiamente dei tipici fenomeni che affliggono tutte le località che esercitano un notevole richiamo turistico: prezzi alti, ristoranti con irritanti procacciatori di clienti e agenzie di viaggio dal personale svogliato. Per contro, a San Pedro si respira un'atmosfera rilassata che contagia rapidamente il visitatore ed è possibile scegliere tra una vasta offerta di escursioni, che potranno tenervi impegnati per intere settimane, al termine delle quali potrete godervi il piacere di un cappuccino, una cena sontuosa e un comodo letto.

Storia

Nel periodo precolombiano San Pedro fu un importante luogo di sosta lungo la via commerciale che collegava l'altopiano con il litorale. Visitata da Pedro de Valdivia nel 1540, all'inizio del XX secolo diventò una tappa importante lungo la rotta seguita dalle mandrie provenienti dall'Argentina e dirette alle *oficinas* dei nitrati nel deserto.

Gli atacameño che vivono nella zona praticano ancora l'agricoltura irrigua negli *ayllus* (piccole comunità indigene). Molti di loro coltivano ancora terrazze create dai loro antenati più di mille anni or sono.

Che cosa vedere

Il villaggio propriamente detto è piccolo e compatto, e praticamente tutti i luoghi interessanti sono raggiungibili agevolmente a piedi dalla piazza. Attualmente molti edifici hanno il numero civico, ma molti ne sono ancora privi.

Museo Gustavo Le Paige MUSEO

(Gustavo Le Paige 380; interi/studenti CH$2500/1000; ⌚9-18 lun-ven, 10-18 sab e dom) Anche se non siete particolarmente appassionati di musei, fate un'eccezione per il magnifico Museo Gustavo Le Paige di San Pedro. L'Atacama è un paradiso per gli archeologi, in virtù della quasi totale assenza di precipitazioni che lo caratterizza, che conserva i manufatti per millenni. Questo museo a pianta ottagonale vanta pertanto una ricchissima collezione di affascinanti reperti in ottimo stato di conservazione, comprendente, tra le altre cose, ceramiche, tessuti e una straordinaria raccolta di oggetti utilizzati dagli sciamani per la preparazione, l'ingestione e il fumo di piante dalle proprietà allucinogene.

I testi esplicativi in inglese e spagnolo ripercorrono in maniera approfondita l'evoluzione della regione dalle culture più antiche alla conquista inca fino all'invasione spagnola, con fitti rimandi e collegamenti ai siti archeologici della zona, tra cui Pukará de Quitor e Aldea de Tulor.

La creazione di questo splendido museo è in gran parte merito del religioso belga e archeologo dilettante a cui è intitolato: padre Gustavo Le Paige, giunto proprio in qualità di sacerdote a San Pedro nel 1955, che dedicò i successivi 35 anni della sua vita alla raccolta di antichi manufatti della zona. Oggi la sua statua campeggia davanti al museo, al cui interno c'è una piccola sezione a lui dedicata.

Si effettuano visite guidate in diverse lingue di 45 minuti più volte al giorno dal martedì alla domenica (CH$1800). La sezione sul retro è dedicata a mostre temporanee che durano alcuni mesi.

Iglesia San Pedro CHIESA

(ingresso libero; Plaza de Armas) La candida Iglesia San Pedro è una deliziosa chiesetta coloniale costruita con materiali indigeni o artigianali: le massicce pareti e il tetto sono realizzati in adobe, mentre per il soffitto è stato usato il *cardón* (legno di cactus), il cui aspetto grinzoso ricorda quello dei pneumatici usurati, al posto dei chiodi, robuste cinghie di pelle. La chiesa risale al XVII secolo, ma le mura attuali sono state costruite nel 1745 e il campanile aggiunto nel 1890.

Tour

A San Pedro il visitatore può scegliere tra una gamma vastissima di escursioni, optando, di volta in volta, per attività estremamente rilassanti o più impegnative: sguazzare in una sorgente termale vulcanica; precipitare giù per una ripida pista in sella a una mountain bike; esplorare le vestigia di antiche civiltà; scalare vulcani in attività; cimentarsi nel sandboard su gigantesche dune o perdersi nella contemplazione della volta celeste nelle terse notti del deserto.

Purtroppo, la qualità di alcuni tour lascia un po' a desiderare, e alcuni viaggiatori si sono lamentati di operatori che cancellano

TURISMO RESPONSABILE

In alta stagione la minuscola San Pedro viene invasa da migliaia di turisti. Gli abitanti, in particolare gli indigeni atacameño, risentono di questa massiccia presenza di stranieri. Cercate quindi di comportarvi in modo consono, adeguandovi come meglio potete all'ambiente in cui vi trovate; nel villaggio evitate di indossare abiti succinti (riservate il bikini alle sorgenti termali) e quando visitate le chiese scopritevi il capo e valutate l'opportunità di indossare pantaloni lunghi. Prima di scattare una fotografia alle persone chiedete loro il permesso.

In questa regione l'acqua (ovviamente) scarseggia, quindi evitate di indugiare sotto la doccia.

San Pedro de Atacama

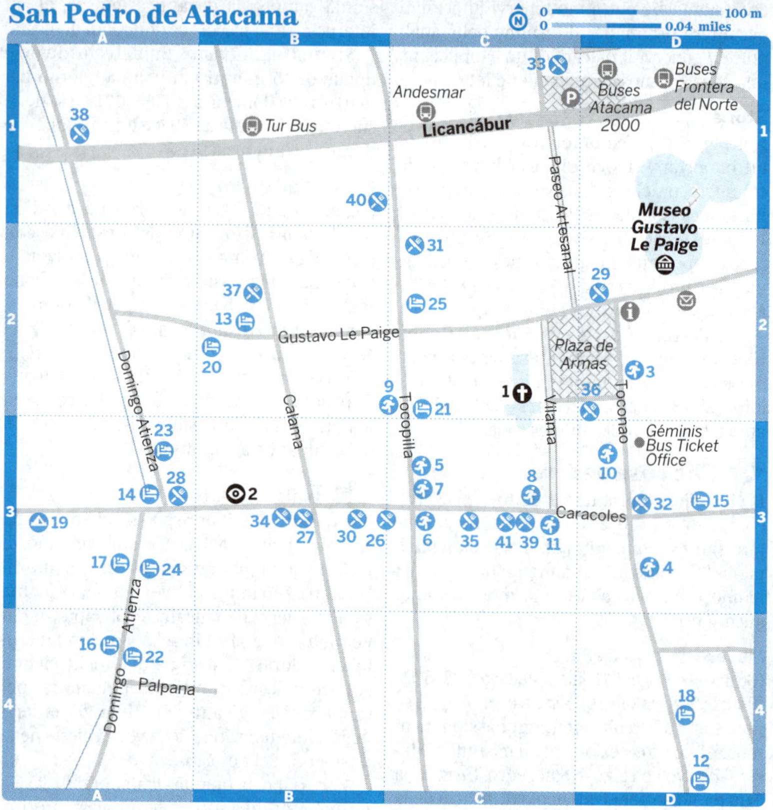

all'ultimo momento un'escursione programmata o utilizzano veicoli poco sicuri, senza contare il fatto che spesso gli accompagnatori non sono guide professioniste, ma semplici autisti. Inoltre accade spesso che le agenzie ingaggino autisti indipendenti, molti dei quali lavorano per diverse compagnie, quindi a volte l'affidabilità dell'autista – o della guida – è solo questione di fortuna. Fatta questa premessa, non è detto che dobbiate tenervi alla larga da tutti gli autisti di lingua spagnola del posto, poiché molti di loro sono persone estremamente cortesi e competenti, nonché in grado di offrirvi un prezioso punto di vista locale.

Potreste scoprire che l'agenzia che avete pagato non è la stessa con cui effettuerete il tour. Alcune agenzie offrono escursioni con guide che parlano inglese, tedesco o olandese, per le quali, però, occorre a volte prenotare con un certo anticipo o pagare un supplemento. La concorrenza tra i numerosi operatori mantiene i prezzi bassi, e le agenzie aprono e chiudono in continuazione.

Presso l'ufficio di informazioni turistiche di San Pedro c'è un libro utile, divertente e a tratti inquietante, in cui i viaggiatori esprimono le loro lamentele sulle varie agenzie di viaggio: il problema è che quasi tutte le agenzie figurano nell'elenco e, leggendo di conducenti senza patente o che affrontano i valichi con la Bolivia dopo aver alzato il gomito, potreste decidere di restarvene al sicuro nel vostro albergo a scrivere cartoline, il che sarebbe un tragico errore in una zona così splendida. In ogni caso, prima di scegliere un'agenzia, fate molte domande, parlate con altri viaggiatori, fidatevi delle vostre impressioni e cercate di essere flessibili.

In occasione del nostro ultimo sopralluogo, a San Pedro operavano 48 agenzie di viaggio. Anche se raccomandarne una può essere problematico, diciamo che le due in-

San Pedro de Atacama

Da non perdere

Museo Gustavo Le Paige D2

Che cosa vedere

1 Iglesia San Pedro C2
2 Servicios Astronómicos Maury y Compañía B3

Attività, corsi e tour

3 Atacama Inca Tour D2
4 Cordillera Traveller D3
5 Cordillera Traveller C3
6 CosmoAndino Expediciones C3
7 Desert Adventure C3
8 Km 0 ..... C3
9 Rancho La Herradura C2
10 Terra Extreme D3
11 Vulcano Expediciones C3

Pernottamento

12 Hostal La Ruca D4
13 Hostal Sonchek B2
14 Hostal Lickana A3
15 Hostelling International D3
16 Hotel Don Sebastián A4
17 Hotel Kimal A3
18 Hotel Licancábur D4
19 Hotel Takha Takha A3
20 Hotel Tambillo B2
21 Hotel Terrantai C2
22 Hotel Tulor A4
23 Katarpe Hostal A3
24 Poblado Kimal A3
25 Residencial Vilacoyo C2

Pasti

26 Adobe B3
27 Blanco B3
28 Cafe Esquina A3
29 Cafe Peregrino D2
30 Casa de Piedra B3
31 Ckunna C2
32 Export D3
33 Bancarelle alimentari C1
34 La Casona B3
35 La Estaka C3
36 La Plaza D2
37 Las Delicias de Carmen B2
38 Quitor A1
39 Salon de Te 02 ..... C3
40 Tahira B1
41 Todo Natural C3

dicate qui di seguito vantano l'approvazione più recente di Sernatur:

Desert Adventure (☎851-067; www.desertadventure.cl; Caracoles s/n)

Terra Extreme (☎851-274; www.terraextreme.cl; Toconao s/n)

Tour standard

Qui di seguito sono elencate le escursioni che vanno per la maggiore, organizzate da quasi tutte le agenzie di San Pedro. Tenete presente che le tariffe indicate non comprendono i biglietti d'ingresso alle varie attrattive turistiche.

Laghi dell'Altiplano TOUR ORGANIZZATO
(CH$10.000-25.000, biglietti d'ingresso CH$5000-7000) Partenza da San Pedro tra le 7 e le 8 per vedere i fenicotteri della Laguna Chaxa nel Salar de Atacama, e poi visitare la cittadina di Socaire, le Lagunas Miñiques e Miscanti, Toconao e la Quebrada de Jere, con ritorno tra le 16 e le 19.

Geyser di El Tatio TOUR ORGANIZZATO
(CH$18.000-20.000, biglietti d'ingresso CH$5000) Questa escursione molto gettonata parte da San Pedro alle 4, per consentire ai partecipanti di vedere il surreale spettacolo dei geyser all'alba, con ritorno previsto tra le 12 e le 13. In genere la tariffa comprende la prima colazione e la possibilità di immergersi nell'acqua termale.

Valle de la Luna TOUR ORGANIZZATO
(CH$8000-10.000, biglietti d'ingresso CH$2000) Partenza da San Pedro a metà pomeriggio per ammirare il calar del sole sulla valle, con ritorno in prima serata. Nel corso del tour si visitano la Valle de la Luna, la Valle de la Muerte e Tres Marías.

Tulor e Pukará de Quitor TOUR ORGANIZZATO
(circa CH$15.000, biglietti d'ingresso CH$8000) Escursioni archeologiche di mezza giornata raggiungono questi due siti precolombiani (partenze tra le 8 e le 9, con ritorno tra le 13 e le 15).

Altri tour

Uno degli altri tour disponibili è l'escursione di una giornata intera che prevede la visita dei geyser di El Tatio al mattino, per poi fare tappa ai *pueblos* di **Caspana** e **Chiu Chiu**, a **Pukará de Lasana**, e si conclude a Calama (è una buona idea effettuare il tour

VALE IL VIAGGIO

UN'ESCURSIONE A UYUNI, IN BOLIVIA

Le colorate acque dei laghi dell'*altiplano*, le bizzarre formazioni rocciose che sembrano uscite da un quadro di Salvador Dalí, i fenicotteri, i vulcani, ma soprattutto il candore abbagliante del lago salato di Uyuni: queste non sono che alcune delle attrazioni che giustificano un'escursione al di là del confine, in Bolivia, nella zona a nord-est di San Pedro de Atacama. Sappiate però che non si tratta di una tranquilla scampagnata e che ogni cinque viaggiatori che fanno ritorno da Uyuni con resoconti entusiastici ne troverete uno che definirà la sua esperienza un vero e proprio incubo.

I tour standard durano tre giorni; dopo aver attraversato il confine boliviano a Hito Cajón, si passa per la Laguna Colorada e si prosegue per il Salar de Uyuni per raggiungere infine la cittadina di Uyuni. La tariffa attuale di CH$75.000 comprende gli spostamenti a bordo di affollate jeep a trazione integrale, il pernottamento in alloggi spartani e spesso gelidi e i pasti; a questa somma occorre aggiungere un supplemento che va da CH$15.000 a CH$23.000 per il viaggio di ritorno a San Pedro il quarto giorno (alcuni operatori tornano alla base nel corso della terza notte). Portatevi bevande e spuntini, indumenti caldi e un sacco a pelo. Le formalità di frontiera cilene si espletano a San Pedro e in Bolivia all'arrivo a Uyuni. Si tenga presente che i biglietti d'ingresso ai parchi boliviani non sono compresi nel prezzo e ammontano all'incirca a CH$16.000.

Purtroppo, nessuna delle agenzie che effettua la suddetta escursione ha pienamente soddisfatto i nostri lettori. Comunque, quella che ha ottenuto i giudizi migliori da parte dei viaggiatori è **Cordillera Traveller** (☎851-291; www.cordilleratraveller.com; Toconao 447-B & Tocopilla 429-B).

il giorno prima di ripartire in aereo), oppure a San Pedro.

Vengono anche organizzate escursioni a destinazioni che stanno esercitando un richiamo sempre maggiore, come **Laguna Cejar e Ojos de Salar** (è possibile fare il bagno in entrambi; a Cejar si galleggia proprio come nelle acque del Mar Morto), **Valle del Arcoiris**, dove si ammirano formazioni rocciose variopinte che ricordano i colori dell'iride e **Salar de Tara**. L'escursione al Salar de Tara, assai impegnativa, è la più spettacolare, tra quelle in partenza da San Pedro; si tratta infatti di un itinerario ad anello di ben 200 km nel corso del quale si raggiungono i 4300 m di quota.

Tenete presente che i tour appena descritti sono più costosi e non vengono effettuati con la stessa regolarità di quelli più gettonati.

Trekking e bicicletta

San Pedro è circondata da maestosi vulcani, alcuni dei quali attivi, che esercitano un grande richiamo sugli appassionati di alpinismo. Chi non pratica questo sport, ma vuole comunque fare movimento potrà raggiungere a piedi o in bicicletta le attrazioni della zona, come la Valle de la Luna. È possibile noleggiare biciclette presso svariati alberghi e agenzie della città a tariffe che si aggirano sui CH$6000 al giorno; provate **Km 0** (Caracoles 282B).

Vulcano Expediciones AVVENTURA
(☎851-023; www.vulcanochile.com; Caracoles 317) Questo operatore organizza trekking su vulcani e altre montagne, tra cui ascensioni in giornata alle seguenti vette: Sairecabur (5971 m; CH$90.000), Lascar (5592 m; CH$90.000) e Tocco (5604 m; CH$70.000). Per salire in cima al Licancábur e al Llullaillaco occorre affrontare ascensioni più lunghe. La stessa agenzia propone anche escursioni giù per le pendici montane in bicicletta (a partire da CH$35.000 per 2 h) ed escursioni in motocicletta (a partire da $91.000 per mezza giornata).

CosmoAndino Expediciones ESCURSIONI
(☎851-069; www.cosmoandino.cl; Caracoles 259) Affermata agenzia specializzata in escursioni alle attrazioni dei dintorni; aspettatevi di spendere di più per un'escursione standard, ma rivolgendovi a CosmoAndino avrete più 'quality time in the Atacama', come recita il suo motto.

Azimut 360 AVVENTURA
(☎02-235-1519; www.azimut360.com) Pur non avendo un ufficio in città, questa agenzia di Santiago si avvale di collaboratori esperti e competenti sul campo e resta una delle migliori per l'alpinismo e il trekking. Per informazioni e prenotazioni, chiamate l'ufficio di Santiago.

Passeggiate a cavallo

Rancho La Herradura PASSEGGIATE A CAVALLO
(☎851-956; www.atacamahorseadventure.com; Tocopilla 406) Diversi operatori organizzano passeggiate e trekking a cavallo. Rancho La Herradura offre escursioni di vario tipo, che vanno da uscite di due ore (CH$14.000) a epici trekking di 10 giorni con pernottamento in tenda. Sono disponibili guide che parlano inglese, tedesco e francese.

Sandboard

Saltare su una tavola da sandboard e scivolare giù per enormi dune sabbiose è la più popolare tra le attività ad alto tasso adrenalinico disponibili nei dintorni di San Pedro. Le dune della Valle de la Muerte, alte 50 m, creano le condizioni ideali per la pratica di questo sport.

Atacama Inca Tour SANDBOARD
(☎851-034; www.sandboardsanpedro.com; Toconao 421-A) Questa attività è offerta da diverse agenzie, che però in molti casi si limitano a fungere da subagenti di Atacama Inca Tour, l'operatore leader del settore, che consigliamo sia per la qualità delle tavole sia per la preparazione degli istruttori. Per le uscite standard, dal costo di CH$10.000, è prevista la partenza alle 9 con rientro alle 12 oppure alle 16 con rientro alle 19. La lezione dura due ore e la tariffa comprende un DVD con il video delle vostre evoluzioni sulla sabbia.

Questo operatore offre anche un'uscita di sandboard seguita da una breve escursione nella Valle de la Luna e un pisco al tramonto al prezzo di CH$15.000. L'ultima novità è il sandboard party notturno (dalle 22.30 alle 1.30), con riflettori che illuminano le dune, potenti altoparlanti e un DJ.

Dopo aver acquisito un po' di pratica, potrete noleggiare le tavole direttamente da una delle agenzie cittadine, tra cui Vulcano; il costo è di CH$4000 per mezza giornata.

Feste ed eventi

Fiesta de Nuestra Señora de la Candelaria FESTA RELIGIOSA
All'inizio di febbraio San Pedro celebra questa ricorrenza animata da danze religiose.

Carnaval CARNEVALE
Si tiene a febbraio o a marzo, a seconda del periodo in cui cade la Pasqua.

Fiesta de San Pedro y San Pablo FESTA RELIGIOSA
Il 29 giugno gli abitanti di San Pedro festeggiano questa ricorrenza con danze folkloristiche, una funzione religiosa, una processione che porta le statue dei santi per le vie del paese, ma anche con balli moderni che si fanno via via più scatenati by midnight.

Fiesta de Santa Rosa de Lima FESTA RELIGIOSA
Festa religiosa tradizionale che si celebra il 30 agosto.

Pernottamento

San Pedro vanta un'offerta molto vasta di strutture ricettive – ne abbiamo contate ben 98 in occasione del nostro ultimo sopralluogo – ma non aspettatevi di trovarne molte nella categoria economica, in quanto i prezzi sono gonfiati come conseguenza del richiamo turistico esercitato da San Pedro. In alcune sistemazioni economiche chi viaggia da solo deve dividere la camera con altre persone durante l'alta stagione estiva.

Soltanto gli alberghi di fascia media sono carenti in questo paradiso dei backpacker, ma molti ostelli e *hostales* dispongono anche di camere di livello medio. Per quanto riguarda gli alberghi di lusso, ce ne sono molti, ma spesso si trovano fuori dal centro.

Hotel Terrantai HOTEL $$$
(☎851-045; www.terrantai.com; Tocopilla 411; doppie CH$100.000-110.000; P wifi ❄) Il Terrantai è probabilmente il più intimo e centrale tra gli alberghi di fascia alta di San Pedro. Tale effetto è raggiunto dall'architettura: corridoi alti e stretti realizzati con le pietre lisce del Río Loa conducono alle eleganti camere in cui troverete tessuti andini e ventilatori a soffitto. Spendendo un po' di più è possibile avere una camera più spaziosa, luminosa e con vista più bella. Sul retro ci sono un giardino di sculture ombreggiato da piante di bambù, una piccola piscina e un bar.

Hotel Kimal HOTEL $$$
(☎851-030; www.kimal.cl; Domingo Atienza 452; singole/doppie CH$99.000/111.000; @ wifi ❄) Un raffinato stile rustico caratterizza questo complesso simile a un villaggio formato da edifici a un piano di adobe con tetti di canne situati a poca distanza l'uno dall'altro; tutte le camere sono arredate in maniera diversa. Il complesso comprende anche una bella piscina circolare e un buon ristorante regionale. Sul lato opposto della strada è stato aperto da poco il **Poblado Kimal** (singole/doppie CH$85.000/95.000), con camere tipo bungalow a forma di foglia di coca, dotate tutte di una piccola terrazza. Il Poblado è spesso prenotato dai gruppi dei tour organizzati.

Tierra Atacama Hotel & Spa HOTEL $$$
(☎555-976; www.tierraatacama.com; Séquitor s/n; singole/doppie $350/420; P@) Tutti gli extra e i lussi e stile in abbondanza attendono i fortunati che pernottano in questa struttura tipo resort situata a 20 minuti dalla città. Uno stile minimalista caratterizza le camere con pavimenti di pietra, docce all'aperto e terrazze con vista spettacolare di Licancábur. Ci sono anche una spa e un ristorante. È possibile scegliere tra una formula comprensiva di tutti i pasti, le bevande e le escursioni (singole/doppie $1290/2100 per due notti) oppure quella con solo pernottamento e prima colazione.

Hostal Sonchek HOSTAL $$
(☎851-112; www.hostalsonchek.cl; Gustavo Le Paige 170; singole senza bagno CH$11.000, doppie con/senza bagno CH$34.000/18.000; P) Tetti di paglia e muri di adobe caratterizzano le camere con pavimenti di moquette di questo incantevole *hostal*. Disposto intorno a un piccolo cortile centrale, offre una cucina comune, un deposito bagagli e un piccolo giardino con un tavolo da ping pong e alcune amache. I bagni in comune con docce (l'acqua è riscaldata con energia solare) sono alcuni dei più puliti della città. Si parla inglese e francese.

Hostal La Ruca OSTELLO $$
(☎851-568; www.larucahostal.cl; Toconao 513; letti in camerata CH$10.000 per persona, singole/doppie CH$35.000/42.000; P@) Un gradevole stile etnico (colorati copriletti e arazzi andini) caratterizza questo simpatico ostello con bagni molto piccoli ma puliti, un soleggiato patio con amache e una cucina comune. Il personale è gentile e parla inglese e un po' di tedesco. Si serve anche la prima colazione ed è offerto il trasporto per/da Calama.

Hostal Quinta Adela HOSTAL $$
(☎851-272; quintaadela@gmail.com; Toconao 624; singole con prima colazione CH$30.000, doppie con prima colazione CH$35.000-45.000; P@) Situato a pochi passi dalla città, questo accogliente *hostal* a gestione familiare offre sette camere ricche di stile (arredate tutte in maniera diversa) e una terrazza ombreggiata. Si trova lungo un ampio frutteto con amache. Offre anche il servizio di deposito bagagli e i gestori sono flessibili per quanto riguarda orari di check-in e check-out. I prezzi sono comprensivi di prima colazione.

Katarpe Hostal HOSTAL $$
(☎851-033; katarpe@galeon.com; Domingo Atienza 441; singole/doppie CH$32.000/40.000, doppie senza bagno CH$25.000; P) Pur non essendo niente di speciale, è una sistemazione valida per la posizione assai comoda nei pressi di Caracoles, le camere di dimensioni ragionevoli, le lenzuola inamidate e i letti discreti. Le camere sono disposte intorno a un paio di patii, uno dei quali è arredato con lunghi tavoli di legno. C'è anche il servizio di lavanderia e lo staff è premuroso.

Hotel Tulor HOTEL $$$
(☎851-027; www.tulorchile.cl; Domingo Atienza 523; singole CH$90.000-120.000, doppie CH$105.000-135.000; P) Fatto costruire con una pianta circolare sul modello del sito di Aldea de Tulor e gestito da un archeologo che abita presso la struttura, il Tulor è meno bello del vicino Kimal, ma ha comunque gradevoli camere arredate con gusto. Nella sezione superiore ci sono unità più spaziose, collegate da passerelle e dotate di piccole terrazze.

Hostal Edén Atacameño HOSTAL $
(☎851-154; hostaleden@gmail.com; Toconao 592; singole senza bagno CH$10,000, doppie con/senza bagno CH$40.000/20.000; P@) *Hostal* dall'atmosfera rilassata con camere disposte intorno a un paio di patii con amache e sedie. Gli ospiti possono usare la cucina e c'è anche un servizio di lavanderia e di deposito bagagli. I bagni in comune sono puliti; per le camere con bagno la prima colazione è compresa nel prezzo.

Hotel Takha Takha HOTEL $$
(☎851-038; www.takhatakha.cl; Caracoles 101-A; piazzole CH$10.500 per persona, singole CH$40.000-44.000, doppie CH$47.500-65.000, singole/doppie senza bagno CH$16.000/31.500; P) Il Takha Takha è una struttura ben nota che propone vari tipi di sistemazioni: discrete piazzole, semplici camere economiche e immacolate camere di livello medio disposte intorno a un ampio giardino fiorito con una piscina. Le tariffe delle camere dotate di bagno privato sono comprensive di prima colazione.

Hostal Candelaria OSTELLO $
(☎851-284; Candelaria 170, El Carmen; letti in camerata $8000 per persona, doppie con/senza bagno CH$35.000/30.000; P) Lasciatevi alle spalle l'animazione del centro invaso dai turisti per dirigervi a El Carmen, un quartiere ordinario dove troverete questa struttura a gestione familiare con un patio arredato con piante, camere accoglienti e pulite e una cucina in comune. Per raggiungerlo seguite per 700 m la strada vicino al parcheggio con l'indicazione 'Vilama, Guatin e Puritama,' dopo il cimitero sulla destra.

Hotel Don Sebastián HOTEL **$$**
(☎851-972; www.donsebastian.cl; Domingo Atienza 140; singole/doppie CH$40.000/54.000, bungalow CH$64.000; P@) Si tratta di un'affidabile albergo di fascia media situato a un passo dalla città. Offre camere ben arredate dotate di riscaldamento, una manciata di bungalow con cucinino e gradevoli aree comuni (talvolta ospita gruppi di tour organizzati).

Hostal Lickana HOSTAL **$$**
(☎851-940; www.lickanahostal.cl; Caracoles 140; singole/doppie con prima colazione CH$32.000/38.000; P) Situato nella via principale, offre camere pulitissime con grandi armadi a muro, colorati copriletti e patii con il tetto di paglia, ma è privo di quell'atmosfera conviviale che caratterizza in genere le strutture di questo tipo.

Hotel Tambillo HOTEL **$$**
(☎851-078; www.hoteltambillo.cl; Gustavo Le Paige 159; singole e doppie CH$45.000, triple CH$55.000; P) Il Tambillo, situato in posizione centrale, offre camere piccole e disadorne con minuscole vasche da bagno disposte lungo un passaggio coperto e un cortile ombreggiato. Su richiesta sono disponibili ventilatori.

CONTEMPLARE LE STELLE NEL DESERTO

Sull'altopiano di Chajnantor, a 5000 m di altitudine, 40 km a est di San Pedro de Atacama, è stato installato il più ambizioso radiotelescopio esistente al mondo. L'ALMA, acronimo che sta per Atacama Large Millimeter/submillimeter Array (la parola *alma* significa 'anima' in spagnolo), è formato da 66 enormi antenne, che avranno quasi tutte un diametro di circa 12 m. Quando sarà ultimato, nel 2013, questo complesso di 'orecchie' interstellari simulerà le prestazioni di un telescopio di ben 16 km di diametro e renderà possibile scorgere corpi celesti 100 volte meno visibili rispetto a quelli individuabili con le apparecchiature attualmente in uso. Sempre nel 2013 è prevista l'apertura di un centro visitatori; potrete trovare informazioni aggiornate sul sito www.almaobservatory.org.

L'ALMA è soltanto l'ultima delle strutture astronomiche d'avanguardia esistenti nel Cile settentrionale. Le condizioni climatiche del Deserto di Atacama, infatti, lo rendono un luogo ideale per le osservazioni astronomiche, grazie non soltanto alla straordinaria limpidezza del cielo notturno, ma anche alla prevedibilità dei venti che soffiano costantemente dall'Oceano Pacifico, causando turbolenze minime, un requisito di fondamentale importanza perché gli osservatori astronomici possano ottenere una qualità delle immagini ottimale.

Un altro importante centro astronomico del Cile settentrionale è lo European Southern Observatory (ESO) di Cerro Paranal (p205). Nel Norte Chico si trovano l'Observatorio Interamericano Cerro Tololo (v. lettura p228) e il vicino Cerro El Pachón. Un altro istituto gestito dall'ESO si trova a La Silla (aperto al pubblico per visite gratuite tutti i sabati alle 13.30, a eccezione di luglio e agosto; v. www.eso.org/public/teles-instr/lasilla.html), mentre immediatamente a nord di La Silla ha sede l'Observatorio Las Campanas della Carnegie Institution.

Se tutto ciò ha risvegliato in voi l'interesse per l'astronomia, prendete in considerazione la possibilità di effettuare un 'Tour of the Night Sky' partendo da San Pedro. L'astronomo francese Alain Maury vi accompagnerà nel deserto, lontano dall'inquinamento luminoso, dove è possibile ammirare la volta celeste in tutto il suo splendore. Lo scienziato possiede una serie di grandi telescopi con cui è possibile osservare le galassie, le nebulose, i pianeti e altri corpi celesti. L'avvistamento delle stelle cadenti è garantito. Prenotate tramite **Servicios Astronómicos Maury y Compañía** (☎055-851-935; www.spaceobs.com; Caracoles 166; uscite di 2 h 30 min CH$18.000). Sono previste uscite tutte le sere, con partenza alle 19.30 in inverno e alle 21 e alle 24 in estate (eccetto nei periodi di luna piena), effettuate in spagnolo, inglese e francese. Di notte le temperature scendono notevolmente, quindi portate con voi indumenti caldi.

Da qualche tempo a questa parte tour dedicati all'osservazione delle stelle sono organizzati anche da **Ahlarkapin** (☎099-579-7816; www.ahlarkapin.cl), che propone uscite più personalizzate (12 partecipanti al massimo), nelle quali l'accento è posto sulla cosmologia andina. Sono previste uscite in spagnolo e inglese tutte le sere alle 21.30 in estate (più presto in inverno), che durano 2 ore e costano CH$15.000/10.000 per adulti/bambini.

Hostelling International OSTELLO $
(☎564-683; hostelsanpedro@hotmail.com; Caracoles 360; soci letti in camerata/doppie CH$7000/20.000, non soci CH$9000/23.000, doppie CH$33.000/36.000 con prima colazione; 📶) Un'atmosfera conviviale caratterizza questo ostello che mette a disposizione camerate – alcuni letti a castello sono alti quasi 3 m – e alcune doppie intorno a un piccolo patio. Ci sono armadietti e una cucina comune. Il personale può prenotare escursioni per voi.

Residencial Vilacoyo GUESTHOUSE $
(☎851-006; vilacoyo@sanpedroatacama.com; Tocopilla 387; CH$8000 per persona; P) *Residencial* semplice ma accogliente con un patio di ghiaia in cui sono appese amache, una cucina e un deposito bagagli. Le docce in comune hanno l'acqua calda tra le 7 e le 22.

Hotel Licancábur HOTEL $
(☎851-007; Toconao 495; singole/doppie CH$16.000/35.000, senza bagno CH$12.000/20,000; 📶) Se proprio non trovate posto altrove, potete venire nello spartano Licancábur, che offre camere con bagno privato. La tariffa comprende la prima colazione e c'è il servizio di lavanderia.

Camping Los Perales CAMPEGGIO $
(☎851-114; campinglosperales@hotmail.com; Tocopilla 481; campeggio CH$4000 per persona; P) Grande campeggio con attrezzature essenziali, tra cui cucina comune e docce calde.

Pasti e locali

Siate avvisati: se da un lato la varietà dei ristoranti di San Pedro è assai gradevole per i viaggiatori, soprattutto quelli vegetariani, dall'altro è molto costoso mangiare fuori in questa località cilena. I locali per turisti ingaggiano dei procacciatori di clienti che offrono il 10% di sconto o una bevanda gratis (fatevela dare).

Il modo migliore per evitare i posti più esosi è scegliere i locali frequentati dalla gente del posto, come quelli disseminati lungo Licancábur, dove un pranzo a prezzo fisso costa da CH$3500 a CH$4000. I piatti più economici di San Pedro sono quelli serviti dalle bancarelle allestite vicino al parcheggio situato all'estremità nord dell'abitato, che servono semplici pranzi a prezzo fisso a base di *cazuela*, portate principali, dessert (circa CH$2000) e, a ogni ora del giorno, empanadas.

TOP **La Casona** CILENO $$
(Caracoles 195; pranzo a prezzo fisso CH$6000-7000, portate principali CH$6000-8900; ⏲chiuso a pranzo mar) La Casona è un locale classico con una sala da pranzo dal soffitto alto rivestita di legno scuro e un camino di adobe nel mezzo, che serve sfrigolanti *parrilladas* e specialità cilene come il *pastel de choclo* da accompagnare con vini nazionali che possono essere scelti da una lunga lista. Rimane aperto fino all'1.

Cafe Peregrino CAFFÈ $
(Gustavo Le Paige 348; prima colazione a partire da CH$3000, spuntini CH$2500-4300; 📶) In assoluto il caffè più bello della città, affacciato sulla piazza, con alcune panche all'aperto collocate in posizione strategica per osservare il viavai. All'interno ci sono solo quattro tavoli. Troverete pizze, insalate, sandwich e buoni dolci e torte, oltre ad autentici espresso e cappuccino.

Salon de Te O2 CAFFÈ $
(Caracoles 295; prima colazione a partire da CH$2250, spuntini CH$2100-4300) Prime colazioni servite presto (a partire dalle 7), ottime quiche, succulenti sandwich di carne e deliziose torte sono la specialità di questo colorato caffè gestito da una coppia franco-cilena. Potete trascorrere il pomeriggio seduti nell'ombreggiato patio sul retro; connessione wi-fi gratuita.

Blanco INTERNAZIONALE $$
(Caracoles 195b; portate principali CH$6800-7900; ⏲solo cena, chiuso mar) Il locale più alla moda della città è un ristorante rivestito di adobe e dominato dal colore bianco con grandi finestre e un dehors con un caminetto sul retro. Propone un buon assortimento di piatti e un'atmosfera animata. I menu a prezzo fisso sono convenienti (da CH$6000 a CH$7000, bevanda compresa).

Las Delicias de Carmen CILENO $$
(Calama 370b; portate principali CH$3000-8000; 🖉) Ottime prime colazioni, deliziose torte ed empanadas, pizze cotte al forno di mattoni (scegliete la guarnizione che preferite) e altre pietanze vengono servite in questo luminoso ristorante con vista sul verde. Condivide il dehors con l'adiacente Hostal Sonchek.

Adobe INTERNAZIONALE $$
(Caracoles 211; portate principali CH$6000-8900; ⏲chiuso a pranzo mer) Questo locale riscuote molto successo tra i viaggiatori per il suo studiato stile rustico, le decorazioni di arte rupestre, le sedie simili a panche e il fuoco nello spazio esterno. Propone piatti buoni ma costosi, come la quinoa cucinata a mo' di risotto con funghi, però è anche possibile venirci soltanto per bere qualcosa.

Cafe Esquina CAFFÈ $

(Caracoles 160; portate principali CH$3000-4500; ⏲chiuso mer o gio) Semplice caffè d'angolo che serve succhi naturali, empanadas, sandwich, pizze e quesadillas. Rispetto agli altri locali situati nella via principale di San Pedro è più tranquillo e ha tariffe più basse. Cercate di sedervi a uno dei tavoli all'esterno ombreggiati dagli alberi.

Ckunna INTERNAZIONALE $$

(Tocopilla 359; pasto a prezzo fisso CH$7000, portate principali CH$6000-9000; ⏲pranzo e cena) Ospitato in un vecchio edificio scolastico non lontano da Caracoles, il Ckunna prepara pasta casalinga e piatti fusion che abbinano i sapori dell'*altiplano* con quelli mediterranei. Ha anche un bar accogliente e un dehors con un fuoco sul retro.

La Estaka INTERNAZIONALE $$

(Caracoles 259b; portate principali CH$8900; ⏲chiuso gio a pranzo; ✎) Animato luogo di ritrovo aperto fino a tarda notte, La Estaka è caratterizzato da travi di legno, un caminetto e colorate opere d'arte alle pareti. È rinomato per i suoi risotti, un ampio assortimento di zuppe e insalate e una discreta lista dei vini.

Todo Natural INTERNAZIONALE $$

(Caracoles 271; pasto a prezzo fisso CH$7000, portate principali CH$4500-8000; ✎) Il ricco menu del 'Tutto Naturale', un simpatico caffè con un cortile a forma di tunnel con il tetto di paglia, comprende preparazioni a base di ingredienti salutari e genuini, tra cui sandwich di pane integrale e buone insalate. Il servizio non è sempre dei migliori ma il cibo è buono. Potrete venirci anche per l'happy hour.

Casa de Piedra PIZZA $$

(Caracoles 225; pizze a partire da CH$3500, portate principali CH$4800-9000; ⏲chiuso lun) Le pizze dalla crosta sottile sono la specialità di questo locale situato nella via principale. Sono preparate con salsa di pomodoro casalinga e formaggio Gouda, a cui potrete aggiungere le guarnizioni che preferite. Le bevande costano CH$800.

La Plaza INTERNAZIONALE $$

(Plaza de Armas 315b; pasto a prezzo fisso CH$5000, portate principali CH$5500-8500) Propone il consueto assortimento di piatti apprezzati in tutto il mondo, ovvero sandwich, pizza e pasta, a prezzi piuttosto contenuti, specialmente se si considera la sua posizione nella piazza principale. Potrete sedere sotto il porticato oppure nel patio interno.

Quitor CILENO $

(Licancábur 154; pasti a prezzo fisso CH$6000, portate principali CH$4000-5000) Situato accanto alla stazione degli autobus, è un semplice locale formato da due ambienti che serve pasti semplici ma sostanziosi e prime colazioni. È frequentato sia da turisti cileni sia stranieri che ne apprezzano il servizio rapido ed efficiente.

Tahira CILENO $

(Tocopilla 372; CH$2000-3500) Anche il Tahira è un semplice locale dove il numero dei cileni supera quello degli stranieri. Serve portate principali senza fronzoli, ma del tutto soddisfacenti, e barbecue nel weekend.

Export BAR $

(Toconao 441; portate principali CH$5500-8200; ⏲pranzo e cena) Non consigliamo questo originale locale dalle bianche pareti di adobe e il fuoco vigoroso né per la cucina né per il servizio, ma è comunque un posto valido in cui venire a bere qualcosa dopo cena. Di quando in quando ci sono DJ.

☆ Divertimenti

La piccola comunità di San Pedro accoglie con piacere i turisti, ma ha tracciato una linea ben precisa nei confronti di quanti vorrebbero divertirsi fino a notte inoltrata. Non esistono più locali che servono soltanto alcolici (la cui vendita è proibita dopo l'una di notte), la polizia è diventata più severa riguardo al consumo di alcolici in pubblico e le autorità locali hanno recentemente bandito i balli notturni nel centro di San Pedro. Inoltre, la notte è necessariamente breve per i viaggiatori di ritorno da un'escursione per la quale hanno dovuto fare una levataccia, come quella a El Tatio, con partenza alle 4.

Detto ciò, gli amanti della vita notturna potranno ritrovarsi nei bar-ristoranti dall'atmosfera intima, dove i viaggiatori possono raccontarsi le loro avventure intorno al fuoco, approfittando delle lunghe happy hour. Inoltre San Pedro ha un segreto ben custodito: nel deserto si tengono regolarmente party tipo rave, che però non vengono pubblicizzati per non incorrere nei divieti della polizia locale. Si basa tutto sul passaparola, quindi per sapere quando è previsto il prossimo e dove chiedete in giro.

Shopping

L'ombreggiato Paseo Artesanal, un vicolo che si dirama dalla piazza in direzione nord, è il posto giusto dove andare alla ricerca delle originali sculture in *cardón*, maglieria confezionata con lana di lama e alpaca e altri interessanti articoli. Altri negozi di artigianato sono disseminati nel paese.

Informazioni

A San Pedro ci sono soltanto due sportelli bancomat (uno in Caracoles e Vilama, l'altro dinanzi al museo), che non sempre hanno denaro, quindi cercate di arrivare con una buona scorta di contante. Molti esercizi accettano le carte di credito, mentre altri preferiscono ancora il contante. Ci sono anche alcuni cambiavalute, in particolare lungo Toconao, che però non praticano tassi convenienti.

Lungo Caracoles ci sono diversi internet bar (CH$800 l'ora), ed è possibile collegarsi alla rete anche in molte strutture ricettive; inoltre, la connessione wi-fi gratuita è disponibile sulla piazza principale.

Oficina de Información Turística (☎851-420; sanpedrodeatacama@gmail.com; all'angolo tra Toconao e Gustavo Le Paige; ⏲9-21) Utile ufficio turistico che offre informazioni, opuscoli e cartine di San Pedro. Consultate il libro in cui i viaggiatori che vi hanno preceduto hanno lasciato commenti e giudizi su agenzie di viaggio, strutture ricettive, ristoranti, trasporti e altro ancora.

Posta Médica (☎851-010; Toconao s/n) L'ospedale locale, sulla piazza.

Ufficio postale (Gustavo Le Paige 365)

Per/da San Pedro de Atacama

I viaggiatori diretti o provenienti dall'Argentina e dalla Bolivia dovranno espletare le formalità di frontiera, quelle doganali e sottoporsi all'eventuale controllo dei prodotti agricoli presso la Policía Internacional; l'ufficio si trova immediatamente a est dell'abitato. **Buses Atacama 2000** (Licancábur) ha partenze regolari per Calama (CH$2500, 3 corse al giorno), dove si può prendere l'autobus per Uyuni. **Buses Frontera del Norte** (Licancábur) assicura 1 collegamento con Calama (5 al giorno), oltre che con Arica (CH$17.150) e Iquique (CH$14.000), con partenze giornaliere alle 20.

Tur Bus (☎851-549; Licancábur 294) effettua partenze ogni h per Calama (CH$2900), dove sono disponibili coincidenze con tutte le principali destinazioni del Cile come Santiago (CH$32.000, 22 h), Arica (CH$14.000, 8 h) e Iquique (CH$10.000, 6 h).

Andesmar (www.andesmar.com; Licancábur s/n) serve Salta e Jujuy, in Argentina, con partenze alle 9.30 il martedì, mercoledì, venerdì e domenica (CH$30.000, 16 h compreso il passaggio della frontiera). Anche **Géminis** (☎892-049; Toconao 428) raggiunge Salta (CH$32.000, 12 h) il martedì e la domenica alle 9.30 e il venerdì alle 8.30.

Alcune agenzie cittadine offrono il trasporto per l'aeroporto di Calama; il costo del servizio è di circa CH$15.000 per persona; provate **Desert Adventure** (☎851-067; Caracoles s/n).

Trasporti locali

La mountain bike è un mezzo eccezionale per spostarsi per San Pedro. Tuttavia, per evitare di disidratarsi e di scottarsi, è bene munirsi di acqua e di crema solare. Alcune agenzie di viaggio e strutture ricettive affittano mountain bike alla tariffa di CH$6000 al giorno. Alcune agenzie forniscono le cartine fotocopiate degli itinerari esistenti nella zona.

Dintorni di San Pedro de Atacama

La maggior parte delle principali attrattive della zona di San Pedro non è raggiungibile a piedi dalla città, e i trasporti pubblici sono limitati. Per esplorare i dintorni potrete scegliere tra noleggiare un'automobile (a Calama), una bicicletta oppure partecipare a un'escursione organizzata. Per fortuna, la forte concorrenza tra le numerose agenzie mantiene i prezzi dei tour entro un limite ragionevole. Valutate anche la possibilità di trascorrere la notte in uno dei remoti villaggi o delle località che visiterete. Così facendo darete il vostro contributo all'ampliamento degli itinerari turistici, assicurando un futuro più sostenibile per gli abitanti della regione.

Adagiata sulle pendici di un rilievo che domina il Río San Pedro, **Pukará de Quitor** (interi e studenti CH$3000; ⏲9-19.30 giu-agosto, 9-18 set-mag), risalente al XII secolo, fu una delle ultime roccaforti indigene del Cile settentrionale contro Pedro de Valdivia e gli spagnoli. Gli indigeni si batterono strenuamente, ma furono sconfitti e molti di loro furono decapitati sul posto. Sul fianco dell'altura si contano un centinaio di recinzioni difensive, simili a grandi nidi di pietra. Dalla sommità della collina si domina un fantastico panorama dell'intera oasi. Il forte si trova appena 3 km a nord-ovest di San Pedro, ed è facilmente raggiungibile a piedi, in bicicletta o in automobile.

Tulor (ingresso CH$5000), il più antico villaggio della regione sottoposto a opera di scavo, è formato da strutture circolari in adobe attaccate le une alle altre come bolle di fango. Si tratta di una deviazione interessante, 11 km a sud-ovest di San Pedro, ma dal momento che il sito non è servito da mezzi pubblici, per visitarlo dovrete partecipare a un viaggio organizzato, oppure raggiungerlo in automobile o in mountain bike percorrendo piste sabbiose.

Le idilliache **Termas de Puritama** (ingresso CH$12.000, CH$7000 giorni feriali 14.30-18) sono incastonate in uno stretto canyon 34 km a nord di San Pedro, sulla strada per El Tatio. Gestite dalla compagnia Explora, sono dotate di spogliatoi. Poche escursioni organizzate fanno tappa qui dato l'elevato costo del biglietto d'ingresso, ma potrete raggiungere le terme in taxi da San Pedro. Le sorgenti si trovano a 20 minuti di cammino dal parcheggio. La temperatura dell'acqua è di circa 33°C e ci sono diverse piscine e cascate. Portate con voi cibo, acqua e crema solare.

Potete fare il bagno anche a **Pozo 3** (ingresso CH$3000; ⌚9-19), 3 km a est di San Pedro, a breve distanza dalla strada per Paso Jama. La piscina è ben tenuta e anche qui ci sono spogliatoi. I patiti delle quattro ruote possono noleggiare un veicolo fuoristrada e c'è anche la possibilità di campeggiare al costo di circa CH$5000 per persona, anche se è preferibile montare la tenda in uno dei posti più vicini a San Pedro.

Reserva Nacional Los Flamencos

Questa estesa riserva è articolata in sette settori geograficamente distinti situati a sud, est e ovest di San Pedro de Atacama, e racchiude molte delle principali attrattive della zona.

Il Conaf gestisce un **Centro de Información Ambiental** (⌚10-13 e 14.30-16.30, in teoria) presso l'*ayllu* di Solcor, situato 2 km dopo il posto di dogana e immigrazione di San Pedro de Atacama, sulla strada per Toconao.

VALLE DE LA LUNA

Ammirare il calar del sole dalla splendida **Valle de la Luna** (interi/studenti CH$2000/1500;

VALE IL VIAGGIO

L'ALTO LOA E I SUOI AFFLUENTI

L'impervia zona che si estende a nord di San Pedro de Atacama e a est di Calama è punteggiata da una serie di caratteristici villaggi andini e antichi forti. Alcuni tour operator di San Pedro effettuano la visita di questi villaggi dopo aver raggiunto di prima mattina gli spettacolari geyser di El Tatio; durante l'escursione si superano valichi sino a 4800 m di altitudine e si affrontano tratti stradali con stretti tornanti.

Dai geyser si percorrono 46 km lungo una strada molto tortuosa fino **Caspana**, pittoresca e sorprendente località dell'altopiano. Accoccolato nella valle omonima, il villaggio 'nuovo' si è sviluppato nella scarpata rocciosa, mentre il borgo 'vecchio' sorge sul ciglio dell'altopiano sovrastante. Caspana è il prototipo del villaggio andino: verdi terrazzamenti, tetti di paglia, la coloniale **Iglesia de San Lucas** e un piccolo **museo** archeologico. Un'avvertenza: non bevete l'acqua del rubinetto.

Da Caspana si può proseguire a nord verso **Ayquina**, un villaggio rurale, alle vicine sorgenti termali di **Vegas de Turi**, per poi dirigersi a est verso la minuscola **Toconce**.

Tuttavia, la maggior parte delle escursioni organizzate segue l'itinerario a ovest di Caspana, imboccando al bivio la strada a nord-ovest che conduce alla **Laguna Inca Coya** (chiamata anche Laguna Chiu Chiu), un'oasi perfettamente rotonda, profonda 80 m, in base agli accertamenti effettuati da una spedizione guidata da Jacques Cousteau. Secondo una leggenda, la laguna fu colmata dalle lacrime versate da un'amante sedotta e abbandonata dall'inca Tupac Yupanqui.

Da qui la strada sterrata prosegue in direzione ovest fino a un incrocio, dove si può svoltare a nord in direzione di Chiu Chiu e della **Pukará de Lasana**, una grande fortezza del XII secolo costruita nella roccia vulcanica della valle dal caratteristico color rosa salmone. All'esterno si notano recessi difensivi e qualche petroglifo. Accanto alla struttura c'è un ristorante per turisti.

Lungo il viaggio di ritorno a Chiu Chiu, soffermatevi a osservare i misteriosi petroglifi di cui la valle è ricca, alcuni ben visibili, altri nascosti dietro grossi macigni.

Chiu Chiu è situata ad appena 33 km da Calama, passando dalla Ruta 21 (asfaltata), e vanta un edificio di grande importanza storica, la **Iglesia de San Francisco**, dichiarata monumento nazionale, essendo considerata la chiesa più antica di tutto il Cile (1540). All'interno fate caso al soffitto di legno di cactus e camminate intorno all'edificio imbiancato a calce, piccolo ma dai muri spessi, che ricorda un castello di sabbia.

Diverse agenzie di San Pedro de Atacama organizzano escursioni guidate nella zona.

Dintorni di Calama e San Pedro de Atacama

alba-tramonto) è un'esperienza indimenticabile. Seduti in cima a una gigantesca duna di sabbia, ancora ansimanti al termine della faticosa salita, mentre assaporate questa vista spettacolare e seguite il sole che scivola oltre l'orizzonte, assisterete emozionati a questa trasformazione: il lontano anello di vulcani, l'ondulata Cordillera de la Sal e il surreale paesaggio lunare della valle si tingono improvvisamente di intense tonalità viola, rosa e oro.

La Valle de la Luna prende il nome dalle insolite formazioni geologiche create nel corso di milioni di anni dall'azione dell'acqua e del vento. Si trova 15 km a ovest di San Pedro de Atacama, all'estremità settentrionale della Cordillera de la Sal, e fa parte della Reserva Nacional Los Flamencos.

La valle è meta dell'escursione organizzata più popolare ed economica che si possa effettuare da San Pedro; di solito si parte intorno alle 16, in modo da avere tempo per visitare la zona prima del tramonto. Se volete evitare le decine di pulmini turistici, che effettuano tutti le medesime fermate, cercate di arrivare in un orario diverso. Qualche anima intrepida, per esempio, viene qui all'alba.

La mountain bike è un mezzo ideale per raggiungere la valle, ma non bisogna abbandonare strade e sentieri e occorre munirsi di

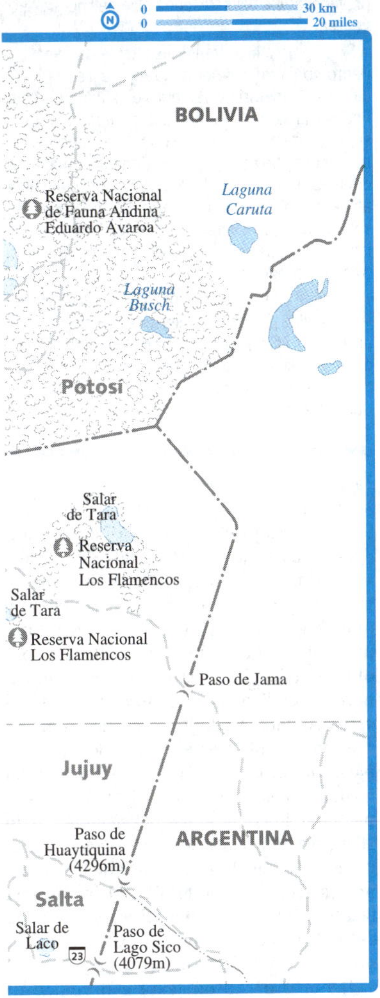

torcia nel caso si abbia intenzione di fermarsi fino al tramonto. Chi viaggia in automobile potrà lasciare la statale per esplorare le piste sterrate e gli stretti canyons situati a nord; attenzione, però, a non restare bloccati nella sabbia. Parcheggiate soltanto al margine delle strade o nelle altre zone appositamente designate, in modo tale da non danneggiare il fragile suolo desertico con le ruote del vostro veicolo.

Tenete presente che il campeggio libero non è consentito. Attualmente la zona è gestita dagli atacameño, che considerano la valle la loro terra ancestrale e un luogo sacro, quindi mantenete un atteggiamento rispettoso e non abbandonate i vostri rifiuti.

LAGUNA CHAXA

Osservando la ruvida superficie del **Salar de Atacama** si ha l'impressione che qui Dio si sia divertito con una tecnica pittorica insolita. Ma in mezzo a questi cristalli appuntiti e senza vita c'è un'oasi piena di vita: si tratta della **Laguna Chaxa** (ingresso CH$5000), dall'odore acre, a 65 km da San Pedro, il luogo di cova dei fenicotteri più facilmente accessibile di tutta la riserva. Il lago salato offre ospitalità a tre delle cinque specie note di fenicottero (di James, cileno e andino), oltre a pivieri, folaghe e anatre: portate con voi un teleobiettivo e state all'erta. Il momento migliore per osservare i volatili è l'alba, quando mangiano, ma anche al tramonto la laguna offre uno spettacolo indimenticabile.

LAGUNAS MISCANTI E MIÑIQUES

I luccicanti laghi d'alta quota che punteggiano l'*altiplano* costituiscono mete bellissime per lunghe escursioni da San Pedro. Da un incrocio situato 3 km a sud dell'oasi di **Toconao**, la città dove alcuni tour fanno tappa per vedere la caratteristica chiesa realizzata in roccia vulcanica e la vicina **Quebrada de Jere** (ingresso CH$2000), la Ruta 23 prosegue per 46 km a sud in direzione del villaggio di **Socaire**, che vanta una graziosa chiesa coloniale con un soffitto in legno di cactus e un numero particolarmente alto di terrazzamenti del periodo incaico.

La strada sale poi per 18 km fino a un bivio, dove dirigendosi a est si raggiungono i laghi di **Miñiques e Miscanti** (ingresso CH$2500), due specchi d'acqua dolce di una splendente tonalità azzurra sui quali svettano vulcani innevati. La Laguna Miñiques, il più piccolo dei due laghi, è il più grande luogo di riproduzione della folaga cornuta del versante occidentale del sistema montuoso andino, quindi per tutelare la specie in determinati periodi non è visitabile. Sulle sponde di Miscanti c'è un **rifugio** (CH$20.000 per persona), gestito dal Conaf e dalla comunità locale di Socaire. Ritornati sulla Ruta 23, circa 15 km a sud del bivio, la strada prosegue in direzione est costeggiando altri laghi salati, tra cui la **Laguna Tuyajto**, fino a raggiungere il confine argentino al Paso de Lago Sico (4079 m).

Socaire dista 100 km da San Pedro, mentre le *lagunas* sono situate a 110 km di distanza, a quota 4300 m.

Geyser di El Tatio

Visitare il famosissimo El Tatio all'alba è come camminare attraverso un gigantesco bagno turco, circondato da vulcani e alimentato da 64 geyser e da un centinaio di fumarole. Vorticose colonne di vapore avvolgono i visitatori in uno scenario dantesco, con un sottofondo sonoro di acqua in ebollizione, zampilli e fischi simili a quelli prodotti da una miriade di pentole giunte a ebollizione che gorgogliano allegramente sul fuoco. Tuttavia, a quell'ora del mattino la temperatura è gelida a El Tatio e molti visitatori vorrebbero che i geyser diffondessero il loro calore in maniera più efficiente.

Con i suoi 4300 m sul livello del mare, El Tatio è il campo di geotermico più alto del mondo. La visione delle sue fumarole nell'azzurro terso dell'*altiplano* è indimenticabile, e le strutture minerali che si formano quando l'acqua bollente evapora sono di una bellezza straordinaria. Al sorgere del sole i vulcani circostanti sono raggiunti da fasci di luce e il vapore delle fumarole viene illuminato. È da diversi anni che si parla di creare una centrale termoelettrica a El Tatio, ma all'epoca della stesura della guida i geyser erano ancora liberi di sprigionare il loro vapore verso il cielo.

ℹ Informazioni

I geyser si trovano 95 km a nord di San Pedro de Atacama. Nel 2004 la loro gestione è stata affidata agli indigeni atacameño. Dovrete fermarvi a pagare il biglietto d'ingresso (CH$5000) al chiosco che ospita l'ufficio amministrativo del sito, circa 2 km prima dei geyser.

Le escursioni, che costano circa CH$20.000, partono alle 4 del mattino, che non è certo un orario comodo, ma soltanto così è possibile raggiungere i geyser alle 6, il momento migliore per visitare il luogo. Quasi tutte le agenzie di San Pedro hanno in programma la gita a El Tatio, perciò vedrete centinaia di turisti insonnoliti scendere dai minibus all'ora prestabilita. Dopo le 8.30 il vento disperde il vapore, ma la maggior parte dei gruppi dei tour organizzati a quell'ora è già partita, quindi potrete godervi la grande piscina termale con poche altre persone. Attenti però a dove mettete i piedi: in alcuni punti il sottile strato che separa il fondo del bacino dalle sottostanti cavità piene di acqua bollente potrebbe cedere (alcuni turisti hanno riportato gravi ustioni). Vestitevi a strati: all'alba morirete di freddo, mentre al ritorno i pulmini sono dei forni.

ℹ Per/dai Geyser di El Tatio

Le escursioni organizzate in partenza da San Pedro comprendono la colazione, che spesso prevede latte e uova fresche bolliti nell'acqua dei geyser.

Se viaggiate in automobile, partite da San Pedro non oltre le 4 per raggiungere il sito all'alba. L'itinerario verso nord è indicato da San Pedro, ma alcuni automobilisti preferiscono seguire i minibus, poiché a quell'ora è ancora buio (cosa che però non è gradita dai conducenti degli autobus). Dato che lungo il tragitto occorre affrontare alcuni guadi impegnativi, è indispensabile mettersi in viaggio con un pickup o una jeep con la carrozzeria rialzata, preferibilmente a trazione integrale.

Se avete affittato un veicolo a Calama, valutate la possibilità di tornare indietro passando dai pittoreschi villaggi di Caspana e Chiu Chiu anziché da San Pedro. Questo itinerario viene seguito anche da alcuni tour organizzati con partenza da Calama e San Pedro.

Antofagasta

☎055 / POP. 296.905

Seconda città del Cile in ordine di grandezza, Antofagasta è un dedalo di strade a senso unico, moderni centri commerciali e malandati quartieri operai. Di conseguenza, questa grande città portuale non risulta particolarmente attraente per il visitatore di passaggio, che spesso la ignora diretto a nord, verso San Pedro de Atacama, o a sud verso Copiapó. Va detto, però, che Antofagasta non si limita a essere un agglomerato di palazzoni di cemento e strade intasate dal traffico. La piazza principale è un posto assai piacevole in cui fare una pausa e nel Barrio Histórico, affacciato sul mare, si ammirano pregevoli edifici in stile vittoriano e georgiano, risalenti al periodo d'oro dell'industria dei nitrati. Molto caratteristica anche la zona del porto, sporca di guano, con gli antichi *muelles* (moli), oggi fatiscenti.

Il porto di Antofagasta è il centro di smistamento di gran parte dei minerali provenienti dall'Atacama, soprattutto del rame estratto a Chuquicamata, ed è tuttora un importante nodo dell'attività di import-export della Bolivia, che perse la regione a favore del Cile durante la Guerra del Pacifico.

Che cosa vedere

Plaza Colón PIAZZA

La comunità inglese ha lasciato un'impronta evidente nella magnifica piazza centrale di Antofagasta, l'ottocentesca Plaza Colón, abbellita da fontane, palme, mimose e buganvillee. L'elegante **Torre Reloj** è una copia del Big Ben londinese, di cui imita persino il rintocco, e il suo fusto è decorato da piastrelle su cui sono raffigurate la bandiera britannica e quella cilena.

Barrio Histórico QUARTIERE
Una palpabile impronta britannica caratterizza anche il Barrio Histórico, risalente alla stessa epoca della piazza. Compreso tra essa e il vecchio porto, il quartiere vanta begli edifici in stile vittoriano e georgiano. In Bolívar spicca la **stazione ferroviaria** (1887), dal caratteristico colore verde bottiglia. La stazione, sottoposta a restauro, è il capolinea della linea Antofagasta–La Paz. La stazione è chiusa al pubblico, ma attraverso le inferriate che ne delimitano il lato occidentale è possibile vedere alcune vecchie locomotrici e le tipiche cabine telefoniche inglesi.

Museo Regional MUSEO
(Av Balmaceda e Bolívar; interi/bambini CH$600/300; ⌚9-17 mar-ven, 11-14 sab e dom) La vecchia sede dell'Aduana (dogana) ospita oggi questo museo ben allestito e articolato su due piani con sezioni dedicate alla storia naturale, alla preistoria e allo sviluppo culturale della regione. Tra gli oggetti in mostra figurano un teschio deformato, cimeli del periodo coloniale e oggetti e testimonianze dell'epoca dell'industria dei nitrati, tra cui vecchi giocattoli realizzati con lattine di stagno.

Resguardo Marítimo EDIFICIO STORICO
Questo notevole edificio di colore marrone con balaustre in legno, costruito nel 1910 come sede della guardia costiera, sorge all'ingresso del decrepito **Muelle Salitrero** (molo dei nitrati), dove la gente del posto viene a pescare i granchi noncurante dei cartelli di pericolo. Un passaggio pedonale in ferro battuto collega il Resguardo con la **Gobernación Marítima**, la vecchia capitaneria di porto.

Terminal Pesquero MERCATO
Sotto l'animato mercato del pesce, immediatamente a nord della Capitaneria di Porto, alcuni pingui leoni marini maschi sguazzano in attesa di qualche bocconcino, sbuffando rumorosamente e mettendo in fuga di tanto in tanto qualche pellicano che incautamente si è avvicinato troppo.

Monumento Natural La Portada PUNTO PANORAMICO
Pur non trovandosi ad Antofagasta, ma a 25 km a nord della città, questo enorme arco roccioso che emerge dal mare è l'attrazione principale della zona, la perla di una riserva protetta di 31 ettari. Coperto di sedimenti marini e sorretto da una robusta base vulcanica, lo scoglio è stato eroso lentamente dall'azione delle onde assumendo la forma attuale. Il luogo si raggiunge percorrendo una breve strada che si dirama dalla statale in direzione ovest; ci sono tavoli da picnic, un ristorante e un piccolo **museo** (ingresso libero; ⌚mar-dom 10-18) gestito dal Conaf. Dalla cima della scogliera si ammirano le spiagge circostanti. Prendete il *micro* n. 129 dal Terminal Pesquero di Antofagasta fino all'incrocio di La Portada, e poi prendete la coincidenza (in servizio unicamente nell'alta stagione estiva) oppure camminate per 3 km in direzione ovest.

Pernottamento

L'offerta alberghiera di Antofagasta non è molto entusiasmante. Le sistemazioni economiche non sono memorabili e molte di esse si rivolgono ai minatori provenienti da fuori e al circostante quartiere a luci rosse che si estende intorno alla zona del centro. Le strutture di livello medio sono per lo più troppo costose per quello che offrono, mentre quelle di fascia alta sono quasi esclusivamente catene alberghiere. Tenete presente che i giorni feriali sono quelli in cui c'è maggior richiesta di camere per la presenza di minatori, mentre nel fine settimana è più facile trovare una camera a un buon prezzo.

Hotel Paola HOTEL $$
(☎268-989; www.hotelpaola.cl; Matta 2469; singole/doppie CH$37.700/50.000; P wi-fi) Aperto di recente, l'incantevole Paola è di gran lunga l'albergo più elegante esistente in centro, con un atrio di marmo bianco, un look contemporaneo, un patio interno al terzo piano e cinque piani di camere con pavimenti di legno duro, ventilatori, TV a schermo piatto, frigoriferi e ampi armadi. Tenete presente che una camera singola è grande abbastanza da ospitare due persone e che nel weekend è possibile usufruire di forti sconti.

Hotel Ancla Inn HOTEL $$
(☎224-814; www.anclainn.cl; Baquedano 516; singole/doppie CH$28.000/35.500; P wi-fi) Un'insolita facciata che ricorda uno chalet caratterizza l'Ancla Inn, una sistemazione valida per la posizione centrale, il personale disponibile e le camere ben attrezzate. Le camere standard sono spesso al completo, essendo occupate da minatori dal lunedì al mercoledì, giorni in cui le uniche sistemazioni disponibili sono le unità executive, agli ultimi tre piani, che costano CH$6000 ma sono più spaziose e dotate di connessione wi-fi e frigorifero.

Hotel Antofagasta HOTEL $$$
(☎228-811; www.hotelantofagasta.cl; Balmaceda 2575; doppie CH$67.400-89.700; P @ 📶 🏊) Appartenente alla catena Panamericana Hoteles, questo mastodontico hotel a cinque stelle nella zona del porto vecchio offre una bellissima vista sull'oceano dalla lobby, camere ben arredate (quelle con vista mare sono più care) e tutti i servizi e le attrezzature di una struttura di questo livello. Si riempie nei giorni feriali, ma nel weekend pratica spesso sconti estremamente interessanti.

Hotel San Marcos HOTEL $
(☎226-303; hsanmarcos@terra.cl; Latorre 2946; singole/doppie CH$21.000/29.500; P 📶) Il mobilio è logoro, le camere che danno sulla via sono piuttosto rumorose e le luci al neon risultano fredde, ma questo albergo situato ai margini del centro offre un buon rapporto qualità-prezzo e il servizio è molto gentile. Se non avete bisogno della ricevuta, avrete uno sconto di CH$3000 sulla camera.

Hotel Diego de Almagro HOTEL $$
(☎268-331; www.dahoteles.com; Condell 2624; singole/doppie CH$45.300/55.400; @ 📶) Anche questo albergo appartiene a una catena, però ha stile grazie alla presenza di finte armature, stemmi e ferro battuto. La posizione centrale rappresenta indubbiamente un punto di forza, ma le camere affacciate sulla strada sono raggiunte dal suono degli artisti di strada. La stessa catena dispone di un altro albergo più lussuoso a sud della città; per conoscere le offerte speciali consultate il sito.

Marsal Hotel HOTEL $$
(☎268-063; www.marsalhotel.cl, in spagnolo; Arturo Prat 867; singole/doppie CH$35.000/42.000; P 📶) Una facciata di pietra e uno stile classico 'voglio ma non posso' nella lobby caratterizzano questo albergo con camere spaziose ma anonime e bagni piccoli; sono dotate di TV via cavo, frigorifero, ampi guardaroba con specchi e, in alcuni casi, di balconi.

Hotel Costa Marfil HOTEL $
(☎283-590; www.hotelcostamarfil.cl; Arturo Prat 950; singole CH$20.400-25.400, doppie CH$25.400-28.500; P @ 📶) Le forti luci al neon potrebbero darvi fastidio, ma le camere di questo grande albergo squadrato sono accettabili. Evitate le buie camere standard che danno su un rumoroso atrio interno e fatevi assegnare una delle executive, più grandi e luminose.

Hotel Frontera HOTEL $
(☎281-219; Bolívar 558; singole/doppie CH$17.000/22.000, senza bagno CH$12.000/17.000; 📶) Il Frontera è un albergo dalla facciata moderna che mette a disposizione camere semplici ma pulite, dotate tutte di TV via cavo. La prima colazione non è compresa nel prezzo, ma per lo meno c'è la connessione wi-fi.

Camping Rucamóvil CAMPEGGIO $
(☎262-358; Km 11; piazzole CH$4000 per persona) Situato a sud della città, è un campeggio abbastanza ben attrezzato, con vista mare dalla terrazza e bungalow per famiglie (CH$25.000, fino a 4 persone). Per arrivarci prendete il *micro* n. 102 in partenza dal Mercado Central e chiedete al conducente di lasciarvi a Cruce Roca Roja.

Pasti e locali

Abbarbicato all'estremità nord del vecchio porto, il **Terminal Pesquero** ospita più di 20 bancarelle che vendono ottimi crostacei e frutti di mare; cercate di arrivare entro il primo pomeriggio, prima che tutto il pesce venga venduto. Nel caratteristico vecchio **Mercado Central** (JS Ossa), tra Maipú e Uribe, troverete altro pesce, oltre a carne, verdura e frutta.

Cafe del Sol CILENO $$
(Esmeralda 2013; portate principali CH$7000-8000; ⏲chiuso dom) Nel weekend di sera questo sgangherato ristobar d'angolo è animato da musica e balli andini (ingresso CH$3000 dopo le 23). Le altre sere propone un buon assortimento di portate principali nell'accogliente ambiente interno caratterizzato da legno e luci soffuse. Valido anche il pranzo a prezzo fisso (CH$2500).

Macao RISTORANTE, BAR $$
(Av República de Croacia 155; portate principali CH$7800-14.000) Situato sul mare, in Playa Balneario, il Macao è un luogo di ritrovo alla moda caratterizzato da uno stile polinesiano, con tanto di lanterne e pavimenti di sabbia. Offre fantasiose portate principali, gradevoli cocktail e musica selezionata da DJ. Dal locale si gode una splendida vista della città incorniciata dalle palme.

El Arriero PARRILLA $$
(Condell 264; portate principali CH$3800-12.000; ⏲chiuso dom a cena) La carne è la specialità di questo rustico locale estremamente caratteristico, con archi, prosciutti appesi e una fontana nel mezzo. Serve enormi porzioni di piatti prevalentemente a base di carne. La *parrillada* per due (CH$15.500) è un vero banchetto.

Bongo TAVOLA CALDA $
(Baquedano 743; menu a prezzo fisso CH$2100-2900, portate principali CH$1400-3900; ⏲chiuso

dom) In questo animato locale potrete accomodarvi in uno dei séparé con spessi cuscini o nel gradevole soppalco. Il menu propone piatti piuttosto grassi e sostanziosi per quei momenti in cui si desidera un hamburger e una birra alla spina. Ordinate al bancone e pagate prima di sedervi.

Don Pollo FAST FOOD **$**
(JS Ossa 2594; pollo a partire da CH$1500; ⏲pranzo e cena) Economico, allegro e quasi sempre affollato, Don Pollo ha tavoli di plastica disposti intorno a un patio di canniccio. Esercita un grande richiamo sulla gente del posto che apprezza molto il suo succulento pollo.

Che Ignacio PUB **$$**
(Antonino Toro 982; portate principali CH$5900-9800; ⏲chiuso dom) Locale dallo stile europeo con tavoli all'aperto che propone un menu con numerosi piatti di carne. È frequentato da una numerosa clientela maschile che viene a vedere i programmi di sport alla TV.

Informazioni

In centro ci sono numerosi bancomat. Gli internet bar presenti nella zona del centro offrono l'accesso a internet per CH$500 l'ora.

Conaf (☎383-320; Av Argentina 2510; ⏲8.30-13.30 e 15-17.30 lun-gio, 8.30-13.30 e 15-16.15 ven) Offre informazioni sulle attrattive naturali della regione.

Hospital Regional (☎656-551; Av Argentina 1964)

Sernatur (☎451-818; infoantofagasta@sernatur.cl; Arturo Prat 384; ⏲8.30-19 lun-ven, 8.30-14 sab gen-marzo, 8.30-17.30 lun-ven apr-dic) Presso l'ufficio turistico della città, situato in posizione comoda vicino alla piazza, è disponibile una grande quantità di opuscoli informativi.

Per/da Antofagasta

Aereo

Lan (☎600-526-2000; www.lanchile.com; Arturo Prat 445) assicura diversi voli al giorno per Santiago (CH$220.000, 2 h), oltre a voli diretti giornalieri per Iquique (CH$47.500, 1 h) e La Serena (CH$132.500, 1 h 30 min).

Sky (☎600-600-2828; www.skyairline.cl; General Velasquez 890, Local 3) ha voli per Iquique (CH$27.800, 2 al giorno), Arica (CH$52.800, 1 al giorno), Copiapó (CH$80.500, 1 al giorno con scalo a La Serena) e Santiago (CH$86.200, 6 al giorno), con coincidenze per il sud.

Autobus

La maggior parte delle linee urbane fa capo al nuovo **Terminal de Buses Cardenal Carlos Oviedo** (Av Pedro Aguirre Cerda 5750). Alcune compagnie di autobus fanno servizio dai propri terminal vicino al centro, principalmente lungo Latorre. Le compagnie locali utilizzano il **Terminal de Buses Evaristo Montt** (Riquelme 513), anche noto come Terminal de Buses Rurales.

Quasi tutti i mezzi diretti a nord, a Iquique e Arica, percorrono la Ruta 1, passando da Tocopilla.

Buses Romani (☎226-974; www.busesromani.cl, in spagnolo; Latorre 3055)

Condor/Flota Barrios (☎223-442; www.flotabarrios.cl, in spagnolo; Av Pedro Aguirre Cerda 5336)

Pullman Bus (☎224-976; www.pullman.cl, in spagnolo; Latorre 2805)

Tur Bus (☎220-240; www.turbus.cl, in spagnolo; Latorre 2751)

DESTINAZIONE	TARIFFA (CH$)	DURATA(ORE)
Arica	19.400	9
Calama	5000	3
Copiapó	24.000	9
Iquique	17.000	6
La Serena	24.800	12
Santiago	34.400	18

Trasporti locali

Per/dall'aeroporto

L'Aeropuerto Cerro Moreno di Antofagasta si trova 25 km a nord della città. La corsa in taxi costa CH$13.000; provate a contattare **Gran Via** (☎240-505).

Automobile

Avis (☎563-140; www.avis.cl, in spagnolo; Baquedano 364)

First (☎225-777; www.firstrentacar.cl, in spagnolo; Bolívar 623)

A sud di Antofagasta

A sud di Antofagasta la Panamericana continua il suo percorso attraverso l'arido Deserto di Atacama, dove oltre all'acqua e alla gente scarseggiano anche le attrattive turistiche.

MANO DEL DESIERTO

Un'enorme **mano di granito**, con le dita curiosamente affusolate distese in un gesto di saluto, si erge dal suolo desertico circa 45 km a sud dell'incrocio della Panamericana con la Ruta 28. La curiosa scultura è stata realizzata nel 1992 dall'artista Mario Irarrázaval. Chi viaggia in autobus vedrà l'opera guardando verso il lato ovest della statale.

OBSERVATORIO CERRO PARANAL

Nel mondo dei telescopi di alta potenza, in cui i vari istituti di ricerca asseriscono di possedere gli strumenti 'più grandi', 'più potenti' o 'più avanzati tecnologicamente', l'osservatorio di Cerro Paranal occupa senz'altro una delle prime postazioni. Questo pionieristico osservatorio vanta infatti un Very Large Telescope (VLT), formato da quattro distinti telescopi, ciascuno di 8,2 m di diametro: almeno per un certo periodo questo è stato il più potente strumento ottico del mondo. L'**osservatorio di Cerro Paranal** (☎055-435-100; www.eso.org), gestito dall'European Southern Observatory (ESO), ha un aspetto talmente futuristico da essere scelto per alcune scene del film di James Bond *Quantum of Solace*. Nel luogo c'è un albergo riservato agli studiosi, che pare costruito sottoterra; nel corso della visita guidata si entra nella lobby piena di piante. Il complesso si trova sul Cerro Paranal, a 2664 m sul livello del mare, 120 km a sud di Antofagasta; ci si arriva percorrendo una strada secondaria che si dirama dalla Panamericana immediatamente a nord della Mano del Desierto (se siete diretti a sud). L'osservatorio dista circa due ore da Antofagasta.

Le visite, molto interessanti, sono gratuite ma vanno prenotate con mesi di anticipo. È possibile visitare l'osservatorio il sabato alle 9.30 e alle 13.30. Occorre disporre di un veicolo per raggiungere il luogo e presentarsi mezz'ora prima; la visita dura tre ore. Telefonate oppure consultate il sito dell'osservatorio per avere informazioni più dettagliate e aggiornate.

Norte Chico

Include »

I migliori ristoranti

» Chaski (p231)

» Coral de Bahía (p213)

» Donde Martita Solar Kitchen (p231)

» Legado (p215)

I migliori hotel

» Hotel La Casona (p215)

» Hostal El Punto (p225)

» Hacienda Los Andes (p237)

» El Tesoro de Elqui (p233)

Perché andare?

Stretta tra l'Oceano e le Ande, la regione cilena del Norte Chico (Piccolo Nord) presenta caratteristiche del tutto uniche. La Serena, meta imperdibile, è uno dei principali centri di epoca coloniale sorti lungo la costa. Da qui inizia la mistica Valle del Elqui, verdeggiante patria della produzione di pisco, sede di comunità new-age e di avveniristici osservatori astronomici. Più a nord vi attendono splendidi parchi nazionali, la località balneare più alla moda della regione e chilometri di costa inesplorata, ideale per campeggiare o per praticare il surf. Gli amanti della natura apprezzeranno gli allegri pinguini della Reserva Nacional Pingüino de Humboldt e del Parque Nacional Pan de Azúcar. E in alta quota, sulle Ande, il poco visitato Parque Nacional Nevado Tres Cruces è un posto fantastico dove avvistare vigogne e fenicotteri. Esploratelo a fondo e scoprirete che il Norte Chico è una regione molto più vasta di quanto il diminutivo lasci immaginare.

Quando andare

La Serena

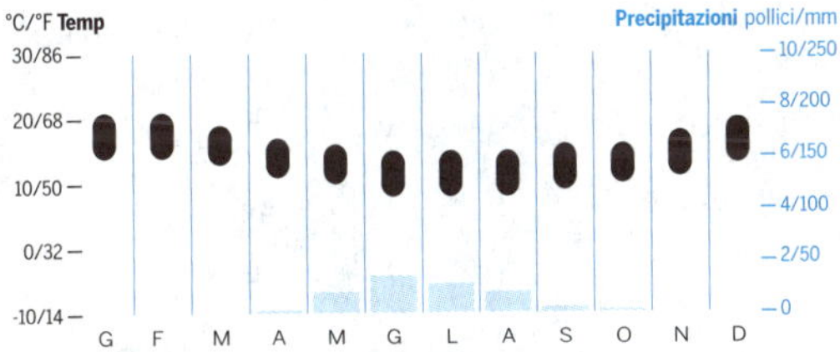

Gen-feb Il turismo locale affolla le spiagge, gli alberghi e i luoghi interessanti.

Lug-agosto Rigide temperature notturne, piacevole clima diurno, meno turisti.

Set-nov Il leggendario fenomeno del deserto fiorito è suggestivo nel Parque Nacional Llanos de Challe.

Il meglio del Norte Chico

1 Un giorno di relax sulla spiaggia più bella del Norte Chico nella graziosa **Bahía Inglesa** (p212)

2 Il potente pisco nei villaggi della splendida **Valle del Elqui** (p229)

3 Il cielo stellato in uno degli avveniristici **osservatori astronomici** del Norte Chico (p228)

4 La strada per le lagune alto-andine del **Parque Nacional Nevado Tres Cruces** (p216)

5 Una gita in barca fino alle colonie di pinguini della **Reserva Nacional Pingüino de Humboldt** (p220)

6 L'architettura coloniale del centro di **La Serena** (p221), il surf e la tintarella sulla spiaggia sabbiosa

7 Il **Parque Nacional Pan de Azúcar** (p209), che si estende lungo la costa, facendo tappa sulle sue spiagge perfette per il campeggio e per praticare il surf

Per/dal Norte Chico e trasporti locali

Grazie alla Panamericana che si snoda lungo la linea costiera è agevole raggiungere il Norte Chico in automobile o in autobus. I trafficati aeroporti nelle vicinanze di La Serena e Copiapó sono utilizzati per i voli interni. Lasciando la Panamericana si ha ben presto la sensazione di avventurarsi nell'entroterra impervio, dove le strade sterrate e di ghiaia peggiorano rapidamente e di pari passo iniziano a scarseggiare i trasporti pubblici. Raggiungere molti parchi nazionali e luoghi interessanti fuori mano può essere difficoltoso se non si partecipa a un'escursione organizzata o non si dispone di un mezzo di trasporto autonomo; in alcuni casi occorre avere un fuoristrada o un pick-up alto da terra.

Parque Nacional Pan de Azúcar

Numerose spiagge di sabbia bianca, insenature riparate e promontori rocciosi fiancheggiano la deserta costa 30 km a nord di Chañaral, un triste centro minerario e un porto peschereccio situato tra gli aspri promontori della Sierra de las Animas. Questa desolata cittadina può essere di qualche interesse solo come punto di partenza per visitare il Parque Nacional Pan de Azúcar, che si estende lungo la costa a cavallo delle Regiónes II e III.

La natura richiama in questo parco nazionale gran parte dei viaggiatori provenienti da tutto il mondo, perché la fresca Corrente di Humboldt favorisce la vita di una varietà di specie marine. La vera 'star' è il pinguino di Humboldt, una specie a rischio che nidifica su un'isola al largo della costa, ma non mancano le timide lontre marine e i chiassosi leoni marini, oltre a un gran numero di pellicani e cormorani.

A quote più elevate, l'umidità della *camanchaca* (fitta nebbia marina) favorisce la vita di oltre 20 specie di cactus e piante grasse. Più nell'entroterra si incontrano i guanachi (camelidi selvatici appartenenti alla stessa famiglia dei lama), mentre le volpi selvatiche si avvicinano ai visitatori nella speranza di ricevere cibo.

Il parco si estende su un'area di 437 kmq e la sua altitudine varia dal livello del mare a 900 m. Lungo la costa si trovano degli ottimi campeggi, che in estate sono molto affollati.

Che cosa vedere e fare

Isla Pan de Azúcar ISOLA

L'Isla Pan de Azúcar (Isola Pan di Zucchero) si trova a breve distanza dalla costa, e la sua parte bassa viene spesso avvolta dalla *camanchaca* al crepuscolo. Ospita circa 2000 pinguini di Humboldt, nonché altre specie di uccelli, lontre e leoni marini. L'isola (di forma subtriangolare e dalla superficie di 100 ettari) è una zona ad accesso limitato, ma i pescatori locali si avvicinano in barca per consentire ai turisti a bordo di osservarla da vicino.

Le imbarcazioni che partono da Caleta Pan de Azúcar costano CH$5000 per persona (minimo 10 persone), ma in bassa stagione si può arrivare a sborsare CH$50.000. Il giro completo, andata e ritorno, dura un'ora e 30 minuti e può essere fatto dalle 10 alle 18 in estate e dalle 10 alle 16 in inverno. Le prenotazioni si effettuano presso il chiosco sulla baia, dopodiché occorre aspettare la prima partenza; tenete presente che nei giorni feriali è più difficile raggiungere il numero minimo di passeggeri, quindi preparatevi a lunghe attese o a pagare un prezzo più elevato.

Sentieri escursionistici ESCURSIONISMO

All'interno del parco si trovano cinque sentieri escursionistici. Il più frequentato è **El Mirador**, che si snoda per 2,5 km tra cactus, guanachi e volpi grigie sudamericane, mentre **Las Lomitas** è un facile sentiero di 4 km con un dislivello minimo che offre la possibilità di avvistare il fringuello della sierra testanera. Un sentiero di 1,5 km si snoda lungo la costa dal molo di Caleta Pan de Azúcar a Playa Piqueros.

Tour

Etty Tour TOUR GUIDATI

(481-733) Organizza escursioni guidate di mezza giornata (in spagnolo) all'Isla Pan de Azúcar con partenza da Chañaral a circa CH$40.000 (gruppi fino a 5 persone), tariffa che si riduce a CH$20.000 se disponete di un mezzo di trasporto autonomo su cui possa viaggiare anche la guida. Il proprietario dell'agenzia può inoltre organizzare i trasferimenti in taxi, che in alta stagione costano tra CH$4000 e CH$5000 per persona.

Pernottamento e pasti

I campeggi si trovano a Playa Piqueros, Playa El Soldado e Caleta Pan de Azúcar. Nei più spartani le tariffe partono da CH$2000 per persona. A Caleta si trovano anche due campeggi privati. Potete anche optare per il campeggio libero a El Refugio, una spiaggia di sabbia bianca a forma di mezzaluna situata 14 km a nord di Chañaral.

A Caleta Pan de Azúcar ci sono tre ristoranti dove spenderete circa CH$4500 per un piatto di pesce con contorno; provate l'accogliente El Changuito in fondo alla baia.

Pan de Azúcar Lodge LODGE $

(www.pandeazucarlodge.cl; piazzola per 2 persone CH$15.000) Questo ecolodge ospita i due campeggi migliori della zona, uno su Playa Piqueros e l'altro su Playa El Soldado, entrambi dotati di servizi igienici, acqua riscaldata a energia solare e attività (in estate) come yoga, trekking e vari laboratori. Il lodge dispone anche di cinque **bungalow sulla spiaggia** (CH$45.000/60.000 per 2/3 persone) e di una spa all'aperto.

Informazioni

Il **Centro de Información Ambiental** (Playa Piqueros; 8.30-12.30 e 14-18) gestito dal Conaf, 1 km a sud di Caleta Pan de Azúcar, ospita esposizioni sulla flora e la fauna del parco e un giardino di cactus; vi potrete trovare un opuscolo informativo in inglese con una cartina dei sentieri. C'è un posto di controllo Conaf al Km 15, lungo la strada di accesso sud proveniente da Chañaral, dove si paga una tariffa di ingresso di CH$4000. Conservate con cura il biglietto in quanto dovrete esibirlo all'inizio dei diversi sentieri.

Per/dal Parque Nacional Pan de Azúcar

Il Parque Nacional P an de Azúcar si trova 30 km a nord di Chañaral, lungo una strada asfaltata in buone condizioni. I visitatori solitamente raggiungono il parco partecipando a escursioni organizzate o servendosi dei trasporti pubblici da Caldera/ Bahía Inglesa e Copiapó.

Se si proviene in auto da nord, ci sono anche 2 ingressi secondari al parco sulla Panamericana, all'altezza del Km 1014 (all'incrocio con la Route C-112) e del Km 968 (all'incrocio con la Route C-110).

Caldera

052 / POP. 13.734

Il sole tutto l'anno, alcune bellissime spiagge nei dintorni e l'abbondanza di pesce fanno di Caldera e della vicina località di villeggiatura di Bahía Inglesa due dei luoghi più frequentati della Región III. Mentre Caldera, un tempo il secondo porto più grande del Cile durante il boom delle attività minerarie nel XIX secolo, è meta prediletta dai villeggianti cileni, i visitatori stranieri di solito preferiscono la vicina Bahía Inglesa con la sua atmosfera rilassata e gli ottimi alberghetti e ristoranti. Tuttavia è più economico pernottare a Caldera e passare le giornate sulla spiaggia di Bahía.

Caldera si trova sul litorale sud di Bahía de Caldera, 75 km a ovest di Copiapó e immediatamente a ovest della Panamericana. Av Diego de Almeyda prosegue verso sud con il nome di Av Carvallo fino a Bahía Inglesa. L'animazione si concentra intorno alla grande piazza, dalla quale il viale pedonale Paseo Gana conduce fino alla spiaggia di sabbia scura.

Che cosa vedere

Casa Tornini MUSEO

(www.casatornini.cl; Paseo Gana 210; ingresso CH$2000; 6 visite guidate al giorno in spagnolo, inglese e tedesco in estate) Questo palazzo rosso in stile neoclassico di fine Ottocento, un tempo di proprietà di una famiglia di immigrati italiani, è l'attrazione più recente di Caldera. Le visite guidate comprendono sei camere arredate con mobili e complementi d'arredo originali e due sale che ospitano mostre temporanee di arte e fotografia.

Plaza Carlos Condell PIAZZA

Situata nel centro cittadino, questa graziosa piazza con parco giochi è dominata dalla ottocentesca **Iglesia San Vicente** (1862) dalle tonalità crema e marrone, completa di torre gotica.

FREE **Centro Cultural Estación Caldera** EDIFICIO STORICO

(10-14 e 16-19 mar-dom) Costruito nel 1850, questo caratteristico edificio situato sul lato nord del molo fu il capolinea della prima ferrovia del Sud America. Oggi ospita uno splendido spazio espositivo dal soffitto con travi a vista nel quale si tengono spesso eventi di vario genere, nonché un **museo di paleontologia** (ingresso CH$600).

Muelle Pesquero EDIFICIO STORICO

Sul lungomare, il vivace Molo della Pesca brulica di pellicani affamati, barchette colorate e *señoras* armate di coltelli intente a sventrare e a friggere il pescato.

Tour

La spiaggia cittadina è leggermente inquinata dai residui della benzina proveniente dal vicino molo. È preferibile fare una breve gita in giornata a Bahía Inglesa o alla più lontana Playa La Virgen. C'è una pista ciclabile di 7 km che va da Caldera a Bahía Inglesa.

La Ruta del Ostion IN BICICLETTA, MINIBUS

(patricio.covarrubias@gmail.com; Montt 274) Gestita dal simpatico Patricio, offre il noleggio di biciclette (da CH$5000 a CH$7000 al giorno, CH$4000 con consegna a Bahía Inglesa) e organizza escursioni in minibus al Pan de

Azúcar (CH$90.000) e a Playa La Virgen (CH$70.000) per gruppi di quattro persone.

Geoturismo Chile IN BICICLETTA, MINIBUS
(www.geoturismo-chile.cl) Agenzia online con prezzi simili a quelli de La Ruta del Ostion.

Trimaran Ecotour IN BARCA
(interi/bambini CH$2000/1500) Offre escursioni in barca fino al faro della durata di un'ora, con possibilità di avvistare pinguini e leoni marini. Sono previste quattro partenze al giorno in estate (12.30, 13, 15.30 e 17.30) e solo nel weekend nel resto dell'anno; i biglietti si acquistano presso il chiosco sul molo.

Pernottamento

Hotel Costa Fosil HOTEL $$
(316-451; www.jandy.cl, in spagnolo; Gallo 560; singole/doppie CH$29.800/38.900; P) A mezzo isolato dalla piazza centrale, questo albergo che ricorda una nave è la sistemazione più centrale e con il migliore rapporto qualità-prezzo della città. Le 23 camere accoglienti sono disposte intorno a un arioso patio e al piano superiore c'è una piccola terrazza soleggiata.

Hotel Montecarlo HOTEL $$
(315-388; www.hotel-montecarlo.cl, in spagnolo; Av Carvallo 627; singole/doppie CH$34.500/39.500; P) Dietro la facciata moderna di questo albergo a due piani si nasconde un fresco patio con ruote di carri, rampicanti e fontane zampillanti. Offre un servizio cordiale e familiare e 34 camere pulitissime con TV.

Residencial Millaray GUESTHOUSE $
(315-528; Cousiño 331; doppie senza bagno CH$25.000; P) Situata di fronte alla piazza centrale, questa casa familiare dall'aspetto un po' precario offre alcune camere semplici e un'atmosfera cordiale. Nei pressi si trovano due alberghi di proprietà della stessa famiglia, l'**Hotel Millaray II** (Gallo 300; doppie/triple CH$40.000/45.000; P) e l'**Hotel Montriri** (Tocornal 371; doppie/triple CH$40.000/45.000; P), dotati di camere con TV piuttosto prive di carattere.

Hotel Terrasol HOTEL $$
(319-885; hotelterrasolcaldera@gmail.com; Gallo 370; doppie/triple CH$30.000/45.000; P) Discreta sistemazione con camere gradevoli e un'atmosfera tranquilla e familiare. Sul retro c'è un bel patio con erba sintetica.

Pasti

Le bancarelle gastronomiche del Terminal Pesquero, dietro la vecchia stazione ferroviaria, servono semplici piatti di pesce con contorno a partire da CH$3000, che potrete gustare nel dehors sul mare. Fuori dal mercato ci sono numerose bancarelle che vendono empanadas ai frutti di mare e sandwich con pesce fritto.

Se preferite ristoranti più eleganti dovrete recarvi fino a Bahía Inglesa.

Il Piron di Oro CUCINA DI MARE $$
(Cousiño 218; portate principali CH$5000-8000) A due passi dal porto, questo ristorante senza fronzoli con un paio di tavoli all'aperto serve abbondanti piatti di pesce e qualche specialità fusion, come burritos con ostriche e gamberetti. È molto amato dalla gente del posto e a pranzo è sempre pieno di famiglie.

Cafe Museo CAFFÈ $
(Edwards 479a; torte CH$1000-2200, sandwich CH$1200) Il delizioso caffè della Casa Tornini, con le pareti ricoperte di vecchi poster e ritagli di giornale, merita una sosta per le torte deliziose, gli appetitosi sandwich e l'ottimo caffè espresso che si possono gustare ai sei tavoli di legno all'interno o ai pochi tavolini disposti lungo il marciapiede.

Miramar CUCINA DI MARE $$
(Gana 090; portate principali CH$6000-9950) Un ristorante alla moda arredato in rosa sul lungomare di Caldera, con molte finestre affacciate sul porto e sulla spiaggia. Il menu è composto prevalentemente da piatti di pesce ben preparati.

Locali

Pepe's BAR
(Pasaje Bombero Alfaro 340; fino alle 4) Immediatamente dietro il lato occidentale della piazza centrale, è un bar molto animato che serve cocktail e spuntini a base di pesce e propone musica dal vivo, spettacoli teatrali e DJ nel weekend.

Informazioni

Centro Telefonica (Cousiño 329; 9-22) Per le chiamate internazionali.

Oficina de Turismo (316-076; 9-22 dom-gio, 9-24 ven e sab estate, 9-14 e 16-19 lun-sab resto dell'anno) Il chiosco di informazioni turistiche sul lato nord-occidentale di Plaza de Armas è ricco di materiale informativo, ma il personale non parla molto bene l'inglese.

Per/da Caldera e trasporti locali

I taxi privati raggiungono l'Aeropuerto Desierto de Atacama, 20 km a sud di Caldera (CH$5000). I terminal degli autobus **Pullman** (315-227;

all'angolo tra Gallo e Cousiño) e **Tur Bus** (☎317-399; Gana 241), circa 5 isolati a sud-est della piazza, offrono corse per Copiapó (CH$2000, 1 h), Antofagasta (da CH$15.000 a CH$22,700, 6 h) e Santiago (da CH$20.000 a CH$29.400, 12 h). Gli autobus e i taxi *colectivos* effettuano il collegamento tra Caldera e Bahía Inglesa rispettivamente al prezzo di CH$500 e CH$900.

Bahía Inglesa

☎052

A breve distanza da Caldera, in direzione sud, si incontra la bella località di mare di Bahía Inglesa, uno dei luoghi di villeggiatura più frequentati del Cile settentrionale grazie alla lunga spiaggia di sabbia bianca, agli affioramenti rocciosi che emergono dalle acque cristalline e all'atmosfera vivace e alla moda. Lungo la spiaggia corre una graziosa passeggiata dalla gradevole atmosfera mediterranea, lungo la quale si susseguono negozi, ristoranti e bancarelle di gelato artigianale. Bahía Inglesa non è una località in cui si usa svegliarsi presto e sono pochi i negozi e i locali aperti di buon mattino.

Bahía Inglesa prende nome dai corsari inglesi che si rifugiavano qui nel XVII secolo; secondo la leggenda, il loro tesoro sarebbe ancora nascosto da queste parti.

Attività

Il **windsurf** è un'attività molto praticata a Bahía Inglesa, tuttavia non è possibile noleggiare l'attrezzatura.

Morro Ballena SPORT ACQUATICI
(www.morroballena.cl, in spagnolo) Ha un chiosco all'estremità della spiaggia, sotto l'Hotel Coral de Bahía. Propone escursioni in barca di due ore all'isola di El Morro (CH$50.000 per 6 persone), uscite in kayak di un'ora (CH$15.000 per 2 persone) e uscite di snorkelling di un'ora (a partire da CH$15.000). Offre anche il noleggio di kayak (a partire da CH$2000 per 30 min) e attrezzatura per lo snorkelling (CH$12.000 per 2 h). Ai tavolini disposti sulla spiaggia si possono gustare succhi di frutta fresca e capesante crude (a partire da CH$2000).

Caldera Tour Atacama ESCURSIONI IN MINIBUS
(www.calderatouratacama.cl; Av El Morro 610b) Accanto all'Hotel Domo Bahía Inglesa, organizza escursioni al Parque Nacional Pan de Azúcar e alla miniera di San José, vicino a Copiapó, e gite in giornata alle spiagge dei dintorni (da CH$20.000 a CH$30.000, minimo 6 persone). Al momento delle nostre ricerche si stava attrezzando per offrire anche il noleggio di biciclette.

Nautica La Rada VELA
(☎099-684-64032; antonioabelli@hotmail.com) Se potete permettervela, un'escursione in barca a vela sulla Nautica La Rada, comandata dal lupo di mare Antonio e da suo figlio, è un'esperienza da non perdere. La più breve (a partire da CH$25.000 per persona incluse bevande e spuntini a base di cibi crudi, minimo 2 persone) raggiunge El Morro, e

VALE IL VIAGGIO

UN ANGOLO DI PARADISO

Fino a un paio di anni fa, la bellissima **Playa La Virgen** (☎052-216-524; www.playalavirgen.cl, in spagnolo), situata 46 km a sud di Bahía Inglesa lungo una panoramica strada costiera, era un gioiello gelosamente custodito da pochi villeggianti cileni. Oggi che il segreto è stato svelato, non mancate di trascorrere un giorno o due su questo piccolo paradiso di sabbia argentata. In gennaio la spiaggia si riempie di ombrelloni e di giovani in vena di divertirsi, mentre in febbraio è la volta delle famiglie.

Potete raggiungere Playa La Virgen con un'escursione organizzata da Caldera o da Bahía Inglesa, oppure organizzare il trasferimento in minibus. Se disponete di un mezzo di trasporto proprio, tenete presente che la strada è accidentata (anche se percorribile con un'automobile normale) e che il parcheggio presso la reception costa CH$6000 (gratuito per chi risiede nei bungalow). In alternativa, potete parcheggiare gratuitamente sulla collina e scendere a piedi in 10 minuti fino alla lingua di sabbia a forma di mezzaluna.

Sulla spiaggia si possono noleggiare kayak (singolo CH$ 3000, doppio CH$6000).

In alta stagione, un bungalow per due persone costa da CH$50.000 in su (CH$65.000 con cucina), mentre la tariffa per un posto tenda (senza elettricità) per sei persone è di CH$36.000. Il costoso bar-ristorante **Turqueza** (portate principali CH$7500-9900) ha pavimento di sabbia e tetto di paglia, sedie in vimini e tavoli all'aperto con vista panoramica sull'oceano.

se siete fortunati lungo il tragitto riuscirete ad avvistare le megattere. Il noleggio dell'imbarcazione per l'intera giornata costa CH$250.000 inclusi tutti i pasti. Se siete in vena di follie, potete anche prenotare una crociera di due giorni fino a Playa La Virgen.

Pernottamento e pasti

Coral de Bahía HOTEL **$$**
(☎319-160; www.coraldebahia.cl, in spagnolo; Av El Morro 564; doppie CH$50.000-70.000, suite CH$80.000; P 📶) Questo albergo dispone di 11 camere deliziose al piano superiore, alcune con balcone e vista sulla spiaggia e sull'oceano. D'estate è quasi sempre al completo e accetta prenotazioni per soggiorni di sette notti, ma con un po' di fortuna è possibile trovare una camera anche senza prenotare. Al piano terra c'è un **ristorante** (portate principali CH$6500-11.000) con un bel dehors sul mare che propone gustosi piatti di pesce e frutti di mare con influenze asiatiche, africane e mediterranee.

Nautel GUESTHOUSE **$$**
(☎09-7849-9030; www.nautel.cl, in spagnolo; Copiapó 549; doppie con prima colazione CH$55.000-65.000, triple con prima colazione CH$75.000, bungalow CH$120.000; P 📶) Poco sopra il Domo Bahía Inglesa, in una via sulla destra, questa raffinata e moderna guesthouse con accesso diretto alla spiaggia offre sei doppie arredate nelle tonalità della terra (4 con vista sull'oceano) e un delizioso bungalow in legno sul mare con quattro posti letto. La cucina all'aperto e il soggiorno invitano a socializzare. Talvolta il servizio lascia un po' a desiderare.

Hotel Rocas de Bahía HOTEL **$$$**
(☎316-005; www.rocasdebahia.cl, in spagnolo; El Morro 888; camere/triple CH$89.300/105.900; P @ 📶 🏊) L'albergo più elegante della città è un labirintico edificio a cinque piani che si sviluppa su per la scogliera che si affaccia sulla baia. Tutte le camere luminose hanno il balcone, molte delle quali con vista sull'oceano. Al quarto piano c'è una piccola piscina dalla quale si ammirano ampie vedute panoramiche.

Domo Bahía Inglesa HOTEL **$$**
(www.domobahiainglesa.cl; Av El Morro 610; doppie/triple CH$42.000/52.000; 📶) Dispone di due cupole in cemento con interni in legno e bagno che possono ospitare fino a cinque persone. Le tariffe si riducono notevolmente in bassa stagione ed è possibile prenotare via e-mail. Il **ristorante** (portate principali CH$5400-9900; 📶) nella grande cupola sul lungomare ha un bel dehors e rimane aperto fino a tardi.

Camping Playa Las Machas CAMPEGGIO **$**
(☎315-424; Playa Las Machas; piazzole fino a 6 persone CH$18.700, cabañas CH$25.420-43.320) Questo grande campeggio non riparato sorge su un terreno sabbioso affacciato su Bahía Inglesa ed è un buon posto, anche se in estate le tariffe sono eccessive. Alcuni bungalow hanno il bagno in comune con il campeggio. Entrate dalla strada per la Ruta 5, a sud della città.

El Plateao INTERNAZIONALE **$$**
(Av El Morro 756; portate principali CH$6000-8500) Animato bar-ristorante disposto su due piani che offre ampie vedute sulla spiaggia e un'originale atmosfera bohémienne. Il menu internazionale propone un po' di tutto, dalla cucina thailandese a quella italiana, ma la vista è decisamente il punto forte del locale.

Punto de Referencia FUSION **$$**
(Miramar 182; portate principali CH$6500-8000) Nascosto in una stradina accanto al Domo, questo raffinato ristorante è specializzato in sushi e sashimi (a partire da CH$2500), da gustare nella sala interna con i tavoli di legno chiaro o nel piccolo dehors antistante.

Naturalia PIZZERIA **$**
(pizza CH$2900-3900) Accanto al Punto de Referencia, con il quale condivide il dehors, questo semplice locale serve pizze, empanadas e succhi di frutta fresca.

Catalina Amenabar CAFFÈ **$**
(torte CH$1200-2100; ⏲12-21.30) Questo caffè sul lungomare serve deliziose torte, caffè espresso e tè, da portare via o da gustare seduti a uno degli ambitissimi tavolini.

Informazioni

A Bahía Inglesa non ci sono sportelli bancomat né uffici cambiavalute; per prelevare contante dovrete recarvi fino a Caldera.

Caldera Tour Atacama offre l'accesso a internet (CH$1000 l'ora).

Il caloroso personale cileno della piccola **oficina de turismo** (⏲10-21 lun-ven, 11-21 sab e dom estate, 10-18 tutti i giorni resto dell'anno), sul lungomare, fornisce utili numeri di telefono e informazioni su spiagge e luoghi inesplorati dei dintorni.

Per/da Bahía Inglesa

Il principale punto di accesso è la vicina Caldera. Potete servirvi dei *colectivos* (CH$900) o dei minibus, leggermente più economici; l'ufficio turistico potrà fornirvi i rispettivi numeri di telefono. D'estate i *colectivos* sono molto richiesti e a fine giornata i tempi di attesa possono essere piuttosto lunghi. La corsa in minibus fino a Playa La Virgen costa circa CH$10.000 per persona (minimo 3 o 4 persone).

Copiapó

052 / POP. 129.090

Come quasi tutti i posti di frontiera, Copiapó ha un suo fascino viscerale. I bar e i locali di spogliarelli di questa cittadina mineraria sono frequentati da una clientela maschile un po' burbera e chiassosa, ma il clima gradevole, l'ombreggiata piazza principale e la presenza di numerosi edifici storici rendono comunque piacevole mescolarsi alla nutrita comunità di minatori che popola questa città dedita agli affari. Tuttavia, a meno che non intendiate fare un'incursione tra le solitarie montagne vicine al confine argentino, e in particolare ai meravigliosi Parque Nacional Nevado Tres Cruces, Laguna Verde e Ojos del Salado (il più alto vulcano attivo del mondo), non vale la pena di fare tappa qui.

Annidata nello stretto fondovalle sulla sponda settentrionale del Río Copiapó, la città vanta alcuni primati storici: la costruzione della prima ferrovia del Sud America (completata nel 1852), da Copiapó a Caldera, delle prime linee telegrafiche e telefoniche del paese, nonché della prima azienda del gas cilena. Questi progressi ebbero luogo durante il boom dell'oro nel XVIII secolo e della corsa all'argento che era stato scoperto nella vicina Chañarcillo nel 1832. Oggi è il rame la principale risorsa economica di Copiapó: negli ultimi anni la città ha vissuto un vero e proprio boom grazie agli investimenti di milioni di dollari nell'industria mineraria, che hanno richiamato circa 150.000 nuovi residenti e dovrebbero garantire grande prosperità per i prossimi 15 anni.

Che cosa vedere

La prosperità di cui godette Copiapó all'epoca del boom minerario è molto evidente nel centro cittadino. Ombreggiata da secolari alberi del pepe, Plaza Prat è abbellita da vari edifici risalenti agli inizi di quel periodo, fra cui l'elegante, neoclassica **Iglesia Catedral**, con la sua torre a tre piani.

Museo Mineralógico MUSEO
(all'angolo tra Colipí e Rodríguez; interi/bambini CH$500/200; 10-13 e 15.30-19 lun-ven, 10-13 sab) Questo imperdibile museo è davvero sorprendente. Tributo alle materie prime a cui la città deve la propria esistenza, espone una caleidoscopica collezione di oltre 2300 minerali, alcuni delicati come il corallo, altri luminosi sotto la luce fluorescente.

Museo Regional de Atacama MUSEO
(Atacama 98; interi/bambini CH$600/300, dom ingresso libero; 14-17.45 lun, 9-17.45 mar-ven, 10-12.45 e 15-17.45 sab, 10-12.45 dom e festivi) Edificato intorno al 1840 dai magnati dell'industria e politici radicali della famiglia Matta, è un monumento nazionale che merita un'occhiata anche solo per la sua architettura. Il museo ospita una frammentaria collezione di manufatti indigeni e il modello di una miniera in fibra di vetro.

FREE **Museo Minero de Tierra Amarilla** MUSEO
(www.museominerodetierraamarilla.cl, in spagnolo; 8-17 lun-ven, 9-13 sab e dom) Se desiderate saperne di più sulla geologia della regione, visitate questo nuovo museo privato situato nei pressi del villaggio di Tierra Amarilla, 18 km a est di Copiapó. Circondato da miniere in attività, questo *quincho* (abitazione tradizionale) ottocentesco restaurato ospita otto sale con esposizioni di fossili, rocce vulcaniche, meteoriti, minerali e rare pietre ossidate. Per raggiungere il museo, prendete un *colectivo* giallo all'angolo tra Chacabuco e Chañarcillo (CH$900).

Tour

Copiapó è il punto di partenza di numerose escursioni organizzate a località montane, come il Parque Nacional Nevado Tres Cruces e Ojos del Salado, e costiere, come Bahía Inglesa e il Parque Nacional Pan de Azúcar. Un'altra possibilità emozionante è l'escursione in fuoristrada tra le dune del deserto. Informatevi presso l'ufficio turistico di Sernatur sulle visite guidate alle miniere della regione.

Puna de Atacama TOUR ORGANIZZATI
(099-051-3202; www.punadeatacama.com; O'Higgins 21) Ercio Mettifogo Rendic offre divertenti escursioni personalizzate alle principali attrazioni turistiche della zona, ma anche a luoghi poco conosciuti nel deserto e sulle montagne.

Atacama Chile TOUR ORGANIZZATI
(211-191; www.atacamachile.com; Maipú 580, Local C) Questo operatore offre tutta la gamma di visite alla città ed escursioni nei dintorni.

Aventurismo Expediciones AVVENTURA
(09-599-2184; www.aventurismo.cl; Atacama 240) È l'unica agenzia autorizzata a effettuare spedizioni alpinistiche sull'Ojos del Salado.

Feste ed eventi

Copiapó celebra la propria nascita l'8 dicembre. Il 10 agosto è il **Día del Minero** (Giorno del minatore).

Fiesta de la Candelaria RELIGIOSA
Questa festa viene celebrata la prima domenica di febbraio presso la Iglesia de la Candelaria, all'altezza di Los Carrera e Figueroa, 2 km a est di Plaza Prat. Secondo la tradizione la Vergine della Candelaria protegge i minatori, pertanto gode di grande popolarità nella regione.

Pernottamento

Nei giorni feriali alberghi e *residenciales* si riempiono di minatori e i prezzi sono generalmente elevati tutto l'anno.

TOP **Hotel La Casona** HOTEL $$
(☎217-277; www.lacasonahotel.cl; O'Higgins 150; singole/doppie a partire da CH$43.000/49.000; P@) Questo albergo ricco di fascino, arioso e dall'atmosfera piacevolmente casalinga è situato 10 minuti a ovest della piazza centrale, è gestito da proprietari bilingue e offre un fresco giardino con patio. Le 12 camere sono caratterizzate da un'atmosfera tra il rustico e l'informale e dotate di pavimenti in legno e TV via cavo. A cena, il ristorante propone piatti deliziosi.

Hotel Montecatini HOTEL $$
(☎211-363; www.hotelmontecatini.cl; Infante 766; singole/doppie standard CH$22.000/30.000, superior CH$30.000/37.000; P) Le ampie camere superior disposte lungo un tranquillo giardino valgono il supplemento di prezzo, mentre quelle standard sono un po' datate. La piscina talvolta è priva d'acqua. L'albergo si trova vicino al cosiddetto quartiere a luci rosse di Copiapó.

Hotel Chagall HOTEL $$$
(☎352-900; www.chagall.cl; O'Higgins 760; doppie CH$69.000-79.000; P@) Questo business hotel a quattro stelle situato nei pressi di Plaza Prat, con un'elegante lobby illuminata da faretti, camere lussuose (le più costose con aria condizionata) e ogni genere di servizi.

Hotel del Sol HOTEL $
(☎215-672; Rodríguez 550; singole/doppie CH$22.000/28.000; P) Simpatico albergo tinteggiato di giallo, offre camere semplici ma pulite e convenienti a breve distanza dalla piazza.

Residencial Benbow GUESTHOUSE $
(☎217-634; Rodríguez 541; singole/doppie CH$12.000/16.000, senza bagno CH$7000/14.000;) La posizione a due passi dalla piazza rende interessante questa guesthouse spartana dalle camere un po' buie. Il ristorante adiacente serve una discreta cucina.

Pasti e locali

I ristoranti di Copiapó sono piuttosto costosi. Di sera, i locali sono pieni di minatori in cerca di compagnia femminile e le vie intorno alla piazza centrale si riempiono di 'signore della notte'.

Legado INTERNAZIONALE $$
(O'Higgins 12; portate principali CH$6950-17.450; ⏲solo cena, chiuso dom) Suddiviso in simpatiche salette, il ristorante più creativo della città propone originali piatti di carne, come coccodrillo e manzo Wagyu, e un'eccellente lista dei vini con circa 1200 etichette cilene.

Don Elias CILENO $
(☎364-146; Los Carrera 421; portate principali CH$2800-7700; ⏲chiuso dom cena) Questa semplice tavola calda, con le luci intense e una TV con l'audio a tutto volume, offre convenientissimi *almuerzos* (pranzi a prezzo fisso) e un menu à la carte a cena.

Cafelatte RISTORANTE, BAR $$
(O'Higgins 857; portate principali CH$5440-9590; ⏲chiuso dom) Accogliente ristobar a pochi isolati dalla piazza che propone i consueti piatti di pasta, pizze, insalate e sandwich. L'happy hour è offerta tutti i giorni.

Tololo Pampa BAR $
(Atacama 291; ⏲chiuso dom e lun) Un brioso ritrovo con variopinte salette e un patio all'aperto sul retro, arredato con mobili grezzi e un caminetto. Ideale per un drink o uno spuntino a tarda ora (da CH$4000 a CH$5500).

Café Colombia CAFFÈ $
(Colipí A101;) Situato proprio in piazza, vicino al Mall Plaza Real, è l'ideale per uno spuntino o un buon caffè osservando il viavai dei passanti seduti ai tavolini all'aperto.

Informazioni

Nelle banche intorno alla piazza si trovano numerosi bancomat. Al primo piano del Mall Plaza Real c'è un *cambio* (ufficio cambiavalute).

La tariffa dei numerosi internet bar del centro si aggira intorno a CH$500.

Conaf (☎213-404; Juan Martínez 55; ⏲8.30-17.30 lun-gio, fino alle 16.30 ven) Fornisce informazioni sui parchi regionali, compresi opuscoli in inglese relativi al Parque Nacional Pan de Azúcar.

Hospital San José (☎212-023; Los Carrera 1320; ⏲24 h su 24)

Sernatur (☎212-838; www.chile.travel/en.html; Los Carrera 691; ⏱9-20 tutti i giorni estate, 9-19 lun-ven, 9-15 sab resto dell'anno) L'efficiente ufficio turistico situato nella piazza fornisce un'infinità di opuscoli e informazioni in inglese.

Ufficio postale (Los Carrera 691) Si trova dietro l'ufficio Sernatur.

Per/da Copiapó

Aereo

L'Aeropuerto Desierto de Atacama si trova circa 50 km a ovest di Copiapó.

Lan (☎600-526-2000; Mall Plaza Real, Colipí 484, Local A-102) Serve tutti i giorni Santiago (CH$166.500, 1 h 30 min).

PAL Airlines (☎524-603; www.palair.cl; O'Higgins 106, Local F, Edificio Plaza Real) Offre 3 voli a settimana per Antofagasta (CH$53.000, 1 h) e voli giornalieri per Santiago (CH$53.000, 1 h 30 min).

Sky Airline (☎214-640; www.skyairline.cl; Colipí 526) Offre voli per Antofagasta 2 volte a settimana (CH$48.000, 1 h), per La Serena nei giorni feriali (CH$38.000, 1 h) e tutti i giorni per Santiago (CH$62.000, 1 h 30 min).

Autobus e taxi colectivos

Le compagnie di autobus sono disseminate nella parte meridionale di Copiapó. Quasi tutte le linee che effettuano collegamenti fra il nord e il sud fermano qui, così come molte di quelle che sono dirette verso l'interno. **Pullman Bus** (☎212-977; Colipí 109) ha un grande terminal e una **biglietteria** centrale (all'angolo tra Chacabuco e Chañarcillo). Anche **Tur Bus** (☎213-724; Chañarcillo 650) ha un terminal e una **biglietteria** (Colipí 510) in centro. Tra le altre compagnie ricordiamo **Expreso Norte** (☎231-176; Chañarcillo 655), **Buses Libac** (☎212-237; Chañarcillo 655) e **Flota Barrios** (☎213-645; Chañarcillo 631), che utilizzano tutte un unico terminal in Chañarcillo. Tenete presente che molti autobus per le località del deserto settentrionale partono di notte.

Nella seguente tabella sono elencate le principali destinazioni con le relative tariffe:

DESTINAZIONE	TARIFFA (CH$)	DURATA (ORE)
Antofagasta	16.000-28.000	8
Arica	25.000-33.100	16
Calama	18.000-29.000	10
Iquique	22.100-30.900	15
La Serena	7800-13.300	5
Santiago	18.000-26.000	11
Vallenar	4500-6300	2

I *colectivos* offrono il trasporto fino a Caldera (CH$3500, 1 h) dal terminal di Chacabuco. Anche gli autobus **Buses Casther** (☎218-889; Buena Esperanza 557) trasportano i passeggeri fino a Caldera per CH$2200.

Trasporti urbani

Per/dall'aeroporto

La tariffa dei taxi privati che effettuano il collegamento per l'Aeropuerto Desierto de Atacama è di CH$25.000; provate a rivolgervi a **Radio Taxi San Francisco** (☎218-788). Anche **Transfer Casther** (☎235-891) offre il trasferimento dall'aeroporto in città (CH$6000, 40 min). Su richiesta, a volte gli autobus e i taxi *colectivos* che fanno la spola tra Copiapó e Caldera possono farvi scendere all'incrocio situato a 300 m di cammino dall'aeroporto.

Automobile

Tra le agenzie di autonoleggio di Copiapó ricordiamo **Hertz** (☎214-562; Av Copayapu 173), **Avis** (☎524-591; Rómulo Peña 102) e **Budget** (☎216-272; Ramón Freire 050); tutte e tre hanno un ufficio anche all'aeroporto. **Rodaggio** (☎212-153; www.rodaggio.cl, in spagnolo; Colipí 127) è un'agenzia cilena che propone tariffe a chilometraggio illimitato a partire da CH$21.420 al giorno (IVA al 19% compresa) per un'automobile di piccola cilindrata. I pick-up e i veicoli a quattro ruote motrici costano almeno CH$77.350 al giorno.

Parque Nacional Nevado Tres Cruces

Il **Parque Nacional Nevado Tres Cruces** (interi/bambini 6-12 anni CH$4000/1500) è difficile da raggiungere e possiede tutta la selvaggia bellezza dei più famosi parchi in quota situati più a nord, ma l'affluenza turistica è assai minore. Il parco vanta vette incontaminate, eccellenti itinerari alpinistici e una natura meravigliosa: i fenicotteri vengono qui a trascorrere la stagione estiva e grandi branchi di vigogne e guanachi si aggirano sui pendii, i laghi ospitano folaghe giganti e cornute, oche e gabbiani delle Ande, e talvolta capita di avvistare un condor o un puma.

Il parco, che occupa una superficie di 591 kmq, è suddiviso in due settori situati ad alta quota sulle Ande lungo la statale internazionale che conduce in Argentina attraverso il Paso de San Francisco. Il più ampio è il **Sector Laguna Santa Rosa**, che si estende per 470 kmq intorno al lago omonimo, a quota 3700 m, e comprende la biancastra pianura salina di Salar de Maricunga, verso nord. Sulla sponda meridionale del lago c'è un rifugio molto spartano; al momento delle nostre ricerche era in costruzione un lodge più confortevole gestito da Puna de Atacama.

Il più piccolo **Sector Laguna del Negro Francisco** si sviluppa intorno al lago da cui prende il nome, le cui acque poco profonde sono ideali per gli 8000 uccelli che vi trascorrono l'estate, compresi i fenicotteri andini, i fenicotteri cileni e alcuni rari fenicotteri di James. Il maggior numero di uccelli è presente da dicembre alla fine di febbraio. Il **Refugio Laguna del Negro Francisco** (CH$10.000 per persona a notte), gestito dal Conaf, è un posto accogliente con letti, cucina attrezzata, elettricità, servizi igienici dotati di sciacquone e docce calde. Portatevi lenzuola, acqua potabile e gas per cucinare.

Per/dal Parque Nacional Nevado Tres Cruces

È facile perdersi lungo la strada verso il parco nazionale, che non è servito dai trasporti pubblici, perciò fareste bene a prendere in considerazione un'escursione organizzata con partenza da Copiapó. Se visitate il parco in automobile, vi raccomandiamo di noleggiare un veicolo alto a 4 ruote motrici e di munirvi di telefono satellitare e di una cartina molto particolareggiata.

Il settore Laguna Santa Rosa si trova 146 km a est di Copiapó percorrendo la Ruta 31 e un'altra strada (senza nome) che risale la suggestiva Quebrada de Paipote. Il settore Laguna del Negro Francisco si trova 81 km più a sud lungo una strada sconnessa che scende nella valle del Río Astaburuaga.

Ojos del Salado

Appena fuori dai confini del parco, Ojos del Salado (6893 m) è la vetta più alta del Cile (inferiore di appena 69 m rispetto alla cima più elevata del Sud America, l'Aconcagua, in Argentina) nonché il più alto vulcano attivo del mondo; le sue eruzioni più recenti risalgono al 1937 e al 1956.

La montagna può essere scalata da novembre a marzo. L'ascensione richiede 12 giorni per acclimatarsi in maniera adeguata; il motivo per cui solo il 25% degli scalatori che tentano di effettuare la salita in otto giorni raggiungere la vetta non è la difficoltà (solo l'ultima cinquantina di metri richiede buone capacità tecniche), bensì il mal di montagna causato da un'ascesa troppo rapida.

In genere le spedizioni pernottano in quattro punti situati lungo il percorso. Il primo è la spettacolare **Laguna Verde** (altitudine 4342 m), un lago color turchese situato circa 65 km oltre Laguna Santa Rosa che riluce come criptonite liquida – il colore è persino più acceso dell'intenso blu del cielo. Vicino al lago ci sono un campeggio decisamente freddo e alcune basse pozze di acqua termale in cui potrete scaldarvi i piedi infreddoliti.

Più in alto, a quota 4540 m, si può pernottare al Refugio Claudio Lucero, mentre a 5100 m la Universidad de Atacama gestisce il rifugio Refugio Atacama. I più determinati possono raggiungere il Refugio Tejos (5833 m), che dista poco più di 1000 m dalla vetta.

Aventurismo Expediciones (p214) è l'unica agenzia autorizzata a effettuare spedizioni guidate ($160). Dato che l'Ojos del Salado si trova a cavallo del confine, gli scalatori devono procurarsi l'autorizzazione della Dirección de Fronteras y Límites (Difrol; v. p28) del Cile, che sovrintende alle attività nella zona di confine. Il permesso può essere concesso tramite il loro sito internet.

Per maggiori informazioni sul parco, recatevi presso gli uffici Conaf o Sernatur a Copiapó.

Valle del Huasco

La fertile valle del Río Huasco, che scende serpeggiando dalle Ande all'incirca a metà strada tra Copiapó e La Serena, è famosa per le sue polpose olive, il pisco e un ottimo vino dolce chiamato *pajarete*. La regione deve la sua fama anche alle attività minerarie, che tuttavia oggi rappresentano una minaccia per questa oasi agricola.

Nella parte alta delle Ande, infatti, il consorzio minerario canadese Barrick Gold ha recentemente avviato la costruzione di una miniera lungo il confine argentino per accedere ai ricchi giacimenti di Pascua Lama, considerati la più grande risorsa di oro al mondo non ancora sfruttata. Il progetto è stato a lungo osteggiato dagli agricoltori locali e dagli ambientalisti cileni e argentini; da quando è stato avviato, nell'ottobre del 2009, il Río Alto del Carmen risulta inquinato da pericolose sostanze chimiche e la superficie dei ghiacciai è stata modificata. Le autorità per la tutela dell'ambiente cilene hanno avviato un'indagine sul progetto di Pascua Lama, minacciando sanzioni o addirittura la revoca della concessione, ma per il momento i lavori procedono e Barrick Gold ha annunciato che inizierà la produzione intorno alla metà del 2012. Per saperne di più sulla questione e sulla lotta della comunità diaguita per proteggere le proprie terre

LOS 33

Per 121 anni nella miniera sotterranea di San José, 45 km a nord di Copiapó, nel cuore del Deserto di Atacama, si sono estratti oro e rame. Poi, il pomeriggio del 5 agosto 2010, il tetto della miniera è crollato e 33 minatori sono rimasti intrappolati a circa 700 m di profondità. Improvvisamente San José è balzata alla ribalta delle cronache e Los 33, come sono stati soprannominati gli uomini bloccati sotto terra, sono diventati loro malgrado le star di uno dei più sensazionali salvataggi di tutti i tempi.

Gli occhi dell'intera nazione, ancora sotto choc per il forte terremoto che aveva colpito il Cile sei mesi prima dell'incidente, generando uno tsunami, sono rimasti puntati sui minatori e sulle loro famiglie e l'odissea dei Los 33 è diventata una sorta di soap opera trasmessa 24 ore su 24 (a un certo punto, ad attendere uno degli uomini c'erano sia la moglie sia l'amante). Sottoposto a forti pressioni, il governo cileno si è fatto carico dei costi delle operazioni di salvataggio, stimati in 20 milioni di dollari statunitensi, che la società proprietaria della miniera non era in grado di sostenere. Alle operazioni hanno partecipato squadre internazionali di trivellazione, esperti della NASA e diverse multinazionali. Il 13 ottobre 2010, durante un gran finale durato quasi 24 ore che ha tenuto incollate ai teleschermi circa un miliardo di persone in tutto il mondo, l'ultimo dei minatori è stato riportato in superficie nella stretta capsula di salvataggio contenente quattro bombole di ossigeno, costruita appositamente per l'operazione, e le telecamere hanno inquadrato un cartello con la scritta: *'Misión cumplida Chile'* (Missione compiuta Cile).

Dopo 69 giorni nel buio delle viscere della terra, i 33 uomini sono tornati in superficie per ritrovarsi sotto la luce dei riflettori. Sono stati acclamati dai tifosi nello stadio di Wembley, invitati gratuitamente a Disneyland, intervistati a New York nello show di David Letterman, hanno ricevuto offerte di soldi per interviste e regali. Nell'estate 2011 è stato annunciato che Los 33 si erano recati a Hollywood per vendere i diritti di un film sulla loro storia a Michael Medavoy, il produttore di *Il cigno nero* (2010)

Tuttavia, una volta svanito il clamore mediatico, hanno dovuto affrontare problemi sanitari e psicologici. Un anno dopo la tragedia, la maggior parte di loro non riusciva a trovare un lavoro e al momento delle nostre ricerche soltanto due erano tornati a lavorare in miniera.

La vicenda dei minatori cileni, simbolo di sopravvivenza contro ogni previsione, è stata di ispirazione per molti. Nel frattempo la capsula di salvataggio Phoenix 2 dipinta di bianco, rosso e blu (i colori della bandiera cilena) che ha riportato in superficie uno dopo l'altro i 33 minatori sta facendo il giro dei musei. Per un resoconto dettagliato del salvataggio, leggete il best seller di Jonathan Franklin *33 uomini. L'epopea dei minatori cileni* (Il Saggiatore, 2011).

ancestrali, vi consigliamo il documentario *Cry of the Andes*.

VALLENAR

☎051 / POP. 48.040

La principale cittadina della valle, Vallenar, è un piccolo centro agreste dal ritmo di vita piacevolmente lento. Per quanto strano possa apparire, il suo nome deriva dalla storpiatura di Ballinagh, una cittadina irlandese che diede i natali ad Ambrosio O'Higgins, governatore della regione in epoca coloniale. Gravemente danneggiata da un terremoto nel 1922, Vallenar fu ricostruita in legno anziché in adobe, ma gli edifici cittadini sorgono ancora su sedimenti non perfettamente stabili.

A Vallenar non c'è molto da fare se non passeggiare intorno alla piazza centrale, ma si tratta di un buon punto di partenza per visitare il Parque Nacional Llanos de Challe o fare tappa durante il viaggio verso nord.

Gli automobilisti spesso evitano Vallenar perché il Puente Huasco (Ponte Huasco), che attraversa la vallata, non tocca la cittadina. All'estremità meridionale del ponte, la statale Vallenar-Huasco procede verso est per poi diramarsi verso la città attraversando il fiume. Prat, a est di Plaza O'Higgins, è parzialmente pedonale essendo costituita da un largo marciapiede e da un'unica corsia per le auto. Da qui tutti i luoghi interessanti sono raggiungibili a piedi.

Pernottamento e pasti

Hotel Puerto de Vega HOTEL **$$$**
(☎613-870; www.puertodevega.cl; Ramírez 201; singole/doppie a partire da CH$53.400/64.200; P@) Situata un isolato a nord della

stazione degli autobus, questa elegante villa offre alcune camere tenute in modo impeccabile, un servizio attento alle esigenze di ciascun cliente e un bel patio verdeggiante. Le camere superior arredate con bei mobili in legno massiccio, tessuti moderni e letti con testate in pelle valgono senz'altro il supplemento di prezzo.

Hostal Real Quillahue HOSTAL **$**
(☎619-992; pedroprokurica@yahoo.com; Plaza 70; singole/doppie CH$16.000/27.000, senza bagno CH$14.000/24.000; P 📶) Questo edificio sul lato meridionale della piazza, recentemente tinteggiato di blu, dispone di 11 camere piuttosto anonime e rumorose con letti discreti e TV. Nelle tariffe è compresa una frugale prima colazione.

Hotel Takia HOTEL **$$**
(☎613-819; hotel_takia@yahoo.es; Prat 600; singole/doppie CH$25.000/44.000; P 📶) Il rosa è il colore predominante in questo business hotel situato un isolato a ovest della piazza. Le camere ampie ma anonime sono dotate di TV via cavo e quasi tutte dispongono di balcone.

Hotel Cecil HOTEL **$$**
(☎349-650; Prat 1059; singole/doppie CH$30.000/38.000; P 📶) Albergo gemello dell'Hotel Takia, situato lungo Prat a est della piazza, il Cecil offre camere in stile bungalow più caratteristiche e con un miglior rapporto qualità-prezzo, un patio verdeggiante e una piscina che talvolta è priva d'acqua.

TOP **Nativo** CILENO **$$**
(Ramírez 1387; portate principali CH$5200-13.000; ⏲chiuso dom; 🖉) In un isolato ricco di verde a 10 minuti di cammino dalla piazza, questo elegante ristobar arredato in legno e adobe ha un bel patio soleggiato e una lounge a forma di cupola sul retro. Serve spuntini e pizze guarnite con fantasia, come quella con gamberi di fiume e *charqui* (carne tagliata a fette sottili ed essiccata al sole), oltre a un menu a prezzo fisso a pranzo. Rimane aperto fino a tardi.

El Comilon SANDWICH **$**
(sandwich CH$1000-3200; ⏲chiuso a pranzo dom) Questa paninoteca nell'angolo occidentale della piazza, dalla parte opposta rispetto all'Hostal Real Quillahue, è sempre affollata di gente del posto e rimane aperta fino a tardi nel weekend.

Il Bocatto ITALIANO **$$**
(Prat 750; portate principali CH$3200-7950) Situato accanto alla chiesa, questo piacevole ristorante italiano con i tavoli in legno serve pizze, sandwich e piatti più sostanziosi che potrete gustare ammirando il viavai nella piazza.

ℹ Informazioni

Nei dintorni della piazza si trovano sportelli bancomat, un ufficio postale, internet bar e centri per telefonate internazionali.

ℹ Per/da Vallenar

Il **Terminal de Buses** (all'angolo tra Prat e Av Matta) di Vallenar si trova all'estremità occidentale della cittadina, circa 500 m a ovest di Plaza de Armas. Le autolinee **Pullman** (☎619-587; all'angolo tra Atacama e Prat) si trovano proprio accanto, mentre **Tur Bus** (☎611-738) è situata di fronte all'autostazione principale; entrambe offrono numerose corse dirette a nord e a sud. Tra le varie destinazioni servite figurano Santiago

IL DESERTO FIORITO

In certi anni, nello spoglio deserto del Norte Chico ha luogo una metamorfosi di breve durata ma dall'esito sorprendente. Se le piogge sono state sufficientemente intense, la terra riarsa si ricopre di un manto di fiori variopinti, trasformando quello che avrebbe potuto essere un set ideale per *Lawrence d'Arabia* in un ambiente molto più adatto a una scena di *Bambi*.

Questo fenomeno magnifico ma effimero è denominato *desierto florido*, ovvero 'deserto fiorito', e si verifica tra la fine di luglio e settembre negli anni più piovosi, grazie alla fioritura dei semi quiescenti di fiori selvatici. Molti fiori sono specie a rischio di estinzione, in particolare nel caso della *garra de león* (zampa di leone, un fiore endemico nonché uno dei più rari e belli del Cile). Anche guidando lungo la Panamericana vicino a Vallenar può capitare di vedere ciuffi del delicato *suspiro de campo* (sospiro del campo), che può essere bianco o violetto, di *pata de Guanaco* (zoccolo di guanaco, anch'esso bianco, violetto o malva) e della gialla *corona de fraile* (corona del frate) che abbelliscono con tratti di colore i tratti accanto alla strada.

Llanos de Challe è uno dei luoghi migliori per vedere il *desierto florido*, ma l'imprevedibilità delle piogge nella regione rende difficile stabilire in anticipo dove potrà verificarsi il fenomeno da un anno all'altro.

(CH$8500, 9 h), La Serena (CH$5000, 3 h), Copiapó (CH$4000, 2 h) e Antofagasta (CH$16.000, 10 h).

Parque Nacional Llanos de Challe

Questo isolato **parco nazionale** (interi/bambini 6-12 anni CH$4000/1500) costeggia il litorale desertico 50 km a nord di Huasco. In genere è poco frequentato dai visitatori, tranne che negli anni in cui il *desierto florido* (v. lettura p219) si ammanta di fiori variopinti. Il parco ospita anche un'interessante varietà di cactus, capricciosi guanachi e volpi astute.

Il parco, accessibile solo con un veicolo privato, è costituito da un tratto costiero a sud di Carrizal Bajo, dietro Punta Los Pozos, dove c'è un piccolo ed essenziale **campeggio** (piazzole CH$4000 per persona, docce CH$800 per 3 min), e da un tratto interno lungo la Quebrada Carrizal, 15 km a sud-est di Carrizal Bajo. Consigliamo ai campeggiatori di portare acqua in abbondanza, perché non se ne trova sul posto, e abiti caldi durante l'inverno. In alternativa potete anche fare campeggio libero a Playa Blanca, vicino all'ingresso del parco. Qui, lungo alcune belle spiagge, ci sono ottimi break per i surfisti, anche se chi ama nuotare dovrà rinunciarvi.

Da Huasco, prendete la strada asfaltata (in pessime condizioni) che dal vicino villaggio di agricoltori di Huasco Bajo procede lungo la costa in direzione nord. In alternativa, una strada sterrata in condizioni accettabili si diparte dalla Panamericana 40 km a nord di Vallenar.

Reserva Nacional Pingüino de Humboldt

Banchi di delfini tursiopi giocano nelle acque di questa **riserva nazionale** (interi/bambini 5-15 anni CH$2500/1000), mentre flessuose lontre marine scivolano in acqua dagli scogli e i pinguini camminano con la loro andatura dondolante lungo la costa rocciosa – tenendosi a debita distanza dalle nutrite colonie di leoni marini. La riserva, che si estende per 888 ettari, comprende diverse isole situate al largo della costa, lungo il confine tra le Regiónes III e IV, e costituisce una delle più belle escursioni del Norte Chico. Prende il nome dal pinguino di Humboldt, che nidifica sulla rocciosa Isla Choros.

I pinguini di Humboldt si riproducono lungo le coste peruviana e cilena. L'International Union for the Conservation of Nature and Natural Resources ('Unione Internazionale per la Tutela della Natura e delle Risorse Naturali') classifica queste creature come una 'specie vulnerabile', con una popolazione complessiva stimata attorno a 12.000 coppie. La pesca eccessiva e lo sfruttamento del guano sono state le cause principali del calo del numero dei pinguini e gli esperti affermano che, se non verranno adottate nuove misure per la loro tutela, la specie potrebbe estinguersi nel giro di qualche decennio.

Il rumore e l'inquinamento prodotti dalle imbarcazioni che raggiungono la zona recano danno alle specie marine, ma è soprattutto l'Isla Damas – l'unico punto dove le barche possono approdare – a risentire della situazione. I biologi locali riferiscono che negli ultimi anni il numero di uccelli che vivono sull'isola è calato in misura rilevante. Si ritiene che un tempo l'isola fosse visitata al massimo da 60 persone al giorno, mentre oggi pare che centinaia di turisti vi si riversino quotidianamente. Se decidete di visitare il parco, prendete in considerazione la possibilità di evitare un'escursione all'Isla Damas. Se però ci andate, restate rigorosamente sui percorsi stabiliti.

Che cosa vedere

Le imbarcazioni in partenza dal molo di Punta de Choros trasportano i passeggeri fino all'Isla Damas (CH$8000), un affioramento metamorfico di 60 ettari sormontato da una bassa vetta granitica. Situata a 5,6 km dalla costa, l'isola vanta due spiagge bianchissime lambite da acque cristalline: **Playa La Poza**, dove approdano le barche, e **Playa Tijeras**, dalla sabbia finissima, situata a 1 km di cammino. I visitatori devono pagare una tariffa di ingresso presso il chiosco Conaf situato sul molo dell'Isla Damas e possono trattenersi sull'isola soltanto un'ora.

Le lance a noleggio si avvicinano anche all'Isla Choros, dove però non è consentito attraccare. Costeggiando l'isola è possibile avvistare banchi di delfini tursiopi che nuotano accanto alla barca, una vasta colonia di leoni marini, gruppi di lontre e pinguini di Humboldt e grandi stormi di cormorani, gabbiani e sule.

L'**Isla Chañaral**, la più grande e la più settentrionale delle tre isole della riserva, è meno facile da raggiungere, più protetta e meno affollata. Il pittoresco villaggio costiero di Caleta Chañaral de Aceituno è il punto di partenza delle imbarcazioni (circa

CH$80.000 per 10 persone) che trasportano i passeggeri sull'isola tra le 9 e le 16; tenete presente che la vendita dei biglietti per le escursioni in barca termina alle 14. Nel villaggio ci sono un paio di campeggi e un semplice ristorante.

Le cattive condizioni meteo e le onde alte possono talvolta impedire le escursioni in barca: contattate la **stazione Conaf** (☎099-544-3052; www.conaf.cl, in spagnolo; Caleta San Agustín; ⏲8.30-17.30) per informarvi sulle condizioni prima di partire.

Da un bivio sulla Panamericana, circa 87 km a nord di La Serena, una sconnessa strada di ghiaia attraversa Los Choros, un'oasi di ulivi dove sorse uno dei primi insediamenti spagnoli (1605) nella zona, e prosegue fino a Punta de Choros (123 m da La Serena, circa 2 h in automobile). Caleta Chañaral de Aceituno si trova altri 25 km più a nord.

Attività

Explora Sub IMMERSIONI

(☎099-279-6723; www.explorasub.cl; immersione con 1 bombola compreso il noleggio dell'attrezzatura CH$50.000) Questo centro immersioni situato 200 m a sud del molo di Punta de Choros organizza immersioni nei pressi dell'Isla Damas.

Pernottamento e pasti

Lungo la strada principale e a Caleta San Agustín numerose case offrono sia la possibilità di campeggiare (circa CH$1500 per persona), sia di dormire nelle *cabañas* (a partire da CH$20.000). A Caleta troverete anche bancarelle che vendono sandwich di pesce ed empanadas ai frutti di mare.

Explora Sub BUNGALOW $$

(www.explorasub.cl; CH$60.000 per 6 persone; P 📶 👪) È un graziosissimo complesso di bungalow affacciati sul mare, 200 m a sud del molo di Punta de Choros. Ogni bungalow è composto da una camera doppia, una camera con letti a castello, soggiorno e cucina. Il complesso offre anche la possibilità noleggiare gratuitamente i kayak.

Eneyde CUCINA DI MARE $$

(Punta de Choros plaza; portate principali CH$ 4500-8500; ⏲aperto tutti i giorni fino alle 19) I piacevoli tavoli all'aperto che si affacciano sulla piazza principale della cittadina sono il posto giusto dove pranzare dopo un'escursione. Propone un menu a base di pesce e frutti di mare che cambia in base al pescato del giorno.

ℹ Per/dalla Reserva Nacional Pingüino de Humboldt

Il modo migliore per raggiungere il parco è partire da La Serena. **Profetur** (☎51-255-199) offre collegamenti in autobus per/da La Serena (CH$4000, 2 h). I mezzi partono in prossimità della stazione di polizia e della scuola; l'ultima corsa è alle 19. Le agenzie di viaggi di La Serena propongono anche escursioni organizzate. Il viaggio è piuttosto lungo, in quanto la riserva dista 123 km (sola andata).

La Serena

☎051 / POP. 160.148

Seconda città più vecchia del Cile, nonché prospero capoluogo della Región IV, La Serena vanta un'architettura interessante e un lungo litorale dorato, un connubio che ne fa una località balneare ideale per gli amanti del relax e della cultura. Nei mesi di gennaio e febbraio la città è affollatissima di villeggianti cileni, ma al di fuori di questo periodo è piuttosto tranquilla. Gironzolando per il centro di La Serena scoprirete solenni chiese in pietra, viali alberati e graziose piazzette. Alcuni degli edifici risalgono all'epoca coloniale, ma la maggior parte è in stile neocoloniale, frutto del 'Plan Serena' voluto dal presidente Gabriel González Videla, originario della città, alla fine degli anni '40.

Nella campagna circostante si trovano numerosi luoghi interessanti: graziosi villaggi, distese di vigneti di pisco e osservatori astronomici internazionali che beneficiano delle eccezionali condizioni atmosferiche e dei cieli tersi della regione.

Storia

Fu l'encomendero Juan Bohón, il luogotenente di Pedro de Valdivia, a fondare La Serena nel 1544, ma la cittadina venne presto distrutta e il suo fondatore ucciso nel corso di una rivolta dei diaguita. Il suo successore, Francisco de Aguirre, rifondò la città nel 1549, ma a distanza di un secolo, nel 1680, La Serena fu nuovamente rasa al suolo, questa volta dal pirata inglese Sharpe. In seguito all'indipendenza del Cile, la città si arricchì grazie all'estrazione dell'argento e del rame, cui si aggiungeva la produzione agricola della Valle del Elqui. I giacimenti di argento scoperti erano così ricchi che il governo creò nella città una zecca indipendente.

Che cosa vedere

Plaza de Armas PIAZZA

La Serena vanta 29 chiese, molte delle quali sono pregevoli edifici in pietra in stile

La Serena

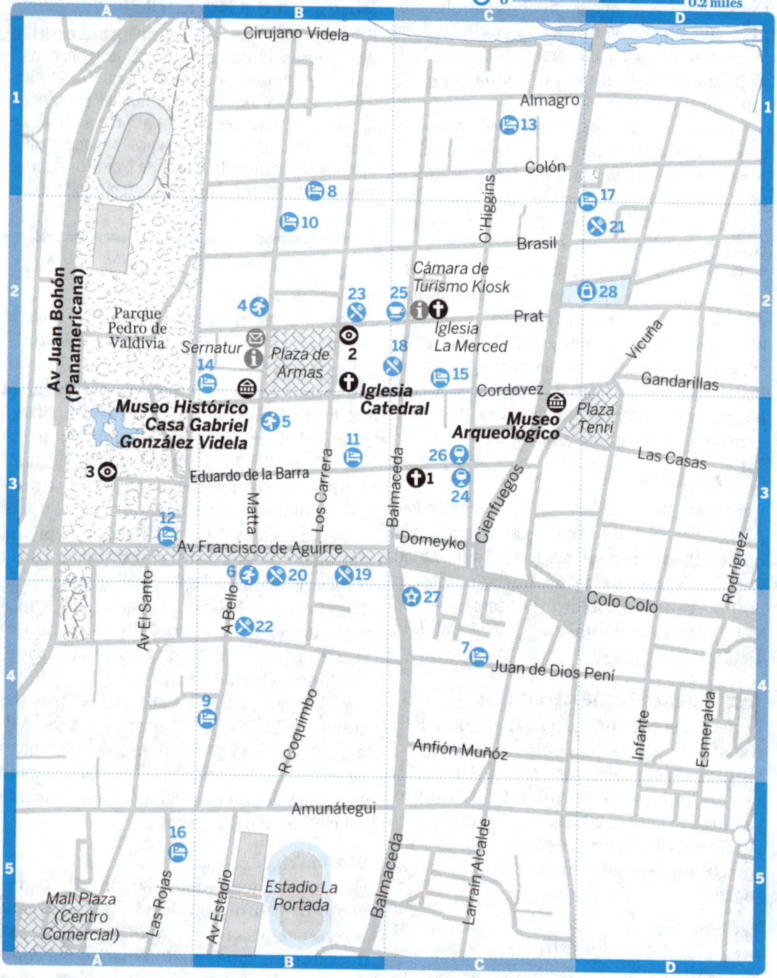

neoclassico o eclettico; alcune delle più belle sorgono in Plaza de Armas o nelle sue immediate vicinanze. Sul lato orientale della piazza, la bella **Iglesia Catedral**, neoclassica, risale al 1844 e ospita un semplice museo di arte sacra. Poco più a nord si trovano le facciate ricostruite nello stile originario della **Municipalidad** (al cui interno potrete vedere alcune foto della città in epoche passate) e dei **Tribunales** (Tribunali; all'angolo tra Prat e Los Carrera), costruiti nell'ambito del 'Plan Serena' di González Videla.

Museo Histórico Casa Gabriel González Videla MUSEO

(Matta 495; interi/bambini CH$600/300; ⏲10-18 lun-ven, fino alle 13 sab) Questo museo a due piani possiede una ricca collezione di manufatti storici generici, ma è incentrato soprattutto sulla figura di uno dei figli più noti (e controversi) di La Serena: González Videla, presidente del Cile dal 1946 al 1952. Politico di grande astuzia, salì al potere con l'appoggio dei comunisti, ma poco dopo dichiarò il partito illegale, costringendo il poeta Pablo Neruda a lasciare il senato e ad andare in esilio. Il museo omette questi episodi, ma

La Serena

al piano superiore c'è un'interessante esposizione di documenti storici della regione e mostre temporanee di arte moderna.

Spiagge SPIAGGE

Una striscia di ampie spiagge sabbiose si estende dal faro (non più in funzione) di La Serena fino a Coquimbo: ce ne sono così tante che in una vacanza di due settimane potreste visitarne ogni giorno una diversa. Purtroppo in alcune non si può fare il bagno a causa delle forti correnti, ma sono perfette per il surf. Il tratto di spiagge dove la balneazione è sicura inizia a sud di Cuatro Esquinas; quelle tra l'estremità occidentale di Av Francisco de Aguirre e Cuatro Esquinas (cioè quelle più vicine alla città) hanno acque più mosse e generalmente sono pericolose per i bagnanti. Cercate i cartelli con l'indicazione 'Playa Apta' (che significa 'spiaggia sicura per il nuoto') e 'Playa No Apta' (ovvero 'spiaggia non sicura per il nuoto').

Per raggiungere velocemente le spiagge, prendete un autobus Liserco o i *colectivos* in servizio tra La Serena e Coquimbo e scendete a Peñuelas e Cuatro Esquinas, a un isolato dalla spiaggia. Nei mesi di gennaio e febbraio ci sono degli autobus diretti (CH$400) che percorrono Av Francisco de Aguirre fino a Playa El Faro; nel resto dell'anno per raggiungere il faro dalla città occorre camminare per 3 km oppure prendere un *colectivo* (CH$500).

Museo Arqueológico MUSEO

(all'angolo tra Cordovez e Cienfuegos; interi/bambini CH$600/300, dom ingresso libero; ⌚9.30-17.30 mar-ven, 10-13 e 16-19 sab, 10-13 dom) Il museo archeologico, che ha sede in un edificio a forma di mezzaluna con un bel patio verdeggiante, si cimenta nell'ambizioso tentativo di illustrare il passato precolombiano del Cile. I pezzi più interessanti sono una mummia di Atacameña, un enorme *moai* (grande statua antropomorfa) alto 2,5 m proveniente dall'Isola di Pasqua e alcuni interessanti manufatti diaguita, fra cui una piccola imbarcazione realizzata con la pelle di un leone marino.

Il Museo Histórico Casa Gabriel González Videla e il Museo Arqueológico sono accessibili con un unico biglietto d'ingresso.

Iglesia San Francisco CHIESA

(Balmaceda 640) La 'capostipite' di tutte le chiese di La Serena, situata due isolati a sud-est della piazza e costruita all'inizio del

XVII secolo, è un edificio coloniale in pietra con una torre massiccia e una ricercata facciata barocca.

Parque Japones Kokoro No Niwa PARCO
(interi/bambini 5-12 anni CH$1000/300; ⌚10-20 estate, fino alle 18 resto dell'anno) Con i placidi ruscelli, i cigni trasportati dalla corrente e i curatissimi giardini rocciosi, questo giardino giapponese è un'oasi tranquilla in cui sfuggire alla confusione della città.

Attività

Una pista ciclabile raggiunge Coquimbo; **Vicamawi** (☎227-939; Vicente Zorrilla 990) noleggia biciclette al costo di CH$6000 al giorno.

Altre attività diffuse sono la **vela** (fate amicizia con un socio di uno yacht-club), il **surf** (recatevi a Playa El Faro con degli appassionati locali di bodyboard) e il **windsurf** (state attenti ai nuotatori entro 200 m da riva o avrete dei guai con le autorità della Gobernación Marítima). Playa Totoralillo, a sud di Coquimbo, è rinomata per le sue onde adatte al surf e al windsurf. **Poisson** (☎099-138-2383; Av del Mar 1001) noleggia tavole da surf al costo di CH$5000 l'ora.

Corsi

La Serena School LINGUE
(☎211-487; www.laserenaschool.cl; Rodríguez 450) Questa istituzione offre corsi di spagnolo (CH$24.000 per 2 h 30 min di corso, con un minimo di 10 lezioni) e sistemazioni presso privati (CH$105.000 a settimana con prima colazione e cena).

Tour

Le agenzie locali propongono una grande varietà di escursioni, dalle visite ai parchi nazionali alle osservazioni astronomiche notturne, dalle visite guidate con degustazioni di pisco alle passeggiate 'new age' nel luogo chiave delle ricerche ufologiche, Cochiguaz. Le escursioni tradizionali comprendono visite guidate della città di mezza giornata (a partire da CH$5000), escursioni di una giornata intera nella Valle del Elqui (da CH$20.000 a CH$25.000), al Parque Nacional Bosques de Fray Jorge e nella Valle del Encanto (da CH$30.000 a CH$35.000) e al Parque Nacional Pingüino de Humboldt (da CH$32.000 a $35.000). Le agenzie offrono anche il trasporto fino ad alcuni osservatori, e in particolare all'Observatorio Comunal Cerro Mamalluca (da CH$16.000 a CH$18.000). Se viene raggiunto un numero sufficiente di partecipanti, organizzano anche escursioni ad Andacollo e trekking alle vicine miniere (la cosiddetta Ruta del Quarzo). Il numero minimo di passeggeri varia da due a sei.

Tembeta Tours CULTURA
(☎215-553; www.tembeta.cl, in spagnolo) Iscrivetevi a una visita guidata a piedi della città (CH$5000 per persona); le visite partono tutti i giorni con un minimo di due partecipanti.

Elqui Valley Tour TOUR ORGANIZZATI
(☎214-846; www.goelqui.com; Matta 367) Propone tutti i giorni escursioni nella Valle del Elqui, con sconti per chi prenota anche una visita notturna all'osservatorio di Mamalluca.

Nomade Experience TOUR ORGANIZZATI
(☎217-925; Matta 510, Oficina 4) Offre tutte le classiche escursioni nei dintorni di La Serena; è richiesto un numero minimo di partecipanti di cinque persone.

Talinay Adventure Expeditions AVVENTURA
(☎218-658; www.talinaychile.com; Av Francisco de Aguirre 301) Affidabile agenzia specializzata in sport d'avventura, tra cui kayak, mountain bike, passeggiate a cavallo, immersioni subacquee, trekking e arrampicata su roccia.

Feste ed eventi

Jornadas Musicales de La Serena MUSICA
Questa festa tradizionale, che si tiene all'inizio di gennaio, comprende un ciclo di eventi musicali.

Feria Internacional del Libro de La Serena LIBRI
Ai primi di febbraio, questa fiera internazionale del libro vede protagonisti importanti autori cileni.

Fiera dell'artigianato ARTIGIANATO
Questa fiera si svolge nella seconda metà di febbraio all'interno del museo storico.

Pernottamento

Nei mesi di gennaio e febbraio le strutture ricettive di La Serena sono spesso al completo e alcuni alberghi non accettano prenotazioni per una sola notte.

TOP **Hostal El Hibisco** HOSTAL $
(☎211-407; hostalelhibisco@hotmail.com; Juan de Dios Pení 636; camere CH$7000 per persona; P ᯤ) Questa allegra guesthouse si caratterizza per l'atmosfera familiare. La struttura offre una decina di camere con pavimento in legno che dispongono di servizi in comune, una camera con bagno privato (CH$9000), la possibilità

di accedere alla lavanderia e alla cucina e il noleggio delle biciclette. Inoltre serve un'appetitosa prima colazione con tanto di marmellate fatte in casa. Nel weekend i simpatici proprietari propongono un brunch (CH$5000) e su richiesta preparano anche gli altri pasti.

Hostal El Punto HOSTAL $
(☎228-474; www.punto.de; Andrés Bello 979; singole con prima colazione CH$14.000-24.000, doppie con prima colazione CH$26.000-30.000, letti in camerata/singole/doppie senza bagno CH$8000/15.000/17.000; P@) La migliore struttura ricettiva di La Serena offre un'ampia scelta di camere, diverse terrazze soleggiate, vivaci mosaici, giardini fioriti e tavoli ricavati da tronchi d'albero. Il personale parla tedesco e inglese e farà di tutto per soddisfare ogni vostra esigenza: suggerimenti per il viaggio e le escursioni, noleggio biciclette, una fetta di torta, lavanderia, scambio di libri... Una scelta di prim'ordine che bisogna prenotare diversi mesi in anticipo, specialmente in alta stagione.

Hostal Tierra Diaguita HOSTAL $
(☎216-608; www.fogoncasatamaya.cl; Eduardo de la Barra 440; doppie CH$28.000, senza bagno CH$24.000;) Questo accogliente edificio coloniale dispone di camere ben tenute nella struttura principale e di una dépendance in fondo al giardino lussureggiante. A disposizione degli ospiti ci sono una cucina comune e un grazioso patio. Le tariffe comprendono la prima colazione e il deposito bagagli. Sul retro c'è una camera stile loft per quattro persone (CH$48.000) e una delle doppie è dotata di balcone. Il nome che compare sull'insegna è 'Casa Tamaya.'

Maria's Casa GUESTHOUSE $
(☎229-282; www.hostalmariacasa.cl; Las Rojas 18; camere CH$9000 per persona;) Questa struttura a gestione familiare offre camere semplici e accoglienti in stile cottage. Sul retro c'è un giardino in cui è possibile piantare la tenda (CH$3500 per persona). A disposizione degli ospiti ci sono pulitissimi bagni in comune, una bella cucina rustica con tè e caffè gratuiti, lavanderia e biciclette a noleggio.

Hotel del Cid HOTEL $$
(☎212-692; www.hoteldelcid.cl; O'Higgins 138; singole/doppie CH$40.000/45.000; P@) Una buona opzione di fascia media, con belle camere classiche disposte intorno a un patio in stile coloniale e alcune camere più moderne nella dépendance sul retro. Il personale è estremamente premuroso e cordiale.

Hotel Cristobal Colón HOTEL $$
(☎224-656; www.hotelcristobalcolon.cl, in spagnolo; Colón 371; singole/doppie CH$30.000/40.000; P) Questo albergo con aspirazioni da boutique hotel, ospitato in un edificio coloniale ristrutturato di recente, offre camere accoglienti, una terrazza panoramica all'ultimo piano e un ristorante.

Hotel Francisco de Aguirre HOTEL $$$
(☎222-991; www.dahoteles.com, in spagnolo; Cordovez 210; singole/doppie CH$76.000/91.000; P@) La maestosa facciata neocoloniale di questo albergo si affaccia sull'Iglesia Santo Domingo, le cui campane spesso svegliano di buon mattino. Le camere si differenziano per dimensioni; le 'superior' sono più costose. La palestra e la sauna sono a disposizione degli ospiti.

Hotel Londres HOTEL $$
(☎219-066; www.hotellondres.cl, in spagnolo; Cordovez 550; singole/doppie CH$32.000/42.000; P) Oltre a una posizione eccellente, questo piccolo business hotel propone camere classiche con letti comodi e bagni spaziosi; quelle nella parte anteriore sono più rumorose ma anche più soleggiate.

Hotel Costa Real HOTEL $$$
(☎221-010; www.costareal.cl, in spagnolo; Francisco de Aguirre 170; singole/doppie CH$82.000/88.000; P@) Se volete la sistemazione più confortevole che il centro di La Serena possa offrire, scegliete di soggiornare in questo vistoso albergo a cinque stelle che vanta una torretta conica, un esclusivo ristorante internazionale, camere piuttosto spaziose e una piccola piscina.

Hotel Campanario del Mar HOTEL $$$
(☎245-516; www.hotelcampanario.cl, in spagnolo; Avenida del Mar 4600; doppie/suite CH$ 80.800/97.460; P) Questo albergo a quattro stelle è il nostro preferito tra quelli situati sul lungomare di La Serena. Le 14 camere sono dotate di cucinino e alcune si affacciano direttamente sull'oceano.

Hostal Matta HOSTAL $
(☎210-014; www.hostalmatta.cl, in spagnolo; Matta 234; singole/doppie CH$20.000/24.000, senza bagno CH$16.000/20.000; @) Questo hostal offre 10 camere pulite con TV, una grande cucina attrezzata, una piccola terrazza sul retro e un'atmosfera briosa. I simpatici proprietari preparano anche la prima colazione al costo di CH$1500.

Residencial Suiza GUESTHOUSE $
(☎625-214; hostalsuiza@gmail.com; Cienfuegos 250; singole/doppie CH$15.000/20.000; P) Se

tutte le sistemazioni precedenti fossero al completo, questa struttura economica dispone di camere spartane con bagno privato. Il proprietario parla inglese e un po' tedesco. Proprio accanto, il Residencial Croata è un po' più caro ma più grazioso.

Pasti

Per fare la spesa ci si può recare in uno dei numerosi mercati cittadini. Alcuni hanno bancarelle che vendono generi alimentari, mentre in altri troverete tutto l'occorrente per un picnic. Il più grande è il Mercado La Recova, all'angolo tra Cienfuegos e Cantournet, sopra al quale ci sono alcuni ristoranti economici. I supermercati sono disseminati in tutta la città.

El Nuevo Peregrino RISTOBAR $
(Andrés Bello 886; portate principali CH$3200-3800; chiuso sab a pranzo e tutti i giorni dom) Questo

VALE IL VIAGGIO

COQUIMBO

La caotica città portuale di Coquimbo ha subíto una sorta di rivoluzione nel corso degli ultimi anni. Da tempo liquidata come la brutta copia della vicina La Serena, questa località arroccata sulle colline rocciose della Península Coquimbo è diventata il luogo più 'in' di tutta la zona per quel che riguarda la vita notturna. Ristoranti e locali a parte, Coquimbo continua a essere una città portuale priva di attrattive interessanti, ma vale la pena di fare una passeggiata nell'ottocentesco Barrio Inglés (quartiere inglese), splendidamente restaurato, e di fare un salto al molo per acquistare il pesce appena pescato.

Dalla cima della **Cruz del Tercer Milenio** (Croce del Terzo Millennio; www.cruzdeltercermilenio.cl, in spagnolo; Cerro El Vigía; ingresso CH$2000; 8.30-21.30; P), che si innalza verso il cielo sopra Coquimbo, potrete ammirare una magnifica veduta della baia fino a La Serena. Surreale via di mezzo tra un luogo di pellegrinaggio e un parco a tema, questa enorme croce in calcestruzzo, alta 93 m, ospita un museo (dedicato in gran parte agli ultimi anni di vita di Giovanni Paolo II), camere di preghiera e un ascensore che sale fino in cima. L'accesso al primo piano è gratuito.

Escursioni in barca (CH$15; 11-20) di un'ora nel porto partono con regolarità da Av Costanera in gennaio e febbraio, e solo nei weekend durante gli altri mesi.

Se, malgrado la vicinanza dell'affascinante città coloniale di La Serena, decidete di fermarvi a dormire a Coquimbo, l'opzione migliore è l'**Hostal Nomade** (315-665; www.hostalnomade.cl; Regimiento Coquimbo 5; camere CH$15.000 per persona, doppie CH$35.000; P), una grande casa d'epoca situata su una collina affacciata sul porto. L'edificio comprende diversi soggiorni dai soffitti alti, arredati con cianfrusaglie risalenti al XIX secolo, una cucina attrezzata, un ampio giardino con amache e, naturalmente, delle camerate. Nelle tariffe (un po' esagerate) sono comprese la prima colazione, un pisco di benvenuto e il servizio di lavanderia. Su richiesta si preparano pasti casalinghi e si organizzano escursioni. I soci HI hanno diritto a uno sconto del 10%.

Il Terminal Pesquero (Mercato del Pesce), situato lungo la baia, è pieno di bancarelle che vendono pesce a prezzi convenienti e costituisce la scelta migliore a pranzo. A cena, provate **La Barceloneta** (Aldunate 726; portate principali CH$6000-7200), un bar-ristorante mediterraneo dalla sala rosso scuro situato al secondo piano.

La **Casa de la Cultura y Turismo** (313-204; Av Costanera 701; 8.30-17.30) ha una piccola sala dove si tengono varie esposizioni e ospita la biblioteca cittadina. La struttura fornisce anche informazioni turistiche di massima.

Fulcro della vita notturna sono Aldunate, che prosegue in direzione nord-ovest dalla piazza del Barrio Inglés, e Costanera. La zona, che si estende per diversi isolati, è piena di bar e locali notturni che si animano nei weekend. Durante la settimana Coquimbo è piuttosto tranquilla, ma lungo il breve tratto tra Aldunate e Costanera, chiamato Ramon Freire, troverete un paio di bar aperti. A Coquimbo i locali aprono e chiudono in continuazione, quindi non ne consigliamo nessuno in particolare, ma vi consigliamo di fare una passeggiata e di scegliere quello che vi ispira di più.

La stazione degli autobus di Coquimbo si trova tra Borgoño e Alcalde. Ci sono anche molti autobus locali e *colectivos* che collegano le due città (autobus CH$500, *colectivo* CH$800, taxi privato da CH$6000 a CH$10.000).

piccolo ristobar alla moda serve piatti casalinghi e sandwich in alcune salette colorate. Nel weekend propone musica a tutto volume, e cocktail e vino scorrono a fiumi fino a tarda notte.

Donde El Guatón PARRILLA **$$**
(Brasil 750; portate principali CH$2900-8900) El Guatón prepara sfrigolanti *parrilladas* (grigliate di carne) proprio davanti ai vostri occhi. La caratteristica sala da pranzo è adornata da fiori e lampadari ricavati da vecchie ruote di bicicletta. Durante la settimana, a pranzo, il menu a prezzo fisso (CH$3500) ha un ottimo rapporto qualità-prezzo.

Casona del 900 PARRILLA **$$**
(Av Francisco de Aguirre 431-443; portate principali CH$3900-9000; ⏲chiuso dom) Ospitata all'interno di un vecchio birrificio, questa caratteristica *parrilla* con i soffitti alti e un giardino d'inverno è molto frequentata dai carnivori locali per i suoi barbecue dall'ottimo rapporto qualità-prezzo (CH$16.900 per 2 persone, vino incluso).

Daniela II CILENO **$**
(Av Francisco de Aguirre 335; spuntini CH$1500, portate principali CH$2500-7500; ⏲chiuso cena sab) L'allegro Daniela II è uno dei locali preferiti dagli abitanti del posto per le sue generose porzioni di pietanze cilene semplici e casalinghe. È sempre molto affollato a mezzogiorno, quando propone un menu a prezzo fisso a partire da CH$1500.

Rapsodia INTERNAZIONALE **$$**
(Prat 470; portate principali CH$5800-8900; ⏲chiuso cena sab e tutto il giorno dom) In questa vecchia *casona* (villa), con varie camere che si affacciano sul cortile interno ombreggiato da una grande palma, potrete gustare una varietà di portate principali e spuntini ben preparati. Alcune sere propone anche spettacoli di musica dal vivo.

La Tabla CUCINA DI MARE **$$**
(Avenida del Mar 3200; portate principali CH$4200-7900) Il più bello tra i ristoranti sul lungomare propone piatti creativi e spuntini leggeri che si possono gustare anche ai tavoli sulla spiaggia, da dove la vista spazia fino a Coquimbo.

Café Colonial INTERNAZIONALE **$**
(Balmaceda 475; portate principali CH$3000-7000) Questo animato ristorante indicato per i turisti serve un po' di tutto, dalle prime colazioni agli hamburger, dalle pizze ai pancakes. Il locale è in grado di soddisfare le richieste di bambini, vegetariani e avventori che non parlano spagnolo. Cercate di accaparrarvi uno dei tavoli disposti lungo il marciapiede.

Locali e divertimenti

In prossimità dell'angolo tra Eduardo de la Barra e O'Higgins si trovano numerosi locali dall'atmosfera bohémienne frequentati da studenti. I locali notturni scintillano sul lungomare, oltre il faro e fino al Barrio Inglés, a Coquimbo; sono particolarmente animati durante l'estate.

Coffee Express CAFFÈ
(Prat 492) Questo grande locale dalle pareti rivestite in vetro e plastica serve un ottimo caffè e tutti i giorni a partire dalle 16 offre due tazzine al prezzo di una.

Caseron MUSICA LIVE
(Balmaceda 824) Questo bar dall'aspetto un po' squallido, che occupa un edificio costruito 130 anni fa, propone regolarmente musica dal vivo, tra cui jazz il giovedì e ritmi latini nel weekend.

Tacuba BAR
(Eduardo de la Barra 589) Piccola taverna illuminata da luci soffuse, che propone musica rock e pop contemporanea in un'atmosfera tranquilla e richiama una clientela più matura.

Boicot BAR
(all'angolo tra Eduardo de la Barra e O'Higgins) In questo bar gremito di studenti si servono drink fino a tardi nel cortile interno e a volte si può ascoltare musica dal vivo.

Informazioni

Negli isolati intorno a Plaza de Armas ci sono diverse banche provviste di sportello bancomat. Lungo Balmaceda, tra Cordobez e Prat, si trovano diversi uffici cambiavaluta.

La tariffa dei numerosi internet bar della città si aggira intorno a CH$600 l'ora. Quasi tutti gli alberghi offrono la connessione wi-fi.

Hospital Juan de Diós (☎333-424; Balmaceda 916; ⏲24 h su 24) L'ingresso del pronto soccorso si trova all'angolo tra Larraín Alcalde e Anfión Muñóz.

Sernatur (☎225-199; www.turismoregiondecoquimbo.cl; Matta 461; ⏲9-20 estate, 9-18 lun-ven, 10-14 sab inverno) Eccellente ufficio turistico nei pressi di Plaza de Armas. In estate sono aperti due chioschi di informazioni turistiche nei pressi della Iglesia La Merced e nel faro lungo la spiaggia.

Ufficio postale (all'angolo tra Matta e Prat)

Per/da La Serena

Aereo

L'**Aeropuerto La Florida** (☎271-870) di La Serena si trova 6 km a est del centro lungo la Ruta 41. **Lan** (☎600-526-2000; Balmaceda 406) offre voli giornalieri per Santiago (CH$112.000, 1 h) e Antofagasta (CH$132.500, 1 h 30 min). All'interno del Mall Plaza c'è un altro ufficio della Lan che osserva orari di apertura più prolungati.

GLI OSSERVATORI ASTRONOMICI DEL NORTE CHICO

Il più interessante degli osservatori del Norte Chico è l'**Observatorio Cerro Mamalluca** (☎051-670-330; www.mamalluca.org; interi/bambini CH$4500/2000), costruito appositamente per i turisti 9 km a nord-est di Vicuña. L'osservatorio è l'attrazione più frequentata della Valle del Elqui e le visite guidate per osservare galassie lontane, stelle e nebulose attraverso un telescopio di 30 cm sono sempre molto affollate.

Le visite, in due lingue, hanno luogo tutte le sere alle 20.30 e alle 22.30 in estate e alle 18.30 e alle 20.30 in inverno. La visita guidata 'Cosmo Visión Andina' (solo in spagnolo) prevede presentazioni e musica, ma non l'accesso ai telescopi, perciò vi consigliamo di prenotare la visita astronomica standard. Le condizioni migliori per osservare le stelle distanti si hanno nelle notti senza luna. Ricordate soltanto di portarvi un maglione!

Le prenotazioni vanno effettuate attraverso l'ufficio situato in Av Gabriela Mistral 260, a Vicuña; si consiglia di prenotare con un certo anticipo. L'osservatorio non è servito dai trasporti pubblici, ma c'è un minibus che trasporta i visitatori dall'ufficio di Vicuña (da prenotarsi in anticipo; CH$1500 per persona). Alcune agenzie di viaggi di La Serena organizzano escursioni, altrimenti potete prendere un taxi a Vicuña. Gli automezzi procedono in convoglio fino al sito, che è difficile da trovare.

Come Mamalluca, il nuovissimo **Observatorio Collowara** (☎051-432-964; www.collowara.cl; interi/bambini/senior CH$3500/1500/2500) di Andacollo è a uso turistico, e non vi vengono condotte serie ricerche astronomiche. Le visite guidate durano due ore e si tengono alle 21, alle 22.30 e alle 24 in estate, e alle 19, alle 21.30 e alle 22.30 durante l'inverno. La struttura ha tre piattaforme di osservazione e un telescopio di 40 cm, leggermente più grande di quello di Mamalluca. Sono disponibili anche tre telescopi più piccoli, per cui non dovrete aspettare a lungo. Per quanto riguarda l'alloggio, ci sono numerose opzioni ad Andacollo, distante 54 km da La Serena e servito dagli autobus (CH$2000, 1 h 30 min) e dai *colectivos* (CH$2500, 1 h).

Il più nuovo degli osservatori del Norte Chico è l'**Observatorio del Pangue** (☎051-412-584; www.observatoriodelpangue.blogspot.com; CH$16.000 incluso il trasporto), situato 17 km a sud di Vicuña e gestito da tre appassionati astronomi di nazionalità cilena e francese. Le visite guidate di due ore (in inglese, francese e spagnolo; massimo 10 persone per gruppo) hanno luogo tutte le sere – tranne che nelle notti di luna piena – alle 20.30 (su richiesta anche alle 22.30) e consistono nella semplice osservazione del cielo stellato.

Sondare i misteri di stelle distanti miliardi di chilometri è l'attività che si svolge ogni notte nell'avveniristico **Observatorio Interamericano Cerro Tololo** (☎051-205-200; www.ctio.noao.edu), situato a 2200 m in cima a una montagna. I visitatori non possono guardare attraverso i suoi mostruosi telescopi (e, a dir la verità, neanche gli astronomi possono farlo, perché le apparecchiature trasmettono i dati direttamente ai computer), ma la visita guidata (diurna) dell'osservatorio è un'esperienza davvero istruttiva. Gestito dall'Association of Universities for Research in Astronomy (AURA; un gruppo costituito da circa 25 istituti, tra cui l' Universidad de Chile, che ha sede a Tucson, in Texas), l'Observatorio Interamericano Cerro Tololo possiede un enorme telescopio di 4 m. Le visite guidate, gratuite e tenute in due lingue, hanno luogo soltanto il sabato. Si consiglia di prenotare con almeno un mese di anticipo in alta stagione. Le visite partono alle 9 e alle 13 e durano due ore. L'osservatorio non è servito dai trasporti pubblici, quindi dovrete noleggiare un'automobile o un taxi, oppure rivolgervi a un tour operator (ma anche in questo caso dovrete effettuare voi la prenotazione all'osservatorio).

Astronomy Adventures (☎051-477-918; www.astronomyadventures.cl) è un operatore con sede a La Serena che organizza escursioni guidate da astronomi per osservare le stelle in varie località del Cile.

Autobus

Il **Terminal de Buses** (☎224-573; all'angolo tra Amunátegui e Av El Santo) di La Serena, situato immediatamente a sud-ovest del centro, è servito da decine di compagnie che effettuano collegamenti sulla Panamericana, da Santiago in direzione nord verso Arica, tra cui **Tur Bus** (☎219-828; www.turbus.cl, in spagnolo; Balmaceda 437) e **Pullman Bus** (☎218-879; www.pullman.cl, in spagnolo; Eduardo de la Barra 435).

Nella seguente tabella sono elencate le principali destinazioni con le relative tariffe:

DESTINAZIONE	TARIFFA (CH$)	DURATA (H)
Antofagasta	22.000	12
Arica	32.000	23
Calama	24.000	14
Copiapó	9000	5
Iquique	29.000	19
Santiago	10.000	6
Vallenar	5500	3

Per raggiungere Vicuña (CH$2000, 1 h 30 min), Ovalle (CH$2500, 2 h), Montegrande (CH$3500, 2 h) e Pisco Elqui (CH$3500, 2 h 30 min), cercate la compagnia **Via Elqui** (☎312-422; all'angolo tra Juan de Dios Pení e Esmeralda). La Valle del Elqui si può raggiungere anche con un'escursione in giornata: il primo autobus da Vicuña parte alle 6.40 e l'ultimo fa ritorno alle 21.

Per quanto riguarda le destinazioni argentine, **Covalle Bus** (☎213-127; Infante 538) raggiunge ogni domenica Mendoza (CH$30.000, 12 h) e San Juan (CH$30.000, 18 h) attraverso il Paso Libertadores; la partenza è alle 11.

Taxi colectivos

Molte destinazioni regionali sono servite con maggior frequenza e rapidità dai taxi *colectivos*. I *colectivos* per Coquimbo (CH$800, 15 min) partono da Av Francisco de Aguirre, tra Balmaceda e Los Carrera.

Trasporti locali

I taxi privati per l'Aeropuerto La Florida, 5 km a est del centro, sulla Ruta 41, costano CH$5000; provate **Turismo Nielsen** (☎097-659-9341; www.turismonielsen.cl). In alternativa, **She Transfer** (☎295-058) offre il trasferimento in minibus con servizio a domicilio al costo di CH$2000.

Le donne che viaggiano da sole facciano attenzione ai taxisti, in quanto si sono verificati casi di violenza sessuale. Servitevi solo di taxi affiliati a società.

Per quel che riguarda l'autonoleggio, provate **Avis** (☎271-509), che ha un ufficio all'aeroporto, **Hertz** (☎226-171; Av Francisco de Aguirre 0225) o **Econorent** (☎220-113; Av Francisco de Aguirre 0135).

Valle del Elqui

Cuore della produzione cilena di pisco, la Valle del Elqui è ricoperta da un fitto manto di verde striato. La valle è famosa per i suoi avveniristici osservatori astronomici, i cercatori di energia cosmica, i frequenti avvistamenti di UFO, la poetessa Gabriela Mistral e i pittoreschi villaggi. Si tratta di una zona di grande fascino, uno dei luoghi imperdibili del Norte Chico.

VICUÑA

☎051 / POP. 24.010

Lo spirito della poesia sognante di Gabriela Mistral avvolge la piccola e sonnolenta Vicuña. Situata 62 km a est di La Serena, costituisce la più comoda base di partenza per conoscere in modo più approfondito la Valle del Elqui. La cittadina, con la sua semplice piazza, l'atmosfera suggestiva e le case basse, merita una visita di un giorno o due prima di addentrarsi nella campagna per visitare le cucine solari (dove il sole cuoce il cibo) e gustare avocado, papaia e altra frutta fresca della regione, per non parlare della famosa uva che, distillata, dà il potente pisco, l'acquavite cilena.

Situata sulla sponda settentrionale del Río Elqui, con uno stretto ponte che la separa dalla Ruta 41, Vicuña ha una struttura geometrica che si sviluppa intorno alla centrale e verdeggiante Plaza de Armas.

Che cosa vedere

Due dei più importanti luoghi interessanti di Vicuña, la Planta Pisco Capel (p230) e l'Observatorio Cerro Mamalluca (p228), si trovano appena fuori dall'abitato. Anche in città ci sono alcuni edifici degni di nota.

Museo Gabriela Mistral MUSEO

(Av Gabriela Mistral 759; interi/bambini e senior CH$600/300; ⏲10-19 lun-ven, 10.30-19 sab, 10-18 dom gen e feb, 10-17.45 lun-ven, 10.30-18 sab, 10-13 dom marzo-dic) L'edificio più rappresentativo della città è il Museo Gabriela Mistral, situato tra Riquelme e Baquedano, dedicato a una delle figure letterarie più famose del Cile. Gabriela Mistral, al secolo Lucila Godoy Alcayaga, nacque nel 1889 a Vicuña: questo museo ripercorre la storia della sua vita (solo in spagnolo) partendo da una riproduzione in adobe della sua casa natale per arrivare fino al suo premio Nobel, con alcuni busti che la ritraggono come una austera donna all'antica. Il suo albero genealogico indica radici spagnole, indigene e africane.

Plaza de Armas PIAZZA

Una 'sinistra' scultura del volto di Gabriela Mistral rivolge il suo vacuo sguardo verso il cielo da una pozza d'acqua al centro di questa piazza alberata. Vicino all'estremità occidentale della piazza sorge l'eccentrica **Torre Bauer** (1905), una torre dell'orologio color ruggine che sembra un castello giocattolo; fu costruita da un sindaco di origine tedesca che la fece trasportare a Vicuña dalla Germania.

Casa Solar de los Madariaga EDIFICIO STORICO

(Av Gabriela Mistral 683; interi/bambini CH$800/gratuito; ⏲10-20 mer-lun dic-feb, 11-17.30 mer-lun marzo-nov) Risalente al 1875 ma ancora ottimamente conservata, contiene mobili e manufatti appartenuti a una famiglia influente che si arricchì grazie all'esportazione di cincillà. Due delle camere si possono affittare (v. Pernottamento).

Museo Entomológico y de Historia Natural MUSEO

(Chacabuco 334; interi/bambini CH$600/300; ⏲10.30-21 estate, 10.30-13.30 e 15.30-19 resto dell'anno) Brulicante di colori e antenne, questo museo è specializzato in insetti e farfalle multicolori, ma espone anche fossili, uccelli impagliati e invertebrati.

Inti Runa OSSERVATORIO

(☎099-968-8577; Chacabuco 240; visite guidate CH$6000; ⏲chiuso giu-agosto) Il proprietario tedesco di questo osservatorio solare sostiene di possedere nella sua incantevole *casona* due dei telescopi solari più grandi del mondo. Offre 'visite guidate' della durata di un'ora (in pratica, si osserva il sole attraverso il telescopio ascoltando la sua spiegazione) e osservazioni notturne con proiezione di un video di 90 minuti.

Cerro de la Virgen COLLINA

Dal Cerro de la Virgen, che si trova immediatamente a nord della città ed è raggiungibile da un polveroso sentiero, si ammirano vasti panorami dell'intera Valle del Elqui, ma il luogo è caldo e privo di ripari, perciò portatevi dell'acqua. La cima della collina dista meno di un'ora di cammino da Plaza de Armas.

Planta Pisco Capel PISQUERIA

(www.centroturisticocapel.cl; ingresso CH$1500; ⏲10-19 gen e feb, fino alle 17 marzo-dic) Situata a una ventina di minuti di cammino dalla città, questa azienda vinicola offre visite guidate in due lingue della durata di 45 minuti allo stabilimento e al museo nonché una breve degustazione. La Capel distilla il pisco in questo stabilimento, che è anche l'unico in cui viene effettuato l'imbottigliamento. Da qui, ogni anno 36 milioni di bottiglie vengono spedite in tutto il Cile e all'estero. Oltre al pisco è in vendita anche il *pajarete,* l'ottimo vino da dessert prodotto nella regione. Per raggiungere la Planta Pisco Capel, dirigetevi a sud-est della città, attraversate il ponte e poi svoltate a sinistra.

Attività

Vicuña costituisce un'ottima base per esplorare la Valle del Elqui. Oltre a visitare due splendidi osservatori (v. lettura p228), si possono fare escursioni in bicicletta nella campagna circostante, gite sulle remote montagne intorno al Paso del Agua Negra (solo in estate) e uscite a cavallo. È anche possibile praticare il kitesurf nel lago artificiale di Puclaro, situato a 10 km da Vicuña lungo la strada per La Serena; **KiteSurf Puclaro** (www.kitepark.cl) offre lezioni. Il proprietario del ristorante Chaski organizza escursioni in bicicletta (a partire da CH$15.000, 3 h) dedicate alla cultura indigena e visite alle *pisquerias* (produttori di pisco) della zona.

Elki Magic SPORT AVVENTURA

(☎097-459-8357; www.elkimagic.com; Av Gabriela Mistral 472) Questa agenzia gestita da una dinamica coppia franco-cilena offre escursioni guidate in bicicletta (a partire da CH$10.000), passeggiate a cavallo (CH$6000 l'ora), escursioni in minibus di una giornata ai principali luoghi interessanti della valle, con pranzo nelle cucine solari (a partire da CH$30.000) e alle lagune vicino al confine argentino (a partire da CH$35.000). Noleggiano anche biciclette (CH$6500 al giorno) e potranno fornirvi una cartina della pista di 16 km che si snoda tra i villaggi circostanti.

Feste ed eventi

Carnaval Elquino CARNEVALE

A metà gennaio Vicuña ospita il Carnaval Elquino, l'annuale festa della vendemmia che termina il 22 febbraio, anniversario della fondazione della città, e propone numerose attività tra cui musica dal vivo e danze folkloristiche.

Pernottamento

Casa Solar de los Madariaga GUESTHOUSE $$

(☎411-220; mitzi.diaz@hotmail.com; Av Gabriela Mistral 683; doppie CH$30.000; P@📶) La simpatica coppia di anziani che gestisce questo museo ha recentemente convertito due delle splendide camere in stile coloniale in tranquille camere per gli ospiti. Ciascuna è dotata di mobili antichi originali, un nuovissimo bagno privato, biancheria da letto in cotone egiziano e accesso a un patio verdeggiante. La prima colazione comprende avocado e altra frutta fresca coltivata nel giardino della villa.

Hostal Valle Hermoso HOSTAL $
(☎411-206; www.hostalvallehermoso.com; Av Gabriela Mistral 706; singole/doppie CH$14.000/25.000; P 📶) Splendido *hostal* ospitato in una vecchia *casona* in adobe, con travi a vista in legno di pino dell'Oregon, pavimenti in legno di noce e otto camere ariose e pulitissime disposte intorno a un patio soleggiato. Il personale cordiale e premuroso e l'atmosfera rilassata vi faranno sentire come a casa di vecchi amici.

Hostal Aldea del Elqui HOSTAL $$
(☎543-069; www.hostalaldeadelelqui.cl, in spagnolo; Av Gabriela Mistral 197; singole/doppie CH$20.000/35.000; P 📶 🏊) L'Aldea è un'altra *casona* convertita in un accogliente *hostal* che propone camere ben tenute con letti comodi e TV, alcune al secondo piano del nuovo edificio adiacente. La struttura dispone di un tranquillo giardino con una piccola piscina, dondoli e un gazebo. La prima colazione è piuttosto abbondante.

Hostal Donde Rita HOSTAL $
(☎419-611; www.hostaldonderita.com; Condell 443; doppie CH$27.000, singole/doppie senza bagno CH$12.500/25.000; P 📶 🏊) Si tratta di una casa privata che dispone di quattro accoglienti camere per gli ospiti (una con bagno privato), cucina in comune, piscina, un piccolo *quincho* (barbecue) in legno sul retro e una cucina solare nel caso vogliate provare a cucinare con il calore del sole. La materna padrona di casa parla tedesco e offre un'eccellente prima colazione con marmellata fatta in casa e caffè preparato sul momento.

Hostería Vicuña HOTEL $$
(☎411-301; Sargento Aldea 101; singole/doppie/triple CH$40.000/54.000/69.000; P 📶 🏊 👪) Le sue camere dai motivi floreali non sono all'altezza del prezzo, ma i giardini presentano intimi patii con gazebo ornati di rampicanti, palme, dondoli, campo da tennis e una grande area con piscina, aperta anche a chi non è ospite dell'albergo (CH$4000 al giorno). Gabriela Mistral passò la notte nella camera n° 1 durante il suo ultimo viaggio in Cile, nel 1954.

Residencial La Elquina GUESTHOUSE $
(☎411-317; www.laelquina.tk, in spagnolo; O'Higgins 65; piazzole CH$4000 per persona, singole/doppie CH$12.000/24.000, senza bagno CH$8000/16.000; P 📶) Una cortina di agrumi e rampicanti fioriti accoglie gli ospiti in questo *residencial* semplice ma accogliente. Le camere sono consunte ma pulite e dotate di TV, e ci sono una piccola cucina in comune e un giardino sul retro dove si può campeggiare.

Hotel Halley HOTEL $$
(☎412-070; www.turismohalley.cl, in spagnolo; Av Gabriela Mistral 542; doppie/triple CH$39.000/55.000; P 📶 🏊) Le camere di questa vecchia dimora dai pavimenti in legno scricchiolanti sono arredate con gusto discutibile (pizzi e merletti a profusione, vecchie radio e croci), ma alcune hanno una bella vista sulla strada, e sul retro ci sono una piscina e un tavolo da ping-pong.

Pasti e locali

TOP Chaski CILENO $$
(O'Higgins 159; portate principali CH$6500-7500; ⊙chiuso mar bassa stagione) Questo minuscolo ristorante all'aperto gestito da una coppia diaguita serve la cucina più innovativa di tutta la Valle del Elqui. Gli ingredienti locali, come quinoa, amaranto e capra, sono preparati con un tocco originale e insaporiti con le fragranti erbe andine. La lista delle bevande comprende ottimi cocktail a base di pisco, una birra artigianale chiamata Guayacan e vini biologici. Informatevi sulle loro fantastiche escursioni in bicicletta focalizzate sulla cultura delle popolazioni native.

Cucina solare Donde Martita CILENO $
(villaggio di Villaseca; menu con vino CH$5000-7000; ⊙solo a pranzo, chiuso lun bassa stagione) Non mancate di pranzare in questo ristorante situato nel villaggio di Villaseca, a 5 km da Vicuña, dove nel 2000 un gruppo di donne ha scoperto un metodo di cottura rivoluzionario che utilizza i raggi del sole invece del fuoco a legna. Al Donde Martita, il migliore dei ristoranti con cucina solare del villaggio, il servizio è lento, ma il cibo cotto nel forno solare è deliziosamente saporito e la vista sui vigneti è incantevole.

Paraiso del Elqui CILENO $$
(Chacabuco 237; portate principali CH$4100-7500; ⊙pranzo e cena; 🌿) Aperto di recente da uno chef, questo accogliente ristorante con due piccole sale da pranzo, un cortile sul retro e un patio con alcuni tavoli serve buone specialità regionali, tra cui almeno 306 tipi di empanadas e *almuerzos* con un buon rapporto qualità-prezzo. Il menu propone anche numerosi piatti vegetariani.

Halley CILENO $$

(Av Gabriela Mistral 404; portate principali CH$2900-9900; ⌚pranzo e cena) Spazioso ristorante in stile coloniale, con un patio dal tetto di paglia, un paio di salette interne e oggetti artigianali sparsi qua e là. Molto frequentato dalla gente del posto, il locale è rinomato per le sue tipiche pietanze cilene, tra cui il *cabrito* (capretto) e le abbondanti insalate.

Mistik Coffee CAFFÈ $

(Chacabuco 237; ⌚prima colazione e pranzo) Campane a vento, incenso e scaffali pieni di libri di argomento spirituale creano un'atmosfera decisamente 'new age' in questo arioso e colorato caffè gestito dalla dinamica Carmen Gloria. Un ottimo posto per gustare piatti salutari, sandwich, succhi di frutta naturali, tè e caffè espresso.

Club Social de Elqui CILENO $$

(Av Gabriela Mistral 445; portate principali CH$4800-9800) Entusiasti camerieri invitano i viaggiatori di passaggio ad accomodarsi nel cortile di questo esclusivo ristorante, oppure a prendere posto in una delle eleganti salette con i tavoli apparecchiati con tovaglie di lino e candele. Il menu propone prevalentemente specialità cilene ben preparate, anche se non molto saporite.

Yo y Soledad BAR

(Carrera 320; ⌚21-fino a tardi) È il bar più frequentato della città, specialmente nelle sere d'inverno quando il caminetto scoppiettante garantisce un piacevole tepore.

Informazioni

Nella piazza centrale c'è una banca che cambia i dollari statunitensi, e in centro ci sono tre sportelli bancomat.

La tariffa dei numerosi internet bar situati nei pressi della piazza centrale si aggira sui CH$500 l'ora; la maggior parte funge anche da centro telefonico.

Hospital San Juan de Dios (☎333-141; all'angolo tra Independencia e Prat; ⌚24 h su 24) Si trova alcuni isolati a nord di Plaza de Armas.

Oficina de Información Turística (☎670-307; San Martín 275; ⌚8.30-20 gen e feb, 8.30-17.30 lun-ven, 9-18 sab, 9-14 dom marzo-dic) L'ufficio turistico municipale fornisce qualche notizia anche sulla storia della cittadina.

Per/da Vicuña

Da Vicuña, la Ruta 41 si dirige verso l'Argentina, al di là delle Ande. Una strada secondaria accidentata, polverosa e piena di buche (anche se percorribile con un veicolo normale) conduce a sud, fino a Hurtado e a Ovalle.

Dalla **stazione degli autobus** (all'angolo tra Prat e O'Higgins) partono corse frequenti per La Serena (CH$1800, 1 h), Coquimbo (CH$1800, 1 h 15 min), Pisco Elqui (CH$1200, 50 min) e Montegrande (CH$1200, 40 min). Expresso Norte offre 2 corse al giorno per Santiago (da CH$10.000 a CH$12.000, 7 h). Nella città di La Serena la scelta di destinazioni è più ampia.

NORTE CHICO

LA PATRIA DEL PISCO SOUR

I cileni considerano l'onnipresente pisco sour – un potente cocktail fatto con un distillato d'uva chiamato pisco – la loro bevanda nazionale, ma provate a dire una cosa del genere a un peruviano, e rischierete che vi tirino addosso il suddetto drink. Il problema è che anche i peruviani sostengono che il pisco sia la loro bevanda nazionale, e l'aspra contesa su quale dei due paesi abbia dato origine alla bevanda si protrae con veemenza da decenni.

Secondo la leggenda locale, negli anni '30 l'ex presidente cileno Gabriel González Videla cambiò personalmente il nome del villaggio di La Unión ribattezzandolo Pisco Elqui, proprio per screditare la teoria dei peruviani secondo la quale il pisco sarebbe nato nel loro paese. Dal canto suo, il Perú adduce come prova il fatto di possedere una città portuale di nome Pisco, situata in una valle che porta lo stesso nome. Le rivendicazioni peruviane sono supportate anche da prove storiche, non fosse altro che per il fatto che proprio qui gli spagnoli introdussero i primi vigneti; gli annali dimostrano inoltre che la bevanda era consumata in Perú già nel 1613.

I cileni, invece, sostengono che il pisco è stato prodotto anche in Cile per centinaia di anni, e che il loro è di qualità superiore; per di più, non mancano di sottolineare che il Cile produce, consuma ed esporta molto più pisco del Perú, e che pertanto spetta a loro il vanto di aver contribuito in modo determinante alla sua diffusione.

Dopo anni di acrimonia, il Perú ha messo a segno una parziale vittoria quando, nel 2005, ha ricevuto un parere favorevole da parte della World Intellectual Property Organization (WIPO), ma l'impressione è che la disputa continuerà ancora per un po' di tempo.

All'interno della stazione degli autobus c'è il **Terminal de Taxis Colectivos** (all'angolo tra Prat e O'Higgins), da cui partono veloci taxi *colectivos* per La Serena (CH$2000, 50 min) e Pisco Elqui (CH$2000, 50 min) via Montegrande.

MONTEGRANDE

☎051

Questo piccolo villaggio posto ai lati della strada ha dato i natali alla famosa poetessa Gabriela Mistral (v. p479), vincitrice del premio Nobel e icona nazionale. Sono molti i cileni e gli stranieri che si recano in 'pellegrinaggio letterario' al luogo in cui è sepolta, sul fianco di una collina nelle vicinanze. La scrittrice frequentò la scuola elementare presso la Casa Escuela y el Correo, che ospita un modesto **museo** (ingresso CH$300; ⏲10-19 dic-feb, 10-13 e 15-18 mar-dom marzo-nov) dedicato alla sua figura, con la ricostruzione di un'aula e di una camerata.

Fermatevi alla **Casa de la Cultura Gabriela Mistral** (www.montegabriela.cl, in spagnolo; ingresso libero, visita guidata CH$1000; ⏲9-13 e 14-19 lun-ven), situato sulla via principale del villaggio. Questo centro culturale e cooperativa femminile organizza laboratori di tessitura e arte per le donne disoccupate della regione. Il centro ospita una biblioteca per bambini, offre l'accesso gratuito a internet (se ne approfittate, non dimenticate di lasciare una mancia) e splendidi articoli di artigianato realizzati dalle donne della cooperativa.

Un breve **sentiero** conduce al fiume, appena a nord dell'Hotel Las Pleyades. Vi permetterà di fare una piacevole escursione pomeridiana, ma ricordatevi di portare il costume da bagno.

Situato in una vecchia *casona* in adobe circondata dal verde, l'**Hotel Las Pleyades** (☎451-107; monica.baltra@gmail.com; Montegrande s/n; doppie CH$50.000; P ☒) è uno splendido boutique hotel in stile rustico con cinque camere e particolari gradevoli come i tetti di canne, la cucina in comune e la piscina all'aperto con vista sulle montagne.

Il ristorante **Mesón del Fraile** (portate principali CH$5200-9100; ⏲chiuso lun e mar in bassa stagione), di fronte alla Casa Escuela y el Correo, merita una sosta per le sue pizze con formaggio di capra locale, il *cabrito* stufato e l'ottimo pisco sour. Los Paltos, sulla piazza del villaggio, serve il *mote con huesillos* (un dessert tradizionale) più buono di Montegrande.

Gli autobus locali servono regolarmente Montegrande da Vicuña (CH$700, 40 min).

PISCO ELQUI

☎051

Così ribattezzato per reclamizzare il prodotto più famoso della zona, il villaggio nato con il nome di La Unión è una placida comunità situata nella parte superiore del bacino del Río Claro, affluente dell'Elqui. Negli ultimi anni è diventato la località di maggiore interesse escursionistico della zona e, anche se è un po' troppo affollato, vale la pena di trascorrervi un paio di giorni. Le rustiche case in pietra hanno un tocco di eleganza bucolica che ricorda un villaggio della Toscana.

Che cosa vedere

Distileria Pisco Mistral DISTILLERIA
(www.piscomistral.cl; O'Higgins 746; visite guidate CH$6000; ⏲12-19.30 gen e feb, 10.30-18 mar-dom marzo-dic) La principale attrattiva del villaggio è la Distileria Pisco Mistral, produttrice dell'ottima marca di pisco Mistral. La visita guidata di un'ora al 'museo' vi permetterà di dare uno sguardo al processo di distillazione e di fare una degustazione gratuita di due piscos e un drink nel ristorante adiacente, che a volte propone musica dal vivo.

Attività

Nonostante le sue dimensioni contenute, a Pisco Elqui e nella valle circostante si possono praticare un gran numero di escursioni e attività, come trekking guidati (da CH$5000 a CH$8000), passeggiate a cavallo (a partire da CH$6000 l'ora, di più per le escursioni in montagna di più giorni), escursioni in mountain bike (da CH$12.000 a CH$18.000), osservazione delle stelle (da CH$14.000 a CH$22.000) e zip-line (da CH$16.000 a CH$22.000).

Paralelo 30 Aventura (☎099-036-2957; Prat s/n; www.turismoparalelo30aventura.blogspot.com, in spagnolo), **Turismo Migrantes** (☎451-917; www.turismomigrantes.cl; O'Higgins s/n) e **Elqui Expediciones** (☎098-379-7999; www.elquiexpediciones.cl; O'Higgins s/n) sono tre agenzie che organizzano le suddette attività.

Nel villaggio ci sono diversi operatori che noleggiano biciclette al costo di circa CH$1500 l'ora o di CH$7000 al giorno. Turismo Migrantes noleggia anche motociclette (a partire da CH$25.000 per mezza giornata).

Pernottamento

El Tesoro de Elqui HOTEL $$
(☎451-069; www.tesoro-elqui.cl; Prat s/n; letti in camerata CH$9500, doppie CH$32.000-42.000, triple CH$39.000-52.000; P ☎ ☒) Sulla collina sopra la piazza centrale, questa tranquilla oasi disseminata di alberi di limone, lussureggianti

giardini e rampicanti fioriti dispone di 10 bungalow in legno con terrazza. C'è anche un ristorante che serve un ottimo caffè e torte deliziose e un bungalow accanto alla 'spiaggia' della piscina che offre massaggi e 'pulizia dell'aura'. La struttura offre anche uscite in motocicletta, il servizio di autonoleggio ed escursioni a sorgenti termali isolate e ad altri luoghi interessanti dei dintorni.

Refugio Misterios de Elqui BUNGALOW **$$$**
(☎451-126; www.misteriosdeelqui.cl, in spagnolo; Prat s/n; bungalow per 2 persone CH$65.000; P📶🏊) La sistemazione più lussuosa di Pisco Elqui, ai margini dell'abitato sulla strada per Alcoguaz, è immersa in lussureggianti giardini che digradano verso la piscina e la valle. I sette bungalow hanno soffitti con travi a vista, pavimenti in ceramica, terrazza e arredi eleganti, con particolari originali come le testate dei letti realizzate con binari ferroviari riciclati. Nel complesso ci sono un ristorante e un minigolf e su richiesta vengono offerti massaggi.

Hostal Triskel HOSTAL **$**
(☎099-419-8680; www.hostaltriskel.cl, in spagnolo; Baquedano s/n; camere senza bagno CH$10.000 per persona; 📶) Sulla collina sopra al villaggio, questa graziosa casa in legno e adobe offre sette camere eleganti e pulite con quattro bagni e una cucina in comune. C'è un bel patio ombreggiato da un fico secolare e un frutteto con un'infinità di angolini tranquilli e amache. Il simpatico proprietario, che vive nella casa, offre anche il servizio lavanderia e il noleggio delle biciclette.

Elqui Domos HOTEL **$$$**
(☎097-709-2879; www.elquidomos.cl; Prat s/n; cupole e bungalow CH$85.000; P📶) Questo 'astro-lodge' si trova a 3,5 km (45 min a piedi) dal villaggio, sulla strada per Alcoguaz. È composto da sette 'cupole' a due piani con il soffitto di tela, che si può aprire per osservare il cielo stellato, e da quattro bungalow in legno con terrazza al piano superiore e vista panoramica sulla valle. Il ristorante serve il pranzo e la cena e alla reception potranno organizzarvi ogni genere di attività, dalle lezioni di yoga alla riflessologia, dalla lettura dei tarocchi alle passeggiate a cavallo.

Hostal San Pedro HOSTAL **$**
(☎451-061; ecohostalsanpedro@hotmail.com; Prat s/n; camere senza bagno CH$9000 per persona; @🏊) Le camere di questa accogliente struttura piena di campane a vento sono semplici e pulite, e sul retro c'è una piccola piscina con vista panoramica sulla valle sottostante. A disposizione degli ospiti ci sono una cucina in comune, un bel soggiorno e un giardino.

Hotel Elqui HOTEL **$**
(☎451-130; www.hotelelqui.cl; O'Higgins s/n; camere senza bagno CH$10.000 per persona; @📶🏊) In questa ariosa casa in legno a pochi passi dalla piazza centrale troverete camere semplici, un grande ristorante col tetto di paglia e pavimenti scricchiolanti, oltre a tre piscine sul retro. Non fatevi ingannare dall'insegna 'Hotel Valle Azul': è il ricordo di una soap opera girata recentemente nell'albergo.

Refugio del Angel CAMPEGGIO **$**
(☎451-292; refugiodelangel@gmail.com; piazzole CH$5000 per persona, accesso diurno CH$2500) In questo idilliaco campeggio in riva al fiume vi attendono piccole piscine, sale da bagno e un negozietto. Vi si accede da una svolta situata 200 m a sud della piazza, lungo Manuel Rodríguez.

✖ Pasti e locali

Quasi i tutti i ristoranti di Pisco Elqui fungono anche da bar e restano aperti fino alle 2 o alle 3 di notte.

El Rumor RISTOBAR **$**
(O'Higgins s/n) Sulla via principale, questo vivace localino dall'atmosfera marocchina serve fantastici pranzi (CH$4000) e sandwich giganteschi (da CH$3500 a CH$4500) e, di sera, 15 tipi di cocktail a base di pisco. L'ambiente si anima soprattutto a tarda sera, quando risuonano musica lounge e occasionali strimpellate di chitarra intorno al fuoco nel bel giardino.

El Durmiente Elquino RISTOBAR **$**
(Carrera s/n; portate principali CH$3500-5500) Legno, bambù, argilla e ciottoli caratterizzano l'ambiente di questo ristobar che propone gustose tapas, pizze e invitanti portate principali, come il risotto di quinoa. Il piccolo patio sul retro con vista sulle montagne è perfetto per sorseggiare una birra artigianale o un bicchiere di vino biologico.

Rustika RISTOBAR **$**
(Carrera s/n) Di fronte a El Durmiente, durante il giorno il Rustika serve succhi freschi, pizze e cioccolate artigianali ai tavoli all'aperto vicino a un ruscello gorgogliante. Di sera si può cenare nell'accogliente ristobar, animato fino alle 3 di notte.

Los Jugos RISTOBAR **$$**
(Plaza s/n; portate principali CH$2900-8100) La cucina non è niente di speciale, ma la gente viene qui per le belle vedute sulla piazza, i

VALE IL VIAGGIO

ESPLORATE PIÙ A FONDO LA VALLE DEL ELQUI

Il primo luogo che merita una sosta lungo la strada da Vicuña a Montegrande, al Km 14,5 e a un'altitudine di 1080 m, è l'**azienda vinicola Cavas del Valle** (☎051-451-352; www.cavasdelvalle.cl; ⏲10-20 estate, fino alle 19 resto dell'anno). Aperta nel 2004, questa piccola boutique enologica va in controtendenza, poiché serve vino anziché l'onnipresente pisco. Il vino da dessert chiamato *cosecha otoñal*, prodotto con uva Moscato rosa, giustifica da solo una sosta. La breve visita dell'azienda vinicola, con degustazione di tre tipi di vino, è gratuita, ma è gradito l'acquisto di una bottiglia.

Circa 3 km a sud di Pisco Elqui, **Fundo Los Nichos** (www.fundolosnichos.cl) è una *pisqueria* artigianale fondata nel 1868 che produce ancora il pisco secondo i metodi tradizionali. In estate offre tutti i giorni quattro visite guidate (CH$1000; solo in spagnolo, alle 12.30, 13.30, 16.30 e 17.30) che comprendono la visita dello stabilimento e la degustazione di tre piscos. In alternativa, potete anche fermarvi solo per una degustazione gratuita (tra le 11 e le 19). I prezzi di una bottiglia di pisco partono da CH$3200.

Proseguendo nella valle, il **mercato artigianale** (⏲12-20.30) che si tiene nel villaggio di Horcón è una festa di colori che merita un'occhiata per l'ampio assortimento di splendidi articoli di artigianato (acchiappasogni, catene del vento, abiti lavorati a maglia, gioielli), cosmetici e cibi biologici di provenienza locale esposti sulle bancarelle di bambù. Al centro del mercato sorge un piccolo anfiteatro in pietra dove ogni tanto si tengono concerti di musica dal vivo. Potete anche sottoporvi a un trattamento a base di fango in riva al fiume (cercate la bancarella Magiterra) o fare un bagno rinfrescante.

Da qui, la strada asfaltata diventa sterrata e prosegue polverosa fino all'incantevole villaggio di **Alcoguaz**, 14 km dopo Pisco Elqui. Ammirate la chiesa in legno gialla e rossa e, se decidete di fermarvi a dormire, recatevi alla **Casona Distante** (www.casonadistante.cl; doppie/triple CH$50.000/70.000; P ≋), una grande fattoria in legno degli anni '30, splendidamente restaurata e trasformata in un ecolodge con otto camere. Nella tenuta ci sono anche una piscina, un piccolo osservatorio, un ristorante disposto su più livelli e alcuni sentieri lungo il fiume. Nelle tariffe è compreso l'uso delle mountain bike; pagando un supplemento sono disponibili passeggiate a cavallo e massaggi.

deliziosi succhi freschi, l'ampio assortimento di insalate, pizze e cocktail.

ℹ Informazioni

Tenete presente che a Pisco Elqui non ci sono banche né sportelli bancomat, perciò portatevi sufficiente contante. Fate il pieno di carburante a Vicuña, in quanto non ci sono nemmeno distributori di benzina.

ℹ Per/da Pisco Elqui

Da Vicuña partono frequenti autobus per Pisco Elqui (CH$700, 50 min), e viceversa.

COCHIGUAZ

☎051

Capitale 'new age' del Cile settentrionale, la remota Valle de Cochiguaz ha fama di possedere una straordinaria concentrazione di energia cosmica, di essere stata lo scenario di molti avvistamenti di UFO (assai reclamizzati) e di sprigionare eccezionali poteri curativi. Non è comunque necessario credere a tutte queste cose per godersi la bellezza di questa vallata, che è anche il punto di partenza di escursioni a piedi e passeggiate a cavallo nell'entroterra. A volte qui in inverno nevica, perciò portatevi degli abiti caldi.

Se vi piace il kitsch in versione hippy, **El Alma Zen** (☎099-047-3861; refugiocochiguaz@gmail.com; Km 11; cupole/doppie CH$ 25.000/35.000) offre spiritualità per tutti i gusti. Ispirata alla filosofia zen, la struttura è paradossalmente dotata di spa (prenotate un trattamento per pulire l'aura dalle energie negative), ristorante (che non apre prima delle 10.30 e serve la prima colazione a CH$2500 e il pranzo e la cena a CH$6000), un piccolo negozio, due piscine e sei 'cupole' in cemento con bagno in comune in una foresta di eucalipti in riva al fiume. Anche chi non soggiorna qui può comunque accedere alla proprietà e beneficiare delle sue strutture alla tariffa giornaliera di CH$7000.

L'attrazione più nuova di Cochiguaz è l'**Observatorio Cancana** (www.cancana.cl, in spagnolo), situato di fronte all'El Alma Zen e gestito dalla stessa proprietà. Le visite guidate (CH$6000) hanno luogo tutte le sere alle 21.30 e alle 23.30 in estate, e alle 21 e alle 23 in inverno. La visita all'osservatorio dura due ore ed è richiesto un minimo di sei partecipanti.

Il **Camping Cochiguaz** (☎451-154; cabana schanarblanco@gmail.com; piazzole CH$5000 per persona) è un labirintico campeggio in una fitta foresta in riva al fiume. Si trova a 19 km da Montegrande, alla fine di una tortuosa strada sterrata. Il campeggio propone anche passeggiate a cavallo.

I colibrì svolazzano nei lussureggianti giardini pieni di amache della **Casa del Agua** (☎321-371; www.casadelagua.cl, in spagnolo; bungalow per 2 persone CH$60.000; P ≋), un grazioso complesso di bungalow che si trova 13 km a nord di Montegrande, adagiato lungo le rive del Río Cochiguaz. Ci sono un ristorante, due piscine grandi e nove piccole, il servizio di noleggio di mountain bike, un labirinto, una grotta per la meditazione e alcuni sentieri da percorrere a piedi. Vengono offerte anche escursioni guidate e massaggi.

Non ci sono mezzi pubblici per Cochiguaz, pertanto se non disponete di un veicolo dovrete fare l'autostop da Montegrande.

PASO DEL AGUA NEGRA

Una spettacolare strada tutta curve e saliscendi attraversa le montagne ed entra in Argentina 185 km a est di Vicuña, passando per un valico che, con i suoi 4765 m di altitudine, è uno dei passi andini più alti lungo il confine cileno-argentino. Questa è anche una delle zone migliori per vedere le formazioni di neve gelata dette *penitentes*, così chiamate perché assomigliano a file di monaci con la tonaca. Sia sul lato cileno, sia su quello argentino ci sono dei ghiacciai accessibili.

Da Vicuña, la Ruta 41 risale la Valle de Turbio fino agli uffici cileni della dogana e dell'immigrazione, situati presso Juntas del Toro. Continua poi a sud lungo un lago artificiale dalle acque turchesi chiamato La Laguna, prima di fare una svolta a nord-est in direzione di Agua Negra. La strada conduce alla località termale di Termas de Pismanta, in Argentina, e al capoluogo di provincia San Juan.

Minata dall'esercito argentino durante le tensioni sorte per la questione del Canale di Beagle nel 1978, oggi questa strada è aperta al traffico dalla metà di novembre alla metà di marzo o all'inizio di aprile ed è frequentata da molti ciclisti che amano i percorsi ripidi e impegnativi. È percorribile con qualsiasi veicolo in buone condizioni.

La strada non è servita dai mezzi di trasporto pubblico, ma le agenzie di Vicuña e di Pisco Elqui offrono escursioni nella zona.

Valle di Limarí

☎053

Capoluogo della ricca provincia agricola di Limarí, **Ovalle** è una città senza pretese e sede di mercato situata sulla sponda settentrionale del Río Limarí. La città è più nota per i luoghi interessanti situati nei dintorni che per le sue modeste attrattive, ma costituisce il punto di accesso per esplorare la valle nonché una comoda sosta per il pranzo.

Se decidete di fermarvi a mangiare, **D'Oscar** (Miguel Aguirre 292; portate principali CH$4800-8500) è una semplice tavola calda sul lato sud-orientale della piazza centrale che serve sandwich, pizze e piatti di pasta ed è sempre affollata di gente del posto.

Se disponete di un mezzo di trasporto privato, potete seguire un percorso circolare che da La Serena si dirige a Vicuña, Hurtado e Ovalle. La strada ghiaiosa lunga 43 km che da Vicuña raggiunge Hurtado di solito è praticabile con auto normali, ma è comunque preferibile disporre di un veicolo a quattro ruote motrici o comunque alto da terra. Il percorso si snoda attraverso un bel paesaggio desertico, in alcuni punti scosceso, tra cactus, rocce variopinte e scorci di osservatori astronomici in cima alle alture. I mezzi di trasporto pubblico che partono da Ovalle arrivano fino a Hurtado, ma non ci sono collegamenti diretti con Vicuña.

VALLE DEL ENCANTO

Un'affascinante collezione di arte rupestre precolombiana si può ammirare presso il **Monumento Arqueológico Valle del Encanto** (interi/bambini CH$500/300; ⏲8.15-20.30 estate, fino alle 19 inverno), un canyon roccioso che si dirama dal Río Limarí 19 km a ovest di Ovalle. La serie di petroglifi e pittografie riproduce sottili figure umane danzanti, simili ad alieni e dotate di antenne, e personaggi con spettacolari copricapi. Le rocce della valle sono anche disseminate di buchi chiamati *tacitas,* che venivano usati come mortai per macinare le piante e il cibo da usare nelle cerimonie.

Le figure risalgono per lo più alla cultura di el molle, esistita nella zona dal II al VII secolo d.C. Il momento migliore per ammirarle è il primo pomeriggio, quando ci sono poche ombre, anche se può fare molto caldo.

Nelle giornate più tranquille, i cordiali guardiani sono spesso lieti di accompagnare i visitatori alla scoperta del sito. Per visitare tranquillamente tutti e tre i settori, calcolate circa un'ora e 30 minuti. Nella zona si può sia campeggiare, sia fare un picnic. Nel canyon c'è l'acqua potabile, ma è comunque meglio portarsela.

Per raggiungere la Valle del Encanto da Ovalle, prendete qualunque autobus diretto a ovest e scendete al cartello sulla statale; la valle si raggiunge con una facile camminata di 5 km lungo una strada sterrata, ma con un po' di fortuna troverete qualcuno che vi darà un passaggio.

TERMAS DE SOCOS

Dopo una dura giornata trascorsa nel deserto, è un vero piacere immergersi nelle fumanti vasche di acqua termale, oppure nella fresca piscina di Termas de Socos, una minuscola località nascosta a 1,5 km di distanza dalla Panamericana, all'altezza del Km 370. Per godere appieno dei benefici delle terme potete approfittare delle saune (CH$7000), delle vasche con idromassaggio (CH$5900) e dei massaggi (CH$15.000). Le vasche private costano CH$3900 per 30 minuti; per chi non pernotta nell'albergo l'ingresso alle vasche pubbliche costa CH$3900. C'è anche uno stabilimento di imbottigliamento dell'acqua.

L'**Hotel Termas Socos** (☎198-2505; www.termasocos.cl; singole/doppie CH$41.000/75.800; 🅿🏊) è un albergo molto bello situato in posizione isolata fra aride colline e immerso nel verde, fra alti eucalipti. I prezzi delle camere comprendono la vasca privata con l'acqua termale fumante e l'accesso alla piscina. Le camere al piano inferiore, leggermente più costose, sono dotate di patio e TV. Informatevi sulle tariffe all-inclusive.

Il **Camping Termas de Socos** (☎631-490; www.campingtermassocos.cl, in spagnolo; piazzole CH$5000 per persona, bungalow CH$8000 per persona; 🏊👪) è un piacevole campeggio di ghiaia e sabbia dotato di piscina e vasche, anche se meno lussuose di quelle del vicino albergo. Non è molto ombreggiato, ma dispone di una bella sala giochi e di un parco giochi. Chi non risiede nel campeggio può usare la piscina e l'area per il picnic (CH$3900), fare un bagno termale (CH$3500) e noleggiare le biciclette (CH$1200 l'ora).

Valle del Río Hurtado

☎053

Questa verdeggiante valle, costellata di strade sinuose, villaggi di collina e vasti vigneti e completamente circondata da aride montagne, è una delle meno frequentate del Norte Chico, uno di quei luoghi dove capita di non incontrare nessuno per chilometri se non qualche uomo a cavallo lungo le strade polverose.

Affacciata sulle lussureggianti sponde del Río Hurtado, l'**Hacienda Los Andes** (☎691-822; www.haciendalosandes.com; piazzole CH$5000 per persona, singole/doppie con prima colazione a partire da CH$36.000/54.000; 🅿) è di gran lunga la sistemazione più bella della zona. Qui potrete fare un bagno nelle tonificanti acque di un fiume, sonnecchiare al fresco in un'amaca appesa in giardino o fare belle passeggiate lungo i sentieri segnalati che costellano la tenuta. L'hacienda propone inoltre passeggiate a cavallo (a partire da CH$60.000 per 3 h), sia di giorno sia di sera, escursioni in fuoristrada ai luoghi di interesse dei dintorni (a partire da CH$60.000), e osservazioni del cielo stellato (CH$7500) nel piccolo osservatorio di recente costruzione.

Per arrivare qui, prendete uno degli autobus pomeridiani che vanno da Ovalle a Hurtado (CH$1800, tra le 12 e le 16); al ritorno gli autobus partono solo al mattino presto (intorno alle 7). L'hacienda si trova 6 km prima di Hurtado, appena prima del ponte. Vi potranno venire a prendere a Ovalle (CH$28.000 per veicolo), La Serena (CH$38.000) e Vicuña (CH$50.000). La tenuta dista 46 km da Vicuña, dalla quale si raggiunge percorrendo una strada di montagna con il fondo di ghiaia (si consiglia un fuoristrada), e 75 km da Ovalle (la strada è asfaltata fino a Pichasca).

Se preferite una sistemazione più economica, nella vicina Hurtado potete provare il **Tambo del Limarí** (☎691-854; Caupolicán 027; camere CH$10.000 per persona), sulla via principale, che offre tre camere immacolate (una con bagno privato) arredate con testate di letto in ferro battuto e trapunte leggere, proprio sopra la casa della *dueña* (proprietaria). Su richiesta la signora prepara anche semplici pasti (CH$3000), una vera manna visto che l'unico ristorante del posto è quasi sempre chiuso.

Parque Nacional Bosques de Fray Jorge

L'ultima cosa che ci si aspetterebbe di vedere in una zona semidesertica disseminata di cactus è una rigogliosa foresta pluviale simile a quella che si trova nei dintorni di Valdivia, 1205 km più a sud. Eppure è esattamente quello che troverete nel **Parque Nacional Bosques de Fray Jorge** (interi/bambini CH$2500/1000; ⏲9-18, ultimo ingresso alle 16.30), una macchia di verde incuneata tra l'oceano e il deserto.

L'enigma su come si sia potuta formare questa sacca di foresta pluviale in un ambiente così arido è spiegato dal velo di umida *camanchaca* che tutti i giorni arriva dall'Oceano Pacifico. Recatevi qui verso mezzogiorno e vedrete questo bianco cuscino di nuvole che galleggia sul mare e progressivamente inghiotte la base della foresta, dandovi l'impressione di essere sul tetto del mondo quando invece siete soltanto a 600 m di altitudine. Il momento migliore per apprezzare il luogo in tutta la sua bellezza è il mattino presto, quando la condensa creata dalla nebbia gocciola dalle foglie delle piante.

Le aree verdi dell'entroterra fanno pensare che in passato la foresta fosse molto più estesa. Dei 10.000 ettari originari di questa vegetazione così peculiare ne sono rimasti soltanto 400, il che è stato sufficiente perché l'UNESCO la dichiarasse Riserva Mondiale della Biosfera. Secondo alcuni scienziati, il fatto che ne sia sopravvissuta una quantità così limitata è una dimostrazione dei drammatici cambiamenti climatici avvenuti negli ultimi anni, mentre altri sostengono che la foresta è stata distrutta dall'uomo per fare spazio a nuovi terreni coltivabili e per approvvigionarsi di combustibile e legname.

Tra i pochi mammiferi che vivono nel parco ci sono moffette, lontre marine e due specie di volpe, oltre a circa 80 specie di uccelli; piccoli falchi si posano sulla cima dei cactus, mentre le aquile volteggiano alte nel cielo in cerca di prede.

Il parco è intitolato al primo visitatore europeo di cui si abbia notizia, un frate francescano di nome Fray Jorge, giunto qui nel 1672.

Attività

Nel tardo pomeriggio la *camanchaca* si alza e inumidisce la fitta vegetazione del **Sendero El Bosque**, un sentiero di 1 km che si snoda lungo il crinale sopra l'oceano. Il tracciato inizia alla fine della strada lunga 27 km proveniente dalla Panamericana. L'ultimo tratto di strada è molto ripido, sconnesso e polveroso.

Informazioni

La strada di accesso al Parque Nacional Fray Jorge è spesso chiusa da un cancello al di fuori degli orari di apertura. Il Centro de Información allestisce alcune frammentarie esposizioni, circa 1 km dopo l'entrata; è qui che si paga il biglietto d'ingresso. Il parco è accessibile solo in orario diurno e non è consentito il campeggio.

Per/dal Parque Nacional Fray Jorge

Prendete la strada che dalla Panamericana si dirama verso ovest, all'altezza del Km 387, circa 20 km a nord dell'incrocio di Ovalle. Il parco non è servito dai mezzi di trasporto pubblico, ma diverse agenzie di La Serena organizzano escursioni. Il parco si trova a 6 h di viaggio da Santiago.

Sur Chico

Include »

Perché andare?

Il fascino delle regioni dell'Araucanía, di Los Ríos e del Distretto dei Laghi si percepisce nel profilo dei vulcani dalla cima innevata, nei laghi glaciali simili a specchi di giada liquida e nei fiumi impetuosi che attraversano antiche foreste e villaggi popolati dagli indomiti mapuche. Il Sur Chico comprende sette spettacolari parchi nazionali (molto ambiti dagli escursionisti amanti dell'avventura e del brivido), disseminati di vulcani tra cui il Volcán Osorno, che domina dall'alto tutta l'area. Sparsi tra le principali località turistiche come Temuco, Valdivia, Osorno e Puerto Montt, sorgono incantevoli villaggi montani e lacustri, dal ricco patrimonio architettonico e culturale. Lo sfondo mozzafiato dei parchi nazionali e delle riserve naturali sembra una fotografia di Ansel Adams che abbia preso vita tingendosi di colori puri e nitidi.

I migliori ristoranti

- » Fogón del Leñador (p298)
- » Hostería de la Colina (p252)
- » Cocina Mapuche Mapu Lyagl (p265)
- » Tradiciones Zuny (p244)

I migliori hotel

- » Refugio Tinquilco (p265)
- » Refugio Cochamó (p292)
- » La Montaña Magica (p272)
- » Hotel Antumalal (p257)

Quando andare

Puerto Montt

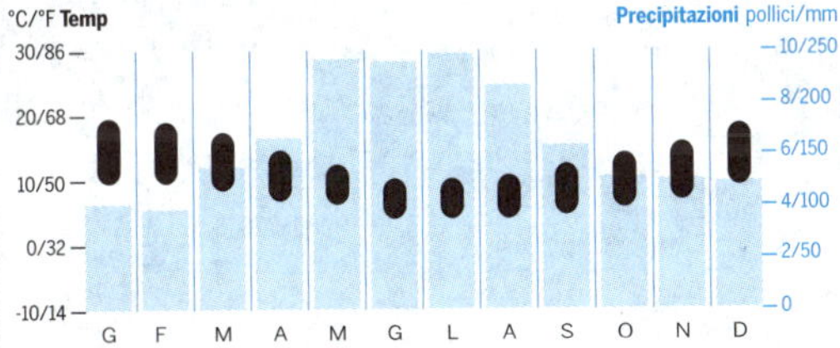

Gen-feb L'estate è meno piovosa, ma portate l'ombrello.

Nov-marzo Gli spettacolari tramonti e i ghiacciai della Patagonia dai traghetti Navimag.

Gen Il mese più soleggiato, ma il Volcán Villarrica è gremito di visitatori.

Il meglio del Sur Chico

1 Un tour ecoturistico a **Caleta Condor** (v. lettura p275), una delle baie meno note e più belle del mondo

2 Una passeggiata fra i surreali paesaggi vulcanici dei parchi nazionali della Araucanía: la **Reserva Nacional Malalcahuello-Nalcas** (p250) e il **Parque Nacional Conguillío** (p247)

3 Alla guida di una muta di cani: la titanica traversata delle Ande in sette giorni con **Aurora Austral Patagonia Husky** (p251)

4 L'adrenalina al massimo a **Pucón** (p254) e **Puerto Varas** (p282)

5 La discesa lungo i pendii ghiacciati del **Volcán Villarrica** (p261) dopo averne conquistato la vetta

6 A piedi o a cavallo nella Valle del Río Cochamó fino ai fantastici paesaggi granitici di **La Junta** (p292)

7 Una giornata alle romantiche e spettacolari **Termas Geométricas** (v. lettura p263)

8 In un albergo da favola nella **Huilo-Huilo Reserva Natural Biosfera** (v. lettura p272)

Storia

I *conquistadores* spagnoli si spinsero a sud dell'attuale Santiago motivati dalla prospettiva di trovarvi i metalli preziosi di cui tanto si favoleggiava e un'arrendevole manodopera indigena. La Araucanía e la Regione dei Laghi sarebbero stati il territorio ideale in cui continuare a coltivare il sogno di un impero coloniale spagnolo. O forse no. I mapuche, infatti, opposero una resistenza tra le più fiere ed efficaci che si fossero mai attuate nelle Americhe contro gli invasori europei, cosicché gli spagnoli non riuscirono a insediarsi a sud del Río Biobío fino al tardo XIX secolo.

Per colonizzare la Regione dei Laghi furono reclutati in massa cittadini tedeschi, che lasciarono la loro impronta sull'architettura, sulla cucina e sulle attività manufatturiere e casearie della zona. Oggi i principali artefici della colonizzazione di queste terre, un tempo selvagge, sono i milioni di turisti cileni e stranieri che le visitano e i facoltosi santiaguini che scelgono il Sur Chico come residenza di campagna. I prezzi degli immobili stanno salendo alle stelle e i mapuche superstiti (alcune centinaia di migliaia) vengono relegati sempre più verso la campagna. Il turismo, il disboscamento e l'allevamento dei salmoni – nonostante la grave crisi che ha attraversato negli ultimi anni (v. lettura p295) – sono le attività destinate a plasmare il futuro della regione.

Ne 2007 la Regione dei Laghi è stata suddivisa per creare la 14ª regione del Cile, Los Ríos, con capoluogo Valdivia, alla quale è stato così restituito il ruolo autorevole che aveva detenuto fino al 1974, quando nell'ambito di una ristrutturazione delle regioni era stata declassata dalla giunta militare e privata dello status di capoluogo amministrativo.

Per/dal Sur Chico

La maggior parte dei visitatori raggiunge la regione in autobus o in treno da Santiago, ma in tutte le città principali c'è anche l'aeroporto. Una volta raggiunto Puerto Montt, si è piuttosto distanti da Santiago, pertanto l'aereo permette di risparmiare molto tempo rispetto all'autobus. Puerto Montt è anche il porto di riferimento per i traghetti che servono la Patagonia, tra i quali è molto usato quello che fa la spola per/da Puerto Natales (v. lettura p300).

Trasporti locali

La Araucanía, Los Ríos e la Regione dei Laghi sono coperte da un'eccellente rete di autobus: pullman, minibus, van, minivan e pressoché qualsiasi altro mezzo del genere che possiate immaginare. L'autobus è il mezzo di trasporto più facile ed economico per spostarsi, anche se, per raggiungere alcune delle località più piccole e isolate, può essere necessario tornare nella città più vicina per trovare l'autobus giusto. In genere le strade sono tutte percorribili con le automobili a noleggio. Nelle città di una certa dimensione, dove non è possibile spostarsi a piedi, ci sono taxi e talvolta anche *colectivos* (taxi collettivi).

LA ARAUCANÍA

Temuco

☎045 / POP. 259.102

Con la sua piazza dalle palme frondose, il bel Mercado Municipal e lo stretto legame con la cultura mapuche, Temuco è la più gradevole delle città operaie del Sur Chico. A Temuco visse anche Pablo Neruda, uno dei poeti più influenti del XX secolo, che in un'occasione la definì il 'Selvaggio Ovest'. Grazie ai collegamenti regolari con Santiago e tutte le altre località del Sur Chico e non solo, è anche un centro nevralgico per i trasporti della regione.

Che cosa vedere e fare

Museo Regional de La Araucanía MUSEO
(www.museoregionalaraucania.cl; Av Alemania 084; interi/bambini CH$600/300; ⏲9.30-17.30 mar-ven, 11-17 sab, 11-14 dom) Questo piccolo ma interessante museo regionale ha sede in un bel palazzo coloniale del 1924, e ospita una mostra permanente dedicata alla storia dei popoli araucani prima, durante e dopo la conquista spagnola, in un rinnovato spazio espositivo seminterrato che custodisce anche una magnifica canoa mapuche. Nella galleria al piano terra vengono allestite mostre temporanee. Insieme al museo di Huilo-Huilo (v. lettura p272), è il migliore della regione, anche se le didascalie sono solo in spagnolo e mapudungun, nonostante il grande lavoro di ammodernamento che è stato compiuto.

È servito dagli autobus n. 1, 9 e 7 che percorrono Av Alemania, ma si può raggiungere anche a piedi dal *centro*.

Monumento Natural Cerro Ñielol SITO STORICO
(☎298-222; Calle Prat; interi/bambini CH$1200/600; ⏲8-19) Il Cerro Ñielol è un colle che si erge in mezzo a 90 ettari di foresta indigena – una piccola oasi verde nel cuore della città. Qui cresce in abbondanza il fiore nazionale del Cile, la copihue *(Lapageria rosea)*, che fiorisce da marzo a luglio. Il Cerro Ñielol riveste inoltre un'importanza storica, perché

è qui, sotto gli alberi della località chiamata La Patagua, che nel 1881 i capi mapuche cedettero ai colonizzatori stranieri le terre su cui sarebbe sorta Temuco, sebbene non sia certo che il trattato sia stato effettivamente firmato su questa collina. Nel parco ci sono aree per picnic, un laghetto, sentieri e un centro di informazioni naturalistiche.

Pernottamento

Temuco non è una città propriamente turistica, pertanto può essere difficile trovare una buona sistemazione. Gli alloggi economici nei pressi della stazione ferroviaria e della Feria Pinto costano poco, ma sono brutti e sporchi. Il quartiere compreso tra Plaza de Armas e l'università offre sistemazioni economiche di miglior livello e di sera è più sicuro per le donne.

Hospedaje Tribu Piren GUESTHOUSE **$**
(☎985-711; www.tribupiren.cl; Prat 69; camere dopo/prima delle 18 CH$10.000/12.000 per persona; P⊖@☎) È un *hospedaje* (alloggio economico) perfetto per i viaggiatori stranieri, anche perché il giovane proprietario parla inglese. Tutto è pulito e in ordine e le camere, alcune delle quali si aprono su piccole terrazze, sono dotate di TV via cavo e riscaldamento centralizzato. In inverno Alvaro, il proprietario, organizza anche escursioni guidate dedicate agli sport sulla neve. E se fate i bravi, vi preparerà anche il *café coado* brasiliano (caffè filtrato con un panno). È decisamente la sistemazione migliore nel centro di Temuco.

Adela y Helmut GUESTHOUSE **$**
(☎098-258-2230; www.adelayhelmut.com; Faja 16.000 Km 5 N; letti in camerata CH$7000-9000, camere a partire da CH$23.000; P⊖) Se il grigiore di una città operaia non fa per voi, puntate su questa sistemazione per backpacker all'interno di una piccola fattoria a 48 km dal centro lungo la strada che porta al Parque Nacional Conguillío. Si distingue in particolare per l'acqua a riscaldamento solare, gli appartamenti dotati di angolo cottura e le straordinarie vedute del vulcano attivo Llaima, ma anche per le delizie sveve

GLI INDOMITI MAPUCHE

I mapuche (dove *che* significa 'popolo' e *mapu* 'della terra'), il gruppo indigeno maggiore del Cile, sono il primo e unico popolo nativo del continente americano ad aver visto riconosciute la propria sovranità e la propria indipendenza, sebbene questo primato sia costato il sacrificio di intere generazioni.

Dopo aver sconfitto gli invasori dell'impero inca, i mapuche dovettero resistere agli attacchi degli spagnoli per 300 anni. Sfruttando la barriera naturale costituita dal Río Biobío, riuscirono a opporsi alla conquista coloniale fino al XIX secolo. Fu la più lunga e strenua difesa mai messa in atto dagli indigeni di tutte le Americhe. Alla fine il vasto territorio dei mapuche, che in origine copriva una superficie di 100.000 kmq, si era ridotto a soli 5000 kmq di *reducciones* (insediamenti).

Nel 1641 i mapuche e i colonizzatori spagnoli ratificarono il trattato di Killin (con questo documento, e con altri 28 accordi siglati nel corso di oltre due secoli di relazioni diplomatiche, si consolidava l'autonomia territoriale dei mapuche). Nonostante ciò, alla fine del XIX secolo, circa 100.000 mapuche furono massacrati dalle forze militari cilene e argentine. Tra il 1965 e il 1973 la situazione dei mapuche migliorò grazie alla riforma agraria, ma il colpo di stato militare del 1973 vanificò molte di queste conquiste. Dal 1989, anno del ritorno alla democrazia, al 2012 i mapuche hanno registrato pochi progressi nell'incessante battaglia per ottenere i risarcimenti dovuti e la restituzione delle terre. Nella maggior parte dei casi, infatti, le sentenze a loro favore sono state sovvertite da potenti interessi economici.

Diverse organizzazioni umanitarie, e anche gli osservatori dell'ONU, continuano a denunciare l'imposizione di politiche di assimilazione e a Temuco le manifestazioni di protesta sono all'ordine del giorno. Non sono rari i casi di turisti, documentaristi e giornalisti stranieri aggrediti dalla polizia, arrestati e/o espulsi dal paese dopo essere stati visti nelle comunità mapuche interessate dai conflitti territoriali. Nel 2010 i leader mapuche hanno organizzato una serie di scioperi della fame in seguito alle azioni intraprese dal governo cileno per perseguire alcune delle frange più violente della comunità mapuche, come la Coordinadora Arauco-Malleco (CAM), che il governo accusa di ricorrere a occupazioni, minacce di morte e attentati incendiari come strategie nel conflitto in corso.

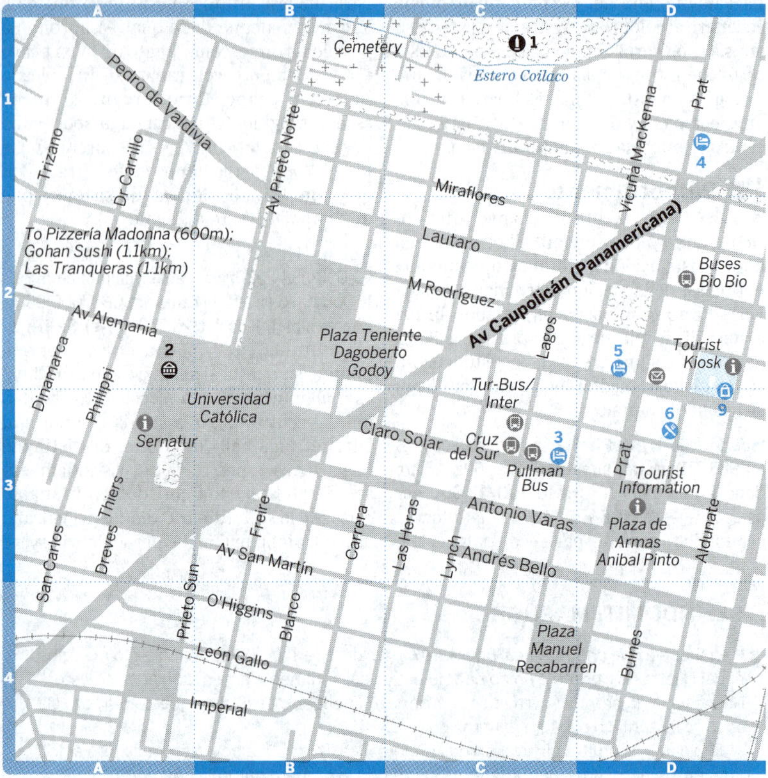

che escono dalla cucina, come il pandolce *Hefezopf*. Offre inoltre biciclette a noleggio e passeggiate a cavallo. La tariffa di CH$7000 per i letti in camerata non comprende il trasporto, il che significa che dovrete percorrere a piedi i 4,5 km che separano la guesthouse dalla strada principale.

Hostal Pewman Ruka GUESTHOUSE **$$**
(☎594-245; www.pewmanruka.cl; Francia 245; singole/doppie/triple CH$25.000/34.000/43.000; P@☎) Guesthouse accogliente ma un po' costosa situata nei pressi di Av Alemania, propone un piccolo cortile soleggiato, camere semplici e una bella zona giorno, oltre al vantaggio di trovarsi a pochi passi dai migliori ristoranti e locali notturni.

Hospedaje Klickmann GUESTHOUSE **$**
(☎748-292; claudiz_7@hotmail.com; Claro Solar 647; camere con/senza bagno CH$14.500/11.800 per persona; P@☎) Questo *hospedaje* pulito e accogliente si trova vicinissimo al terminal di diverse compagnie d'autobus.

Hotel RP HOTEL **$$**
(☎977-7777; www.hotelrp.cl; Portales 779; camere giorni feriali/weekend CH$65.400/47.588; P@☎) Questo albergo non è così trendy come la lobby farebbe pensare, ma è comunque una discreta sistemazione di livello superiore che offre le consuete camere tipiche delle catene alberghiere e un buon servizio.

Pasti e locali

I ristoranti e i bar recensiti di seguito si trovano per lo più lungo Av Alemania, nella parte occidentale di Temuco. Per pasti economici, il locale migliore è la vivace Feria Pinto, dove si servono *cazuelas* (stufati), *sopapillas con queso* (frittelle tradizionali con formaggio), empanada, zuppe di pesce e altre gustose specialità.

TOP **Tradiciones Zuny** CILENO **$**
(Tucapel 1374; pasti CH$1700-3300; ⏲prima colazione e pranzo lun-sab) Il segreto meglio custodito di Temuco è questo ristorante

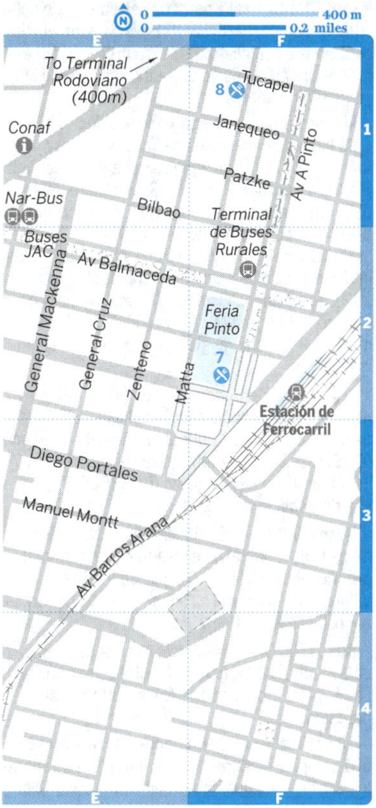

Temuco

Che cosa vedere

1 Monumento Natural Cerro Ñielol C1
2 Museo Regional de la Araucanía A2

Pernottamento

3 Hospedaje Klickmann C3
4 Hospedaje Tribu Piren D1
5 Hotel RP D2

Pasti

6 Confiteria Central D3
7 Feria Pinto F2
8 Tradiciones Zuny F1

Shopping

9 Mercado Municipal D3

improvvisato in una casa arredata nello stile dei nativi, apprezzato dalla gente del posto per i piatti semplici e freschi della cucina di campagna. È difficile da trovare e di certo non aiuta il fatto che l'insegna riporti 'Restaurante Las Acacias' piuttosto che il suo vero nome, ma vale la pena di provarlo per la cucina cileno-mapuche e i prezzi bassi (si riconosce dal muro ricoperto di graffiti nativi). Il menu tipico comprende insalata, *cazuela* di manzo con zucca, pane con una salsa piccante affumicata, succo di avocado (da provare!) e un interessantissimo dessert con quinoa e lamponi, il tutto a circa CH$3100. Il segreto è svelato.

Gohan Sushi GIAPPONESE $$
(www.gohan.cl; Hochstetter 401; sushi CH$2950-4650; ⏲pranzo e cena lun-sab; 📶) Era inevitabile che prima o poi il Gohan diventasse troppo evoluto per restare in centro e si trasferisse in Av Alemania insieme a tutti gli altri locali alla moda. Anche lì, comunque, questo innovativo ristorante giapponese continua a dare il meglio di sé con un ricco assortimento di fantasiosi piatti di sushi e gamberetti. Tra le sue mura anche Temuco assume un'aria molto più raffinata. Il lunedì e a pranzo dal martedì al giovedì i prezzi sono leggermente inferiori.

Confiteria Central CAFFÈ $
(Bulnes 442; portate principali CH$2600-5950; ⏲prima colazione, pranzo e cena; 📶) Caffè, tè, prime colazioni, dolci, ricchi sandwich con prosciutto e formaggio e altre pietanze simili sono all'ordine del giorno in questo locale, che delizia i *temuquenses* fin dal 1948.

Pizzería Madonna ITALIANO $$
(www.madonnapizza.com; Alemania 660; pizza CH$4400-9700, pasta CH$6400-7800; ⏲pranzo e cena) Il miglior ristorante di Temuco per la pizza e la pasta è questo locale brulicante (soprattutto la domenica) con tovaglie a quadretti e una specialità che si chiama *Tricotta* (tris di ravioli).

Shopping

A Temuco si possono acquistare prodotti artigianali mapuche in lana (poncho, coperte e maglioni), ceramiche e strumenti musicali, come *zampoñas* (zampogne) e tamburi. Il posto migliore per questo tipo di shopping è il Mercado Municipal.

TOP **Fundación Chol-Chol** ARTIGIANATO, ARTICOLI PER LA CASA
(☎614-007; www.cholchol.org; Camino Temuco a Imperial Km 16; ⏲9-17.30) Per fare acquisti

responsabili di prodotti artigianali mapuche, il posto migliore si trova a 16 km dalla città. È un'organizzazione no profit di commercio equo e solidale che si avvale del lavoro di 600 donne mapuche delle campagne locali per offrire filati e stoffe di alta qualità realizzati interamente a mano. Qui troverete tappeti, arazzi, borse, scialli: tutto è magnifico, ma i prezzi non sono economici. Per andarci, prendete qualsiasi autobus diretto a Nueva Imperial, Carahue o Puerto Saavedra dal terminal degli autobus extraurbani e chiedete di scendere alla Fundación.

Informazioni

Nel *centro*, soprattutto al Mercado Municipal e alla Feria Pinto, state attenti ai piccoli furti. Sono stati denunciati casi di scippo anche lungo il sentiero che porta al Cerro Ñielol.

Nei dintorni di Plaza de Armas Aníbal Pinto ci sono moltissimi bancomat e uffici di cambio.

Chiosco di informazioni turistiche Mercado Municipal (973-628; 8-20 lun-sab, 9-16 dom); Plaza de Armas Aníbal Pinto (720-777; 9-19 lun-ven, fino alle 18 dom) Di domenica è aperta solo la sede al Mercado Municipal.

Conaf (298-100; Bilbao 931, 2° piano) È prevalentemente un ufficio amministrativo, ma nell'edificio adiacente (Pasilla D, 2° piano) troverete cartine dei parchi regionali.

Hospital Hernán Henríquez Aravena (212-525; Manuel Montt 115; 24 h su 24) Sei isolati a ovest e un isolato a nord di Plaza de Armas Aníbal Pinto.

Sernatur (312-857; Thiers 539; 8.30-20.30 lun-sab, 10-14 dom dic-feb, 9-14 e 15-17.30 lun-gio, 9-14 e 15-16.30 ven marzo-nov) Vicino al Museo Regional.

Ufficio postale (all'angolo tra Diego Portales e Prat)

Per/da Temuco

Aereo

L'Aeropuerto Maquehue si trova 6 km a sud della città, immediatamente a ovest della Panamericana. **Lan** (600-526-2000; www.lan.com; Bulnes 687; 9-13.30 e 15-18.30) ha voli per Santiago (a partire da CH$152.500). **Sky Airlines** (777-300; www.skyairline.cl; Bulnes 677; 9-14 e 15-19.30 lun-ven, 9.30-13.30 sab) applica tariffe molto più convenienti per i voli di sola andata per Santiago (a partire da CH$48.400) e Concepción (a partire da CH$20.700).

Autobus

Temuco è uno snodo importante per i trasporti in autobus. I pullman a lunga percorrenza partono dal **Terminal Rodoviario** (225-005; Pérez Rosales 1609), situato alla periferia settentrionale della città. Le compagnie di autotrasporti hanno uffici con servizio di biglietteria situati in città. Orari e tariffe variano nel corso dell'anno e in inverno le corse si diradano.

Alcune autolinee che servono le principali città lungo la Panamericana sono: **Tur-Bus/Inter** (234-349; all'angolo tra Lagos e Manuel Montt) e **Pullman Bus** (212-137; Claro Solar 611), entrambe con autobus frequenti per Santiago e la seconda anche per Valparaíso/Viña del Mar; **Cruz del Sur** (730-320), che ha una sede in Claro Solar 599 e un'altra in Manuel Montt 290 e serve anche l'Isola di Chiloé e Bariloche via Osorno; **Igi Llaima/Nar-Bus** (407-777; Balmaceda 995), che raggiunge anche destinazioni in Argentina.

Al **Terminal de Buses Rurales** (210-494; Av Aníbal Pinto 32) fanno capo autobus locali e regionali. Nar-Bus ha 7 autobus al giorno per Melipeuco (CH$1700, 2 h) e 1 autobus diretto al giorno per il Parque Nacional Conguillío (CH$3000, 3 h, dal lunedì al sabato alle 10.30).

Buses JAC (465-465; all'angolo tra Av Balmaceda e Aldunate), che dispone di un terminal proprio, offre i collegamenti più frequenti con Villarrica e Pucón, ma ha anche autobus per Santiago, Lican Ray e Coñaripe.

Buses Bio Bio (465-351; www.busesbiobio.cl; Lautaro 854) ha frequenti autobus per Angol, Los Angeles, Concepción e Curacautín, ma anche per Lonquimay.

Nella tabella di seguito riportiamo alcuni esempi di tempi di percorrenza e tariffe (i prezzi variano in base al livello qualitativo dell'autobus e/o alla classe):

DESTINAZIONE	TARIFFA (CH$)	DURATA (ORE)
Castro	10.500	9
Chillán	6500	4
Concepción	7000-8300	4½
Curacautín	3400	2
Osorno	4500-10.500	4
Pucón	2500-4800	2
Puerto Montt	6000-12.300	5
Santiago	15.000-51.000	9
Valdivia	3000-3400	3
Valparaíso/Viña del Mar	19.000	10
Villarrica	1400	1½
Zapala e Neuquén (Ar)	15.000-30.000	7½-12
San Martín de Los Andes (Ar)	12.000	6½

Trasporti locali

Il *Colectivo* 11P effettua servizio dal centro (Claro Solar) al terminal degli autobus (da CH$450 a CH$600). La corsa in taxi dal *centro* dovrebbe costare CH$2500. Per chi vuole andare direttamente all'aeroporto, molti degli autobus a lunga percorrenza che arrivano in città fermano alla Cruce del Aeropuerto, dove si può prendere un taxi spendendo CH$4000, lo stesso costo di una corsa dal *centro*. Per noleggiare un'automobile ci si può rivolgere a **Europcar** (☎232-715; all'angolo tra Diego Portales e Vicuña MacKenna) o **Avis** (☎456-280; San Martín 755). Entrambi sono presenti anche in aeroporto.

Parque Nacional Tolhuaca

Quando al mattino si dissolve la bruma che avvolge il paesaggio collinare circostante, sulla strada sterrata che porta al **Parque Nacional Tolhuaca** (interi/bambini CH$3500/1500) può capitare di incontrare stormi di pappagalli che si aggirano indisturbati: un chiaro segno che ci si trova su una strada poco battuta. Esteso su una superficie di 64 kmq a nord-est di Temuco, sulla sponda settentrionale del Río Malleco, il Tolhuaca è infatti uno dei parchi meno noti tra tutte le aree protette cilene, in gran parte perché è più difficile da raggiungere rispetto al vicino Conguillío. Offre sentieri escursionistici a quote che variano dagli 850 m nei dintorni della Laguna Malleco ai 1830 m del Cerro Colomahuida; oltre il confine sud-orientale del parco si erge il Volcán Tolhuaca (2806 m).

L'escursione più bella è quella alla **Laguna Verde** (sola andata 2 h, 4 km), che deve il suo nome alle acque verdastre e alle sponde verdeggianti circondate da una rigogliosa foresta di araucaria e lenga. Il sentiero, che parte circa 5 km a est della Laguna Malleco, sulla strada per le Termas de Tolhuaca, attraversa il Río Malleco e passa vicino a diverse cascate. Un'escursione più breve è quella al **Salto de Malleco** (1 h sola andata, 1,7 km), una cascata alta 49 m.

Facilmente accessibile dalla zona orientale del parco e situato 33 km a nord di Curacautín, il rustico complesso delle **Termas de Tolhuaca** (☎045-881-211; www.termasdetolhuaca.cl; ufficio di Curacautín in Calama 240; ingresso giornaliero interi/bambini CH$8000/6000) ha piscine di acqua termale fumante disposte all'aperto in mezzo alla natura. All'**Hotel Termas de Tolhuaca** (camere CH$52.000 per persona) le tariffe comprendono la pensione completa.

Si può pernottare al **Camping Inalaufquén** (piazzole CH$8000), sulla riva sud-orientale della Laguna Malleco, che ha piazzole alberate e ben riparate ed è dotato di acqua corrente, focolai, tavoli da picnic, servizi igienici e docce con acqua fredda, alle quali non guasterebbe un po' di manutenzione. Per maggiori informazioni sul parco e sul campeggio, rivolgetevi al Conaf di Temuco (v. p246).

Per/dal Parque Nacional Tolhuaca

Non esistono mezzi di trasporto pubblico in servizio da Temuco al parco. Nei giorni feriali da Victoria partono autobus per San Gregorio, da dove il campeggio di Laguna Malleco dista 19 km a piedi. Un'altra possibilità è prendere un taxi da Curacautín (CH$20.000).

Parque Nacional Conguillío

In lingua mapudungun Llaima significa 'vene di sangue', esattamente ciò che è capitato di vedere ai turisti in visita al **Parque Nacional Conguillío** (www.parquenacionalconguillio.com; interi/bambini CH$4500/2500) e all'imponente Volcán Llaima (3125 m) il giorno di Capodanno del 2008. Fulcro di questa riserva della biosfera istituita dall'UNESCO, il Llaima è tra i vulcani più attivi del Cile: dal 1640 a oggi ha eruttato violentemente 35 volte. Durante una recente eruzione nel 2008, la lava incandescente è schizzata in alto per 300 m, creando una scia di fumo acre lunga 20 km, che ha costretto il Corpo Forestale dello Stato (Conaf) a evacuare 43 turisti e 11 dipendenti del parco e altre 40 persone a causa di una seconda eruzione. Insomma, il Volcán Llaima è un mostro a cui piace sputare sangue.

A dispetto del rischio di eruzioni vulcaniche, questo meraviglioso parco, creato nel 1950 principalmente per proteggere l'araucaria e 608 kmq tra laghi di montagna, profondi canyon e foreste native, è aperto al pubblico. È al magma marrone-grigiastro accumulatosi nel corso degli anni che si deve la singolare bellezza dei paesaggi dall'aspetto quasi irreale, ancor più suggestivi verso la fine di aprile, quando le foglie assumono tutti i colori dell'autunno.

Ci sono tre vie d'accesso al Parque Nacional Conguillío. La prima, e più breve (80 km), è quella direttamente a est di Temuco che passa per Vilcún e Cherquenco; da qui si accede ai resort sciistici del Sector Los Paraguas, ma non (almeno non su strada) ai campeggi, al centro visitatori principale e agli imbocchi dei sentieri. Per tutti questi è meglio seguire la via più settentrionale che da Temuco passa per Curacautín (120 km). L'ingresso meridionale del parco, anch'esso a 120 km da Temuco, si raggiunge invece passando per Melipeuco, da dove parte la strada che, dirigendosi verso nord, conduce all'ingresso settentrionale, dando accesso ai sentieri e ai campeggi.

Attività

Escursionismo

Nell'eruzione del 2008 la lava è scesa verso sud-est nel Sector Cherquenco, risparmiando così tutti i sentieri tracciati del parco. Uno dei percorsi brevi più belli del Cile, il **sentiero Sierra Nevada** (sola andata 3 h, 7 km), che raggiunge appunto le pendici della Sierra Nevada, parte dal piccolo parcheggio di Playa Linda, all'estremità orientale della Laguna Conguillío. Continuando a salire in direzione nord-est attraverso dense foreste di coigüe, il sentiero tocca un paio di punti panoramici con vista sul lago, il secondo dei quali è il più spettacolare e domina la zona in cima al crinale in cui gli alberi di coigüe cominciano a cedere il passo a fitti boschi di araucaria.

Se non si è escursionisti davvero esperti, il Conaf sconsiglia di spingersi a nord sulla **Travesía Río Blanco** (sola andata 5 h, 5 km), un percorso che troverete descritto in dettaglio nella guida Lonely Planet *Trekking in the Patagonian Andes*.

Nei pressi del centro visitatori si trova l'inizio del **Sendero Araucarias** (45 min, 0,8 km), che si snoda nella verdeggiante foresta pluviale. Dalla Laguna Verde parte un breve sentiero che raggiunge La Ensenada, un tratto di spiaggia tranquilla. Il **sentiero Cañadon Truful-Truful** (30 min, 0,8 km) attraversa il canyon, dove l'erosione delle acque del Río Truful-Truful ha messo in evidenza la stratificazione della roccia, a testimonianza delle numerose eruzioni del Llaima. Il vicino **sentiero Los Vertientes** (30 min, 0,8 km) conduce a una radura in cui sgorgano diverse sorgenti.

Arrampicata

Gli scalatori esperti possono affrontare la scalata del Volcán Llaima dal **Sector Los Paraguas**, nella zona occidentale del parco, dove, lungo la strada che proviene da Cherquenco, si trova anche un *refugio*, oppure da Captrén, dal versante settentrionale. Non è richiesta nessuna autorizzazione, ma si deve comunque passare al Centro de Información Ambiental del Conaf per far ispezionare l'attrezzatura.

Sci

Centro de Ski Las Araucarias SCI
(☎045-239-999; www.skiaraucarias.cl; Temuco; skipass per mezza giornata/giornata intera CH$ 19.000/22.000) Nel settore di Los Paraguas ci sono solo tre piste, ma è un ambiente tranquillo e suggestivo per trascorrere una bella giornata sugli sci. Il noleggio di sci e snowboard costa CH$15.000 al giorno.

Pernottamento

TOP **La Baita** BUNGALOW $
(☎099-733-2442; www.labaitaconguillio.cl; singole/doppie CH$48.000/60.000, bungalow per 4/6 persone CH$60.000/70.000; P) Circondata da boschi incontaminati appena fuori del perimetro meridionale del parco, questa struttura ecoturistica dispone di sei bei bungalow dotati di caldaie a combustione lenta e turbina per generare energia elettrica e acqua calda, ma dispone anche di un accogliente lodge profumato d'incenso di cui fanno parte un ristorante e 15 camere provviste di docce rivestite in granito e lavabi dal design moderno. Ci sono inoltre una bella sala per massaggi, una hot tub all'aperto e la sauna. Nelle tariffe del lodge è compresa la prima colazione, mentre la mezza pensione costa CH$14.000 in più e i pasti vengono serviti nel ristorante italo-cileno con contaminazioni mapuche. La proprietaria è la deliziosa Isabel Correa, un'ex cantante dall'aria un po' hippy che tutte le sere intrattiene i suoi ospiti dissertando sui vini biologici. C'è la possibilità di fare yoga, escursioni in mountain bike, in kayak e a piedi. La Baita dista 15 km da Melipeuco e 60 km da Curacautín.

Cabañas Conguillío BUNGALOW $
(☎02-588-4035; bungalow per 3/7 persone CH$50.000/75.000) Situati sulla sponda sud-occidentale del lago, sono tutti ben attrezzati. C'è anche un piccolo negozio (aperto da metà dicembre all'inizio di marzo).

Al Centro de Ski Las Araucarias ci sono quattro possibilità di alloggio nel cuore delle montagne: la più nuova è l'**Edificio Araucarias** (appartamenti per 4/6 persone CH$90.000/110.000), che può vantare un'accogliente zona giorno con bar, mentre le altre sono l'**Edificio Llaima** (appartamenti con 4 posti letto CH$60.000), il **Refugio Pehuén** (letti in camerata CH$12.000, doppie senza bagno CH$13.000) e il **Refugio Los Paraguas** (letti in camerata CH$10.000, suite CH$60.000). In qualche caso per le camerate occorre avere il sacco a pelo. Per prenotare rivolgetevi al centro sciistico.

All'interno del parco il Conaf gestisce cinque **campeggi** (piazzole CH$18.000), tra cui uno sulla sponda meridionale del Lago Conguillío e uno su quella nord-occidentale della Laguna Captrén, con un apposito settore riservato ai backpacker (piazzole CH$5000). In alta stagione, sul Lago Conguillío, sono disponibili anche due **cupole** (CH$50.000) a energia solare, dotate di letto matrimoniale e divano. All'epoca della nostra visita era in progetto anche la costruzione di un interessante lodge a cinque stelle in riva al lago.

Informazioni

Soprattutto in estate (nei mesi di gennaio e febbraio), il **Centro de Información Ambiental** (Laguna Conguillío; 8.30-21.30) del Conaf offre varie attività, tra cui proiezioni di diapositive e conferenze in materia di ecologia, escursioni a piedi nella Sierra Nevada e gite per bambini. Dispone inoltre di buone cartine dei sentieri, con le informazioni topografiche essenziali e la descrizione degli itinerari.

Per/dal Parque Nacional Conguillío

Per raggiungere il Sector Los Paraguas, prendete gli autobus **Vogabus** (045-910-134) che partono ogni h dalle 8 alle 18.30 dal lunedì al sabato dal Terminal de Buses Rurales di Temuco in direzione di Cherquenco (CH$1400, 1 h 30 min), da dove il lodge sciistico di Los Paraguas dista 17 km a piedi o in autostop.

Per quanto riguarda invece l'ingresso settentrionale di Laguna Captrén, **Buses Flota Erbuc** (045-272-204) effettua servizio regolarmente da Curacautín (CH$3400, 2 h), da dove 2 volte al giorno (alle 6 e alle 18) parte un autobus navetta (CH$500) che raggiunge la Guardería Captrén, al confine del parco. **Buses Curacautín Express** (045-258-125) offre lo stesso servizio, con gli stessi orari, ma solo dal lunedì al venerdì. In inverno gli autobus arrivano fin dove le condizioni della strada lo consentono. In entrambi i casi dalla fermata dell'autobus all'ingresso del parco restano ancora circa 2 km da percorrere a piedi. L'unica alternativa è prendere il taxi (CH$30.000).

Per raggiungere l'ingresso meridionale di Truful-Truful, prendete un autobus **Nar-Bus** (045-211-611; www.narbus.cl) da Temuco a Melipeuco (CH$1300, 2 h, 6 corse al giorno), dove all'ufficio turistico potranno fornirvi assistenza per trovare un mezzo di trasporto fino al parco.

Curacautín

045 / POP. 16.995

Curacautín è la via di accesso settentrionale al Parque Nacional Conguillío. Sebbene qui ci siano più servizi che a Melipeuco e ci sia stato un lieve miglioramento nell'offerta alberghiera, sarete sicuramente più soddisfatti se troverete alloggio lungo la strada che porta a Lonquimay, in posizione più centrale rispetto ai tre parchi della zona.

Se decidete comunque di pernottare a Caracautín, la sistemazione più conveniente è l'**Hostal Epu Pewen** (881-793; Manuel Rodríguez 705; letti in camerata CH$7000, doppie CH$22.000; P @), gestito da una coppia mista mapuche. Estremamente pulito e confortevole per questa fascia di prezzo, è ricco di dettagli mapuche, come i bagni e le pareti rivestite con mattonelle decorate con *kultrün* (tamburi rituali). I gestori parlano inglese e possono organizzare escursioni a piedi e altre attività nel parco. L'**Hostal Rayén** (099-001-4421; Manuel Rodríguez 104; camere con/senza bagno CH$12.000/8000 per persona; P) non è la sistemazione più bella né la più tranquilla, ma vi troverete una grande ospitalità. Un po' più costosa ma con un'atmosfera familiare simile è la **Dream's House** (881-462; Iquique 115; camere con/senza prima colazione CH$12.000/10.000 per persona; P @), dallo stile tendente al kitsch.

L'utile **ufficio turistico** (464-858; Manuel Rodríguez s/n; 8.30-21 gen-feb, 8.30-18.30 lun-sab, 9.30-14 dom marzo-dic) fornisce materiale illustrativo e informazioni sul parco e sugli alloggi presenti in città.

Il **terminal degli autobus** (all'angolo tra Arica e Manuel Rodríguez) si trova proprio sulla statale che porta a Lonquimay. **Buses Bio Bio** (881-123; www.busesbiobio.cl) serve Temuco via Victoria (CH$4300, 6 corse al giorno) e via Lautaro (CH$3000, 4 corse al giorno). **Buses Curacautín Express** (258-125) ha partenze a ogni ora del giorno per Temuco via Lautaro (CH$1200, 1 h 30 min). Per informazioni sui trasporti per il Parque Nacional Conguillío, v. più indietro. **Tur-Bus/Inter** (881-596; Serrano 101) ha autobus diretti per Santiago (da CH$21.100 a CH$23.500) con diverse partenze al giorno. Potete provare anche con **Jet Sur** (099-486-9156), che ha un servizio notturno con partenza alle 21 molto meno costoso (da CH$10.000 a CH$15.000).

Per raggiungere gli alloggi situati lungo la strada per Lonquimay, potete servirvi di **Buses Flota Erbuc** (272-204) che effettua sei corse al giorno per Malalcahuello e possono fermare in qualsiasi punto lungo il percorso (CH$700).

Reserva Nacional Malalcahuello-Nalcas

Una vera perla tra i parchi nazionali dell'Araucanía settentrionale, la **Reserva Nacional Malalcahuello-Nalcas** (interi/bambini CH$1000/500) unisce due territori protetti estendendosi complessivamente su 303 kmq a nord di Malalcahuello, sulla strada per Lonquimay, fin quasi al confine del Parque Nacional Tolhuaca. Sebbene sia tagliata fuori dal circuito dei parchi principali, la riserva di Malalcahuello-Nalcas è uno degli ambienti naturali più suggestivi del Sur Chico, con paesaggi desolati di cenere e sabbia che sembrano quasi un Sahara annerito.

Che cosa vedere e fare

Senza essere particolarmente impegnativa, l'escursione al **Cráter Navidad** (2 h, 1,5 km), che ha eruttato l'ultima volta a Natale del 1988, permette di immergersi in questo ambiente surreale: sembra quasi di essere su Marte con le sue desolate tinte rossastre, dovute al magma e alle ceneri vulcaniche, e sullo sfondo il maestoso profilo dei vulcani Lonquimay, Tolhuaca e Callaqui che si staglia in lontananza.

Il sentiero più facile da raggiungere è quello di **Piedra Santa** (5 h, 7,5 km), che rappresenta il tratto iniziale dell'itinerario più lungo che porta alla Laguna Blanca. Dal Piedra Santa si dirama **El Raleo** (2 h, 3,5 km), che attraversa foreste di coigüe e pini introdotti dall'uomo. Il sentiero parte nei pressi del piccolo **centro informazioni** (097-488-5816; Camino Internacional Km 82) del Conaf, vicino alla strada che conduce al paesino di Malalcahuello, situato lungo la statale per Lonquimay. Lungo i sentieri è consentito il campeggio libero.

Il perimetro occidentale della riserva di Nalcas coincide con il Volcán Tolhuaca, mentre il Volcán Lonquimay segna il confine tra le due riserve. Nella Nalcas si snoda il **Sendero Tolhuaca** (sola andata 24 h, 40 km), accessibile solo dal **Sendero Laguna Blanca** (2 giorni sola andata, 40 km), che attraversa il versante occidentale del Volcán Lonquimay e termina in corrispondenza di uno spettacolare lago color acquamarina ai piedi del Volcán Tolhuaca, oltre il confine occidentale del parco. Da qui il panorama dei due vulcani è splendido. Una vecchia strada per il trasporto della legna collega il sentiero alle Termas de Tolhuaca, a ovest, e alla Laguna Verde, nel Parque Nacional Tolhuaca (i sentieri possono essere difficili da individuare: è consigliabile farsi accompagnare da una guida).

Il **Centro de Montaña Corralco** (☎02-202-9325; www.corralco.com; skipass per mezza giornata/giornata intera CH$18.000/23.000) è migliore rispetto alla stazione sciistica di Conguillío, con numerose piste e paesaggi più belli. È stato appena costruito anche un nuovissimo lodge. Il bivio che conduce alle piste si trova 2 km a est di Malalcahuello, sulla strada per Lonquimay, dove comincia una strada bianca in buone condizioni che risale la montagna per i restanti 9 km. Il noleggio dell'attrezzatura costa CH$16.000.

Pernottamento

Troverete due ottime sistemazioni sulla strada per Lonquimay, lungo la quale si susseguono cascate e sorgenti termali.

Andenrose LODGE $$
(☎099-869-1700; www.andenrose.com; Camino Internacional Km 68,5; singole/doppie a partire da CH$25.000/33.000; P ⊜ ᯤ) Situato sulla riva dell'impetuoso Río Cautín, su cui si pratica il kayak, l'Andenrose è costruito in stile bavarese con legno proveniente da coltivazioni biologiche ed è caratterizzato dai mattoni a vista e dall'ospitalità tipica della Germania meridionale (il proprietario è un concentrato di entusiasmo). La cena è un pasto completo da tre portate (sperate nell'accoppiata gulasch di vitello/späetzle) e viene servita anche una ricca prima colazione. Vengono organizzate belle passeggiate a piedi e a cavallo e tour in jeep.

Suizandina LODGE $$
(☎197-3725; www.suizandina.com; Camino Internacional Km 83; piazzole CH$6000 per persona, letti in camerata CH$13.000, singole/doppie/triple a partire da CH$29.000/41.000/49.000; P @ ᯤ) Leggermente più costoso e raffinato, il Suizandina è stato fondato da una giovane famiglia svizzera, che recentemente lo ha venduto a una coppia svizzero-cilena che ne ha mantenuto l'ospitalità e il carattere tipicamente elvetico (sono gli stessi proprietari dell'EcoHostel di Santiago). La pulizia raggiunge quasi la perfezione e le camere sono spaziose (e dotate di bagni fantastici); le migliori per i viaggiatori sono quelle più economiche nella Casa de Huéspedes, con la cucina in comune. I bagni destinati ai cam-

peggiatori si trovano nell'edificio principale e sono sicuramente i migliori di tutto il Sur Chico. Ci sono vino e mini-küchen (dolcetti tedeschi) in abbondanza e il menu è tutto all'insegna di ottime specialità svizzere, come *rösti*, fondue e raclette. Passeggiate a cavallo e massaggi sono le novità introdotte dal nuovo proprietario, che è un fisioterapista con la passione dei cavalli; si possono organizzare escursioni a piedi.

Per/dalla Reserva Nacional Malalcahuello-Nalcas

A est di Malalcahuello la strada entra nel Túnel Las Raíces, una stretta galleria a senso unico che porta al bacino idrografico del corso superiore del Biobío; costruita nel 1930 come tunnel ferroviario, con i suoi 4527 m di lunghezza si aggiudica il primato della galleria più lunga dell'America meridionale. La strada raggiunge infine il Paso Pino Hachado, a quota 1884 m, un posto di confine dal quale si accede alle città argentine di Zapala e Neuquén.

Il modo più facile per visitare la riserva di Malalcahuello-Nalcas è partecipare a un tour organizzato o prendere un taxi da Curacautín; per percorrere lo sterrato che attraversa il parco è necessario disporre di un fuoristrada.

Melipeuco

045 / POP. 4980

Melipeuco, porta d'accesso meridionale al Parque Nacional Conguillío, si trova 90 km a est di Temuco passando per Cunco. Se cercate una sistemazione più vicina al parco rispetto a Temuco, Melipeuco è l'ideale per le gite in giornata, ma per immergersi appieno nell'atmosfera surreale del Conguillío, vale la pena di arrivare fino in fondo.

Per le visite e le escursioni in zona, la nuova **Andes White** (099-460-9720; www.andeswhite.com; Pedro Aguirre Cerda 702) è un'ottima agenzia gestita da due appassionati di attività all'aperto. Organizza scalate sul Volcán Llaima (CH$75.000), visite alla caldera e al ghiacciaio di Sollipulli (CH$50.000) ed escursioni in giornata nel parco (CH$35.000).

Antü Mahuida Excursiones (098-806-4743; www.antu-mahuida.com; Pedro Aguirre Cerda 702) offre escursioni nel parco al costo di CH$18.000 per persona.

Per pernottare la scelta migliore è l'**Hostal Sendero Andes** (581-306; www.senderoaventurasandes.cl; Pedro Aguirre Cerda 384; camere con/senza bagno CH$22.000/16.000 per persona; P@), accogliente e con personale bilingue. L'invitante bar con ristorante sembra un rifugio di montagna, mentre le semplici camere al piano superiore ricordano l'atmosfera di paese tipica del Sur Chico. L'**Hospedaje Icalma** (099-280-8210; hospedajeicalmademelipeuco@gmail.com; Pedro Aguirre Cerda 729; camere CH$12.000 per persona; P@) è una discreta sistemazione con camere modeste.

A Melipueco troverete alcuni ristoranti e un utile **ufficio turistico** (581-062; Pedro Aguirre Cerda s/n; 8.30-13 e 14-18 lun-ven, 10-14 sab, 15-20 dom).

Dal Terminal de Buses Rurales di Temuco, gli autobus Nar-Bus effettuano servizio per Melipeuco (CH$1700) sette volte al giorno dal lunedì al sabato e la domenica con meno frequenza; dal lunedì al sabato c'è anche un autobus che raggiunge direttamente l'ingresso del parco (CH$3000, 3 h).

Villarrica

045 / POP. 39.727

A differenza di Pucón, Villarrica, sua caotica dirimpettaia al di là del ventoso Lago Villarrica, sprigiona l'atmosfera frizzante e animata di un'autentica città cilena. Sebbene non abbia lo stesso fascino di Pucón, senza tutto il trambusto generato dalle comitive turistiche, è più gradevole e vivibile, anche grazie ai prezzi più contenuti e a quell'aria di antico splendore che piace così tanto ai viaggiatori dall'indole tranquilla.

La nuova *costanera* (strada costiera), ricostruita dopo il terremoto che ha colpito Concepción nel 2010, offre una bella passeggiata lungo la spiaggia erbosa, più invitante di quel che si potrebbe pensare. Considerando che anche a Villarrica si trovano tutte le attività disponibili a Pucón, è una buona alternativa, se vi piace il genere.

Che cosa vedere e fare

Museo Histórico y Arqueológico MUSEO
(Av Pedro de Valdivia 1050; ingresso CH$300; 9-13 e 15.19.30 lun-ven) L'esposizione del Museo Histórico y Arqueológico, situato accanto all'ufficio turistico, è imperniata sui manufatti mapuche (monili, strumenti musicali e maschere di legno intagliato grossolanamente), Al momento della nostra visita era chiuso per lavori: un piccolo tornado aveva scoperchiato il tetto!

TOP **Aurora Austral Patagonia Husky** SLEDDOG
(098-901-4518; www.auroraaustral.com; Camino Villarrica-Panguipulli Km 19,5) A circa 19 km

Villarrica

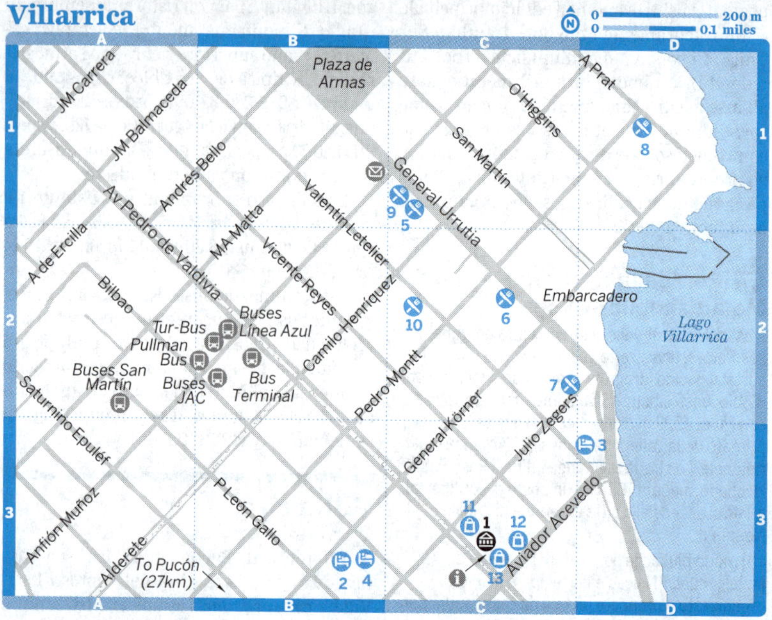

da Villarrica, sulla strada per Lican Ray, troverete questo allevamento a gestione tedesca con oltre 50 splendidi esemplari di husky siberiani e dell'Alaska, pronti ad accompagnarvi sulle slitte in un viaggio divertentissimo. In inverno ci sono escursioni in giornata (CH$60.000) e un'impegnativa traversata delle Ande della durata di sette giorni (CH$1.950.000). In estate si possono fare gite di 6 km con tanto di barbecue (CH$30.000) oppure trekking con i cani sul Volcán Villarrica (CH$45.000). I veri appassionati possono dormire all'aperto, ma ci sono anche tre bungalow molto belli (da CH$30.000 a CH$60.000).

Feste ed eventi

Muestra Cultural Mapuche CULTURA

La Muestra Cultural Mapuche, che si svolge tutti gli anni in gennaio e febbraio, prevede esposizioni di artisti locali, concerti di musica nativa ed esibizioni di danze rituali.

Pernottamento

Circa una decina di campeggi sono ubicati lungo la strada tra Villarrica e Pucón.

Hostería de la Colina LOCANDA $$

(☎411-503; www.hosteriadelacolina.com; Las Colinas 115; singole/doppie a partire da CH$30.000/47.000, suite CH$67.000; P ⊖ @ ☰) Situata su un'altura con splendide vedute a sud-ovest della città, questa bella *hostería* (locanda) con ristorante è circondata da rigogliosi giardini perfettamente curati. I proprietari statunitensi sono tra i pochi da queste parti che sappiano cosa sia la vera ospitalità (e il giardinaggio). Le camere nell'edificio principale tendono al classico, mentre le due suite indipendenti hanno un'impronta più contemporanea e offrono maggiore privacy. Nel pomeriggio potrebbero stupirvi con piccole sorprese come spuntini di salmone affumicato o salame di cervo.

La Torre Suiza OSTELLO $

(☎411-213; www.torresuiza.com; Bilbao 969; letti in camerata CH$8500, singole/doppie/triple a partire da CH$15.000/20.000/27.000; P @ ☰) Questo piacevole chalet di legno, un classico intramontabile di Villarrica, propone una cucina perfettamente attrezzata, la lavanderia, libri da scambiare in tutte le lingue, mountain bike a noleggio, informazioni d'interesse locale e la compagnia di altri viaggiatori come voi. All'epoca della stesura di questa guida circolavano voci di un possibile cambio di proprietà.

Hostería Hue-quimey GUESTHOUSE $$

(☎411-462; www.huequimey.cl; Valentin Letelier 1030; camere a partire da CH$40.000; P ⊖ @ ☰) Rinnovata di recente, si impone con uno stile deciso, dalla facciata esterna – che ricorda una casa delle bambole – alle raffinate opere

Villarrica

Che cosa vedere

1 Museo Histórico y Arqueológico ... C3

Pernottamento

2 Hostal Don Juan ... B3
3 Hostería Hue-quimey ... D3
4 La Torre Suiza ... B3

Pasti

5 Café Bar 2001 ... C1
6 Caramel ... C2
Centro Cultural Mapuche ... (v. 11)
7 El Sabio ... C2
8 Fuego Patagón ... D1
9 Huerto Azul ... C1
10 The Travellers ... C2

Shopping

11 Centro Cultural Mapuche ... C3
12 Feria Artesanal ... C3
13 Pueblito Artesanal ... C3

d'arte africana realizzate dai nuovi proprietari, una coppia franco-tedesca proveniente dal Camerun. Le camere nella parte anteriore godono di una bella vista sul vulcano, mentre quelle al secondo piano hanno anche una piccola terrazza. Grazie alle finestre verandate al piano terra e alle ampie vetrate al piano superiore, nei giorni di sole le camere sono inondate di luce naturale.

Hostal Don Juan LOCANDA $
(☎411-833; www.hostaldonjuan.cl; General Körner 770; singole/doppie CH$20.000/31.000, senza bagno CH$14.000/24.000; P@) Il Don Juan ha tanti pregi che conquistano i viaggiatori: una sala da gioco, un grande *fogón* (forno all'aperto) progettato dal simpatico proprietario, una sala multifunzionale con cucina e doccia – non manca proprio nulla. Alcune camere al secondo piano offrono anche favolose vedute del vulcano.

Pasti

Alle spalle del Centro Cultural Mapuche si trovano alcune caratteristiche bancarelle alimentari che vendono specialità mapuche e altre sostanziose pietanze a prezzi economici (tra CH$900 e CH$3500).

Hostería de la Colina CILENO, INTERNAZIONALE $$
(☎411-503; www.hosteriadelacolina.com; Las Colinas 115; portate principali CH$5500-7900; pranzo e cena;) Questo eccellente ristorante, da provare anche se non si soggiorna alla *hostería*, serve classici della cucina cilena e internazionale di qualità superiore alla media. Il menu stagionale, che cambia tutti i giorni, offre una scelta limitata, che spesso comprende specialità come la zuppa azteca, ottime lasagne vegetariane, carne di cervo senza ormoni e trota in crosta di nocciole. I pasti, inoltre, si concludono quasi sempre con un assaggio di gelato a scelta tra i 12 gusti fatti in casa. Vale la pena di andarci per compensare qualsiasi privazione alimentare.

TOP **The Travellers** INTERNAZIONALE $
(www.thetravellers.cl; Valentin Letelier 753; portate principali CH$3950-8500; prima colazione, pranzo e cena-fino a tardi;) Cinese, messicano, thailandese, indiano, italiano: è un passaporto per la cucina internazionale questo ristobar che è una tappa d'obbligo per gli stranieri. Il recente restyling ha mantenuto le fotografie di album classici e le cartoline ricevute da *amigos* di tutto il mondo sposandole con un'impronta moderna e una nuova e ampia terrazza. I viaggiatori possono ricevere informazioni in inglese e tedesco, ma anche gustare i cocktail a prezzi scontati durante il lungo happy hour (a partire dalle 18 alle 21.30; assaggiate l'enorme mojito). È giustamente citato in tutte le guide di viaggio: se avete già trascorso un certo periodo in Cile, piatti come il fantastico curry di pollo thailandese (un incrocio di cucina rossa e penang) sono una vera salvezza. I cocktail e le *enchuladas* (birra alla spina, tabasco, lime e sale) sono una delizia.

TOP **Huerto Azul** DOLCI $
(www.huertoazul.cl; Henríquez 341; CH$690-1900 al pezzo; prima colazione, pranzo e cena) All'insegna del colore azzurro, questa favolosa gastronomia/gelateria vi sfida a entrare senza uscirne poi con un'intossicazione da zuccheri. Lungo le pareti sfilano marmellate e conserve artigianali, come fichi con *merquén* (peperoncini affumicati alle spezie secondo una ricetta mapuche) e cipolle con merlot; un generoso assortimento di cioccolato belga fatto in casa (buono da morire) fa bella mostra di sé al banco e fuori la gente si mette in fila per il gelato all'italiana, anche questo artigianale (assaggiate il gusto *maqui*, il nuovo *açaí*, ricco di antiossidanti).

El Sabio PIZZERIA $
(www.elsabio.cl; Zegers 393; pizza CH$3900-8900; pranzo e cena; chiuso lun marzo-dic;) Una simpatica coppia argentina crea fantastiche pizze di forma oblunga, servite su piccoli ta-

glieri. Dimenticate tutto quello che credevate di sapere sulla pizza in Cile.

Fuego Patagón STEAKHOUSE **$**
(all'angolo tra Pedro Montt e Prat; bistecche CH$4950-6900; ⊙pranzo e cena gen-feb, chiuso lun marzo-dic) Troverete della carne deliziosa in questa tranquilla steakhouse di quartiere lontana dal brusio della città. Ha il *lomo vetado* (lombata) più succulento che abbiamo trovato a meno di CH$5000 e la piccante salsa verde servita con le *sopapillas* risveglierà i vostri sensi.

Caramel CAFFÈ **$**
(Urrutia 837; piatti CH$850-3000; ⊙prima colazione, pranzo e cena lun-sab dic-feb) Semplice caffè gestito da svizzeri, serve un eccellente espresso (accompagnato da ciambelline artigianali) e stuzzicanti panini.

Café Bar 2001 CAFFÈ **$**
(Camilo Henríquez 379; portate principali CH$2750-5600; ⊙prima colazione, pranzo e cena) La prima colazione speciale a CH$2700 porta in tavola küchen, toast, succhi e caffè, ma il bar non apre prima delle 9. Il locale propone inoltre un discreto assortimento di rare birre artigianali e una ricca varietà di caffè.

Shopping

Intorno all'ufficio turistico c'è un'alta concentrazione di *artesanías* (prodotti artigianali). Il **Pueblito Artesanal** (all'angolo tra Acevedo e Pedro de Valdivia; ⊙10.30-20), la **Feria Artesanal** (Acevedo 565; ⊙10-24 gen-feb) e il **Centro Cultural Mapuche** (⊙10-23) vendono tutti i soliti souvenir per turisti, comprese le statuette mapuche intagliate nel legno di alloro e le ciotole di legno raulí.

Informazioni

Le banche dotate di bancomat e gli accessi a internet abbondano, soprattutto nei pressi dell'incrocio tra Pedro Montt e Av Pedro de Valdivia.

Banco de Chile (all'angolo tra Pedro Montt e Av Pedro de Valdivia)

Hospital Villarrica (San Martín 460; ⊙24 h su 24)

Oficina de Turismo (☎206-619; www.visitvillarrica.cl; Av Pedro de Valdivia 1070; ⊙8-23 gen-feb, 9-13 e 14.30-18 marzo-dic) Il personale di questo ufficio turistico municipale è cortese e fornisce materiale illustrativo in abbondanza.

Ufficio postale (Anfión Muñoz 315)

Per/da Villarrica e trasporti locali

Villarrica ha un **terminal degli autobus** (Av Pedro de Valdivia 621) centrale, ma alcune autolinee hanno anche sedi separate nelle sue vicinanze. Le tariffe per i viaggi a lunga percorrenza sono simili a quelle degli autobus che partono da Temuco (1 h di distanza), dove però c'è una scelta maggiore per chi è diretto a sud.

Buses JAC (☎467-775; Bilbao 610) effettua collegamenti per Pucón e per Temuco ogni 20 min, e per Lican Ray (CH$700, 40 min) e Coñaripe (CH$1100) ogni 30 min. Dal terminal principale **Buses Vipu-Ray** (☎096-835-5798) parte 1 corsa ogni 5 min per Pucón. **Buses Coñaripe** (☎097-265-8183) serve Lican Ray (CH$700) e Coñaripe (CH$1000) con partenze a ogni h del giorno. La destinazione Viña del Mar/Valparaíso è servita da 1 autobus **Condor** (☎413-436) che parte tutti i giorni alle 8.30.

Tur-Bus (☎413-652; Anfión Muñoz 657), **Pullman Bus** (☎414-217; all'angolo tra Anfión Muñoz e Bilbao) e Buses JAC hanno i collegamenti più frequenti per Santiago. Buses JAC effettua inoltre diverse partenze al giorno per Valdivia, Temuco e Puerto Montt. **Buses Línea Azul** (☎416-667; www.buseslineaazul.cl; Muñoz 647) ha gli autobus più frequenti per le destinazioni del Cile centrale.

Per andare in Argentina, **Igi Llaima** (☎412-733) gestisce 1 corsa che parte dal terminal principale alle 9 dal lunedì al sabato e la domenica alle 11.30 alla volta di San Martín de los Andes, Zapala e Neuquén, passando per il Paso Mamuil Malal. **Buses San Martín** (☎411-584; Pedro León Gallo 599) serve le stesse destinazioni con partenza alle 10 dal martedì al sabato.

Di seguito riportiamo alcuni esempi di tariffe da Villarrica (i prezzi variano in base al livello qualitativo dell'autobus e/o alla classe):

DESTINAZIONE	TARIFFA (CH$)	DURATA (ORE)
Chillán	12.000	6
Concepción	10.500	6
Los Angeles	8000	4
Pucón	800	¾
Puerto Montt	8300	5
San Martín de los Andes (Ar)	12.000	5
Santiago	20.000-64.500	10
Temuco	1800	1
Valdivia	3900	2½
Viña del Mar/Valparaíso	24.900-38.500	15

Pucón

☎045 / POP. 16.970

Pucón è un punto di riferimento internazionale per gli sport d'avventura, ruolo che si è conquistata grazie alla posizione favorevole sul bel Lago Villarrica, sotto lo sguardo minaccioso dell'omonimo vulcano. Da luogo di villeggiatura estiva per ricchi, Pucón si è trasformata in una macchina del divertimento sportivo per tutte le tasche e in qualsiasi periodo dell'anno, ma soprattutto in febbraio (un mese da evitare, se possibile), quando è presa d'assalto. In città si alternano ondate di turisti in viaggio organizzato, villeggianti provenienti da Santiago, snowboarder brasiliani alle prime armi, backpacker in cerca di avventure, seguaci di correnti spirituali new age e attivisti d'annata che si reinventano come ecopionieri.

Se per qualcuno la popolarità e l'atmosfera cosmopolita possono costituire un deterrente, va detto che Pucón vanta le migliori infrastrutture fra tutte le località turistiche di piccole dimensioni a sud del Costa Rica: alloggi di qualità, agenzie turistiche efficienti, centinaia di attività ed escursioni, ristoranti vegetariani, falafel, birra artigianale e una cospicua comunità di residenti stranieri provenienti da tutto il mondo.

Come in tutte le altre città della regione, in inverno l'afflusso turistico si riduce e le attività principali diventano lo sci e lo snowboard. In estate, se non state percorrendo un sentiero, saltando giù da qualcosa, cavalcando o scalando una parete, è molto probabile che vi ritroverete a stazionare sulla magnifica spiaggia di sabbia nera di Pucón, alle spalle del Gran Hotel Pucón – chiudete gli occhi e vi sembrerà di essere ai tropici!

Attività

A Pucón è facile fare il pieno di adrenalina ancora prima di essersi effettivamente dedicati a qualche sport: l'abbondanza di operatori specializzati lungo Av O'Higgins e la varietà delle attività che si possono praticare a Pucón e dintorni possono disorientare il visitatore. Per un elenco di agenzie consigliate, v. p256. Molti operatori propongono i due grandi classici del posto, la scalata del Villarrica e il rafting sul Río Trancura, ma prendete in considerazione anche altre attività che vi permettano di apprezzare questi luoghi con maggiore tranquillità, come le passeggiate a cavallo e in bicicletta, le camminate con le racchette da neve e il trekking nelle riserve naturali minori. Oltre alle attività descritte qui di seguito, ce ne sono molte altre: canopying, paracadutismo, parapendio, motocross, hydrospeed e chi più ne ha, più ne metta.

Arrampicata su roccia

Cerduo, alle pendici del Volcán Villarrica, offre 15 percorsi diversi di difficoltà compresa tra 5,8 e 5,12 d per chi è alla ricerca di sfide impegnative. Si possono intraprendere sia arrampicate sportive sia tradizionali, sempre all'interno della foresta nativa. Per arrampicate più difficili che richiedono un maggior grado di preparazione fisica, l'incontaminata Las Peinetas, vicino al confine con l'Argentina, presenta salite di pendenza variabile tra cinque e sei, che possono durare anche 12 ore. Per raggiungere il punto di inizio della scalata si deve camminare per tre ore. Se cercate una guida esperta e qualificata, rivolgetevi a Summit Chile (v. p257), che oltre a scalate di livello avanzato, offre anche due vie adatte a tutti, che il proprietario Claudio Retamal ha aperto sul Cerduo.

Mountain bike

I noleggi in mountain bike sono diffusi in tutta la città. Le tariffe giornaliere sono trattabili, ma non dovrebbero superare i CH$7000, a meno che non si tratti di una bicicletta nuova di zecca con tanto di sospensioni.

L'itinerario più famoso è il Circuito di Ojos de Caburgua. Al bivio situato circa 4 km a est della città, oltre il Río Trancura, svoltate in direzione dell'aeroporto. In estate la strada si trasforma in una nuvola di polvere, quasi insopportabile anche per i ciclisti più incalliti. È possibile allungare il percorso compiendo il circuito dal Lago Caburgua al Río Liucura e il circuito completo del Río Trancura.

Altri due itinerari molto amati che si trovano nei pressi della città sono il Correntoso e l'Alto Palguín Chinay (che porta alle sorgenti termali di Palguín). Tutte le agenzie che noleggiano biciclette sono in grado di fornire informazioni dettagliate e cartine dei percorsi ciclabili.

Passeggiate a cavallo

Nella regione ci sono alcuni itinerari molto suggestivi per il trekking a cavallo. Quasi tutte le escursioni si snodano tra ambienti naturali diversificati e alcune prevedono soste per permettere ai partecipanti di incontrare gli *huasos* (cowboy locali) o le comunità mapuche. I prezzi per un'escursione di mezza giornata o di un giorno si aggirano tra CH$18.000 e CH$42.000 a seconda del grado di difficoltà e del numero di partecipanti. Tutte le agenzie segnalate in questa guida offrono anche escursioni per principianti.

Pucón

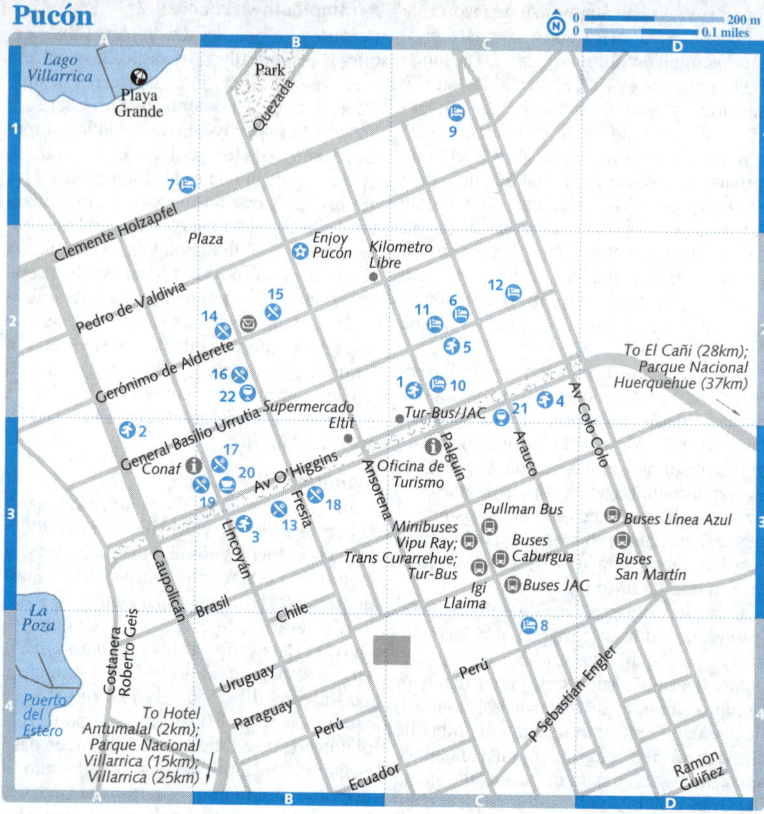

Rafting e kayak

Pucón è famosa sia per gli sport fluviali sia per la qualità delle infrastrutture per il rafting e il kayak. Quasi tutte le principali agenzie di viaggi offrono anche escursioni di rafting; per un elenco di quelle consigliate, v. p256. I fiumi nei dintorni di Pucón, con la rispettiva classificazione del grado di difficoltà delle rapide, sono il corso inferiore del Trancura (III), il corso superiore del Trancura (IV), il Liucura (II-III), il torrente Puesco (V) e il Maichín (IV-V). Quando vi informate sulle escursioni di rafting o kayak, tenete presente che spesso la durata non si riferisce solo al tempo trascorso in acqua, ma comprende anche quello necessario per i trasferimenti. I prezzi possono variare da CH$12.000 a CH$28.000 a seconda della stagione, del numero di partecipanti, dell'operatore e del livello di difficoltà. Sebbene in inverno molti fiumi della zona siano ingrossati e perciò interdetti alla pratica di quasi tutti gli sport, in alcuni è consentito fare rafting o kayak. Se dovete far passare una mezza giornata in attesa di un autobus, prendete in considerazione l'iniziativa No-Carbon (CH$7500), ideata da Aguaventura ed iécole! per contribuire alla salvaguardia del delta del Trancura dalla paventata urbanizzazione.

☞ Tour

Quasi tutti gli operatori turistici sono concentrati in Av O'Higgins o nel giro di mezzo isolato. I prezzi si equivalgono tutti, ma non la qualità del servizio. In estate spuntano a ogni angolo operatori stagionali che non possono essere considerati affidabili come quelli elencati di seguito, ai quali è preferibile rivolgersi per quasi tutte le attività.

TOP **Aguaventura** SCALATE, ATTIVITÀ ALL'APERTO
(☎444-246; www.aguaventura.com; Palguín 336) Efficiente agenzia di proprietà francese, è il punto di riferimento per ogni necessità: offre guide esperte per le scalate sul vulcano (con tanto di birra alla fine!) ed è specializzata

Pucón

Attività, corsi e tour

1 Aguaventura ... C2
2 Elementos ... A3
3 Kayak Pucón ... B3
4 Politur ... C2
Ski Pucón (ufficio di) ... (v. 7)
5 Summit Chile ... C2

Pernottamento

6 iécole! ... C2
7 Grand Hotel Pucón ... A1
8 Hospedaje Victor ... C4
9 Hostel Etnico ... C1
10 La Bicicleta ... C2
11 La Tetera ... C2
12 The Tree House ... C2

Pasti

13 Huerto Azul ... B3
14 La Maga ... B2
15 Latitude 39° ... B2
16 Mora ... B2
17 Pizza Cala ... B3
18 Trawen ... B3
19 Viva Perú ... B3

Locali

20 Café de la P ... B3
21 Mama's & Tapas ... C2
22 Newen ... B2

Shopping

Siempreverde ... (v. 15)

negli sport invernali e nel kayak, ma può organizzare qualsiasi altra cosa. Noleggia inoltre tutto il necessario per le attività in montagna, sull'acqua e sulla neve ed effettua il servizio di biglietteria per aerei e traghetti.

Summit Chile SCALATE, ARRAMPICATA SU ROCCIA
(☎443-259; www.summitchile.org; Urrutia 585) Questo operatore è diretto dall'ex campione cileno di alpinismo Claudio Retamal, la guida più esperta e qualificata che ci sia per scalare il vulcano. Fa da guida anche su altri tre vulcani – il Lanín, il Llaima e il Lonquimay – e conduce anche escursioni di arrampicata su roccia, impartendo pure qualche nozione di geologia e storia naturale di tanto in tanto. Se siete sciatori/fondisti esperti, informatevi anche sulle possibilità di scialpinismo sul Villarrica.

Kayak Pucón KAYAK
(☎099-716-2347; www.kayakpucon.net; Av O'Higgins 211) Rinomato operatore specializzato in kayak, offre corsi di tre giorni (CH$150.000) e spedizioni di più giorni per canoisti esperti. I tour di mezza giornata con i ducky (kayak gonfiabili a un posto) su rapide di classe III sono una buona alternativa per chi è alle prime armi (CH$20.000).

Elementos ITINERARI CULTURALI
(☎441-750; www.elementos-chile.com; Caupolicán 243) Affidabile operatore di etnoturismo, offre escursioni di un giorno per conoscere da vicino la cultura nativa, in cui sono previste anche lezioni di cucina con cuochi mapuche, la visita di un'azienda che produce miele biologico e cosmetici naturali e l'incontro con i guaritori mapuche; lungo gli itinerari si possono vedere inoltre cascate e laghi andini.

Canyoning Pucón CANYONING
(☎099-294-6913; www.canyoningpucon.cl) Per il canyoning è questa l'agenzia a cui rivolgersi: organizza escursioni di mezza giornata (CH$39.000) nei canyon di Pillan (in novembre e dicembre) e Nevados (da gennaio a marzo).

Huepilmalal Centro Ecuestre PASSEGGIATE A CAVALLO
(☎099-643-2673; www.huepilmalal.cl; Km 27 Camino Pucón-Huife) Gode di una buona reputazione questo centro ippico che utilizza *caballos* (cavalli) di pura razza cilena per escursioni di durata variabile tra mezza giornata e diversi giorni nella Cordigliera Cañi. È gestito da una simpatica coppia con oltre 40 anni di esperienza in Europa e in Sud America.

Politur RAFTING
(☎441-373; www.politur.cl; Av O'Higgins 635) Da evitare per le escursioni sul vulcano, è invece la migliore per il rafting.

Pernottamento

A Pucón le sistemazioni alberghiere non mancano, ma i prezzi sono più alti che in altre città (anche per gli alloggi economici). In bassa stagione le tariffe scendono del 20% circa. Nei mesi di gennaio e febbraio è indispensabile prenotare in anticipo, mentre in inverno non è necessario. Tenete presente che, poiché molti dei turisti che vengono qui si mettono in marcia presto al mattino, di solito la prima colazione non è compresa nel prezzo.

Hotel Antumalal BOUTIQUE HOTEL $$$
(☎441-011; www.antumalal.com; Km 2; camere a partire da CH$176.000; P@) Situato sulla strada per Villarrica, è una sorta di testamento dell'architettura Bauhaus abbarbicato sulla scogliera sopra il lago. Dalle lampade

fatte di corteccia alle pareti rivestite in legno di araucaria, questo hotel dà chiaramente l'idea di dove ci si trova, anche se pare essere incogruo qui. Le grandi vetrate inclinate delle eleganti aree comuni offrono vedute impareggiabili del Lago Villarrica, mentre tutte le camere, arredate in stile minimalista, dispongono di caminetto e presentano alcune pareti di roccia grezza ricoperte di felci e muschio. Il ristorante propone raffinate interpretazioni della cucina cilena (e una mousse calda al cioccolato la cui fama non conosce quasi confini), preparate con gli ingredienti raccolti nell'orto biologico, un piccolo fazzoletto di terra ritagliato nei 12 ettari di parco dell'hotel.

TOP ¡école! OSTELLO $
(441-675; www.ecole.cl; General Basilio Urrutia 592; letti in camerata con/senza lenzuola CH$10.000/7000, doppie/triple CH$30.000/38.000, doppie/triple senza bagno CH$20.000/25.000; P@) L'ecologico ¡école! è già di per sé un'esperienza di viaggio. Punto di incontro per viaggiatori responsabili, ma anche luogo di ritrovo tranquillo e anticonformista, è da tempo una delle sistemazioni più interessanti di Pucón. Le camere sono piccole, pulite e confortevoli, ma le pareti sono sottili e si sente tutto, pertanto non è il tipo di ostello dall'atmosfera freneticamente festaiola. L'eccellente ristorante vegetariano, uno dei migliori del paese (portate principali da CH$3900 a CH$4500), è interessante quanto l'ostello stesso. La struttura va perdendo un po' del suo spirito cameratesco di respiro internazionale e qualche piccola manutenzione non guasterebbe (wi-fi malfunzionante, lavandini che perdono), tuttavia è fra le prime del Cile ad aver investito nell'ecosostenibilità, nella tutela ambientale con un anticipo di quasi vent'anni.

Bambu Lodge B&B $
(096-802-9145; www.bambulodge.com; Camino a Volcán Km 4,2; singole/doppie CH$40.000/50.000; P@) Per chi desideri pernottare lontano dal caos pur godendo di tutto ciò che può offrire Pucón, o magari per chi ami viaggiare con spirito romantico tenendo d'occhio le spese, questo B&B che dispone di quattro camere in mezzo agli alberi lungo la strada che porta al vulcano è una piacevole sorpresa. Il proprietario francese ha fatto arrivare dal Marocco quasi tutti gli arredi e il servizio non potrebbe essere più personalizzato di così: ci sono solo Guillaume e la sua fidanzata cilena, Beatriz, a prendersi cura degli ospiti. La corsa in taxi dalla città costa CH$5000.

The Tree House OSTELLO $
(444-679; www.treehousechile.cl; Urrutia 660; letti in camerata a partire da CH$8000, doppie con/senza bagno CH$30.000/20.000; P) Questo ostello accogliente è gestito da un team anglo-cileno di ex guide che lavoravano per Journey Latin America, un'organizzazione con sede nel Regno Unito. Materassi ortopedici, armadietti personali, allarmi antincendio di fabbricazione inglese, riscaldamento centralizzato e sì, anche una casa sull'albero (però no, non ci si può dormire) danno quel tocco in più, sebbene il vero pregio della struttura sia che quasi tutte le camerate non hanno più di quattro letti (alcune solo due). Il vantaggio consiste nel poter apprezzare privacy e tranquillità senza dover spendere di più per una camera d'albergo.

La Tetera GUESTHOUSE $$
(464-126; www.tetera.cl; Urrutia 580; singole/doppie CH$35.500/39.000, senza bagno CH$27.500/31.000; P@) La Tetera sta al suo famoso vicino ¡école! come Villarrica sta a Pucón. Questa guesthouse austro-tedesca ha però molto da offrire, grazie alle belle camere ben riscaldate e arricchite con dettagli indigeni; non sono molte, ma sono tutte curate e pulite con efficienza teutonica. I prezzi comprendono anche un'eccellente prima colazione.

La Bicicleta OSTELLO $
(444-583; labibicletapucon@gmail.com; Palguín; letti in camerata CH$13.000, doppie CH$36.000, singole/doppie senza bagno CH$14.000/26.000; @) Gestito da un simpatico *chileno* di Viña del Mar, questo ostello dalla sottile raffinatezza gode di una buona fama tra i viaggiatori. Ci sono un bar (con Stella Artois alla spina), un ristorante (gli ospiti hanno diritto a uno sconto del 10%) e anche una gradevole terrazza aperta al piano superiore che compete in bellezza con l'ampio patio rivolto dalla parte della strada annesso a una delle camere. José, il proprietario, è un tipo che suscita simpatia immediata; noleggia mountain bike e, per inciso, possiede il più bel Weimaraner che abbiate mai visto.

Gran Hotel Pucón HOTEL STORICO $$$
(913-300; www.pucon.com/granhotel; Clemente Holzapfel 190; singole/doppie con prima colazione a partire da CH$160.000/184.000; P@) In questo albergo d'epoca del 1936 non è difficile immaginare la splendida spiaggia di sabbia scura di Pucón gremita da nobildonne al bagno con cappelli e gonne lunghe: qui tutto ricorda una fotografia in bianco e nero degli anni '20. L'hotel appartiene ai proprietari del

casinò Enjoy, che hanno saputo valorizzare questo fascino d'altri tempi (al quale non rendono certo giustizia le riparazioni dei pavimenti danneggiati dal terremoto fatte con il nastro adesivo). Non mancano tuttavia gli aspetti positivi: le camere standard al quinto pianto godono di splendide vedute e l'area sul retro con patio, piscina e prato conserva una bellezza senza tempo. È un'ottima sistemazione per le famiglie.

Hospedaje Victor GUESTHOUSE $
(☎443-525; www.pucon.com/victor; Palguín 705; letti in camerata CH$10.000, camere CH$25.000;) Si distingue per la pulizia e l'atmosfera calda e accogliente, anche grazie alla presenza di stufe a legna. Due cucine sono a disposizione degli ospiti e TV a grande schermo.

Hostel Etnico OSTELLO $
(☎442-305; www.etnicohostel.com; Colo Colo 36; letti in camerata a partire da CH$8000, camere con/senza bagno CH$40.000/24.000;) Ricavato in un ex monastero che oggi ricorda più la sede di una confraternita di un'università americana, questo ostello offre un ambiente simpatico e uno spazioso cortile sul retro con un'ampia piscina.

Pasti

Pucón è la regina indiscussa della varietà gastronomica di tutto il Cile meridionale e Fresia è la via dei ristoranti.

Trawen CILENO, FUSION $
(Av O'Higgins 311; portate principali CH$3900-8900; prima colazione, pranzo e cena;) Il Trawen è uno dei locali più longevi e apprezzati di Pucón, e nella sua fascia di prezzo offre la cucina migliore, che vanta sia innovative combinazioni di sapori sia una ricca varietà di prodotti da forno fatti in casa. Tra le sue specialità spiccano la prima colazione casalinga, il cervo con chutney di pomodori verdi, empanada di krill dell'Antartico, risotto ai frutti di mare con *merquén* e un panino vegetariano preparato con croccante pane fresco. I camerieri saranno lieti di consigliarvi. È un luogo di ritrovo per persone creative.

La Maga STEAKHOUSE $$
(www.lamagapucon.cl; Gerónimo de Alderete 276; bistecche CH$8900-10.900; pranzo e cena mar-dom) A Pucón ci sono *parrilla* (steakhouse) per tutte le tasche, ma questa steakhouse uruguaiana si distingue per il *bife de chorizo* (bistecca) e le patatine fritte tagliate a mano. Non è la più economica, ma nella classifica delle bistecche più buone del Sur Chico è seconda solo al Fogón del Leñador di Puerto Montt. Mancano solo dei tovaglioli degni di questo nome e dei coltelli adeguati.

Viva Perú PERUVIANO $
(www.vivaperudeli.cl; Lincoyán 372; portate principali CH$5900-8900; pranzo e cena mar-dom;) Questo intimo ristorante peruviano serve ottimi piatti classici: ceviche (pesce crudo con cipolle marinate in succo di limone e spezie), *tiradito* (ceviche senza cipolla), *chicharónes* (cotenne di maiale fritte), *ají de gallina* (cremoso stufato di pollo con formaggio, peperoni e arachidi) e anche i famosi *chifa* peruviani ispirati alla cucina cinese. E non dimenticate un brindisi: i pisco sour sono fatti con pisco peruviano o cileno. Non confondetelo con il ristorante peruviano all'angolo, da evitare.

Pizza Cala PIZZERIA $$
(Lincoyán 361; pizza CH$3200-12.000; pranzo e cena;) La pizza più buona della città esce dall'enorme forno (è fatto con 1300 mattoni) di un pizzaiolo argentino-americano che coltiva da solo il basilico. In inverno è l'unico ristorante caldo della città. All'epoca della nostra visita il proprietario progettava l'apertura di un altro locale a Villarrica.

Mora GIAPPONESE $$
(www.morasushibar.cl; Fresia 236; sushi CH$3150-7900; pranzo e cena) Se fosse possibile mangiare una canzone dei Jamiroquai, avrebbe il sapore del sushi di questo insolito ristorante giapponese, tutto agghindato nei toni retrò del fucsia, del viola e dell'arancione che spiccano contro le pareti di legno tinte di bianco che ricordano un ambiente caraibico. Le porzioni sono davvero generose, se non addirittura quasi troppo grandi.

Latitude 39° AMERICANO $
(Gerónimo de Alderete 324-2; portate principali CH$3400-4900; prima colazione, pranzo e cena) Originari della California, i proprietari di questo locale hanno riempito un vuoto nel panorama gastronomico locale – succulenti hamburger all'americana, ricchi burritos per la prima colazione, tacos vegetariani, chili e sandwich con bacon, lattuga e pomodoro – ma la qualità non è costante.

Huerto Azul DOLCI $
(O'Higgins 291) È la stessa gastronomia e gelateria di Villarrica, ma in versione più piccola e tranquilla.

Locali e divertimenti

Come a Puerto Varas, anche a Pucón il panorama dei locali d'intrattenimento è in continua evoluzione e quasi nessun locale rimane aperto a lungo. Per trovare bar e ristoranti, si può andare anche all'Enjoy Pucón Casino.

Mama's & Tapas BAR, CLUB

(Av O'Higgins 597; cocktail CH$4000-5500; ⌚18-fino a tardi) Chiamato semplicemente 'Mama's', è il locale notturno più frequentato di Pucón e resiste ormai da diverso tempo. I recenti lavori di ristrutturazione hanno ampliato il patio all'aperto, valorizzato gli interni e dato vita a un club sul retro aperto nei weekend. Il locale ha un DJ fisso, un tecnico del suono che vi proporrà tutti i generi possibili, dall'indie rock all'hip-hop della vecchia scuola in un ambiente tutto rivestito di legno, progettato per far sì che la musica si impossessi del vostro cervello. L'ingresso al club costa CH$5000, compresa una consumazione.

Newen BAR

(Fresia 248) Si distingue per la migliore birra artigianale della città, fatta con i *piñoñes*, le noci dell'albero di araucaria. Accompagnatela con un hamburger di cinghiale!

Café de la P CAFFÈ

(www.cafedelap.com; all'angolo tra Lincoyán e Av O'Higgins; caffè CH$1300-2900; ⌚prima colazione, pranzo e cena; 📶) Eccellente caffetteria.

Shopping

Siempreverde COSMETICI, MERCATO

(www.siempreverdepucon.cl; Gerónimo de Alderete 324; ⌚fino alle 24 gen-feb, fino alle 19 lun-sab marzo-dic) Uno dei primi negozi eco-friendly del Chile, il Siempreverde vende cosmetici naturali/biologici, prodotti per l'igiene femminile, cioccolato artigianale e molti altri articoli ecocompatibili per la cura della persona.

Informazioni

I piccoli furti sono in aumento a Pucón, soprattutto nelle zone vicino alla spiaggia. Biciclette e zaini sono gli obiettivi maggiormente presi di mira, ma anche qualsiasi altra cosa lasciata nelle automobili parcheggiate durante la notte. Siate prudenti.

Per cambiare denaro contante a Temuco si trovano tassi più vantaggiosi. Lungo Av O'Higgins ci sono diverse banche dotate di bancomat.

Chile Pucón (www.chile-pucon.com) Informazioni esaustive e non pubblicitarie.

Conaf (☎443-781; Lincoyán 336) Il miglior ufficio Conaf della regione.

Hospital San Francisco (www.hospsanfrancisco.cl; Uruguay 325; ⌚24 h su 24)

Oficina de Turismo (☎293-002; all'angolo tra Av O'Higgins e Palguín; ⌚8.30-22 dic-feb, fino alle 19 marzo-nov) Questo ufficio è ben rifornito di materiale informativo e fra il personale c'è quasi sempre qualcuno che parla inglese.

Supermercado Eltit (Av O'Higgins 336; ⌚8.30-22) Cambia dollari americani e ha uno sportello bancomat.

Ufficio postale (Fresia 183)

Per/da Pucón

Aereo

Sia **Lan** (☎600-526-2000; CH$74.900) sia **Sky Airlines** (☎600-600-2828; all'angolo tra Gerónimo de Alderete e Ansorena) operano 2 voli a settimana per/da Pucón, ma solo in estate.

Autobus

I migliori collegamenti in autobus per/da Santiago sono offerti da **Tur-Bus** (☎443-934; Av O'Higgins 910), a est della città, e da **Pullman Bus** (☎443-331; Palguín 555), in centro. **Buses JAC** (☎990-885; all'angolo tra Uruguay e Palguín) serve Puerto Montt. Per Temuco c'è 1 partenza ogni 20 min con Buses JAC. Per Valdivia sono attive 7 corse JAC al giorno. Alla stessa stazione fanno capo **Minibuses Vipu-Ray** (☎096-835-5798) e **Trans Curarrehue** (☎089-528-4958; Palguín 550), che offrono collegamenti regolari per Villarrica e Curarrehue. Buses JAC e **Buses Caburgua** (☎098-038-9047; Palguín 555) servono il Parque Nacional Huerquehue (CH$1000, 45 min), le Termas Los Pozones e le Termas Peumayen. In estate **Buses Línea Azul** (☎443-513; Colo Colo 580) gestisce corse dirette per Viña del Mar, mentre Valparaíso è servita da Pullman Bus con 1 partenza al giorno alle 19.50.

Per andare a San Martín de los Andes, in Argentina, **Buses San Martín** (☎443-595; Av Colo Colo 612) offre un servizio che parte alle 10.30 dal martedì alla domenica e lungo il tragitto ferma anche a Junín. Ci sono inoltre autobus **Igi Llaima** (☎444-762; all'angolo tra Palguín e Uruguay) che partono alle 9.45 dal lunedì alla domenica e alle 12.15 la domenica.

Di seguito riportiamo alcuni tempi di percorrenza e tariffe (queste ultime variano in base al livello qualitativo dell'autobus e/o alla classe):

DESTINAZIONE	TARIFFA (CH$)	DURATA (ORE)
Curarrehue	800	¾
Puerto Montt	9800	5
San Martín de los Andes (Ar)	12.000	5
Santiago	18.000-64.500	9½
Temuco	2700	1
Valdivia	3500	3
Valparaíso	15.000-25.000	12½
Villarrica	800	½
Viña del Mar	28.000	13

Dintorni di Pucón

Trasporti locali

A Pucón ci si può spostare facilmente a piedi. Diverse agenzie di viaggi noleggiano automobili, anche a tariffe competitive, soprattutto in bassa stagione, sebbene nei weekend tendano a subire un incremento. Un autonoleggio affidabile è **Pucón Rent a Car** (☎443-052; www.puconrentacar.cl; Av Colo Colo 340; a partire da CH$25.000 al giorno nei giorni feriali). Se volete riconsegnare l'automobile a Puerto Montt, **Kilometro Libre** (☎099-218-7307; Gerónimo de Alderete 480) è uno dei pochi operatori che lo consentono, ma al costo di ben CH$90.000.

Parque Nacional Villarrica

Il Parque Nacional Villarrica è uno dei più visitati del paese grazie ai suoi splendidi paesaggi di laghi e vulcani. Inoltre, grazie alla vicina Pucón, dotata di tutte le infrastrutture turistiche, è eccezionalmente facile da raggiungere per chiunque – dalle comitive in autobus agli alpinisti, dagli sciatori agli escursionisti incalliti.

Il parco, esteso su una superficie di 630 kmq, si distingue in particolare per i suoi tre vulcani: il Villarrica (2847 m), il Quetrupillán (2360 m) e, al confine con l'Argentina, una parte del Lanín (3747 m; il resto fa parte di un parco argentino altrettanto bello, da dove è possibile scalare il monte).

Attività

Arrampicata

La salita al cratere fumante del Volcán Villarrica (che talvolta erutta anche zampilli di lava) è un'escursione classica che si compie in giornata (da CH$35.000 a CH$50.000 circa, escluso il biglietto della seggiovia, che costa CH$6000) partendo da Pucón tra le 4 e le 7 del mattino, a seconda della stagione. Non occorre avere esperienza di scalate in montagna, ma non è nemmeno una passeggiata e, anzi, può mettere a dura prova anche gli escursionisti più preparati. Le condizioni più difficili si presentano in autunno, quando la neve è instabile. È importante essere adeguatamente equipaggiati e affidarsi a operatori con guide qualificate (v. lettura p262). Sappiate che, in caso di cattivo tempo, le escursioni organizzate possono subire ritardi di giorni. A volte le scalate devono essere annullate o abbandonate a metà strada. Controllate attentamente le clausole di annullamento e tenete presente che gli operatori meno affidabili possono far cominciare la salita proprio quando è previsto cattivo tempo solo per poterla poi annullare senza dover restituire la somma pagata, come stabilito nel contratto.

Per gli scalatori esperti può essere preferibile andare in taxi o in autobus fino alla stazione sciistica per affrontare la scalata del vulcano senza dover prendere parte a un'escursione organizzata. Quasi tutti salgono con lo skilift fino alla stazione 5 e iniziano l'ascesa da lì. Ufficialmente è sconsigliato scalare il vulcano senza accompagnamento: fatelo solo se siete già esperti, almeno in due e in condizioni di bel tempo. Per le salite in solitaria è obbligatorio possedere la licenza alpinistica e ottenere l'autorizzazione dal Conaf di Pucón prima di partire per il parco; bisogna inoltre pagare la tariffa d'accesso al vulcano di CH$4000 (che per le escursioni organizzate è già compresa nel prezzo). È inoltre obbligatorio essere attrezzati con ramponi, piccozze da ghiaccio e casco, che si possono anche noleggiare al costo di circa CH$7000. Da giugno a dicembre si può anche scendere con gli sci.

Escursionismo

La zona più facilmente accessibile del parco, Rucapillán, si trova immediatamente a sud di Pucón, lungo una strada in buone condizioni, e comprende tutti i sentieri principali del Volcán Villarrica e dei suoi dintorni.

Il sentiero **Challupen Chinay** (23 km, 12 h) abbraccia il versante meridionale del vulcano, attraversando paesaggi molto diversi tra loro prima di terminare all'altezza dell'ingresso del settore di Quetrupillán. Quest'ultimo tratto si raggiunge facilmente percorrendo la strada che porta alle Termas de Palguín. Se invece avete intenzione di proseguire fino a Coñaripe, è bene sapere che la strada che attraversa il parco in direzione sud è praticabile solo in fuoristrada, anche in condizioni di bel tempo. Una rete di sentieri lunghi complessivamente 32 km, con un paio di campeggi lungo il percorso, si congiunge al settore di Puesco, vicino al confine con l'Argentina, da dove partono mezzi di trasporto pubblici per tornare a Curarrehue e Pucón (o per proseguire in Argentina).

Per attraversare il versante del vulcano (anziché scalarlo) si paga una tariffa di CH$8000.

Sci

Ski Pucón SCI
(☎441-901; www.skipucon.cl; ufficio di Pucón presso Enjoy Tour al Gran Hotel Pucón, Clemente Holzap-

LA SICUREZZA SUL VOLCÁN VILLARRICA

La scalata del Volcán Villarrica è senza dubbio l'escursione numero uno a Pucón, da fare a qualsiasi costo. Non è però garantito che si riesca sempre a raggiungere la vetta: se il tempo volge al peggio, una guida responsabile deve tornare indietro, senza se e senza ma. Per chi si ostina a proseguire le conseguenze possono essere fatali, come già accaduto. Nel corso delle ricerche per la precedente edizione di questa guida abbiamo assistito alla caduta di un turista, rotolato per 30 m sulla neve prima di andare a schiantarsi sulle rocce, mentre durante le ricerche per questa edizione altre due persone sono morte e due sono rimaste gravemente ferite in seguito a incidenti simili. Per affrontare la scalata sulla neve, che a tratti può essere insidiosa e incutere timore, sono necessari ramponi e piccozze da ghiaccio. Ogni anno sono circa 15.000 le persone che salgono sul vulcano, troppe secondo alcuni esperti locali.

Insomma, scalare questo mostro fumante è un'esperienza davvero indimenticabile, ma è fondamentale scegliere bene l'agenzia a cui affidarsi. Dato che, in sostanza, si riceve ciò per cui si paga, vale la pena di spendere CH$5000 o anche CH$10.000 in più per la propria sicurezza personale, per essere coperti da un'assicurazione e per non finire trattati come in una mandria da condurre al pascolo. Se un'agenzia non vi sembra prendere sul serio la questione della sicurezza, cercatene un'altra. E non esitate a consultare il libro dei reclami presso l'Oficina de Turismo (p260) di Pucón.

DA NON PERDERE

LE MIGLIORI TERME DELLA ARAUCANÍA E DI LOS RÍOS

Se tutto quello scalare, camminare, remare e pedalare vi ha lasciato con le ossa rotte e i muscoli indolenziti, siete fortunati: la zona di Pucón si trova su un idromassaggio naturale tra i più grandi del mondo. Le sorgenti termali sono numerose quanto gli operatori turistici, ma queste tre sono le nostre preferite.

Termas Geométricas (www.termasgeometricas.cl; interi/bambini 10-13 CH$14.000/7000, 13-23 CH$16.000/8000; ⏲10-23 gen-feb, 11-20 marzo-dic) Per le coppie e gli amanti del design non c'è nulla di meglio di questo labirinto di passerelle in legno rossastro dall'aspetto vagamente orientale. Caratterizzato da 17 piscine tra le rocce sopra un canyon verdeggiante attraversato da un torrente impetuoso, è un luogo semplicemente magnifico. Il complesso si compone di due cascate, tre piscine d'acqua fredda e un bar riscaldato dal *fogón* (stufa all'aperto), che serve minestra di pollo naturale e un buon caffè. Se non fosse per lo spagnolo che si sente parlare, si avrebbe la sensazione di essere a Kyoto in Giappone. Si trova 15 km a nord di Coñaripe. Ci sono mezzi di trasporto sia da Coñaripe sia da altre cittadine in riva al lago. Se invece volete andarci da soli, tenete presente che avrete bisogno di un veicolo a quattro ruote motrici, perché la strada può presentarsi in condizioni pessime.

Termas Peumayen (☎045-197-0060; www.termaspeumayen.cl; ingresso diurno interi/bambini CH$8000/600; P @ ≋) Questo splendido centro termale di recente apertura, realizzato con largo uso di legno di cipresso, è tra le *termas* più belle in cui si possa pernottare, con tre confortevoli lodge (a partire da CH$58.000) e quattro *cabañas* sul fiume (CH$104.000). Le sorgenti migliori sono due piscine in una bella cornice naturale sulle sponde del Río Liucura. La vera perla, però, è il ristorante. Lo chef basco Michel Moutrousteguy propone un menu francese con influenze mapuche (portate principali da CH$6500 a CH$14.500) che vale la pena di andare ad assaggiare anche se non si ha intenzione di entrare alle terme. Tra i piatti spiccano il saporito stinco d'agnello con salsa alla salvia, cotto per cinque ore e servito con ratatouille di *quinoa roja* coltivata nell'orto biologico della casa, e la *chupe* (zuppa di pesce) con granchio, gamberi e quattro erbe. Le terme Peumayen si possono raggiungere in automobile oppure con i mezzi di **Buses Caburgua** (☎098-038-9047; Palguín 555, Pucón), che partono da Pucón diverse volte al giorno.

Termas Los Pozones (Km 37; ingresso diurno interi/bambini CH$4000/2000, ingresso notturno interi/bambini CH$5000/3000; ⏲11-6) Le *termas* più famose tra quelle raggiungibili da Pucón dispongono di sei piscine naturali nella roccia, con l'acqua a temperature diverse, lungo il corso impetuoso del Río Liucura. Aperte quasi 24 ore su 24, sono particolarmente affollate nell'orario notturno (dalle 20 alle 6). È una meta ideale per il divertimento (sebbene sia vietato, la gente porta bevande alcoliche nelle piscine), non per la meditazione. Nel biglietto d'ingresso è compreso il trasporto da Pucón (CH$12.000), ma ci si può servire anche dei mezzi pubblici. Tenete d'occhio gli oggetti di valore.

fel 190, Pucón; skilift giornaliero interi/bambini CH$25.000/19.000; ⏲lug-set) Non è all'altezza di Valle Nevado, Termas de Chillán, Portillo o altre località più a nord, ma è comunque l'area sciistica più sviluppata di tutta La Araucanía e della Regione dei Laghi. E poi in qualche altro posto si può sciare su un vulcano attivo e fumante? Il panorama dal rifugio a mezzo monte vale da solo il prezzo dello skipass. A causa del tempo spesso ventoso o nuvoloso, la stazione sciistica viene chiusa con una certa frequenza.

Lo piste sono adatte soprattutto ai principianti, con qualche discesa più ripida per sciatori di livello intermedio. I fuori pista immediatamente a destra e a sinistra dello skilift possono offrire qualche emozione in più anche a snowboarder e sciatori esperti.

Di solito alla stazione sciistica le condizioni meteorologiche sono diverse da quelle di Pucón. Osservate il fumo che esce dal cratere per stimare la forza del vento. L'attrezzatura si può noleggiare sulle piste, ma in città costa meno (e spesso è migliore). Quasi tutte le agenzie e numerosi alberghi offrono un servizio navetta (da CH$7000 a CH$9500) per raggiungere il rifugio ai piedi della montagna.

Se le condizioni della neve lo permettono, le piste possono essere aperte anche fino a ottobre.

Per/dal Parque Nacional Villarrica

Il taxi (CH$18.000), un veicolo proprio o un tour organizzato sono gli unici mezzi per raggiungere il parco (ma i ciclisti allenati possono farcela anche in mountain bike).

Valle del Río Liucura

A est di Pucón la strada si dirama entrando in due diverse vallate: 24 km più a nord, nella Valle del Río Caburgua, si incontrano il Lago Caburgua con la sua magnifica Playa Blanca e le cascate di Ojos del Caburgua, mentre a nord-est la strada Camino Pucón-Huife conduce a una serie di sorgenti termali, alla riserva naturale di El Cañi e ai panorami dello spettacolare Río Liucura nel suo corso attraverso la rigogliosa vallata. Le due strade si ricongiungono poi con quella che porta al Parque Nacional Huerquehue.

La riserva naturale di **El Cañi** (Km 21; ingresso con/senza guida CH$10.000/3000) è la dimostrazione che anche l'impegno dei singoli può fare la differenza e contribuire alla conservazione di foreste antichissime. Nel 1991, per scongiurare la minaccia del disboscamento, un piccolo gruppo di ambientalisti finanziato inizialmente da Ancient Forests International creò la Fundación Lahuen allo scopo di acquistare questi terreni e trasformarli in uno splendido parco finalizzato principalmente alla sensibilizzazione ambientale e alla ricerca scientifica. Il risultato di questa impresa è la riserva che oggi tutela circa 500 ettari di antiche foreste di araucaria, interamente riqualificati e ora gestiti con successo da un'associazione di guide locali, il **Gruppo di Guide Cañe** (☎098-373-928; santuariocani@gmail.com).

Un **percorso escursionistico** (9 km, 3 h) sale tra ripidi boschi di lenga e araucaria (i primi 3 km sono in forte pendenza) fino alla Laguna Negra. Nelle giornate limpide dal belvedere – che si raggiunge dopo altri 40 minuti di cammino – si aprono vedute spettacolari sui vulcani della zona. In inverno, quando il sottobosco è innevato, il paesaggio assume un aspetto particolarmente suggestivo. Per tutti gli escursionisti è obbligatorio l'accompagnamento di una guida, tranne in estate, quando il sentiero è più facilmente riconoscibile. Per aggirare la parte più ripida, c'è un percorso alternativo che comincia lungo la strada per Coilaco, ma richiede comunque una guida. Oggi nella riserva si può anche campeggiare (CH$3000).

Per visitare El Cañi, ci si può rivolgere a iécole! (p258) o all'Aguaventura (p256) di Pucón, oppure direttamente all'ingresso del parco. È anche possibile arrivarci con gli autobus di **Buses Caburga** (☎098-038-9047; Uruguay 540, Pucón), che fermano all'ingresso del parco più volte al giorno.

Parque Nacional Huerquehue

Favolosi laghi dalle acque cristalline e antiche foreste lussureggianti fanno del magnifico **Parque Nacional Huerquehue** (interi/bambini CH$4500/2500) una delle stelle più brillanti non solo del Cile meridionale, ma dell'intera rete dei parchi nazionali. Istituito nel 1912 ed esteso su una superficie di 125 kmq, il parco è ricco di fiumi, cascate, laghi alpini e foreste di araucaria, popolate da un'interessante varietà faunistica, tra cui il pudú (il cervo più piccolo del mondo) e gli Arañas Pollitos, ragni simili alla tarantola che escono all'aperto in autunno. I sentieri, chiaramente segnati e ben tenuti, offrono possibilità di escursioni per diversi gironi, ma se ci si trova a Pucón, circa 35 km a sud-ovest, è d'obbligo almeno una gita in giornata. Per ricevere cartine e informazioni, fermatevi al **Centro de Informaciones Ambientales** (☎096-157-4809; ⊙10.30-14.30 e 16.30-19.30) del Conaf, all'ingresso del parco.

Il **sentiero Los Lagos** (4 h andata e ritorno, 7 km) sale da 700 m a 1300 m di quota attraversando fitte foreste di lenga con diverse cascate scroscianti, per poi addentrarsi nei densi boschi di araucaria che circondano un gruppetto di placidi laghi incontaminati. In genere gli escursionisti tornano indietro una volta raggiunti il Lago Verde e la Laguna el Toro, i due più grandi, ma se si prosegue fino al belvedere **Mirador Renahue**, si verrà ricompensati da uno spettacolare panorama del canyon. All'altezza della Laguna Huerquehue il sentiero **Los Huerquenes** (2 giorni) continua verso nord, piegando poi a est per attraversare il parco e raggiungere le **Termas de San Sebastián** (☎02-196-8546; www.termassansebastian.cl; Río Blanco; piazzole CH$5000 per persona, bungalow per 2/5 persone CH$35.000/50.000), immediatamente a est del confine del parco. Tranne in estate, in tutto il resto dell'anno si deve avvertire telefonicamente del proprio arrivo affinché possano fare la spesa alimentare necessaria (il numero telefonico indicato è quello di un telefono satellitare con prefisso di Santiago, ma collocato alle terme). Da qui parte una strada bianca che si congiunge all'estremità settentrionale del Lago Caburgua e a Cunco.

Il **Refugio Tinquilco** (☎09-539-2728; www.tinquilco.cl; piazzole CH$12.000, letti in camerata con/senza lenzuola CH$12.000/10.000, doppie con/senza bagno CH$31.900/25.900; ⊙chiuso giu-agosto; P), che sorge in una proprietà privata all'inizio del sentiero all'altezza del Lago Verde, 2 km dopo l'ingresso del parco, è un lussuoso rifugio a due piani che non offre solo un letto e un pasto, ma un'esperienza indimenticabile lontano da tutto e da tutti. Dopo una giornata trascorsa a camminare, concedetevi l'irresistibile trattamento sauna/piscina (CH$10.000) in mezzo alla foresta. Patricio, il padrone di casa, sforna gustosi piatti cileni in stile casalingo, con qualche tocco in più che non guasta mai, come il caffè francese e una ricca lista dei vini, oltre a essere di buona compagnia davanti a una bottiglia di Carménère. Produce inoltre una preziosa guida pratica al parco, di gran lunga migliore di qualsiasi altro materiale pubblicato dal Conaf. Progettato da un architetto, uno scrittore, un ingegnere e un documentarista finalista agli Emmy, è quel genere di posto in cui, per una settimana, ci si perde nella natura (ma si può ritrovare se stessi). La prima colazione è compresa nel prezzo, mentre il pranzo e la cena costano CH$6500 ciascuno.

Si può campeggiare al **Lago Tinquilco** (piazzole CH$10.000), gestito dal Conaf e dotato di 22 piazzole, e al **Renahue** (piazzole CH$10.000) sul sentiero Huerquenes. Ci sono anche alcuni campeggi privati nei pressi di Tinquilco, dove si può parcheggiare l'automobile al costo di CH$1000.

Buses Caburgua (☎098-038-9047; Uruguay 540, Pucón) effettua servizio regolarmente per/da Pucón tre volte al giorno (CH$2000, 1 h) in estate, meno in inverno; i biglietti devono essere acquistati in anticipo. La maggior parte delle agenzie e degli operatori turistici offre escursioni organizzate.

Curarrehue

☎045 / POP. 5615

A prima vista la roccaforte mapuche di Curarrehue, situata 40 km a ovest del confine argentino, non sembra un granché, ma grazie a un eccellente museo e alla ricchezza dell'offerta etnoturistica, ha cominciato una lenta ascesa verso la fama. La popolazione del piccolo *pueblo*, l'ultimo centro abitato degno di nota prima del confine argentino, è per l'80% mapuche. Un piccolo **ufficio turistico** (☎197-1587; ⊙9.30-20.30 15 dic-15 marzo) distribuisce utili materiali informativi.

L'**Aldea Intercultural Trawupeyüm** (Héroes de la Concepción 21; interi/bambini CH$1000/500; ⊙10-20 dic-marzo, fino alle 18 apr-nov) è un museo, un po' spoglio ma interessante, dedicato alla civiltà mapuche, allestito all'interno di una *ruka* in versione moderna, la tradizionale abitazione mapuche di forma circolare orientata verso est.

La vera attrattiva di Curarrehue è la **Cocina Mapuche Mapu Lyagl** (☎098-788-7188; anita.epulef@gmail.com; Camino al Curarrehue; ⊙pranzo e cena;), dove la chef nativa Anita Epulef trasforma ingredienti di stagione in originali menu vegetariani di degustazione della cucina mapuche (CH$4800). Si possono assaggiare delizie come *Mullokiñ* (purea di fagioli ricoperta di quinoa), sautée di *Piñoñes* (la noce dell'araucaria, ma solo in stagione) e pane di mais tostato accompagnato da vari tipi di salse – tutto ottimo e unico. Se avete un po' più di tempo, potete partecipare anche ai suoi corsi di cucina di mezza giornata. Si trova sul lato destro della strada principale, poco prima di entrare in città.

Patragon (☎099-441-5769; www.patragon.cl) organizza interessanti tour della zona, che prevedono anche corsi di cucina mapuche e il pranzo in una *ruka* tradizionale.

Una novità è la possibilità di pernottare in una di queste case tradizionali, la grandissima **Ruka Ngen** (☎099-568-2968; www.turismorukangen.cl; singole/doppie/triple CH$17.000/24.000/33.000; P)

Lican Ray

☎045 / POP. 2600

Di tutte le città della provincia, Lican Ray (che in lingua mapudungun significa 'fiore tra le pietre') è la più bella, grazie soprattutto alla posizione sull'amena sponda settentrionale del Lago Calafquén, punteggiato di isolotti. Situata appena 30 km a sud di Villarrica, questa località balneare è caratterizzata da una lunga spiaggia di sabbia scura e dalla patina di cenere vulcanica che ricopre le strade. Il centro abitato è piccolo e si sviluppa intorno all'unica strada asfaltata, Av General Urrutia, lungo la quale si concentrano i bungalow, i ristoranti, i caffè e i negozi di artigianato. Fuori stagione a Lican Ray è tutto chiuso.

Pernottamento e pasti

A 5 km da una parte e dall'altra di Lincan Ray c'è un campeggio sul lago. Le piazzole più costose sono quelle sulla strada per Coñaripe, che possono costare da CH$8000 a CH$18.000. Si spende meno scegliendo quelle lungo la strada per Villarrica, con tariffe comprese tra CH$2000 e CH$3500. In inverno il campeggio e diversi alberghi sono chiusi.

Hostal Hofmann B&B $$
(☎431-109; carmenhofmann@gmail.com; Camino Coñaripe 100; singole/doppie CH$35.000/37.000; P @) In una bella casa di legno, ha letti con morbidi piumini, docce con acqua calda e una ricca prima colazione con eccellenti küchen. Se possibile, fatevi dare la camera al piano superiore, dotata di un bagno più grande con le pareti rivestite in legno e un aspetto più rustico. Si parla inglese e tedesco.

Hospedaje Victor's Playa GUESTHOUSE $
(☎983-467; Puñulef 120; singole/doppie/triple CH$20.000/30.000/40.000; P) Situata proprio sulla Playa Grande, in una scricchiolante casa di legno con un secolo di vita, è la sistemazione economica migliore, sebbene un po' più costosa della media. Offre deliziosi küchen (ci sono origini svizzere qui) e Victor è un vero personaggio: chissà, forse trent'anni fa, quando ha aperto questo *hospedaje*, la spiaggia era davvero sua.

The Ñaños CILENO $
(☎431-026; Av General Urrutia 105; portate principali CH$3450-6500; pranzo e cena) È un ristorante molto frequentato, con uno splendido patio all'aperto, e serve classici locali, come una buona *cazuela* fumante e indimenticabili empanada al forno.

Frutos del Parador CILENO $
(www.frutosdelparador.cl; Av General Urrutia 455-B; 9-23 gen-feb) È il posto giusto per acquistare marmellate e confettura artigianali, miele e pane integrale appena sfornato.

Informazioni

L'**Oficina de Turismo** (☎431-516; Calle Esmeralda 426; 8-23 gen-feb, 9-12.30 e 14-18 lun-ven marzo-dic), di fronte a Plaza de Armas, distribuisce cartine e materiale illustrativo e ha un elenco degli alloggi.

Per/da Lican Ray

Buses JAC (☎431-616; Marichanquín 240) effettua frequenti collegamenti con Villarrica (da CH$700 a CH$900, 30 min) e Coñaripe (CH$600, 30 min). Per Santiago è in servizio anche 1 autobus che durante l'anno effettua 1 corsa al giorno e 3 in estate (da CH$24.700 a CH$40.300).

Panguipulli (CH$1000, 1 h) è servita dai minibus locali che partono una volta all'ora dalla piazza di fronte a JAC.

LOS RÍOS

Valdivia

☎063 / POP. 139.505

Nel 2007 Valdivia è diventata il capoluogo della Región XIV (Los Ríos), l'ultima regione istituita in Cile dopo anni di dibattito sul possibile accorpamento con la Regione dei Laghi, nonostante le differenze geografiche, storiche e culturali. È la città universitaria più importante del Cile meridionale e, come tale, favorisce le espressioni artistiche, offre sconti per studenti in molti ostelli, ristoranti e bar e sprigiona un'energia giovane e vitale.

Con la sua effervescenza teutonica e un raffinato panorama culturale che si alimenta nei caffè cittadini, Valdivia è anche una delle città più attraenti della regione, grazie alla bella posizione nel punto di confluenza tra i fiumi Calle Calle, Cau Cau e Cruces, sebbene il patrimonio storico tedesco non sia paragonabile a quello di Puerto Varas e di Puerto Octay.

Che cosa vedere e fare

Av Costanera Arturo Prat (chiamata semplicemente Prat) è il centro della vita cittadina, ma gli edifici pubblici più importanti si trovano in Plaza de la República. A ovest il Puente Pedro de Valdivia attraversa il fiume fino all'Isla Teja, il verdeggiante quartiere in cui ha sede l'Universidad Austral.

TOP **Cervecería Kunstmann** BIRRIFICIO
(www.lacerveceria.cl; Ruta T-350 950; caraffe CH$ 6750-6950, portate principali CH$4750-7400; 12-24) Sull'Isla Teja, al Km 5 della strada per Niebla, si trova il miglior birrificio industriale del Cile meridionale. Si tengono visite guidate ogni ora dalle 13 alle 20 (CH$5000), che comprendono anche un boccale di vetro in omaggio e una degustazione da 30 ml, direttamente dalla botte, della birra Torobayo non filtrata, che si trova solo qui. A meno che non abbiate una vera passione per la storia della birra, è meglio spendere i soldi del costo della visita guidata per assaggiare le 10 birre offerte in degustazione, accompagnate da gustosi piatti

tedeschi, come braciole di maiale, spätzle, crauti e purea di mele. Il birrificio in realtà non è frequentato da tedeschi, mentre turisti e comitive arrivano a ondate, ma c'è di peggio che trascorrere un pomeriggio qui bevendo della buona birra. Si raggiunge con l'autobus n. 20 in servizio tra Carampague e l'Isla Teja (CH$625), consigliabile anche nel caso che disponiate di un mezzo di trasporto.

Museo Histórico y Antropológico MUSEO
(Los Laureles 47; ingresso CH$1300; ⏲10-20 15 dic-15 marzo, fino alle 18 16 marzo-14 dic) Allestito all'interno di una bella residenza sul fiume sull'Isla Teja, è uno dei musei più belli del Cile. Presenta una vasta collezione con dettagliate didascalie che spazia dall'epoca precolombiana ai giorni nostri, con pezzi particolarmente interessanti di artigianato mapuche e oggetti d'uso quotidiano dei primi coloni tedeschi. Nello stesso complesso si trovano anche lo scarno **Museo de Arte Contemporáneo** e, in un palazzo vicino, il **RA Philippi Museo de la Exploración**, dedicato alla scienza e alla natura.

Feria Fluvial MERCATO
(Av Costanera Arturo Prat s/n; ⏲7-15.30) Il vivace mercato che si svolge lungo il fiume a sud del ponte di Valdivia vende prodotti freschi come pesce, carne e frutta e verdura. Qui i leoni marini hanno trovato la loro terra promessa: si aggirano in queste acque in attesa che turisti e pescivendoli lancino loro qualche prelibato bocconcino. Per vederli ancor più da vicino, risalite la Costanera per altri 200 m.

Parque Saval PARCO
Il Parque Saval sull'Isla Teja ha una spiaggia sul fiume e un bel sentiero che segue la costa della Laguna de los Lotos, coperta di ninfee. È il posto giusto per il birdwatching.

Torreón del Barro TORRE
(Av Costanera Arturo Prat s/n) Ci sono diverse torri sparse per la città: a est del terminal degli autobus si erge il Torreón del Barro, che faceva parte di una fortezza costruita dagli spagnoli nel 1774, mentre il **Torreón de los Canelos** (all'angolo tra Yerbas Buenas e General Lagos) risale al XVII secolo.

Tour

Da sempre la principale attrattiva turistica di Valdivia è costituita dalle crociere fluviali (CH$18.000, 6 h 30 min) che consentono di visitare i vari forti della città (v. p272). Ciascun operatore sostiene che la propria crociera sia diversa, ma in realtà seguono tutte la stessa rotta, facendo sosta al Corral e all'Isla Mancera da 45 minuti a un'ora, e tutte comprendono pranzo e *once* (tè pomeridiano). **Reina Sofia** (☎207-120) parte dal Puerto Fluvial, in fondo a Calle Arauco, tutti i giorni alle 13.30.

Feste ed eventi

Bierfest/Oktoberfest BIRRA
La festa della birra organizzata dalla Kunstmann si svolge tutti gli anni in gennaio al Parque Saval.

Noche de Valdivia CULTURA
L'evento più importante è la Noche de Valdivia, che cade il terzo sabato di febbraio e si celebra lungo il fiume con barche decorate e fuochi d'artificio.

Pernottamento

Per la maggior parte dell'anno gli alloggi più economici sono monopolizzati dagli studenti della Universidad Austral, ma in estate quegli stessi albergatori ricercano invece strenuamente la presenza dei viaggiatori. Si tratta per lo più di *hospedajes* molto economici, ma anche piuttosto scadenti, situati vicino al terminal degli autobus lungo Av Ramón Picarte e Carlos Anwandter.

Airesbuenos Hostel OSTELLO $
(☎222-202; www.airesbuenos.cl; Garcia Reyes 550; letti in camerata CH$9000, singole/doppie CH$18.000/25.000;) Il nuovo proprietario americano ha dato un'impronta eco-friendly a questo vecchio ostello situato a cinque minuti di cammino dal fiume e dalla stazione degli autobus. Oggi le parole d'ordine sono riciclo, permacultura e compostaggio. In questa rinnovata veste ecostenibile troverete camerate confortevoli e piene di colore, ma anche semplici camere private ben arredate (le docce, però, sono strette e si rischia anche di scivolare). Tutto sommato, comunque, è la sistemazione che stavate cercando.

Hostel Bosque Nativo OSTELLO $
(☎433-782; www.hostelnativo.cl; Pasaje Fresia 290; letti in camerata CH$8000, singole/doppie CH$18.000/25000, senza bagno CH$16.000/20.000; P) Eccellente ostello gestito da un'organizzazione non governativa che si occupa di sfruttamento forestale sostenibile, è una sistemazione accogliente e confortevole in una casa di legno nascosta in fondo a una stradina bianca in un quartiere residenziale a pochi passi dalla stazione degli autobus. Poiché nessuno parla inglese, si perde un po' il cameratismo dell'Airesbuenos, ma il potenziale non manca.

Valdivia

Hotel Encanto del Río HOTEL **$$**
(☎225-740; Av Costanera Arturo Prat; singole/doppie CH$45.000/59.000; P⊜@) È un albergo di media categoria situato lungo un tratto di fiume più tranquillo e più trendy. Trabocca di tessuti indigeni e stampe di Botero alle pareti, che gli conferiscono un tocco di stile in più e danno agli ospiti la sensazione di essere a casa di amici, ma con tutti i servizi di un hotel. Le camere con vista sul fiume hanno tutte un piccolo patio che, dall'altra parte del Río Calle Calle, si affaccia su... una fabbrica. L'aggiunta di tre nuovi piani, con alcune camere dotate di aria condizionata e vasche idromassaggio, ci fa dubitare che possa conservare a lungo l'atmosfera tranquilla e riservata.

Hostal Torreón HOTEL STORICO **$**
(☎213-069; hostaltorreon@gmail.com; Pérez Rosales 783; singole/doppie CH$20.000/30.000, senza bagno CH$15.000/25.000; P⊜@) Situata in una posizione defilata dalla strada, questa vecchia residenza scricchiolante, che ha nei suoi pavimenti irregolari un motivo di orgoglio (è sopravvissuta a due terremoti), è la migliore sistemazione economica della sua categoria, ostelli a parte. Piene di oggetti antichi, le aree comuni strizzano l'occhio alla lunga storia della casa (oltre a dare accoglienza a una schiera di gatti), mentre le camere al secondo piano sono più luminose e meno umide di quelle al piano seminterrato. Non è prevista la prima colazione.

Hostal BordeRío GUESTHOUSE **$$**
(☎214-069; www.borderiovaldivia.cl; Camilo Henríquez 746; singole/doppie CH$30.000/35.000; P@) Si presenta bene, con un angolino soleggiato per la prima colazione, ampie camere, letti con coperte colorate e poltroncine in quasi tutte le camere. I gestori hanno rilevato anche una casa storica in General Lagos 1036 e, dopo averla risistemata, l'hanno aperta con lo stesso nome.

Pasti

Isla Teja, dall'altra parte del fiume, si è recentemente affermato come il quartiere con i

Valdivia

Da non perdere

Museo Histórico y Antropológico ... A2

Che cosa vedere

1 Feria Fluvial ... A2
2 Museo de Arte Contemporáneo ... A2
3 RA Philippi Museo de la Exploración ... A2
4 Torreón de los Canelos ... A4

Pernottamento

5 Airesbuenos Hostel ... D3
6 Hostal BordeRío ... B4
7 Hostal Torreón ... B4
8 Hostel Bosque Nativo ... C1
9 Hotel Encanto del Río ... C1

Pasti

10 Café Hausmann ... B2
11 Café Moro ... B2
12 Entrelagos ... B3
13 La Calesa ... B1
14 La Parrilla de Thor ... D2
15 La Última Frontera ... B4
16 Mercado Central ... B2

Locali

17 Clover ... C3
18 Santo Pecado ... A4

Divertimenti

19 Portal Valdivia ... B1

ristoranti di maggior tendenza. Anche i locali di Esmeralda offrono quasi tutti una buona cucina, e quindi la possibilità di trascorrervi l'intera serata.

TOP La Última Frontera CAFFÈ $
(Pérez Rosales 787; sandwich CH$2600-3900; pranzo e cena lun-sab;) Troverete la pace dei sensi in questo caffè bohémien con un'atmosfera senza uguali a Valdivia e forse in tutto il Sur Chico. Ricavato in una casa nobiliare restaurata, offre sandwich preparati con fantasia, succhi freschi, una nutrita lista di birre artigianali alla spina e un ambiente originale, per gentile concessione degli artisti locali. Rilassatevi tra le opere d'arte delle sale interne o godetevi una birra ghiacciata nel nuovo patio.

Entrelagos CAFFÈ $
(Pérez Rosales 640; sandwich CH$2570-5190, torte CH$1930-2110; pranzo e cena) Questo classico *salón de té* è il genere di posto in cui sparlare degli altri davanti a un delizioso *café cortados* (espresso con latte) accompagnato da torte, sandwich o crêpes. I generosi menu fissi e i toast farciti sono l'ideale per chi ha voglia di qualcosa di più sostanzioso (o anche solo di un po' di evasione: le poltroncine in stile parigino non potrebbero essere meno cilene di così). Da non perdere è anche la *chocolatería* adiacente, che, quando è aperta, suscita entusiasmi degni di Willy Wonka.

Café Moro CILENO $
(Paseo Libertad 174; sandwich CH$1400-3500; prima colazione, pranzo e cena lun-sab;) Quello che a prima vista sembra la solita trappola per turisti – perché si trova lontano dalla piazza, in un vicolo pedonale che porta al fiume – si rivela invece essere un locale eccellente (anche per fumatori, però) con un menu superconveniente per pranzo (CH$2700). Richiama un'eterogenea clientela di eclettici intellettuali attempati e ricercatori ambientalisti del CECs, il Centro de Estudios Científicos di Valdivia.

La Parrilla de Thor ARGENTINO, STEAKHOUSE $$
(Av Costanera Arturo Prat 653; bistecche CH$8200-10.200; pranzo e cena;) Un profumo di cedro e *asado* (barbecue) accoglie i clienti di questa steakhouse argentina sulla Costanera. Il *bife de chorizo* è buono, ma la mancanza di Malbec e del *chimichurri* (salsa argentina da accompagnare alle bistecche preparata con olio, erbe e spezie) riduce la scelta a quello soltanto.

La Calesa PERUVIANO $
(O'Higgins 160; portate principali CH$6400-7900; pranzo e cena mar-sab, pranzo dom) Serve classici peruviani, come il pollo arrosto all'aglio e il *lomo saltado* (manzo saltato con spezie, cipolle, pomodori e patate). I pisco sour sono memorabili, così come il *suspiro*, un dessert peruviano preparato con *manjar* (caramello cileno al latte), meringhe e pisco.

Gohan Sushi GIAPPONESE $$
(Saelzar 20; sushi CH$2950-4650; pranzo e cena lun-sab;) Il miglior sushi di Valdivia ha fatto scoprire all'Isla Teja questa nuova tendenza.

Café Hausmann TAVOLA CALDA $
(213-878; O'Higgins 394; portate principali CH$1850-8000; prima colazione, pranzo e cena lun-sab) A gestione familiare, è un locale classico, che serve ottimi *cruditos* (carpaccio con pane tostato), strudel e küchen.

Per mangiare pesce e frutti di mare senza spendere troppo, andate in uno dei

I LAGHI DI LOS RÍOS

La Región XIV del Cile è famosa per i suoi fiumi, ma abbonda anche di splendidi laghi. Sebbene meno visitati di quelli di Los Lagos, alcuni sono veri gioielli naturali, da tenere in considerazione se preferite trascorrere le vacanze in compagnia dei cileni piuttosto che dei vostri connazionali.

Lago Ranco

Tra i laghi del Cile meridionale, il Lago Ranco, a 124 km da Valdivia, ha un grande potenziale: nonostante non riceva molti turisti e non sia particolarmente noto al di fuori del Cile, è una gemma dalle acque cristalline incastonata tra fertili montagne e punteggiata di isole verdeggianti. Per chissà quale ragione, qui il turismo non ha ancora preso piede, perciò è un ottimo posto in cui rifugiarsi per chi vuole allontanarsi dai luoghi affollati, scappare con la moglie del proprio migliore amico o ritirarsi a scrivere una sceneggiatura, un po' meno se, mentre si sta facendo tutto questo, si ha anche voglia di mangiare qualcosa e dormire da qualche parte. In un unico circuito intorno alle acque cerulee del lago, si possono ammirare maestose vedute delle Ande, semplici cittadine operaie, esclusivi resort di pesca e comunità mapuche. Sulla sponda settentrionale del Lago Ranco, a 102 km da Valdivia passando per Paillaco, sorge Futrono, una vecchia cittadina polverosa con l'atmosfera tipica dei luoghi di frontiera. È il centro di riferimento per tutta la zona del lago e per la comunità mapuche dell'Isla Huapi. L'**Oficina de Turismo** (☎063-482-636; www.turismofutrono.cl; O'Higgins e Balmaceda; ⊙8-21 dic-feb, 8.30-17.20 lun-ven marzo-nov) di Futrono, che si trova alle porte della città arrivando da ovest, può fornire assistenza per trovare un passaggio in barca fino all'Isla Huapi e alle sorgenti termali, un *agroturismo* o un'altra sistemazione nelle comunità intorno al Lago Maihue e per organizzare escursioni, compresi trekking a cavallo. Il personale è molto disponibile. Ci si può rivolgere anche all'utile **ufficio turistico** (☎063-491-348; www.lagoranco.cl; all'angolo tra Av Concepción e Linares; ⊙10-19 dic-feb) di Lago Ranco.

Tutti i giorni autobus di linea effettuano servizio per Futrono e Lago Ranco con partenza da Valdivia (CH$2000 e CH$2500, 2 h 30 min) e per Lago Ranco anche da Osorno (CH$2000, 2 h); un'altra possibilità è prendere un autobus per Río Bueno e proseguire da lì. Dalla stazione degli autobus extraurbani di Lago Ranco in La Serena, alle 11.40, alle 12 e alle 21 parte un autobus per Llifén (CH$1400) che prosegue fino a Futrono. Dalla stazione Tur-Bus di Temuco partono corse giornaliere per Santiago (CH$26.100, 13 h, una partenza al giorno alle 20.30) e per Río Bueno (CH$1400, 45 min), Valdivia (CH$3500, 2 h 30 min) e Temuco (CH$5300, 5 h). Al momento solo la sponda occidentale del lago non è servita dagli autobus. Per attraversare Puerto Lapi c'è una chiatta che viene azionata manualmente a richiesta.

Lago Panguipulli

Situata all'estremità nord-occidentale del Lago Panguipulli, **Panguipulli** è una cittadina tranquilla con uno scomodo accesso alla spiaggia, una vivace via centrale e un'insolita chiesa in stile svizzero costruita dai monaci cappuccini. Di sicuro qui non si patisce la fame, dal momento che ci sono moltissimi ristoranti. Solitamente i viaggiatori arrivano e si fermano a Panguipulli solo per cambiare mezzo di trasporto, anche perché, a causa della sfortunata combinazione tra eccesso di domanda e scarsità di offerta, è una città molto costosa, pur mancando di qualità. È quindi diventata una meta prediletta dai nuovi ricchi. L'**ufficio turistico** (☎063-310-435; ⊙9-21), di fronte a Plaza Arturo Prat, fornisce molte informazioni di interesse locale e il personale è cortese. Lungo Martínez de Rozsa, la via principale che porta al lago, si trovano tutti gli immancabili servizi turistici.

Il grazioso villaggio di **Choshuenco**, poco più di un paio di strade sul lato orientale del Lago Panguipulli, ha un'ampia spiaggia con vedute su paesaggi idilliaci di acque cristalline

tanti ristoranti del Mercado Central. Tra le specialità non mancano per esempio i *choritos al ajillo* (cozze con aglio e peperoncino). Provate inoltre La Estrella (terzo piano).

Locali e divertimenti

La vita notturna si concentra prevalentemente in Esmeralda, dove c'è solo l'imbarazzo della scelta. Si può andare anche al Portal Valdivia, il nuovo e scintillante e verdi colline ondulate. È una tranquilla base di appoggio per escursioni a piedi nella zona, ma anche un bel posto per riposarsi prima o dopo la traversata del lago tra il versante cileno e quello argentino.

Dal **Terminal de Buses** (Gabriela Mistral 100), all'angolo con Diego Portales, partono regolarmente, dal lunedì al sabato, autobus per Liquiñe (CH$2500, 2 h 30 min), Coñaripe (CH$1000, 1 h 15 min) e Lican Ray (CH$1000, 45 min); per Choshuenco (CH$1500, 1 h), Neltume (CH$2000, 1 h 30 min) e Puerto Fuy (CH$2200, 2 h) 7 volte al giorno; e per Valdivia (CH$2900, 2 h 30 min), Temuco (CH$2500, 2 h 30 min) e Santiago (CH$19.000, 11 h). Gli autobus in servizio da Panguipulli a Puerto Fuy (2 h) passano per Choshuenco e ritornano a Panguipulli il mattino seguente.

Lago Calafquén

Circa l'82% di questo splendido lago si estende tra Los Ríos e Coñaripe (solo la piccola porzione intorno a Lican Ray fa parte della Araucanía), all'ombra di uno dei vulcani più attivi del Cile (il Villarrica), e la cittadina è una delle località lacustri più frequentate e più vivaci della regione. Le sue spiagge di sabbia nera e la facilità di accesso ad alcune sorgenti termali minori – 14 in tutto – sono un forte richiamo per il turismo estivo, ma è anche un posto gradevole in cui soggiornare (molto più di Liquiñe), per chi vuole ritemprare i muscoli dolenti in un po' di *agua caliente* (acqua calda). All'estremità orientale di Coñaripe, il corso principale, Av Guido Beck Ramberga, interseca la Ruta 201, la strada internazionale che porta a Junín de los Andes, in Argentina; la diramazione che si estende verso ovest conduce a Panguipulli, mentre in direzione sud-est si raggiungono le Termas de Coñaripe, le Termas Geométricas (v. lettura p263; le migliori della zona), Liquiñe e il posto di confine del Paso Carirriñe. La strada diretta a nord di Coñaripe porta a diverse sorgenti termali rustiche nonché al margine meridionale del Parque Nacional Villarrica. Un piccolo **chiosco di informazioni turistiche** (☎063-317-378; Plaza de Armas; ⏲9.30-21 dic-marzo) gestito da personale cortese fornisce indicazioni utili.

A Coñaripe la sistemazione più bella è l'**Hotel Elizabeth** (☎063-317-279; www.hotelelizabeth.cl; Beck de Ramberga 496; singole/doppie CH$28.000/40.000; P 🚭 @ 📶), con camere colorate e ben arredate (alcune dotate di piccole docce), ma con il successo si è montato la testa: i prezzi sono aumentati in misura sproporzionata per questa regione. Anche il ristorante, che serve la birra in boccali ghiacciati, è il migliore del posto. Dietro alla piazza, un altro buon alloggio è l'**Hostal Chumay** (☎099-744-8835; www.lagocalafquen.com; Las Tepas 201; doppie/triple CH$25.000/30.000, singole/doppie senza bagno CH$15.000/20.000; P 🚭 @ 📶), che ha camere semplici, il riscaldamento centralizzato, un ristorante rinnovato di recente e la comodità di un'agenzia turistica interna che organizza trekking sui ghiacciai, tour in mountain bike, trasferimenti alle sorgenti termali e attività invernali diverse dal solito (arrampicata su ghiaccio e sci alpinismo). Noleggia anche mountain bike. L'alternativa economica è l'**Hospedaje Calafquén** (☎098-128-1731; Beck de Ramberga 761; camere per persona CH$6000; P), le cui modestissime camere con bagni quasi spaventosi hanno una sola cosa che le salva: il cortile accogliente e ben illuminato del ristorante che, pieno zeppo di piante, è un posticino molto invitante in cui fare un sosta per una birra fresca.

Buses JAC (☎063-317-241; Beck de Ramberga) effettua diverse corse al giorno con partenza da Villarrica (CH$1100, 1 h) a Coñaripe via Lican Ray (CH$600, 30 min; v. p254). Il servizio prevede anche una partenza al giorno per Santiago (da CH$24.000 a CH$40.300, 12 h). Dal terminal principale, a un isolato di distanza, partono diversi autobus al giorno per Valdivia (CH$2500, 2 h 30 min), Liquiñe (CH$1500, 1 h 30 min) e Panguipulli (CH$1000, 1 h).

complesso con casinò e una discoteca alla moda, l'XS Club.

Santo Pecado BAR

(Yungay 745; 📶) L'originale arredamento con panche e poltroncine fa di questo ristorante, arredato nelle tonalità del rosso, un locale super trendy. La buona cucina (tra cui sapori come camembert, porro e una gigantesca *tortilla española)* prevede portate principali tra CH$4200 e CH$6500; aperto a pranzo e cena

VALE IL VIAGGIO

HUILO-HUILO RESERVA NATURAL BIOSFERA

Quasi interamente asfaltata, la strada che dal Lago Pirihueico, 101 km a est di Valdivia e 80 km a sud di Villarrica, porta a Puerto Fuy segue il corso dello spettacolare Río Huilo Huilo, che scorre impetuoso tra paesaggi mozzafiato fino alla splendida **Huilo-Huilo Reserva Natural Biosfera** (☎02-334-4565; www.huilohuilo.cl; escursioni CH$2500-55.000). Istituita nel 2000, la riserva comprende 1000 kmq di terre private predisposte per accogliere un ecoturismo a basso impatto ambientale e fa parte di un'area molto più vasta protetta dall'UNESCO. Offre moltissime escursioni, un nuovo museo con microbirrificio e un'ampia gamma di alloggi in tutte le fasce di prezzo, compresi tre alberghi di straordinaria originalità. La splendida riserva, di proprietà della Fundación Huilo-Huilo che la gestisce direttamente, è famosa soprattutto per le specie indigene, come la rana di Darwin, il pudú, il *monito del monte* (letteralmente 'scimmietta di montagna'), 111 specie di uccelli, 35 specie di felci (solo l'Archipiélago Juan Fernández ne vanta un numero maggiore) e, soprattutto, lo huemal, una specie di cervo a rischio di estinzione che la Fundación riproduce qui con sorprendente successo.

La riserva offre numerose attività all'aperto (trekking, scalate, mountain bike, passeggiate a cavallo, rafting, kayak e trekking su ghiaccio), ma è necessario farsi sempre accompagnare da una guida, a eccezione del **Salto de Huilo Huilo**, un'impressionante cascata di 37 m. Per ingaggiare una guida ci si può rivolgere al **Centro de Excursiones** (⏲9-20) presso La Montaña Magica. Il nuovo **Museo de Volcanes** (ingresso CH$2000; ⏲8-18 lun-ven, 10-18 sab e dom) dal tetto in pietra a volta è il museo archeologico più interessante del Sur Chico: dedicato alle popolazioni native cilene, ha una delle migliori collezioni esistenti di ornamenti mapuche, ma anche belle raccolte di lanterne, lucchetti e manufatti di metallo. I piani superiori del museo, che dovrebbero essere completati nel giro di cinque anni, saranno dedicati ai vulcani.

La Montaña Mágica (☎063-672-020; singole/doppie CH$119.000/160.000; P⊖@☺) è una piramide che sembra uscita da un libro di Tolkien, con una fontana zampillante in cima, arredi kitsch e particolari di design ispirati al mondo soprannaturale. Meno intimo e raccolto, l'**Hotel Baobob** (☎063-672-020; singole/doppie CH$122.480/165.000; P⊖@) è invece un cono rovesciato alla Gaudí, sospeso tra le chiome degli alberi e completo di ristorante che serve piatti internazionali e cileni con tocchi di cucina nativa. Per quando leggerete questa guida, dovrebbe essere ormai aperto anche il nuovo **Fungi Lodge**, un rifugio a forma di fungo che si collegherà con il Baobab e la Montaña Magica. Al momento delle nostre ricerche i prezzi non erano ancora stati definiti. Le tariffe indicate sopra comprendono la prima colazione (la pensione completa prevede un supplemento di CH$18.900).

Non lontano, il nuovo ed esclusivo **Nawelpi Lodge** (singole/doppie all inclusive CH$290.000/580.000; P⊖☺) offre 12 grandi bungalow con arredi di lusso, caminetti in pietra lavica e magnifiche terrazze affacciate sul Río Fuy. Ha anche un lodge privato per un'esperienza unica e le tariffe comprendono tutti i pasti, escursioni, open bar e i trasferimenti per/da Temuco o Valdivia. All'interno del parco ci sono altre sistemazioni più semplici, come il **Camping Huilo-Huilo** (piazzole per 1-2 tende CH$17.980), dotato di elettricità, bei bagni con acqua calda e vasche incassate nel patio di legno riempite con acqua termale (CH$4000 per mezz'ora), e il **Canopy Village** (bungalow per 2/6 persone CH$30.000/60.000), che ha alloggi sospesi collegati tra loro da una passerella in legno, la cucina a disposizione degli ospiti e suggestive vedute del Volcán Mocho.

Da Puerto Fuy il traghetto **Hua-Hum** (☎063-197-1585; www.barcazas.cl) trasporta passeggeri e veicoli per/da Puerto Pirihueico (1 h 30 min) durante tutto l'anno con una corsa al giorno in entrambe le direzioni. Per le automobili il costo è compreso tra CH$12.000 e CH$15.000, mentre i passeggeri a piedi pagano CH$1000 e le biciclette CH$2000. Tenete presente che il traghetto *Hua-Hum* può caricare a bordo solo 24 veicoli, pertanto prenotate in anticipo.

dal lunedì al sabato) e, tempo permettendo, ampie vedute del fiume dal patio sul retro.

Clover BAR
(Esmeralda 691) Se servire *una* birra irlandese (Guinness in bottiglia) significa essere un Irish pub, noi siamo James Joyce, ma il Clover resta comunque un locale molto frequentato per gustare tutte le birre artigianali valdiviane alla spina (Kunstmann, Cuello, Bunder) e in bottiglia (Duerde, Selva Fria).

Informazioni

In centro ci sono molti bancomat.

Banco de Chile (Libertad e Henríquez)

Clínica Alemana (www.alemana.cl; Beauchef 765; 24 h su 24) Migliore, più veloce e più vicino dell'ospedale pubblico; accetta molte assicurazioni di viaggio.

Información Turística (220-498; 8-22) Al terminal degli autobus.

Polizia (563-085; Beauchef 1025)

Sernatur (239-060; Costanera Arturo Prat s/n; 9-21 dic-feb, orario variabile marzo-nov) Situato sul lungofiume, fornisce informazioni utili.

Ufficio postale (O'Higgins 575)

Per/da Valdivia

Aereo

L'Aeropuerto Pichoy si trova a 32 km da Valdivia, sulla Ruta 5. **Lan** (246-494; www.lan.com; Maipú 271) gestisce voli per Santiago 2 volte al giorno a partire da CH$104.100. **Sky Airlines** (216-280; www.skyairline.cl; Walter Schmidt 303) serve Santiago (a partire da CH$151.500) e Concepción (a partire da CH$29.000) con voli di domenica nei soli mesi di gennaio e febbraio (il ritorno è di giovedì).

Autobus

Dal **Terminal de Buses** (Anfión Muñoz 360) di Valdivia, situato in posizione centrale sul lato nord-orientale della *costanera* all'altezza di Anfión Muñoz, partono frequenti autobus per varie destinazioni lungo la Panamericana o nelle sue vicinanze, nel tratto compreso tra Puerto Montt e Santiago. Alcune autolinee sono **Tur-Bus** (212-430), **Tas-Choapa** (313-124), **Andesmar** (224-665), **Bus Norte** (212-800), **Igi Llaima** (213-542), **Pullman** (204-669), **Pirihueico** (218-609), **San Martín** (251-062) e **Cruz del Sur** (213-840), che serve anche l'Isola di Chiloé.

Tra gli operatori regionali figurano Pirihueico per Panguipulli, **Bus Futrono** (202-225) per Futrono e **Buses JAC** (212-925) per Villarrica, Pucón e Temuco. Ruta 5 ha collegamenti con Lago Ranco. Niebla è servita dall'autobus n. 20, che parte ogni 10 min.

Andesmar ha 1 autobus diretto per Bariloche, in Argentina, con partenza alle 8.45 di lunedì, martedì, giovedì e sabato, ma ci sono collegamenti anche da Osorno. Gli autobus San Martín partono per San Martín de los Andes di mercoledì, venerdì e domenica alle 7.30. Per Neuquén c'è 1 autobus Andesmar che parte alle 8.45 di lunedì, martedì, giovedì e sabato.

Di seguito riportiamo alcuni esempi di tempi di percorrenza e tariffe (i prezzi variano in base al livello qualitativo dell'autobus e/o alla classe):

DESTINAZIONE	TARIFFA (CH$)	DURATA (ORE)
Bariloche (Ar)	13.000	7
Castro	8500	7
Futrono	5000	2
Lago Ranco	3500	2
Neuquén (Ar)	19.000-26.500	12
Osorno	3200-3600	1¾
Panguipulli	2900	2¼
Pucón	4200	3
Puerto Montt	5000-8400	3½
San Martín de los Andes (Ar)	12.000-13.000	8
Santiago	21.500-58.000	11
Temuco	4300-12.100	2½
Valparaíso	14.000-65.800	12
Villarrica	3900	2¼
Viña del Mar	29.200-65.800	12

Trasporti locali

Per i trasferimenti per/dall'aeroporto, **Transfer Aeropuerto Valdivia** (225-533) offre un servizio di minibus a richiesta (CH$3000). La corsa in taxi costa CH$13.000. Per noleggiare un'automobile, rivolgetevi alla **Hertz** (218-316; Av Ramón Picarte 640).

Dall'autostazione, tutti gli autobus con destinazione 'Plaza' fermano in Plaza de la República. In città circolano anche *colectivos*.

Dintorni di Valdivia

Il **Parque Punta Curiñanco**, che si estende su 81 ettari 35 km a nord-ovest di Valdivia a Curiñanco, racchiude un pezzo di foresta pluviale valdiviana unico nel suo genere, che comprende a sua volta quattro sottotipi. Eccellente luogo per intraprendere escursioni a piedi, offre spettacolari vedute dell'oceano e una lunga spiaggia molto bella. Osservate con attenzione per individuare le rane di Darwin, che sembrano foglie autunnali. Per raggiungere il parco da Valdivia, prendete un autobus con destinazione Curiñanco dalla fermata a sinistra del ponte per l'Isla Teja (dalla parte di Valdivia). L'ingresso è nascosto dietro due proprietà private, la seconda delle quali è una casetta dove troverete un uomo che vi aprirà le porte del parco.

A sud-ovest di Valdivia, nel punto in cui il Río Valdivia e il Río Tornagaleones raggiungono il Pacifico, sorgono le fortificazioni spagnole del XVII secolo di **Corral**, **Niebla** e **Isla Mancera**. La struttura più grande e meglio conservata è il **Castillo de Corral**, di cui fanno parte il Castillo San Sebastián de la Cruz (1645) e le postazioni di artiglieria della Batería de la Argolla (1764) e della Batería de la Cortina (1767). Il **Fuerte Castillo de Amargos**, a mezz'ora di cammino verso nord da Corral, si staglia su una rupe sopra un piccolo villaggio di pescatori.

Situato sulla sponda settentrionale del fiume, il **Fuerte Niebla** (1645) permetteva ai soldati spagnoli di intrappolare i potenziali invasori nel fuoco incrociato. I bastioni in rovina del **Castillo de la Pura y Limpia Concepción de Monfort de Lemus** (1671) sono i ruderi più antichi. Sull'Isla Mancera, il **Castillo San Pedro de Alcántara** (1645) fu eretto a guardia della confluenza tra i fiumi Valdivia e Tornagaleones, per poi diventare in seguito la residenza del governatore militare.

Niebla è di per sé una bella meta per una gita in giornata: con un'atmosfera da spiaggia californiana, è un rifugio gradevole e facilmente raggiungibile da Valdivia.

Le visite guidate che partono dal Puerto Fluvial di Valdivia vengono spacciate come l'unico modo per raggiungere i forti, mentre esiste un'alternativa molto più economica: i *colectivos* (che partono dalla fermata all'incrocio tra Chacabuco e Yungay; CH$700) o i minibus (CH$500). Da Niebla ci sono traghetti che effettuano servizio per/da Corral ogni 20 minuti circa tra le 7 e le 13 (CH$625). Imbarcazioni più piccole raggiungono l'Isla Mancera con partenze ogni 20 minuti (CH$800).

LA REGIONE DEI LAGHI

La Regione dei Laghi, così chiamata per i numerosi laghi glaciali disseminati in un territorio altrimenti caratterizzato da minacciosi vulcani innevati, parchi nazionali dai paesaggi surreali e tranquilli villaggi lacustri, è una delle zone più pittoresche del Cile. Sono molte le attività all'aperto che si possono praticare e che ruotano intorno alla bella Puerto Varas, la città più turistica della regione in quanto punto di riferimento per la maggior parte delle attrattive e delle attività della zona, dalle passeggiate a cavallo alle arrampicate su roccia nella Valle del Río Cochamó, dal relax sui laghi Llanquihue, Puyehue o Todos los Santos alla visita dei magnifici parchi nazionali.

Osorno

☎064

Osorno (da non confondersi con il vulcano) è una città vitale che fa da propulsore commerciale per tutta la zona agricola circostante. È inoltre un importante crocevia per i trasporti sulla rotta tra Puerto Montt e Santiago e le comunità hulliche della costa (v. lettura p275), ma la maggior parte dei visitatori non vi si ferma a lungo.

Pernottamento

Hostal Vermont OSTELLO **$**

(☎247-030; www.hostalvermont.cl; Toribio Medina 2020; letti in camerata CH$8000, singole/doppie senza bagno CH$12.000/22.000; P @ 📶) È il primo ostello decente di Osorno, gestito da uno snowboarder bilingue che sembra il protagonista del film *La mia vita è uno zoo* (2011): questo alloggio per backpacker, infatti, dà un tetto anche a due gatti (Hazelnut e Lauchín), un cane (Juno), un coniglio (Conejo) e tre papere (Anakin, Luke Skywalker e Leia). Ha tutte le caratteristiche di un buon ostello: è accogliente, pulito e ben attrezzato (ma anche qualcuna meno desiderabile: i vecchi pavimenti scricchiolanti uniti all'atmosfera festaiola non sono una garanzia di sonni tranquilli). Incamminatevi dalla stazione degli autobus percorrendo due isolati verso sud fino a Juan MacKenna, cinque isolati a est fino a Buenos Aires e uno e mezzo verso sud fino a Toribio Medina.

Hotel Villa Eduviges HOTEL **$$**

(☎235-023; www.hoteleduviges.cl; Eduviges 856; singole/doppie/triple a partire da CH$20.000/30.000/45.000; P @ 📶) Di media categoria, l'Eduviges è uno dei pochi alberghi della Región X in cui si può occupare una doppia senza pagare per due. La tranquilla posizione in una zona residenziale a sud del terminal degli autobus promette bene, il resto lo fanno le camere spaziose con bagni privati, la quiete dei giardini e la cortesia del personale.

VALE IL VIAGGIO

VACANZE HUILLICHE

Le comunità dei nativi huilliche che abitano la splendida costa di Osorno stanno sedute su una miniera d'oro di *etnoturismo*, ma hanno appena cominciato a rendersene conto. Sfruttando un'idea che nasce da un decennio di ricerche condotte dal WWF (World Wildlife Fund) nel campo del turismo sostenibile, queste comunità, che finora erano rimaste tagliate fuori dai percorsi turistici, stanno iniziando ad accogliere i primi visitatori. Per conoscere da vicino lo stile di vita di queste popolazioni, si può partecipare ai viaggi organizzati che, nell'arco di più giorni, toccano alcune delle spiagge più belle del Cile, attraversano la foresta valdiviana e prevedono il pernottamento in abitazioni private nella zona rurale di San Juan de la Costa e del **Territorío Mapa Lahual** (www.mapulahual.cl), un'area protetta abitata da nativi che si estende verso sud anche nella provincia di Río Negro.

A San Juan de la Costa ci sono cinque magnifiche *caletas* (baie) accessibili in automobile e, per chi ha poco tempo, facilmente raggiungibili con una gita in giornata dai dintorni di Osorno. Nei villaggi di **Bahía Mansa**, **Pucatrihue** e **Maicolpué** i delfini e i leoni di mare nuotano vicinissimi alla riva, mentre le donne del posto setacciano le spiagge incontaminate per raccogliere *luga* e *cochayuyo*, due tipi di alghe che contribuiscono ad alimentare l'economia locale. Ai due lati della costa si trovano le *caletas* più belle: **Manzano**, 20 km a nord di Bahía Mansa, e **Tril-Tril**, 7 km a sud di Bahía Mansa.

Per spingersi più verso l'interno, l'organizzazione e la pianificazione del viaggio sono maggiormente laboriose, ma la ricompensa è spettacolare. **Caleta Condor**, che fa parte del Territorio Mapa Lahual ed è accessibile solo da Bahía Mansa con un viaggio in barca di due ore (o con 2 giorni di trekking) oppure da Río Negro con nove ore di viaggio tra fuoristrada, trekking a piedi e barca, è una baia di incredibile bellezza completamente isolata: si può comunicare con il resto del mondo solo via radio FM! Se si arriva con il bel tempo, lo spettacolo è strabiliante: lasciando il Pacifico per risalire le acque cristalline del suggestivo Río Cholcuaco, si viene accolti da un idilliaco accostamento tra natura (fazzoletti di terra ricoperta di muschio che costeggiano il fiume come piccoli campi da golf naturali, fuggevoli comparse di cavalli selvatici e uccelli acquatici e le colline a fare da sfondo con i bei colori degli alberi di luma e arrayán) e presenza umana (questo angolo di paradiso è abitato da 10 famiglie, molte delle quali saranno liete di offrirvi un letto). Il culmine si raggiunge in fondo al fiume, dove un'inusuale fascia di *tropicália* su un banco di sabbia separa la spiaggia fluviale da quella marina.

Se volete dormire in un posto dalla bellezza mozzafiato, andate a Caleta Condor. A San Juan de la Costa potrete trovare un passaggio in barca: provate con **Paseos Náuticos Lafken Mapu Lahual** (☎097-871-6874; maitecbg@gmail.com; CH$170.000 per 8 persone). La migliore sistemazione in una casa privata, con una posizione elevata che garantisce vedute spettacolari, è l'**Hospedaje Don Florentín** (camere con/senza prima colazione CH$8000/6000, pasti CH$3500). Se però volete sperimentare appieno tutto ciò che ha da offrire questa zona, dovete organizzare un tour. **Mawidan** (☎099-689-2053; www.mawidan.com) vanta i contatti migliori con le comunità locali, nonché il migliore supporto logistico, ma non ha personale in grado di parlare l'inglese ed è nuovo nel settore turistico. **Renacer** (☎098-838-4892; www.renacerexpediciones.com), invece, ha più esperienza e assistenza in inglese, ma non ha rapporti consolidati con le comunità locali.

Una volta raggiunta la costa, fermatevi all'eccellente **Hostería Miller** (☎064-197-5360; www.hosteriamiller.com; singole/doppie senza bagno CH$20.000/30.000, triple CH$40.000; P), situata a Maicolpué e gestita da argentini, dove potrete sorseggiare i pisco sour di Don Rubeń mentre osservate i delfini lagenorinchi australi direttamente dalla finestra. Dalla **Feria Libre Ráhue** (all 'angolo tra Chillán e Temuco, Osorno) di Osorno partono minibus ogni 30 minuti (con minore frequenza in inverno) per Bahía Mansa, Pucatrihue e Maicolpué (CH$1500, 1 h 30 min).

Hostal Rayenco GUESTHOUSE $
(☎236-285; www.hostalrayenco.cl; Freire 309; singole senza bagno CH$18.000, doppie CH$30.000; P ⊘ @ ☎) Spendendo solo qualche pesos in più di una sistemazione economica, potrete godere del maggiore comfort di questa guesthouse a gestione familiare, con una bella zona giorno, la sala per la prima

VALE IL VIAGGIO

IL PARADISO NASCOSTO DELLA BIRRA

Se vi trovate a non più di 100 km da Osorno e vi piace la birra, modificate un po' il vostro itinerario e andate a visitare l'**Armin Cervecería** (☎064-970-106; Ruta 215, Km 12, Osorno; birra CH$1200-2000; ⏲pranzo e cena lun-sab), il migliore e il più interessante birrificio artigianale del Sud, situato a 12 km da Osorno sulla Ruta 215 in direzione di Entre Lagos e del confine argentino. In un'abitazione privata nascosta dietro un'alta muraglia di cedri giapponesi (che pare saranno abbattuti per ampliare la strada), il mastro birraio bavarese Armin Schmid produce eccellenti birre Märzen, Bock e Doppelbock che poi serve nello splendido *biergarten* improvvisato nel cortile davanti alla casa. Potrete gustare inoltre le immancabili specialità tedesche *(bratwurst, leberkäse)*, ma anche pizze sottili sorprendentemente buone. L'unico problema è che è molto difficile da trovare (e abbiamo il sospetto che l'intento sia proprio questo).

Per arrivarci, prendete la Ruta 215 da Osorno. Superato il piccolo villaggio di Las Lumas, cercate un cartello sul lato meridionale della strada con su scritto 'Iglesia del Señor Apostolica Las Lumas'. Esattamente 350 m dopo questa indicazione, sullo stesso lato della strada, si incontra la stradina di ghiaia, non segnalata, che porta al birrificio. *¡Salud!*

colazione (con le uova) e il riscaldamento centralizzato.

Pasti

Per mangiare troverete molta scelta lungo la via principale, Juan McKenna, negli isolati a est e a ovest di Plaza de Armas.

Per/da Osorno

Aereo

L'Aeropuerto Carlos Hott Siebert (Cañal Bajo) si trova 7 km a est del centro città, oltre la Panamericana percorrendo Av Buschmann. **Lan** (☎600-526-2000; Eleuterio Ramírez 802) opera 2 voli al giorno per Santiago (a partire da CH$151.000). Il taxi per/dall'aeroporto costa CH$5000.

Autobus

Gli autobus a lunga percorrenza e quelli diretti in Argentina fanno capo al **terminal principale** (Errázuriz 1400), nei pressi di Angulo.

Alcune compagnie di autotrasporti sono **Pullman Bus** (☎310-529; www.pullman.cl), **Tas-Choapa** (☎233-933; www.taschoapa.cl), **JAC** (☎553-300; www.jac.cl), **Tur-Bus** (☎201-526; www.turbus.cl), **Tal Norte** (☎236-076), **Inter** (☎324-160), **Igi Llaima** (☎234-371; www.igillaima.cl), **Bus Norte** (☎233-933; www.busnortechile.cl), **Queilen Bus** (☎233-633; www.queilenbus.cl), **Turibús** (☎232-777) e **Cruz del Sur** (☎232-777; www.busescruzdelsur.cl).

La maggior parte dei servizi diretti a nord lungo la Panamericana ha origine da Puerto Montt, con partenze circa ogni h e corse prevalentemente notturne dirette a Santiago. Gli autobus per le destinazioni in Argentina e nella Patagonia cilena, come Coyhaique, Punta Arenas e Puerto Natales, percorrono la Ruta 215 e il Paso Cardenal Antonio Samoré.

Per andare a Coyhaique potete servirvi di Quellen Bus, oppure di Pullman e Cruz del Sur se siete diretti a Punta Arenas. La compagnia Igi Llaima effettua servizio per Zapala e Neuquén nei giorni feriali passando per Temuco, mentre Cruz del Sur, Tas-Choapa e **Via Bariloche** (☎253-633; www.viabariloche.com.ar) hanno collegamenti giornalieri con Bariloche. La compagnia **Ruta 5** (☎317-040) serve Lago Ranco (CH$2000). Molti di questi autobus, ma non tutti, partono da Puerto Montt; per maggiori informazioni v. p301.

Di seguito riportiamo alcuni tempi di percorrenza e tariffe (i prezzi variano in base al livello qualitativo dell'autobus e/o alla classe):

DESTINAZIONE	TARIFFA (CH$)	DURATA (ORE)
Ancud	5500	4½
Bariloche (Ar)	14.000-17.000	5
Concepción	15.000	8
Coyhaique	25.000	17
Pucón	8000	4
Puerto Montt	2000	1½
Punta Arenas	40.000-45.000	28
Santiago	24.100-43.000	12
Temuco	5200	3-5
Valdivia	3300	2
Valparaíso/Viña del Mar	30.500-45.000	16
Zapala-Neuquén (Ar)	14.000-18.000	17

Dall'autostazione principale partono anche 1 autobus per Río Bueno, che passa per il Lago Ranco e Panguipulli (via Valdivia), e diversi collegamenti al giorno per le località nei dintorni del Lago Llanquihue, ai piedi del Volcán Osorno. Altre destinazioni locali e regionali sono servite dagli autobus che partono dal **Terminal Mercado Municipal** (all'angolo tra Errázuriz e Arturo Prat), dietro al Mercado Municipal. **Buses Barria** (☎20 1-306; www.busesbarria.cl) ha collegamenti con Entre Lagos (CH$1400, 45 min) con partenza dalla fermata dietro all'angolo nord-occidentale del mercato, mentre gli autobus **Expreso Lago Puyehue** (☎243-919) per Termas Puyehue/Aguas Calientes (CH$2200, 1 h 30 min) e Anticura (CH$6000, 1 h 30 min) partono dall'angolo nord-orientale.

Per raggiungere le comunità huilliche di San Juan de la Costa (CH$1500, 1 h 30 min) – Bahía Mansa, Pucatrihue e Maicolpué – ci sono minibus che partono ogni 30 min (con minore frequenza in inverno) dalla **Feria Libre Ráhue** (all'angolo tra Chillán e Temuco). Prendete il *colectivo* 101 diretto a est in Los Carrera (CH$400) oppure un taxi (CH$2000).

Entre Lagos

☎064 / POP. 3.358

Entre Lagos è una placida cittadina situata 50 km a est di Osorno lungo la Ruta 215, sulla riva sud-occidentale del Lago Puyehue. Costituisce un'alternativa tranquilla a Osorno, soprattutto se si è diretti al Parque Nacional Puyehue dovendo attraversare il Puyehue da El Caulle. È inoltre il primo centro urbano di un certo rilievo che si incontra dopo il confine lungo la strada che proviene da Bariloche. La città è divisa in due: la parte occidentale è più votata al commercio (vi si trovano l'ufficio postale, i bancomat e un distributore di benzina), mentre quella orientale dà accesso agli alberghi e alla spiaggia.

Se avete intenzione di fermarvi un po' da queste parti, contattate la nuova agenzia **Always Green Tour** (☎371-452; www.agtour.cl; all'angolo tra Ruta 215 e Lord Cochrane), che organizza uscite in kayak sul Lago Puyehue e sul Lago Rupanco (a partire da CH$15.000), pesca con la mosca in kayak e cataraft sul Río Ráhue (CH$175.000; con barbecue sul fiume), passeggiate a cavallo alle Termas de Rupanco e una nuova escursione per andare a vedere gli effetti delle eruzioni più recenti in diverse località, tra cui la zona del Cerro Mirador (CH$25.000), i cui brulli paesaggi ricordano il Deserto di Atacama. L'agenzia è nata dalla collaborazione tra alcune strutture alberghiere di buona fama, come l'El Taique Lodge di Alto Puyehue, i cui gestori sono francesi, e l'Hostal Los Juntas sul Lago Puyehue, che appartiene al titolare ispano-cileno dell'agenzia stessa.

Le nuove camere dell'**Hospedaje Panorama** (☎371-398; General Lagos 687; camere CH$10.000 per persona; P 📶), da tempo una delle sistemazioni più amate dai viaggiatori, applicano tariffe così convenienti che vi sembrerà quasi di commettere un furto. L'accoglienza lascia un po' a desiderare quando il proprietario è in Argentina, ma i letti con morbidi cuscini sono comodissimi e la prima colazione è eccellente. Il primo che si alza al mattino deve cercare qualcuno del personale per avere l'acqua calda.

Il **Camping No Me Olvides** (☎371-633; www.nomeolvides.cl; piazzole CH$5000 per persona, bungalow per 2/6 persone CH$30.000/40.000), situato 6 km a est della città sulla Ruta 215, è un campeggio di ottimo livello, con ampie piazzole erbose separate da siepi potate all'ombra di alberi di prugne e mele. Offre legna da ardere in abbondanza, belle docce e un ristorante.

In estate lungo O'Higgins vengono allestite diverse bancarelle alimentari, che servono non solo spuntini ma anche pasti più sostanziosi.

Gli autobus in servizio tra Osorno e Aguas Calientes (CH$2200) fermano in città ogni mezz'ora nel piazzale situato in O'Higgins, tra Ramirez e Rodríguez. Un servizio di regolari autobus di linea è attivo anche per/da Osorno (CH$1400).

Parque Nacional Puyehue

Il Volcán Puyehue, alto 2240 m, eruttò il giorno dopo il terremoto del 1960, trasformando una vasta porzione di fitta e umida foresta sempreverde in un desolato paesaggio di dune di sabbia e fiumi di lava. Il **Parque Nacional Puyehue** (www.parquepuyehue.cl), esteso su 1070 kmq, tutela una parte di questo eterogeneo territorio ed è uno dei più 'sviluppati' del paese, con una stazione sciistica e diversi centri termali. Vi si possono praticare molte escursioni per andare alla scoperta delle zone più incontaminate. Aguas Calientes è la parte più importante del parco, con le terme e il **Centro de Información Ambiental** (Aguas Calientes; ⌚9-13 e 14.30-19) del Conaf, che ospita un'interessante mostra sulla storia naturale e la geomorfologia del Puyehue.

Il confine occidentale del parco si trova circa 75 km a est di Osorno lungo la Ruta

215, la strada asfaltata che prosegue anche all'interno del parco, seguendo il corso del Río Golgol fino al confine con l'Argentina.

Gli autobus e i *colectivos* che partono dal Mercado Municipal di Osorno raggiungono le Termas de Puyehue, Aguas Calientes, Anticura e il posto di frontiera cileno di Pajaritos, in cui si trovano gli uffici della dogana e dell'immigrazione. Tutti gli autobus diretti ad Anticura possono farvi scendere a El Caulle. In inverno potrebbe essere in servizio un autobus navetta per il rifugio sciistico di Antillanca: chiedete informazioni al Club Andino Osorno. In caso contrario dovrete procurarvi un mezzo di trasporto per conto vostro.

AGUAS CALIENTES

Nei mesi estivi la modesta **località termale** (ingresso giornaliero CH$3600-9600) di Aguas Calientes è presa d'assalto dalle famiglie cilene ed è quindi molto affollata. L'offerta è quella tipica dei centri termali e comprende tra l'altro vasche individuali, una piscina al coperto con acqua molto calda e una grande piscina con acqua bassa in riva al fiume. Dal parcheggio del Conaf si può accedere anche alle **Pocitos Termas**, che si trovano 80 m dopo il ponte Colgante e il cui uso è gratuito. Un altro modo per vivere delle belle emozioni è percorrere il **Sendero El Pionero**, un ripido percorso naturalistico di 1800 m che termina con splendide vedute del Lago Puyehue, della valle del Río Golgol e del Volcán Puyehue.

Le **Cabañas Aguas Calientes** (☎064-236-988; www.termasaguascalientes.cl; Ruta 215, Km 4 Camino Antillanca; bungalow per 4/10 persone CH$115.000/222.000; P@🛜🏊) sono l'unica sistemazione possibile in zona. Abbarbicati sul versante della collina come un perfetto villaggio in miniatura, questi bungalow con il tetto a spiovente sono estremamente confortevoli, con letti morbidi, cucine attrezzate, docce con acqua calda e stufe a legna. Le tariffe comprendono l'uso della spa e una ricca prima colazione.

L'ERUZIONE DEL CORDÓN CAULLE

Nel 2011 l'eruzione del Cordón Caulle, nel complesso vulcanico Puyehue-Cordón Caulle, ha nuovamente modificato il paesaggio e ha portato all'evacuazione di 600 persone dalle zone circostanti. La nuvola di cenere ha avuto gravi ripercussioni sul turismo nella vicina Bariloche, causando a più riprese anche la chiusura dell'aeroporto locale e di quelli di Buenos Aires, Mendoza e Montevideo. All'epoca della stesura di questa guida le eruzioni erano ancora in corso.

ANTILLANCA

Situato sul versante sud-occidentale del Volcán Casablanca (1990 m), ad appena 18 km da Aguas Calientes, il **Centro de Esquí Antillanca** (☎064-612-070; www.skiantillanca.cl; ufficio in O'Higgins 1073, Osorno) è una stazione sciistica adatta a principianti e intermedi. Ha l'atmosfera cordiale tipica delle località di villeggiatura più piccole, ma per gli sciatori esperti non è abbastanza stimolante. La strada che porta alla stazione si dipana in un susseguirsi di curve e tornanti tra paesaggi spettacolari e laghi dalle acque cristalline. Fuori stagione, Antillanca non ha molto da offrire, a eccezione di qualche escursione, come quella che si può fare a piedi o in automobile (CH$4000 per veicolo) fino al belvedere sul cratere del vulcano, dove ci si può fermare a bere qualcosa e ammirare lo spettacolo delle montagne circostanti. La stagione sciistica va dall'inizio di giugno alla fine di ottobre; lo skipass giornaliero costa CH$20.500 e il noleggio dell'attrezzatura CH$24.000. La stazione è dotata di cinque skilift e presenta un dislivello di 460 m. Per informazioni sui pacchetti sciistici, rivolgetevi al **Club Andino Osorno** (☎064-242-010; O'Higgins 1073, Osorno).

L'**Hotel Antillanca** (☎064-612-070; singole/doppie in rifugio CH$35.280/50.400, in hotel CH$78.750/110.250; P@🛜🏊) applica tariffe esorbitanti, ma i suoi tipici comfort da resort di montagna (palestra, sauna, discoteca, boutique e negozi) sono l'unica scelta possibile, a meno che non vogliate scendere con gli sci fino ad Aguas Calientes. Le camere del *refugio* sono le più economiche, ma offrono la stessa qualità dell'hotel, anche se sono più vecchie e più piccole. Le tariffe, che in estate diminuiscono, comprendono la prima colazione.

ANTICURA

Anticura, sulla Ruta 215, 17 km a nord-ovest del bivio per Aguas Calientes, è la base di appoggio migliore per andare alla scoperta delle zone più isolate del parco. **Patagonia Expeditions** (☎099-104-8061; www.anticura chile.cl), che vanta tra i suoi gestori un giova-

Parque Nacional Puyehue

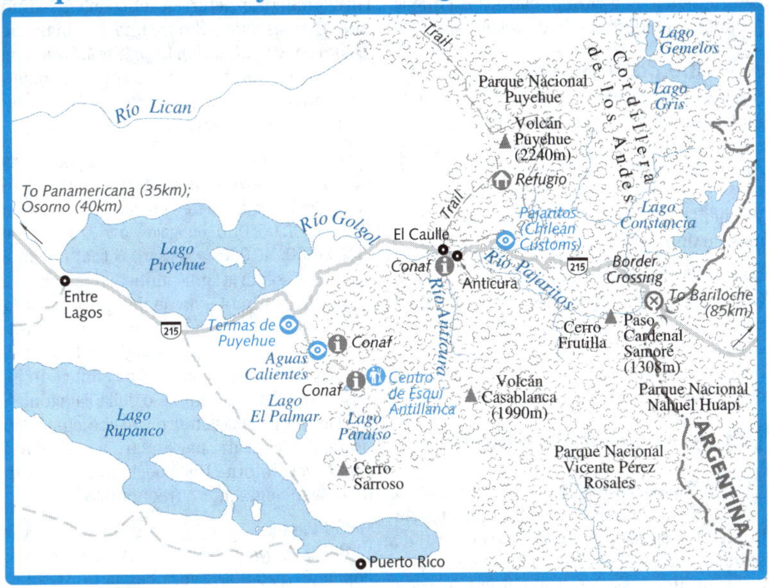

ne e motivato scalatore di Osorno, ha attualmente in concessione il Centro Turístico Anticura, riaperto dopo una pausa di tre anni. Tra le mete che si possono raggiungere a piedi dal centro visitatori ci sono il **Salto de Princesa**, il **Salto del Indio** – dove secondo la leggenda si nascose un mapuche solitario per sfuggire all'*encomienda* (un'istituzione lavorativa del periodo coloniale) in una vicina miniera d'oro spagnola – e **Repucura**, che si trova proprio sulla Ruta 215 (la strada è percorsa dagli autobus che scendono a gran velocità: camminate sul lato opposto). C'è anche un ripido sentiero di 4 km che conduce a un punto panoramico. Da qui partono escursioni per il Volcán Casablanca (1990 m; CH$35.000) e il Volcán Puyehue (2240 m; CH$50.000) e c'è anche un ristorante che serve tre pasti al giorno (pasti CH$3500). Il Conaf ha in progetto anche l'allestimento di una mostra sull'eruzione del Cordón Caulle (v. lettura p278).

Patagonia Expeditions ha rinnovato anche il **Camping Catrué** (campeggio CH$3500, letti in camerata CH$9000, bungalow per 2/4/6 persone CH$40.000/45.000/48.000), che oggi offre 15 piazzole alberate dotate di tavoli da picnic fatti con tronchi d'albero, elettricità e bagni con acqua calda. I bungalow sono stati riarredati e attrezzati di tutto il necessario e due sono stati trasformati in camerate.

EL CAULLE

Situato 2 km a ovest di Anticura, **El Caulle** (☎099-920-3180; www.elcaulle.com; tariffa unica CH$10.000) costituisce l'ingresso meridionale del sentiero che attraversa l'altopiano dalla desolata bellezza che si estende ai piedi del Volcán Puyehue. Sebbene formalmente faccia parte del parco, è una proprietà privata e perciò bisogna pagare l'ingresso. È piuttosto costoso, ma il ricavato serve per la manutenzione del *refugio* e dei sentieri, per l'allestimento della segnaletica e per il servizio d'emergenza. La **Puyehue Traverse** (3 o 4 giorni) e la **Ruta de los Americanos** (da 6 a 8 giorni) sono gli itinerari più battuti. El Caulle è segnalato come ristorante lungo la Ruta 215.

Puerto Octay

☎064 / POP. 11.540

La graziosa e pittoresca cittadina di Puerto Octay non riceve molti turisti, ma è di fatto una delle località più belle sul Lago Llanquihue e una buona via di fuga dalle città turistiche più a sud. Le tranquille vie cittadine, che si dipanano sul versante della collina che domina il lago, presentano un'interessante architettura tedesca dei primi anni del XIX secolo, che offre la possibilità di visitare case e palazzi storici e conferisce alla città una deliziosa atmosfera coloniale tranquilla e caratteristica. È la città più antica tra quelle fondate dai tedeschi in riva al lago.

Che cosa vedere

Residenze storiche ARCHITETTURA
La bella architettura tedesca della città è la ragione principale per visitare Puerto Octay. Alcuni degli edifici più belli sono la Casa Wulf n. 2 (1926), l'Hotel Haase (1894) e la Casa Werner (1910). L'ufficio turistico distribuisce una cartina.

Museo de Puerto Octay MUSEO
(www.museopuertoctay.cl; Independencia 591, 2° piano; ⌚10-13 e 15-19) Piccolo ma ben fatto, ha sede nella storica Casa Niklitschek (1920) e ripercorre la storia di Puerto Octay con una collezione di reperti antichi.

Pernottamento e pasti

TOP **Zapato Amarillo** GUESTHOUSE $
(☎210-787; www.zapatoamarillo.cl; letti in camerata CH$10.000, singole/doppie CH$25.000/36.000, senza bagno CH$15.000/30.000; P @) All'interno di una piccola fattoria situata circa 2 km a nord della città in direzione di Osorno si trova questa struttura ottagonale con letti in camerata e due bagni impeccabili, cui si aggiungono altri tre edifici con camere in stile country chic. La cena Slow Food costa CH$7000, ma la cucina fa miracoli a tutte le ore (anche a colazione): con specialità come *cazuela* con carne di maiale affumicata, salmone fresco e fonduta al formaggio è impossibile trovare di meglio a questi prezzi. Gli ospitali proprietari elevetico-cileni hanno fatto di questa guesthouse una sistemazione amata dai viaggiatori di tutte le età. C'è anche un nuovo scooter che può essere noleggiato per andare a visitare le altre città sul lago (CH$25.000 al giorno).

Hotel Centinela GUESTHOUSE $$$
(☎391-326; www.hotelcentinela.cl; Península de Centinela; camere con vista lago/foresta CH$95.000/82.000, bungalow per 2/6 persone CH$80.000/110.000; P @) Situato in una posizione solitaria sulla punta di una penisola tranquilla e remota, ha qualcosa che ricorda *Shining* questo chalet tedesco restaurato risalente al 1913. Le camere, spoglie e deludenti, non sono invitanti come il bell'edificio in legno scuro di alerce (cipresso della Patagonia), ma i letti sono così confortevoli che al mattino non è facile alzarsi per andare a esplorare i romantici dintorni. Dista pochi minuti a piedi da una spiaggia molto frequentata.

Hotel Haase GUESTHOUSE STORICA $
(☎391-302; www.hotelhaase.cl; Pedro Montt 344; doppie CH$25.000, senza bagno CH$12.000; P @) In questa casa del 1894 apprezzerete la convenienza e il pregio storico. Le camere semplici ma pulite sono disposte intorno a un'ampia area giorno dal pavimento scricchiolante in legno. Il ristorante è molto apprezzato in città (portate principali da CH$2800 a CH$5000).

TOP **Rancho Espantapájaros** CILENO, BUFFET $$$
(buffet CH$13.000; ⌚pranzo e cena nov-feb, pranzo dom-gio, cena ven e sab marzo-ott) Il ristorante più famoso tra quelli sul lago si trova a 7 km da Puerto Octay, sulla strada per Frutillar, ed è sempre gremito di gente richiamata dall'attrazione principale: il succulento *jabalí* (cinghiale selvatico, un po' grasso ma delizioso) cucinato su uno spiedo di 3,5 m che gira su un enorme *fogón* dietro al buffet. È costoso, ma adotta la formula all-you-can-eat, compreso succo, vino o birra, ed è tutto buonissimo.

Informazioni

L'**ufficio turistico** (all'angolo tra Balmaceda e Pedro Montt; ⌚8.30-14) di Puerto Octay non fornisce molta assistenza. È meglio rivolgersi al **chiosco** (all'angolo tra San Agustín e German Wulf) davanti alla chiesa, gestito solo per passione da un nativo della città, sebbene ci abbia confidato l'intenzione di chiudere, ma non si sa quando. Vale comunque la pena di provare.

VALE IL VIAGGIO

PUERTO FONCK

Se il Cile fosse tropicale e la sabbia scura di **Puerto Fonck** fosse bianca, questa spiaggia sarebbe presa d'assalto. Invece, nascosta in fondo a una lunga strada di ghiaia 22 km a est di Puerto Octay provenendo da Puerto Varas, è conosciuta solo da qualche cileno. Nelle limpide giornate d'estate, le spettacolari vedute del vulcano che svetta sulla placida baia fanno di questa spiaggia un posto incantevole per trascorrere un po' di tempo sul lago.

Vi si può accedere solo in fuoristrada o a piedi. Tutti gli autobus diretti a Puerto Varas/Puerto Octay possono fermare all'altezza del bivio, da dove si deve proseguire a piedi per altri 2,5 km.

Per/da Puerto Octay

Il **terminal degli autobus** (all'angolo tra Balmaceda ed Esperanza) di Puerto Octay ha collegamenti regolari con Osorno (CH$1300), Frutillar (CH$900), Puerto Varas (CH$1400) e Puerto Montt (CH$1600).

Frutillar

065 / POP. 14.551

Frutillar è un'incantevole località sul lago che si raggiunge seguendo la linea di costa del Lago Llanquihue da Puerto Varas. Ha un bel molo, una lunga spiaggia e, soprattutto, la caratteristica architettura tedesca e ristoranti che servono küchen in abbondanza. Sebbene il carattere teutonico della città possa talvolta sembrare forzato e troppo turistico rispetto a Puerto Octay, è comunque un posto tranquillo in cui soggiornare in alternativa alla più caotica Puerto Varas.

Che cosa vedere

Museo Histórico Alemán MUSEO

(www.museosaustral.cl; all'angolo tra Pérez Rosales e Prat; interi/bambini CH$2000/500; 9-19.30 gen-feb, fino alle 18 marzo-dic) Il Museo Histórico Colonial Alemán, realizzato in collaborazione con la Germania, è gestito dalla Universidad Austral. Presenta ricostruzioni quasi perfette di un mulino ad acqua, un'officina da fabbro, una casa di campagna e un campanile circondati da giardini impeccabili. È considerato il miglior museo sul colonialismo tedesco di tutta la regione.

Teatro del LagoSur CENTRO CULTURALE

(www.teatrodellago.cl; Av Philippi 1000) Imponente centro per le arti dello spettacolo di caratura internazionale, inaugurato nel 2010 dopo 12 anni di lavori costati 25 milioni di dollari, ha improvvisamente catapultato Frutillar alla ribalta del panorama culturale mondiale. La straordinaria struttura con il tetto di rame è essa stessa uno spettacolo di grande bellezza, che si staglia sul lago insieme a una veduta da cartolina di ben quattro vulcani. All'interno ospita una sala per concerti all'avanguardia, con 1178 posti a sedere e pareti in legno di faggio che creano un bell'effetto e garantiscono un'acustica perfetta, e inoltre un secondo anfiteatro da 278 posti, un ristorante e un caffè con vista sul lago (sandwich da CH$2500 a CH$3500). È sede di molti eventi culturali, tra cui un festival musicale, e vi si esibiscono orchestre di fama internazionale e artisti di ogni genere. Consultate il sito internet per conoscere gli eventi in programma durante il vostro soggiorno.

Feste ed eventi

Semana Musical de Frutillar MUSICA

(www.semanasmusicales.cl) Per 10 giorni tra la fine di gennaio e l'inizio di febbraio (di solito dal 27 gennaio al 4 febbraio), la Semana Musical de Frutillar porta in scena varie forme musicali, dalla musica da camera al jazz, con spettacoli informali durante il giorno e altri più formali di sera, dalle 20 alle 22.

Pernottamento e pasti

A Frutillar, che si rivolge prevalentemente ai viaggiatori di fascia d'età matura, scarseggiano le sistemazioni economiche.

Hotel Ayacara BOUTIQUE HOTEL $$$

(421-550; www.hotelayacara.cl; Av Philippi 1215; singole/doppie CH$75.000/94.000; P@) In questa casa del 1910 trasformata in un boutique hotel con otto camere, la gradevole zona giorno è inondata di luce e le camere al piano superiore, nella parte anteriore dell'edificio, godono di una vista spettacolare sul vulcano.

Hotel Kaffee Bauerhaus HOTEL STORICO $$

(420-003; Av Philippi 663; camere a partire da CH$55.000; P@) In una casa coloniale del 1918 restaurata e affacciata direttamente sul lago, questo hotel ha uno stile classico, con un'atmosfera da sala da tè in una cornice storica.

TOP **Se Cocina** CILENO $$$

(08-972-8195; www.secocina.cl; Km 2 a Quebrada Honda; cena mar-gio, pranzo e cena sab, pranzo dom) Il ristorante in questa bella casa di campagna del 1850 circa, situata a 2 km da Frutillar, non sempre dà il meglio di sé, ma anche così rimane l'unico su cui puntare nella zona del lago, nonché uno dei più interessanti del Sur Chico. Il menu, ogni giorno diverso, propone creazioni di cucina *Nueva Chilena* in un'atmosfera moderna creata all'interno di una fattoria protetta come patrimonio storico. Ogni giorno si può scegliere tra diversi antipasti, portate principali e dessert, ciascuno con il suo prezzo (per un pasto da tre portate si spende CH$21.500) e non è raro vedere uno degli sous-chef correre fuori dalla cucina per andare a cogliere qualche verdura dall'orto biologico. Varrebbe la pena andarci anche solo per la birra artigianale della casa. È indispensabile prenotare: gli orari di apertura sono da sempre molto variabili.

Lavanda Casa de Té SALA DA TÈ $$

(09-269-1684; www.lavandacasadete.cl; Km 1,5 a Quebrada Honda; menu CH$10.500; pranzo) All'interno di un'azienda che coltiva lavanda alle porte della città, è un locale molto frequentato nella zona del lago per gustare tè e delizie alla lavanda e pranzare con piatti a base di ingredienti freschi. Prenotate e non badate all'arredamento.

Informazioni

L'**ufficio di informazioni turistiche** (☎421-261, int. 154; all'angolo tra O'Higgins e Av Philippi; ⏲9-13 e 14-17.30) si trova vicino al molo della città.

Per/da Frutillar e trasporti locali

I minibus per Puerto Varas (CH$900) e Puerto Montt (CH$1300) partono da un piccolo piazzale in Pedro Montt vicino ad Av Philippi. Tutti gli altri trasporti partono da Frutillar Alto. **Cruz del Sur** (☎451-552; Alessandri 52) ha i collegamenti più frequenti con Osorno (CH$1200), Valdivia (CH$3500), Temuco (CH$3500) e Santiago (da CH$23.000 a CH$35.000), 4 partenze al giorno per Chiloé (da CH$5000 a CH$6300) e 1 corsa al giorno per Bariloche (CH$14.000, 2 corse al giorno di giovedì e domenica). **Tur-Bus** (☎421-810; Christiana y Misonera) serve molte di queste stesse città. Dal terminal di Alessandri partono autobus Thaebus per Puerto Octay, Puerto Varas e Puerto Montt.

Puerto Varas

☎065 / POP. 32.216

Il profilo minaccioso di due vulcani innevati, l'Osorno e il Calbuco, si staglia sopra la pittoresca città di Puerto Varas e sullo spettacolare Lago Llanquihue come fosse un monito per i viaggiatori: da qui passa solo chi è in cerca di avventure ad alto tasso di adrenalina. A soli 23 km da Puerto Montt, ma distante anni luce in termini di fascino, paesaggi e offerta di attività all'aperto, Puerto Varas veniva reclamizzata in passato come la 'nuova Pucón'. A differenza della sua controparte settentrionale, però, Puerto Varas è riuscita a gestire meglio la sua trasformazione in una meta di viaggio per amanti degli sport d'avventura, evitando così di essere presa d'assalto da orde di turisti come invece accade a Pucón.

Particolarmente ricca è l'offerta di sport acquatici – soprattutto kayak e canyoning – ma si possono praticare anche arrampicate, pesca, escursioni a piedi e perfino sci. Se è vero che anche Puerto Varas può essere piuttosto affollata in estate, rispetto a Pucón riceve un maggior numero di viaggiatori indipendenti. In inverno, invece, è praticamente deserta, a eccezione di qualche avventuroso sciatore e alpinista.

Con tutte le comodità di Puerto Montt a portata di mano, Puerto Varas è un'ottima scelta per soggiorni prolungati e una buona base di appoggio per esplorare la regione circostante. Per qualcuno è troppo turistica, ma la giustapposizione tra patrimonio storico tedesco e divertimento contemporaneo cileno costituisce un'attrattiva in più.

Che cosa vedere

L'architettura cittadina è caratterizzata da edifici coloniali tedeschi ben conservati che conferiscono a Puerto Varas l'aspetto di una città europea.

Iglesia del Sagrado Corazón CHIESA
(all'angolo tra San Francisco e Verbo Divino) L'imponente e colorata Iglesia del Sagrado Corazón del 1915, che domina il centro da sopra un promontorio, si ispira alla Marienkirche della Foresta Nera tedesca.

Puerto Varas

Che cosa vedere
1 Casa Hitschfeld ... A1
2 Casa Schwerter ... A1
Casa Wetzel ... (v. 11)

Attività, corsi e tour
3 Gray Fly Fishing ... D3
4 Ko'Kayak ... D2
5 Secret Patagonia ... D3
6 TurisTour ... D3

Pernottamento
7 Casa Margouya ... D3
8 Compass del Sur ... C1
9 Hostel Melmac Patagonia ... C2
10 Margouya 2 Patagonia ... B4
11 The Guest House ... A4

Pasti
12 Café Dane's ... C3
13 Caffé El Barrista ... D3
14 Donde El Gordito ... C3
15 La Marca ... D4
16 Miraolas ... D1

Divertimenti
17 Garage ... D3

Shopping
18 Feria Artesanal ... D4
19 Fundación Artesanías de Chile ... D3
20 Lippi ... C3
21 Vicki Johnson ... D3

Paseo Patrimonial ARCHITETTURA
Altri edifici degni di nota sono le case private risalenti all'inizio del XX secolo. All'ufficio turistico potrete farvi dare una cartina con il tracciato del Paseo Patrimonial, un itinerario a piedi che tocca 10 case classificate come Monumentos Nacionales. Molte di queste fungono da *hospedaje,* come la **Casa Schwerter** (Del Carmen 873) del 1941-42, la **Casa Hitschfeld** (Arturo Prat 107) del 1930 e la **Casa Wetzel** (O'Higgins 608), anch'essa del 1930.

Attività

I laghi, le montagne, i fiumi e i fiordi nei dintorni offrono la possibilità di praticare diverse attività. Per informazioni sulla scalata del Volcán Osorno e sullo sci, v. p290. Sulle sponde del Lago Llanquihue è previsto l'ampliamento della *ciclovia* (pista ciclabile) che attualmente va da Puerto Varas al Km 12 (ruta a Ensenada) ed entro il 2013 dovrebbe essere completato un sentiero per Ensenada.

Rafting, canyoning e kayak

Per chi vuole fare rafting e kayak le opportunità non mancano. Le acque azzurre del Río Petrohué presentano rapide di classe III e IV. Le escursioni di rafting costano circa CH$25.000 per mezza giornata (5 h 30 min in tutto, 2 h sul fiume), mentre per un'uscita in kayak sul Lago Todos Los Santos si spende circa CH$55.000 per l'intera giornata.

Pachamagua RAFTING, CANYONING
(☎542-080; www.pachamagua.com; Del Rosario 1111) Lo specialista del canyoning è Pachamagua, che lo ha introdotto in questa zona e continua a occuparsene con grande professionalità. Se siete in forma e non avete paura, non perdetevi l'escursione di mezza giornata sul Río Blanco, che termina con la discesa in corda doppia lungo i 34 m della cascata, con salto finale nel muro d'acqua.

Ko'Kayak RAFTING, CANYONING
(☎233-004; www.kokayak.cl; San Pedro 210) Presenza consolidata nel campo del rafting, offre

Puerto Varas

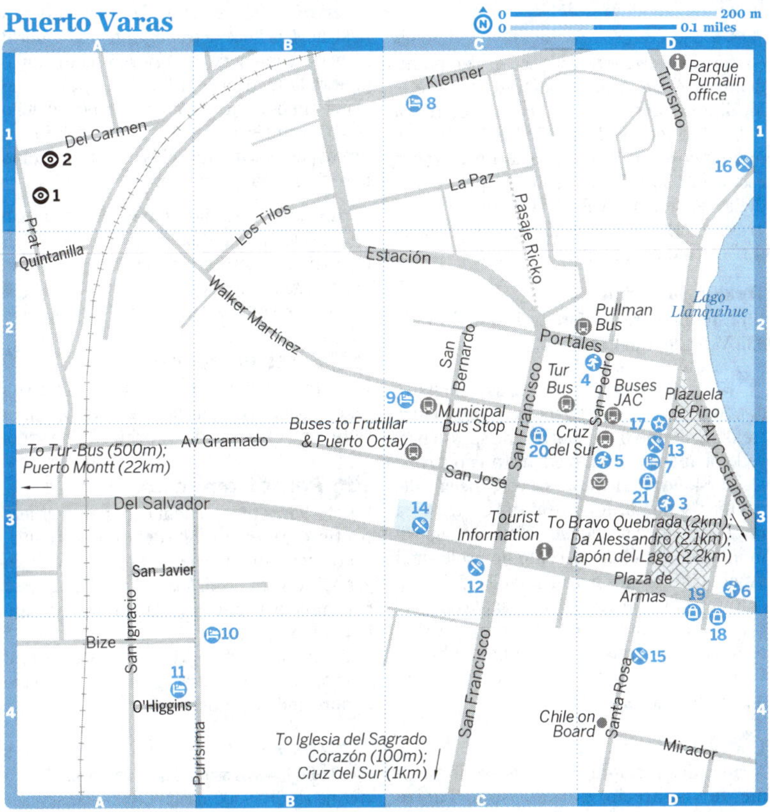

escursioni di mezza giornata a CH$30.000 con due partenze al giorno, uscite in mare con il kayak a CH$65.000/150.000 (giornata intera/2 giorni) e canyoning (CH$35.000 per mezza giornata).

Al Sur RAFTING, KAYAK
(☎232-300; www.alsurexpeditions.com; all'angolo tra Aconcagua e Imperial) Specializzato in rafting, organizza anche impegnative escursioni di più giorni in kayak tra i fiordi del Parque Pumalín.

Pesca con la mosca

Ci sono molti posti dove andare a gettare l'amo, ma per sapere quali sono bisogna affidarsi agli esperti del luogo.

Gray Fly Fishing PESCA
(☎310-734; www.grayfly.com; San José 192; ⏲chiuso dom) Gray Fly Fishing, il rappresentante locale di Orvis, organizza uscite di mezza giornata sul Río Maullin al costo di circa CH$60.000 per persona (esclusa l'attrezzatura) e può procurare anche la sistemazione in isolati rifugi di pesca di alto livello.

Tres Ríos Lodge PESCA
(☎715-710; www.tresrioslodge.com) Per pianificare un viaggio personalizzato in tutte le località migliori per la pesca con la mosca nella Regione dei Laghi fino a La Junta e organizzare uscite in barca di un giorno o escursioni su strada nei luoghi più remoti della Patagonia, rivolgetevi a John Joy del Tres Ríos Lodge, che in città gestisce anche il B&B Tradicion Austral.

Trekking a cavallo

Il posto migliore per fare trekking a cavallo è la Valle del Río Cochamó.

Campo Aventura PASSEGGIATE A CAVALLO
(☎099-289-4318; www.campoaventura.cl) Offre trekking di uno o più giorni, che spesso prevedono anche tratti a piedi, rafting o kayak. L'escursione più richiesta si svolge nella Valle del Río Cochamó, dura tre giorni e attraversa tutta la vallata dal lodge sul fiume al rifugio di montagna, ponendo l'accento non solo sugli aspetti naturalistici ma anche sull'esperienza culturale. Tutte le guide del Campo Aventura, tra cui tre gaucho (cowboy) e un trekker professionista statunitense, sono qualificati Wilderness First Responder (WFR). Il personale parla inglese e tedesco.

Tour

Alcune destinazioni che si possono facilmente visitare in giornata sono Puerto Montt/Puerto Varas (CH$13.000), Frutillar/Llanquihue (CH$13.000), Puello/Saltos de Petrohué (CH$30.000), il Volcán Osorno (CH$16.000) e i dintorni del lago. Vengono organizzare anche visite a Chiloé, ma la distanza è tale che si trascorre gran parte del tempo in viaggio, senza poter godere di un'esperienza di qualità sull'isola.

Secret Patagonia ECOTOUR, ATTIVITÀ ALL'APERTO
(☎232-921; www.secretpatagonia.travel; San Pedro 311) Questa organizzazione eco-friendly è formata da tre piccoli operatori turistici, La Comarca, Miralejos e OpenTravel, specializzati in spettacolari viaggi d'avventura personalizzati nelle zone meno note delle valli del Río Puelo e del Cochamó, ma anche al Mitico Puelo Lodge sul Lago Tagua-Tagua e nel nuovo Parque Tagua-Tagua, non distante da Puerto Varas. Nell'offerta di Secret Patagonia spiccano in particolare le escursioni a piedi nella Valle del Río Cochamó, i lunghi e articolati itinerari in mountain bike, gli isolati rifugi francesi sull'Isla Las Bandurrias nel Lago Las Rocas e passeggiate di più giorni a cavallo/con soggiorni culturali nelle campagne tra l'Argentina e il Cile. I gruppi hanno al massimo 12 partecipanti e l'impegno dello staff è di far vivere un'esperienza unica lontano dai percorsi turistici più battuti, limitando però l'impatto sull'ambiente.

TurisTour ATTIVITÀ ALL'APERTO, TOUR ORGANIZZATI
(☎228-440; www.turistour.cl; Del Salvador 72) È l'agenzia che gestisce i viaggi Cruce Andino per/dall'Argentina (v. lettura p288), ma organizza anche escursioni in tutta la regione.

Feste ed eventi

La città festeggia l'anniversario della sua fondazione, avvenuta nel 1854, tra l'ultima settimana di gennaio e la prima di febbraio.

Pernottamento

Puerto Varas offre sistemazioni alberghiere per tutte le tasche, molte delle quali organizzano anche attività ed escursioni in zona. In gennaio e febbraio gli *hospedajes* sono spesso al completo, perciò ricordatevi di prenotare in anticipo.

Per trovare campeggi e altre sistemazioni più tranquille, puntate sui dintorni del lago oppure andate a Ensenada.

TOP **Casa Azul** OSTELLO $
(☎232-904; www.casaazul.net; Manzanal 66; letti in camerata CH$9000, doppie CH$27.000, singole/

doppie senza bagno CH$15.000/20.000; ⊖@🛜) È difficile trovare un difetto a questo impeccabile ostello a gestione cileno-tedesca, situato in un tranquillo quartiere residenziale nelle immediate vicinanze del centro: la quiete dello splendido giardino con un laghetto di carpe koi e alberi bonsai ha un effetto calmante immediato. Le camere sono spaziose e in condizioni eccellenti, e la struttura dispone inoltre di un'ampia cucina a disposizione degli ospiti, un'area comune con originali arredi fatti con rami d'albero e il riscaldamento centralizzato. Secondo alcuni prevede troppe regole (gli uomini dovrebbero fare pipì stando seduti?), ma servono solo a mantenere l'irreprensibile efficienza tedesca e la perfetta pulizia degli ambienti – difficile lamentarsene. La prima colazione costa CH$3000.

The Guest House GUESTHOUSE **$$$**
(☎231-521; www.vicki-johnson.com/guesthouse; O'Higgins 608; singole/doppie CH$40.000/45.000; P⊖@🛜) Ricavata nella storica Casa Wetzel, questa guesthouse in stile art nouveau, frequentata soprattutto da giovani backpacker, è arredata in modo semplice ma raffinato, con mobili antichi, letti confortevoli e belle porte restaurate in legno di alerce. La prima colazione è leggendaria (e non potrebbe essere diversamente: la proprietaria è la specialista del gusto in città), mentre per sorseggiare un buon bicchiere di vino o gustare una cena leggera c'è il patio affacciato su un bel giardino rigoglioso.

Margouya 2 Patagonia OSTELLO **$**
(☎237-695; www.margouya2.com; Purisima 681; letti in camerata CH$8000, doppie CH$25.000, singole/doppie senza bagno CH$14.000/19.000; ⊖@🛜) In questa grande casa d'epoca del 1932, considerata patrimonio storico della città, si trova l'ostello migliore della zona, che, agli stessi prezzi della più centrale Casa Margouya, offre camere e bagni più grandi e maggiore tranquillità. Dispone anche di una scuola privata di lingua spagnola, di un'agenzia di viaggi che organizza attività nei dintorni e di biciclette a noleggio a metà delle tariffe che si trovano in centro. I posti letto in camerata sono solo tre, ma se arrivate per primi potete aggiudicarvi la camera doppia. Non serve la prima colazione.

Hostel Melmac Patagonia OSTELLO **$**
(☎230-863; www.melmacpatagonia.com; Walker Martínez 561; letti in camerata CH$8000-9000, singole/doppie CH$25.000/29.000, senza bagno CH$15.000/20.000; P⊖@🛜) Sebbene il frivolo sito internet lo presenti come fosse arrivato dallo spazio, è in realtà un discreto ostello. Alfonso, il simpatico proprietario argentino-colombiano, potrà servirvi una buona birra artigianale da bere tranquillamente nel giardino sul retro. Inoltre è l'unico ostello che abbiamo mai incontrato dove, dopo una giornata passata a camminare, ci si possa rilassare in un bel bagno caldo (con tanto di sali!), nonché uno dei pochi in cui sia consentito occupare una camera da soli pagando la tariffa singola. Ha anche una convenzione con il Caffé El Barrista che dà diritto allo sconto del 50% sulla prima colazione.

Casa Kalfu B&B **$$**
(☎751-261; www.casakalfu.cl; Tronador 1134; singole/doppie CH$50.000/55.000; P⊖@🛜) Dato che il nome Casa Azul era già stato usato, la coppia cileno-argentina che gestisce questo eccellente B&B di media categoria ha ripiegato sulla parola Kalfu, che significa azzurro in lingua mapudungun. Grande, luminosa e bellissima, la Casa Kalfu è uno chalet restaurato risalente agli anni '40 e oggi offre 14 camere arredate in modo essenziale con i grandi arazzi *oveja* (lana naturale) della famosa artista locale Kika Xicota. I proprietari si danno molto da fare, creando un'atmosfera più personale rispetto a molte altre sistemazioni cittadine; inoltre la casa si trova abbastanza in alto da offrire una bella veduta del lago dalla sua piacevole terrazza.

Compass del Sur B&B **$**
(☎232-044; www.compassdelsur.cl; Klenner 467; campeggio CH$8000, letti in camerata/singole/doppie CH$10.000/24.000/28.000; P⊖@🛜) Questa incantevole casa coloniale con tocchi scandinavi, sorge al di sopra della zona centrale della città, vicino al parco, e si raggiunge percorrendo una strada pedonale a gradini. Ha letti confortevoli e docce dal getto vigoroso per la gioia dei flashpacker che ne sono i frequentatori abituali. Nelle tariffe è già compresa una frugale prima colazione, che si può però rinforzare con muesli e yogurt oppure uova pagando un supplemento di CH$600 o CH$800.

Casa Margouya OSTELLO **$**
(☎237-640; www.margouya.com; Santa Rosa 318; letti in camerata CH$9000-9500, singole/doppie senza bagno CH$15.000-22.000; @🛜) Questo ostello di proprietà francese vanta un'ottima posizione ed è più piccolo della media e per questo favorisce maggiormente la socializzazione tra gli ospiti (ambiente vagamente hippy).

Pasti

L'offerta della ristorazione cittadina è seconda solo a Pucón, per quanto riguarda il Sur Chico, ma solo i più forti riescono a superare l'inverno, perciò c'è un frequente ricambio. Attualmente impazza la moda dei ristobar. I locali migliori si concentrano sulla *costanera*, sia a nord sia a sud del *centro*.

TOP Caffé El Barrista CAFFÈ $

(www.elbarista.cl; Walker Martínez 211; portate principali CH$2700-4200; prima colazione, pranzo e cena) Questa caffetteria cileno-palestinese in stile italiano serve il miglior caffè del Sur Chico ed è apprezzata per la cucina salutare, con ottimi menu per pranzo a CH$5000 e un buon assortimento di sandwich. Di sera è frequentata da albergatori e operatori turistici, che la scelgono per le birre artigianali cilene e i potenti mojito, che si susseguono a ripetizione prima di andare a terminare la serata al Garage, dall'altra parte della strada. È il migliore di tutti.

La Gringa AMERICANO $

(Imperial 605; www.lagringapostres.wordpress.com; portate principali CH$3000-5000; pranzo e cena feb, prima colazione, pranzo e cena marzo-gen) Questo affascinante locale, gestito da un'adorabile signora originaria di Seattle, ricorda i *cafe* della costa del nord-ovest degli Stati Uniti e serve deliziosi muffin e prodotti da forno, sandwich preparati con fantasia (sfilacci di maiale con glassa al caffè), insalate (insalata di patate chipotle con bacon e formaggio erborinato) e buonissimi menu per pranzo a CH$5000. Per quanto possibile, Naomi utilizza ingredienti di produzione locale e biologica ed è un vero piacere mangiare nella cornice storica della Casa Bechthold.

La Marca STEAKHOUSE $$

(www.lamarca.cl; Santa Rosa 539; bistecche CH$7900-8900; pranzo e cena) Finalmente anche Puerto Varas ha un ristorante dove gli amanti della carne possono gustare tagli di manzo grigliati alla perfezione. Del noioso stile *rancho* qui non c'è traccia, anzi, è tutto molto fine ed elegante, con solo 12 tavoli. La porzione piccola di filetto pesa 250 g ed è speziata al punto giusto. Ci sono anche l'immancabile *lomo vetado*, carne di bue e wagyu e vari raffinati contorni. Ordinate una bottiglia di Carménère, che ha un prezzo accessibile, e godetevi la serata.

Miraolas CILENO $$

(Santa Rosa 40; portate principali CH$6200-10,800; pranzo e cena lun-sab) Per una cenetta intima con vista sul lago e sul Calbuco, scegliete questo ristorante specializzato in cucina di pesce con influenze basche. Innovativo e ben più articolato della media, il menu propone deliziosi *pimentos del piqullo* (peperoni ripieni di polpa di granchio), il semplice ed elegante piatto di pesce della casa e un'interessante interpretazione delle solite patate *merquén*.

Café Dane's CAFFÈ $

(Del Salvador 441; portate principali CH$1350-6300; prima colazione, pranzo e cena) Questo locale, uno dei più apprezzati della zona, è una sintesi della storia ibrida della regione: küchen ed empanada, architettura alpina e menu spagnoli, strudel di mele e *pastel de choclo* (sformato di mais). È uno dei pochi che apre presto la domenica. Assaggiate l'*empanada de horno* (manzo, uova, cipolle e olive; CH$2100).

Japón del Lago GIAPPONESE $$

(www.japondellago.cl; all'angolo tra Vicente Pérez Rosales e Freire; sushi CH$2000-4800; pranzo e cena;) Situato a una certa distanza dal centro, a sud-est lungo la *costanera*, è l'immancabile ristorante giapponese con sushi a volontà e l'altrettanto immancabile crema di formaggio. A parte questo fastidioso particolare, ha una buona cucina, prezzi ragionevoli e la vista sul lago.

Da Alessandro PIZZERIA $$

(www.daalessandro.com; Vicente Pérez Rosales 1290; pizza CH$5750-12,100; pranzo e cena) Troverete una discreta pizza dalla crosta sottile in questa vera pizzeria italiana sulla *costanera*. Ci sono anche molti piatti freschi di pasta e gnocchi.

Donde El Gordito CILENO, CUCINA DI MARE $

(San Bernardo 560; portate principali CH$5000-7500; pranzo e cena, chiuso giu) Molto apprezzato dalla gente del posto, è un ristorante semplice con un'ottima cucina di pesce nel Mercado Municipal. Prepara piatti formidabili con la crema di granchio, sostanziosa ma buonissima.

Locali

Garage BAR

(Walker Martínez 220) Il Garage, accanto alla stazione di servizio Copec, è il luogo di ritrovo di gente originale e anticonformista, che qui fa le ore piccole per assistere a improvvisate jazz session o partecipare alle serate danzanti di *cumbia* colombiana. È un locale di vecchia data, uno dei pochi veri locali notturni della città, tenuto in vita dalla presenza fissa degli stranieri.

Bravo Quebrara BAR, LOUNGE
(www.bravocabrera.cl; Vicente Pérez Rosales 1071; ⌚chiuso dom) Situato sulla *costanera*, questo ristobar alla moda che prende il nome dal Robin Hood della Patagonia che rubava carne di manzo ai ricchi per distribuirla ai poveri, è frequentato dall'upper class locale e serve raffinati cocktail preparati da veri barman. È perfetto per sfuggire alla ressa turistica sorseggiando uno speziato Martini allo zenzero e osservando come vive l'altra metà di Puerto Varas. Per tornare in centro con i taxi che effettuano servizio notturno si spende CH$1500.

Shopping

TOP **Vicki Johnson** CIOCCOLATO
(www.vicki-johnson.com; Santa Rosa 318) Chiunque assaggi il cioccolato allo zenzero o quello con *miel de ulmo* e nocciole cilene di Vicki Johnson difficilmente potrà non concordare sul fatto che questo sia il miglior cioccolato artigianale del Cile. Il negozio vende inoltre bellissimi utensili da cucina in legno di rauli, bigiotteria, conserve, olio d'oliva e altre delizie di cui far scorta.

Fundación Artesanías de Chile ARTIGIANATO
(Del Salvador 109; ⌚9-21 dic-marzo) Fondazione no profit, vende belle stoffe mapuche, bigiotteria e ceramiche di ottima qualità provenienti da tutto il Cile meridionale.

Lippi ABBIGLIAMENTO
(San Francisco 333) Acquistate qui tutto il necessario per le vostre attività all'aria aperta, da sfoggiare poi una volta tornati a casa.

Informazioni

Internet è largamente diffuso in tutto il centro.

Banco de Chile (all'angolo tra Del Salvador e Santa Rosa)
Chile on Board (☎237-206; Santa Rose 632) Prenotazioni per Navimag e Naveira Austral a Puerto Varas.
Clínica Alemana (www.alemanapv.cl; Otto Bader 810; ⌚24 h su 24)

Polizia (☎765-105; San Francisco 241)

Ufficio del Parque Pumalín (☎250-079; www.pumalinpark.org; Klenner 299; ⌚chiuso sab e dom) Sebbene il Parque Pumalín (p331) si trovi nella Patagonia settentrionale, questo è il suo ufficio informazioni ufficiale.

Ufficio postale (San José 242)

Ufficio turistico (☎361-194; www.puertovaras-chile.cl; Del Salvador 320) Di grande utilità, questo ufficio fornisce materiale illustrativo e cartine gratuite della zona.

Per/da Puerto Varas e trasporti locali

Aereo

Lan (☎600-526-2000; Av Gramado 560; ⌚chiuso dom) e **Sky Airlines** (☎234-252; San Bernardo 430; ⌚chiuso dom) hanno uffici in città ma i voli partono da Puerto Montt.

La corsa in taxi dall'aeroporto di Puerto Montt costa circa CH$15.000.

Autobus

Gli autobus a lunga percorrenza in partenza da Puerto Varas provengono per lo più da Puerto Montt; per informazioni sulle tariffe e i tempi di percorrenza, v. p302. Gli autobus partono da 3 terminal diversi: quello di Cruz del Sur e delle sue affiliate a 1 km dall'abitato in San Francisco 1317, quello di Tur-Bus appena fuori dal centro in Del Salvador s/n (cui fanno capo anche JAC, Condor e Tas-Choapa) e quello degli autobus Pullman situato in città. Per la maggior parte delle compagnie i biglietti si acquistano nei rispettivi uffici presenti in centro. Per destinazioni quali Osorno, Valdivia e Temuco, **Cruz del Sur** (☎236-969; Walker Martínez 230) ha diverse partenze al giorno dal terminal di San Francisco 1317, ma serve anche Chiloé con varie corse al giorno e Punta Arenas di martedì, giovedì e sabato. I collegamenti con Santiago sono garantiti per la maggior parte da Cruz Del Sur, **Tur-Bus** (☎234-163; San Pedro 210) e **Pullman Bus** (☎234-626; Portales 18). Gli autobus **JAC** (☎383-800; San Pedro 251) effettuano servizio per Temuco e, con 5 corse al giorno, per Pucón. Tur-Bus ha un servizio notturno per Viña del Mar e Valparaíso con partenza alle 21.

Per Bariloche (Argentina) Cruz del Sur ha 1 autobus che parte tutti i giorni alle 8.50 e un altro che effettua servizio solo di giovedì e domenica alle 11.15. Anche Tur-Bus ha 1 partenza al giorno alle 8.45. Per informazioni sul viaggio combinato in autobus e traghetto per Bariloche, v. lettura p288.

Di seguito riportiamo le tariffe degli autobus a lunga percorrenza da Puerto Varas (le tariffe variano in base al livello qualitativo dell'autobus e/o alla classe):

DESTINAZIONE	TARIFFA (CH$)	DURATA (ORE)
Ancud	4300	2½
Bariloche (Ar)	13.000	6
Castro	5700	4½
Osorno	1700-1900	1¼
Pucón	9100	5½
Punta Arenas	44.000	22
Santiago	20.000-46.100	12
Temuco	5700-12.800	6
Valdivia	4000-6500	3½
Viña del Mar/Valparaíso	24.900-38.500	15

Minibus

I minibus per/da Ensenada, Petrohué, Puerto Montt, Cochamó e Río Puelo partono tutti da una piccola fermata vicino all'incrocio tra Walker Martínez e San Bernardo. Per Frutillar e Puerto Octay la partenza viene effettuata invece da un'altra fermata in Av Gramado, vicino a San Bernardo.

Di seguito sono indicate le tariffe dei minibus regionali in partenza da Puerto Varas:

DESTINAZIONE	TARIFFA (CH$)	DURATA (ORE)
Cochamó	2000	3
Ensenada	1200	1
Frutillar	900	½
Petrohué	2000	1½
Puerto Montt	800	¼
Río Puelo	2500	1½

ATTRAVERSO LE ANDE

Perché mettersi in fila a un noioso e burocratico posto di confine quando da Puerto Varas si può arrivare a Bariloche, in Argentina, passando per gli splendidi laghi e le maestose montagne del Passo di Pérez Rosales? Si viaggia cambiando più volte autobus e imbarcazione mentre si passa da una veduta mozzafiato all'altra, tra cui le cascate Saltos del Petrohué, il Lago Todos Los Santos e il Volcán Osorno.

Sebbene il viaggio si possa affrontare un tratto alla volta, fermandosi nelle pittoresche cittadine di Petrohué o Peulla, i visitatori lo effettuano per lo più tutto di seguito. A organizzarlo è **Cruce Andino** (www.crucedelagos.cl), che si può contattare tramite l'agenzia TurisTour, rivolgendosi all'ufficio centrale di Puerto Varas (p284) o a Puerto Montt (p299). L'escursione deve essere prenotata per intero con almeno un giorno di anticipo; se invece si vuole arrivare solo fino a Peulla, si può semplicemente acquistare il biglietto al molo di Petrohué. Il costo complessivo è di circa CH$140.000, ma ci sono sconti stagionali, riduzioni per studenti e anziani e tariffe speciali per i backpacker (CH$49.000) che coprono a piedi i tratti via terra. Tenete presente che questo itinerario è spesso affollato di turisti in viaggio organizzato e che ogni due anni i prezzi aumentano di ben $50, senza che questo corrisponda a un miglioramento delle infrastrutture e dei servizi.

Il viaggio dura 12 ore e ci sono partenze ogni giorno durante tutto l'anno, ma in inverno (da maggio ad agosto) si deve necessariamente trascorrere una notte a Peulla. Prendete in considerazione l'opportunità di portarvi da mangiare per la prima parte del viaggio, poiché i pasti serviti a bordo del catamarano per Peulla sono costosi e poco invitanti.

TRATTA	MEZZO DI TRASPORTO	DURATA (ORE)
Puerto Varas-Petrohué	autobus	1½
Petrohué-Peulla	imbarcazione	2
Peulla-Puerto Frías	autobus	2
Puerto Frías-Puerto Alegre	imbarcazione	½
Puerto Alegre-Puerto Blest	autobus	¼
Puerto Blest-Puerto Pañuelo	imbarcazione	1
Puerto Pañuelo-Bariloche	autobus	1

Se decidete di fare una sosta lungo il viaggio, tenete presente Peulla. Al termine della spettacolare traversata in catamarano da Petrohué sulle acque smeraldine del Lago Todas Los Santos, Peulla appare incastonata in una magnifica vallata adorna di giunchiglie dagli steli alti e sottili e si apprezza al meglio dopo la partenza delle comitive dei viaggi organizzati. La cittadina fa parte dei circuiti turistici fin dal 1907, ma è stata un'unica famiglia a realizzare quasi tutte le sue infrastrutture, quella dei proprietari di TurisTour, che possiedono anche entrambi gli alberghi.

Ensenada

065 / POP. 1250

La rustica città di Ensenada, a 45 km da Puerto Varas lungo una pittoresca strada costiera, è poco più che un insieme di ristoranti, *hospedajes* e operatori che organizzano escursioni d'avventura, ma per chi non cerca tanto la comodità quanto la vita all'aperto, offre una bella posizione naturale con vista su tre forze della natura: il Volcán Osorno, il Volcán Calbuco e il Volcán Puntiagudo. Soggiornare qui piuttosto che a Puerto Varas presenta qualche vantaggio: se avete intenzione di scalare l'Osorno o di andarci a sciare, potrete guadagnare un'ora di sonno pernottando qui (e, se il tempo volge al peggio, non avrete fatto tanta strada per niente). Anche il Volcán Calbuco è a portata di mano, immediatamente a sud di Ensenada. E nel mezzo si trova il magnifico Parque Nacional Vicente Pérez Rosales, il cui ingresso è situato appena fuori città.

Pernottamento

Casa Ko B&B $

(097-703-6477; www.casako.com; letti in camerata CH$12.000, doppie CH$38.000, singole/doppie senza bagno CH$18.000/32.000; P @) Questo raffinato B&B, gestito da una giovane coppia con velleità artistiche, è completamente rinnovato e molto accogliente per questa fascia di prezzo. Ogni anno vengono invitati degli artisti, che in cambio dell'ospitalità lasciano una loro creazione: tutte le sei camere della casa sono perciò arredate con svariate opere d'arte e hanno un'atmosfera nostalgica – il tutto all'ombra dei maestosi vulcani Osorno e Calbuco. La cena fatta in casa e servita in un ambiente familiare costa CH$9500.

Escala II GUESTHOUSE $

(098-435-5677; Ruta 225, Km 40; camere CH$15.000 per persona) Questa accogliente guesthouse economica è molto ben curata e ha tutte le camere con vista sul vulcano. Le tariffe comprendono la prima colazione e la cena, mentre il pranzo da quattro portate costa CH$6000. Noi abbiamo assaggiato la trota. È la sistemazione più conveniente di Ensenada.

Per/da Ensenada

I minibus effettuano corse frequenti tra Ensenada e Puerto Varas (CH$1200, 50 min). Non ci sono mezzi di trasporto pubblici tra Ensenada e Las Cascadas, che tra loro distano 22 km sulla strada per Puerto Octay.

Parque Nacional Vicente Pérez Rosales

Il Lago Todos Los Santos e il Volcán Osorno sono i protagonisti più famosi di questo parco di laghi celestiali e imponenti vulcani, ma non certo gli unici. Lungo il passo che attraversa le Ande ad altissima quota, i laghi si susseguono uno dopo l'altro e i vulcani dominano l'orizzonte in ogni direzione. La vetta appuntita del Volcán Puntiagudo (2493 m) si staglia a nord, mentre il profilo frastagliato del Monte Tronador (3491 m) segna il confine con l'Argentina a est. Dall'alto si possono distinguere le colate laviche che hanno deviato i fiumi e sbarrato i laghi, creando nuovi specchi d'acqua.

Istituito nel 1926 ed esteso su 2510 kmq, il Pérez Rosales è stato il primo parco nazionale del Cile, ma la sua storia ha avuto inizio molto prima. Già in epoca precolombiana, i mapuche percorrevano il 'Camino de Vuriloche', un'importante rotta andina che rimase sconosciuta agli spagnoli per oltre un secolo dopo la rivolta del 1599. I missionari gesuiti partivano da Chiloé, risalivano l'Estero de Reloncaví e superavano il passo a sud di Tronador per arrivare al Lago Nahuel Huapi, evitando così il rischioso attraversamento dei laghi e dei fiumi della regione.

Il parco è aperto tutto l'anno, a seconda delle condizioni meteorologiche. All'ingresso c'è un **centro visitatori** (065-212-036; 9-13 e 14-18) del Conaf che fornisce le informazioni essenziali, ma quando leggerete questa guida dovrebbe essersi già trasferito qualche centinaio di metri più avanti, nei pressi della Laguna Verde.

VOLCÁN OSORNO

Il Volcán Osorno, che ha nel Volcán Villarrica il suo unico rivale, ha una perfetta forma conica che svetta sopra azzurri laghi glaciali e che continua a mantenersi tale grazie ai 40 crateri che si trovano alle sue pendici: è qui infatti che avvengono le eruzioni, mai dalla cima. Da Puerto Varas si possono fare escursioni a piedi in giornata alle quote più basse al costo di circa CH$40.000, ma se si vuole conquistare la vetta, il costo sale a CH$150.000 per un massimo di tre partecipanti per l'intera giornata con partenza alle 5 (compresa l'attrezzatura da neve e ghiaccio). La scalata presenta un'elevata difficoltà tecnica e richiede una buona preparazione fisica. Se il tempo volge al peggio e l'escursione viene annullata prima della partenza, le

Parque Nacional Vicente Pérez Rosales

agenzie organizzatrici rimborsano l'importo pagato. Non si ha invece diritto al rimborso se si è costretti a tornare indietro dopo aver raggiunto le quote innevate. Le escursioni sul Volcán Calbuco (2003 m), il più attivo della regione, costano CH$140.000 per persona per due partecipanti. Tutti gli operatori si servono più o meno delle stesse guide. Potete rivolgervi a **Trekka Patagonia** (☎065-256-760; www.trekka.cl), con sede a Puerto Montt.

Gli scalatori indipendenti devono ottenere l'autorizzazione del Conaf, fornendo dettagliate credenziali sulle proprie qualifiche alpinistiche e un elenco dell'attrezzature e dei percorsi che intendono seguire.

Il **Centro de Ski y Montaña Volcán Osorno** (☎065-566-624; www.volcanosorno.com; skipass mezza giornata/giornata intera CH$15.000/18.000) ha due impianti di risalita, utilizzabili sia dagli sciatori sia dai turisti, un noleggio e un ristorante, questi ultimi ampliati di recente. I negozi che noleggiano sci e snowboard e i servizi di ristorazione sono aperti tutto l'anno e l'offerta estiva si è arricchita: si può prendere lo skilift per ammirare panorami mozzafiato (CH$9000 fino a 1500 m o CH$12.000 fino a 1700 m) oppure, per chi ama la velocità, scendere con le nuova zip-line (da CH$16.000 a CH$19.000) o in mountain bike (CH$18.000).

Ai piedi delle piste da sci, il rustico **Refugio Teski** (☎065-566-622; www.teski.cl; letti in camerata CH$15.000, doppie CH$35.000; ⏲tutto l'anno) non ha uguali per praticità d'accesso alla montagna. Per quanto semplice, è una bellissima sistemazione grazie alle suggestive vedute del Lago Llanquihue e delle montagne circostanti, che potrete godervi in tutta tranquillità dopo la partenza degli autobus turistici nel tardo pomeriggio. Affittate una hot tub (CH$35.000 per 3 h, compreso un pisco sour) sulle pendici della montagna, approfittate dell'happy hour al tramonto con due drink al prezzo di uno e passerete una bella serata. Se avete il sacco a pelo, potrete dormire in camerata (CH$15.000).

Per raggiungere la stazione sciistica e il *refugio*, prendete la strada che collega Ensenada e Puerto Octay fino a un cartello segnaletico a circa 3 km da Ensenada, dove dovrete imboccare una laterale e proseguire per 10 km. Vale davvero la pena noleggiare un'automobile per percorrere questa strada asfaltata che offre vedute spettacolari, con l'Osorno da una parte, il Calbuco dall'altra e il Lago Llanquihue in basso. Non esistono mezzi di trasporto pubblici per/dal centro sciistico, tranne quelli dei viaggi organizzati.

PETROHUÉ

Se molti viaggiatori arrivano qui solo per imbarcarsi sul traghetto per Peulla, molti decidono poi di fermarsi un po' più a lungo catturati dalla suggestiva posizione sul lago e dalla tranquillità di Petrohué. Situata a soli 20 minuti da Ensenada lungo una strada sterrata in discrete condizioni, offre più o meno gli stessi vantaggi, ma in una cornice infinitamente più bella.

Che cosa vedere e fare

Expediciones Petrohué (065-212-025; www.petrohue.com; 9-18.30 set-giu) organizza scalate ed escursioni di rafting e canyoning e noleggia kayak sul lago al costo di CH$3500 l'ora. Le gite sull'**Isla Margarita**, un'isola boscosa con una piccola laguna interna, costano CH$35.000 per un massimo di quattro passeggeri a bordo di piccole imbarcazioni da pesca oppure CH$6000 per persona con TurisTour (p299), che da dicembre a marzo ha tre partenze al giorno.

Dall'alberato **campeggio del Conaf** (piazzole per 1-5 persone CH$7000), subito dopo il parcheggio, parte un sentiero sterrato che conduce a **Playa Larga**, una lunga spiaggia di sabbia scura più bella di quella vicino all'hotel. Dalla spiaggia si dirama verso ovest il **Sendero Los Alerces**, che poi si congiuge con il **Sendero La Picada** per superare il Paso Desolación e proseguire fino al Refugio La Picada, sul versante settentrionale del vulcano. In alternativa si può seguire Los Alerces per tornare all'hotel. Situata 6 km a sud-ovest di Petrohué, **Saltos del Petrohué** (ingresso CH$1600) è una fragorosa cascata che scorre impetuosa in uno stretto canyon scavato dalla lava nella roccia vulcanica. Se vi siete chiesti come mai le escursioni di rafting non partano direttamente dal lago, qui troverete la risposta, anche se in effetti qualche canoista esperto è riuscito a compiere l'impresa.

Per chi viene qui in giornata, è consigliabile portarsi da mangiare da Puerto Varas.

Pernottamento e pasti

Petrohué Hotel & Cabañas LODGE $$$

(065-212-025; www.petrohue.com; singole/doppie a partire da CH$109.000/149.000, bungalow per 4 persone CH$140.000; P) In uno splendido edificio di pietra con il tetto di legno a spiovente e perfino una torre, questo lodge d'alto livello votato agli sport d'avventura merita una visita. I numerosi lucernai e il fuoco che scoppietta nei caminetti del lounge ne fanno un luogo romantico per rilassarsi, leggere un libro o restarsene semplicemente a oziare. Le camere, in cui si è fatto largo uso del legno, hanno letti ben forniti di coperte e sono piene di candele. Il ristorante è aperto al pubblico e sono disponibili pacchetti comprensivi di escursioni. Altrettanto lussuose sono le *cabañas* in riva al lago.

Hospedaje Esmeralda GUESTHOUSE $

(096-225-6230; piazzole/camere CH$5000/10.000 per persona) Questo economico lodge di legno su palafitte appartiene al figlio della matriarca Küschel ed è una sistemazione quasi di lusso rispetto all'ancor più modesto *hospedaje* che la madre gestisce qualche centinaio di metri più avanti. Una bella sala per la prima colazione (CH$2500 in più) dispone di ampie finestre affacciate sul lago. Preavvisando telefonicamente, verranno a prendervi al molo senza costi aggiuntivi.

Hospedaje Küschel GUESTHOUSE $

(099-875-3566; piazzole/camere CH$4000/8000 per persona) Vi ritroverete in mezzo a polli e maiali in questa malandata casa di campagna dall'altra parte del lago (il passaggio in barca dal molo costa CH$500, ma potrebbero cercare di farvi pagare anche CH$2000), ma l'anziana proprietaria è una brava persona e la posizione è direttamente sul lago (da dove provengono le ottime trote affumicate in casa che vengono servite per cena). La prima colazione è compresa nel prezzo, mentre il pranzo e la cena costano circa CH$5000 ciascuno.

Per/da Petrohué

Da Puerto Varas partono minibus per Petrohué (CH$2000) durante tutto l'anno. Per informazioni sulla traversata del lago da Petrohué a Peulla, v. lettura p288.

Cochamó

065 / POP. 4366

La **Iglesia Parroquial María Inmaculada**, in stile chilote con il tetto a scandole di alerce, si staglia fiera e bellissima contro l'azzurro lattiginoso delle acque lungo la strada per Cochamó, una delle località più suggestive della regione, nonché via d'accesso alla valle superiore del Río Cochamó.

L'**ufficio municipale** (350-271) della città distribuisce un opuscolo illustrativo con un'utilissima cartina dei sentieri escursionistici di Cochamó.

Gestito da francesi, il **Southern Trips** (098-407-2559; www.southern-trips.com; Pueblo Hundido), sulla strada principale, organizza escursioni a cavallo nella zona di durata compresa tra mezza giornata (CH$40.000 per cinque 5) e 11 giorni (CH$960.000).

Nel campeggio di Cochamó, situato lungo il fiume e oggi completamente rinnovato dal nuovo proprietario americano, un ex giornalista corrispondente dall'estero, il **Campo Aventura** (☎099-289-4318; www.campoaventura.cl; piazzole CH$3000 per persona, camere con prima colazione CH$30.000 per persona, camere con pensione completa CH$38.000 per persona;) dispone di 15 posti letto in tre splendide camere e un bungalow con energia elettrica, cucina e zona pranzo sia all'interno sia all'aperto. Potrete gustare degli ottimi pasti (prima colazione e pranzo CH$5000, cena CH$8000) e godere della bella posizione in riva al fiume.

In città, invece, la sistemazione migliore è l'**Hostal Maura** (☎099-334-9213; www.experiencapatagonia.cl; J Molina 77; camere CH$15.000 per persona), che ha proprietari simpatici, letti confortevoli, un nuovo ristorante molto accogliente e una sauna con hot tub all'aperto. Per i pasti gli *hospedajes* restano la soluzione migliore; in alternativa potete provare il semplice **Restaurant Reloncaví** (Av Catedral; portate principali CH$1000-4500), poco più avanti della chiesa, che serve salmone e *merluza* (nasello), oppure il più elegante **La Ollita** (Calle Principal s/n; portate principali CH$1500-9000), sulla strada principale sopra la città, che propone piatti preparati solo con ingredienti freschi e dai suoi terrazzini offre belle vedute del Volcán Yates.

Ci sono quattro autobus al giorno per/da Puerto Montt (CH$2000), che fermano a Puerto Varas e a Ensenada e proseguono per Puelo.

Valle del Río Cochamó

Con le sue imponenti guglie granitiche che svettano sopra la verde foresta pluviale e gli enormi alberi di alerce che dominano la foresta, la spettacolare Valle del Río Cochamó è considerata da alcuni lo Yosemite del Cile. Non lontano da qui le acque glaciali della Regione dei Laghi cedono il passo a quelle salate dell'Estero de Reloncaví, un fiordo di 80 km che costituisce la via d'accesso alla Patagonia settentrionale. La fama della regione è in rapida crescita, soprattutto per quanto riguarda le arrampicate su roccia: ogni anno, infatti, vengono aperti sempre nuovi itinerari e sentieri che richiamano scalatori avventurosi in tutta la vallata. La Valle del Río Cochamó è effettivamente così bella da meritare una visita di qualche giorno e inoltre non è ancora stata invasa dal turismo di massa, perciò andateci subito, prima che si trasformi davvero in Yosemite.

Alla valle si accede lungo una vecchia pista costruita con tronchi di legno nel XIX secolo per il passaggio dei carri trainati da buoi che trasportavano pesce in Argentina per poi tornare in Cile carichi di carne di manzo. La si può percorrere a piedi o a cavallo. La strada che porta all'inizio del sentiero comincia appena prima del ponte per il Campo Aventura, ma quasi tutti scelgono di percorrere questi primi 7 km in taxi o con un mezzo proprio (che si può parcheggiare all'ultima casa sulla destra pagando CH$1000).

LA JUNTA

Da Cochamó parte un bel sentiero escursionistico di 12 km che, attraversano la foresta pluviale valdiviana e seguendo il corso del Río Cochamó, conduce a La Junta, una suggestiva vallata sovrastata da imponenti picchi granitici che spuntano dalle montagne circostanti. Se non ci costruiranno una strada, è un posto destinato a conservare tutta la sua quiete e la sua bellezza: chiunque ci venga per una visita in giornata rimpiange di non aver programmato una permanenza più lunga per godere di questi splendidi paesaggi e delle straordinarie opportunità di trekking. In gennaio i *tábanos* (tafani) non danno tregua.

A Puerto Varas, Secret Patagonia (p284) organizza escursioni a piedi che possono durare da tre a otto giorni (da CH$300.000 a CH$795.000 per persona compresi vitto, alloggio e cavalli da soma). Con queste escursioni si può raggiungere anche il punto panoramico di Arco Iris, a quota 900 m, attraversando tre tipi diversi di foresta nativa, con vino e formaggi al seguito.

A La Junta si trova il bel **Refugio Cochamó** (☎097-719-0906; www.cochamo.com; piazzole CH$2500 per persona, letti in camerata CH$9000, doppie senza bagno CH$31.000), un fantastico rifugio con campeggio gestito da uno scalatore argentino e dotato di docce con acqua (proveniente direttamente dalla cascata Trinadad) riscaldata a energia solare, pizza fatta in casa (CH$7000) e birra artigianale Tábano! Aperto da ottobre ad aprile, si raggiunge attraversando il fiume con un rudimentale ma efficace sistema a carrucola.

Altrettanto bello è il **Campo Aventura Mountain Lodge** (☎099-289-4318; www.campoaventura.cl; piazzole CH$3000 per persona, letti in camerata CH$10.000, camere con pensione completa CH$38.000 per persona; ⊖), gestito dal Campo Aventura (p284), l'operatore turistico più consolidato della zona. Ricavato in una casa rustica su una proprietà di 80 ettari, il lodge è illuminato con candele, ha quattro camere e una camerata con quattro letti, docce con acqua riscaldata a legna e una sala da pranzo con stufa a legna. Dal terrazzo, aggiunto di recente, si godono splendide vedute dell'Arco Iris e i custodi, una simpatica coppia di cileni, accolgono i visitatori con tutto il calore dell'ospitalità di montagna, viziandoli con l'ottima cucina casalinga (*asados* di maiale e agnello, *cazuelas* di pollo e lenticchie e molto altro). Non mancano piccoli dettagli di gusto, come vino, pane fatto in casa e caffè filtrato e c'è anche una guida per le escursioni a piedi nella zona.

Río Puelo

La strada proveniente da Cochamó prosegue lungo l'Estero de Reloncaví per altri 31 km passando per Río Puelo, un paesino destinato a crescere di pari passo con lo sviluppo di un nuovo itinerario via terra-lago per l'Argentina. All'ombra del Volcán Yates e tra i riflessi color giada del Río Puelo, è un posto tranquillo e pittoresco che costituisce un'ottima base di appoggio per visitare tutta la Valle del Río Puelo.

Pernottamento e pasti

Le sistemazioni migliori si trovano a Puelo Alto, 2 km a est del centro.

TOP Domo Camp CAPANNI $$
(☎099-138-2310; www.andespatagonia.cl; Puelo Alto; camere per 2/4 persone CH$35.000/55.000; P⊖@☰) Queste cupole geodetiche collegate da passerelle di legno in mezzo alla foresta nativa costituiscono la sistemazione più interessante della Región X. Sono tutte dotate di focolare per riscaldarsi e di confortevoli letti con sacco a pelo. La struttura dispone inoltre di una rilassante hot tub all'aperto. L'unico difetto è che per raggiungere le docce bisogna fare una lunga camminata: asciugamani e lampade sono forniti, ma non le ciabatte e i piedi ne risentono.

Camping Río Puelo CAMPEGGIO $
(☎099-744-7861; Puelo Alto; piazzole CH$4500 per persona, camere CH$11.500 per persona; P@) In questo campeggio spartano con belle vedute delle Ande, i bagni sono piuttosto precari, ma almeno sono al coperto. Il proprietario è molto gentile e ha una *cabaña* ben attrezzata che, quando non è occupata, funge da *hospedaje*. Telefonate prima di arrivare.

Restaurant Tique CILENO $$
(Puelo Alto; portate principali CH$4600-7000; ⊙prima colazione, pranzo e cena; ☰) All'interno del Domo Camp, è il ristorante migliore della città. La cucina in cui Coca prepara i suoi piatti è a dir poco rustica, ma i risultati sono ottimi.

Informazioni

Per informazioni sulle escursioni in zona, sulle sistemazioni in case private e sulle guide locali, rivolgetevi all'**ufficio turistico** (☎350-271; Santiago Bueras s/n; ⊙8.30-12 e 15-17.30 lun-ven) nella piazza del paese.

Per/da Río Puelo

Il collegamento per/da Puerto Montt (CH$3500, 4 h) è effettuato da 4 partenze al giorno con fermate a Puerto Varas, Ensenada e Cochamó. Dal villaggio la strada continua verso l'interno fino a Punta Canelo, sul Lago Tagua-Tagua, dove un traghetto (automobili CH$6500, passeggeri a piedi CH$1000) attraversa il lago fino alla prosecuzione della strada, che segue il corso del fiume fino a Llanada Grande. Se viaggiate con un mezzo di trasporto vostro, arrivate 1 h prima della partenza per mettervi in fila.

Valle del Río Puelo

☎065 / POP. 500

La Valle del Río Puelo non è ancora stata toccata dal turismo di massa e offre quindi la possibilità di vivere avventure dal sapore autentico. Recentemente ha catturato l'attenzione dell'ecoturismo, soprattutto a causa del fatto che a El Portón, vicino a Llanada Grande, è prevista la costruzione di una diga che comporterebbe l'allagamento di gran parte della valle (v. lettura p356). La gente del posto ha cominciato a sfruttare il turismo come arma per contrastare questo progetto. La pesca, il trekking e le passeggiate a cavallo sono le attività principali, alle quali si possono dedicare intere giornate all'insegna dell'avventura.

LLANADA GRANDE E OLTRE

Al di là del Lago Tagua-Tagua, la strada bianca prosegue ai piedi di montagne ricoperte da boschetti di coigüe secchi (distrutti dagli incendi, offrono un quadro di tragica bellezza) e terre percorse ancora oggi da famiglie di gaucho a cavallo. Siete a Llanada Grande, lontano da qualsiasi percorso turistico. Per i viaggiatori che si spingono fin qui sta appena

VALE IL VIAGGIO

PARQUE TAGUA-TAGUA

Immerso nella foresta vergine valdiviana 15 km a est di Puelo, il **Parque Tagua-Tagua** (☎02-588-4036; www.parquetaguatague.cl; interi/bambini CH$4500/2500) è il parco di più recente istituzione nel Cile meridionale. Frutto di un progetto privato finanziato dalla Universidad Mayor di Santiago e gestito dal Secret Patagonia di Puerto Varas (p284), il parco tutela 3000 ettari di foresta di alerce, prima impossibile da visitare, e due laghi, il Lago Alerce e il Lago Quetra, racchiusi tra monti di roccia granitica. Richiama soprattutto appassionati di trekking e pesca con la mosca, ma offre anche buone opportunità per praticare il birdwatching e avvistare pudú (un tipo di cervo di piccola taglia), puma e condor. Lungo i 16 km di sentieri del parco, che attraversano anche corsi d'acqua su ponti di legno, ci sono tre *refugios* di alerce, rustici ma ben fatti, con bagni e stufe a legna. Tutto nel parco è molto tecnologico: si possono anche noleggiare dispositivi iPod Touch (CH$15.000 al giorno) da usare per leggere i codici QR presenti un po' dappertutto.

Per raggiungere il parco, prendete l'autobus che parte una volta al giorno da Puerto Montt (alle 7.45) o da Puerto Varas (alle 8.20) per il Lago Tagua-Tagua, dove arriva in orario per permettervi di proseguire in traghetto. Prima di partire, ricordatevi di telefonare all'ufficio del parco per farvi venire a prendere una volta sbarcati dal traghetto e trasportarvi con un'altra imbarcazione (10 min) fino all'ingresso del Tagua-Tagua.

nascendo una rete di accoglienza tra case private e rustici B&B (chiedete informazioni a Campo Eggers), che danno alle escursioni a piedi e a cavallo un sapore meno turistico e più culturale. Si sta lentamente completando la strada che arriverà fino in Argentina, dove però non è prevista la sua prosecuzione. Quasi tutti gli itinerari partono da Llanada Grande per poi seguire percorsi diversi in tutta la vallata: si possono fare per esempio indimenticabili escursioni al Lago Azul e in Argentina. Per escursioni più impegnative ci si può rivolgere al simpatico Lolo Escobar, che guida straordinarie uscite di cinque giorni (andata e ritorno) al Ventisquero Glacier, vicino a Segundo Corral, l'ultimo centro abitato cileno della valle. Se vi piace pescare, cercate invece Reiner Grellich, una guida affidabile che ha anche dei bungalow sul Lago Verde (la signora Blanca di Campo Eggers può raggiungere entrambi via radio, ma contattateli con un certo anticipo).

Il **Camping Oro Verde** (☎098-171-1859; playaoroverde1@gmail.com; piazzole CH$6000-8000; ⊙dic-marzo) si trova sulle soffici sabbie della costa meridionale del limpido Lago Totoral. Una sistemazione impareggiabile è **Campo Eggers** (☎02-196-9212; agroturelsalto@gmail.com; camere senza bagno CH$25.000 per persona; P 📶), una casa di legno pulitissima e arredata con gusto di proprietà di Blanca Eggers, che è inoltre in grado di procurarvi un alloggio in case private e B&B fino alla zona del Lago Puelo, in Argentina. Prima colazione, *once* e cena (con vino!) sono compresi nel prezzo e spesso il menu prevede agnello preparato secondo la ricetta tradizionale o *asado* di cinghiale. Piena di animali da fattoria, questa casa di campagna gode di una posizione pittoresca davanti alla cascata El Salto, alta 1200 m, che è già di per sé un buon motivo per venirci, anche se l'ambiente può essere un po' monotono se non ci sono altri ospiti.

La **Posada Martín Pescador** (☎099-884-6555; www.posadamartinpescador.cl; camere CH$39.500) è un lodge di pesca e birdwatching, in stile B&B, con due camere, una buona cucina e una sala da pranzo che probabilmente è la più idilliaca della regione, con vista sulle acque del Lago Totoral. Il pranzo o la cena costano CH$9000 in più, oppure CH$15.000 per entrambi, ma si pagherebbe volentieri anche il triplo, una volta visto dove vengono serviti.

L'autobus per Río Puelo prosegue fino al molo dei traghetti a Punta Canelo, sulla sponda settentrionale del Lago Tagua-Tagua, dove ci sono due partenze al giorno (alle 9 e alle 13). A Puerto Maldonado, sulla riva meridionale, troverete ad attendervi un minibus che vi porterà fino a Llanada Grande (CH$2000). Per il ritorno i traghetti partono da Puerto Maldonado due volte al giorno (alle 12 e alle 16.30).

Puerto Montt

☎065 / POP. 168.242

Si può dire ciò che si vuole su Puerto Montt (e la gente del posto di certo non ci va leggera, con nomignoli come *Muerto Montt,* che significa 'Montt Morto', in cima alla lista), ma se volete visitare i famosi vulcani del Cile meridionale, i suoi cerulei laghi glaciali e i parchi nazionali delle sue montagne, molto probabilmente dovrete andare anche nel capoluogo della Regione dei Laghi, centro nevralgico per i commerci e i trasporti della zona.

Il miglior pregio di Puerto Montt è che ha tantissime vie di uscita: in aereo, traghetto, autobus o automobile a noleggio è facile e veloce raggiungere un'infinità di luoghi interessanti nei dintorni. A parte questo, qualche viaggiatore si affeziona anche alla ruvida, e autenticamente cilena, atmosfera operaia della città.

Che cosa vedere

Puerto Montt non offre molto da vedere, ma resta più che altro una grande città di transito.

FREE Casa del Arte Diego Rivera MUSEO D'ARTE

(www.culturapuertomontt.cl; Quillota 116; ⌚9-13 e 15-18.30 lun-ven) Frutto di un progetto congiunto tra Messico e Cile ultimato nel 1964, la Sala Hardy Wistuba al piano superiore è dedicata alle opere di artisti, scultori e fotografi locali. La struttura è dotata di un piccolo caffè e di un eccellente negozio.

Museo Juan Pablo II MUSEO

(Av Diego Portales 997, 2° piano; ingresso CH$500; ⌚9-18 lun-ven) All'epoca della nostra visita

LA CRISI DEL SALMONE

Il salmone fu introdotto per la prima volta in Cile circa un secolo fa. È stato però solo a partire dalla metà degli anni '80 che l'allevamento nelle gabbie a immersione si è sviluppato su ampia scala. Oggi il Cile è il secondo produttore mondiale, subito dopo la Norvegia. Puerto Montt è l'epicentro dell'industria di allevamento ed esportazione, che negli ultimi anni è stata oggetto di investimenti per miliardi di dollari per estendere gli allevamenti ancora più a sud nella Patagonia, fino allo Stretto di Magellano, con l'obiettivo di raddoppiare la produzione entro il 2020, superando la Norvegia. Nel 2006 il salmone costituiva già il terzo prodotto d'esportazione del Cile (dopo il rame e il molibdeno) e il futuro sembrava ancor più promettente. Poi, all'improvviso, è arrivata la battuta d'arresto.

Oltre che dalla crisi economica mondiale, l'industria del salmone cilena è stata duramente colpita da un'epidemia di anemia infettiva del salmone (ISA), riscontrata per la prima volta nel 2007 in un allevamento di proprietà norvegese, con conseguenze disastrose. Tra il 2005 e il 2010 la produzione di salmone dell'Atlantico è crollata da 400.000 a 100.000 tonnellate all'anno, a Puerto Montt e dintorni sono andati persi 26.000 posti di lavoro (e quasi tre miliardi di dollari) e molte aziende del settore sono fallite. Il Cile si è ritrovato nel panico più assoluto e in questa situazione non hanno certo giovato l'aumento della criminalità a Puerto Montt e il raddoppio del numero di suicidi. Va detto però che dei segnali c'erano stati. Intere montagne di rifiuti organici costituiti dagli avanzi dei mangimi e dalle feci dei salmoni avevano causato un grave inquinamento a danno di altri tipi di pesci e per molti anni la questione dell'igiene e del sovraffollamento era stata all'ordine del giorno.

Gli ambientalisti, tra cui l'organizzazione cilena **Oceana** (http://americadelsur.oceana.org) e Doug Tompkins (il proprietario del Parque Pumalín; p331), hanno manifestato direttamente al governo le loro preoccupazioni per le ripercussioni negative dell'industria del salmone. La **Fundación Terram** (www.terram.cl), che tiene il settore sotto stretta osservazione, ha pubblicato rapporti su vari temi, dalle condizioni di lavoro ai danni ambientali.

Nel 2012 l'industria del salmone era sulla via della ripresa, con livelli di produzione in crescita, soprattutto grazie all'insaziabile domanda del mercato emergente del Brasile, che nel 2010 ha superato gli Stati Uniti, diventando il secondo consumatore al mondo di salmone prodotto in Cile, preceduto dal Giappone.

A margine di tutto questo va puntualizzato che tutto il salmone di qualità prodotto in Cile viene esportato, pertanto, quello che viene servito nei ristoranti del paese rientra probabilmente in uno di questi due casi: è di seconda scelta (cioè con qualche difetto che lo rende inadatto all'esportazione) oppure è 'selvatico', che in realtà vuol dire solo che è scappato da qualche allevamento. A voi la scelta.

il museo di Puerto Montt, situato sul lungomare, era chiuso, ricoperto di graffiti e apparentemente abbandonato, sebbene ci sia stato assicurato che verrà riaperto. Se così dovesse essere, vi troverete esposizioni dedicate alla storia naturale, all'archeologia, all'Isola di Chiloé, alla storia della navigazione, alle armi, all'iconografia religiosa, alla colonizzazione tedesca e all'urbanizzazione locale.

Iglesia Catedral CHIESA

(Urmeneta s/n) Costruita interamente in legno di alerce nel 1856, questa chiesa, situata in Plaza de Armas, è l'edificio più antico della città, nonché uno dei più belli.

Pernottamento

Puerto Montt è una città commerciale e un porto di transito pertanto quasi tutti i visitatori vi trascorrono soltanto una notte o poco più. La maggior parte degli alberghi economici elencati di seguito si trova nel raggio di pochi isolati dalla stazione degli autobus. Se arrivate di notte, state attenti: i piccoli furti non sono una rarità.

TOP **Tren del Sur** HOTEL DI DESIGN $$

(343-939; www.trendelsur.cl; Santa Teresa 643; singole/doppie a partire da CH$28.900/37.900; P @) Un vero affare per i prezzi che pra-

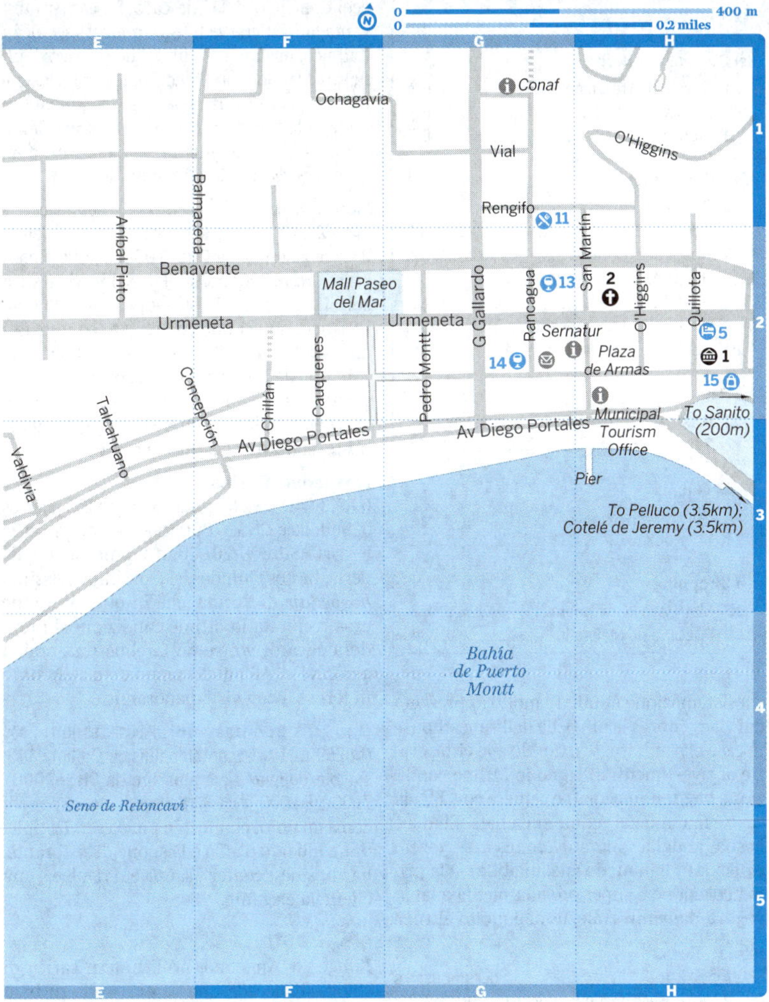

tica, questo boutique hotel si trova nel vecchio quartiere di Modelo ed è pieno di arredi (mensole, armadi) ricavati da tralicci ferroviari di recupero. La lobby, accogliente e di gran classe, è realizzata secondo i principi del feng shui. Le 17 camere, solo di poco inferiori al design d'alto livello delle aree comuni, hanno il bagno privato e il riscaldamento centralizzato e son o disposte lungo un corridoio illuminato da luce naturale. Il nuovo ristorante Slow Food con cucina di mare è eccellente.

Casa Perla GUESTHOUSE **$**
(☎262-104; www.casaperla.com; Trigal 312; piazzole CH$6000 per persona, letti in camerata CH$9000, doppie senza bagno CH$20.000;) Perla, la matriarca di questa accogliente sistemazione casalinga, e la sua famiglia vi faranno sentire come uno di casa. Parlano inglese e tedesco. Tutti i bagni sono in comune e gli ospiti possono usare la cucina, dove Perla prepara la marmellata sul fornello a legna. È difficile da trovare senza una mappa, pertanto è consigliabile prendere un taxi dalla stazione degli autobus (CH$2000).

Hospedaje Vista al Mar GUESTHOUSE **$**
(☎255-625; www.hospedajevistaalmar.unlugar.com; Vihar 1337; singole/doppie CH$15.000/28.000, senza bagno CH$12.000/25.000; P) Que-

Puerto Montt

Che cosa vedere

1 Casa del Arte Diego Rivera H2
2 Iglesia Catedral H2
3 Museo Juan Pablo II D3

Pernottamento

4 Casa Perla B2
5 Don Luis Business Hotel H2
6 Hospedaje Corina B2
7 Hospedaje Vista al Mar B3
8 Hostal Suizo A5
9 Hostal Vista Hermosa C4
10 House Rocco Backpacker A5

Pasti

11 Fogón del Leñador G1
12 Santa Isabel D3

Locali

13 Boule Bar G2
14 Sherlock G2

Shopping

15 Mall Paseo Costanera H2
16 Pueblito de Melipulli C4

sta sistemazione familiare molto apprezzata dai viaggiatori è la più bella delle guesthouse in case private situate in fondo alla città, grazie ai rivestimenti in legno in ottime condizioni, bagni immacolati e camere con TV via cavo e magnifiche vedute sulla baia. Eliana e la sua famiglia sono un vero tesoro – gentili e disponibili in modo encomiabile – e la prima colazione è superiore alla media cilena: yogurt, pane integrale, uova e molto altro.

House Rocco Backpacker GUESTHOUSE $
(272-897; www.hospedajerocco.cl; Pudeto 233; letti in camerata/singole/doppie CH$12.000/20.000/25.000; @) Punto di riferimento per tutti i viaggiatori, questa guesthouse cileno-americana a cinque isolati dal molo della Navimag ha una grande cucina soleggiata, un ambiente caldo con pareti e pavimenti in legno e letti con morbidi piumini. Il tocco in più è la prima colazione fatta in casa a base di crespelle dolci con *manjar* e vero caffè.

Hostal Vista Hermosa GUESTHOUSE $
(319-600; www.hostalvistahermosa.cl; Miramar 1486; camere con/senza prima colazione CH$11.000/9000 per persona; P@) A pochi passi in salita dal terminal degli autobus, questa guesthouse dispone di confortevoli camere economiche con TV via cavo. La camera n. 1 vanta fantastiche vedute sul mare e sul Volcán Calbuco, ma anche su un grigio palazzo di uffici purtroppo fuori luogo. Per arrivarci, uscite dall'autostazione dalla parte settentrionale, in Calle Lillo, e di fronte al supermercato Santa Isabel svoltate a sinistra in Calle Miramar, quindi percorretela fino in fondo.

Hostal Suizo GUESTHOUSE $
(262-640; roelckers@yahoo.es; Independencia 231; singole/doppie CH$15.000/25.000, senza bagno CH$10.000/18.000; P) Se si giudica solo il carisma e lo stile di questo alloggio artistico, non si può che restare conquistati dal suo fascino sregolato, ma l'artista proprietaria della casa può dimostrarsi piuttosto selettiva nei confronti degli ospiti. I suoi eccellenti dipinti ne fanno comunque un bel posto, soprattutto a queste tariffe.

Hospedaje Corina GUESTHOUSE $
(273-948; www.hospedajecorina.cl; Los Guindos 329; doppie CH$26.000, singole/doppie senza bagno CH$15.000/20.000; P) Alle spalle del Perla, in Los Guindos, si trova il nuovissimo *hospedaje* di Corina, che in questa grande casa recintata in ottime condizioni si prenderà cura di voi come farebbe una nonna amorevole. All'ultimo piano c'è un giardino in terrazza con vista panoramica.

Don Luis Business Hotel BUSINESS HOTEL $$$
(259-001; www.hoteldonluis.cl; Quillota 146; singole/doppie/triple a partire da CH$67.000/71.000/84.000; P@) Scelta di classe per chi cerca un po' di comfort in più o i servizi tipici di un albergo d'affari. Dispone di ristorante, bar, business center e sauna e si rivolge a una clientela elegante.

Pasti

Lungo Av Angelmó, brulicante e carica di smog, si succede una caotica serie di bancarelle (che vendono prodotti artigianali, montagne di cozze affumicate, *cochayuyo* – alghe commestibili – e altre misteriose cianfrusaglie), mercati d'artigianato e locali turistici con cucina di pesce e camerieri che strepitano per accaparrarsi i clienti. Godetevi il fermento, ma proseguite oltre. I prodotti artigianali migliori e i ristoranti più buoni si trovano in fondo alla strada, intorno al pittoresco porto di pescatori di Angelmó, circa 3 km a ovest del centro. Ci si arriva facilmente con i frequenti autobus locali e i *colectivos*.

TOP **Fogón del Leñador** STEAKHOUSE $$
(www.fogon.cl; Rancagua 245; portate principali CH$6000-9500; pranzo e cena) Il menu della

migliore *parrilla* del Sur Chico avverte che qualsiasi tipo di carne impiega almeno 40 minuti per cuocersi. Questo dice tutto, e senza esagerazioni. Le *sopapillas* sono accompagnate da quattro salse fatte in casa, che si sposano tutte perfettamente con l'eccellente filetto. Una nota di merito va alle bottiglie monoporzione di vino rosso equo e solidale per chi cena da solo. Non ha la stessa atmosfera raccolta del Cotelé, ma la bistecca è di quelle che non si dimenticano facilmente.

Cotelé de Jeremy STEAKHOUSE **$$$**
(☎278-000; www.cotele.cl; Juan Soler Manfredini 1661, Pelluco; bistecche CH$19.500 al kg; ⏲pranzo e cena lun-sab) Conosciuta da sempre come Fogón de Cotelé o semplicemente Cotelé, questa steakhouse *quincho* (chiosco con barbecue) ha subìto un brutto colpo di recente: in seguito a una caduta con gravi conseguenze, il proprietario storico, un maestro della griglia con una personalità da artista, ha dovuto vendere il suo regno della carne. Oggi è un simpatico sudafricano a portare avanti la tradizione di questo locale dall'atmosfera intima e raccolta con solo sette tavoli intorno al focolare aperto. Per fortuna ha avuto il buon senso di mantenere lo stesso personale, che cuoce scrupolosamente a fuoco lento tre tipi di carne: lombata, filetto e costata di manzo, tagliati e venduti a peso. Situato a Pelluco, si raggiunge facilmente in autobus dal terminal Chamiza (CH$350) oppure in taxi (CH$3000). È consigliabile prenotare, soprattutto dal giovedì alla domenica.

Sanito CILENO **$**
(www.sanito.cl; Copiapó 66; menu CH$3000; ⏲pranzo e cena; 📶✍) È il locale migliore di Puerto Montt per quanto riguarda la cucina sana e casalinga, con piatti freschi di giornata serviti in un'atmosfera artistica che ricorda più Los Angeles che il Cile. Ogni giorno c'è un menu fisso con minestra, insalata e portata principale (compresi succhi di frutta e caffè/tè) oppure insalate e sandwich à la carte, il tutto accompagnato da una originale colonna sonora che spazia dagli Arcade Fire al soul degli anni '70.

El Apa CUCINA DI MARE **$**
(Angelmó, Local 5-6; portate principali CH$3500-5950; ⏲pranzo e cena) Non lasciatevi confondere dai tanti chioschi *palafito* (palafitte erette sull'acqua) di Angelmó, perché è questo l'unico che deve destare la vostra attenzione. Gestito da uno chef taciturno, è sempre pieno di gente del posto per l'enorme *curanto* (CH$4500) e altri classici piatti di pesce fresco serviti in porzioni sovrabbondanti.

Santa Isabel SUPERMERCATO
(Diego Portales 1040) Per fare provviste prima del viaggio con la Navimag, si trova davanti al terminal degli autobus. Provate anche il Bigger, lì accanto.

Locali

Per bere qualcosa troverete diversi locali economici intorno alla piazza, una buona scelta all'angolo tra Benavente e Rancagua e un intero regno di bagordi nella vicina Pelluco.

Boule Bar BAR
(Benavente 435; ⏲chiuso dom) Le cover di vecchi brani dei *Rolling Stone* e altri classici intramontabili fanno da colonna sonora a questo locale con diverse sale a lume di candela, un po' di tavoli e un bar con mensole realizzate con corteccia. È un bel posto per tirar tardi la sera in compagnia di avventori che apprezzano la buona musica.

Sherlock CAFFÈ, BAR
(Antonio Varas 452; ⏲pranzo e cena; 📶) Non servono molte indagini per scoprire che lo Sherlock è uno dei posti migliori della città. Ispirato a una presunta visita del detective Holmes a Puerto Montt, questo caffè/bar ha un tocco di stile in più rispetto ai locali omologati della concorrenza. In alcune sere c'è musica dal vivo.

Shopping

I turisti e le navi da crociera fanno tappa regolarmente a Puerto Montt, pertanto la Feria Artesanal Angelmó è piena zeppa di bancarelle di souvenir che lungo Av Angelmó vendono prodotti artigianali provenienti da tutto il paese e un incredibile assortimento di altre merci (alcune scadenti, altre discrete) provenienti anche dagli stati più a nord. Potete fare un giro anche al Pueblito de Melipulli, un labirinto di bancarelle sul lungomare, di fronte al terminal degli autobus. Per un salto di qualità andate invece al **Mall Paseo Costanera** (www.mallpaseodelmar.cl; Lllapel 10), situato immediatamente a sud-est di Plaza de Armas, dove troverete anche negozi Colombia e Andesgear.

Informazioni

Agenzie di viaggi

TurisTour (☎228-600; www.turistour.com; Antonio Varas 216, Edificio Torre del Puerto, 9° piano; ⏲chiuso dom) Utile per il viaggio combinato autobus-traghetto verso l'Argentina con Cruce de Lagos e per le escursioni in tutta la regione.

L'ESPERIENZA CON NAVIMAG: IL BUONO, IL BRUTTO E IL CATTIVO

Nella preistoria dei viaggi in Patagonia, negli anni '80 e all'inizio degli anni '90, si doveva supplicare per ottenere un passaggio sulle arrugginite navi mercantili che solcavano le acque tra Puerto Montt e Puerto Natales. Anche quando il turismo aumentò, non fu introdotto un regolare servizio di traghetti per il trasporto dei passeggeri, ma la compagnia di navigazione Navimag fiutò l'occasione e decise di dedicare a questo scopo una parte delle proprie navi. Ancora oggi, quindi, si può vivere la stessa esperienza di un viaggio di fortuna a bordo di una nave mercantile – gomito a gomito con autoarticolati a 18 ruote, camionisti ubriachi e bestiame – ma prenotando con lo smartphone e sborsando centinaia di dollari per una cuccetta.

Se però quello che desiderate è una comoda crociera, non è alla Navimag che dovete rivolgervi, ma alla *Skorpios* (p302) o alla *Mare Australis* (p322). Il viaggio a bordo dei mercantili Navimag, infatti, è un'esperienza del tutto diversa, che racchiude in sé qualcosa di buono, qualcosa di brutto e qualcosa di cattivo. Ma se vi piace sperimentare situazioni nuove e avete spirito d'avventura, allora potrebbe diventare il ricordo più bello del vostro viaggio.

Il buono

In un viaggio di diversi giorni, il mercantile di fabbricazione giapponese, appositamente adattato ai mari della Patagonia, naviga tra fiordi disabitati, lambisce ghiacciai e offre lo spettacolo di surreali tramonti che colorano di arancione il Pacifico. La nave attraversa il labirinto degli stretti canali di Aisén, supera passaggi angusti come il White Channel (che, con una larghezza di appena 80 m, è una vera sfida per una nave larga 24 m) e l'Angostura Inglesa (dove la nave sembra sfiorare la costa su entrambi i lati) e fa scalo a Puerto Edén, un piccolo porto di pescatori incredibilmente isolato, ultimo avamposto dei nativi qawashqar della regione. Più a sud i canali si restringono ulteriormente, le cime innevate si fanno sempre più vicine e centinaia di cascate impetuose precipitano dalle valli glaciali alla costa. Durante il viaggio si possono avvistare balenottere minori e balene di Humboldt, diverse specie di uccelli, il relitto di una vecchia nave abbandonata che emerge in superficie e leoni marini sudamericani.

Al di là della straordinaria bellezza dei paesaggi, per i viaggiatori indipendenti questa esperienza è un'occasione unica per stringere amicizie (nelle aree comuni sembra di essere nel palazzo dell'ONU: nel nostro viaggio abbiamo contato 23 nazionalità). Perfetti sconosciuti diventano amici per la pelle dopo aver condiviso numerose bottiglie di vino, interminabili partite a carte, mal di mare, tornei di calcio sul ponte, feste e balli fino a notte fonda e promesse di rincontrarsi a Torres del Paine. Sebbene gli spazi comuni siano spogli e non particolarmente confortevoli, l'equipaggio ce la metta tutta per intrattenere i passeggeri con karaoke, proiezioni di diapositive, musica, film in lingua inglese e videogiochi per i bambini.

Assistenza sanitaria

Hospital Regional (Seminario s/n; ⏲24 h su 24) Vicino all'incrocio con Décima Región.

Cambio

Lungo Antonio Varas nei pressi di Plaza de Armas ci sono più banche di quante ce ne siano in Svizzera.

Afex (Av Diego Portales 516) Ufficio di cambio.

Consolati

Consolato argentino (☎253-996; Pedro Montt 160, 6° piano; ⏲9-13 lun-ven)

Emergenze

Polizia (☎765-162; all'angolo tra Gallardo e Amunategui; ⏲24 h su 24)

Informazioni turistiche

Conaf (☎486-118; Ochagaviá 458) Fornisce informazioni sui vicini parchi nazionali.

Sernatur (☎254-580; ⏲8.30-13 e 14.30-17 lun-ven) Situato sul lato occidentale di Plaza de Armas.

Ufficio turistico municipale (☎223-027; Antonio Varas 415; ⏲8.15-21) Il personale è più disponibile di quello del Sernatur e offre molte informazioni sui parchi nazionali. Si affaccia sulla piazza.

Posta

Ufficio postale (Rancagua 126) Un isolato a ovest della piazza centrale.

A bordo si sta piuttosto stretti, ma le cuccette sono sorprendentemente confortevoli, con livelli di comfort che spaziano da quello di una prima classe su un treno indiano a quello di un pullman turistico di una rock band di medio livello. In classe C avrete pochissimo spazio e privacy, con soltanto una tenda a separarvi dal corridoio, mentre in classe BB troverete scompartimenti privati (in cui però si sta stretti se sono al completo); la classe AAA, invece, offre cabine più grandi, con sala da pranzo privata e un menu più ricco. La prima colazione lascia un po' a desiderare (caffè solubile, *pan tipíco,* uova e i soliti affettati). Com'è facile immaginare, il caffè è pessimo, ma al bar potrete ordinare un cappuccino leggermente migliore (CH$1000). Il pranzo e la cena sono molto variabili, ma talvolta nel tipico menu da tavola calda fa capolino qualche piatto più sofisticato, come nasello al forno con crema al limone. Il ghiaccio dei cocktail proviene direttamente dai ghiacciai!

Il brutto

In inverno, quando ci sono meno passeggeri e più merci, sul ponte superiore e su quello intermedio vengono stivate centinaia di capi di bestiame a bordo di autocarri aperti. Dopo un paio di giorni, soprattutto se già si soffre di mal di mare, può diventare difficile sopportare l'odore di 300 bovini ammassati al punto che alcuni non riescono nemmeno ad appoggiare le zampe sul pavimento.

Tuttavia, dovreste ormai già sapere che ogni esperienza di viaggio degna di questo nome comporta qualche difficoltà. Se ne avete il tempo, viaggiare con la Navimag non solo cambierà il vostro modo di vedere e capire la Patagonia cilena, ma renderà ancor più significativo tutto il vostro viaggio.

Il cattivo

In caso di brutto tempo avrete poche vedute di cui godere e finirete per trascorrere gran parte del tempo a guardare film o a bere qualcosa nella sala da pranzo. Se le condizioni sono ancora peggiori, potreste trascorrere intere giornate in balia del mare grosso tentando di trattenere la nausea. E quando il tempo è davvero pessimo, può succedere che la partenza venga rinviata (anche per giorni) o che il viaggio venga temporaneamente interrotto se le acque del Golfo de Penas (sul Pacifico) sono troppo agitate per consentire l'attraversamento. Non sono rare nemmeno le cancellazioni. In ogni caso incontrerete vento e freddo, anche in estate.

In inverno può capitare che i passeggeri a bordo della nave siano anche solo una decina, il che da una parte può essere un bene, ma dall'altra può privarvi dell'aspetto sociale di questa esperienza. In piena estate, invece, la nave è così affollata che si deve mangiare a turno. In queste condizioni le anguste camerate sottocoperta risultano ancora meno sopportabili. Intorno al terzo giorno, i viaggiatori più irrequieti cominceranno a stancarsi della vita di bordo: sulla nave non c'è internet e anche la copertura telefonica mobile è scarsa.

Per/da Puerto Montt

Aereo

Lan (☎600-526-2000; O'Higgins 167, Local 1-B) effettua 4 voli al giorno per Punta Arenas (tariffe di sola andata a partire da CH$148.000), 2 al giorno per Balmaceda/Coyhaique (tariffe di sola andata a partire da CH$112.000) e fino a 9 al giorno per Santiago (tariffe di sola andata a partire da CH$183.000).

Sky Airlines (☎437-555; www.skyairline.cl; all'angolo tra San Martín e Benavente) effettua 2 voli al giorno per Punta Arenas (tariffe di sola andata a partire da CH$63.144) e 4 per Santiago (tariffe di sola andata a partire da CH$61.644) – a prezzi notevolmente inferiori rispetto a Lan.

Per andare a Chaitén, **Aerocord** (☎262-300; www.aerocord.cl; Aeródromo La Paloma) opera con velivoli Beechcraft e Twin Otters: partenza il lunedì, il mercoledì e il venerdì alle 16, e inoltre il martedì, il giovedì e il sabato alle 13 (CH$40.000). Anche **Pewen Services Aréeos** (☎224-000; www.pewenchile.com; Pedro Montt 65, Of 607) ha collegamenti giornalieri dal lunedì al sabato (CH$42.000) e offre voli charter per un massimo di 9 passeggeri (CH$600.000) prenotabili con una settimana di anticipo.

Autobus regionali

Situato sul lungomare, il nuovo **terminal degli autobus** (☎283-000; all'angolo tra Av Diego Portales e Lillo) di Puerto Montt, completamente ristrutturato e migliorato di recente, è il principale snodo dei trasporti della regione ed è perciò affollato e caotico: state attenti ai vostri oggetti personali o depositateli alla *custodia* (da CH$500 a CH$1000 per 24 h) mentre siete intenti a organizzare il viaggio. In estate i posti sugli autobus per Punta Arenas e Bariloche si esauriscono in fretta, quindi è meglio prenotare prima.

I minibus regionali, compresi quelli per Puerto Varas (CH$800, 25 min), Frutillar (CH$1300, 1 h) e Puerto Octay (CH$1600, 2 h), hanno partenze frequenti dalla parte settentrionale del terminal. Gli autobus per i villaggi di Ralún (CH$1500, 2 h) e Cochamó (CH$2000, 2 h 30 min) partono 4 volte al giorno e proseguono tutti per Río Puelo (CH$3500).

Autobus a lunga percorrenza

Tra le compagnie di autotrasporti, tutte con uffici nel terminal degli autobus, figurano **Cruz del Sur** (☎483-127; www.busescruzdelsur.cl), con collegamenti frequenti per Chiloé, **Tur-Bus/Tas-Choapa** (☎259-320; www.turbus.cl), con corse giornaliere per Valparaíso/Viña del Mar, **Igi Llaima** (☎254-519; www.igillaima.cl), e **Pullman Bus** (☎254-399; www.pullman.cl). Tutti questi autobus raggiungono Santiago, fermando in varie città lungo il tragitto; **Buses Fierro** (☎289-024; www.busesfierro.cl) ha 1 collegamento 'diretto' con partenza alle 20.15 che ferma solo a Osorno. Per i viaggi a lunga percorrenza per Punta Arenas passando per l'Argentina, provate Cruz del Sur, Pullman Bus o **Queilen Bus** (☎253-468; www.queilenbus.cl), tutti con diverse partenze alla settimana; Queilen Bus ferma anche a Coyhaique.

Per Bariloche, in Argentina, gli autobus Cruz del Sur, Tur-Bus/Tas-Choapa, **Via Bariloche** (☎253-841; www.viabariloche.com.ar) e **Andesmar** (☎280-999; www.andesmar.com) effettuano corse giornaliere per il passo Cardenal Samoré, a est di Osorno. Per informazioni sul famoso viaggio combinato in autobus e traghetto per Bariloche, v. lettura p288.

Kemelbus (☎253-530; www.kemelbus.cl) effettua 1 corsa al giorno, con partenza alle 10, per Chaítan e il Parque Pumalín (CH$14.000); in alternativa si possono prendere gli autobus, più frequenti, per Hornopiren (CH$4000, 4 h) e lì cambiare.

Di seguito sono elencati alcuni esempi di tempi di percorrenza e tariffe (i prezzi variano in base al livello qualitativo dell'autobus e/o alla classe):

DESTINAZIONE	TARIFFA (CH$)	DURATA (ORE)
Ancud	4000	2½
Bariloche (Ar)	13.000-15.000	6
Castro	5100	4
Chaítan	14.000	9½
Concepción	15.000-16.700	10
Coyhaique	25.000	24
Osorno	1500-1600	1½
Pucón	9100	5½
Punta Arenas	40.000-55.000	30
Quellón	7000	6
Santiago	18.000-26.000	12-14
Temuco	6000-7200	5
Valdivia	4700	3½
Valparaíso/Viña del Mar	31.600	15
Villarrica	8300	5

Imbarcazioni

Puerto Montt è il principale porto di partenza per la Patagonia. Al Terminal de Transbordadores si trovano, nello stesso edificio, le biglietterie e le sale d'attesa sia per la **Navimag** (☎432-360; www.navimag.com; Angelmó 1735) sia per la **Naviera Austral** (☎270-430; www.navieraustral.cl; Angelmó 1673). Entrambe le compagnie sono principalmente commerciali, perciò non aspettatevi molti fronzoli né bottiglie di Dom Pérignon.

Il viaggio più noto è quello a bordo del traghetto *Evangelistas* della Navimag, che salpa il venerdì da Puerto Montt alla volta di Puerto Natales e fa ritorno sempre di venerdì (con imbarco il giovedì sera). È una traversata di 3 giorni tra i fiordi cileni, che si può prenotare negli uffici Navimag di Santiago, Puerto Montt e Puerto Natales oppure tramite il sito internet.

L'alta stagione va da novembre a marzo e la bassa stagione da aprile a ottobre. I prezzi comprendono tutti i pasti (a richiesta anche vegetariani). Le tariffe per persona, che variano in base alla vista dalla cabina e al tipo di bagno (si va dalle cabine AAA del ponte superiore con bagno privato alla meno invitante classe C, dove c'è una finestra ogni 4 cuccette, anche se alcuni posti di C si trovano allo stesso livello di altre classi migliori), sono indicate nella tabella (in base al tasso di cambio in vigore al momento della pubblicazione, che tuttavia può essere soggetto a variazioni).

Per le automobili si pagano CH$280.000 in più. Con un supplemento si possono portare anche biciclette e motociclette. Per i viaggiatori soggetti al mal di mare è consigliabile assumere appositi farmaci prima della traversata di 12 h del Golfo de Penas, esposto alle onde grosse del Pacifico, soprattutto in inverno. La rotta meridionale prevede il passaggio vicino al ghiacciaio Pio XI, il più grande del Sud America (è esteso quanto la città

NAVIMAG: COSTI E STAGIONI

Le tariffe indicate di seguito si riferiscono alla tratta Puerto Montt–Puerto Natales. Nella direzione opposta i costi in alta stagione sono leggermente inferiori. I titolari di tessera studentesca o carta ISIC hanno diritto a uno sconto rispettivamente del 10% e del 15%.

CLASSE	AAA (CH$)	AA (CH$)	A (CH$)	C (CH$)
nov-mar				
Singole	1.244.435	1.194.053	1.058.021	-
Doppie	627.775	604.584	554.201	-
Triple	-	440.842	377.865	-
Quadruple	-	347.635	297.253	211.604
apr-ott				
Singole	821.226	735.777	604.584	-
Doppie	438.323	387.941	317.406	-
Triple	-	277.100	231.757	-
Quadruple	-	219.161	201.528	151.145

di Santiago), anche se durante il viaggio si incontrano altri ghiacciai molto più belli e fotogenici.

La *Dom Baldo* della Naveira Austral salpa tutti i venerdì e le domeniche per Chaitén. Il viaggio dura 8 h, in genere di notte, ed è tutt'altro che confortevole. In inverno il servizio è meno frequente e ancor più limitato in bassa stagione. Le tariffe sono di CH$16.000 per i posti a sedere, mentre partono da CH$29.000 per una cuccetta e CH$88.000 per i veicoli.

Cruceros Skorpios (☎275-646; www.skorpios.cl; Av Angelmó 1660) offre vere e proprie crociere, che definisce 'semi eleganti'. La più gettonata è quella a bordo della *Skorpios II* per la Laguna San Rafael, con partenza il sabato da Puerto Montt da settembre alla fine di aprile. La crociera, che dura 6 giorni tra andata e ritorno, fa scalo all'esclusiva località termale di Quitralco e in varie città dell'arcipelago di Chiloé. In alta stagione le tariffe per cabina doppia, compresi abbondanti buffet, l'open bar e camere in stile hotel, sono comprese tra CH$969.000 e CH$1.275.000.

I traghetti per il trasporto di veicoli che partono da Pargua, 62 km a sud-ovest di Puerto Montt, raggiungono Chacao (30 min), sulla punta settentrionale di Chiloé, all'incirca ogni 30 min. Le tariffe sono di CH$600 per i passeggeri a piedi (compreso il biglietto dell'autobus per Chiloé) e di CH$10.000 per le automobili, indipendentemente dal numero di passeggeri a bordo.

Trasporti locali

ETM (☎256-253; www.busesetm.cl) gestisce un servizio navetta per l'**Aeropuerto El Tepual** (☎252-019), 16 km a ovest della città, con partenza dal terminal degli autobus (CH$1900). Prendete l'autobus almeno 1 h 30 min prima dell'orario di partenza del volo. È disponibile anche il servizio di trasporto a domicilio dall'aeroporto (CH$5000). La corsa in taxi tra l'aeroporto e il centro città costa CH$10.000.

Con un preavviso di 2 giorni, le agenzie di autonoleggio **Europcar** (☎286-277; Antonia Varas 162) e **Antillanca** (☎431-111; www.rent.cl; Av Diego Portales 514) forniscono l'assistenza per ottenere l'autorizzazione (CH$60.000 più le tasse) necessaria per introdurre il veicolo in Argentina.

Chiloé

Include »

I migliori ristoranti

» Hostal Omera Comedor (p320)

» Parador Darwin (p323)

» El Chejo (p313)

» Retro's Pub (p309)

» Mar y Canela (p320)

I migliori hotel

» EcoLodge Chepu Adventures (p312)

» La Refugia (p321)

» Palafito 1326 (p319)

» Parador Darwin (p323)

» Hotel Parque Quilquico (p321)

Perché andare?

Quando la fitta nebbia del primo mattino ammanta Chiloé, s'intuisce che si tratta di un posto fuori dal comune. L'Isla Grande de Chiloé è la seconda isola del Sud America per estensione, abitata da gente di mare fiera e indipendente che ha costruito la propria storia e cultura a dispetto di Santiago.

La diversità si riconosce nell'architettura e nella cucina dell'isola: *tejuelas,* le famose scandole in legno di Chiloé; *palafitos* (case costruite su pali al bordo del mare); più di 150 chiese di legno (14 delle quali dichiarate Patrimonio dell'Umanità dall'UNESCO); e rinomati piatti come il *curanto,* uno stufato di carne, patate e frutti di mare. Una peculiare spiritualità di streghe, navi fantasma e gnomi della foresta permea Chiloé.

I paesaggi di ondulate colline verdeggianti battute dal vento, parchi nazionali remoti e fitte foreste conferiscono a Chiloé un carattere davvero unico in tutto il Sud America.

Quando andare

Ancud

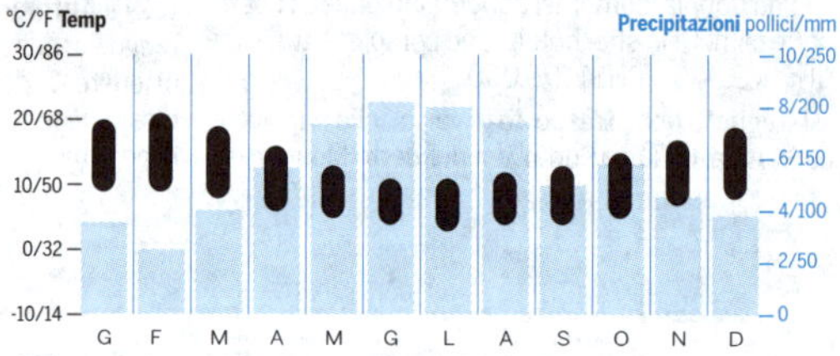

Feb Cieli limpidissimi, ma avrete bisogno di un poncho.

Set–marzo Periodo di riproduzione dei pinguini di Magellano e di Humboldt.

Dic–mag Avvistamento delle balenottere azzurre a largo della costa nord-ovest di Chiloé.

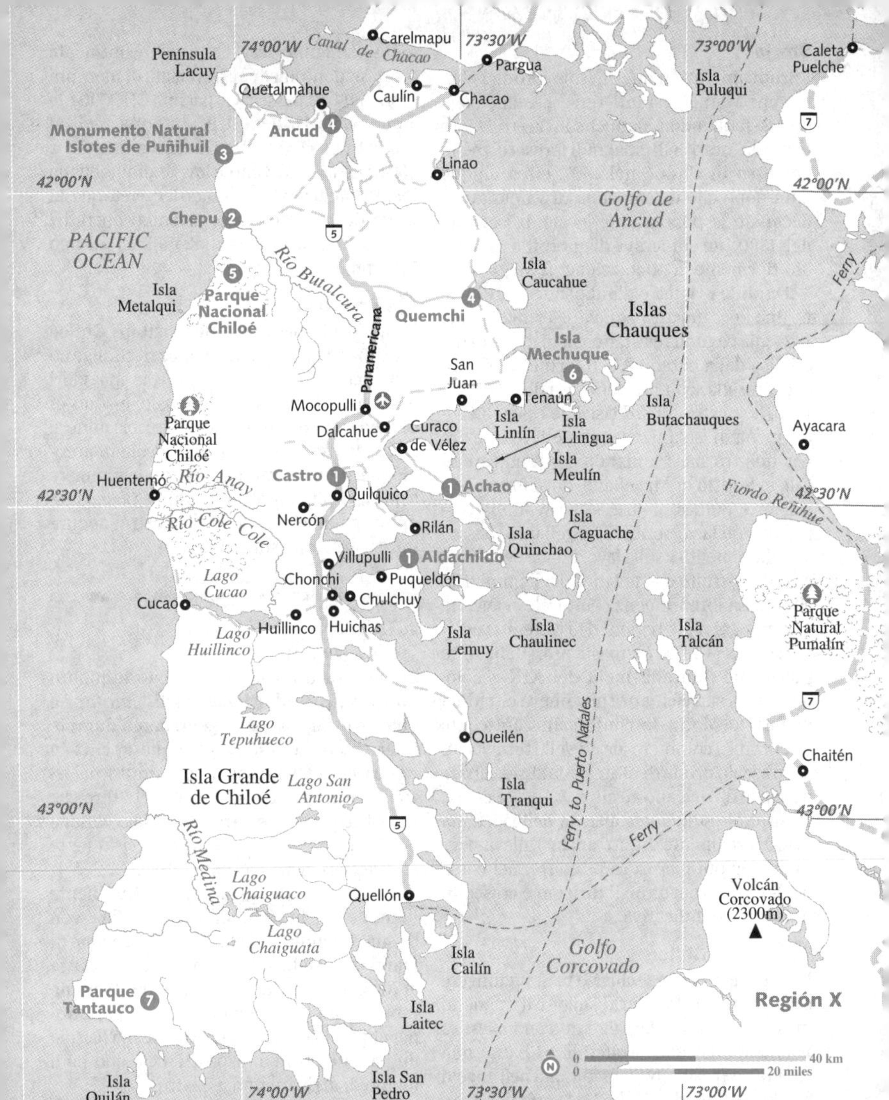

Il meglio di Chiloé

1. Le meravigliose chiese di **Achao** (p316), **Castro** (p317) e **Aldachildo** (p307), dichiarate Patrimonio dell'Umanità dall'UNESCO

2. Un'uscita all'alba in kayak sulle acque nebbiose del fiume a **Chepu** (p312)

3. I pinguini di Magellano e di Humboldt o le balenottere azzurre nel **Monumento Natural Islotes de Puñihuil** (p311)

4. Il tradizionale *curanto* (stufato di carne, patate e frutti di mare), in ristoranti come il Kuranton di **Ancud** (p309) e l'El Chejo di **Quemchi** (p312)

5. Un'escursione a piedi lungo la costa occidentale, selvaggia e ventosa nel **Parque Nacional Chiloé** (p322)

6. Le pittoresche strade dell'**Isla Mechuque** (p313), un idilliaco microcosmo di Chiloé

7. Un trekking attraverso il **Parque Tantauco** (p325)

Storia

I primi abitanti di queste isole furono i chono, che vennero spinti verso l'Archipelago de Aisén quando i mapuche invasero le loro terre da nord. Gli spagnoli presero pieno possesso di Chiloé nel 1567, circa cinque anni dopo che un'epidemia di vaiolo aveva decimato la popolazione locale. In seguito, nel 1580, un'epidemia di morbillo ridusse ulteriormente la popolazione nativa.

Durante le guerre d'indipendenza, Chiloé fu una roccaforte spagnola. Nel 1820 e nel 1824 gli spagnoli resistettero agli attacchi dei criollos dalla cittadina ben fortificata di Ancud, fino alla sconfitta definitiva del 1826. Nel 1843, la goletta *Ancud* lasciò le coste di Chiloé piena di isolani, che resistettero in mare per quattro mesi andando a rivendicare al Cile lo Stretto di Magellano, dove fondarono il Fuerte Bulnes. Il successivo sviluppo economico della regione di Magellanes, basato sull'allevamento e sulla lavorazione della lana, è stato costruito con la fatica degli immigrati chiloti. La loro influenza culturale si avverte ancora oggi nelle regioni dell'estremo sud.

La stessa Chiloé è rimasta fuori dalle rotte marittime fino alla metà del XIX secolo, quando la sua vicinanza alla nuova cittadina di Puerto Montt le conferì una crescente importanza commerciale. Ci volle tuttavia un altro secolo prima di ultimare la strada che la percorre da un capo all'altro. La pesca era ed è tuttora la principale attività dell'isola, ma oggi è largamente diffuso anche l'allevamento di salmoni e crostacei. Inoltre, nel corso degli ultimi vent'anni, il turismo è cresciuto in misura significativa.

ℹ Per/da Chiloé

Il mezzo pressoché esclusivo per raggiungere e lasciare l'Isla Grande de Chiloé è il traghetto in servizio tra Pargua, 62 km a sud ovest di Puerto Montt, sulla terraferma, e Chacao, una cittadina poco interessante situata nell'angolo nord-orientale dell'isola. Le tariffe degli autobus che fanno servizio per/dal continente comprendono anche la traversata di mezz'ora in traghetto: i passeggeri pagano CH$600 e le automobili CH$10.000. Per informazioni sui traghetti in servizio tra Quellón e Chaitén v. p324, per quanto riguarda invece gli autobus da Puerto Montt v. p302. Quando leggerete questa guida dovrebbero essere diventati operativi dei voli regolari da Santiago all'Aerodrómo Mocopulli vicino Castro.

ℹ Trasporti locali

Il modo più semplice per visitare Chiloé è utilizzare l'autobus. I mezzi collegano con una certa frequenza tutte le maggiori destinazioni sull'isola principale, e sono in coincidenza con i traghetti per le isole minori. È altrettanto facile esplorare l'isola in automobile, il che permette anche di raggiungere le località più remote. È possibile noleggiare un'automobile ad Ancud o a Castro, oppure imbarcarne una sul traghetto.

> **ℹ UN CLIMA UMIDO**
>
> Quando non c'è nebbia e non piove, a Chiloé l'aria tende a essere decisamente umida o pioviggina. Nei mesi più piovosi (da aprile ad agosto) il turismo è quasi assente. Molte agenzie, sistemazioni e chiese sono chiuse. Tenetene conto quando pianificate il vostro viaggio.

Ancud

☎065 / POP. 49.551

Ancud era un tempo un luogo alquanto prospero, con edifici aggraziati, *palafitos* e una ferrovia, ma subì ingenti danni durante il terremoto del 1960 e oggi questa città in rapida crescita presenta soprattutto palazzoni in cemento e non si può certo dire che sia particolarmente attraente, fatta eccezione per l'incantevole lungomare, decisamente spettacolare nelle giornate estive.

La bellezza di Ancud sta nell'ambiente naturale che la circonda e la cittadina, con la sua splendida costa, l'ottima cucina di mare, gli ostelli accoglienti e la vicinanza al Monumento Natural Islotes de Puñihuil, rappresenta un comodo punto di partenza per chi desidera conoscere Chiloé ma ha solo un paio di giorni a disposizione e non ha il tempo di arrivare fino a Castro.

Che cosa vedere

TOP Centro de Visitantes Inmaculada Concepción MUSEO

(Errázuriz 227; www.iglesiasdechiloe.cl; 9.30-19)
Prima di visitare le chiese di Chiloé vi consigliamo di fermarvi in questo eccellente museo ospitato nell'ex Convento de la Inmaculada Concepción de Ancud (1875), che custodisce i modellini lignei in scala di tutte le chiese che sono state dichiarate Patrimonio dell'Umanità dall'UNESCO. Questi modellini mostrano i complessi sistemi di costruzione

LE CHIESE PIÙ BELLE DI CHILOÉ

Chiloé vanta oltre 150 splendide *iglesias* (chiese) e *capillas* (cappelle) in legno, che costituiscono uno dei principali motivi di interesse della regione; 16 sono state dichiarate Patrimonio dell'Umanità dall'UNESCO. Sono state realizzate quasi tutte nello stesso stile, con una singola torre campanaria sulla facciata, il tetto a spioventi, un portico d'ingresso e un rivestimento in decorative scandole in legno. Alcune hanno un aspetto esterno straordinario, altre sono inserite in uno splendido contesto, ma la vera sorpresa la si ha quando si entra: gli interni sono assolutamente inconsueti se comparati con quelli delle chiese europee o nordamericane.

Per visitare con un tour alcune delle chiese meno accessibili dell'isola rivolgetevi a Chiloétnico, a Castro (p318). Ecco le cinque chiese più belle:

Achao La chiesa più antica di Chiloé (1740)

Castro In stile neogotico, ha un interno costruito interamente in legno locale

Tenaún Spicca per lo spettacolare esterno, decorato con stelle blu

Colo Ha un notevole portale d'ingresso tra due archi

Aldachildo Spettacolare interno con l'originale soffitto stellato

Altre chiese degne di nota sono quelle di Caguach, Chelín, Chonchi, Dalcahue, Detif, Ichuac, Nercón, Quehui, Quetalco, Quinchao, San Juan, Rilán e Villipulli.

con il legno utilizzato per ciascuna di queste chiese. Magnifica è anche la sala stessa, dove ora sono esposti anche alcuni pezzi provenienti da varie chiese e le vetrate colorate creano un vivace contrasto con l'interno ligneo originale del convento. Troverete inoltre un interessante bookshop, un negozio di artigianato e un caffè. Non ci sono cartellini né altre informazioni in inglese.

Museo Regional Aurelio Bórquez Canobra MUSEO
(Museo Chilote; Libertad 370; www.museoancud.cl; intero/bambini CH$600/300; ⏲10-19.30 gen-feb, 10-17.30 mar-ven, 10-14 sab-dom marzo-dic) Il bel Museo Regional Aurelio Bórquez Canobra, comunemente definito Museo Chilote, sembra più una fortezza che un museo e presenta una fantastica esposizione che ripercorre la storia dell'isola, una riproduzione a grandezza naturale dell'*Ancud,* che fece vela nei pericolosi fiordi dello Stretto di Magellano per rivendicare al Cile i suoi territori più meridionali, e un imponente scheletro di balenottera azzurra.

FREE **Fuerte San Antonio** FORTE
(all'angolo tra Lord Cochrane e Baquedano; ⏲8.30-21 lun-ven, 9-20 sab-dom) Durante le guerre d'indipendenza il Fuerte San Antonio fu l'ultimo avamposto spagnolo in Cile. All'angolo nordoccidentale della città alcune postazioni per cannoni di tarda epoca coloniale si affacciano sul porto dai ruderi del forte, costruito agli inizi dell'Ottocento. Non ne è rimasto molto, se non un muro ben conservato, ma la vista che si può ammirare da qui e il valore storico del posto sono davvero notevoli. C'è inoltre una spiaggia un po' isolata, Playa Gruesa, dietro al muro settentrionale.

Tour

In città si incontrano molti minibus pronti a portare i clienti a vedere i pinguini al Monumento Natural Islotes de Puñihuil per circa CH$13.000.

Austral Adventures TOUR ORGANIZZATI/ATTIVITÀ ALL'APERTO
(☎625-977; www.austral-adventures.com; Av Costanera 904) Questa è l'agenzia a cui fare riferimento per i tour in lingua inglese in partenza da Ancud, tra cui gite più lunghe a carattere naturalistico per andare a vedere i pinguini e le balene, escursioni in kayak nella baia e uscite di birdwatching – sempre con una forte impronta ecologista. Il proprietario americano, Britt Lewis, è estremamente simpatico e ben informato – se siete venuti a Chiloé per il suo ambiente naturale, questa dovrebbe essere la vostra prima tappa.

La Red de Agroturismo CASE PRIVATE
(www.viajesrurales.cl) L'associazione di agriturismo di Chiloé organizza escursioni presso comunità di agricoltori e pescatori, con visite ad abitazioni private che offrono pasti e alloggio in diverse piccole cittadine che non sono neppure indicate nella maggior parte

Ancud

delle mappe. È necessario prendere accordi direttamente presso le singole famiglie. Prendete un catalogo al Sernatur (p310).

Pernottamento

The Tower GUESTHOUSE **$$**
(☎625-977; www.austral-adventures.com; Playa Lechagua; camere CH$35.000, cabaña CH$50.000; P) È una scelta non convenzionale, ma è la migliore per chi ha qualche pesos in più da spendere e una propensione per la solitudine, data anche la mancanza in città di decenti alternative di media e alta categoria. I vostri ospiti sono Britt della Austral Adventures e sua moglie Sandra – chef gourmet peruviana – che hanno costruito tre alloggi nella loro proprietà su una spiaggia isolata, 6 km a sud di Ancud. La torre ha due eleganti appartamenti con angolo cucina, ma senza vista sul mare. La vera attrattiva è la nuova grande *cabaña* sulla spiaggia, dove sarete solamente voi e i delfini che nuotano nella baia. Questo rifugio agreste e lontano da tutto, che ha stile e offre buon cibo, non è per tutti: solo voi sapete se fa per voi.

Hostal Mundo Nuevo HOSTAL **$**
(☎628-383; www.newworld.cl; Costanera 748; letti in camerata CH$11.000, singole/doppie CH$29.000/39.000, singole/doppie senza bagno CH$21.000/29.000; P@) Questo hostal, i cui proprietari sono svizzeri, si trova a pochi passi di distanza scendendo la collina, dietro l'angolo della nuova stazione degli autobus Cruz del Sur. Al tramonto, da una grande e comoda panchina sulla veranda antistante, si può ammirare una splendida vista sulla Baia di Ancud. Anche dalle 12 camere private e dalla camerata a sei letti si gode una vista stupenda sul mare. Nuovi cuscini e piumoni di piume assicurano buone dormite; a tirarvi fuori dal letto la mattina ci pensa una discreta prima colazione, con pane casalingo ai cereali.

13 Lunas Hostel OSTELLO **$**
(☎622-106; www.13lunas.cl; Los Carrera 855; letti in camerata a partire da CH$8500, singole/doppie

Ancud

Da non perdere
Centro de Visitantes Inmaculada Concepción C3
Museo Regional Aurelio Bórquez Canobra (Museo Chilote) B2

Attività, corsi e tour
1 Austral Adventures C4

Pernottamento
2 13 Lunas Hostel C4
3 Hostal Mundo Nuevo B4
4 Hotel Galeón Azul B3

Pasti
5 El Embrujo de Chiloé C3
6 Kuranton B1
7 La Botica de Café D2
8 Mercado Gastronómico C1
9 Retro's Pub D3
10 Unimarc D1

Shopping
11 Kelgwo D3
12 Mercado Municipal B1

CH$15.000/25.000, camere senza bagno CH$11.000 per persona; P⊖@) Appena aperto al momento della stesura di questa guida, questo comodo ostello, situato proprio di fronte al terminal degli autobus non passa inosservato, con il suo vivace esterno dipinto di verde e giallo che vorrebbe avere un tocco di artistico. Claudio, il proprietario, è giovane, motivato e parla inglese. L'ostello è piacevole e accogliente, grazie al legno chiaro, alla grande quantità di luce naturale, ai bagni degni di un albergo e alla meravigliosa terrazza con vista. C'è persino un locale per bere qualcosa di sera e un barbecue. Se possibile, cercate di evitare le camere del seminterrato, meno suggestive.

Hostal Lluhay GUESTHOUSE $
(☎622-656; www.hostal-lluhay.cl; Lord Cochrane 458; camere CH$12.000 per persona; P@) Lluhay conquista i visitatori grazie all'ospitalità dei suoi proprietari. Non sorprendetevi se cominceranno a offrirvi dei *küchen* (tortine dolci di origine tedesca) fatti in casa, a versarvi dei cocktail vicino al fuoco o a suonare qualcosa al piano. Ora è possibile noleggiare biciclette e kayak.

Camping Arena Gruesa CAMPEGGIO $
(☎623-428; www.arenagruesa.cl; Av Costanera Norte 290; piazzole CH$4500 per persona, singole/doppie CH$18.500/29.000; P@) Situato in cima a una scogliera nella parte settentrionale di Ancud, l'Arena Gruesa offre panorami migliori rispetto a quelli di altri campeggi della città. L'area è in parte a prato e discretamente curata, con elettricità, acqua calda e minuscoli *refugios* (rifugio rustico) per le notti piovose. Si trova inoltre a breve distanza dalla spiaggia. Sarebbe altrimenti curioso soggiornare qui, ma le camere, decorose, hanno tutte la vista sul mare.

Hotel Galeón Azul HOTEL $$
(☎622-567; www.hotelgaleonazul.cl; Libertad 751; singole/doppie CH$39.800/48.800; P⊖@) Questo albergo, dal colore giallo intenso con decorazioni blu, è un po' antiquato, ma il suo luminoso androne d'ingresso e le numerose finestre offrono una bella illuminazione naturale e un'ampia vista sul porto.

Pasti e locali

Nascosto nei pressi del Mercado Municipal c'è il Mercado Gastronómico, un susseguirsi di bancarelle caserecce che preparano *cazuela* (stufato di carne e verdure), *chupe* (casseruola di pesce) e pranzi con menu a prezzo fisso che costano da CH$1500 a CH$2000 circa.

Kuranton CILENO, CUCINA DI MARE $
(Prat 94; curanto CH$6000; ⊙pranzo e cena) Un'autentica istituzione locale con un ampio menu di ottimi piatti di pesce, nonostante il livello sia sceso, ma il vero 'pilastro' è rappresentato dal *curanto* (v. lettura p310), la bomba gastronomica di Chiloé. Questo ricco stufato di cozze, molluschi, pollo, maiale e tre tipi di patate è un piatto davvero nutriente. Non perdetevelo.

Retro's Pub HAMBURGER, MESSICANO $
(Ramírez 317; portate principali CH$3000-7500; ⊙pranzo e cena lun-sab;) Trasferitosi nei nuovi e bei locali all'interno di una casa accogliente, il miglior bar di Ancud si sviluppa in diverse sale – e così potreste *quasi* riuscire a sentire lo scoppiettio del fuoco nel caminetto sopra la musica rock. Il menu è pieno di piatti della cucina tex-mex, oltre a ottimi ed enormi hamburger (sono necessarie le posate) su panini a lievitazione naturale, pizze cotte sulla pietra, sandwich, piatti di pasta e così via – il tutto cucinato espresso: un ottimo rimedio alla nostalgia di casa. L'unico vero inconveniente è che è permesso fumare in tutte le sale, cosa che rende questo posto *davvero* retrò.

El Embrujo de Chiloé CAFFÈ $
(Maipú 650; sandwich CH$1200-1900; ⊙pranzo e cena;) Questo intimo caffè tutto in legno

CURANTO: IL PIATTO FORTE DELLA CUCINA DI CHILOÉ

Non ci sono parole che possano adeguatamente prepararvi al primo momento in cui una calda e fumante scodella di *curanto* si poserà sul tavolo davanti a voi, se non, forse "In che cosa sono andato a cacciarmi". Quel che è sicuro è che le vostre mascelle vi torneranno utili per mandar giù tutto quel cibo. Il piatto tradizionale di Chiloé ha origini ignote, ma storicamente la sua preparazione pare risalire ai forni in terra tipici delle più antiche tradizioni culinarie polinesiane. Il *curanto* veniva abitualmente preparato riscaldando alcune pietre disposte in una buca nel terreno finché non crepitavano, per poi mettervi sopra frutti di mare, carne di maiale e di pollo, seguiti da foglie di nalca (una pianta simile al rabarbaro) o pangue (una pianta originaria del Cile) e stoffe umide. Poi la montagnola veniva coperta di terra ed erba e lasciata cuocere lentamente per quasi due ore. Il piatto viene ancora preparato secondo la tradizione, con il nome di *curanto al hoyo,* in qualche posto, tra cui il **Restaurant Quetalmahue** (www.restaurantequetalmahueeng.es.tl; curanto CH$7000; ⏲pranzo e cena) a Quetalmahue, un piccolo villaggio di pescatori a 12 km da Ancud. Se non riuscite ad arrivarci (il *curanto* è pronto dalle 14 alle 16; una corsa in taxi da Ancud costa da CH$10.000 a CH$15.000 trattabili, andata e ritorno con attesa del conducente), il secondo posto migliore dove assaggiarlo – anche se qui non viene seguito rigorosamente il metodo tradizionale – è il Kuranton (p309) ad Ancud, oppure l'El Chejo (p313) a Quemchi.

è sempre affollato da una clientela locale esigente, che viene a prendere un cappuccino o un veloce sandwich spendendo poco. In questo locale c'è come una sensazione di allegro sortilegio, e l'atmosfera è più *chilote* rispetto alla Botica.

La Botica de Café CAFFÈ $
(Pudeto 277; dessert CH$800-2100; ⏲prima colazione, pranzo e cena) Un caffè moderno che serve la cosa più difficile da trovare ad Ancud: un vero espresso da gourmet (lo servono persino *ristretto!*) e una selezione di dessert internazionali incredibilmente allettante.

Unimarc SUPERMERCATO
(Prat 364) Questo è il posto migliore dove andare a fare la spesa.

☆ Divertimenti

Altrapasueños MUSICA LIVE
(Ramírez 469; ⏲chiuso dom) In questo locale dall'atmosfera intima – il legno lo rende caldo, le dimensioni ancora più accogliente – quasi tutte le sere si esibiscono dal vivo alcune band, di tanto in tanto si fa teatro e in ogni caso c'è almeno qualcuno che suona al piano. Si trova due isolati a est di Mocopulli.

Shopping

Kelgwo ABBIGLIAMENTO
(www.kelgwo.cl; Ramírez 359; ⏲chiuso dom) Questa boutique produce cappotti, vestiti, sciarpe, scialli e top in tessuti di alta qualità tinti con colori naturali, che rinnovano egregiamente l'antica tradizione della tessitura di Chiloé.

Mercado Municipal MERCATO
(all'angolo tra Dieciocho e Libertad) Qui i negozi di artigianato sono numerosi.

ℹ Informazioni

Banco de Chile (Libertad 621) Bancomat.

BancoEstado (Ramirez 229) Bancomat.

Conaf (☎627-520; Errázuriz 317; ⏲9-12.15 14.15-17.30 lun e mer, 9-12.15 e 14.15-16.30 ven) Ufficio informazioni del parco nazionale.

Hospital de Ancud (Almirante Latorre 301; ⏲24 h su 24) All'angolo con Pedro Montt.

Sernatur (☎622-665; Libertad 665; ⏲8.30-19 lun-ven, 9.30-19 sab-dom) Situato in Plaza de Armas, questo è l'unico ente turistico ufficiale dell'isola. Il personale è molto efficiente e ci sono utili opuscoli, cartine della città e elenchi di alloggi.

Ufficio postale (all'angolo tra Pudeto e Blanco Encalada; ⏲9-18 lun-ven, fino alle 12.30 sab)

ℹ Per/da Ancud

Ancud ha tre terminal degli autobus. Il principale **Terminal de Buses** (all'angolo tra Los Carreras e Cavada) è di proprietà di **Cruz del Sur** (☎622-265; www.busescruzdelsur.cl) che opera la maggior parte dei collegamenti per le località più meridionali di Chiloé, con partenze circa ogni h, e per le città lungo al Panamericana verso nord (incluse 3 corse al giorno per Santiago). Si trova 5 min a piedi dal lungomare e dal centro. Un taxi tra il terminal e Av Costanera, in centro, costa CH$1500. **Queilen Bus** (☎621-140) è operativa fuori dal vecchio terminal degli autobus in Anibal Pinto 1700, a 1,5 km dal centro.

Ci sono autobus Cruz del Sur che vanno a Punta Arenas ogni lunedì, martedì e sabato alle 8.30, in alta stagione, mentre negli altri periodi dell'anno le possibilità possono variare. Gli autobus Queilen Bus partono per la stessa destinazione tutto l'anno il lunedì, il mercoledì e il venerdì alle 7.45. In ogni caso, i viaggiatori diretti verso le regioni più a sud di Chiloé, fino a Bariloche in Argentina, faranno meglio a servirsi dei mezzi che partono da Puerto Montt.

Ecco alcuni esempi di tariffe e durata di alcune tratte (i prezzi possono cambiare in funzione della qualità dell'autobus e/o della classe):

DESTINAZIONE	TARIFFA (CH$)	DURATA (ORE)
Castro	2000	1½
Concepción	18.500-25.000	12
Dalcahue	1500	1½
Osorno	5500	4
Puerto Montt	4000	2
Puerto Varas	4300	2½
Punta Arenas	40.000-45.000	32
Quellón	4000	4
Santiago	26.000-37.000	17
Temuco	9500	8
Valdivia	7500	6

Le destinazioni più remote di Chiloé, situate verso est, sono raggiunte da autobus che partono da una piccola autostazione sulla via Colo Colo, sopra il supermercato Bigger. Da qui partono anche gli autobus pomeridiani per Chepu, la porta d'accesso all'estremità settentrionale del Parque Nacional Chiloé. L'orario dovrebbe essere esposto accanto al bagno (se non lo trovate, chiedete all'ufficio dell'amministrazione); i biglietti si acquistano a bordo. **Buses Mar Brava** (☎622-312), i cui autobus partono da una zona residenziale di Aníbal Pinto, gestisce collegamenti con località rurali a nord-ovest, tra cui 1 corsa alle 6.45 per il Monumento Natural Islotes de Puñihuil.

Monumento Natural Islotes de Puñihuil

Tre isole al largo della costa di Puñihuil, nell'Oceano Pacifico, sono zone di riproduzione dei pinguini di Magellano e di Humboldt (questi ultimi quasi estinti) e rifugio di balenottere azzurre. L'intera zona è protetta come monumento naturale ed è stata istituita un'area in cui è vietata la pesca (un grosso passo in avanti nella protezione dell'ambiente). Il periodo migliore per visitare questi luoghi coincide con la fase di riproduzione dei pinguini, da settembre a marzo (negli altri periodi potreste non essere fortunati). Diverse agenzie di viaggi di Ancud organizzano escursioni fin qui; altrimenti potete muovervi in autonomia, prendendo un autobus Mar Brava dal centro di Ancud (eccetto la domenica). Indipendentemente da come arriverete, il vostro mezzo di trasporto vi porterà davanti a una magnifica spiaggia selvaggia. **Ecoturismo Puñihuil** (☎09-8317-4302; adulti/bambini CH$6000/3000) organizza 20 viaggi al giorno su pescherecci tra le 10.30 e le 17.45 per portare i turisti a dare un'occhiata più ravvicinata (ma veloce) ai pinguini. Viene fornito un equipaggiamento contro la pioggia e il vento. In alta stagione le barche si riempiono presto e conviene prenotare in anticipo presso l'Austral Adventures di Ancud (p307).

Se gli sgangherati autobus locali partono troppo presto per voi (alle 6.45) e siete in più di una persona, un'alternativa economica è quella proposta da **Taxi Tour** (☎09-9643-5201). Il proprietario Luis Cárdenas è puntualissimo e porterà fino a quattro persone a vedere i pinguini per poi riaccompagnarle indietro per CH$20.000, barca ed escursione non incluse. Verificate sempre in anticipo rivolgendovi a una o due agenzie di viaggi, per assicurarvi che i pinguini si trovino veramente nella zona.

Dopo anni di cautela e di ricerche, **Ecomarine Puñihuil** (☎09-8174-7592; www.ecomarinepinihuil.cl; CH$95.000 per persona) è stata finalmente autorizzata a organizzare escursioni di whale-watching in quest'area, dove almeno 140 balenottere azzurre sono state etichettate e tracciate ad appena poche

LOCO

Il *loco*, un mollusco che vive nella regione, simile all'abalone, è un ingrediente molto utilizzato nei ristoranti di Pingüinera Puñihuil e di tutto il Cile meridionale, ma è meglio evitare di ordinarlo poiché viene pescato senza sosta e irresponsabilmente, con evidente disprezzo delle norme che ne regolano la raccolta in quasi tutte le zone. In alcune roccaforti mapuche, come la costa di Osorno (p275), la pesca del *loco* è permessa come mezzo di sussistenza e lì è quindi una scelta più etica, anche se nel corso dei vostri viaggi incontrerete gente che lo raccoglie illegalmente.

miglia dalla costa. Quando abbiamo scritto questa guida, il costo del tour era pazzesco e solamente otto persone al giorno potevano partecipare all'escursione, che parte alle 7 e rientra alle 11.30 (c'è solo una barca che si avventura così lontano dalla costa). I prezzi dovrebbero scendere quando ci sarà competizione tra più barche. Il periodo migliore per vedere le balene va da dicembre a maggio; le escursioni dipendono dalle condizioni meteorologiche: vi conviene prevedere qualche data alternativa in caso di cancellazione. Ad Ancud potete prenotare anche presso Austral Adventures.

Se poi desiderate passare la notte sul posto, **Pinguinland Cabãnas** (099-019-4273; www.casapunihuil.com; bungalow per 4/6 persone CH$49.000/65.000; P) ha fantastici bungalow con grandi cucine, buoni asciugamani e persino vasche da bagno! – il tutto in cima a una scogliera da cui si ammira una vista sull'isolotto. Se avete un binocolo o un telescopio, potrete osservare i pinguini e, se siete fortunati, da questo stesso punto vedere delle balene a occhio nudo.

Sono in corso lavori per asfaltare la strada per Puñihuil, di conseguenza questa zona si trova ad affrontare la sfida di come riuscire a gestire tutto ciò in maniera sostenibile.

Chepu

Un tempo difficile da raggiungere e priva di infrastrutture, Chepu, che costituisce la parte settentrionale del Parque Nacional Chiloé (p322), 38 km a sud-ovest di Ancud, resta il santuario di primigenia bellezza di Chiloé. Arrivare qui dà un'indescrivibile sensazione di scoperta: troverete una costa favolosa, bellissimi fiumi e 128 specie di uccelli, tutto finora inviolato dal turismo di massa (ma crediamo che le cose cambieranno in breve tempo). In un punto dalla bellezza mozzafiato che si affaccia sulla confluenza di tre fiumi e su 140 kmq di foresta sommersa (un fenomeno surreale creato dal terremoto del 1960, che fece abbassare il terreno di 2 m, permettendo all'acqua salata di penetrare nella regione e di ricoprire, uccidendo, gli alberi), troverete l'**EcoLodge Chepu Adventures** (099-379-2481; www.chepu.cl; piazzole per 2 persone CH$8000, letti in camerata CH$5000 per persona, cabañas CH$30.000; P@). Si tratta di uno spettacolare eco-campeggio quasi autosufficiente, con docce a pannelli solari, elettricità eolica e strutture realizzate con fibra di legno riciclata. Fernando e Amory, gli esperti gestori, propongono suggestive escursioni autoguidate in kayak all'alba lungo il Río Puntra (CH$18.000), kayak in affitto durante il giorno (CH$4000 l'ora) e tre Kayacht elettrici (caricati con energia rinnovabile) e silenziosi per il birdwatching – inoltre, sanno il fatto loro in cucina e con il barbecue. Per chi non campeggia, ci sono anche due *dormis* (mini camerate) in stile argentino e quattro *cabañas* più lussuose.

Un po' meno spettacolare appare **Los Senderos de Chepu** (099-260-2423; www.actiweb.es/senderoschepu; pensione completa CH$15.000 per persona; P), che offre la vista sul mare in lontananza e un'ospitalità familiare, e l'**Hospedaje Perez-Diaz** (099-8523-6960; www.agroturismochepu.cl; pensione completa con/senza bagno CH$18.000/14.000; P), che fa parte della Red de Agroturismo ed è in attività da molto tempo; qui potrete gustare buoni formaggi artigianali che vengono prodotti sul posto.

Nonostante nelle vicinanze si trovi il settore settentrionale del Parque Nacional Chiloé, in gran parte incontaminato, i sentieri non sono tenuti con cura. Per accedere al parco è necessario affrontare un tragitto in barca di mezz'ora da Chepu e un'escursione di cinque ore lungo la costa, che si ferma prima dei confini del parco. Alla fine del sentiero c'è un piccolo *refugio* dov'è possibile accamparsi, ma è difficile riuscire a ottenere le chiavi dal Conaf. Da qui, in teoria, si può camminare per altre tre ore fino al Río Pescado, ma è necessario disporre di un machete e non ne vale veramente la pena.

Buses Yañez ha due autobus che partono il lunedì, il mercoledì e il venerdì da Ancud per Chepu. La corsa delle 6.30 fa salire i passeggeri alla stazione di servizio Petrobras all'angolo tra Prat e Goycolea (il mezzo procede lentamente e bisogna fermarlo con un cenno), mentre la seconda, quella delle 16, parte dalla stazione degli autobus interrurali. Gli autobus fanno ritorno ad Ancud alle 7.45 e alle 17.45 (CH$1500, 1 h).

Portatevi delle provviste – Chepu è una località rurale!

Quemchi

065 / POP. 9102

In un chiaro giorno d'estate, le cime innevate del Cilc meridionale appaiono in lontananza sul nebbioso paesaggio di Quemchi, suggellando la già notevole vista che si può ammirare dalle mura affacciate sul mare di questa tranquilla cittadina. Il lungomare di Quemchi è un posto ideale in cui perdersi per un giorno, passeggiando lungo la baia e passando un po' di tempo in uno dei migliori ristoranti di Chiloé: El Chejo. Qui c'è il più grande dislivello nelle maree (7 m) che si può riscontrare sull'isola, per cui, quando l'acqua si ritira, potrete osservare uno scenario surreale di pescherecci arenati.

Alcuni autobus rurali raggiungono Ancud (CH$1500) e Castro (CH$3000, 1 h 30 min per entrambe le destinazioni) a intervalli di 20-45 minuti per tutto il giorno, meno frequenti la domenica. Controllate gli orari presso la biblioteca e l'attiguo supermercato.

Pernottamento e pasti

Hospedaje Costanera GUESTHOUSE $
(691-230; Diego Bahamonde 141; con/senza bagno CH$10.000/7500 per persona, cabañas a partire da CH$20.000; P) Non è l'unica opzione in città, ma offre la migliore vista sul mare (anche se da alcune camere è ostruita dai fili dell'elettricità) e si trova in ottima posizione, a 50 m da El Chejo. Chiedete una delle camere sul davanti, per poter godere del panorama, ma evitate la n. 3 perché non c'è spazio per i bagagli. Il proprietario può essere un po' burbero, ma è inoffensivo.

TOP **El Chejo** CILENO $
(Diego Bahamonde 251; portate principali CH$3000-5000; pranzo e cena) Questo ristorante a gestione familiare è un autentico gioiello. Non è un ristorante da gourmet, ma serve cibo onesto preparato con amore da una famiglia che si muove con affetto intorno ai suoi padroni. Non c'è menu: vi verrà proposto quel che c'è di buono quel giorno, il che potrebbe voler dire cominciare con l'eccellente *empanada de centolla* (una sfoglia fritta ripiena di granchio reale) seguita da una scelta di vari tipi di pesce pescato nelle vicinanze, che potrete accompagnare con una selezione di liquori chiloti alla frutta (provate il *murtado,* ricavato da una bacca medicinale). Un po' dell'atmosfera intima si è persa quando il locale si è ingrandito e un po' del suo stile si è trasferito a Chacao insieme alla figlia Jessica, ma il servizio è ancora traboccante di ospitalità chilota. Ogni domenica viene servito il *curanto al hoyo* (*curanto* cotto nel tradizionale forno a terra, CH$5000).

Isla Mechuque

065 / POP. 500

Quanto più ci si avventura nelle isole più piccole dell'arcipelago di Chiloé, tanto più si ha l'impressione di viaggiare indietro nel tempo. L'Isla Mechuque si trova a soli 45 minuti in barca da Tenaún, ma lì il tempo sembra essersi fermato. Piccola e splendida, fa parte delle Islas Chauques, che sono considerate il più bell'insieme di isole di Chiloé. Ci sono due musei, case rivestite da *tejuela*, un magnifico punto panoramico, un ponte pittoresco, il famoso *curanto al hoyo* e *palafitos* – è come una Chiloé in miniatura che offre tutti i motivi di interesse del più vasto arcipelago condensati in un'area che è quindi un'ottima e agevole meta per una gita in giornata davvero memorabile.

Se volete passarci la notte, il nuovo **Hospedaje Maria Humilde** (099-612-6233; camere senza bagno CH$15.000 per persona) è un'opzione decisamente ragionevole.

L'imbarcazione *Ultima Esperanza* II parte per l'Isla Mechuque dal molo dei pescherecci di Dalcahue il martedì, il giovedì e il venerdì alle 13 (CH$3500). Il ritorno da Mechuque può essere effettuato il lunedì, il mercoledì e il giovedì alle 7.30. Negli altri giorni della settimana, tranne la domenica, ci possono essere altre partenze, ma il modo più semplice di esplorare l'isola è partecipare a uno dei tour organizzati da Turismo Pehuén (p318) di Castro.

Dalcahue

065 / POP. 8000

Dalcahue, in lingua huilliche, significa 'il posto di Dalca' e deve il suo nome alle barche, chiamate *dalcas*, costruite dai primi abitanti di Chiloé. È una vivace cittadina che si affaccia sul mare interno dell'isola, ed è nota soprattutto perché dal suo molo partono le imbarcazioni per l'Isla Quinchao, una delle isole cilene più interessanti e facili da raggiungere.

Che cosa vedere

Nuestra Señora de Los Dolores CHIESA
Fondata nel 1849, è una dei 14 siti dell'isola dichiarati Patrimonio dell'Umanità dall'UNESCO (notate in particolare il dipinto dietro la porta d'ingresso: la giustapposizione di Gesù ai personaggi della mitologia tradizionale di Chiloé fu utilizzata dai gesuiti come strumento di propaganda al fine di convertire gli abitanti del posto).

Fiera dell'artigianato MERCATO
(9.30-20 dom gen-feb, 10-17.30 dom marzo-dic) Qui troverete le espressioni più autentiche dell'artigianato dell'isola, soprattutto maglioni, calzini e cappelli tessuti con *oveja* (lana) e

VALE IL VIAGGIO

TENAÚN E SAN JUAN

La minuscola **Tenaún** è un centro rurale 37 km a nord-est di Dalcahue (p313), lungo una strada di ghiaia, ma ci sono due ottime ragioni per visitarla. La magnifica **Iglesia de Nuestra Señora del Patrocinio** (1837), da cui la città prende il nome (Tenaún significa 'tre monti'), uno dei gioielli di Chiloé dichiarati Patrimonio dell'Umanità dell'UNESCO, che negli ultimi due anni è stata restaurata con cura meticolosa fino all'ultima scandola. Le sue tre magnifiche torri blu, in netto contrasto con qualsiasi altra chiesa che avrete mai occasione di vedere, sembrano riflettere il mare blu ceruleo che si trova proprio sull'altro lato della strada. Le sue caratteristiche stelle e le decorazioni arricchiscono ulteriormente la surreale architettura.

L'**Hospedaje Mirella Montaña** (09-9647-6750; mirellamontana@gmail.com; camere con/senza bagno CH$12.000/10.000), situato accanto alla chiesa e parte della Red de Agroturismo, costituisce un buon motivo per soggiornare a Tenaún. L'instancabile Mirella è una cuoca eccezionale e ce la mette tutta per far sì che i clienti apprezzino i suoi menu da diverse portate (CH$5000). Cucina il *curanto al hoyo* o qualsiasi altro tipo di pesce suo figlio Javier peschi in giornata. Cercate di prenotare in anticipo. Dalla veranda anteriore, nelle giornate più terse, potrete vedere il Volcán Corcovado al di là del Golfo di Ancud.

Expresos Tenaún (09-9500-3305) garantisce quattro corse d'autobus tra Castro e Tenaún da lunedì a sabato (CH$1500, 1 h 30 min) e due la domenica, che nel tragitto fermano a Dalcahue. L'orario è affisso sulla vetrina del Minimercado Ita sulla strada principale che attraversa l'abitato.

Circa 3 km prima di Tenaún arrivando da Dalcahue c'è il bivio per San Juan, un piccolissimo villaggio ancora più remoto. Dopo 6 km, la strada scende ripidamente in una tranquilla baia circondata da un pittoresco paesaggio pastorale e porta all'**Iglesia de San Juan Bautista** (1887), altra chiesa di legno protetto dall'UNESCO situata sulla minuscola piazza erbosa del villaggio. L'**Hospedaje Elizabeth** (09-8866-6570; hospedaje.elizabeth-sanjuan@hotmail.com; camere senza CH$5000) è assolutamente semplice e un po' angusto, ma offre la vista sia sul mare sia sulla chiesa. L'Hospedaje Kontiki noleggia kayak.

Tre autobus al giorno (tranne che di domenica) collegano San Juan a Dalcahue e Castro (CH$1500).

tinti con pigmenti naturali ricavati da radici, foglie e fango ricco di ferro. Vi partecipano artigiani provenienti anche da tutte le isole circostanti.

Pernottamento e pasti

Onde Nacho GUESTHOUSE $
(641-201; www.ondenachoturismo.blogspot.com; Freire 490; singole/doppie/triple CH$12.000/22.000/25.000, singole senza bagno CH$9000; P❄@) Una confortevole *pension* di medio livello all'interno di una casa familiare ben curata, con una seconda casa di tre piani in stile *cabaña* per gli ospiti. I proprietari sono davvero cordiali. Si trova a cinque minuti a piedi dalla chiesa e dalla fiera dell'artigianato. Le birre costano CH$800.

Hotel La Isla HOTEL $$
(641-241; Elías Navarro 420; singole/doppie CH$25.410/31.460/41.140; P) Il miglior albergo in città, si trova all'interno di un grazioso edificio simile a un bungalow, dipinto di rosso e blu, a pochi minuti a piedi dalla chiesa. Le luminose camere sono spaziose e sono dotate di morbidi letti e docce abbastanza grandi da contenere due persone: un vero miracolo per Chiloé.

TOP **Dalca** CILENO $
(portate principali CH$2300-8900; pranzo e cena lun-sab, pranzo dom) Proprio quando pensavate di esservi stancati dei frutti di mare, ecco che il *caldillo de mariscos* (stufato di frutti di mare, CH$2300) di questo rinomato ristorante di pesce, situato sopra il molo della pesca, fa la sua apparizione al vostro tavolo, conquistandovi al primo boccone.

La Cocinera Dalcalhue CILENO $
(portate principali CH$2000-6000; 8-21) Nascosto dietro il mercato dell'artigianato, questo è il posto indicato per gustare un po' di colore locale. Si tratta di alcuni piccoli banchi mu-

niti di piano cottura, presidiati da robuste signore di una certa età che servono piatti di *curanto,* pestano il *milcao* (pane di patate) e somministrano dolciumi chiloti. Sedetevi a uno dei banchi: la gente del posto preferisce Doña Lula (n. 8) e Delicias Celestiales (n. 6) – ma scegliete quello che vi sembra il migliore.

Informazioni

Un **ufficio turistico** è situato in Oscar Freire, di fronte a O'Higgins.

Per/da Dalcahue

A Dalcahue non c'è un terminal degli autobus. Buses Dalcahue gestisce gli autobus per Castro (CH$700, 30 min) e Mocopulli (CH$500), utili per accedere all'aeroporto, con partenze ogni 15 min da una fermata lungo Freire, davanti al Supermercado Otimarc, tra Henriquez e Eugenin. Potete salire sull'autobus anche in vari punti lungo Freire, la via principale della città. **Cruz del Sur** (641-050; San Martín 102; 8.30-13 e 14.30-19) ha 2 corse al giorno per Ancud (CH$1500) e Puerto Montt (CH$5000) che partono alle 9.10 e alle 15.15; la domenica c'è 1 partenza extra alle 19. Gli autobus partono dall'ufficio in San Martín, proprio accanto alla chiesa. Ci sono inoltre 3 corse di autobus al giorno per Tenaún (Expresos Tenaún, CH$1500), che si possono prendere lungo la strada principale.

I traghetti per l'Isla Quinchao partono di frequente tra le 6 e l'1 di notte. Chi è a piedi viaggia

CREATURE MITOLOGICHE DI CHILOÉ

Per secoli la singolare mitologia di Chiloé è aleggiata nelle cittadine nebbiose della regione, è volata di isola in isola e ha dato forma alla cultura del popolo chilota. Ancora oggi queste credenze sono ben vive fuori dai principali centri mercantili dell'isola. Le tradizioni che convivono con il cattolicesimo, intrecciano la storia della creazione dell'isola con racconti di disastri provocati dall'oceano in tempesta e con ammonimenti sui pericoli che si corrono allontanandosi dalla 'retta via'.

» **Brujos** Al centro della mitologia di Chiloé, i *brujos* sono stregoni dotati dei poteri della magia nera, decisi a corrompere e fare del male alla gente comune. Vivono in una località segreta (molto probabilmente in una grotta) nei pressi di Quicavi.

» **Cai-Cai Vilú** Il dio serpente dell'acqua che ha combattuto contro Ten-Ten Vilú (dio serpente della terra) per la supremazia sulla terra. Cai-Cai Vilú alla fine ha perso, ma è riuscito a coprire d'acqua il territorio abbastanza da separare Chiloé dalla terraferma.

» **El Caleuche** Una scintillante nave pirata condotta da *brujos* che cantano e danzano. Le loro melodie attirano le navi mercantili nella trappola di *El Caleuche*. Può navigare nel vento e sotto la superficie dell'acqua.

» **Fiura** Una piccola strega che abita nelle foreste, con un'insaziabile appetito sessuale e un alito che causa la sciatica negli esseri umani ed è sufficiente a uccidere gli animali più piccoli.

» **Invunche** Il grottesco guardiano della caverna dei *brujos*. Invunche è nato umano ma, durante la sua crescita, i *brujos* l'hanno sfigurato, girandogli la testa di 180°, attaccandogli una gamba alla colonna vertebrale e mettendogli un braccio sotto la pelle. Si nutre di carne umana e di latte di gatta, ed è estremamente pericoloso.

» **Pincoya** Una donna nuda di leggendaria bellezza, che rappresenta la fertilità delle coste di Chiloé e la sua ricchezza di vita marina. Danza sui litorali rocciosi sulla musica di suo marito. La direzione verso cui si volge determina l'abbondanza della pesca.

» **Ten-Ten Vilú** Il dio serpente della terra (v. Cai-Cai Vilú).

» **Trauco** Un ripugnante ma potente gnomo della foresta, in grado di uccidere con lo sguardo e di abbattere qualsiasi albero con la sua minuscola ascia di pietra. Non sa resistere al fascino delle giovani vergini, alle quali dona impudici sogni erotici e talvolta persino 'misteriosi' figli illegittimi.

» **Viuda** Donna alta e dalla forma indistinta, con abiti neri e piedi di un bianco latteo, Viuda, il cui nome significa 'vedova', appare in luoghi solitari e seduce uomini soli. Il giorno dopo li abbandona dove più le piace.

» **La Voladora** Una strega messaggera, che la notte vomita le sue viscere per essere più leggera e volare a consegnare i messaggi dei *brujos*. Prima che sorga il sole ingoia i propri intestini e riassume le sembianze di una donna.

gratuitamente. Cercate comunque di trovarvi al molo in un orario tale da trovare la coincidenza con un autobus per Achao quando scenderete dall'altra parte, perché in ogni caso poi dovrete prenderlo. La tariffa per le automobili è di CH$3000 (andata e ritorno). Ci sono anche diverse imbarcazioni che partono per l'Isla Mechuque diversi giorni la settimana (v. p313).

Isla Quinchao

065 / POP. 9203

L'isola di Quinchao, dalla forma allungata, è facilmente raggiungibile con una breve traversata in traghetto da Dalcahue, ed è un mosaico ondulato di terreni da pascolo punteggiati da piccoli villaggi. Una strada in buone condizioni percorre l'intera lunghezza dell'isola e tocca le principali destinazioni, Curaco de Vélez e Achao. Nelle giornate limpide, la vista su Chiloé verso ovest e sulle cime innevate della Patagonia settentrionale verso sud-est è spettacolare.

CURACO DE VÉLEZ

Un inatteso tesoro vi aspetta sotto le sembianze della graziosa Curaco de Vélez, la prima cittadina che incontrerete lungo la strada principale partendo dal molo dei traghetti dell'Isla Quinchao. Si tratta di un centro meravigliosamente tranquillo, dove merita trascorrere un pomeriggio passeggiando per le strade, ammirando le suggestive case in legno a due e tre piani dall'elaborato rivestimento in scandole e gli otto mulini ad acqua tradizionali per i quali il luogo è famoso. Nella piazza ci sono anche un'interessante chiesa e il **Museo Curaco de Vélez** (Calle 21 s/n; 9-12.30 e 13.30-18; ingresso libero), un'esposizione ben fatta ed essenziale sulla cultura e sulla storia locale. E non perdete la cripta sotterranea dell'eroe della guerra del Pacifico Galvarino Riveros Cárdenas, sepolto proprio nella piazza!

In estate, c'è una piccola fiera dell'artigianato e il **Rincón Gastronomíco** (9-19), in una zona a prato con tavoli da picnic e vista sul mare vicino alla piazza. Qui si preparano *milcao*, empanadas al formaggio e *chochoca* secondo i metodi tradizionali: una pasta di patate di Chiloé e farina avvolta sottile intorno a un lungo palo di legno di *luma* e cotta sul fuoco vivo per 40 minuti per poi essere imbottita con maiale cotto nel suo grasso (CH$800). In alternativa, andate diretti all'**Ostras Los Troncos** (pranzo e cena), un ristorante all'aperto sull'altro lato della strada rispetto alla spiaggia. Qui troverete tavoli in legno realizzati con tronchi d'albero e sedie stretti come sardine, con clienti che mangiano ostriche fresche in quantità (CH$500 l'una) condite con generose dosi di sale e limone, accompagnate da *cerveza* (birra). Dalla piazza principale, seguite Calle Francisco Bohle fino in fondo e poi a destra.

Gli autobus che collegano frequentemente Achao e Dalcahue fermano a Curaco.

ACHAO

Quando la nebbia del primo mattino scivola nel villaggio di Achao, 22 km a sud-est di Dalcahue, l'atmosfera si fa misteriosa e non si ha dubbio circa il fatto di trovarsi in una remota cittadina chilota in riva al mare. Sebbene manchi, in parte, dell'indiscutibile fascino e della quiete di Curaco, anche Achao è un posto dove vale la pena di fermarsi, per la bella chiesa e la notevole architettura – per non parlare della vista magnifica sul Cile continentale nei giorni tersi. La gente delle isole vicine viene qui a vendere i propri articoli e prodotti, creando un fermento di attività lungo il piccolo molo e l'adiacente Feria Artisanal.

Che cosa vedere

TOP Iglesia Santa María de Loreto CHIESA

La settecentesca chiesa gesuita di Achao, l'Iglesia Santa María de Loreto, sul lato meridionale di Plaza de Armas, è la più antica di Chiloé (1740) ed è stata dichiarata Patrimonio dell'Umanità dall'UNESCO. Coronata da una torre di 25 m, è rivestita di scandole in *alerce* (larice) ed è stata costruita facendo uso di pioli in legno al posto dei chiodi. Nel corso dei lunghi restauri il legno nuovo è stato affiancato a quello antico, ma i lavori sono stati condotti nel rispetto del disegno originario. L'orario è irregolare, per cui bussate alla porta e guardate se c'è qualcuno in giro.

Museo de Achao MUSEO

(all'angolo tra Delicias e Amunátegui; ingresso CH$300; 10-13 e 14-18.30 dic-feb) Il Museo de Achao mette in luce vari aspetti del popolo chono di Achao e di altri gruppi nativi di Chiloé. Prodotti in legno, tessuti, pietre e piante usate per tingere diversi materiali sono tutti elegantemente presentati e accompagnati da informazioni (in spagnolo).

Grupo Artesanal Llingua MERCATO

(all'angolo tra Serrano e Ricardo Jara) Il Grupo Artesanal Llingua, un gruppo di artigiani della vicina Isla Llingua, tiene un mercato ben fornito dei propri prodotti in vimini intrecciati, tra cui tazze da caffè, borse e cestini per il pane. È aperto solo nei giorni in cui arriva il traghetto dall'Isla Llingua, ovvero il lunedì, il mercoledì e il venerdì.

Feste ed eventi

Encuentro Folklórico de las Islas del Archipiélago MUSICA
Questo festival, che si tiene nella prima settimana di febbraio, attira gruppi musicali da tutte le parti dell'arcipelago.

Pernottamento e pasti

Nell'intensa stagione estiva potreste trovare tutto già prenotato, mentre in inverno la maggior parte delle sistemazioni è chiusa.

Hospedaje Sol y Lluvias GUESTHOUSE $
(☎661-383; hospedaje.solylluvias1@gmail.com; Ricardo Jara 9; singole senza bagno CH$10.000, camere CH$24.000; P ⊝ ᯤ @) La scelta migliore in città consiste in una splendida casa color arancio-ruggine all'angolo tra Ricardo Jara e Serrano. Ha tutte le qualità di una casa ben gestita, compresa un'abbondante prima colazione.

Hostal Plaza GUESTHOUSE $
(☎661-283; Amunátegui 20; singole/doppie CH$8000/15.000, senza bagno CH$7000/12.000) Una casa familiare dall'atmosfera decisamente cordiale, che si trova proprio nella piazza sopra l'ufficio postale. Sembra un po' di stare a casa della nonna.

Mar y Velas CILENO, CUCINA DI MARE $
(Serrano 2; portate principali CH$3900-7800; ⏲pranzo e cena) Questo rinomato ristorante di pesce è affacciato sull'animato molo (normalmente coperto da un fitto e inquietante manto di nebbia) e propone un ampio menu e vassoi 'tentatori'. Provate il pesce alla casareccia, ricoperto di formaggio, salsicce e cozze. Anche La Nave, proprio di fianco, è una buona opzione.

Per/dall'Isla Quinchao

Il **teminal degli autobus** (all'angolo tra Miraflores e Zañartu) si trova un isolato a sud della chiesa. Tutti i giorni ci sono corse che raggiungono Dalcahue (CH$1200) e Castro (CH$1600) ogni 15 o 30 min. Queilen Bus va anche a Puerto Montt (CH$6000) dal lunedì al sabato alle 7 e alle 13 la domenica.

Castro

☎065 / POP. 34.537

Se c'è una cittadina di Chiloé che, con una licenza poetica, potremmo definire cosmopolita, questa è Castro, la Grande Città che racchiude in sé le peculiarità e il fascino dell'isola. A tratti vivace e chiassosa come alcune cittadine messicane a vocazione operaia, il capoluogo dell'arcipelago conserva in parte il suo carattere tipicamente chilote con un pizzico di modernità (un nuovo immenso centro commerciale che ha suscitato un certo disappunto) e alcune confortevoli strutture turistiche. Situata 85 km a sud di Ancud, si trova nel punto centrale dell'isola, il che la rende il principale snodo dei mezzi di trasporto e una perfetta base per esplorare i punti d'interesse più lontani, adagiata su una scogliera sopra un estuario riparato e costeggiato dalle caratteristiche case a *palafito*.

Il terremoto del 1960 distrusse il porto, la ferrovia, il municipio e alcuni *palafitos,* ma Castro si riprese e si trasformò in un'affascinante destinazione, facilmente percorribile a piedi. Probabilmente la cosa più interessante da fare qui è camminare per le strade e intorno alla piazza centrale, facendosi coinvolgere dall'originale energia della cittadina.

Che cosa vedere

Castro è il posto migliore dove vedere i *palafitos*. Osservandoli dalla strada sembrano uguali a tutte le altre case della città, ma la parte posteriore si affaccia direttamente sull'acqua e, con l'alta marea, funge da molo per le barche, che vengono legate ai pali. Questa architettura veramente singolare, ora protetta come monumento nazionale di valore storico, è visibile in sei zone della città. Lo scorcio da cartolina che si può ammirare da terra è quello del Puente Gamboa Mirador, subito a ovest del centro.

TOP Iglesia San Francisco de Castro CHIESA
(San Martín) L'italiano Eduardo Provasoli optò per un 'matrimonio' di architettura neogotica e classica nel suo progetto dell'elaborata Iglesia San Francisco, ultimata nel 1912 per sostituire una chiesa precedente che era andata a fuoco (e che a sua volta ne aveva rimpiazzata un'altra, anch'essa distrutta da un incendio). È una delle perle di Chiloé dichiarate Patrimonio dell'Umanità dall'UNESCO, e se un tempo colpiva per l'estrosa facciata dipinta in un abbagliante tinta salmone con decorazioni viola, oggi ha decisamente bisogno di un restauro, in quanto i colori sono sbiaditi. L'interno in legno verniciato è sorprendente; vi consigliamo di visitarla in un giorno di sole – sempre che abbiate fortuna – perché

Castro

l'interno è più interessante se illuminato dalle file di vetrate istoriate.

FREE Museo Regional de Castro MUSEO

(Esmeralda 255; ⌚9.30-17 lun-ven, 9.30-18.30 sab, 10.30-13 dom gen-feb, 9.30-13 e 15-18.30 lun-ven, 9.30-13 dom marzo-dic) Questo museo, a mezzo isolato da Plaza de Armas, ospita una collezione ben organizzata di oggetti huilliche, strumenti musicali, attrezzi agricoli tradizionali e modelli di barche chilote in legno, oltre a materiale illustrativo sull'evoluzione degli insediamenti di Chiloé. Grazie alle fotografie in bianco e nero potrete comprendere quale tragico impatto ebbe il terremoto del 1960 sulla città.

FREE MAM Chiloé MUSEO

(Museo de Arte Moderno de Chiloé; www.mamchiloe.cl; Parque Municipal; ⌚10-18 gen-feb, 11-14 nov-dic e marzo) Lo spazioso Museo d'Arte Moderna di Castro espone opere innovative di artisti cileni contemporanei, molti dei quali chiloti. Per raggiungerlo bisogna fare una buona camminata dalla città, ma ne vale la pena se siete appassionati d'arte.

Tour

TOP Chiloétnico CULTURA, AVVENTURA

(☎099-135-3448; www.chiloetnico.cl; Ernesto Riquelme 1228) Questa agenzia caldamente consigliata, in cui si parlano tre lingue (ottimo inglese e tedesco), fa la cosa giusta nel posto giusto. Juan Pablo organizza escursioni in mountain-bike e a piedi nel Parque Nacional Chiloé, nel Parque Tantauco e nelle isole vicine, visite culturali ad alcune delle chiese di Chiloé Patrimonio dell'Umanità meno conosciute, su isole minori poco frequentate dove il turismo è ancora una novità, e affitta attrezzatura da campeggio e biciclette. Inoltre è la sede ufficiale del Parque Tantauco a Castro.

Turismo Pehuén NATURA, TOUR ORGANIZZATI

(☎635-254; www.turismopehuen.cl; Latorre 238) Turismo Pehuén è una rinomata agenzia

Castro

Da non perdere

Iglesia San Francisco de Castro C3

Che cosa vedere

1 Museo Regional de Castro C3

Attività, corsi e tour

2 Chiloétnico A3
3 Turismo Pehuén C3

Pernottamento

4 Hospedaje Mirador D2
5 Hostal Central B3
6 Hostal Cordillera C2
7 Hostal Omera D3
8 Palafito 1326 .... A3
9 Palafito Hostel A3

Pasti

10 Brújula del Cuerpo C3
11 Café del Puente A3
12 Mar y Canela A3
13 Sacho C4

Locali

14 Kaweshkar Lounge D3
15 Patrimonial C3
16 Ristretto Café C3

Shopping

17 Feria Artesanal D3
18 Origenes C3
Origin Sur .... (v. 12)

che organizza escursioni di più giorni a isole vicine, tra cui Mechuque, e al Parque Nacional Chiloé (a partire da CH$50.000 in entrambi i casi), ed è l'agenzia ufficiale di Naveira Austral a Castro.

Feste ed eventi

Festival Costumbrista CULTURA

Castro celebra a metà febbraio il Festival Costumbrista, una festa di una settimana intera con musica popolare e spettacoli di danza, oltre al cibo tradizionale.

Pernottamento

Castro offre buone sistemazioni di categoria media e bassa, e ha una varietà di strutture ricettive convenienti, situate per lo più lungo San Martín e O'Higgins e le strade immediatamente adiacenti, e all'estremità orientale di Sotomayor, che termina nella grande scalinata in cemento di Barros Arana, dove ci sono tantissimi *hospedajes* (sistemazioni economiche).

TOP Palafito 1326 BOUTIQUE HOTEL $$

(☎530-053; www.palafito1326.cl; Ernesto Riquelme 1326; singole/doppie a partire da CH$41.000/47.500; P @) Questo albergo di design su *palofito*, costruito in stile chilote interamente in legno di tepú e cipresso, è sicuramente la scelta migliore di Castro. Le 12 camere sono piuttosto piccole ma hanno tocchi di grande stile, come i copriletti in lana di Dalcahue. Nelle camere con vista sul fiordo si ha l'impressione di dormire sopra una palude, con stormi di uccelli e le verdi piante di junquillo che emergono quando la marea si ritira. Quando aprirà, il caffè sull'ampia terrazza in cima all'albergo probabilmente sarà già di per sé un buon motivo per venire qui.

Palafito Hostel OSTELLO $$

(☎531-008; www.palafitohostel.com; Ernesto Riquelme 1210; letti in camerata CH$13.000, singole/doppie a partire da CH$21.000/32.000; @) Questo ostello di lusso, situato lungo Palafitos Gamboa con una suggestiva vista sul Fiordo de Castro, ha rivoluzionato l'intero quartiere quando ha aperto nel 2008 ed è stato il motore che ha portato alla trasformazione di Riquelme nella via più alla moda di Castro. Qui per un letto in camerata si paga più del solito, ma la qualità, le ottime prime colazioni, il panorama da sogno e la simpatica atmosfera da baita giustificano ampiamente la differenza.

Palafito Sur Hostel OSTELLO $

(☎536-472; www.palafitosur.com; letti in camerata CH$12.000, camere CH$25.000; P @) Questo ostello dal design ultramoderno, ricavato in una casa a *palafito* di cui conserva i dettagli architettonici, è situato tra i *palofitos* settentrionali di Castro, a pochi passi dal porto lungo la *costanera* (strada costiera). Se riescono a mantenere vivace l'atmosfera, questa è la scelta migliore tra gli ostelli tradizionali di Castro. Restaurato recuperando scandole di larice di 120 anni fa e utilizzando un bizzarro schema di colori tratto dall'associazione dei pescatori della città, sorge sull'acqua e ha camerate da due e quattro letti e un paio di camere private dal prezzo eccessivo. Con l'alta marea è possibile prendere un kayak direttamente dalla terrazza.

Hostal Cordillera GUESTHOUSE $

(☎532-247; www.hostalcordillera.cl; all'angolo tra Serrano e Sotomayor; camere senza bagno CH$8000 per persona, doppie CH$22.000; P @) La esuberante proprietaria, che se insistete parla un po' di inglese, vi farà sentire a casa in questo ritrovo di viaggiatori che offre vista sul mare, grandi bagni, letti confortevoli e TV via cavo. Alcuni ospiti hanno lamentato il fatto che d'inverno fa freddo, ma è prevista la realizzazione del riscaldamento centralizzato. C'è un piacevole terrazzino sul retro dove potete godervi la vista sul fiordo mentre prendete qualcosa da bere.

Hospedaje Mirador GUESTHOUSE $
(☎633-795; www.hostalelmiradorcastro.cl, in spagnolo; Barros Arana 127; camere con/senza bagno CH$26.000/CH$10.000 per persona; P⊖@☏) È una delle sistemazioni migliori di Barros Arana, con un po' di vista sul mare, fantastici bagni (per gli standard di Chiloé), un'abbondante prima colazione, un'atmosfera accogliente e un parcheggio esterno.

Hostal Central GUESTHOUSE $
(☎637-026; www.hostalcentraldecastro.com; Los Carrera 316; camere con/senza bagno CH$15.000/CH$10.000 per persona; P⊖@☏) Chi viaggia da solo non troverà di meglio di una delle luminose camere al terzo piano di questo *hostal*. Per il resto, quella che un tempo era una delle più piacevoli sistemazioni economiche tradizionali in città è un po' decaduta.

Camping Llicaldad CAMPEGGIO $
(☎635-080; Panamericana Ruta 5 Km6; piazzole CH$15.000) È il campeggio migliore in relazione alla distanza dalla città. Le piazzole offrono splendidi panorami sul Fiordo de Castro.

Pasti

TOP **Hostal Omera** CILENO $
(www.hostalomera.com; Latorre 120; menu CH$2000; ⏲pranzo e cena lun-sab; ☏) In questa fascia di prezzo, nessun altro locale offrirà una così buona cucina in un'atmosfera altrettanto coinvolgente. Ci si chiede come riescano a garantire tutto ciò senza perderci in profitto, in quanto nell'affollata ora di pranzo ogni giorno vengono proposte tre eccezionali piatti preparati in casa, compreso un antipasto, succo e fichi biologici o caffè d'orzo, per l'incredibile cifra di CH$2000. Tutta quanta Castro, senza distinzioni di razza, religione, o censo, si incontra tra le sue pareti piene di graffiti per gustare i piatti davvero buoni. Svelato segreto.

Mar y Canela CILENO $
(Ernesto Riquelme 1212; www.marycanela.cl; portate principali CH$3600-8900; ⏲pranzo e cena; ☏) Consigliamo di sostenere questo originale caffè su *palafito* – ce la sta mettendo tutta, forse con qualche eccesso (sandwich di pesto e lingua o formaggio di capra fuso?), ma, se anche il servizio può essere discontinuo e distratto (colpa forse di tutta quell'attività su Facebook nella cucina a vista?), ha alzato il livello della cucina creativa a Chiloé. Troverete squisitezze insolite, come gli hamburger di quinoa e brie panati con nocciole, oltre a una piccola scelta di piatti di pesce fresco, sandwich e hamburger che bastano per tre persone, e un'atmosfera intima all'altezza dei ristoranti di Castro di categoria più alta.

Sacho CILENO, CUCINA DI MARE $$
(Thompson 213; portate principali CH$2500-8500; ⏲pranzo e cena lun-san, pranzo dom) Se abitaste a Castro e i vostri genitori venissero a trovarvi, li portereste probabilmente in questo ristorante di pesce di lunga tradizione, con vista, uno dei migliori di Chiloé. L'atmosfera è piuttosto ricercata (tovaglie bizzarre e tovaglioli di lino). La sua specialità è il *pulmay*, un piatto di frutti mare simile al *curanto*, con molluschi e cozze ma un po' meno carne e patate.

Café del Puente CAFFÈ, PRIMA COLAZIONE $
(Riquelme 1180b; portate principali CH$1200-4200; ⏲prima colazione, pranzo e cena; ☏) Gli amanti della prima colazione saranno pienamente soddisfatti. In questo caffè-sala da tè di un bell'azzurro pastello, affacciato sull'acqua lungo Riquelme, una via in piena rinascita, vengono serviti: uova, bacon, pane tostato, muesli, pane di farina integrale... tutto preparato a dovere.

Brújula del Cuerpo TAVOLA CALDA $
(O'Higgins 308; portate principali CH$1310-5990; ⏲prima colazione, pranzo e cena; ☏) Una manna per coloro che desiderano un'alternativa alla cucina di pesce, questa tavola calda prepara pizze, fajitas, prime colazioni all'americana e altra *comida rapida* (spuntini rapidi).

Locali

Patrimonial BAR
(Balmaceda 291; cocktail CH$2000-4000) Bar dall'atmosfera intima e *bohémienne*, riscaldato da una stufa a legna, con pochi tavoli. Si trova al secondo piano, affacciato sulla piazza, ed è un buon posto per provare la birra artigianale di Chiloé, la Vertus (porter e golden ale) o le ottime *micheladas* (cocktail di birra messicana) da prepararsi da soli.

Kaweshkar Lounge LOUNGE
(Blanco Encalada 31; cocktail CH$2000-5000) L'ambiente retrò e disordinato di questo

PENINSULA DE RILÁN

Un tempo ignorata dal turismo, questa penisola di 100 kmq separata da Castro dal Canale di Dalcahue è diventata tutt'a un tratto una fucina di alberghi lontani da tutto, lussuosi quanto basta con particolare attenzione al design. Il favoloso **Hotel Parque Quilquico** (☎065-971-000; www.hotelparquequilquico.cl; singole/doppie CH$134.000/190.000, *palafitos* da 2 camere da letto CH$380.000; P ⊖ @ ☎ ≋), aperto nel 2011, è una delle strutture architettoniche più interessanti di Chiloé. L'architetto locale Eduardo Roja ha recuperato mucchi di legno di cipresso e di scandole *tejuela* dalle vecchie case chilote per costruire questo albergo circolare, progettato in modo da favorire una bella vista da ogni angolatura. Se anche non pernottate qui, veniteci a mangiare: lo chef proviene dall'Años Luz di Castro, che era il miglior ristorante di Chiloé prima che venisse inghiottito da grossi empori e lavanderie automatiche.

Nelle vicinanze c'è il più recente e ancor più isolato **La Refugia** (☎065-772 080; www.refugia.cl; Bahía Pullao, San José; singole/doppie in pensione completa $742/1060; P ⊖ @ ☎), che è stato realizzato sul modello dell'apprezzato franchising cileno Explora (in effetti, il capo guida viene da lì) ed è un rifugio di lusso sul bordo della zona umida più importante di Chiloé. L'edificio, uno straordinario e poco invasivo matrimonio di legni del posto (legno di alerce, il legno sacro per i mapuche; *Ulmo*, l'albero del miele cileno; e *mamilo)* e cemento grezzo, inquadra lo splendido paesaggio con le sue finestre alte 3 m che corrono lungo tutte le camere e la zona comune. Un lungo corridoio che sembra restringersi fino a una finestra trapezoidale – un'illusione ottica che contribuisce al senso di meraviglia suscitato da questa architettura – porta alle 12 camere. Le tariffe includono i pasti, le bevande e tutte le escursioni, che comprendono trekking, passeggiate a cavallo, barche a vela e kayak, con una certa attenzione a trarre vantaggio da alcune delle caratteristiche meno note di Chiloé.

locale informale richiama un po' Berlino o l'East Village di New York. I cocktail sono ben fatti, ma quando ci siamo passati sulla lavagna c'era scritto: "Non siamo sulla Lonely Planet ma siamo grandi!", nonostante il fatto che compaia nella guida fin dal 2009.

Ristretto Café CAFFÈ, BAR **$**
(Blanco 264; snack CH$400-1000; ⊙chiuso dom; ☎) È un peccato che nel miglior caffè di Chiloé sia permesso fumare ma, nella terra del Nescafé, dovete rassegnarvi se volete godere della sua ampia scelta di caffè, tè, *tapas* e oltre 50 birre internazionali, grazie alle quali di sera si trasforma in un locale dove andare a bere qualcosa.

Shopping

Feria Artesanal MERCATO
La Feria Artesanal sul lungomare di Castro è di gran lunga la più grande dell'isola, ma state attenti: gran parte della merce viene importata clandestinamente dalla Cina, dall'India, dal Perú e dall'Ecuador. Detto questo, troverete ambulanti che vendono un buon assortimento di ponchos e maglioni di lana, berretti, guanti, articoli in vimini e liquori.

Origenes ARTIGIANATO
(Thompson 295) Questo negozio vende belle ceramiche e altre opere artigianali di gran qualità.

Origin Sur ABBIGLIAMENTO
(Ernesto Riquelme 1212) Situato all'interno del ristorante Mar y Canela, Origin Sur propone articoli in lana ben fatti.

Informazioni

Troverete numerose banche e bancomat in Plaza de Armas e nei suoi dintorni.

Chiosco di informazioni turistiche (☎547-706; Plaza de Armas) In questo grande chiosco troverete utili opuscoli e cartine.

Conaf (☎547-706; Gamboa 424; ⊙8.45-13 e 14-17.45 lun-ven) L'ente ufficiale dei parchi cileni fornisce qualche informazione in spagnolo sul Parque Nacional Chiloé.

Hospital de Castro (www.hospitalcastro.gov.cl; Freire 852)

Polizia (☎765-366; Portales 457)

Ufficio del Parque Tantauco (☎099-135-3448; Ernesto Riquelme 1228) Il parco è rappresentato a Castro da Chiloétnico.

Ufficio postale (O'Higgins 388; ⊙9-13.30 e 15-18 lun-ven, 10-12.30 sab) Sul lato occidentale di Plaza de Armas.

Per/da Castro e trasporti locali

Aereo

Quando leggerete queste pagine dovrebbe essere aperto il nuovissimo aeroporto di Castro, l'Aerodrómo Mocopulli, situato 20 km a nord della città, che collegherà finalmente Chiloé con il resto del paese tramite voli commerciali. Al momento della stesura della guida sia **Lan** (☎632-866; O'Higgins 412) sia **Sky** (☎534-643; Blanco 388) prevedevano di attivare voli giornalieri da Santiago.

Autobus

Castro, grazie alla sua posizione centrale, costituisce il fulcro del traffico di autobus di Chiloé. Ci sono 2 terminal principali. Dal **Terminal de Buses Municipal** (San Martín) partono quasi tutti i mezzi per le piccole destinazioni rurali dell'isola e anche qualche autolinea in servizio sulle lunghe distanze. Da qui partono anche gli autobus per Mocopulli (CH$500), Dalcahue (CH$700), Chonchi (CH$700), Isla Quinchao (da CH$1400 a CH$1600) e Tenaún (CH$1500) e per Quemchi. **Queilen Bus** (☎632-173; www.queilenbus.cl) e un ufficio di rappresentanza di Cruz del Sur, Transchiloé, Turibús e altre compagnie gestiscono la maggior parte delle destinazioni principali, tra cui Punta Arenas e Bariloche. **Buses Ojeda** (☎573-488) e **Union Express** (☎096-668-3531) operano quasi tutti i servizi da qui per Cucao e il Parque Nacional Chiloé sulla costa occidentale, complessivamente 17 corse al giorno (CH$1500). Sedetevi a destra per godere dei panorami più belli del Lago Cucao.

Il secondo terminal, che è il principale deposito di **Cruz del Sur** (☎635-152; www.pullmansur.cl; San Martín 486), ospita anche le compagnie Transchiloé e Turibús, e gestisce i mezzi per le principali città chiloti, Quellón e Ancud, oltre i servizi di lunga distanza.

Ecco alcuni esempi di tariffe e durata di alcune tratte (i prezzi possono cambiare in funzione della qualità dell'autobus e/o della classe):

DESTINAZIONE	TARIFFA (CH$)	DURATA (ORE)
Ancud	2000	1½
Concepción	27,000	14
Puerto Montt	5500	4
Quellón	2000	½
Quemchi	1300	1½
Santiago	27,000-38,000	16
Temuco	10,500	10
Valdivia	8500	7½
Punta Arenas	45,000	36

Imbarcazioni

Navimag Cruceros (☎532-434; www.navimagcruceros.cl; Terminal Portuario de Castro, Av Pedro Montt s/n) naviga da Castro con la nave da crociera *Mare Australis* fino alla Laguna San Rafael diverse volte al mese da ottobre a marzo. In alta stagione (gennaio e febbraio) le tariffe del viaggio di andata e ritorno da Castro vanno da CH$1.662.605 per una singola AAA a CH$1.360.313 per una cuccetta B.

I traghetti estivi per/da Chaitén sono gestiti da **Naviera Austral** (☎635-254; www.navieraustral.cl; Latorre 238): a gennaio e febbraio partono il sabato alle 24. Le tariffe vanno da CH$16.000 (poltrona) a CH$25.700 (cabina con finestra). Il trasporto di veicoli costa CH$82.000.

Parque Nacional Chiloé

Sviluppandosi dalla costa del Pacifico sferzata dalle onde verso l'entroterra, il **Parque Nacional Chiloé** (interi/bambini CH$1500/gratuito) si estende per 430 kmq di ampie distese di foresta endemica sempreverde ed è situato soltanto 30 km a ovest di Chonchi e 54 km a ovest di Castro. Il parco presenta una ricca varietà di flora e fauna chilote, tra cui 110 diverse specie di uccelli, volpi e lo schivo pudú, il cervo più piccolo del mondo che vive all'ombra delle foreste dei contorti alberi tepú. All'interno del parco e lungo il suo perimetro orientale vivono comunità indigene huilliche, alcune delle quali sono coinvolte nella gestione di aree per il campeggio all'interno dell'area protetta.

Il parco è diviso in tre settori. Quello nord è chiamato **Chepu** (p312) e comprende l'Isla Metalqui (con la sua colonia di leoni marini). Non è praticamente accessibile senza un machete e uno spirito da pioniere. Inoltre, Metalqui è soggetta a severe restrizioni di accesso per motivi ecologici e può essere visitata solo prendendo accordi speciali con la direzione del parco. L'accesso al settore centrale, **Abtao**, è limitato dal Conaf: si può percorrere soltanto un sentiero di 18 km che inizia nella proprietà Pichihué. Nel settore meridionale, **Chanquín**, il più facilmente accessibile, si snoda la maggior parte degli otto itinerari ufficiali del parco, che permettono di fare brevi camminate o impegnative escursioni lunghe anche 25 km.

I visitatori sono in balia delle tempeste del Pacifico, perciò bisogna aspettarsi molta pioggia. La media annuale delle precipitazioni a Cucao è di 2200 mm, e chiunque abbia in programma di effettuare una passeggiata di più di un'ora dovrebbe indossare calzature impermeabili, calze di lana e un'adeguata giacca contro la pioggia. Anche i repellenti per insetti possono risultare utili. C'è un **centro visitatori del Conaf** (⏲9-19.30 gen-feb, fino alle 18 marzo-dic) 1 km dopo il ponte arrivando da Cucao. Il centro si occupa ampiamente della flora e della fauna locali e ospita anche un piccolo museo.

Cucao è l'ultima opportunità per fare provviste, anche se troverete prezzi migliori e una scelta più ampia a Chonchi o a Castro.

Che cosa vedere e fare

È camminando che si apprezza nel modo migliore la selvaggia bellezza di questo parco nazionale: ci sono numerose escursioni che possono facilmente catturare la vostra attenzione per un giorno o due. Il **Sendero Interpretivo El Tepual**, un sentiero di 1 km nella natura, realizzato con tronchi e rami d'albero e con brevi passerelle, segue un percorso circolare attraverso una fitta e buia foresta. Il **Sendero Dunas de Cucao** parte dal centro visitatori e procede per 2 km attraverso quello che resta di una foresta costiera, fino a una serie di dune che si sviluppa dietro una spiaggia sabbiosa lunga e bianca.

Chi vuole fare un'escursione di una giornata può seguire la linea costiera in direzione nord, lungo un sentiero di 3 km che raggiunge il **Lago Huelde**, oppure un itinerario più breve, di 1,5 km, fino a **Playa Cucao**, una spiaggia dove mugghia il Pacifico. Il percorso più frequentato è il **Sendero Chanquín-Cole Cole**, un trekking di 25 km (circa 5 h per la sola andata) che si snoda lungo la costa, oltre il Lago Huelde fino al Río Cole Cole. Molte persone partono con l'intenzione di effettuare quest'escursione in giornata, ma in genere nessuno ce la fa ad arrivare più in là dell'insediamento indigeno di Huentemó, dove ci sono alcune semplici strutture per campeggiatori e un *refugio* al costo di CH$4000 per persona (dotato di cucina), oltre a un *hospedaje* locale. L'escursione prosegue per altri 8 km verso nord, fino al **Río Anay**, passando attraverso una distesa di piante di arrayán (luma apiculata) per raggiungere un altro *refugio* rustico piuttosto ben tenuto. Tenete presente che dovete prendere la statale in ghiaia circa 6 km oltre il centro visitatori, prima che questa termini sulla spiaggia (vicino alla fine di questa statale incontrerete la vostra ultima opportunità di trovare del cibo: El Arco de Noé Café).

Numerosi campeggi all'interno del parco hanno chiuso, ma qui potrete piantare la vostra tenda dove vorrete. A Cole Cole campeggiare costa CH$1000 per persona e c'è anche un *refugio* molto spartano, con cucina e bagno, per CH$2000 per persona.

Pernottamento e pasti

La maggior parte delle sistemazioni e dei ristoranti si trova nel Sector Chanquín, appena oltre il ponte venendo da Cucao.

TOP **Parador Darwin** GUESTHOUSE $
(☎099-799-9923; Sector Chanquín; singole/doppie CH$20.000/25.000; ⊗chiuso apr-ott; P⊝@☜) Ricca di stile e di atmosfera, questa colorata casa in legno, il cui proprietario è tedesco, è circondata da enormi piante di nalca e costituisce una fantastica opzione di categoria media. Se anche non vi interessa visitare il parco, venite qui per il ristorante (portate principali da CH$5500 a CH$7000), il migliore nel raggio di parecchi chilometri. Vi conquisterà subito con la vista (pagnotte di pane fresco ovunque) e con l'odore di qualche bontà. Fa della *nueva cucina chilota*, che comprende memorabile salmone affumicato, gulasch ungherese, ottime pizze e *küchen* tedeschi con cioccolata e alghe marine. Gli 'shot' semi-surgelati di pisco sour sono buonissimi.

Palafito Cucao Hostel HOTEL
(☎971-164; www.hostelpalafitocucao.cl; Sector Chanquín; singole/doppie CH$36.000/45.000; ⊗chiuso apr-ott; P⊝@☜) Confratello del Palafito 1326 e del Palafito Hostel di Castro, il Palafito Cucao ha aperto alla fine del 2011, portando a Cucao un senso del comfort fino ad allora sconosciuto. È un bell'albergo sul Lago Cucao, con camere eleganti, un'accogliente sala comune con cucina e una graziosa terrazza che gira intorno all'edificio. Ma, se a Castro questo tipo di sistemazione rappresenta un apprezzabile cambiamento di prospettiva, qui ci sembra un po' troppo innaturalmente di tendenza.

El Fógon de Cucao LODGE $$
(☎099-946-5685; Sector Chanquín; piazzole CH$4000 per persona, singole/doppie senza bagno a partire da CH$10.000/20.000; P) Un'altra buona scelta, con una varietà di camere tra cui scegliere. L'*hospedaje* è un'elegante perla in stile rustico e il campeggio si trova sulla sponda del Lago Cucao. Il ristorante (aperto a pranzo e a cena; pasti CH$6000) sull'altro lato della strada propone un menu a prezzo fisso di pesce e gode della vista sul lago. Inoltre, l'albergo può organizzare escursioni a cavallo al Lago Huelde (CH$20,000, 2 h) o al Río Cole Cole (CH$45.000, una giornata intera) e in kayak sul Lago Cucao (CH$2500 l'ora).

Camping del Parque CAMPEGGIO $
(☎971-027; www.parquechiloe.cl; piazzole CH$4000 per persona, bungalow fino a 6 posti CH$48.000) Questo campeggio e complesso di bungalow, gestito dal Conaf, si trova circa 200 m oltre il centro visitatori all'interno dei confini del

parco. Le piazzole sono dotate di privacy e hanno acqua corrente, legna da ardere, docce calde e servizi igienici. I bungalow sono spaziosi e completamente attrezzati. Sul sito c'è un piccolo caffè (aperto per la prima colazione, il pranzo e la cena, chiuso a giugno) che funge anche da reception.

Hospedaje El Paraíso GUESTHOUSE $
(☎099-296-5465; Laura Vera, Cucao; piazzole CH$3000 per persona, camere senza bagno CH$9000; P) Si tratta della migliore sistemazione economica di Cucao, ben gestita da una deliziosa signora e situata all'interno di una casa dipinta di rosa, un centinaio di metri prima del ponte. Offre una fantastica vista sul fiume.

Hospedaje Chucao GUESTHOUSE $
(☎099-787-7319; Huentemó; camere senza bagno CH$6000 per persona) Questo semplice *hospedaje* è indicato per chi vuole dormire a Huentemó.

Las Terrazes de Cucao CILENO $
(Sector Chanquín; portate principali CH$400-1300; prima colazione, pranzo e cena) Questo locale situato di fronte all'ingresso del parco è una buona opzione per mangiare qualche semplice piatto locale spendendo poco. La prima colazione è una tappa obbligata per chi intende passare tutta la giornata nel parco, ma quando ci siamo passati non ha aperto prima delle 9.

Per/dal Parque Nacional Chiloé

Cucao si trova a 54 km da Castro e 34 km a ovest di Chonchi ed è raggiungibile percorrendo un'accidentata strada in ghiaia che è quasi sempre transitabile, tranne in caso di forte maltempo. Il collegamento tra Castro e Cucao è garantito da un regolare servizio di autobus. Gli orari sono variabili, ma di solito ci sono numerose corse al giorno (CH$1500); v. p322 per informazioni sulle varie compagnie di autobus.

Quellón

Per quanto sia il punto di arrivo meridionale di una delle più lunghe statali del mondo (la Panamericana, nota anche come Hwy 5) nonché un attivo centro di coltura dei salmoni, Quellón è rimasta in gran parte una città modesta, dove di solito si transita soltanto per imbarcarsi o scendere dal traghetto per Chaitén.

Se arrivate in traghetto e vi sembra di aver viaggiato a sufficienza, qui troverete alcuni ristoranti eccellenti. Ma l'aumento della criminalità di strada, come ricaduta dell'industria del salmone (v. lettura p295), e la dubbia fama che in genere accompagna la città fanno di Quellón un posto dove passare senza fermarsi.

Non circolate a ovest dell'ufficio di Naveira Austral sulla *costanera* o nei dintorni della stazione degli autobus, soprattutto di notte.

Pernottamento

Hotel El Chico Leo HOTEL $$
(☎681-567; ligorina@hotmail.com; Costanera Pedro Montt 325; camere senza bagno CH$8000 per persona, doppie CH$22.000; P@) Noto per le sue camere pulite e luminose, per il personale pieno di attenzioni e per i letti di qualità, questo albergo un po' angusto costituisce una scelta confortevole, anche se i bagni dal soffitto basso potrebbero rappresentare un problema per i viaggiatori più alti. Il ristorante, meritatamente apprezzato (portate principali da CH$2600 a CH$6500), è conosciuto per i frutti di mare e in particolare per i generosi piatti di *curanto*.

Hotel Playa HOTEL $
(☎681-278; Costanera Pedro Montt 427; camere senza bagno CH$6000 per persona, con prima colazione CH$7500; P) Questo albergo è la scelta economica più logica, situato com'è proprio sull'altro lato della strada rispetto al molo dei traghetti per Chaitén. Le semplici camere sono in effetti più spaziose di quasi tutte quelle degli alberghi più cari.

Pasti

La scelta non manca di certo lungo Ladrilleros, la via principale, e nei dintorni. Provate Isla Sandwich in Ladrilleros 190, per gli eccellenti sandwich da gourmet, ed El Madero in Freire 430, per l'innovativa cucina contemporanea.

Taberna Nos SPAGNOLO $
(O'Higgins 150; tapas CH$1500-3000; cena-fino a tardi lun-sab) Se passate una serata a Quellón, fatelo in questo locale, un segreto del luogo, gestito da un *aficionado* di musica spagnolo. In questo bar fin troppo cool per il posto, ricavato all'interno di una casa residenziale nera, troverete ottime tapas e drink.

Per/da Quellón

Gli autobus per Castro (CH$1200, 2 h) delle compagnie Cruz del Sur e Transchiloé sono frequenti e partono dal **terminal degli autobus** (all'angolo tra Pedro Aguirre Cerda e Miramar). L'ultima corsa

VALE IL VIAGGIO

IL PARCO DEL PRESIDENTE

Tra i 25 posti del mondo più ricchi di biodiversità, il **Parque Tantauco** (☎065-680-066; www.parquetantauco.cl; Av La Paz 68, Quellón) – creato dal suo proprietario, l'imprenditore e presidente cileno Sebastián Piñera, e gestito dalla sua fondazione (Fundación Cultura y Sociedad) – è una riserva naturale privata che si estende per 1180 kmq a ovest di Quellón, a Chiloé. Il parco è abitato da lontre, volpi di Darwin e pudú (piccoli cervi endemici in Cile), oltre che dai più grandi mammiferi (le balenottere azzurre) e i più piccoli marsupiali (*monito del monte* o 'scimmietta di montagna') del mondo. Può rivelarsi una straordinaria e inaspettata opportunità per fare escursioni fuori degli itinerari più battuti, campeggiare e osservare la natura. È possibile che non compaia sulla maggior parte delle mappe e quindi trascorrere del tempo nel parco significa di solito stare isolati in compagnia della natura e di una distesa di foresta pluviale temperata valdiviana ben più vasta dei parchi istituiti in Cile dalla fondatore della North Face.

Tantauco è l'unico posto, oltre a Torres del Paine, dove è possibile compiere la traversata di un parco con un trekking di più giorni che va di rifugio in rifugio. Per maggiori informazioni, visitate il sito web del parco oppure rivolgetevi agli uffici di Chiloétnico a Castro (p318) o a quello del parco a Quellón.

per Castro parte alle 19.30. Inoltre vi sono corse anche per Puerto Montt (CH$6200) e Temuco (CH$11.000).

Naviera Austral (☎682-506; www.navieraustral.cl; Pedro Montt 457) salpa con la *Don Baldo* fino a Chaitén il giovedì alle 24 per tutto l'anno. La tariffa passeggeri va da CH$16.000 (poltrona) a CH$25.700 (cabina con finestra), quella per i veicoli è di CH$82.000. Naviga anche verso Puerto Chacabuco il lunedì alle 18 per tutto l'anno. Le tariffe sono notevolmente più alte (CH$38.450 per una poltrona, CH$45.000 per una cabina con finestra e CH$137.920 per un veicolo). Il viaggio dura 24 h.

Patagonia settentrionale

Include »

I migliori ristoranti

» Mamma Gaucha (p347)
» Cocinerías Costumbristas (p335)
» Martín Pescador (p337)
» Carnes Queulat (p347)
» Mi Casita de Té (p340)

I migliori hotel

» The Lodge at Valle Chacabuco (p358)
» Un Destino No Turistico (p355)
» Fundo Los Leones (p340)
» Terra Luna (p355)
» Alto Melimoyu B&B (p339)

Perché andare?

Da almeno un secolo, la Patagonia settentrionale è la zona più aspra e isolata del Cile continentale. Ma se qui la vita dei residenti può essere molto dura, il paesaggio è fantastico. Rigogliose foreste pluviali, steppe coperte di arbusti e cime inviolate si stagliano contro l'orizzonte, anche se l'essenza di questa regione è l'acqua, dalle cascate trasparenti ai laghi con riflessi turchesi, dagli imponenti ghiacciai ai labirinti dei fiordi. I turisti che si spostano verso sud, in direzione delle Torres del Paine, spesso si limitano ad attraversare il territorio senza avventurarsi in zone poco conosciute, i cui tesori nascosti sono tuttavia da non perdere, prima che l'imminente costruzione di nuove dighe idroelettriche e di tralicci per l'alta tensione ne comprometta irreparabilmente la bellezza.

Con alcune interruzioni in concomitanza delle traversate in traghetto, la sterrata Carretera Austral collega Puerto Montt con Villa O'Higgins, circa 1200 km più a sud. Questo capitolo prende in esame il tratto che collega, da nord a sud, Hornopirén a Villa O'Higgins.

Quando andare

Coyhaique

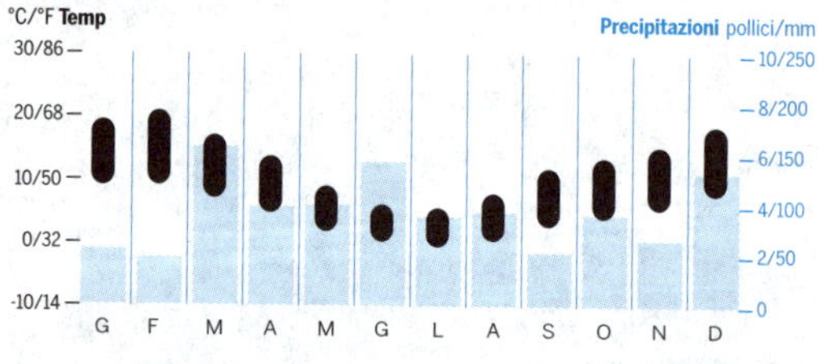

Nov-marzo Clima più caldo e autobus più frequenti sulla Carretera Austral.

Feb Molti villaggi celebrano il Festival Costumbrista, dedicato alla cultura dei pionieri.

Lug-agosto Cieli blu, piste da sci e percorsi per le racchette da neve nella zona di Coyhaique.

Storia

A lungo isolata, e ancora oggi piuttosto remota, la Patagonia settentrionale è la regione più 'giovane' del paese ed è l'ultima a essere stata integrata al resto del Cile, che ne promosse la colonizzazione soltanto all'inizio del XX secolo. Molti dei suoi centri abitati risalgono a non più di 50 anni fa.

Per migliaia di anni, le popolazioni chono e alacalufe avevano vissuto nell'intrico dei canali e delle isole della zona, mentre i tehuelche abitavano le steppe della terraferma. Lo scabro territorio dell'Aysén aveva tenuto a distanza i coloni europei per secoli, anche se gli avventurieri in cerca di fortuna ritenevano che ospitasse la leggendaria e ricca Città dei Cesari. Numerose spedizioni (compresa quella a cui partecipò Charles Darwin) esplorarono l'area tra la fine del XVIII secolo e l'inizio del XIX, a volte in cerca di un passaggio sicuro per raggiungere l'Oceano Atlantico.

All'inizio del XX secolo, il governo concesse alla Sociedad Industrial Aysén, con sede a Valparaíso, un contratto di affitto a lungo termine per circa 10.000 kmq di terreno a Coyhaique e dintorni, da impiegare per l'allevamento di animali e lo sfruttamento del legname. La compagnia dominava l'economia locale e pian piano iniziarono ad arrivare coloni che chiedevano campi remoti da coltivare. Incoraggiati da una legge cilena che premiava il disboscamento con titoli di proprietà, la Sociedad e i coloni bruciarono quasi 30.000 kmq di foreste e distrussero molti dei boschi di faggi australi autoctoni dell'Aysén, in una serie di incendi che negli anni '40 si protrassero per circa un decennio.

La regione è scarsamente popolata in particolare a sud di Coyhaique, una zona devastata dall'eruzione del Volcán Hudson nel 1991. Come in occasione delle eruzioni del Volcán Chaitén nel 2008, tonnellate di cenere si sono riversate infatti su migliaia di chilometri quadrati del Cile e dell'Argentina, distruggendo raccolti e seppellendo grandi estensioni di pascolo fino a causare la morte del bestiame.

L'allevamento dei salmoni è un'industria di primaria importanza qui, grazie anche alle acque fredde della Patagonia. L'attività è in crescita e si sta sviluppando soprattutto verso il meridione, da quando i rifiuti delle aziende hanno provocato danni ambientali in alcuni tratti della Regione dei Laghi. Le pressioni politiche in favore del settore rimangono tuttavia notevoli, anche a causa del fatto che si tratta di uno dei pochi sbocchi lavorativi della regione.

In generale, numerosi e controversi progetti di impianti idroelettrici (v. p356) e altri piani industriali sono oggetto di continui tira e molla tra le ragioni dello sviluppo e quelle della protezione dell'ambiente.

Parchi nazionali, riserve naturali e parchi privati

La Patagonia settentrionale vanta numerosi parchi e riserve, poco affollati e caratterizzati da una natura estremamente varia che va dalla foresta pluviale di Valdivia ai ghiacciai. Due parchi da non perdere sono il verdeggiante Parque Pumalín (p331) e il Parque Nacional Queulat (p343) con il suo imponente ghiacciaio. Nei dintorni di Coyhaique, numerose riserve offrono avventura a breve distanza dalle comodità cittadine. Per i trekking di più giorni, la Reserva Nacional Cerro Castillo (p351) vanta una fitta rete di magnifici sentieri panoramici. Non mancate di visitare quello che diventerà il Parque Nacional Patagonia (p357), un parco privato inaugurato di recente vicino a Cochrane che è ideale per osservare la fauna selvatica. Accessibile soltanto via mare, il Parque Nacional Laguna San Rafael (p350) ospita infine i magnifici ghiacciai del Campo de Hielo Norte.

Per/dalla Patagonia settentrionale e trasporti locali

La Carretera Austral e le sue strade secondarie sono isolate e in gran parte sterrate. La maggior parte dei viaggiatori sceglie di prendere un traghetto da Puerto Montt o da Chiloé per raggiungere Chaitén o Puerto Chacabuco, o di arrivare a Chaitén o a Coyhaique in aereo o via terra dall'Argentina, accedendo alla regione da Futaleufú. Quanti decidessero di percorrere invece la Carretera Austral dovranno anche affrontare alcune traversate in traghetto. Su alcune tratte, gli autobus viaggiano soltanto alcuni giorni alla settimana e la frequenza diminuisce in bassa stagione. In alta stagione, gli autobus a lunga percorrenza si riempiono in fretta alle varie fermate e non accettano passeggeri in piedi. Spostarsi in autostop, un modo di viaggiare che Lonely Planet non consiglia, è possibile lungo la Carretera Austral, ma è difficile in caso di gruppi o di viaggiatori con bagaglio voluminoso.

Hornopirén

☎065 / POP. 2500

Sono pochi i viaggiatori che visitano Hornopirén, centro di allevamento del salmone e nodo di trasporti, nonostante i suoi dintorni siano incantevoli. Se il traghetto fosse al completo, potrebbe tuttavia capitarvi di

Il meglio della Patagonia settentrionale

❶ I nebbiosi fiordi e le foreste pluviali temperate del **Parque Pumalín** (p331)

❷ La mitica **Carretera Austral** (p330) in automobile o in bicicletta, tra fattorie, fiumi impetuosi e imponenti ghiacciai

❸ La **Patagonia dei pionieri** (p338) lungo i remoti sentieri andini

❹ I mulinelli durante una discesa di rafting tra le spettacolari rapide del **Río Futaleufú** (p336)

❺ Lo spaesamento di **Caleta Tortel** (p360), il paese di mare che ha passerelle pedonali al posto delle strade

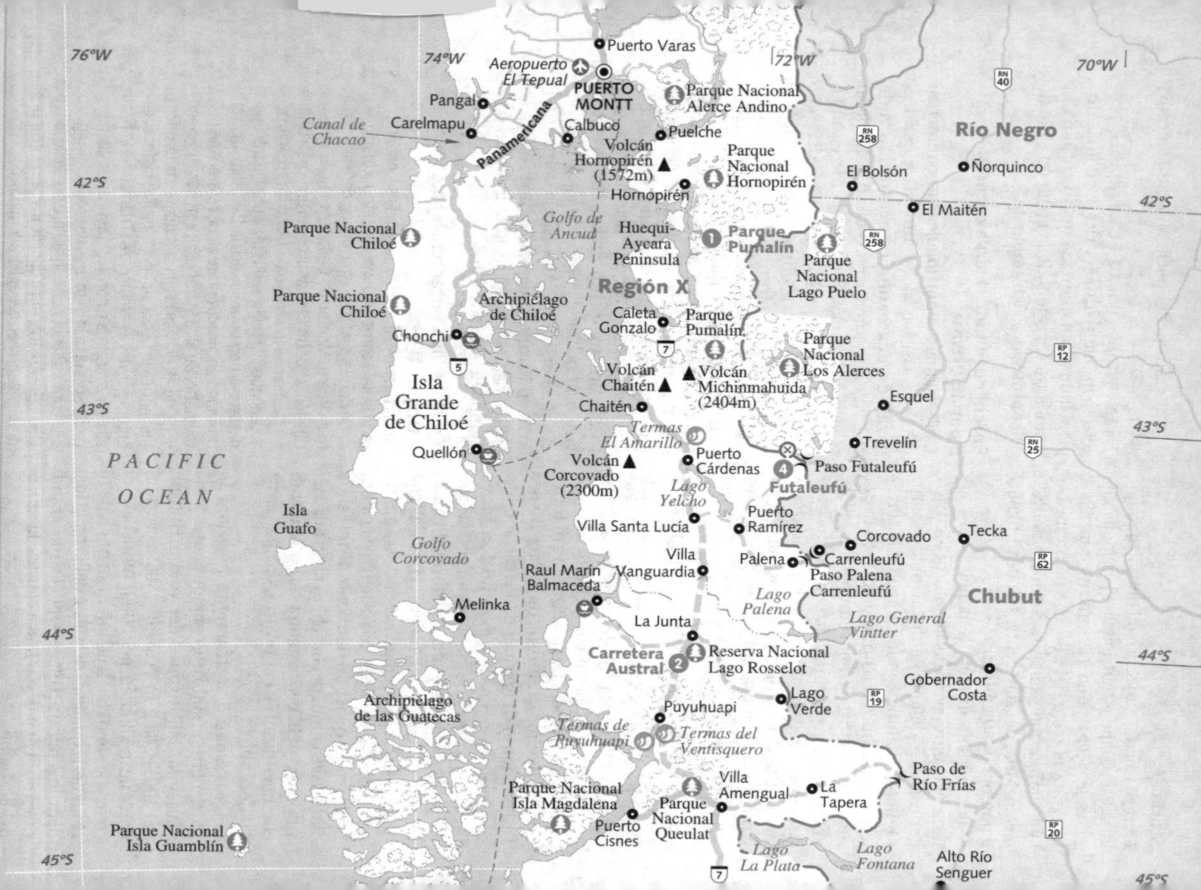

6 Le pitture rupestri e i fenicotteri nella poco conosciuta **Reserva Nacional Jeinemeni** (p354)

7 Il **Glaciar San Rafael** (p350) visto da vicino, partecipando a un'escursione organizzata dall'insediamento di Puerto Río Tranquilo

IN VIAGGIO SULLA CARRETERA

Considerata uno degli itinerari di viaggio più affascinanti del pianeta, la **Carretera Austral** corre per circa 1240 km, molti dei quali sterrati, attraversando foreste millenarie, valli glaciali, fattorie dei pionieri, fiumi dalle acque turchesi e le onde dell'Oceano Pacifico. Completata nel 2000, ha comportato un investimento iniziale di 300 milioni di dollari americani, richiedendo più di 20 anni di lavoro e costando la vita a 11 operai. L'obiettivo di Pinochet di creare una superstrada attraverso l'Aisén non nasceva da ragioni pratiche o da un piano programmatico, ma aveva a che fare soprattutto con la realizzazione di un'unione simbolica tra le regioni più diverse del paese.

Definirla 'strada statale' potrebbe essere troppo: buona parte dell'avventura di questo percorso consiste anzi nell'affrontare solchi profondissimi e buche colossali. E i viaggiatori ne sono attratti proprio perché il tracciato non è costellato di stazioni di servizio Shell o di caffè Starbucks. Per questo motivo, è anche necessario pianificare bene il viaggio prima di partire e, una volta partiti, essere molto prudenti.

A nord, il servizio di traghetti è decisamente inadeguato al volume del traffico veicolare e funziona con regolarità soltanto durante la stagione estiva; nel resto dell'anno non è quindi consigliabile. Il clima avverso può rendere inoltre la manutenzione della strada un vero incubo: le frane di materiale roccioso e di terriccio sciolto sono all'ordine del giorno e causano l'interruzione di tratti della carreggiata per giorni interi. A sud, la strada corre appena un metro sopra il letto del Río Baker, il più impetuoso fiume cileno.

La maggior parte del traffico è costituita da autocarri pesanti a lunga percorrenza che procedono rumorosi in entrambe le direzioni, oltre che da un numero crescente di SUV e pick-up che sfrecciano carichi di appassionati di pesca sportiva, amanti di sport avventura e viaggiatori on the road di antica memoria. Nei mesi estivi sono sempre più numerosi anche ciclisti e motociclisti, decisi ad affrontare la strada.

Va detto infine che, a causa del suo isolamento, viaggiare nella regione è piuttosto costoso (preparatevi a prezzi del 20% superiori al resto del Cile). Per essere certi della buona riuscita del vostro viaggio, vi offriamo i seguenti suggerimenti:

» Fate controllare accuratamente il vostro veicolo prima della partenza.

» Quando possibile, prenotate la traversata in traghetto con adeguato anticipo.

» Rifornitevi di contante prima della partenza (i bancomat sono poco numerosi e il BancoEstado accetta soltanto MasterCard).

» Cercate di guidare di giorno, dal momento che le curve non sono segnalate da catarifrangenti.

» Portate con voi scorte alimentari più che sufficienti, molta acqua e anche carburante, dato che un guasto o la mancanza di benzina potrebbero essere fonte di guai. Una buona pratica è rabboccare il serbatoio ogni volta che si incontra una stazione di rifornimento, dal momento che non si sa dove e quando si troverà la successiva.

» Portate sempre con voi una ruota di scorta (*neumático*) e accertatevi che il veicolo disponga di un cric (*una gata*) per sollevarlo.

» Le curve prese ad alta velocità su un fondo di ghiaia sono spesso causa di disastri: procedete con calma (una velocità di 50 km/h è più che ragionevole) e godetevi il paesaggio.

» Restate alla larga dagli autocarri pesanti e non state troppo vicini agli altri veicoli: la maggior parte del percorso si sviluppa su fondo ghiaioso e la rottura del parabrezza a causa delle pietre sollevate dalle ruote posteriori del veicolo antistante è quasi all'ordine del giorno.

Se progettate di entrare in Argentina, partite con tutti i documenti in regola; accertatevi inoltre di avere i permessi per portare il veicolo (se a noleggio) fuori dal paese di origine e di disporre della relativa assicurazione di responsabilità civile. Le scorte di carburante e di cibo non possono essere trasportate oltre confine, ma in tutte le località di dimensioni apprezzabili elencate in questo capitolo si trovano stazioni di rifornimento.

trascorrere nella cittadina più tempo del previsto. Il battello Ruta Bi-Modal collega la parte settentrionale del Parque Pumalín, priva di strade, a Caleta Gonzalo, dove la strada prosegue in direzione sud.

Nella piazza centrale si trovano un **chiosco di informazioni turistiche** (oficinadeturismohualaihue@gmail.com; ⌚9-19 dic-feb), un ufficio Conaf e un supermercato.

Pernottamento

Lungo la strada che costeggia il Parque Nacional Hornopirén si trovano numerosi campeggi, tra i quali un'area attrezzata molto grande nei pressi del ponte di Hornopirén.

Hotel Hornopirén HOTEL **$**
(☎217-256; Carrera Pinto 388; camere CH$12.000 per persona; @📶) Questo albergo dagli interni consunti e dall'atmosfera tipicamente patagonica offre la vista sull'oceano e la presenza rassicurante della Señora Ollie.

Cabañas Lahuan BUNGALOW **$$**
(☎217-239; www.turismolahuan.com; Calle Cahuelmo 40; bungalow per 5/8 persone CH$60.000/80.000; 📶) Graziosi bungalow a due piani, dotati di stufa a legna, grill e grandi finestre panoramiche con vista sul porto. Ci sono alcuni kayak a disposizione degli ospiti e i proprietari organizzano escursioni di gruppo alle incantevoli e remote Termas Porcelanas a un'ora e mezzo di barca (CH$55.000 per persona).

Per/da Hornopirén

Kemelbus (☎253-530; www.kemelbus.cl) offre tutti i giorni collegamenti per/da Puerto Montt (CH$4000, 4 h); il biglietto comprende la traversata in traghetto dello stretto Estuario de Reloncaví. I passeggeri possono anche proseguire fino al Parque Pumalín o a Chaitén (CH$14.000, 9 h) con il traghetto Ruta Bi-Modal; il costo della traversata è sempre compreso nel biglietto dell'autobus.

Meno di 1 h a sud di Puerto Montt, il traghetto **Naviera Paredes** (☎a Puerto Montt 065-276-490; www.navieraparedes.cl; biciclette/automobili CH$2600/9500; ⌚7-20) effettua la traversata di 30 min da Caleta La Arena a Puelche. Ci sono partenze ogni mezz'ora, con orario prolungato in estate.

Tra Hornopirén e il Parque Pumalín, **Naviera Austral** (☎a Puerto Montt 065-270-430; www.navieraustral.cl; Angelmó 2187, Puerto Montt; passeggeri/veicoli CH$5000/30.000) offre il nuovo servizio Ruta Bi-Modal, nel cui costo complessivo sono comprese 2 traversate in traghetto collegate da un breve tragitto in autobus di 15 km. Complessivamente, il viaggio da Hornopirén a Caleta Gonzalo dura 5 h. Tra la prima settimana di gennaio e la fine di febbraio ci sono 2 partenze al giorno, alle 9.30 e alle 14, ma in questa stagione c'è sempre molto traffico per cui conviene prenotare in anticipo, versando un acconto presso la banca di Naviera Austral (dovrete fornire i dati del passaporto e il numero di targa). Anche gli autobus pubblici effettuano lo stesso tragitto.

Parque Nacional Hornopirén

Relativamente sconosciuto e poco visitato soprattutto a causa della mancanza di trasporti pubblici, il **Parque Nacional Hornopirén** (ingresso libero) tutela una splendida zona di vegetazione alpina. I sentieri che conducono al parco, così come quelli che lo attraversano, sono segnati ma spesso si rivelano difficili da seguire. Ciò nonostante, l'area offre splendidi paesaggi incontaminati. Se avete in programma di effettuare un'escursione con pernottamento, registratevi presso il Conaf prima di lasciare la città.

Circa 6 km a sud di Hornopirén, la strada si biforca. La diramazione di destra conduce al termine del tracciato, a Pichanco; da lì si prosegue a piedi per altri 8 km lungo un tracciato appena visibile fino a raggiungere l'ingresso del parco. A 3 km da questo punto si trova il **Lago General Pinto Concha**, dove è possibile piantare la tenda su una spiaggia incontaminata.

Parque Pumalín

☎065

I 2889 kmq di territorio verde e incontaminato di questa riserva protetta, che si estende dalla zona di Hornopirén fino a sud di Chaitén, comprendono vaste estensioni di foresta pluviale temperata, limpidi corsi d'acqua, ambienti costieri e aree coltivabili. Frutto di un importante progetto di tutela del patrimonio forestale, il Parque Pumalín richiama migliaia di visitatori da tutto il mondo. Di proprietà dell'americano Doug Tompkins (p358), il Pumalín è il parco privato più grande del Cile e uno dei più grandi del mondo. Le attività agricole si affiancano alle aree di foresta protetta a costituire un modello innovativo di parco e il personale della riserva partecipa attivamente a progetti che spaziano da apicoltura e agricoltura biologica a zootecnica ed ecoturismo. In Cile questa riserva costituisce un vero e proprio modello, anche grazie alle strade e ai sentieri ben tenuti, alle ottime infrastrutture e all'impatto ambientale ridotto al minimo.

Il parco è rimasto chiuso diversi anni in seguito all'eruzione del Volcán Chaitén (p334) del 2008, ma ha riaperto nel 2011 dopo le necessarie operazioni di bonifica. Anche se in alcune sue parti la presenza di cenere vulcanica è ancora evidente (specialmente nelle giornate asciutte e ventose), le eccellenti infrastrutture sono state ripristinate.

Poiché di solito il traghetto va prenotato in anticipo, molti visitatori preferiscono raggiungere il parco da Chaitén, a sud. A Caleta Gonzalo, dove attraccano i battelli, ci sono alcuni bungalow e un caffè. L'attuale stazione dei *guardaparques* (ranger), situata 20 km a sud di Chaitén, verrà trasformata in un nuovo centro visitatori. Sul posto è proibito accendere fuochi.

Attività

Prima di programmare escursioni consultate un centro visitatori, dato che le condizioni ambientali e dei sentieri sono molto variabili.

Il **Sendero Cascadas** (3 h per l'andata e ritorno) è un percorso tortuoso che si snoda in salita nel fitto della foresta per terminare nei pressi di una grandiosa cascata. Il guado del torrente che si trova dopo circa un'ora di cammino può essere pericoloso quando l'acqua è alta.

Circa 12 km a sud di Caleta Gonzalo, il percorso segnalato per la **Laguna Tronador** è più una scalinata che un sentiero vero e proprio. Si inizia con l'attraversare un vivace torrente su una *pasarela* (ponte sospeso) prima di affrontare una serie di scalini di legno che poggiano su un terreno troppo ripido e friabile per consentire qualsiasi altro tipo di sostegno. Dopo circa un'ora di cammino si giunge a una sella con un *mirador* (punto panoramico) che regala una magnifica vista sul Volcán Michinmahuida, la cui vetta domina la foresta in direzione sud. Il sentiero comincia poi a scendere verso il lago, dove si trova un'area campeggio con due piazzole, robusti tavoli da picnic (uno dei quali su un pontile) e servizi igienici alla turca.

Un chilometro più a sud, a pochi minuti dalla statale per Chaitén, il **Sendero los Alerces** attraversa il fiume per raggiungere una fitta macchia di alberi di alerce; alcuni cartelli esplicativi lungo il percorso illustrano quanto sia importante tutelarli. Alle **Cascadas Escondidas**, 14 km a sud di Caleta Gonzalo, un tracciato percorribile in un'ora conduce dal campeggio a una serie di salti d'acqua.

Attualmente il sentiero più battuto è quello che sale al **cratere del Volcán Chaitén**. Considerata la recente attività del vulcano, consigliamo di verificare attentamente la situazione con i ranger prima di mettersi in cammino e preferibilmente di ingaggiare una guida. Il sentiero roccioso, lungo 800 m e con un dislivello di 250 m, si snoda attraverso la foresta bruciata dal calore, non dal fuoco. L'inizio del tracciato si trova nei pressi di Puente Los Gigos.

A **Michinmahuida**, 33 km a sud di Caleta Gonzalo, un sentiero di 12 km raggiunge le falde del vulcano omonimo.

Nel settore più nuovo del parco, che si estende circa 20 km a sud di Chaitén, un percorso pianeggiante di 10 km si snoda in direzione del **Ventisquero Amarillo**, partendo dal campeggio di Ventisquero e dirigendosi ai piedi del ghiacciaio di Michinmahuida; attraversate il fiume nel punto più largo, vicino al campeggio.

ALERCE

L'alerce, a prova d'acqua e praticamente indistruttibile, un tempo era molto apprezzato dai coloni tedeschi del Cile meridionale. Conosciuto con il nome di lahuan dai mapuche, il *Fitzroya cupressoides* è una tra le più antiche e grandi specie botaniche del mondo: alcuni esemplari hanno più di 4000 anni. Questa immensa pianta sempreverde, alta da 40 a 60 m, gioca un ruolo chiave nelle foreste pluviali temperate, anche se il suo valore come legname pregiato (è un materiale perfetto per i climi piovosi) l'ha portato a un passo dall'estinzione. Oggi non è più legale abbattere questi alberi, che crescono nelle profondità della Regione dei Laghi e delle foreste patagoniche settentrionali, ma potrete vedere coperture in alerce sulle tradizionali case chilote.

Tour

Attualmente, il solo modo di accedere ad alcune delle isolate zone settentrionali del parco è in barca. Alcuni operatori organizzano uscite in barca e in kayak per raggiungere fiordi e sorgenti termali altrimenti inaccessibili. A Chaitén, Chaitur (p335) fornisce informazioni sulle guide locali che accompagnano i gruppi nella camminata fino al vulcano.

Austral Adventures IN BARCA
(☎065-625-977; www.austral-adventures.com; Av Costanera 904, Ancud, Chiloé) Escursioni all-inclusive a bordo della *Cahuella*, un'imbar-

cazione a motore in legno di 15 m tipicamente chilote. I percorsi toccano le isole di Chiloé e i fiordi di Pumalín. Le escursioni di quattro giorni partono da CH$483.000 per persona.

Al Sur Expeditions IN BARCA
(☎065-232-300; www.alsurexpeditions.com) Specializzato in uscite in mare con kayak, offre escursioni in barca alle sorgenti calde di Cahuelmo.

Yak Expeditions IN KAYAK
(www.yakexpediciones.cl) Uscite in kayak.

Pernottamento e pasti

Presso i centri visitatori e sul sito internet del parco troverete informazioni dettagliate sui campeggi, alcuni dei quali sono situati all'inizio dei sentieri escursionistici.

PARQUE PUMALÍN NORD (RAGGIUNGIBILE SOLO IN BARCA)

Camping Cahuelmo CAMPEGGIO $
(☎250-079; North Pumalín; piazzole CH$1500 per persona) Sorgenti termali (CH$3500) e sei belle piazzole per le tende nell'angolo sud-orientale del fiordo Cahuelmo, raggiungibile in barca da Hornopirén o Leptepu. È richiesta la prenotazione.

PENÍNSULA HUEQUI-AYCARA

Avellano Lodge LODGE $$
(☎576-433, 099-641-4613; www.elavellanolodge.com; Ayacara; pensione completa CH$35.000 per persona; @📶) Appena fuori dai confini del parco, sulla penisola, questo splendido lodge in legno massiccio offre un'impareggiabile combinazione di vicinanza al parco, ottimo servizio e comfort. La struttura propone battute di pesca con la mosca, uscite in mare con il kayak, escursioni e pacchetti all-inclusive che comprendono anche il trasferimento da Puerto Montt.

PARQUE PUMALÍN SUD

I campeggi descritti di seguito sono elencati da nord a sud e si trovano nel settore meridionale del Parque Pumalín.

I visitatori possono scegliere se mangiare presso il Café Caleta Gonzalo oppure organizzare qualche *asado* (barbecue) con carne d'agnello allo spiedo e verdure fresche di coltivazione locale (soltanto su prenotazione; per un gruppo di 7 persone, il costo è di circa CH$10.000 per persona).

Camping Río Gonzalo CAMPEGGIO $
(Caleta Gonzalo; piazzole con barbecue CH$5000) Sulle sponde del fiordo Reñihué, questo campeggio accessibile a piedi offre uno spazio riparato per cucinare e bagni con docce fredde.

Caleta Gonzalo Cabañas BUNGALOW $$
(reservas@parquepumalin.cl; singole/doppie/triple/quadruple CH$50.000/75.000/95.000/115.00) Accoglienti bungalow (non attrezzati per cucinare) che si affacciano sul fiordo, con simpatici letti a soppalco per i bambini.

Café Caleta Gonzalo CAFFÈ $$$
(pranzo CH$12.500; ⏲prima colazione, pranzo e cena) Il solo ristorante esistente all'interno del parco è questa bella caffetteria con un gigantesco caminetto. Pane fresco, miele di produzione locale e verdure biologiche ne fanno un locale superiore della media. Si possono inoltre acquistare biscotti di farina d'avena fatti in casa, miele e cestini per il picnic.

Camping Tronador CAMPEGGIO $
(piazzole gratuite) Piazzole gratuite affacciate sul bacino dello stupendo anfiteatro del lago sul sentiero di Tronador, a un'ora e 30 minuti dall'inizio del percorso.

Fundo del Río Cabañas BUNGALOW $$$
(reservas@parquepumalin.cl; singole/doppie/triple/quadruple con prima colazione CH$50.000/75.000/95.000/115.000) Nascosti nei campi, questi bungalow molto appartati e dotati di cucina attrezzata (con tanto di legna da ardere) hanno la vista panoramica sul mare o sulla valle.

Cascadas Escondidas CAMPEGGIO $
(piazzole con tettoia CH$5000) Offre piattaforme con tettoia all'inizio del sentiero per le 'cascate nascoste'.

Lago Negro CAMPEGGIO $
(piazzole CH$1500 per persona, piazzole con tettoia CH$5000) Una grande area per il campeggio situata vicino al lago.

Lago Punta CAMPEGGIO $
(piazzole CH$1500 per persona, piazzole con tettoia CH$5000) Uno spazio sulle sponde del lago che può accogliere molte tende.

Lago Blanco CAMPEGGIO $
(piazzole con tettoia CH$5000) Questo campeggio, 20 km a sud di Caleta Gonzalo e 36 km a nord di Chaitén, offre alcune piazzole al coperto e un panorama incantevole sul lago. Non mancate di ammirare la vista ancora migliore che si goda dal *mirador*, raggiungibile con una breve passeggiata a piedi. Il lago offre ottime opportunità agli appassionati di pesca, ma occorre farsi rilasciare il permesso alla stazione dei ranger.

Camping El Volcán CAMPEGGIO $
(piazzole CH$1500 per persona, piazzole con tettoia CH$5000) All'estremità meridionale del parco, 2,5 km prima della stazione dei ranger all'ingresso sud, questa grande area in cui campeggiare dispone di spazi per le automobili e di un chiosco informazioni.

Sector Amarillo CAMPEGGIO $
(piazzole CH$1500 per persona) Questo nuovo settore, a sud di Chaitén, si estende su una zona precedentemente adibita a coltivazione oltre le Termas El Amarillo. Offre un panorama incantevole e ampie piazzole pianeggianti distribuite in tre aree separate. Il sito si trova a un paio di giorni di cammino dalle altre aree, ma è accessibile anche in automobile.

Informazioni

Presso i due **Centros de Visitantes** (www.pumalinpark.org; Caleta Gonzalo ed El Amarillo; 9-19 lun-sab, 10-16 dom) troverete fotografie, opuscoli relativi al parco e informazioni sull'ambiente, nonché prodotti artigianali della regione. Per saperne di più prima di arrivare sul posto, è possibile contattare l'ufficio del parco di Pumalín a **Puerto Varas** (065-250-079; Klenner 299; 9-17 lun-ven) o negli **Stati Uniti** (415-229-9339; Bldg 1062, Fort Cronkhite, Sausalito, CA 94965). Sul sito web troverete ugualmente informazioni aggiornate con regolarità.

Nel settore El Amarillo, **Puma Verde** (Carretera Austral s/n; docce CH$500; 9-20.30 lun-sab, 10-20 dom) è una stazione di servizio con negozio di generi vari gestita dal parco – l'ultima prima di La Junta. Vende un ricco assortimento di prodotti artigianali locali e generi alimentari a prezzi contenuti, comprese uova, frutta e verdura.

Per/dal Parque Pumalín

I traghetti **Naviera Austral** (065-270-431) salpano tutti i giorni in alta stagione, alle 13.15 e alle 17.15, da Caleta Gonzalo alla volta di Hornopirén (da 5 a 6 h). Il nuovo servizio autobus-traghetto con partenza da Puerto Montt effettua fermata al parco lungo il tragitto per Chaitén; per maggior informazioni, v. p359.

Chaitén

065 / POP. 4000

Il 2 maggio 2008, l'improvvisa eruzione di un vulcano addormentato ha devastato completamente questo tranquillo villaggio. Per fortuna gli abitanti poterono essere evacuati, ma hanno poi vissuto anni di incertezza nell'attesa che il governo decidesse sul da farsi. Inizialmente si era deciso di ricostruire la cittadina 10 km più a nord, presso la località costiera di Santa Bárbara, ma da quando madre natura si è calmata il progetto sembra aver subito una battuta di arresto. Oggi alcune zone di Chaitén rimangono inagibili, anche se buona parte del villaggio è in fase di ricostruzione. Alberghi e ristoranti sono ancora poco numerosi, ma si trovano facilmente generi alimentari, carburante e aree per il campeggio.

Chaitén è il principale nodo dei trasporti lungo il tratto settentrionale della Carretera Austral, punto di partenza di numerosi au-

IL RISVEGLIO DEL VOLCÁN CHAITÉN

Erano ben pochi a credere che si trattasse davvero di un vulcano, ma tutti hanno cambiato idea in fretta, quando il 2 maggio 2008 il Volcán Chaitén, situato 10 km a nord-est dell'omonima cittadina, ha lanciato in aria una nube alta 20 km. L'eruzione è durata un mese e ha emesso di più di un chilometro cubo di cenere lavica soltanto nella prima settimana, provocando vaste inondazioni, gravi danni a case, strade e ponti e decimazione del bestiame. Le ceneri sono arrivate fino a Buenos Aires e i 4000 abitanti di Chaitén furono evacuati su disposizione delle autorità cilene per essere trasferiti pochi chilometri a nord-ovest del villaggio di Santa Barbara (Nuevo Chaitén). Oggi, il ripristino delle infrastrutture nella vecchia cittadina permette agli abitanti di Chaitén di fare pian piano ritorno nelle loro case.

Il vulcano, situato nel Parque Pumalín, è visibile da alcuni tratti della strada principale del parco e sul fianco nord-orientale della montagna si possono vedere le foreste calcificate dalla colata piroclastica. La caldera, al cui interno si è formato nel frattempo un nuovo duomo di lava, ha raggiunto un diametro di 3 km; è possibile salire a piedi fino al cratere in compagnia di una guida, ma occorre fare molta prudenza.

Nel 2011, grazie al lavoro instancabile dei ranger, il parco è stato riaperto, ma il Volcán Chaitén rimane in stato di allarme giallo e sotto il costante controllo di Sernageomin, l'Istituto Minerario e Geologico cileno.

tobus diretti a sud e scalo di voli e traghetti per/da Puerto Montt e Chiloé. Chaitén è anche la principale porta di accesso al Parque Pumalín.

Utilizzando il traghetto, il porto si raggiunge con una camminata di 10 minuti in direzione nord-ovest. Chaitén si trova 56 km a sud di Caleta Gonzalo e 45 km a nord-ovest di Puerto Cárdenas.

Che cosa vedere e fare

Termas El Amarillo TERME

(ingresso CH$3700) Circa 25 km a sud-est di Chaitén, su uno sperone roccioso che si erge a nord della Carretera Austral, le sorgenti di acqua termale si gettano in una grande piscina di cemento e in due vasche più piccole affacciate sul Río Michinmahuida. Durante il giorno il posto è molto frequentato da viaggiatori e famiglie, ma dopo le 21 tornano la pace e il silenzio e i campeggiatori (piazzole CH$5400) possono godersi un bagno sotto le stelle.

Lago Yelcho PESCA

Alimentato dall'impetuoso Río Futaleufú, questo lago di colore azzurro brillante che si estende per 110 kmq ai piedi dei ghiacciai è amatissimo dai pescatori. Il piccolo approdo di Puerto Cárdenas (62 km a sud di Chaitén) dispone di alcune modeste strutture ricettive aperte soltanto d'estate e di lodge che offrono barche per la pesca e guide.

Ventisquero Yelcho ESCURSIONISMO

Soltanto 15 km a sud di Puerto Cárdenas, il Puente Ventisquero (Ponte Glaciale) è il punto di partenza di un'escursione a questo grande ghiacciaio pensile (2 h 30 min). Potrete montare la tenda nei pressi del parcheggio, dove troverete anche un *quincho* (spazio coperto per il barbecue) e i servizi igienici. Il sentiero lungo le sponde del fiume offre belle vedute del ghiacciaio, ma se avete poco tempo sarà sufficiente un'ora di cammino per raggiungere un punto da cui la vista è fantastica.

Tour

Chaitur TOUR

(☎097-468-5608; www.chaitur.com; O'Higgins 67) Nicholas, di Chaitur, parla inglese ed è la migliore fonte di informazioni di tutta la cittadina. Organizza la maggior parte dei trasporti in autobus e molte visite con guide bilingui a Pumalín, al ghiacciaio di Yelcho, alle Termas El Amarillo e alle colonie di leoni marini che popolano alcune spiagge. Offre anche escursioni guidate al cratere del Volcán Chaitén, corredate da interessanti informazioni scientifiche, e noleggia biciclette (CH$3000 per 2 h).

Pernottamento e pasti

Hospedaje Don Carlos GUESTHOUSE $

(☎731-287; doncarlos.palena@gmail.com; Almirante Riveros 53; singole/doppie CH$15.000/25.000, senza bagno CH$10.000/20.000; P Wi-Fi) Camere pulite con letti robusti e qualche tocco kitsch come le bambole e la frutta di plastica. Si riempie in fretta, perciò prenotate con largo anticipo.

Cielo Mar Camping CAMPEGGIO $

(☎097-468-5608; www.chaitur.com; O'Higgins e Corcovado; piazzole CH$2500 per persona; Wi-Fi) In pieno centro, è un campeggio familiare dotato di docce con acqua calda.

TOP **Cocinerías Costumbristas** CUCINA DI MARE $

(Portales 258; pasti CH$4500; ⏲prima colazione, pranzo e cena) Le *señoras* in grembiule, indaffarate nelle piccole cucine, servono fumanti empanadas ai frutti di mare, vassoi di pesce e una squisita *paila marina* (zuppa di crostacei). È sempre affollato di gente del posto, perciò cercate di arrivare presto.

Informazioni

BancoEstado (all'angolo tra Libertad e O'Higgins) Dispone di bancomat, ma per quanto riguarda il contante offre tassi di cambio poco convenienti.

Chiosco di informazioni turistiche (all'angolo tra Costanera e O'Higgins; ⏲9-21 gen-feb) Troverete opuscoli e un elenco delle strutture ricettive.

Hospital de Chaitén (☎731-244; Av Ignacio Carrera Pinto; ⏲24 h su 24) Il pronto soccorso è sempre in funzione.

Per/da Chaitén

Aereo

La strada da Pumalín a Chaitén è adibita a pista di atterraggio provvisoria e una fila di coni arancioni impedisce l'accesso ai veicoli negli orari di arrivo degli aerei. **Aerocord** (☎a Puerto Montt 065-262-300; www.aerocord.cl; Costanera s/n) e **Pewen** (☎a Puerto Montt 065-224-000; www.pewenchile.com) offrono voli per l'Aerodromo La Paloma di Puerto Montt (sola andata CH$42.000, 45 min); i voli partono tutti i giorni, esclusa la domenica, alle 11.

Autobus

Gli orari e le modalità dei collegamenti per la Carretera Austral cambiano frequentemente. Salvo diversa indicazione, gli autobus partono dal principale **Terminal Chaitur Bus** (☎097-468-5608; www.chaitur.com; O'Higgins 67). Dal lunedì al venerdì, un autobus Terra Austral parte alle 13 alla volta di La Junta, dove tutti i giorni di buon mattino ci sono corse dirette a Coyhaique.

Tutti gli autobus per Coyhaique fermano a Puyuhuapi e in altre località lungo il tragitto. Buses Becker serve Coyhaique il mercoledì alle 10 e Villa Santa Lucía la domenica alle 8.30 (con coincidenze per Coyhaique).

Buses Cardenas raggiunge Futaleufú tutti i giorni eccetto il giovedì con partenza alle 12. **Buses Palena** serve Palena tutti i giorni eccetto il giovedì, con partenza dal centro cittadino tra le 11 e le 13 (in base agli orari di arrivo degli aerei).

DESTINAZIONE	TARIFFA (CH$)	DURATA (ORE)
Coyhaique	CH$24.000	9-10
Futaleufú	CH$8000	3½
La Junta	CH$8500	4
Palena	CH$8500	4
Puyuhuapi	CH$12.000	5
Villa Santa Lucía	CH$4000	2

Imbarcazioni

Gli orari dei traghetti variano, quindi dovrete verificarli prima di programmare i trasferimenti.

Il traghetto per passeggeri e autoveicoli **Naviera Austral** (☎07-976-0342; www.navieraustral.cl; Corcovado 266) salpa per Puerto Montt (poltrona/cuccetta/automobile CH$16.000/31.200/88.000, 12 h) 3 volte la settimana. Durante l'estate ci sono anche 2 traghetti la settimana per Quellón (CH$16.000/25.700/82.000, 6 h), Chiloé. Per informazioni dettagliati sui traghetti (e sul servizio combinato autobus-traghetto) per Hornopirén e Puerto Montt, v. p359.

Futaleufú

☎065 / POP. 1800

Le acque selvagge e gelide hanno reso famosa Futaleufú, che altrimenti sarebbe una modesta località di montagna. La cittadina non è soltanto un paradiso per gli appassionati di rafting e kayak, ma è possibile praticarvi anche la pesca con la mosca, l'escursionismo e l'equitazione. Grazie alle strade ben tenute e a un numero crescente di visitatori, Futaleufú compare sempre più spesso sugli itinerari turistici. Se non dimenticherete che il clima è piuttosto freddo, la troverete divertente.

Costituita da una ventina di isolati di case tinteggiate in colori pastello, 155 km a sud-est di Chaitén, Futaleufú è soprattutto un centro di servizi per il confine argentino, che dista soltanto 8 km, e un approdo per gli appassionati di rafting e kayak. Molti viaggiatori proseguono il viaggio verso le città argentine di Trevelín ed Esquel e il Parque Nacional Los Alerces, anch'esso in territorio argentino.

Attività

Il Futa – o Fu, come è conosciuto – è un fiume impegnativo che oppone difficoltà tecniche piuttosto elevate e in alcuni tratti richiede una buona esperienza. Secondo l'operatore a cui ci si affida e ai servizi compresi nel prezzo, scendere in rafting il Futaleufú può costare a partire da CH$50.000 per persona, per mezza giornata sul tratto noto con il nome di 'Bridge to Bridge' dove occorre superare rapide di classe IV e IV+. Una discesa di un'intera giornata, riservata ai più esperti, va solo dal Bridge a Macul e comporta il superamento di due rapide di V livello (a partire da CH$75.000).

Le discese di rafting sul Río Espolón, di III livello, costano circa CH$15.000 per cinque ore e sono ideali per le famiglie. I principianti possono provare a cimentarsi con questo fiume, o scegliere il Lago Espolón per una pagaiata più tranquilla.

Bio Bio Expeditions RAFTING
(☎800-246-7238; www.bbxrafting.com; Río Azul) Vero e proprio pioniere nella regione, questo operatore rispettoso dell'ambiente offre discese sul fiume, escursioni a cavallo e altre attività. Se i gruppi non sono al completo, accetta anche clienti senza prenotazione.

Expediciones Chile RAFTING
(☎721-386; www.exchile.com; Mistral 296) Operatore serio e di grande esperienza. Specializzato in pacchetti di una settimana, offre anche lezioni di kayak, canyoning e uscite in mountain bike e a cavallo.

H2O Patagonia RAFTING
(☎negli Stati Uniti 888-426-7238; www.h2opatagonia.com) Agenzia statunitense in grado di organizzare interamente il viaggio, compresa la lussuosa sistemazione nel ranch di sua proprietà.

Patagonia Elements RAFTING
(☎097-499-0296; www.patagoniaelements.com; Cerda 549) Questa agenzia dispone di guide cilene di grande esperienza, ma offre anche lezioni di kayak, pesca con la mosca ed escursioni a cavallo.

Pernottamento

TOP **Las Natalias** OSTELLO $
(☎096-493-7761; www.hostallasnatalias.cl; letti in camerata/doppie senza bagno CH$9000/25.000,

camere per famiglie CH$30.000; @) Ristrutturata di recente e completamente circondata da terrazze, questa grande casa offre camerate con molti bagni in comune, una spaziosa area comune e un magnifico panorama sulle montagne. La prima colazione non è compresa, ma c'è una grande cucina attrezzata a disposizione degli ospiti. Nate, il simpatico americano che gestisce il posto, può fornire informazioni su itinerari e guide locali. Las Natalis si trova a 10 minuti di cammino dal centro di Futalefú: prendete per Cerda seguendo i cartelli che indicano il settore nord-orientale della cittadina e lo troverete sulla destra alla fine della salita.

Martín Pescador B&B B&B $
(721-279; Balmaceda 603; singole/doppie CH$10.000/20.000, bungalow per 6 persone CH$45.000;) Dietro al ristorante, questa accogliente casa con le pareti in adobe e gli arredi di buon gusto è un vero affare. I bungalow dall'eleganza rustica hanno due camere da letto, cucinino e scale strette. Mitch, il proprietario, è una guida professionista.

Adolfo's B&B GUESTHOUSE $
(721-256; O'Higgins 302; doppie CH$20.000, senza bagno CH$8000 per persona, bungalow per 6 persone CH$45.000; @) Le camere di questa accogliente casa con arredi e infissi in legno, di proprietà di un'insegnante del posto, sono l'affare migliore della cittadina. La prima colazione comprende uova, pane fatto in casa e torta al caffè. I proprietari non sono sempre in casa.

Hotel El Barranco LODGE $$$
(721-314; www.elbarrancochile.cl; O'Higgins 172; singole/doppie CH$85.000/100.000; @) In questa elegante struttura ai margini esterni dell'abitato, le camere offrono grandi letti e sono arredate con oggetti in legno scolpito e particolari in stile coloniale. Troverete anche una piscina, una sauna, una palestra e biciclette a disposizione degli ospiti. Il proprietario Juan Pablo è una miniera di informazioni sulle attività all'aperto che si possono praticare nella zona.

Posada Ely GUESTHOUSE $$
(721-205; posada.ely.futaleufu@gmail.com; Balmaceda 409; singole/doppie CH$15.000/30.000; P) Le camere ben tenute di questa struttura sono poste sotto la supervisione di Betty, una signora del posto che prepara una deliziosa marmellata di bacche di rosa canina, servita per la prima colazione insieme a pane fresco, uova, succhi di frutta, tè e molto altro. La struttura dispone di TV via cavo.

Hostería Río Grande HOTEL $$
(721-320; O'Higgins 397; singole/doppie/triple CH$35.000/55.000/65.000; P) Questo confortevole lodge rivestito di pannelli di legno si rivolge agli sportivi stranieri che, tra una discesa di rafting e l'altra, si dedicano a esercizi di sollevamento pesi nella palestra annessa. Le camere hanno tappeti dai colori vivaci, radiatori portatili per le giornate più fresche e letti bassi. C'è anche piccolo pub con dehors su un bel prato.

Patago BUNGALOW $
(09-958-9565; gregorioaraya@hotmail.com; Lago Lonconao; camere CH$10.000 per persona, bungalow per 4 persone CH$60.000) Le camere nella rustica casa sulle sponde del Lago Lonconao e il bungalow annesso sono un posto fantastico in cui rilassarsi. Gregorio, il cordiale padrone di casa, prepara anche la prima colazione (CH$3000) e il pranzo ricco di piatti vegetariani.

Cara del Indio CAMPEGGIO $
(02-196-4239; www.caradelindio.cl; piazzole/refugios CH$3000 per persona, bungalow a partire da CH$25.000) Un campo-avventura situato in posizione spettacolare di fronte al fiume, a 15 km da Puerto Ramiréz e a 35 km dalla Carretera Austral. Gestito da Luis Toro e dalla sua famiglia, occupa un terreno che si estende per ben 10 km lungo la riva. I rustici *refugios* offrono un minimo di riparo. Nelle tariffe delle piazzole è compreso l'utilizzo delle docce calde, di una cucina attrezzata all'aperto e di una sauna a legna. Gli ospiti possono acquistare pane fatto in casa, formaggio e birra. I mesi più tranquilli sono dicembre e marzo, l'inizio e la fine dell'affollata stagione estiva.

Camping Puerto Espolón CAMPEGGIO $
(099-447-7448; www.aldeapuertoespolon.blogspot.com; piazzole CH$4000 per persona, cupole per 2 persone CH$12.000; gen e feb) Situato in splendida posizione sulla riva sabbiosa di un fiume tra le montagne, poco prima di entrare in città, mette a disposizione degli ospiti una cucina all'aperto e docce calde. Si può dormire anche sotto cupole geodetiche che possono ospitare fino a otto persone e in teepee – portatevi il sacco a pelo.

Pasti

Dal momento che la maggior parte delle provviste arriva da molto lontano, a volte mancano le verdure fresche.

TOP **Martín Pescador** ALTA CUCINA $$
(721-279; Balmaceda 603; portate principali CH$7500-10.000; cena;) Ristorante esclu-

DA NON PERDERE

LA PATAGONIA DEI PIONIERI

Quando il vento 'ruggisce' e la pioggia non smette mai, si cerca rifugio vicino alla stufa, per bere una tazza di *mate* (tè) e per *echar la talla* (passare il tempo) con la gente del posto. La Patagonia rurale offre la possibilità di gettare lo sguardo su un mondo che sta per scomparire e di farlo da un punto di vista privilegiato. Per aiutare la pigra economia della zona, il governo e i gruppi no profit che operano nella regione hanno fondato associazioni di guide locali e di cittadini che danno alloggio ai turisti.

Queste imprese a carattere familiare sono in grado di offrire diversi tipi di esperienze, dai soggiorni economici nei confortevoli *hospedajes* o nelle fattorie che si trovano lungo le strade, ai trekking e le escursioni a cavallo in splendide zone selvagge. I prezzi sono ragionevoli – la tariffe partono da CH$10.000 al giorno per un semplice alloggio e da CH$15.000 al giorno per una guida – ma tenete presente che in molti casi (per esempio per i cavalli) vi verrà richiesto un supplemento e che potrete comunicare esclusivamente in spagnolo.

I viaggiatori interessati possono mettersi in contatto con i gestori degli alloggi e con le guide tramite la **Casa del Turismo Rural** (www.casaturismorural.cl) a Coyhaique (v. p344), o tramite la **Municipalidad de Cochamó** (www.cochamo.cl) a Río Puelo (v. p293). Nelle zone intorno a Cerro Castillo, La Junta, Palena e Llanada Grande (nel Sur Chico) troverete le opportunità migliori, ma vi conviene prenotare con almeno una settimana di anticipo, dal momento che con i luoghi più remoti gli intermediari dovranno mettersi in contatto via radio. Una cosa è però garantita: niente telefoni, niente elettricità, niente preoccupazioni.

Un'altra buona opzione è costituita dal **Discover Patagonia Circuit** (www.undiscoveredpatagonia.com), un innovativo progetto varato dal governo che offre ai viaggiatori 40 originali circuiti fai-da-te nella Patagonia rurale, dalla Valle Chacabuco fino a El Chaltén, in Argentina.

sivo e ricco di atmosfera, con una sala da pranzo circolare sormontata da travi a vista e dotata di caminetto, divani e quadri di artisti locali alle pareti. Il menu a base di piatti regionali come il pollo ai funghi, il carpaccio di salmone o il granchio al forno è perfetto per una cena speciale. Essendo aperto fino a tardi, è molto frequentato anche per bere qualcosa dopo cena.

SurAndes CAFFÈ **$**
(☎721-405; www.surandeschile.cl; Cerda 308; portate principali CH$4000; ⊙prima colazione, pranzo e cena; 📶) Autentico caffè e succhi appena spremuti ristorano i viaggiatori stanchi in questo locale accogliente che serve omelette cucinate al momento, hamburger e piatti vegetariani. Ci sono anche un bungalow e, al piano superiore, un bell'appartamento con cinque posti letto che viene affittato al prezzo di CH$15.000 per persona.

El Encuentro CILENO **$$**
(☎721-247; O'Higgins 653; pasti CH$7000) Non badate alle tovaglie di plastica: il locale propone una discreta cucina casalinga. Potrete assaggiare la carne bovina che proviene dai ranch della zona, oppure il salmone o il pollo alla crema.

ℹ Informazioni

BancoEstado (all'angolo tra O'Higgins e Manuel Rodríguez) Portate con voi il contante che vi serve, poiché questa è l'unica banca in cui si può cambiare la valuta. Il bancomat accetta soltanto MasterCard.

Ufficio postale (Manuel Rodríguez)

Ufficio turistico (O'Higgins 536; ⊙9-21) Fornisce utili informazioni su bungalow, attività e trekking nella zona.

ℹ Per/da Futaleufú

Buses Becker (☎721-360; www.busesbecker.com; all'angolo tra Balmaceda e Pratt; ⊙9-13 e 15-19) collega la cittadina con Villa Santa Lucía (CH$6000, 2 h), da dove è possibile raggiungere Coyhaique più a sud; offre anche 1 corsa alla settimana per La Junta (CH$12.000), Puyuhuapi (CH$13.500) e Coyhaique (CH$24.000, da 9 a 10 h). Buses Cardenas serve Chaitén (CH$8000, 3 h 30 min) tutti i giorni eccetto il giovedì. Per Puerto Montt (CH$25.000, 12 h via Argentina) ci sono partenze il mercoledì e la domenica alle 8 con **TransAustral** (☎721-360; all'angolo tra Balmaceda e Pratt); lo stesso ufficio vende anche i biglietti aerei da Chaitén a Puerto Montt, che vale la pena acquistare in anticipo.

Il **posto di frontiera di Futaleufú** (⊙8-20) è molto più veloce ed efficiente di quello di Palena di fronte a Carrenleufú, cittadina di confine argentina.

A Futaleufú non esistono stazioni di rifornimento. Il negozio di generi alimentari in Sargento Aldea vende carburante a taniche; attraversando il confine, sappiate che in Argentina i prezzi sono più bassi.

Palena

Situata sull'omonimo lago dalle acque turchesi, Palena è una tranquilla cittadina di montagna con qualche reminiscenza dei tempi dei pionieri. Il principale motivo di richiamo è la possibilità di esplorare le verdi vallate a piedi o a cavallo, approfittando della calorosa ospitalità della gente del posto. Il Rodeo de Palena si tiene nell'ultimo fine settimana di gennaio, mentre la Semana Palena, dedicata a musica dal vivo e feste di cowboy, si celebra alla fine del mese di febbraio.

Nella piazza centrale, l'**ufficio turistico** (☎065-741-221; www.palenaonline.cl; Piloto Pardo s/n; ⏲9-20 lun-sab, fino alle 18 dom) può organizzare uscite a cavallo, discese di rafting e battute di pesca con guide locali. Occorre prenotare con un certo anticipo, dal momento che molte delle strutture rurali che offrono il pernottamento devono essere contattate via radio. L'ufficio può anche mettere in contatto i viaggiatori in cerca di avventure con la fattoria Rincón de la Nieve della famiglia Casanova, nella Valle Azul, accessibile soltanto a piedi o a cavallo. Potrete fermarvi sul posto, oppure proseguire per cinque giorni (andata e ritorno) e raggiungere il remoto Lago Palena (v. lettura p338) con un itinerario davvero spettacolare; prenotate in anticipo.

Adventuras Cordilleranas (☎065-741-367; deisy_504@hotmail.com; ponte El Malito; singole con prima colazione CH$10.000) è un'accogliente struttura a conduzione familiare che offre anche uscite in kayak sul Río Palena; prenotate in anticipo. Arrivando da ovest, scendete alla fermata che si trova 22 km prima di Palena.

Buses Palena (☎065-741-319; Plaza de Armas) offre corse per Chaitén (CH$5000, 4 h) in partenza alle 6 il mercoledì e il giovedì.

La Junta

☎067

Circondata da un paesaggio che ricorda le Montagne Rocciose, La Junta era un'*estancia* (azienda d'allevamento) che costituiva un punto di incontro per i *rancheros* diretti al mercato. Situata a metà strada tra Chaitén e Coyhaique, la polverosa cittadina è ancora un importante crocevia sull'asse dei trasporti da nord a sud e offre opportunità di alloggio migliori della vicina Puyuhuapi. Inconfondibile anche grazie all'evidente monumento a Pinochet, La Junta è oggi un importante centro di servizi e rifornimento per i viaggiatori, piena di vecchi negozi che vendono oggetti di un tempo.

I visitatori possono partecipare a escursioni in barca sul Río Palena, pescare con la mosca o dedicarsi alle escursioni nelle riserve naturali. Nella Reserva Nacional Lago Rosselot e nel Lago Verde abbondano varie specie di trote. Le sorgenti calde private delle **Termas del Sauce** (☎098-737-5645; Camino a Raul Marin Balmaceda Km 17; CH$5000 per persona) offrono piscine piacevoli ma rustiche e un campeggio nei pressi di un ruscello che scorre a 17 km dalla cittadina, in direzione di Raúl Marín Balmaceda.

Alla fine di gennaio, la **Fiesta del los Rios** celebra i due fiumi che confluiscono a La Junta con musica e balli popolari, barbecue e gite in barca gratuite. A La Junta non c'è una stazione degli autobus: potrete chiedere agli abitanti informazioni sugli orari e fermarne uno di passaggio.

Pernottamento e pasti

TOP **Alto Melimoyu B&B** B&B $$

(☎314-320; www.altomelimoyu.cl; Carretera Austral 375; singole/doppie CH$36.000/51.000, senza bagno CH$28.000/41.000; 📶) Questo splendido B&B di recente apertura offre un'imbattibile combinazione di design, servizio e atmosfera accogliente. L'unico neo è la posizione lungo la polverosa Carretera Austral, ma la strada è abbastanza distante da farlo dimenticare. Gli ospiti possono rilassarsi vicino al camino sul gigantesco divano di velluto a coste e consumare la prima colazione ai grandi tavoli comuni realizzati a mano da artigiani locali. C'è anche una hot tub di legno che si può affittare all'ora. La giovane e dinamica coppia che gestisce la struttura offre il noleggio di biciclette e kayak e potrà mettervi in contatto con le agenzie che organizzano escursioni.

Espacio y Tiempo LODGE $$$

(☎314-141; espacioytiempo.cl; Carretera Austral s/n; singole/doppie/triple CH$53.000/76.000/99.000; 📶) Un lodge curato e confortevole, che rilassa viaggiatori e pescatori con musica classica, grandi giardini e un bar ben fornito. Le camere, rimesse a nuovo di recente, hanno colori tenui e materassi di prima qualità. Altri tocchi gradevoli sono costituiti dai piccoli

VALE IL VIAGGIO

ALL'ESPLORAZIONE DELLA COSTA DIMENTICATA

A lungo isolato, il villaggio costiero di **Raul Marín Balmaceda** è stato finalmente raggiunto dalla strada e merita senz'altro una deviazione. Alla foce del Río Palena, una nuova riserva naturale offre rifugio a una moltitudine di animali selvatici, tra cui lontre, leoni marini e delfini. Per osservare da vicino la vita marina, fate uscite in kayak o con un'imbarcazione turistica. Dal villaggio, alcune strade sabbiose e sentieri erbosi conducono inoltre a una spiaggia incantevole. Se desiderate fermarvi a dormire, il **Fundo Los Leones** (☎096-597-3986, 097-898-2956; www.fundolosleones.cl; singole/doppie in bungalow CH$68.000/90.000; @) è uno splendido rifugio ecocompatibile situato sul fiordo Pitipalena, costituito da piccoli bungalow rivestiti di di legno. La struttura offre anche pasti preparati con gli ingredienti biologici coltivati nella fattoria ed escursioni in barca e in kayak. Nel villaggio, **Los Lirios** (☎096-242-0180; violaloslirios@gmail.com; camere con/senza bagno CH$12.000/10.000 per persona) è una confortevole sistemazione in famiglia.

Gli autobus per Raul Marín Balmaceda partono da La Junta il lunedì, mercoledì e venerdì alle 8.30; per chi viaggia con un mezzo di trasporto autonomo, una strada di ghiaia in discrete condizioni conduce al villaggio in circa due ore. In entrambi i casi è necessario prendere un traghetto (gratuito) in servizio soltanto fino alle 19.

porticati privati e dall'abbondante prima colazione a buffet, che offre tra l'altro vero caffè. Il ristorante dell'albergo è molto rinomato tra la gente del posto; tra le specialità del cuoco figura lo stufato di una specie di alce locale, ma il menu prevede anche invitanti insalate. Gli ospiti possono partecipare a escursioni nella zona, o semplicemente fare visita ai lama sul retro.

Hostería Mirador del Río AGRITURISMO $
(☎314-141, 098-159-2869; www.miradordelrio.cl; Camino a Raul Marin Balmaceda Km 6; camere con prima colazione CH$12.000 per persona) Per allontanarvi un po' dalla polverosa Carretera Austral, uscite dall'abitato e raggiungete questa incantevole fattoria. La famiglia che la gestisce è molto cordiale e la sostanziosa prima colazione comprende marmellata fatta in casa e pane cotto nel forno a legna servito ancora caldo. Gli ospiti possono anche partecipare a uscite in *catanoa* (canoa doppia; CH$28.000 per due persone) lungo il tranquillo Río Palena.

Terrazas de Palena B&B $$
(☎099-415-4274; www.terrazasdelpalena.cl; Carretera Austral s/n; appartamenti per 2/4 persone CH$40.000/50.000, bungalow per 2/5 persone CH$50.000/70.000; @) I bungalow squadrati e gli appartamenti con stufe a legna offrono ampie vedute e un'atmosfera piacevolmente tranquilla. Situata 2 km a nord di La Junta, la struttura offre anche escursioni e trasferimenti per/dall'aeroporto. All'epoca delle nostre ricerche era in costruzione un ristorante.

Pension Hospedaje Tía Lety GUESTHOUSE $
(☎098-763-5191; Varas 596; camere con prima colazione CH$10.000 per persona) Questa pensione offre un piacevole ambiente familiare e camere ben tenute con letti massicci. La prima colazione è molto abbondante.

TOP **Mi Casita de Té** CILENO $
(all'angolo tra Varas e Lynch; portate principali CH$5000; ⏲prima colazione, pranzo e cena) In questo animato ristorante a conduzione familiare, Eliana e le sue figlie cucinano e servono pasti abbondanti e caffè espresso. Il menu propone piatti tradizionali locali, come la sostanziosa *cazuela* (stufato) di manzo con pannocchie di granturco, piselli freschi e coriandolo, e, in estate, invitanti insalate con lattuga biologica.

ℹ Informazioni

Conaf (☎314-128; all'angolo tra Patricio Lynch e Manuel Montt) Offre notizie dettagliate sui parchi e sulle riserve dei dintorni.

Chiosco turistico (all'angolo tra Portales e 1era de Noviembre; ⏲9-21 lun-ven, 10.30-19.30 sab e dom) Sulla piazza, fornisce informazioni riguardo ad autobus, opportunità di alloggio e attività.

Yagan Expeditions (☎314-386; yagan.expeditions@gmail.com; all'angolo tra Lynch e Portales) Questo piccolo tour operator organizza passeggiate a cavallo, trekking, escursioni alle sorgenti termali e uscite in kayak sul Lago Rosselot.

Puyuhuapi

☎067

Nascosto in un ambiente preistorico, tra felci enormi e piante di nalca, questo pittoresco villaggio affacciato sulla costa è la porta d'accesso al Parque Nacional Queulat e alle Termas de Puyuhuapi, prestigiosa località termale. Fu fondato nel 1935 da quattro immigrati tedeschi, ispirati dalle avventure dell'esploratore Hans Steffen, all'estremità settentrionale del Seno Ventisquero, un suggestivo fiordo che fa parte del più ampio Canal Puyuhuapi.

La colonia agricola si sviluppò ulteriormente dopo l'arrivo di operai chiloti del settore tessile, che nel 1947 decretarono il successo dei bellissimi tappeti realizzati a mano dalla **Fábrica de Alfombras** (www.puyuhuapi.com; Calle Aysén s/n), oggi venduti online.

Sulla piazza centrale è disponibile la connessione wi-fi.

Che cosa vedere

Termas del Ventisquero TERME

(☎067-325-228; ingresso CH$14.000; ⏱9-23 dic-feb e alcuni fine settimana invernali) Per chi non ha il tempo o i mezzi per raggiungere in barca le altre sorgenti termali, le Termas del Ventisquero costituiscono un'eccellente alternativa. Situato accanto alla Carretera Austral, 6 km a sud di Puyuhuapi, questo nuovo piccolo centro termale offre una grande piscina e tre vasche più piccole, circondate da ombrelloni e sedie a sdraio, di fronte a un braccio di mare. La temperatura dell'acqua è di circa 36-40°C e vi sono spogliatoi con armadietti e docce. Non è permesso introdurre cibo, ma potrete mangiare un boccone nel ristorante, che serve anche tè inglese, caffè espresso e pisco sour.

Pernottamento e pasti

I visitatori delle terme spesso alloggiano nella cittadina, ma nella stagione estiva è necessario prenotare con il dovuto anticipo.

TOP **Casa Ludwig** B&B $$

(☎325-220; www.casaludwig.cl; Otto Uebel s/n; singole CH$16.000-35.000, doppie CH$24.000-42.000, triple CH$48.000) Punto di riferimento storico, questa costruzione classica è molto elegante e ben tenuta, con caminetti accesi nel grande soggiorno e un'abbondante prima colazione servita al tavolo comune. I prezzi delle camere variano a seconda delle dimensioni e in bassa stagione si possono ottenere sconti consistenti. Consultate il librone che elenca le numerose attività offerte, o chiedete informazioni ai cortesi proprietari, che parlano inglese e tedesco.

Cabañas Aonikenk BUNGALOW $

(☎325-208; aonikenkpuyuhuapi.cl; Hamburgo 16; singole/doppie CH$18.000/24.000, bungalow per 2-5-persone CH$40.000-60.000; wi-fi) Gestito dalla cordiale Veronica, offre bungalow in legno di recente costruzione con stufe a paraffina, letti con eleganti lenzuola bianche e piccoli balconi. La doppia più economica è quasi sempre già prenotata. Il caffè serve sandwich di pane integrale, torte e insalate; i divani del suo salottino sono un posto piacevole in cui rifugiarsi in una giornata di pioggia. La struttura offre anche servizio di lavanderia e noleggio di biciclette.

Hospedaje Ventisquero GUESTHOUSE $

(☎325-130; O'Higgins s/n; camere CH$6000 per persona; @) Questa casa bianca un po' sbilenca offre camere economiche ma prive di carattere e senza la prima colazione. Agli ospiti vengono offerti 15 minuti di accesso gratuito a internet.

Camping La Sirena CAMPEGGIO $

(☎325-100; Costanera 148; piazzole CH$2500 per persona) Le piazzole sono piuttosto piccole, ma ci sono ripari per le tende, bagni e docce con acqua calda. Si entra nel campeggio dal campo giochi vicino al mare.

El Muelle CUCINA DI MARE $$

(Otto Ubel s/n; portate principali CH$5000-8000; ⏱pranzo e cena) Questo ristorante rivestito di pannelli in legno e circondato da aiuole non troppo curate si trova proprio di fronte alla stazione di polizia. Il servizio è un po' lento, ma vale la pena di pazientare per gustare gli abbondanti piatti di pesce serviti con croccanti patatine fritte o purè. Per trovare un *merluza* (merluzzo) più fresco, dovrete cercarlo direttamente nel fiordo.

Informazioni

Ufficio turistico (Otto Uebel s/n; www.cuencadelpalena-queulat.cl; ⏱12-14 e 15-21 lun-sab) Situato di fronte al parco, fornisce informazioni esaustive su opportunità di alloggio, sorgenti termali e ristoranti. Chiedete la cartina con il tracciato per la visita a piedi della cittadina.

Chucao Expeditions (☎098-258-5799, 097-766-1524; chucaoexpeditions@gmail.com; Otto Uebel 36) Organizza escursioni in kayak o in bicicletta e gite in barca.

Per/da Puyuhuapi

Gli autobus in servizio lungo la tratta Coyhaique–Chaitén fanno scendere i passeggeri a Puyuhuapi.

Ricordate di acquistare il biglietto per il ritorno appena possibile, dal momento che in estate la domanda supera l'offerta. I mezzi fermano davanti al ristorante **El Muelle** (Otto Ubel s/n; ⏲vendita biglietti 10-16 e 19-20 lun-sab, 11-15 dom), che vende i biglietti soltanto in determinati orari. Gli autobus di **Buses Becker** (☎232-167, 098-465-2959) partono per Chaitén il martedì alle 8 e per Futaleufú il sabato alla stessa ora; entrambi passano da La Junga. Per Coyhaique, un autobus di **Terra Austral** (☎098-769-9024) parte tutti i giorni alle 6.

DESTINAZIONE	TARIFFA (CH$)	DURATA (ORE)
Chaitén	CH$12.000	5
Coyhaique	CH$8000	4-5
Futaleufú	CH$12.000	6
La Junta	CH$4000	1

Termas de Puyuhuapi

La località termale più nota del Cile è rappresentata dalle lussuose **Termas de Puyuhuapi Hotel & Spa** (☎067-325-103/117; pacchetto di 3 notti in camera doppia CH$700.000), all'interno di una rigogliosa foresta sulla sponda occidentale del Seno Ventisquero e raggiungibili soltanto in barca. Le costruzioni del complesso uniscono il rustico aspetto dei *palafitos* chilote con influenze di sapore bavarese, ma gli interni delle camere standard potrebbero essere più moderni. Alcuni pacchetti comprendono escursioni in barca al Glaciar e alla Laguna San Rafael. Attualmente, la maggior parte della clientela è costituita da turisti in viaggio organizzato e in alta stagione (febbraio) i viaggiatori indipendenti potrebbero avere qualche difficoltà nelle prenotazioni, soprattutto per una sola notte.

Tre piscine all'aperto, tra cui una vasca di fanghi caldi ombreggiata dalle felci, sono situate proprio accanto al mare, dando modo ai visitatori di approfittare dei vapori per gettarsi nelle fresche acque dell'oceano. La spa al coperto è più raffinata, ma l'ambiente è meno affascinante. Le famiglie prediligono le piscine di acqua fredda, le vasche con idromassaggio e la grande piscina con getti d'acqua di diversa intensità.

L'ingresso giornaliero è subordinato all'affluenza, perciò conviene telefonare il giorno prima. Il trasferimento in barca e l'utilizzo delle vasche esterne per un giorno costano rispettivamente CH$5000 e CH$22.000 (CH$2500 e CH$10.000 per i bambini). I trattamenti e i massaggi della spa si pagano a parte. I pasti vengono serviti nel ristorante dell'albergo o nel più economico caffè.

Le imbarcazioni che raggiungono le Termas de Puyuhuapi salpano dal molo principale di Bahía Dorita, 13 km a sud di Puerto Puyuhuapi. Le lance partono tra le 10 e le 18. Per maggiori informazioni, contattate **Patagonia Connection** (☎a Santiago 02-225-6489; www.patagonia-connection.com).

Parque Nacional Queulat

I 1540 kmq del **Parque Nacional Queulat** (ingresso CH$4000) sono un territorio selvaggio di fiumi che attraversano fitte foreste di felci e faggi australi. Nelle giornate senza sole, il posto è di una bellezza mozzafiato, con i ripidi fiordi fiancheggiati da maestosi ghiacciai e vette vulcaniche alte fino a 2000 m. Il parco si estende su entrambi i lati della Carretera Austral per circa 70 km, a metà strada tra Chaitén e Coyhaique.

Istituito nel 1983, il Parque Nacional Queulat è molto conosciuto, ma la sua posizione isolata ne fa ancora oggi un luogo visitato soltanto da pochi appassionati, messi alla prova anche dalle continue piogge (fino a 4000 mm annui) e dalla vegetazione impenetrabile. Nonostante la vastità del territorio, i sentieri escursionistici all'interno sono pochi. Il Conaf fa il possibile per mantenere in buono stato i cartelli che indicano l'inizio dei sentieri, ma la maggior parte viene regolarmente inghiottita dal fogliame o manca del tutto.

Il **Centro de Información Ambiental** (⏲9-18), 22 km a sud di Puerto Puyuhuapi e a 2,5 km dalla strada, presso il parcheggio utilizzato per il Ventisquero Colgante, è il principale centro visitatori del parco e sede della biglietteria. Ospita un'esposizione, ben studiata e molto documentata, sulle specie vegetali presenti nel parco e l'attività dei ghiacciai. I ranger possono aiutare a organizzare le escursioni a piedi.

Attività

Nei pressi del centro visitatori inizia una breve passeggiata che raggiunge un punto panoramico sul **Ventisquero Colgante**, la principale attrattiva del parco. Si può anche attraversare il ponte sul Río Ventisquero e seguire il tracciato di 3,2 km lungo la cresta di una morena sulla riva settentrionale del fiume, da cui si apre una vista fantastica sul ghiacciaio e da dove potrete ammirare il crollo dei seracchi sulle rocce sottostanti. Alla **Laguna de Los Tempanos** c'è un molo da cui partono le imbarcazioni (CH$3500 per persona, soltanto in estate) che attraversano il lago per andare a vedere il ghiacciaio.

A nord dell'ingresso meridionale del parco, al Km 170, un tracciato fangoso risale la valle del **Río de las Cascadas** attraversando una fitta foresta di felci delicate, tralci di copihue, fucsie alte come alberi, podocarpi e lenga. Qui le abbondanti piogge non colpiscono mai direttamente il suolo, ma sgocciolano tra i diversi livelli della volta arborea. Dopo circa mezz'ora di cammino, il sentiero sbuca nei pressi di un'imponente conca granitica in cui si gettano diverse cascate provenienti dai ghiacciai soprastanti.

Circa 20 km a sud del centro visitatori inizia il **Sendero Padre García**, una scalinata di 100 m che scende fino a un belvedere affacciato su un'imponente cascata e sulla trasparente pozza che si trova ai suoi piedi (fermatevi sulla piccola spalla sulla sinistra). Padre García era un sacerdote gesuita che aveva percorso a piedi il Queulat in cerca della mitica Ciudad de Los Césares (Città dei Cesari). Proseguendo, la strada sale serpeggiando insidiosamente fino a raggiungere Portezuelo de Queulat, tra il Km 175 e il Km 178, da cui la vista panoramica sulla Valle del Queulat è davvero meravigliosa.

I corsi d'acqua più ampi, come il Río Cisnes, e le frange glaciali del Lago Rosselot, del Lago Verde e del Lago Risopatrón offrono opportunità straordinarie agli appassionati di **pesca**.

Pernottamento

Camping Ventisquero CAMPEGGIO $
(piazzole CH$6000) Vicino al Ventisquero Colgante, questo campeggio dispone di 10 belle piazzole private con barbecue coperto e tavoli da picnic. Sul posto è disponibile la legna da ardere, ma nei bagni troverete docce gelide e piantare la tenda potrebbe risultare un po' complicato a causa del suolo roccioso.

Camping Angostura CAMPEGGIO $
(Lago Risopatrón; piazzole CH$5000) Situato in una zona di foresta pluviale 15 km a nord di Puerto Puyuhuapi, è dotato di servizi di buon livello (anche se dalle docce esce soltanto acqua fredda).

Per/dal Parque Nacional Queulat

Gli autobus che fanno servizio tra Chaitén e Coyhaique potranno farvi scendere a Puyuhuapi o, a richiesta, in altri punti lungo il confine occidentale del parco; v. p335 per ulteriori informazioni. Prenotate il vostro posto sul mezzo che desiderate prendere e preparatevi a una lunga attesa.

Dintorni del Parque Nacional Queulat

Superato il Parque Nacional Queulat, all'altezza del bivio per Puerto Cisnes la strada prosegue interamente asfaltata fino a Coyhaique. **Villa Amengual** è un villaggio di pionieri con servizi ridotti all'essenziale, una cappella in legno nel tipico stile chilote e strutture ricettive a gestione familiare. L'abitato sorge ai piedi del Cerro Alto Nevado, la cui vetta tocca i 2760 m.

Percorrendo altri 55 km in direzione sud s'incontra **Villa Mañihuales**, fondata nel 1962. Qui troverete un paio di *hospedajes* economici, tra cui il **Residencial Mañihuales** (☎067-431-403; E Ibar 280; camere CH$10.000 per persona), e alcuni semplici caffè.

Dopo altri 13 km in direzione sud, la Carretera Austral si biforca. La statale che prosegue verso sud-ovest per Puerto Aysén

VALE IL VIAGGIO

ISLA MAGDALENA

Il **Parque Nacional Isla Magdalena** è una splendida riserva naturale su un'isola dove ci sono anche sorgenti termali e tracciati escursionistici. I più avventurosi troveranno il posto di grande interesse, ma tenete presente che il Conaf offre poche infrastrutture e che il viaggio di arrivo è piuttosto costoso. Per organizzare la traversata dovrete chiedere informazioni sul posto; conviene comunque mettersi d'accordo con altri visitatori in modo da suddividere i costi dell'imbarcazione, che si aggirano intorno a CH$100.000 per un gruppo di 10 persone. Potete reperire informazioni dettagliate sulla zona sul sito de **La Municipalidad de Cisnes** (www.cisnes.org). Le imbarcazioni partono da Puerto Cisnes, una cittadina dedita all'industria del salmone 35 km a ovest della Carretera Austral, alla quale è collegata da una strada asfaltata. Puero Cisnes è servita tutti i giorni da autobus provenienti da La Junta (CH$5000, 3 h).

e Puerto Chacabuco è interamente asfaltata. La strada che conduce a Coyhaique si snoda in un ambiente molto panoramico, attraversando i pendii delle Ande nella fitta foresta primaria di felci arboree e liane.

Coyhaique

☎067 / POP. 44.900

Cittadina di campagna in continuo sviluppo, Coyhaique è il crocevia regionale dell'Aysén rurale, sufficientemente urbana da ospitare la tecnologia più di moda o le discoteche ultimo grido. Il tutto al centro di una pianura ondulata sullo sfondo di catene montuose innevate. Per il visitatore si tratta di un ottimo punto da cui partire in cerca d'avventura, che si tratti di una battuta di pesca con la mosca, di un'ascensione alpinistica o di percorrere la Carretera Austral fino a dove finisce, a Villa O'Higgins. Per chi arriva direttamente dalla foresta pluviale dell'Aysén settentrionale, la cittadina potrebbe tuttavia rappresentare un brusco ritorno a un mondo di impianti industriali e autocarri.

Nella regione, l'industria pesante in particolare è in rapida crescita e ha visto la costruzione di numerose centrali idroelettriche oltre al progetto per un impianto di produzione di alluminio, recentemente bocciato. La popolazione della cittadina cresce esponenzialmente, visto che gli abitanti delle campagne raggiungono il centro urbano per cercare lavoro nell'industria del legname e in quella del salmone.

Che cosa vedere e fare

Mirador Río Simpson PUNTO PANORAMICO

Da questo punto panoramico, raggiungibile camminando in direzione ovest lungo JM Carrera, godrete di una meravigliosa vista sul fiume.

Lago Elizalde LAGO

Uno dei numerosi e tranquilli laghi di montagna nei dintorni di Coyhaique, ideale per prendere all'amo diversi tipi di trote, dedicarsi al kayak o semplicemente rilassarsi sulla spiaggia. Si trova a soli 33 km dalla cittadina e lo si può raggiungere con gli autobus in partenza dal terminal urbano.

Museo Regional de la Patagonia MUSEO

(☎213-175; all'angolo tra Baquedano e Eusebio Lillo) Questo museo espone manufatti che risalgono al periodo dei pionieri e cimeli dell'epoca dei gesuiti. Ospita anche una bella collezione di fotografie, corredate da didascalie, che illustrano la storia della regione, compresa la costruzione della Carretera Austral. All'epoca delle nostre ricerche era in corso di ristrutturazione.

Reserva Nacional Coyhaique ESCURSIONISMO

(ingresso CH$2000) Gli appassionati di escursionismo potranno percorrere i sentieri tracciati di questa riserva che dista soltanto 5 km da Coyahique. Seguite Baquedano in direzione nord, attraversate il ponte e proseguite su una strada di ghiaia; dall'ingresso, dopo 3 km si arriva alla Laguna Verde.

Centro de Ski El Fraile SPORT INVERNALI

(☎231-690; ⌚giu-set) Due skilift offrono l'accesso alle piste con un dislivello di 800 m di questo piccolo centro sciistico situato 29 km a sud di Coyhaique. I più esperti possono proseguire a piedi, oltre l'arrivo degli impianti, per raggiungere alcune zone abbondantemente innevate da cui è possibile lanciarsi in belle discese tra gli alberi. L'attrezzatura si può noleggiare sul posto.

Tour

Casa del Turismo Rural ECOTOUR

(☎524-929; www.casaturismorural.cl; Plaza de Armas) Organizza sistemazioni presso le strutture rurali della zona (all'incirca da CH$10.000 a CH$15.000 per persona a notte) e gestisce un servizio di escursioni, in compagnia di guide del posto, in grado di mettere in contatto con la realtà locale i partecipanti a trekking, battute di pesca e passeggiate a cavallo. Può organizzare anche escursioni ai ghiacciai e visite alla Capilla de Marmol, vicino al Lago General Carrera.

GeoSur Expediciones-Patagonia Learning Adventures SPORT AVVENTURA

(☎099-264-8671; www.patagonialearning.com; Símon Bolívar 521) Focalizzando l'attenzione sulla cultura locale e i paesaggi della regione, le esperte guide bilingui accompagnano i turisti in avventure che comprendono trekking, kayak, pesca con la mosca o semplicemente una giornata nel centro-avventura GeoSur. Il GeoSur Mountain Lodge, abbarbicato sopra il Lago Monreal e il Lago Paloma 57 km a sud di Coyhaique, costituisce uno splendido punto di partenza alternativo per il trekking di più giorni al Cerro Castillo.

Pernottamento

TOP **Patagonia Hostel** OSTELLO $

(☎096-240-6974; www.patagonia-hostel.com; Lautaro 667; letti in camerata/doppie CH$ 10.000/30.000; @☜) Accogliente ostello a gestione tedesca, offre camere dall'eleganza

PATAGONIA SETTENTRIONALE

Coyhaique

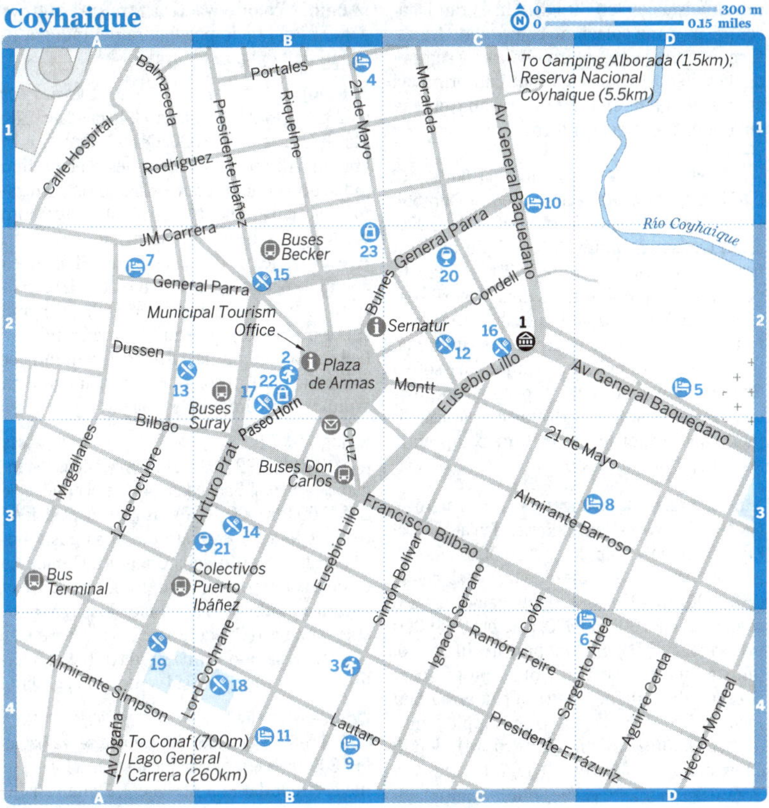

Coyhaique

Che cosa vedere

1 Museo Regional de la Patagonia C2

Attività, corsi e tour

2 Casa del Turismo Rural B2
3 GeoSur Expediciones-Patagonia Learning Adventures B4

Pernottamento

4 Doña Herminia B1
5 El Reloj D2
6 Hostal Español D4
7 Hotel El Bagual A2
8 La Estancia Cabañas D3
9 Patagonia Hostel B4
10 Raices B&B C1
11 Residencial Mónica B4

Pasti

12 Café Confluencia C2
13 Café Holzer A2
14 Carnes Queulat B3
15 Casino de Bomberos B2
El Reloj Restaurant .... (v. 5)
16 La Ovejita C2
17 Mamma Gaucha B2
18 Supermercato B4
19 Supermercato A4

Locali

Café Confluencia .... (v. 12)
20 Piel Roja C2
21 Pub Alkimia B3

Shopping

22 Feria Artesanal B2
23 Kaienk B2

minimalista con letti lunghi 2 m e grandi cuscini. La prima colazione comprende frutta, formaggio, salame e marmellata e c'è sempre del tè a disposizione degli ospiti. Informatevi sulle escursioni organizzate, tra cui trekking sulle montagne dei dintorni.

TOP Hotel El Bagual BOUTIQUE HOTEL $$$
(☎244-995; www.hotelbagual.cl; General Parra 551; singole/doppie/triple CH$55.000/75.000/95.000; @ wi-fi) Questo incantevole boutique hotel in fondo a una via tranquilla è il posto giusto per concedersi una follia. Offre camere spaziose, ambienti elegantemente arredati in tonalità tenui e con opere d'arte moderna, un'atmosfera accogliente e tranquilla e soffici divani, ricoperti di pelli di pecora, che invitano a rilassarsi vicino all'enorme camino in pietra del soggiorno. La struttura comprende anche un bar e un ristorante.

Albergue Las Salamandras OSTELLO $
(☎211-865; www.salamandras.cl; Teniente Vidal Km 1,5; singole/doppie CH$20.000/28.000, letti in camerata/singole/doppie senza bagno CH$8500/16.000/20.000, bungalow per 2-6 persone CH$20.000-60.000, piazzole CH$6000 per persona; @ wi-fi) Su un pontile in legno, questa rustica struttura offre ampi spazi comuni, due cucine e letti in camerata ben forniti di coperte. Pagando un supplemento di CH$25.000 (tariffa per gruppi) si può accedere alla hot tub di legno. I gestori organizzano anche escursioni lontano dagli itinerari più battuti. La struttura si trova 2 km a sud della città; consultate il sito web per le indicazioni stradali.

Hostal Español LOCANDA $$
(☎242-580; www.hostalcoyhaique.cl; Sargento Aldea 343; singole/doppie CH$30.000/42.000; P @) Moderna e arredata con buon gusto, questa grande casa in legno dispone di 10 camere con letti dotati di trapunte, tappeti bordeaux e qualche tocco caratteristico. Il servizio è ottimo e c'è anche un accogliente soggiorno con un bel camino scoppiettante. Il frigobar, il riscaldamento centralizzato e la connessione wi-fi sono presenti in tutte le camere.

Kooch Hostel OSTELLO $
(☎527-186; www.koochhostel.com; Camino Piedra del Indio Km 2; letti in camerata/singole/doppie CH$10.000/15.000/24.000; @) Ci sono soltanto poche camere in questa grande casa accogliente con un bel patio e una cucina comune. Le camere con letti gemelli e la camerata con quattro posti letto hanno soffici piumini e colori vivaci. La struttura si trova a 200 m dal bivio per Piedra del Indio, a 10 isolati dalla piazza centrale.

El Reloj LOCANDA $$$
(☎231-108; www.elrelojhotel.cl; Baquedano 828; singole/doppie CH$49.000/68.500; @ wi-fi) Accogliente e di ottimo livello, questo bellissimo lodge è ospitato in un magazzino ristrutturato. Ai vecchi ambienti rustici è stato aggiunto un design moderno ed essenziale, con pareti rivestite in legno di cipresso, arredi di epoca coloniale e un bel camino in pietra. Le camere sono tutte silenziose, ma quelle al piano superiore sono più luminose e offrono una bella vista panoramica. Pagate in contanti per evitare le tasse di soggiorno, che in realtà gli stranieri non dovrebbero pagare.

Raices B&B B&B $$$
(☎210-490, 099-619-5672; www.raicesbedandbreakfast.com; Baquedano 444; singole/doppie CH$45.000/60.000; P wi-fi) Situato in posizione centrale, questo B&B arredato con gusto minimalista è gestito dalla dinamica Cecilia. Le camere sono spaziose e hanno letti comodi con lenzuola morbide, arredi in legno grezzo e rustici caminetti (chiedete e ve lo accenderanno). Benché sia situato su una strada trafficata, molte camere si affacciano sul verde di un giardino.

Doña Herminia GUESTHOUSE $
(☎231-579; 21 de Mayo 60; camere senza bagno CH$8000 per persona) In questa casa a forma di nave, circondata da fitte siepi, Doña Herminia riserva agli ospiti premurose attenzioni come le lampade da lettura e i grandi asciugamani sempre perfettamente puliti.

La Estancia Cabañas BUNGALOW $$
(☎250-193; cabanasla@hotmail.com; Colón 166; bungalow singoli/doppi/tripli CH$30.000/40.000/50.000; wi-fi) Questi rustici bungalow, ben distanziati l'uno dall'altro, sono sistemati tra gli alberi di mele di un tranquillo frutteto. Le costruzioni, a due piani, hanno pavimenti in ceramica, stufa a legna e angolo cottura. Un ottimo affare per i piccoli gruppi.

Residencial Mónica GUESTHOUSE $
(☎234-302; Eusebio Lillo 664; camere con/senza bagno CH$10.000/8000 per persona) Accogliente e ben tenuta, questa grande pensione anni '60 è sempre al completo, anche in bassa stagione quando ospita numerosi lavoratori pendolari.

Camping Alborada CAMPEGGIO $
(☎238-868; piazzole CH$3000 per persona) Oltre ai campeggi della vicina Reserva Nacional

Coyhaique, questa struttura distante appena 1 km dalla città offre piazzole con tettoia straordinariamente pulite e ben riparate, numerosi servizi igienici con lavabi singoli, docce calde, focolari e allacciamenti alla rete elettrica.

Pasti

TOP Mamma Gaucha PIZZERIA $$
(☎210-721; Paseo Horn 47; portate principali CH$4500-8000; ⏰prima colazione, pranzo e cena, chiuso dom) Ambiente caratteristico, cucina sofisticata e prezzi contenuti: Mamma Gaucha è in grado di soddisfare anche il viaggiatore più esigente. Il soffitto di bambù, le pareti imbiancate a calce e gli allegri menu contribuiscono all'atmosfera casalinga. Iniziate con una limonata alla menta, un vino biologico o una pinta di La Tropera, prodotta al piano superiore. Il menu propone prevalentemente pizze cotte nel forno a legna, ma sono ottimi anche i piatti di pasta fatta in casa e le insalatone a base di ingredienti locali.

Carnes Queulat PARRILLA $$
(☎250-507; www.carnesqueulat.cl; Ramón Freire 327; portate principali CH$4000-7000; ⏰pranzo e cena, chiuso dom) Nascosto in fondo a una stradina di ghiaia, questo locale semplice e accogliente serve le migliori bistecche della regione. L'imperdibile specialità della casa è la *carne a las brasas*, cotta sul fuoco a legna e servita con fumanti empanadas e pisco sour preparato secondo una ricetta segreta.

El Reloj Restaurant CUCINA GOURMET $$
(☎231-108; www.elrelojhotel.cl; Baquedano 828; portate principali CH$9000) Il piccolo ristorante dell'accogliente ed elegante albergo omonimo offre un sontuoso menu a base di ingredienti locali, come il granchio e il merluzzo (o nasello) australe. Date un'occhiata alla lista dei vini e a quella dei dessert della casa. Se il tempo è bello, prenotate un tavolo all'aperto nel meleto.

Café Confluencia CAFFÈ $$
(☎245-080; 25 de Mayo 548; portate principali CH$4000-7000; ⏰prima colazione, pranzo e cena) Questo locale piuttosto elegante serve appetitose insalate, salutari portate principali, tacos e qualche piatto fritto. I suoi pisco sour alla menta sono famosi, ma anche i tè e i succhi di frutta freschi meritano di essere assaggiati.

La Ovejita CAFFÈ $
(all'angolo tra Lillo e Moraleda; sandwich CH$3000; ⏰prima colazione, pranzo e cena; 📶) Questo locale dalle pareti celesti offre un invitante assortimento di dessert ed è il posto ideale per rilassarsi davanti a una tazza di tè Dilmah e a una fetta di torta. Assaggiate il cioccolato della casa o la leggerissima mousse ai lamponi, oppure provate uno degli originalissimi sandwich, con pollo alle mandorle o con prosciutto affumicato e formaggio all'erba cipollina.

Casino de Bomberos CILENO $
(General Parra 365; pranzo a prezzo fisso CH$4000; ⏰pranzo) Ristorante tipico, ma privo di finestre, molto frequentato dalla gente del posto, che ama i suoi piatti di pesce, le bistecche e le ricette a base di uova. Mangiare qui potrebbe essere definita un'esperienza culturale; manca soltanto un po' di aria fresca, ma la colpa è delle empanadas e delle patatine fritte che sfrigolano sulla griglia.

Café Holzer CAFFÈ, PASTICCERIA $
(Dussen s/n; torte CH$2000; ⏰prima colazione e pranzo; 📶) Secondo gli abitanti del posto, questo minuscolo caffè con un bel patio erboso serve i migliori dolci della città. Le squisite torte e crostate arrivano direttamente da una famosa panetteria di Santiago e si possono gustare insieme a del vero caffè o a una tazza di *mate*.

I due grandi supermercati situati uno accanto all'altro su Lautaro sono l'ideale per fare la spesa.

Locali e divertimenti

Nei mesi estivi, Coyhaique è animata da una vita notturna sorprendentemente vivace.

Pub Alkimia PUB, CLUB
(Arturo Prat s/n) Dietro le pesanti tende nere si nasconde un locale frequentato da giovanissimi e trentenni benestanti; al piano superiore come a quello inferiore ci sono ambienti dedicati al relax.

Piel Roja PUB
(☎237-832; Moraleda 495; ⏰18-5) Molto animato nelle ore notturne, questo locale è frequentato da una clientela di giovani del posto e da qualche guida turistica. Il bancone circolare al piano terra è il posto migliore per rimanere inosservati, mentre al piano superiore si balla fino alle ore piccole.

Café Confluencia CAFFÈ
(☎245-080; 25 de Mayo 548) Locale alla moda, molto affollato nei fine settimana grazie all'offerta di due cocktail al prezzo di uno e alla musica dal vivo (rock e latina).

Shopping

Molte rivendite di prodotti artigianali offrono oggetti in lana, cuoio e legno. Vale la pena di dare un'occhiata alla **Feria Artesanal** (Plaza de Armas) e a **Kaienk** (21 de Mayo 383C; www.telaresdelapatagonia.cl), che vende squisiti scialli e sciarpe fatti a mano.

Informazioni

Lungo Condell, tra la piazza e Av Baquedano, troverete numerose banche dotate di sportello bancomat. Vi converrà fare scorta di contanti, in quanto si tratta di una delle poche località sulla Carretera Austral dove si può prelevare con la Visa.

Cabot (☎230-101; General Para 177) Agenzia di viaggi generica di buon livello.

Conaf (☎212-125/225; Av Ogana 1060; ⌚9-20 lun-sab, 10-18 dom) Informazioni sui parchi e le riserve naturali della zona.

Hospital Regional (☎219-100; Ibar 68; ⌚24 h su 24) Pronto soccorso sempre in funzione.

Polizia (☎215-105; Baquedano 534)

Sernatur (☎240-290; www.chiletravel/en.html; Bulnes 35; ⌚8.30-21 lun-ven, 10-18 sab e dom in estate) In questo ufficio troverete elenchi di attività, opportunità di alloggio e informazioni esaurienti sui mezzi di trasporto e i relativi costi. Fornisce anche informazioni generali sulla regione.

Turismo Prado (☎231-271; 21 de Mayo 417; ⌚9-18) Qui potrete cambiare la valuta.

Ufficio postale (Lord Cochrane 202) Vicino a Plaza de Armas.

Ufficio turistico municipale (☎Plaza de Armas) Utili informazioni su escursioni e opportunità di alloggio.

Per/da Coyhaique

Aereo

Lan (☎231-188; General Parra 402) offre diversi voli al giorno (la maggior parte al mattino) per Puerto Montt (CH$96.500) e Santiago (CH$203.000), con decollo dall'aeroporto di Balmaceda; tenete presente che acquistando i biglietti nel paese si possono ottenere tariffe notevolmente scontate.

Sky Airline (☎240-827; www.skyairline.cl; Arturo Prat 203) fa scalo a Balmaceda lungo la rotta da Santiago a Punta Arenas.

Transporte Aéreo Don Carlos (☎231-981; Cruz 63) offre collegamenti con piccolo aerei diretti a Villa O'Higgins (CH$36.000) il lunedì e il giovedì. Sono inoltre disponibili voli charter per il Parque Nacional Laguna San Rafael, Chile Chico, Caleta Tortel e Cochrane.

Autobus

Gli autobus fanno capo al **terminal degli autobus** (☎258-203; all'angolo tra Lautaro e Magallanes) e agli uffici delle singole compagnie. Gli orari cambiano con una certa frequenza; rivolgetevi a **Sernatur** (☎233-949; Bulnes 35) per informazioni aggiornate. Cercare di destreggiarsi nel caos dei trasporti su strada per/da Coyhaique è complicato quasi come riuscire a orientarsi nella zona della piazza. Le autolinee e gli orari delle partenze variano a richiesta dei passeggeri e, salvo diversa indicazione, partono dal terminal.

Le seguenti autolinee offrono collegamenti con località situate a nord:

Bus Transaustral (☎232-067; terminal degli autobus) Ha corse per Osorno e per Comodoro Rivadavia, in Argentina, in coincidenza con gli autobus per Punta Arenas.

Buses Becker (☎232-167; www.busesbecker.com; General Parra 335) Collega 2 volte alla settimana Coyhaique con Puyuhuapi, La Junta, Villa Santa Lucía e Chaitén; offre anche 1 corsa per Futaleufú il sabato.

Transportes Terra Austral (☎254-355) Corse per Puyuhuapi e La Junta.

Buses Suray (☎238-387; Arturo Prat 265; CH$1000) Corse ogni ora per Puerto Chacabuco.

Queilen Bus (☎240-760; www.queilenbus.cl; terminal degli autobus) Raggiunge Puerto Montt e Chiloé passando in territorio argentino.

Le seguenti autolinee offrono collegamenti con località situate a sud:

Acuario 13/Buses Sao Paulo (☎255-726) Corse per Cochrane.

Buses Don Carlos (☎231-986/1; Cruz 63) Serve Villa Cerro Castillo, Puerto Río Tranquilo, Puerto Bertrand e Cochrane.

Colectivos Puerto Ibáñez (all'angolo tra Arturo Prat e Errázuríz) Servizio di navette a domicilio per Puerto Ingeniero Ibáñez (CH$4000, 1 h 30 min).

DESTINAZIONE	TARIFFA (CH$)	DURATA (ORE)
Chaitén	24.000	9-11
Chile Chico	4000	3 ½ con traghetto
Cochrane	13.000	7-10
Futaleufú	20.000	8-9
La Junta	10.000	5-6
Puerto Montt	30.000	23
Puyuhuapi	8000	6

Imbarcazioni

I traghetti e le imbarcazioni per Puerto Montt, Chiloé e il Parque Nacional Laguna San Rafael partono da Puerto Chacabuco, distante 1 h di autobus a ovest di Coyhaique, ma gli uffici regionali più vicini si trovano a Coyhaique.

Per quanto riguarda i collegamenti con il Parque Nacional Laguna San Rafael, v. p350.

I viaggiatori diretti a Chile Chico possono acquistare i biglietti del traghetto presso **Naviera Sotramin** (☎237-958; Cerda 647; passeggeri/veicoli CH$1960/17.500), il cui battello attraversa il Lago General Carrera tra Puerto Ingeniero Ibáñez e Chile Chico quasi tutti i giorni, risparmiando agli automobilisti lunghi tragitti su strade in cattive condizioni. D'estate, viaggiando con un veicolo al seguito, occorre prenotare con almeno una settimana di anticipo.

Trasporti urbani

Per/dall'aeroporto

Il servizio di navette a domicilio (CH$4000) per l'aeroporto di Balmaceda, 50 km a sud-est della città, è attivo 2 h prima di ogni decollo. Per farvi venire a prendere, chiamate **Transfer Velasquez** (☎250-413).

Automobile e motocicletta

Il noleggio degli autoveicoli è costoso e durante l'estate la disponibilità è piuttosto limitata. Tuttavia, questa opzione è molto diffusa a causa della scarsa frequenza di mezzi pubblici, che a volte sono anche scomodi e in genere sono garantiti soltanto per le località principali. Guardatevi in giro, informatevi con attenzione per trovare la tariffa migliore e, se possibile, prenotate in anticipo. Provate con **Traeger** (☎231-648; Baquedano 457), dotata di officina, **Automundo AVR** (☎231-621; fax 231-794; Francisco Bilbao 510) o **Los Andes Patagónicos** (☎232-920; Horn 48). L'**Automóvil Club de Chile** (☎231-847; JM Carrera 333) è estremamente utile e il personale è molto gentile: un addetto vi verrà a prendere all'arrivo del vostro volo e, al termine del soggiorno, si occuperà di ritirare l'automobile che avrete lasciato all'aeroporto.

Figon (☎234-616; Almirante Simpson 888) noleggia e ripara biciclette.

Reserva Nacional Coyhaique

Oltre a foreste di lenga e varie specie di faggi australi, i 21,5 kmq della **Reserva Nacional Coyhaique** (ingresso CH$2000) nascondono piccoli laghi e i 1361 m del Cerro Cinchao. Il parco si trova a 5 km da Coyhaique (a circa 1 h 30 min di strada) e offre l'opportunità di effettuare una bella escursione in giornata, con magnifici panorami sulla cittadina e sulle enormi colonne di basalto del Cerro Macay visibili in lontananza. Imboccate Baquedano in direzione nord, attraversate il ponte e prendete la strada di ghiaia sulla destra: il tracciato è molto ripido e si percorre più comodamente in fuoristrada. Condor Explorer a Coyhaique (p344) offre escursioni a piedi e, durante l'inverno, con gli sci.

Dall'ingresso del parco si devono percorrere 2,5 km per raggiungere l'area della **Casa Bruja**, dove si trovano cinque piazzole (CH$3500 per piazzola) con focolare, acqua calda, docce e servizi igienici. Potrete anche camminare per 4 km tra gli alberi di *Nothofagus* e lenga fino alla Laguna Verde, dove si trovano piazzole per il picnic e un'area attrezzata per il campeggio con servizi spartani. I percorsi escursionistici conducono alla Laguna Los Sapos e alla Laguna Venus.

Reserva Nacional Río Simpson

Immense pareti rocciose fiancheggiano le pigre anse del Río Simpson in un'ampia vallata che si estende 37 km a ovest di Coyhaique. A cavallo della statale per Puerto Chacabuco, i 410 kmq della Reserva Nacional Río Simpson sono facilmente accessibili e offrono l'opportunità di immergersi in un ambiente molto scenografico, frequentato da appassionati di pesca e di bagni estivi. Il **Centro de Visitantes** (⏲10-16 lun-sab, 11-14 dom) gestito dal Conaf si trova sulla strada che collega Coyhaique a Puerto Aysén e ospita un piccolo museo di storia naturale insieme a un giardino botanico. Una breve passeggiata conduce alla **Cascada de la Virgen**, un scintillante salto d'acqua sul lato settentrionale della strada.

Circa 5 km a est del Centro de Visitantes, il **Camping San Sebastián** (CH$7000 a tenda) offre piazzole riparate e docce calde. Nei pressi della confluenza del Río Simpson e del Río Correntoso, 24 km a ovest di Coyhaique, il **Camping Río Correntoso** (☎067-232-005; CH$7000 a tenda) dispone di 50 spaziose piazzole sulla sponda del fiume in un ambiente molto bucolico. Le docce sono spartane, ma l'acqua è calda.

Per raggiungerlo, si può prendere uno qualsiasi dei frequenti autobus che collegano Coyhaique e Puerto Aysén; per ulteriori informazioni, v. p348.

Monumento Natural Dos Lagunas

Sulla strada per Paso Alto Coyhaique lungo il confine argentino, questa **riserva di zona umida** (ingresso CH$1000) di 181 ettari ospita una ricca avifauna, tra cui cigni dal collo nero, folaghe e svassi. L'area costituisce un punto di transizione ecologica dalla foresta di faggio australe alla steppa semiarida e vi abbondano anche le orchidee. Una breve camminata vi condurrà alla Laguna El Toro, mentre un percorso ad anello più impegnativo costeggia la zona settentrionale della Laguna Escondida. Vicino all'ingresso della riserva, il Conaf gestisce un sentiero naturalistico autoguidato (1 km) e un'area per il picnic. Anche se il parco non è raggiunto regolarmente dai mezzi pubblici, il Conaf di Coyhaique potrebbe aiutarvi a trovare il modo per arrivarci.

Parque Nacional Laguna San Rafael

Questo spettacolare e remoto **parco nazionale** (ingresso libero) permette ai visitatori di trovarsi faccia a faccia con gli immensi iceberg che si distaccano dal fronte candido del ghiacciaio San Valentín, la cui distesa bianca risale a circa 30.000 anni fa. Istituita nel 1959, questa Riserva della Biosfera dell'UNESCO si estende su una superficie di 12.000 kmq ed è l'attrattiva più spettacolare e più frequentata della regione. Oltre ai turisti la laguna attira anche l'interesse degli scienziati, che monitorano il livello di fluttuazione delle acque alimentate dallo scioglimento del ghiacciaio. Il parco comprende zone umide e torbiere, aree di foresta pluviale primaria, dove vegetano il faggio australe e numerose specie di epifite, e il Monte San Valentín, che con i suoi 4058 m è la vetta più elevata delle Ande meridionali.

Fino a pochi anni fa, raggiungere il parco era piuttosto difficile e costoso. La maggior parte dei visitatori arrivava via mare e veniva trasferita su imbarcazioni più piccole o su gommoni per avvicinare il fronte del ghiacciaio, alto 60 m. Lo svantaggio di questo approccio è che si hanno poche ore per vedere la grande massa di ghiaccio e che non si mette piede a terra.

Valle Exploradores, una nuova strada di ghiaia che collega Puerto Río Tranquilo e La Teresa al Km 75, ha migliorato notevolmente le condizioni di accesso al parco, che oggi si può visitare agevolmente in giornata da Puerto Río Tranquilo. Alcuni operatori effettuano la traversata dal punto dove finisce la strada, ma vale comunque la pena di fermarsi a dormire per sentire il fragore degli iceberg che precipitano nella laguna.

Un campeggio nelle vicinanze degli uffici Conaf che si trovano presso l'aeroporto offre cinque piazzole spartane con acqua e servizi igienici. Non è consentito accendere fuochi e nel parco non vi è modo di acquistare generi alimentari.

☞ Tour

Le seguenti compagnie di navigazione effettuano la traversata salpando da Puerto Chacabuco e da Puerto Montt. Per informazioni sugli orari e sugli sconti per studenti/senior, consultate i rispettivi siti internet.

Emtrex ESCURSIONI AL GHIACCIAIO
(☎098-259-4017; www.exploradores-sanrafael.cl; escursioni diurne/con pernottamento CH$ 130.000/200.000 per persona) Questa affidabile agenzia specializzata in viaggi avventura offre escursioni fino al fronte del ghiacciaio a bordo di gommoni Zodiac; ai passeggeri viene fornito un giubbotto salvagente e la partenza è dal Km 75 della nuova strada Valle Exploradores. Le escursioni con pernottamento comprendono la sistemazione in un confortevole campo base all'interno del parco e offrono la possibilità di effettuare alcune passeggiate.

Destinos Patagonia ESCURSIONI AL GHIACCIAIO
(☎099-158-6044; www.destinospatagonia.cl; pacchetto di 2 giorni CH$200.000 per persona) Le escursioni a bordo di un'imbarcazione coperta partono dal Km 75 della strada Valle Exploradores (il trasporto via terra da Puerto Río Tranquilo non è compreso nel prezzo) e raggiungono il ghiacciaio San Rafael, con pernottamento in un confortevole rifugio.

Cruceros Skorpios CROCIERA
(☎a Santiago 02-477-1900; www.skorpios.cl; crociera di 6 giorni e 5 notti per 2 persone a partire da CH$2.100.000) Il lussuoso *Skorpios II* salpa da Puerto Montt. La nave riserva l'intera terza giornata della crociera al ghiacciaio e tocca l'isola di Chiloé sulla rotta del ritorno. Da non perdere è la sosta a Quitralco, la località termale privata della compagnia di navigazione.

Navimag CROCIERA
(☎067-233-306; www.navimagcruceros.cl; Paseo Horn 47-D, Coyhaique; crociera di 5 giorni e 4 notti per 2 persone a partire da CH$1.350.000) Il *Mare Australis* salpa da Puerto Chacabuco alla volta di Chiloé e della Laguna San Rafael. La crociera richiede cinque giorni e quattro notti, ma c'è anche la possibilità di interrompere il viaggio a Castro, Chiloé.

Catamaranes del Sur CROCIERA
(☎a Santiago 02-231-1902; www.catamaranesdelsur.cl; JM Carrera 50, Puerto Chacabuco; crociera

di 3 giorni e 2 notti per 2 persone a partire da CH$1.080.000) Offre un'escursione di 12 ore con partenza da Puerto Chacabuco a bordo del *Catamaran Chaitén* o del più piccolo *Iceberg Expedition,* che viaggiano di giorno offrendo splendidi panorami dei fiordi che conducono al fronte del ghiacciaio, ma lasciano meno tempo per ammirare il ghiacciaio stesso. Nelle tariffe sono compresi il trasferimento per/dall'aeroporto, il pernottamento nell'esclusivo ma anonimo albergo Loberías del Sur e la sosta ad Aikén, il parco privato della compagnia di navigazione.

Reserva Nacional Cerro Castillo

Le guglie basaltiche del Cerro Castillo costituiscono la principale attrattiva della **Reserva Nacional Cerro Castillo** (ingresso CH$1000), una vasta riserva naturale di montagna che si estende su 1800 kmq di foresta di faggi australi 75 km a sud di Coyhaique. Il parco offre l'opportunità di praticare la pesca e l'escursionismo, ed è poco frequentato. Le tre cime da cui la riserva prende il nome toccano i 2700 m e svettano al di sopra di altrettanti grandi ghiacciai, che ne ricoprono i pendii meridionali. Gli escursionisti possono percorrere anche un tratto del Sendero de Chile, i 16 km del tracciato che raggiunge il Campamento Neozelandés. Un altro trekking di quattro giorni molto interessante (e descritto in *Trekking in Patagonia* di Lonely Planet) ha inizio nei pressi del Km 75, all'estremità settentrionale della riserva, e raggiunge Villa Cerro Castillo all'estremità meridionale, percorrendo un tracciato che si sviluppa tra ghiacciai, fiumi e laghi.

Il Conaf gestisce un **campeggio** (tenda CH$3500) ben riparato, con bagni e docce calde, situato presso la Laguna Chaguay 67 km a sud di Coyhaique. All'interno della riserva è anche possibile fare campeggio libero, ma parlatene prima con i ranger, che potranno consigliarvi sulla scelta del luogo in modo da evitare eventuali rischi dovuti a fattori stagionali.

Su richiesta, i conducenti degli autobus del servizio pubblico fermano presso la stazione dei ranger all'altezza del campeggio.

Villa Cerro Castillo

Ai piedi della spettacolare parete del Cerro Castillo, la cittadina di Villa Cerro Castillo offre l'atmosfera particolare di queste terre colonizzate dai pionieri. La località costituisce un ottimo punto di partenza per esplorare la riserva e si trova a breve distanza dalla Carretera Austral, 10 km a ovest dell'incrocio per Puerto Ingeniero Ibáñez. Il **Festival Costumbrista**, che vi si tiene solitamente nel mese di febbraio, offre la possibilità di assistere a un autentico rodeo patagonico e vede la partecipazione di artisti e artigiani provenienti da ogni parte del Cile e dell'Argentina. L'**ufficio turistico** (Los Antiguos 208; ⌚10-20 gen-geb) dispone di tutte le informazioni indispensabili.

La **Cabañas Don Niba** (☎099-474-0408; Los Pioneros 872; doppie CH$25.000, singole/doppie senza bagno CH$9000/18.000) è una struttura a gestione familiare pulita e confortevole, dove troverete un'ottima prima colazione e la compagnia di Don Niba, guida, nipote di pionieri e grande narratore di storie locali, in grado di organizzare trekking a cavallo, *asados* (barbecue) e belle escursioni a piedi nella zona. Il **Camping Refugio Donde Jorge** (☎097-898-8550; cumbresyglaciares@yahoo.es) si trova all'inizio del tracciato per l'escursione di più giorni al Cerro Castillo; per la descrizione dell'itinerario, v. *Trekking in Patagonia* di Lonely Planet. Il servizio di guide **Los Baqueanos** (☎097-562-2911; baqueanosdelapatagonia.cl) offre belle escursioni a cavallo con animali addestrati secondo il metodo della *doma racional* (doma dolce).

La Querencia (O'Higgins 460; menu a prezzo fisso CH$5000; ⌚prima colazione, pranzo e cena) serve un sostanzioso menu a prezzo fisso. A chi arriva troppo tardi per pranzo, la Señora Maria prepara un enorme sandwich.

Gli autobus Buses Don Carlos fanno la spola tutti i giorni per/da Coyhaique e due volte alla settimana raggiungono Puerto Río Tranquilo (per ulteriori informazioni, v. p348).

Puerto Ingeniero Ibáñez

☎067 / POP. 3000

Sulla sponda settentrionale del Lago General Carrera, il sonnolento Puerto Ingeniero Ibáñez costituisce un punto di transito per i traghetti ma poco altro, anche se le numerose vie di arrampicata sportiva sono destinate a richiamare un numero sempre maggiore di scalatori. Sepolto dall'eruzione del Volcán Hudson nel 1991, il centro abitato si è oggi completamente ripreso.

Da qui partono i traghetti per Chile Chico, che sorge sulla sponda meridionale del lago. Se siete interessati all'artigianato locale, chiedete informazioni sulla Señora Marta Aguila, un'artista della ceramica, o sulla Señora Juana Vega, tessitrice e specialista di rimedi a base di erbe. Gli abitanti del posto potranno anche indicarvi la direzione per raggiungere le pitture rupestri in caverna, o per visitare le cascate del Río Ibañez, a 8 km di distanza.

Circa 1,5 km prima di raggiungere Puerto Ingeniero Ibáñez, **La Casona** (☎099-294-3413; senderospatagonia@gmail.com; camere CH$10.000 per persona) è un accogliente agriturismo, ideale per i ciclisti e gli escursionisti; è anche possibile montare la tenda. I campeggiatori si troveranno ugualmente bene al **Maitenal Camping** (☎098-389-2832, 098-532-7680; Camino a Levican Km 12; piazzole CH$2000 per persona), un campeggio ben attrezzato in un terreno rurale, dove troveranno docce e birra artigianale; Lillian, che lo gestisce, è una guida escursionistica autorizzata e suo marito, il tedesco Gerald, si occupa della manutenzione delle vie di arrampicata a El Maitenal.

Per i trasporti su strada da Coyhaique a Puerto Ingeniero Ibáñez, v. p348. Gli orari dei traghetti sembrano cambiare di anno in anno e di stagione in stagione. **Naviera Sotramin** (☎099-757-0116; General Carrera 202; passeggeri/veicoli CH$1960/17.500) traghetta veicoli e passeggeri a Chile Chico attraverso il Lago General Carrera praticamente tutti i giorni; presentatevi all'imbarco 30 minuti prima della partenza.

Chile Chico

☎067 / POP. 4000

Nei pressi del confine con l'Argentina, questa piccola località occupa la ventosa sponda meridionale del Lago General Carrera. Un microclima particolarmente favorevole e soleggiato ne fa una piacevole oasi in una fredda zona di steppa. Chile Chico è collegato al resto del paese tramite traghetto o con una strada tutta saliscendi accanto alla quale si aprono miniere d'oro e d'argento. Da sempre gli abitanti della zona si guadagnano da vivere allevando bestiame e coltivando la terra, ma oggi molti si dedicano alle attività estrattive. A quanto si dice, nella cittadina dovrebbe presto arrivare la connessione wi-fi.

Gli escursionisti non dovrebbero perdersi la Reserva Nacional Jeinemeni, a 60 km da qui: nel suo territorio si snodano sentieri di trekking, poco frequentati, che si sviluppano in incantevoli zone aride dove s'incontrano laghi montani dalle acque turchesi, ai quali si abbeverano i fenicotteri. Di solito i viaggiatori si limitano ad attraversare velocemente la cittadina, che invece merita una sosta, anche perché offre interessanti escursioni nei dintorni; da qui partono inoltre i collegamenti con Los Antiguos e la Ruta 40, che conduce alla Patagonia argentina meridionale.

La tortuosa strada del Paso Las Llaves, che inizia a ovest di Chile Chico e raggiunge la Carretera Austral, è una delle meraviglie della regione. Il suo tracciato, in un paesaggio impressionante e spettacolare, è caratterizzato da curve cieche e tratti non protetti, affacciati su ripidi pendii di detriti che scivolano verso il lago. Se la percorrete alla guida, procedete a velocità molto ridotta: in alcuni punti, la strada è tanto stretta da permettere il transito di un solo veicolo.

Che cosa vedere e fare

Casa de la Cultura MUSEO

(☎411-355; all'angolo tra O'Higgins e Lautaro; ingresso libero) Il museo e centro culturale di Chile Chico vanta al piano terra una collezione di opere di artisti originari della regione, mentre al piano superiore sono visibili manufatti e reperti della zona, tra cui minerali e fossili. All'esterno della struttura si trova l'imbarcazione *El Andes,* costruita nei cantieri navali di Glasgow, in Scozia, per navigare sul Tamigi e portata fin qui per traghettare passeggeri e merci attraverso il lago.

Expeditions Patagonia SPORT AVVENTURA

(☎098-464-1067; www.expeditionspatagonia.com; O'Higgins 333, Galeria Municipal; ⊙9-13 e 14.30-20) Gestita dalla guida Ferdinando Georgia, diplomato alla rinomata Escuela de Guias di Coyhaique e con una lunga esperienza, questa agenzia organizza trekking nella Reserva Nacional Jeinemeni, escursioni di più giorni e spedizioni alpinistiche.

Pernottamento e pasti

Hostería de la Patagonia AGRITURISMO $

(☎411-337; hosteriadelapatagonia.cl; Camino Internacional s/n; piazzole CH$4000 per persona, singole/doppie/triple CH$18.000/32.000/36.000, senza bagno CH$10.000/20.000/30.000) I gestori di questa deliziosa casa di campagna, con giardino e scuderia, discendono da coloni di origine belga. Le camere sono luminose e ben tenute, e alcune hanno bagni privati. Per i pasti si paga un supplemento di CH$8000. Per arrivarci, uscite dalla città in direzione Argentina e cercate un tetto giallo.

La Posada del Río HOTEL **$$**
(☎099-647-0968, 099-452-0759; www.chilechico.cl; Camino Internacional Km 5; doppie/triple CH$42.000/48.000) Questo nuovo albergo nella steppa offre camere luminose con arredi in legno e ampi panorami sull'arido territorio circostante. La prima colazione comprende succo d'arancia, *medialunas* (croissant) e marmellata. L'albergo possiede anche un'imbarcazione a 32 posti, che in alta stagione raggiunge quasi tutti i giorni Puerto Ingeniero Ibañez (50 min, CH$10.000) e rappresenta un'alternativa al traghetto.

Hospedaje No Me Olvides AGRITURISMO **$**
(Sector Chacras; piazzole CH$4000, singole senza bagno CH$10.000) Le camere di questa fattoria a 200 m dall'abitato sono grandi e pulite, l'ambiente è molto accogliente e gli ospiti possono utilizzare la cucina. Chi dispone di una tenda potrà montarla nel frutteto. All'epoca delle nostre ricerche non c'era il telefono; per raggiungere il posto, chiedete informazioni all'ufficio turistico.

Kon Aiken GUESTHOUSE **$**
(☎411-598; Pedro Burgos 6; piazzole CH$3000 per persona, camere CH$8000 per persona, bungalow per 7 persone a partire da CH$35.000) Caratterizzata da una piacevole atmosfera familiare, questa confortevole pensione ha tariffe convenienti e i molti servizi che mette a disposizione la rendono a volte piuttosto affollata. I cordiali gestori vendono legna da ardere, frutta e verdura e ogni tanto organizzano *asados* e pasti a base di salmone al forno. Una fila di pioppi ripara i campeggiatori dal vento.

Hospedaje Brisas del Lago GUESTHOUSE **$**
(☎411-204; Manuel Rodríguez 443; doppie CH$22,500, singole/doppie senza bagno CH$10.500/15.000) Qui troverete molte camere spaziose, pulite e confortevoli, anche se il personale manca un po' di entusiasmo.

Café Elizabeth y Loly CAFFÈ **$**
(☎411-451; Pedro González 25; portate principali CH$2500-5000; ⏲pranzo e cena) Tenendo conto che ci troviamo a Chile Chico, questo caratteristico locale affacciato sulla piazza è una meta imperdibile per gli amanti della cultura del caffè, che qui troveranno caffè forte e autentici baklava.

ℹ Informazioni

BancoEstado (González 112; ⏲9-14 lun-ven) Cambia soltanto dollari americani, a tassi ragionevoli, ma applica una commissione sul cambio dei travellers' cheque di ogni tipo. Il bancomat accetta esclusivamente MasterCard.

Conaf (☎411-325; Blest Gana 121; ⏲10-18 lun-ven, 11-16 sab) Qui troverete informazioni sulla Reserva Nacional Jeinemeni.

Oficina de Información Turística (☎411-338; www.chilechico.cl; all'angolo tra O'Higgins e Blest Ghana; ⏲9-21 lun-ven, 10-21 sab e dom) Eccellenti informazioni sulla zona.

Ufficio postale (Manuel Rodríguez 121)

ℹ Per/da Chile Chico

Chi viaggia in automobile può fare rifornimento alla stazione di servizio Copec.

Autobus

Sono molti gli autobus che effettuano il servizio navetta attraversando il confine per la località argentina di Los Antiguos (CH$3000, 20 min), distante soltanto 9 km a est di Chile Chico. Le navette, con orari in coincidenza con quelli degli autobus che raggiungono direttamente El Chaltén, partono dalla fermata di O'Higgins 420.

Da Los Antiguos, i viaggiatori trovano coincidenze in territorio argentino per il Perito Moreno, Comodoro Rivadavia, El Chaltén e la Patagonia argentina meridionale.

All'epoca delle nostre ricerche, a Chile Chico era in costruzione una stazione degli autobus. Attualmente i collegamenti sono gestiti da autolinee private in concessione governativa, che possono cambiare di anno in anno insieme agli orari.

Seguel (☎067-431-224, 245-237; O'Higgins 394) offre collegamenti per Puerto Guadal (CH$6000, 3 h) con partenza alle 16 il lunedì e il giovedì. **Patricio Aravena** (☎097-750-2351) ha un servizio di pick-up per Puerto Río Tranquilo (CH$10.000, 5 h) che partono il martedì e il venerdì alle 10. Un autobus **Alfonso Haeger** (☎097-962-8325) diretto a sud raggiunge Cochrane (CH$13.000, 5 h) alle 13 il mercoledì e il sabato.

Buses Acuña (☎251-579; Rodríguez 143) e **Buses Ali** (☎219-009) offrono un servizio di autobus-traghetto per Coyhaique (CH$4000, 3 h 30 min) da prenotare in anticipo. Prima dovrete comunque prendere il traghetto Naviera Sotramin per Puerto Ingeniero Ibáñez.

Imbarcazioni

Il traghetto **Naviera Sotramin** (☎237-958; Muelle Chile Chico; passeggeri/veicoli CH$1960/17.500), che attraversa quasi tutti i giorni il Lago General Carrera alla volta di Puerto Ingeniero Ibáñez, costituisce una comoda scorciatoia per raggiungere Coyhaique. Chi viaggia con un veicolo al seguito deve prenotare con una settimana di anticipo in estate e presentarsi all'imbarco 30 min prima della partenza.

Reserva Nacional Jeinemeni

Le acque turchesi dei laghi e le sfumature ruggine della steppa caratterizzano la poco visitata **Reserva Nacional Jeinemeni** (ingresso CH$2000), che si trova 52 km a sud-ovest di Chile Chico. Le sue insolite e meravigliose attrattive vanno dalle pitture rupestri alle popolazioni di volpi e fenicotteri. Situata nella zona di transizione che conduce alla steppa patagonica, la riserva si estende per 1610 kmq. Da qui, gli escursionisti più esperti possono arrivare a piedi alla Valle Chacabuco con una traversata tra i monti di un paio di giorni, seguendo il **Sendero La Leona**; per ulteriori informazioni, è possibile contattare l'*estancia* Valle Chacabuco (p357).

A a circa 400 m dall'ufficio Conaf, sulle sponde del Lago Jeinemeni dalle scintillanti acque blu, si trovano tre **aree per il campeggio** (piazzole CH$5000). Il **Sendero Lago Verde** (10 km per l'andata e ritorno) è un percorso di tre ore che conduce a uno splendido lago. La strada che attraversa il parco è percorribile soltanto in fuoristrada, dal momento che è attraversata dal Río Jeinemeni che nelle ore pomeridiane allaga completamente il guado. Chi effettua un'escursione in giornata dovrebbe partire abbastanza presto, in modo da essere di ritorno prima delle 16.

Lungo la strada per la riserva, circa 25 km a sud di Chile Chico, una deviazione conduce alla **Cueva de las Manos**, una grotta in cui si possono ammirare le pitture rupestri degli antichi tehuelche. Il percorso per raggiungerla comporta una salita molto ripida (non segnata), che sarebbe meglio affrontare insieme a una guida.

Puerto Río Tranquilo

☎067

Puerto Río Tranquilo è un umile villaggio di case, rivestite di assicelle di legno, che sorge sulla ventosa sponda occidentale del Lago General Carrera. Per la maggior parte dei viaggiatori è soltanto un punto di sosta dove fare rifornimento di carburante, ma le numerose attività all'aperto che si possono praticare nei dintorni richiamano un numero sempre maggiore di turisti. Si tratta inoltre del punto di accesso più vicino alla Capilla de Marmol (Cappella di Marmo), nonché del punto di partenza di escursioni organizzate più economiche al maestoso Glaciar San Rafael.

Che cosa vedere e fare

Capilla de Mármol LUOGO INTERESSANTE

Questa spettacolare formazione geologica si trova in una grotta a cui si accede in barca dal Lago General Carrera (a partire da CH$30.000 per 5 passeggeri). Le imbarcazioni partono soltanto quando le acque sono calme.

Valle Exploradores STRADA PANORAMICA

Questa nuova strada, che corre da est a ovest in direzione della Laguna San Rafael, termina poco prima del lago. Splendida ma accidentata, si può comunque percorrere in automobile o in bicicletta e merita senz'altro una deviazione per il magnifico panorama di imponenti ghiacciai ed enormi piante di nalca. All'altezza del Km 52, non perdetevi la vista del Glaciar Exploradores. Gli operatori che organizzano escursioni in giornata al Glaciar San Rafael attendono i turisti alla fine della strada.

Pernottamento

TOP **El Puesto** LOCANDA $$

(☎satellitare 02-196-4555; www.elpuesto.cl; Pedro Lagos 258; singole/doppie CH$47.000/58.000; Wi-Fi) In questa moderna struttura in legno, gli ospiti vengono davvero coccolati. Troverete a disposizione pantofole di lana, copriletti fatti a mano, sedie a dondolo e altalene per i bambini. I proprietari, Francisco e Tamara, parlano anche inglese e gestiscono un rinomato servizio di guide escursionistiche che offrono trekking sul Glacier Exploradores e altre escursioni. Su prenotazione preparano anche i pasti, offrono massaggi e affittano alcuni bungalow nella zona.

Residencial Darka GUESTHOUSE $

(☎419-500; Arrayanes 330; camere CH$10.000 per persona) Sebbene un po' kitsch, le camere color pastello e un po' leziose di questa pensione a conduzione familiare sono pulite e accoglienti.

Camping Pudu CAMPEGGIO $

(☎211-085, 098-920-5085; campingpudu@gmail.com; piazzole CH$4000 per persona; ⏲dic-marzo) In questo campeggio, 1 km a sud di Puerto Río Tranquilo, si può montare la tenda sulla spiaggia e si trovano docce calde e servizio di lavanderia. Il personale è in grado di organizzare anche uscite a pesca ed escursioni guidate nei dintorni.

Informazioni

Chiosco di informazioni turistiche (Av Costanera s/n; ⏲9-21, mar-dom dic-marzo) Qui troverete informazioni sulle opportunità di alloggio e le escursioni alla Capilla de Mármol.

Casa del Turista (☎096-677-9321; all'angolo tra Av Costanera e Pedro Lagos; ⏲9-12 e 16-21) Organizza sport avventura ed escursioni in barca al Glacier San Rafael.

Per/da Puerto Río Tranquilo

Su richiesta, gli autobus che effettuano regolarmente servizio tra Coyhaique (CH$8000) e Cochrane (CH$8000) possono fermare a Puerto Río Tranquilo. Di solito i mezzi diretti a Coyhaique passano intorno alle 10, quelli diretti più a sud tra le 13 e le 14. L'autobus per Chile Chico (CH$8000) passa intorno alle 17.

Cruce el Maitén

Cruce el Maitén è poco più di un bivio lungo la Carretera Austral, dove la diramazione che prosegue verso est costeggia il Lago General Carrera per poi raggiungere Chile Chico. La **Pasarela Sur Lodge** (☎067-411-425; www.pasarelasurlodge.cl; Km 265; bungalow CH$30.000 per persona) offre bungalow con hot tub, un ristorante aperto a tutti (pasti CH$13.000) e un'imbarcazione a motore ormeggiata al molo pronta per uscire a pesca (CH$30.000 l'ora compresa la guida). Sul lago, la **Hacienda Tres Lagos** (☎067-411-323; www.haciendatreslagos.com; Km 274; doppie con bagno/bungalow CH$178.000/134.000; @☎) è una struttura elegante che offre escursioni e una serie di servizi in grado di accontentare tutti i gusti, tra cui una galleria d'arte, una zip-line, una sauna, una vasca con idromassaggio, un caffè e una sala giochi.

Puerto Guadal

Ventoso, ma di una bellezza mozzafiato, Puerto Guadal si trova all'estremità sud-occidentale del Lago General Carrera, sulla strada per Chile Chico 13 km a est della Carretera Austral. Nonostante l'atmosfera sonnolenta, il villaggio ha molto da offrire ai visitatori, che qui troveranno eccellenti strutture ricettive e potranno fare escursioni alla scoperta di fossili e ghiacciai.

Kalen (☎067-431-289, 098-811-2535; Los Alerces 557; ⏲9-21) è un'agenzia specializzata in sport avventura gestita da Pascual Diaz, una guida dall'ottima reputazione che offre passeggiate a cavallo ed escursioni al ghiacciaio (CH$48.000 per persona) e a un bellissimo letto fossile (CH$20.000 per persona, escluso il costo della guida). Cercate di contattare Pascual in anticipo, poiché quando accompagna i clienti l'ufficio rimane chiuso.

Un Destino No Turistico (☎098-756-7545; www.destino-noturistico.com; Camino Laguna La Manga Km 1; piazzole CH$4500 per persona, letti in camerata/doppie CH$9000/22.000) è un fantastico campeggio e ostello ecocompatibile che riscuote pareri entusiasti da parte dei viaggiatori. I proprietari, Rocio e Manuel, sono convinti sostenitori della causa ambientalista. L'ostello è impeccabile, con comodi letti dotati di lampade da lettura, acqua riscaldata con energia solare e servizi igienici con smaltimento a compostaggio. La struttura si trova a 1,5 km dall'abitato, ma la strada è tutta in discesa. Le automobili vanno parcheggiate fuori dal cancello.

Situato in riva al lago a 1,5 km da Chile Chico, il **Terra Luna** (☎067-431-263; www.terra-luna.cl; piazzole CH$5000 per persona, bungalow per 2 persone CH$30.000, doppie/triple/quadruple CH$80.000/90.000/110.000; ☎👪) piacerà sia ai viaggiatori in cerca di relax, sia a chi desidera una sferzata di adrenalina. Offre varie tipologie di alloggio, dagli eleganti appartamenti ai graziosi bungalow singoli, un ristorante che propone ogni sera un menu fisso preparato da uno chef e un'invitante hot tub alimentata a legno proprio in riva al lago. Chi viaggia con un budget limitato potrà scegliere tra i bungalow con angolo cottura e il campeggio, ma le piazzole sono poco numerose. Nella vasta tenuta ci sono anche un'area giochi, alcune zip-line e kayak a disposizione degli ospiti. Gestita da Azimut, agenzia di guide francese, la struttura propone numerose attività, tra cui escursioni al ghiacciaio, uscite in motoscafo, canyoning e pernottamento al Campo de Hielo Norte.

Gli autobus **ECA** (☎067-431-224; Las Magnolias 306) diretti a nord per Coyhaique (CH$11.000) partono dalla loro sede il mercoledì e la domenica intorno alle 8. I mezzi diretti a sud, per Cochrane (CH$5000), passano dall'incrocio appena fuori dal centro verso le 14.

Seguel (☎067-431-214, Los Notros 560) offre corse per Chile Chico (CH$7000, 3 h) il lunedì e il giovedì intorno alle 7. Informatevi sul posto riguardo a ulteriori destinazioni.

Puerto Bertrand

☎067 / POP. 1500

Sulla sponda del Lago Bertrand, dalle acque di un blu profondo in cui si specchiano le cime innevate del San Valentín e del

Campo de Hielo Norte, Puerto Bertrand è un vero spettacolo di contrasti. Le tipiche case in legno, consumate dal vento e dalle intemperie, sorgono tra giardini di rose in boccio, mentre gli splendidi lodge destinati agli appassionati di pesca occupano il resto dello spazio disponibile in questa polverosa cittadina senza pretese. Bertrand si estende lungo la sponda sud-orientale del lago, 11 km a sud di Cruce el Maitén, ed è frequentata anche dagli alpinisti, che ne fanno un punto di partenza per le spedizioni al ghiacciaio sul lato settentrionale e per le discese di rafting sul Río Baker, il fiume più grande e impetuoso del Cile.

Attività

Patagonia Adventure Expeditions TREKKING A CAVALLO

(☎411-330; www.adventurepatagonia.com) Il punto di forza di questo operatore è l'Aysén Glacier Trail. Le guide, bilingui, accompagnano i gruppi in trekking avventura a cavallo, che attaversano valli glaciali e antichi boschi di lenga e richiedono la discesa su torrenti tumultuosi e arrampicate al Ventisquero Soler, salite su ghiaccio e incontri con i gauchos per un *asado*. L'agenzia offre anche escursioni sulle acque del Río Baker. Per maggiori informazioni, consultate la pagina Facebook.

LE ACQUE DELLA PATAGONIA

La Patagonia vanta riserve d'acqua tra le più ricche del mondo: il suo territorio ospita profondi laghi di origine glaciale, due dei ghiacciai non polari più estesi del pianeta e possenti fiumi dalle acque cristalline che scorrono dalle Ande al Pacifico. Un vero e proprio sogno per i salmoni, gli amanti della natura e gli appassionati di kayak. E per le società idroelettriche.

Nel maggio 2011, una commissione nominata dal governo cileno ha approvato un progetto, dal costo stimato in sette miliardi di dollari americani, per la costruzione di cinque dighe idroelettriche su quelli che sono considerati due dei corsi d'acqua più incontaminati del mondo, i fiumi Baker e Pascua nella regione dell'Aysén. Le dighe consentirebbero di soddisfare la crescente domanda di energia elettrica proveniente soprattutto dal settore industriale, ma comporterebbero anche l'industrializzazione di una delle zone più selvagge della terra. Il progetto porta la firma di HydroAysén, un consorzio formato dalla multinazionale italo-spagnola Endesa e dalla compagnia cilena Colbún.

L'aspetto più controverso del progetto, ancora in attesa di approvazione, è la costruzione dell'elettrodotto più lungo del mondo. Migliaia di tralicci con cavi ad alto voltaggio si snoderebbero uno dopo l'altro per 2415 km per portare l'energia elettrica fino a Santiago e alle industrie minerarie nel nord del Cile, che consumano oltre la metà delle riserve di energia del paese. La costruzione dei tralicci comporterà la distruzione di migliaia di ettari del territorio incontaminato della Patagonia e danneggerà irreversibilmente il delicato ecosistema della zona. Nella cittadina di La Junta, le manifestazioni contro il progetto sono state così violente che gli ideatori stanno considerando la possibilità di deviare il tracciato. Per quanto riguarda altre località coinvolte, sembra che HydroAysén abbia vinto la resistenza degli abitanti promettendo 350 milioni di dollari destinati a infrastrutture regionali, occupazione e istruzione.

Ci sono legami tra questo progetto e le scelte effettuate da Pinochet. Fu infatti il Codice dell'acqua varato durante la dittatura a consentire la privatizzazione e la vendita della compagnia energetica nazionale a imprese straniere. Secondo il rapporto *Conflicts Over Water in Chile* (a cura di Sara Larrain e Colombina Scaeffer della ONG Chile Sustenable), l'80% dei diritti di sfruttamento dei fiumi cileni sono di proprietà di aziende straniere.

Tutto quanto riguarda l'energia costituisce un argomento molto scottante in Cile, dove le riserve naturali sono limitate. Ciò nonostante, la decisione della commissione governativa si è rivelata molto impopolare e ben 30.000 persone hanno partecipato alla marcia di protesta organizzata a Santiago. Se la costruzione dell'elettrodotto verrà approvata, i lavori inizieranno già nel 2014 e si protrarranno per un decennio. Nel frattempo, molti viaggiatori si affrettano a visitare la Patagonia prima che uno dei luoghi più incontaminati del pianeta venga irreparabilmente distrutto.

Baker Patagonia Aventura RAFTING
(www.bakerpatagonia.com; uscite di mezza giornata CH$30.000) Offre uscite di rafting di cinque giorni e di un giorno (classe III) sul Río Baker. Non ha il telefono, ma l'ufficio si trova di fronte al Lago Bertrand.

Pernottamento e pasti

Hostería Puerto Bertrand GUESTHOUSE $
(☎099-219-1532; Costanera s/n; camere senza bagno CH$10.000 per persona) Sopra l'emporio, questa traballante costruzione in legno offre un'atmosfera molto accogliente fatta di morbide poltrone e tovaglie di pizzo sui tavoli. Chiedete una camera ben ventilata.

Patagonia Green Baker BUNGALOW $$
(☎a Santiago 02-196-0409; www.greenlodgebaker.com; doppie CH$45.000; bungalow per 2/3/4 persona CH$55.000/70.000/75.000) Questi bungalow a due piani, dotati di TV e telefono, sono una sistemazione abbastanza piacevole. Situato sulla riva del fiume, 3 km a sud di Puerto Bertrand, il complesso offre anche una hot tub, un ristorante e svariate attività, tra cui kayak ed equitazione.

La Casa del Río Konaiken CAFFÈ $
(☎098-402-3197; www.konaiken.blog.com; spuntini CH$2500, ✎) Un fantastico punto di ristoro che serve caffè espresso, torte di farina integrale e marmellate fatte in casa. Dispone anche di tre rustici bungalow per tre persone (CH$45.000), situati tra gli alberi sulla sponda del Río Baker 6 km a sud di Puerto Bertrand, che offrono un ambiente perfetto per rilassarsi. La cena per gli ospiti comprende vino e piatti vegetariani. Il proprietario è un convinto sostenitore della causa ambientalista.

Valle Chacabuco (futuro Parque Nacional Patagonia)

Circa 18 km a nord di Cochrane, questa vecchia *estancia* (azienda d'allevamento) ospita fenicotteri, guanachi, huemul (il cervo delle Ande a rischio di estinzione), puma, viscacce e volpi. Nel 2004, l'associazione no profit Conservacion Patagonica ha acquistato la tenuta con l'ambizioso progetto di fondare il Parque Nacional Patagonia. Soprannominati 'il Serengeti dell'emisfero meridionale', i 690 kmq della Valle Chacabuco sono caratterizzati da tratti di steppa patagonica, foreste, montagne, laghi e lagune che si estendono dal Río Baker al confine argentino, attraversabile in auto al Paso Roballos.

Il futuro parco nazionale unirà la valle alla Reserva Nacional Jeinimeni, che si trova a nord, e alla Reserva Nacional Tamango che si estende a sud, creando così un parco di 2400 kmq che un giorno potrebbe competere con quello delle Torres del Paine.

Grazie al lavoro di numerosi volontari, la valle è stata bonificata creando un importante corridoio per la fauna selvatica e oggi non è difficile avvistarvi volpi e branchi di guanachi. Sono in corso anche studi sull'ecosistema delle praterie e il monitoraggio della popolazione huemul, che oggi ammonta a circa 1500 esemplari, pari al 15% della popolazione mondiale.

Il progetto del parco prevede l'apertura di numerosi nuovi sentieri e campeggi. Anche se le infrastrutture e i servizi della riserva sono tuttora in fase di realizzazione, i visitatori possono attraversarla in automobile, fare escursioni sui sentieri esistenti e ammirarne lo splendore, oltre a dare una mano nel lavoro prendendo parte a uno dei tanti programmi di volontariato.

Attività

Lagunas Altas ESCURSIONISMO
Questo tracciato di 26 km, che inizia presso l'area del Westwind Camping (vicino alla direzione del parco), sale verso una cresta meridionale e si dirige a est, attraversando un terreno aperto e costeggiando incantevoli laghetti di montagna per poi scendere serpeggiando fino agli edifici amministrativi. L'escursione offre splendidi panorami sulla Valle Chacabuco, sul Cerro San Lorenzo, sui ghiacciai della Patagonia settentrionale e sui Monti Jeinimeni. Portate abbondanti scorte di acqua potabile.

Valle de Aviles ESCURSIONISMO
Dall'area del Stone House Camping, a circa 25 km dalla direzione del parco, il tracciato della Valle de Aviles collega la Valle Chacabuco alla Reserva Nacional Jeinimeni e a Chile Chico, più a nord. Potrete fare un'escursione in giornata nella valle, oppure raggiungere il Lago Jeinimeni in tre o quattro giorni di cammino (circa 45 km).

Escursione in auto nella valle OSSERVAZIONE DELLA FAUNA
È possibile percorrere in automobile la strada che si snoda per 72 km dal Río Baker al confine argentino attraverso la steppa costellata di lagune abitate dai fenicotteri. Guidate lentamente, facendo attenzione alle volpi che attraversano la strada, e sorpassate soltanto quando la carreggiata è sufficientemente larga.

IL LASCITO DEI TOMPKINS

Gli 'ecobaroni', ovvero i ricchi filantropi che investono parte dei loro patrimoni in cause ecologiste, sono diventati la forza principale della lotta per la conservazione del Cono Sur. Tra questi vanno segnalati soprattutto l'imprenditore statunitense Douglas Tompkins (creatore dei marchi Esprit e North Face) e sua moglie Kris (ex presidente e amministratore delegato del marchio di abbigliamento Patagonia). Tutto ebbe inizio nel 1991, quando Douglas decise di fondare il Parque Pumalín, un'area protetta che riunisce piccole proprietà agricole patagoniche confinanti con tratti di antica foresta. Nel 2004 fu la volta di Kris, che acquistò un'*estancia* abbandonata vicino a Cochrane tramite l'associazione no profit Conservación Patagonica con un progetto grandioso: fondare il Parque Nacional Patagonia e unire i 690 kmq della Valle Chacabuco, un territorio caratterizzato da steppe patagoniche, foreste, montagne, laghi e lagune, ad altre due riserve protette, in modo da creare un importante corridoio per la fauna selvatica. Ripristinare l'habitat naturale è stato arduo, in quanto l'allevamento intensivo aveva causato la desertificazione di buona parte del ranch, ma le piante infestanti che proliferavano grazie alla presenza del bestiame sono state sradicate a mano e più di 644 km di recinzioni sono stati rimossi in modo che le specie autoctone, come il guanaco e l'huemul, potessero nuovamente accedere a questi territori – e così è stato.

Oggi la proprietà della coppia comprende più di 8000 kmq di aree protette sia in Cile sia in Argentina, un record a livello mondiale.

Doug Tompkins ha anche fatto dono allo Stato di due piccoli parchi nazionali, quello di Corcovado e quello di Tic Toc, ma resta legato alla tutela del suo Pumalín (dove la coppia ha una casa). Donata alla Fundación Pumalín nel 2005, la riserva dovrebbe alla fine diventare un parco nazionale.

L'idea della coppia ha ispirato alcuni emulatori, come l'ex candidato alla presidenza cilena Sebastián Piñera, che ha fondato il Parque Tantauco a Chiloé. L'atteggiamento interventista dei Tompkins ha dato luogo a risentimenti su scala regionale, ma oggi la maggior parte delle critiche iniziali è rientrata e molti cileni si sono resi conto dell'importanza dei parchi per il loro paese.

Pernottamento e pasti

I visitatori possono pernottare anche nella vicina Cochrane. Quando leggerete questa guida dovrebbe ormai essere in funzione il primo ristorante del parco, ospitato nel grande edificio in pietra situato all'ingresso della zona amministrativa. Oltre a un menu fisso a pranzo e a cena, preparato con ingredienti biologici coltivati nella serra adiacente, il ristorante servirà anche sandwich e tè.

The Lodge at Valle Chacabuco BOUTIQUE HOTEL **$$$**
(reservas@vallechacabuco.cl; offerta consigliata $250 per persona; ⌚metà ott-apr) Classico e raffinato, questo bellissimo lodge in pietra si ispira all'architettura inglese dell'Argentina meridionale. Piastrelle in ceramica colorata, legni pregiati e grandi fotografie di natura creano un'atmosfera accogliente. Le camere sono soltanto sei, quasi tutte doppie o con letti a castello per le famiglie. Per il momento il lodge accetta soltanto offerte; è richiesta però la prenotazione.

Westwind Camping CAMPEGGIO $
(piazzole gratuite) Nella valle, a 4 km dalla direzione del parco, questo grande campeggio erboso dispone di otto spazi coperti per cucinare e di servizi igienici con docce calde. Le piazzole vengono assegnate in base all'ordine di arrivo.

Stone House Camping CAMPEGGIO $
(piazzole gratuite) Si trova a circa 25 km dalla direzione del parco, lungo la strada che percorre la valle. I servizi igienici sono ospitati in un antico edificio in pietra risalente all'epoca in cui il parco era un'*estancia* di ovini.

Informazioni

Presso la **direzione del parco** (☎065-970-833; www.conservacionpatagonica.org; ingresso al parco gratuito) troverete le cartine dei percorsi escursionistici e informazioni generali. Per maggiori notizie sul progetto e la regione, potete consultare il **blog ufficiale** (www.conservacionpatagonica.org/blog). È in costruzione un centro dedicato alla storia naturale.

Per/dalla Valle Chacabuco

L'ingresso del parco si trova 18 km a nord di Cochrane; cercate le indicazioni per la Entrada Baker. Su richiesta, gli autobus che effettuano servizio tra Cochrane e Coyhaique possono fermare all'ingresso del parco, ma la direzione si trova 11 km più a est, sulla strada principale per Paso Roballos.

Cochrane

067 / POP. 3000

Vecchio avamposto dell'allevamento di bestiame, Cochrane è l'ultimo centro abitato di una certa importanza in direzione sud sulla Carretera Austral. Se i progetti di costruzione di alcune grandi dighe idroelettriche andranno in porto, il luogo sarà interessato da un vero e proprio mini boom economico, che potrebbe comportare il raddoppio della popolazione per l'immigrazione di lavoratori pendolari e che modificherebbe in modo definitivo il paesaggio.

Nelle vicinanze, i visitatori possono praticare attività come la pesca sul Lago Cochrane, le uscite a cavallo e le escursioni a piedi. A Cochrane si trova l'ultima stazione di rifornimento del paese, inoltre la località è la migliore fonte di informazioni turistiche lungo questo remoto tratto di strada.

Pernottamento e pasti

Residencial Cero a Cero GUESTHOUSE $

(522-158; Lago Brown 464; singole/doppie CH$15.000/22.000, camere senza bagno CH$9000 per persona) Questa spaziosa struttura costruita con tronchi d'albero offre alloggio confortevole in camere con letti comodi, molte finestre e un ambiente caldo e accogliente.

Latitude 47 GUESTHOUSE $

(098-829-0956; Lago Brown 564; singole/doppie CH$20.000/30.000, camere senza bagno CH$10.000 per persona) Caratterizzata da una calda ospitalità, questa grande costruzione bianca offre alcune piccole camere singole ai piani superiori. Le nuove con bagno privato, in uno spazio indipendente, sono migliori.

Cabañas Sol y Luna BUNGALOW $$

(098-157-9602, 096-571-0763; xmardonestorres@hotmail.com; bungalow per 4 persone CH$45.000; @) I bungalow di recente costruzione sono graziosi e ben attrezzati, inoltre ci sono una sauna e diverse hot tub.

Restaurant Ada's CILENO $

(098-399-5889; Teniente Merino 374; portate principali CH$4500; pranzo e cena) Gli abbondanti pasti a base di pesce al forno o tenera carne di manzo, vino in bottiglia, insalate e patate hanno un buon rapporto qualità-prezzo. Anche il servizio è eccellente.

Café Tamango CAFFÈ $

(Esmeralda 464; sandwich CH$4000; 9-20 lun-sab;) Tutto ha un aspetto invitante in questo locale, dalle caramelle ai gelati della casa e dai sandwich al couscous. I tavolini all'aperto sono un po' appartati rispetto alla strada.

Informazioni

BancoEstado (Esmeralda 460) Il bancomat accetta soltanto MasterCard.

Chiosco di informazioni turistiche (522-326; turismo@cochranepatagonia.cl; Plaza de Armas; 9-13 e 14-21 gen e feb) Orari aggiornati degli autobus, guide per la pesca e informazioni sui taxi.

Conaf (522-164; Río Nef 417; 10-18 lun-sab)

Ospedale (522-131; O'Higgins 755; 24 h su 24) Il pronto soccorso è sempre operativo.

Ufficio postale (Esmeralda 199; 9-15 lun-ven, 11-14 sab)

Per/da Cochrane

Gli autobus per Coyhaique, in partenza tutti i giorni alle 8, sono gestiti da **Buses Don Carlos** (522-150; Prat 334), **Buses Acuario 13** (522-143; Río Baker 349), **Sao Paulo** (522-143; Río Baker 349) e **Aguilas Patagonicas** (211-288, 522-020; Dr Steffen e Las Golondrinas).

Per Caleta Tortel, prendete il Buses Acuario 13, che offre una corsa con partenza alle 9.30 il lunedì, il mercoledì e la domenica.

Per Villa O'Higgins, un mezzo di **Buses Aldea** (522-143; Río Baker 349) parte alle 8 il giovedì e la domenica.

Chile Chico è servito da **Transportes Egger** (522-448, 522-020; Las Golondrinas 399) 2 volte alla settimana; i mezzi fermano anche a Puerto Bertrand e Puerto Guadal lungo il percorso.

DESTINAZIONE	TARIFFA (CH$)	DURATA (ORE)
Caleta Tortel	CH$6000	3
Chile Chico	CH$13.000	5
Coyhaique	CH$13.000	7-10
Villa O'Higgins	CH$22.000	6

Reserva Nacional Tamango

Con la più consistente popolazione di huemul del Cile, la **Reserva Nacional Tamango** (ingresso CH$3000; piazzole CH$5000) si estende su 70 kmq in una zona di transizione verso la steppa patagonica. I cervi delle Ande, a rischio di estinzione, sono notoriamente una specie molto schiva, ma in questa riserva avrete maggiori probabilità di avvistarli che in altri posti. All'ingresso dell'area protetta hanno inizio inoltre alcuni tracciati (di lunghezza compresa tra 1,5 km e 7 km) che conducono alla Laguna Elefantina, alla Laguna Tamanguito e al Cerro Tamango (1722 m). La riserva si trova 6 km a nord-est di Cochrane; non ci sono mezzi pubblici che raggiungono l'ingresso, ma all'angolo tra Colonia e San Valentín gli escursionisti possono imboccare il Pasaje No 1 in direzione nord e poi est, per accedere ai percorsi pedonali che conducono al parco. Presso gli uffici Conaf a Cochrane sono a volte disponibili le cartine dei percorsi.

Caleta Tortel

☎067 / POP. 550

Una rete di scricchiolanti passerelle pedonali collega l'una all'altra le case di legno di Caleta Tortel, una località situata su un fiordo glaciale dalle acque biancastre e del tutto priva di strade. Dichiarato di recente monumento nazionale, questo villaggio di pescatori ai piedi di un ripido pendio è decisamente unico nel suo genere. Il centro, che sorge tra due ghiacciai alla foce del Río Baker, era un tempo abitato dalla popolazione locale degli alacalufe (qawashqar), che si spostavano abitualmente in canoa; i primi coloni arrivarono soltanto nel 1955. Ancora isolati, ma più socievoli della maggior parte degli altri abitanti della Patagonia, i residenti vivono di turismo e del legname ricavato dal taglio dei cipressi. L'elettricità e l'acqua sono prodotte da una piccola turbina eolica e nei periodi di siccità possono verificarsi problemi di approvvigionamento tanto idrico quanto elettrico; usate l'acqua con parsimonia.

La strada s'interrompe ai margini del centro abitato, vicino alla zona di El Rincon. Le passerelle e le scalinate in legno conducono al centro e, proseguendo, alla zona di Playa Ancha, un'ampia spiaggia. I taxi d'acqua facilitano gli spostamenti, ma considerando le numerose scalinate conviene comunque ridurre al minimo il bagaglio.

Che cosa vedere e fare

I maestosi ghiacciai Montt (Campo de Hielo Sur) e Steffens (Campo de Hielo Norte) si possono raggiungere soltanto in barca. Le escursioni in barca a motore per gruppi da otto a 10 persone hanno tariffe variabili tra CH$250.000 e CH$320.000; alcune sono abbinate a una passeggiata a piedi o a cavallo. Le tariffe vengono divise tra i passeggeri e le partenze dipendono dalle condizioni meteorologiche.

Paz Austral ESCURSIONI AL GHIACCIAIO
(☎telefono satellitare 02-196-027 0/1; www.entrehielostortel.cl) Offre escursioni al ghiacciaio Steffens e alla Reserva Katalalixar (su richiesta), oltre che alla foce del Río Baker e all'Isla Los Muertos (tutti i giorni).

Destinos Patagonia ESCURSIONI AL GHIACCIAIO
(☎099-158-6044; www.destinospatagonia.cl; pacchetto di 2 giorni CH$200.000 per persona) Escursioni a entrambi i ghiacciai e all'Isla los Muertos a bordo dell'imbarcazione *Qawasqar*.

Junquillo ESCURSIONISMO
Sopra la zona Rincon di Tortel, questa escursione di tre ore per l'andata e ritorno offre begli scorci panoramici sull'estuario del Baker e sui canali.

Pernottamento e pasti

TOP **Entre Hielos** B&B $$$
(☎telefono satellitare 02-196-0270/1; www.entrehielostortel.cl; singole/doppie CH$55.000/70.000; Wi-Fi) In cima a una ripida scalinata, questa incantevole struttura in legno di cipresso offre tutti i moderni comfort e una calda accoglienza familiare. La prima colazione comprende vero caffè e marmellate fatte in casa. I pasti preparati dallo chef prevedono carne di manzo di provenienza locale o salmone del Río Baker, accompagnati da una ricca lista dei vini. Si organizzano anche escursioni in barca.

Brisas del Sur GUESTHOUSE $$
(☎231-815; zona di Playa Ancha; doppie CH$35.000, camere senza bagno CH$12.000 per persona; Wi-Fi) La Señora Valería mette a proprio agio i clienti con camere confortevoli che si affacciano sulla spiaggia, mentre dalla cucina proviene un delizioso profumino. Per contattarla, rivolgetevi al chiosco di informazioni turistiche.

Residencial Estilo GUESTHOUSE $$
(☎linea locale 143; doppie CH$30.000, camere senza bagno CH$12.000 per persona) La bella casa in legno di Javier Pinella offre moderne camere doppie con pareti rivestite in legno.

Playa Ancha Camping CAMPEGGIO $
(Playa Ancha; piazzole gratuite) In questo campeggio, piuttosto selvaggio, si può montare la tenda gratuitamente. La posizione, sulla foce

del fiume, è comunque splendida; i campeggiatori possono utilizzare le docce (CH$1500) al Brisas del Sur, situato proprio di fronte.

Sabores Locales CILENO $$
(portate principali CH$6000-10.000; ⌚13-1; ☑) Maritza prepara ottime zuppe, piatti di salmone affumicato e ceviche in questo grazioso caffè con un menu in grado di soddisfare anche i vegetariani.

Informazioni

Chiosco di informazioni turistiche
(☎231-815; www.municipalidaddetortel.cl; ⌚9-22) All'ingresso del villaggio, vicino alla fermata degli autobus, ha personale che parla anche inglese e può rivelarsi molto utile.

Telefónica (☎234-815; ⌚10-13 e 15-20 lun-sab) Il posto telefonico pubblico della cittadina.

Per/da Caleta Tortel

Tutti gli autobus partono da una fermata situata nelle vicinanze del chiosco di informazioni turistiche all'ingresso superiore del villaggio, dal momento che non è possibile accedere al centro con veicoli a motore. Per raggiungere Cochrane (CH$6000, 3 h), Buses Aldea offre 5 corse alla settimana con partenza alle 15. Per Coyhaique (CH$22.000, 11 h), Aguilas Patagonicas ha corse il giovedì e la domenica alle 8.

El Mosco raggiunge Villa O'Higgins (CH$15.000, 4 h) partendo alle 16.30 della domenica. Robinson Crusoe effettua lo stesso servizio il martedì e il giovedì alle 16.

Con un costo fisso a tragitto e non per persona, i taxi d'acqua partono dalla zona Rincon diretti in centro (CH$3000), a Playa Ancha (CH$5000) e all'Isla de los Muertos (CH$35.000); è anche possibile fare il giro completo della baia (da CH$6000 a CH$20.000).

A sud verso Villa O'Higgins

Torrenti dalle acque impetuose e macchie di foresta vergine fiancheggiano la strada tortuosa a sud di El Vagabundo e il tratto che dà accesso a Caleta Tortel. Qui la Carretera Austral richiede un'attenzione costante e in alcune parti può risultare molto scivolosa, anche a causa di frane e smottamenti. È consigliato l'utilizzo di un veicolo alto da terra.

A **Puerto Yungay**, un traghetto statale gratuito trasporta i passeggeri e quattro veicoli all'estremità orientale del fiordo Mitchell, a Río Bravo, salpando di solito tre volte al giorno alle 10, alle 12 e alle 18 (1 h) in estate. Lo spazio disponibile è limitato e chi viaggia con un veicolo al seguito dovrebbe cercare di arrivare presto e aspettare eventualmente il suo turno. Si può ingannare il tempo con una deliziosa empanada presso il chiosco accanto all'imbarco. Una volta sbarcati dopo la traversata, altri 100 km di strada accidentata conducono all'estremità settentrionale di uno stretto ramo del Lago O'Higgins (conosciuto sulla sponda argentina come Lago San Martín).

Villa O'Higgins

☎067 / POP. 500

Ultima fermata sulla Carretera Austral, questo isolato villaggio è un luogo mitico. Colonizzato per la prima volta dagli inglesi tra il 1914 e il 1916, l'avamposto ha attratto anche alcuni cileni, ma la strada lo ha raggiunto soltanto nel 1999. Nel suo splendido isolamento, Villa O'Higgins offre un ambiente spettacolare da esplorare a piedi o a cavallo e ottime opportunità di pesca, dunque richiama un numero crescente di appassionati di trekking ma anche ciclismo provenienti da El Chaltén, in Argentina. La costruzione di una nuova strada attraverso il Paso Entrada Mayer (posticipata al 2013) e di un tratto di strada tra Candelaria Mansilla e il Lago del Desierto (che richiederà comunque la traversata in traghetto) migliorerà notevolmente i collegamenti con questo paese.

Nel villaggio, pochissimi edifici sono identificati da un numero civico, ma chiedendo indicazioni agli abitanti del posto riuscirete ad arrivare a destinazione, se l'avete. Non ci sono sportelli bancomat, perciò portate con voi una buona scorta di contanti.

Tour

Villa O'Higgins Expediciones SPORT AVVENTURA
(☎431-821/2; www.villaohiggins.com) L'agenzia di Hans Silva offre un ampio ventaglio di servizi. Le passeggiate a cavallo con guida e i trekking si possono organizzare prenotando in anticipo; l'agenzia offre anche il noleggio di biciclette.

Robinson Crusoe ESCURSIONI AL GHIACCIAIO
(☎431-821/2; www.villaohiggins.com; Carretera Austral s/n; escursione al ghiacciaio CH$80.000; ⌚9-13 e 15-19 lun-sab) Da novembre a fine marzo, il catamarano *La Quetru* salpa da Puerto Bahamondez alla volta del Glaciar O'Higgins, un imponente ghiacciaio del Campo Hielo Sur; è prevista una sosta a Candelario Mansilla (CH$65.000) per chi desidera proseguire a piedi fino in Argentina.

Pernottamento e pasti

TOP El Mosco OSTELLO $

(☎431-819; patagoniaelmosco.com; Carretera Austral Km 1240; piazzole CH$5000 per persona; doppie/triple CH$40.000/50.000, letti in camerata CH$11.000, singole/doppie senza bagno CH$ 18.000/28.000, bungalow per 5 persone CH$50.000) Questa struttura ben attrezzata e accogliente è sempre affollata, prevalentemente da ciclisti ed escursionisti ma anche viaggiatori comuni. Il suo punto di forza è il servizio: Jorge, il proprietario, e il suo dinamico staff forniscono preziosi consigli sulle escursioni e una montagna di cartine dettagliate della regione. A disposizione degli ospiti ci sono anche una hot tub in legno privata e una sauna finlandese.

Ecocamp Tsonek CAMPEGGIO $

(☎097-892-9695; www.tsonek.cl; Carretera Austral s/n; piazzole CH$3000 per persona; wi-fi) Situato in una bella foresta di faggi, questo campeggio rispettoso dell'ambiente offre 10 piazzole, servizi igienici con smaltimento a compostaggio, docce con acqua calda e una cucina coperta. Il proprietario, El Pajarero, è una guida esperta in birdwatching che offre anche escursioni guidate e uscite in barca.

Robinson Crusoe BOUTIQUE HOTEL $$$

(☎a Santiago 02-334-1503/4; www.robinsoncrusoe.com; Carretera Austral Km 1240; doppie CH$100.000; wi-fi) L'unico albergo di categoria elevata della zona è questa moderna struttura prefabbricata, resa accogliente dai colorati copriletti andini e dai soffici divani con cuscini ricamati a mano. Le camere, dotate di comodi letti king-size, sono un po' costose, ma gli ospiti possono approfittare di una serie di servizi tra cui la variegata prima colazione a buffet e due vasche in legno con idromassaggio. La maggior parte acquista il pacchetto all-inclusive, comprensivo di attività con guide bilingui.

Hospedaje Rural GUESTHOUSE $

(☎431-805; camere senza bagno CH$6000 per persona, piazzole CH$2000 per persona) Se siete alla ricerca dell'ultima, ultimissima frontiera, sceglierete questo lodge nella zona meridionale di Candelario Mansilla, accessibile in traghetto (p362). La cena (CH$5000) e la prima colazione (CH$3000) non sono comprese nel prezzo. Il proprietario, Don Ricardo, vi

LA LUNGA MARCIA VERSO L'ARGENTINA

I viaggiatori provenienti da Gonzo possono aggirare il ghiacciaio meridionale per raggiungere il Parque Nacional Los Glaciares ed El Chaltén (p404), in Argentina, direttamente da Villa O'Higgins. Il viaggio, che richiede da uno a tre giorni, può essere effettuato nel periodo compreso tra novembre e marzo. Portate con voi tutte le provviste che vi occorrono, il passaporto e quanto serve per proteggere dalla pioggia. I mezzi di trasporto pubblico possono subire ritardi, perciò tenetene conto nella pianificazione. Ecco come fare:

» Prendete l'autobus alle 8 da Villa O'Higgins a Puerto Bahamondez (CH$2000).

» Prendete il catamarano Hielo Sur *La Quetru* (CH$65.000, 4 h) da Villa O'Higgins per Candelario Mansilla, all'estremità meridionale del Lago O'Higgins. L'imbarcazione salpa circa tre volte la settimana, di solito il sabato, con altre partenze il lunedì e il mercoledì. A Candelario Mansilla troverete semplici alloggi, trekking con guida e noleggio di cavalli. Qui potrete passare la dogana del Cile e i controlli dell'ufficio immigrazione.

» Proseguite a piedi o a cavallo fino a Laguna Redonda (2 h). Il campeggio è vietato.

» Proseguite a piedi o a cavallo fino a Laguna Larga (1 h 30 min). Il campeggio è vietato.

» Proseguite a piedi o a cavallo fino alla sponda settentrionale del Lago del Desierto (1 h 30 min). Il campeggio è consentito. Qui è possibile passare la dogana argentina e i controlli dell'ufficio immigrazione.

» Prendete il traghetto dalla sponda settentrionale alla sponda meridionale del Lago del Desierto (AR$130, 2 h 15 min). In alternativa, potrete camminare lungo la sponda (15 km, 5 h). Il campeggio è consentito. Controllate gli orari aggiornati dei traghetti presso la frontiera argentina.

» Prendete la navetta per El Chaltén, a 37 km di distanza (AR$130, a h).

Per maggiori informazioni, rivolgetevi a **Robinson Crusoe** (☎067-431-821/2; www.villaohiggins.com), a O'Higgins, o al **Rancho Grande Hostel** (☎54-2962-493-092; www.ranchograndehostel.com; San Martín 724, El Chaltén) sul versante argentino.

fornirà utili informazioni per esplorare la zona, tra ghiacciai, laghi e fiumi.

Hospedaje Patagonia GUESTHOUSE **$**
(☎431-818; Río Pascua e Lago Christie; doppie senza bagno CH$10.000) Offre una buona scelta di camere doppie, semplici e pulite, all'interno di una grande casa. Su richiesta serve anche i pasti e il tè del pomeriggio.

Entre Patagones CILENO **$$**
(☎431-810; Av Carretera Austral s/n; menu a prezzo fisso CH$8000) Questo bar-ristorante, ospitato in una costruzione di tronchi fintamente rustica, serve pasti deliziosi e abbondanti a base di salmone e insalata o specialità alla griglia. Si trova all'ingresso del villaggio e affitta anche alcuni graziosi bungalow. Telefonate per verificare che sia aperto.

El Campanario CILENO **$**
(Lago O'Higgins 72; menu a prezzo fisso CH$3500) I pasti casalinghi hanno un buon rapporto qualità-prezzo, ma il servizio è un po' lento.

Informazioni

Chiosco di informazioni turistiche
(Plaza Cívica; ⌚8.30-13 e 14.30-19 nov-marzo) Sulla piazza, offre connessione wi-fi gratuita (ma il segnale è debole) e dispone di qualche cartina escursionistica.

Per/da Villa O'Higgins

Transporte Aéreo Don Carlos (☎a Coyhaique 231-981; www.doncarlos.cl) offre voli da Coyhaique (CH$36.000, 1 h 30 min) il lunedì e il giovedì.

All'epoca delle nostre ricerche era in costruzione una stazione degli autobus; nel frattempo, gli autobus fermavano lungo la Carretera Austral. Bus Aldea serve Cochrane (CH$12.000, 6 h) il venerdì e il lunedì con partenza alle 8. Per Caleta Tortel (CH$15.000, 4 h), El Mosco offre una corsa la domenica alle 10.30, mentre Robinson Crusoe ha corse il martedì e il giovedì alle 8. In bassa stagione la frequenza diminuisce.

Per informazioni sui collegamenti con l'Argentina in catamarano, v. p362.

Patagonia meridionale

Include »

I migliori ristoranti

- » Afrigonia (p383)
- » La Marmita (p373)
- » Remezón (p373)
- » La Tablita (p400)
- » La Mesita Grande (p384)

I migliori hotel

- » Ilaia Hotel (p371)
- » The Singular Hotel (p381)
- » Hotel IF Patagonia (p381)
- » Tierra Patagonia (p395)
- » Refugio Grey (p394)

Perché andare?

Le aspre coste delle sponde occidentali e le scabre guglie delle Torres del Paine rappresentano la quintessenza della Patagonia. Le province di Magallanes e Última Esperanza hanno un fascino da posto di frontiera e possono essere paragonabili ad alcune zone della profonda Amazzonia e dell'Alaska più remota. I ghiacciai hanno scavato e cesellato questi incantevoli paesaggi e oggi la Patagonia meridionale è perfetta per chi cerca l'avventura e chi vi si reca potrà dedicarsi a escursioni a piedi attraverso paesaggi di ruvida bellezza, vedere pinguini a migliaia o fare passeggiate a cavallo attraverso la steppa.

La destinazione principale della zona è il Parque Nacional Torres del Paine. Questo parco, tra i più belli del continente, attira ogni anno migliaia di visitatori. In tutta la regione, è facile spostarsi tra Argentina e Cile; in questo capitolo troverete un elenco dei luoghi da non perdere anche della Patagonia argentina.

Quando andare

Punta Arenas

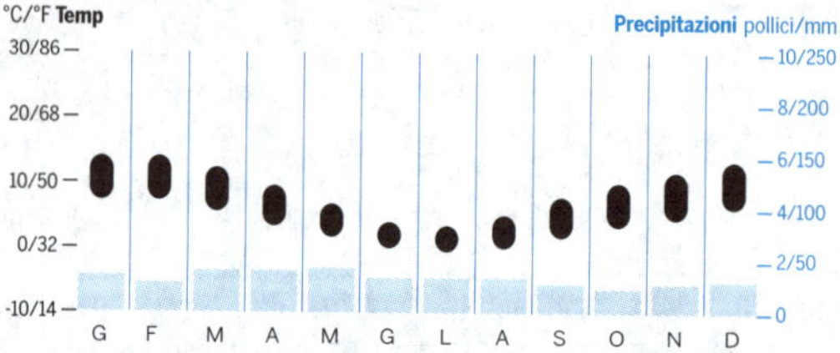

Dic-feb Sono i mesi più caldi, ideali per visitare le *estancias* e fare escursioni.

Metà ott-inizio marzo La fauna costiera è più numerosa: anche pinguini e uccelli marini.

Marzo-apr I forti venti estivi iniziano a placarsi e il paesaggio si tinge dei brillanti colori dell'autunno.

Il meglio della Patagonia meridionale

1. Le zone più remote del **Parque Nacional Torres del Paine** (p386)
2. La marcia dei pinguini verso l'**Isla Magdalena** (p375)
3. Le escursioni a piedi vicino a El Chaltén, sulla **catena del Fitz Roy** (p404) dalle vette affilate, il paradiso argentino del trekking
4. Percorrere le montagne e sedere accanto al fuoco in un'*estancia* affacciata sul **Seno Skyring** (p376)
5. Una birra artigianale di produzione locale, un massaggio e la cucina squisita di **Puerto Natales** (p378), dopo aver visitato il parco delle Torres del Paine
6. La steppa vulcanica del poco conosciuto **Parque Nacional Pali Aike** (p378)
7. Il trekking sul ghiaccio ammirando i riflessi blu dei crepacci del **Glaciar Perito Moreno** (p402), il ghiacciaio argentino alto come un edificio di 15 piani

Storia

I reperti e le pitture rupestri ritrovati nelle cavità naturali di Última Esperanza dimostrano che la Patagonia meridionale era già abitata dalle popolazioni aonikenk 10.000 anni prima della nascita di Cristo. Il primo navigatore europeo a visitare la regione fu Ferdinando Magellano nel 1520, ma la zona iniziò a svilupparsi quando la corsa all'oro in California aprì la strada ai commerci: viaggiando tra l'Europa, la California e l'Australia, le navi non potevano evitare gli stretti meridionali.

Alla fine del XIX secolo, la nascita delle *estancias* e l'allevamento delle greggi da lana creò una nuova importante espansione economica, che fece sentire i suoi effetti sulla Patagonia cilena così come su quella argentina. Pochi si arricchirono a spese di molti e i nativi furono decimati da malattie e guerre locali. Nel 1914, l'apertura del Canale di Panama ridusse notevolmente il traffico navale, non più costretto ad attraversare i mari intorno a Cabo de Hornos, e l'importanza della regione a livello internazionale diminuì.

Oggi, le industrie del pesce e della silvicoltura, alcuni piccoli giacimenti di petrolio e di gas metano, oltre al turismo in rapida crescita, mantengono la regione in relativa prosperità.

Parchi nazionali e riserve

Alcuni dei parchi più celebri del continente sudamericano si trovano in questa parte di Patagonia e la maggior parte dei viaggiatori non si lascia sfuggire l'opportunità di visitare in particolare il Parque Nacional Torres del Paine (p386). Spesso le visite sono abbinate a una puntata in Argentina per fare trekking nel Parque Nacional Los Glaciares, raggiungibile passando per El Chaltén (p404), oppure per visitare El Calafate (p401) e vedere il famoso ghiacciaio Perito Moreno. Il più remoto Parque Nacional Bernardo O'Higgins (p386) è accessibile con un'imbarcazione dalle Torres del Paine. Vicino al confine, si trova il desolato e assolutamente unico Parque Nacional Pali Aike (p378).

Per/dalla Patagonia meridionale

Il modo più semplice di raggiungere la Patagonia meridionale è prendere un aereo diretto a Punta Arenas da Santiago o da Puerto Montt, da cui ogni giorno decollano diversi voli per questa destinazione. Punta Arenas è raggiungibile anche da altre città cilene, ma con voli meno frequenti. In alternativa vanno segnalati i traghetti Navimag, che salpano da Puerto Montt in direzione di Puerto Natales (v. p300), oppure si può affrontare il lungo viaggio in autobus che da Puerto Montt conduce in Argentina per poi tornare a Punta Arenas.

A differenza di molte altre zone della Patagonia, le strade intorno a Punta Arenas sono asfaltate e ben tenute. Gli autobus per le destinazioni principali sono piuttosto frequenti, ma d'estate è opportuno prenotare in anticipo. Per raggiungere Porvenir o Puerto Williams bisogna prendere un aereo o un traghetto, ma tenete presente che gli orari cambiano con una discreta frequenza.

In viaggio verso l'Argentina

I collegamenti tra l'Argentina e il Cile sono agevoli e frequenti, visto che l'attraversamento del confine è una necessità quotidiana per molti abitanti della regione. In questo capitolo sono descritte anche le località argentine più visitate dal turismo cileno. La tassa d'ingresso in Cile per i cittadini di Stati Uniti, Canada e Australia varia a seconda della nazionalità ($140 per i cittadini degli Stati Uniti e del Canada, $95 per i cittadini australiani), ma non va pagata ogni volta: è valida per l'intera durata del passaporto. Tra Puerto Montt e Punta Arenas non ci sono rappresentanze diplomatiche dell'Argentina, quindi chi ne ha bisogno (non i visitatori italiani) dovrà richiedere il visto al Consolato di Santiago prima di raggiungere una qualsiasi di queste due località.

Evitate di attraversare il confine se non alla presenza di funzionari doganali in grado di apporre il timbro sul passaporto; in caso contrario sareste passibili di espulsione dal paese. I posti di frontiera più utilizzati sono Cancha Carrera, tra Torres del Paine ed El Calafate, e Monte Aymond, tra Punta Arenas e Río Gallegos.

Un servizio di autobus frequenti collega Puerto Natales con le località argentine di El Calafate ed El Chaltén, e Punta Arenas con Ushuaia. Se salpate da Ushuaia per raggiungere con un'imbarcazione la cilena Isla Navarino, ricordate di espletare le pratiche doganali presso gli uffici dell'aeroporto.

Per notizie e informazioni più esaurienti sulle destinazioni in territorio argentino, v. la guida *Argentina* edita da Lonely Planet.

MAGALLANES

È difficile credere che questa terra scabra, maltrattata dalla violenza dei fenomeni atmosferici, sia abitata da centinaia, se non migliaia, di anni. Oggi chi vi risiede ha ben poco in comune con i nativi che un tempo pagaiavano nei canali a bordo delle loro canoe e cacciavano i guanachi; tuttavia, come i suoi predecessori, è isolato dal resto del continente per via di formidabili montagne e acque gelide. È proprio questo supremo senso di isolamento (compensato dall'ospitalità della popolazione) ad attirare la gran parte dei visitatori che raggiungono Magallanes. L'unico modo di arrivarci è in aereo o per mare, oppure via terra dalla Patagonia argentina.

Mentre il capoluogo, Punta Arenas, offre tutte le comodità e i servizi che si possono trovare in una grande città cilena, i suoi dintorni sono desolati, selvaggi, e trasmettono quel senso di solitudine e malinconia che dovettero avvertire i pionieri 'ai confini del mondo'.

La moderna economia di Magallanes è basata sul commercio, sull'industria petrolifera e sulla lavorazione del pesce. La prosperità offre alti livelli di occupazione e un buon tasso di alfabetizzazione, abitazioni di buon livello e alcuni dei servizi pubblici migliori del Cile.

Punta Arenas

☎061 / POP. 130.136

Metropoli in pieno sviluppo, situata sull'orlo dello Stretto di Magellano, Punta Arenas sfugge a ogni definizione. In effetti la città è una curiosa combinazione di rozzo e grandioso, come testimoniano il riammodernamento del porto e le elaborate residenze costruite grazie ai proventi del commercio della lana, che contrastano fortemente con i mucchi di rifiuti sparsi dal vento e con la continua espansione del tessuto urbano. Situata all'estremità meridionale delle Americhe, la città è piuttosto avara di bel tempo: il sole compare soltanto raramente tra una pioggia e l'altra.

La tradizionale ospitalità magellanica fa parte della cultura locale e non si lascia scoraggiare (anzi, forse nasce) dalla natura, che qui è decisamente inospitale. Punta Arenas offre un ambiente rilassato e accogliente, dato che la recente prosperità, legata alla crescita dell'industria petrolchimica e della popolazione, ha cancellato l'antica reputazione della città quale località spartana. Andrebbe tutto benissimo se non fosse che, oltre agli ottimi ristoranti, oggi nei dintorni si vedono anche rivendite duty-free ed enormi centri commerciali.

I comodi collegamenti con la Tierra del Fuego, le Torres del Paine e l'Argentina, oltre agli ottimi servizi per il turismo, fanno di Punta Arenas un comodo punto di partenza per la visita della regione. I passeggeri delle grandi navi da crociera e gli escursionisti hanno rimpiazzato gli esploratori, i cacciatori di foche e i marinai di un tempo.

Storia

Fondata poco più di 150 anni fa, Punta Arenas era in origine la sede di una guarnigione militare e di una colonia penale. Più tardi, negli anni della corsa all'oro in California, la sua posizione geografica si sarebbe dimostrata decisamente strategica: in confronto al primo insediamento cileno di Fuerte Bulnes, 60 km a sud, la cittadina poteva contare su un porto più protetto e su un più agevole accesso alle riserve di legname e di acqua dolce. Le carte nautiche inglesi la indicavano come Sandy Point (Punta Sabbiosa) ed è così che ebbe origine il toponimo in lingua spagnola che ha il medesimo significato.

Nei primi tempi, l'economia della città si sviluppò in base alle risorse naturali locali, tra cui pelli di foca, pelle e pelame di guanaco, prodotti minerari (come carbone e oro), guano, legname e legna da ardere. Il decollo si ebbe negli ultimi 25 anni del XIX secolo, quando il governo territoriale autorizzò l'acquisto di 300 ovini di razza pura originari delle Isole Falkland. L'esperimento ebbe successo, incoraggiando altri investitori al punto che, alla fine del secolo, nella regione pascolavano circa due milioni di animali.

Gli imperi commerciali e fondiari della zona non avrebbero potuto essere costruiti senza il contributo di generazioni di lavoratori immigrati da molti paesi del mondo, tra cui inglesi, irlandesi, scozzesi, croati, francesi, tedeschi, spagnoli, italiani e altri ancora. Molti abitanti della regione discendono direttamente da questi primi coloni, di diversa origine, e ancora oggi le testimonianze di quella che fu una vera e propria immigrazione di massa sono rintracciabili nei nomi delle strade e nelle lapidi del camposanto. Le funzioni religiose sono sempre celebrate in inglese e le numerose residenze signorili, costruite dai facoltosi imprenditori dell'epoca, ospitano ormai alberghi, banche e musei.

Che cosa vedere e fare

Plaza Muñoz Gamero, conosciuta anche con il nome di Plaza de Armas, costituisce il centro della città. Le strade che delimitano la piazza hanno nomi diversi, ma gli indirizzi delle case che vi si affacciano fanno tutti riferimento a Plaza Muñoz Gamero. La maggior parte dei luoghi interessanti della città e quasi tutte le opportunità di sistemazione si trovano a pochi isolati da qui. Av España e Av Bulnes sono importanti arterie che si dirigono verso la zona settentrionale e la seconda dà accesso alla grande area commerciale duty-free detta Zona Franca.

Plaza Muñoz Gamero PIAZZA

Un gruppo di splendide conifere rappresenta il cuore di questa plaza al centro di Punta Arenas, circondata da residenze signorili e palazzi sontuosi. Di fronte al lato settentrionale sorge la Casa Braun-Menéndez, che oggi ospita il **Club de la Unión** (☎241-489; ingresso CH$1000; ⌚10.30-13 e 17-20.30 mar-ven, 10.30-13 e 20-22 sab, 11-14 dom). Il vicino **monumento commemorativo** del 400° anniversario del viaggio di Magellano fu donato dal magnate dell'industria laniera José Menéndez nel 1920. Poco più a est si trova l'antica sede della **Sociedad Menéndez Behety**, che ospita Turismo Comapa. La **cattedrale** sorge più a ovest.

Museo Regional Braun-Menéndez MUSEO

(☎244-216; Magallanes 949; ingresso CH$1500, dom ingresso libero; ⌚10.30-17 lun-sab, 10.30-14 dom in estate, fino alle 14 tutti i giorni in inverno) Questa lussuosa residenza è una testimonianza della ricchezza e del potere degli allevatori di pecore che si erano stabiliti qui alla fine del XIX secolo. L'interno dell'edificio, molto ben tenuto, ospita un museo dedicato alla storia della regione (sono disponibili anche opuscoli in lingua inglese) e una collezione di pregiati arredi francesi che vanno dai pavimenti in legno a intarsio ai vasi cinesi.

Al piano terra, dove si trovavano gli alloggi della servitù, c'è un caffè, perfetto per sorseggiare un pisco sour mentre si ammira la sontuosità del palazzo.

Cementerio Municipal CIMITERO

(ingresso principale su Av Bulnes 949; ⌚7.30-20) Tra i cimiteri più affascinanti del Sud America, il Cementerio Municipal ospita le spoglie di umili immigrati così come alcune tombe piuttosto stravaganti. Nella vita come nella morte, le grandi famiglie di Punta Arenas ostentavano la propria ricchezza e la curiosa tomba dell'imprenditore laniero José Menéndez è, secondo Bruce Chatwin, una copia in miniatura del monumento a Vittorio Emanuele II che si trova a Roma (il

Punta Arenas

Vittoriano). Ma le lapidi raccontano anche le storie di comuni immigrati inglesi, tedeschi, scandinavi e iugoslavi. Nei pressi del cancello d'ingresso ci sono inoltre un monumento ai nativi selk'nam (ona) e una piantina del luogo.

Il cimitero è raggiungibile con una passeggiata di 15 minuti a nord-est della plaza, o prendendo un qualsiasi taxi *colectivo* in partenza di fronte al Museo Regional Braun-Menéndez su Magallanes.

Museo Naval y Marítimo MUSEO
(☎205-479; Pedro Montt 981; interi/bambini CH$1200/600; ⊙9.30-12.30 e 14-17 mar-sab) Il Museo Navale e Marittimo ospita diverse mostre a tema, compreso un interessante resoconto della missione cilena che mise in salvo l'esploratore britannico Sir Ernest Shackleton e i componenti della sua spedizione in Antartide. Da non perdere la copia perfetta di una nave, con tanto di ponte attrezzato, carte nautiche e sala radio.

Museo Regional Salesiano MUSEO
(☎221-001; Av Bulnes 336; ingresso CH$2000; ⊙10-12.30 e 15-18 gio-dom) Palesemente coinvolto nell'insediamento degli occidentali nella regione, l'ordine dei salesiani ha accumulato nei secoli numerosi manufatti di rilevanza etnografica, ma il museo sottolinea soprattutto il ruolo pacificatore e di mediazione svolto da questi sacerdoti tra le popolazioni native (yaghan e ona) e i colonizzatori.

Instituto de la Patagonia MUSEO
I tempi dei pionieri tornano in vita nel **Museo del Recuerdo** (☎207-056; www.umag.cl, in spagnolo; Av Bulnes 01890; ingresso CH$1000; ⊙8.30-11 e 14.30-18 lun-ven), che fa parte della Universidad de Magallanes ed è ospitato presso l'Istituto della Patagonia. Vi sono esposte collezioni di antiche macchine agricole e industriali, una tipica abitazione dei pionieri, con tanto di capanno per la tosatura delle pecore, e un carro con le ruote in legno utilizzato dai pastori. La biblioteca conserva anche carte tipografiche d'epoca e una serie di pubblicazioni storiche e scientifiche. La struttura è raggiungibile con un qualsiasi taxi *colectivo* diretto all'area commerciale della Zona Franca.

Reserva Forestal Magallanes ESCURSIONISMO, MOUNTAIN BIKE
(ingresso libero; ⊙nelle ore di luce) In questa riserva, situata a 8 km dalla città, potrete fare magnifiche escursioni a piedi e in mountain bike attraverso fitte foreste di lenga e coihue.

Tour

Le escursioni di una giornata da non perdere comprendono la visita della **pingüinera**

Punta Arenas

Che cosa vedere
1 Cattedrale ... B3
Club de la Unión ... (v. 5)
2 Museo Naval y Marítimo ... C3
3 Museo Regional Braun-Menéndez ... C3
4 Plaza Muñoz Gamero ... B3
5 Sara Braun Mansion ... B2

Attività, corsi e tour
6 Frieda Lange & Co ... C4
7 Inhóspita Patagonia ... C3
8 Turismo Aonikenk ... C1
9 Turismo Comapa ... B3
10 Turismo Pali Aike ... C3
11 Turismo Pehoé ... C3
12 Turismo Yamana ... C4

Pernottamento
13 Al Fin del Mundo ... C3
14 Hospedaje Magellanes ... D1
15 Hostal Fitz Roy ... C2
16 Hostal La Estancia ... D2
17 Hostal Terrasur ... D2
18 Hotel Cabo de Hornos ... B3
19 Hotel Dreams del Estrecho ... C4
20 Hotel Plaza ... B3

Pasti
21 Abugosh ... C1
22 Cafe Almacen Tapiz ... C3
23 Fuente Hamburg ... B4
24 La Marmita ... D1
25 Lomit's ... B2
26 Pachamama ... C1
27 Sotito's ... C4

Locali
28 Jekus ... C3
La Taberna ... (v. 5)

Divertimenti
29 Cine Estrella ... C1
30 Kamikaze ... C1

Shopping
31 The Art Corner ... C4
32 World's End ... B3

(colonia di pinguini) del **Seno Otway** (p375), 48 km a nord della città. Tempo permettendo, queste escursioni hanno inizio alle 16 (a partire da CH$15.000) tutti i giorni da ottobre a marzo.

Le visite ai primi insediamenti di Fuerte Bulnes e Puerto Hambre partono invece ogni mattina alle 10 (ingresso CH$1000) e, come quelle alla colonia dei pinguini, si possono effettuare in giornata. Entrambe si possono anche organizzare in modo autonomo, suddividendo le spese di noleggio dell'automobile e visitando i siti nell'ordine inverso per evitare la folla dei gruppi organizzati. Quasi tutti gli alberghi saranno in grado di aiutarvi in questo senso, o anche di gestire direttamente le due gite.

Da Punta Arenas partono inoltre numerose visite al Parque Nacional Torres del Paine, ma la distanza è notevole e la gita piuttosto lunga. Se avete in programma di raggiungere questa meta, è meglio partire da Puerto Natales.

Avendo tempo, c'è un'alternativa ancora più interessante alla visita del Seno Otway: si tratta delle colonie di pinguini del **Monumento Natural Los Pingüinos** (p375) sull'Isla Magdalena. Le crociere di cinque ore a bordo del traghetto (interi/bambini CH$25.000/13.000) permettono di effettuare sull'isola una sosta di un'ora, con partenza il martedì, il giovedì e il sabato, da dicembre fino alla fine di febbraio. Prima di organizzare la giornata, verificate gli orari di partenza; i biglietti si possono prenotare presso **Turismo Comapa** (☎200-200; www.comapa.com; Magallanes 990). Portate con voi qualcosa da mangiare.

Vengono offerte infine escursioni al Parque Nacional Pali Aike.

Frieda Lange & Co TOUR

(☎613-991; www.friedalange.com; Errázuriz 950; ⌚8-18) Consigliatissime e innovative visite della città in due lingue, nonché gite a Fuerte Bulnes. L'agenzia vende anche una buona scelta di libri sulla storia, la cultura e la natura della Patagonia.

Turismo Aonikenk TOUR

(☎228-332; www.aonikenk.com; Magallanes 619) Si avvale di guide competenti che parlano inglese, tedesco e francese. Offre trekking a Cabo Froward (il punto più a sud del continente sudamericano), visite alla colonia di pinguini imperatore della Tierra del Fuego e spedizioni più economiche rivolte a viaggiatori esperti. Fornisce anche informazioni sulla Estancia Yendegaia.

IL BUCO NELL'OZONO *Jocelyn Turnbull PhD*

A metà degli anni '80 del Novecento, alcuni scienziati britannici della Stazione Halley, nell'Antartide, notarono che i loro strumenti per la misurazione dello strato di ozono sembravano fornire dati sbagliati: i livelli di ozono erano molto più bassi di quanto fossero mai stati in precedenza. Purtroppo, non si trattava di errori della misurazione: c'era proprio qualcosa che non andava nello strato di ozono, il cui livello sull'Antartide in primavera era soltanto una frazione di quello che avrebbe dovuto essere.

Ben presto gli scienziati furono in grado di isolare i colpevoli del misfatto: i colorofluorocarburi (CFC), ossia i gas prodotti dall'uomo e utilizzati per la produzione di bombolette spray, refrigeratori, condizionatori d'aria e solventi industriali, inalatori per l'asma ed estintori. Per la maggior parte del tempo, questi gas risultano innocui, ma durante la primavera antartica la combinazione delle basse temperature e del ritorno del sole sulla regione polare causano la loro rapida ascesa fino alla quota stratosferica, creando il famigerato buco nell'ozono. Quando le temperature sopra l'Antartide risalgono, lo strato di ozono si riforma, ma solo per assottigliarsi nuovamente nella primavera successiva.

L'ozono protegge la superficie terrestre dalle radiazioni ultraviolette nocive, quelle che causano le scottature solari e altri problemi. Senza ozono, le scottature e i tumori della pelle diventerebbero un problema diffuso e molto grave. Il buco ha un impatto maggiore sulla Patagonia meridionale rispetto a qualunque altra zona abitata del pianeta. Naturalmente il periodo peggiore è la primavera e i visitatori dovrebbero indossare cappelli a tesa larga ed esagerare con le creme solari, prestando particolare attenzione ai bambini.

L'adozione e il rispetto del Protocollo firmato a Montreal nel 1987 ha comportato una riduzione delle sostanze che causano l'assottigliamento nello strato di ozono e i livelli sopra l'Antartide stanno cominciando ad aumentare, ma si tratta di un processo lento e occorreranno almeno altri 50 anni prima di tornare alla normalità.

Inhóspita Patagonia TOUR
(☎224-510; Lautaro Navarro 1013) Propone trekking a Cabo Froward.

Turismo Pali Aike TOUR
(☎223-301; www.turismopaliaike.com; Lautaro Navarro 1129) Offre tour della regione.

Turismo Pehoé TOUR
(☎241-373; www.pehoe.com; José Menéndez 918) Consueti tour della regione.

Turismo Yamana TOUR
(☎221-130; www.yamana.cl; Errázuriz 932) Organizza uscite in kayak sullo Stretto di Magellano.

Feste ed eventi

Solstizio d'inverno FESTA TRADIZIONALE
La notte più lunga dell'anno si celebra il 21 giugno.

Carnaval de Invierno CULTURA
(Carnevale d'Inverno) Festeggiamenti di due giorni, che si tengono nell'ultima settimana di luglio: si tratta di una festa che dà inizio al periodo invernale e prevede spettacoli pirotecnici, regate e quant'altro porta con sé il carnevale.

Pernottamento

Trovandosi sulla rotte di molte navi da crociera, Punta Arenas offre numerosi alberghi. Agli stranieri non viene addebitata l'IVA del 18% nel caso paghino in dollari statunitensi contanti, con i travellers' cheque o con carta di credito. Fuori stagione (da metà aprile a metà ottobre) i prezzi si riducono sensibilmente. La tariffa delle camere comprende la prima colazione.

TOP **Ilaia Hotel** BOUTIQUE HOTEL $$
(☎723-100; www.ilaia.cl; Ignacio Carrera Pinto 351; doppie/triple CH$60.000/65.000) Allegro e moderno, questo elegante boutique hotel offre il calore di una sistemazione familiare. Sugli specchi noterete messaggini divertenti da leggere, le camere sono semplici ma eleganti e c'è un'incredibile vetrata che consente di ammirare un bel panorama sullo Stretto. Pesto dovrebbe anche aprire un centro yoga, ma nel frattempo potrete scegliere tra varie terapie disponibili. La prima colazione è a base di piatti salutistici e comprende chapati, marmellata fatta in casa, avocado, yogurt e altro. Non ci sono TV.

Tragaluz B&B B&B $$
(☎613-938; www.tragaluzpatagonia.com; Mejicana 1194; singole/doppie/triple CH$35.000/40.000/48.000, appartamenti CH$50.000; @ 📶) 'Atmosfera di casa' è l'espressione che meglio descrive questo classico B&B, situato in un edificio storico a due piani, con i muri esterni rivestiti in alluminio colorato, specchi a mosaico nei bagni e porta-asciugamani riscaldati. Dan e Lorena, i giovani padroni di casa, sono rispettivamente americano e cilena, molto socievoli e una vera miniera di informazioni sulle attività che si possono praticare in zona. Le camere non sono niente di speciale, ma la prima colazione comprende frutta fresca, un buon caffè e prelibatezze come uova strapazzate con verdure o waffle fatti in casa dolcificati al miele di palma. Presto dovrebbero essere completati i lavori per la realizzazione di una serra dove troverà posto una vasca con idromassaggio.

Hospedaje Magallanes B&B $$
(☎228-616; www.aonikenk.com; Magallanes 570; singole/doppie senza bagno CH$25.000/30.000; 🚭 @ 📶) Ottima alternativa economica gestita da una coppia tedesco-cilena che lavora anche come guida nel parco nazionale delle Torres del Paine ed è proprietaria dell'agenzia di viaggi interna al B&B. Troverete alcune camere tranquille e spesso vengono organizzate cene o grigliate nel cortile sul retro, vicino alla parete per arrampicata. La prima colazione comprende pane nero e caffè forte.

Hospedaje Independencia GUESTHOUSE $
(☎227-572; www.chileaustral.com/independencia; Av Independencia 374; piazzole/letti in camerata CH$2000/5000; @) Questo è uno degli ultimi alberghi economici backpacker e offre sempre un'atmosfera bohémienne. Nonostante l'apparente confusione, le camere sono ragionevolmente pulite e gli ospiti hanno a disposizione l'uso di una cucina, la possibilità di campeggiare all'esterno e il noleggio delle biciclette.

Imago Mundi OSTELLO $
(☎613-115; www.imagomundipatagonia.cl; Mejicana 252; letti in camerata/doppie CH$10.000/25.000; @) Questa struttura ricettiva ricca di fascino dispone di alcuni letti a castello nelle sue accoglienti camere dai colori vivaci con tavoli ricavati da vecchie porte. Vi consigliamo di dare un'occhiata agli eventi culturali a rotazione che vengono organizzati dai gestori, dalla proiezione di film d'essai ai laboratori.

Hotel Patagonia Pionera LOCANDA $$$
(☎222-045; www.hotelpatagoniapionera.cl; Arauco 786; singole/doppie CH$57.000/68.300; P @ 📶) Questa immacolata residenza signorile di mattoni, restaurata, costituisce un'elegante e intima alternativa ai grandi alberghi del

centro. Nelle camere troverete piumini freschi di bucato, tocchi color arancio negli arredi e pavimenti di legno duro. Si trova in un raffinato quartiere residenziale, a soli sei isolati dalla piazza centrale.

Hostal La Estancia GUESTHOUSE **$**
(☎249130; www.estancia.cl; O'Higgins 765; doppie CH$25.000, letti in camerata/singole/doppie senza bagno CH$12.000/20.000/30.000; @📶) Casa in centro, che dispone di camere spaziose, soffitti a volta e bagni in comune assai ordinati. I proprietari, Alex e Carmen, sono in attività da molto tempo e vi aiuteranno volentieri a preparare un programma di viaggio. La struttura offre il servizio di scambio dei libri, l'uso della cucina, una lavanderia e un deposito per bagagli e biciclette.

Hostal Fitz Roy GUESTHOUSE **$**
(☎240-430; www.hostalfitzroy.com; Lautaro Navarro 850; doppie CH$30.000, letti in camerata CH$8000, doppie senza bagno CH$25.000, bungalow per 5 persone CH$35.000; @) Una casa di campagna nel bel mezzo della città: il Fitz Roy offre camere malandate dal buon rapporto qualità-prezzo e un soggiorno dal fascino antico, perfetto per sprofondare in una poltrona a leggere un libro o consultare vecchie carte nautiche. Le camere sono dotate di TV e telefono.

Hotel Dreams del Estrecho HOTEL DI LUSSO **$$$**
(☎600-626-0000; www.mundodreams.com/detalle/dreams-punta-arenas; O'Higgins 1235; doppie/suite CH$97.000/117.000; P@📶🏊) Proprio sull'oceano, questo albergo situato in un edificio ovale a più piani, tutto in vetro, porta un po' di Las Vegas ai confini del mondo. L'atmosfera è scintillante, le camere nuove, spaziose e lussuose, ma il vero punto di forza è la piscina, che sembra fondersi direttamente con l'acqua dell'oceano. A disposizione degli ospiti ci sono anche una spa, un casinò e un raffinato ristorante interno.

Hotel Cabo De Hornos BUSINESS HOTEL **$$$**
(☎242-134; www.hoteles-australis.com; Plaza Muñoz Gamero 1025; doppie CH$109.000; @📶) Elegante business hotel con interni pieni di angoli e ardesia a profusione. Le camere sono rilassanti e luminose, con una vista magnifica. Il servizio è buono e il bar è perfetto per l'ultimo drink prima di andare a dormire. Anche il ristorante dell'albergo è molto rinomato.

Hostal Terrasur LOCANDA **$$**
(☎243-014; www.hostalterrasur.cl; O'Higgins 723; singole/doppie CH$30.000/40.000; P@📶) Piuttosto elegante, il Terrasur ha un'atmosfera da giardino segreto, a partire dalle camere, dalle decorazioni a motivi floreali e dalle tende in tessuti leggeri e fluenti, per finire con il verde cortile interno, una vera propria bomboniera.

El Conventillo OSTELLO **$**
(☎242-311; www.hostalelconventillo.com; Pasaje Korner 1034; letti in camerata CH$8500; @📶) Nell'animato quartiere che si affaccia sul lungomare, questo bell'ostello in mattoni offre camerate ristrutturate con tappeti e docce molto pulite. I colori vivaci degli arredi servono a nascondere il fatto che gli ambienti sono piuttosto scuri e senza finestre, il che è però compensato dall'abbondante prima colazione con yogurt e cereali.

Hostel Keoken GUESTHOUSE **$**
(☎244-086; www.hostelkeoken.cl, in spagnolo; Magallanes 209; singole/doppie CH$17.000/30.000, senza bagno CH$12.000/24.000; @) Frequentato sempre più da backpacker, l'Hostel Keoken dispone di letti comodi ricoperti da soffici piumini bianchi. La prima colazione comprende anche dolci fatti in casa. Il centro della città è raggiungibile a piedi in pochi minuti.

Al Fin del Mundo OSTELLO **$**
(☎710-185; www.alfindelmundo.cl; O'Higgins 1026; letti in camerata/singole/doppie senza bagno CH$10.000/15.000/20.000; @📶) Al secondo e al terzo piano di questo edificio del centro, la sistemazione offre camere graziose che però avrebbero bisogno essere ammodernate. Tutte hanno bagni in comune con docce dotate di acqua calda e a disposizione degli ospiti ci sono anche un'ampia cucina e una zona soggiorno con un grande televisore, un tavolo da biliardo e una serie di DVD.

Hotel Plaza HOTEL **$$$**
(☎241300; www.hotelplaza.cl; Nogueira 1116; singole/doppie CH$51.000/63.000; @) Una residenza signorile, ben ristrutturata, che vanta soffitti a volta, vista sulla plaza e fotografie d'epoca alle pareti della hall. Accanto a tanta grandiosità gli arredi rustici risultano un po' fuori posto, ma il servizio è cordiale e la posizione imbattibile.

✕ Pasti

Il pescato locale è fantastico: assaggiate la *centolla* (granchio gigante) tra luglio e novembre, mentre, per quanto riguarda gli *erizos* (ricci di mare), il periodo migliore va da novembre a luglio.

TOP **La Marmita** CILENO $$

(☎222-056; Plaza Sampaio 678; portate principali CH$6000-10.000; ⊙pranzo e cena lun-sab) Rinnovato di recente, questo classico bistrò è molto apprezzato per l'atmosfera gradevole e informale e per la cucina gustosa. Oltre alle insalate fresche servite con pane caldo, potrete ordinare sostanziose pietanze in casseruola, sia di carne sia di pesce, che ricordano tanto i piatti della nonna ma in stile cileno. C'è anche un nuovo servizio da asporto.

Remezón ALTA CUCINA $$$

(☎241-029; www.patagoniasalvaje.cl, in spagnolo; 21 de Mayo 1469; portate principali CH$10.000-15.000; ⊙pranzo e cena) Locale innovativo ma dall'atmosfera accogliente: la zuppa all'aglio, preparata con fumante brodo di manzo, è un ottimo inizio e ve la verseranno in modo scenografico da una teiera d'argento; si può anche condividere con altri commensali. La specialità della casa sono i piatti a base di selvaggina, ma la *merluza negra* (un pesce di profondità) è squisita: fresca e preparata alla perfezione, viene servita con *chupe de espinaca* (spinaci in tegame). Lo chef Luis offre anche lezioni collettive di cucina, comprensivi di una visita al mercato locale.

Sotito's CUCINA DI MARE $$$

(☎243-565; O'Higgins 1138; portate principali CH$5000-15,000; ⊙pranzo e cena) Questa vera e propria istituzione tra i ristoranti di pesce è frequentata soprattutto da gente del posto facoltosa e dai viaggiatori in crociera che sbarcano dalle navi desiderosi di concedersi il classico pasto a base di granchio gigante. Gli arredi non sono particolarmente suggestivi, ma la cucina non vi deluderà.

Café Almacen Tapiz CAFFÈ $

(www.cafetapiz.cl; Roca 912; portate principali CH$5000; ⊙9-21.30; 📶) Questo animato caffè, con le pareti rivestite di legno di alerce, è il locale ideale per una pausa in un'atmosfera gradevole. Oltre a squisite torte a strati, propone insalate e sandwich con pita farcita di formaggio di capra, carni o verdure arrostite.

Damiana Elena ALTA CUCINA $$$

(☎222-818; Magallanes 341; portate principali CH$7000-9000; ⊙cena lun-sab) Questo elegante ristorante si trova in una casa antica e romantica, fuori dai percorsi più battuti in un quartiere residenziale. Vale la pena di fare una deviazione per immergersi nell'atmosfera accogliente ma sofisticata e per assaggiare l'ottima cucina cilena: fra le specialità più appetitose segnaliamo il ceviche di salmone e la tilapia grigliata.

Fuente Hamburg FAST FOOD $

(☎245-375; Errázurriz 856; portate principali CH$2500-4000; ⊙10.30-20.30 lun-ven, fino alle 15 sab) Scintillanti sgabelli da bar fiancheggiano un'enorme griglia usata per preparare spuntini veloci. Ordinate un *churrasco* (manzo a fette sottili) guarnito con pomodori e fagiolini e servito con maionese fresca su un panino morbido.

Los Inmigrantes CAFFÈ $

(☎222-205; www.inmigrante.cl; Quillota 559; portate principali CH$5000) Nello storico quartiere croato, questo caffè serve enormi sandwich farciti al salmone, carni salate o verdure, utilizzando ogni tipo di pane; anche le torte sono molto buone. Nel locale sono in mostra interessanti cimeli appartenuti agli immigrati croati del secolo scorso.

Lomit's TAVOLA CALDA $

(☎243-399; José Menéndez 722; portate principali CH$3000; ⊙10-2.30) La risposta cilena ai diner americani è questo caffè ricco di atmosfera, dove i cuochi preparano sul momento gli hamburger e li cucinano su una griglia in mezzo alla sala. Le porzioni sono abbondanti, ma il servizio potrebbe migliorare.

Mercado Municipal MERCATO $

(21 de Mayo 1465) Mercato dove si possono acquistare pesce e verdure; al secondo piano troverete anche diverse *cocinerías* (ristorantini).

Secreto de la Patagonia NEGOZIO DI ALIMENTARI $

(☎245-659; Sarmiento 1029) Cioccolatini artigianali, formaggio di capra e carni essiccate, ottimi come regali o per un picnic al parco.

Imago Cafe CAFFÈ $

(Costanera s/n; portate principali CH$3000; ⊙9-21 lun-ven, 10-21 sab e dom) Locale alla moda, al secondo piano di un edificio con vista sulla città: serve tè senza filtro, caffè fair trade e sandwich.

Abugosh SUPERMERCATO

(Bories 647) Supermercato grande e molto fornito.

Pachamama MERCATO

(☎226-171; Magallanes 619-A) Mercato di prodotti naturali dove si possono acquistare snack per il trekking e prodotti biologici.

Locali

La Taberna PUB

(☎241-317; Sara Braun Mansion, Plaza Muñoz Gamero; ⊙19-2, fino alle 3 nei weekend) Questo pub scuro ed elegante, con arredi in legno lucido e piccoli angolini intimi che ricordano una nave d'altri tempi, è un autentico classico. La sera tardi le sale si riempiono del fumo dei sigari, ma non dovreste farvi sfuggire l'opportunità di sorseggiare un pisco sour nella sontuosa Sara Braun Mansion.

Jekus PUB
(☎245-851; O'Higgins 1021; ⏲18-3) Ristorante dove molti si ritrovano anche solo per bere qualcosa. Offre happy hour, karaoke e partite di calcio in TV.

☆ Divertimenti

Kamikaze DISCOTECA
(☎248-744; Bories 655; ingresso con consumazione CH$3000) Vere torce illuminano e riscaldano l'atmosfera di questa discoteca, la più meridionale del mondo, dove, se sarete fortunati, troverete la rock band di turno che suona dal vivo.

Cine Estrella CINEMA
(Mejicana 777) L'Estrella proietta film di prima visione.

Shopping

The Art Corner ARTI E ARTIGIANATO
(☎989045392; Errázuriz 910, 2° piano) Il laboratorio-negozio del talentuoso artista Andrea Araneda è un posto perfetto per acquistare oggetti artigianali originali, come magnifici capi in lana, dipinti sulla regione e artigianato locale.

Zona Franca CENTRO COMMERCIALE
(Zofri; ⏲chiuso dom) Questo centro commerciale è un grande conglomerato di negozi che vendono di tutto e merita una visita se si vogliono acquistare novità in fatto di elettronica, abbigliamento e attrezzatura sportivi, accessori per computer o apparecchi fotografici. Alcuni *colectivos* fanno la spola dal centro commerciale alla città, percorrendo tutto il giorno Av Bulnes.

World's End LIBRI
(☎213-117; Plaza Gamero 1011) Vende cartine, libri fotografici, souvenir e guide Lonely Planet in inglese e in spagnolo.

ℹ Informazioni

Le agenzie di viaggi in centro, lungo Roca e Lautaro Navarro, cambiano contanti e travellers' cheque; sono tutte aperte nei giorni feriali e il sabato, alcune anche la domenica mattina. Le banche con sportelli bancomat si trovano in vari punti del centro cittadino. Troverete un elenco dei medici consigliati per la loro competenza presso l'ufficio Sernatur.

Chiosco di informazioni turistiche (☎200-610; www.puntaarenas.cl, in spagnolo; Plaza Muñoz Gamero; ⏲8-19 lun-sab, 9-19 dom) Sul lato meridionale della piazza.

Conaf (☎230-681; Bulnes 0309) Fornisce informazioni sui parchi nazionali della regione.

Hospital Regional (☎205-000; Angamos 180; ⏲24 h su 24)

Polizia (☎241-714; Errázuriz 977)

Punta Arenas (www.puntaarenas.cl, in spagnolo) Il sito web del comune.

Sernatur (☎241-330; www.chile.travel/en.html; Lautaro Navarro 999; ⏲8.15-20 lun-ven dic-feb, 8.15-18 lun-gio, 8.15-17 ven il resto dell'anno) Con personale cordiale, poliglotta e bene informato, offre elenchi di alberghi e informazioni sui mezzi pubblici.

Ufficio postale (Bories 911) Si trova un isolato a nord di Plaza Muñoz Gamero.

ℹ Per/da Punta Arenas

Gli uffici turistici distribuiscono un utile opuscolo con tutte le informazioni sui mezzi di trasporto disponibili.

Aereo

L'aeroporto di Punta Arenas (PUQ) si trova 12 km a nord della città.

LanChile (☎241-100, 600-526-2000; www.lan.com; Bories 884) offre diversi collegamenti al giorno con Santiago (CH$229.000) con scalo a Puerto Montt (CH$127.000) e, il sabato, con le Isole Falkland/Islas Malvinas (andata e ritorno CH$530.000). In estate c'è anche un nuovo collegamento che raggiunge direttamente Ushuaia diverse volte la settimana. Per i voli interni, conviene prenotare online con un certo anticipo, così da poter beneficiare di tariffe scontate. **Aerolíneas Argentina** (☎0810-222-86527; www.aerolineas.com.ar) offre voli per diverse località argentine. **Sky Airline** (☎710-645; www.skyairline.cl; Roca 935) effettua voli giornalieri tra Santiago e Punta Arenas, con uno scalo a Puerto Montt o a Concepción.

Da novembre a marzo, **Aerovías DAP** (☎616-100; www.aeroviasdap.cl; O'Higgins 891) garantisce diversi voli al giorno per Porvenir (CH$21.000) da lunedì a sabato, nonché collegamenti con Puerto Williams (CH$63.000) da lunedì a sabato alle 10. Il limite di peso per il bagaglio è di 10 kg a passeggero.

DAP offre anche tour dell'Antartide, voli charter per sorvolare Cabo de Hornos e per raggiungere altre destinazioni della Patagonia, comprese Ushuaia e Calafate.

DAP offre infine un servizio di navetta (CH$2000) per l'aeroporto.

Autobus

Gli autobus partono davanti agli uffici delle rispettive compagnie, che nella maggior parte dei casi sono situati a un isolato o due da Av Colón. Vi consigliamo di acquistare i biglietti con qualche ora di anticipo (che durante i periodi di maggiore affluenza possono diventare anche giorni). La **Central de Pasajeros** (☎245-811; all'angolo tra Magallanes e Av Colón) è ciò che assomiglia di più a un ufficio prenotazioni.

Ecco le principali autolinee con le relative destinazioni:

DESTINAZIONE	TARIFFA (CH$)	DURATA (ORE)
Puerto Montt	45.000	32
Puerto Natales	4000	3
Río Gallegos	10.000	5-8
Río Grande	20.000	7
Ushuaia	30.000	10

Bus Sur (☎614-221; www.bus-sur.cl; José Menéndez 552) El Calafate, Puerto Natales, Río Gallegos, Ushuaia e Puerto Montt.

Buses Fernández/Buses Pingüino (☎221-429/812; www.busesfernandez.com; Armando Sanhueza 745) Puerto Natales, Torres del Paine e Río Gallegos.

Buses Ghisoni (☎240-646; www.busesbarria.cl; Av España 264) Autobus confortevoli per Río Gallegos, Río Grande e Ushuaia.

Buses Pacheco (☎242-174; www.busespacheco.com; Av Colón 900) Puerto Natales, Río Gallegos e Ushuaia.

Tecni-Austral (☎222-078; Lautaro Navarro 975) Río Grande.

Turíbus/Cruz del Sur (☎227-970; www.busescruzdelsur.cl, in spagnolo; Armando Sanhueza 745) Puerto Montt, Osorno e Chiloé.

Imbarcazioni

Transbordador Austral Broom (☎580-089; www.tabsa.cl; Juan Williams 06450) gestisce 3 traghetti che raggiungono la Tierra del Fuego. Il traghetto per il trasporto di automobili e passeggeri *Crux Australis* per/da Porvenir (CH$5500/34.900 per persona/veicolo, da 2 h 30 min a 4 h) di solito salpa alle 9, ma effettua anche qualche partenza pomeridiana; consultate il sito web per gli orari aggiornati. Da Punta Arenas, è più rapido effettuare la traversata da Primera Angostura (CH$1600/13.900 per persona/veicolo, 20 min), a nord-est di Punta Arenas; i traghetti salpano ogni 90 min tra le 8.30 e le 23.45. Broom effettua anche il tragitto per Puerto Williams, sull'Isla Navarino (sedile reclinabile/cuccetta CH$90.000/125.000 pasti compresi, 34 h) 3 o 4 volte al mese, solo il mercoledì, con ritorno il sabato.

Cruceros Australis (☎a Santiago 02-442-3110; www.australis.com; ⏲set-mag) organizza lussuose crociere della durata di 4 e 5 giorni, che arrivano a Ushuaia e fanno ritorno sulla stessa rotta (v. p424). Turismo Comapa si occupa delle prenotazioni per i traghetti.

Trasporti urbani

Per/dall'aeroporto

Per raggiungere Puerto Natales potrete prendere uno degli autobus che partono direttamente dall'aeroporto. **Transfer Austral** (☎282-854) gestisce il servizio di navetta a domicilio (CH$3000) che collega aeroporto e città in coincidenza con il decollo o l'arrivo dei voli. Anche la compagnia Buses Fernández offre collegamenti regolari (CH$3000).

Autobus e colectivos

I taxi *colectivos*, contraddistinti da numeri che indicano percorsi prestabiliti, sono poco più co-

DA NON PERDERE

COLONIE DI PINGUINI

Non c'è bisogno di spingersi fino in Antartide per vedere pinguini a centinaia: da Punta Arenas si raggiungono due colonie di pinguini di Magellano. Per un'escursione di una giornata, vi consigliamo di visitare il **Monumento Natural Los Pingüinos**, più esteso e interessante, che si trova sull'Isla Magdalena nello Stretto di Magellano (p370); raggiungibile soltanto in barca, l'area ospita una colonia di 60.000 coppie di pinguini nidificanti.

Più facile da raggiungere è il **Seno Otway** (www.turisotway.cl; ingresso CH$5500; ⏲8-18.30 15 ott-marzo), dove potrete osservare circa 6000 coppie nidificanti ad appena un'ora di viaggio dalla città in direzione nord-ovest. Le escursioni al Seno Otway partono in genere nel pomeriggio, ma è meglio andarci in mattinata, quando la luce è migliore per scattare fotografie; nel pomeriggio avrete soltanto pinguini in controluce. Per arrivarci è necessario noleggiare un veicolo o unirsi a un gruppo organizzato. Nel primo caso, fate attenzione percorrendo la Ruta 9 (RN 9) in direzione nord: è facile non vedere il piccolo cartello che indica il bivio per la colonia. Vale la pena di ricordare che il posto si trova piuttosto vicino all'aeroporto.

stosi degli autobus (circa CH$800, con un piccolo supplemento per l'orario notturno e la domenica), molto più comodi e decisamente più veloci.

Automobile

L'automobile è un ottimo mezzo per esplorare la zona delle Torres del Paine, ma dal punto di vista dei costi noleggiarne una in Cile per attraversare il confine ed entrare in Argentina è oneroso, dal momento che si deve stipulare un'assicurazione internazionale; se si è diretti a El Calafate, è decisamente più conveniente cercare un autonoleggio in Argentina. Acquistare un'auto per esplorare la Patagonia presenta ugualmente alcuni inconvenienti. La Patagonia cilena non ha strade che colleghino la zona settentrionale a quella meridionale, quindi gli spostamenti dipendono molto dalle strade argentine o dalle costose traversate in traghetto.

A Punta Arenas troverete i prezzi di autonoleggio più economici della Patagonia cilena e le piccole agenzie di proprietà locale tendono a offrire servizi migliori. Possiamo raccomandare **Adel Rent a Car/Localiza** (☎235-471/2, 09-882-7569; www.adel.cl; Pedro Montt 962), che offre un servizio accurato, prezzi competitivi e utili consigli sul viaggio; il personale vi verrà anche a prendere all'aeroporto. Oppure provate con **Budget** (☎225-983; O'Higgins 964), **Hertz** (☎248742; O'Higgins 987) o **Lubag** (☎710-484; Magallanes 970).

Dintorni di Punta Arenas

MONUMENTOS HISTÓRICOS NACIONALES PUERTO HAMBRE E FUERTE BULNES

Questi due monumenti nazionali costituiscono il **Parque Historia Patagonia** (☎723-195; www.fuertebulnes.com; Km 56 Sur; ingresso CH$1000; ⏲10-19 ott-marzo). Fondata nel 1584 da Pedro Sarmiento de Gamboa, la Ciudad del Rey don Felipe (Città del Re don Felipe) fu uno degli avamposti più sfortunati della storia spagnola in Sud America. I suoi abitanti dovettero lottare strenuamente contro gli elementi naturali e alla fine furono vinti dalla fame e dagli stenti in quello che è poi stato battezzato **Puerto Hambre** (Porto della Fame).

Nel maggio 1843, il presidente cileno Manuel Bulnes inviò a Magallanes la goletta *Ancud*, comandata dall'ex ufficiale inglese John Williams e con un equipaggio di marinai chiloti, per occuparne la zona meridionale, all'epoca scarsamente abitata dalle popolazioni native. Quattro mesi più tardi, il 21 settembre, l'*Ancud* approdò a Puerto Hambre e Williams dichiarò la zona territorio cileno, avviando la costruzione di un accampamento sulla vetta di un'altura che chiamò **Fuerte Bulnes**. Ma la posizione esposta alla furia degli elementi, la carenza di acqua potabile e il suolo roccioso e poco adatto al pascolo lo indussero ben presto ad abbandonare il luogo, per spostare la colonia a nord, in un'area più riparata, originariamente detta Sandy Point dai coloni e Lacolet dai tehuelche.

Nell'area sono in fase di realizzazione alcuni sentieri, un centro visitatori e punti panoramici. Una strada asfaltata, che verrà completata nel 2013, corre per 60 km verso sud da Punta Arenas fino a una fortificazione in legno, restaurata, dove una recinzione di paletti appuntiti circonda ancora oggi

VALE IL VIAGGIO

PERNOTTARE SULLE SPONDE DEL SENO SKYRING

Una tipica atmosfera da ranch permea ovunque l'**Estancia Río Verde** (☎061-311-131/123; www.estanciarioverde.cl; Ruta Y50 Km 97; doppie con prima colazione CH$80.000), un allevamento di pecore e cavalli sulle sponde del Seno Skyring, in una zona che vanta alcune delle strutture architettoniche meglio conservate della provincia. Josefina, la gentilissima proprietaria che parla anche inglese, si occupa di coltivare la tranquillità dell'ambiente, mentre Sergio gestisce attivamente l'azienda; o forse è il contrario. In ogni caso, una cavalcata all'interno della proprietà vi consentirà di osservarne da vicino le attività. In estate, presso la *medialuna* (il tradizionale stadio a forma di mezzaluna) si tengono spettacolari *rodeos*, ma è possibile anche darsi alla pesca, alla vela e alle visite alla scoperta del paesaggio. Gli ospiti sono alloggiati in un *casco* (l'edificio principale di un'*estancia*) restaurato, che offre 14 camere eleganti.

La cucina prepara deliziose specialità regionali, tra cui l'agnello patagonico, servite con pane fresco, verdure dell'orto e molto vino. È possibile fermarsi anche solo a pranzo (CH$15.000) e a visitare il piccolo museo.

Per fare questa interessante deviazione dovrete necessariamente disporre di un'automobile. Il posto si trova 43 km a nord di Punta Arenas, lungo la Ruta 9; seguite la strada di ghiaia Y50 fino al Km 97.

PATAGONIA ENIGMATICA: IL CAPOLAVORO DI CHATWIN

Nel 1977 l'autore inglese Bruce Chatwin scrisse *In Patagonia*, una compagnia indispensabile per chi sceglie di attraversare la regione. Trent'anni dopo la sua prima pubblicazione, il libro continua a essere fonte di ispirazione per chi vuole conoscere di persona luoghi remoti come Ushuaia, Punta Arenas e Puerto Natales.

Chatwin era rimasto affascinato dalla Patagonia fin da bambino, quando aveva visto e desiderato un pezzo di pelle di bradipo gigante custodito in una bacheca di vetro in casa della nonna, in Inghilterra. La pelle, ricoperta di pelame color arancio, era stata inviata in regalo da un parente piuttosto eccentrico, il navigatore Charley Milward, che risiedeva a Punta Arenas. Chatwin era anche estremamente interessato alla vita delle comunità di immigrati insediatisi in un luogo così diverso dal loro paese d'origine, per esempio i gallesi della Patagonia, oltre che a personaggi pittoreschi e straordinari come Robert Leroy Parker e Harry Longabaugh (detti anche Butch Cassidy e Sundance Kid). Il capolavoro di Chatwin fu il risultato di un viaggio di sei mesi in Patagonia compiuto dall'autore all'età di 37 anni. Il libro narra del viaggio e delle persone da lui incontrate durante il percorso da Buenos Aires verso sud fino alla destinazione finale, la Cueva del Milodón, antica dimora del bradipo preistorico.

Chatwin mescolò fiabe, storia regionale, ricordi personali e antichi racconti di viaggio, aggiungendovi l'invenzione narrativa. Quest'ultimo aspetto è stato e continua a essere oggetto di discussione, perché non ci sono prove che le storie raccontate nel libro siano state inventate. *In Patagonia* viene considerato innanzitutto un racconto di viaggio, non un'opera di narrativa. Tuttavia, dopo la pubblicazione del libro, alcuni abitanti della Patagonia dichiararono che molti degli avvenimenti descritti nel libro non corrispondevano a verità e che diversi colloqui e personaggi presentati dallo scrittore come reali erano invece frutto di invenzione.

In ogni caso, la Patagonia è una terra di mistero e leggende, un luogo che i primi esploratori europei descrissero come popolato da giganti. E forse la storia raccontata da Chatwin assomiglia a questa estrema frangia del mondo, in cui il tempo, la storia e la realtà hanno un andamento particolare.

Chatwin morì di AIDS nel 1989. Fino alla fine continuò ad affermare che la sua malattia era stata provocata dal morso di un pipistrello cinese e da un'infezione da fungo tropicale.

il corpo centrale, le caserme e la cappella. Non esistono trasporti pubblici di linea per raggiungere il sito, ma diverse agenzie turistiche organizzano escursioni di mezza giornata a Fuerte Bulnes e a Puerto Hambre; per maggiori informazioni, v. p369.

CABO FROWARD

Il punto più a sud del continente, Cabo Froward, si trova 90 km a sud di Punta Arenas ed è accessibile in due giorni di cammino lungo scogliere battute dal vento. Giunti al capo, un sentiero risale una collina alta 365 m fino a una croce colossale, originariamente eretta dal Señor Fagnano nel 1913. In effetti, l'oggetto è stato più volte sostituito: l'ultima volta nel 1987, in occasione della visita di papa Giovanni Paolo II. Lungo il tracciato è possibile campeggiare liberamente e potrete chiedere informazioni riguardo alle escursioni con guida presso qualsiasi agenzia di viaggi di Punta Arenas (p369); a Puerto Natales, provate Erratic Rock (p379).

Il Faro San Isidro, circa 15 km prima di Cabo Froward, è situato alle pendici del Monte Tarn (830 m). Questa zona selvaggia ospita una ricca avifauna e offre diverse buone opportunità agli appassionati di escursionismo. La località costituisce anche un comodo punto di partenza per le uscite di whale-watching all'Isla Carlos III nel **Parque Marino Francisco Coloane**, il primo parco marino del Cile. Le megattere e le balenottere si ritrovano regolarmente in queste acque tra dicembre e maggio. Presso l'**Hostería Faro San Isidro** (☎a Punta Arenas 061-223-725, 099-349 -3862; www.hosteriafarosanisidro.cl; pacchetti di 2 giorni CH$215.000 per persona) sono disponibili pacchetti all-inclusive, che comprendono il trasporto da Punta Arenas e varie attività, come uscite in kayak ed escursioni a piedi.

RÍO RUBENS

A circa metà strada tra Villa Tehuelches e Puerto Natales, lungo la rumorosa e asfaltata

Ruta 9, si trova Río Rubens, una graziosa località dove si pratica la pesca alla trota ed è, per chi dispone di un veicolo proprio, il luogo ideale per spezzare il viaggio di 250 km da Punta Arenas.

L'**Hotel Río Rubens** (☎92547056; www.hotelriorubens.cl, in spagnolo; Km 183) è una locanda di campagna vecchio stile, con pavimenti in legno consumato e camere semplici. A noi piace molto, perché vi si possono gustare saporiti sandwich con bistecca (CH$5000) serviti su pane fresco nell'animato ristorante al piano terra.

PARQUE NACIONAL PALI AIKE

La selvaggia steppa vulcanica costellata di crateri, grotte e formazioni geologiche contorte di Pali Aike (che nella lingua tehuelche significa 'paese del diavolo') è una landa arida e desolata estesa su 50 kmq di **parco** (ingresso CH$1000) al confine con l'Argentina. Le rocce di lava possono essere di colore rosso, giallo e grigio-verde, a seconda dei minerali che le compongono. La fauna locale comprende una grande quantità di guanachi, nandù (grandi uccelli simili a struzzi), volpi grigie e armadilli. Negli anni '30, gli scavi di Junius Bird nella **Cueva Pali Aike**, a una profondità di 17 m, condussero alla scoperta dei primi manufatti paleo-indigeni e a reperti relativi alla fauna, ora estinta, che un tempo viveva nel Nuovo Mondo, come il milodonte e l'*Onohippidium*, un equino autoctono.

Nel parco si snodano diversi sentieri escursionistici; tra questi c'è un tracciato, a 1700 m di quota, che attraversa le accidentate stratificazioni di lava dell'**Escorial del Diablo** fino all'imponente **Crater Morada del Diablo**; non dimenticate scarponcini robusti, assolutamente necessari se non volete ferirvi i piedi. Nella zona emergono centinaia di crateri, alcuni alti come un edificio di quattro piani. Troverete inoltre un percorso di 9 km che collega la Cueva Pali Aike alla **Laguna Ana**, da cui parte un altro breve sentiero che raggiunge un sito nei pressi della strada principale, a 5 km dall'ingresso al parco.

Il Parque Nacional Pali Aike si trova 200 km a nord-est di Punta Arenas; lo si raggiunge seguendo la Ch 9 (una strada rurale), la Ch 255 e una strada secondaria di ghiaia che parte dalla Cooperativa Villa O'Higgins, 11 km a nord dell'Estancia Kimiri Aike. Si può accedere al parco anche seguendo una strada che proviene dal posto di confine cileno di Monte Aymond. Non esistono mezzi pubblici di linea, ma le agenzie di viaggi di Punta Arenas (p369) offrono escursioni in giornata.

ÚLTIMA ESPERANZA

Con un nome così (Ultima Speranza), la zona un tempo remota di Última Esperanza solletica da sempre l'immaginazione dei viaggiatori. Le tempeste flagellano i suoi vasti spazi e il paesaggio ha qualcosa di magico; dopo tutto, il Parque Nacional Torres del Paine e una buona parte del Campo Hielo Patagónico Sur si trovano qui. Spesso associata alla vicina regione di Magallanes, Última Esperanza è in effetti una provincia meridionale a sé. Ma per quanto durante l'inverno possa essere piuttosto impegnativa da visitare, non è poi molto lontana dagli itinerari più battuti. La regione ha subito una vera trasformazione grazie al boom del turismo: alcuni luoghi, un tempo selvaggi, sono diventati decisamente suggestivi e la provincia offre attrattive per tutti i gusti.

Puerto Natales

☎061 / POP. 18.000

Un tempo porto di pescatori affacciato sul Seno Ùltima Esperanza, Puerto Natales è ormai la mecca degli escursionisti. Punto di accesso obbligato per il Parque Nacional Torres del Paine, la cittadina fa tesoro della sua ubicazione e ha molto da offrire in fatto di ristoranti e alberghi, bar e birrerie, mentre i negozi di attrezzature sportive hanno sostituito le botteghe dei venditori di pelli di pecora. La cittadina vive ormai del turismo, che è in costante crescita. Mentre alcuni quartieri sono palesemente rivolti ai visitatori internazionali, resta un certo fascino nelle vecchie costruzioni di lamiera ondulata affastellate le une sulle altre e negli accoglienti lodge vecchio stile. Inoltre, nonostante il flusso pressoché costante di arrivi nei mesi estivi, la cittadina conserva il ritmo lento tipico della vita in Patagonia.

Puerto Natales è situata sulle sponde del Seno Última Esperanza, 250 km a nord-ovest di Punta Arenas lungo la Ruta 9, e regala qualche scorcio panoramico spettacolare in direzione delle montagne. È il capoluogo della provincia di Última Esperanza e il capolinea meridionale del traghetto che percorre i fiordi del Cile.

Che cosa vedere e fare

Museo Histórico MUSEO

(☎411-263; Manuel Bulnes 285; ingresso libero; ⌚8.30-12.30 e 14.30-18 mar-dom) Per immergersi nella storia locale, si può fare una rapida visita a questo museo. Vedrete sale dedicate alla storia naturale (dove sono esposti principalmente animali impagliati), reperti archeologici come punte di freccia, lance ricavate da pietre oppure ossa di balena, oltre a una canoa della tribù yaghan, bolas tehuelche e fotografie storiche che documentano lo sviluppo di Puerto Natales.

Eberhard Ranch ESTANCIA
Circondata da fiordi tranquilli e dal profilo delle montagne in lontananza, questa autentica *estancia* si trova in posizione estremamente scenografica ed è un luogo perfetto per farsi un'idea della zona. Qui potrete anche vedere i gauchos impegnati nelle loro faccende quotidiane e non si tratta di uno spettacolo per turisti, ma di lavoro vero e proprio, che comprende anche l'abbattimento e la macellazione degli ovini (un'esperienza non adatta a tutti). Per organizzare una visita al ranch, mettetevi in contatto con Estancia Travel (p379).

Mirador Dorotea ESCURSIONISMO
A meno di 10 km da Puerto Natales, questo grande affioramento roccioso visibile nei pressi della Ruta 9 è l'ideale per scaldare i muscoli in vista dell'escursione al parco. Un grande cartello indica il sentiero per il punto panoramico in corrispondenza del lotto 14, a pochi passi dalla strada. L'escursione (2 h per l'andata e ritorno; tariffa d'ingresso CH$3000) vi condurrà in una foresta di lenga salendo verso un punto da cui si apre una vista incantevole su Puerto Natales, sulla valle di origine glaciale e sulle montagne circostanti.

Mandala Andino SPA
(☎414-143; www.mandalapatagonia.com; Eberhard 161; CH$10.000 l'ora per persona; ⊙10-22 ott-marzo) Qui non è necessaria la carta di credito 'oro' per farsi accudire. La mini spa accoglie gli escursionisti al termine della lunga camminata con tre grandi vasche in legno, una delle quali al coperto sotto una cupola, dove ci si potrà rilassare immersi nell'acqua calda: una vera delizia. I trattamenti comprendono massaggi profondi e con le pietre calde, nonché sedute di terapia del suono con ciotole di quarzo.

Tour

Antares/Indomita Big Foot AVVENTURA
(☎414-611; www.antarespatagonia.com; Pedro Montt 161) Specializzate in trekking alle Torres del Paine, le guide di Antares potranno richiedere per voi i permessi per salire diverse vette e organizzare escursioni personalizzate. L'agenzia è anche autorizzata a organizzare escursioni sui ghiacciai del parco nazionale. E se volete fare un'uscita in kayak tra i fiordi e nel parco, rivolgetevi sempre a Indomita Big Foot.

Baqueano Zamora A CAVALLO
(☎613-531; www.baqueanozamora.com, in spagnolo; Baquedano 534) Organizza escursioni a cavallo alle Torres del Paine.

Chile Nativo AVVENTURA
(☎411-835; www.chilenativo.cl; Eberhard 230, 2° piano) Mette in comunicazione i viaggiatori con i gauchos locali, organizza safari fotografici e dispone delle competenze necessarie per progettare avventure su misura dei clienti.

Erratic Rock ESCURSIONISMO
(☎410-355; Baquedano 719) Turismo sostenibile nel parco delle Torres del Paine, tramite informazione capillare ai visitatori, scelte alternative, conferenze e noleggio delle attrezzature. Le guide sono specializzate in trekking a Cabo Froward, sull'Isla Navarino e verso destinazioni poco conosciute.

Estancia Travel A CAVALLO
(☎412-221; www.estanciatravel.com; Bories 13-B, Puerto Bories) Gestita da un ex campione di equitazione cileno, questa agenzia molto professionale si occupa di escursioni a cavallo nella zona delle Torres del Paine.

Fortaleza Expediciones AVVENTURA
(☎410-595; www.fortalezapatagonia.cl; Tomás Rogers 235) Ottima fonte di informazioni, noleggia anche attrezzatura da campeggio.

Fantastico Sur PARCHI
(☎614-184; www.fantasticosur.com; Esmeralda 661) Gestisce i rifugi Torres, El Chileno e Los Cuernos nel parco delle Torres del Paine e propone escursioni nel parco, oltre a pianificare trekking ed escursioni guidate personalizzati.

Knudsen Tour TOUR DELLA REGIONE
(☎414-747; knudsentour@yahoo.com; Blanco Encalada 284) Rinomata agenzia che offre escursioni a El Calafate e alle Torres del Paine, oltre a percorsi alternativi lungo il Seno Último Esperanza.

Turismo 21 de Mayo CROCIERE
(☎411-978; www.turismo21demayo.cl, in spagnolo; Eberhard 560) Organizza crociere e trekking di una giornata ai ghiacciai Balmaceda e Serrano.

Turismo Comapa TRAGHETTO
(☎414-300; www.comapa.com; Bulnes 541; ⊙9-13 e 15-19 lun-ven, 10-14 sab) Presso questa agenzia è

possibile prenotare il passaggio sui traghetti Navimag e i voli aerei.

Vertice Patagonia PARCHI
(☎412-742; www.verticepatagonia.com; Ladrilleros 209) Gestisce i rifugi Grey, Dickson e Paine Grande alle Torres del Paine.

Feste ed eventi

Festival de Cine de la Patagonia CINEMA
Questo festival si tiene a metà febbraio e dura una settimana: vengono proiettate anche le pellicole del Banff Mountain Film Festival, a volte presso la Cueva del Milodón.

Pernottamento

Le strutture ricettive sono numerose e la maggior parte di esse offre tariffe che comprendono la prima colazione, il servizio lavanderia e sconti in bassa stagione. Se prevedete di arrivare sul posto in traghetto, ricordate di prenotare in anticipo. Spesso gli ostelli noleggiano l'attrezzatura per le attività all'aperto e possono organizzare i trasporti per/dal parco.

Kau B&B $$
(☎414-611; www.kaulodge.com; Pedro Montt 161; doppie CH$45.000; 📶) All'insegna della sem-

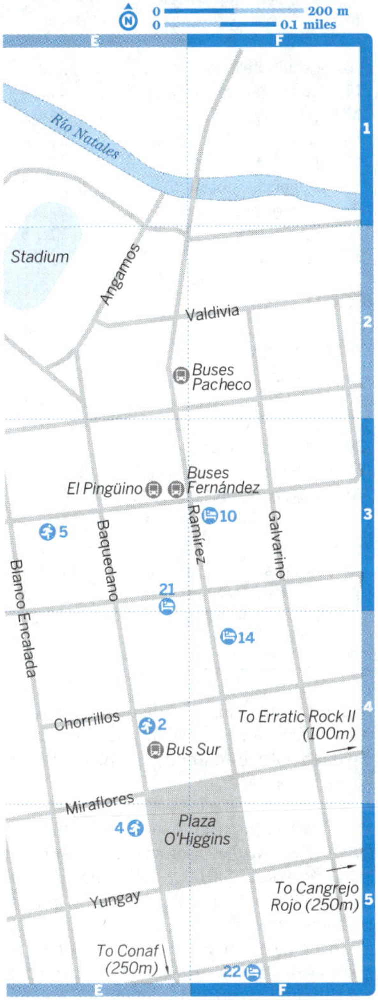

plicità, questa gradevole sistemazione è accogliente e di tendenza. Gli arredi si caratterizzano per l'impiego di legno riciclato, hanno tappeti in lana e per fare colazione ci si siede su sedie e tavoli da picnic; l'atmosfera è intima e informale. Le camere offrono una bella vista sul fiordo, il riscaldamento centralizzato, articoli da toeletta abbondanti e cassette di sicurezza. Il bar Coffee Maker serve un ottimo caffè espresso e squisiti cappuccini e il personale del bancone dell'agenzia vi darà tantissime informazioni sulle escursioni.

The Singular Hotel BOUTIQUE HOTEL **$$$**

(☎414-040, prenotazioni a Santiago 02-387-1500; www.thesingular.com; Ruta 9, Km 1,5; doppie con pensione completa ed escursioni CH$580.000; P@) Gradevole sistemazione aperta di recente, The Singular è anche un vero punto di riferimento, dal momento che occupa un'antica struttura di inscatolamento della carne che poi partiva per il Seno. I vegetariani probabilmente non apprezzeranno la storia del luogo, ma il bel design industriale, ravvivato da elementi decorativi come le sedie della lobby ricavate da vecchi radiatori, ben si abbina con le fotografie d'epoca e gli oggetti di antiquariato. Tutte le camere, con eleganti pareti in vetro, hanno la vista sull'oceano e il raffinato bar-ristorante serve selvaggina della zona. Troverete anche un museo, aperto al pubblico come il ristorante. Gli ospiti possono utilizzare la spa e la piscina ed esplorare la zona circostante in bicicletta o in kayak. L'unico svantaggio è che la sistemazione si trova davvero lontana dalla città e per visitare Puerto Natales a piedi dovrete scarpinare parecchio. Si trova a Puerto Bories, distante 6 km dal centro.

Hotel IF Patagonia BOUTIQUE HOTEL **$$$**

(☎410-312; www.hotelifpatagonia.com; Magallanes 73; doppie CH$70.000-90.000; P) L'IF (iniziali di Isabel e Fernando) è un bell'albergo accogliente dallo stile minimalista. Gli interni, moderni e luminosi, sono arredati con tappeti di lana e caldi piumini. Dal terrazzo si gode una bella vista sul fiordo, ma le camere possono essere un po' piccole. Informatevi sulla cena a base di pesce, che viene servita su richiesta e preparata con il pescato di giornata (il proprietario ha una sua barca). In costruzione c'è anche una spa.

Amerindia B&B **$$**

(☎411-945; www.hostelamerindia.com; Barros Arana 135; doppie con/senza bagno CH$40.000/30.000, appartamenti per 6 persone CH$75.000; chiuso lug; @) Questo semplice B&B è arredato con splendidi tessuti, travi in legno e una stufa a legna. Tuttavia non aspettatevi un'accoglienza particolarmente calorosa, l'atmosfera è infatti piuttosto fredda. La prima colazione comprende torte, uova e porridge e viene servita in un accogliente caffè aperto anche a chi non pernotta nella struttura. Troverete in vendita cioccolato e tè biologici.

Hotel Indigo BOUTIQUE HOTEL **$$$**

(☎413-609; www.indigopatagonia.com; Ladrilleros 105; doppie/suite CH$130.000/175.000; @) Gli escursionisti si dirigeranno direttamente

Puerto Natales

alla spa all'ultimo piano, con pareti costituite interamente da vetrate e vasche con idromassaggio. Le camere, lussuose e tranquille, sono abbellite da candele e ogni giorno vi troverete mele fresche. I materiali impiegati sono legno di eucalipto, ardesia e acciaio, accostati per creare interessanti effetti tra il moderno e il naturale. Il vero punto di forza è il fiordo che si apre di fronte, visibile anche mentre si fa la doccia.

Remota LODGE $$$
(☎414-040, prenotazioni a Santiago 02-387-1500; www.remota.cl; Ruta 9, Km 1,5; singole/doppie 3 notti con pensione completa ed escursioni CH$1.110.000/1.548.000; @) Chi ama socializzare scoprirà che questo non è il posto giusto: l'isolamento è la principale caratteristica di questo lodge. A differenza della maggior parte delle altre strutture, l'esclusivo Remota è costruito per pilotare l'attenzione degli ospiti all'esterno, piuttosto che all'interno, e il silenzio permette di ascoltare il sibilo del vento, mentre le finestre irregolari ricordano i vecchi recinti per il bestiame e i corridoi dall'andamento curvilineo rievocano i passaggi per le greggi che si vedono nelle *estancias*. Nonostante le camere siano molto accoglienti, probabilmente preferirete passare il tempo alla 'spiaggia', una sala circondata da pareti in vetro e arredata con bassi divani dai quali potrete ammirare l'ambiente selvaggio circostante.

The Singing Lamb OSTELLO $
(☎410-958; www.thesinginglamb.com; Arauco 779; letti in camerata CH$10.000) Pulitissimo e all'insegna del rispetto per l'ambiente (i rifiuti si riciclano o si usano per il compostaggio, si raccoglie l'acqua piovana e si usano borse della spesa in tela), questo ostello è gestito da una gentilissima signora neozelandese. Le due lunghe camerate hanno un che di ospedaliero, ma questo piccolo neo è compensato da molti dettagli, come il riscaldamento centralizzato, la gustosa prima colazione (che comprende uova e toast di farina di frumento fatti in casa) e un solarium. Per arrivarci, seguite Raimírez per un isolato dopo Plaza O'Higgins.

Lili Patagonico's Hostal OSTELLO $
(☎414-063; www.lilipatagonicos.com; Arturo Prat 479; letti in camerata CH$8000, doppie CH$25.000, doppie senza bagno CH$18.000; @) Dimora molto grande, con una parete per arrampicata, una grande varietà di camerate e doppie arredate a colori vivaci, bagni nuovissimi e letti sormontati da caldi piumini.

Hostal Nancy OSTELLO $
(☎410-022; www.nataleslodge.cl; Ramírez 543; letti in camerata/singole/doppie CH$7000/9000/24.000; @) Nancy è un vero tesoro. Le camere della sua sistemazione sono spartane, ma pulite e confortevoli, con riscaldamento centralizzato e letti dotati di materassi comodi e caldi piumini; le camere private hanno il proprio bagno. Gli ospiti possono usare la cucina per prepararsi i pasti e approfittare del noleggio dell'attrezzatura. Le camerate occupano una dépendance sull'altro lato della strada.

Temauken Hotel B&B $$$
(☎411-666; www.temauken.cl; Calle Ovejero 1123; singole/doppie/triple/suite CH$55.000/75.000/90.000/110.000; 📶) Questa allegra ed elegante struttura ricettiva, lontana dal centro, occupa un edificio rialzato a tre piani di nuova costruzione che offre sistemazioni raffinate e moderne. Le camere sono arredate con spessi piumini e tappeti di lana. Il soggiorno, pieno di luce, vanta bei panorami sull'oceano e comode poltrone di vimini. Il ristorante serve pasti gourmet.

4Elementos GUESTHOUSE $$
(☎415-751; www.4elementos.cl, in spagnolo; Esmeralda 813; letti in camerata CH$10.000, singole/doppie CH$15.000/25.000, singole/doppie senza bagno CH$12.000/20.000) Veri pionieri del riciclo in Patagonia, i gestori di questa semplice guesthouse si dedicano alla lodevole missione di educare i visitatori allo smaltimento corretto dei rifiuti. Non è una sistemazione particolarmente raffinata, ma la prima colazione in stile scandinavo è servita con particolare cura. Se vi comporterete bene, Trauko si alzerà prima dell'alba per preparare in casa il pane integrale fresco, che potrete portare nello zaino durante la vostra escursione. Si possono prenotare guide, biglietti d'ingresso al parco ed escursioni alla serra della zona.

Erratic Rock II B&B $$
(☎414-317; www.erraticrock2.com; Benjamin Zamora 732; doppie/triple CH$35.000/36.000; @📶) Pubblicizzato come 'ostello alternativo per le coppie', questo B&B accogliente offre doppie spaziose, arredate con molti cuscini, e bagni puliti. La prima colazione, servita nella sala da pranzo luminosa, è decisamente abbondante. La sistemazione si trova due isolati a est di Plaza O'Higgins.

Yaganhouse OSTELLO $
(☎414-137; www.yaganhouse.cl; O'Higgins 584; letti in camerata/doppie CH$8.000/18.000; 📶) Una delle tipiche case del posto trasformata in ostello, la Yaganhouse presenta alcuni tocchi piuttosto eleganti. Definirla casa ecologica sarebbe forse eccessivo, ma gli spazi comuni sono molto accoglienti, arredati con tessuti e tappeti variopinti; c'è il servizio lavanderia e si noleggiano attrezzature per le attività all'aperto.

Hostal Dos Lagunas GUESTHOUSE $
(☎415-733; www.hostaldoslagunas.com; all'angolo tra Barros Arana e Bories; letti in camerata/doppie CH$10.000/$25.000) Alejandro e Andrea, originari di Puerto Natales, sono gentili e attenti, inoltre viziano i propri ospiti con un'abbondante prima colazione, acqua corrente a pressione stabile e consigli per escursioni e viaggi nella zona.

Hostel Natales OSTELLO $
(☎414-731; www.hostelnatales.cl; Ladrilleros 209; letti in camerata/doppie/triple CH$12.000/24.000/30.000; @) Questo tranquillo e comodo ostello offre camere con bagno privato. Per quanto non offra la stessa atmosfera vivace di altri ostelli, i letti in camerata sono un vero affare.

Patagonia Aventura OSTELLO $
(☎411-028; www.apatagonia.com; Tomás Rogers 179; letti in camerata/doppie CH$8000/20.000; ⏲metà set-metà mag; @) Situato nella plaza, questo ostello offre camerate ricche di atmosfera, con letti dotati di caldi piumini, ma i bagni sono pochi e non c'è l'uso della cucina. L'agenzia di viaggi annessa noleggia anche biciclette.

Casa Cecilia GUESTHOUSE $$
(☎613-560; www.casaceciliahostal.com; Tomás Rogers 60; doppie con/senza bagno CH$38.000/25.000; 🚭) Residenza ben tenuta e centrale, è una sistemazione affidabile che offre docce di buona qualità e un servizio molto apprezzato; per la prima colazione troverete pane tostato fatto in casa. Gli unici difetti sono la cucina, piuttosto piccola, e la mancanza di spazio nelle camere.

Residencial Bernardita GUESTHOUSE $
(☎411-162; www.residencialbernardita.cl; O'Higgins 765; camere senza bagno CH$12.000 per persona; 📶) Molto raccomandato dai suoi ospiti, questo albergo offre camere silenziose con riscaldamento centralizzato e un arredamento che ricorda quello delle case di una volta. Potrete scegliere tra le camere dell'edificio principale e quelle più appartate, situate nella dépendance sul retro. Gli ospiti possono usare la cucina e viene servita la prima colazione.

Pasti

TOP **Afrigonia** FUSION $$
(☎412-877; Eberhard 343; portate principali CH$8000; ⏲pranzo e cena) Magnifico e real-

mente originale, questo ristorante propone cucina afro-cilena con piatti che non troverete mai nei locali di New York. I gestori, una coppia zambiano-cilena, sognavano da tempo di realizzare questo romantico ristorante e lavorando sodo ci sono riusciti. Potrete gustare un riso profumato, ceviche approntato al momento e arrosto di agnello alla menta, tutti succulenti e preparati con molta cura. Non abbiate fretta, assaporate ogni boccone e lasciate un po' di spazio per il pudding di pane al finocchio e cardamomo, servito con crema di *rooibos* (tè rosso africano). Accanto c'è un piccolo locale che offre il servizio di asporto: non c'è la stessa atmosfera suggestiva, ma potrete ordinare insalate e wrap.

La Mesita Grande PIZZERIA $
(Arturo Prat 196; pizze CH$5500; ⊙pranzo e cena) I clienti abituali siedono rilassati allo stesso tavolo, lungo e consumato dal tempo, con escur-sionisti dal viso bruciato dal vento. Il locale invita senz'altro alla socializzazione e potrete trovarvi accanto a viaggiatori provenienti da tutto il mondo a mangiare pizza dal bordo sottile e insalate biologiche coltivate in una serra del posto. Si può gustare anche la Baguales, una birra di produzione locale, alla spina.

Cangrejo Rojo CAFFÈ $
(☎412-436; Santiago Bueras 782; portate principali CH$2000-4000; ⊙9-13.30 e 15-22.30, chiuso lun) Molto accogliente ed economico, questo caffè occupa un edificio di lamiera ondulata e serve torte, gelati, sandwich e pietanze calde quali pesce e costine d'agnello cotti in tegami d'argilla. Il servizio è cordiale e personalizzato. Per raggiungere il locale, seguite Baquedano per quattro isolati in direzione sud da Plaza O'Higgins fino a Bueras.

La Casa Magna CILENO $
(☎410-045; Bulnes 370; menu CH$3000; ⊙10.30-24) Questo ristorantino a conduzione familiare, quasi sempre aperto, offre cucina casereccia senza pretese a prezzi modici. I sostanziosi stufati, con pollo, patate e coriandolo, appagheranno il vostro palato; il servizio è cordiale.

El Living CAFFÈ $
(www.el-living.com; Arturo Prat 156; portate principali $5000; ⊙11-23 nov-metà apr;) Un luogo dall'atmosfera vagamente londinese, che offre piatti vegetariani, riviste patinate europee e musica di vario genere. Oltre a un vero caffè troverete tè, succhi di frutta freschi, insalate preparate con ingredienti di coltivazione biologica, zuppe e burritos. Tra le bevande, vino e birra di produzione locale. Sceglietevi una sedia comoda, o sistematevi nel nuovo spazio ricavato in giardino.

La Aldea MEDITERRANEO $$
(Barros Arana 142; portate principali CH$7000; ⊙20-24) Lo chef Pato cambia ogni giorno il menu scritto sulla lavagna e le pietanze sono sempre fresche e ispirate alla tradizione mediterranea. Potrete ordinare vongole alla griglia, tagine di agnello e piatti a base di quinoa. Cercate di arrivare presto, perché ci sono soltanto otto tavoli.

Pan Pa Ya PANETTERIA $
(☎415-474; Bories 349; ⊙9-20) Per panini o fette di pane integrale da portare nello zaino durante le escursioni, provate questa panetteria, che ha prodotti freschissimi.

Patagonia Dulce CAFFÈ $
(☎415-285; www.patagoniadulce.cl, in spagnolo; Barros Arana 233; ⊙9-20) Questo negozio di cioccolato e caffè offre anche prodotti da forno freschi, gelati di produzione propria e una vellutata cioccolata calda in tazza.

Asador Patagónico PARRILLA $$
(☎413-553; Arturo Prat 158; portate principali CH$8000) Se le camminate in montagna vi mettono appetito, provate questo elegante locale dove troverete la vera grigliata in stile argentino. Potrete scegliere tra agnello 'a scottadito', bistecche e insalate, ma anche i dolci sono deliziosi, e il tutto è servito in modo impeccabile insieme a ottimi vini.

Locali

Baguales BIRRIFICIO
(☎411-920; cervezabaguales.cl; Bories 430; ⊙19-2 tutti i giorni, solo weekend in inverno;) Questo piccolo birrificio artigianale è stato avviato da un gruppo di compagni di arrampicata alla nobile ricerca di birre di qualità. L'impresa è riuscita. Potrete ordinare hamburger e abbondanti tacos vegetariani. Cercate di arrivare presto per trovare posto in uno dei séparé dotati di spina graduata per la birra e di cartine per decidere che percorso seguire una volta usciti dal locale.

El Bar de Ruperto BAR
(☎410863; all'angolo tra Bulnes e Magallanes;) Bar caratteristico, che offre intrattenimento con giochi da tavolo, scacchi e biliardino.

Shopping

La Maddera TEMPO LIBERO
(☎413-318, numero in funzione 24 h su 24 099-418-4100; Arturo Prat 297; ⊙8-23.30; @) In questo negozio con personale molto disponibile

troverete ogni tipo di attrezzatura per il campeggio. Ripara anche l'attrezzatura danneggiata e osserva orari prolungati per venire incontro alle esigenze degli escursionisti che partono la mattina presto.

Informazioni

Quasi tutte le banche sono dotate di sportello bancomat. Il miglior portale per quel che riguarda l'intera regione è il bilingue www.torresdelpaine.cl.

Conaf (☎411-438; Baquedano 847) Ufficio amministrativo del servizio parchi nazionali.

Gasic (Bulnes 692) Tassi discreti sul cambio di valuta estera in contanti e travellers' cheque.

Ospedale (☎411-582; Pinto 537)

Sernatur (☎412-125; www.chile.travel/en.html; Pedro Montt 19 e Plaza de Armas; ⊙9-19 lun-ven, 9.30-18 sab e dom) Ha una filiale nell'ufficio turistico municipale sulla plaza.

Ufficio postale (Eberhard 429)

Ufficio turistico municipale (☎614-808; Plaza de Armas; ⊙8.30-12.30 e 14.30-18 mar-dom) Presso il Museo Histórico, con personale molto preciso e attento ed elenchi degli alberghi su scala regionale.

Per/da Puerto Natales

Aereo

Nel piccolo aeroporto di Puerto Natales l'offerta cambia continuamente. Attualmente, soltanto **Sky Airline** (☎numero verde in Cile 600-600-2828; www.skyairline.cl; Bulnes 682) effettua un unico volo la settimana per/da Punta Arenas (sabato; andata e ritorno CH$33.000), con coincidenze per Puerto Montt e Santiago.

Autobus

Puerto Natales non dispone di una stazione centrale degli autobus. In alta stagione prenotate con almeno un giorno di anticipo, in particolare per le corse del mattino. In bassa stagione il servizio è decisamente ridotto.

È stata aperta una nuova strada per il parco delle Torres del Paine: si tratta di una carreggiata di ghiaia, ma è molto diretta e viene utilizzata da diversi operatori. Segue la sponda del Lago del Toro fino agli uffici dell'Administración (la direzione del parco).

In alternativa, la zona delle Torres del Paine è raggiungibile con uno degli autobus che partono 2 o 3 volte al giorno verso le 7, le 8 e le 14.30. Se siete diretti a Mountain Lodge Paine Grande fuori stagione, prendete l'autobus del mattino (sola andata CH$12.000, 2 h) in modo da sfruttare la coincidenza con il catamarano. I biglietti si possono utilizzare anche per gli spostamenti all'interno del parco, quindi conservateli. Gli orari cambiano continuamente, perciò controllate sempre con attenzione prima di mettervi in viaggio.

Tra gli operatori in attività e le destinazioni offerte figurano:

Bus Sur (☎614-220; www.bus-sur.cl, in spagnolo; Baquedano 668) Punta Arenas, Torres del Paine, Puerto Montt, El Calafate, Río Gallegos e Ushuaia.

Buses Fernández/El Pingüino (☎411-111; www.busesfernandez.com; all'angolo tra Esmeralda e Ramírez) Torres del Paine e Punta Arenas. Effettua anche corse dirette dall'aeroporto a Puerto Natales.

Buses Gomez (☎415-700; www.busesgomez.com, in spagnolo; Arturo Prat 234) Torres del Paine.

Buses JB (☎410-242; www.busesjb.cl; Arturo Prat 258) Torres del Paine.

Buses Pacheco (☎414-800; www.busespacheco.com; Ramírez 224) Punta Arenas, Río Grande e Ushuaia.

Buses Transfer (☎412-616; www.pumatour.cl; Bulnes 518) Torres del Paine, El Calafate e Ushuaia.

Cootra (☎412-785; Baquedano 244) Collega varie località con El Calafate tutti i giorni, con partenza alle 8.30.

Turismo Zaahj (☎412-260/355; www.turismozaahj.co.cl, in spagnolo; Arturo Prat 236/270) Torres del Paine ed El Calafate.

DESTINAZIONE	TARIFFA (CH$)	DURATA (ORE)
El Calafate	12.000	5
Punta Arenas	4500	3
Torres del Paine	8000	2
Ushuaia	30.000	13

Imbarcazioni

Per molti turisti, un viaggio attraverso gli spettacolari fiordi cileni a bordo del traghetto **Navimag** (☎a Santiago 56-02-442-3114; www.navimag.com; Pedro Montt 262, Hotel Costa Australis) può costituire un momento indimenticabile. Questa traversata verso nord, della durata di 4 giorni e 3 notti, è tanto amata da richiedere una prenotazione piuttosto anticipata.

Potrete comunque tentare la fortuna. Per avere conferma degli orari dei traghetti, rivolgetevi a Turismo Comapa (p379) o all'ufficio Navimag, presso l'Hotel Costa Australis, un paio di giorni prima della presunta data di arrivo. Il *Magallanes* trasporta passeggeri e automobili e salpa da Puerto Natales piuttosto presto il venerdì per fare scalo a Puerto Edén (o al Glaciar Pía XI, nei viaggi in direzione sud) lungo la rotta verso Puerto Montt. Di solito le imbarcazioni attraccano a Puerto Natales la mattina e salpano la sera stessa o il giorno seguente, ma gli orari variano a seconda delle condizioni atmosferiche e delle maree. I passeggeri che sbarcano a Puerto Natales devono restare sul ponte durante il carico e lo scarico delle merci; coloro che intendono salpare dovranno passare la notte a bordo.

L'alta stagione va da novembre a marzo, la media stagione cade nei mesi di ottobre e aprile, mentre la bassa stagione va da maggio a settembre. La maggior parte dei viaggiatori sceglie le camerate, che offrono 22 cuccette, ma spesso rimpiange di non aver optato per una cabina privata. Le tariffe variano secondo la vista dall'oblò, le dimensioni della cabina e il bagno in comune o privato, inoltre comprendono i pasti (su richiesta al momento della prenotazione, anche vegetariani), ma è consigliabile portare con sé una scorta di acqua da bere e vari spuntini. Durante la traversata potrete anche ascoltare conferenze didattiche sulla regione. Le tariffe a persona variano da CH$200.000 per una cuccetta in bassa stagione a CH$945.000 per una cabina AAA in alta stagione; studenti e viaggiatori anziani hanno diritto a uno sconto dal 10% al 15%. Controllate online gli orari aggiornati e le tariffe.

i Trasporti locali

Molti ostelli noleggiano biciclette. Il noleggio delle auto è costoso e la disponibilità di mezzi piuttosto scarsa; troverete migliori opportunità a Punta Arenas o in Argentina. Provate con **Emsa/Avis** (☎410-775; Bulnes 632).

Reliable Radio Taxi (☎412-805; all'angolo tra Prat e Bulnes) può risultare utile per corse fuori orario.

Cueva del Milodón

Negli anni '90 del XIX secolo, il pioniere tedesco Hermann Eberhard scoprì parte dei resti di un mastodontico bradipo terrestre in una grotta situata 25 km a nord-ovest di Puerto Natales. Il lento erbivoro, chiamato da allora *milodón,* misurava circa 4 m di altezza e fu apparentemente all'origine del libro *In Patagonia* di Bruce Chatwin (v. lettura p377). La **Cueva del Milodón** (ingresso CH$3000), la cui volta si trova a 30 m di altezza, rende omaggio al suo primo inquilino con una copia in plastica a grandezza naturale. Non è propriamente un oggetto di buon gusto, ma il luogo vale una deviazione, se non altro per osservare le dimensioni della grotta e meditare sul passato selvaggio del luogo, o per raggiungere con una facile passeggiata il bel punto panoramico situato nei pressi. Nei dintorni è possibile campeggiare (anche se è vietato accendere fuochi) o fermarsi per un picnic. Nel mese di febbraio la grotta ospita un festival cinematografico (v. p380).

Gli autobus diretti alle Torres del Paine fermano vicino all'ingresso dell'area, che si trova a 8 km dalla grotta vera e propria. Quest'ultima è la meta di alcune escursioni organizzate da Puerto Natales; in alternativa, si può chiedere un passaggio a qualche automobilista del luogo o prendere un taxi *colectivo* (CH$20.000). In bassa stagione, gli autobus pubblici sono pochi.

Parque Nacional Bernardo O'Higgins

Quasi inaccessibile, il Parque Nacional O'Higgins rimane un luogo remoto e sfuggente ricco di ghiacciai, raggiungibile soltanto con un'imbarcazione. Vi si entra partecipando a un'escursione in giornata (CH$67.000, pranzo incluso) alla base del Glaciar Serrano, organizzata da Turismo 21 de Mayo (p379).

Passando dal Glaciar Serrano si può raggiungere in barca il parco delle Torres del Paine. I passeggeri salgono su un gommone Zodiac, effettuano una sosta per il pranzo all'Estancia Balmaceda e proseguono risalendo il corso del Río Serrano per giungere al confine meridionale del parco intorno alle 17. È possibile seguire il medesimo percorso al ritorno, ma in questo caso occorre campeggiare nei pressi del Río Serrano per riuscire a prendere lo Zodiac, che passa alle 9 del mattino. L'escursione, organizzata sempre da Turismo 21 de Mayo, comprende la tariffa d'ingresso al parco e costa CH$92.000.

Parque Nacional Torres del Paine

Quasi verticali sopra la steppa patagonica, i pilastri di granito delle Torres del Paine svettano a 2000 m sul paesaggio di quello che probabilmente è il parco nazionale più bello del Sud America. Prima della sua istituzione, nel 1959, il territorio del parco faceva parte di una vasta *estancia* dove si allevavano immense greggi di pecore e i terreni sono ancora oggi in fase di recupero dopo circa un secolo di sfruttamento intensivo che ha interessato pascoli, boschi e fauna.

La maggior parte delle persone visita il parco per le sue guglie, note in tutto il mondo; ma una volta raggiunto il luogo, tutti si rendono conto che ci sono attrattive (meno affollate) altrettanto stupefacenti: specchi d'acqua turchese, sentieri che si snodano attraverso foreste dai riverberi color smeraldo, torrenti impetuosi che si attraversano su ponticelli scricchiolanti e un immenso ghiacciaio dai riflessi blu. La varietà dell'ambiente va dagli sterminati spazi aperti della steppa alle frastagliate montagne su cui si stagliano i profili delle vette più elevate.

Dichiarato Riserva della Biosfera dall'UNESCO nel 1978, il parco ospita branchi di nandù, condor andini, fenicotteri rosa e molte altre specie ornitologiche. Il maggior successo ottenuto nel campo della conservazione ambientale in questa area protetta riguarda indubbiamente il guanaco, che ora pascola libero nella steppa aperta dove il suo principale predatore naturale, il puma, non può accostarsi senza essere individuato. Dopo oltre un decennio di efficace protezione dai cacciatori di frodo, i grandi e sempre più numerosi branchi di questi docili animali non hanno più timore di essere avvicinati da persone o veicoli.

Quando il cielo è limpido e l'aria è tersa, il panorama è mozzafiato. Tuttavia le condizioni atmosferiche sono imprevedibili e possono far sì che le cime delle montagne rimangano avvolte dalle nuvole per ore o anche giorni. C'è che dice che qui si possono avvicendare quattro stagioni in un solo giorno e che gli improvvisi rovesci di pioggia e le violentissime raffiche di vento facciano parte dell'iniziazione a questi luoghi. In ogni caso, portate con voi capi d'abbigliamento termico di buona qualità, un sacco a pelo con rivestimento in materiale sintetico e, se avete intenzione di campeggiare, una tenda molto robusta e di tessuto ad alta resistenza. È comunque saggio tenersi qualche giorno in più di riserva rispetto alla tabella di marcia per evitare che il viaggio possa essere spiacevolmente limitato dal cattivo tempo.

Detto questo, uno degli aspetti migliori dei 1810 kmq di questo parco è la quantità di infrastrutture di alto livello e disposizione dei visitatori, che rendono possibile effettuare l'intero percorso 'W' (p388) dormendo in comodi letti, consumando pasti caldi, facendo la doccia ogni sera confortati, a volte, da un cocktail. È tuttavia indispensabile prenotare con il dovuto anticipo (per tutte le informazioni a questo proposito, v. p392).

Se desiderate dormire negli alberghi o nei *refugios* (sistemazioni spartane), dovrete prenotare con largo anticipo. Per poter godere appieno delle escursioni e delle altre attività, bisogna calcolare da un minimo di tre fino a sette giorni di permanenza. C'è inoltre la possibilità di partecipare a uscite guidate in giornata a bordo di minibus in partenza da Puerto Natales, ma si tratta di percorsi che consentono uno sguardo soltanto rapido a ciò che il parco ha da offrire.

Alla fine del 2011, un furioso incendio ha distrutto oltre 16.000 ettari di terreno e ci sono volute settimane per domarlo; nel frattempo, le fiamme hanno distrutto foreste antichissime, ucciso innumerevoli animali e raso al suolo diverse strutture. La responsabilità è stata attribuita a un visitatore straniero, che avrebbe appiccato accidentalmente l'incendio mentre stava cercando di accendere un fuoco (attività non consentita nel parco). L'escursionista negò il suo coinvolgimento, ma pagò una multa di $10.000 e contribuì agli sforzi effettuati per rimboschire la zona.

L'area colpita dall'incendio, compresa tra Pehoé e il Refugio Grey, è essenzialmente il tratto occidentale del percorso 'W'. Oggi è riaperto ai visitatori, ma arrivandovi occorre essere preparati a trovare un paesaggio carbonizzato e pieno di cenere. La vista è sempre magnifica, ma la foresta potrebbe impiegare secoli per rigenerarsi. Siate coscienti di ciò che fate, tenete comportamenti rispettosi del luogo e non dimenticate mai di far parte delle centinaia di migliaia di visitatori che il parco accoglie ogni anno.

Attività

Escursionismo

Le guglie di granito alte 2800 m delle Torres del Paine richiamano escursionisti da ogni parte del mondo. La maggior parte segue l'itinerario 'W' o il Circuito del Paine, che offrono l'opportunità di immergersi in panorami spettacolari, lasciando altri percorsi, anch'essi di bellezza incredibile, più o meno deserti. Seguire il Circuito del Paine (il 'W' più le deviazioni alle pendici delle vette) richiede da sette a nove giorni, mentre il 'W' (che prende il nome dall'aspetto del tracciato) richiede da quattro a cinque giorni, a cui occorre aggiungerne un altro paio da destinare ai collegamenti.

In entrambi i casi, i trekking partono per lo più dalla **Laguna Amarga**, ma è possibile anche partire dalla Administración (l'ufficio amministrativo del parco) o prendere il catamarano da Pudeto al Lago Pehoé e partire da qui; procedere lungo il 'W' da sud-ovest a nord-est offre panorami più vari su Los Cuernos (2200-2600 m), le vette striate da sedimenti neri. Percorrere il tracciato da soli, soprattutto nel tratto del Circuito, è sconsigliabile. I tour operator di Puerto Natales offrono trekking guidati il cui costo comprende tutti i pasti e pernottamenti presso *refugios* o alberghi. Nel caso dei gruppi, le tariffe per persona si riducono sensibilmente.

Parque Nacional Torres del Paine

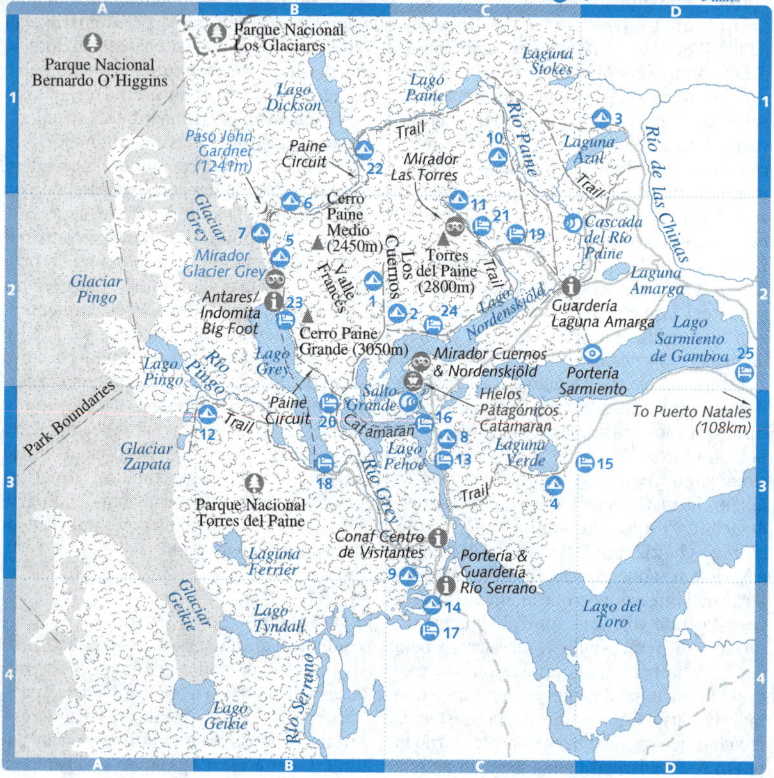

IL 'W'

La maggior parte dei viaggiatori sceglie di percorrere il 'W' da destra a sinistra (da est a ovest), partendo dalla Laguna Amarga (raggiungibile da Puerto Natales in 2 h 30 min con una delle 2 corse giornaliere disponibili). Tuttavia, camminare nel senso opposto da ovest a est – soprattutto nel tratto che va dal Lago Pehoé alla Valle Francés – regala una vista migliore su Los Cuernos. Per iniziare il 'W' da ovest, prendete il catamarano che attraversa il Lago Pehoé, poi dirigetevi verso nord lungo il Lago Grey o il Campamento Italiano: da qui si possono fare magnifiche escursioni a piedi di un giorno, senza doversi portare uno zaino pesante. I tratti descritti di seguito sono alcuni tra i più indimenticabili di questo tracciato.

Nel 2013 o 2014, vicino all'entrata della Valle Francés, aprirà il Camping Francés. Mettetevi in contatto con Fantastico Sur (p379) per avere maggiori informazioni.

Dal Refugio Las Torres a Mirador Las Torres Quattro ore soltanto per l'andata. Una salita moderata lungo il Río Ascencio, fino a un laghetto montano privo di vegetazione ai piedi della parete orientale delle vette delle Torres del Paine vere e proprie. Questo è il punto da cui si ammira la vista più ravvicinata sulle torri. L'ultima ora del percorso è una ripida arrampicata (nella neve fino al ginocchio o anche fino alla vita durante la stagione fredda) tra enormi massi, che metterà a dura prova le vostre gambe. A Las Torres e a Chileno troverete *refugios* e aree in cui montare la tenda; quella di Campamento Torres è piuttosto spartana, ma d'estate è utile per riuscire a incamminarsi all'alba ed evitare la folla dei turisti.

Dal Refugio Las Torres a Los Cuernos Sette ore soltanto per l'andata. Si deve prestare attenzione a mantenersi sul sentiero inferiore (sono molti coloro che si perdono

Parque Nacional Torres del Paine

Da non perdere

Paso John Gardner ... B2

Penottamento

1 Camping Británico ... B2
2 Camping Italiano ... C2
3 Camping Laguna Azul ... D1
4 Camping Laguna Verde ... C3
5 Camping Los Guardas ... B2
6 Camping Los Perros ... B2
7 Camping Paso ... B2
8 Camping Pehoé ... C3
9 Camping Río Serrano ... C3
10 Camping Serón ... C1
11 Camping Torres ... C2
12 Camping Zapata ... B3
13 explora ... C3
14 Hostería Lago del Toro ... C4
15 Hostería Mirador del Payne ... D3
16 Hostería Pehoé ... C3
17 Hotel Cabañas del Paine ... C4
18 Hotel Lago Grey ... B3
19 Hotel, Refugio & Camping Las Torres ... C2
20 Mountain Lodge Paine Grande ... B3
21 Refugio & Camping Chileno ... C2
22 Refugio & Camping Lago Dickson ... B1
23 Refugio & Camping Lago Grey ... B2
24 Refugio & Camping Los Cuernos ... C2
25 Tierra Patagonia ... D2

su quello più alto, tortuoso e non riportato sulle cartine). In zona ci sono un'area per il campeggio e un *refugio*. Durante i mesi estivi, il vento può essere molto forte.

Da Los Cuernos/Lago Pehoé alla Valle Francés Cinque ore soltanto per l'andata. Con il bel tempo, il tratto coperto da questa escursione è il più bello della zona. Si sviluppa tra i 3050 m del Cerro Paine Grande a ovest e le più basse ma spettacolari vette delle Torres del Paine e di Los Cuernos a est, lungo un tragitto sormontato da imponenti i ghiacciai. Potrete piantare la tenda al Campamento Italiano o al Británico, situati proprio al centro della valle, oppure all'entrata presso il Campamento Francés, che dovrebbe aprire tra il 2013 e il 2014.

Dal Mountain Lodge Paine Grande al Refugio Lago Grey Quattro ore soltanto per l'andata dal Lago Pehoé. Questo tracciato segue un sentiero relativamente facile, inframmezzato da alcuni tratti di discesa ripida. Il punto panoramico sul ghiacciaio si raggiunge con un'altra mezz'ora di cammino. Troverete aree di campeggio e *refugios* a entrambe le estremità del percorso. Si tratta dell'area più colpita dall'incendio del 2011, quindi aspettatevi di trovare una foresta bruciata e alcune zone boschive in fase di rigenerazione.

Dal Mountain Lodge Paine Grande all'Administración Cinque ore. Lungo la sponda del Lago Pehoé, quindi attraverso le vaste praterie che si estendono lungo il Río Grey. Tecnicamente questo percorso non fa parte del 'W', ma dopo averlo completato si può raggiungere direttamente l'Administración evitando di ripercorrere il sentiero già seguito per la Laguna Amarga. Al Mountain Lodge Paine Grande potrete chiamare l'Administración via radio, in modo da avvertire del vostro arrivo ed essere sicuri di prendere l'ultimo autobus della sera per Puerto Natales. Chi desidera effettuare il percorso del 'W' da est a ovest può iniziare in questo punto.

IL CIRCUITO DEL PAINE

Se amate la solitudine e i panorami mozzafiato, se volete conquistare il diritto di sentirvi superiori agli altri escursionisti impegnati lungo il 'W', questo trekking, più lungo, è ciò che fa per voi. Si tratta di un percorso ad anello che comprende il 'W' descritto sopra, aggiungendo il tratto interno tra il Refugio Grey e il Refugio Las Torres. Il paesaggio è desolato ma bellissimo. Nella zona di Paso John Gardner (il tratto più estremo del trekking) a volte ci si trova a camminare nella fanghiglia o la neve fino al ginocchio. A Los Perros troverete un solo *refugio*; l'alternativa, per il pernottamento, è il campeggio libero.

Molti escursionisti imboccano il Circuito del Paine arrivando al parco in autobus all'altezza della Laguna Amarga, poi camminano per qualche ora fino al Refugio o al Camping Chileno. Da lì, il percorso prosegue in senso antiorario, terminando nella Valle Francés e a Los Cuernos. Di seguito forniamo maggiori dettagli sulle escursioni all'interno del Circuito del Paine.

Durante i mesi invernali, il Circuito del Paine è chiuso.

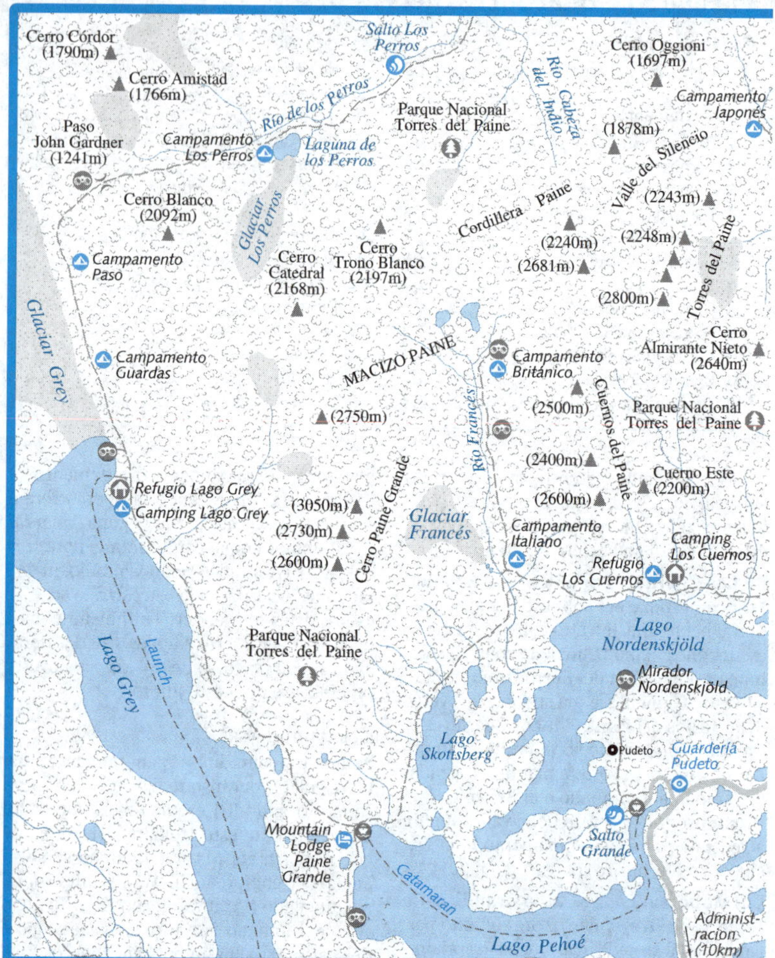

Dal Refugio Lago Grey al Campamento Paso Quattro ore dirigendosi a nord, due ore nel senso opposto. Il tracciato si può percorrere da sinistra a destra (da ovest a est), il che comporta la salita al passo, invece della scivolosa discesa.

Dal Campamento Paso al Campamento Los Perros Quattro ore. Questo percorso presenta molti tratti coperti da fanghiglia e a volte neve. Non lasciatevi confondere da quella che sembra un'area per il campeggio, poco oltre il passo. Proseguite fino a quando vedrete una capanna.

Dal Campamento Los Perros al Campamento Dickson Circa quattro ore e mezzo. Un tratto relativamente facile, ma battuto dal vento.

Dal Campamento Lago Dickson al Campamento Serón Sei ore. Dove il sentiero gira intorno al Lago Paine, il vento può essere molto violento e il tracciato poco visibile; tenetevi sul tracciato più lontano dal lago stesso. Lungo il percorso incontrerete il Campamento Coirón, ancora chiuso da quando, nel 2005, fu distrutto da un incendio.

Dal Campamento Serón alla Laguna Amarga Da quattro a cinque ore. Potrete concludere il percorso con una serata rilassante e una buona cena al Refugio Las Torres.

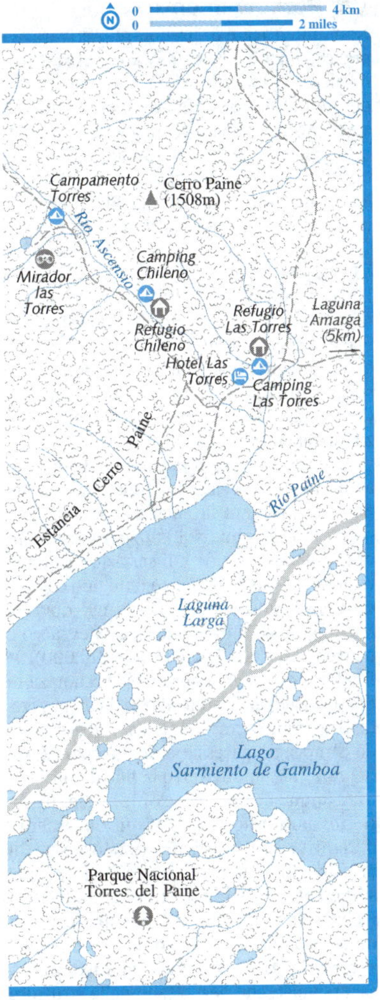

ALTRE ESCURSIONI CON PERNOTTAMENTO

Dalla Guardería Lago Grey, un percorso di quattro ore si snoda accanto al Río Pingo fino al Camping Zapata, gestito dal Conaf; poi il sentiero prosegue (da 1 h 30 min a 2 h) fino a un punto panoramico che offre una vista fantastica sul **Glaciar Zapata** e sul **Lago Pingo**. Molti di coloro che hanno percorso il 'W' in una prima visita al parco scelgono il Pingo come destinazione successiva (e ci vanno anche diverse guide, quando sono libere dal lavoro). Il tracciato è meno affollato e permette di ammirare i ghiacciai della zona.

Dalla Guardería Laguna Amarga, un itinerario di quattro ore conduce alla **Laguna Azul**, dove è possibile montare la tenda sulla sponda nord-orientale. Nel 2005, l'area è stata incenerita da un vasto incendio e poi chiusa: contattate il Conaf per informazioni dettagliate prima di partire. Dopo altre due ore di cammino verso nord, il sentiero raggiunge il **Lago Paine**. Non è possibile collegare questo tracciato con quello del Circuito del Paine, che percorre la sponda opposta del lago, a causa della corrente impetuosa del fiume.

Dall'Administración, il percorso di tre ore per l'Hostería Pehoé è un itinerario facile, per lo più pianeggiante e molto panoramico. Se cercate il vero isolamento, un tracciato di quattro ore si dirama in direzione est dopo avere attraversato il Río Paine, risale a zig zag le pendici della Sierra del Toro e tocca una serie di laghi per terminare alla **Laguna Verde**. Lungo il sentiero non ci sono opportunità di campeggio, ma volendo si può trascorrere una notte all'Hostería Mirador del Payne. Si tratta di un percorso particolarmente adatto agli appassionati di birdwatching.

ESCURSIONI IN GIORNATA

Partendo dalla Guardería Pudeto e percorrendo la strada principale del parco si arriva a **Salto Grande**, un'imponente cascata che si trova tra il Lago Nordenskjöld e il Lago Pehoé. Un'altra agevole ora di cammino conduce al **Mirador Nordenskjöld**, uno splendido punto panoramico da cui la vista si apre sul lago e le montagne.

Per una camminata più impegnativa, provate a percorrere il sentiero di quattro ore che conduce al **Lago Paine**, la cui sponda settentrionale è accessibile soltanto dalla Laguna Azul. Il percorso offre tranquillità e un ambiente davvero spettacolare.

Escursioni in kayak

Il kayak costituisce un modo fantastico di vedere i ghiacciai da vicino. Indomita Big Foot (p379) organizza escursioni di tre ore al Lago Grey, punteggiato di ghiacciai, con partenza dall'Hotel Grey (CH$45.000), ma anche escursioni di due ore che partono dall'ex Refugio Grey (CH$35.000). In estate sono previste diverse partenze. L'agenzia offre inoltre escursioni di più giorni alla scoperta del Río Serrano.

Passeggiate a cavallo

Il parco è senza dubbio un luogo meraviglioso da visitare a cavallo. Tuttavia, a causa della presenza di proprietà private all'interno del suo territorio, non è possibile compiere traversate dai settori occidentali (laghi Grey e Pehoé, Río Serrano) a quelli orientali, gestiti dall'Hostería Las Torres (il Refugio Los Cuernos segna approssimativamente la linea di confine). Baqueano Zamora (p379) organizza escursioni ai laghi Pingo, Paine e Azul, oltre che alla Laguna Amarga (mezza giornata CH$25.000).

L'Hotel Las Torres (p395) fa parte di un'*estancia* che comprende l'area orientale del parco; offre uscite a cavallo di una giornata sulle sponde del Lago Nordenskjöld e anche oltre.

Trekking sul ghiacciaio

Anche se non si ha esperienza in questo tipo di attività, il trekking sul ghiacciaio è un modo divertente per scoprire questi paesaggi di ghiaccio scolpito. Antares (p379) è l'unico operatore autorizzato ad accompagnare i visitatori sul Glaciar Grey (CH$75.000) da ottobre a maggio: utilizzando come base la sede Conaf (l'ex Refugio Grey), l'escursione comprende una camminata di sei ore per l'andata e ritorno, più tre ore sul ghiacciaio.

Arrampicata su roccia

Gli alpinisti possono mettersi in contatto con le agenzie di Puerto Natales che offrono escursioni personalizzate di più giorni. Ricordate che nella regione non ci sono molte vie adatte ai principianti.

Chi si dedica all'arrampicata su roccia in autonomia deve avere un'assicurazione contro gli infortuni e farsi rilasciare un permesso dalla **Dirección de Fronteras y Límites** (Difrol; ☎02-671-4110; www.difrol.cl; Bandera 52, 4° piano, Santiago). A Santiago, la pratica richiede circa un'ora, mentre rivolgendosi alla Gobernación de Ultima Esperanza a Puerto Natales la stessa procedura richiede 10 giorni. Per non essere costretti a pagare ogni volta l'ingresso al parco, chiedete che il permesso vi venga rilasciato per un periodo sufficientemente lungo. Con questi due documenti, gli alpinisti possono ottenere un'ultima autorizzazione per l'arrampicata presso la sede del parco.

Eviterete inutili perdite di tempo affidando la richiesta di tale permesso a un operatore del settore, per esempio Antares (p379) a Puerto Natales, prima di arrivare nel paese.

Pernottamento

Non dimenticate di prenotare! Arrivare sul posto senza avere prenotato, soprattutto in alta stagione, limiterà anche le vostre possibilità di campeggiare liberamente. Le stesse agenzie di viaggi offrono il servizio di prenotazione, ma la cosa migliore è contattare direttamente le società che gestiscono le sistemazioni (v. Refugios, p392). Le tariffe indicate si riferiscono all'alta stagione.

Refugios

Percorrendo il 'W' o il Circuito del Paine, pernotterete nei *refugios* o nelle aree per il campeggio situate lungo il percorso. È essenziale prenotare un posto in anticipo e specificare se si desiderano pasti vegetariani. Cercate di farlo al momento della pianificazione del viaggio.

Le camere dei *refugios* hanno da quattro a otto posti letto ciascuna in letti a castello; potrete utilizzare la cucina (riservata agli ospiti e accessibile soltanto a determinati orari), le docce calde e il servizio di preparazione dei pasti. Un posto letto può costare da CH$25.000 a CH$35.000, cui dovrete aggiungere l'eventuale noleggio del sacco a pelo e i pasti (da CH$5500 a CH$10.000). Se il *refugio* dovesse aver preso più prenotazioni dei posti a disposizione, il personale provvederà a fornire gratuitamente l'attrezzatura da campeggio necessaria. La maggior parte dei *refugios* chiude verso la fine di aprile.

Al momento del check-in, in alcuni *refugios* potranno chiedervi un documento d'identità con fotografia (per esempio il passaporto): fatene in anticipo fotocopie sufficienti per sbrigare rapidamente tutti i check-in. Via radio, il personale potrà inoltre confermare per voi la prenotazione successiva. Ma considerando la quantità di escursionisti che pernottano nelle strutture ogni anno, qualche intoppo sarà inevitabile, quindi cercate di mantenere la calma mettendo in pratica le vostre capacità zen.

Le strutture elencate di seguito seguono la stessa direzione dell'itinerario 'W' descritto in precedenza (p388). Le tariffe elencate si riferiscono al servizio di base: per avere le lenzuola, anziché usare il vostro sacco a pelo, dovrete pagare un extra.

Refugio Las Torres LODGE **$$**
(☎a Puerto Natales 061-710-050; www.fantasticosur.com; letti in camerata CH$21.500, con pensione completa CH$44.500; metà set-fine apr; @) Vasto e suggestivo campo base dotato di pannelli solari e di un lodge con 60 posti letto. Trove-

TREKKING RESPONSABILE

Ogni anno, sono circa 200.000 i turisti che visitano il parco delle Torres del Paine e con la réclame che si fa il loro numero è destinato ad aumentare. Già adesso, in alta stagione tra gennaio e febbraio, sui sentieri si formano veri e propri ingorghi e i campeggi ricordano la piana di Woodstock nei giorni del mitico concerto. Nello stesso spirito di 'pace e amore', vi suggeriamo alcuni consigli di viaggio:

» Non bevete acqua in bottiglia: per quanto riguarda lo smaltimento dei rifiuti, le bottiglie vuote sono un vero e proprio incubo (il trasporto della spazzatura fuori dal parco viene effettuato a cavallo). Preferite un filtro per purificare l'acqua o le pastiglie disinfettanti.

» Portate con voi ogni vostro rifiuto, dato che il problema dei piccoli animali, soprattutto topi, che si nutrono di immondizia nei campeggi è un fatto ormai accertato.

» Rispettate i confini delle aree ufficialmente adibite a campeggio e camminate solo sui sentieri designati.

» Prestate estrema attenzione a cicche di sigarette, fornelli da campo, accendini, lampade a gas ecc. Nel 2005 e nel 2011 due incendi probabilmente provocati da turisti hanno distrutto estese zone del parco.

» Siate socievoli. I frequentatori abituali hanno notato che più il traffico di escursionisti si infittisce, meno le persone sono gentili le une con le altre. Ma non deve andare necessariamente così. Salutate tutti coloro che incontrate e lasciate passare avanti chi è più allenato di voi.

Il Conaf sta prendendo in considerazione la possibilità di organizzare gruppi di volontari che si occupino delle riparazioni da effettuare dopo gli incendi come della manutenzione dei sentieri, o che vogliano partecipare a studi sulla biologia o aiutare nei censimenti degli animali condotti da **AMA Torres del Paine** (www.amatorresdelpaine.org).

rete anche una comoda lounge, un ristorante e un bar. Per soddisfare la grande richiesta di pernottamenti, in alta stagione viene messo in funzione un edificio nelle vicinanze a tariffe scontate.

Refugio Chileno REFUGIO $$
(☎a Puerto Natales 061-710-050; www.fantasticosur.com; letti in camerata CH$19.500, con pensione completa CH$42.500; ⊙inizio ott-metà marzo) Il più vicino alle famose torri che danno il nome al parco, il Chileno è uno dei *refugios* più piccoli, dispone di 32 posti letto e di un piccolo chiosco che vende provviste. Utilizza energia eolica e i servizi igienici sono dotati di biofiltri per il compostaggio.

Refugio Los Cuernos REFUGIO $$
(☎a Puerto Natales 061-710-050; www.fantasticosur.com; letti in camerata CH$19.500, con pensione completa CH$42.500; ⊙metà set-30 apr) Questa sistemazione, situata a metà del circuito 'W', è spesso al completo perché vi confluiscono escursionisti provenienti da entrambe le direzioni dell'itinerario. Tuttavia, con otto posti letto per camera (in letti a castello piuttosto alti), questo piccolo lodge è più che accogliente. Ci sono docce e nuovi bagni separati per i campeggiatori, il che contribuisce a rendere il soggiorno meno stressante, e l'energia elettrica viene prodotta per lo più da una piccola turbina ad acqua. Se cercate un'alternativa più lussuosa, troverete anche otto bungalow per due persone con bagno in comune, che offrono maggiore privacy e sono dotati di lucernari e facile accesso a una hot tub caldissima.

Mountain Lodge Paine Grande LODGE $$
(☎a Puerto Natales 061-412-742; www.verticepatagonia.cl; letti in camerata CH$24.900, con pensione completa CH$44.500; ⊙tutto l'anno; @) Sebbene non sia lussuosa, questa struttura ricettiva del 'W' è più bella della maggior parte delle sistemazioni che troverete nella regione, con una vista sublime su Los Cuernos da tutte le camere. Il fatto che sia aperta tutto l'anno è una vera benedizione per gli escursionisti che affrontano il trekking in inverno, quando piove spesso. Tenete presente però che in questa stagione (da maggio a settembre) non è disponibile il servizio di preparazione dei pasti. Della struttura fanno parte anche un campeggio, un chiosco che vende le principali provviste necessarie per prepararsi i pasti da sé e una versione più lussuosa del campeggio, con piazzole riparate da cupole. Il bar al secondo piano propone una popolare happy

VIA DALLA PAZZA FOLLA

» La maggior parte degli escursionisti parte per le Torres verso le 8 del mattino e fa ritorno alle 16 circa. Tuttavia, con l'aiuto delle lunghe ore di luce estive potrete anche andare contromano, partendo un paio d'ore prima o un paio di ore dopo (informatevi sugli orari dell'alba e del tramonto presso il vostro *refugio* o chiedendo ai *guardaparques*).

» Scegliete i sentieri meno battuti, come quello del Glaciar Zapata, o percorrete il Circuito completo.

» Cercate di unirvi a un gruppo organizzato per un'escursione di più giorni in kayak sulle acque del Río Serrano o per un'uscita a cavallo. Godrete di prospettive completamente differenti e di panorami incredibili.

» Scegliete le mezze stagioni, quando le temperature sono abbastanza tiepide ma non c'è una grande folla. Per quanto riguarda il parco, marzo è un mese eccellente, ma per i veri appassionati può andare bene anche l'inverno.

hour, che a chi sta camminando da giorni e giorni può sembrare un po' surreale.

Questo è l'unico *refugio* che si può raggiungere senza dover camminare, poiché il traghetto ormeggia proprio nei pressi. Situato tra il Lago Grey e la Valle Francés, a un giorno di cammino da entrambe le località, è comodamente raggiungibile anche dal molo dei traghetti del Lago Pehoé.

Refugio Grey REFUGIO **$$**

(☎a Puerto Natales 061-412-742; www.verticepatagonia.cl; letti in camerata CH$15.000, con pensione completa CH$35.500; ⊙tutto l'anno) Questo lodge nuovo e lussuoso, spostato più nell'entroterra rispetto al lago, è un *refugio* che dispone di un'area soggiorno con terrazza, divani in pelle e bar, una cucina attrezzata come un ristorante e comode camere con letti a castello che possono ospitare fino a 60 escursionisti, con tanto spazio anche per gli zaini. Sul posto si trovano pure un emporio e uno spazio al coperto dove i campeggiatori possono cucinare, ma i prezzi potrebbero aumentare presto per adeguarsi a quelli del Mountain Lodge Paine Grande. La sistemazione è aperta anche in inverno (da maggio a settembre), senza però il servizio di preparazione dei pasti. I gestori intendono avviare un esteso programma di riciclo dei rifiuti.

Refugio Dickson REFUGIO **$$**

(☎a Puerto Natales 061-412-742; www.verticepatagonia.cl; letti in camerata CH$15.000, con pensione completa CH$35.500; ⊙nov-marzo) Uno dei *refugios* più vecchi e più piccoli, dispone di 30 posti letti e vanta una posizione magnifica sul Circuito del Paine, con vista sul Glaciar Dickson.

Campeggi

Il parco dispone di campeggi gratuiti e a pagamento: questi ultimi offrono più servizi. Per informazioni sull'ubicazione, v. la cartina delle Torres del Paine (p388).

Campeggiare presso le aree gestite dai *refugios* costa CH$4500 per piazzola. I *refugios* noleggiano l'attrezzatura: tende (CH$7000 per notte), sacchi a pelo (CH$5000) e materassini (CH$1500), anche se in alta stagione è possibile che restino sforniti ed è più prudente essere autonomi. Presso piccoli chioschi troverete in vendita, a prezzi elevati, pacchi di pasta, zuppa in lattine e bombolette di gas butano. Ci sono anche ripari per cucinare, che si dimostrano molto utili con il maltempo. I campeggi in genere sono aperti da metà ottobre a metà marzo, ma quelli all'interno del Circuito del Paine possono rimanere chiusi fino a novembre a causa delle condizioni meteorologiche avverse. La decisione sui periodi di apertura viene presa dal Conaf.

Per le prenotazioni, Vertice Patagonia (p380) gestisce i campeggi Grey, Dickson, Perros e Paine Grande. Fantastico Sur (p379) è proprietaria dei campeggi Las Torres, Chileno e Serón.

I siti amministrati dal Conaf sono gratuiti ma decisamente spartani: non noleggiano l'attrezzatura e vi troverete soltanto servizi igienici senza docce. Fra questi vi sono il Campamento Británico, il Campamento Italiano, il Campamento Paso, il Campamento Serón, il Campamento Torres e il Camping Guardas.

Molti campeggiatori hanno segnalato la presenza notturna di roditori: non lasciate cibo negli zaini o nelle tende, ma appendete tutto a un albero.

Alberghi

Al momento di scegliere le sistemazioni, fate attenzione soprattutto alla posizione. Le strutture che si trovano vicino al 'W' offrono agli escursionisti maggiore indipendenza e flessibilità. La maggior parte offre pacchetti di più giorni.

Hotel Lago Grey HOTEL $$$
(☎712-132; www.lagogrey.cl; indirizzo per le prenotazioni Lautaro Navarro 1061, Punta Arenas; doppie CH$154.000; @) Aperto tutto l'anno, questo grazioso albergo dispone di cottage imbiancati collegati tra loro da passerelle sopraelevate. Le nuove camere deluxe sono deliziose, con la vista sul lago e uno stile moderno e raffinato. Il caffè (aperto anche a chi non soggiorna nell'albergo) si affaccia su un panorama incantevole. Sono disponibili escursioni in barca per visitare il ghiacciaio, con soste presso l'ufficio Conaf sull'altra sponda del Lago Grey per far salire o scendere i passeggeri.

explora DESIGN HOTEL $$$
(☎a Santiago 02-206-6060; www.explora.com; 4 notti in doppia con pensione completa e trasferimenti CH$1.390.000 per persona; @) L'albergo più elegante, sofisticato e costoso del parco, che accoglie i suoi ospiti con sistemazioni appollaiate sopra la cascata Salto Chico, alla foce del Lago Pehoé. Le tariffe comprendono i trasferimenti per/dall'aeroporto, una cucina da intenditori e un'ampia varietà di escursioni, con guide giovani e affabili che parlano due lingue. Da ogni punto dell'albergo potrete ammirare una vista magnifica sull'intero massiccio del Paine e vi chiederete se valga la pena di uscire: la struttura offre anche una spa con piscina riscaldata, una sauna, sale per i massaggi e vasca con idromassaggio all'aperto.

Hotel Las Torres HOTEL $$$
(☎617-450; www.lastorres.com; indirizzo per le prenotazioni Magallanes 960, Punta Arenas; doppie a partire da CH$145.000; ⊙chiuso giu) Un albergo accogliente e ben gestito, di standard internazionale, che offre belle escursioni guidate. La struttura ha anche una spa con vasca idromassaggio e dona una parte dei profitti al gruppo ambientalista locale AMA. Il buffet del ristorante serve prevalentemente verdure biologiche, coltivate nella serra dell'albergo stesso, e carne di animali cresciuti nei ranch delle vicinanze.

Tierra Patagonia DESIGN HOTEL $$
(☎a Santiago 02-263-0606; www.tierrapatagonia.com; 4 notti in doppia con pensione completa e trasferimenti CH$1.230.000 per persona; @) Ben inserito nella steppa sconfinata, questo albergo raffinato di recente realizzazione è un'alternativa invitante. Immaginate un lodge di lusso, con un animato bar a forma circolare, un grande caminetto con focolare aperto e una splendida, immensa riproduzione artistica di una cartina del parco. Le camere, spaziose e dagli arredi minimali, offrono una bella vista del massiccio del Paine. Situato sui terreni dell'*estancia* Cerro Guido, offre la possibilità di praticare attività legate alla vita dei ranch. Le tariffe all-inclusive comprendono i trasferimenti per/dall'aeroporto, escursioni organizzate tutti i giorni, l'uso della spa, i pasti e le bevande. Si trova sul Lago Sarmiento, poco fuori dal parco nazionale, a circa 20 km dalla Laguna Amarga.

Hostería Mirador del Payne LOCANDA $$$
(☎226-930; www.miradordelpayne.com; indirizzo per le prenotazioni Fagnano 585, Punta Arenas; singole/doppie CH$100.000/122.500) Sui terreni di El Lazo, nella zona poco visitata della Laguna Verde, questa confortevole locanda è nota per l'atmosfera di serenità, per la vicinanza a diversi e spettacolari punti panoramici e per il servizio di categoria elevata, anche se purtroppo non offre un agevole accesso al parco. Tra le attività che vi si possono praticare vanno ricordati il birdwatching, le passeggiate a cavallo e la pesca sportiva. Telefonate per organizzare un'escursione a cavallo con partenza dall'incrocio stradale.

Hostería Pehoé HOTEL $$$
(☎a Santiago 02-296-1238; www.pehoe.cl; doppie CH$127.095) Sulla sponda opposta del Lago Pehoé, questo albergo è collegato alla terraferma da un lungo ponte pedonale. Regala una vista impareggiabile su Los Cuernos e sul Paine Grande, ma le camere sono piuttosto datate e ricordano quelle di un motel. Il ristorante è aperto anche a chi non è cliente.

Pueblito Río Serrano VILLAGGIO
Pubblicizzato come il futuro dello sviluppo delle Torres del Paine, questo 'villaggio' di recente realizzazione si trova proprio fuori dal parco, sulla nuova strada proveniente da Puerto Natales. Sorge in una posizione scelta accuratamente, che si affaccia su un'ansa del Río Serrano e offre un panorama incantevole sull'intero massiccio del Paine. Peccato che la fretta di costruire abbia lasciato tracce evidenti: è piuttosto triste vedere una volpe grigia trotterellare attraverso un campo da golf.

Hostería Lago del Toro LOCANDA $$$
(☎061-223-351; doppie/triple con prima colazione CH$85.000/102.500, doppie superior CH$102.500; @) Schiacciata tra due enormi alberghi, questa sistemazione accogliente e intima offre camere piacevoli con pavimenti ricoperti

di tappeti e un caminetto sempre acceso per dare il benvenuto agli ospiti. La costruzione, dalla facciata in lamiera ondulata, ricorda una locanda dell'epoca dei pionieri; all'interno vi sono mobili di legno pesante e pizzi macramé.

Hotel Cabañas del Paine BUNGALOW **$$$**
(☎730-177; www.cabanasdelpaine.cl; doppie CH$142.800) Sulle sponde del Río Serrano, queste camere in stile bungalow offrono una vista magnifica e si distinguono da altre sistemazioni perché sono arredate con molto gusto e si integrano bene nel paesaggio circostante.

Informazioni

Il **Parque Nacional Torres del Paine** (www.pntp.cl; ingresso alta/bassa stagione CH$15.000/8000) è aperto tutto l'anno, ma non sempre è facile arrivarci. I collegamenti con i mezzi pubblici sono meno frequenti in bassa stagione e, durante l'inverno, le difficili condizioni atmosferiche spesso mettono a dura prova gli escursionisti. Le stagioni di mezzo, che corrispondono ai mesi di novembre e marzo, sono i periodi migliori per fare trekking nella zona, poiché i percorsi sono meno affollati e il vento solitamente si placa. Troverete informazioni utili anche sul sito web **Torres del Paine** (www.torresdelpaine.com). L'ingresso principale, dove si paga la tariffa d'entrata nel parco, è la **Portería Sarmiento** (⏲9-20 in estate). Il **Centro de Visitantes Conaf** (⏲9-20 in estate) si trova a 37 km di distanza e offre ottime informazioni sull'ambiente e sulle condizioni dei sentieri. Sempre qui c'è anche l'Administración, l'ufficio amministrativo del parco.

Il sito internet di **Erratic Rock** (www.erraticrock.com) contiene un buon elenco dell'attrezzatura necessaria ai backpacker e, nella sede di Puerto Natales (p378), l'ente organizza ogni giorno alle 15 un'interessante sessione informativa sul parco. Vale la pena di farci un salto per avere informazioni affidabili su aspetti che vanno dalle condizioni dei sentieri alle possibilità di campeggio.

Le migliori carte escursionistiche, pubblicate da JLM e Luis Bertea Rojas, sono facilmente reperibili a Puerto Natales. Per utili consigli di trekking e cartine dettagliate sullla zona, vi consigliamo di consultare anche la guida *Trekking in Patagonia*, edita da Lonely Planet.

Per/dal Parque Nacional Torres del Paine

Il Parque Nacional Torres del Paine si trova 112 km a nord di Puerto Natales e si raggiunge percorrendo una strada in buone condizioni. Una strada nuova ma non asfaltata da Puerto Natales alla Administración dà la possibilità di raggiungere le Torres del Paine in modo più diretto, da sud. Per ulteriori dettagli sui trasporti per/dal parco, v. p386.

L'Argentina da qui è vicina, ma non esistono collegamenti diretti dal parco. Circa 40 km a sud dell'ingresso principale, al Cerro Castillo, c'è un valico di confine chiamato Cancha Carrera, che però non è aperto tutto l'anno. Chi desiderasse raggiungere El Calafate dal parco nella stessa giornata dovrà unirsi a un gruppo organizzato, o programmare lo spostamento con l'opportuno anticipo, dal momento che non esistono collegamenti di linea diretti. Probabilmente il modo migliore di farlo è ritornare a Puerto Natales.

Trasporti locali

Un servizio di autobus navetta (CH$2500) fa salire e scendere i passeggeri alla Laguna Amarga, al punto di attracco dei catamarani Hielos Patagónicos di Pudeto e presso l'Administración.

I catamarani salpano da Pudeto per il Mountain Lodge Paine Grande (sola andata/andata e ritorno CH$12.000/19.000 per persona) alle 9.30, alle 12 e alle 18 da dicembre a metà marzo, alle 12 e alle 18 alla fine di marzo e a novembre, mentre nei mesi di settembre, ottobre e aprile c'è una sola corsa in partenza alle 12. C'è anche un'altra imbarcazione che attraversa il Lago Grey, nel tratto fra l'Hotel Lago Grey e la spiaggia nei pressi del Refugio Lago Grey (CH$40.000, da 1 h 30 min a 2 h) un paio di volte al giorno; per informazioni più precise sugli orari aggiornati, prendete contatto con l'albergo.

PATAGONIA ARGENTINA

Chi ama la Patagonia di solito non vuole perdersi la parte che si estende in territorio argentino. Con spettacolari zone selvagge facilmente accessibili e infrastrutture turistiche ben sviluppate, questo prolungamento ben si combina con il viaggio nella Patagonia cilena. La Patagonia argentina presenta infatti montagne circondate da vaste steppe pianeggianti. Anche la popolazione ha una personalità differente: gli argentini sono notoriamente più socievoli, una caratteristica che porta tra l'altro a una ricca varietà di scelte per quanto riguarda le offerte degli operatori turistici, le abitudini alimentari e la vita notturna.

El Calafate

☎02902 / POP. 15.000

El Calafate prende il nome da una bacca selvatica locale: dopo averla mangiata, tornerete certamente in Patagonia. La località vi affascinerà anche con un'altra irresistibile attrattiva: il Glaciar Perito Moreno, situato a 80 km all'interno del Parque Nacional Los Glaciares. Il ghiacciaio è effettivamente da non perdere, ma la sua presenza e popolarità hanno dato luogo a una crescita spaventosa di infrastrutture turistiche, sempre più lussuose, in quella che un tempo era la tranquilla e pittoresca El Calafate. Al tempo stesso il posto è fantastico, con abbondanza di servizi a disposizione di chi viaggia. La posizione strategica della cittadina, tra El Chaltén e le Torres del Paine (in Cile), ne fa un punto di sosta quasi obbligatorio per chi attraversa la zona.

Lungo la strada principale, Av Libertador, si affacciano belle strutture costruite con il legno nodoso dei pini. Alcune sono rivendite di souvenir o di cioccolata, mentre altre ospitano ristoranti o agenzie di viaggi. Più avanti, la strada perde la sua patina pretenziosa e ben presto si ritrova a procedere nel fango, verso qualche nuovo insediamento o nei pascoli aperti.

Gennaio e febbraio sono i mesi più affollati, e i prezzi sono di conseguenza più elevati, ma si sta sviluppando anche un turismo della stagione media.

Che cosa vedere e fare

TOP Glaciarium MUSEO

(☎497-912; www.glaciarium.com; interi/bambini AR$80/55; ⏲9-20 set-mag, 11-20 giu-agosto) Unico ed emozionante, questo nuovo e splendido museo vi aiuterà a comprendere il mondo dei ghiacci. Le mostre e i film, proiettati in due lingue, illustrano come si formano i ghiacciai, descrivono le spedizioni nel continente e affrontano il problema dei cambiamenti climatici. Gli adulti impazziranno per il *bar de hielo* (AR$40 compresa la consumazione) ospitato in un igloo illuminato da una luce azzurra, dove a una temperatura sotto zero vengono serviti vodka, Fernet e Coca cola, il tutto naturalmente in bicchieri di ghiaccio. Nel gift shop si possono acquistare articoli da regalo, realizzati a mano e nel rispetto dell'ambiente da artigiani argentini. Il museo ospita anche eventi internazionali dedicati al cinema. Si trova a 6 km da El Calafate in direzione del parco nazionale. Per arrivarci, prendete il mezzo pubblico che parte ogni ora (andata e ritorno AR$25) da 1ero de Mayo, tra Av Libertador e Roca.

Centro de Interpretación Histórica MUSEO

(☎497-799; www.museocalafate.com.ar; Av Brown e Bonarelli; ingresso AR$30; ⏲10-20 set-mag, 11-20 giu-agosto) Piccolo ma ricco di informazioni, ospita un modello dello scheletro di un *Austroraptor cabazaii* (rinvenuto nelle vicinanze) e mostre sulla storia della Patagonia. Il proprietario, molto cordiale, al termine della visita invita i turisti a bere una tazza di *mate* (tè). Per arrivare al museo, camminate in direzione nord lungo Alem fino ad Av Brown.

Reserva Natural Laguna Nimez BIRDWATCHING

(noleggio binocoli AR$20; ⏲ore di luce) C'è un habitat di prim'ordine per l'avifauna lungo la sponda del lago a nord della cittàdina, dove si può percorrere un sentiero in autonomia e chiedere informazioni al personale del capanno Casa Verde. La riserva è il luogo ideale per avvistare i fenicotteri rosa, ma sarà bellissimo anche osservare gli uccelli dalla sponda del Lago Argentino, nei pressi di El Calafate.

Tour

Sono una quarantina le agenzie turistiche che organizzano escursioni ai ghiacciai e altre attività nella regione, fra cui la visita alle zone dei fossili e il pernottamento in *estancias* che offrono escursioni a piedi, a cavallo o semplicemente relax. I prezzi delle uscite per la visita del Glaciar Perito Moreno (circa AR$150 per persona) non comprendono la tariffa d'ingresso al parco. Chiedete informazioni agli operatori e agli altri viaggiatori per saperne di più riguardo a eventuali servizi aggiuntivi, come soste in altre località situate lungo il percorso, escursioni in barca, disponibilità di binocoli e presenza di guide che parlino più lingue. Per un elenco degli altri operatori turistici di El Calafate che offrono tour e uscite in barca, v. p402.

Cal-tur TOUR

(☎491-368; www.caltur.com.ar; Av Libertador 1080) Specializzato in pacchetti che prevedono escursioni comprensive di pernottamento nella zona di El Chaltén.

Chaltén Travel TOUR

(☎492-212/480; www.chaltentravel.com; Av Libertador 1174) Molto raccomandabile, organizza escursioni al ghiacciaio con soste per l'osservazione della fauna selvatica (fornisce i binocoli); è anche specializzato in viaggi lungo la RN 40 ed esternalizza alcune escursioni a **Always Glaciers** (www.alwaysglaciers.com, in spagnolo).

Overland Patagonia TOUR

(☎491-243, 492-243; www.glaciar.com) Con sede presso l'Hostel del Glaciar Libertador e l'Hostel del Glaciar Pioneros, organizza escursioni 'alternative' al ghiacciaio (AR$230), comprensive di trekking e navigazione sul lago.

Calafate Fishing PESCA

(☎496-545; www.calafatefishing.com; Av Libertador 1826; ⌚10-19 lun-sab) Offre divertenti uscite di pesca con la mosca sul Lago Roca (mezza giornata AR$690) e sul Lago Strobbel, dove potrete verificare se è proprio vero che qui vive la trota arcobaleno più grande del mondo.

Pernottamento

Le tariffe e la disponibilità sono molto variabili, a seconda del periodo dell'anno; l'alta stagione va normalmente da gennaio e febbraio, ma può estendersi anche dall'inizio di novembre ad aprile. Quasi tutti gli ostelli offrono il trasporto per/dal capolinea degli autobus.

TOP **Lautaro** GUESTHOUSE $

(☎492-698; www.hospedajelautaro.com.ar; Espora 237; letti in camerata AR$65, singole/doppie/triple/quadruple AR$180/230/280/340, doppie senza bagno AR$180; ⌚chiuso lug; @☎) Questa guesthouse rinnovata di recente e dall'atmosfera rilassante e casalinga è il risultato del grande lavoro portato a termine dai giovani proprietari, Dario e Belén. La sistemazione è centrale e offre camere molto gradevoli, arredate con combinazioni di colori audaci. Gli ospiti possono ordinare pranzi al sacco preparati con pane fresco, oppure consumare un pasto casereccio con pietanze in grado di battere la concorrenza di quasi tutti i ristoranti della zona. Ci sono inoltre una cucina a disposizione, caffè gratuito a volontà, tè e la possibilità di essere assistiti nella pianificazione degli itinerari.

Las Cabañitas BUNGALOW $

(☎491-118; www.lascabanitascalafate.com; Valentín Feilberg 218; letti in camerata AR$80, bungalow per 2 persone AR$250, doppie senza bagno AR$220; ⌚chiuso lug; ☎) Sistemazione tranquilla, con casette dal tetto a spiovente che sembrano uscite da un libro di favole e sono dotate di

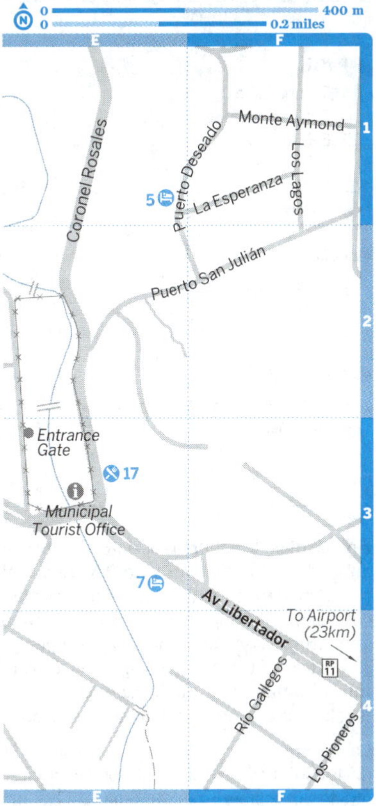

scale a chiocciola per arrivare ai confortevoli letti. Il nuovo proprietario, Gerardo, è una persona molto energica e, oltre a fornire utili informazioni, prepara pasti deliziosi. Vengono inoltre offerti mazzetti di lavanda inglese e c'è un'area dove è possibile fare il barbecue. Gli ospiti possono utilizzare una cucina.

I Keu Ken Hostel OSTELLO **$$**
(☎495-175; www.patagoniaikeuken.com.ar; FM Pontoriero 171; letti in camerata AR$80, doppie/triple AR$360/400; @📶) Questo singolare ostello si caratterizza per il personale molto disponibile, la birra artigianale e la capretta dei proprietari. La struttura, diventata popolarissima tra i viaggiatori, mette a disposizione invitanti aree comuni, una terrazza per godersi il sole e ottimi barbecue, che non prevedono, ovviamente, la carne di capra. La posizione, vicino alla sommità di una ripida collina, offre la possibilità di fare un po' di allenamento e di ammirare una vista magnifica. Tenetevi aggiornati, perché i proprietari stanno realizzando una succursale nella stessa zona.

Hostal Amancay LOCANDA **$**
(☎491-113; www.hostalamancay.com; Gobernador Gregorio 1457; singole/doppie/triple AR$180/230/290; 📶) Il piccolo edificio dalla facciata in lamiera nasconde un cortile erboso circondato da camere in stile motel. I proprietari sono Cecilia e Marcelo, una delle guide del parco, e garantiscono un servizio cordiale e attento oltre a essere una miniera di informazioni sulla zona. Nella sala dove viene servita la prima colazione potrete versarvi il tè da soli e troverete tantissimi libri, guide della regione e cartine.

Hotel Posada Los Álamos RESORT **$$$**
(☎491-144; www.posadalosalamos.com; Moyano 1355; singole/doppie/suite AR$590/620/924; @) Sistemazione dal buon rapporto qualità-prezzo, il primo resort di El Calafate è decisamente all'insegna del lusso: troverete camere sontuose, divani ben imbottiti, giardini spettacolari, campi da tennis, putting green per i golfisti e una spa. Ce ne sarà abbastanza da farvi quasi dimenticare che volevate fare un'escursione al ghiacciaio.

Hostel de las Manos OSTELLO **$**
(☎492-996; www.hosteldelasmanos.com.ar; Feruglio 59; letti in camerata AR$65, doppie AR$150; @) Immacolato e molto bello, questo ostello tranquillo e alternativo si trova oltre il ponte pedonale che parte da 9 de Julio.

Hostel del Glaciar Libertador OSTELLO **$$**
(☎491-792; www.glaciar.com; Av Libertador 587; letti in camerata/doppie AR$76/375; 🚭@) Le sistemazioni più convenienti sono i letti a castello delle camerate, tutti dotati di coperte pesanti. Dietro la facciata vittoriana dell'edificio vi attendono strutture moderne, tra cui una cucina situata all'ultimo piano, riscaldamento a pavimento, computer nuovi e una spaziosa area comune con TV al plasma sempre sintonizzata sui canali dedicati allo sport. C'è una succursale in Los Pioneros 251, un po' più lontana dal centro ma simile e anche più economica.

America del Sur OSTELLO **$$**
(☎493-525; www.americahostel.com.ar; Puerto Deseado 151; letti in camerata/doppie AR$80/420; @) Questo ostello molto frequentato dai backpacker vanta un ambiente elegante in stile lodge e una vista meravigliosa. Qui è molto facile socializzare e divertirsi, ma di recente il servizio ha iniziato a essere piuttosto carente. Vengono organizzati regolarmente barbecue all-you-can-eat.

El Calafate

Che cosa vedere
1 Solo Patagonia S.A. D3

Attività, corsi e tour
2 Cal-tur C3
3 Chaltén Travel C3
4 Hielo y Aventura D3
Overland Patagonia .... (v. 7)

Pernottamento
5 America del Sur E1
6 Gobernador Gregores A3
7 Hostel del Glaciar Libertador E3
8 Hotel La Loma D3
9 Hotel Michelangelo C2
10 Hotel Posada Los Álamos B2
11 Las Cabañitas B4
12 Lautaro C2

Pasti
13 Cambalache B2
14 Casimiro Biguá D3
15 El Cucharón C2
16 La Anónima D3
17 La Tablita E3
18 Viva la Pepa D3

Locali
19 el ba'r C3
20 Librobar C3
21 Sholken A3

Divertimenti
22 Don Diego de la Noche A3
23 La Tolderia C3

Hotel La Loma LOCANDA $$
(☎491-016; www.lalomahotel.com; Av Roca 849; letti in camerata/singole/doppie AR$80/390/430; P@☒) Gli arredi in stile coloniale e un grazioso giardino su roccia contribuiscono al fascino di questa sistemazione in stile ranch, altrimenti un po' malandata, dove sono in corso i lavori per la copertura wi-fi. Le camerate sono piuttosto anonime, mentre le camere superior sono spaziose e luminose. Gli scricchiolanti corridoi sono abbelliti da pezzi d'antiquariato e la reception vanta un caminetto sempre acceso e molti scaffali pieni di libri. Le tariffe delle camere variano leggermente a seconda della vista.

Pasti

Per acquistare provviste prima di un picnic fate un salto in uno dei negozietti che vendono pane fresco, buoni formaggi, dolci e vino, che si trovano sulle strade laterali perpendicolari ad Av Libertador. Andate da **La Anónima** (all'angolo tra Av Libertador e Perito Moreno) per comprare generi alimentari e piatti pronti da asporto, tutti economici.

TOP **Pura Vida** ARGENTINO $$
(☎493-356; Av Libertador 1876; portate principali AR$40-70; ⏲cena gio-mar; ☑) Per gustare le prelibatezze della cucina argentina casereccia, non sempre facili da trovare, questo locale insolito e illuminato da luci soffuse è una tappa obbligata. Anche dopo anni di successi, potrebbe capitarvi di trovare i proprietari che cucinano torte salate con ripieno di pollo al burro speziato, servite con abbondanti bicchieri di vino. I vegetariani potranno optare per riso integrale e verdure cotte nel wok, oppure varie insalate molto appetitose. Lasciate un po' di spazio per gli squisiti dessert, come i brownies di cioccolato intinti in una salsa alle bacche selvatiche e il gelato. Prenotate con il dovuto anticipo.

La Tablita PARILLA $$
(☎491-065; Coronel Rosales 24; portate principali AR$40-80; ⏲pranzo gio-mar, cena tutti i giorni) Bistecche e agnello allo spiedo sono i pezzi forti del menu di questo ottimo locale specializzato in *parrilladas* (grigliate), giustamente molto frequentato. Se non si ha molta fame può bastare anche una mezza bistecca, servita con un buon Malbec, insalata fresca e patatine fritte all'aglio.

El Cucharón ARGENTINO $$$
(☎495-315; 9 de Julio 145; portate principali AR$40-84; ⏲pranzo e cena) Sofisticato e un po' nascosto, Il Cucchiaione (questo è il significato del nome) è un ottimo locale per gustare la specialità regionale chiamata *cazuela de cordero* (stufato di agnello). Anche la trota con salsa al limone e verdure grigliate è deliziosa.

Viva la Pepa CAFFÈ $$
(☎491-880; Amado 833; portate principali AR$45; ⏲10-24 ven-mer; ☑) Questo allegro caffè, con le pareti tappezzate di disegni di bambini, è specializzato in crêpes, ma propone anche ottimi sandwich preparati con pane fatto in casa (provate quello con pollo, mele e blue

cheese), spremute di frutta fresca e *mate*. Purtroppo i prezzi sono un po' eccessivi.

Casimiro Biguá ARGENTINO $$$
(☎492-590; www.casimirobigua.com; Av Libertador 963; portate principali AR$48-92; ⏲11-1) In questo ristorante e *vinoteca* (wine bar) molto chic lo chef crea meravigliosi piatti di pasta fatta in casa, risotti, stufato di agnello e bistecche e trota alla griglia. Nelle vicinanze sono state aperte due nuove succursali – una trattoria e una *parrilla* – per accogliere la clientela sempre più numerosa.

Cambalache CAFFÈ $
(☎492-603; www.cambalacherestobar.com.ar; Moyano 1258; portate principali AR$35; ⏲12-24) Allegro luogo di ritrovo per viaggiatori, il Cambalache serve vino a prezzi modici e piatti di cucina regionale nella media, come bistecche grigliate e stufato di agnello.

Locali

Sholken BIRRIFICIO
(Av Libertador 1630; ⏲20-2) Dopo una giornata esposti al sole e ai forti venti della zona, questo grazioso pub-birrificio vi sembrerà un dono del cielo. La birra è di produzione propria e dalla minuscola cucina escono vassoi colmi di carni e formaggi, nonché empanadas farcite con manzo piccante (portate principali AR$40). I vegetariani potranno ordinare l'eccellente indivia in insalata con noci, blue cheese e frutto della passione.

Librobar PUB
(☎491-464; Av Libertador 1015; ⏲10-3, chiuso mar; 📶) Situato al piano superiore del piccolo villaggio turistico, questo elegante bar serve caffè, birre in bottiglia e cocktail costosi. L'atmosfera è molto gradevole e intima, ottima per dare un'occhiata ai tanti libri fotografici da tavola che troverete nel locale.

el ba'r CAFFÈ
(9 de Julio s/n) Questo caffè di tendenza con un bel patio è il posto ideale per ordinare un espresso, *submarinos* (latte caldo nel quale si fa sciogliere una barretta di cioccolato), tè verde o sandwich.

Divertimenti

La Toldería CLUB
(☎4914-43; www.facebook.com/LaTolderia; Av Libertador 1177) Piccolo e chiassoso, questo locale dove si balla propone anche musica dal vivo.

Don Diego de la Noche MUSICA LIVE
(Av Libertador 1603; ⏲fino alle 5) Questo locale apprezzato da molto tempo serve la cena seguita da esibizioni di musica dal vivo: tango, chitarra e *folklórico* (musica folk argentina).

Informazioni

Nella zona della Laguna Amarga è stata segnalata la presenza di vedove nere. Questi ragni hanno il corpo globoso e le femmine presentano una macchia rossa sul dorso. Per evitare di farvi mordere, scrollate energicamente gli indumenti prima di indossarli e fate molta attenzione quando maneggiate la legna da ardere. Se doveste essere morsi, restate calmi ma cercate immediatamente l'aiuto di un medico.

Ricordate di prelevare il denaro che vi serve prima del fine settimana, quando la località si affolla: accade spesso che i bancomat esauriscano il contante entro il sabato sera. Se siete diretti a El Chaltén, prendete in considerazione la possibilità di prelevare contanti extra in questa località.

La maggior parte delle agenzie si occupa esclusivamente di escursioni nella regione e non è in grado di organizzare attività in altre zone.

ACA (Automóvil Club Argentino; ☎491-004; all'angolo tra 1 de Mayo e Av Roca) Associazione degli automobilisti argentini; un'ottima fonte di informazioni per quanto riguarda le cartine delle strade provinciali.

Banco Santa Cruz (Av Libertador 1285) Cambia travellers' cheque e dispone di un bancomat.

Hospital Municipal Dr José Formenti (☎491-001; Av Roca 1487)

Thaler Cambio (Av Libertador 963; ⏲10-13 lun-ven, 17.30-19.30 sab e dom) Applica tassi da usurai per i travellers' cheque, ma è aperto anche nei fine settimana.

Tiempo Libre (☎491-207; www.tiempolibreviajes.com.ar; 25 de Mayo 43) Agenzia di viaggi che prenota anche i biglietti aerei.

Ufficio del Parque Nacional Los Glaciares (☎491-005/755; www.parquesnacionales.gov.ar; Av Libertador 1302; ⏲8-19 lun-ven, 10-20 sab e dom) Offre opuscoli e una buona cartina del Parque Nacional Los Glaciares. Se cercate informazioni sul parco, questo ufficio è migliore di quello che si trova all'interno dell'area protetta.

Ufficio postale (Av Libertador 1133)

Ufficio turistico municipale (☎491-090/466; www.elcalafate.gov.ar, in spagnolo; all'angolo tra Rosales e Av Libertador; ⏲8-20) Il servizio offerto non è dei più entusiastici. Ha anche un chiosco presso il capolinea degli autobus e tra il personale troverete qualcuno che parla inglese.

Per/da El Calafate

Aereo

Il moderno **Aeropuerto El Calafate** (ECA; ☎491-220/30) si trova 23 km a est della città, nei pressi della RP 11; la tassa d'imbarco ammonta a $38.

Aerolíneas Argentinas (☎492-814/16; Av del Libertador 1361) offre ogni giorno voli per Bariloche o Esquel (AR$1414), Ushuaia (AR$692), Trelew (AR$1633), l'Aeroparque e l'Ezeiza di Buenos Aires (AR$1173).

LADE (☎491-262; stazione degli autobus) offre collegamenti diverse volte la settimana per Río Gallegos (AR$260), Comodoro Rivadavia (AR$408), Ushuaia (AR$641) e Buenos Aires (AR$891).

Lan (☎495-548; 9 de Julio 57) effettua voli settimanali per Ushuaia (andata e ritorno AR$2465).

Autobus

Il **capolinea degli autobus** di El Calafate si trova in cima alla collina, (Av Roca s/n) e si raggiunge facilmente con una scalinata pedonale che parte all'angolo tra Av Libertador e 9 de Julio. In alta stagione occorre prenotare in anticipo, dal momento che i mezzi in uscita dalla città possono essere sovraffollati. Fra le destinazioni servite vi sono:

DESTINAZIONE	TARIFFA (AR$)	DURATA (ORE)
Bariloche	650-700	31
El Chaltén	75	3½
Puerto Natales (Cile)	102	5
Río Gallegos	94-108	4

Per Río Gallegos ci sono 4 autobus al giorno; mettetevi in contatto con **Taqsa** (☎491-843) o **Sportman** (☎492-680). Se siete diretti a Bariloche e Ushuaia forse dovrete prendere l'autobus in piena notte e cambiare a Río Gallegos.

Per El Chaltén gli autobus partono ogni giorno alle 8, alle 14 e alle 18. In estate, sia **Caltur** (☎491-368; www.caltur.com.ar; Av Libertador 1080) sia **Chaltén Travel** (☎492-212/480; www.chaltentravel.com; Av Libertador 1174) effettuano collegamenti con El Chaltén percorrendo la RN 40 fino a Bariloche (AR$700).

Se volete raggiungere Puerto Natales, **Cootra** (☎491-444) e **Turismo Zahhj** (☎491-631) partono tutti i giorni alle 8 e alle 8.30 e attraversano il confine a Cerro Castillo, dove è possibile prendere la coincidenza per le Torres del Paine.

Trasporti locali

Le navette di **Ves Patagonia** (☎494-355; www.vespatagonia.com) offrono il servizio a domicilio (andata/andata e ritorno AR$33/58) per/dall'aeroporto.

Presso l'aeroporto troverete diverse agenzie di autonoleggio. **Localiza** (☎491-398; www.localiza.com.ar; Av Libertador 687) e **Servi Car** (☎492-541; www.servi4x4.com.ar; Av Libertador 695) dispongono anche di comodi uffici in centro.

Noleggiare una bicicletta è un ottimo modo per calarsi nell'atmosfera del luogo e percorrere le strade sterrate nei pressi del lago. Potrete noleggiarle presso l'Albergue Lago Argentino.

Perito Moreno e Parque Nacional Los Glaciares (Sud)

Tra i ghiacciai più dinamici e accessibili del pianeta, il **Glaciar Perito Moreno** è lo stupefacente pezzo forte del settore meridionale del **Parque Nacional Los Glaciares** (ingresso AR$30). Misura 30 km di lunghezza, 5 km di larghezza e 60 m di altezza, ma ciò che lo rende eccezionale rispetto al mondo dei ghiacci è la velocità costante del suo avanzamento: fino a 2 m al giorno, uno spostamento che provoca il continuo crollo di enormi blocchi di ghiaccio. Benché la visita al ghiacciaio sia piuttosto 'statica', si tratta di un'esperienza davvero entusiasmante.

Il ghiacciaio si è formato come avvallamento andino a bassa quota, che permette alle perturbazioni umide provenienti dal Pacifico di scaricarsi a est dello spartiacque, dove si accumulano sotto forma di neve. Con il passare dei millenni, questi cumuli di neve, sottoposti a pressioni elevatissime, si compattano in ghiaccio cristallino e cominciano a scorrere lentamente verso est. I 1600 kmq dell'avvallamento del Lago Argentino, il più grande bacino acquifero del paese, dimostrano inequivocabilmente che un tempo i ghiacciai erano molto più estesi di oggi.

La visita al Perito Moreno è un'esperienza visiva, ma anche uditiva: gli enormi blocchi di ghiaccio precipitano nel **Canal de los Témpanos** con un fragore inimmaginabile. Tramite una serie di passerelle e di punti panoramici dislocati sulla Península de Magallanes, i visitatori possono vedere, ascoltare e fotografare il ghiacciaio in tutta sicurezza, al riparo dalle ondate causate dai crolli dei seracchi nelle acqua del lago. Il ghiacciaio cambia aspetto durante i diversi momenti della giornata (il sole lo colpisce di fronte nelle ore del mattino).

Che c osa vedere e fare

Hielo y Aventura TREKKING SUL GHIACCIO, CROCIERA (☎02902-492-094/205; www.hieloyaventura.com; Av Libertador 935, El Calafate) organizza la traversata Safari Nautico (AR$70, 1 h), nonché escursioni lungo il Brazo Rico, il Lago Argentino e la sponda meridionale del Canal de los Témpanos. I catamarani salpano ogni ora tra le 10.30 e le 16.30 da Puerto Bajo de las Sombras.

Per fare un'escursione a piedi sul ghiacciaio, provate Minitrekking (AR$540, meno di 2 h sul ghiacciaio), o Big Ice (AR$770, 4 h sul ghiacciaio), un trekking più lungo e impegnativo.

Solo Patagonia S.A. CROCIERA
(☎02902-491-115; www.solopatagonia.com; Av Libertador 867, El Calafate) Questa compagnia offre il tour All Glacier (AR$450), che parte da Punta Bandera per il Glaciar Upsala, il Glaciar Spegazzini e il Glaciar Moreno. Se gli iceberg non creano ostacoli, i passeggeri possono scendere dalle imbarcazioni presso la Bahía Onelli per attraversare 500 m del **Lago Onelli**, un lago pieno di iceberg dove si incontrano i ghiacciai Onelli e Agassiz. L'altra escursione di una giornata, chiamata Rivers of Ice (Fiumi di ghiaccio), vi porterà alla scoperta dei ghiacciai Upsala e Spegazzini (AR$295). I pasti sono costosi, ma potrete portarvi il necessario per il picnic.

Cerro Cristal ESCURSIONISMO
Sul Lago Roca, un'escursione a piedi della durata di tre ore e mezzo, piuttosto impegnativa ma gratificante, vi consentirà di ammirare il Glaciar Moreno e le Torres del Paine, ma soltanto se il cielo è limpido. Il sentiero inizia presso il campo natura di La Jerónima, subito prima dell'ingresso al Camping Lago Roca, 55 km a sud-ovest di El Calafate lungo la RP 15.

Cabalgatas del Glaciar PASSEGGIATE A CAVALLO
(☎495-447; www.cabalgatasdelglaciar.com) Questa agenzia offre magnifici trekking della durata di uno o più giorni, o passeggiate a cavallo, per ammirare fantastici panorami del ghiacciaio spingendosi fino al Lago Rocas e al Paso Zamora, sul confine cileno. Queste escursioni sono disponibili anche presso Cal-tur (p397), situata a El Calafate.

Pernottamento e pasti

TOP **Camping Lago Roca** CAMPEGGIO $
(☎02902-499-500, www.losglaciares.com/campinglagoroca; AR$44 per persona, letti in bungalow per 2/4 persone AR$190/290) Questo campeggio dotato di tutti i servizi, con bar e ristorante, si trova pochi chilometri dopo il campo natura e costituisce un'ottima base da cui partire alla scoperta della zona. Le camerate, pulite e con i muri di cemento, sono un'alternativa più 'elegante' rispetto al campeggio tradizionale. Nei pressi partono numerosi percorsi escursionistici e il centro noleggia attrezzatura da pesca e biciclette, inoltre coordina passeggiate a cavallo nella vicina *estancia*.

Hostería Estancia Helsingfors ESTANCIA $$$
(☎telefono satellitare 011-5277-0195; www.helsingfors.com.ar; AR$1287 per persona con pensione completa; ⏲ott-apr) La posizione, affacciata sul Cerro Fitz Roy dal Lago Viedma, ne fa un luogo di cui ci s'innamora a prima vista. Accogliente e dall'atmosfera semplice e rilassante, questa struttura di pionieri, fondata da coloni di origine finlandese, costituisce una sistemazione esclusiva. Gli ospiti si cimentano negli impegnativi trekking che si snodano tra queste spettacolari montagne, in passeggiate o in visite al Glaciar Viedma. L'albergo si trova sulla sponda meridionale del Lago Viedma, a 170 km da El Chaltén e a 180 km da El Calafate.

Estancia Cristina ESTANCIA $$$
(☎02902-491-133, in Buenos Aires 011-4803-7352; www.estanciacristina.com; singole/doppie con pensione completa e attività AR$2553/4220; ⏲ott-apr) Le persone del posto che se ne intendono dicono che il trekking più spettacolare della regione si può fare da queste parti. La sistemazione è in bungalow moderni e luminosi, con una bella vista. Durante la visita si possono fare attività guidate ed escursioni in barca fino al Glaciar Upsala. Raggiungibile soltanto via mare, l'*estancia* si trova a Punta Bandera, nei pressi della sponda settentrionale del Lago Argentino.

Ecocamp Patagonia CAMPEGGIO $$$
(☎011-5199-0401; www.ecocamp-patagonia.com; AR$3904 per persona con pacchetto di 3 giorni e 2 notti) Campeggio nella natura con trattamento all-inclusive per chi ama le attività all'aperto. Organizza trekking sui ghiacciai ed escursioni con pernottamento in lussuose tende a forma di cupola, dotate di letti confortevoli e doccia con acqua calda. Nella tariffa sono compresi tutti i pasti (nel caso di escursioni in giornata, anche il pranzo al sacco), nonché i trasferimenti.

Per/dal Perito Moreno e Parque Nacional Los Glaciares (sud)

Il ghiacciaio Perito Moreno si trova 80 km a ovest di El Calafate e si raggiunge percorrendo l'asfaltata RP 11 attraverso il meraviglioso paesaggio che circonda il Lago Argentino. Nella stagione estiva, l'offerta di escursioni in autobus è molto ampia; altrimenti fate un giro in AV Libertador. Gli autobus per il ghiacciaio partono da El Calafate (AR$110 andata e ritorno) la mattina presto e nel primo pomeriggio, facendo ritorno, rispettivamente, verso le 12 e le 19.

El Chaltén e Parque Nacional Los Glaciares (Nord)

☎02962 / POP. 600

L'aspra **catena del Fitz Roy**, dalle vette affilate come denti di squalo, è il paradiso argentino del trekking. Questo settore, che occupa la metà settentrionale del Parque Nacional Los Glaciares, offre agli appassionati numerosi percorsi ben segnati in un ambiente mozzafiato, naturalmente quando le nuvole si fanno da parte. Durante l'inverno El Chaltén 'chiude', mentre nelle stagioni di mezzo, caratterizzate dalla presenza di immense quantità di fango, i servizi sono ridotti.

All'ingresso del settore settentrionale del parco, il disordinato villaggio è il punto d'appoggio delle migliaia di visitatori che d'estate raggiungono la zona per esplorare la catena montuosa. Si tratta di una cittadina di frontiera, costruita in fretta nel 1985 per contrastare alcune pretese cilene sul territorio. Essendo il centro urbano più giovane dell'Argentina, deve ancora risolvere 'dettagli' come la presenza di banche (niente sportelli bancomat), il tracciamento delle strade e un piano di urbanizzazione, ma i servizi sono in rapida crescita.

Che cosa vedere e fare

Prima di mettervi in viaggio, fermatevi presso l'ufficio dei ranger per informarvi sulle condizioni dei sentieri. Per maggiori dettagli, leggete la guida *Trekking in Patagonia*, edita da Lonely Planet.

LO SCIOGLIMENTO DEI GHIACCIAI

Carolyn McCarthy, con il contributo di Ursula Rick

Nastri di ghiaccio distesi a strati, scolpiti dal vento e screpolati dalla pressione e dal movimento: la magnificenza naturale dei ghiacciai è sbalorditiva. Alcuni dei conglomerati più colossali della Terra, tra i più belli da vedere, da percorrere o da salire in arrampicata, si trovano proprio in Patagonia.

Durante l'ultima era glaciale, circa un terzo del pianeta era ricoperto dal ghiaccio, che oggi si estende per una superficie che non supera il 10% del totale delle terre emerse. Ma sono centinaia i ghiacciai che punteggiano il paesaggio della Patagonia. I più accessibili si trovano in Argentina, nel Parque Nacional Los Glaciares (dove si trova il notissimo ghiacciaio del Perito Moreno), e in Cile, nel parco delle Torres del Paine, nel Parque Nacional Bernardo O'Higgins, lungo il Canale di Beagle e nei fiordi della Patagonia cilena.

I ghiacciai sono formazioni assai più complesse di quello che potrebbe sembrare: non si tratta soltanto di agglomerati d'acqua gelata. Questi fiumi di ghiaccio scorrono in discesa a causa della forza di gravità, che ne deforma le stratificazioni durante il movimento. La parte inferiore della lingua glaciale è costituita da ghiaccio mescolato a pietre e terriccio, che scivolano insieme nel letto di scorrimento. Nel frattempo, i detriti contenuti nel ghiaccio si ammucchiano ai lati del corpo del ghiacciaio, creando strutture denominate morene. Il movimento provoca anche la formazione di crepacci e fessure.

La neve cade nella zona più elevata, detta di accumulo, per poi compattarsi. Quando il ritmo di accumulo è superiore a quello dello scioglimento, il ghiacciaio avanza; quando lo scioglimento o l'evaporazione sono maggiori dell'accumulo, il ghiacciaio recede. Dal 1980, il riscaldamento globale ha contribuito enormemente alla recessione generalizzata dei ghiacciai. Attualmente tutti i ghiacciai e le calotte minori, come quelli dell'Argentina e del Cile, contribuiscono al 60% circa dell'aumento del livello dei mari causato dalla perdita della massa gelata globale.

Il Perito Moreno, in fase di avanzamento, è un'anomalia rispetto al resto dei ghiacciai della Patagonia. La maggior parte dei ghiacciai della Patagonia settentrionale si sta assottigliando al ritmo di 2 m l'anno e nel decennio passato alcuni si sono ritirati di centinaia di metri all'anno. Gli scienziati ritengono che il cambiamento sia dovuto in parte all'aumento delle temperature medie, in parte al clima più secco.

I ghiacciai giocheranno un ruolo cruciale nel futuro del nostro mondo. I cambiamenti nell'atmosfera hanno un forte impatto su queste grandi masse gelate, il che provocherà a sua volta cambiamenti significativi nel livello dei mari e degli oceani. Inoltre, mentre ci stiamo avviando verso un periodo di sempre maggiore scarsità d'acqua potabile, occorre ricordare che il 75% dell'acqua dolce del globo è contenuta nei ghiacciai.

Laguna Torre ESCURSIONISMO

Se c'è poco vento e il cielo è limpido, questa escursione (3 h per la sola andata) è irrinunciabile, dal momento che, in condizioni di cielo nuvoloso, la vetta dentellata del Cerro Torre è la più difficile da vedere tra le cime della zona. Dalla cittadina partono due sentieri che si uniscono prima di raggiungere il **Mirador Laguna Torre**, una zona dalla quale si possono ammirare magnifici panorami delle valli fino alla straordinaria guglia di 3128 m del Cerro Torre, sopra un'enorme distesa di ghiacciai che si intersecano l'uno con l'altro.

Vale la pena di proseguire per altri 40 minuti per accamparsi presso il **Campamento De Agostini** e immergersi ancora di più nello splendido paesaggio.

Laguna de los Tres ESCURSIONISMO

Una delle destinazioni più frequentate, raggiungibile con un'impegnativa camminata, conduce a un laghetto alpino d'alta quota (4 h per la sola andata). Presso la Laguna Capri c'è la possibilità di fare campeggio libero. Dalla magnifica **Laguna de los Tres** si può vedere da vicino il Cerro Fitz Roy (3405 m).

Loma del Pliegue Tumbado e Laguna Toro ESCURSIONISMO

Con una camminata non impegnativa in direzione sud-ovest rispetto all'ufficio dei ranger, questo sentiero (da 4 a 5 h per la sola andata) è l'unico che consenta di vedere, nella stessa escursione, il Cerro Torre e il Cerro Fitz Roy. Preparatevi ad affrontare venti molto forti e portate con voi scorte extra di acqua.

Lago del Desierto e Cile ESCURSIONISMO

Il Lago del Desierto si trova circa 37 km a nord di El Chaltén, nei pressi del confine con il Cile, e se piove e la catena del Fitz Roy non è visibile consente di fare una bella escursione di una giornata. Un sentiero di 500 m conduce a un punto panoramico, dal quale si possono ammirare belle vedute del lago e del ghiacciaio. È molto comune arrivare in Cile attraversando il confine in questo punto.

Tour

La maggior parte dei visitatori raggiunge questa zona per l'escursionismo, ma gli operatori offrono anche altre attività all'aperto.

Casa de Guias ALPINISMO

(☎493-118; www.casadeguias.com.ar; Av San Martín 310) Una struttura accogliente, con guide AAGM (Argentine Association of Mountain Guides) autorizzate che parlano anche inglese. Tra le offerte ci sono traversate tra le montagne e salite alpinistiche, riservate ai più allenati; inoltre c'è la possibilità di partecipare alle lezioni di arrampicata tenute dalla scuola locale.

El Relincho PASSEGGIATE A CAVALLO

(☎493-007, in El Calafate 02902-491961; San Martín 505) Escursioni guidate a cavallo nella splendida valle del Río de las Vueltas (AR$280, 4 h).

Fitzroy Expediciones ALPINISMO

(☎493-017; www.fitzroyexpediciones.com.ar; Av San Martín 56) Alpinismo e sport acquatici, trekking sui ghiacciai e uscite accompagnate in kayak sulle acque del Río de las Vueltas (mezza giornata) e sul Río La Leona (2 giorni). Inoltre escursioni in giornata al Lago del Desierto per tre ore di canoa o kayak.

Patagonia Aventura ALPINISMO

(☎493-110; www.patagonia-aventura.com.ar, in spagnolo; Av San Martín 56) Trekking (AR$440) e arrampicate su ghiaccio ($550) sul Glaciar Viedma.

El Chaltén Mountain Guides ALPINISMO

(☎493-267; www.ecmg.com.ar; Rio de las Vueltas 218) Guide autorizzate che propongono traversate e trekking di una giornata sul ghiaccio del Glaciar Torre.

Las Lengas IN AUTOBUS

(☎493-023; Viedma 95) Un servizio di minibus per il Lago del Desierto (AR$130) gestisce mezzi che partono tutti i giorni da El Chaltén alle 8.30 e alle 15. Le escursioni di una giornata (AR$150) prevedono una sosta di sei ore al lago. All'estremità meridionale di quest'ultimo, i viaggiatori possono mangiare in un invitante ristorante, l'**Hostería El Pilar** (☎493-002; www.hosteriaelpilar.com.ar).

Patagonia Aventura IN BARCA

(☎493-110; www.patagonia-aventura.com.ar; AR$130 per persona) Escursioni sul Lago del Desierto o, in alternativa, camminata di cinque ore tra l'estremità meridionale e quella settentrionale del lago.

Pernottamento

Se intendete viaggiare in alta stagione, ossia tra gennaio e febbraio, dovreste prenotare con almeno un mese di anticipo; altrimenti potrete portare la vostra tenda, perché le opportunità di campeggio sono ottime.

TOP **Nothofagus B&B** B&B $$

(☎493-087; www.nothofagusbb.com.ar; all'angolo tra Hensene Riquelme; singole/doppie/

triple AR$280/290/340, singole/doppie/triple senza bagno AR$190/200/280; ⏲ott-apr; ⊜📶) L'ambiente gradevole di questa locanda in stile chalet ne fa un vero e proprio rifugio nel verde. I gestori sono molto attenti alle esigenze dei viaggiatori e servono una prima colazione sostanziosa. Fra le attività a favore dell'ambiente ci sono la raccolta differenziata dei rifiuti e il cambio degli asciugamani soltanto su richiesta degli ospiti. Le camere, dalle belle travature in legno, sono arredate con gradevoli tappeti e offrono una vista magnifica, anche se nella maggior parte dei casi c'è un bagno ogni due camere.

Camping El Refugio CAMPEGGIO $
(☎493-221; Calle 3 s/n; piazzole AR$25 per persona, letti in camerata AR$50) Campeggio privato, annesso a un ostello spartano che mette docce calde a disposizione dei campeggiatori. Le piazzole sono esposte al vento, ma troverete legna da ardere (è permesso accendere fuochi).

El Relincho CAMPEGGIO $
(☎493-007; www.elrelinchopatagonia.com.ar; Av San Martín 505; piazzole AR$35 per persona; veicoli AR$5-10) Altro campeggio privato, anche questo molto ventilato.

Senderos Hostería B&B $$$
(☎493-336; www.senderoshosteria.com.ar; Perito Moreno s/n; singole/doppie AR$642/752) Questo B&B, ospitato in una casa moderna di lamiera ondulata, offre molti servizi agli escursionisti che possono spendere un po' di più per le sistemazioni. Troverete un frequentato wine bar e ristorante, oltre a camere molto gradevoli con lenzuola bianche e morbide. Alcune offrono una bella vista sul Fitzroy.

Anita's House BUNGALOW $$
(☎493-288; www.anitashouse.com.ar; Av San Martín 249; bungalow per 2/3/4 persone AR$380/400/450; 📶) Sistemazione raffinata adatta a comitive, coppie o famiglie, l'Anita's House si trova proprio in centro. Le cucine sono completamente attrezzate e ci sono la TV via cavo e il servizio in camera.

Posada Lunajuim LOCANDA $$$
(☎493-047; www.posadalunajuim.com.ar; Trevisán 45; singole/doppie/triple AR$574/701/838) Accogliente locanda, che abbina i comfort moderni con qualche tocco insolito. È arredata con sculture monocromatiche e quadri realizzati con tecniche particolari. Il caminetto in pietra e una biblioteca consentono di trascorrere le ore senza annoiarsi nelle giornate di pioggia. Fra i servizi offerti figurano il pranzo al sacco, che gli ospiti possono prepararsi da soli, e un grande buffet per la prima colazione.

Albergue Patagonia GUESTHOUSE $
(☎493-019; www.patagoniahostel.com.ar; Av San Martín 493; singole/doppie/triple AR$270/320/360, letti in camerata AR$60, doppie senza bagno AR$190; ⏲set-mag; ⊜) Dopo i recenti lavori di ristrutturazione, questa accogliente fattoria in legno è diventata ancora più bella. Dispone di un edificio con camerate moderne e spaziose, il servizio è buono e l'atmosfera piacevole. Noleggia anche biciclette.

Inlandsis GUESTHOUSE $
(☎493-276; www.inlandsis.com.ar; Lago del Desierto 480; doppie piccole/grandi AR$210/280, bungalow per 2/3/4/6 persone AR$400/430/460/530; ⏲ott-apr) Questa piccola guesthouse, ospitata in una casa di mattoni, ha un'atmosfera rilassante e offre camere economiche con letti a castello. Alcune sono molto anguste, quindi informatevi prima di prenotare; in alternativa, potrete optare per le doppie più grandi e costose, dotate di due letti singoli o di un letto queen-size. L'Inlandsis offre anche bungalow su due livelli, dotati di vasca da bagno, cucina e lettore DVD.

Condor de Los Andes OSTELLO $
(☎493-101; www.condordelosandes.com; all'angolo tra Río de las Vueltas e Halvor Halvorsen; letti in camerata/doppie AR$90/310; ⏲ott-apr) Questo ostello dall'atmosfera familiare offre un ambiente simile a quello dei lodge per sciatori. Troverete letti a castello un po' consunti, camere ben riscaldate e un caminetto sempre acceso. La cucina a disposizione degli ospiti è immacolata e le sale comuni sono confortevoli.

Rancho Grande Hostel OSTELLO $
(☎493-092; www.ranchograndehostel.com; Av San Martín 724; letti in camerata/doppie/triple AR$70/270/290; ⊜@) Questo ostello, molto frequentato dai backpacker, funge anche da stazione degli autobus, dal momento che i mezzi della compagnia Chaltén Travel fermano qui. Offre un gran numero di servizi: dalle prenotazioni dei biglietti per l'autobus al collegamento a internet (non incluso nel prezzo del pernottamento) al servizio di caffetteria. Le camere a quattro letti sono pulite e dotate di coperte di buona qualità; i bagni dispongono di varie cabine doccia.

Pasti e locali

I negozi di generi alimentari, soprattutto freschi, sono pochi e piuttosto costosi, quindi portate con voi ciò che potete da El Calafate.

TOP **El Muro** ARGENTINO $$

(493-248; Av San Martín 912; portate principali AR$35-60; cena) Per assaggiare una squisita cucina di montagna (come costine di agnello in agrodolce o trota con croccanti verdure grigliate) venite in questo locale situato alla fine della strada. Le porzioni sono abbondanti e i dolci, quali la torta di mele calda o il pudding di pane, dovrebbero diventare una consumazione obbligatoria.

La Cervecería PUB $

(493-109; Av San Martín 320; snack AR$30; pranzo e cena fino a tardi) La pinta di birra che molti escursionisti bevono dopo la camminata si trasforma di solito in una serata intera in questo pub dall'atmosfera vivace e personale simpatico, dove il mastro birraio è una donna sempre di buon umore. Potrete sorseggiare una pilsner bionda, oppure una birra scura, perfetto accompagnamento per piatti di pasta o *locro* (uno stufato piccante a base di mais, fagioli, maiale e salsiccia).

Fuegia Bistro INTERNAZIONALE $$

(493-019; Av San Martín 342; portate principali AR$35-60; cena lun-sab;) Molto apprezzato per l'ambiente accogliente, questo ristorante elegante serve buone pietanze vegetariane e ha una carta dei vini interessante. Assaggiate la pasta fatta in casa o la trota al limone.

La Lucinda CAFFÈ $

(493-008; Av San Martín 175; sandwich AR$35; 7-24;) Caffè dall'atmosfera suggestiva, sempre aperto, dove è facile socializzare. Serve zuppe e stufati casereccі, sandwich caldi e una vasta scelta di caffè, tè e vini.

La Tapera TAPAS $$

(493-195; all'angolo tra Antonio Rojo e Riquelme; portate principali AR$30-70; pranzo e cena) Locale ricco di atmosfera, specializzato in tapas, che propone anche specialità adatte al clima invernale come zuppa di zucca e bistecche grigliate. Nelle giornate fredde, potrete sedervi vicino al caminetto e alla fine vi toccherà togliervi uno strato di indumenti.

Estepa PATAGONICO $$

(493-069; all'angolo tra Cerro Solo e Av Antonio Rojo; portate principali AR$35-80; 12-1 mar-dom) Molto frequentato dagli abitanti del posto, l'Estepa offre piatti saporiti e abbondanti a base di agnello con salsa di bacche di Calafate, ravioli ripieni di trota o crêpes agli spinaci.

La Chocolatería CAFFÈ $

(493-008; Lago del Desierto 105; snack AR$15-30) Un'irresistibile fabbrica di cioccolato, dove potrete trovare di tutto, dalla cioccolata calda speziata al vino alla fonduta di cioccolata.

Patagonicus PIZZERIA $

(493-025; Av MM De Güemes 57; pizza AR$40; chiuso mer e mag-set) Questo locale offre la migliore pizza che possiate trovare in città, oltre a 20 tipi di dolci, insalate e ottimi vini, il tutto servito ai massicci tavoli in legno circondati da grandi finestre.

Informazioni

I quotidiani, i telefoni cellulari e il servizio di cambio della valuta non sono ancora arrivati a El Chaltén, ma sono offerti ai viaggiatori l'accesso a internet via satellite (un po' intermittente), una stazione di servizio e uno sportello bancomat. Date un'occhiata al sito www.elchalten.com per avere maggiori informazioni sulla località.

Chaltén Travel (493-092; all'angolo tra Av MM De Güemes e Lago del Desierto) Prenotazioni per i voli aerei e accesso a internet (a seconda delle condizioni atmosferiche).

Puesto Sanitario (493-033; AM De Agostini 70) Assistenza sanitaria di base.

Ufficio dei ranger (493-004/24; 9-20) Molti autobus turistici in servizio diurno fermano in questo centro visitatori per una breve conferenza di orientamento in due lingue; la struttura si trova subito prima del ponte che attraversa il Río Fitz Roy. I ranger distribuiscono anche una cartina e informazioni sulla cittadina e illustrano con molta competenza gli aspetti naturalistici del parco. Ogni giorno alle 15 vengono proiettati documentari sulle salite alpinistiche nella zona, un passatempo perfetto nelle giornate di pioggia.

Ufficio turistico municipale (493-370; comfomelchalten@yahoo.com.ar; Terminal de Omnibus; 8-20) Accogliente e molto utile, offre elenchi delle sistemazioni alberghiere e ottime informazioni sulla città e sulle escursioni nei dintorni. Il personale parla anche inglese.

Viento Oeste (493-200; Av San Martín 898) Vende libri, cartine e souvenir, inoltre noleggia un'ampia gamma di attrezzature da campeggio come molti altri esercizi commerciali del posto.

Per/da El Chaltén e Parque Nacional Los Glaciares (Nord)

El Chaltén si trova a 220 km da El Calafate ed è raggiungibile tramite strade asfaltate.

Tutti gli autobus arrivano alla nuova autostazione situata vicino all'entrata della cittadina. Per El Calafate (AR$75, 3 h 30 min), **Chaltén Travel** (493-005/92; Av San Martín 635) offre corse tutti i giorni che, nei mesi estivi, partono alle 7.30 e alle 18. Anche **Cal-tur** (493-079; San Martín 520) e **Taqsa** (493-068; Av Antonio Rojo 88) offrono mezzi che percorrono lo stesso itinerario, ma nessuna di queste compagnia accetta prenotazioni anticipate. In bassa stagione le corse sono meno frequenti.

In alta stagione, **Las Lengas** (☎493-023; Antonio de Viedma 95) gestisce un servizio di bus navetta che vanno direttamente all'Aeropuerto El Calafate (AR$120). Ci sono anche minibus che raggiungono il Lago Desierto (AR$130), l'Hostería El Pilar (AR$50) e il Río Eléctrico (AR$50).

Gli escursionisti possono raggiungere il Cile via terra attraversando il confine nella zona del Lago del Desierto. Occorrono da 1 a 3 giorni per coprire questo percorso; per ulteriori dettagli, v. p361.

Tierra del Fuego

Include »

Perché andare?

L'immensa landa selvaggia della Tierra del Fuego offre panorami marini di un grigio ardesia, paludi color cremisi e foreste spazzate dal vento. Divisa a metà tra il Cile e l'Argentina, il suo lato cileno è caratterizzato da isolate *estancias* e una distesa senza strade di boschi, laghi pieni di trote e montagne.

Al contrario, la metà argentina è vivace, moderna e turistica. Ushuaia offre ai passeggeri delle navi dirette in Antartide ristoranti, locali e decine di operatori. Le escursioni a bordo di slitte trainate da cani, le uscite in barca nel Canale di Beagle e il carving sono solo alcune delle tante opzioni. Inoltre si può raggiungere la remota Isla Navarino e le numerose isole minori, per lo più disabitate, oppure Cabo de Hornos (Capo Horn).

Infine, nel caso in cui la Tierra del Fuego non sia abbastanza remota per i vostri gusti, con poche ore di navigazione potrete raggiungere l'Antartide.

I migliori ristoranti

» Kalma Restó (p428)
» Kaupé (p428)
» La Picada de los Veleros (p419)
» María Lola Restó (p428)
» Club Croata (p414)

I migliori hotel

» Hostería Yendegaia (p413)
» Residencial Pusaki (p418)
» Hotel Lakutaia (p419)
» Lodge Deseado (p415)
» Antarctica Hostel (p427)

Quando andare

Porvenir

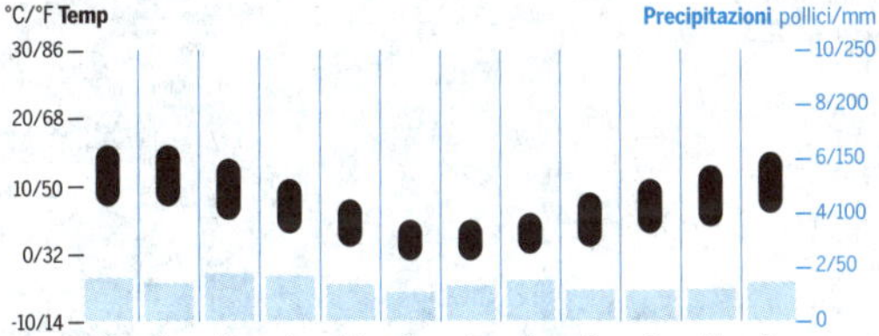

Nov-marzo Clima caldo ma ventoso, ideale per: escursionismo, osservazione dei pinguini, visite alle *estancias*.

Metà nov-metà apr Stagione di pesca sulla costa atlantica e nel Lago Blanco.

Lug-set Sci, snowboard e corse su slitte trainate da cani a Ushuaia.

Il meglio della Tierra del Fuego

❶ Un trekking tra guglie e scenari di incredibile bellezza lungo l'itinerario di cinque giorni del **Circuito Dientes de Navarino** (p417)

❷ Le antiche foreste del **Parque Nacional Tierra del Fuego** (p431)

❸ Una cena a base di pesce e frutti di mare freschissimi in uno dei migliori **ristoranti** (p428) dell'Argentina

❹ Le panoramiche scogliere di Bahía Inútil, e le stradine secondarie nei dintorni di **Porvenir** (p413)

❺ Le valli ghiacciate vicino a Ushuaia su una **slitta trainata da cani** (p423)

❻ La dura vita dei detenuti nella prigione di Ushuaia, oggi trasformata nel **Museo Marítimo e Museo del Presidio** (p421)

❼ Lo sci e lo snowboard nello splendido scenario della stazione sciistica **Cerro Castor** (p423)

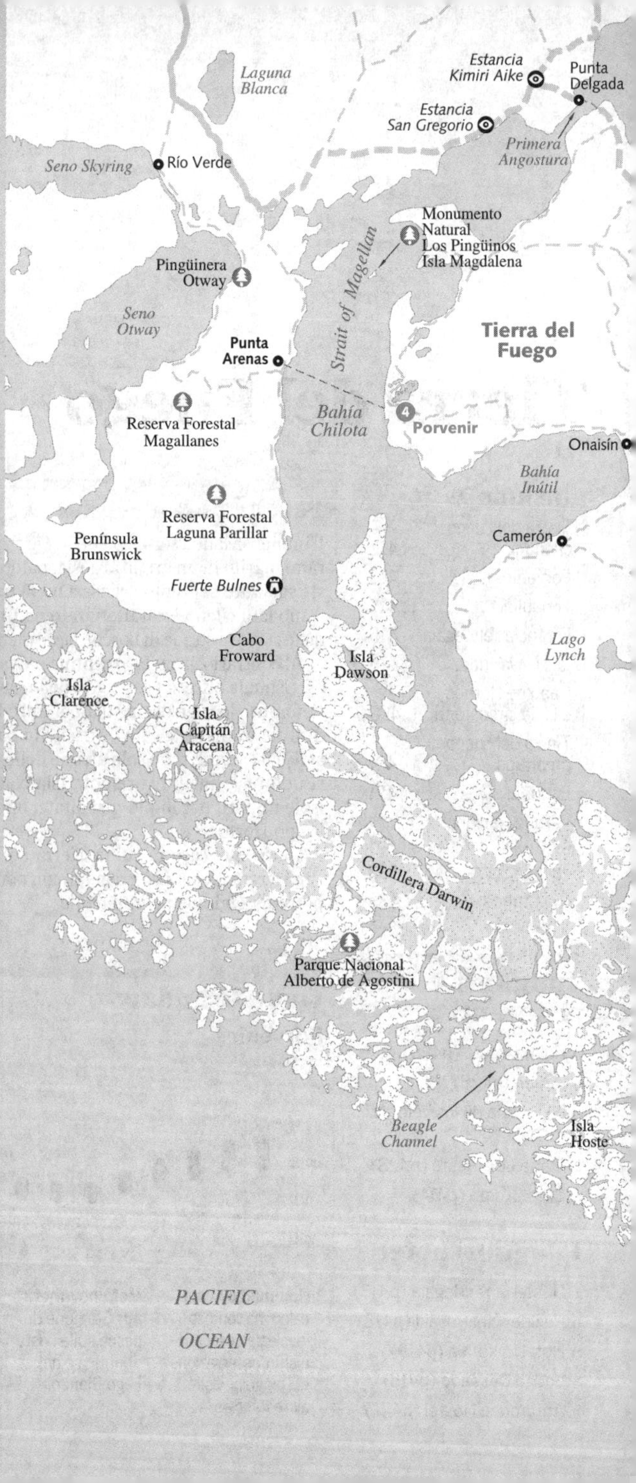

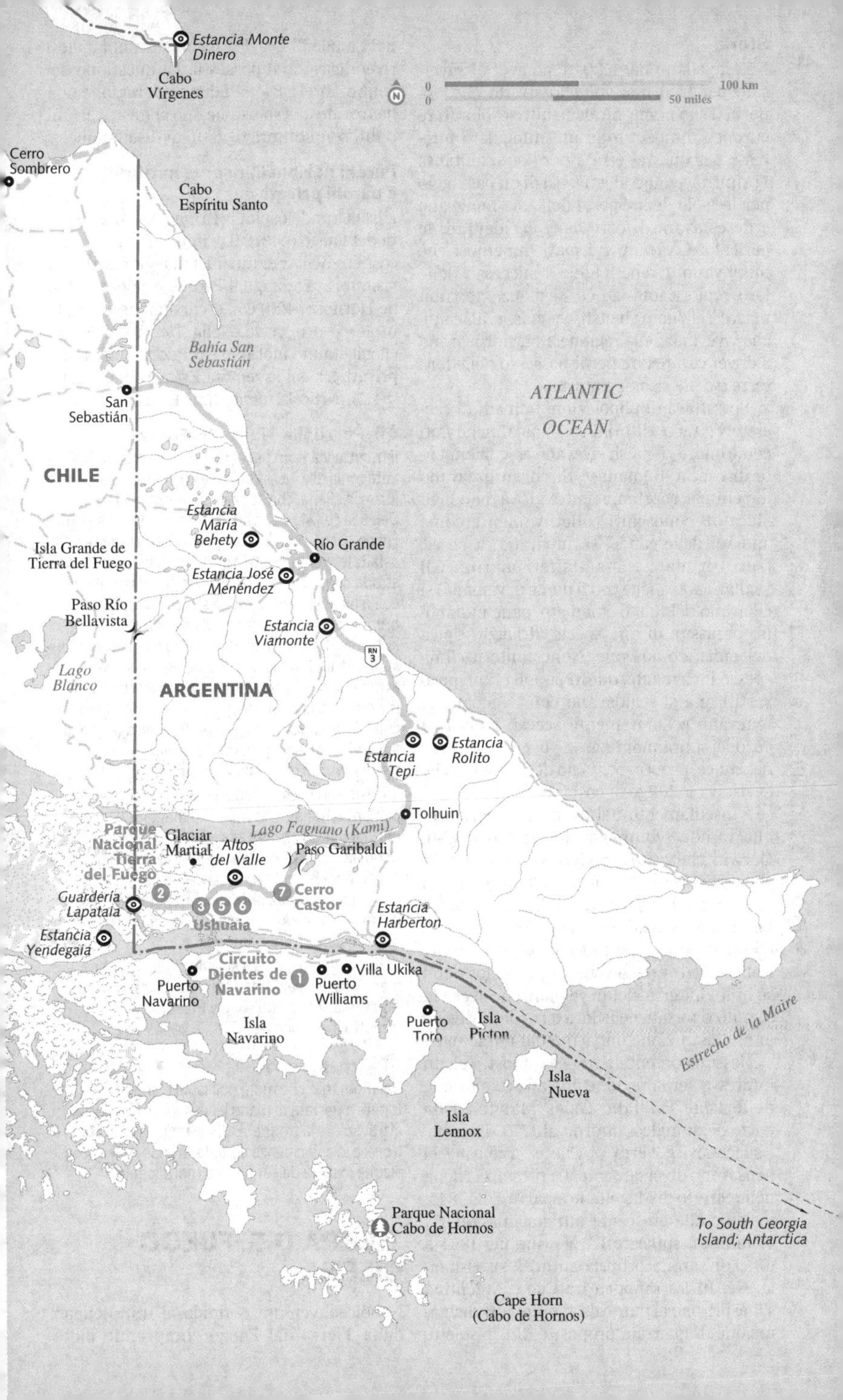

Estancia Monte Dinero
Cabo Vírgenes
0
0
100 km
50 miles
Cerro Sombrero
Cabo Espíritu Santo
Bahía San Sebastián
San Sebastián
ATLANTIC OCEAN
CHILE
Estancia María Behety
Isla Grande de Tierra del Fuego
Río Grande
Estancia José Menéndez
Paso Río Bellavista
Estancia Viamonte
RN 3
Lago Blanco
ARGENTINA
Estancia Tepi
Estancia Rolito
Tolhuin
Lago Fagnano (Kami)
Parque Nacional Tierra del Fuego
Glaciar Martial
Altos del Valle
Paso Garibaldi
Guardería Lapataia
Cerro Castor
Ushuaia
Estancia Harberton
Estancia Yendegaia
Circuito Dientes de Navarino
Villa Ukika
Puerto Navarino
Puerto Williams
Isla Navarino
Puerto Toro
Isla Picton
Estrecho de la Maire
Isla Nueva
Isla Lennox
Parque Nacional Cabo de Hornos
To South Georgia Island; Antarctica
Cape Horn (Cabo de Hornos)

Storia

Né Magellano nel 1520, dopo aver attraversato per la prima volta lo stretto che ora porta il suo nome, né alcun altro esploratore europeo dimostrarono un immediato interesse per questa terra e per i suoi abitanti. I primi navigatori alla ricerca di un passaggio per le Isole delle Spezie dell'Asia temevano e detestavano i forti venti occidentali, le pericolose correnti e i mari impetuosi che mettevano a repentaglio il successo delle loro esplorazioni. Di conseguenza, le tribù native selk'nam, haush, yaghan e alacaluf, che vivevano nella regione, non si trovarono a dover competere per il possesso delle loro terre e delle risorse naturali.

Si trattava di popolazioni nomadi di cacciatori e raccoglitori. I selk'nam, anche noti come ona, e gli haish vivevano essenzialmente di caccia al guanaco di cui utilizzavano le pelli per coprirsi, mentre gli yaghan e gli alacaluf, conosciuti collettivamente come 'indiani delle canoe', si nutrivano di pesce, frutti di mare e mammiferi marini. Gli yaghan (noti anche con il nome di yamaná) si cibavano del fungo chiamato 'pane indiano', un parassita di una specie di faggio tipica dell'emisfero australe. Nonostante il clima spesso inclemente, questi popoli erano poco vestiti, ma si scaldavano con i fuochi che tenevano costantemente accesi. I marinai europei soprannominarono la regione 'Terra del Fuoco' proprio per i falò degli yaghan che avvistavano lungo la costa.

L'insediamento dei coloni europei portò alla rapida scomparsa dei nativi fuegini. Darwin, che visitò la regione nel 1834, scrisse che la differenza tra queste popolazioni e gli europei era maggiore di quella esistente tra gli animali selvatici e quelli domestici. Nel corso di un viaggio precedente, il capitano Robert Fitzroy del *Beagle* aveva condotto con sé in Inghilterra alcuni yaghan, che aveva in seguito riportato nella loro terra dopo diversi anni di istruzione impartita dai missionari.

Nessuna potenza europea dimostrò alcun interesse per la regione fino all'occupazione delle Isole Falkland (Islas Malvinas) da parte degli inglesi intorno al 1770. Tuttavia, i successivi governi di Cile e Argentina la pensarono diversamente. La presenza cilena nello Stretto di Magellano a partire dal 1843, insieme alla crescente attività missionaria britannica, spinsero l'Argentina nel 1884 a ufficializzare la propria autorità su Ushuaia. Nel 1978 i rapporti fra Cile e Argentina s'inasprirono al punto da sfiorare una dichiarazione di guerra a proposito di tre isolette nel Canale di Beagle, di cui entrambi i paesi rivendicavano il possesso. La questione dei confini internazionali di questa regione non ha trovato una soluzione fino al 1984, e alcuni punti sono tuttora oggetto di discussione.

Parchi nazionali, riserve naturali e parchi privati

L'Isla Grande ospita il Parque Nacional Tierra del Fuego (p431), il primo parco nazionale costiero dell'Argentina. La maggior parte dei visitatori raggiunge il Parque Nacional Cabo de Hornos (p420) con escursioni organizzate in aereo o in nave. Nella Tierra del Fuego cilena stanno inoltre nascendo alcuni parchi privati, tra cui la remota Estancia Yendegaia (p415), particolarmente difficile da raggiungere.

ℹ Per/dalla Tierra del Fuego

Il tragitto via terra più comune che porta dalla Patagonia alla Tierra del Fuego lo compie la ferrovia cilena, che attraversa il confine a Punta Delgada (p374). Le strade all'interno della Tierra del Fuego cilena sono in gran parte accidentate e non asfaltate. Attualmente è in costruzione una nuova strada che raggiungerà l'estremità meridionale dell'isola; per il momento è stato realizzato un primo tratto che raggiunge il Lago Fagnano, sul lato argentino, ma per percorrerlo è necessario disporre di un fuoristrada. Chi noleggia una vettura avrà bisogno di documenti speciali e di un'assicurazione supplementare per attraversare il confine con l'Argentina; la maggior parte delle agenzie di noleggio riuscirà a procurarvi questi documenti se viene avvisata con sufficiente anticipo.

I visitatori possono spostarsi con un breve volo da Punta Arenas a Porvenir. La maggior parte dei viaggiatori accede alla regione passando da Ushuaia (Argentina), un importante punto di snodo per i trasporti che consente l'accesso a numerose destinazioni della Patagonia meridionale, tra cui Punta Arenas e l'isola cilena di Navarino, con voli aerei, treni e autobus.

Per maggiori dettagli sulle località argentine menzionate e per informazioni su altre mete in Argentina, v. la guida Lonely Planet *Argentina*, tradotta in italiano da EDT.

ℹ Trasporti locali

Dal momento che metà dell'isola è argentina, tenete a portata di mano il passaporto per poter attraversare la frontiera. Chi viaggia in autobus troverà le coincidenze a Punta Arenas (p375) o in alcune località dell'Argentina meridionale.

TIERRA DEL FUEGO CILENA

Nebbiosa, ventosa e umida, il tratto cileno della Tierra del Fuego comprende metà dell'isola principale, Isla Grande, la lontana Isla Navarino e un gruppo di isole più piccole, molte delle quali disabitate. Con i suoi 7000 abitanti, questa è la regione meno popolata del Cile. Porvenir è considerata la città principale, anche se persino questa affermazione potrebbe sembrare eccessiva. Questi luoghi sono caratterizzati da un fascino selvaggio e coloro che vorranno avventurarvisi potranno apprezzare questo senso di vuoto da terra alla fine del mondo. Gli appassionati di pesca che vengono attratti dagli sconosciuti laghi che si trovano nell'entroterra e gli amanti dell'avventura affascinati dai luoghi remoti e selvaggi dell'Estancia Yendegaia sono sempre più numerosi. Il turismo subirà sicuramente un'impennata quando verrà completata la strada che va dall'Estancia Vicuña all'Estancia Yendegaia e sarà operativo un nuovo aeroporto.

Porvenir

☎061 / POP. 5465

Per una visione autentica dello stile di vita fuegino, vi consigliamo di visitare questa località, per lo più meta di visite in giornata da Punta Arenas, con una traversata non sempre tranquilla (per chi soffre di mal di mare) dello Stretto di Magellano. Ma trascorrere la notte in questo villaggio di vecchi edifici vittoriani dai rivestimenti in metallo ormai alquanto arrugginiti vi offrirà l'opportunità di esplorare le baie e il paesaggio circostante e assaporare un po' del tranquillo ritmo di vita locale. Gli appassionati di birdwatching potranno inoltre ammirare la vicina colonia di pinguini reali e la nutrita popolazione di cormorani, oche di Magellano e uccelli marini. Porvenir è nota per la sua inaccessibilità (è raggiungibile solo per via aerea e marittima), ma il governo cileno ha stanziato ingenti fondi per la costruzione di strade che raggiungano la parte meridionale della Tierra del Fuego cilena, che renderanno finalmente accessibile ai visitatori questo selvaggio e remoto angolo del mondo.

Nel 1879, la scoperta di filoni auriferi nella zona spinse ondate di immigranti, molti dei quali provenienti dalla Croazia, verso Porvenir. In seguito, con la comparsa delle grandi *estancias*, gli immigrati scoprirono una fonte di guadagno più affidabile. Anche i chilotes (provenienti dall'isola di Chiloé) arrivarono in massa per dedicarsi alla pesca e al lavoro nelle *estancias*. La popolazione odierna di Porvenir è costituita da un singolare miscuglio croato-chilote.

Che cosa vedere

Museo de Tierra del Fuego MUSEO

(☎580-094/8; Padre Mario Zavattaro 402; ingresso CH$500; ⏲8-17 lun-gio, fino alle 16 ven) Situato nella piazza, questo interessante museo espone una serie sorprendente di reperti, tra cui teschi e mummie di nativi selk'nam, strumenti musicali utilizzati dai nativi delle missioni dell'Isla Dawson e una sezione dedicata ai primordi della cinematografia cilena.

Attività

Ancora poco rinomata per l'osservazione della fauna selvatica, la Tierra del Fuego cilena vanta una ricca vita marina e un'abbondante avifauna, tra cui colonie di delfini di Peale nella zona di Bahía Chilota e di pinguini reali a Bahía Inútil. La recente scoperta di questa nuova colonia di pinguini ha suscitato grande entusiasmo, ma ancora non sono state adottate misure per proteggere i pinguini dall'eccessiva affluenza turistica. Fate in modo di visitare la zona con un'agenzia affidabile e rispettosa dell'ambiente, mantenetevi alla dovuta distanza dalla colonia ed evitate la stagione della cova.

Far South Expeditions BIRDWATCHING

(ecouve@fantasticosur.com; escursione per 4 passeggeri CH$60.000) Gestita da uno dei più famosi ornitologi del Cile, Far South propone pacchetti che comprendono la visita alla colonia di pinguini reali e un'escursione in compagnia di un naturalista, con partenza da Punta Arenas.

L'agenzia organizza anche uscite alla ricerca dell'oro, passeggiate a cavallo ed escursioni in fuoristrada, che si possono prenotare tramite l'ufficio turistico di Porvenir.

Pernottamento e pasti

TOP **Hostería Yendegaia** B&B $

(☎581-919, 68256521; www.hosteriayendegaia.com; Croacia 702; singole/doppie/triple CH$ 18.000/30.000/40.000; P 📶) Offre tutto ciò che può desiderare da un B&B: pile di libri a tema naturalistico (alcuni scritti dallo stesso proprietario) da sfogliare, un'abbondante prima colazione, belle vedute sullo stretto e camere spaziose con caldi piumini sui letti. La casa, prima abitazione di Magellano a Porvenir, è stata restaurata con cura dalla premurosa famiglia che la abita. La loro agenzia, Far South Expeditions, propone escursioni in compagnia di un naturalista per avvistare i pinguini reali e altri animali.

Porvenir

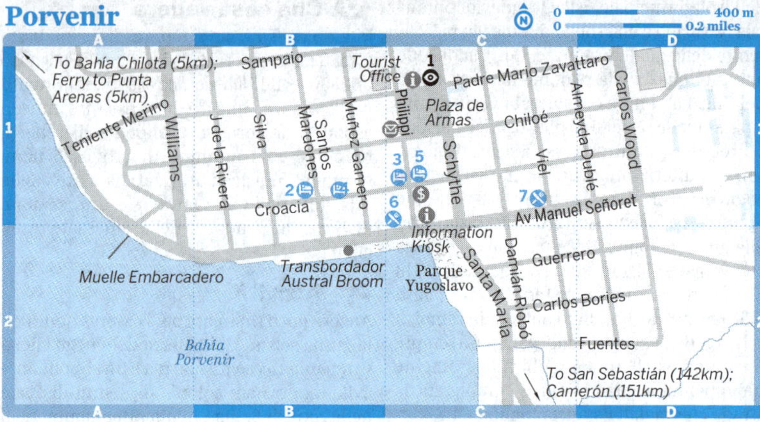

Porvenir

Che cosa vedere

1 Museo de Tierra del Fuego C1

Pernottamento

2 Hostería Yendegaia B1
3 Hotel Central C1
4 Hotel España B1
5 Hotel Rosas C1

Pasti

6 Club Croata C1
7 La Chispa C1

Hotel Rosas GUESTHOUSE $
(☎580-088; hotelrosas@chile.com; Philippi 296; singole/doppie CH$20.000/28.000) Undici camere pulite e piacevoli, alcune delle quali con una splendida vista, accolgono il visitatore con riscaldamento e TV via cavo. Alberto, il proprietario, è una miniera di informazioni sulla regione e organizza escursioni al Circuito del Loro, un antico sito minerario. Il ristorante (*plato del día* CH$4600) propone un'eccellente cucina di mare e altri piatti ed è sempre affollato all'ora dei pasti.

Hotel Central GUESTHOUSE $$
(☎580-077; Philippi 298; singole/doppie CH$15.000/25.000; 📶) Di fronte all'Hotel Rosas, questa sistemazione dal fascino austero offre camere confortevoli con pavimenti in legno e letti comodi. C'è anche un accogliente salone.

Hotel España HOTEL $$
(☎580-160; Croacia 698; singole/doppie/triple AR$15.000/25.000/36.000; P 📶) Questo albergo dall'atmosfera rilassante offre camere spaziose con vista sulla baia, tenute in modo impeccabile e dotate di tappeti berberi, TV e riscaldamento centralizzato. Al piano terra c'è un caffè, mentre il parcheggio si trova sul retro.

La Chispa CAFFÈ $
(☎580-054; Señoret 202; plato del día CH$4000) Ospitato nei locali di una vecchia caserma dei pompieri dalle pareti di colore azzurro, questo locale è molto frequentato dalla gente del posto per i suoi piatti casalinghi come salmone, agnello e purè di patate. Si trova a un paio di isolati dal mare.

Club Croata CUCINA DI MARE $$
(☎580053; Señoret 542; portate principali CH$ 4000-8000; ⏲11-16 e 19-22.30 mar-dom) Formale al punto da risultare quasi austero, questo ristorante tradizionale con le tovaglie bianche e i camerieri con il farfallino propone buoni piatti di pesce a prezzi contenuti, oltre a specialità croate come braciole di maiale con *chucrut* (crauti). L'elegante pub rimane aperto fino alle 3 del mattino.

Informazioni

Banco de Estado (all'angolo tra Philippi e Croacia) Il bancomat è in funzione 24 h su 24.

Ospedale (☎580-034; Wood, tra Señoret e Guerrero)

Ufficio postale (Philippi 176) Di fronte alla piazza centrale.

Ufficio turistico (☎580-094/8; www.muniporvenir.cl; Zavattaro 434; ⏲9-17 lun-ven, 11-17 sab e dom) Un chiosco di informazioni turistiche è in servizio anche presso il negozio di artigianato sul tratto di *costanera* (lungomare) tra Philippi e Schythe.

Per/da Porvenir

Aerovías DAP (☎616-100; www.aeroviasdap.cl; O'Higgins 891) opera voli per Punta Arenas (CH$21000, 15 min) dal lunedì al sabato da novembre a marzo, mentre in bassa stagione la frequenza è minore. Per/dall'aeroporto, 6 km a nord di Porvenir, DAP offre un servizio di navetta a domicilio (CH$1800), mentre la corsa in taxi costa CH$3500.

Transbordador Austral Broom (☎580-089; www.tabsa.cl) gestisce il traghetto per veicoli e passeggeri *Crux Australis* per/da Punta Arenas (CH$5500/34.900 per persona/veicolo, da 2 h 30 min a 4 h). In genere parte alle 9, ma ci sono anche alcune partenze al pomeriggio; verificate la tabella degli orari online. L'autobus per il terminal dei traghetti (CH$500), che si trova a 5 km dalla città, parte dal chiosco sul lungomare 1 h prima della partenza del traghetto.

Una strada di ghiaia in buone condizioni si snoda in direzione est lungo Bahía Inútil fino al confine argentino a San Sebastián (calcolate circa 4 h). Da San Sebastián (dove troverete una stazione di rifornimento e un motel), chi viaggia in auto verso nord dovrebbe evitare la strada trafficatissima e piena di buche utilizzata dai camion e diretta a nord, e invece scegliere la strada alternativa che da Onaisín raggiunge la città della compagnia petrolifera di Cerro Sombrero sul tragitto che porta a Punta Delgada-Puerto Espora, dove si può prendere il traghetto che attraversa lo Stretto di Magellano.

Timaukel

POP. 420

A sud di Bahía Inútil (Baia Inutile), la regione di Timaukel occupa il settore meridionale della Tierra del Fuego cilena. Questa zona sta facendo del suo meglio per reinventarsi, proponendosi come meta del turismo ecologico – una prospettiva di gran lunga più gratificante rispetto a quella che le si presentava fino a pochi anni fa di vedere decimato il proprio patrimonio forestale dalla società statunitense Trillium Corporation. La regione è collegata da poche strade e ancora più rari sono i trasporti pubblici. Sulla sponda meridionale della baia si trova **Camerón**, una grande *estancia* che deve il suo nome a una pionieristica famiglia di allevatori di pecore di origine neozelandese. L'ufficio turistico locale è in grado di fornire qualche informazione aggiornata sulle opportunità di alloggio. A sud, il **Lago Blanco**, meta molto apprezzata dagli appassionati di pesca con la mosca, è accessibile solo in automobile e l'unica possibilità di pernottamento è costituita dagli esclusivi lodge di pesca situati nelle vicinanze.

Estancia Yendegaia

Situata tra le pendici della Cordillera Darwin, l'Estancia Yendegaia è un parco privato che occupa 400 kmq di foresta fuegina autoctona e pacifiche baie orlate da ghiacciai e costituisce un corridoio strategico per la fauna selvatica tra l'argentino Parque Nacional Tierra del Fuego e il cileno Parque Nacional Alberto de Agostini. In questo parco, nato come *estancia*, si sta lavorando alla rimozione delle recinzioni e alla messa a punto di una

NUOVE STRADE IN TIERRA DEL FUEGO

Fino a poco tempo fa, la porzione cilena della Tierra del Fuego a sud di Camerón era un'aspra landa selvaggia priva di strade dominata dalla maestosa Cordillera Darwin. Nel tentativo di sviluppare il turismo nella regione, il Ministero dei Lavori Pubblici cileno sta cercando di renderne accessibili anche le propaggini meridionali. È in progetto la realizzazione di una nuova strada per Ushuaia, che passerà dal Lago Fagnano e in futuro proseguirà fino all'Estancia Yendegaia.

Lungo il tragitto, merita senz'altro una sosta il **Lodge Deseado** (☎91652564; www.lodgedeseado.cl; bungalow per 2/3 persone CH$135.000/160.000), un lodge accogliente e tranquillo situato sulle sponde del Lago Deseado, ideale per dedicarsi alla pesca alla trota, rilassarsi nei moderni bungalow in legno e ascoltare i racconti del simpatico proprietario, Ricardo.

Attualmente per percorrere la strada accidentata che raggiunge la sponda occidentale del Lago Fagnano sono necessarie più di cinque ore di viaggio in estate. Se avete intenzione di esplorare questa remota regione, sarebbe meglio disporre di un fuoristrada (v. anche quanto consigliato per la Ruta 40). Una prima diramazione raggiunge il tratto argentino attraverso il passo Río Bellavista, aperto solo da dicembre a fine marzo. Prima di mettervi in viaggio, informatevi sulla condizione delle strade presso la polizia locale (*carabineros* in Cile).

rete di sentieri. La trasformazione dovrebbe essere su vasta scala, con un aeroporto e una strada che presto verranno aperti al pubblico. Sono previsti sentieri che raggiungeranno il Glaciar Stoppani e che si snoderanno attraverso la Valle Lapataia in direzione del Paso de Las Lagunas, sebbene i numerosi fiumi da guadare rendano più agevoli le escursioni a cavallo. Per il momento l'unica possibilità di pernottamento è costituita dal campeggio (privo di servizi igienici o altre strutture).

Purtroppo l'accesso a questo parco è complicato e costoso; i visitatori devono essere attrezzati per il campeggio e completamente autosufficienti, in quanto non ci sono punti di rifornimento né telefono. Se si avverte per tempo, il traghetto Transbordadora Austral Broom in servizio tra Punta Arenas e Puerto Williams può far sbarcare i passeggeri interessanti nei pressi del parco; per informazioni a tale proposito v. p374. Da Puerto Williams il viaggio richiede circa sette ore. Le navi che una volta alla settimana collegano Punta Arenas con Puerto Williams sbarcano i passeggeri che lo richiedono in corrispondenza dell'approdo meridionale.

Il parco verrà presto donato al Cile e sarà gestito da Parques Nacionales, ma per il momento i viaggiatori possono chiedere informazioni presso la **Fundación Yendegaia** (☎a Puerto Varas 065-250-079; infoyendegaia@gmail.com).

Isla Navarino

☎061 / POP. 2200

Questo remoto avamposto vincerebbe sicuramente il concorso per il titolo di autentica 'città alla fine del mondo'. Isla Navarino è un paradiso selvaggio per i viaggiatori in cerca di avventura. Situata a sud della Tierra del Fuego, sul lato opposto del Canale di Beagle rispetto a Ushuaia, questa piccola isola scarsamente popolata è costituita da un aspro territorio di torbiere, una foresta di lenga e frastagliate cuspidi dentate, note appunto come Dientes de Navarino, dove si snoda un famoso circuito di trekking. Per qualche misterioso motivo, Santiago considera quest'isola come parte dell'Antartide cilena e non della Tierra del Fuego cilena o di Magallanes. L'insediamento navale di Puerto Williams è l'unico centro abitato dell'isola, il punto di partenza ufficiale per le barche a vela dirette a Cabo de Hornos e nell'Antartide; in questa località risiedono anche gli ultimi yaghan.

I primi europei a stabilirsi permanentemente sull'isola, verso la metà del XIX secolo, furono i missionari, cui fecero seguito i cercatori d'oro negli anni intorno al 1890. La popolazione odierna è composta da ufficiali della marina cilena, impiegati comunali e pescatori stagionali di granchio e polpo; i pochi discendenti di razza mista del popolo yaghan vivono nel piccolo villaggio costiero di Villa Ukika.

PUERTO WILLIAMS

☎061 / POP. 2500

Chi vive qui può avere la sensazione di essere stato abbandonato in un luogo deserto, ma per i viaggiatori Puerto Williams riserva splendide avventure. In realtà qui non accade quasi nulla: in città il massimo dell'azione è rappresentato dal vento che scaraventa da una parte all'altra i rottami mentre le mucche pascolano nella piazza e nei cortili si accatastano pile di legna da ardere, alte fino al tetto delle case. Williams è un po' tagliata fuori dal resto del mondo a causa dei trasporti irregolari e costosi, ma le lamentele su questo aspetto sono molto più frequenti fra la gente del posto che non fra i pochi turisti che la raggiungono, e che sanno riconoscere e apprezzare i tesori nascosti.

Il villaggio si estende intorno a una rotatoria verde e a una piazza in cemento, chiamata Centro Comercial. A pochi minuti a piedi dalla città c'è una foresta di lenga dove il muschio si arrampica ben al di sopra del limite della vegetazione. I 150 km di sentieri dell'isola sono meglio tenuti rispetto al passato ed è prevista la costruzione di un *refugio*. Se intendete avventurarvi in un'escursione a piedi, portatevi un compagno, fatevi dare indicazioni dalla gente del posto e registratevi presso i *carabineros* (polizia locale), poiché i sentieri potrebbero essere difficili da individuare e le cartine impossibili da trovare.

Che cosa vedere

Museo Martín Gusinde MUSEO

(☎621-043; all'angolo tra Araguay e Gusinde; ingresso su offerta; ⏲9-13 e 14.30-19 lun-ven) Interessante museo dedicato al sacerdote ed etnografo tedesco che visse e lavorò insieme ai nativi yaghan dal 1918 al 1923. Le collezioni etnografiche e di storia naturale formano il maggior nucleo espositivo del museo; all'ingresso c'è anche una bella e autentica canoa ricavata da un tronco d'albero.

Parque Etnobotanico Omora PARCO

(www.omora.org) Lungo i sentieri del parco etno-botanico più meridionale dell'America Latina si possono osservare le specie bota-

L'INVASIONE DEI CASTORI

I castori canadesi non hanno avuto bisogno di cannoni e armi chimiche per colonizzare la Tierra del Fuego e l'Isla Navarino, ma solo dei loro robusti denti sporgenti e delle loro grosse code.

La storia risale agli anni '40, quando il governo militare argentino dell'epoca importò 25 coppie di castori dal Canada nella speranza che si moltiplicassero. L'obiettivo di tale operazione era quello di dar vita, in questa regione allora poco sviluppata, a una redditizia industria di produzione di pellicce. In assenza di predatori naturali, i graziosi animaletti si moltiplicarono a dismisura, mentre i cappelli di pelliccia passarono di moda e l'industria crollò miseramente.

Oggi circa 100.000 castori, considerati una vera e propria calamità, vivono sulle isole che costituiscono l'arcipelago della Tierra del Fuego. I danni causati da questi animali sono innumerevoli. Gli allagamenti provocati dalle dighe dei castori distruggono strade e pascoli, rovinando infrastrutture e causando scompiglio fra il bestiame. I boscaioli si trovano a dover competere con i roditori per accaparrarsi il legname di migliore qualità e temono di perdere il loro principale mezzo di sussistenza. Una sola coppia di castori è in grado di creare il proprio laghetto privato, abbattendo centinaia di alberi. I castori sono anche in grado di diffondere la giardiasi da un lago all'altro, contaminando le risorse idriche e infettando la popolazione.

Dopo una campagna, costata circa un milione di dollari, che offriva una taglia ($5 per ogni castoro abbattuto) ai cacciatori che si presentavano con trappole 'umanitarie', il governo cileno sta cercando strategie più efficaci per arginare il fenomeno. In passato l'acceso dibattito sui castori ha visto lo schieramento congiunto di ecologisti e taglialegna contro gli animalisti, mettendo l'uno contro l'altro anche politici e amministratori. Tra i due contendenti ci sono gli operatori turistici, i quali stanno dandosi da fare per proporre l'avvistamento dei castori come piacevole attività collaterale di escursioni e trekking, ma sono allo stesso tempo preoccupati per la devastazione del territorio. Il lato positivo della questione è che i castori, dovendo vivere nell'acqua, non sono presenti che lungo le sponde di laghi, fiumi e torrenti e si riproducono a una velocità inferiore rispetto ai conigli e agli altri roditori.

Tuttavia, sembra che abbiano già attraversato lo Stretto di Magellano, ponendo le premesse per un'invasione del continente sudamericano. Scienziati e funzionari del Corpo Forestale dello Stato devono affrettarsi a estirpare questi invasori prima che la situazione diventi incontrollabile. Se volete collaborare al contenimento di questo flagello, cercate i piatti a base di carne di castoro sui menu dei ristoranti fuegini.

niche regionali accompagnate da didascalie nella lingua dei nativi yaghan, in latino e in spagnolo. Dall'altare della Vergine prendete la strada che si dirige verso destra e proseguite per 4 km (1 h di cammino) in direzione di Puerto Navarino.

Kipa-Akar CULTURA LOCALE
(Villa Ukika) Semplice negozio di artigianato che vende libri nella lingua dei nativi yaghan, gioielli e coltelli in osso di balena. Se è chiuso, chiedete indicazioni a qualche abitante del villaggio.

Yelcho PUNTO DI INTERESSE
Vicino all'ingresso della zona militare si può vedere la prua originale della *Yelcho*, la nave che nel 1916 portò in salvo da Elephant Island la spedizione antartica di Ernest Shackleton.

Attività

TOP **Dientes de Navarino** ESCURSIONISMO
Un itinerario di trekking che gode di grande popolarità è il Circuito de los Dientes de Navarino (53,5 km). L'itinerario parte dall'altare della Vergine, appena fuori dall'abitato, e s'inoltra tra le guglie appuntite dei Dientes attraverso uno straordinario paesaggio selvaggio di massi rocciosi e laghi nascosti. Di solito il circuito viene effettuato in senso orario in circa cinque giorni, ma può essere prolungato con numerose deviazioni. Nel periodo (relativamente) asciutto dei mesi estivi gli escursionisti più allenati riescono a compiere l'intero percorso in quattro giorni, mentre d'inverno il circuito dovrebbe essere affrontato solo dai più esperti e preparati. Fate attenzione poiché i segnali lungo i sentieri potrebbero risultare sbiaditi: un

GPS, utilizzato unitamente a cartine ben contrassegnate, è un valido strumento di navigazione.

Per maggiori informazioni su altri trekking, fate riferimento alla guida Lonely Planet *Trekking in Patagonia*, tradotta in italiano da EDT.

Cerro Bandera ESCURSIONISMO

L'escursione al superbo punto panoramico del Cerro Bandera (Montagna della Bandiera) può essere effettuata in circa quattro ore (andata e ritorno) percorrendo il tratto iniziale del Circuito de los Dientes de Navarino. Il sentiero sale sempre più ripidamente attraverso una foresta di lenga fino a raggiungere un aspro crinale dove sventola una bandiera del Cile, davanti a cui si apre un meraviglioso panorama del Canale di Beagle. Gli escursionisti più esperti e preparati possono proseguire lungo il Circuito de los Dientes de Navarino.

Lago Windhond ESCURSIONISMO

Con i suoi sentieri più riparati attraverso foreste e torbiere, il trekking della durata di quattro giorni (andata e ritorno) a questo remoto lago costituisce una valida alternativa rispetto al Circuito de los Dientes de Navarino se il tempo risulta particolarmente ventoso. Per informazioni dettagliate sul percorso, rivolgetevi a Turismo Shila oppure ingaggiate una guida.

Tour

Fuegia & Co A PIEDI

(☎621-251; fuegia@usa.net; Patrullero Ortiz 049) Per trekking con guida o supporto logistico, Denis Chevallay è una guida professionista che accompagna gruppi di due o più persone (escursione di 4 giorni CH$325.000 per persona). Denis parla francese, tedesco e inglese e ha ottime conoscenze di botanica e storia. Il servizio di guida comprende un portatore e un telefono satellitare d'emergenza. Sono inoltre disponibili escursioni in giornata ai siti archeologici della zona.

Turismo SIM IN BARCA

(☎621-150/062; www.simltd.com; Margaño 168) Per le gite in mare contattate questa agenzia, i cui cordiali proprietari Wolf e Keanette, rispettivamente tedesco e venezuelana, sono in grado di organizzare eccellenti uscite in barca a vela sul Canale di Beagle e a Cabo de Hornos. Le imbarcazioni battono bandiera cilena, pertanto hanno un accesso più facile rispetto a quelle straniere.

Lancha Patriota IN BARCA

(☎621-367; imbarcazione per 6 persone $300 al giorno) La lancia del Capitano Edwin Olivares offre spedizioni di pesca ed escursioni in mare personalizzate.

Pernottamento

Molte strutture ricettive offrono anche i pasti e possono organizzare escursioni e trasferimenti per/dall'aeroporto.

TOP **Residencial Pusaki** GUESTHOUSE $

(☎621-118, 098-333-248; pattypusaki@yahoo.es; Piloto Pardo 260; singole/doppie CH$11.500/26.000; @) Con la sua leggendaria calorosità, Patty accoglie i viaggiatori in questo ambiente intimo e familiare, con camere confortevoli dotate di moquette, alcune con bagno (non vi è differenza di prezzo: vige la regola del 'chi prima arriva, meglio alloggia'). Allegria

IL CIRCUITO DE LOS DIENTES

Malgrado la crescente popolarità, il trekking del Circuito de los Dientes de Navarino richiede maggiore esperienza e capacità di orientamento in zone isolate rispetto a quello delle Torres del Paine. Se decidete di compiere il trekking, dovrete essere completamente autosufficienti. Ecco alcuni consigli prima di mettervi in marcia:

» Valutate se ingaggiare una guida naturalistica oppure guida e portatori locali.

» Informatevi sull'esperienza della guida, se parla una lingua straniera e se dispone dell'attestato di pronto soccorso.

» Dal momento che le compagnie aeree impongono restrizioni sul peso dei bagagli, tenete presente che dovrete noleggiare l'attrezzatura e acquistare la maggior parte delle provviste sull'isola. Gli alimenti liofilizzati sono facilmente reperibili, ma conviene portarsi delle barrette energetiche da consumare come spuntini.

» Tenete sempre pronto un 'piano B' in caso di maltempo, preparandovi a cambiare itinerario o a impiegare più tempo del previsto.

» Prima di iniziare il trekking, registratevi sempre alla stazione di polizia (per motivi di sicurezza).

e occasioni di baldoria lo rendono il posto ideale per chi ama socializzare e fare nuove amicizie, ma non per chi è alla ricerca di tranquillità.

Hotel Lakutaia HOTEL $$$
(☎621-733; www.lakutaia.cl; doppie CH$65.000) Un lodge moderno e dotato di tutti i comfort, con una biblioteca ben fornita di libri di storia e natura e un ristorante dove è possibile consumare il pranzo e la cena. L'albergo può inoltre organizzare il trasferimento da Punta Arenas e propone escursioni in giornata lungo il Circuito de lo Dientes de Navarino e a Cabo de Hornos. L'unico neo è la posizione isolata, 3 km a est della città, in direzione dell'aeroporto.

Refugio El Padrino OSTELLO $
(☎621-136; ceciliamancillao@yahoo.com.ar; Costanera 267; letti in camerata CH$10.000;) Gli ospiti si sentono a proprio agio nel simpatico e lindo ostello di Cecilia, completamente self-service (compreso il check-in). L'opzione migliore fra quelle economiche si trova proprio sul canale, di fronte al molo dei traghetti. Se ci venite a piedi, ricordate che i numeri civici non seguono un ordine prestabilito.

Hospedaje Paso MaKinley GUESTHOUSE $$
(☎621-124; Piloto Pardo 213; CH$15.000 per persona; @) Gestita dalla simpatica famiglia di un pescatore, questa struttura offre belle camere ristrutturate complete di TV via cavo. A disposizione degli ospiti ci sono anche una cucina e il servizio lavanderia, ma ciò che rende il posto particolarmente invitante è la cena a base di pesce freschissimo.

Hostal Yagan GUESTHOUSE $$
(☎621-118; hostalyagan@hotmail.com; Piloto Pardo 260; CH$15.000 per persona; @) Gestita da una coppia di ex marinai, questa struttura pulitissima e ben tenuta offre il trasferimento gratuito per/dall'aeroporto.

Pasti e locali

Tra i pochi supermercati di Puerto Williams, Simon & Simon è il meglio fornito di verdure fresche, piatti pronti e squisita pasticceria.

La Picada del Castor SANDWICH $
(Plaza de Ancla; portate principali CH$3500-5000; ⏲10-22, chiuso dom) Se tutti gli altri ristoranti sono chiusi, provate questo locale che serve abbondanti sandwich e grandi piatti di patatine fritte nei separé con le luci soffuse.

La Trattoria de Mateo ITALIANO $$
(Plaza de Ancla; portate principali CH$4500-7000; ⏲12-15.30 e 16-22 mar-sab, 12.30-16 dom) Ristorante a gestione argentina che propone gustosi piatti di pasta, pizze e qualche pietanza a base di pesce.

La Picada de los Veleros CILENO $$
(☎621-118, 098-333-248; Piloto Pardo 260; pasti CH$6000-11.000; ⏲orario irregolare) La sera, in questo accogliente *residencial* si raduna per una cena in stile familiare una grande varietà di commensali: viaggiatori, lavoratori itineranti e chiunque prenoti per gustare il polpo con aglio e olio d'oliva e la *chupe de centolla* (granchio gigante in casseruola) preparati magistralmente da Patty. Chi parla un po' di spagnolo potrà apprezzare maggiormente l'atmosfera allegra e conviviale ai tavoli, dove non manca mai una bottiglia di vino.

Club de Yates Micalvi BAR
(birra CH$2500; ⏲aperto fino a tardi set-mag) Uno dei bar più originali che ci sia capitato di incontrare: allestito in una nave mercantile tedesca ancorata in porto, il *Micalvi* fu dichiarato museo navale regionale nel 1976, ma ha trovato il suo migliore utilizzo come bar galleggiante, frequentato da marinai e proprietari di yacht in giro per il mondo.

Informazioni

Vicino alla rotatoria principale, il Centro Comercial ospita al suo interno l'ufficio postale, un internet point, l'ufficio della compagnia aerea Aerovías DAP e un paio di centri telefonici. Per il cambio della valuta ci si può rivolgere al Banco de Chile (solo dollari statunitensi, importo minimo $100), che offre anche anticipi in contanti ai titolari di carta Visa e dispone di un bancomat.

Sernatur (☎621-011; O'Higgins 165; ⏲8-13 e 14-17 lun-ven) Nell'edificio del municipio, fornisce informazioni turistiche e fotocopie di una cartina escursionistica del Circuito de los Dientes de Navarino.

Turismo Shila (☎097-897-2005; www.turismoshila.cl; all'angolo tra O'Higgins e Pratt; ⏲9-13 e 16-20 lun-sab) Guide locali, noleggio attrezzatura da campeggio, cartine GPS e noleggio racchette da neve per escursioni in inverno. L'agenzia vende anche i biglietti per le imbarcazioni Fernandez Campbell. Si trova di fronte al municipio.

Turismo SIM (☎621-150; www.simltd.com) Esperti marinai organizzano trekking e spedizioni a sud del 54° parallelo, con destinazioni come Cabo de Hornos, la Cordillera Darwin, l'Isla Navarino, le isole della Georgia australe e la penisola antartica.

Per/da Puerto Williams

Puerto Williams è accessibile solo via aerea o via mare.

Da Punta Arenas, in Cile:

Aerovías DAP (☎621-051; www.dap.cl; Plaza de Ancla s/n) Vola a Punta Arenas (CH$65.000, 1 h 15 min) alle 11.30 dal lunedì al sabato da novembre a marzo, mentre d'inverno il numero dei voli è ridotto. Alcuni voli DAP diretti in Antartide fanno scalo qui.

Transbordador Austral Broom (www.tabsa.cl; Costanera 436) Il nuovo traghetto *Patagonia* salpa dal settore Tres Puentes di Punta Arenas per Puerto Williams 3 o 4 volte al mese, il mercoledì, con ritorno a Punta Arenas il sabato (poltrona reclinabile/cuccetta CH$88.000/105.000 pasti compresi, 38 h). I viaggiatori adorano questo tragitto perché con il bel tempo si ha la possibilità di vedere splendidi panorami dal ponte e anche di avvistare delfini e balene.

Da Ushuaia, in Argentina:

Fernandez Campbell (☎433-232; www.fernandezcampbell.com; molo turistico, Ushuaia; solo andata CH$62.500) Le confortevoli imbarcazioni coperte (con bagno) partono 2 volte al giorno alla volta di Puerto Williams durante l'estate, con frequenza minore in inverno.

Ushuaia Boating (☎in Argentina 02901-436-193; www.ushuaiaboating.com.ar; solo andata CH$62.500) Gestisce un servizio giornaliero di gommoni a motore Zodiac. Nella tariffa sono compresi la traversata di 40 min e il tragitto in autobus da Puerto Navarino. In caso di maltempo, il servizio viene sospeso.

Cabo de Hornos e isole circostanti

Una volta raggiunta l'Isla Navarino o Ushuaia, tanto vale spingersi ancora oltre e raggiungere la vera fine delle Americhe, ovvero Cabo de Hornos (Capo Horn). Questo piccolo arcipelago cileno disabitato richiama da sempre alla mente immagini di ardimentose e romantiche figure di navigatori del passato in lotta contro gli elementi (anche se ai marinai questo viaggio attraverso oceani spazzati da venti gelidi e perennemente in tempesta non è mai piaciuto). Il capo fu 'scoperto' nel gennaio del 1616 dagli olandesi Jakob Le Maire e Willem Schouten a bordo della *Unity*. I due navigatori diedero al capo il nome della loro nave *Hoorn*, andata distrutta in un incendio a Puerto Deseado, una località sulla costa della Patagonia argentina. Horn Island, di cui il celebre capo costituisce il promontorio più meridionale, è lunga solo 8 km. Cabo de Hornos s'innalza sull'oceano per un'altezza di 424 m, ed è caratterizzato da imponenti scogliere di colore nero nella parte superiore. Aerovías DAP gestisce voli charter panoramici sopra il capo che non atterrano. I potenziali visitatori possono anche effettuare un'escursione in barca con Turismo SIM (p419).

Le isole Shetland Australi, situate all'estremità settentrionale della penisola antartica, sono una delle mete turistiche più richieste del continente per la bellezza del paesaggio, l'abbondanza di fauna selvatica e la vicinanza alla Tierra del Fuego, 1000 km a nord sul lato opposto del Canale di Drake. La più grande delle Shetland Australi, l'Isola di re Giorgio, conta da sola la presenza di ben otto basi geofisiche permanenti. Nel 1969 il Cile istituì la base Presidente Eduardo Frei Montalva e dieci anni più tardi, sul lato opposto della Penisola Fildes a meno di 1 km di distanza dalla Frei, la base Teniente Rodolfo Marsh Martin. Il numero degli abitanti fluttua tra 10 e 20, mentre si stima che la popolazione dei pinguini vari tra i due e i tre milioni.

Perseguendo l'obiettivo di incorporare il Territorio Chileno Antártico al resto del paese, il governo cileno ha incoraggiato negli ultimi decenni le famiglie a trasferirsi alla base Frei, dove nel 1984 ha visto la luce il primo di alcuni bambini nati sul posto. Oggi la base ospita circa 80 dipendenti estivi che vivono in case costruite in modo da resistere ai rigori dell'inverno antartico.

ℹ Per/da Cabo de Hornos e isole circostanti

I trasporti di qualsiasi genere dipendono dalle condizioni meteorologiche, ma è più probabile che le navi compiano la traversata anche in caso di condizioni avverse, rispetto ai piccoli aerei. Mettete in programma l'eventualità di ritardi, ma se non avete tempo di aspettare non contate su un rimborso.

Aerovías DAP (☎061-223-340; www.dap.cl; ⊙nov-apr) Propone escursioni di 1 o 2 giorni da Punta Arenas alla Base Frei sull'Isola di re Giorgio, che comprendono la visita a Villa Las Estrellas, alle colonie di leoni marini e ad altre basi di ricerca sull'isola. Il volo fino alla Base Frei richiede circa 3 h; è anche possibile noleggiare un volo per Cabo de Hornos. Consultate il sito internet della compagnia aerea per informazioni aggiornate sulle partenze e sui prezzi.

Antarctica XXI (☎Punta Arenas 56-61-614-100; www.antarcticaxxi.com; 7 giorni/6 notti in cabina doppia $10.800 per persona) gestisce l'unica escursione che combina aereo e imbarcazione, con volo da Punta Arenas alla Base Frei sull'Isola di re Giorgio, e poi con un transfer sulla nave *Grigoriy Mikheev*, che può ospitare fino a 46 passeggeri, per una crociera di alcuni giorni alle Shetland Australi e alla regione peninsulare. Offre anche escursioni più brevi e più lunghe. È membro della IAATO, l'associazione che stabilisce le regole da rispettare per viaggi responsabili in Antartide.

TIERRA DEL FUEGO ARGENTINA

In contrasto con la sua controparte cilena, questo lato dell'isola è vivace, moderno e industrioso. La metà argentina della Tierra del Fuego vanta strade ampie e asfaltate e due importanti città con un'economia in crescita. Questo non significa che la natura non sia maestosa anche qui. Ci sono *estancias* storiche ed eccellenti possibilità per la pesca con la mosca sulla Costa atlantica, oltre all'accesso al continente antartico via Ushuaia. La Cordillera Darwin, che s'innalza per 2500 m al di sopra di Ushuaia, offre sentieri in abbondanza e ottime possibilità per lo sci in inverno. Le escursioni a bordo di slitte trainate da cani e le uscite in barca costituiscono una valida alternativa alle solite attività quali il trekking e le passeggiate. L'isola ospita il Parque Nacional Tierra del Fuego, il primo parco nazionale costiero dell'Argentina.

Ushuaia

02901 / POP. 58.000

Sono ormai remoti i giorni in cui in questo lontano avamposto, sede di una missione e di una colonia penale, si doveva corteggiare o mettere in catene i suoi abitanti per farli rimanere qui. Oggi Ushuaia è un vivace porto e un punto di riferimento per le attività all'aria aperta che richiama ogni anno centinaia di migliaia di visitatori. La cittadina occupa una stretta scarpata tra il Canale di Beagle e l'imbiancata catena dei Monti Martial. Nonostante il suo isolamento, è molto vivace dal punto di vista commerciale con un'ampia offerta di negozi, caffè e ristoranti. Se non è la città più meridionale del mondo, Ushuaia è comunque la più meridionale dal punto di vista delle dimensioni e dell'importanza.

Ushuaia è ben attrezzata per accogliere i visitatori, ai quali offre una vasta gamma di attività tra cui escursionismo, vela, sci, corse su slitte trainate da cani e kayak. Da non perdere è lo spettacolare Parque Nacional Tierra del Fuego, con i suoi fitti tratti di foresta nativa di lenga.

I salari relativamente alti della Tierra del Fuego spingono lavoratori provenienti da ogni parte dell'Argentina a trasferirsi qui, e alcuni abitanti del posto lamentano la perdita della cultura e dello stile di vita da piccola cittadina. Il processo di espansione che sta interessando la città porta inoltre con sé uno sviluppo edilizio disordinato, che avanza nelle poche direzioni che questa strana geografia consente.

Che cosa vedere

Maipú, la strada che costeggia il Canale di Beagle, diventa Malvinas Argentinas a ovest del cimitero, per poi proseguire come RN 3 per altri 12 km fino al Parque Nacional Tierra del Fuego. In direzione est l'accesso al pubblico si arresta all'altezza di Yaganes, la strada che si dirige verso nord per incrociare la RN3 e raggiungere il Lago Fagnano. La maggior parte degli alberghi e dei servizi turistici si concentra nella zona di San Martín, il quartiere che si trova a un isolato dal lungomare verso l'interno.

Museo Marítimo e Museo del Presidio MUSEO

(437-481; www.museomaritimo.com; all'angolo tra Yaganes e Gobernador Paz; ingresso AR$70; 10-20) Nel 1906 i detenuti dalla colonia penale dell'Isla de los Estados vennero trasferiti a Ushuaia e furono avviati i lavori del nuovo carcere nazionale, terminati nel 1920. Nei bracci della prigione, progettati per contenere 380 celle singole, arrivarono a un certo punto ad ammassarsi anche 800 carcerati, tra cui l'illustre scrittore Ricardo Rojas e l'anarchico russo Simón Radowitzky. L'istituto di pena chiuse ufficialmente i battenti nel 1947 e attualmente l'edificio è adibito a museo. Le sale che illustrano la vita nella colonia penale sono interessanti, ma le didascalie sono solo in spagnolo.

Un'altra mostra meritevole di attenzione è quella dei modellini estremamente dettagliati di navi famose, che offre un'originale panoramica degli ultimi 500 anni di storia della regione. Nel cortile si possono vedere i resti dei binari ferroviari più stretti del mondo, utilizzati per il trasporto dei detenuti dalla città alle campi di lavoro. Le visite guidate si svolgono alle 11.30 e alle 18.30.

Museo Yámana MUSEO

(422-874; Rivadavia 56; ingresso AR$25; 10-20) Piccolo ma curatissimo, questo interessante museo documenta lo stile di vita dei nativi yámana (yaghan). La struttura illustra le loro strategie di sopravvvivenza al clima inclemente nonostante fossero poco vestiti, le ragioni per cui le donne erano le uniche a saper nuotare e il sistema per tenere costantemente acceso il fuoco nelle canoe. I diorami, realizzati da mani esperte, mettono in luce immagini e particolari (in inglese e in spagnolo) di baie e insenature del parco

ANTARTIDE: IL CONTINENTE GHIACCIATO

Il costo di un viaggio in Antartide è molto elevato, ma vale la pena di affrontarlo, perché questo è molto più di un continente da aggiungere alla propria lista di paesi visitati. Potrete vedere strati di terra e ghiaccio coperti da una coltre di centinaia di metri di neve ondulata e incontaminata, ghiacciai che scendono dai fianchi delle montagne e iceberg che danno vita a sculture di ghiaccio alte come palazzi. La fauna selvatica, rappresentata da migliaia di curiosi pinguini e da una straordinaria varietà di uccelli, foche e balene, è affascinante.

Oltre il 90% delle imbarcazioni dirette in Antartide passano da Ushuaia. Nella stagione 2010-2011, più di 36.000 turisti hanno compiuto la traversata, un numero stupefacente se si considera la popolazione totale del continente, che ammonta a 5000 persone (in estate) e a 1200 in inverno (tra scienziati e personale delle basi). Ma il turismo in Antartide ha i suoi costi. Il 23 novembre 2007, la motonave *Explorer* ha urtato contro il ghiaccio ed è affondata, anche se è stata evacuata con successo prima di inabissarsi. Le circostanze erano assai insolite, ma l'incidente ha avuto come conseguenza l'innalzamento delle misure di sicurezza.

Se disponete di almeno due o tre settimane, potete considerare la possibilità di una crociera in Antartide. Alcune di queste crociere fanno tappa anche alle Isole Falkland e all'isola della Georgia australe (popolazione umana tra 10 e 20, popolazione di pinguini da due a tre milioni), altre si limitano a raggiungere la Penisola Antartica, a altre ancora seguono le tracce delle spedizioni storiche. Un numero limitato di visitatori raggiunge l'Antartide con imbarcazioni private. Si tratta esclusivamente di imbarcazioni a vela (ovviamente dotate di motori ausiliari).

La stagione adatta a queste crociere va da metà ottobre a metà marzo, a seconda delle condizioni del ghiaccio. Oggi quasi tutte le imbarcazioni sono spesso al completo. Nell'informarvi sulle varie offerte, ricordate di chiedere quanti giorni trascorrerete in effetti in Antartide, perché la traversata dell'Oceano Antartico dura fino a due giorni, e quante volte scenderete a terra. Più piccola è l'imbarcazione, più alto è il numero di sbarchi per passeggero (sempre, naturalmente, a seconda delle condizioni meteorologiche). I tour operator possono chiedere qualsiasi cifra tra i $7000 e i $70,000, ma alcune navi consentono di salire a bordo direttamente senza prenotazione, e in questo caso si possono spendere anche solo $5000.

Data la sua vicinanza alla Penisola Antartica, la maggior parte delle crociere parte da Ushuaia. Prenotazioni last-minute si possono effettuare tramite **Ushuaia Turismo** (☎02901-436-003; www.ushuaiaturismoevt.com.ar; Gobernador Paz 865). Fra le molte agenzie di viaggi che offrono pacchetti vi sono **Rumbo Sur** (☎02901-422-275; www.rumbosur.com.ar; San Martín 350), **All Patagonia** (☎02901-433-622; www.allpatagonia.com; Juana Fadul 60) e **Canal Fun** (☎02901-437-395; www.canalfun.com; 9 de Julio 118).

Verificate che la compagnia prescelta sia associata alla **IAATO** (International Association of Antarctica Tour Operators; www.iaato.org), che stabilisce rigide linee guida per viaggi responsabili nel continente. Segnaliamo alcune delle compagnie che raggiungono l'Antartide.

Adventure Associates (www.adventureassociates.com) La principale compagnia australiana per i viaggi in Antartide, con molte navi e un ventaglio di destinazioni.

National Geographic Expeditions (www.nationalgeographicexpeditions.com) Caldamente consigliata, offre crociere in compagnia di naturalisti ed esperti a bordo della *National Geographic Explorer* a 148 posti.

Peregrine Adventures (www.peregrineadventures.com) Offre viaggi unici, che prevedono visite al Circolo Polare antartico, con la possibilità di fare kayak e campeggio.

Quark Expeditions (www.quarkexpeditions.com) Dispone di tre tipi di navi, da un rompighiaccio a una piccola imbarcazione con posto per 48 passeggeri adatta a gruppi molto affiatati.

WildWings Travel (www.wildwings.co.uk) Compagnia con sede nel Regno Unito che propone viaggi naturalistici dedicati principalmente all'osservazione degli uccelli e della fauna selvatica dell'Antartide.

Per maggiori informazioni, potete consultare la guida Lonely Planet *Antarctica*. Visitate il sito internet www.70south.com per informazioni e articoli aggiornati. A Ushuaia, fate riferimento all'efficiente **Oficina Antárctica** (ufficio turistico per l'Antartide; ☎02901-430015; antartida@tierradelfuego.org.ar), situato presso il molo.

nazionale; una visita al Museo Yámana prima di avventurarsi nel parco aiuta a osservarlo con occhi diversi.

Museo del Fin del Mundo MUSEO

(☎421-863; www.tierradelfuego.org.ar/museo; all'angolo tra Maipú e Rivadavia; ingresso AR$30; ⌚9-20) Costruito nel 1903 e un tempo sede di una banca, questo edificio ospita oggi un museo dedicato alla storia naturale fuegina, all'avifauna locale, alla vita delle popolazioni autoctone e alle prime colonie penali, oltre a ricostruzioni, peraltro di modesto interesse, di antichi edifici cittadini.

Parque Yatana PARCO

(Fundación Cultiva; ☎425-212; all'angolo tra Magallanes e 25 de Mayo; ingresso libero; ⌚15-18 mer-ven) In parte progetto artistico e in parte 'rifugio urbano', questo parco è un isolato della città occupato da un tratto di foresta di lenga risparmiato dallo sviluppo edilizio grazie agli sforzi di una famiglia molto determinata.

L'ufficio turistico distribuisce la cartina gratuita di un itinerario turistico con informazioni sugli edifici storici della città. Al n. 465 di Maipú, la **Legislatura Provincial** (1894) era la residenza ufficiale del governatore. L'**Iglesia de la Merced** (San Martín e Don Bosco), che risale a cento anni fa, fu costruita dai detenuti. **Casa Beban** (all'angolo tra Maipú e Plúschow; ⌚11-18) fu edificata nel 1911 utilizzando materiali provenienti dalla Svezia, e oggi ospita occasionalmente mostre di artisti locali.

Attività

Le uscite in battello si possono effettuare tutto l'anno. Le escursioni a piedi non dovrebbero limitarsi ai sentieri del Parque Nacional Tierra del Fuego; infatti, l'intera catena montuosa che si erge alle spalle di Ushuaia, ricca di laghi e di fiumi, è ideale per le camminate. Tenete tuttavia presente che molti sentieri non sono ben tracciati o non lo sono affatto, e alcuni escursionisti si sono persi nel tentativo di trovare il sentiero per tornare a casa. Presso il Club Andino Ushuaia (p429) potrete trovare informazioni sugli itinerari e cartine. In caso di emergenza, contattate la **Protezione Civile** (☎103, 22108).

Con le vette ammantate di neve tutt'intorno a Ushuaia, i visitatori che giungono in inverno dovrebbero approfittarne per sfruttare le diverse stazioni sciistiche della zona. Le varie stazioni, tutte raggiungibili tramite la RN 3, offrono la possibilità di praticare sia lo sci da discesa sia lo sci di fondo. La stagione sciistica va da giugno alla fine di settembre; il mese di maggiore affluenza turistica è luglio, che coincide con le vacanze scolastiche invernali.

TOP Cerro Castor SPORT INVERNALI

(☎02901-15-605-604/6; www.cerrocastor.com; giornaliero interi/bambini AR$240/165; ⌚metà giu-metà ott) È la stazione sciistica più importante della zona, a 26 km da Ushuaia, con 15 piste divertenti e panoramiche che coprono una superficie complessiva di 400 ettari, numerosi lodge in cui concedersi una pausa caffè e persino di un sushi bar alla moda. Qui si possono noleggiare sci da fondo e da discesa e tavole da snowboard. Sono previsti sconti sullo skipass per più giorni e in bassa stagione. Nelle giornate fredde gli impianti di risalita sono muniti di coperture antivento trasparenti.

Cerro Martial e Glaciar Martial ESCURSIONISMO, SPORT INVERNALI

(seggiovia facoltativa AR$55; ⌚10-16) Con una corroborante camminata dal centro cittadino potrete salire al Glaciar Martial, dal quale si possono ammirare splendide vedute di Ushuaia e del Canale di Beagle; in effetti, la vista panoramica è forse più notevole del ghiacciaio stesso. Potete prendere un taxi per salire sul Cerro Martial, oppure uno dei minibus (AR$35) che partono per l'altura dalla fermata all'angolo tra Maipú e Juana Fadul ogni 30 minuti dalle 8.30 alle 18.30. Se vi sentite in forma per affrontare un'escursione di un giorno intero, prendete San Martín in direzione ovest e seguite la strada che sale a zigzag fino alla pista da sci situata 7 km a nord-ovest della città. A questo punto potete prendere la seggiovia (*aerosilla*) oppure proseguire a piedi per altre due ore. Le vedute più belle si ammirano salendo ancora un'ora dalla stazione di arrivo della seggiovia. Presso la base della seggiovia, un accogliente rifugio serve caffè, dolci e birra. Dal momento che il tempo può cambiare da un momento all'altro, indossate abiti caldi e impermeabili e scarpe robuste.

Un'altra possibilità è rappresentata dai **canopy tour** (escuela@tierradelfuego.org.ar; Refugio de Montaña; AR$130; ⌚10-17.15 ott-giu, solo su prenotazione), escursioni tra le fronde degli alberi che iniziano presso la base della seggiovia e consentono di calarsi per un'ora nei panni di Tarzan, sfrecciando attraverso la volta della foresta lungo 11 zip-line e due ponti sospesi. Il cavo più alto si trova a 8 m da terra.

Ushuaia

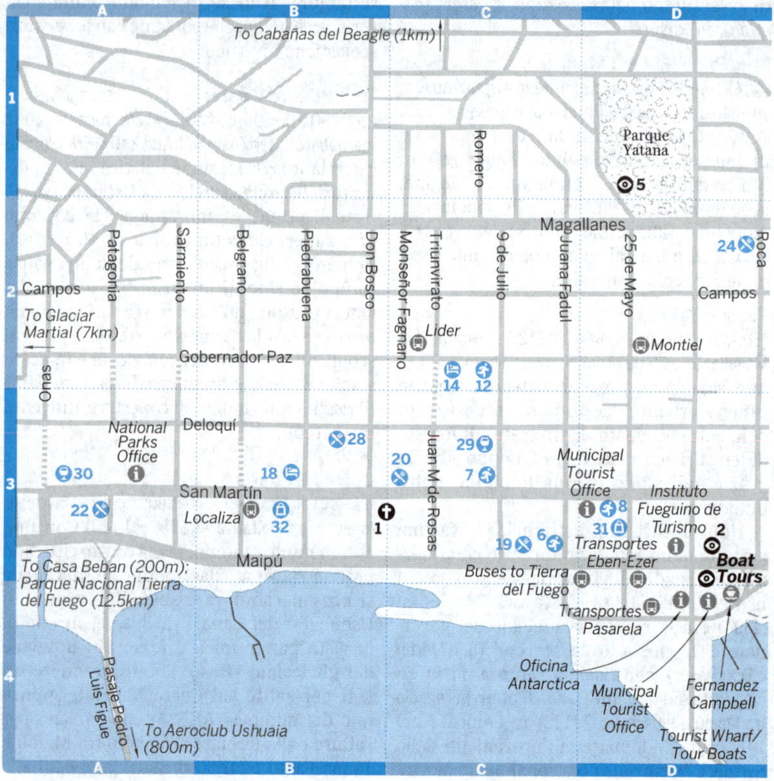

Anche il centro sportivo invernale noleggia l'attrezzatura per lo sci e le racchette da neve per piacevoli passeggiate.

Canale di Beagle ESCURSIONI IN MARE

Navigare sulle acque color acciaio del Canale di Beagle, con i ghiacciai e le isolette rocciose che si stagliano in lontananza, offre una prospettiva diversa, oltre a discrete opportunità di osservare la fauna selvatica. Lungo il molo sono presenti diversi operatori che propongono escursioni simili, ovvero uscite in barca mattutine o pomeridiane della durata di quattro ore (da AR$180 a AR$230) che fanno tappa alle colonie di leoni marini e di cormorani. La qualità delle escursioni può variare: informatevi sul numero dei passeggeri e chiedete se vengono serviti i pasti e quali siti si visitano. Uno dei momenti da non perdere di queste gite è la sosta su un'isola per camminare e cercare i *conchales*, ossia i cumuli di conchiglie lasciati dai nativi yaghan. Il molo turistico si trova lungo Maipú, tra Lasserre e Roca.

Mago Del Sur VELA

(☎02901-15-5148-6463; www.magodelsur.com.ar; charter per persona al giorno Canale di Beagle/Antartide AR$1266/1477) Un servizio charter che ci sentiamo di raccomandare è quello offerto dal veliero comandato dal capitano Alejandro Damilano, la cui esperienza di una vita intera di navigazione fornisce garanzia di sicurezza e abilità al timone.

Cruceros Australis CROCIERE

(☎a Santiago 02-442-3110; www.australis.com; ⏲set-mag) Propone a una clientela di passeggeri per lo più adulti una gamma di crociere di lusso di quattro o cinque giorni a Punta Arenas e ritorno (a partire da $1498/1894 per persona in bassa/alta stagione). Le crociere con partenza il sabato da Ushuaia comprendono la possibilità di uno scalo a Cabo de Hornos. Consultate il sito per conoscere le tariffe di bassa stagione più convenienti. L'itinerario di viaggio prevede la visita di molti ghiacciai altrimenti inaccessibili, ma il

Ushuaia

Da non perdere

Escursioni in barca D3
Museo Marítimo e Museo del Presidio F2

Che cosa vedere

1 Iglesia de la Merced B3
2 Legislatura Provincial D3
3 Museo del Fin del Mundo E3
4 Museo Yámana E3
5 Parque Yatana D1

Attività, corsi e tour

6 All Patagonia C3
7 Canal Fun C3
8 Compañía de Guías de Patagonia D3
9 Rumbo Sur E3
10 Tolkar E3
11 Turismo Comapa E3
12 Ushuaia Turismo C2

Pernottamento

13 Antarctica Hostel E2
14 Freestyle C2
15 Galeazzi-Basily B&B E1
16 La Casa de Tere B&B E1
17 Posada Fin del Mundo E1
18 Yakush B3

Pasti

19 Almacen Ramos Generales C3
20 Bodegón Fueguino C3
21 Chiko E3
22 El Turco A3
23 Kalma Resto F3
24 Kaupé D2
25 La Anónima E2
26 La Estancia E3
27 Lomitos Martinica F3
28 María Lola Restó B3

Locali

29 Dublin Irish Pub C3
30 Macario 1910 .... A3

Shopping

31 Boutique del Libro D3
32 Boutique del Libro B3

tempo a disposizione a terra per escursioni per conto proprio o altre attività è piuttosto limitato; viene invece dato ampio spazio a discussioni su temi naturalistici e alle escursioni di gruppo. Turismo Comapa (p426) gestisce le prenotazioni a livello locale.

Aeroclub Ushuaia VOLI PANORAMICI
(☎421-717/892; www.aeroclubushuaia.org.ar; 30 min AR$443) Propone voli panoramici sopra il canale.

Nunatak Adventure SPORT INVERNALI
(☎430-329; www.nunatakadventure.com; RN 3, Km 3018; corse in slitta con guida AR$140) Propone escursioni con le racchette da neve in una bella valle alpina e corse a bordo di slitte trainate da cani (husky siberiani e Alaskan Malamute) attraverso la Tierra Mayor. Per una serata indimenticabile, concludete l'una o l'altra con un bel falò (AR$400). Offre anche escursioni guidate in motoslitta. Per informazioni sulle proposte estive, v. p426.

Altos del Valle SPORT INVERNALI
(☎422-234; www.gatocuruchet.com.ar) Questa stazione sciistica organizza lezioni di corsa su slitta ed è il principale sponsor delle famose gare annuali di slitte trainate da cani che si tengono a fine di agosto e alle quali possono

partecipare anche i bambini. Il proprietario, Gato Curuchet, è stato il primo sudamericano a partecipare alla corsa Iditarod in Alaska. Oltre alle piste da discesa, questa stazione è attrezzata con percorsi per sci di fondo e racchette da neve; è possibile noleggiare l'attrezzatura completa e vengono organizzate escursioni notturne nelle notti di luna piena. Gli amanti del brivido possono prendere in considerazione lo sci con il gatto delle nevi.

Centro de Deportes Invernales Glaciar Martial SPORT INVERNALI
(☎421-423, 423-340) Circa 7 km a nord-ovest di Ushuaia, questo centro di sport invernali frequentato soprattutto dalle famiglie offre piste da discesa adatte ai principianti, e inoltre noleggia l'attrezzatura.

Tour

Numerose agenzie turistiche propongono ogni genere di tour in tutta la regione. Potrete fare escursioni a cavallo, a piedi e in canoa, visitare il Lago Escondido e il Lago Fagnano, soggiornare in una *estancia* oppure osservare gli uccelli e i castori.

All Patagonia TOUR ORGANIZZATO
(☎433-622; www.allpatagonia.com; Juana Fadul 60) Questa agenzia rappresenta l'American Express e propone escursioni più convenzionali e di lusso.

Canal Fun AVVENTURA
(☎437-395; www.canalfun.com; 9 de Julio 118) Gestita da giovani intraprendenti, organizza apprezzate gite di un giorno intero che comprendono trekking e kayak nel Parque Nacional Tierra del Fuego (AR$425), itinerari in fuoristrada attorno al Lago Fagnano (AR$535) e un'escursione dedicata ad attività sportive di diverso genere nei dintorni dell'Estancia Harberton che prevede un'uscita in kayak e una visita alla vicina colonia di pinguini (AR$785).

Compañía de Guías de Patagonia A PIEDI
(☎437-753; www.companiadeguias.com.ar; San Martín 654) Operatore affidabile che organizza passeggiate nel parco nazionale, escursioni di un giorno intero con trekking e arrampicata anche su ghiaccio sul Glaciar Vinciguerra (AR$329) ed eccellenti trekking di tre giorni a Valle Andorra e al Paso la Oveja (AR$2026).

Nunatak Adventure AVVENTURA
(☎430-329; www.nunatakadventure.com) Offre tour avventurosi a prezzi competitivi e ha una propria base sulla montagna. Ai viaggiatori è piaciuta particolarmente l'escursione di un giorno in fuoristrada al Lago Fagnano, con uscita in canoa e barbecue (AR$460).

Patagonia Adventure Explorer IN BARCA
(☎02901-15-465-842; www.patagoniaadvent.com.ar; molo turistico) Questa compagnia dispone di imbarcazioni confortevoli, e le sue escursioni comprendono uno spuntino e una breve passeggiata sull'Isla Bridges. Per un tocco di avventura in più, salpate sulla barca a vela di 5,5 m. Si possono anche compiere gite di un'intera giornata, comprensive di vino e spuntini da gourmet, oppure uscite di più giorni.

Piratour IN BARCA
(☎424-834; www.piratour.com.ar; molo turistico) Organizza escursioni per gruppi di 20 persone all'Isla Martillo e trekking per ammirare i pinguini di Magellano e i Papúa.

Rumbo Sur CON GUIDA
(☎422-275; www.rumbosur.com.ar; San Martín 350) L'agenzia di Ushuaia, operativa da più tempo, è specializzata in attività più tradizionali e dispone di un catamarano per le gite nel porto.

Tango y Che IN BARCA
(☎02901-15-517967; www.navegandoelbeagle.com; molo turistico) Molto apprezzate dai backpacker, le uscite sul Canale di Beagle a bordo dell'imbarcazione da 12 posti comandata dallo stesso proprietario prevedono una passeggiata sull'Isla Bridges e birra alla spina durante il viaggio di ritorno verso il porto.

Tres Marías Excursiones IN BARCA
(☎436-416; www.tresmariasweb.com; molo turistico) Questa compagnia è l'unica ad avere il permesso di attraccare sull'Isla 'H', nella riserva naturale dell'Isla Bridges, dove si trovano cumuli di conchiglie e una colonia di cormorani di Magellano. Il vascello è in grado di trasportare un massimo di otto passeggeri.

Tolkar CON GUIDA
(☎431-408/12; www.tolkarturismo.com.ar; Roca 157) Si tratta di un'altra agenzia rinomata, con personale efficiente e un ampio ventaglio di proposte; è affiliata alle autolinee Tecni-Austral.

Turismo Comapa IN BARCA
(☎430-727; www.comapa.com; San Martín 245) Presso questa agenzia si possono confermare le prenotazioni delle traversate con Navimag e Cruceros Australis.

Turismo de Campo CON GUIDA
(☎437-351; www.turismodecampo.com, in spagnolo; Fuegia Basquet 414) Organizza itinerari di trekking non troppo impegnativi, uscite in barca

a vela sul Canale di Beagle e visite all'Estancia Rolito, vicino a Río Grande. Offre inoltre un'ampia gamma di traversate in Antartide di durata variabile da nove a 12 giorni.

Ushuaia Turismo CON GUIDA
(☎436-003; www.ushuaiaturismoevt.com.ar; Gobernador Paz 865) Offre prenotazioni last-minute per crociere in Antartide.

Pernottamento

Da gennaio agli inizi di marzo è necessario prenotare con largo anticipo. Al momento della prenotazione, informatevi se il vostro albergo offre il trasporto gratuito agli ospiti in arrivo. D'inverno, le strutture che rimangono aperte praticano tariffe leggermente inferiori. Quasi tutti gli alberghi offrono il servizio di lavanderia.

L'ufficio turistico municipale (p429) fornisce gli elenchi di B&B e *cabañas*, e fuori dell'orario di apertura affigge all'esterno un elenco delle sistemazioni ancora disponibili.

A Ushuaia ci sono numerosi ostelli. Tutti sono dotati di cucina e la maggior parte offre l'accesso a internet. Solitamente in bassa stagione (da aprile a ottobre) le tariffe diminuiscono del 25%.

Antarctica Hostel OSTELLO $
(☎435-774; www.antarcticahostel.com; Antártida Argentina 270; letti in camerata/doppie AR$70/125; @☺) Accogliente ostello con un'atmosfera calorosa e personale molto disponibile. L'ambiente open space e la birra alla spina ne fanno un luogo ideale per socializzare. Gli ospiti possono rilassarsi e giocare a carte nella sala comune e prepararsi i pasti nella bella cucina sul balcone. Le camere in cemento sono spaziose e dotate di riscaldamento a pavimento.

Galeazzi-Basily B&B B&B $$
(☎423-213; www.avesdelsur.com.ar; Valdéz 323; bungalow doppi/tripli/quadrupli AR$390/450/520, singole/doppie senza bagno AR$190/280; @☺) La caratteristica migliore di questa elegante residenza in legno è la calorosa ospitalità dei proprietari, che vi faranno sentire come a casa vostra. Le camere sono piccole ma arredate con un tocco personale. Dal momento che nella casa le camere hanno i letti separati, le coppie potrebbero preferire uno dei moderni bungalow sul retro. Il posto è veramente tranquillo e i proprietari parlano inglese, francese, italiano e portoghese.

Cabañas del Beagle BUNGALOW $$$
(☎432-785; www.cabanasdelbeagle.com; Las Aljabas 375; bungalow per 2 persone AR$1055; ☺) Alle coppie alla ricerca di un rifugio romantico piaceranno questi bungalow dall'eleganza rustica con pavimenti in pietra riscaldata, scoppiettanti caminetti e cucinini perfettamente attrezzati e riforniti quotidianamente di pane fresco, caffè e altre delizie. Il proprietario, Alejandro, è estremamente cortese e premuroso. È richiesto un soggiorno minimo di due notti. I bungalow si trovano su un'altura a 13 isolati dal centro.

Freestyle OSTELLO $
(☎432-874; www.ushuaiafreestyle.com; Gobernador Paz 866/868; letti in camerata con/senza bagno AR$90/80; @☺) Questo ostello dall'atmosfera festaiola vanta camerate moderne con morbide coperte di lana, una zona per cucinare con piani di marmo e un grande soggiorno con tavolo da biliardo, divani in similpelle e panorami mozzafiato. I simpatici fratelli Emilio e Gabriel offrono utili consigli e informazioni sulle escursioni nella zona.

La Posta OSTELLO $
(☎444-650; www.laposta-ush.com.ar; Perón Sur 864; letti in camerata/doppie AR$85/135; @☺) Accogliente ostello alla periferia di Ushuaia, molto rinomato tra i giovani viaggiatori grazie all'accoglienza calorosa, all'ambiente casalingo e alle cucine all'aperto pulitissime. L'unico neo è la distanza dal centro cittadino, che tuttavia si può raggiungere agevolmente in autobus o in taxi.

Los Cormoranes OSTELLO $
(☎423-459; www.loscormoranes.com; Kamshen 788; letti in camerata/doppie/triple AR$70/280/330; @☺) Più tranquillo rispetto ai concorrenti, questo accogliente ostello HI si trova a 10 minuti di cammino (in salita) dal centro, in direzione nord. Le belle e calde camerate a sei letti si affacciano su corridoi esterni di assi (che rendono sopportabile il viavai notturno verso i bagni). Le moderne doppie hanno levigati pavimenti di cemento e allegri piumini d'oca sui letti; la migliore è la n. 10, con vista sulla baia. L'abbondante prima colazione comprende pane tostato, caffè, uova (da cucinarsi) e succo d'arancia appena spremuto.

La Casa de Tere B&B B&B $$
(☎422-312; www.lacasadetere.com.ar; Rivadavia 620; doppie AR$337, singole/doppie senza bagno AR$211/253) Tere, la proprietaria di questo B&B moderno e con una splendida vista, riserva agli ospiti una particolare attenzione. Ci sono un salone con TV via cavo e caminetto e una cucina a disposizione degli ospiti. Dal momento che le camere sono

solo tre, conviene prenotare per tempo. Si raggiunge con una breve ma ripida salita dal centro.

Posada Fin del Mundo B&B $$$
(☎437-345; www.posadafindelmundo.com.ar; all'angolo tra Rivadavia e Valdéz; doppie con/senza bagno AR$527/422) Questa grande casa di famiglia è ricca di carattere, a partire dall'elegante soggiorno con opere d'arte popolare e una splendida vista sul mare. Le otto camere piastrellate sono piuttosto piccole, ma i letti sono lunghi. Le tariffe sono un po' eccessive, ma la prima colazione è abbondante e al pomeriggio vengono serviti tè e torte. Durante la stagione invernale ospita spesso intere squadre di sci.

Cabañas Aldea Nevada BUNGALOW $$$
(☎422-851; www.aldeanevada.com.ar; Martial 1430; doppie AR$520; @) In questo posto avrete la sensazione che possano apparire da un momento all'altro dei folletti. Questo splendido tratto di foresta di lenga è punteggiato da 13 bungalow in legno che ben si armonizzano con l'ambiente circostante, con grill all'aperto e rustiche panchine in legno sistemate nei pressi degli stagni, ideali per chi ama la contemplazione. Gli interni sono rustici ma moderni, con cucine attrezzate, stufe a legna e dettagli in legno massiccio. È richiesto un soggiorno minimo di due notti.

Cumbres del Martial LOCANDA $$$
(☎424-779; www.cumbresdelmartial.com.ar; Martial 3560; doppie/bungalow AR$1160/1667; @📶) Questa elegante struttura si trova alla base del Glaciar Martial. Le camere standard ricordano un po' nello stile un cottage inglese, mentre i bungalow in legno a due piani sono semplicemente sbalorditivi, con caminetti in pietra, vasche con idromassaggio e splendide finestre ad arco. Lussuosi accappatoi, massaggi (extra) e il quotidiano del vostro paese consegnato nella vostra cassetta della posta sono alcuni dei servizi aggiuntivi.

Yakush OSTELLO $
(☎435-807; www.hostelyakush.com.ar; Piedrabuena 118; letti in camerata AR$85, doppie con/senza bagno AR$300/240; ⏲metà ott-metà apr; 📶) Questo simpatico ostello dall'atmosfera calorosa è ben tenuto, estremamente accogliente e sapientemente arredato con originali disegni. Le camerate hanno lenzuola fresche di bucato e letti solidi e uno degli spazi comuni è un ampio salone al piano superiore, con comodi futon e soffitti spioventi.

Pasti

TOP **Kalma Resto** ALTA CUCINA $$$
(☎425-786; www.kalmaresto.com.ar; Av Antártida Argentina 57; portate principali AR$55-105; ⏲20-24) Questo rinomato ristorantino, di proprietà del giovane chef Jorge, rivisita in modo creativo le principali specialità fuegine, come il granchio e il polpo. Il menu propone piatti come l'orata con salsa acida al pomodoro (per creare un contrasto di sapori) e l'agnello arrosto con funghi Matsutake; le verdure fresche e i fiori commestibili sono coltivati nel giardino sul retro. Il servizio è impeccabile e lo chef gira personalmente tra i pochi tavoli apparecchiati con eleganti tovaglie nere per assicurarsi che i clienti siano soddisfatti. Come dessert, concedetevi la torta al cioccolato, non eccessivamente dolce e destrutturata.

Kaupé INTERNAZIONALE $$$
(☎422-704; www.kaupe.com.ar; Roca 470; portate principali AR$80-120) Per un'esperienza culinaria a base di pesce e frutti di mare, dirigetevi verso questo ristorante sulla baia illuminato dalle candele. Lo chef Ernesto Vivian utilizza prodotti freschissimi e anche il servizio è impeccabile. Il nuovo menu degustazione (AR$360 con vino e champagne) comprende due antipasti, un piatto principale e un dessert scelti tra specialità come la zuppa di granchio reale e spinaci e l'orata al burro affumicato.

Bodegón Fueguino PATAGONICO $$
(☎431-972; www.tierradehumos.com/bodegon; San Martín 859; portate principali AR$32-82; ⏲mar-dom) Questa casa tradizionale risalente al secolo scorso, arredata con panche coperte da pelli di pecora, botti in legno di cedro e felci, è il posto giusto in cui gustare la sostanziosa cucina casalinga della Patagonia, ma anche per mangiare qualche stuzzichino con un bicchiere di vino. La *picada* (piatto misto di antipasti) per due persone comprende melanzane, spiedini di agnello, granchio e prugne avvolte nella pancetta.

María Lola Restó ARGENTINO $$
(☎421-185; Deloquí 1048; portate principali AR$45-70; ⏲12-24 lun-sab) 'Appagante' è un aggettivo che ben definisce un pasto in questo originale ristorante in stile caffè affacciato sul canale. La gente del posto affolla questa casa argentata per gustare piatti di pasta fatta in casa con frutti di mare oppure fettine di carne cotte in una ricca salsa di funghi. Il servizio è efficiente e le porzioni tendono verso il colos-

sale: data l'abbondanza, i dessert si possono tranquillamente condividere.

Chiko CUCINA DI MARE **$$**
(☎432-036; Av Antártida Argentina 182; portate principali AR$38-65; ⏲12-15 e 19.30-23.30, chiuso dom) Un paradiso per gli amanti di pesce e frutti di mare. Il granchio reale, la *paila marina* (zuppa di crostacei) e i piatti di pesce sono preparati con tale maestria che il servizio un po' lento passa decisamente in secondo piano.

Almacen Ramos Generales CAFFÈ **$**
(☎427-317; www.ramosgeneralesushuaia.com; Maipú 749; portate principali AR$30-70; ⏲9-24) La vera attrattiva di questo caratteristico negozio di alimentari sono i croissant e le croccanti baguette sfornati dal pasticcere francese, ma servono anche birra locale alla spina, vini e (costosi) piatti leggeri come sandwich, zuppe e quiche.

La Estancia STEAKHOUSE **$$**
(☎431-241; Godoy e San Martín; portate principali AR$40-90) Per un autentico *asado* (grigliata) argentino non c'è posto migliore di questa conveniente *parrilla*. La sera si riempie di gente del posto e viaggiatori desiderosi di gustare il suo delizioso agnello arrosto, le succose bistecche, le sfrigolanti costine e le grandi insalate.

El Turco CAFFÈ **$**
(☎424-711; San Martín 1410; portate principali AR$22-55; ⏲12-15 e 20-24) Questo classico caffè argentino serve *milanesa* (cotoletta alla milanese), pizze, patatine fritte e pollo arrosto. La cucina non è niente di speciale, ma merita una visita per i prezzi contenuti e per osservare gli impettiti camerieri con il farfallino che sfoggiano il loro francese con i clienti americani.

Lomitos Martinica FAST FOOD **$**
(San Martín 68; portate principali AR$22-32; ⏲11.30-15 e 20.30-24) Questo conveniente locale con posti a sedere a lato del grill serve enormi sandwich *milanesa* e a pranzo propone un economico piatto del giorno.

La Anónima SUPERMERCATO **$**
(all'angolo tra Gobernador Paz e Rivadavia) Negozio di generi alimentari con economici piatti da asporto.

Locali

I bevitori sappiano che il bar più a sud del mondo non si trova qui, bensì all'interno della stazione di ricerca ucraina in Antartide.

Dublin Irish Bar BAR
(☎430-744; www.dublinushuaia.com; all'angolo tra 9 de Julio e Deloquí) Dublino non sembra poi così lontana grazie alla vivace atmosfera e alla birra che scorre a fiumi di questo locale dalle luci soffuse, molto frequentato dagli stranieri. Talvolta vengono proposte serate di musica dal vivo. Non mancate di assaggiare almeno una delle tre birre Beagle (prodotte a Ushuaia).

Macario 1910 PUB
(☎422-757; www.macario1910.com; San Martín 1485; sandwich AR$22; ⏲18-fino a tardi) Accogliente pub che ricorda un transatlantico, con divani in pelle e arredi in legno lucido. Serve la gustosa Beagle Beer alla spina e piatti da pub di qualità superiore alla media, tra cui sandwich con tonno fresco e pane fatto in casa e vassoi di sottili patatine fritte al momento.

Küar Resto Bar PUB
(☎437-396; www.kuar.com.ar; Av Perito Moreno 2232; ⏲18-fino a tardi) Questo nuovo, raffinato bar-ristorante in legno e pietra richiama gli sciatori di ritorno dalle piste con freschi cocktail, birra locale e tapas. L'interno è elegante, ma è soprattutto la vista sul mare, specialmente al tramonto, a lasciare senza fiato. Il Küar si trova sul mare ad alcuni chilometri da Ushuaia, e per raggiungerlo dovrete prendere un taxi.

Shopping

Boutique del Libro LIBRI
(☎432-117, 424-750; 25 de Mayo 62; ⏲10-21) Ampio assortimento di testi sulla Patagonia e l'Antartide, libri di letteratura, guide turistiche e riviste illustrate (anche in inglese); hanno un altro negozio al n. 1120 di San Martín.

Informazioni

Lungo Maipú e San Martín ci sono diverse banche con bancomat.

ACA (Automóvil Club Argentino; ☎421-121; all'angolo tra Malvinas Argentinas e Onachaga) L'Automobile Club argentino è ben fornito di cartine stradali provinciali.

Cambio Thaler (San Martín 209; ⏲10-13 e 17-20 lun-sab, 17-20 dom) Tassi leggermente meno convenienti.

Club Andino Ushuaia (☎422-335; www.clubandinoushuaia.com.ar, in spagnolo; Juana Fadul 50; ⏲9-13 e 15-20 lun-ven) Vende cartine e guide bilingui di itinerari alpinistici, di trekking e di mountain-bike. Il Club organizza occasionalmente escursioni in montagna, su richiesta con l'accompagnamento di guide. Agli escursionisti indipendenti si raccomanda di registrarsi presso il Club prima di mettersi in marcia.

Ente Parchi Nazionali (Administración de Parques Nacionales; ☎421-315; San Martín 1395; ⏲9-16 lun-ven)

Hospital Regional (☎107, 423-200; all'angolo tra Fitz Roy e 12 de Octubre)

Instituto Fueguino de Turismo (Infuetur; ☎421-423; www.tierradelfuego.org.ar; Maipú 505) Al piano terra dell'Hotel Albatros.

Ufficio immigrazione (☎422-334; Beauvoir 1536; ⏲9-12 lun-ven)

Ufficio postale (all'angolo tra San Martín e Godoy)

Ufficio turistico municipale (☎432-000 all'aeroporto, 423-970, fuori dalla Tierra del Fuego 0800-333-1476; www.turismoushuaia.com, in spagnolo; San Martín 674) Molto efficiente, dispone di personale che parla inglese e francese, bacheca per i messaggi, opuscoli informativi in varie lingue e informazioni su opportunità di alloggio, attività e trasporti. Ha anche sportelli all'aeroporto e al molo.

Per/da Ushuaia

Aereo

Aerolíneas Argentinas (☎421-218; Maipú e 9 de Julio) garantisce diversi collegamenti al giorno con Buenos Aires (andata e ritorno AR$2127, 3 h 30 min), talvolta con scali a El Calafate (solo andata AR$667, 70 min).

LADE (☎421-123; San Martín 542) effettua voli per Buenos Aires (AR$1091), El Calafate (AR$640), Río Grande (AR$116) e occasionalmente per altre località; i prezzi indicati sono relativi alla sola andata.

Lan è l'opzione migliore per raggiungere Buenos Aires (andata e ritorno AR$1823). I biglietti si possono acquistare presso le agenzie di viaggi locali.

Autobus

A Ushuaia non c'è un terminal degli autobus. Prenotate i biglietti per le corse in partenza da Ushuaia il più presto possibile; in alta stagione molti lettori ci hanno segnalato di essere rimasti bloccati sul posto. Altre rimostranze riguardano le lunghe attese ai posti di confine.

Nella seguente tabella sono elencate le principali destinazioni con le relative tariffe:

DESTINAZIONE	TARIFFA (AR$)	DURATA (ORE)
Bariloche	774-844	36
Calafate	384	18
Punta Arenas, Cile	130-160	11
Río Gallegos	290-360	12
Río Grande	75-90	4
Tolhuin	50-60	2

Bus Sur (☎430-727; San Martín 245) effettua 3 collegamenti alla settimana, con partenza alle 5.30, per Punta Arenas e Puerto Natales, in Cile, in coincidenza con l'autobus per Montiel.

Lider (☎436-421; Gobernador Paz 921) gestisce un servizio a domicilio di minibus per Tolhuin e Río Grande con partenza 6 volte al giorno, e servizi meno frequenti la domenica.

Montiel (☎421-366; Gobernador Paz 605) offre un servizio a domicilio di minibus per Tolhuin e Río Grande con la stessa frequenza di Lider.

Taqsa (☎435-453; Godoy 41) effettua 1 corsa per Río Grande, con sosta a Tolhuin lungo il tragitto, con partenza alle 5; sempre alle 5, ha corse per Punta Arenas e Puerto Natales, in Cile, 3 volte la settimana e per El Calafate e Bariloche tutti i giorni.

Tecni-Austral (☎431-408/12; Roca 157) effettua collegamenti per Río Grande con partenza alle 5 e sosta a Tolhuin lungo la strada. Una coincidenza per Punta Arenas è in servizio 3 volte la settimana e tutti i giorni per Río Gallegos, con partenza alle 5.

Transportes Pasarela (☎433-712; all'angolo tra Maipú e 25 de Mayo) effettua un servizio di navetta per il Lago Esmeralda (AR$40), il Lago Escondido (AR$90) e il Lago Fagnano (AR$100) con partenza alle 10 e ritorno alle 14 e alle 18.30. Se pensate di pernottare sul posto, chiedete di pagare solo il biglietto di andata e concordate di farvi venire a prendere il giorno successivo.

Per quanto riguarda i trasporti al Parque Nacional Tierra del Fuego, v. p433.

Imbarcazioni

Alcuni yacht privati si offrono come charter per traversate con destinazione Cabo de Hornos e l'Antartide (v. p423). Questi viaggi per mare devono essere organizzati con un certo anticipo.

Per Puerto Williams, v. p419. V. Tour (p418) per altre escursioni in barca.

Trasporti locali

La corsa in taxi per/dal moderno aeroporto di Ushuaia (codice aeroporto USH), 4 km a sud-ovest del centro, costa AR$25. Un taxi può essere noleggiato per circa AR$140 l'ora.

Un autobus locale fa servizio per l'aeroporto da Maipú.

Per quanto riguarda l'autonoleggio, la tariffa per un'utilitaria (assicurazione compresa) parte da circa AR$464 al giorno; provate **Localiza** (☎430-739; Sarmiento 81). Alcune agenzie non fanno pagare la riconsegna dell'auto in altre zone della Tierra del Fuego argentina.

Le navette per le stazioni sciistiche (andata e ritorno, AR$70) lungo la RN 3 partono a intervalli di 1 h dalla fermata all'angolo tra Juana Fadul e Maipú, tutti i giorni dalle 9 alle 14. Ogni stazione offre inoltre un servizio di trasporto dal centro di Ushuaia.

LA GUIDA DI UN PIONIERE ALLA TIERRA DEL FUEGO

E. Lucas Bridges ha avuto un'infanzia troppo straordinaria per non raccontarla: crebbe con il Canale di Beagle che fungeva da cortile, aiutando suo padre a recuperare marinai che avevano fatto naufragio e imparando l'arte della sopravvivenza dalle popolazioni native degli yaghan e dei selk'nam (ona). La sua biografia *Utter Part of the Earth* (*Ultimo confine del mondo. Viaggio nella Terra del Fuoco*) (Einaudi 2009) alimentò l'ossessione giovanile di Bruce Chatwin per la Patagonia. Oggi, a distanza di decenni dalla sua pubblicazione, questo classico del 1974 è stato ripubblicato anche in lingua italiana.

Il racconto di Bridges inizia con la storia di suo padre, di origine inglese, che si stabilisce in una missione anglicana nell'incontaminata Ushuaia. Dopo che la sua famiglia riesce a barattare la vita missionaria per iniziare l'attività pionieristica in un'*estancia*, il padre di Bridges muore. Diventato adulto in giovane età, Bridges si lancia nell'avventura di vivere con i selk'nam, imparando a sopravvivere solo con esigue razioni di carne di guanaco, ad attraversare fiumi ghiacciati e a negoziare la pace tra fazioni in guerra.

Le epidemie di morbillo e le lotte con gli ostili coloni causarono l'estinzione delle popolazioni native della Tierra del Fuego. All'epoca della prima pubblicazione del libro, la loro popolazione era scesa a meno di 150 rappresentanti. *Ultimo confine del mondo. Viaggio nella Terra del Fuoco* cattura l'immagine degli ultimi giorni di queste coraggiose civiltà e la trasformazione di un'isola da luogo selvaggio e incontaminato a frontiera plasmata da cercatori d'oro, missionari e allevatori di pecore.

Parque Nacional Tierra del Fuego

Arginate dal canale, le silenziose e profumate foreste meridionali della Tierra del Fuego costituiscono un ambiente spettacolare da esplorare. Situato 12 km a ovest di Ushuaia, lungo la RN 3, il **Parque Nacional Tierra del Fuego** (ingresso AR$85), il primo parco nazionale costiero dell'Argentina, occupa 630 kmq di territorio che si estende dal Canale di Beagle a sud fino oltre il Lago Fagnano (conosciuto anche come Lago Kami) a nord. Soltanto duemila ettari circa di parco lungo il suo confine meridionale sono tuttavia aperti al pubblico. La rete di sentieri al suo interno, molto limitata, è stata progettata più per scampagnate familiari in giornata che non per escursioni e trekking impegnativi di più giorni. Il resto del parco è tutelato come *reserva estricta* (rigorosamente chiusa al pubblico). È comunque possibile effettuare alcune belle passeggiate lungo baie e fiumi o attraverso fitte foreste native di coihue sempreverdi, cannella e magellane e lenga decidui. I colori più spettacolari si ammirano nei mesi autunnali, quando i fianchi delle colline fiammeggiano dei colori rosso acceso del ñire.

Gli uccelli abbondano nel parco, soprattutto lungo la zona costiera: si possono avvistare condor, albatro, cormorani, gabbiani, sterne, beccacce di mare, svassi, oche del kelp e le buffe anatre vaporiere dal becco arancione e dalle ali molto corte, incapaci di volare. Tra gli animali comuni più invasivi, il coniglio europeo e il castoro del Nord America che, per quanto graziosi, stanno causando gravi problemi ecologici. L'abbondanza di conigli richiama nel parco anche diversi esemplari di volpi grigie e rosse.

Attività

Ad appena 3 km dall'ingresso del parco, il **Senda Pampa Alta** (5 km) porta in cima a un'altura da cui si gode di una vista meravigliosa. Proseguendo il cammino per altri 300 m si raggiunge un *senda* (sentiero) che segue il corso del Río Pipo fino ad alcune cascate. Un'altra facile passeggiata è quella del **Senda Costera** (6,5 km), cui si accede dal termine della strada per Bahía Ensenada. Questo percorso si snoda lungo la baia, un tempo zona abitata dagli yaghan. Cercate di individuare i cumuli di conchiglie, ora ricoperti d'erba. Il sentiero termina all'altezza della strada che dopo 1,2 km raggiunge il **Senda Hito XXIV** (5 km), un sentiero pianeggiante attraverso la foresta di lenga lungo la sponda settentrionale del Lago Roca; il tracciato termina in corrispondenza del cippo di confine argentino-cileno. Il **Senda Cerro Guanaco** (8 km) inizia nello stesso punto del precedente, ma sale sulla cima di una collina di 970 m di altezza dove la vista è magnifica.

Dopo aver percorso 3242 km da Buenos Aires, la RN 3 fa un'ampia curva verso sud all'altezza della stupenda Bahía Lapataia. Il **Mirador Lapataia** (1 km) si collega al **Senda del Turbal** (2 km) e si snoda attraverso la foresta di lenga fino a raggiungere questo punto terminale della strada. Tra le altre possibili escursioni in questa zona segnaliamo il **Senda Laguna Negra** (950 m), sentiero naturalistico autoguidato attraverso alcune torbiere, e il **Senda Castorera** (800 m), lungo il quale si possono osservare le dighe costruite dai castori e, spesso, i castori stessi al lavoro negli stagni.

Pernottamento

L'unica possibilità di pernottamento all'interno del parco è offerta dal campeggio e dal *refugio* sulla sponda del **Lago Roca** (campeggio per persona/letti in camerata AR$9/40; ⏲tutto l'anno), a 9 km dall'ingresso del parco, aperto tutto l'anno se le condizioni meteorologiche consentono di raggiungere il parco. Entrambi sono dotati di docce calde, *confitería* (caffetteria che serve pasti leggeri) e di un piccolo (e costoso) negozio di generi alimentari. Nel parco ci sono numerose opportunità di fare campeggio libero. L'acqua del Lago Roca non è potabile: prima dell'uso, fatela bollire.

Per/dal Parque Nacional Tierra del Fuego

Gli autobus per il parco partono da Ushuaia, all'angolo tra Maipú e Juana Fadul, ogni 40 min tra le 9 e le 18 in alta stagione, e ritornano tra le 8 e le 20. A seconda della destinazione, il biglietto di andata e ritorno costa circa ARS$70; non è necessario ritornare nello stesso giorno. La tariffa degli autobus privati per andata e ritorno è di AR$100. Il costo di un taxi suddiviso tra più persone è uguale a quello dell'autobus.

Il mezzo più turistico, e forse anche il più lento, per raggiungere il parco è **El Tren del Fin de Mundo** (☎02901-431-600; www.trendelfindemundo.com.ar; interi/bambini AR$155/50, più ingresso al parco), che un tempo trasportava i detenuti ai

DA VEDERE

ESTANCIA HARBERTON

La storica **Estancia Harberton** (Skype: estanciaharberton.turismo; www.estanciaharberton.com; visita guidata e ingresso al museo interi/bambini AR$45/gratuito, singole/doppie/triple con mezza pensione AR$802/1266/1772; ⏲10-19 15 ott–15 apr), fondata nel 1886 dal missionario Thomas Bridges e dalla sua famiglia, è la prima *estancia* della Tierra del Fuego. A rendere famosa la fattoria fu tuttavia il figlio di Bridges, Lucas, che raccolse in un libro intitolato *Ultimo confine del mondo. Viaggio nella Terra del Fuoco* (Einaudi 2009) le memorie della sua vita trascorsa tra i selk'nam e gli yaghan, due popolazioni native oggi estinte. Il libro offre un'interessante introduzione alla storia della regione e agli usi e costumi dei nativi della Tierra del Fuego (v. lettura p431).

Situata in splendida posizione, l'*estancia* è tuttora di proprietà dei discendenti di Thomas Bridges. Sul posto si può pernottare, partecipare alle visite guidate (che comprendono la più antica casa dell'isola e la ricostruzione di un'abitazione yaghan), consumare un pasto al ristorante o visitare la colonia di pinguini della Reserva Yecapasela. Questa è anche una destinazione popolare per gli appassionati di birdwatching.

Sul posto si può visitare anche l'interessante **Museo Acatushún** (www.acatushun.com), istituito dalla biologa Natalie Prosser Goodall. Il museo, dedicato ai mammiferi marini della regione, ha inventariato migliaia di esemplari di mammiferi e uccelli; tra i più rari figura il mesoplodonte di Hector, una sorta di balena. Gran parte di questa vasta collezione è stata trovata nella Bahía San Sebastián, a nord di Río Grande, dove gli animali perdono il senso dell'orientamento a causa della differenza tra alta e bassa marea che può arrivare anche a raggiungere 11 km. Verificate gli orari di apertura del museo presso l'*estancia*.

Alla Estancia Harberton non ci sono telefoni (anche se si può telefonare attraverso Skype), pertanto prenotate con un certo anticipo. Presentandone richiesta in anticipo si può praticare il campeggio libero presso il Río Lasifashaj, il Río Varela e il Río Cambaceres. Harberton, situata 85 km a est di Ushuaia, è raggiungibile tramite la RN 3 e l'accidentata RC-j; calcolate da un'ora e 30 minuti a due ore di viaggio per la sola andata. Da Ushuaia, le navette partono alle 9 dall'inizio di 25 de Mayo all'altezza di Av Maipú, con ritorno alle 15 circa. Le agenzie di viaggi di Ushuaia organizzano escursioni in giornata in catamarano.

campi di lavoro. Il treno parte dalla Estación del Fin de Mundo, 8 km a ovest di Ushuaia (un taxi costa AR$30 sola andata), 3 o 4 volte al giorno d'estate e 1 o 2 volte al giorno d'inverno. Il panoramico tragitto di 1 h su binario a scartamento ridotto prevede anche un commento storico in inglese e in spagnolo. Prenotate in gennaio e febbraio, quando i tour delle navi da crociera tendono a occupare tutti i posti. Volendo, potete prendere il treno all'andata e tornare con un minibus.

L'autostop per il parco è possibile, ma le automobili sono generalmente già piene in partenza.

Tolhuin

☎02901 / POP. 2000

Battezzata con il nome in lingua selk'nam che significa 'come un cuore', Tolhuin si trova in effetti nel cuore della Tierra del Fuego, 132 km a sud di Río Grande e 104 km a nord-est di Ushuaia tramite una strada asfaltata. Tranquilla cittadina di frontiera in continua espansione, tutta piccole piazze e ombrosi sempreverdi, Tolhuin si affaccia sulla sponda orientale del Lago Fagnano, conosciuto anche come Lago Kami. La maggior parte dei viaggiatori di solito passa oltre senza fermarsi; tuttavia, se siete alla ricerca di un posto unico e tranquillo, Tolhuin merita senz'altro una sosta.

Una delle principali attrattive del luogo, presso cui normalmente sostano gli autobus diretti a Ushuaia, è la **Panadería La Unión** (☎492-202; www.panaderialaunion.com.ar, in spagnolo; Jeujepen 450; ☎24 h su 24), che sforna dolci di prima qualità e discrete empanadas. Il posto migliore per un alloggio spartano o per piantare la tenda è il **Camping Hain** (☎15-603-606; Lago Fagnano; piazzole AR$10 per persona, refugios per 8 persone AR$130), con piazzole erbose e riparate, docce con acqua calda, un enorme barbecue e un *fogon* (focolare coperto e zona cucina). Roberto, lo scrupoloso proprietario, potrà consigliarvi escursioni in zona e guide.

Río Grande

☎02964 / POP. 68.776

In quanto centro di servizi per le attività petrolifere dell'isola, Río Grande ha un'atmosfera industriale e una certa propensione allo sviluppo edilizio indiscriminato, stimolato dal regime di esenzione fiscale. Tuttavia, se non vi fermate a questo aspetto scoprirete una delle migliori zone al mondo per la pesca alla trota e alcuni esclusivi lodge frequentati da facoltosi appassionati di pesca. Se invece non siete venuti qui per pescare, non vi fermerete per più di qualche ora in questa città battuta dal vento prima di salire su un autobus diretto a Ushuaia, 230 km più a sud-ovest.

Pernottamento e pasti

Dal momento che molti viaggiatori che pernottano in città sono appassionati di pesca e uomini d'affari, gli alloggi in genere hanno tariffe spropositate e sono piuttosto distanti tra loro. Le strutture più esclusive offrono uno sconto del 10% a chi paga in contanti.

Posada de los Sauces HOTEL **$$**
(☎432-895; www.posadadelossauces.com.ar; Elcano 839; singole/doppie/triple AR$350/400/500; @📶) Frequentato soprattutto da agiati appassionati di pesca, questo albergo accogliente e professionale accentua l'atmosfera da lodge con freschi profumi e dettagli rustici. Le camere deluxe sono dotate di vasca con idromassaggio. Il bar-ristorante al piano superiore, con arredi in legno scuro e tonalità verde bosco, pare in attesa di riempirsi del fumo di sigari pregiati e di racconti di inverosimili avventure di pesca.

Hotel Villa HOTEL **$$**
(☎424-998; hotelvillarg@hotmail.com; San Martín 281; doppie/triple AR$310/380; P@📶) Situato di fronte al Casino Status, questo albergo ristrutturato vanta un rinomato ristorante e una decina di camere spaziose ed eleganti con piumini d'oca sui letti. La prima colazione comprende anche *medialunas* (croissants).

Tante Sara CAFFETTERIA **$$**
(Belgrano 402; portate principali AR$45-88) L'accogliente locale di questa elegante catena regionale è frequentato sia da signore che ordinano tè e una fetta di torta, sia da ragazzi che mangiano hamburger e bevono birra al bancone del bar. Le insalate (provate quella con lattuga romana, uova, gorgonzola e bacon) sono sorprendentemente buone, ma il servizio è lento.

Per/da Río Grande

L'**aeroporto** (RGA; ☎420-699) è poco distante dalla RN 3 e si raggiunge con una breve corsa in taxi dal centro. **Aerolíneas Argentinas** (☎424-467; San Martín 607) opera voli diretti giornalieri per Buenos Aires (sola andata AR$1317). **LADE** (☎422-968; Lasserre 445) ha un paio di voli alla settimana per Río Gallegos (AR$265), El Calafate (AR$457) e Buenos Aires (AR$1091); le tariffe indicate si riferiscono alla sola andata.

DESTINAZIONE	TARIFFA (AR$)	DURATA (ORE)
Punta Arenas, Cile	130-160	9
Río Gallegos	265	8
Tolhuin	50-60	2
Ushuaia	75-90	4

Una soluzione più comoda per raggiungere Ushuaia e Tolhuin è il servizio di minibus a domicilio gestito da **Lider** (☎420-003, 424-2000; Moreno 635) e da **Montiel** (☎420-997; www.lidertdf.com.ar 25 de Mayo 712), che prevede diverse partenze al giorno. Telefonate per prenotare un posto.

Il **Terminal Fuegina** (Finocchio 1194) è servito dalle seguenti autolinee:

Buses Pacheco (☎421-554) Effettua 3 corse alla settimana per Punta Arenas, con partenza alle 10.

Taqsa (☎434-316) Raggiunge Ushuaia con sosta a Tolhuin.

Tecni-Austral (☎434-316; biglietteria Moyano 516) Effettua 3 partenze alla settimana per Ushuaia, via Tolhuin (alle 8.30), per Río Gallegos e per Punta Arenas.

Bus Sur (☎420-997; www.bus-sur.cl; biglietteria 25 de Mayo 712) Questa autolinea effettua 3 corse settimanali per Ushuaia, Punta Arenas e Puerto Natales, in Cile, in coincidenza con gli autobus per Montiel; la partenza è alle 5.30.

Isola di Pasqua (Rapa Nui)

Include »

I migliori ristoranti

- » Au Bout du Monde (p443)
- » Te Moana (p444)
- » Kanahau (p444)
- » Mikafé (p443)

I migliori hotel

- » Explora en Rapa Nui (p441)
- » Te Ora (p441)
- » Aloha Nui (p442)
- » Cabañas Christophe (p442)
- » Cabañas Mana Ora (p442)

Perché andare?

L'Isola di Pasqua è un luogo unico al mondo che vanta una storia e una natura suggestiva e un paesaggio magico. I legami con il Cile, che si trova a oltre 3700 km di distanza verso est, sono molto remoti, così come con il resto del pianeta: sarete solo voi, i fondali marini color indaco e gli enigmatici *moai* (statue gigantesche).

L'isola, nonostante le sue piccole dimensioni, offre una sorprendente varietà di attività avventurose, oltre a punti favolosi per lo snorkelling, le immersioni e il surf. Per conoscere la bellezza selvaggia di Rapa Nui non esiste modo più 'eco-friendly' che montare in sella a un cavallo o a una bicicletta. Per chi preferisce riposo e relax, vi sono un paio di meravigliose distese di sabbia molto fine.

L'Isola di Pasqua è ormai famosa in tutto il mondo, tuttavia qui è tutto incentrato sull'ecoturismo, e le strutture ricettive sono piccole e per lo più a gestione familiare.

Quando andare

Hanga Roa

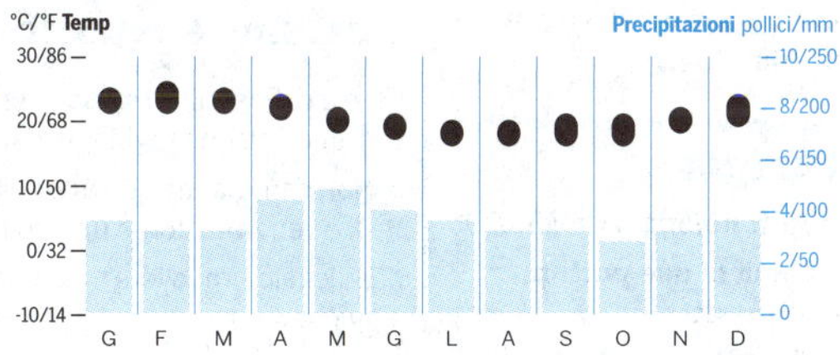

Gen-marzo Tariffe più elevate e scarsità di alloggio durante il festival Tapati Rapa Nui.

Lug-agosto Clima fresco, non adatto alle attività acquatiche, ma ideale per le passeggiate a piedi e a cavallo.

Apr-giu e ott-dic Stagione intermedia: il clima è abbastanza mite.

PRIMO PIANO

Moneta Peso cileno (CH$)

Lingua Spagnolo, rapanui

Telefoni cellulari Sono disponibili SIM card locali, che si possono utilizzare con cellulari GSM 'sbloccati'. Esistono accordi di roaming con la maggior parte degli operatori telefonici

Cambio Alcuni sportelli bancomat

Visti Non sono necessari per i visitatori provenienti dalla maggior parte dei paesi occidentali

In breve

» **Città principale** Hanga Roa

» **Popolazione** 6700

» **Prefisso telefonico** ☎56 32

» **Superficie** 117 kmq

Tassi di cambio

Area Euro	€1	CH$628,85
Argentina	AR$1	CH$95,38
Bolivia	B$1	CH$68,33
Perú	UK£1	CH$184,93
Stati Uniti	$1	CH$472,14
Svizzera	Sfr1	CH$506,18

Per i tassi di cambio aggiornati, visitate il sito www.xe.com.

Budget

» **Autonoleggio** CH$35.000

» **Cena di due portate** CH$15.000

» **Guesthouse** CH$40.000

» **Pisco sour** CH$2500

» **Tour dell'isola** CH$25.000

Collegamenti

Se non disponete di un'imbarcazione, l'unico modo per raggiungere l'Isola di Pasqua è l'aereo. Ci sono voli frequenti (circa 5 h) da Santiago a Rapa Nui, e collegamenti aerei meno frequenti per/da Lima (in Perú) e per/da Pape'ete (in Polinesia francese). Non esistono trasporti pubblici. Minibus privati, auto a noleggio e biciclette sono i mezzi di trasporto più comodi per spostarsi a Rapa Nui.

ITINERARI

Quattro giorni

Iniziate la giornata con una visita al Museo Antropológico Sebastián Englert per conoscere un po' di storia dell'isola. Partecipate poi a un'escursione di mezza giornata a Rano Kau e al villaggio cerimoniale di Orongo per ammirare panorami mozzafiato. Il secondo giorno fate un'escursione di una giornata alla scoperta delle meravigliose Rano Raraku e Ahu Tongariki. Tornando ad Hanga Roa, fate direttamente una sosta in uno dei bar pieni di atmosfera di Av Atamu Tekena, per godervi la vivace atmosfera della vita notturna. Il terzo giorno va dedicato interamente ad Hanga Roa. Visitate il *mercado* per fare qualche acquisto, poi andate fino ad Av Te Pito o Te Henua per ammirare il tramonto ad Ahu Tahai. La sera, assistete a uno spettacolo di danze tradizionali. Il quarto giorno vi consigliamo di rilassarvi sulla spiaggia di Anakena.

Una settimana

Seguite l'itinerario di quattro giorni, poi approfittate delle numerose opportunità offerte dall'isola per praticare attività all'aperto. Prenotate un'escursione a cavallo lungo la costa settentrionale, trascorrete una giornata facendo immersioni al largo di Motu Nui, salite e scendete lungo il Maunga Terevaka, e infine esplorate la Península Poike.

Turismo sostenibile

L'Isola di Pasqua è minacciata dal crescente numero di visitatori. Ecco alcune regole da rispettare:

» Non camminate sull'*ahu* (piattaforma cerimoniale di pietra): è venerato come un sito funerario.

» È illegale rimuovere o spostare rocce dalle strutture archeologiche.

» Non toccate i petroglifi in quanto sono molto fragili.

» Rimanete lungo i sentieri designati per limitare l'erosione.

» I veicoli a motore non sono ammessi sulla Península Poike e a Terevaka.

» È proibito campeggiare nel parco.

HANGA ROA

POP. 6700

Hanga Roa, l'unica cittadina dell'isola, non si può definire sofisticata. Tuttavia è senz'altro il luogo migliore dove fare base in quanto tutti i luoghi interessanti si trovano nelle immediate vicinanze e quasi tutti gli alberghi, i ristoranti, i negozi e i servizi dell'isola sono concentrati qui. Hanga Roa ha un pittoresco porto peschereccio un paio di spiagge discrete, punti per il surf e alcuni siti archeologici.

Che cosa vedere

TOP **Museo Antropológico Sebastián Englert** MUSEO

(☎255-1020; www.museorapanui.cl; Sector Tahai; ingresso CH$1000; ⏲9.30-17.30 mar-ven, fino alle

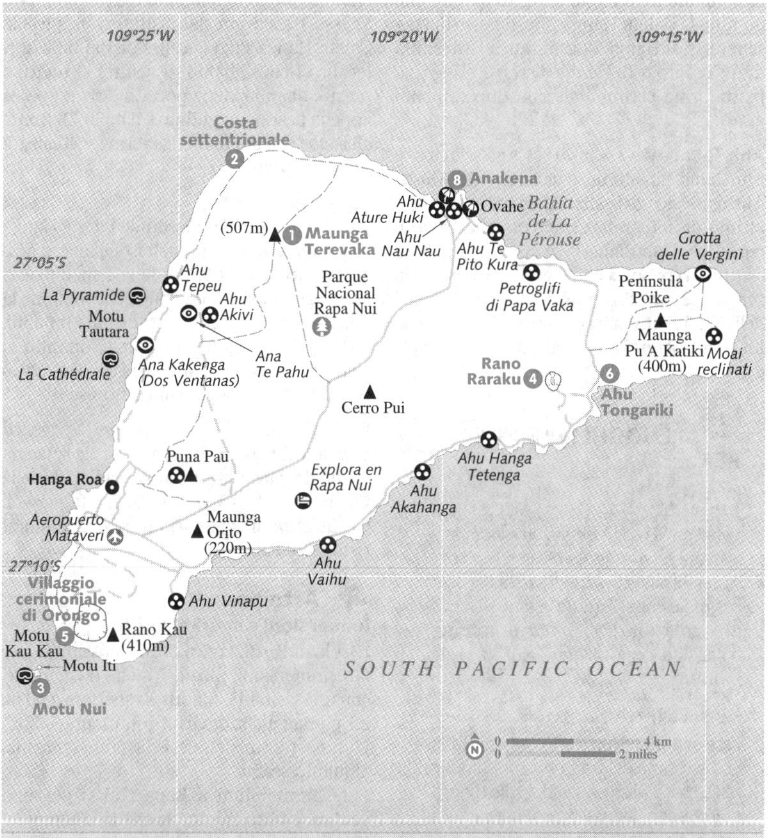

Il meglio dell'Isola di Pasqua (Rapa Nui)

1 A cavallo sulle pendici del vulcano spento **Maunga Tesserava** (p446) per ammirare un magico panorama

2 Un'escursione nella bellezza selvaggia della **costa settentrionale** (p439)

3 Lo snorkelling e le immersioni (p438) nelle limpide acque blu di **Motu Nui**

4 Una lezione di archeologia a **Rano Raraku** (p447), il 'vivaio' dei *moai*

5 Il **villaggio cerimoniale di Orongo** (p446), ai bordi del cratere Rano Kau

6 La luce dell'alba sulle enigmatiche statue di **Ahu Tongariki** (p447) mentre si gusta la prima colazione

7 Lo sfrenato e sensuale **spettacolo di danza** (p444) di un gruppo di Rapa Nui

8 Un pisolino sotto le palme ondeggianti ad **Anakena** (p447)

12.30 sab e dom) Organizzato molto bene, questo museo illustra la storia e la cultura dell'isola ed espone ami da pesca, punte di lancia in ossidiana e altre armi, oltre alla testa di un *moai* con frammenti ricostruiti degli occhi.

Caleta Hanga Roa e Ahu Tautira
SITO ARCHEOLOGICO

Il vostro primo incontro con i *moai* probabilmente avrà luogo all'Ahu Tautira, che domina la Caleta Hanga Roa, il porto dei pescherecci di Hanga Roa situato all'estremità di Av Te Pito o Te Henua. Qui troverete una piattaforma cerimoniale con due stupendi *moai*.

Ahu Tahai e Ahu Akapu
SITO ARCHEOLOGICO

Ahu Tahai, situato nelle vicinanze del Museo Antropológico Sebastián Englert, è un luogo ottimo da fotografare che contiene tre *ahu* restaurati. L'Ahu Tahai vero e proprio è l'*ahu* al centro, su cui poggia un grande *moai* solitario senza acconciatura. Sul lato settentrionale dell'Ahu Tahai si trova l'Ahu Ko Te Riku, con un *moai* dotato di acconciatura e occhi rotondi.

I LUOGHI MIGLIORI PER...

Vedere l'alba
Svegliatevi molto presto, in modo da arrivare ad Ahu Tongariki in tempo per vedere il sole sorgere dietro la fila di magnifici *moai* (statue giganti). Dopo aver ammirato l'alba, gustate la prima colazione vicino all'*ahu* – questa sì che è vita!

Vedere il tramonto
Fate in modo di arrivare e ad Ahu Tahai subito prima del tramonto, per ammirare il grosso disco giallo del sole tuffarsi nell'oceano dietro il profilo delle enormi statue dell'isola: una vista davvero mozzafiato.

Osservazione degli aerei
Gli appassionati di osservazione degli aerei dovrebbero posizionarsi sulla strada costiera per Rano Kau, all'estremità occidentale della pista di atterraggio, vicino alle luci che la illuminano di sera. Troverete gli orari precisi di atterraggio dei velivoli che coprono la tratta Santiago-Isola di Pasqua sulla pagina Facebook dell'Aeropuerto Mataveri.

Sul lato opposto sorge l'Ahu Vai Uri, che sostiene cinque *moai* di varie forme e dimensioni. Lungo i fianchi delle colline ci sono le fondamenta di *hare paenga* (case tradizionali che ricordano una canoa capovolta, con un singolo ingresso stretto).

Proseguendo più a nord lungo la costa, a breve distanza incontrerete l'Ahu Akapu, con il suo *moai* solitario.

Caleta Hanga Piko e Ahu Riata
PORTO

Spesso trascurata dai visitatori, la piccola Caleta Hanga Piko è utilizzata dai pescatori locali. Vi consigliamo di venirci al mattino presto, quando viene portato a riva il pesce appena pescato e venduto sul molo. Di fronte alla *caleta,* l'Ahu Riata restaurato sostiene un solitario *moai*.

Iglesia Hanga Roa
CHIESA

(Av Tu'u Koihu s/n) L'imperdibile Iglesia Hanga Roa, la chiesa cattolica dell'isola, merita senza dubbio una visita per le sue spettacolari decorazioni in legno scolpito, che fondono la dottrina cristiana con la tradizione rapanui. La domenica mattina, inoltre, quando si riempie di fedeli vestiti a festa diventa lo scenario di uno spettacolo pittoresco.

Playa Pea
SPIAGGIA

Se volete fare un tuffo, la minuscola spiaggia chiamata Playa Pea, sul lato meridionale della Caleta Hanga Roa, è il posto che fa per voi. C'è un'altra spiaggetta minuscola vicino al ristorante Pea.

Attività

Immersioni e snorkelling
L'Isola di Pasqua offre ottime possibilità per fare immersioni: l'acqua è molto trasparente, con una visibilità di norma superiore a 40 m, e i paesaggi sottomarini sono meravigliosi. L'unico punto debole è la fauna marina, alquanto scarsa.

Le immersioni a Rapa Nui si possono praticare tutto l'anno, in effetti la temperatura dell'acqua va da 21°C in inverno a quasi 27°C in estate.

I siti sono per la maggior parte sparsi lungo la costa occidentale; di seguito ne segnaliamo alcuni tra i più spettacolari, che comprendono **Motu Nui**, La Cathédrale e La Pyramide, dove si ammirano paesaggi sottomarini senza pari.

Sull'isola ci sono tre centri di immersione; i prezzi partono da CH$30.000 per un'unica immersione a CH$40.000 per un'immersione introduttiva. Tutti i centri offrono anche uscite con snorkelling a Motu Nui.

Atariki Rapa Nui IMMERSIONI, SNORKELLING
(☎255-0227; www.atarikirapanui.com; Caleta Hanga Piko s/n; ⏰lun-sab) Piccolo centro immersioni.

Mike Rapu Diving Center IMMERSIONI, SNORKELLING
(☎255-1055; www.mikerapu.cl; Caleta Hanga Roa s/n; ⏰lun-sab) Centro immersioni di fama consolidata.

Orca Diving Center IMMERSIONI, SNORKELLING
(☎255-0877; www.seemorca.cl; Caleta Hanga Roa s/n; ⏰lun-sab) Centro che vanta una buona reputazione.

Surf

L'Isola di Pasqua vanta tutto l'anno onde potenti da tutti i punti cardinali, con onde destre e sinistre irresistibili che raggiungono i 5 m di altezza. Nella maggior parte dei casi le onde si frangono su barriere di roccia lavica. I luoghi più frequentati si trovano sulla costa occidentale. Per i principianti ci sono un paio di belle onde al largo di Caleta Hanga Roa.

Alcuni centri stagionali (aperti di solito da dicembre a marzo) situati sul lungomare offrono lezioni di surf e noleggiano anche tavole da surf.

Hare Orca SURF
(☎255-0877; Caleta Hanga Roa s/n; noleggio per mezza giornata CH$11.000) Questo negozio accanto all'Orca Diving Center noleggia tavole da bodyboard e da surf.

Passeggiate a cavallo

Una rete di sentieri che conducono ad alcuni dei punti più belli si può percorrere a cavallo: la tipica esperienza di vita su Rapa Nui.

Tra gli operatori affidabili ci sono **Pantu** (☎210-0577; www.pantupikerauri.cl; Sector Tahai s/n) e **Piti Pont** (☎210-0664). Prevedete di pagare circa CH$30.000 per un'uscita di mezza giornata, e fino a CH$70.000 per un'escursione di una giornata intera con guida.

Escursionismo

Attraverso l'isola si possono percorrere alcuni sentieri fantastici. Una camminata memorabile (ma impegnativa) è la Ruta Patrimonial, un sentiero segnato che va dal Museo Antropológico Sebastián Englert fino al villaggio cerimoniale di Orongo (circa 4 h, 7 km). Altre camminate da consigliare sono la salita a Maunga Terevaka dai pressi dell'Ahu Akivi (circa 3 h) e l'escursione sulla Península Poike (una giornata). Potete anche seguire il sentiero che si snoda lungo la costa settentrionale dall'Ahu Tepeu alla spiaggia di Anakena. Portatevi scorte di cibo e acqua e una cartina dettagliata.

VALE IL VIAGGIO

DA AHU TEPEU ALLA SPIAGGIA DI ANAKENA

Il litorale tra Ahu Tepeu e la spiaggia di Anakena è estremamente suggestivo: vaste distese di massi sparsi in modo caotico, alte scogliere a picco sul mare, paesaggi brulli e spettacolari vedute sull'oceano. Lungo il percorso troverete anche numerosi siti archeologici sparsi qua e là, nonché grotte che recano magnifici petroglifi. Da Ahu Tepeu si impiegano da sei a sette ore per raggiungere a piedi la spiaggia di Anakena a piedi. Potrete poi tornare facendo l'autostop, oppure chiamare un taxi che vi riporterà ad Hanga Roa. Il percorso non è segnalato, come non lo sono i siti archeologici, quindi avrete bisogno di una guida. Contattate l'ufficio turistico per ingaggiarne una.

Escursioni in barca

Vedere Rapa Nui dal mare è un'esperienza entusiasmante e un paio di operatori organizzano escursioni personalizzate lungo la costa. Le tariffe dipendono dalla durata dell'escursione e dalla distanza percorsa. Le prenotazioni si possono effettuare rivolgendosi al proprio albergo o *residencial* (sistemazione economica).

Bicicletta

La bicicletta è un modo magnifico per visitare l'isola a piacere, ma ricordatevi che i percorsi nella parte meridionale di Rapa Nui sono ripidi e tortuosi. Un facile percorso ad anello è quello che va da Hanga Roa ad Ahu Tepeu, per poi proseguire in direzione est fino ad Ahu Akivi e fare ritorno ad Hanga Roa (circa 17 km).

Makemake Rentabike NOLEGGIO BICICLETTE
(☎255-2030; Av Atamu Tekena; ⏰9-13 e 16-20) Noleggia mountain bike in ottime condizioni.

Tour

Noi consigliamo di partecipare a un'escursione organizzata per avere a disposizione una guida che parla inglese e che può spiegare il significato culturale dei siti archeologici.

Molti operatori organizzano visite dei siti, a tariffe che di solito vanno da CH$40.000 per una giornata intera a CH$25.000 per mezza giornata. Il costo dell'ingresso al

Hanga Roa

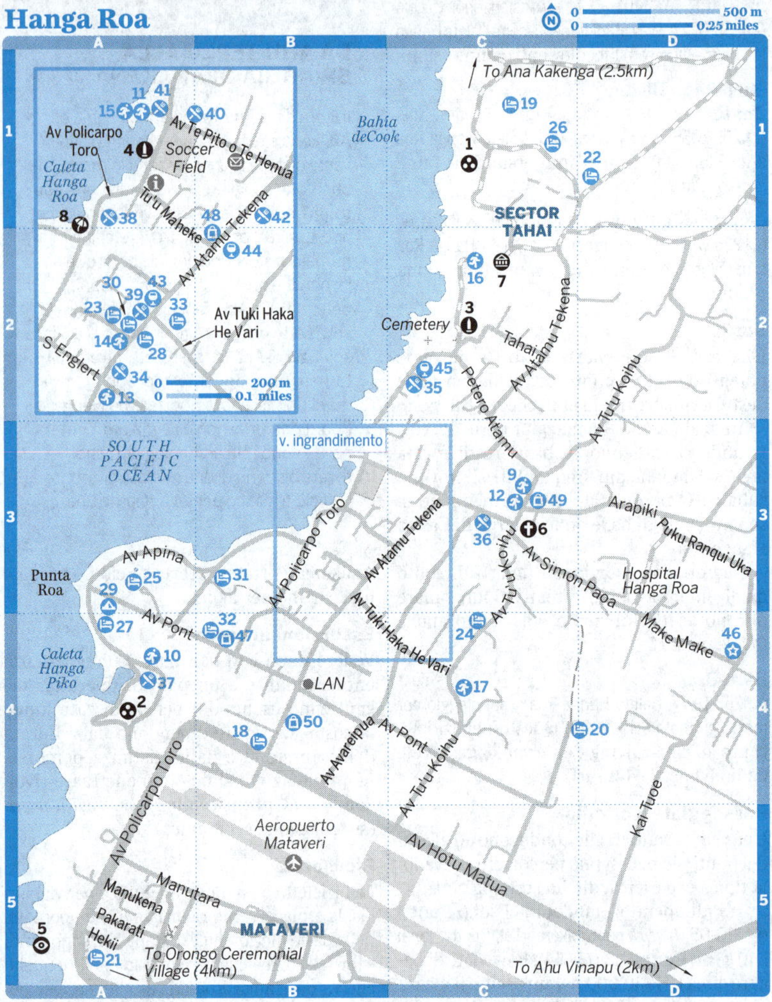

Parque Nacional Rapa Nui (CH$30.000) non è compreso.

Aku Aku Turismo TOUR CULTURALE
(☎210-0770; www.akuakuturismo.cl; Av Tu'u Koihu s/n) Questo operatore, in attività da molto tempo, si avvale di guide competenti.

Haumaka Tours TOUR CULTURALE
(☎210-0274; www.haumakatours.com; all'angolo tra Av Atamu Tekena e Av Hotu Matua) Propone tour personalizzati.

Kava Kava Tours TOUR CULTURALE
(☎210-0243; www.kavakavatour.cl; Av Tu'u Koihu s/n) Operatore di recente apertura.

Kia Koe Tour TOUR CULTURALE
(☎210-0852; www.kiakoetour.cl; Av Atamu Tekena s/n) Gode di una buona reputazione e si avvale di guide molto ben informate.

Rapa Nui Travel TOUR CULTURALE
(☎210-0548; www.rapanuitravel.com; Av Tu'u Koihu) È gestito da una coppia rapanui-tedesca.

Pernottamento

Salvo laddove diversamente indicato, quasi tutte le camere sono dotate di bagno privato e la prima colazione è compresa nel prezzo. L'aria condizionata è una rarità, ma nei mesi più caldi vengono forniti i ventilatori.

Hanga Roa

Che cosa vedere
1 Ahu Akapu ... C1
2 Ahu Riata ... A4
3 Ahu Tahai ... C2
4 Ahu Tautira ... A1
5 Ana Kai Tangata ... A5
6 Iglesia Hanga Roa ... C3
7 Museo Antropológico Sebastián Englert ... C2
8 Playa Pea ... A1

Attività, corsi e tour
9 Aku Aku Turismo ... C3
10 Atariki Rapa Nui ... A4
11 Hare Orca ... A1
Haumaka Tours ... (v. 18)
12 Kava Kava Tours ... C3
13 Kia Koe Tour ... A2
14 Makemake Rentabike ... A2
Mike Rapu Diving Center ... (v. 15)
15 Orca Diving Center ... A1
16 Pantu ... C2
17 Rapa Nui Travel ... C4

Pernottamento
18 Aloha Nui ... B4
19 Altiplanico ... C1
20 Atavai–Chez Antoine y Lolita ... D4
21 Cabañas Christophe ... A5
22 Cabañas Mana Ora ... D1
23 Cabañas Nuae Koro ... A2
24 Gomero ... C4
25 Hanga Roa Eco Village & Spa ... A3
26 Hare Swiss ... C1
27 Hostal Tojika ... A4
28 Inaki Uhi ... A2
29 Mihinoa ... A3
30 Tau Ra'a ... A2
31 Te Ora ... B3
32 Teanui ... B4
33 Vaianny ... A2

Pasti
34 Ariki o Te Pana–Tia Berta ... A2
35 Au Bout du Monde ... C2
36 Donde El Gordo ... C3
37 Haga Piko ... A4
38 Haka Honu ... A1
39 Kanahau ... A2
40 Kuki Varua ... B1
La Kaleta ... (v. 15)
Mahina Nui ... (v. 39)
41 Mikafé ... A1
42 Te Moana ... B1

Locali
Haka Honu ... (v. 38)
Kanahau ... (v. 39)
43 Marau ... A2
Mikafé ... (v. 41)
Te Moana ... (v. 42)
44 Topa Tangi Pub ... B2
45 Vai Te Mihi ... C2

Divertimenti
Ma'ara Nui ... (v. 39)
Matato'a ... (v. 35)
46 Te Ra'ai ... D4

Shopping
47 El Baul del To ... B4
48 Feria Municipal ... B2
49 Mercado Artesanal ... C3
50 Mokomae ... B4

I trasferimenti per/dall'aeroporto sono inclusi nella tariffa dell'alloggio.

Te Ora BUNGALOW **$$**
(255-1038; www.rapanuiteora.com; Av Apina s/n; camere CH$40.000-70.000;) Anche se le sistemazioni non sono molto spaziose, il Te Ora ha un buon rapporto qualità-prezzo. Tutte e tre le camere uniscono sapientemente legno duro e pietre vulcaniche, e il Teora Ora, con la sua vista magnifica sull'oceano, è da tempo una delle strutture preferite dai visitatori. Se sul posto c'è Sharon, la vostra ospite canadese, vi darà consigli (in perfetto inglese) su tutto ciò che merita di essere visto sull'isola. Non viene servita la prima colazione, ma c'è una cucina comune.

Explora en Rapa Nui HOTEL DI LUSSO **$$$**
(a Santiago 395-2800; www.explora.com; pacchetti 3 notti singolo/doppio all-inclusive a partire da $3360/4770;) Questa struttura si integra alla perfezione con la campagna circostante, caratterizzata da un terreno bruciacchiato dalle eruzioni vulcaniche e ricoperto da foreste. Le camere, tutte affacciate sul Pacifico, offrono la possibilità di ammirare tramonti infuocati e sono arredate impiegando materiali di provenienza locale. Nei prezzi sono comprese le escursioni. Un solo aspetto poco vantaggioso: sarete un po' lontani dal resto dell'isola (l'albergo si trova circa 6 km a est di Hanga Roa).

DA VEDERE

TAPATI RAPA NUI

Il Tapati Rapa Nui, il più importante festival dell'Isola di Pasqua, si tiene la prima metà di febbraio e dura circa due settimane: è talmente entusiasmante che vale quasi la pena di programmare il vostro viaggio cercando di far coincidere le date per potervi assistere (mettetevi in contatto con l'ufficio turistico per conoscere le date precise). Durante il festival si svolgono concorsi di musica, cultura, danza e sport. Protagonisti delle gare sono i due clan dell'isola, che propongono anche due candidate fra cui viene eletta la Regina del Festival.

Cabañas Christophe BUNGALOW **$$**
(☎210-0826; www.cabanaschristophe.com; Av Policarpo Toro s/n; doppie CH$60.000-70.000; 📶) Questa affascinante sistemazione è l'ideale per chi cerca carattere e comfort: offre tre camere tenute in modo meticoloso che fondono legni duri con pietre vulcaniche. Chiedete la camera al piano superiore, più spaziosa e piena di luce naturale. La struttura si trova al punto di partenza del sentiero Orongo, a circa 1,5 km dal centro.

Cabañas Mana Ora BUNGALOW **$$**
(☎210-0769; www.manaora.cl; Sector Tahai; doppie CH$80.000) Questo è un nido adorabile, composto da due cottage arredati con molto gusto, appollaiati su un pendio affacciato sull'oceano. Le sistemazioni sono tutte dotate di un comodo angolo cottura e di una terrazza con vista sul mare. Nota dolente: i bagni sono minuscoli. La struttura si trova un po' lontano dal centro – e per raggiungerla avrete bisogno di una bicicletta.

Hare Swiss BUNGALOW **$$**
(☎255-2221; www.hareswiss.com; Sector Tahai; singole/doppie CH$40.000/60.000; 📶) Subito dietro all'Altiplanico, l'Hare Swiss è un'alternativa affidabile: offre tre bungalow immacolati, una magnifica vista sull'oceano e una cucina comune. Se non avete voglia di cucinare, l'autista del complesso potrà accompagnarvi in centro per mangiare in uno dei numerosi ristoranti.

Hanga Roa Eco Village & Spa HOTEL DI LUSSO **$$$**
(☎957-0300; www.hotelhangaroa.cl; Av Pont s/n; singole/doppie a partire da CH$145.000/CH$200.000; ❄📶🏊) Dopo essere stato completamente rinnovato nel 2012, questo enorme resort è diventato uno dei migliori alberghi dell'isola, dal momento che dispone di una vasta scelta di camere e suite progettate in modo creativo e affacciate sul mare. Tutte le unità abitative sono costruite utilizzando materiali naturali e hanno forme curvilinee che ricordano le grotte. Oltre a essere lussuose e molto grandi, si integrano alla perfezione con l'ambiente circostante. Il ristorante della struttura serve pietanze raffinate e la spa è davvero magnifica. L'albergo rispetta anche l'ambiente, infatti dispone di un sistema di risparmio di elettricità e acqua.

Altiplanico HOTEL **$$$**
(☎255-2190; www.altiplanico.cl; Sector Tahai; singole/doppie $350/390; @📶🏊) L'aspetto più positivo di questa sistemazione ben gestita, quasi un boutique hotel, è la posizione magnifica, su un pendio a Tahai. Chiedete i bungalow n. 1, 2, 3, 10, 11 o 17, che hanno la vista sul mare. Le 17 unità abitative sono tutte pulitissime e arredate in modo pittoresco, ma sono molto vicine tra loro e i prezzi secondo noi sono un po' eccessivi. Il ristorante della struttura è elegante ma costoso (gli antipasti costano $20). L'albergo utilizza l'energia solare.

Aloha Nui GUESTHOUSE **$$**
(☎210-0274; haumakatours@gmail.com; Av Atamu Tekena s/n; singole/doppie CH$35.000/70.000; 📶) Dopo i lavori di ristrutturazione del 2011, questa gradevole guesthouse dispone di sei camere ben attrezzate e di un ampio salone comune. Il vero motivo per cui si sceglie di pernottare all'Aloha Nui, tuttavia, è la possibilità di parlare dei siti archeologici di Rapa Nui con Josefina Nahoe Mulloy, che guida escursioni molto interessanti e parla un inglese ineccepibile.

Gomero HOTEL **$$$**
(☎210-0313; www.hotelgomero.com; Av Tu'u Koihu s/n; singole/doppie a partire da CH$60.000/80.000; ❄📶🏊) Questo albergo ha una buona reputazione e dispone di una piccola piscina circondata da un giardino rigoglioso: è il luogo ideale per riposarsi durante l'estate. Chiedete le camere superior nell'ala nuova (dal n. 20 al n. 23), che sono più moderne e hanno l'aria condizionata, oppure le standard (dal n. 4 al n. 6, dal n. 9 al n. 11 e dal n. 16 al n. 18).

Atavai – Chez Antoine y Lolita BUNGALOW **$$**
(☎210-0145; www.hotel-atavai.com; singole/doppie CH$50.000/65.000; 📶) Questo alloggio offre un gruppo di bianchi bungalow tranquilli (nove camere in totale). Le sistemazioni

sono un po' strette, ma per il resto è tutto ben gestito. Su richiesta viene servita anche la cena. Unico neo: la posizione vicino all'aeroporto non è *così* eccezionale – avrete bisogno di una bicicletta per raggiungere il centro. Consultate il sito web della struttura per informarvi sugli sconti disponibili.

Mihinoa CAMPEGGIO **$**
(☎255-1593; www.mihinoa.com; Av Pont s/n; piazzole CH$5000 per persona, letti in camerata CH$9000, doppie CH$20.000-25.000; 📶) Economico e talvolta ricco di una simpatica atmosfera, questo campeggio per backpacker è molto frequentato dai viaggiatori che amano contenere le spese. Qui potrete scegliere le camere, piccole ma ben tenute, che si trovano nei due edifici della struttura, una camerata con sei posti letto, oppure le piazzole erbose (non ombreggiate). La camerata è angusta ma funzionale e, soprattutto, è dotata di docce con acqua calda sia la mattina sia la sera. Fra i servizi offerti vi sono il noleggio delle tende (CH$5500), l'accesso wi-fi (CH$5000 per la durata del vostro soggiorno), una cucina comune ben attrezzata e il servizio lavanderia. Infine, sarete a un tiro di schioppo dal mare.

Tau Ra'a HOTEL **$$**
(☎210-0463; www.tauraahotel.cl; Av Atamu Tekena s/n; singole/doppie CH$60.000/75.000; 📶) Le 10 camere di questa sistemazione sono pulitissime e hanno moltissima luce naturale, oltre a vantare letti solidi e confortevoli e bagni funzionali. Purtroppo non c'è la vista sul mare. La prima colazione, abbondante, è un altro punto di forza dell'albergo. Bill, il proprietario australiano, è una miniera di informazioni sull'isola.

Teanui BUNGALOW **$$**
(☎255-1990; www.teanui.cl; Av Pont s/n; singole/doppie CH$35.000/65.000; 📶) Struttura ricettiva molto ben tenuta che offre confortevoli camere in stile motel e due bungalow indipendenti, circondati da un terreno rigoglioso che sembra un giardino.

Inaki Uhi BUNGALOW **$$**
(☎255-1160; www.inakiuhi.com; Av Atamu Tekena s/n; singole/doppie CH$35.000/70.000; 📶) Le 15 camere ospitate in due file di bassi edifici posti uno di fronte all'altro hanno un che di anonimo, ma ci sono quattro cucine a disposizione degli ospiti e la struttura si trova sulla strada principale della cittadina.

Cabañas Nuae Koro BUNGALOW **$**
(☎255-1418; www.nuaekoro.com; nei pressi di Av Atamu Tekena; singole/doppie CH$20.000/35.000) Questa struttura economica non offre molta privacy, perché il muro che divide le due unità abitative adiacenti è fatto di truciolato; tuttavia la posizione è centrale e il rapporto qualità-prezzo buono.

Hostal Tojika GUESTHOUSE **$**
(☎099-358-0810; Av Apina s/n; letti in camerata/singole/doppie CH$10.000/20.000/30.000; 📶) Questa guesthouse ha quattro camere, una camerata con cinque posti letto e una cucina comune, tutti situati in un unico edificio affacciato sull'oceano. Le camere sono carenti quanto a luce naturale, ma la camerata offre un ottimo rapporto qualità-prezzo.

Vaianny GUESTHOUSE **$**
(☎210-0650; www.residencialvaianny.com; Av Tuki Haka He Vari; singole/doppie CH$25.000/35.000; 📶) Questo buon albergo economico dispone di camere essenziali ma pulite. I materassi tendono a infossarsi e i bagni sono minuscoli, ma la struttura si trova a breve distanza da alcuni dei migliori bar e ristoranti di Hanga Roa.

Pasti

I viaggiatori che desiderano prepararsi da sè i pasti possono provvedere alla spesa in uno dei due supermercati lungo Av Atamu Tekena.

Mikafé CAFFETTERIA, SANDWICH **$**
(Caleta Hanga Roa s/n; gelati CH$1500-2500, sandwich e torte CH$2500-4500; ⌚9-20) Assaggiate i suoi *helados artesanales* (gelati artigianali)! La torta alla banana, poi, è così buona che può creare dipendenza. Tra le prelibatezze che potrete ordinare ci sono anche panini e sandwich.

Te Moana CILENO **$$**
(Av Atamu Tekena s/n; portate principali CH$10.000-17.000; ⌚pranzo e cena lun-sab) Ristorante e bar affollato, con interni accoglienti, famoso per i deliziosi piatti di carne e pesce alla griglia.

Au Bout du Monde INTERNAZIONALE **$$$**
(Av Policarpo Toro s/n; portate principali CH$10.000-16.500; ⌚pranzo e cena mer-lun) In questo piacevole locale, gestito da una coppia rapanui-belga, è d'obbligo assaggiare il tonno con salsa alla vaniglia, le tagliatelle fatte in casa o il filetto di manzo. Lasciate un po' di posto per il dessert – la mousse di cioccolato belga è divina.

Haga Piko CUCINA DI MARE **$**
(Caleta Hanga Piko; portate principali CH$5500-7700; ⌚11-16 lun-sab) Questo semplice locale a conduzione familiare offre un ottimo rap-

porto qualità-prezzo. Il tipo di pesce proposto dipende da quello che è stato pescato quel giorno, e la terrazza affacciata sulla Caleta Hango Piko è un bel posto per godersi l'atmosfera del lungomare.

Kanahau PESCE E FRUTTI DI MARE, CILENO **$$**
(Av Atamu Tekena s/n; portate principali CH$8000-16.000; ⏲pranzo e cena) Che scegliate lo squisito ceviche oppure il *lomo kanahau* (manzo con salsa fatta in casa), tra le tante sostanziose pietanze del menu, rimarrete ugualmente soddisfatti: i piatti sono tutti preparati con cura e il servizio è attento.

Donde El Gordo CILENO, SANDWICH **$$**
(Av Te Pito o Te Henua s/n; portate principali CH$6000-11.000; ⏲pranzo mar-dom, cena mar-sab) 'Semplice e gratificante' sono le parole che vengono in mente quando si cena al Donde El Gordo. Il menu comprende abbondanti sandwich, empanadas (da CH$1800), pizze e gustose insalate, ma anche spremute di frutta ricche di vitamine. Il locale è una bella sorpresa.

Haka Honu CILENO **$$**
(Av Policarpo Toro s/n; portate principali CH$6000-16.000; ⏲pranzo e cena mar-dom) Piatti di pesce, bistecche, pasta e insalate compongono il menu di questo ristorante pieno di brusio. Il suo dehors cattura ogni soffio di brezza ed è perfetto per osservare il viavai.

La Kaleta PESCE E FRUTTI DI MARE, CILENO **$$**
(Caleta Hanga Roa; portate principali CH$6500-16.000; ⏲pranzo e cena) In splendida posizione, affacciato sul mare, l'arioso La Kaleta è il locale giusto per gustare insalate, pasta, bistecche e piatti di pesce.

Ariki o Te Pana – Tia Berta CILENO **$**
(Av Atamu Tekena s/n; portate principali CH$2000-10.000; ⏲pranzo e cena lun-sab) Arrendetevi alla bontà delle empanadas caserecce servite in questo posticino molto semplice.

Mahina Nui PESCE E FRUTTI DI MARE, CILENO **$$**
(Av Atamu Tekena s/n; portate principali CH$6000-16.000; ⏲pranzo e cena lun-sab) Con la sua vistosa facciata che dà sulla strada principale della cittadina, il Mahina Nui attirerà di sicuro la vostra attenzione. Il menu è molto vario: vi consigliamo di provare il ceviche.

Kuki Varua PESCE E FRUTTI DI MARE, CILENO **$**
(Av Te Pito o Te Henua s/n; portate principali CH$6500-8000; ⏲pranzo mar-dom, cena mar-sab) Locale che propone una vasta scelta di menu a prezzo fisso. Dalla terrazza all'ultimo piano si gode di una bella vista sul mare.

Locali

Quasi tutti i ristoranti hanno anche un bar.

Te Moana BAR
(Av Atamu Tekena s/n; ⏲11-fino a tardi lun-sab) Al momento della stesura di questa guida, questo era uno dei locali più in voga di Hanga Roa. L'atmosfera è divertente, c'è una clientela molto variegata e anche i cocktail sono buoni.

Topa Tangi Pub PUB
(Av Atamu Tekena s/n; ⏲18-fino a tardi mer-sab) Nei weekend l'atmosfera si fa particolarmente animata.

Marau BAR
(Av Atamu Tekena s/n; ⏲18.30-fino a tardi) Altro locale molto frequentato con un'atmosfera da lounge.

Haka Honu BAR
(Av Policarpo Toro s/n; ⏲11-fino a tardi mar-dom) Locale di tendenza dove sorseggiare un cocktail al tramonto.

DA VEDERE

SPETTACOLI DI DANZA TRADIZIONALE

Quando vi trovate sull'Isola di Pasqua *dovete* assolutamente assistere a uno spettacolo di danza tradizionale. A Rapa Nui ci sono circa sei troupe di danzatori, che in genere si esibiscono tre volte la settimana. Gli spettacoli costano circa CH$10.000. Ecco i nostri preferiti:

» **Kari Kari** (☎210-0767; Av Atamu Tekena s/n) La troupe si esibisce in un locale chiamato Ma'ara Nui.

» **Matato'a** (☎255-2060; www.matatoa.com) Lo spettacolo si volge al piano superiore del ristorante Au Bout du Monde.

» **Te Ra'ai** (☎255-1460; www.teraai.cl) Comprende una festa con piatti cotti nell'*umu* (forno sotterraneo) e dimostrazioni culturali.

IMPARARE A DISTINGUERE AHU E MOAI

Per apprezzare appieno i siti archeologici dell'Isola di Pasqua, le spiegazioni che trovate di seguito dovrebbero essere sufficienti.

Ahu

Gli *ahu* erano centri cerimoniali e luoghi di sepoltura dei defunti, che si pensa derivino dagli altari presenti nella Polinesia francese. Sulla costa sono sparse 350 di queste piattaforme di pietra. Gli *ahu* sono lastricati sulla superficie superiore con pietre più o meno piatte, con un muro verticale sul lato verso il mare e a ciascuna estremità.

Moai

Gli enigmatici *moai* rappresentano l'immagine più caratteristica di Rapa Nui, e probabilmente rappresentano gli antenati dei clan dell'isola. Alte da 2 a 10 m, queste statue dal viso di pietra erano tutte posizionate con le spalle all'Oceano Pacifico. Alcuni *moai* sono stati completamente restaurati, mentre altri sono stati rimessi in posizione eretta, ma sono erosi dagli agenti atmosferici. Molti altri, invece, sono stati rovesciati e giacciono ancora oggi sul terreno.

Acconciature

Gli archeologi ritengono che le *pukao* (acconciature) rossastre di forma cilindrica poste sulla testa di molti *moai* fossero un tempo diffuse tra gli abitanti maschi di Rapa Nui.

Kanahau BAR
(Av Atamu Tekena s/n; ⌚11-fino a tardi) Trascorrete la notte bevendo un mojito bello forte in questo allegro locale, arredato in legno.

Mikafé CAFFÈ
(Caleta Hanga Roa s/n; ⌚9-20) Avete voglia di un vero caffè espresso? Il Mikafé è il posto che fa per voi.

Vai Te Mihi BAR
(Av Policarpo Toro s/n; ⌚18-fino a tardi) L'atmosfera si fa molto vivace tutti i venerdì e sabato sera. Ci sono anche spettacoli di danza tradizionale.

Explora en Rapa Nui BAR
(⌚9-fino a tardi) Ordinate un cocktail pisco sour e ammirate il tramonto – un'esperienza suggestiva.

Shopping

Hanga Roa vanta numerosi negozi, quasi tutti concentrati in Av Atamu Tekena e in Av Te Pito o Te Henua.

Feria Municipal ARTE E ARTIGIANATO
(all'angolo tra Av Atamu Tekena e Av Tu'u Maheke; ⌚lun-sab) I prezzi sono buoni.

Mercado Artesanal ARTE E ARTIGIANATO
(all'angolo tra Av Tu'u Koihu e Av Ara Roa Rakei; ⌚lun-sab) Sull'altro lato della strada rispetto alla chiesa, questo mercato offre un po' di tutto.

El Baul del To ARTE E ARTIGIANATO
(Av Pont; ⌚10-20.30) Questo 'centro culturale' vende oggetti artigianali di produzione locale e costumi tradizionali di Rapa Nui. Offre anche il body painting.

Mokomae TATUAGGI
(☎099-292-1591; Av Atamu Tekena s/n; ⌚su appuntamento) Se volete farvi tatuare un disegno tipico dell'isola, optate per questo rinomato studio di tatuaggi. Il Mokomae vende anche sculture in legno.

Informazioni

BancoEstado (Av Pont s/n; ⌚8-13 lun-ven) Cambia dollari statunitensi ed euro. Per cambiare travellers' cheque applica una commissione di CH$1500. C'è anche un bancomat che tuttavia accetta solo MasterCard. Durante l'orario di apertura i titolari di carta Visa possono ottenere anticipi di contanti allo sportello (portate il passaporto); per tale servizio la banca applica una commissione di CH$2000.

Banco Santander (Av Apina; ⌚8-13 lun-ven) Situata sul lungomare, questa banca cambia valuta straniera e dispone di due bancomat che accettano Visa e MasterCard. Ha anche uno sportello bancomat all'aeroporto (nell'area partenze).

Farmacia Cruz Verde (Av Atamu Tekena; ⌚9-19.30 lun-sab) Questa grande farmacia è ben fornita.

Hospital Hanga Roa (☎210-0215; Av Simon Paoa s/n)

Mana@net (Av Atamu Tekena s/n; CH$1200 l'ora; ⌚9-22) Internet bar e centro telefonico.

Omotohi Cybercafé (Av Te Pito o Te Henua s/n; CH$1000 l'ora; ⌚9-2) Accesso a internet e al wi-fi e centro telefonico.

Polizia (☎133)

Puna Vai (Av Hotu Matua; ⏲8.30-13 e 15-20 lun-sab, 9-13 dom) Il distributore di benzina funge anche da ufficio di cambio. Molto più comodo della banca (non si fanno code, tassi migliori, orari di apertura più lunghi, non applicano commissioni sui travellers' cheque). All'interno c'è anche uno sportello bancomat che accetta solo MasterCard.

Sernatur (☎210-0255;www.chile.travel/en.html; Tu'u Maheke s/n; ⏲9-18 lun-ven, 10-17 sab) Dispone di vari opuscoli e cartine dell'isola. Il personale parla un po' di inglese.

Ufficio postale (Av Te Pito o Te Henua s/n; ⏲9-13 e 14.30-18 lun-ven, 9-12.30 sab)

PARQUE NACIONAL RAPA NUI

Dal 1935, buona parte del territorio di Rapa Nui e tutti i siti archeologici sono entrati a far parte del **parco nazionale** (ingresso per chi non è cileno CH$30.000) amministrato dal **Conaf** (☎210-0236; www.conaf.cl), a Orongo e a Rano Raku si paga un biglietto d'ingresso che è valido per tutto il parco per cinque giorni, a partire dal giorno di ingresso. Teoricamente, sono consentite solo una visita a Orongo e una a Rano Raraku; in pratica, su cortese richiesta, quasi tutti i ranger vi permetteranno di tornare ai siti più di una volta.

A Orongo, Anakena e Rano Raraku ci sono le stazioni dei ranger.

Percorso settentrionale

A nord di Ahu Tahai, la strada è un po' accidentata, ma è praticabile se si procede a velocità moderata. L'opzione migliore è visitare la zona a piedi, a cavallo o in mountain bike, ma non ci sono cartelli che segnalino i siti.

Ana Kakenga GROTTA

Circa 2 km a nord di Tahai si trova Ana Kakenga, detto anche Dos Ventanas, che comprende due grotte che si affacciano sull'oceano (portate con voi una torcia elettrica).

Ahu Tepeu SITO ARCHEOLOGICO

Su questo grande *ahu* ci sono numerosi *moai* caduti e un sito di un villaggio con le fondamenta di diverse *hare paenga* (case ellittiche) e le pareti di numerose case a pianta circolare.

Ana Te Pahu GROTTA

Nei pressi della strada sterrata che conduce ad Akivi, Ana Te Pahu è un sito di antiche abitazioni rupestri cui si accede tramite un orto coperto dalla vegetazione, dove si coltivano patate dolci, taro e banani.

Ahu Akivi SITO ARCHEOLOGICO

Situato in posizione insolita, nell'entroterra, l'Ahu Akivi fu restaurato nel 1960 e vanta sette *moai* restaurati. Si tratta delle uniche statue di Rapa Nui che guardano verso il mare ma, come tutti i *moai*, sono rivolti verso il sito di un villaggio, le cui tracce sono visibili ancora oggi.

TOP **Maunga Terevaka** MONTAGNA

Maunga Terevaka è il punto più elevato dell'isola (507 m). Questa spoglia collina è accessibile solo a piedi o a cavallo (v. p439).

Puna Pau SITO ARCHEOLOGICO

Il piccolo cratere di Puna Pau fornisce la scoria rossastra con cui venivano scolpiti i *pukao* (acconciature di forma cilindrica) che ornano la testa di molti *moai*.

Percorso sud-occidentale

Ana Kai Tangata GROTTA

Oltre l'Hotel Iorana di Hanga Roa, un cartello indica la via per Ana Kai Tangata, una vasta grotta scavata nelle pareti di roccia nera, che vanta belle pitture rupestri. Non è consentito entrare nella grotta perché c'è il rischio di caduta massi.

TOP **Rano Kau** LAGO VULCANICO

In parte coperto da una palude di fluttuanti canne di *totora*, il lago che occupa il cratere del vulcano spento Rano Kau sembra il gigantesco calderone di una strega – una vista assolutamente magnifica! Annidato 400 m più in alto, sull'orlo del cratere da un lato e sporgente su un precipizio verticale che si getta nelle acque blu cobalto dell'oceano dell'altro lato, il **villaggio cerimoniale di Orongo** (ingresso CH$30.000; ⏲9-17) vanta uno dei paesaggi più incredibili di tutto il Sud Pacifico: si affaccia su diversi piccoli *motu* (isole al largo della costa), tra cui Motu Nui, Motu Iti e Motu Kau Kau. Costruito nel fianco del pendio, il villaggio è caratterizzato da case con le pareti fatte di lastre di pietra sovrapposte in senso orizzontale, con un tetto arcuato in materiali simili, dando l'impressione di essere in parte sotterrate. Orongo fu il centro di un culto, diffuso in tutta l'isola, che venerava un uccello collegato alla divinità Makemake nel XVIII e nel XIX secolo. I petroglifi raffiguranti un

INTERVISTA

SERGIO RAPU, ARCHEOLOGO

Sergio Rapu, ex governatore di Rapa Nui, è uno degli archeologi più rispettati dell'isola, e ha condotto numerosi esperimenti e misurazioni sul campo.

Quale esperienza speciale consiglia ai visitatori? Consiglio di andare sull'orlo del cratere di Rano Kau mezz'ora prima del tramonto, e di portarsi dietro una bottiglia di *pisco sour*. Con un po' di fortuna, si riesce a vedere la luna che sorge.

Il sito archeologico dell'isola con la maggior energia? A Rano Raraku si avvertono delle vibrazioni speciali – se venite qui la mattina presto o nel tardo pomeriggio, potreste quasi sentire la presenza di esseri spettrali che vi osservano...

Il periodo migliore per visitare Rapa Nui? Febbraio, quando si svolge il festival Tapati Rapa Nui. Questo evento autenticamente culturale dà agli stranieri un'ottima occasione per immergersi davvero nella cultura del luogo. Il mio concorso preferito è l'Haka Pei: una decina di concorrenti maschi si sfidano in una discesa su slitte improvvisate lungo le pendici del Cerro Pui, a velocità che toccano i 70 km orari. Mi vengono i brividi solo a pensarci!

uomo-uccello sono visibili su un gruppo di massi situati tra la sommità della scogliera e l'orlo del cratere.

Orongo si raggiunge con una ripida salita o con un breve percorso panoramico di 4 km, con partenza dal centro di Hanga Roa.

Ahu Vinapu SITO ARCHEOLOGICO

Oltre l'estremità orientale della pista dell'aeroporto, una strada conduce verso sud superando alcuni grandi serbatoi di petrolio, fino a questa piattaforma cerimoniale sormontata da numerosi *moai* caduti a terra.

Percorso nord-orientale

TOP Anakena SPIAGGIA

Gli appassionati di spiagge alla ricerca di un posto per crogiolarsi al sole faranno la fila per godersi questa spiaggia di sabbia bianca, un luogo da cartolina. Il luogo fa anche da meraviglioso sfondo per l'**Ahu Nau Nau**, che comprende sette *moai*, alcuni dei quali completi di acconciature. In posizione sopraelevata, a sud della spiaggia, si trova l'**Ahu Ature Huki** con il suo *moai* solitario.

Ovahe SPIAGGIA

Questa spiaggia è in posizione più isolata rispetto ad Anakena, se volete sperimentare la vita di Robinson Crusoe, ma è considerata pericolosa a causa della caduta di rocce.

Ahu Te Pito Kura SITO ARCHEOLOGICO

Accanto alla Bahía de La Pérouse troverete un *moai* lungo quasi 10 m, che giace riverso a faccia in giù con il collo spezzato: si tratta di uno dei più grandi *moai* che fu spostato da Rano Raraku e sistemato in posizione eretta su un *ahu*.

Petroglifi di Papa Vaka SITO ARCHEOLOGICO

A circa 100 m di distanza dalla strada costiera (cercate il cartello), troverete una massiccia lastra di basalto che reca numerose incisioni.

Península Poike PENISOLA

Situata all'estremità orientale dell'isola, questa penisola è un altopiano dominato dal vulcano spento **Maunga Pu A Katiki** (400 m) e circondato da alti precipizi. Il paesaggio è spoglio, con vaste distese erbose, cavalli che pascolano liberi e mucche dall'aspetto minaccioso. Il modo migliore per osservare la natura primordiale della Península Poike è partecipare a un'escursione a cavallo di due giorni partendo da Hanga Roa, oppure a un'escursione in giornata dalla strada principale. Conviene ingaggiare una guida che potrà mostrarvi una fila di piccoli *moai* che giacciono reclinati a faccia in giù, nascosti fra l'erba. Chiedete alla guida di condurvi alla **Grotta delle Vergini** (Ana O Keke), scavata nella roccia.

TOP Ahu Tongariki SITO ARCHEOLOGICO

L'imponente Ahu Tongariki sarà sicuramente il soggetto di molti scatti fotografici. Con le sue 15 enormi statue, è il più grande *ahu* mai costruito. Le statue guardano verso un grande sito di un villaggio raso al suolo, dove sono ancora visibili alcune rovine e, nelle vicinanze, qualche petroglifo.

TOP Rano Raraku SITO ARCHEOLOGICO

Soprannominato 'il vivaio', il vulcano spento di Rano Raraku, a circa 18 km da Hanga Roa, è la cava da cui venivano estratti i blocchi di tufo utilizzati per scolpire i *moai*. Vi sentirete come catapultati indietro nel tempo, agli albori della civiltà polinesiana, mentre vi aggirate tra *moai* in tutte le varie fasi della realizzazione sparse lungo le pendici meridionali del vulcano. Sulla sommità, la vista a 360 gradi è davvero magnifica. All'interno del cratere ci sono un piccolo lago scintillante e circa 20 *moai* in posizione eretta.

CAPIRE L'ISOLA DI PASQUA

Isola di Pasqua oggi

Nel 2008 l'Isola di Pasqua ha visto riconosciuto lo status speciale di *territorio especial* (territorio speciale) all'interno del Cile, il che significa una maggiore autonomia per gli abitanti dell'isola, ma l'indipendenza non è certo all'ordine del giorno: l'attuale dipendenza economica dal Cile continentale rende tale prospettiva alquanto improbabile nell'immediato futuro.

La principale rivendicazione è la restituzione delle terre e il nuovo status dovrebbe contribuire a sistemare la controversia nei prossimi anni. I nativi di Rapa Nui non possiedono quasi nessun'altra proprietà al di fuori di Hanga Roa. Un parco nazionale, creato nel 1935, comprende più di un terzo dell'isola e quasi tutto il territorio restante appartiene al Cile. I gruppi di nativi hanno richiesto al governo cileno e alle Nazioni Unite di riavere il territorio del parco. Nel 2010, una controversia su alcuni terreni ha visto un clan di rapanui opporsi ai proprietari dell'albergo Hanga Roa. Dopo l'occupazione dell'albergo e di numerosi edifici amministrativi da parte di alcuni rapanui, si sono verificati violenti scontri tra polizia e manifestanti.

Gli abitanti di Rapa Nui vedono con preoccupazione lo sviluppo e il controllo dell'industria turistica. Non si tratta di turismo di massa, tuttavia il crescente numero di visitatori (circa 65.000 l'anno) ha pur sempre un impatto sull'ambiente naturale.

Il recente afflusso di cileni dal continente sudamericano, per lo più operai del settore edile, ha contribuito a creare forti tensioni con alcuni abitanti di Rapa Nui, che considerano i cileni dei veri e propri 'piantagrane'. Nell'agosto del 2009 un gruppo di abitanti di Rapa Nui ha bloccato l'aeroporto per diversi giorni in segno di protesta per quella che definiscono 'immigrazione incontrollata'.

Storia

I primi isolani arrivarono sull'isola dalle Marchesi, da Mangareva, dalle Isole Cook o dall'Isola Pitcairn tra il IV e l'VIII secolo.

I rapanui svilupparono una civiltà unica nel suo genere, caratterizzata dalla costruzione di piattaforme cerimoniali in pietra chiamate *ahu*, che in alcuni casi sorreggono i *moai* (v. p445), le famose statue dell'Isola di Pasqua. Nel XVII secolo, la popolazione dell'isola raggiunse probabilmente i 15.000 abitanti circa. I conflitti per il possesso delle terre e delle risorse sfociarono in una vera e propria guerra verso la fine del XVII secolo, poco prima dell'arrivo degli europei, e la popolazione cominciò a diminuire. I contrasti tra i vari clan condussero a guerre sanguinose nel corso delle quali fu praticato anche il cannibalismo, e molti *moai* furono fatti cadere dai loro *ahu* (piattaforme cerimoniali). Anche le catastrofi naturali, come terremoti e tsunami, potrebbero aver contribuito al danneggiamento delle statue. Gli unici *moai* che oggi si ergono in verticale furono restaurati durante il secolo scorso.

I contatti con gli europei

Quando l'ammiraglio olandese Jacob Roggeveen arrivò sull'isola, la domenica di Pasqua del 1722, molti degli imponenti *moai* si trovavano ancora in posizione eretta, ma l'assenza di manufatti moderni faceva pensare alla totale mancanza di contatti con il mondo esterno.

Nel 1774 il celebre capitano inglese James Cook guidò la successiva spedizione europea a Rapa Nui. Egli fu il primo a riferire che molti *moai* erano stati danneggiati, pare in conseguenza delle guerre tra i clan.

Quattordici anni più tardi, l'esploratore francese La Pérouse, giunto sull'isola, riferì di aver trovato una popolazione prospera e tranquilla: con tutta probabilità gli abitanti di Rapa Nui si erano rapidamente ripresi dal precedente periodo turbolento.

La colonizzazione europea

I contatti con il mondo esterno portarono quasi all'estinzione dell'intero popolo rapanui. L'episodio più grave si verificò nel 1862, quando i mercanti peruviani di schiavi compirono una feroce incursione a Rapa Nui e catturarono circa 1000 isolani per mandarli a lavorare nei depositi di guano delle Isole di Chincha, un arcipelago al largo del Perú. Di fronte alle proteste da parte dei rappresentanti della chiesa cattolica, alcuni isolani vennero ricondotti nella loro terra, ma le malattie e le dure condizioni di lavoro ne avevano giù uccisi quasi il 90%.

Verso il 1860 i missionari cattolici guidati dai francesi convertirono i pochi abitanti rimasti sull'isola. Lo sfruttamento commerciale di Rapa Nui ebbe inizio nel 1870, quando l'avventuriero francese Jean-Baptiste Dutroux-Bornier introdusse sull'Isola di Pasqua il commercio della lana e trasferì molti isolani a lavorare nelle piantagioni di Tahiti. Scoppiarono dei conflitti anche fra isolani e missionari, che nello stesso periodo avevano iniziato a deportare gli abitanti di Rapa Nui alle missioni di Mangareva, nell'arcipelago delle Gambier. Dutroux-Bornier fu assassinato da un isolano nel 1877.

L'annessione al Cile

L'annessione ufficiale dell'isola al Cile avvenne nel 1888 durante un periodo di espansione che portò anche all'acquisizione di territori dal Perú e dalla Bolivia dopo la Guerra del Pacifico (1879-84).

Nel 1897 Rapa Nui era ormai passata sotto il controllo di una sola società laniera, che prese di fatto il governo dell'isola, proseguendo il commercio della lana fino alla metà del XX secolo.

Nel 1953 il governo cileno assunse il controllo dell'isola, mantenendo la condotta imperiale a cui gli isolani erano soggetti da quasi un secolo. Vedendo i propri diritti limitati, comprese le restrizioni sui viaggi e l'impossibilità di esercitare il diritto di voto, gli isolani si sentivano cittadini di serie B. Nel 1967, con l'istituzione di un collegamento aereo commerciale di linea fra Santiago e Tahiti, che prevedeva uno scalo tecnico a Rapa Nui per il rifornimento del carburante, l'isola entrò in contatto con il resto del mondo e gli abitanti di Rapa Nui ne trassero molti benefici.

Cultura

La società di Rapa Nui è piuttosto conservatrice e la famiglia, il matrimonio e i figli svolgono ancora un ruolo fondamentale nella vita di tutti i giorni, così come la religione.

Un terzo della popolazione proviene dal Cile continentale o dall'Europa. La caratteristica culturale più sorprendente è la suggestiva mescolanza di usanze polinesiane e cilene. Anche se non lo ammetteranno mai apertamente, gli abitanti di Rapa Nui hanno un piede in Sud America e un piede in Polinesia.

Sebbene possa vantare una lingua e una storia uniche, quella dell'odierna Rapa Nui non sembra essere una società 'tradizionale', poiché la sua continuità fu purtroppo distrutta dalla quasi estinzione della popolazione, avvenuta nel secolo scorso. Tuttavia, benché si siano adattati allo stile di vita occidentale moderno, gli isolani sono molto orgogliosi della loro storia e cultura, e fanno di tutto per mantenere in vita le proprie tradizioni.

Arti

Come a Tahiti, anche a Rapa Nui la danza tradizionale non è una semplice attrazione turistica, ma una delle più vibranti forme di espressione della cultura polinesiana tradizionale. Un paio di troupe di danzatori molto talentuosi si esibisce regolarmente in vari alberghi dell'isola. I tatuaggi sono un altro aspetto della cultura polinesiana, e dalla fine degli anni '80 questa arte ha avuto un vero e proprio revival anche tra le giovani generazioni.

A Rapa Nui anche la scultura ha una lunga tradizione. Le sculture in genere rappresentano figure umane, uccelli, pesci e altri motivi decorativi ispirati agli animali, spesso anche abbinati fra loro.

Ambiente

L'Isola di Pasqua ha una forma all'incirca triangolare, con un cono vulcanico a ogni vertice: il Maunga Terevaka (507 m), nell'angolo nord-occidentale, è il punto più elevato dell'isola. La lunghezza massima dell'isola è di soli 24 km, e nel suo punto più largo Rapa Nui misura appena 12 km. La zona interna dell'Isola di Pasqua è caratterizzata per lo più da distese erbose, con terre coltivate inframmezzate da distese di lava. L'erosione delle onde marine ha creato nei secoli ripidissime scogliere che troverete lungo gran parte della costa, e Anakena, sul litorale settentrionale, è l'unica spiaggia sabbiosa di ampiezza considerevole.

L'erosione, accentuata dall'eccessivo sfruttamento dei pascoli e dalla deforestazione, è il problema più grave dell'Isola di Pasqua. Per combattere gli effetti dell'erosione, oggi sulla Península Poike si sta portando avanti un programma di rimboschimento su piccola scala.

Informazioni

Accessi a internet

Troverete internet bar ad Hanga Roa. Il wi-fi è disponibile anche in quasi tutti gli alberghi e le guesthouse, ma la connessione talvolta è lenta.

Alloggio

Se provenite dal Cile continentale, arrivando sull'Isola rimarrete un po' scioccati. Nonostante a Rapa Nui ci siano numerose possibilità di alloggio (circa 90 al momento della nostra visita), in genere le tariffe sono piuttosto elevate per i servizi offerti. Tutte le sistemazioni si trovano ad Hanga Roa, fatta eccezione per l'Explora en Rapa Nui. I *residenciales* (sistemazioni in case private) costituiscono la più diffusa possibilità di alloggio sull'isola, ma non manca anche un numero crescente di alberghi lussuosi. Se viaggiate con budget limitato, ad Hanga Roa potrete optare anche per un paio di campeggi. Tenete presente che nel parco nazionale dell'isola non è consentito campeggiare liberamente.

I prezzi delle sistemazioni si riferiscono a una doppia con bagno privato e includono la prima colazione.

$ meno di CH$40.000
$$ tra CH$40.000 a CH$80.000
$$$ più di CH$80.000

Cucina

I prezzi indicati nelle descrizioni dei ristoranti si riferiscono al costo di una portata principale.

$ meno di CH$8000
$$ tra CH$8000 e CH$12.000
$$$ più di CH$12.000

Internet

Easter Island Foundation (www.islandheritage.org)

Easter Island home page (www.netaxs.com/trance/rapanui.html)

Lonely Planet (www.lonelyplanet.com/chile/rapa-nui-easter-island)

Moneta

La valuta locale è il peso cileno (CH$). Numerose attività commerciali di Rapa Nui, soprattutto *residenciales,* alberghi e agenzie di autonoleggio, accettano dollari statunitensi (e, meno frequentemente, euro) in contanti. I viaggiatori provenienti da Tahiti devono avere con sé dollari statunitensi o euro in contanti, dal momento che a Rapa Nui non viene accettata la valuta tahitiana.

Bancomat Sull'Isola di Pasqua ci sono solo cinque sportelli bancomat, due dei quali accettano soltanto MasterCard. Non fate affidamento solo sulla vostra carta di credito, e cercate di tenere sempre un po' di contanti di riserva.

Cambiavalute Ad Hanga Roa ci sono due banche e un ufficio di cambiavalute. I dollari statunitensi sono la valuta estera più comoda da portare con sé, seguiti dagli euro. Ricordate che i tassi di cambio sull'Isola di Pasqua sono più bassi di quelli applicati nel resto del Cile.

Carte di credito Molti *residenciales,* alberghi, ristoranti e agenzie che organizzano i tour accettano le carte di credito, ma in genere fanno pagare una commissione extra compresa tra il 5% e il 10%.

Mance e contrattazioni Lasciare la mancia e contrattare sui prezzi non fanno parte della cultura polinesiana.

Tasse Tutti i prezzi indicati in questo capitolo includono le tasse.

Orari di apertura

Di seguito indichiamo i normali orari di apertura di uffici e attività commerciali a Rapa Nui. Nelle descrizioni di questo capitolo gli orari di apertura sono indicati solo se diversi da quelli citati qui sotto.

NOTIZIE UTILI

» *Mercurio,* il quotidiano nazionale, si può acquistare presso vari negozi di Hanga Roa. Anche l'Isola di Pasqua ha un proprio quotidiano, chiamato *El Correo del Moai*.

» Gli spettacoli della televisione statale cilena Television Nacional (TVN) sono trasmessi via satellite anche sull'Isola di Pasqua.

» L'Isola di Pasqua utilizza il sistema NTSC per i video.

» L'elettricità è a 240V, 50Hz.

» Sull'Isola di Pasqua si usa il sistema metrico decimale.

Uffici dalle 9 alle 17 da lunedì a venerdì

Ristoranti dalle 9 alle 21 da lunedì a sabato

Telefono

Il prefisso internazionale per chiamare l'Isola di Pasqua è lo stesso del Cile (☎56), e il prefisso locale (☎32) copre l'intera isola. Il costo delle chiamate internazionali (digitate il ☎00) parte da circa $0,50 al minuto. In città troverete diversi centri telefonici privati. Entel offre il servizio telefonico per cellulari GSM, e vende anche SIM card prepagate.

TRASPORTI

Per/dall'Isola di Pasqua

Aereo

L'unica compagnia aerea che fa servizio a Rapa Nui è **LAN** (☎210-0920; www.lan.com; Av Atamu Tekena s/n; ⏲9-16.30 lun-ven, fino alle 12.30 sab). Offre voli giornalieri per/da Santiago, un volo la settimana per/da Pape'ete (Tahiti) e due voli la settimana per/da Lima (Perú). La tariffa regolare in classe economica di andata e ritorno da Santiago può costare da $600 a $900.

Via mare

Sono poche le imbarcazioni per il trasporto passeggeri che servono l'Isola di Pasqua. Sull'isola fanno tappa numerosi yacht, soprattutto nei mesi di gennaio, febbraio e marzo. I punti di ormeggio non sono riparati al meglio.

Trasporti locali

Fuori Hanga Roa, quasi tutta la strada litoranea orientale e la strada per Anakena sono asfaltate; altre strade non lo sono, ma le loro condizioni sono discrete.

Per/dall'aeroporto

L'aeroporto si trova proprio alla periferia di Hanga Roa. I proprietari di alberghi e *residencial* attendono in aeroporto l'arrivo degli ospiti e vi garantiranno il trasporto gratuito fino al vostro alloggio.

Automobile e motocicletta

Alcuni alberghi e agenzie noleggiano fuoristrada a un prezzo che va da CH$25.000 a CH$45.000 per otto ore e da CH$35.000 a CH$60.000 per 24 ore, a seconda del veicolo. Un'avvertenza: l'assicurazione *non* è compresa, perciò non sareste coperti in caso di danni al veicolo. Non lasciate oggetti di valore nella vettura.

Scooter e motociclette si noleggiano a una tariffa che varia da CH$20.000 a CH$25.000 al giorno. Potete mettervi in contatto con le seguenti agenzie:

Haunani (☎210-0353; Av Atamu Tekena s/n)

Oceanic Rapa Nui Rent a Car (☎210-0985; www.rapanuioceanic.com; Av Atamu Tekena s/n)

Rent a Car Insular (☎210-0480; www.rentainsular.cl; Av Atamu Tekena s/n)

Bicicletta

Le mountain bike si noleggiano ad Hanga Roa spendendo circa CH$12.000 al giorno. Chiedete informazioni al vostro *residencial* o in albergo.

Taxi

La maggior parte delle corse in taxi in città prevede una tariffa fissa di CH$1500, mentre per percorsi più lunghi sull'isola si può contrattare con il conducente.

Capire il Cile

Cile oggi

Peccato non ci sia un premio per il paese più sfortunato, perché il Cile sarebbe un candidato perfetto. Quando nel febbraio 2010 un terremoto di magnitudo 8,8 colpì la costa centrale, il paese si trovò ad affrontare un sisma con una potenza distruttiva pari a 10.000 bombe di Hiroshima: insieme allo tsunami che ne seguì fece centinaia di vittime e danni per un valore di 30 miliardi di dollari. Eppure due mesi dopo le scuole riaprirono e le strade, i porti e gli aeroporti colpiti dal sisma furono di nuovo operativi. In gran parte la ricostruzione fu merito dei cittadini che si aiutarono vicendevolmente quando i servizi di emergenza ufficiali non erano disponibili.

Per il Cile le calamità naturali non sono una novità (nel 2011 il paese è stato testimone dell'eruzione del Cordon Caulle, che ha sepolto sotto la cenere anche parte dell'Argentina), ma ha sempre dimostrato di saper sopravvivere ad esse. Recentemente il paese ha dovuto affrontare anche un'altra scossa di assestamento: gli effetti del benessere.

- » Popolazione: 17 milioni
- » Età media: 32
- » Utilizzatori di internet: 7 milioni
- » Alfabetizzazione adulta: 96%
- » Disoccupazione: 6,9%
- » Aspettativa di vita: 78,8 anni
- » Tasso d'inflazione: 3,3%
- » PIL: 281 miliardi di dollari

Il divario tra ricchi e poveri

Nel 2010 il Cile è diventato il primo paese dell'America Latina a meritarsi di entrare nell'Organizzazione per la cooperazione e lo sviluppo economico (OCSE). Oggi è al 40° posto tra i paesi più sviluppati, l'assistenza sanitaria è migliorata e l'aspettativa di vita è salita.

C'è, ovviamente, ancora molto da fare: tra i paesi dell'OCSE il Cile è quello che ha la maggior sperequazione tra i cittadini: all'inizio del nuovo millennio il numero dei milionari si era raddoppiato, ma sono tuttora ancora più di 600.000 i cileni che vivono in condizioni di estrema miseria. Anche se negli ultimi dieci anni la povertà si è ridotta di un terzo, molti osservatori ritengono che la soglia di povertà fissata dalle autorità sia troppa bassa perché fotografi la situazione con esattezza.

Sullo schermo

Affetti e dispetti (2009) Fine commedia domestica con la capitale cilena sullo sfondo.
Post mortem (2010) Dramma storico sul golpe cileno del 1973
Tony Manero (2008) Mix folle di musical, dramma e film di denuncia nel Cile di Pinochet

Travelogue

Terra del fuoco (Francisco Coloane) Il 'mondo alla fine del mondo' per un grande scrittore.
Patagonia Express (Luis Sepúlveda) Riflessioni, racconti e incontri dell'autore in Patagonia e nella Terra del Fuoco.
In Patagonia (Bruce Chatwin) Un libro cult.
Latinoamericana. Un diario per un viaggio in motocicletta (Ernesto Che Guevara) Ancora un classico che affascina.

religione
(% della popolazione)

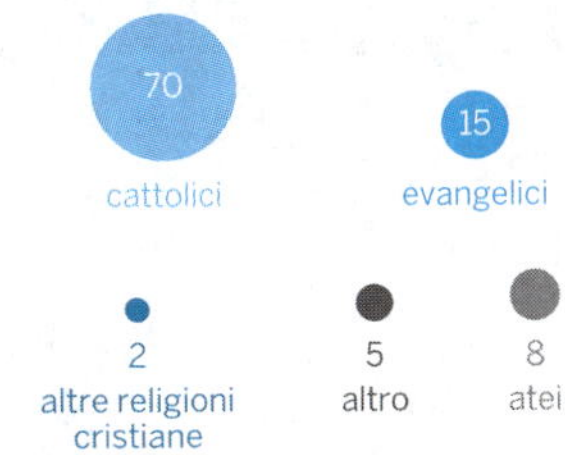

su 100 abitanti in Cile

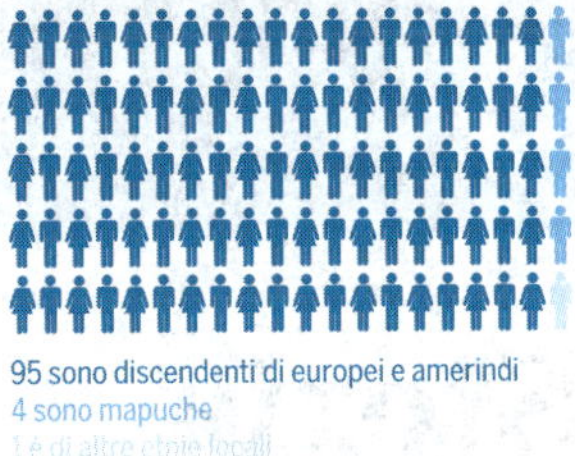

Per molti il problema sta nel sistema educativo. Ai ragazzi delle classi medio-basse che vogliono andare all'università lo stato fornisce ben poca assistenza economica: stanchi di questa situazione, nel 2011 gli studenti sono scesi in strada. Il governo Piñera non ha reagito e i manifestanti hanno alzato il livello della protesta, arrivando in corteo davanti al palazzo presidenziale vestiti da zombie. E il cosiddetto 'inverno cileno' è diventato la protesta di massa più importante degli ultimi decenni.

Dapprima trattati come ultimi arrivati senza diritto di parola, gli studenti, capeggiati dalla ventitreenne Camila Vallejo, furono invitati a La Moneda per farsi le loro ragioni. E qui la bella favola finisce. Le trattative sono arrivate a un punto morto, anche se la pubblica opinione è a favore delle richieste studentesche. Non guasta neanche il fatto che *Time, Newsweek* e il *Guardian* abbiano parlato in modo positivo della Vallejo, un onore che nemmemo il presidente miliardario Sebastian Piñera potrebbe comprarsi.

Mentre erano intrappolati sottoterra, i 33 minatori chiesero vino e sigarette per combattere lo stress. Il dottore della NASA che li assisteva in superficie inviò invece i cerotti di nicotina...

69 giorni sotto terra

Tutto il mondo era collegato in diretta quando il 13 ottobre 2010 i 33 minatori rimasti intrappolati nella miniera di San José a 700 m di profondità per 69 giorni furono tirati su uno alla volta. Barcollanti e accecati dal riverbero della luce nel deserto, 'los 33' si gettarono nelle braccia delle mogli e delle fidanzate in attesa. Tutti tirarono un sospiro di sollievo.

La loro sopravvivenza si deve a una sonda che riuscì a penetrare il loro rifugio 17 giorni dopo il crollo. Attraverso un tubo viaggiarono le *palomas*, i 'piccioni viaggiatori': video e lettere d'amore arrivarono in superficie, torte e medicine scesero sottoterra. Fu la linea di comunicazione tra la vita in superficie e un impenetrabile mondo sotterraneo, tra miliardi di spettatori e 33 disperati. E in superficie quella linea diventò simbolica: il Cile, abituato a lottare, aveva ottenuto qualcos'altro – la solidarietà.

Record

Torre Gran Costanera Questo grattacielo di Santiago avrà 70 piani è sara il più alto dell'America del Sud

Campos de Hielo Il Cile possiede più dell'80% dei ghiacciai sudamericani

Observatorio Astronómico Andino (OAA) Il più grande osservatorio non professionale del continente, appena fuori Santiago

Novità a Santiago

Centro Cultural Gabriela Mistral (www.gam.cl) Un complesso dedicato alle arti

Museo de la Moda (www.museodelamoda.cl)

Parque Bicentenario La versione locale del Central Park newyorkese

Storia

Lo straordinario passato del Cile, che vanta il luogo abitato più antico delle Americhe, è stato solo parzialmente svelato e studiato. Eppure, anche solo a guardare i due secoli di storia come paese indipendente, il Cile dimostra di aver fatto un bel po' di strada da quando era una remota provincia dell'impero coloniale spagnolo. Il progresso è avanzato a passi quasi impercettibili, spesso stagnando per decenni prima di risolvere grandi temi nazionali. Ancora oggi la cultura cilena reca il segno di una composizione sociale anomala, con una piccola élite di proprietari terrieri, di una lunga storia di sfruttamento minerario e di una politica contemporaneamente frenata e spinta in avanti sulla strada riformistica. La sua grande capacità di ripresa gli ha permesso di diventare uno dei paesi più stabili e con maggior peso politico di tutta l'America Latina.

I chinchorro praticavano la tecnica di mummificazione dei morti già 2000 anni prima degli egizi. La mummia più antica mai conosciuta è datata a circa 5050 a.C.

Le origini

Negli anni '80 gli scavi archeologici di Monte Verde, vicino a Puerto Montt, portarono alla luce l'impronta di un bambino impressa in un terreno paludoso. La scoperta in sé non parrebbe rivoluzionaria, eppure è bastata questa piccola *huella* rinvenuta in Cile a scuotere le fondamenta su cui poggiava l'intero sistema archeologico del continente americano. L'impronta fu fatta risalire a 12.500 anni fa, e altre prove della presenza dell'uomo in Cile a tempi più antichi, addirittura a 33.000 anni fa.

Questi dati controversi hanno messo in discussione la teoria ormai consolidata secondo la quale il primo popolo a vivere nelle Americhe fu quello dei clovis, giunti dall'Asia attraverso la striscia di terra che sorgeva al posto dello Stretto di Bering circa 11.500 anni fa e da lì spostatisi in seguito verso sud. Il che ha aperto la strada a diverse nuove teorie, secondo le quali le prime popolazioni che abitarono il continente vi giunsero da più luoghi o seguendo percorsi diversi oppure sbarcarono sulla costa. In un convegno del 1998 che ha segnato una data storica per gli studi dell'età preistorica, il sito di Monte Verde è stato dichiarato il luogo abitato più

Gli antichi atacameños facevano uso di sostanze allucinogene: sono stati ritrovati accessori che servivano a quell'uso, come spatole, tubicini e piccole scatoline.

CRONOLOGIA

12.500 a.C.

Un'impronta scoperta nei dintorni di Puerto Montt nel Monte Verde – il più antico insediamento in Sud America – dimostra la presenza dell'uomo in Cile molto prima di quanto si pensasse.

1520

Durante un viaggio in cui la sua flotta è decimata da ammutinamenti e tempeste, Ferdinando Magellano è il primo europeo ad avvistare il Cile, il 1° novembre 1520.

FREDDI DATI SCIENTIFICI

Si sa poco delle popolazioni selk'nam (ona) che un tempo abitavano la zona oggi definita Magallanes, ma è ben documentato il fatto che sopravvivevano a temperature estreme indossando poco o niente. Sul sito del **Patrimonio Cultural de Chile** (www.nuestro.cl), l'antropologo Francisco Mena afferma che 'un investigatore dell'Ottocento un giorno incontrò un uomo nudo e gli chiese come facesse a non sentir freddo. E il selk'nam rispose: tutto il corpo è diventato faccia'. Sul sito troverete molti altri aneddoti storici interessanti.

antico delle Americhe, anche se nuove scoperte negli ultimi anni, in particolare nel New Mexico, lasciano supporre che i primi insediamenti del continente risalgano a 40.000 anni fa.

Culture indigene

Quasi tutti i reperti delle civiltà precolombiane sono stati rinvenuti nel nord del Cile, dove hanno potuto conservarsi grazie al clima estremamente arido del deserto. Tra queste culture, la più famosa è quella dei chinchorro, una popolazione nomade che ci ha lasciato le mummie (cioè corpi trattati intenzionalmente allo scopo di preservarli) più antiche che si conoscano (v. lettura p157).

Nei canyon delle zone desertiche del nord, gli agricoltori stanziali aymara coltivavano il mais e le patate e custodivano greggi di lama e alpaca; i loro discendenti praticano ancora oggi tecniche simili all'interno del Parque Nacional Lauca. Un'altra importante civiltà dell'estremità settentrionale del Cile è quella degli atacameño. Anche di questo popolo ci sono giunti reperti ben conservati, dalle mummie alle compresse usate per la preparazione di sostanze allucinogene. Altre importanti culture, tra cui quelle di el molle e tiwanaku, hanno lasciato enormi geroglifici, incisioni rupestri e ceramiche che si possono vedere nelle zone settentrionali del paese. Nella stessa epoca i pescatori chango si insediarono lungo le coste del nord, mentre i diaguita andarono ad abitare le valli fluviali nell'entroterra.

La cultura degli incas conobbe un breve periodo di splendore nel Cile settentrionale, ma il loro dominio toccò appena la valle centrale e le foreste del sud, dove gli agricoltori stanziali picunche e quelli itineranti mapuche opposero una fiera resistenza a tutte le incursioni provenienti da nord. Gli indios cunco vivevano di pesca e di agricoltura sull'Isla de Chiloé e lungo le coste dei golfi di Reloncaví e Ancud.

Il romanzo storico di Isabel Allende *Inés dell'anima mia* (Feltrinelli, 2008) è basato su fatti reali della vita della *conquistadora* ed ex sarta amante di Pedro de Valdivia in quello che sarebbe diventato il Cile.

L'invasione

Nel 1495, all'insaputa delle popolazioni indigene delle Americhe, il loro territorio veniva spartito tra le due superpotenze dell'epoca, la Spagna e

1535

Diego de Almagro cerca di conquistare il Cile con 500 uomini, 100 schiavi africani e 10.000 yanacona. Molti muoiono assiderati sui passi andini a 4000 m. Non trovando l'oro, Almagro si ritira.

1535-1880

Con la Guerra di Arauco comincia la resistenza dei mapuche. Molti non partecipano alla rivolta cilena contro la corona spagnola. La loro roccaforte rimane la zona a sud di Río Biobío.

1540

Dopo aver attraversato il Deserto di Atacama, Pedro de Valdiva e un gruppo di 150 spagnoli danno vita a una colonia sulle rive del Río Mapocho.

il Portogallo. Il Trattato di Tordesillas (1494), imposto dal papa, e sottoscritto dai due stati iberici, aveva assegnato infatti tutte le terre a ovest del Brasile alla Spagna. Verso la metà del XVI secolo la Spagna arrivò a controllare la maggior parte del territorio che si estendeva dalla Florida e dal Messico fino al Cile centrale. Sebbene poco numerosi, i conquistatori erano determinati e senza scrupoli, sfruttavano a loro vantaggio le discordie interne tra le varie tribù native e terrorizzavano le popolazioni con i loro cavalli e le armi da fuoco. Tuttavia le loro maggiori alleate furono le malattie infettive, contro le quali i nativi non avevano difese immunitarie.

La prima sventurata incursione degli spagnoli nel Cile settentrionale fu guidata nel 1535 da Diego de Almagro, che entrò nel paese attraverso i valichi ghiacciati delle Ande. La scelta di questo tragitto così proibitivo provocò la morte per assideramento di molti uomini e cavalli. Tuttavia, la sua successiva ritirata a nord preparò il terreno alla spedizione di Pedro de Valdivia nel 1540. Valdivia e i suoi uomini attraversarono l'arido Deserto di Atacama verso sud, raggiunsero la fertile Valle del Mapocho nel 1541, ne soggiogarono gli abitanti e il 12 febbraio dello stesso anno fondarono la città di Santiago. Solo sei mesi dopo gli indios contrattaccarono, radendo al suolo la città e distruggendo quasi completamente le scorte alimentari dei colonizzatori. Gli spagnoli però non si diedero per vinti e il loro numero aumentò. Prima di morire nel 1553 per mano delle forze mapuche guidate dai famosi *caciques* (capi) Caupolicán e Lautaro, Valdivia aveva ormai fondato numerosi insediamenti e gettato le fondamenta di una nuova società.

Caupolicán capeggiò i mapuche nella loro prima sollevazione armata contro i *conquistadores*. Si crede che fosse diventato un *toqui* (capo militare) tenendo sollevato per tre giorni e tre notti il tronco di un albero e improvvisando un discorso poetico per incitare i mapuche a difendersi.

La società coloniale

Il primo obiettivo degli spagnoli era sempre quello d'impadronirsi dell'oro e dell'argento, ma ben presto essi compresero che la vera ricchezza del Nuovo Mondo era rappresentata dalle numerose popolazioni indigene. Gli invasori, che disdegnavano la fatica fisica, sfruttarono gli indios per mezzo del sistema dell'*encomienda*, in base al quale la corona assegnava a un singolo spagnolo i diritti sul lavoro e sui tributi versati dai nativi. Questo sistema fu realizzato con successo nel Cile settentrionale, che allora faceva parte del Perú. La popolazione indigena di questa regione fu facilmente controllata, forse proprio a causa del suo elevato grado di organizzazione e della sua familiarità con forme di sfruttamento simili.

Anche nel Cile centrale gli spagnoli stabilirono il loro dominio, ma i popoli nomadi e seminomadi del sud opposero una vigorosa resistenza, tanto che alla fine del XIX secolo questa continuava a essere una zona pericolosa per i coloni bianchi. I mapuche avevano attraversato le Ande ed erano riusciti a domare i branchi di cavalli selvaggi, che si erano rapidamente moltiplicati nei bei pascoli della pampa argentina; divenuti esperti cavallerizzi, i mapuche aggiunsero rapidità ed efficacia ai loro attacchi.

1541

Santiago viene fondata l'11 settembre, nonostante la fiera resistenza degli araucani, che a quell'epoca sono circa 500.000. Le epidemie diffuse dai *conquistadores* decimano gli indigeni.

1548

Il vino viene introdotto in Cile dai missionari e dai *conquistadores*. Sono i gesuiti i primi a coltivare le vigne; oggi il Cile ha più di 70 aziende vinicole ed esporta in tutto il mondo.

1553

Pedro de Valdivia viene catturato nella Battaglia di Tucapel: 6000 guerrieri mapuche, guidati dal *toqui* Caupolicán e dal suo vice Lautaro, attaccano i forti spagnoli da sud. Valdivia viene decapitato.

Nonostante la disapprovazione della Corona, che però era troppo lontana per esercitare un controllo efficace, Valdivia cominciò a ricompensare i suoi seguaci con donazioni di vasti territori, simili alle grandi proprietà feudali spagnole della natia Estremadura. Questi possedimenti (*latifundios*), molti dei quali rimasero intatti fino al 1960, furono per lungo tempo il tratto distintivo dell'economia e della società cilena.

I *mestizos*, cioè i figli delle unioni tra i colonizzatori spagnoli e le donne indios, arrivarono ben presto a superare numericamente la popolazione indigena, falcidiata dalle malattie infettive, dalla brutalità del lavoro forzato e dalla guerra. La neo-aristocrazia cilena incoraggiò i *mestizos*, che erano esclusi dal possesso della terra, a legarsi alle vaste proprietà rurali come *inquilinos* (fittavoli).

Anche se la popolazione del Cile appare omogenea, la cultura dei neri ha radici lontane: nel 1620 la città di Arica elesse un sindaco di colore (che il viceré del Perú in seguito sconfessò). Oggi la *Fundación Oro Negro* si occupa di preservare il patrimonio culturale dei neri cileni.

La rivoluzione

I moti d'indipendenza che scoppiarono tra il 1808 e il 1810 furono favoriti dall'emergere di una nuova classe sociale, i *criollos* (creoli), cioè gli spagnoli nati in America, che ben presto svilupparono un crescente desiderio di autonomia amministrativa. Per facilitare la riscossione delle tasse, Madrid aveva decretato che tutti i commerci con la madrepatria dovessero avvenire via terra attraverso Panama, i Caraibi e l'Avana, piuttosto che direttamente per nave, in modo da riscuotere i tributi in ogni dove. Questo complicato sistema ostacolò lo sviluppo commerciale e alla fine costò alla Spagna il suo impero.

Nel periodo coloniale il Cile era considerato una suddivisione del vastissimo Vicereame del Perú, che aveva come capitale Lima. La giurisdizione di questa suddivisione, chiamata Audiencia de Chile, si estendeva dall'attuale Chañaral a nord fino a Puerto Aisén a sud e includeva anche le province di Mendoza, San Juan e San Luis, che oggi fanno parte dell'Argentina. Ma pur dipendendo formalmente da Lima, il Cile si sviluppò in totale autonomia dal Perú, con un'identità molto diversa rispetto al suo vicino settentrionale.

Intorno al 1820 i moti indipendentisti nati in tutto il Sud America fecero fronte comune per espellere la Spagna dal continente. Dal Venezuela, un esercito di *criollos* comandato da Simón Bolívar si fece strada in direzione ovest e sud verso il Perú. Il liberatore dell'Argentina José de San Martín varcò le Ande e giunse in Cile, occupò Santiago e si diresse a nord verso Lima.

San Martín nominò Bernardo O'Higgins comandante in seconda delle sue truppe. O'Higgins, figlio illegittimo di un irlandese che era stato al servizio degli spagnoli come viceré del Perú, divenne capo supremo della nuova repubblica cilena. San Martín contribuì a cacciare gli spagnoli dal Perú, trasportando le sue truppe su navi in parte rubate agli spagnoli e in parte acquistate dagli inglesi o dai nordamericani, i quali avevano

Memoria del fuoco. I volti e le maschere di Eduardo Galeano (BUR Rizzoli, 2009) è il secondo volume di una trilogia che racconta la storia delle Americhe attraverso i materiali più disparati, dai miti tramandati oralmente alle memorie di navigatori e *conquistadores*, dai ritratti di eroi e assassini agli articoli di giornale.

1818

L'argentino José de San Martín libera Santiago. Bernardo O'Higgins, figlio illegittimo di un irlandese, diventa 'capo supremo' della repubblica cilena.

RICHARD CUMMINS / LONELY PLANET IMAGES ©

» Bernardo O'Higgins

1834-5

La nave *Beagle* veleggia lungo le coste del Cile: a bordo c'è Charles Darwin. La spedizione dura 5 anni e gli fornisce il materiale che lo porterà a formulare la teoria dell'evoluzione.

intuito che la cacciata degli spagnoli avrebbe creato per loro nuove opportunità commerciali. Fu così che lo scozzese Thomas Cochrane, un pittoresco ex ufficiale della Royal Navy, fondò la Marina Militare cilena e vi si mise a capo: fu lui a espugnare nel 1820 l'ultima città rimasta in mano spagnola, Valdivia.

I primi anni della repubblica

Le nuove repubbliche dell'America Latina, uscite dalla guerra in gravi difficoltà economiche ma sostenute dall'entusiasmo per la conquistata indipendenza, presero forma sulla base delle vecchie divisioni amministrative spagnole. Il Cile occupava solo una parte del suo attuale territorio e comprendeva le *intendencias* (unità amministrative dell'impero spagnolo) di Santiago e Concepción, che condividevano confini incerti con la Bolivia, l'Argentina e con l'ostile popolo dei mapuche a sud del Río Biobío.

Il testo di Robert Harvey *Liberators: South America's Struggle for Independence* (2002) racconta in uno stile di facile lettura l'epica storia dei *liberadores* latinoamericani attraverso la vita di grandi eroi e avventurieri come O'Higgins, San Martín e Lord Cochrane.

Il Cile riuscì a sfuggire al buco nero dell'economia che caratterizzò molti paesi dell'America Latina in questo periodo e raggiunse una relativa stabilità politica che permise un rapido sviluppo dell'agricoltura, dell'attività mineraria, dell'industria e del commercio.

O'Higgins dominò la politica cilena per cinque anni dopo il conseguimento formale dell'indipendenza nel 1818, ma l'élite dei proprietari terrieri che prima lo aveva sostenuto si oppose ben presto all'aumento delle tasse, all'abolizione dei titoli e alle restrizioni sulle leggi di successione delle proprietà terriere. O'Higgins fu costretto a dimettersi nel 1823 e andò in esilio in Perú, dove morì nel 1842.

Gli interessi dei grandi proprietari terrieri vennero incarnati da Diego Portales che, in qualità di ministro degli interni, fu di fatto il dittatore del paese fino al 1837, quando fu giustiziato in seguito a una rivolta. Portales promulgò una costituzione fatta su misura, che centralizzava il potere a Santiago, limitava il suffragio ai possidenti terrieri e stabiliva elezioni indirette per la presidenza e il senato. La costituzione di Portales rimase in vigore, anche se con alcune modifiche, fino al 1925.

In questo periodo caratterizzato da dispute sui confini, con i trattati firmati con i mapuche nel 1881 vennero annessi al Cile i territori del Sud dal clima temperato. Contemporaneamente il Cile dovette però rinunciare alle sue rivendicazioni su gran parte della Patagonia, che passò all'Argentina, ma tentò di assicurarsi una maggiore presenza nel Pacifico annettendosi la piccola e remota Isola di Pasqua (Isla de Pascua, o Rapa Nui) nel 1888.

La guerra civile

Lo sviluppo dell'attività mineraria creò una nuova classe operaia e una élite di nuovi ricchi. Queste due classi sociali sfidarono il potere dell'oligarchia dei proprietari terrieri. La prima figura politica che affrontò la questione della sperequazione nella distribuzione della ricchezza fu il

1860

L'avventuriero francese Orèlie-Antoine de Tounens diventa amico dei capi mapuche e assume il titolo di re di Araucania e Patagonia. Il console francese lo fa rinchiudere in manicomio.

1879-84

Le pretese cilene sui depositi di nitrati in territorio peruviano e boliviano portano alla Guerra del Pacifico; dopo aver sconfitto i due nemici il Cile espande di un terzo il suo territorio.

1881

Mentre continua la sua espansione verso nord, il Cile firma un accordo con l'Argentina: le concede la Patagonia orientale ma mantiene la sovranità sullo Stretto di Magellano.

ESPANSIONE TERRITORIALE E RICCHEZZA MINERARIA

Le fortune del paese ricevettero una spinta decisiva con la Guerra del Pacifico (1879-84), con la quale il Cile conquistò vasti territori del Perú e della Bolivia. La guerra ebbe inizio quando la Bolivia proibì a una compagnia cilena di sfruttare i giacimenti di nitrati della regione del Deserto di Atacama, all'epoca in territorio boliviano. Il Cile prese allora possesso del porto di Antofagasta, anch'esso in Bolivia, e delle province peruviane di Tacna e Arica. In questo modo la Bolivia perse l'unico suo sbocco sul Pacifico. La guerra, combattuta con grande accanimento, viene ancora celebrata dai cileni, mentre costituisce un ricordo molto amaro per i peruviani e i boliviani.

L'intervento di Santiago si rivelò una vera fortuna. Il boom dell'estrazione dei nitrati portò una grande prosperità al Cile, o almeno a certi settori della società cilena. Investitori inglesi, nordamericani e tedeschi fornirono gran parte dei capitali. La costruzione della ferrovia rivoluzionò le infrastrutture del paese e l'economia conobbe un grande sviluppo. Quando, in seguito, l'estrazione dei nitrati conobbe il suo declino, l'attività mineraria risollevò nuovamente le sorti del paese grazie ai suoi ricchi giacimenti di rame, che ancora oggi costituiscono il motore principale dell'economia cilena. Lo sviluppo dei porti settentrionali di Iquique e Antofagasta non fece altro che incrementare lo sviluppo economico del Cile.

presidente José Manuel Balmaceda, eletto nel 1886. L'amministrazione di Balmaceda intraprese importanti progetti nel campo dei lavori pubblici, rivoluzionando le infrastrutture del paese e migliorando gli ospedali e le scuole. Tuttavia la politica di Balmaceda incontrò la tenace resistenza del parlamento, di tendenze conservatrici, che nel 1890 votò per la sua deposizione e mise a capo di un governo provvisorio l'ufficiale di Marina Jorge Montt.

Più di 10.000 cileni morirono nella guerra civile che seguì a quei tragici eventi. La flotta di Montt controllava i porti del paese e alla fine sconfisse il governo, malgrado l'esercito sostenesse Balmaceda. Quest'ultimo si uccise con un colpo di pistola dopo aver trascorso alcuni mesi da rifugiato politico presso l'ambasciata argentina.

Pur indebolendo il sistema presidenziale, Montt (eletto alla carica presidenziale dal 1891 al 1896) e i suoi successori portarono avanti molti dei progetti di lavori pubblici di Balmaceda e fecero sì che anche il Congreso Nacional fosse eletto a suffragio universale e non più tramite elezioni indirette. Per le riforme più radicali, però, si dovette attendere il secondo dopoguerra.

Il XX secolo

Ben presto l'economia cilena si trovò in difficoltà a causa della sua totale dipendenza dagli introiti provenienti dall'estrazione dei nitrati. La dif-

1885-1900
I capitali britannici, nordamericani e tedeschi trasformano l'area desertica di Atacama in una fonte di ricchezze: l'estrazione dei nitrati porta prosperità.

1888-1960
Il Cile annette l'Isola di Pasqua e confina gli indigeni su Hanga Roa mentre il resto dell'isola viene utilizzato per allevare pecore fino al 1953; verrà riaperto a tutti i cileni dell'isola solo negli anni '60.

1890-1
Il presidente José Manuel Balmaceda propone una riforma contro la sperequazione economica: il parlamento si oppone e si avvia una guerra civile che farà 10.000 vittime. Balmaceda si suicida.

fusione dei nuovi fertilizzanti ricavati dal petrolio rese obsoleti i nitrati minerali, e la situazione fu ulteriormente aggravata nel 1914 dall'apertura del Canale di Panama, che eliminò quasi del tutto il traffico intorno a Capo Horn, che era stato di importanza fondamentale per i porti cileni di Valparaíso, Antofagasta e Iquique.

Guardate il commovente film *Sub Terra* (2003) di Marcelo Ferrari che denuncia lo sfruttamento dei lavoratori nelle miniere cilene, spesso a opera di americani senza scrupoli.

Nonostante le difficoltà economiche, l'elezione del presidente Arturo Alessandri Palma fu per la classe operaia cilena un segno di speranza. Per ridurre il potere dell'oligarchia terriera, egli propose la concessione di una maggiore autonomia politica alle province e l'introduzione di imposte per finanziare l'assistenza sociale e migliorare le condizioni di lavoro, la salute pubblica e l'istruzione. I conservatori ostacolarono però queste riforme e nel 1924 l'opposizione dell'esercito costrinse Alessandri a dimettersi.

Il generale Carlos Ibáñez del Campo esercitò il potere in modo dittatoriale per alcuni anni, ma la sua carente politica economica, ulteriormente aggravata dalla depressione mondiale, favorì l'insorgere di una diffusa opposizione al suo governo, che alla fine lo costrinse ad andare in esilio in Argentina nel 1931.

Dopo l'espulsione di Ibáñez, i partiti politici cileni strinsero nuove alleanze. Diversi gruppi di sinistra imposero per breve tempo una repubblica socialista e si unirono per costituire il Partito Socialista. Le divisioni tra stalinisti e trotzkisti spaccarono il Partito Comunista, mentre gruppi secessionisti provenienti dal partito radicale e da quello riformista diedero vita a innumerevoli organizzazioni politiche. Per gran parte degli anni '30 e '40 la sinistra democratica dominò la politica, e l'intervento del governo nell'economia attraverso il CORFO (l'ente pubblico di sviluppo) divenne sempre più importante.

Nel 1915, la Marina Militare britannica affondò la SMS tedesca *Dresden* nel porto dell'Isla Robinson Crusoe. Pare che a tradire la presenza del famigerato incrociatore, che era riuscito a sfuggire alla cattura durante la battaglia delle Falkland, sia stata una partita di calcio giocata dal suo equipaggio sulla spiaggia dell'isola.

Intanto, dagli inizi del XX secolo grandi società nordamericane avevano assunto il controllo delle miniere di rame, che oggi come allora costituiscono la base dell'economia cilena. La seconda guerra mondiale determinò un aumento della domanda di rame cileno, e questo promosse la crescita economica, nonostante la decisione del paese di rimanere neutrale.

La riforma agraria

Una serie di indagini statistiche condotte negli anni '20 avevano evidenziato che circa il 75% della popolazione rurale del Cile dipendeva ancora dalle *haciendas* (grandi proprietà agricole), che controllavano l'80% dei migliori terreni agricoli. Gli *inquilinos* (fittavoli) rimanevano alla mercé dei proprietari terrieri per l'accesso alla terra, la casa e la sussistenza. I loro voti erano gestiti di fatto dai possidenti, che li utilizzavano per fare pressione sul Congreso Nacional e per lasciare immutato il sistema della proprietà terriera. Le *haciendas* non venivano incentivate a modernizzarsi e la produzione era in una fase stagnante – una situazione che rimase quasi immutata fino agli anni '60.

1927
Il governo del generale Carlos Ibáñez del Campo è, de facto, una dittatura: sarà la più lunga di un decennio di instabilità politica, in cui si succedono 10 capi di governo.

1938-46
Comunisti, socialisti e radicali formano la colazione del Fronte Popolare, che conquista presto adepti tra la classe operaia sindacalizzata, mettendosi alla testa del movimento dei lavoratori.

1945
La poetessa Gabriela Mistral, insegnante e console all'estero, diventa la prima donna dell'America Latina (e la quinta in assoluto) a ricevere il premio Nobel.

Nel 1952 le elezioni presidenziali furono vinte democraticamente dall'ex dittatore generale Ibáñez del Campo, rientrato dall'esilio. Egli cercò di ridimensionare il controllo esercitato dai proprietari terrieri sui voti dei loro fittavoli e braccianti, abrogando anche una vecchia legge che bandiva il Partito Comunista. Il suo governo fu però messo in minoranza e Ibáñez dovette rassegnare le dimissioni.

Ne seguì una lotta per il potere in cui vennero alla ribalta diversi importanti personaggi. Nel 1958 il socialista Salvador Allende si mise alla testa di una nuova coalizione di sinistra chiamata FRAP (Frente de Acción Popular, Fronte di Azione Popolare), mentre Eduardo Frei Montalva divenne il rappresentante della nuova Democracia Cristiana, un partito riformista i cui obiettivi era simili a quelli del FRAP, ma la cui base ideologica traeva origine dall'umanesimo di origine cristiana.

Temendo queste nuove forze di sinistra, il partito conservatore e quello liberale decisero di dar vita a una coalizione e scelsero come leader Jorge Alessandri, figlio dell'ex presidente Arturo Alessandri.

Alessandri vinse di misura le elezioni con il 32% dei voti, mentre Allende conquistò il 29% e Frei il 21%. In minoranza al Congreso, Alessandri dovette accettare una blanda riforma agraria che diede inizio a una lotta con le *haciendas* che durò un decennio.

Le elezioni presidenziali del 1964 videro il confronto tra Allende e Frei, il quale ottenne l'appoggio dei partiti conservatori che detestavano il medico di sinistra. Durante la campagna elettorale entrambi i partiti si impegnarono ad attuare una riforma agraria, appoggiarono la diffusione dei sindacati nelle campagne e promisero la fine del sistema delle *haciendas*. Allende fu indebolito dalle divisioni interne della sinistra e Frei riuscì a vincere senza difficoltà.

Murales di protesta firmati BRP (Brigada Ramona Parra) incitanti alla sovversione apparvero sui muri delle povere case del quartiere di Santiago di La Victoria sin dagli anni '40. Oggi ne vedete alcuni lungo Avenida 30 de Mayo.

L'era cristiano-democratica

Sinceramente impegnati nel tentativo di riformare la società cilena, i democratici cristiani tentarono di controllare l'inflazione, sanare i conti con l'estero, attuare la riforma agraria e migliorare il sistema sanitario, l'istruzione e i servizi sociali. La loro politica minacciava però sia i tradizionali privilegi dell'élite sia il sostegno della classe lavoratrice alla sinistra radicale.

I democratici cristiani dovettero affrontare altre difficoltà. Negli ultimi anni della presidenza di Jorge Alessandri l'economia aveva imboccato una fase recessiva, e le scarse opportunità di lavoro nelle campagne spingevano i diseredati nelle città, dove insediamenti spontanei abusivi detti *callampas* (funghi) sembravano spuntare ovunque da un giorno all'altro. Aumentarono gli attacchi al settore delle esportazioni, dominato dagli interessi degli Stati Uniti: il presidente Frei propugnava la 'cilenizzazione' dell'industria del rame, che avrebbe dovuto rinunciare agli investimenti

1948-58
Il Partito Comunista viene messo al bando: nel clima della Guerra Fredda i conservatori temono infatti che la sua base elettorale acquisisca eccessivo potere.

1952
Ibáñez ritorna al potere e si impegna contro la corruzione. Revoca la messa al bando del Partito Comunista, ma pianifica anche un colpo di stato e viene congedato.

1958
Il socialista Salvador Allende si pone alla testa di una nuova coalizione di sinistra chiamata FRAP (Frente de Acción Popular, Fronte di Azione Popolare).

stranieri a favore di quelli locali, mentre Allende e i suoi sostenitori erano favorevoli alla nazionalizzazione, che avrebbe posto l'industria sotto il controllo statale.

I democratici cristiani dovettero inoltre affrontare le rivendicazioni di gruppi violenti come il Movimiento de Izquierda Revolucionario (MIR; Movimento Rivoluzionario di Sinistra), che aveva avuto origine tra gli studenti della borghesia medio-alta di Concepción. L'attivismo del MIR riuscì a coinvolgere molti operai delle città, che formarono il Frente de Trabajadores Revolucionarios (Fronte Rivoluzionario dei Lavoratori), e attirò anche i contadini, che ormai da tempo attendevano la riforma agraria. Altri gruppi di sinistra appoggiarono gli scioperi e l'appropriazione della terra da parte degli indios mapuche e dei braccianti agricoli.

Troppo lente per appagare i gruppi di sinistra, le riforme di Frei erano invece troppo rapide per il Partito Nazionale, di stampo conservatore. Il miglioramento delle condizioni di vita di molti lavoratori rurali e gli enormi passi avanti del sistema scolastico e sanitario non bastarono a impedire che la crescita dell'inflazione, la dipendenza dai mercati e dai capitali stranieri e l'iniqua distribuzione della ricchezza continuassero ad affliggere il paese. I democratici cristiani sembravano incapaci di soddisfare le aspettative di una società che era sempre più militante e divisa.

L'esploratore norvegese Thor Heyerdahl giunse all'Isola di Pasqua dopo aver attraversato il Pacifico su una barca negli anni '50. L'esperienza lo convinse che le civiltà polinesiane potevano aver avuto origini sudamericane. Per ulteriori approfondimenti cercate nel circuito dell'usato *Aku Aku: il segreto dell'Isola di Pasqua* (Robin Edizioni, 2005).

L'ascesa al potere di Allende

In questo clima politico turbolento si fece strada una nuova coalizione di sinistra, l'Unidad Popular (UP) guidata da Allende. Il radicale programma dell'UP prevedeva la nazionalizzazione delle miniere, delle banche e delle compagnie di assicurazione, oltre all'espropriazione e alla ridistribuzione dei latifondi.

Le elezioni del 1970 registrarono uno dei risultati più incerti della storia del Cile: Allende ottenne il 36% dei voti, mentre il Partito Nazionale ebbe il 35%. Secondo la Costituzione, se nessuno dei candidati raggiungeva la maggioranza assoluta toccava alle due camere confermare l'esito della consultazione elettorale. I democratici cristiani diedero il loro sostegno ad Allende, il quale divenne così il primo presidente marxista del mondo eletto democraticamente.

Ma il paese era tutt'altro che unito, e lo stesso discorso valeva per la coalizione di Allende. L'UP comprendeva socialisti, comunisti e radicali che non riuscivano a trovare un accordo sugli obiettivi di governo. Privo di un reale mandato elettorale, Allende dovette affrontare un parlamento schierato all'opposizione, le diffidenze del governo degli Stati Uniti e le pressioni dei gruppi di estrema destra, pronti a ricorrere alla violenza per far cadere il suo governo.

Il programma economico di Allende, perseguito più eludendo il Congreso Nacional che confrontandosi con esso, comprendeva il rile-

1960

Il più potente terremoto mai registrato colpisce il sud del Cile: distrugge le città costiere tra Concepción e Chiloé e crea uno tsunami che arriva fino alle Hawaii e al Giappone.

1964

All'Isola di Pasqua, i rapa nui (la popolazione nativa) diventano cittadini cileni a tutti gli effetti e ricevono il diritto di voto.

JAN STROMME / LONELY PLANET IMAGES ©

» Abitanti di Rapa Nui

vamento da parte dello stato di molte imprese private e un'imponente politica di ridistribuzione del reddito. Aumentando la spesa pubblica, il nuovo presidente sperava di far uscire il paese della recessione. Per un certo periodo questa manovra funzionò, ma gli industriali e i proprietari terrieri, preoccupati per i progetti di espropriazione e nazionalizzazione, iniziarono a svendere le loro azioni, i macchinari agricoli e il bestiame. La produzione industriale calò bruscamente causando deficit di bilancio e inflazione selvaggia e lasciando spazio al mercato nero.

I contadini, delusi dalla riforma agraria, si impadronirono delle terre, causando il crollo della produzione agricola. Per far fronte alla situazione, il governo dovette utilizzare la poca valuta straniera disponibile per importare generi alimentari.

La situazione politica cilena divenne sempre più conflittuale e molti sostenitori di Allende non nascosero il loro dissenso sul suo approccio indiretto alle riforme. Il MIR intensificò le azioni di guerriglia, mentre nelle fabbriche di Santiago iniziarono a circolare voci insistenti sulla creazione di organizzazioni comuniste armate.

L'esproprio delle miniere di rame e di altre aziende controllate dagli Stati Uniti, oltre ai rapporti sempre più amichevoli con Cuba, provocarono l'ostilità degli Stati Uniti. In seguito, alcune indagini svolte in seno al Congresso degli Stati Uniti dimostrarono come il presidente Nixon e il segretario di stato Kissinger avessero sabotato Allende disincentivando il credito proveniente dalle organizzazioni della finanza internazionale e offrendo appoggio ai suoi oppositori. Nel frattempo, secondo le memorie di un disertore sovietico pubblicate nel 2005, il KGB ritirò il suo supporto ad Allende per il suo rifiuto di usare la forza contro i suoi oppositori.

Davanti a queste difficoltà, il governo cileno cercò di prevenire un aperto conflitto proponendo di porre dei limiti chiaramente definiti al processo di nazionalizzazione. Purtroppo né l'estrema sinistra, convinta che solo con la forza sarebbe stato possibile giungere al socialismo, né la sua controparte di destra, che pensava che solo con la forza lo si sarebbe potuto evitare, furono disposte al compromesso.

Il terremoto più violento mai registrato si verificò nella zona meridionale del Cile il 22 maggio 1960. Di magnitudo compresa tra 8,6 e 9,5 gradi della scala Richter, il terremoto colpì il Cile da Concepción fino alla zona meridionale di Chiloé. Lo tsunami provocato dalla fortissima scossa fu tanto potente da portare distruzione e morte alle Hawaii, a circa 10.000 km di distanza, e fino alle coste giapponesi.

La reazione violenta della destra

Nel 1972 il Cile venne paralizzato da un esteso sciopero degli autotrasportatori sostenuto dai democratici cristiani e dal Partito Nazionale. Mentre l'autorità del governo si stava sgretolando, Allende, disperato, invitò il generale costituzionalista Carlos Prats, comandante dell'esercito, a occupare la difficile carica di ministro degli interni, e aprì le porte del governo anche a un ammiraglio e a un generale dell'aviazione. Nonostante la crisi economica, i risultati delle elezioni del Congresso del marzo 1973 rivelarono che dal 1970 il numero dei sostenitori di Allende era aumentato, ma il controllo sempre più forte esercitato sul Congresso dall'opposizione

1970
Salvador Allende è il primo presidente marxista eletto democraticamente: segue una politica di riforme sociali, molte aziende sono sotto il controllo statale e si avvia una ridistribuzione del reddito.

1973
L'11 settembre un colpo di stato depone il governo. Allende muore (probabilmente suicida) e migliaia di suoi sostenitori vengono uccisi.

1973-89
Il generale Augusto Pinochet siede a capo di una giunta militare che scioglie il parlamento, bandisce i partiti di sinistra e sospende, di fatto, qualsiasi forma attiva di politica.

unificata accentuò l'estremizzazione della politica cilena. Nel mese di giugno del 1973 si verificò un tentativo di colpo di stato militare che non ebbe successo.

Il mese successivo, gli autotrasportatori e altri gruppi di destra entrarono di nuovo in sciopero, sostenuti dall'intera opposizione. Avendo perso l'appoggio dell'esercito, il generale Prats si dimise e venne sostituito dal quasi sconosciuto generale Augusto Pinochet Ugarte, ritenuto sia da Prats sia da Allende fedele al governo costituzionale.

L'11 settembre 1973 Pinochet scatenò un violento *golpe de estado* (colpo di stato) che rovesciò il governo dell'UP e portò alla morte di Allende per apparente suicidio e all'uccisione di migliaia di suoi sostenitori. La polizia e l'esercito arrestarono migliaia di militanti, presunti militanti e simpatizzanti di sinistra. Molti di loro vennero condotti nello stadio nazionale di Santiago, dove vennero percossi, torturati e in molti casi uccisi. Centinaia di migliaia di persone furono costrette a fuggire all'estero.

L'esercito sosteneva che l'uso della forza per destituire Allende si era reso necessario perché il suo governo aveva provocato il caos politico ed economico e perché lo stesso Allende stava progettando di rovesciare con la forza l'ordine costituzionale. Sicuramente questo stato di 'caos economico' era la conseguenza di una politica in gravissime difficoltà, ma i settori reazionari, incoraggiati e spalleggiati dall'estero, contribuirono ad aggravare la mancanza di generi alimentari, creando le premesse che favorirono l'insorgere di un mercato nero che indebolì ulteriormente il governo. In precedenza Allende aveva dimostrato il suo impegno nei confronti del processo democratico, ma la sua incapacità o riluttanza a controllare le fazioni più a sinistra terrorizzava la borghesia e l'oligarchia.

The Pinochet File: A Declassified Dossier on Atrocity and Accountability di Peter Kornbluh (2003) getta uno sguardo sorprendente e illuminante sul coinvolgimento statunitense nella politica cilena nel periodo precedente alla dittatura militare, che avrebbe governato il paese dal 1973 al 1989.

La dittatura militare

Molti leader dell'opposizione, alcuni dei quali avevano sostenuto il colpo di stato, si aspettavano un rapido ritorno al governo civile, ma il generale Pinochet aveva altri progetti. Dal 1973 al 1989 egli fu a capo di una giunta militare permanente che sciolse il Congreso Nacional, mise fuori legge i partiti di sinistra e sospese tutti gli altri, vietò praticamente tutte le attività politiche e governò a suon di decreti. Assumendo la presidenza nel 1974, Pinochet cercò di modificare la cultura politica ed economica del paese mediante la repressione, la tortura e l'omicidio. La Carovana della Morte, un gruppo di militari che si spostavano in elicottero da una città all'altra, soprattutto nel Cile settentrionale, uccise numerosi oppositori politici, molti dei quali si erano consegnati di propria volontà. I detenuti politici provenivano da ogni classe sociale, dai contadini ai professori. Nei diciassette anni di regime 'scomparvero' migliaia di persone.

Il CNI (Centro Nacional de Informaciones) e il suo predecessore, la DINA (Dirección Nacional de Inteligencia, Direzione Nazionale dei Servizi

1978
Il Cile e l'Argentina sono sull'orlo di una guerra per il controllo di tre piccole isole nel Canale di Beagle. Il cosiddetto Conflitto del Beagle viene risolto nel 1979 grazie alla mediazione del papa.

1980
Pinochet sottomette all'elettorato una nuova costituzione e chiede la ratifica della sua presidenza fino al 1989. La modifica passa ma molti elettori si astengono per protesta.

1989
La Concertación para la Democracia riesce a portare il suo candidato, il cristiano democratico Patricio Aylwin, alla vittoria nelle prime elezioni libere dal 1970.

Segreti), erano tristemente famosi come professionisti del terrorismo di stato e talvolta agivano anche fuori dal territorio cileno: un anno dopo il colpo di stato, un'autobomba eliminò il generale Prats a Buenos Aires, mentre nel 1975 il leader democratico cristiano Bernardo Leighton per poco non rimase ucciso in un attentato a Roma. Forse il caso che fece più scalpore fu quello di Orlando Letelier, ministro degli esteri di Allende, ucciso da un'autobomba a Washington nel 1976.

Nel 1977 perfino il generale dell'aviazione Gustavo Leigh, membro della giunta militare, iniziò a pensare che la campagna contro la 'sovversione' fosse stata così vittoriosa da consentire un ritorno al governo civile, ma Pinochet costrinse Leigh a dimettersi, riaffermando con energia il dominio dell'esercito e rimanendo al potere. Nel 1980 Pinochet si sentì abbastanza sicuro da sottoporre all'elettorato una nuova costituzione fatta a suo uso e consumo con la quale mise in gioco il suo stesso futuro politico. In un referendum con limitate possibilità di scelta, circa due terzi degli elettori approvarono la costituzione e confermarono la presidenza di Pinochet fino al 1989, sebbene molti votanti si fossero astenuti per protesta.

Luis Sepúlveda rende giustizia al suo paese affidandosi alla scrittura come unico strumento per mantenere viva la memoria storica e civile raccontando, anche attraverso vicende personali, le fasi successive all'arresto di Pinochet nel suo lavoro *Il generale e il giudice* (TEA, 2008).

Il ritorno alla democrazia

Le prime incrinature nel regime cominciarono a manifestarsi verso il 1983, quando gruppi di sinistra osarono organizzare alcune manifestazioni e nelle baraccopoli iniziarono a formarsi dei gruppi di opposizione militante. Anche i partiti politici ricominciarono ad aggregarsi, pur iniziando a operare di nuovo apertamente solo nel 1987. Alla fine del 1988 Pinochet indisse un altro referendum per cercare di prolungare la sua presidenza fino al 1997, ma questa volta gli elettori si opposero. Nelle elezioni multipartitiche del 1989, il democratico cristiano Patricio Aylwin, candidato di compromesso presentato da una coalizione di partiti d'opposizione nota con il nome di Concertación para la Democracia (abbreviato in Concertación), sconfisse il delfino di Pinochet, Hernán Büchi, un economista conservatore.

Il mandato quadriennale di Aylwin terminò nel 1994 senza infamia e senza lode, ma consolidò il ritorno alla democrazia. Il suo successore fu Eduardo Frei Ruiz-Tagle (figlio dello scomparso presidente Eduardo Frei Montalva), che venne eletto con un mandato di sei anni. La Concertación mantenne le riforme di Pinochet del libero mercato e allo stesso tempo dovette venire a patti con una costituzione in base alla quale l'esercito continuava a mantenere un notevole potere. I senatori militari nominati da Pinochet potevano ancora bloccare le riforme e Pinochet stesso, dopo aver lasciato l'esercito nel 1997, occupò un seggio al senato, anche per poter godere dell'immunità dai procedimenti giudiziari intentati a suo carico in Cile. Questi postumi costituzionali della dittatura sono stati

Michelle Bachelet è stata la prima donna in America Latina a giungere alla presidenza attraverso il voto democratico. La sua vittoria rappresenta il miglior segno della modernità e della libertà conquistate in Cile. Per approfondire leggete *La donna del riscatto* di Patrizia Mayorga (Edizioni Lavoro, 2007).

1994-5
Il nuovo presidente, il cristiano democratico Eduardo Frei, limita il potere dell'esercito nelle decisioni del governo.

1998
Pinochet è arrestato a Londra con l'accusa di omicidio plurimo perpetrato durante il suo regime. Non era mai successo che un dittatore fosse arrestato in base al diritto internazionale. Seguono sette anni di battaglie legali.

2000
Sconfiggendo un delfino di Pinochet, il moderato di sinistra Ricardo Lagos è eletto presidente, ultimo di diversi governi del Sud America orientati a sinistra.

definitivamente spazzati via nel luglio 2005, quando al presidente è stato accordato il diritto di congedare i comandanti delle forze armate e di destituire i senatori non eletti.

La saga di Pinochet

L'arresto del generale Pinochet, avvenuto a Londra nel settembre del 1998 su richiesta del giudice spagnolo Báltazar Garzón, che indagava sulla morte e la scomparsa di cittadini spagnoli a seguito del colpo di stato del 1973, provocò scalpore a livello internazionale.

Luís. Una voce sopravvissuta a Pinochet di Luis Muñoz (Dalai Editore, 2008) è il racconto autobiografico di un giovane scampato alle atrocità del regime di Pinochet che ritorna con la figlia in Cile per testimoniare in un processo. Ricordare è sopravvivere, dare voce a migliaia di vite altrimenti strappate inutilmente.

In seguito all'arresto, l'allora presidente degli Stati Uniti Bill Clinton richiese l'apertura degli archivi che fornivano le prove dell'appoggio clandestino fornito per 30 anni dagli Stati Uniti per scalzare Allende e creare le premesse del colpo di stato. Pinochet fu posto agli arresti domiciliari, e per quattro anni gli avvocati si sono dati battaglia cercando di stabilire se fosse in grado, nonostante le sue condizioni mentali e di salute, di comparire davanti al tribunale che doveva giudicarlo per i crimini commessi dalla Carovana della Morte. Sia la Corte d'Appello nel 2000 sia la Corte Suprema nel 2002 lo hanno giudicato inadatto a comparire in tribunale. In conseguenza della decisione della corte, che lo indica affetto da demenza senile, Pinochet ha dovuto rinunciare al titolo di senatore a vita.

Sembrava la fine di tutti gli sforzi volti a portare l'ex dittatore davanti a un tribunale per rispondere delle accuse di violazione dei diritti civili. Ma nel 2004 Pinochet concesse un'intervista televisiva in cui sembrava perfettamente lucido. Una serie di decisioni della corte lo ha infine privato della sua immunità in quanto ex capo di stato. In particolare, le accuse riguardano il ruolo assunto dal generale nell'ambito della famigerata Operazione Condor, una campagna condotta congiuntamente da

PER CAPIRE GLI ANNI DI PINOCHET

» Il film del regista cileno Andrés Wood *Machuca* (2004) dipinge le luci e ombre dell'adolescenza di due ragazzi di origine molto diversa nell'instabile Santiago del 1973, segnata da dolorose appartenenze di classe.

» L'epico documentario *La Batalla de Chile: la lucha de un pueblo sin armas*, di Patricio Guzman (www.patricioguzman.com), racconta dettagliatamente l'anno che precedette il colpo di stato militare del 1973. Filmato in parte da operatori stranieri, fu portato segretamente fuori dal Cile e montato a Cuba.

» March Cooper, traduttore in inglese di Allende, esamina con grande perspicacia e intensità la politica e la società cilena dal colpo di stato fino alla società consumistica odierna in *Io e Pinochet* (Feltrinelli, 2002).

2003
L'economia cilena è in un momento di boom e, con una mossa discutibile, il governo firma un accordo di libero commercio con gli USA (primo paese del Sud America a farlo).

2004
Rompendo con la tradizione cattolica ultra-conservatrice, il Cile approva la legge sul divorzio; i tribunali sono sommersi di pratiche rimaste in sospeso per anni.

2005
Il Senato approva più di 50 riforme costituzionali per restaurare la democrazia, permettendo al presidente di congedare i 'senatori a vita' e gli ufficiali in comando.

diversi regimi dell'America Latina negli anni '70 e '80 per eliminare gli oppositori di sinistra.

Da allora i cileni hanno assistito a un'altalena di decisioni opposte da parte del tribunale, che prima ha tolto l'immunità a Pinochet, poi ha rovesciato questa decisione, quindi ha decretato che il generale è in grado di subire un processo. All'inizio del 2005, alle accuse già a suo carico si sono aggiunte le rivelazioni sui conti bancari segreti all'estero in cui Pinochet accantonò oltre 27 milioni di dollari, con la complicità della moglie e del figlio. Si è inoltre venuti a sapere che il giudice che indagava sui conti dell'ex dittatore aveva ricevuto minacce di morte.

Nonostante l'intensa attività giudiziaria, Pinochet non fu mai processato. Morì il 10 dicembre 2006, all'età di 91 anni. Nella Plaza Italia di Santiago, 6000 dimostranti si radunarono per celebrare l'evento, gettando coriandoli in aria e bevendo champagne, ma ci furono anche rivolte violente. Decine di migliaia di sostenitori di Pinochet parteciparono al suo funerale e gli tributarono gli onori dovuti al patriota che diede al Cile un futuro economico più sicuro. Il presidente Bachelet brillava per la sua assenza e non vennero organizzati funerali di stato.

Una rivoluzione capitalista. Il Cile, primo laboratorio mondiale del neoliberismo (Mimesis, 2003) è un saggio importante del noto sociologo cileno Tomás Moulian su quel modello economico che fu possibile solo a costo dell'indebolimento della politica e della partecipazione sociale.

L'ascesa della sinistra

Nelle elezioni del 2000 la Concertación riuscì a conquistare di misura il suo terzo mandato. Il suo candidato, il moderato di sinistra Ricardo Lagos, si unì al numero crescente di governi di sinistra eletti recentemente in Sud America, che cercavano di mantenere una certa distanza da Washington. Lagos divenne una figura importante in questo senso nel 2003, quando fu uno dei membri più determinati del Consiglio di Sicurezza dell'ONU nell'opporsi alla guerra in Iraq. Con questa mossa conquistò la fiducia di una parte dei cileni e un certo rispetto da parte di altri leader mondiali. Naturalmente, però, non gli fece certo conquistare la simpatia di Washington.

Dal punto di vista sociale in questi anni il Cile cominciò a sbarazzarsi di molti aspetti del suo conservatorismo tradizionale. Nel 2001 fu abolita la pena di morte e tre anni dopo venne finalmente approvata la legge sul divorzio (ma la distribuzione della pillola del giorno dopo approvata con decreto governativo del gennaio 2007 è ora vietata in seguito a una sentenza della Corte costituzionale che nell'aprile del 2008 ha revocato questo decreto). Le arti e la stampa libera erano nuovamente in crescita e i diritti delle donne sempre più riconosciuti dalla legge. L'elezione di Michelle Bachelet, ministro della Difesa nel governo Lagos, alla massima carica dello stato nel 2005 fu uno spartiacque epocale. E ciò non soltanto perché era una donna, ma anche perché si professava agnostica ed era una madre single di impostazione politica socialista: in pratica rappresentava tutto ciò che il Cile, almeno in superficie, non è. Suo padre,

2006
Michelle Bachelet è eletta presidente. Affronta una massiccia protesta studentesca in favore di una riforma dell'istruzione e i gravi problemi di trasporto pubblico di Santiago.

10 dicembre 2006
All'età di 91 anni, il generale Augusto Pinochet muore, senza esser mai stato chiamato in tribunale a rispondere dei suoi crimini. Gli vengono negati i funerali di stato e la presidentessa non partecipa alla cerimonia funebre.

2007
I giovani di Santiago sembrano diventare anarchici: dalla passione per la politica alla nascita dei Pokemones, un movimento punk apolitico che si abbandona a feste di 'baci' a tutti.

generale dell'aviazione, morì per mano delle forze speciali di Pinochet, lei stessa ha conosciuto il carcere e la tortura e ha vissuto lungamente in esilio. L'ex medico dimostrò di possedere le doti giuste per costruire un largo consenso, indispensabile per sanare le antiche ferite ancora aperte nell'esercito e nell'opinione pubblica. Per gli elettori Michelle Bachelet fu la garanzia che sarebbero state portate avanti le politiche di Lagos per rendere ancora più forte l'economia del loro paese.

Quando tutte le economie del mondo precipitarono in una crisi globale nel 2008, il Cile si fece avanti e offrì un prestito agli Stati Uniti, un'inversione di ruoli rispetto al passato che giocò a favore dell'allora presidente Bachelet.

CRISI ECONOMICA

Un mutamento sismico

Nelle prime ore del mattino del 27 febbraio 2010, una delle più importanti scosse sismiche mai registrate colpì la zona al largo della costa centrale del Cile. Il terremoto, con magnitudo 8,8, provocò danni ingenti, innescò uno tsunami che si abbatté sulla costa e sull'Archipiélago Juan Fernández e causò la morte di 525 persone. Molte case e strade furono completamente distrutte e le compagnie assicurative stimarono danni ammontanti a miliardi di dollari americani.

Dopo qualche episodio di sciacallaggio nelle zone colpite dal sisma, la situazione tornò sotto controllo. La campagna cilena di raccolta di fondi Teletón quell'anno a beneficio delle vittime del terremoto raggiunse la cifra record di 39 milioni di dollari. Sono ancora pendenti diverse cause penali contro vari dirigenti accusati di non aver avvertito la popolazione dell'Archipiélago Juan Fernández dell'arrivo dello tsunami. All'allora presidente Bachelet non venne attribuito alcun capo di imputazione, anche se per alcuni la responsabilità finale spettava al capo dello stato. In generale, il governo fu lodato per la pronta azione di ripristino della normalità e di ricostruzione. Contemporaneamente, le manifestazioni di solidarietà tra la popolazione rinfocolarono un sentimento di orgoglio nazionale.

Il mandato della Bachelet era quasi scaduto al momento dell'evento sismico: dopo vent'anni di governo della coalizione liberale Concertacíon, il Cile scelse come presidente l'uomo d'affari multimilionario Sebastian Piñera, leader dell'Alianza por Chile, formazione di centro-destra. Proprio il giorno del passaggio di consegne ufficiale da Bachelet a Piñera, l'11 marzo, un'altra scossa sismica, di 6,9 di magnitudo, colpì Santiago. I commentatori politici liberali, tra cui la scrittrice Isabel Allende, lo considerarono metafora significativa del cambio politico appena avvenuto, ma tutto il mondo era curioso di vedere quale novità avrebbe significato per il paese il primo governo cileno di destra dopo l'era Pinochet.

Il Cile ritornò sulle prime pagine dei giornali di tutto il mondo il 5 di agosto dello stesso anno, quando 33 minatori rimasero intrappolati a 700 m di profondità in una miniera del Deserto di Atacama. Solo dopo 17 giorni, quando ormai si temeva fossero tutti morti, una sonda raggiunse il luogo in cui si erano rifugiati: i minatori scrissero su un pezzetto di carta

2009

La Cina diventa il primo partner commerciale del Cile Soppiantando gli USA; alla fine del 2010 l'investimento cinese nel paese raggiungerà 440 milioni di dollari americani.

2010

Il 27 febbraio un terremoto di magnitudo 8,8 seguito da uno tsunami fa 525 vittime ed enormi danni; l'epicentro è al largo della costa centrale, a un centinaio di km da Concepción.

2010

Entrato in carica 11 giorni dopo il terremoto, l'uomo d'affari miliardario Sebastian Piñera diventa il primo presidente di destra dalla dittatura di Pinochet. Si trova subito ad affrontare l'opera di ricostruzione dopo il sisma.

'Estamos bien en el refugio. Los 33', un messaggio che lo stesso presidente Piñera lesse in diretta televisiva.

In attesa di notizie, le famiglie dei minatori e i giornalisti provenienti da tutto il mondo si accamparono nei pressi della miniera, nel deserto 45 km a nord di Copiapó. L'attenzione internazionale che l'evento suscitava e le manifestazioni di partecipazione della pubblica opinione indussero il governo a iniziare le proibitive operazioni di salvataggio, con l'aiuto della Nasa e di società private, ma le difficoltà furono tali che solo il 13 ottobre, dopo 69 giorni passati intrappolati nel sottosuolo, 'los 33' rividero finalmente la luce del sole.

Come conseguenza del terribile incidente, il governo promise delle riforme nel settore minerario, con l'adozione della convenzione stilata dall'International Labour Organization (ILO) sulle condizioni di sicurezza in miniera, che stabilisce che i minatori possono rifiutarsi di scendere in miniera se ritengono che la loro sicurezza non sia garantita. Due anni dopo il crollo della miniera di San José la norma deve ancora essere ratificata. Le ispezioni nelle miniere si sono intensificate, ma poco altro è stato fatto per salvaguardare il lavoro in uno dei settori economici cileni più redditizi.

Le proteste in strada

Già durante il mandato Bachelet gli studenti cileni – soprannominati *pinguinos* per le loro divise scolastiche – organizzarono cortei, sit-in e atti di protesta contro la disastrosa qualità della scuola pubblica, spesso con il supporto dei loro insegnanti. Anche se alcuni episodi di violenza macchiarono le proteste, riuscirono nell'intento di porre in imbarazzo il governo per aver a lungo rimandato il rinnovamento del sistema educativo.

Alle radici del problema c'era (e c'è) la notevole sperequazione sociale: un test condotto a livello nazionale ha dimostrato che a livello del quarto anno della scuola elementare gli scolari delle scuole private hanno risultati scolastici migliori del 50% di quelli della scuola pubblica. Meno della metà degli studenti cileni frequenta la scuola pubblica, che soffre cronicamente di mancanza di fondi: chi si può permettere di frequentare una scuola privata è sempre avvantaggiato. Il governo Bachelet aveva promesso una riforma, che garantiva finanziamenti statali e una commissione per monitorare la qualità dell'istruzione. Il problema si è riproposto anche nell'amministrazione di Sebastian Piñera, ma questa volta l'attenzione è più sul costo dell'istruzione a livello universitario che rimane ben al di sopra della portata delle classi più povere e anche della classe media.

Un'altra costante della politica cilena sono i conflitti con i mapuche. Nel 2011-2 la difesa a oltranza di loro territori contro società di sfruttamento forestale portò a incendi dolosi che in una sola settimana uccisero sette vigili del fuoco e bruciarono 500 kmq di foresta. I rapporti tra i mapuche e lo stato sono sempre stati testi, sin da quando la polizia uccise un giovane

SALNITRO

Il boom dell'estrazione del nitrato di sodio o salnitro (utilizzato come componente dei fertilizzanti), che si trovava in grandi quantità nel nord del paese, si ebbe all'inizio del XX secolo. Oggi, nel Deserto di Atacama ci sono ben 170 città fantasma: solo una di queste, María Elena, è ancora in attività.

2010

Il mondo intero si commuove per il caso dei 33 minatori cileni rimasti intrappolati per 69 giorni a 700 m di profondità in una miniera nei pressi di Copiapó.

2011

Nel tentativo di risolvere il più grande mistero della storia del Cile, vengono riesumati i resti di Salvador Allende per scoprire se il presidente fosse stato assassinato; il 12 settembre 2012 la Corte d'Appello di Santiago decreterà che si trattò si suicidio.

2011

Un aereo si inabissa al largo dell'Isla Robinson Crusoe: muoiono 4 membri dell'equipaggio e 17 passeggeri, tra cui un noto presentatore della TV, il filantropo Felipe Cubillos e giornalisti: stavano raggiungendo l'isola per documentare la situazione post-tsunami.

indigeno nel 2005 (e di nuovo tre anni dopo) senza che i responsabili fossero in alcun modo puniti: nel 2008 il fatto aveva scatenato manifestazioni di massa e atti di vandalismo. La tensione tra lo stato e i mapuche (che oggi sono circa un milione) non sembra destinata a risolversi presto.

Il mondo nuovo

Nonostante i problemi interni, nel primo decennio del XXI secolo il Cile divenne la stella più brillante del firmamento economico sudamericano, grazie soprattutto ai prezzi da record raggiunti dal rame, che costituisce la voce più importante nelle esportazioni del paese. Quando il mondo intero fu colpito dalla crisi, il Cile sembrò non risentirne più di tanto. Il Cile fu il primo paese del Sud America a firmare un accordo di libero scambio con gli Stati Uniti, anche se oggi il maggior partner commerciale del paese è la Cina, e i prezzi elevati raggiunti dal rame sono da imputare in larga misura alla rapida industrializzazione di questo paese. Anche se il Cile cerca strenuamente di diversificare i prodotti da commerciare con l'estero, le esportazioni di rame rappresentano ancora il 55% dell'export.

L'11 settembre è una ricorrenza importante anche per i cileni (non solo per gli americani), essendo l'anniversario del colpo di stato del 1973. Una grande arteria di Santiago ricorda l'evento.

Le manifestazioni studentesche che si sono succedute tra il 2011 e il 2012 (culminate nell'agosto, definito 'el invierno chileno') e che costrinsero anche a un rimpasto di governo, hanno minato la popolarità del presidente Piñera, che è scesa al 26%, la più bassa tra tutti i governi sin dalla fine della dittatura. Nella difficile navigazione tra i successi finanziari e le miserie della politica interna, il Cile deve forse riposizionare l'ago della bussola per trovare la giusta direzione per affrontare le questioni sociali, ecologiche ed economiche che lo affliggono; non è facile, ma è indispensabile per far fronte al progresso.

TONY WHEELER / LONELY PLANET IMAGES ©

» Isla Robinson Crusoe

2011

Le manifestazioni studentesche che chiedono riforme raggiungono un culmine febbrile: la leader del movimento degli universitari, la 23enne Camila Vallejo, diventa l'interlocutrice del governo e una figura nota in tutto il mondo.

2012

L'edificio più alto del Sud America, la Gran Torre Santiago, sta per essere terminato. La costruzione del grattacielo di 70 piani, protrattasi a causa della crisi finanziaria globale del 2008, dovrebbe essere completata entro aprile 2013.

La vita in Cile

In questa 'isola' stretta tra le Ande e l'Oceano Pacifico, per decenni i cileni hanno vissuto quasi in condizioni di isolamento, ma anche qui è arrivata la globalizzazione: internet, centri commerciali e il canale televisivo satellitare Direct TV hanno operato dei mutamenti radicali nei gusti e nelle consuetudini sociali anche del più remoto avamposto rurale di questa società ultra-conservatrice. Le innovazioni e la creatività mantengono viva la cultura, ma costringono a fare i conti con un'ebbrezza consumistica. Tuttavia sacri usi e costumi come il barbecue nel giardinetto sul retro o le domeniche in famiglia (che radunano tutte le generazioni) continuano a valere. Una cosa è sicura: il Cile è situato in un punto di intersezione tra culture diverse e offre al visitatore molto da vedere, da godere, da discutere e da metabolizzare.

Carattere nazionale

Secoli di scarsi contatti con altri paesi, uniti all'influsso particolarmente forte della Chiesa cattolica, hanno contribuito a creare una cultura notevolmente conformista e conservatrice. Questo isolamento fu ulteriormente aggravato durante gli anni di repressione e censura del regime di Pinochet. Forse è per questo motivo che gli stranieri considerano i cileni molto più riservati rispetto agli altri popoli dell'America Latina, meno loquaci, più dimessi e abituati a lavorare sodo.

In questo momento storico, comunque, in Cile si stanno verificando cambiamenti sociali radicali. La Chiesa cattolica sta perdendo terreno e la società sta diventando sempre più aperta, vengono introdotte leggi liberali e i valori tradizionali vengono messi in discussione. E queste tendenze si notano soprattutto tra i giovani delle grandi città.

I cileni, noti in passato per il loro atteggiamento politico passivo e la loro acquiescenza, si tengono informati e coltivano il loro malcontento. Le nuove generazioni, le prime cresciute senza censura, il coprifuoco e le restrizioni delle libertà civili imposte dalla dittatura, dimostrano una volontà di cambiamento che si riflette in uno spirito critico che non si fa scoraggiare da ipotetiche conseguenze attribuibili alle proprie scelte. Le autorità possono considerarlo un atteggiamento pericoloso, ma i giovani cileni sono disposti a lottare per i propri diritti in forme che i loro predecessori non avrebbero mai sperimentato. Questo impeto libertario si è diffuso anche in provincia, soprattutto in quelle di Magellanes e Aisén, con le proteste contro il caro vita e il generale disinteresse da parte del governo centrale.

L'impressione più duratura che riceverete dai cileni è indubbiamente la loro rinomata ospitalità e disponibilità, unita a una curiosità genuina e al profondo desiderio di far sentire i visitatori pienamente a loro agio.

Stile di vita

I viaggiatori che arrivano dal Perú o dalla Bolivia potrebbero chiedersi dove siano finiti gli stereotipi del Sud America. Infatti lo stile di vita dei

Per scoprire dall'interno la cultura mapuche e i temi che la riguardano, consultate il sito internazionale in quattro lingue www.mapuche-nation.org, creato con collaborazioni straniere.

CULTURA MAPUCHE

SI FA/NON SI FA

» Mantenete un comportamento discreto nei confronti delle popolazioni indigene, soprattutto sull'*altiplano* e nelle regioni meridionali dei mapuche.

» Gli uomini e le donne, e le donne tra loro, si salutano con un bacio sulla guancia: le guance si toccano leggermente e si schiocca un bacio in aria. Tra gli uomini ci si saluta con una stretta di mano.

» Per i cileni la dittatura fa ormai parte del passato. Dunque è meglio cominciare una conversazione con temi che riguardino il presente.

» I cileni spesso per buona educazione non esprimono opinioni forti. Affermare la propria senza pensarci non viene visto di buon occhio.

cileni presenta molte affinità, almeno in apparenza, con quello dei paesi europei. L'abbigliamento è piuttosto classico, e nell'ambito degli affari tende a essere formale; fanno ovviamente eccezione i teenager. I cileni sono per la maggior parte molto orgogliosi delle loro tradizioni, però evitano di lasciarsene coinvolgere.

Il cileno medio concentra le sue energie sulla famiglia, la casa e il lavoro. I figli non vengono incoraggiati a diventare adulti troppo velocemente; le famiglie trascorrono perciò molto tempo insieme. L'indipendenza non è un valore che vada perseguito a scapito dell'unità familiare e della vita comune. Comunque le madri single non sono rare. La società è ancora molto tradizionalista e il Cile è uno dei pochi paesi in cui l'aborto è tuttora illegale. Invece la legalizzazione del divorzio ha provocato l'aumento di cause in arretrato nei tribunali. Anche se non aggressivo, l'atteggiamento verso i gay e gli stili di vita alternativi è poco comprensivo.

In generale, il noto *machismo* latinoamericano è un atteggiamento meno evidente in Cile e c'è molta attenzione al rispetto per le donne. Ciò non significa tuttavia che la società sia propriamente liberale: il rispetto dei ruoli tradizionali ha ancora una grande importanza.

Potete scoprire qualsiasi cosa, dalla ricetta della trippa stufata a come risolvere scioglilingua e indovinelli, nel sito www.folklore.cl, che si propone di far rivivere le tradizioni popolari cilene.

I cileni hanno un forte senso del lavoro e spesso lavorano sei giorni alla settimana, anche se sono sempre pronti a divertirsi con un bel *carrete* (festa). Il servizio militare è diventato volontario, ma lo stato ha conservato il diritto di ricorrere al reclutamento obbligatorio. Sono sempre di più le donne che si arruolano.

Un grandissimo divario separa i redditi più elevati da quelli più bassi, e ciò si traduce in una disparità quanto mai evidente nel tenore di vita e in un'eccessiva coscienza di classe. I *cuicos* (cioè gli yuppie delle classi alte) di Santiago conducono una vita all'insegna degli agi in eleganti appartamenti e si possono permettere personale di servizio mentre, all'estremo opposto, c'è gente che vive in case precarie prive di acqua corrente. Premesso ciò, bisogna dire che negli ultimi 18 anni la povertà è stata dimezzata, mentre i programmi di edilizia popolare e di assistenza sociale hanno alleviato il fardello delle classi più povere.

L'assenza di differenze etniche e religiose fa sì che il razzismo sia un problema poco sentito, anche se i mapuche lamentano ancora di essere emarginati e oggetto di pregiudizi, e le barriere di classe sono più forti che mai.

Popolazione

La grande maggioranza della popolazione è di discendenza spagnola incrociata con gruppi indigeni, ma il Cile è stato interessato anche da alcune ondate d'immigrazione europea, per quanto modeste, in particolare dalla Gran Bretagna, dall'Irlanda, dalla Francia, dall'Italia, dalla Croazia (soprattutto nella regione di Magallanes e nella Tierra del Fuego) e dalla Palestina. L'immigrazione tedesca è iniziata nel 1848 e si è indirizzata verso la Regione dei Laghi.

Sulle Ande settentrionali vivono circa 69.200 aymara e atacameño. Quasi dieci volte più numerosi (circa 620.000 persone) sono i mapuche, originari per lo più di La Araucanía. Il loro nome deriva da *mapu* (terra) e *che* (popolo). Circa 3800 rapa nui, di discendenza polinesiana, vivono sull'Isola di Pasqua.

Circa il 75% della popolazione del Cile vive su appena il 20% della superficie totale del paese, nella fertile regione agricola del Cile centrale. Questa regione comprende la capitale e la sua periferia (Gran Santiago), dove risiede oltre un terzo della popolazione cilena (stimata in 17 milioni). Più dell'85% dei cileni vive nelle città. Nell'Aisén, regione della Patagonia, il tasso di abitanti per chilometro quadrato è di 1:1, mentre nella Región Metropolitana è di quasi 400:1.

Cucina

In generale, la cucina cilena è sostanziosa e legata alla tradizione. Zuppe, carne, patate e appetitose specialità in casseruola, come il *pastel de choclo* (pasticcio di mais) e il *chupe de jaiva* (granchio in casseruola), sono i piatti più comuni. Nella maggior parte delle località costiere c'è un *mercado de mariscos* (mercato del pesce) dove si può acquistare pesce fresco o consumarlo in piccoli chioschi. Se vi piacciono i cibi piccanti, assaggiate il *merkén* (peperoncino affumicato in polvere) mapuche o l'*ají Chileno,* una discreta salsa piccante servita in alcuni ristoranti.

La prima colazione di solito comprende panini bianchi con burro e marmellata, tè o caffè istantaneo. Alcuni locali e alloggi usano miscele di caffè in grani (*café en grano).*

All'ora di pranzo i ristoranti cileni offrono porzioni molto abbondanti. Molti locali propongono convenienti menu a prezzo fisso, chiamati *menú del dia,* che comprendono antipasto, piatto principale e dessert.

Quando non escono a cena, i cileni sono soliti consumare un pasto frugale, una sorta di tè del pomeriggio che comprende tè, pane, formaggio e prosciutto, chiamato *onces* (undici). Nel sud del paese, di influenza tedesca, si consumano anche deliziosi Küchen (torte alla tedesca).

Il volume Lonely Planet *Street food. Il cibo di strada migliore del mondo. Dove trovarlo, come farlo* (2012) è uno stuzzicante viaggio alla scoperta delle stravaganze gastronomiche del cibo di strada di tutto il mondo, che potrete facilmente realizzare grazie alle pratiche schede.

Bevande

Anche se sono i vini cileni a monopolizzare l'attenzione del pubblico (v. p476), ci sono molte altre bevande che vale la pena di assaggiare. Il pisco, la bevanda nazionale del Cile, è un distillato ricavato da uve ad alto contenuto zuccherino coltivate sui terreni aridi delle regioni del nord. I cileni bevono spesso un cocktail detto pisco sour come aperitivo, una mistura a base di pisco, zucchero e succo di limone (*limon de pica*). Gli studenti preferiscono il piscola, un mix di pisco e coca cola o altre bibite.

La birra alla spina viene chiamata *schop*. I microbirrifici sono molto diffusi, specialmente nel sud, dove l'influenza tedesca è ancora molto forte. Le marche migliori sono Szot, Kross e Kuntsmann.

Il vino cileno

Grant Phelps
Grant Phelps è direttore enologo a Viña Casas del Bosque

Molti fattori concorrono felicemente a rendere il Cile un paradiso dei produttori di vino. È l'unico paese del mondo immune dalle due malattie della vite più dannose, la peronospera e la famigerata fillossera, un parassita delle radici. Inoltre il suo clima è una via di mezzo che favorisce la produzione del vino: in tutte le principali regioni vinicole è praticamente impossibile che piova durante l'intera stagione della crescita dell'uva (da metà settembre a metà maggio) e questo ha consentito ai produttori cileni di passare in numero sempre maggiore alla viticoltura biologica e biodinamica. Si aggiungono le miti temperature estive che subiscono l'influsso rinfrescante dell'Oceano Pacifico e delle vette innevate delle Ande, la straordinaria esposizione al sole (oltre 250 giorni l'anno), la volontà di utilizzare nuove tecnologie produttive e il costo bassissimo della manodopera e della terra, e non è difficile capire perché i vini cileni abbiano conquistato tutto il mondo.

VINO ONLINE

Cercate delle nozioni di base sul vino cileno? Cominciate da www.chilean-wine.com, un sito in cui troverete di tutto, dalle migliori etichette alla produzione ai tour dei vigneti.

All'inizio il Cile si era fatto conoscere a livello internazionale con economici vini rossi da tavola, ma ora sta conquistando consensi sempre più ampi per i suoi vini pregiati provenienti da vigneti collinari a basso rendimento. I viaggiatori noteranno come il turismo enologico stia prendendo piede, e ora esistono molte ottime opportunità di visitare le zone di produzione.

Una storia fatta di successi e fallimenti

Come in molte zone del Nuovo Mondo, anche in Cile i vigneti furono introdotti con l'arrivo dei colonizzatori europei. Secondo la documentazione giunta fino a noi, le prime vigne furono piantate nel 1548 dal sacerdote cattolico Francisco de Carabantes, che portò con sé dalla Spagna diversi vitigni. Queste uve, denominate *pais* e simili a quelle delle missioni californiane, erano resistenti ma prive di finezza e quindi più adatte al vino da tavola.

La produzione di vini di qualità iniziò solo nella seconda metà del XIX secolo con l'introduzione di vitigni nobili francesi come il Cabernet Sauvignon e il Merlot. Subito dopo arrivarono anche le tecnologie di produzione, importate da vinificatori francesi disperati disposti a viaggiare fino in Cile per trovare lavoro, dopo che i vigneti europei erano stati decimati dalla fillossera.

Nel 1877 la viticoltura era ormai diventata l'attività agricola più prospera, e le aziende vinicole cilene avevano già iniziato a esportare i loro prodotti in Europa. Nei vent'anni successivi la produzione raddoppiò, e nel 1900 il Cile possedeva 40.000 ettari di vigneti che producevano qualcosa come 275 milioni di litri di vino. A questo punto il consumo annuale di vino nel paese aveva raggiunto un valore storico di 100 litri pro capite, e l'alcolismo era aumentato vertiginosamente. Per combattere questo fenomeno, il governo introdusse nel 1902 una pesante tassa sugli alcolici, che nel 1938 fu seguita da una legge che proibiva la creazione di nuovi vigneti. Per oltre 30 anni il settore conobbe un periodo di stagnazione.

Nel 1974, sull'onda delle riforme liberistiche varate da Pinochet, fu finalmente permesso di piantare nuovi vigneti. Tuttavia questa improvvisa libertà determinò una crescita eccessiva, che all'inizio degli anni '80 si tradusse in una sovrapproduzione con conseguente crollo dei prezzi del vino. Verso il 1986 quasi la metà dei vigneti del paese era stata sradicata e molte delle aziende vinicole più famose erano sull'orlo del fallimento.

Le fortune del Cile si capovolsero con l'arrivo di società straniere, come la spagnola Miguel Torres e la Baron Rothschild. Queste aziende portarono non solo competenze tecniche, ma anche attrezzature moderne – in particolare le cisterne in acciaio inox a temperatura controllata e le botti di quercia – che determinarono un rapido miglioramento della qualità del vino. I produttori tradizionali cileni, intuendo la possibilità di sfruttare nuovi mercati all'estero, presto seguirono il loro esempio. A metà degli anni '90 la fortuna stava di nuovo arridendo al Cile e le esportazioni erano in fase di espansione. Tra il 2000 e il 2010 l'estensione dei vigneti è cresciuta oltre dell'80%. Attualmente l'industria enologica cilena, che ha un giro d'affari di 1,7 miliardi di dollari, esporta oltre il 70% della sua produzione totale in 150 paesi diversi e raggiunge 1,5 miliardi di consumatori all'anno, cifre che lo rendono il quinto maggior esportatore al mondo.

Per essere aggiornati sul movimento cileno dei 'vini di garage', visitate il sito www.movi.cl, dove troverete podcast, notizie sulle vendemmie ed editoriali sui produttori indipendenti di vino.

Regioni vinicole

La vite viene coltivata in molte parti del paese, dalla Valle del Elquí Valley alla regione Bío Bío a sud, coprendo una distanza totale di circa 1200 km. Le principali regioni vinicole sono ubicate nelle valli, che prendono quasi tutte il nome dal fiume principale che le attraversa nel suo percorso dalle Ande innevate verso l'Oceano Pacifico. Da nord a sud queste sono le valli di: Elqui, Limari, Aconcagua, Casablanca, San Antonio/Leyda, Maipo, Cachapoal, Colchagua, Curicó, Maule e Bío Bío.

Fortunatamente per gli appassionati del vino, tre delle valli più importanti per la qualità dei vini prodotti sono anche tra quelle più accessibili: la Valle del Maipo (v. lettura p84), immediatamente a sud di Santiago; la Valle de Casablanca (v. lettura p111), sulla strada principale da Santiago a

UNA GROSSA PERDITA

Il 27 febbraio 2010 la regione vinicola di Maule è stata l'epicentro di un terremoto di magnitudo 8,8 che ha sconvolto l'industria enologica cilena. Alle 3.34 della mattina il paese si risvegliò nel caos. In tre minuti si aprirono fenditure sulla Ruta 5 e crollarono case e ponti. In Cile le costruzioni moderne sono state progettate con criteri antisismici, ma non gli edifici più antichi delle aziende vinicole (essenzialmente costruiti in mattoni) con le loro cisterne e file di botti: i muri si sbriciolarono, le cisterne si aprirono e decine di migliaia di botti di quercia caddero simultaneamente a terra. Andarono così persi tra i 125 e i 200 milioni di litri di vino in totale, per un valore approssimativo di 250 milioni di dollari. Se il terremoto fosse accaduto poche settimane dopo la vendemmia, le perdite sarebbero state il triplo.

La natura fu la meno colpita dal tragico evento, in compenso alcune aziende vinicole persero con il terremoto tutta quanta la propria collezione – la loro intera storia. I danni maggiori furono concentrati nelle valli di Colchagua, Cachapoal e Maipo. Ma la devastazione non decretò la fine dell'industria: i viticoltori cominciarono a innovare e gli enologi dovettero far ricorso alla creatività, inventando nuove combinazioni e utilizzando vitigni meno noti. Per far fronte agli ordini, le aziende integrarono le scorte con prodotti di altri vigneti. Rimanevano pochi giorni prima dell'inizio della vendemmia e vignaioli e cantinieri lavorarono duramente notte e giorno per riparare le cisterne. Furono messe da parte le antiche rivalità e i vicini si aiutarono l'un l'altro per portare a termine la raccolta.

Incredibilmente, la vendemmia del 2010 fu accolta con grande plauso da parte dei critici della stampa specializzata internazionale.

LA NOSTRA SCELTA SOTTO I CH$5000

Spumante Viña Mar, Premium Brut
Sauvignon Blanc Ventisquero, Reserva
Chardonnay Caliterra, Reserva
Rosé Miguel Torres, Las Mulas Reserva
Syrah Ramirana, Reserva
Carménère Ventisquero, Reserva
Cabernet Sauvignon Emiliana, Adobe
Vino rosso di taglio Estampa, Estate Carmenere/Malbec

Valparaíso; e la Valle de Colchagua (p118), il cui centro principale è Santa Cruz. Anche la Valle del Maule Valley (p123), un po' più a sud, offre un itinerario ben organizzato.

Specialità cilene

A dispetto della recente passione per i vitigni meno conosciuti, il Cabernet Sauvignon rimane l'uva rossa più diffusa del Cile. Le migliori zone di produzione del Cabernet sono indiscutibilmente le valli di Maipo e di Colchagua, da dove provengono vini in genere molto validi, anche nel caso di quasi tutte le bottiglie che costano meno di CH$10.000. Tuttavia, se volete grandeggiare, ecco alcune etichette eccezionali: Viu Manent, Single Vineyard La Capilla (CH$13.000), Haras de Pirque, Elegance (CH$30.000) e lo straordinario Los Vascos, Le Dix (CH$50.000).

La varietà prediletta del Cile è senza dubbio il Carménère. Questo vitigno poco conosciuto è originario della regione di Bordeaux, in Francia, dov'era quasi totalmente scomparso nel XIX secolo a causa della difficoltà dell'uva a maturare correttamente nel clima variabile di Bordeaux. Alla fine del XVIII secolo era stato estesamente piantato in Cile, spesso confuso con il Merlot. Fu solo nel 1994 che il Carménère fu 'riscoperto' in Cile e da allora ha dimostrato di saper produrre alcuni vini eccezionali. Classici esempi di questa varietà da provare sono l'Odjfell, Orzada (CH$10.000), il De Martino, Single Vineyard Alto de Piedras (CH$17.000) o il Viu Manent, El Incidente (CH$30.000).

Anche se per più di un decennio è stato il Syrah dei climi più caldi ad avere avuto il successo maggiore nei mercati mondiali, oggi sono i Syrah dei climi freschi a conquistare gli enologi grazie alla loro freschezza e alla naturale acidità. Provate il Matetic, Coralillo (CH$11.000), l'Emiliana, Signos de Origin (CH$12,000) o il Tabali, Payen (CH$35.000) per avere un saggio di cosa è stato fatto in Cile fino a ora in questo campo.

Il Pinot noir cileno è diventato popolare grazie al successo del film *Sideways - In viaggio con Jack,* del 2004. In nessun altro luogo si producono Pinot noir più buoni che nelle regioni dal clima fresco di Casablanca e San Antonio. I vini da provare sono il Casas del Bosque, Gran Reserva (CH$10.000), il Veramonte, Ritual (CH$15.000) e il Matetic, EQ (CH$23,000).

Pur essendo famoso soprattutto per i vini rossi, il Cile produce anche alcuni bianchi eccezionali, soprattutto il Sauvignon Blanc e lo Chardonnay, prodotti nelle vallate costiere di Casablanca e San Antonio e nella regione di Limari. I vini che seguono sono tutti Sauvignon di prima qualità: Montes, Limited Selection (CH$6.000), Leyda, Single Vineyard Garuma (CH$7.000) e Casa Marin, Cipreses Vineyard (CH$16.000). Per lo Chardonnay provate il Tabali, Talinay Camanchaca (CH$12.000), il Lapostolle, Cuvée Alexandre (CH$16.000) e il De Martino, Single Vineyard Quebrada Seca (CH$17.000).

Letteratura e cinema

Se la poesia è da molto tempo uno dei tesori di questo paese sottile, anche il cinema cileno sta guadagnandosi un meritato riconoscimento internazionale. Dopo che anni di censura e persecuzione da parte della dittatura militare aveva costretto all'esodo un'intera generazione di scrittori e artisti, il Cile moderno ha recuperato il tempo perso puntando, con atteggiamento a volte spregiudicato, sulle arti.

Letteratura e poesia

Il Cile del XX secolo ha dato i natali a molti degli scrittori più celebri dell'America Latina. Su tutti spiccano i nomi di Pablo Neruda (v. p480), Gabriela Mistral, vincitori entrambi del premio Nobel, e Francisco Coloane.

Gabriela Mistral (al secolo Lucila Godoy Alcayaga; 1889-1957) era una giovane e timida maestra della Valle de Elqui che fu molto acclamata per i suoi versi ricchi di sensibilità, riflessione e misticismo. Nel 1945 vinse il primo premio Nobel per la letteratura attribuito a un autore sudamericano. In italiano potete leggere *Il canto che amavi. Poesie scelte* (Marcos y Marcos, 2010). Per saperne di più su Gabriela Mistral visitate il sito internet a lei dedicato (www.gabrielamistral.uchile.cl) o ancora richiedete i numeri della rivista *Poesia. Mensile internazionale di cultura poetica* edita da Crocetti di Milano (www.poesia.it), che contengono articoli a lei dedicati. Ancora oggi molte persone le rendono omaggio nella nativa Valle del Elqui.

Francisco Coloane (1910-2002) è considerato uno dei più grandi maestri della letteratura sudamericana. Nel suo romanzo autobiografico *Una vita alla fine del mondo* (TEA, 2008) racconta in modo partecipe la sua infanzia passata sotto i venti di Chiloé, la vita da cow boy fra i montoni, le avventure sui mari, la spedizione in Antartide e le tragedie del suo paese, dallo sterminio degli indios fuegini al colpo di stato di Pinochet. Dopo le avventure patagoniche narrate in *Capo Horn* (TEA, 2007), *Terra del Fuoco* (TEA, 2003) e *I Balenieri di Quintay* (Guanda, 2000) fa ritorno alla sua isola natia con *La scia della balena* (TEA, 1999). Con questo lavoro torna anche alla dimensione del romanzo con cui si era già cimentato nel suo libro più famoso in patria *L'ultimo mozzo della Baquedano* (TEA, 2002), un classico obbligatorio nei programmi scolastici cileni.

Nicanor Parra (nato nel 1914) ha attirato l'attenzione dell'accademia svedese che assegna i Nobel con la sua 'antipoesia' colloquiale e di grande impatto. *De Hojas de Parra* e *Poemas y antipoemas* sono le sue opere più famose. In italiano è stato pubblicato *Le montagne russe* (Medusa Edizioni, 2007), che ripercorre la traiettoria della poesia di Parra dai *Poemas y antipoemas* del 1954 fino alle raccolte più recenti.

Jorge Tellier (1935-96), autore bohémien, trattò nelle sue poesie i temi dell'inquietudine e della solitudine giovanili. Le fragili apparenze della

Chile: A Traveler's Literary Companion (2003), a cura di Katherine Silver, è una rapida e interessante carrellata della ricca tradizione letteraria del Cile, con brani delle opere di molti degli scrittori più importanti, tra cui Neruda, Dorfman, Donoso e Rivera Letelier.

VADEMECUM LETTERARIO

società cilena furono esplorate nelle opere di José Donoso (1924-96). Il suo celebre romanzo *La disperanza* (Feltrinelli, 1987) descrive la vita sotto la dittatura attraverso gli occhi di una persona rientrata in patria dall'esilio, mentre *Incoronazione* (Garzanti Libri, 1972), considerata tra le sue opere migliori, e da cui il regista Silvio Caiozzi ha tratto un film di successo, segue le vicende di una grande famiglia caduta in miseria. Di recente sono stati pubblicati in italiano *Lucertola senza coda* (Cavallo di Ferro, 2012) e *Tre romanzetti borghesi* (Fahrenheit 451, 2012).

Il nome più celebre all'estero della letteratura cilena contemporanea è quello di Isabel Allende (nata nel 1942), nipote del defunto presidente Salvador Allende. I suoi romanzi, tradotti in tutto il mondo e pubblicati in Italia da Feltrinelli, si richiamano al 'realismo magico' della letteratura sudamericana, ma narrano vicende ambientate nella storia del Cile. *La casa degli spiriti* (2004),romanzo d'esordio, è incentrato sulle donne di una famiglia cilena alle prese con gli avvenimenti del paese nel corso del Novecento. *Eva Luna* (2004) è il racconto di un'altra grande donna cilena, tra vicende rocambolesche e storie di passione nel paese oppresso dalla dittatura. *Paula* (2002) è invece incentrato sulla malattia e la morte della figlia: la madre-scrittrice cerca di 'distrarre la morte', evocando con la parola tutti i componenti della sua esuberante e bizzarra famiglia. *Il mio paese inventato* (2004) ci fa entrare nelle percezioni che l'autrice ha sul suo paese e su se stessa. Fra gli ultimi lavori pubblicati: *Le avventure di Aquila e Giaguaro* (2012) e *Il quaderno di Maya* e *L'isola sotto il mare* (2011).

Ariel Dorfman (nato nel 1942), residente negli Stati Uniti, è un altro personaggio di primissimo piano sulla scena letteraria, grazie alle sue

PABLO NERUDA: IL POETA E IL POLITICO

La poesia combattiva, sentimentale, surreale e provocatoria di Pablo Neruda (1904-73) racconta molto dell'anima del Cile, mentre la storia della sua vita ha assunto un ruolo importante nel recente passato cileno.

Nato in una cittadina provinciale con il vero nome di Neftalí Ricardo Reyes Basoalto, Neruda cominciò a scrivere sotto pseudonimo per timore che il fatto di provenire da una famiglia di operai fosse d'ostacolo alle sue ambizioni. Nonostante le sue convinzioni politiche orientate a sinistra, il poeta condusse una vita all'insegna delle stravaganze e dell'ostentazione, costruendosi delle case dal gusto esotico a Santiago, Valparaíso e Isla Negra. La più famosa di queste, La Chascona (v. p51), deve il suo nome alla capigliatura ribelle della terza moglie, Matilde Urrutia.

Ottenuto un incarico da diplomatico dopo i primi successi in campo letterario, conquistò la celebrità internazionale senza mai fare mistero delle sue opinioni politiche. Aiutò i rifugiati politici fuggiti dalla Spagna dopo la guerra civile e, una volta tornato in Cile, si iscrisse al Partito Comunista, venendo eletto senatore. Dopo aver aiutato Gabriel González Videla nella sua vittoriosa campagna presidenziale del 1946, fu costretto a fuggire dal paese attraverso le Ande quando il presidente mise fuori legge il Partito Comunista.

In tutti questi anni Neruda aveva continuato a scrivere poesie. Nel 1969 si presentò come candidato alle elezioni presidenziali, ma si ritirò per fare spazio a Salvador Allende. Nel 1971, mentre era in Francia come ambasciatore del governo di Allende ricevette il premio Nobel, terzo autore dell'America Latina a essere insignito di questo riconoscimento.

Subito dopo fece ritorno in Cile per motivi di salute. Sulla presidenza di Allende le pressioni erano sempre più forti. Pochi giorni dopo il colpo di stato del 1973, Neruda morì di cancro e di crepacuore. Secondo le disposizioni del suo testamento, tutti i suoi beni andarono al popolo cileno attraverso una fondazione. Il regime di Pinochet iniziò a saccheggiare e danneggiare le sue case, ma la vedova le restaurò con grande cura e oggi sono aperte al pubblico.

Tra le opere di Neruda ricordiamo *Alture di Macchu Picchu* (Passigli, 2004), *Canto Generale. Testo spagnolo a fronte* (SugarCo, 2005) e *Per nascere son nato* (Guanda, 2008).

IL 'CATTIVO RAGAZZO'

In Italia l'opera di Roberto Bolaño (1955-2005) sta ottenendo un successo postumo; la pubblicazione dell'enciclopedico *2666* (Adelphi, 2009), pensato perché uscisse a puntate, ha sanzionato il suo status di eroe di culto, ma anche le altre opere dello scrittore meritano considerazione. Per approfondire la conoscenza di Bolaño consigliamo *L'ultima conversazione* (Sur, 2012), con l'introduzione di Marcela Valdes, che contiene cinque interviste all'autore. In *Notturno cileno* (Sellerio, 2003) un prete cileno membro dell'Opus Dei, autorevole critico letterario, in una notte insonne e tragica passa in rassegna cinquant'anni della sua vita e della storia del suo paese.

Sesso, droga e poesia dominano *I detective selvaggi* (Sellerio, 2009), l'ultimo grande romanzo del 'cattivo ragazzo' della letteratura cilena Roberto Bolaño. Come lui, il protagonista è un poeta cileno che vive in esilio in Messico e in Spagna.

L'Italia, amata e frequentata dall'autore, è presente in alcune sue opere. La giovane regista cilena Alicia Scherson ha appena terminato le riprese del film *El Futuro*, tratto dal libro di Bolaño *Un romanzetto canaglia* (Sellerio, 2005), ambientato a Roma, che verrà presentato al Sundance 2013 (nelle sale italiane arriverà a marzo). Troverete i lavori dell'autore cileno tradotti in italiano nei cataloghi degli editori Adelphi e Sellerio, e notizie approfondite nel sito www.archiviobolano.it.

opere teatrali come *La Negra Ester*. Sono molte le opere di Dorfman tradotte in Italia: tra tutte citiamo *La morte e la fanciulla* (Einaudi, 2004), ambientato in un generico paese del Sud America dopo la caduta del suo dittatore e da cui nel 1995 Roman Polanski ha tratto l'omonimo film; *Dall'altra parte* (stesso editore, 2008), il racconto di un conflitto che, come accade nella realtà, ridefinisce i confini separando le persone care e la sua trasfigurazione allegorico-metafisica; *L'autunno del generale. La storia infinita del caso Pinochet* (Tropea, 2003), una sorta di thriller giudiziario che segue passo dopo passo il processo al dittatore.

Il romanziere Antonio Skármeta (nato nel 1940) diventò famoso per *Il postino di Neruda* (Einaudi, 2007). Nel 2003 ha vinto il premio Planeta 2003, il più importante riconoscimento per uno scrittore di lingua spagnola, con *Il ballo della Vittoria* (Einaudi, 2006), romanzo d'avventura, d'amore e d'amicizia, sullo sfondo di una Santiago del Cile non ancora completamente liberatasi dallo spettro della dittatura. Segnaliamo inoltre *La magia in azione* (Guanda, 2008), una raccolta delle poesie di Neruda che più hanno influenzato le scelte personali e artistiche di Skármeta; e *La bambina e il trombone* (Garzanti, 2007), che racconta un appassionante periodo della storia del Sud America attraverso la storia di una bimba (protagonista e narratrice) che all'età di due anni è sbarcata in Cile dall'Europa, con un misterioso musicista e il suo trombone; divenuta una donna libera e cosmopolita, si innamorerà di un giovane sostenitore di Salvador Allende. Fra gli ultimi lavori di Skármeta pubblicati in Italia segnaliamo *Un padre da film* (Einaudi, 2011) e il libro per ragazzi *I biscotti della fortuna* (Mondadori, 2012).

Il pluripremiato film *Il Postino* (1994, regia di Michael Radford), con Massimo Troisi (attore e coregista) e Philippe Noiret nei panni di Pablo Neruda è tratto dal romanzo di Skármeta.

Luis Sepúlveda (nato nel 1949) è uno degli scrittori cileni più prolifici e noti a livello internazionale. Militante di Unità Popolare, fu costretto a lasciare il paese in seguito al golpe. Il suo impegno di militante ecologista lo ha spinto a partecipare a diverse missioni dell'organizzazione ambientalista Greenpeace. *Un nome da torero* (Guanda, 2005), è un noir duro e raffinato ambientato in Germania e Cile, e la bellissima raccolta di racconti *Patagonia Express* (TEA, 2011). *Storia di una gabbianella e del gatto che le insegnò a volare* (Guanda, 2002) è la nota parabola poetica, civile ed ecologista sulla tolleranza. *Il vecchio che leggeva romanzi d'amore* (stesso editore, 2012) è invece il resoconto romanzato della vita e della società sulla frontiera amazzonica dell'Ecuador. Fra gli ultimi lavori, pubblicati sempre da Guanda, segnaliamo *Ultime notizie dal Sud* e *Tutti i racconti* (2012).

Per un approccio meno impegnato al Cile, potete leggere i romanzi polizieschi di Roberto Ampuero (nato nel 1953), come per esempio *Il tedesco dell'Atacama* (Garzanti Libri, 2005) o *Chi ha ucciso Cristian Kustermann?* (stesso editore, 2006), il cui protagonista è un detective cubano che vive a Valparaíso. *I nostri anni verde oliva. Una storia cubana* (Fusi orari, 2008), tuttavia, è il romanzo del disincanto umano e politico di una generazione, il cui protagonista è un giovane cileno in fuga dal golpe di Pinochet che si rifugia nella Cuba di Fidel Castro e sposa la figlia di un potente uomo del regime. Nel 2011, sempre Garzanti Libri ha pubblicato *Il Sicario di Fidel*.

Il romanzo di Sepulveda sulla gabbianella ha avuto un grande successo in Italia: nel 1998 è stato tratto il film di animazione *La gabbianella e il gatto*, del regista Enzo D'Alò.

Autrice di bestseller, Marcela Serrano (nata nel 1951), prende parte attiva alla vita politica del suo paese e affronta le questioni legate all'universo femminile in libri quali *Antigua, vita mia* (Feltrinelli, 2004), storia di due donne amiche fin dall'infanzia, mentre in *Noi che ci vogliamo così bene* quattro amiche in vacanza da figli, mariti, lavoro raccontano la loro vita. Fra i molti altri lavori, editi da Feltrinelli, il più recente è *Dieci donne* (2012).

Omosessualità e altri soggetti controversi sono trattati con grande maestria soprattutto nel creare un effetto di shock da Pedro Lemebel (nato nel 1950). Il suo *Ho paura torero* (Marcos y Marcos, 2004) è stato selezionato come 'romanzo dell'anno' cileno nel 2001; è del 2008 *Baciami ancora, forestiero* (stesso editore italiano).

Hernán Rivera Letelier (nato nel 1950) ha vissuto sin da bambino nella pampa salnitrera. Da allora ha trascorso la sua vita trasferendosi da una miniera all'altra, lavorando come minatore. L'editore TEA ha in catalogo *Fata Morgana d'amore* (2003), che è insieme ballata e racconto popolare e narra di passioni e di ingiustizie, di sospiri e di ideali nel Cile dagli anni '20. *Santa Maria dei fiori neri* (Guanda, 2004) racconta lo sciopero e la lotta per il miglioramento delle condizioni di lavoro dei lavoratori delle miniere di salnitro agli inizi del Novecento. Gli ultimi lavori sono stati pubblicati da Mondadori: *La bambina che raccontava i film* (2011) e *L'arte della resurrezione* (2012).

Alcuni giovani scrittori hanno dato vita a uno stile lontano dal 'realismo magico' della letteratura latinoamericana. Tra questi Alberto Fuguet (nato nel 1964), di cui in italiano si può leggere *I film della mia vita* (Marcos y Marcos, 2004) e *Missing* (La Nuova Frontiera, 2012). Il romanzo breve *Sobredosis* (1990) e il racconto *Mala onda* (1991) hanno riscosso sia commenti entusiastici sia critiche feroci. Tra gli altri talenti contemporanei, dedicate un occhio di riguardo alla narrativa erotica di Andrea Maturana, e ai romanzieri Carlos Franz (*Il deserto*; edizioni e/o, 2008), Gonzalo Contreras (*Il nuotatore*; Pironti, 1999) e Claudia Apablaza.

Cinema

Prima del colpo di stato del 1973 il cinema cileno era tra i più sperimentali dell'America Latina; solo ora sta tornando ad assumere il suo antico carattere. Il surreale film *El Topo* (1971) del regista Alejandro Jodorowsky rimane un classico del cinema underground, antesignano della filmografia 'alla Tarantino' che mescola generi diversi.

Durante gli anni di Pinochet pochi film vennero prodotti in Cile, ma i registi cileni in esilio erano molto impegnati a girare all'estero. *Alsino y el Condor* (1982) di Miguel Littín venne candidato all'Oscar. Il regista di documentari Patricio Guzmán, esiliato in Europa, ha spesso trattato il tema della dittatura militare. Suo il lavoro *Salvador Allende* (2004). Raúl Ruiz, altro regista in esilio, ha vissuto a Parigi fino al 2011, anno della sua morte. Tra i suoi film ricordiamo il thriller psicologico *Autopsia di un sogno* (1998).

Dopo la dittatura l'indebolita industria cinematografica cilena era comprensibilmente preoccupata per le conseguenze del regime. *La Frontera* (1991) di Ricardo Larrain tratta il tema del confino nel proprio paese, mentre con *Amnesia* (1994), storia di un soldato obbligato a eseguire le condanne a morte dei prigionieri, Gonzalo Justiniano smuove la coscienza dei cileni affinché non dimentichino le atrocità del regime.

Negli ultimi anni l'atmosfera si è un po' alleggerita. Il film cileno di maggior successo è stato *El Chacotero Sentimental* (1999), che tra riconoscimenti nazionali e internazionali ha vinto 18 premi. Diretto da Cristian Galaz, narra la storia realmente accaduta di uno schietto conduttore radiofonico a cui gli ascoltatori rivelano le proprie storie d'amore. Silvio Caiozzi, uno dei registi cileni più apprezzati, ha adattato il romanzo di José Donoso nel suo *Coronación* (2000), che racconta la decadenza di una grande famiglia. *Taxi Para Tres* (Taxi per tre; 2001), di Orlando Lübbert, è una commedia su alcuni banditi che rubano un taxi. *Tony Manero* (2008) di Pablo Larrain mette in ridicolo un assassino ossessionato dalla discoteca.

I favolosi scenari del Cile offrono splendidi set anche per film stranieri; tra le pellicole più recenti: *I diari della motocicletta* (2004) e il film della serie di James Bond *Quantum of Solace* (2008).

La filmografia cilena ha elaborato i traumi del passato in una sorta di terapia di celluloide, mentre riscuoteva sempre maggiore successo all'estero. *Machuca* (2004), diretto da Andrés Wood, narra la storia di due ragazzini durante il colpo di stato. *Sub Terra* (2003) è incentrato sullo sfruttamento nelle miniere. *Mi Mejor Enemigo* (2004), nato da una collaborazione con l'Argentina e la Spagna, è ambientato in Patagonia durante il conflitto del 1978 per la sovranità sul Canale di Beagle, quando Argentina e Cile si disputarono il possesso di tre isole.

Ma i film cileni non parlano solo di guerra, tortura e politica. Tra i primi di un nuovo filone di film adolescenziali influenzati dalla cultura globale è *Promedio Rojo* (2005) del regista Nicolás López. Le pellicole di Matías Bize *La Vida de los Pesces* (2010) e *En La Cama* (2005) hanno entrambi suscitato interesse all'estero.

Le classi sociali rappresentano un altro tema emergente. Beniamino del Sundance Film Festival, *Affetti e dispetti* (2009) narra la storia di una cameriera la cui vita privata è troppo profondamente intrecciata con i suoi compiti.

ANDRÉS WOOD

Il più appassionante regista cileno ha studiato a New York, ma al centro dei suoi film c'è sempre il Cile e le sue vicende, da *Fiebre de Locos*, storia di un villaggio di pescatori in Patagonia, all'acclamato *Machuca* (2004) e a *Violeta Se Fue a Los Cielos* (2012), sull'artista-musicista Violeta Parra, con cui ha vinto il premio della giuria al Sundance Festival.

Le tue storie sono narrate da una microprospettiva, ma riflettono anche un Cile globalizzato... Pensi che il cinema cileno stia perdendo di vista una sua prospettiva? È molto difficile generalizzare... ma noi siamo più interessati a cosa gli stranieri pensino di noi, e a guadagnarne l'approvazione. Il paese ha una specie di crisi d'identità dovuta a diversi fattori, ma è nei nostri stessi pensieri e sentimenti che avvertiamo questo senso di insicurezza.

Il cinema cileno sta avendo un grande successo internazionale. È un buon momento? Le nuove generazioni sono più strettamente connesse con il resto del mondo, rendendo le barriere sempre più invisibili. Il problema è che spesso ci ritroviamo a creare opere per spiegare al mondo chi siamo invece di essere uno specchio che ci permetta di pensare, discutere e riflettere su noi stessi. È necessario colmare questo gap per entrare maggiormente in comunicazione con il nostro pubblico.

Esistono determinate caratteristiche che definiscono il cinema cileno? Non abbiamo una produzione molto compatta, ma per me questo è un bene. Il cinema cileno è piuttosto eterogeneo quanto a estetica e argomenti trattati.

Il mondo naturale

Non può che essere così: se anche lo skyline di Santiago è dominato dal profilo delle Ande, è normale che a prevalere nelle impressioni del visitatore sul Cile ci sia la natura. Il Cile si estende in lunghezza per circa 4300 km con una larghezza di circa 200 km, stretto tra l'Oceano Pacifico da una parte e le Ande dall'altra e possiede una varietà ambientale sorprendente: dall'arido deserto del Nord alla lussureggiante foresta pluviale fino alla punta meridionale ricoperta dai ghiacci. A tutto ciò si aggiungono 50 vulcani attivi, nonché fiumi, laghi e dolci colline con campi coltivati. Recentemente, l'attività mineraria, l'allevamento dei salmoni e mega progetti idroelettrici hanno messo a rischio molte parti del suo ambiente un tempo incontaminate.

Sapevate che circa il 10% dei vulcani attivi di tutto il mondo si trova in Cile?

VULCANI

Territorio

Le Ande, che costituiscono la frastagliata spina dorsale del Cile, cominciarono a formarsi circa 60 milioni di anni fa. Mentre il Cile meridionale era coperto dai ghiacci, le regioni settentrionali erano sommerse dall'oceano: testimonianze tangibili di quel tempo sono le aride pianure salate del nord e il paesaggio del sud, solcato da profondi laghi glaciali, dolci colline moreniche e maestose valli di origine glaciale.

Le Ande cilene, che dal punto di vista geologico sono ancora giovani, raggiungono in diversi punti i 6000 m di altitudine. La cima più alta è l'Ojos del Salado (6893 m), che è la seconda vetta per altezza del Sud America e il vulcano attivo più alto del mondo.

LA BALENOTTERA AZZURRA

È l'animale più grande del mondo e solo pochi decenni fa era in gravissimo pericolo di estinzione. Per questo motivo ha suscitato grande entusiasmo nel 2003 la notizia della scoperta di una specie di colonia di balenottere azzurre nei fiordi protetti immediatamente a sud dell'Isla de Chiloé, nel Golfo Corcovado. Oltre 100 esemplari si erano radunati in questo punto alla ricerca di cibo, tra cui undici madri con i loro piccoli. Da allora si sono intensificate le richieste al governo cileno affinché venga istituita l'Area Marina y Costera de Multiples Usos de Chiloé-Corcovado-Chonos, un'area protetta. Si spera che con il tempo questa possa diventare una meta importante per il turismo ecologico mondiale. Per venire incontro a questo desiderio, a settembre 2008 il Cile ha bandito la caccia alla balena per tutta l'estensione delle sue coste. Per ulteriori notizie e informazioni dettagliate sulle misure di tutela contattate il **Centro Ballena Azul** (www.ballenazul.org) e la **Whale and Dolphin Conservation Society** (www.wdcs.org).

L'osservazione delle balene sta diventando sempre più diffusa in Patagonia. È possibile avvistare diverse specie, tra cui balenottere comuni, megattere, orche e capodogli. Tra i principali centri della Patagonia da cui partono escursioni per avvistare le balene ci sono Punta Arenas in Cile e Puerto Madryn in Argentina.

Spesso si descrive la conformazione geografica del Cile suddividendolo in porzioni orizzontali, come se fosse un lungo totem. A cavallo del Tropico del Capricorno si estende il Norte Grande, dominato dal Deserto di Atacama, considerato il più arido della terra dal momento che in alcune sue aree non si sono mai registrate precipitazioni. Il clima subisce l'azione moderatrice della fredda corrente di Humboldt, dall'andamento parallelo alla costa. L'alto tasso di umidità produce una fitta coltre di nebbia chiamata *camanchaca*, che si condensa sui pendii costieri. Le città che sorgono lungo la costa ricavano i loro scarsi approvvigionamenti idrici dalle valli fluviali, dalle sorgenti sotterranee e dalle deviazioni di fiumi lontani. I canyon della *precordillera* (zona collinare pedemontana) conducono verso est all'*altiplano* o alta steppa e ai valichi di montagna, spesso innevati.

Scendendo verso sud, il Norte Chico è una zona di transizione tra il deserto, la boscaglia e la foresta. Da est a ovest si estendono numerose valli fluviali verdeggianti che consentono l'agricoltura. Quando le precipitazioni sono abbondanti, cosa che si verifica raramente, il paesaggio è un trionfo di fiori selvatici dai mille colori.

A sud del Río Aconcagua inizia la fertile regione interna del Cile centrale, tappezzata di vigneti e ricche aree agricole. In questa zona si trovano la capitale, Santiago (che conta almeno un terzo della popolazione del paese), porti di vitale importanza e gran parte delle industrie e delle aziende cilene.

Scendendo ancora a sud si incontra la Regione dei Laghi, un paesaggio ondulato fatto di verdi pascoli, foresta pluviale temperata e laghi pedemontani, su cui si stagliano vulcani dalle vette innevate. È una regione soggetta a forti precipitazioni, soprattutto fra maggio e settembre, ma ogni mese dell'anno registra pioggia. I venti da est, caldi ma piuttosto forti, sono detti *puelches*. D'inverno nevica e ci sono ottime opportunità di praticare lo sci, ma diventa difficile attraversare i valichi montani.

Il Deserto di Atacama, per la sua grande trasparenza atmosferica, ospita alcuni fra i massimi osservatori astronomici del pianeta. Il lavoro di Cesare Guaita e Lucia Guaita *Il Paradiso dell'astronomia* (Gruppo B, 2012) descrive il viaggio alla scoperta dei siti astronomici del paese.

L'isola più grande del paese, Isla de Chiloé, si trova al largo della costa in questa fascia, esposta ai venti e alle tempeste del Pacifico. Le isole minori che fiancheggiano la sua costa orientale costituiscono l'arcipelago, ma neanche queste sfuggono alla pioggia (si registrano fino a 150 giorni di pioggia all'anno).

La regione di Aisén è uno straordinario connubio di fiordi, fiumi impetuosi, foreste impenetrabili e alte vette. Qui le Ande deviano verso ovest e incontrano il Pacifico e il vasto Campo de Hielo Norte, la banchisa settentrionale, costituita da 19 grandi ghiacciai alimentati dalle abbondanti precipitazioni piovose e nevose. A est si passa dalla foresta pluviale montana all'arida steppa della Patagonia. L'immenso Lago General Carrera, il più profondo del Sud America, si estende da qui verso l'Argentina.

In fondo al paese, il Campo de Hielo Sur, la banchisa continentale meridionale, separa la terraferma dalla frastagliata regione di Magallanes e dalla Tierra del Fuego. Il tempo è estremamente variabile (si possono provare le quattro stagioni anche in una sola giornata) e i venti forti soffiano incessantemente. Ghiacciai dall'azzurro perlaceo, fiordi frastagliati, ampie aree di banchisa e montagne si confondono in un puzzle meraviglioso prima di arrivare allo Stretto di Magellano e alla Tierra del Fuego. Le desolate pampas orientali si estendono attraverso la Tierra del Fuego settentrionale interrompendosi bruscamente davanti alla Cordillera Darwin.

Natura

Il magnifico paesaggio cileno è ulteriormente arricchito da una natura estremamente varia e affascinante. Circondato da oceani, deserti e montagne, il Cile vanta un ambiente ecologico unico, sviluppatosi per lo più in modo isolato, con numerose specie endemiche.

CAMELIDI DEL NUOVO MONDO

Per millenni le popolazioni andine hanno sfruttato la carne e la lana dei camelidi del Nuovo Mondo, cioè il guanaco e la vigogna selvatici e il lama e l'alpaca domestici.

Il guanaco è un animale snello con zampe sottili e un collo lungo ed elegante che vive nelle estremità settentrionali e meridionali del paese ad altitudini elevate (oltre 4000 m). È diffuso soprattutto nelle pianure della Patagonia, compreso il Parque Nacional Torres del Paine. Nel nord è invece meno comune e più sfuggevole: molto probabilmente vi capiterà di fotografarne uno in lontananza, mentre taglia la corda per raggiungere una distanza di sicurezza.

La vigogna, il camelide più piccolo, ha il corpo tozzo, zampe lunghe, collo da cigno e la testa minuscola. Vive solo a quote superiori a 4000 m nella *puna* e sull'*altiplano*, dal Perú centro-meridionale all'Argentina nord-occidentale. La sua bella lana dorata era un tempo proprietà esclusiva dei sovrani inca, ma dopo l'invasione spagnola questa specie fu oggetto di una caccia spietata. Tuttavia i programmi di tutela ambientale hanno dato risultati incoraggianti: nel Parque Nacional Lauca e nella zona circostante il numero degli esemplari è salito da meno di mille nel 1973 ai circa 25.000 odierni.

Molte comunità dell'*altiplano* settentrionale del Cile dipendono ancora dai lama e dagli alpaca per la loro sussistenza. Il lama, più alto e più forte dell'alpaca, è un animale da soma la cui lana, relativamente ruvida, viene utilizzata per realizzare coperte, corde e altri articoli casalinghi, mentre con la carne si fa il *charqui* (carne essiccata tagliata a fette). Il lama può sopravvivere, o addirittura prosperare, in pascoli poveri e aridi.

L'alpaca, leggermente più piccolo ma con il pelo molto più lungo, sembra un barboncino cresciuto troppo con zampe minuscole. Non è un animale da soma e ha bisogno di praterie ricche d'acqua per poter produrre la sua lana pregiata; nelle zone settentrionali potrete vedere molte bancarelle che vendono indumenti in lana d'alpaca.

Fauna

Nell'*altiplano* settentrionale vivono soprattutto i camelidi domestici e i loro cugini selvatici, oltre ad animali altrettanto insoliti come il nandù (ñandú in spagnolo) dalle lunghe zampe, simile a quelle dello struzzo, che caracolla per tutta la steppa meridionale, e la viscaccia, parente selvatico del cincillà, un animale grassottello con la coda ispida che si nasconde in mezzo alle rocce ad altitudini elevate.

Sulle Ande è ancora diffuso il puma, che però viene avvistato raramente. Il raro e minuscolo cervo noto con il nome di pudú si nasconde nelle fitte foreste del sud. Ancora più raro è il piccolissimo cervo chiamato huemul, una specie endemica della Patagonia a rischio di estinzione.

> Ai tempi degli incas le vigogne che pascolavano per tutte le Ande erano milioni. Oggi in Cile ne sono rimaste solo 25.000.

Lungo l'estesa costa cilena vivono molti mammiferi marini, tra cui numerose colonie di leoni marini, piccole e sfuggenti lontre e adorabili otarie orsine, diffuse nel sud. Si possono scorgere piccoli banchi di giocosi delfini e alcune balene, mentre i grandi piatti di pesce e frutti di mare che vengono serviti nei ristoranti sono la gustosa dimostrazione della ricchezza dei fondali.

Anche gli amanti del birdwatching avranno di che essere soddisfatti. Nell'*altiplano* settentrionale vivono molte specie interessanti di uccelli, dal gabbiano delle Ande alla folaga gigante. La maggiore attrazione rimane però lo sgargiante fenicottero: grandi colonie di questi uccelli rosa nidificano presso i laghi dell'*altiplano*, dall'estremo nord fino alle Torres del Paine. Qui vivono tre specie, tra cui il raro fenicottero di James, chiamato in spagnolo *parina chica* (*Phoenicoparrus jamesi*). Le colonie di pinguini di Humboldt e di Magellano (oggi a rischio) che vivono lungo le coste sono un'altra grande attrattiva per i visitatori, in particolare nel Parque Nacional Pingüino de Humboldt, al largo della costa nord-occidentale di Chiloé e vicino a Punta Arenas.

Se sarete particolarmente fortunati riuscirete ad avvistare il leggendario condor delle Ande, che descrive ampi cerchi sfruttando le correnti ascensionali d'alta montagna. Nei pascoli si può comunemente avvistare l'ibis, animale dall'aspetto curioso e dal caratteristico verso schioccante. Il queltehue, dalle macchie nere, bianche e grigie, emette un verso molto acuto per proteggere i nidi che costruisce a terra; urla a ogni ora del giorno e della notte ed è facile che interrompa il vostro sonno.

Flora

Il Cile vanta una flora ricchissima e unica. Nel deserto settentrionale poche specie riescono a sopravvivere, ma quelle che ce la fanno dispongono per tale scopo di mezzi straordinari. Oltre 20 tipi diversi di cactus e di vegetazione xerofila sopravvivono grazie all'umidità assorbita dalla nebbia dell'oceano. Una delle varietà più imponenti è il cactus a candelabro (*Browningia candelaris*), una specie a rischio di estinzione che raggiunge 5 m di altezza.

L'*altiplano* è caratterizzato da zone discontinue di prateria, da boschetti di queñoa (*Polylepis tarapacana*) con il terreno coperto di arbusti spinosi e da bizzarre specie che crescono a terra come la llareta (*Laretia compacta*), un fitto cespuglio color verde limetta che assomiglia a un grande cuscino bitorzoluto. Un tempo vaste aree del deserto cileno settentrionale erano coperte dai contorti alberi di tamarugo (*Prosopis tamarugo*), una specie endemica che spinge le sue radici fino a 15 m di profondità alla ricerca dell'acqua.

Prima di partire per una gita nella natura, procuratevi una guida sul campo: *Birds of Patagonia, Tierra del Fuego & Antarctic Peninsula* (2003) e *Flora Patagonia* (2008), pubblicati da Fantástico Sur (www.fantasticosur.com) sono da consigliare.

La sorpresa più grande del deserto è tuttavia quella offerta dal Norte Chico negli anni in cui si registrano improvvise precipitazioni. Delicati fiori selvatici spuntano allora dall'arida crosta del deserto dando vita a un magnifico fenomeno chiamato *desierto florido*, che mette in mostra specie endemiche e rare (v. lettura p219).

Dal Norte Chico fino a gran parte del Cile centrale, la flora indigena è formata soprattutto da arbusti dotati di foglie lucide e coriacee che permettono loro di conservare l'acqua durante la lunga stagione secca. Sulla catena costiera si possono trovare però alcune foreste di faggi australi detti rauli (diverse specie di *Nothofagus*), che vivono grazie alla fitta nebbia dell'oceano. Della maestosa palma endemica cilena (*Jubaea chilensis*) rimangono oggi pochi esemplari, che potrete trovare nel Parque Nacional La Campana.

Il Cile meridionale vanta una delle foreste pluviali temperate più grandi del mondo. Le sue propaggini settentrionali fanno parte della foresta pluviale di Valdivia, un labirinto di sempreverdi avvolti dai rampicanti e con le radici sepolte sotto impenetrabili boschetti di quila, piante simili al bambù. Più a sud si estende la foresta pluviale di Magellano, che offre una varietà minore ma comprende comunque molte specie importanti. Altrettanto straordinaria è la foresta di Araucaria, dove vive l'araucaria (*Araucaria araucana*), un'antica specie di pino che può vivere fino a 1000 anni. In inglese questo albero fu chiamato 'monkey puzzle', cioè 'rompicapo per scimmie', dal momento che il suo fitto fogliame e la corteccia del tronco, simile alle tessere di un puzzle, costituiscono una sfida per qualsiasi scimmia.

Nella Regione dei Laghi meridionale, la 'sequoia del Sud America,' comunemente nota in spagnolo come alerce (*Fitzroya cupressoides*), è uno degli alberi più longevi del mondo, dato che raggiunge anche 4000 anni di età. Potrete ammirare esemplari di alerce dal Lago Llanquihue verso sud fino a Chaitén, in particolare nel Parque Nacional Alerce Andino e nel Parque Pumalín (p331).

A Chiloé e Aisén cresce la nalca, simile al rabarbaro: è la pianta erbacea più grande del mondo, con foglie enormi che si dipartono da un unico gambo; il gambo succoso delle piante più giovani è commestibile.

L'arcipelago Juan Fernández è un immenso 'magazzino' di biodiversità: delle 140 specie di piante che si trovano sull'isola, 101 sono endemiche.

Tutela dell'ambiente

Visto lo sviluppo industriale così recente, il Cile si trova ad affrontare un profluvio di problemi ambientali. Insieme a Città del Messico e San Paolo, Santiago è una delle città più inquinate del continente americano. Talvolta la nube di smog che incombe sulla città è tale da costringere gli abitanti a indossare mascherine, impedire agli scolari di partecipare alle lezioni di educazione fisica e consigliare agli anziani di non uscire di casa. Cercando di affrontare il problema le autorità hanno completamente rivoluzionato il sistema dei trasporti pubblici della città e imposto il divieto di circolazione dei veicoli privati in alcune giornate (v. p517), ma ci sono ancora molte azioni da intraprendere.

Le foreste del Cile vengono continuamente abbattute per far posto a coltivazioni di piante esotiche a rapida crescita, come l'eucalipto e il pino di Monterey (*Pinus radiata*). Le foreste autoctone, contese tra motivi economici e ragioni di tutela ecologica, sono diminuite enormemente per opera dell'industria del legname. L'alerce dovrebbe essere protetto per legge, dato che sono vietati sia l'abbattimento di alberi vivi sia l'esportazione del legname. Tuttavia queste attività continuano imperterrite, ignorando o aggirando la legge.

I castori canadesi, introdotti in origine per la loro pelliccia, hanno causato notevoli danni ecologici nella Tierra del Fuego e nelle isole circostanti (v. lettura p417) e ora si stanno diffondendo anche sul continente. Nel Cile meridionale un'epidemia tra i visoni (altro animale introdotto dall'uomo) ha costretto il governo ad adottare seri provvedimenti.

La contaminazione dell'acqua e l'inquinamento dell'aria dovuti all'industria mineraria rappresentano da lungo tempo motivo di preoccupazione in tutto il paese. Alcuni centri minerari hanno registrato tassi di contaminazione talmente elevati da dover essere evacuati e ricostruiti altrove. L'industria richiede inoltre enormi riserve energetiche e idriche, e la dislocazione delle miniere può interferire con i bacini idrici. Nel 2006, il governo cileno ha approvato un progetto della società mineraria canadese Barrick Gold per avviare l'estrazione in un'area a rischio ambientale. Questo progetto fa parte di un accordo minerario siglato nel 2004 tra Cile e Argentina chiamato Trattato Pascua Lama. Gli agricoltori e i gruppi ambientalisti stanno lottando contro questa proposta, che ha contaminato le acque del Río Alto del Carmen. Al momento della stesura della guida, tuttavia, le attività estrattive erano ancora in funzione.

Il sud del paese, grazie ai molti fiumi e alle precipitazioni abbondanti, è considerato una regione ideale per la costruzione di dighe. Questi progetti, tuttavia, presentano notevoli aspetti negativi dal punto di vista sociale e ambientale. Nel 2011 il governò ha approvato il piano per costruire una serie di dighe sul Río Baker e sul Río Pascua, tra altri fiumi della Patagonia (v. lettura p356), un progetto che ha sollevato molte proteste. I detrattori di tali progetti faraonici sono anche preoccupati dell'impatto di queste opere in zone sensibili al rischio terremoto. Ancora non è stato approvato, invece, il progetto delle linee di trasmissioni, che sarebbero le più lunghe del mondo.

Un altro problema è costituito dall'uso intensivo nell'agricoltura di prodotti chimici e pesticidi per la coltivazione destinata all'esportazione di frutta cilena, che durante l'estate australe invade i mercati dell'emisfero settentrionale. Nel 2011 il governo cileno ha cileno ha ratificato una convenzione internazionale sul brevetto di semi modificati geneticamente, spalancando le porte a controverse multinazionali come la Monsanto che modelleranno l'agricoltura cilena a scopi commerciali. Anche i rifiuti industriali rappresentano un problema molto grave. Un esempio ampiamente citato è quello di un impianto di pasta di legno della Celco (per la produzione di carta) vicino a Valdivia: le sue emissioni hanno provocato

FORESTE

Il testo *Chile's Native Forests: A Conservation Legacy*, a cura di Ken Wilcox, dell'associazione Ancient Forest International, fornisce una panoramica sulla storia delle foreste del Cile e dei problemi ambientali che le affliggono.

IL LAGO SCOMPARSO

Nell'aprile del 2008 il Lago Cachet 2 nel giro di poche ore si prosciugò di tutte le sue acque (200 milioni di metri cubi) che finirono a valle nel Baker, il fiume con più volume d'acqua del Cile; la grande quantità d'acqua si incanalò nella corrente del fiume e si riversò in una colossale ondata nel Pacifico. In natura cose strane talvolta avvengono. Ma quell'evento misterioso nel giro di due anni si ripeté altre sette volte.

Secondo la rivista *Nature*, la causa di ciò è il cambiamento climatico. L'improvviso svuotamento del lago glaciale (un fenomeno detto "rotta glaciale") è il risultato dell'assottigliamento e del ritiro dei ghiacciai della vicina Patagonia, che indebolisce la diga naturale costituita dai ghiacci. Dopo lo svuotamento, il lago si riempie nuovamente con le acque che provengono dalla fusione dei ghiacciai. L'evento rappresenta una minaccia costante per chi vive sulle rive del Río Colonia, anche se, con l'assistenza della NASA e di un'università tedesca, sono stati installati sistemi di monitoraggio.

la morte di migliaia di cigni in una vicina riserva naturale. Dopo essere stata temporaneamente chiusa, la fabbrica ha ripreso l'attività progettando di scaricare i suoi rifiuti (che contengono un'alta percentuale di arsenico) direttamente in mare.

Nel sud la sempre più fiorente attività dell'allevamento dei salmoni ha provocato l'inquinamento dell'acqua, ha distrutto l'equilibrio ecologico subacqueo e ha esaurito le riserve di altri pesci (v. lettura p295). Alcune zone nella Regione dei Laghi sono ora troppo inquinate per consentire una produzione sostenibile; purtroppo, tutto quello che succede è che l'agricoltura intensiva si è spostata più a sud, ad Aisén. Quando nel 2007 un'inchiesta del *New York Times* ha rivelato che i focolai di virus che hanno colpito il salmone cileno si stanno diffondendo, ponendo la questione delle pratiche di acquacoltura utilizzate, il settore si è messo in allarme e il governo ha promesso un controllo più capillare. Ciononostante la produzione è salita del 60%, e nel 2012 il Cile è diventato il principale produttore mondiale di salmone d'allevamento.

La tragedia del Bosque Chileno (1999), a cura di Adriana Hoffman, è una ferma condanna degli interessi commerciali che stanno devastando il patrimonio forestale del Cile.

Gli incendi delle foreste continuano a provocare gravi danni in aree selvagge e nei parchi nazionali. L'incendio del 2011 al Torres del Paine (che si pensa causato accidentalmente da un campeggiatore abusivo; v. p386) ha messo sotto gli occhi di tutti il problema della mancanza di finanziamenti per una lotta agli incendi su base professionale, anche se in quel caso i forti venti furono in parte responsabili della lunga battaglia contro il fuoco. Anche se alcuni sentieri sono bruciati e per gran parte della foresta ci vorranno secoli perché ritorni com'era, il parco è aperto e operativo.

Sull'Isola di Pasqua (Rapa Nui) il crescente numero di visitatori minaccia le limitate risorse naturali: l'isola infatti dipende quasi totalmente dalla remota madrepatria per l'approvvigionamento di cibo e di carburante.

Il buco nello strato di ozono sopra l'Antartide, di dimensioni sempre maggiori, è diventato un problema talmente serio che le autorità sanitarie raccomandano, specialmente a chi si reca in Patagonia, di indossare indumenti protettivi e creme solari a schermo molto elevato per difendersi dalle radiazioni ultraviolette cancerogene (v. lettura p370).

Il riscaldamento globale sta interessando significativamente il Cile. In nessun altro luogo è più visibile che qui, dove i ghiacciai si stanno sciogliendo. Gli scienziati hanno documentato che molti ghiacciai hanno raddoppiato la velocità con cui si stanno ritirando in questi ultimi anni, mentre le banchise polari (sia a nord sia a sud) continuano a recedere. In particolare, la banchisa del nord della Patagonia contribuisce all'innalzamento del livello dell'oceano in una percentuale di un quarto più elevata di quanto si pensava un tempo. In effetti, alcune ricerche affermano che i ghiacciai si stanno assottigliando molto più rapidamente di quanto farebbe supporre la più mite temperatura dell'aria e il calo delle precipitazioni. Il cambiamento climatico impatta anche sulla vita animale e vegetale, sul livello delle acque di laghi e fiumi e sulla sostenibilità generale.

Organizzazioni ambientaliste

Ancient Forest International (AFI; ☎707-923-4475; www.ancientforests.org) Questa organizzazione, con sede negli Stati Uniti, ha stretti legami con gruppi cileni per la salvaguardia delle foreste.

CODEFF (Comité Pro Defensa de la Fauna y Flora; ☎02-777-2534; www.codeff.cl; Ernesto Reyes 035, Providencia, Santiago) Promuove campagne per la tutela della flora e della fauna del paese, soprattutto delle specie a rischio di estinzione. Organizza viaggi, seminari e progetti di lavoro per volontari.

Defensores del Bosque Chileno (☎02-204-1914; www.elbosquechileno.cl; Diagonal Oriente 1413, Ñuñoa) Si occupa della difesa delle foreste native attraverso programmi di educazione ambientale, pressioni politiche, campagne di promozione delle specie native in contrapposizione a quelle esotiche e azioni legali contro gli interessi dei produttori di legname.

Greenpeace Chile (☎02-634-2120; www.greenpeace.cl; Agromedo 50, Centro, Santiago) Si occupa della tutela delle foreste, di ecologia oceanica e di rifiuti tossici.

Patagonia Sin Represas (Patagonia senza dighe; www.patagoniasinrepresas.cl) Una coalizione di movimenti ambientalisti cileni supporta la campagna contro la costruzione delle dighe in Patagonia.

Terram (☎02-269-4499; www.terram.cl; Bustamente 24, Providencia, Santiago) Uno dei gruppi di pressione più attivi del momento.

WWF (☎063-244-590; www.wwf.cl; Carlos Andtwander 624, Casa 4, Valdivia) Impegnato nella difesa delle foreste pluviali temperate della zona di Valdivia, in programmi di salvaguardia in Patagonia e nella protezione della fauna selvatica autoctona.

Il libro fotografico *Patagonia Chile ¡Sin Represas!*, a cura dell'ambientalista cileno Juan Pablo Orrego, utilizza lo spazio tra un'immagine e l'altra per illustrare l'impatto dei progetti idroelettrici allo studio in Patagonia.

Parchi nazionali

Il 20% del territorio cileno è sotto tutela naturalistica in un centinaio tra parchi nazionali, monumenti nazionali o riserve naturali. Gli straordinari parchi nazionali del Cile sono una delle principali attrattive del paese e mete del turismo internazionale: ogni anno ricevono circa 2 milioni di visitatori (di cui la metà stranieri), una cifra che è raddoppiata rispetto a una decina di anni fa. Tuttavia, mentre i parchi più famosi, come Torres del Paine, sono sommersi dai visitatori, la maggior parte delle aree protette del Cile rimane selvaggia, in larga misura sottoutilizzata e non attende altro che di essere esplorata. Gli escursionisti possono scegliere tra vari sentieri che potranno quasi sicuramente percorrere in solitudine, soprattutto se si evitano i mesi dell'alta stagione estiva (gennaio e febbraio).

Il Conaf vende un nuovo Pass dei parchi che consente l'ingresso in tutti i parchi nazionali ad eccezione del Torres del Paine e del Parque Nacional Rapa Nui. Il pass annuale costa CH$10.000 per persona e CH$30.000 per famiglia.

Le 95 aree protette del Cile sono suddivise in tre categorie: i *parques nacionales*; le *reservas nacionales*, che possono essere soggette a un limitato sfruttamento economico; e i *monumentos naturales*, aree più piccole o caratteristiche particolari protette con maggiore rigore.

I parchi e le riserve nazionali sono amministrati dal **Conaf** (Corporacion Nacional Forestal; www.conaf.cl). A differenza di altri organismi simili, come il National Parks Service statunitense, la missione del Conaf è gestire e rendere redditizie le foreste del Cile, ragion per cui il turismo spesso non è l'interesse primario di questo organismo statale. Ci sono pressioni sul governo perché istituisca un ente di reale tutela del patrimonio forestale, ma fino ad ora non è stato fatto nulla a riguardo.

Prima di lasciare Santiago, visitate l'**ufficio informazioni** (☎02-390-0282; Av Bulnes 265, Centro; ⏰9.30-17.30 lun-ven) dove potrete trovare cartine e opuscoli di base. I servizi interni ai parchi statali, come la gestione dei *refugios*, dei campeggi e dei ristoranti, sono sempre più affidati a imprenditori privati. Il Conaf è cronicamente a corto di finanziamenti adeguati e molti parchi non riescono a garantire la salvaguardia necessaria, il che rende difficile affrontare alcuni problemi, come la lotta agli incendi, con la dovuta attenzione. Esistono tuttavia

TORRES IN FIAMME

Il 27 dicembre 2011 un incendio nella foresta del Parque Nacional Torres del Paine ridusse in cenere 42.000 acri di terreno. Dell'incendio fu ritenuto colpevole un campeggiatore. Secondo la legge cilena in materia, i turisti possono essere multati solo per un massimo di US$300 se ritenuti colpevoli di aver appiccato accidentalmente un fuoco in un parco nazionale. Nel caso del Torres del Paine, l'escursionista incriminato, benché abbia continuato a proclamare la propria innocenza, acconsentì a pagare US$10.000 e a piantare 50.000 alberi. Nonostante ciò, i difensori degli interessi dei parchi hanno chiesto pubblicamente che la legge venga aggiornata indicando cifre più adeguate per punire i colpevoli di incendio e per finanziare i servizi d'emergenza.

PARCHI NAZIONALI DEL CILE

AREA PROTETTA	CARATTERISTICHE
Parque Nacional Alerce Andino	foresta montana di alerce; puma, pudú, condor, martin pescatore, avifauna acquatica
Parque Nacional Archipiélago Juan Fernández (p148)	arcipelago remoto, con ricchissima varietà di piante endemiche
Parque Nacional Bernardo O'Higgins (p386)	remote banchise, ghiacciai, cascate; cormorani, condor
Parque Nacional Bosques de Fray Jorge (p237)	foresta nebulare in mezzo all'arido deserto costiero
Parque Nacional Chiloé (p322)	dune costiere, lagune e foreste ricche di folklore; ricca avifauna, pudú, leoni marini
Parque Nacional Conguillío (p247)	foreste montane di araucaria, laghi, canyon, vulcano attivo
Parque Nacional Huerquehue (p264)	foresta, laghi, cascate e panorami strepitosi
Parque Nacional La Campana (p113)	cordillera costiera: foreste di querce e palme cilene
Parque Nacional Laguna del Laja (p139)	colline pedemontane, cascate, laghi, alberi rari; condor
Parque Nacional Laguna San Rafael (p350)	i ghiacciai di questo parco straordinario arrivano fino al mare
Parque Nacional Lauca (p168)	vulcani dell'*altiplano*, laghi, steppa; ricca avifauna e vigogne
Parque Nacional Llanos de Challe (p220)	pianure costiere; 'deserto in fiore' dopo forti piogge; guanachi
Parque Nacional Nahuelbuta (p141)	foreste costiere di araucaria fiori selvatici; puma, pudú, rari esemplari di picchio
Parque Nacional Nevado Tres Cruces (p216)	vulcano Ojos del Salado; fenicotteri, vigogne, guanachi
Parque Nacional Pan de Azúcar (p209)	deserto costiero; pinguini, lontre, leoni marini, guanachi e cactus
Parque Nacional Puyehue (p277)	dune vulcaniche, fiumi di lava, foreste
Parque Nacional Rapa Nui (p446)	remota isola polinesiana con misteriosi tesori archeologici
Parque Nacional Torres del Paine (p386)	il fiore all'occhiello dei parchi cileni con spettacolari vette, foreste e ghiacciai; guanachi, condor, ñandú, fenicotteri
Parque Nacional Vicente Pérez Rosales (p289)	il più vecchio parco nazionale cileno, ricco di laghi e vulcani
Parque Nacional Villarrica (p261)	cono vulcanico fumante che domina laghi e località
Parque Nacional Volcán Isluga (p182)	*altiplano* remoto, vulcani, geyser, cultura pastorale; ricca avifauna

IL MEGLIO PER...	PERIODO MIGLIORE PER LA VISITA
escursionismo	dicembre-marzo
escursionismo, escursioni in barca, immersioni, flora	dicembre-marzo
escursioni in barca	dicembre-marzo
escursionismo, flora	tutto l'anno
escursionismo, osservazione della natura, kayak, trekking a cavallo	dicembre-marzo
escursionismo, scalate, sci, barca, escursionismo da dicembre a marzo, sci	giugno-ottobre
escursionismo	dicembre-marzo
escursionismo, flora	novembre-febbraio
escursionismo	dicembre-marzo
escursioni in barca e in aereo, trekking scalate	settembre-marzo
escursionismo, osservazione della natura, villaggi tradizionali, sorgenti termali	tutto l'anno
flora e fauna	luglio-settembre negli anni piovosi
escursionismo ad alta quota	novembre-aprile
scalate, escursionismo, osservazione della natura	dicembre-febbraio
escursioni in barca, osservazione della natura, nuoto, escursionismo	tutto l'anno
escursionismo, sci, sorgenti termali, bicicletta, canoa sul lago	escursionismo dicembre-marzo, sci giugno-ottobre
archeologia, immersioni, escursionismo, passeggiate a cavallo	tutto l'anno
trekking, osservazione, della natura, scalate, trekking sui ghiacciai, kayak, passeggiate a cavallo	dicembre-marzo
escursionismo, scalate, sci, gite in barca, rafting, kayak, canyoning	escursionismo dicembre-marzo, sci giugno-ottobre
trekking, scalate, sci	escursionismo dicembre-marzo, sci giugno-ottobre
villaggi, escursionismo, birdwatching, sorgenti termali	tutto l'anno

altri progetti finanziati dal governo che testimoniano il suo impegno nel turismo ecologico, tra cui il lunghissimo **Sendero de Chile** (www.senderodechile.cl), un sentiero di 8000 km che si estende da un'estremità all'altra del paese.

Aree protette private

La legge cilena prevede anche la creazione di riserve naturali private, ovvero le *áreas de protección turística* e i *santuarios de la naturaleza* (riserve naturali integrali). In Cile i parchi privati occupano spesso le prime pagine dei giornali grazie alle attività di filantropi stranieri come il famoso Douglas Tompkins (v. lettura p358), un miliardario americano che ha acquistato vastissimi terreni nel Cile meridionale per impedirne lo sviluppo edilizio e creare un parco nazionale, il Parque Pumalín. Nell'agosto 2005 Pumalín è stato donato a una fondazione cilena, la Fundación Pumalín, ed è diventato una riserva naturale senza secondi fini. Forse l'azione di Tompkins ha innescato un dibattito sulla proprietà della terra e sul suo uso, ma ha ispirato altri filantropi, tra cui la moglie di Tompkins, Kris, che si è mossa per salvaguardare la Valle Chacabuco (Parque Nacional Patagonia; p357) in Patagonia, e il presidente Sebastián Piñera che ha creato il Parque Tantauco sull'Isla de Chiloé (v. p325).

Potete conoscere le novità sulla tutela ambientale nel portale informativo in inglese *Santiago Times*, www.santiagotimes.cl, selezionando il menu Environmental News.

Complessivamente ci sono circa 133 aree protette private in tutto il paese, per un totale di 4000 kmq. Il Comité Nacional Pro Defensa de la Flora y Fauna (CODEFF; www.codeff.cl) gestisce il database delle proprietà, che si sono consorziate dando vita alla Red de Areas Protegidas Privadas (RAPP; Rete delle Aree Protette Private).

Guida pratica

informazioni

Accessi a internet

Nella maggior parte del paese la connessione a internet è eccellente e i prezzi sono ragionevoli; in alberghi e ostelli potrete connettervi tramite wi-fi o postazioni apposite. Le guesthouse a conduzione familiare, in particolare fuori dalle aree urbane, sono invece piuttosto in ritardo in questo campo. Gli internet bar si trovano ormai praticamente ovunque, anche nei villaggi, dove spesso per i giovani costituiscono l'unico divertimento del venerdì sera. Le tariffe vanno da CH$500 a CH$1200 l'ora, molto più alte nelle zone più remote.

In questa guida il simbolo @ indica la presenza di un terminale per la connessione a internet, mentre il simbolo 🛜 viene utilizzato per segnalare l'accesso wi-fi.

Alloggio

Il panorama ricettivo del Cile offre sistemazioni adatte a tutte le tasche. In questa guida, gli elenchi delle strutture ricettive sono presentati in base alla nostra valutazione del rapporto qualità-prezzo. Salvo diversa indicazione, tutti i prezzi indicati si riferiscono all'alta stagione per camere con il bagno privato e la prima colazione.

Ricordate che nei luoghi più frequentati dai turisti i prezzi possono raddoppiare in alta stagione (da fine dicembre a metà marzo), con punte massime a Natale, Capodanno e nella settimana di Pasqua. Se volete informarvi su eventuali sconti e camere economiche, fatelo al momento della prenotazione evitando di contrattare all'arrivo in albergo.

In molti alberghi di categoria media ed elevata, il pagamento in dollari statunitensi (sia in contanti sia con carta di credito) è uno stratagemma consentito dalla legge per evitare di corrispondere l'esorbitante 19% di IVA (*impuesto de valor agregado*, imposta sul valore aggiunto). Se non vi è chiaro se l'IVA è compresa oppure no, vi consigliamo di chiedere prima di pagare, perché molti alberghi offrono questa possibilità solo se il cliente la richiede espressamente. In teoria, solo chi paga in dollari statunitensi o con carta di credito ha diritto allo sconto.

Tenete presente che gli alberghi cileni non sempre tengono conto delle prenotazioni via e-mail. Se volete essere sicuri, prenotate telefonicamente.

Alberghi

Dall'austerità a una stella fino al lusso a cinque stelle, il Cile offre una vasta gamma di alberghi. Tuttavia, la correlazione tra queste categorie e i loro standard è tutt'altro che chiara; può succedere infatti che molte soluzioni di livello medio offrano un rapporto qualità-prezzo migliore di quelle di livello elevato. In genere le camere hanno bagno privato, telefono, wi-fi o accesso a internet e TV via cavo o satellitare. La prima colazione, anche se frugale, viene sempre servita e spesso è inclusa nel prezzo.

Di solito è necessario prenotare se si arriva a orari insoliti, durante l'alta stagione estiva oppure nei fine settimana festivi.

In Sud America il termine 'motel' può anche essere un eufemismo per un 'albergo a ore' frequentato da coppie che non hanno altre alternative per un po' di intimità. Queste strutture in genere sono facilmente riconoscibili dall'aspetto esterno.

Appartamenti in affitto

Per gli affitti a lungo termine a Santiago, consultate le inserzioni nell'edizione domenicale di **El Mercurio** (www.elmercurio.cl, in spagnolo), nel **Santiago Craigslist** (http://santiago.en.craigslist.org) oppure nella rubrica dedicata del settimanale di annunci **El Rastro** (www.elrastro.cl, in spagnolo). Nelle località di villeggiatura come Viña del Mar, La Serena, Villarrica o Puerto Varas, in estate c'è chi si apposta ai bordi delle strade per offrire case e appartamenti. Potete anche rivolgervi agli uffici turistici, consultare le bacheche esposte fuori dai negozi di generi alimentari oppure i quotidiani locali.

Bungalow

Molto convenienti per piccoli gruppi o famiglie, le *cabañas* sono molto diffuse in Cile nelle località di villeggiatura, nei parchi nazionali e all'interno di alcuni campeggi. La maggior parte dei bungalow ha il bagno privato e la cucina completamente attrezzata. Nelle zone di villeggiatura le *cabañas* sono ammassate l'una all'altra in proprietà urbane, perciò, se cercate un po' di privacy, vi consigliamo di informarvi al momento della prenotazione.

Campeggi

Il Cile ha una lunga tradizione per quel che riguarda il campeggio, che è soprattutto un ambiente rumoroso, dove si rischia di dormire poco e adatto a socializzare, piuttosto che una fuga nella natura. La maggior parte dei campeggi organizzati si rivolge alle famiglie, con vaste piazzole, bagni completamente attrezzati e servizio lavanderia, postazioni per accendere il fuoco, un ristorante o snack-bar e la griglia per l'immancabile *asado* (barbecue). Molti sono cari perché fanno pagare per un minimo di cinque persone, ma vi consigliamo di provare a chiedere il prezzo a persona. In alcune zone remote del paese è possibile praticare il campeggio libero, spesso senza acqua potabile o servizi igienici.

Le attrezzature da campeggio si trovano facilmente in Cile, ma le marche internazionali di livello elevato sono decisamente costose. Nelle regioni piovose come la Patagonia è preferibile utilizzare un sacco a pelo sintetico invece che il piumino, perché si asciuga molto più rapidamente. La benzina bianca *(bencina blanca)* per i fornelli da campeggio non è molto diffusa, mentre le bombole al butano si trovano facilmente nei reparti specializzati dei grandi magazzini o nei piccoli negozi di ferramenta *(ferreterías)*.

Nelle zone rurali, chiedete sempre ai proprietari del terreno se potete piantare la tenda. Nel nord del paese la polizia ha inasprito i controlli nei confronti di coloro che praticano il campeggio libero. Non accendete mai fuochi senza permesso e utilizzate sempre uno schermo parascintille.

NOTIZIE UTILI

» Informatevi sulle ultime novità in Cile attraverso il quotidiano in lingua inglese online *Santiago Times* (www.santiagotimes.cl).

» Tenetevi aggiornati leggendo *El Mercurio* (www.elmercurio.cl, in spagnolo), un quotidiano conservatore, asciutto, ma che gode di notevole reputazione. L'alternativo *Clinic* (www.theclinic.cl) contiene editoriali e satira sulla politica e la società.

» La TV via cavo è molto diffusa; si trova in quasi tutti gli alberghi e *hospedajes*.

» Una stazione radio consigliata per i notiziari è Radio Cooperativa (103.1 FM).

» La corrente elettrica è erogata con una tensione di 220 volt e una frequenza di 50 Hz.

» Le prese elettriche sono compatibili con le spine europee a due o tre fori rotondi.

» In Cile si usa il sistema metrico decimale, tranne che per la pressione dei pneumatici, che è misurata in libbre per pollice quadrato.

GUIDA AI PREZZI – ALLOGGIO

Le tariffe riportate in questa guida si riferiscono a camere con bagno e prima colazione in alta stagione:

$ meno di CH$30.000

$$ da CH$30.000 a CH$60.000

$$$ più di CH$60.000

Il **Sernatur** (www.chile.travel/en.html) di Santiago distribuisce un opuscolo gratuito che riporta l'elenco dei campeggi di tutto il paese.

Se siete titolari di una tessera **Camping Card International** (CCI; www.campingcardinternational.com) ricordatevi di portarla con voi; potrebbe tornarvi utile anche in Cile. Utilizzata nei campeggi al posto del normale documento d'identità, offre una copertura assicurativa per eventuali danni causati a terzi. Molti campeggi offrono un piccolo sconto ai titolari di tale tessera, che viene rilasciata dalle associazioni automobilistiche, dalle federazioni di campeggi e talvolta dai campeggi stessi. In Italia, potete rivolgervi per informazioni alla **Confederazione Italiana Campeggiatori** (☎055 88 23 91; fax 055 882 5918; segreteria@federcampeggio.it; www.federcampeggio.it; Via Vittorio Emanuele 11, 50041 Calenzano). L'iscrizione alla confederazione costa €40 e dà diritto al rilascio della CCI, che copre l'intero nucleo familiare. La tessera ha la validità di un anno solare, cioè scade il 31 dicembre dell'anno di emissione.

Casas de familia e sistemazioni presso privati in zone rurali

Non c'è modo migliore per immergersi nella cultura cilena che pernottare in una *casa de familia* (guesthouse). Soprattutto nel sud, dove il turismo è più informale, è un'abitudine diffusa tra le famiglie e le fattorie della zona affittare camere ai visitatori. Non sempre agli ospiti è consentito l'uso della cucina, tuttavia di solito pagando un modesto supplemento si possono avere abbondanti pasti nonché il servizio di lavanderia. Presso gli uffici turistici troverete l'elenco di questo genere di sistemazioni.

Ci sono molte reti organizzate nel sud, in particolare a Chiloé, sul Lago Ranco, nei dintorni di Pucón e in Patagonia. Per conoscere alcuni indirizzi in Patagonia, rivolgetevi alla **Casa de Turismo Rural** (www.casaturismorural.cl) di Coyhaique, mentre per una sistemazione in campagna in tutto il paese visitate **Viajes Rurales** (www.viajesrurales.cl) o rivolgetevi agli uffici turistici.

Hospedajes e residenciales

Hospedajes e *residenciales* sono strutture economiche che offrono una sistemazione semplice di tipo casalingo, di solito con materassi in gommapiuma, cuscini duri, lenzuola e coperte pulite. Non esitate a chiedere di vedere la camera prima di decidere.

Il prezzo della camera può essere lo stesso se occupata da una o due persone, e a volte c'è una differenza di prezzo tra una doppia con due letti singoli e una *matrimonial* (generalmente più cara). I bagni e le docce di solito sono in comune, tuttavia alcuni posti hanno camere con bagno privato (di solito si tratta di una doppia con letto *matrimonial* per le coppie). Soprattutto nel nord, ma non solo, bisogna chiedere al personale di accendere il *calefón* (boiler) prima di fare la doccia.

La prima colazione di solito è composta da caffè e panini. Sernatur e la maggior parte degli uffici turistici municipali possono fornirvi elenchi di alloggi economici con licenza.

Ostelli

Una nuova generazione di ostelli, caratterizzati da eleganza e funzionalità, ha notevolmente migliorato il panorama delle sistemazioni economiche, specialmente nelle zone urbane e turistiche del paese. Queste sistemazioni in camerata di solito dispongono anche di qualche doppia più costosa per coppie che desiderano socializzare senza rinunciare a qualche comfort in più.

Gli ostelli indipendenti per backpacker uniscono sempre più le forze per farsi pubblicità: per esempio, consultate gli opuscoli di **Backpackers Chile** (www.backpackerschile.com), con molte sedi di buon livello gestite da europei.

Quasi tutti gli ostelli non richiedono espressamente la tessera Hostelling International (HI; www.hihostels.com), ma fanno pagare qualcosa di più ai non soci. L'associazione cilena affiliata alla HI è l'**Asociación Chilena de Albergues Turísticos Juveniles** (☎02-411-2050; www.hostelling.cl; Hernando de Aguirre 201, Oficina 602, Providencia, Santiago). Le tessere per un anno sono disponibili presso l'ufficio centrale al costo di CH$12.000.

Se pensate di utilizzare queste strutture ricettive potrete procuravi la tessera Hostelling International anche in Italia, prima della partenza. La tessera degli ostelli (AIG, che equivale alla HI), ha un costo di €5 (€3 in caso di rinnovo) ed è valida per un anno dalla data di emissione. È rilasciata dagli ostelli dell'associazione e da numerose organizzazioni e agenzie specializzate in turismo giovanile. Per informazioni potete rivolgervi all'**AIG – Associazione Italiana Alberghi per la Gioventù** (☎06 487 1152; fax 06 488 0492; tesseramento @aighostels.com, aig.sedenazionale@aighostels.com; www.aighostels.com; Via Cavour 44, 00184 Roma).

Refugios

In alcuni parchi nazionali ci sono spartani rifugi (*refugios*) gestiti da **Conaf** (Corporación Nacional Forestal; ☎02-663-0000; www.conaf.cl, in spagnolo; Av Bulnes 285, Centro; ⏲9.30-17.30 lun-gio, fino alle 16.30 ven) per escursionisti e alpinisti, ma purtroppo la maggior parte non sono tenuti molto bene a causa dei fondi limitati a disposizione. In alcuni dei parchi più famosi, primo fra tutti il Parque Nacional Torres del Paine, alcune ditte private gestiscono *refugios* confortevoli e ristoranti. Alcune riserve private hanno *refugios* lungo i sentieri.

Ambasciate e consolati

Ambasciate e consolati cileni all'estero

Di seguito trovate i riferimenti di alcune rappresentanze diplomatiche cilene in Italia e Svizzera. Per un elenco completo di quelle in Italia consultate il sito del **Ministero degli Affari Esteri** (www.esteri.it/MAE/IT/Ministero/Servizi/Stranieri/RapprStraniere). Per conoscere i riferimenti aggiornati delle rappresentanze con sede nella Confederazione Svizzera, potete visitare il sito del **Dipartimento Federale degli Affari Esteri** (www.eda.admin.ch/eda/it/home/reps.html), selezionando 'Rappresentanze estere in Svizzera' e cliccando sul nome del paese.

Italia Ambasciata (☎06 84 40 91; embajada@chileit.it; sezione consolare ☎06 884 1449; fax 06 884 1449; cnromait@chileit.it; Via Po 23, 00198 Roma) Consolato generale (☎ 02 7601 6070; fax 02 7601 6067; cilecg2@consolatogeneraledelcile.it; Via Ricasoli 2, 20121 Milano)

Svizzera Ambasciata (☎031-370 0050; fax 031-370 0055; embajada@embachile.ch; Eigerplatz 5, 3007 Berna)

Ambasciate e consolati stranieri in Cile

Argentina Antofagasta (☎055-220-440; Blanco Encalada 1933); Puerto Montt (☎065-253-996; Pedro Montt N 160, Piso 6, Oficina 50B); Punta Arenas (☎061-261-912; 21 de Mayo 1878); Santiago (☎02-582-2606; www.embargentina.cl; Vicuña Mackenna 41, Centro)

Bolivia Antofagasta (☎055-259-008; Jorge Washington 2675); Arica (☎058-231-030; www.rree.gov.bo; Patricio Lynch 298); Calama (☎055-341-976; Latorre 1395); Iquique (☎057-421-777; Gorostiaga 215, Dept E, Iquique); Santiago (☎02-232-8180; cgbolivia@manquehue.net; Av Santa María 2796, Las Condes)

Brasile (☎02-698-2486; www.embajadadebrasil.cl; Alonso Ovalle 1665, Centro, Santiago)

Italia Santiago (☎02-470-8400; fax 02-223-2467; info.santiago@esteri.it; www.ambsantiago.esteri.it; Calle Clemente Fabres 1050, Providencia) Ulteriori riferimenti alle rappresentanze italiane in Cile sono disponibili nel sito http://www.esteri.it/MAE/IT/Mini stero/LaRete Diplomatica/Ambasciate/.

Perú Arica (☎058-231-020; 18 de Septiembre 1554); Iquique (☎057-411-466; Zegers 570, 2° piano, Iquique); Santiago (☎02-235-4600; conpersantiago@adsl.tie.cl; Padre Mariano 10, Oficina 309, Providencia)

Svizzera Santiago (☎02-928-0100; 02-928-0135; san.vertretung@eda.admin.ch; Américo Vespucio Sur 100, piso 14, Las Condes).

Assicurazione

In genere, prima di mettersi in viaggio è buona norma stipulare un'assicurazione. Per il Cile si consiglia una polizza base per furto/smarrimento e per assistenza sanitaria. Leggete con attenzione le scritte in caratteri piccoli sul contratto, in quanto molte compagnie escludono dalla copertura assicurativa alcune attività pericolose, che comprendono immersioni subacquee, escursioni in motocicletta e persino trekking. Potrebbe essere preferibile una polizza che paga direttamente i medici e gli ospedali invece di dover anticipare il denaro per le spese e poi chiedere il rimborso in seguito.

Se avete optato per un viaggio organizzato, l'assicurazione sarà senz'altro inclusa nel 'pacchetto', ma controllate bene che tipo di copertura prevede. Se viaggiate per conto vostro potete provvedere voi stessi, rivolgendovi a un'assicurazione specializzata per il turismo.

Per scegliere la polizza più adatta alle vostre esigenze consultate, fra le molte compagnie disponibili: **Ami Assistance – Gruppo Filo diretto** (www.filodiretto.it), **Europ Assistance** (www.europassistance.it), **Global Assistance** (www.global assistance.it) e **Mondial Assistance** (www.mondial-assistance-italia.it)

Può essere utile fare la fotocopia di tutti i documenti assicurativi nell'eventualità che gli originali vadano perduti. Per ulteriori informazioni sull'assicurazione sanitaria v. p523, e p517 per l'assicurazione dell'automobile.

Cartine

A Santiago, l'**Instituto Geográfico Militar** (IGM; ☎02-460-6800; www.igm.cl, in spagnolo; Dieciocho 369, Centro; ⏰9-17.30 lun-ven), immediatamente a sud dell'Alameda, pubblica ottime cartine, che si possono ordinare tramite il sito internet oppure acquistare direttamente. *Guía Caminera* è una bella carta stradale con scale che vanno da 1:500.000 a 1:1.500.000. Pubblica inoltre uno stradario di Santiago di facile consultazione, *Guia de Calles de Santiago*, e una cartina che riporta l'intero percorso della Carretera Austral in scala 1:1.000.000. La serie topografica dell'IGM in scala 1:50.000 è molto utile per il trekking, tuttavia le cartine non sono aggiornate e quelle delle zone di confine problematiche (dove si trova la maggior parte dei parchi nazionali) non sempre sono reperibili.

JLM Mapas pubblica belle cartine di tutte le principali regioni e zone di trekking in scale che vanno da 1:50.000 a 1:500.000. Sono ampiamente distribuite, facili da usare e forniscono informazioni discrete, ma non pretendono di essere accuratissime.

Gli automobilisti apprezzeranno la serie di guide Copec, che contiene particolareggiate cartine stradali ed eccellenti piante delle città grandi e piccole e persino di molti villaggi, ma molte non sono in scala. Le guide sono aggiornate ogni anno, ma sono pubblicate solo in spagnolo, con volumi separati per il nord, il centro e il sud del paese. Si possono acquistare nelle stazioni di rifornimento Copec.

In quasi tutte le principali città cilene l'Automóvil Club de Chile (Acchi) ha un ufficio che vende cartine stradali, ma non tutti gli uffici sono ugualmente ben forniti.

Le cartine reperibili online sono di qualità variabile: **Plano Digital de Publiguías** (www.planos.cl, in spagnolo) ha cartine di città online, ma navigare nel suo sito può essere frustrante. Si possono trovare le cartine di Santiago su **Map City** (www.mapcity.cl, in spagnolo). Gli automobilisti troveranno utili le cartine **Compass** (www.mapascompass.cl). Alcuni siti internet delle amministrazioni locali forniscono cartine interattive che consentono, per le città più grandi, di fare una ricerca degli indirizzi.

Cartine disponibili in Italia

Chi desidera acquistare una mappa prima di partire potrà scegliere tra varie possibilità, molte già segnalate nel paragrafo precedente. Fra le carte generali sono disponibili *Sud America - Stati meridionali* di Marco Polo (1:4.000.000), *Cile* di Nelles (1:2.500.000), Borch (1:2.000.000), Reise e Rough (entrambe in scala 1:1.600.000), Freytag & Berndt (1:1.500.000) e ITMB (1:1.130.000).

L'Isola di Pasqua è coperta dalla cartina *Easter Island* (Isola di Pasqua) di ITMB (1:30.000); sempre di ITMB è disponibile la mappa *Tierra del Fuego* (1.750.000).

Per altre regioni del Cile trovate *Caretera Longitudinal da Puerto Montt a Villa O'Higgins* dell'IGM (1:1.000.000), *Gran Mapa Caminero de Chile* di Inupal (1:1.400.000/1:3.000.000), la carta stradale in 6 fogli del Ministerio de Obras Públicas (1:1.000.000), *Nevado Ojos del Salado* hiking map di Alpenverein (1:100.000) e *Torres del Paine* di Kaoniken, in scale varie.

L'editore argentino Zagier & Urruty pubblica *Santa Cruz/Tierra del Fuego/Sur de Chile* (1:1.125.000), *Patagonia Sur/Tierra del Fuego* (1:1.000.000), *Isla Grande de Tierra del Fuego* (1:500.000) e *Torres del Paine* (1:80.000).

L'IGM copre il paese con una serie di carte militari nelle versioni in 22 fogli (in scala 1:500.000), 90 fogli (1:250.000), 800 fogli (1:100.000) e circa 3000 fogli (in scala 1:50.000 e 1:25.000). Le mappe di alcune zone non sono disponibili.

Di grande importanza sono poi le carte realizzate dalla locale JLM: in scala 1:1.250.000, *Patagonia Sur Mapa Rutero*; in scala 1:500.000/1:60.000, *Altiplano (Chile-Bolivia-Perú)*; in scale varie, *San Pedro de Atacama*, *Isla de Pascua*, *Aconcagua*, *Andes Centrales*, *Plajas de Chile*, *Araucania Trekking*, *Lagos Andinos rutero*, *Pucón trekking*, *Bariloche trekking*, *Ruta de los Jesuitas trekking*, *Patagonia Isla de Chiloé rutero*, *Camino Austral rutero*, *Torres del Paine trekking*, *Tierra del Fuego trekking* e *Antártica*.

Per informazioni su tutte le carte citate potete rivolgervi a: **VEL – La Libreria del Viaggiatore** (☎/fax 0342 21 89 52; vel@vel.it; www.vel.it; Via Angelo Custode 3, 23100 Sondrio).

In alternativa, potete visitare una delle numerose librerie italiane specializzate in cartine, guide e narrativa di viaggio. Ne segnaliamo alcune situate nelle principali città italiane:

Gulliver (☎045 800 7234; info@gullivertravelbooks.it; www.gullivertravelbooks.it; Via Stella 16/b, 37121 Verona)

Il Giramondo (☎011 473 2815; ilgiramondo@teletu.it; www.ilgiramondo.it; Via G. Carena 3, 10144 Torino)

Jamm (☎081 552 6399; jammnapoli@libero.it; Via S. Giovanni Maggiore Pignatelli 32, 80134 Napoli)

Libreria del Viaggiatore (☎06 6880 1048; libreriadelviaggiatore@gmail.com; Via del Pellegrino 78, 00186 Roma)

Libreria Stella Alpina (☎055 41 16 88; fax 055 436 0877; info@stella-alpina.com; www.stella-alpina.com; Via F. Corridoni 14 B/r, 50134 Firenze)

Libreria Transalpina (☎040 66 22 97; fax 040 66 12 88; libreria@transalpina.it; www.transalpina.it; Via di Torre Bianca 27/a, 34122 Trieste)

Luoghi&libri (☎02 5831 0713; info@luoghielibri.it; www.luoghielibri.it; Via Vettabbia 3, 20122 Milano)

Odòs 2 – Libreria turistica internazionale (☎0432 20 43 07; info@libreria-odos.it; www.libreria-odos.it; Via Gen. Baldissera 56, ang. Via Villalta, 33100 Udine)

Pangea (☎049 876 4022; libreriapangea@vodafone.it; www.libreriapangea.com; Via S. Martino e Solferino 106, 35122 Padova)

Corsi di lingua

Corsi di lingua spagnola si possono frequentare nelle città principali e nelle località di villeggiatura. Per informazioni sulle scuole e i programmi si vedano le singole voci su Santiago (p60), Arica (p155), Iquique (p176), La Serena (p224), Valparaíso (p99) e Puerto Varas (p285). I principianti troveranno utile il frasario Lonely Planet *Capire e farsi capire in spagnolo latino-americano*.

Cucina

In questa guida, gli elenchi dei ristoranti sono presentati in base alla nostra valutazione del rapporto qualità-prezzo.

Tenete presente che la legge cilena consente a bar e ristoranti di scegliere se vietare o meno il fumo (con o senza sale separate per i fumatori). In molti locali per fumatori non è consentito l'accesso ai bambini.

Sul sito **Foody Chile** (www.foodychile.com) troverete informazioni su tour gastronomici e un interessante blog in inglese sulla cucina cilena.

Dogana

Per sapere con esattezza cosa potete introdurre o portare fuori dal paese e in quali quantità, visitate il sito **Chileancustoms** (www.aduana.cl/prontus_aduana_eng/site/edic/base/port/foreign_travelers.html, in inglese).

Non ci sono restrizioni all'importazione e all'esportazione di valuta locale e straniera. È consentito l'acquisto in duty-free fino a un massimo di US$500.

Le ispezioni del bagaglio di solito sono di routine, anche se alcuni viaggiatori sono stati sottoposti a perquisizioni più accurate. I viaggiatori che arrivano dalle Regioni I e XII, che godono entrambe dello status di *zona franca*, sono soggetti alle normali ispezioni di dogana dei confini interni quando lasciano queste regioni.

Alle frontiere internazionali, i funzionari del SAG (Servicio Agrícola-Ganadero; Servizio dell'Agricoltura e del Bestiame) controllano scrupolosamente i bagagli per verificare che non vi siano frutta, prodotti caseari, spezie, frutta secca, carne e prodotti biologici, la cui importazione è severamente controllata per impedire la diffusione di malattie e parassiti che potrebbero minacciare la fiorente produzione ortofrutticola del Cile, e impongono multe molto salate a chi cerca di importare questi prodotti.

I funzionari della dogana talvolta passano ai raggi X i bagagli ai principali posti di confine internazionali, come Los Libertadores (al confine con Mendoza, in Argentina) e Pajaritos (al confine con Bariloche, sempre in Argentina).

Se intendete viaggiare con il vostro animale da compagnia dovrete preparare per tempo tutta la documentazione. Il Cile richiede un certificato sanitario rilasciato nel paese d'origine meno di 7 giorni prima della partenza e vistato da un consolato cileno. È inoltre necessario possedere un certificato di vaccinazione anti-rabbica, vaccino che deve essere somministrato minimo 30 giorni prima e massimo 12 mesi prima dell'arrivo in Cile.

Per maggiori informazioni rivolgetevi al servizio veterinario della vostra ASL di competenza territoriale e visitate il sito www.poliziadi stato.it, inserendo nel campo di ricerca 'Il passaporto per gli animali da compagnia'.

Informazioni di carattere generale sono disponibili anche sui siti www.agenziado gane.it e www.ezv.admin.ch.

Elettricità

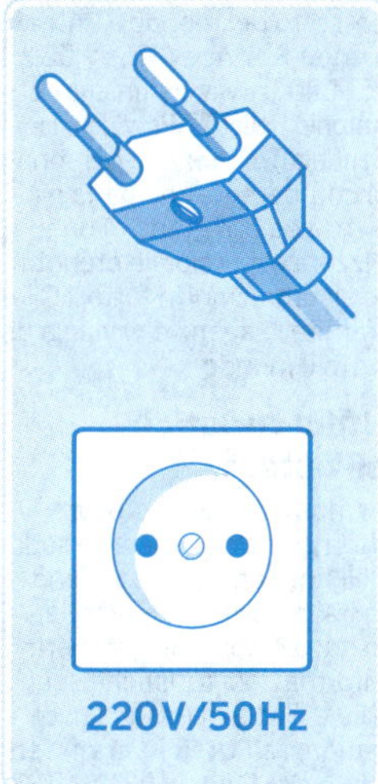

Festività

Di seguito sono elencate le festività nazionali, ossia le giornate in cui gli esercizi commerciali e gli uffici pubblici sono chiusi. Nel tentativo di ridurre i cosiddetti 'ponti', i giorni di vacanza che molti cileni si prendono tra una festività e il fine settimana seguente o precedente, si sta pensando di spostarne alcune al lunedì più vicino alla data effettiva.

Año Nuevo (Capodanno) 1° gennaio

Semana Santa (Settimana Santa) Marzo o aprile

Día del Trabajo (Festa dei Lavoratori) 1° maggio

Glorias Navales (Commemorazione della battaglia navale di Iquique) 21 maggio

Corpus Christi maggio/giugno; data variabile

Día de San Pedro y San Pablo (Festa dei SS Pietro e Paolo) 29 giugno

Asunción de la Virgen (Assunzione) 15 agosto

Día de Unidad Nacional (Giornata dell'Unità Nazionale) Primo lunedì di settembre

Día de la Independencia Nacional (Giornata dell'Indipendenza Nazionale) 18 settembre

Día del Ejército (Giornata delle Forze Armate) 19 settembre

Día de la Raza (Festa di Colombo) 12 ottobre

Todo los Santos (Ognissanti) 1° novembre

Inmaculada Concepción (Immacolata Concezione) 8 dicembre

Navidad (Natale) 25 dicembre

GUIDA AI PREZZI – PASTI

I prezzi dei ristoranti riportati in questa guida si riferiscono a una portata principale standard.

$ meno di CH$6000

$$ da CH$6000 a CH$12.000

$$$ più di CH$12.000

Indirizzi

I nomi delle strade, delle piazze e di altri elementi della toponomastica sono spesso poco pratici e di solito sulle cartine vengono abbreviati.

Perciò Avenida Libertador General Bernardo O'Higgins può diventare sulla cartina Avenida B. O'Higgins, soltanto O'Higgins quando non è addirittura sostituito da un'alternativa colloquiale (Alameda). L'indirizzo comune *costanera* caratterizza una strada costiera.

In alcuni indirizzi compare il termine *local* (locale) seguito da un numero. *Local* sta a indicare uno dei vari uffici situati allo stesso indirizzo. In alcune vie il numero civico può iniziare con uno zero, per esempio Bosque Norte 084; questa abitudine sviante si trova in quelle vie più vecchie che sono state prolungate nella direzione opposta, oltre il numero originale 1.

L'abbreviazione 's/n' dopo un indirizzo sta per *sin número* (senza numero) e indica che l'indirizzo in questione non ha uno specifico numero civico.

Informazioni turistiche

In tutti i capoluoghi regionali e in qualche altra città c'è una rappresentanza locale di **Sernatur** (☎02-731-8310; www.chile.travel/en.html), l'ente del turismo cileno. La qualità del servizio offerto varia da un ufficio all'altro: in alcuni il personale è molto competente e parla varie lingue, mentre in altri i dipendenti sommergono i turisti di opuscoli polverosi invece di rispondere alle domande.

Molti comuni hanno anche un proprio ufficio turistico, di solito nella piazza principale o presso la stazione degli autobus. In alcune zone, questi uffici sono aperti solo durante la stagione estiva.

All'estero si trovano alcune rappresentanze ufficiali dell'ente del turismo cileno. I consolati nelle città più importanti possono avere un addetto al turismo, ma le informazioni più complete e accessibili sono fornite dalle agenzie di viaggi specializzate e da internet.

In Cile ci sono alcune grandi agenzie di viaggi che operano con società affiliate nel resto del mondo. **Chilean Travel Service** (CTS; ☎02-251-0400; www.ctsturismo.cl; Antonio Bellet 77, Providencia, Santiago) dispone di personale competente che parla più lingue ed è in grado di organizzare escursioni e prenotare sistemazioni in tutto il Cile tramite le agenzie di viaggi di tutto il mondo.

Uffici turistici all'estero

Al momento della stesura della guida non vi erano sedi dell'Ente del turismo cileno in Italia e Svizzera.Tuttavia, in Italia è possibile ottenere informazioni turistiche sul Cile e l'Isola di Pasqua rivolgendosi all'**Ufficio commerciale del Cile** (☎02 86 40 93; info@prochile.it).

Lavoro

Sta diventando sempre più difficile ottenere il permesso di residenza e lavoro in Cile. Per questo motivo molti stranieri non si preoccupano di farne richiesta, ma i datori di lavoro più affidabili insistono perché la si faccia. Per procurarvelo andate al **Departamento de Extranjería** (☎02-550-2484; Agustinas 1235, Santiago; ⏲8.30-14 lun-ven).

Molti ostelli di Santiago offrono lavoro sui loro siti internet. **Contact Chile** (www.contactchile.cl) fornisce informazioni sulle opportunità di lavoro nel paese, prevalentemente nel settore dei servizi. È piuttosto frequente a Santiago trovare viaggiatori stranieri che lavorano come insegnanti d'inglese. Le industrie con notevoli interessi per il commercio internazionale, come l'allevamento del salmone e la lavorazione di farina di pesce, nei dintorni di Puerto Montt hanno un crescente bisogno di corsi di lingua inglese. In generale, gli stipendi non sono molto alti ed è difficile trovare un impiego a tempo pieno senza l'impegno a fermarsi per un certo periodo nel paese.

Consigliamo ai viaggiatori interessati di contattare le rappresentanze diplomatiche cilene in Italia per maggiori informazioni.

Moneta

La valuta cilena è il peso (CH$). Vi sono banconote in tagli da 500, 1000, 2000, 5000, 10.000 e 20.000 pesos e monete da uno, cinque, 10, 50, 100 e 500 pesos, ma le monete da un peso stanno rapidamente scomparendo, e anche quelle da cinque e da 10 non sono molto diffuse. Fate in modo di avere con voi banconote di piccolo taglio; nelle zone rurali può essere difficile cambiare quelle superiori a CH$1000. Gli addetti nei distributori di benzina e nei negozi di alcolici di solito si limitano ad assumere un'espressione contrita e chiedere '*¿Tiene suelto?*'.

Il tasso di cambio di solito è migliore a Santiago, dove c'è un mercato per la conversione delle valute europee (i viaggiatori italiani possono cambiare facilmente gli euro in moneta locale). La valuta cilena è rimasta piuttosto stabile negli ultimi anni. Il valore del dollaro sembra calare durante l'alta stagione turistica per risalire di nuovo in marzo. Talvolta viene accettato il pagamento del conto in dollari statunitensi contanti, specialmente nelle agenzie turistiche (ma controllate attentamente il loro tasso di cambio). Molti alberghi di categoria elevata espongono i prezzi in dollari statunitensi, con un tasso di cambio inferiore a quello del giorno. Conviene pagare tutte le transazioni in pesos.

I trasferimenti di denaro richiedono qualche giorno per essere effettuati; su richiesta, le banche cilene consegnano il denaro in dollari statunitensi. In tutto il Cile ci sono uffici della Western Union, di solito adiacenti all'ufficio postale, utili se si ha necessità di farsi inviare del denaro dall'Italia. Ecco i recapiti da contattare in Italia: **Western Union** (numero verde ☎800 464 464; www.westernunion.com). Lo stesso tipo di servizio viene offerto da **MoneyGram** (www.poste.it/bancoposta/moneygram).

Bancomat

In Cile molti bancomat, chiamati *redbanc*, rappresentano il modo più semplice e pratico per prelevare contanti; la vostra banca probabilmente vi addebiterà un costo per ogni transazione bancomat effettuata. La maggior parte degli sportelli ha istruzioni in inglese e in spagnolo. *Non* fate conto sui bancomat a San Pedro de Atacama (l'unico sportello non funziona), a Pisco Elqui, a Bahía Inglesa e nelle piccole cittadine della Patagonia. In molti paesini della Patagonia c'è solo una banca, il Banco del Estado, i cui sportelli bancomat accettano solo MasterCard.

Tenete presente che attualmente i bancomat addebitano fino a CH$3500 per transazione e alcune banche straniere rimborsano questi costi. L'importo massimo che si può prelevare è di CH$200.000.

Prima della partenza i viaggiatori dovrebbero verificare presso la propria banca se in Cile può essere utilizzato lo stesso codice PIN usato in patria per effettuare prelievi automatici con il bancomat (in alcuni paesi occorre digitare un numero in più o in meno, oppure firmare una ricevuta allo sportello bancario).

Per modalità e costi per ottenere anticipi di denaro contante con la carta di credito, contattate uno dei seguenti recapiti in Italia: **AmEx** (☎06 72 282, e poi tasto '0'), **Diners Club** (☎800 39 39 39), **MasterCard** (☎800 870 866) e **Visa** (☎800 819 014).

Carte di credito

Se disponete di carte di credito (specialmente American Express, Visa e MasterCard) sarete i benvenuti negli esercizi commerciali più importanti, ma è comunque meglio non farvi troppo affidamento. Inoltre potrà esservi addebitato un extra pari al 6% per coprire il costo della transazione. Le carte di credito possono essere utili anche per dimostrare di avere 'fondi sufficienti' quando si entra in un altro paese sudamericano.

Contanti

Alcune banche cambiano i contanti (di solito dollari statunitensi); lo stesso servizio è offerto dalle *casas de cambio* (cambiavalute) di Santiago e delle destinazioni più turistiche, che però fanno pagare una commissione o applicano tassi meno favorevoli. I pagamenti più ingenti, come le escursioni e i conti degli alberghi, talvolta possono essere fatti in contanti in dollari statunitensi.

Mance

È consuetudine aggiungere il 10% di mancia al conto dei ristoranti. Ai taxisti non si lascia la mancia, ma per comodità potete arrotondare la cifra della corsa per eccesso.

Ora

Per la maggior parte dell'anno, il Cile si trova quattro ore indietro rispetto al GMT e cinque ore indietro rispetto all'Italia (quattro quando in Italia vige l'ora solare). Ciò significa che quando a Santiago sono le 12 a Roma sono le 17 (le 16 quando in Italia vige l'ora solare). L'ora legale è in vigore da metà dicembre a fine marzo (la data esatta cambia da un anno all'altro). Data la vasta estensione in latitudine del Cile, d'estate nel deserto tropicale di Arica, dove il giorno e la notte hanno durata all'incirca uguale per tutto l'arco dell'anno, il sole sorge dopo le 8. L'Isola di Pasqua è due ore indietro rispetto alla terraferma.

Collegandovi al sito www.timeandate.com/worldclock/converter.html potrete convertire le ore da un fuso orario all'altro digitando la data e i paesi che vi interessano.

Orari di apertura

Gli uffici turistici osservano orari prolungati tutti i giorni in estate, mentre l'orario viene ridotto in bassa stagione. In molte città e villaggi di provincia i ristoranti e i servizi rimangono chiusi la domenica. In questa guida sono indicati gli orari di apertura solo nei casi in cui differiscono da quelli riportati di seguito:

banche	9-14 lun-ven, a volte anche 10-13 sab
uffici pubblici e aziende statali	9-18 lun-ven
musei	il giorno di riposo è quasi sempre il lunedì
ristoranti	12-23, molti con pausa 16-19
negozi	10-20, con pausa 13-15

Posta

Correos de Chile (☎800-267-736; www.correos.cl, in spagnolo), il servizio postale nazionale del Cile, è abbastanza affidabile ma talvolta piuttosto lento. Spedire una lettera all'interno del paese costa circa CH$120.

Posta in arrivo

Si può ricevere la corrispondenza tramite la *lista de correos* (fermo posta) presso qualsiasi ufficio postale cileno. Anche alcuni consolati offrono il servizio di fermo posta ai cittadini del paese che rappresentano. Per ritirare la corrispondenza in un ufficio postale o in un'ambasciata bisogna esibire il passaporto per dimostrare la propria identità. Dite ai vostri corrispondenti di scrivere chiaramente l'indirizzo e di far precedere il vostro nome da Señora o Señor, in quanto gli uffici postali dividono la corrispondenza in due liste separate per uomini e donne. Di solito si deve pagare una piccola somma di denaro, pari a circa CH$200 per ogni lettera. La corrispondenza viene conservata per un mese.

Per conoscere le tariffe e le modalità di spedizione di lettere e pacchi dall'Italia, collegatevi al sito www.poste.it. I cittadini svizzeri troveranno informazioni sul sito www.posta.ch.

Posta in uscita

Gli uffici postali cileni in genere sono aperti dalle 9 alle 18 dal lunedì al venerdì e dalle 9 alle 12 il sabato. Se dovete spedire della corrispondenza importante all'estero e volete essere sicuri che arrivi a destinazione scegliete la forma *certificado* (raccomandata), che costa circa CH$500. La posta aerea impiega circa una settimana per arrivare sia in Europa sia negli Stati Uniti.

La spedizione dei pacchi è una procedura semplice, ma può darsi che il collo debba essere ispezionato da un funzionario della dogana prima che l'impiegato dell'ufficio postale possa accettarlo. Nell'ufficio o nelle sue vicinanze troverete dei venditori che, su richiesta, provvedono all'imballaggio dei pacchi. I corrieri internazionali sono ampiamente reperibili a Santiago, ma non si può dire lo stesso per il resto del paese.

Per spedire un pacco all'interno del Cile è molto più affidabile la rete degli autobus, chiamata *encomienda*. Non dovete far altro che portare il pacco a una compagnia degli autobus che abbia una corsa per la località che vi interessa. Scrivete chiaramente sul collo la destinazione e il nome della persona che andrà a ritirarlo, all'arrivo oppure presso l'ufficio della compagnia.

Questioni legali

I *carabineros* (poliziotti) cileni hanno fama di essere professionali e cortesi; il loro slogan preferito è *'siempre un amigo'* (sempre un amico), il che spesso suscita sorrisi ironici negli automobilisti. Le pene previste per i reati comuni sono simili a quelle applicate in buona parte dell'Europa e del Nord America, ma il possesso, l'uso o il traffico di stupefacenti – incluse le droghe leggere come la cannabis – sono puniti molto severamente, con multe ingenti e il carcere.

La polizia può chiedere i documenti di identità in qualsiasi momento, quindi portate sempre con voi il passaporto. Il numero telefonico di emergenza gratuito per la polizia è ☎133.

I cileni spesso chiamano i poliziotti *pacos:* si tratta di un termine offensivo (ma non volgare) che non va *mai* usato in presenza di un agente.

I membri delle forze armate si prendono molto sul serio, quindi evitate di fotografare le postazioni militari.

Se restate coinvolti in un incidente stradale vi verrà ritirata la patente (di solito quella internazionale) fino a quando il caso non sarà risolto, ma in pochi giorni le autorità locali vi rilasceranno un permesso di guida temporaneo. In questi casi il test etilometrico nel sangue è obbligatorio; acquistate una siringa sterile presso la farmacia della clinica o dell'ospedale quando i poliziotti vi ci conducono. Verrete poi portati in centrale per rilasciare una dichiarazione e quindi con ogni probabilità verrete rilasciati. Di norma non si può lasciare il Cile finché il caso non è risolto; rivolgetevi al consolato, all'assicurazione e a un avvocato in patria.

La polizia non si accanisce contro gli automobilisti per violazioni di poco conto, ma è molto severa riguardo ai divieti di sosta. Non provate *mai* a corrompere gli agenti, ben noti per la loro integrità.

Servizi igienici

Le tubature e gli impianti fognari degli edifici più vecchi sono piuttosto fragili: la carta igienica usata non va gettata nel WC, ma negli appositi cestini. Negli alberghi economici e nelle toilette pubbliche raramente c'è la carta igienica, quindi portatela sempre con voi. I caffè e i ristoranti migliori sono una buona alternativa ai servizi igienici pubblici, che sono spesso sporchi.

Shopping

Il Cile è uno dei due paesi al mondo in cui si estrae il lapislazzuli, una pietra semipreziosa di colore blu scuro con la quale vengono prodotti raffinati gioielli in vendita nella maggior parte delle gioiellerie cilene e in alcune *ferias* (mercati dell'artigianato). Gli oggetti realizzati con questa pietra, tuttavia, sono carissimi: un paio di orecchini di buona qualità costa circa CH$20.000. Verificate la qualità della montatura e dell'argento utilizzato: spesso si tratta solo di argento placcato e molto morbido.

I mercati dell'artigianato sono presenti in tutto il paese. Nel nord, gli artigiani usano la lana ruvida di alpaca e di lama per confezionare pesanti maglioni, sciarpe e altri indumenti che in montagna proteggono dalle rigide temperature notturne. Molti di questi articoli sono simili a quelli realizzati in Bolivia e in Perú. Vedrete anche oggetti realizzati con il legno di cactus e, nel Norte Chico, articoli in cuoio finemente lavorati.

A Chiloé e in Patagonia si trovano indumenti in lana confezionati a mano come pesanti maglioni da pescatore e coperte, utilissimi in inverno e a prezzi ragionevoli. Nell'Araucanía cercate i gioielli ispirati ai motivi mapuche, tipici del Cile. I mapuche producono anche cesti e tessuti di qualità. Nella Regione dei Laghi e in Patagonia gli artigiani realizzano ciotole e piatti intagliati nel duro legno (sostenibile) di raulí.

Gli estimatori del buon vino avranno di che sbizzarrirsi in Cile: limitatevi alle aziende 'boutique' con vini che non troverete all'estero oppure acquistate qualche bottiglia del potente pisco, un'acquavite difficile da acquistare fuori dal paese. Altre specialità commestibili di produzione artigianale sono il *miel de ulmo*, un miele molto aromatico e gustoso tipico della Patagonia, e la *mermelada de murtilla*, una confettura aspra di bacche di mirto rosso. Se questi articoli sono in confezioni sigillate, non dovrebbero esserci problemi a farli passare per le dogane internazionali.

In molte città vengono allestiti interessanti mercati dell'antiquariato, in particolare il Mercado Franklin di Santiago e Plaza O'Higgins a Valparaíso. I mercati delle pulci sono comunemente chiamati *ferias persas* (fiere persiane).

Per farvi un'idea dello shopping in Cile, sul sito internet della **Fundación Artesanías de Chile** (Fondazione dell'Artigianato Cileno; www.artesaniasdechile.cl) vedrete una selezione dell'*artesanía* locale.

Contrattazioni

I cileni non usano contrattare e mercanteggiando in modo aggressivo si rischia di offenderli. L'unico luogo in cui è accettata la contrattazione è un mercato di prodotti artigianali. I biglietti dei mezzi di trasporto e i prezzi delle strutture ricettive sono in genere fissi ed esposti in posizione ben visibile.

Telefono

In tutto il Cile si trovano centri telefonici dove si può telefonare da cabine private a tariffe internazionali convenienti, ma sono sempre più numerosi gli internet bar dotati di Skype. I tour operator e i lodge situati in zone remote dispongono di telefoni satellitari con prefisso di Santiago.

Chiamate per/dall'Italia

Per chiamare il Cile in teleselezione dall'Italia dovete comporre il prefisso ☎0056 seguito dal prefisso della località senza lo zero e dal numero telefonico.

Per chiamare l'Italia dal Cile componete invece il codice a tre cifre della compagnia telefonica (v. paragrafo successivo) seguito da ☎039, dall'indicativo della città italiana *con* lo zero iniziale e dal numero dell'abbonato.

Verso l'Italia è inoltre attivo il servizio ItalyDirect per le chiamate a carico del destinatario o con addebito su carta di credito telefonica; componendo il ☎800800039 (Entel), ☎800360410 (Telefónica CTC), risponderà un opera-

CAMBIO NUMERAZIONE TELEFONICA

Nel periodo dal 20 ottobre 2012 a fine giugno 2013 la numerazione telefonica del Cile cambierà progressivamente. A tutti i numeri cileni di rete fissa che compaiono in questa guida occorrerà anteporre il numero **2**. Per maggiori informazioni consultate il sito www.cambionumeracion.cl.

REGIONE	LOCALITÀ	DATA PREVISTA
Arica y Parinacota	Arica	20 ottobre 2012
Metropolitana	Santiago	24 novembre 2012
Tarapacá/Araucanía	Iquique/Temuco	23 marzo 2013
Antofagasta	Antofagasta	6 aprile 2013
Aysén del Gral. Carlos Ibáñez del Campo/ Magallanes y De la Antártica Chilena	Coyhaique/Punta Arenas	13 aprile 2013
Del Libertador Gral. Bernardo O'Higgins	Rancagua/ Pichilemu	20 aprile 2013
Del Maule	Curicó/Talca/ Linares	4 maggio 2013
Del Biobío	Chillán/Los Ángeles	11 maggio 2013
Valparaíso	Valparaíso/Los Andes/Quillota/ San Antonio	18 maggio 2013
De Los Ríos/De Los Lagos	Valdivia/ Osorno/Puerto Montt	25 maggio 2013
Atacama	Copiapó	8 giugno 2 013
Coquimbo	La Serena/ Ovalle	08 giugno/15 giugno 2013

tore italiano, che vi metterà in contatto con l'utente desiderato. Se chiamate da un telefono pubblico dovrete introdurre una moneta locale oppure una carta telefonica locale. Per ogni conversazione effettuata si applica un costo al minuto di €1,56, più una quota fissa di €6,05 (che si riduce a €2,42 se la chiamata avviene in automatico, ossia senza l'intervento dell'operatore). I prezzi s'intendono comprensivi di IVA, e le chiamate non andate a buon fine non comportano alcun addebito. Il servizio con l'operatore è costoso ed è bene utilizzarlo solo in caso di effettiva necessità.

Numeri utili

Il prefisso nazionale del Cile è ☎56. I numeri telefonici di Santiago e della regione metropolitana hanno sette cifre; tutti gli altri numeri di telefono hanno sei cifre, esclusi alcuni numeri verdi e di emergenza. Il numero gratuito per chiamare la polizia è ☎133, per l'ambulanza è ☎131. Per avere informazioni sull'elenco abbonati componete il ☎103.

Le telefonate interurbane e internazionali si basano su un sistema di operatori: per fare una telefonata bisogna far precedere il numero dal codice della compagnia telefonica, per esempio **Entel** (☎123), **Telefónica CTC** (☎188), **Globus** (☎120), **Fibersat** (☎158). Per un elenco completo delle compagnie visitate la pagina www.turismochile.com/datos/carrier.php.

Per effettuare una chiamata a carico del destinatario, componete il ☎182 per contattare un operatore.

CHIAMARE UN CELLULARE ARGENTINO

In Argentina la maggior parte dei numeri dei telefoni cellulari sono preceduti da '15'. Per chiamare un cellulare argentino dall'estero, componete dapprima il codice nazionale dell'Argentina (54), poi '9' (invece di '15'), quindi il codice della regione senza lo 0 seguito dal numero di telefono.

Telefoni cellulari

I numeri dei telefoni cellulari hanno otto cifre per le chiamate da un numero fisso o da un servizio tipo Skype. In questa guida, i numeri dei cellulari sono indicati con il prefisso. Per le chiamate fra due cellulari omettete il prefisso ☎09, mentre per le chiamate da cellulare a numero fisso bisogna aggiungere il prefisso telefonico della zona corrispondente.

I telefoni cellulari possono costare anche solo CH$12.000 e possono essere utilizzati anche con una ricarica prepagata. I cellulari sono soggetti al sistema tariffario 'caller-pays', in base al quale le chiamate a un cellulare sono più costose, ma quelle ricevute sono gratuite. Le chiamate tra cellulare e numero fisso sono molto costose e possono rapidamente esaurire la ricarica prepagata.

Se volete portare il vostro cellulare, dovrete fare alcune operazioni prima di partire: dovrete avere un telefono triband GSM sbloccato che funzioni sulla frequenza di 850MHz o 1900MHz. Se avete un cellulare di questo tipo, potete acquistare una nuova carta SIM di un operatore cileno, per esempio Entel o Movistar, e in seguito acquistare le ricariche del medesimo operatore in edicola o alla cassa dei supermercati. Movistar offre una conveniente tariffa mensile per i Blackberry che consente di inviare e-mail illimitate. Se avete in programma di passare molto tempo in Patagonia, tenete presente che Entel ha una copertura migliore rispetto agli altri operatori.

Le zone abitate in genere hanno una buona copertura, ma la ricezione è decisamente scarsa nel bel mezzo del Deserto di Atacama e in alcune zone della Patagonia.

Tessere sconto

Con la **International Student Identity Card** (ISIC; www.isic .org), la tessera internazionale dello studente o altre tessere per giovani si ha diritto a uno sconto in alcuni musei e siti turistici, mentre la maggior parte dei parchi nazionali non praticano riduzioni. Alcune autolinee offrono il 25% di sconto agli studenti. Se intendete procurarvi la tessera ISIC in Italia prima della partenza, rivolgetevi alle sedi del **CTS** (Centro Turistico Studentesco e Giovanile; call center ☎06 462 0431, attivo ⏲9-19 lun-ven e ⏲9-13 sab; sede nazionale: ☎06 441 111; fax 06 4411 1400; www.cts.it; Via Andrea Vesalio 6, 00161 Roma). La tessera costa €10 e vale fino al 31 dicembre dell'anno di emissione. L'iscrizione al centro costa €15/30 per studenti/non studenti e consente di fruire di vari servizi (tra cui l'organizzazione di viaggi con sconti particolari) e di ricevere in omaggio la suddetta tessera.

In genere non sono previsti sconti per le tessere per anziani.

Viaggiare da soli

Chi viaggia da solo non avrà problemi né a fare nuove amicizie né a evitare i contatti con gli altri, a seconda dell'umore. In linea generale, i cileni sono più riservati rispetto agli altri abitanti dell'America Latina, ma se sarete voi ad attaccare discorso si mostreranno amichevoli e disponibili. Gli ostelli economici con cucina in comune favoriscono la socializzazione, mentre un gran

CONSIGLI AI VIAGGIATORI

Per le informazioni di viaggio più aggiornate consultate:

» **Italia Ministero degli Affari Esteri italiano in collaborazione con l'ACI** (☎06 491 115, numero attivo 24 h su 24 anche dall'estero; www.viaggiaresicuri.it).

» **Svizzera DFAE – Dipartimento Federale Affari Esteri della Svizzera** (www.eda.admin.ch/eda/it/home/travad.html), la pagina 'Consigli di viaggio'.

» Sul sito del Ministero degli Affari Esteri italiano **Dove siamo nel mondo** (www.dovesiamonelmondo.it) i cittadini italiani che si recano temporaneamente all'estero possono, se lo desiderano, indicare i dati personali e dare informazioni sul soggiorno all'estero per consentire all'Unità di Crisi, in caso di grave emergenza (grandi calamità naturali, attentati terroristici, evacuazioni ecc.), di intervenire nel modo più efficace per portare soccorso. Queste informazioni sono automaticamente cancellate due giorni dopo la data di fine viaggio indicata e saranno utilizzate solo in caso di necessità.

numero di scuole di lingue, escursioni e organizzazioni di volontariato offrirà l'opportunità di incontrare altri viaggiatori. Non è comunque consigliabile intraprendere da soli lunghi trekking in località isolate.

Viaggiare in sicurezza

Rispetto ad altri paesi del Sud America, il Cile è molto sicuro. La microcriminalità è un problema diffuso nelle grandi città, nelle stazioni degli autobus e nelle località balneari in estate, perciò tenete d'occhio tutti gli oggetti di vostra proprietà. Fotografare le installazioni militari è severamente proibito.

Cani e insetti

I cani randagi stanno diventando un problema sempre più pressante in Cile. La scabbia è piuttosto diffusa tra i cani randagi; non accarezzate i cani con evidenti problemi alla pelle, poiché questa malattia è molto contagiosa. Se viaggiate in auto, sappiate che i cani vi inseguiranno abbaiando vicino al paraurti.

In estate nel sud arrivano i fastidiosi *tábanos*, grandi tafani che mordono, ma sono più un fastidio che un rischio per la salute. Portate con voi un prodotto contro gli insetti e indossate capi di colore chiaro.

Ulteriori informazioni utili sono presenti nel capitolo Salute (p523).

Pericoli naturali

I terremoti sono parte integrante della vita per la maggior parte dei cileni. Gli edifici spesso non vengono costruiti con criteri antisismici di sicurezza e le case in mattoni e fango sono particolarmente vulnerabili. Le scosse telluriche sono quasi sempre imprevedibili, per cui i viaggiatori possono fare ben poco per prepararsi.

I vulcani attivi costituiscono più raramente una minaccia per la sicurezza, perché di solito danno qualche preavviso prima di eruttare. Tuttavia, in seguito alle eruzioni inaspettate del Volcán Chaitén e del Volcán Llaima nel 2008, il paese viene oggi monitorato più attentamente che mai.

Molte delle spiagge più belle del Cile sono pericolose per le forti correnti al largo, quindi prima di entrare in acqua chiedete e assicuratevi che qualcuno a riva sia informato sui vostri movimenti. In molte spiagge ci sono cartelli che indicano lo stato del mare: *apto para bañar* (idoneo alla balneazione) e *no apto para bañar* (non idoneo alla balneazione) o *peligroso* (pericoloso).

In inverno, lo smog a Santiago può costituire un pericolo per la salute. La città dichiara lo stato di 'preemergenza' o di 'emergenza' quando il livello dello smog è pericolosamente elevato e prende provvedimenti per limitare le emissioni. In questi momenti è bene che bambini, anziani e persone con problemi respiratori evitino di andare in centro.

Sicurezza personale e furto

Gli atti di criminalità sono più frequenti nelle grandi città, anche se in estate le località balneari sono uno dei terreni preferiti dai malviventi. Chi pernotta in bungalow deve ricordare di chiudere bene porte e finestre prima di uscire, in particolare nelle località balneari più frequentate. Quando andate in spiaggia, fate attenzione ai borseggiatori ed evitate di lasciare oggetti di valore sulla sabbia quando vi allontanate per fare il bagno. Non lasciate mai l'automobile aperta e incustodita e mettete tutti gli oggetti di valore nel bagagliaio.

Non fatevi ingannare da chi vi distrae, per esempio qualcuno che vi batte su una spalla, vi sputa o vi rovescia addosso qualcosa, perché questi 'incidenti' spesso sono solo espedienti che fanno parte di un gioco di squadra concepito per sottrarvi lo zaino o altri oggetti di valore. Tenete sempre d'occhio borsa e portafogli ed evitate di esibire gioielli di valore.

Una buona idea consiste nello stipulare un'assicurazione che copra il bagaglio. Non lasciate nella camera d'albergo oggetti di valore, contanti o la macchina fotografica; potrebbe esse utile portarsi un lucchetto da casa. Negli alberghi più esclusivi spesso ogni camera è dotata di cassaforte.

Viaggiatori disabili

Viaggiare in Cile presenta ancora molte difficoltà per le persone disabili, ma un paziente lavoro di preparazione prima di partire può abbattere molti ostacoli. Anche gli alberghi e i resort di categoria elevata non sempre dispongono di rampe o di camere adatte a chi ha problemi di mobilità; secondo le stime, il 10% degli alberghi di Santiago è attrezzato per le sedie a rotelle. Gli ascensori sono più comuni nei grandi alberghi e ora, per legge, gli edifici pubblici nuovi devono essere accessibili ai disabili.

La **Metro** (www.metrosantiago.cl, in spagnolo) di Santiago è oggetto di lavori per rendere più facile l'accesso ai disabili. Al momento sono state rimodernate la Línea 5 e la Línea 4, oltre ai prolungamenti delle Líneas 2 e 5, alla *línea* per Maipú e al prolungamento della Línea 1 fino a Plaza Los Dominicos. La compagnia degli autobus pubblici **Transantiago** (www.transantiago.cl, in spagnolo) ha previsto sui nuovi mezzi rampe di accesso e posti riservati alle sedie a rotelle. Alcuni semafori hanno l'indicatore acustico del verde per i non vedenti. I marciapiedi del Cile, stretti e mal tenuti, creano non poche difficoltà a chi si muove in sedia a rotelle. Anche attraversare la strada è problematico, ma gli automobilisti cileni in genere sono cortesi con i pedoni, specialmente con i portatori di handicap.

Il **Tixi Service** (☎numero verde 800-372-300, 02-481-3235; www.tixi.cl, in spagnolo) di Santiago offre servizio per disabili e ha gli elevatori idraulici per le sedie a rotelle.

In Italia **Mondo possibile** (☎011 301 8888; fax 011 309 12 01; info@mondopossibile.com; www.mondopossibile.com) si occupa di turismo accessibile per i disabili. Potete contattare anche il **Centro Documentazione Handicap** (www.accaparlante.it). Anche se le suddette associazioni non avessero in programma viaggi verso il Cile, disporranno forse di materiali dedicati specificamente ai viaggi (come testi utili quali le guide agli accessi) o potranno mettervi in contatto con le agenzie specializzate in viaggi per disabili. Segnaliamo il sito web italiano **Disabili .com** (www.disabili.com), la prima testata italiana online interamente dedicata alla disabilità; numerose le informazioni e i consigli utili per organizzare e intraprendere viaggi senza barriere.

L'organizzazione americana **Accessible Journeys** (☎in USA 800-846-4537; www.disabilitytravel.com) organizza viaggi indipendenti in Cile per persone disabili.

Nei parchi nazionali spesso l'ingresso per i visitatori disabili è scontato, e talvolta gratuito (verificate presso il Conaf). Le crociere e i traghetti, come quelli della Navimag, talvolta offrono gratuitamente la sistemazione in categoria superiore e alcune località sciistiche vicino a Santiago dispongono di racchette di sostegno per sciatori disabili.

Viaggiatori omosessuali

Il Cile è ancora un paese cattolico e conservatore e l'omosessualità non è vista di buon occhio da molti, tuttavia negli ultimi anni sono stati fatti notevoli passi avanti, specialmente nelle aree urbane. Il panorama omosessuale di Santiago è particolarmente vivace; la maggiore concentrazione di bar e locali notturni per gay si trova nel Barrio Bellavista. Per maggiori informazioni v. p63. Gli uomini cileni sono spesso più espansivi di quelli europei o nordamericani, perciò gesti come un abbraccio vigoroso sono ritenuti normali.

Prima di partire, potete consultare **Gay.it** (www.gay.it), il portale italiano per la vita omosessuale, che contiene una sezione 'Viaggi' e link alle principali agenzie di viaggi specializzate, con servizi di prenotazione alberghiera, biglietteria aerea e molto altro. Tra queste, segnaliamo l'agenzia online e tour operator **Out Travel** (www.outtravel.it).

A livello locale, **Gay Chile** (www.gaychile.com) fornisce notizie e informazioni su tutto quel che riguarda i gay, compreso il programma degli eventi, la vita notturna di Santiago, consigli sugli alberghi, consulenze mediche e legali e informazioni di carattere personale. Mentre vi trovate a Santiago, tenete d'occhio **Opus Gay** (www.opusgay.cl, in spagnolo), la prima rivista cilena pensata per gli omosessuali e altri gruppi oggetto di discriminazione sociale (il nome fa ironicamente riferimento al gruppo conservatore cattolico dell'Opus Dei).

La principale organizzazione cilena per la difesa dei diritti degli omosessuali è il **Movimiento Unificado de Minorías Sexuales** (MUMS; www.mums.cl, in spagnolo).

Viaggiatori senior

I viaggiatori anziani non dovrebbero incontrare particolari difficoltà in Cile, che fra l'altro è un paese in cui i cittadini non più giovani godono di molto rispetto. Sugli autobus affollati, per esempio, la maggior parte dei cileni offrirà prontamente il proprio posto a sedere a una persona più anziana.

I viaggiatori anziani potrebbero rivolgersi a tour operator specializzati. Due tra i più consolidati sono **El-**

derhostel (☎800-454-5768; www.elderhostel.org; Boston, MA) ed **Eldertreks** (☎800-741-7956; www.eldertreks.com; Ontario).

Visti

I cittadini italiani e degli altri paesi dell'UE, i cittadini svizzeri, di Stati Uniti, Canada e Australia non hanno bisogno del visto per visitare il Cile, se il soggiorno non supera i 90 giorni: è sufficiente il passaporto con una validità pari almeno a tutta la durata della permanenza nel paese. Questo documento è tra l'altro indispensabile per cambiare i travellers' cheque, fare il check-in in albergo e per altre attività di routine. Sarà necessario anche un biglietto aereo di andata e ritorno o di proseguimento del viaggio.

I minori che viaggiano soli o accompagnati da un solo genitore devono procurarsi un'autorizzazione di viaggio vidimata da un consolato cileno in Italia e firmata dal genitore non accompagnante, o da entrambi i genitori se il minore viaggia solo. La normativa sui viaggi all'estero dei minori varia in funzione delle disposizioni nazionali. Si consiglia di assumere informazioni aggiornate presso i consolati cileni in Italia e Svizzera o presso la Questura.

Il governo cileno impone una tassa di 'reciprocità' pari a US$140/95/140 alle persone in arrivo da Stati Uniti/Australia/Canada in risposta alla tassa di valore equivalente imposta da questi governi ai cittadini cileni che fanno richiesta del visto. Il pagamento è richiesto solo ai turisti in arrivo in aereo a Santiago ed è valido fino alla scadenza del passaporto. Il pagamento va effettuato in contanti; ricordate di preparare l'importo esatto.

È meglio portare sempre con sé il passaporto: la polizia cilena ha il diritto di richiedere l'identità di chiunque in qualsiasi momento e molti alberghi lo richiedono al momento del check-in.

In caso di smarrimento o furto del passaporto, bisogna denunciare il fatto alla polizia, richiedere una copia della denuncia e informare quanto prima il consolato del proprio paese.

Carte turistiche

All'ingresso nel paese i visitatori ricevono una carta turistica valida 90 giorni. Non la perdete! Se ciò avvenisse, recatevi alla **Policía Internacional** (☎02-737-1292; Gral Borgoño 1052, Santiago; ⌚8.30-17 lun-ven) o alla stazione di polizia più vicina. Vi verrà richiesta al momento della vostra partenza dal Cile.

Il rinnovo della carta turistica per altri 90 giorni costa US$100 e va richiesto presso il **Departamento de Extranjería y Migración** (☎02-550-2484; www.extranjeria.gov.cl; Agustinas 1235, 2° piano, Santiago; ⌚8.30-14 lun-ven). Portate la fotocopia del passaporto e della carta turistica. La procedura può essere espletata anche al Departamento de Extranjería in qualsiasi capoluogo regionale del Cile.

Molti visitatori preferiscono recarsi brevemente oltre il confine con l'Argentina e tornare indietro.

Volontariato

Le guide esperte di attività all'aperto possono trovare impiego senza retribuzione durante l'alta stagione turistica estiva ottenendo come compenso il vitto e l'alloggio a patto che siano disposte a rimanere per l'intera stagione. Le scuole di lingue spesso trovano lavoro ai loro studenti che intendono prestare opera come volontari. Nel Parque Nacional Torres del Paine i volontari possono lavorare alla manutenzione dei sentieri, oppure contribuire agli studi di biologia o al censimento degli animali. Una certa conoscenza della lingua spagnola è senz'altro un vantaggio.

AMA Torres del Paine (www.amatorresdelpaine.org) All'interno del parco nazionale, opera con un numero limitato di volontari.

Experiment Chile (www.experiment.cl) Organizza corsi di spagnolo/programmi di volontariato della durata di 14 settimane.

Global Community Project (www.globalcommunityproject.blogspot.com) Questa organizzazione, con sede negli Stati Uniti, organizza scambi di studenti volontari avvisando in anticipo.

Go Voluntouring (www.govoluntouring.com) Organizzazione internazionale che fornisce informazioni sui programmi di volontariato delle diverse ONG, tra cui Earthwatch, e organizza corsi e attività nel sociale.

Renace (Red Nacional de Acción Ecológica; www.renace.cl, in spagnolo) Pubblica ogni anno il *Directorio de Organizaciones Miembros* con l'elenco delle organizzazioni ambientaliste del Cile.

Un Techo Para Chile (www.untechoparachile.cl, in spagnolo) Organizzazione no profit che costruisce case per le famiglie a basso reddito in tutto il paese.

AVVERTENZA

Le informazioni riportate riguardo alle formalità per l'ingresso in Cile sono quelle valide al momento della stesura della guida; trattandosi tuttavia di una materia particolarmente soggetta a modifiche e variazioni, tali informazioni andrebbero sempre e comunque verificate prima della partenza, al fine di evitare spiacevoli inconvenienti.

trasporti

IL VIAGGIO

Arrivo nel paese

I viaggiatori che si fermano per brevi periodi di solito arrivano in aereo a Santiago, mentre chi è impegnato in un lungo viaggio in Sud America arriva generalmente in autobus dal Perú, in nave o in autobus dall'Argentina oppure in fuoristrada dalla Bolivia. Di solito le procedure per l'ingresso sono semplici e rapide se si è muniti di un passaporto valido pari almeno a tutta la durata della permanenza in Cile. Per informazioni di carattere generale sui visti e i biglietti turistici, p509.

Biglietti per il proseguimento del viaggio

La legge cilena prevede che chi arriva nel paese debba avere un biglietto di andata e ritorno o di proseguimento del viaggio, e talvolta i funzionari chiedono di esibire il biglietto di uscita dal paese. Non disporre di un biglietto per il proseguimento del viaggio può comportare qualche problema al banco di accettazione del volo del paese di partenza. Se incontrate un funzionario intransigente, potrebbe rifiutarsi di farvi salire a bordo. La soluzione migliore è acquistare un biglietto aereo di andata e ritorno che possa essere eventualmente rimborsato oppure un biglietto per il proseguimento del viaggio in autobus, che sia il più economico possibile, da una compagnia che effettui la vendita online, stampando la relativa ricevuta.

Aereo

Il Cile ha collegamenti diretti con il Nord America, il Regno Unito, l'Europa, l'Australia e la Nuova Zelanda. È anche possibile raggiungere in aereo uno dei paesi confinanti. I voli internazionali che collegano tra loro i paesi del Sud America di solito sono piuttosto costosi se non vengono acquistati nell'ambito di un viaggio intercontinentale, ma è possibile trovare offerte convenienti per i voli di andata e ritorno tra Buenos Aires o Lima e Santiago.

Aeroporti e compagnie aeree

I voli a lunga percorrenza per il Cile in genere atterrano a Santiago, all'**Aeropuerto Internacional Arturo Merino Benítez** (☎02-690-1752; www.aeropuertosantiago.cl), nel quartiere periferico di Pudahuel. Ci sono anche voli dai paesi confinanti agli aeroporti regionali, come quelli di Arica, Iquique, Temuco e Punta Arenas.

Molte importanti compagnie aeree nazionali e internazionali hanno un ufficio o una rappresentanza a Santiago.

Aerolíneas Argentinas (www.aerolineas.com.ar)

Air Canada (www.aircanada.com)

Air France (www.airfrance.com)

Alitalia (www.alitalia.com)

American Airlines (www.aa.com)

Avianca (www.avianca.com)

British Airways (www.britishairways.com)

Copa Airlines (www.copaair.com)

Delta (www.delta.com)

Gol (www.voegol.com)

Iberia (www.iberia.com)

Lan (www.lan.com) V. p515 per gli indirizzi.

Lufthansa (www.lufthansa.com)

Taca (www.taca.com)

United Airlines (www.united.com)

LE COSE CAMBIANO...

Tariffe, orari e offerte speciali cambiano con una certa frequenza; le informazioni fornite in questo capitolo vanno quindi prese come indicazioni di massima da verificare con un'accurata ricerca personale presso gli uffici delle compagnie di trasporto o affidandosi a un'agenzia di viaggi di fiducia.

Biglietti

Per ridurre gli elevati costi di un viaggio in Sud America potete approfittare degli sconti stagionali ed evitare i periodi di alta stagione, come Natale, Capodanno e Pasqua. Effettuando l'acquisto con un buon anticipo di solito si trovano soluzioni più convenienti.

BIGLIETTI INTERCONTINENTALI (RTW)

La maggior parte delle compagnie che effettuano collegamenti intercontinentali e servono il Cile offrono anche biglietti round-the-world (RTW) in collaborazione con le compagnie aeree affiliate. Altre compagnie, per esempio **Airtreks** (☎Nord America 415-977-7100, numero verde 877-247-8735; www.airtreks.com), propongono biglietti RTW più flessibili confezionati 'su misura', che non prevedono l'obbligo di servirsi unicamente delle compagnie affiliate. Le tariffe 'Circle Pacific' sono simili e consentono di spostarsi dall'Australasia al Cile, spesso con uno scalo all'Isola di Pasqua. Questi biglietti prevedono sempre alcune restrizioni, quindi leggete con attenzione le righe scritte a caratteri piccoli. I biglietti RTW sono in vendita sui seguenti siti internet:

Airfare (www.airfare.com.au)

Ebookers (www.ebookers.com)

Flight Centre (www.flightcentre.com)

STA (www.statravel.com)

Trailfinders (www.trailfinders.co.uk)

Travel Bag (www.travelbag.co.uk)

Per/dall'Italia

L'aeroporto di Santiago, principale scalo aereo del paese, non è attualmente raggiungibile dall'Italia con voli di linea diretti. Poiché, in funzione di diversi fattori (per esempio la stagionalità), i voli diretti vengono spesso attivati con breve anticipo, vi consigliamo di consultare le compagnie aeree o le agenzie di viaggi per informazioni aggiornate.

» **Voli con scalo** Per raggiungere la capitale cilena potete comunque contare su diverse soluzioni, in modo particolare su **Aerolíneas Argentinas** (www.aerolineas.com.ar) con cambio di aeromobile a Buenos Aires, **Air France** (www.airfrance.it), con cambio a Parigi, **Iberia** (www.iberia.com), con cambio a Madrid, **TAM Linhas Aéreas** (www.tam.com.br), con cambio a São Paulo, **American Airlines** (www.americanairlines.it), con cambio a New York, con ottime coincidenze da tutti i principali aeroporti italiani. In alternativa potete provare a contattare **Avianca** (www.avianca.com), con collegamenti per Santiago via Bogotá da Madrid con coincidenze da diversi aeroporti italiani. Da Santiago partono anche alcuni voli settimanali per Mataveri, lo scalo aeroportuale dell'Isola di Pasqua (Rapa Nui): la durata del volo è di circa 5 ore (per informazioni e tariffe v. il sito della compagnia cilena www.lan.com).

» Ricordate che se il volo prevede uno scalo negli Stati Uniti dovrete avere i documenti in regola per l'ingresso in questo paese, anche se non intendete lasciare l'area aeroportuale: passaporto a lettura ottica (se rilasciato prima del 25 ottobre 2005), oppure con foto digitale (se rilasciato tra il 25 ottobre 2005 e il 25 ottobre 2006), oppure elettronico, cioè dotato di microchip integrato su cui vengono registrati tutti i dati del titolare (se rilasciato a partire dal 26 ottobre 2006); inoltre, almeno 72 ore prima della partenza bisognerà effettuare online la registrazione **ESTA** (Electronic System for Travel Authorization; https://esta.cbp.dhs.gov), il sistema elettronico per l'autorizzazione al viaggio, al costo di US$14. Per informazioni aggiornate visitate il sito www.usembassy.it.

» **Tariffe** Variano secondo la stagionalità o in occasione di particolari promozioni aeree in bassa stagione. La tariffa Iberia da Milano/Roma a Santiago, per esempio, parte attualmente da €738/948 (bassa/alta stagione) per un biglietto a date fisse con

CAMBIAMENTI CLIMATICI E VIAGGI AEREI

Qualsiasi mezzo di trasporto che funzioni con carburanti tradizionali produce anidride carbonica, la causa principale dei cambiamenti climatici indotti dall'uomo. Oggi i viaggi richiedono normalmente trasferimenti in aereo, un mezzo che usa sì, per chilometro percorso per persona, meno carburante rispetto alla maggior parte delle auto, ma percorre distanze più lunghe e rilascia i gas responsabili dell'effetto serra nelle parti alte dell'atmosfera.

Molti siti web mettono a disposizione i 'carbon calculators' (misuratori di anidride carbonica), che consentono ai viaggiatori di calcolare le emissioni di anidride carbonica di cui sono responsabili viaggiando e, per chi lo desideri, la somma di denaro necessaria per compensare l'impatto di tali emissioni attraverso un contributo a iniziative in favore dell'ambiente in tutto il mondo. Lonely Planet provvede alla compensazione di tutti i viaggi effettuati dal suo staff e dagli autori.

TASSA D'IMBARCO E DI SBARCO

In Cile la tassa d'imbarco per i voli internazionali inferiori/superiori a 500 km ammonta a US$8/26 o all'equivalente in valuta locale.

I passeggeri statunitensi *in arrivo* in aereo devono pagare una tassa una tantum di US$140, valida fino alla scadenza del passaporto. Le autorità cilene hanno imposto questa tassa quando i funzionari statunitensi hanno deciso di aumentare la tariffa per il rilascio del visto ai cittadini cileni che chiedevano di entrare negli Stati Uniti, e hanno applicato un sistema analogo anche per i cittadini autraliani (US$95) e canadesi (US$140). Tale tassa va pagata in contanti e in dollari statunitensi. Quasi sempre i funzionari che la riscuotono non hanno il resto, quindi è bene, se possibile, procurarsi la cifra esatta.

validità minima/massima di 7 giorni/1 anno per arrivare, all'estremo opposto, a €5179 (stagionalità unica) per un biglietto in Business Class senza alcuna restrizione con validità massima di 1 anno. Tariffe particolarmente vantaggiose si possono ottenere anche con tutte le altre compagnie cui abbiamo fatto riferimento, a condizione di effettuare l'intero itinerario con lo stesso vettore aereo con un biglietto a date rigorosamente fisse.

» **Informazioni** Per cercare la disponibilità di tariffe aeree convenienti consultate i siti delle compagnie aeree tradizionali e low cost, oppure la vostra agenzia di viaggi di fiducia, o ancora uno dei vari motori di ricerca online, come www.edreams.it, www.expedia.it, www.infoair.it, www.kayak.it, www.opodo.it; www.skyscanner.it; www.travelonline.it; www.travelprice.it, www.whichbudget.com/it/.

Per/da Regno Unito e Irlanda

All'epoca della stesura di questa guida non c'erano voli diretti tra Londra e Santiago, ma esclusivamente con scalo a Madrid, Buenos Aires o negli Stati Uniti. I prezzi si aggirano tra £760 e £900, secondo il periodo dell'anno.

Journey Latin America (☎020-8747-3108; www.journeylatinamerica.co.uk) è un'agenzia affidabile.

Per/da altri paesi dell'Europa continentale

Ci sono voli regolari diretti da Madrid a Santiago con Lan e Iberia. Diverse compagnie aeree, tra cui Lufthansa, servono il Cile da grandi città europee passando per l'Argentina o il Brasile.

STA Travel (www.statravel.com) è presente con i propri uffici in Austria, Danimarca, Finlandia, Svezia, Svizzera e Germania.

Per/dalla Polinesia francese

Lan offre un volo alla settimana per/da Papeete, Tahiti, all'Isola di Pasqua.

Per/dal Sud America

Molte compagnie aeree effettuano tutti i giorni voli fra Santiago e Buenos Aires, in Argentina, a una tariffa standard che si aggira intorno a US$250 andata e ritorno. Tuttavia, le compagnie aeree europee i cui passeggeri atterrano e decollano a Buenos Aires talvolta cercano di riempire i posti vuoti vendendo a prezzi ridotti i biglietti di andata e ritorno tra la capitale argentina e quella cilena.

Ci sono voli Lan a tariffe convenienti da Santiago a Mendoza (andata e ritorno US$150, due al giorno) e a Córdoba (andata e ritorno US$185, due al giorno).

Lan e Taca hanno numerosi voli al giorno da Lima, in Perú, a Santiago a circa US$450 (andata e ritorno) e su questa tratta sono spesso applicati degli sconti. Lan ha anche voli da Lima alla città di Tacna, nel sud, che dista soltanto 50 km da Arica, città di frontiera cilena; il prezzo per la sola andata è di CH$150.000. Lan offre inoltre un volo giornaliero da Santiago a La Paz (andata e ritorno US$300) con scalo nel Cile settentrionale.

Taca e Avianca collegano tutti i giorni Santiago con Bogotá, in Colombia (andata e ritorno US$600), sia con voli diretti sia con scalo in una città del Sud America. Lan ha voli per Montevideo, capitale dell'Uruguay (andata e ritorno US$300). Gol e TAM servono alcune destinazioni in Brasile e in Paraguay.

Di seguito riportiamo alcune agenzie consigliate:

ASATEJ (☎011-4114-7544; www.asatej.com) In Argentina.

Student Travel Bureau (☎011-3038-1555; www.stb.com.br) In Brasile.

Per/dagli Stati Uniti

I principali luoghi di partenza per il Sud America dagli Stati Uniti sono Miami, New York, Los Angeles, Atlanta e Dallas. Per chi intende visitare il Deserto di Atacama, un'alternativa che consente di risparmiare tempo consiste nel prendere un volo per Lima, in Perú, e poi proseguire fino alla città di confine peruviana di Tacna, oppure fino ad Arica (nella parte settentrionale del Cile).

Exito (www.exitotravel.com) è consigliata per le prenotazioni online.

Via terra

Posti di confine

Il Cile confina a nord con il Perú e la Bolivia, mentre il lungo confine orientale costeggia l'Argentina. Dei numerosi posti di confine con quest'ultima, soltanto alcuni sono serviti dai trasporti pubblici. La maggior parte degli autobus internazionali parte dal Terminal de Buses di Santiago.

Per maggiori informazioni sui visti p509.

Autobus

Ci sono corse per quasi ogni paese del Sud America, ma soltanto un masochista può pensare di affrontare maratone che durano da quattro giorni e mezzo a 10 giorni per destinazioni quali Quito, in Ecuador, e Caracas, in Venezuela. Le località più comuni sono servite dalle seguenti compagnie di autobus, che hanno tutte sede nel **Terminal de Buses Santiago** (www.terminaldebusessantiago.cl):

ARGENTINA

Andesmar (☎02-779-6839; www.andesmar.com) Mendoza.

Buses Ahumada (☎02-784-2515) Buenos Aires.

Cata (☎02-779-3660; www.catainternacional.com) Mendoza.

Crucero del Norte (☎02-776-2416; www.crucerodelnorte.com.ar) Serve anche il Brasile e il Paraguay.

El Rápido (☎02-779-0316; www.elrapidoint.com.ar) Serve anche l'Uruguay.

Via Bariloche (www.viabariloche.com.ar) Servizio per Bariloche dalla Regione dei Laghi cilena.

BRASILE

Chilebus Internacional (☎02-776-5557)

Pluma (☎02-779-6054; www.pluma.com.br)

PERÚ

Ormeño (☎02-779-3443) Serve anche l'Ecuador e l'Argentina.

Tas-Choapa (☎02-776-7307; www.taschoapa.cl) Lima; serve anche l'Argentina.

TARIFFE E TEMPI DI PERCORRENZA INDICATIVI DEGLI AUTOBUS

DESTINAZIONE	TARIFFA (CH$)	DURATA (H)
Asunción, Paraguay	$59.000	45
Buenos Aires, Argentina	$60.000	22
Córdoba, Argentina	$32.000	17
Lima, Perú	$80.000	48
Mendoza, Argentina	$27.000	7
Montevideo, Uruguay	$56.000	32
Río de Janeiro, Brasile	$98.000	72
São Paulo, Brasile	$55.000	55

Nella tabella abbiamo riportato alcuni prezzi e tempi di percorrenza a titolo indicativo.

Dal Terminal Santiago partono anche, con minore frequenza, i taxi *colectivos* per Mendoza (CH$15.000) di **Chi-Ar** (☎02-776-0048). Su richiesta, i conducenti fermano sugli spettacolari passi andini per consentire ai passeggeri di scattare qualche fotografia.

Automobile e motocicletta

Per attraversare i confini del Cile con un veicolo a noleggio dovrete probabilmente pagare un supplemento ed espletare qualche formalità burocratica in più; chiedete all'agenzia di autonoleggio che provveda a tutto. Per maggiori informazioni su norme di circolazione, carburante e assicurazione, v. p499.

Per/dall'Argentina

A meno che non attraversiate la frontiera dall'estremo sud del Cile, non c'è modo di evitare le Ande. I trasporti pubblici servono solo alcuni dei valichi per l'Argentina e in inverno molti passi sono chiusi.

Per soggiorni turistici in Argentina fino a 90 giorni i cittadini italiani non hanno bisogno del visto, basta il passaporto con una validità residua di almeno sei mesi dall'ingresso nel paese e un biglietto di ritorno o di proseguimento del viaggio. Per maggiori informazioni rivolgetevi all'**ambasciata dell'Argentina** (☎06 4807 3300; fax 06 481 9787, 06 4807 3331; eital@mrecic.gov.ar; Piazza dell'Esquilino 2, 00185 Roma). Una buona fonte è inoltre la guida Lonely Planet *Argentina*.

PERCORSI SETTENTRIONALI

Da Calama a Jujuy e Salta Un itinerario molto frequentato che supera le Ande passando per San Pedro de Atacama e seguendo la Ruta 27 oltre il Paso de Jama. C'è un servizio regolare di autobus di linea (conviene prenotare). Poco più a sud, sulla Ruta 23, un'alternativa per gli automobilisti in estate è il Paso de Lago Sico, a quota 4079 m; la strada è più sconnessa ma praticabile. La dogana cilena è a San Pedro de Atacama.

Da Iquique a Oruro Pochi autobus fanno servizio lungo la strada asfaltata che da Iquique oltrepassa il Parque Nacional Volcán Isluga e raggiunge il Paso Colchane; da qui potete poi prendere un autocarro o un autobus per proseguire fino a Oruru (su una strada sterrata).

Da Copiapó a Catamarca e La Rioja Nessun mezzo pubblico passa per il Paso de San Francisco, a quota 4726 m; è una strada sterrata che bisogna percorrere con un veicolo dal pianale rialzato, ma ricompensa le fatiche del guidatore con paesaggi mozzafiato, fra cui la luminosa Laguna Verde.

Da La Serena a San Juan Minato dall'esercito argentino durante la controversia del Canale di Beagle nel 1978-9, il Paso del Agua Negra (4779 m) è un bel percorso, ma la strada non è asfaltata oltre Guanta e gli autobus la evitano. Si tratta di un bell'itinerario da percorrere in bicicletta e sul versante argentino si possono fare escursioni alle sorgenti termali.

CILE CENTRALE

Da Santiago o Valparaíso a Mendoza e Buenos Aires Almeno una decina di compagnie di autobus serve questa bella e importante linea di comunicazione con l'Argentina, che si snoda lungo la Ruta 60 attraversando il tunnel di Los Libertadores. In inverno talvolta è chiusa a causa della neve, ma raramente per periodi lunghi.

Da Talca a Malargüe e San Rafael Non ci sono mezzi pubblici in servizio lungo la Ruta 115, che a quota 2553 m supera il Paso Pehuenche, a sud-est di Talca. Attualmente sono in corso i lavori per realizzare un'altra strada che da Curicó sale ai 2502 m del Paso Vergara, ma è ancora difficile accedervi.

PERCORSI MERIDIONALI IN TERRAFERMA

Diverse strade panoramiche si spingono fino in Argentina da Temuco, a sud, fino a Puerto Montt, in alcuni casi con servizi navetta di autobus e barca che godono di grande popolarità in estate (prenotate in anticipo).

Da Temuco a Zapala e Neuquén Una bella strada attraversa le Ande passando dal Paso de Pino Hachado, a 1884 m, direttamente a est di Temuco lungo il corso superiore del Río Biobío. Una strada secondaria non asfaltata che si snoda immediatamente a sud sale al Paso de Icalma, a 1298 m. Talvolta in estate ci può essere un certo traffico di autobus.

Da Temuco a San Martín de los Andes Il percorso più frequentato fra quelli in partenza da Temuco passa per il Lago Villarrica, Pucón e Curarrehue lungo la strada per il Paso de Mamuil Malal (che gli argentini chiamano Paso Tromen). Sul versante argentino, la strada costeggia le pendici settentrionali del Volcán Lanín. In estate c'è un servizio di autobus di linea, ma in inverno a volte il passo è chiuso per la neve.

Da Valdivia a San Martín de los Andes Questo percorso misto inizia con un tratto in autobus da Valdivia a Panguipulli, Choshuenco e Puerto Fuy, seguito da una traversata in traghetto sul Lago Pirihueico fino al villaggio omonimo. Da Pirihueico un autobus locale raggiunge la dogana argentina a Paso Huahum, a quota 659 m, dove i viaggiatori possono prendere un autobus per San Martín.

Da Osorno a Bariloche via Paso Cardenal Samoré Questo valico, comunemente noto con il nome di Pajaritos, è il percorso più rapido via terra nella parte meridionale della Regione dei Laghi, che passa attraverso il Parque Nacional Puyehue sul lato cileno e il Parque Nacional Nahuel Huapi su quello argentino. Gli autobus lo percorrono con una certa frequenza tutto l'anno.

Da Puerto Varas a Bariloche Molto frequentato in estate ma aperto tutto l'anno, questo percorso che unisce autobus e traghetto passa per il Parque Nacional Vicente Pérez Rosales partendo da Puerto Varas. Un traghetto va da Petrohué, all'estremità occidentale del Lago Todos Los Santos, a Peulla, e un autobus supera a 1022 m il Paso de Pérez Rosales per raggiungere l'ufficio immigrazione argentina a Puerto Frías. Dopo aver attraversato il Lago Frías con una lancia, si deve percorrere un breve tratto in autobus fino a Puerto Blest, sul Lago Nahuel Huapi, e poi prendere un altro traghetto fino a Puerto Pañuelo (Llao Llao). Da Llao Llao partono autobus frequenti per Bariloche.

PERCORSI MERIDIONALI IN PATAGONIA

Da Puerto Ramírez a Esquel Qui ci sono due possibilità. Dal villaggio di Villa Santa Lucía, sulla Carretera Austral, una bella strada secondaria si dirama in prossimità di Puerto Ramírez. Il ramo settentrionale si dirige a Futaleufú, dove un ponte attraversa il fiume e raggiunge il lato argentino, da cui si può proseguire con un *colectivo* fino a Esquel. La diramazione meridionale va a Palena e alla dogana argentina di Carrenleufú, da cui partono gli sporadici autobus per Trevelin ed Esquel. La dogana e l'ufficio immigrazione sono molto più efficienti a Futaleufú.

Da Coyhaique a Comodoro Rivadavia Diversi autobus la settimana, spesso con tutti i posti prenotati, vanno da Coyhaique a Comodoro Rivadavia passando per Río Mayo. Per i veicoli privati, un percorso alternativo è quello da Balmaceda a Perito Moreno passando per il Paso Huemules, a quota 502 m.

Da Chile Chico a Los Antiguos Da Puerto Ibáñez prendete il traghetto per Chile Chico sulla sponda meridionale del Lago Carrera e l'autobus navetta per Los Antiguos, dove partono i mezzi per le località lungo la costa atlantica e la Ruta

40. C'è anche un autobus per Chile Chico da Cruce el Maitén, all'estremità sud-occidentale del Lago General Carrera.

Da Cochrane a Bajo Caracoles Per la Valle Chacabuco (Parque Nacional Patagonia), il Paso Roballos (647 m) collega il villaggio di Cochrane con un minuscolo avamposto della provincia argentina di Santa Cruz.

Da Puerto Natales a Río Turbio ed El Calafate Autobus frequenti collegano Puerto Natales con Río Gallegos ed El Calafate passando da Río Turbio. Da Puerto Natales ci sono anche corse per El Calafate, porta di accesso al Parque Nacional Los Glaciares, passando per il Paso Río Don Guillermo.

Da Punta Arenas a Río Gallegos Molti autobus percorrono la strada che collega Punta Arenas e Río Gallegos. Il viaggio dura da cinque a otto ore a causa della lentezza dei controlli doganali e di un tratto sconnesso della Ruta Nacional (RN) 3 argentina.

Da Punta Arenas alla Tierra del Fuego Da Punta Arenas, con una traversata in traghetto di due ore e 30 minuti o un volo di 10 minuti, si raggiunge Porvenir, nella Tierra del Fuego cilena, ma da qui attualmente non partono autobus per l'Argentina. L'opzione migliore sono gli autobus che fanno servizio diretto da Punta Arenas a Ushuaia passando da Primera Angostura, con una traversata in traghetto più breve e più frequente.

Da Puerto Williams a Ushuaia Il traghetto passeggeri da Puerto Williams, sull'Isla Navarino (che si raggiunge in aereo o in barca da Punta Arenas), alla città argentina di Ushuaia, è in servizio tutto l'anno, condizioni meteo permettendo.

Per/dalla Bolivia

I collegamenti stradali tra la Bolivia e il Cile sono notevolmente migliorati e oggi un'autostrada asfaltata collega Arica a La Paz. Anche la strada da Iquique a Colchane è asfaltata, ma non lo è il tratto successivo fino a Oruro. Entrambi i percorsi sono serviti dagli autobus, ma sul primo ci sono più corse.
È possibile andare da Uyuni, in Bolivia, a San Pedro de Atacama passando per Portezuelo del Cajón con le escursioni organizzate in fuoristrada.

Per soggiorni turistici in Bolivia fino a 90 giorni i cittadini italiani non hanno bisogno di visto:basta esibire il passaporto con una validità residua di almeno sei mesi dall'ingresso nel paese e un documento di viaggio di ritorno o di proseguimento del viaggio; per chi proviene da o è diretto verso zone colpite, il certificato di vaccinazione contro la febbre gialla. Per informazioni potete rivolgervi all'**ambasciata della Bolivia** (☎06 884 1001, 06 8408 1147; fax 06 884740; infobolit@yahoo.it; Via Brenta 2/int. 18, 00198 Roma). Un utile supporto a un soggiorno in questo paese è contenuto nella guida Lonely Planet *Bolivia*.

Per/dal Perú

L'unico valico tra il Cile e il Perú è quello da Tacna ad Arica e si può scegliere fra autobus, *colectivo*, taxi e treno. Per ulteriori informazioni, v. p162.

Per soggiorni turistici in Perú fino a 90 giorni i cittadini italiani non hanno bisogno di visto, basta esibire il passaporto con una validità residua di almeno sei mesi dall'ingresso nel paese e un documento di viaggio di ritorno o di proseguimento del viaggio. Per maggiori notizie contattate l'**ambasciata del Perú** (☎06 8069 1510, 06 8069 1534; fax 06 8069 1777; embperu@ambasciataperu.it; www.ambasciataperu.it; Via Francesco Siacci 2B, 00197 Roma).Buone informazioni per pianificare un soggiorno nel paese sono disponibili sulla guida Lonely Planet *Perú*.

TRASPORTI INTERNI

Spostarsi da un capo all'altro del Cile da nord a sud è semplicissimo, visto che una processione costante di aerei e autobus collega le città di tutto il paese. Più scomodo è invece spostarsi nel senso della larghezza e a sud di Puerto Montt, dove il paese si trasforma in un labirinto di fiordi, ghiacciai e montagne. Tuttavia, sono in corso lavori di miglioramento su molti percorsi e si stanno costruendo nuove strade.

Aereo

In Cile il prezzo degli aerei è diventato meno proibitivo e talvolta è inferiore a quello di un confortevole autobus a lunga percorrenza. Un volo consente di risparmiare lunghi e stancanti viaggi su e giù per il paese. Per esempio, il volo da Arica a Santiago dura poche ore, contro le 28 impiegate dall'autobus. Oltre alle lente traversate in traghetto, spesso l'aereo rappresenta l'unica possibilità per raggiungere le isolate regioni del sud con una certa rapidità. Chiedete sempre la differenza tra la tariffa di andata e ritorno e quella di sola andata, perché spesso con la prima si risparmia.

Compagnie aeree in Cile

Le due principali compagnie aeree che servono le rotte interne in Cile sono:

Lan (☎600-526-2000; www.lan.com) Centro (Paseo Huérfanos 926-B); Las Condes (Av El Bosque Norte 0194); Providencia (Providencia 2006) È il vettore nazionale più grande del Sud America. La sua rete è la più vasta e serve anche l'Isola di Pasqua.

Sky Airline (☎600-600-2828; www.skyairline.cl; Huerfanos 815) Talvolta propone tariffe migliori.

Ci sono inoltre alcune compagnie aeree regionali e servizi di aerotaxi, specialmente per le regioni isolate del sud e per l'Arcipelago Juan Fernández. Per maggiori informazioni consultate i capitoli relativi alle singole destinazioni.

Nella maggior parte dei casi, le città cilene sono vicine agli aeroporti serviti da voli commerciali interni. L'Aeropuerto Internacional Arturo Merino Benítez di Santiago ha un terminal separato per i voli nazionali e alcune piste di atterraggio più piccole riservate ai servizi di aerotaxi per l'Arcipelago Juan Fernández.

Sui voli interni, la tassa d'imbarco è inclusa nel prezzo del biglietto.

Pass aerei

Le tariffe migliori praticate da Lan si trovano sul suo sito internet, accessibile solo dal Cile, dove ogni settimana ci sono offerte speciali con sconti che arrivano fino al 40%, soprattutto sulle rotte più battute, come quella da Puerto Montt a Punta Arenas. Prenotando con molto anticipo e acquistando i biglietti di andata e ritorno è possibile ottenere tariffe sostanzialmente inferiori.

A chi viaggia con una certa frequenza Lan offre il sistema di accumulo miglia LanPass. Lan è membro dell'associazione One World, a cui partecipano anche altre compagnie aeree quali American Airlines, British Airways, Iberia e Qantas.

DESTINAZIONE	TARIFFA (ANDATA E RITORNO, CH$)
Antofogasta	125.000
Arica	168.000
Calama	125.000
Concepción	75.000
Copiapó	70.000
Coyhaique	125.000
Iquique	130.000
La Serena	65.000
Puerto Montt	80.000
Punta Arenas	150.000
Temuco	85.000

Autobus

Gli autobus a lunga percorrenza in Cile hanno una fama invidiabile quanto a puntualità, efficienza e comfort, ma i prezzi e le classi variano molto a seconda della compagnia. La maggior parte delle città cilene ha una stazione centrale degli autobus, ma a volte le compagnie hanno gli uffici separati. Le stazioni degli autobus sono ben organizzate, con destinazioni, orari e tariffe esposti in modo chiaro. Le principali autostrade e alcune altre strade sono asfaltate (esclusi lunghi tratti della Carretera Austral), ma molte strade secondarie hanno il fondo di ghiaia o di terra. Gli autobus a lunga percorrenza in genere hanno i servizi igienici e spesso servono caffè, tè e persino i pasti a bordo; in caso contrario, effettuano soste a intervalli regolari. Rispetto agli standard europei e nordamericani, le tariffe sono molto convenienti. Sulle strade secondarie del Cile i trasporti sono più lenti e gli autobus (*micros*) sono meno frequenti, più vecchi e meno accessoriati.

Il centro nevralgico del paese, Santiago, ha quattro stazioni degli autobus principali da cui partono le corse per le destinazioni nel nord, nel centro e nel sud del paese.

La più grande compagnia di autobus cilena è **Tur Bus** (☎600-660-6600; www.turbus.cl), con una rete di servizi che copre tutto il paese ed è nota per la sua estrema puntualità. Sono applicati sconti sui biglietti acquistati online (si ritira poi il biglietto allo sportello).

La principale concorrente è **Pullman** (☎600-320-3200; www.pullman.cl), che ha anch'essa un'estesa rete in tutto il paese.

Un servizio destinato specificamente ai backpacker è **Pachamama by Bus** (☎02-688-8018; www.pachamamabybus.com; Agustinas 2113, Barrio Brasil, Santiago), che consente di salire e scendere a piacere dai mezzi lungo due linee che esplorano rispettivamente il nord e il sud del paese. Non costa poco (per esempio, il pass da sette giorni nel sud del Cile costa CH$119.000), ma il vantaggio è che gli autobus raggiungono i parchi nazionali più remoti e le località del paese fuori dai circuiti più frequentati, non accessibili con i trasporti pubblici. Pachamama by Bus fornisce anche il servizio a domicilio agli ostelli e le attrezzature da campeggio per le soste notturne nei posti isolati.

La compagnia argentina **Chalten Travel** (www.chaltentravel.com) collega El Calafate e Torres del Paine e fa servizio lungo la Ruta 40 in Argentina.

Classi

Una serie stupefacente di nomi denota ii diversi livelli di comfort sugli autobus a lunga percorrenza. Per una scelta classica, il *clásico* o *pullman* dispone di circa 46 sedili standard che si reclinano appena, due su ciascun lato del corridoio centrale; non aspettatevi grandi bagni. La classe successiva è l'*executivo*, seguita dalla *semi-cama*, che di solito hanno entrambe 38 posti a sedere, con più spazio per le gambe. *Semi-cama* ha sedili più eleganti che si reclinano di più e gli autobus sono talvolta a due piani. Il massimo del lusso è rappresentato dai sedili letto della classe *salón cama* per soli 24 passeggeri, con soltanto tre sedili per fila che si reclinano quasi completamente. Gli esclusivi autobus *premium* sono poco frequenti e hanno i sedili completamente reclinabili e dotati di poggiagambe pieghevoli, in modo da ricordare un letto. Tenete presente che la qualità dei film non migliora con una classe superiore. Sulle corse notturne la prima colazione di solito è compresa nel prezzo, ma si può risparmiare qualcosa se non si ordina la cena e ci si porta il necessario per un picnic. Se avete dei dubbi sul tipo di servizio offerto, chiedete di vedere lo schema dei posti a sedere.

Gli autobus in classe *salón cama* e *premium* di solito partono di notte e costano almeno il 50% in più rispetto agli autobus normali, ma sarete contenti di servirvene nei viaggi lunghi. Anche gli autobus normali sono confortevoli, soprattutto se messi a confronto con quelli dei paesi vicini, Perú e Bolivia. Su tutti gli autobus è vietato fumare.

Costi

Le tariffe variano moltissimo a seconda della compagnia e della classe, pertanto vi consigliamo di mettere più offerte a confronto. Al di fuori dell'alta stagione estiva si possono trovare promozioni (*ofertas*) che riducono le tariffe normali della metà e le tariffe per studenti del 25%. Per maggiori informazioni v. p78.

Prenotazioni

Esclusi i periodi festivi (Natale, gennaio, febbraio, Pasqua e le feste patriottiche di metà settembre), raramente è necessario prenotare con più di qualche ora di anticipo. Sugli itinerari molto lunghi, come da Arica a Santiago, o nelle zone rurali con corse limitate (per esempio lungo la Carretera Austral), è invece meglio prenotare.

Automobile e motocicletta

Disporre di un proprio mezzo di trasporto non solo permette di essere indipendenti, ma spesso è necessario per raggiungere i parchi nazionali più remoti e le località del paese fuori dai circuiti più frequentati, specialmente in zone come il Deserto di Atacama e la Carretera Austral. Non ci sono particolari problemi di sicurezza, ma ricordate di chiudere sempre il veicolo a chiave e di non lasciare oggetti di valore in vista. Tenete anche presente che, a causa dell'inquinamento, a Santiago e nella regione circostante le autorità spesso impongono blocchi alla cricolazione del traffico privato (v. p518).

Le guide Copec (p499), pubblicate ogni anno, sono un'ottima fonte di informazioni sui cambiamenti apportati di recente, in particolare per quel che riguarda le nuove strade asfaltate.

Acquisto

Per un viaggio di diversi mesi si può prendere in considerazione l'acquisto di un'auto. Una volta effettuato l'acquisto, si deve fare il passaggio di proprietà entro 30 giorni oppure si rischia una multa pesante; ci si può rivolgere a qualsiasi notaio chiedendo una *compraventa* che costa circa CH$5000. Si deve avere un codice fiscale RUT (Rol Unico Tributario) che si richiede presso gli **Impuestos Internos** (www.sii.cl, in spagnolo), l'Agenzia delle Entrate cilena, e viene rilasciato in circa 10 giorni. Se acquistate un'automobile in Cile non vi è consentito di rivenderla all'estero.

Tenete presente che, mentre nelle zone esenti da dazio delle Regiónes I e XII (Tarapacá e Magallanes) sono in vendita molti veicoli a prezzi convenienti, soltanto coloro che hanno la residenza in queste regioni possono portare le autovetture fuori dei loro confini, e soltanto per 90 giorni complessivi nell'arco dell'anno.

Assicurazione

Tutti i veicoli devono avere il *seguro obligatorio* (assicurazione minima), ma è di gran lunga preferibile avere anche l'assicurazione di responsabilità civile. Le società di autonoleggio offrono la copertura assicurativa necessaria. Verificate che la vostra polizza non abbia limiti. Di solito è consentito l'uso delle vetture sulle strade sterrate (anche perché in molte zone del paese non c'è alternativa), ma è vietato il loro utilizzo fuori strada. Controllate prima di fissare il noleggio se la vostra carta di credito prevede qualche genere di assicurazione sul noleggio di vetture.

Per portare l'auto in Argentina si deve stipulare un'assicurazione supplementare (il costo in tutte le agenzie è di circa CH$15.000 per sette giorni).

Associazioni automobilistiche

L'**Automóvil Club de Chile** (Acchi; ☎600-464-4040, 02-431-1000; www.automovilclub.cl; Andres Bello 1863, Santiago) ha uffici in tutte le principali città del paese, fornisce informazioni utili, vende gli atlanti stradali e noleggia automobili. Fornisce anche servizi ai soci e sconti ai membri delle associazioni straniere equivalenti, come l'American Automobile Association (AAA) negli Stati Uniti o l'Automobile Association (AA) nel Regno Unito. I soci hanno diritto all'intervento gratuito del carroattrezzi e altri servizi di emergenza nel raggio di 25 km da un ufficio dell'Automóvil Club. Prima di partire informatevi se, in qualità di soci ACI in Italia (www.aci.it) o ACS in Svizzera (www.acsti.ch), i servizi e le prestazioni previsti dal vostro prodotto associativo possono essere erogati anche in Cile; diversamente dovrete prevedere una integrazione o un prodotto diverso.

Carburante e pezzi di ricambio

Il prezzo della *bencina* (benzina) parte da circa CH$815 al litro, a seconda degli ottani, mentre il *gasóleo* (gasolio) costa meno.

Anche nel più piccolo dei villaggi c'è sempre almeno un meccanico competente e pieno di risorse.

Condizioni delle strade

La Panamericana è in ottime condizioni ed è suddivisa in tratti a pagamento da caselli con pedaggio *(peajes)*. Ci sono due tipi di pedaggio: quello che consente di percorrere un lungo tratto della Panamericana (da CH$500 a CH$1800) e quello che si paga all'uscita quando si accede a una strada laterale che conduce a una città o a un villaggio (CH$600). Il primo pedaggio talvolta comprende già il pagamento del secondo. Sul sito http://sitios.cl/directorio/autopistas.htm (in spagnolo) potete trovare l'elenco dei pedaggi, al link 'Peajes'.

Molte strade nel sud del paese sono in procinto di essere asfaltate. Lungo la Panamericana e la Carretera Austral noterete cartelli che indicano le distanze ogni 5 km; talvolta le indicazioni stradali vengono fornite facendo riferimento a questi cartelli.

Noleggio

Le principali società internazionali di autonoleggio come **Hertz** (☎02-360-8600; www.hertz.cl), **Avis** (☎600-368-2000; www.avis.cl) e **Budget** (☎600-441-0000; www.budget.cl) sono presenti con i propri uffici a Santiago (per maggiori informazioni v. p81), nelle città principali e nelle località turistiche. Anche l'Automóvil Club de Chile offre un servizio di autonoleggio in alcune località. Per noleggiare un veicolo, nonostante la patente italiana venga comunemente riconosciuta in Cile, potrebbe esservi richiesta la patente internazionale in corso di validità, dovete avere almeno 25 anni (anche se alcuni dei nostri lettori di età inferiore sono riusciti ugualmente a noleggiarne uno) e disporre di una delle principali carte di credito (come MasterCard o Visa) oppure lasciare una consistente cauzione.

Anche con le società meno note i costi del noleggio sono elevati: le vetture più piccole costano circa da CH$20.000 al giorno inclusi da 150 a 200 km, o talvolta con chilometraggio illimitato. Se si aggiungono il costo di un'assicurazione supplementare, il carburante e il 19% di IVA *(impuesto de valor agregado)*, prendere un'auto a noleggio diventa piuttosto costoso. Più convenienti sono le tariffe settimanali o per il weekend, con chilometraggio illimitato.

È molto difficile se non impossibile prendere un'auto a noleggio in un luogo e consegnarla in un'altra località. Alcune società offrono questo servizio, ma con un consistente supplemento. Con le società locali più piccole, invece, non è possibile. Alcune piccole società, tuttavia, provvedono ai documenti necessari per portare l'auto in Argentina, purché venga riconsegnata all'ufficio di partenza. Per portare l'auto in Argentina talvolta viene richiesto un supplemento sostanziale e si deve stipulare un'assicurazione supplementare.

Nelle zone remote, dove il carburante può non essere facilmente reperibile, è meglio portarne con sé una scorta supplementare. Le società di autonoleggio spesso forniscono un *bidón* (tanica) proprio a questo scopo.

Patente di guida

La patente di guida italiana è riconosciuta in Cile, ma visto che alcune agenzie di autonoleggio potrebbero richiedere la patente internazionale, può essere utile procurarsela prima della partenza. Valida tre anni, in Italia viene rilasciata dall'Ufficio provinciale della ex Motorizzazione Civile (oggi Unità di Gestione della Motorizzazione e della Sicurezza del Trasporto Terrestre). Per ottenerla ci si può rivolgere a una delle sedi ACI o a qualsiasi agenzia di pratiche automobilistiche.

Per informazioni in Italia contattate l'**ACI** (centralino ☎06 499 81; informazioni per l'estero ☎06 49 11 15; documenti doganali ☎06 4998 2496; www.aci.it; Via Marsala 8, 00185 Roma), che potrà esservi utile per ragguagli circa documenti, norme sanitarie e di sicurezza; potete anche visitare il sito curato dall'ACI in collaborazione con il **Ministero degli Affari Esteri** (www.viaggiaresicuri.it).

Ai motociclisti raccomandiamo di controllare la data di emissione della patente e verificare se rientra tra quelle che abilitano a guidare anche all'estero oppure no; informatevi presso l'ACI oppure, in alternativa, rivolgetevi a un'autoscuola, dove potrete anche ottenere l'eventuale abilitazione alla guida all'estero, nel caso la vostra patente non la consenta.

In genere in Cile la polizia sulle strade e ai posti di controllo è severa ma cortese ed equa. Non provate *mai* a corrompere gli agenti.

Pericoli della strada

Ci sono spesso cani randagi sulle strade, persino su quelle a grande scorrimento; inoltre i visitatori europei e nordamericani rimangono sovente sconcertati nel vedere che i pedoni usano le grandi carrozzabili come fossero un marciapiede.

Veicolo al seguito

È possibile spedire in Cile il proprio veicolo, ma i costi sono elevati. Chi fosse interessato dovrà iniziare le pratiche per ottenere il *Carnet de passage en douane* (CPD), un documento di importazione/esportazione temporanea del veicolo che consente di entrare con il veicolo in un determinato paese senza pagare le normali tasse doganali o lasciare un deposito alla frontiera. È una garanzia per evitare che il veicolo sia venduto durante il viaggio senza pagare dazio.

Nel carnet a volte vanno specificate anche le eventuali parti di ricambio di valore che volete portare con voi, come la scatola del cambio; è un modo per prevenire il commercio illegale.

In Italia il carnet è rilasciato dalle principali sedi ACI al prezzo di €250 (€150 per i soci ACI). Per averlo occorre sottoscrivere una fideiussione bancaria oppure una polizza di fideiussione (presso un'agenzia di assicurazioni), che può arrivare anche al 100% del valore del veicolo. I dettagli sono indicati sul sito www.aci.it/il-club/soci-in-viaggio/per-chi-va-allestero/carnet-de-passages-en-douane.html. Attenzione, perché le norme cambiano spesso: verificatele prima della partenza rivolgendovi alla sede nazionale **ACI** (centralino ☎06 499 81; informazioni per l'estero ☎06 49 11 15; documenti doganali ☎06 4998 2496; www.aci.it; Via Marsala 8, 00185 Roma).

Per le modalità di spedizione del veicolo si possono consultare le Pagine Gialle alla voce 'Trasportatori di automobili'; quando si spedisce la vettura è bene non lasciare oggetti di valore a bordo.

I permessi per l'importazione temporanea di veicoli uso turismo durano 90 giorni; sono prorogabili, ma è più semplice recarsi in Argentina e rientrare con documenti nuovi.

Per rispedire l'automobile dal Cile, provate a rivolgervi a **Ultramar** (☎02-630-1000; www.ultramar.cl).

Norme di circolazione

Gli automobilisti cileni sono disciplinati e tranquilli in confronto agli spericolati guidatori di molti altri paesi del Sud America, che usano liberamente il clacson per farsi strada, e sono particolarmente rispettosi con i pedoni. Nelle città, tuttavia, i guidatori hanno fama di passare con il rosso e di non usare gli indicatori di direzione, quindi fate molta attenzione. È sconsigliabile guidare con il buio, soprattutto nelle zone rurali del sud, dove è difficile vedere pedoni, animali domestici e carri di legno che circolano sulla carreggiata o ai bordi della strada. In caso rimaniate coinvolti in un incidente, v. p504. La multa per eccesso di velocità è di CH$35.000; non tentate di corrompere gli agenti di polizia.

Quando l'inquinamento atmosferico è particolarmente pesante, a Santiago viene decisa la *restricción vehicular* (limitazione del traffico veicolare), un blocco parziale del traffico applicato ai veicoli e stabilito in base ai numeri finali della targa. I numeri decisi vengono annunciati dai notiziari il giorno precedente il divieto. Gli automobilisti che circolano ugualmente a Santiago ignorando le restrizioni vengono multati. Maggiori informazioni sull'argomento e sulle restrizioni in vigore sono fornite dal sito www.uoct.cl (in spagnolo).

Parcheggio

In molte città del Cile il parcheggio in strada è a pagamento (a partire da CH$200 l'ora). Generalmente c'è un addetto che sorveglia un tratto di via e infila la ricevuta con l'ora di arrivo sotto al parabrezza; è lui che dovrete pagare alla fine. Di solito si può parcheggiare gratuitamente nel weekend – anche se, in presenza di un addetto, in genere si usa lasciare una mancia.

Autostop

L'autostop è molto diffuso in Cile, uno dei paesi più sicuri dell'America Latina in cui praticarlo. Uno svantaggio, tuttavia, è che spesso i veicoli cileni sono pieni e bisogna aspettare a lungo prima che qualcuno si fermi. Alcuni backpacker chiedono un passaggio ai *servicentros* (stazioni di servizio) alla periferia delle città sulla Panamericana, dove i camionisti vanno a fare rifornimento. Tuttavia, ricordate che l'autostop non è mai del tutto esente da pericoli e Lonely Planet non lo consiglia. Chi decide di farlo ugualmente sarà più al sicuro se viaggia in coppia e informa qualcuno dei suoi spostamenti.

In genere spostarsi in autostop è più difficile in caso di gruppi, ancor meno se si usano tattiche aggressive per ottenere un passaggio. In Patagonia, dove le distanze sono vaste e circolano pochi veicoli, gli autostoppisti devono prepararsi a lunghe attese e portare con sé indumenti caldi che riparino dal vento. Nel Deserto di Atacama può capitare di aspettare a lungo, ma quando si riceve un passaggio è quasi sempre per una lunga distanza. Inoltre, è una buona idea portare con sé qualcosa da mangiare e molta acqua, soprattutto nelle zone desertiche del nord.

Bicicletta

Per esplorare il Cile in bicicletta è essenziale una bici *todo terreno* (mountain bike) o una touring con i copertoni robusti. Il clima può rappresentare una vera sfida: da Temuco verso sud le condizioni meteorologiche sono molto mutevoli e bisogna essere equipaggiati per la pioggia e anche qualche occasionale nevicata, mentre da Santiago verso nord, soprattutto nelle vaste distese del Deserto di Atacama, l'acqua scarseggia e le città sono distanti molti chilometri l'una dall'altra. In alcune zone il vento può rallentare decisamente l'andatura; in genere i percorsi da nord a sud sono più facili che nella direzione opposta, ma alcuni lettori ci hanno riferito di aver trovato forte vento contrario dirigendosi verso sud in estate. Gli automobilisti cileni di solito sono cortesi, ma sulle strette strade a due corsie senza barriere le automobili possono rappresentare un vero pericolo per i ciclisti.

In Patagonia i traghetti che trasportano le automobili spesso fanno pagare le biciclette. In molte città lungo la Carretera Austral ci sono negozi che riparano le biciclette. Di solito è consentito trasportare le biciclette sugli autobus, mentre sugli aerei sono considerate un collo extra a pagamento; informatevi in merito con la vostra compagnia aerea.

Acquisto

Le biciclette non sono particolarmente economiche in Cile. Una mountain bike di qualità discreta con le sospensioni può costare da CH$100.000 in su. Se pensate di rivenderla alla fine del viaggio, rivolgetevi alle agenzie turistiche che noleggiano le biciclette.

Noleggio

Nelle città più turistiche non c'è alcun problema a noleggiare biciclette, ma la qualità può variare notevolmente. I negozi specializzati in noleggio biciclette sono relativamente pochi, ma gli *hospedajes* e le agenzie turistiche spesso hanno qualche bicicletta a disposizione. Il prezzo si aggira tra CH$5000 e CH$10.000 al giorno. Una mountain bike di buona qualità con sospensione anteriore e freni discreti può costare CH$15.000 al giorno o anche di più, ma è possibile trovare biciclette di questo tipo soltanto nelle località dedite alle attività all'aperto, come la Regione dei Laghi e San Pedro de Atacama.

Normalmente si lascia una cauzione o una garanzia; di solito è sufficiente il passaporto.

Escursioni organizzate

Le agenzie di viaggi specializzate in tour avventurosi si sono moltiplicate in tutto il Cile e quasi tutte hanno uffici a Santiago e sedi stagionali nelle destinazioni delle loro escursioni. Oltre a quelle indicate di seguito, ce ne sono molte altre menzionate nei capitoli di questa guida dedicati alle singole regioni.

Altué Active Travel (☎02-235-1519; www.altue.com) Una delle prima agenzie turistiche del paese specializzate in viaggi avventura, offre quasi ogni genere di attività all'aperto, tra cui kayak in mare ed escursioni culturali a Chiloé.

Austral Adventures (☎065-625-977; www.austral-adventures.com) Specializzato in crociere nei fiordi di Pumalín, pesca, kayak ed escursioni culturali personalizzate a Chiloé.

Azimut 360 (☎02-235-1519; www.azimut.cl) Offre arrampicata sui vulcani, escursioni in mountain bike e visite all'altiplano del nord, oltre a escursioni in Patagonia che prevedono varie attività.

Cruceros Australis (☎02-442-3110; www.australis.com) Gestisce grandi crociere di lusso tra Punta Arenas e Ushuaia – un'escursione che dura cinque giorni.

Cruceros Skorpios (☎065-252-996; www.skorpioscruises.com; Av Angelmó 1660, Puerto Montt) Organizza eleganti crociere di lusso con partenza da Puerto Montt e Puerto Chacabuco fino alla Laguna San Rafael, con scalo nella propria riserva privata con sorgenti termali di acqua calda. Altre crociere dirette più a sud comprendono Puerto Natales.

Explora (☎02-206-6060; www.explora.com) Possiede resort esclusivi nel Parque Nacional Torres del Paine, sull'Isola di Pasqua e a San Pedro de Atacama, con pacchetti all-inclusive, sistemazioni in camere eleganti ed escursioni.

Geoturismo Patagonia (☎067-233-439; www.geoturismopatagonia.cl) Propone escursioni lungo la Carretera Austral guidate da specialisti esperti del luogo.

Opentravel (☎065-260-524; www.opentravel.cl) Eccellenti trekking e percorsi avventura a cavallo nelle zone remote della Patagonia settentrionale e oltre le Ande in Argentina.

Pared Sur (☎02-207-3525; www.paredsur.cl) Si concentra sulle escursioni in mountain bike, con una grande varietà di percorsi impegnativi in tutto il Cile.

Patagonia Connection (☎02-225-6489; www.patagonia-connection.com) Propone pacchetti spa di lusso in Patagonia settentrionale ed escursioni lungo la Carretera Austral o alla Laguna San Rafael in catamarano.

Trails of Chile (☎065-330-737) Escursioni di alto livello professionale e viaggi avventura con servizio eccellente.

Imbarcazioni

La lunghissima costa del Cile è disseminata di porti commerciali e turistici, ma le possibilità di spostarsi in barca sono concentrate nel sud.

Navigare lungo la frastagliata costa cilena in traghetto non è soltanto un modo per spostarsi da un luogo all'altro, ma rappresenta anche una parte essenziale dell'esperienza di un viaggio in Cile. Da Puerto Montt a sud, la Patagonia cilena e la Tierra del Fuego sono accessibili tramite una rete di traghetti di linea che si addentrano in un intricato dedalo di isole e fiordi lungo gli spettacolari paesaggi della costa.

Occorre tenere presente, tuttavia, che la fine dell'alta stagione segna anche la riduzione del servizio delle imbarcazioni di linea.

Il servizio di traghetti Navima da Puerto Montt a Puerto Natales (v. p300) è una delle esperienze di viaggio più straordinarie di tutto il continente. L'elenco riportato di seguito si riferisce solo ai principali servizi di traghetto con trasporto passeggeri. Alcuni tour operator esclusivi gestiscono anche crociere proprie (v. p520). Maggiori informazioni sulle rotte descritte di seguito sono forniti nei capitoli relativi alle singole destinazioni.

Naviera Austral (☎065-270-430; www.navieraustral.cl, in spagnolo; Angelmó 2187, Puerto Montt)

Naviera Sotramin (☎067-237-958; Cerda 647, Coyhaique)

Navimag (☎02-442-3120; www.navimag.com; Av El Bosque Norte 0440, 11° piano, Las Condes)

Transbordador Austral Broom (☎061-218-100; www.tabsa.cl; Av Bulnes 05075, Punta Arenas)

Transmarchilay (☎065-270-000; www.transmarchilay.cl, in spagnolo; Angelmó 2187, Puerto Montt)

Tra le rotte più comuni ricordiamo le seguenti:

Da Castro alla Laguna San Rafael *Mare Australis* di Navimag raggiunge la straordinaria Laguna San Rafael.

Da Chiloé a Chaitén Transmarchilay, Naviera Austral e Navimag in estate offrono collegamenti tra Quellón, a Chiloé, e Chaitén. Ci sono servizi estivi anche da Castro a Chaitén.

Da Hornopirén a Caleta Gonzalo In estate, i traghetti Naviera Austral offrono la formula Ruta Bi-Modal, due traghetti collegati da un breve tragitto in autobus fino alla Caleta Gonzalo del Parque Pumalín, circa 60 km a nord di Chaitén.

Da La Arena a Puelche I traghetti fanno la spola su questa rotta, circa 45 km a sud-est di Puerto Montt, per collegare due tratti settentrionali della Carretera Austral.

Dalla terraferma a Chiloé Traghetti di linea collegano Pargua e Chacao, sulla punta settentrionale di Chiloé.

Da Puerto Ibáñez a Chile Chico Sotramin gestisce un servizio di traghetti con trasporto auto/passeggeri attraverso il Lago General Carrera, a sud di Coyhaique. Offre anche un servizio di navette tra Chile Chico e la cittadina argentina di Los Antiguos.

Da Puerto Montt a Chaitén Naviera Austral offre un servizio traghetti con trasporto passeggeri e veicoli da Puerto Montt a Chaitén.

Da Puerto Montt alla Laguna San Rafael Costose crociere con Catamaranes del Sur e Cruceros Skorpios vanno direttamente a esplorare la Laguna San Rafael.

Da Puerto Montt a Puerto Chacabuco Navimag naviga da Puerto Montt a Puerto Chacabuco, da cui parte un servizio di autobus per Coyhaique e il Parque Nacional Laguna San Rafael.

Da Puerto Montt a Puerto Natales Una volta la settimana un traghetto Navimag parte da Puerto Montt e impiega circa quattro giorni per raggiungere Puerto Natales. Gli orari possono cambiare a causa dell'imprevedibilità delle condizioni meteorologiche in Patagonia.

Da Puerto Williams a Ushuaia Su questa tratta più che mai necessaria non è ancora operativo un traghetto di linea, ma c'è un servizio regolare di motoscafi.

Da Punta Arenas alla Tierra del Fuego Transbordador Austral Broom gestisce collegamenti dal terminal dei traghetti Tres Puentes di Punta Arenas fino a Porvenir, da Punta Delgada, a est di Punta Arenas, a Bahía Azul, e da Tres Puentes a Puerto Williams, sull'Isla Navarino.

Trasporti locali

Autobus

Anche le città di piccole dimensioni di solito hanno un caotico sistema di percorsi degli autobus che può intimidire il viaggiatore che se ne serve per la prima volta, ma i prezzi sono decisamente modici (circa CH$500 per una corsa breve). Gli autobus (*micros*) sono identificati chiaramente con numeri e di solito espongono un cartello che indica la destinazione finale. Dato che molti autobus con lo stesso numero seguono percorsi solo leggermente diversi fra loro, fate molta attenzione a queste indicazioni. Quando salite, dite al conducente dove siete diretti e lui vi dirà il prezzo e vi consegnerà il biglietto. Non perdetelo, perché potrebbe essere controllato durante la corsa. Spesso gli autobus sono molto affollati, quindi fate attenzione a borse e tasche.

La nuova rete dei mezzi pubblici di Santiago, **Transantiago** (www.transantiagoinforma.cl), dispone di autobus nuovissimi con distributori automatici dei biglietti, anche se i passeggeri lamentano lunghe attese tra una corsa e quella successiva. Potete tracciare online il vostro percorso in autobus. Per maggiori informazioni v. p82.

Colectivo

In quasi tutte le città del Cile circolano i pratici taxi *colectivos*, che sembrano taxi normali ma seguono percorsi prestabiliti, come gli autobus: un cartello sul tetto o sul parabrezza indica la destinazione. Sono veloci, confortevoli e non molto più costosi degli autobus (di solito una corsa in città costa da CH$500 a CH$800).

Metropolitana

Santiago ha una metropolitana assolutamente efficiente, detta Metro, pulita, poco costosa e in rapida espansione. Nelle ore di punta è spesso molto affollata. Per maggiori informazioni v. p82.

Taxi

La maggior parte dei taxi cileni ha il tassametro, ma le tariffe sono variabili. A Santiago si spendono CH$250 per *bajar la bandera* ('abbassare la bandiera'), più CH$80 ogni 200 m. Ogni vettura espone un cartello che indica la tariffa che il conducente è autorizzato ad applicare.

Nelle località turistiche i taxi possono costare anche il doppio, mentre in altre il tassametro è meno diffuso, quindi è meglio concordare in anticipo la tariffa della corsa. Il costo della corsa notturna può essere più elevato. Non è necessario dare la mancia, ma potete dire al taxista di tenere il resto.

Treno per pendolari

Sia Santiago sia Valparaíso sono dotate di una rete ferroviaria per pendolari. Nella capitale questo servizio è fornito dalla moderna linea del *metrotren* che da San Fernando va a Rancagua, capoluogo della Región VI, e prosegue fino all'Estación Central, sull'Alameda di Santiago, mentre a Valparaíso c'è una linea che la collega con Viña del Mar. Per maggiori informazioni, v. le voci relative alle due città.

Treno

La rete ferroviaria cilena risale alla fine del XIX secolo grazie alle ricche miniere del paese. Agli inizi del XX secolo migliaia di ettari di foresta endemica furono abbattuti per fare spazio alle linee che andavano da Santiago a Puerto Montt. Tuttavia, nonostante questi precoci investimenti e sacrifici, il sistema ferroviario cileno cadde in declino per un secolo e oggi la maggior parte dei binari è maltenuta o abbandonata.

Le promesse opere di rimodernamento della ferrovia a sud di Santiago non superano Chillán. Il servizio è assicurato per tutto il Cile centrale e un *metrotren* parte da Santiago e arriva fino a San Fernando (v. p521).

Le corse in treno prevedono poche partenze e sono più lente e più costose del viaggio in autobus. Per informazioni e prezzi v. p79, oppure consultate il sito web di **Empresa de Ferrocarriles del Estado** (EFE; ☎600-585-5000; www.efe.cl).

Non ci sono servizi a lunga percorrenza per passeggeri a nord di Santiago. Con qualche difficoltà si può viaggiare da Baquedano (sulla Panamericana a nord-est di Antofagasta) fino alla cittadina di confine di Socompa e da qui proseguire fino a Salta, in Argentina.

salute

PER SAPERNE DI PIÙ...

su come ridurre al minimo i rischi sanitari in viaggio procuratevi il pratico volume Lonely Planet **America centrale e meridionale - Viaggi e salute**. Lo potete acquistare nelle migliori librerie e sul sito http://shop.lonelyplanetitalia.it.

Un viaggio in Cile non comporta particolari problemi per i viaggiatori che seguono alcune semplici precauzioni. Per entrare in Cile non sono richieste vaccinazioni obbligatorie, ma i viaggiatori dovrebbero controllare e aggiornare le vaccinazioni di routine prima di mettersi in viaggio. Nel Sud America temperato i problemi di salute sono per lo più provocati dal consumo di cibo e acqua contaminati, mentre in genere non si corrono rischi di malattie trasmesse dalle zanzare. I consigli e le informazioni contenuti in queste pagine costituiscono un vademecum di carattere generale e non possono in alcun modo sostituire quelli di un medico esperto in medicina dei viaggi.

PRIMA DI PARTIRE

» Portate i farmaci nelle loro confezioni originali. Nel caso ne assumiate regolarmente, mettetene in valigia un quantitativo doppio rispetto alle vostre necessità per premunirvi in caso di perdita o di furto.

» Portate una lettera firmata e datata del vostro medico curante in cui vengano descritte le vostre condizioni di salute e le eventuali medicine da assumere, con l'indicazione precisa sia del principio attivo sia del nome commerciale del farmaco.

» Se portate con voi siringhe e aghi, ricordatevi di tenere a portata di mano una prescrizione medica che ne documenti la reale necessità dal punto di vista sanitario.

» Se avete disturbi di cuore, portatevi dietro una copia dell'ultimo elettrocardiogramma che avete effettuato prima di partire.

Assicurazione

» Anche se siete sani e in ottime condizioni fisiche, non viaggiate mai senza un'assicurazione sanitaria adeguata (c'è sempre il rischio di avere un incidente).

» Dichiarate le vostre reali condizioni di salute al momento della stipula – la compagnia assicurativa non mancherà di indagare sul vostro problema cercando di capire se sussisteva anche prima della vostra denuncia e non vi coprirà in caso di dichiarazione mendace.

» Per alcune attività considerate a rischio è opportuna una copertura assicurativa supplementare.

» Verificate se nella polizza della vostra assicurazione è previsto il pagamento diretto delle cure mediche oppure un rimborso delle spese sostenute all'estero. In molti paesi i medici si aspettano il pagamento in contanti. È di vitale importanza accertarsi che l'assicurazione di viaggio copra un eventuale ricovero nell'ospedale di una grande città o il rimpatrio in aereo e con un medico a bordo, in caso di emergenza; per questa necessità potreste spendere anche U$100.000 e non tutte le polizze coprono questa eventualità, per questo motivo è importante accertarsene.

» Se vi serve assistenza medica, può darsi che la vostra compagnia di assicurazioni possa aiutarvi a localizzare l'ospedale o la clinica più vicina, oppure potete informarvi in albergo. In caso di emergenza, contattate l'ambasciata o il consolato del vostro paese.

» Per scegliere la polizza più adatta alle vostre esigenze consultate, fra le molte compagnie disponibili **Ami**

Assistance – Gruppo Filo diretto (www.filodiretto.it), **Europ Assistance** (www.europassistance.it), **Global Assistance** (www.global assistance.it) e **Mondial Assistance** (www.mondial-assistance-italia.it).

Libri

» *America centrale e meridionale– Viaggi e salute* di Lonely Planet (EDT, 2011) contiene in formato tascabile molte informazioni utili sulla pianificazione prima della partenza, le misure di pronto soccorso da usare in caso di emergenza, le vaccinazioni e malattie e su cosa fare se ci si ammala durante il viaggio.

» *Viaggiare con i bambini* (EDT, 2010), sempre Lonely Planet, fornisce consigli di base per la salute dei bambini più piccoli durante il viaggio.

Siti utili

Prima di partire può essere una buona idea consultare uno dei tanti siti che si occupano nello specifico di viaggi e salute, o anche il sito governativo del vostro paese.

Italia (www.salute.gov.it/malattieInfettive/malattieInfettive.html; www.viaggiaresicuri.it)

Svizzera (www.safetravel.ch) Ufficio federale della sanità pubblica svizzera www.bag.admin.ch

Centro di Medicina dei Viaggi dell'Ospedale Amedeo di Savoia di Torino (www.ilgirodelmondo.it)

Portale Sanitario Pediatrico dell'Ospedale Bambin Gesù di Roma (www.ospedalebambinogesu.it/item/1054/vademecumviaggiatore.pdf)

In lingua inglese:

Organizzazione Mondiale della Sanità (WHO; www.who.int/ith) pubblica un ottimo testo dal titolo *International Travel & Health*, che viene aggiornato ogni anno ed è disponibile gratuitamente online.

MD Travel Health (www.mdtravelhealth.com) fornisce informazioni e consigli di carattere sanitario ai viaggiatori e viene aggiornato quotidianamente.

Centers for Disease Control and Prevention (CDC; www.cdc.gov) è un valido sito che fornisce informazioni di carattere generale.

Vaccinazioni consigliate

Pianificate le vaccinazioni e le profilassi: soprattutto prima di recarvi in una destinazione remota, consultate un centro di medicina dei viaggi. Normalmente dislocati presso i Servizi di Igiene e Medicina Preventiva delle ASL, o i reparti di Malattie Infettive degli ospedali sono in grado di fornire tutti i consigli di comportamento utili, praticare le vaccinazioni indicate, e prescrivere i farmaci opportuni per la profilassi e/o la terapia delle possibili infezioni.

La consulenza sarà fornita in modo personalizzato secondo la destinazione, il tipo di viaggio, l'itinerario, la durata, la stagione, l'età, le esigenze, le condizioni di salute del viaggiatore. Tutte le decisioni saranno prese dal medico sulla base di un accurato bilancio tra il rischio di contrarre una eventuale infezione, ed i possibili effetti indesiderati da farmaco o vaccino.

La consulenza dovrà essere richiesta almeno un mese prima della partenza, per permettere la programmazione, l'esecuzione e l'inizio dell'efficacia delle eventuali misure prese: molti vaccini infatti non garantiscono l'immunità fino ad almeno due settimane dopo la somministrazione. Chiedete un certificato di vaccinazione internazionale (altrimenti noto come libretto giallo), su cui verranno elencate tutte le vaccinazioni cui vi siete sottoposti.

L'unico vaccino richiesto dai regolamenti internazionali è quello contro la febbre gialla. La documentazione di avvenuta vaccinazione viene richiesta per entrare in Cile soltanto qualora si sia visitato uno dei paesi appartenenti alla zona endemica (paesi dell'Africa tropicale e dell'America Latina; v. l'elenco sull'appendice dell'opuscolo International Travel and Health, scaricabile da www.who.int/ith/en/) nei sei giorni precedenti all'arrivo nel paese.

Non sono obbligatorie altre vaccinazioni, ma ve ne sono alcune consigliate dall'Organizzazione Mondiale della Sanità (OMS) a tutti coloro che visitano il Cile:

» **Difterite e tetano** In Italia è una delle vaccinazioni indicate per tutti i bambini. Visto il maggior rischio di ferite durante un viaggio, prima della partenza è consigliato un richiamo antitetanico-antidifterico nel caso in cui queste vaccinazioni siano scadute o prossime alla scadenza (durata 10 anni).

» **Epatite virale A** Il vaccino (due dosi iniettate a distanza di 6-12 mesi) conferisce protezione contro il rischio di contrarre l'epatite A da alimenti e bevande contaminate. Dopo la prima dose vi è già una buona protezione e il richiamo conferisce protezione per almeno 30 anni.

» **Epatite virale B** Questo vaccino (due dosi iniettate a distanza di un mese, più un richiamo dopo sei mesi) è stato praticato di routine in Italia a tutti i nati dal 1979 in poi. È consigliato soprattutto a chi prevede di avere rapporti sessuali con persone del luogo o di lavorare in ambito sanitario. Per avere un minimo di protezione occorrono almeno due dosi. È anche disponibile un vaccino bivalente, valido sia per l'epatite A sia per l'epatite B, da somministrare con lo stesso calendario.

FARMACIA DA VIAGGIO

È bene portarsi dietro una piccola ed essenziale scorta di medicinali, da conservare preferibilmente nel bagaglio a mano, se e per quanto permesso dalle normative di sicurezza. Ecco un elenco di ciò che potrebbe esservi utile:

» **Acido acetilsalicilico** (Aspirina®), **paracetamlodo** (Tachipirina®) o **altri antinfiammatori** – per febbre, mal di denti e dolori.

» **Antistaminici** (Clever®, Zirtec®) – utili come decongestionanti per raffreddori allergici, orticaria e allergie. Possono indurre sonnolenza e interagire con l'alcol, quindi vanno usati con cautela; se possibile, prendetene uno che avete già usato.

» **Un prodotto tipo dimenidrinato** (Xamamina®) o **scopolamina** (Transcop®) – per prevenire il mal d'aria, d'auto o di mare.

» **Antibiotici ad ampio spettro come amoxicillina/acido clavulanico** (Augmentin®), o **ciprofloxacina** (Ciproxin®) – utili se viaggiate al di fuori delle zone più battute.

» **Antidiarroici a base di loperamide** (Imodium®, Dissenten®) – per alleviare i sintomi della diarrea.

» **Antivomito a base di metoclopramide** (Plasil®) – contro la nausea e il vomito.

» **Un antispastico tipo ioscina-butilbromuro** (Buscopan®) – per eventuali coliche addominali.

» **Antibiotici intestinali come rifaximina** (Normix®) o **ciprofloxacina** (Ciproxin®) – per curare forme serie di diarrea del viaggiatore.

» **Polvere per la preparazione di soluzioni reidratanti** – per il trattamento della diarrea grave, soprattutto nei bambini.

» **Disinfettante, garze e cerotti** – per ferite, tagli e graffi.

» **Una pomata antistaminica** (Fargan®, Polaramin®) – per calmare irritazioni e prurito dovuti a morsi o punture di insetti.

» **Forbici, pinzette e un termometro digitale o a cristalli liquidi** (i termometri a mercurio sono proibiti da alcune compagnie aeree e comunque in disuso per motivi di rispetto ambientale).

» **Repellenti per insetti** (Autan® 10% e 20% di KBR; OFF!® 7%, 15% e 30% di DEET) – per i bambini si consiglia il prodotto con concentrazione minore di KBR o DEET.

» **Creme solari ad alto fattore di protezione**

» **Compresse o soluzioni per sterilizzare l'acqua**

» **Siringhe sterili** – per qualsiasi emergenza.

» **Febbre tifoide** La vaccinazione antitifica è consigliata a tutti i viaggiatori che si recano in aree dove l'igiene è scarsa. Esiste una forma per somministrazione orale (tre capsule, da assumere a giorni alterni), e una per iniezione intramuscolare (una sola dose); entrambe proteggono per tre anni.

» **Rabbia** Il vaccino contro la rabbia è consigliabile a chi ha in programma di trascorrere un mese o più in un paese dove questa malattia sia diffusa, in particolare se si prevede di entrare in contatto con animali a rischio. Viene raccomandata anche per periodi inferiori, se si praticano attività quali trekking, corsa, ciclismo o speleologia. La vaccinazione consiste in tre iniezioni, che vengono praticate nell'arco di un mese. Anche se si è stati vaccinati, in caso di morso o di graffio da parte di un animale si dovranno fare due ulteriori dosi di richiamo.

DURANTE IL VIAGGIO

Trombosi venosa profonda (TVP)

» Stare seduti a lungo su qualunque mezzo di trasporto (autobus, treno o aereo), soprattutto in una posizione scomoda, aumenta la possibilità di fenomeni trombotici. Si tratta di un problema determinato dalla occlusione vascolare delle vene degli arti inferiori, scientificamente conosciuta con il nome di trombosi venosa profonda (TVP).

» È causata dalla formazione di un coagulo 'improprio' (trombo) all'interno di un vaso sanguigno (di solito nelle vene degli arti inferiori). È facilitata dal rallentato flusso di sangue dovuto alla prolungata posizione statica. Il trombo si può sciogliere da solo senza lasciare segni, può ostruire parzialmente o totalmente la vena, oppure rompersi in frammenti e giungere all'arteria polmonare causando l'embolia, un disturbo estremamente serio.

» Per evitare di incorrere in questo problema, durante i viaggi lunghi dovrete muovervi il più possibile e, mentre siete seduti, fare periodicamente alcuni esercizi muscolari, come flettere i muscoli del polpaccio ruotando le caviglie.

» È consigliabile bere acqua o succhi di frutta durante il viaggio per prevenire la disidratazione e, per la stessa ragione, evitare di bere molti alcolici o bibite che contengano caffeina.

» Le persone anziane e chi soffre di vene varicose dovrebbero indossare delle calze elastiche. Se siete in gravidanza, dovreste prendere in esame con il vostro medico altre misure preventive prima della partenza.

Jet lag e cinetosi (mal di movimento)

» La sindrome del jet lag (o sindrome da fusi orari) colpisce di norma chi si sposta in aereo superando più di cinque fusi orari. Ne risultano insonnia, spossatezza, malessere e nausea. Per evitare il jet lag bevete molti liquidi (non alcolici) e mangiate cibi leggeri.

» Una volta arrivati cercate di esporvi alla luce naturale e di riadattare prima possibile il vostro ritmo biologico (per i pasti, il sonno e così via).

» Il mal di movimento è dovuto alle stimolazioni del labirinto (il sistema di regolazione dell'equilibrio) che si verificano durante i viaggi in auto, in aereo o per mare. La Xamamina® e i cerotti di scopolamina sono adatti a curare i sintomi del mal di movimento. Spesso risultano utili anche i rimedi della medicina naturale (zenzero, menta piperita).

IN CILE

Disponibilità dell'assistenza sanitaria

Ci sono due strutture moderne a Santiago che offrono un servizio di pronto soccorso funzionante 24 ore su 24 per problemi urgenti, oltre a trattamenti specialistici (su appuntamento) e servizi di degenza: la **Clínica Las Condes** (☎210-4000; Lo Fontecilla 441, Las Condes) e la **Clínica Alemana** (☎212-9700; Av Vitacura 5951, Vitacura). Il sito dell'**Ambasciata degli Stati Uniti** (http://santiago.usembassy.gov) riporta un elenco di medici, dentisti e laboratori medici a Santiago.

L'assistenza sanitaria a Santiago e in altre grandi città è valida, ma potrebbe non esserci nelle zone più remote. Quasi tutti i medici e gli ospedali esigono il pagamento in contanti, indipendentemente dal fatto che il paziente abbia o meno stipulato una polizza assicurativa sanitaria di viaggio.

Se si presenta un problema medico che vi mette in pericolo di vita, forse preferirete essere trasferiti in un paese dove sia garantita la migliore assistenza medica possibile. Dato che può costare anche decine di migliaia di dollari, prima di partire accertatevi che la vostra assicurazione copra questa eventualità. Il sito del **Dipartimento di Stato degli Stati Uniti** (http://travel.state.gov) riporta un elenco delle compagnie che offrono assicurazioni di viaggio e rimpatrio.

Le farmacie del Cile sono generalmente ben rifornite e i farmacisti sono competenti. La qualità dei farmaci in genere è paragonabile a quella che si trova nei paesi industrializzati. In Cile è possibile procurarsi senza prescrizione molti farmaci che in altri paesi richiedono la ricetta medica, ma per precauzione informatevi. Se assumete regolarmente un medicinale, assicuratevi di conoscerne il principio attivo, dal momento che molti prodotti hanno nomi commerciali diversi in Cile.

L'assistenza sanitaria è estremamente limitata sull'Isola di Pasqua, dove esiste un ospedale, ma la qualità dell'assistenza non è affidabile e le scorte di medicinali sono spesso insufficienti. I problemi medici gravi richiedono il trasferimento sulla terraferma.

Malattie infettive

Bartonellosi (febbre di Oroya)

Malattia infettiva causata da un batterio (*Bartonella bacilliformis*) presente nelle aride valli fluviali sulle pendici occidentali delle Ande, a un'altitudine compresa tra 800 e 3000m, dove sono presenti i pappataci, insetti vettori di questa patologia che la trasmette mediante la puntura (stranamente questo tipo di insetto non si trova in nessun altro luogo al mondo).

Sintomi: il batterio si riproduce nei globuli rossi e danneggiandoli determina una grave anemia, con febbre elevata e dolori, che può anche portare a morte (febbre di Oroya o malattia di Carrion). Talora genera una forma cutanea a decorso lungo ma benigno (verruca peruviana).

Diagnosi: esame dello striscio di sangue ed emocultura

Terapia: antibiotici (streptomicina o cloramfenicolo o penicillina).

Prevenzione: evitare le punture degli insetti vettori della malattia.

Brucellosi

Malattia infettiva causata da batteri della famiglia delle *Brucelle*.

Sintomi: si manifesta con una caratteristica febbre

ondulante accompagnata da cefalea, dolori muscolari e astenia. In un primo tempo il paziente può essere soggetto a diarrea, seguita in un secondo momento da stipsi. I sintomi della malattia possono manifestarsi in pochi giorni o in un periodo più lungo, da cinque giorni a diversi mesi dal momento del contagio (in media dopo circa due settimane). La maggior parte dei pazienti guarisce nel giro di due o tre settimane, ma in alcune persone la malattia si cronicizza e tende a ricomparire sporadicamente a distanza di mesi o anni, causando incessanti problemi di salute. I casi mortali sono rari, ma non possono essere esclusi.

Diagnosi: si ricorre a uno specifico esame del sangue.

Terapia: antibiotici (tetracicline o rifampicina): deve essere effettuata per lunghi periodi.

Prevenzione: evitare il consumo di latte e latticini non bolliti o pastorizzati (cosa probabile nelle aree rurali) che potrebbero contenere batteri della famiglia delle *Brucelle*, che colpiscono principalmente bovini, caprini e suini, i quali trasmettono l'infezione all'uomo. La forma di trasmissione più frequente è quella indiretta, cioè attraverso alimenti contaminati come latte crudo e formaggi freschi, specialmente di capra e di pecora.

Dengue

Questa malattia trasmessa dalle zanzare *Aedes aegypti* sta diventando sempre più problematica nei paesi tropicali, specialmente nelle città. Questo insetto si riproduce soprattutto all'interno di cisterne di acqua, per esempio vasche, barili, latte, contenitori di metallo e di plastica e pneumatici abbandonati. Questa febbre è abbastanza rara in Cile. Ne è stata segnalata una piccola epidemia sull'Isola di Pasqua nel marzo del 2002 (prima segnalazione in quella zona), ma negli anni successivi non è stato registrato alcun caso.

Sintomi: ricordano quelli dell'influenza: febbre elevata, dolori muscolari e alle articolazioni (da cui il nome di 'febbre rompiossa'), cefalea, nausea e vomito, spesso seguiti dalla comparsa di eruzioni cutanee. Nella maggior parte dei casi i sintomi si risolvono da soli nel giro di qualche giorno. La forma più grave, la dengue emorragica, è molto rara, e colpisce più facilmente alla seconda infezione con un sierotipo virale diverso.

Diagnosi: può essere fatta tramite un esame del sangue.

Terapia: non esistono cure specifiche, ma è utile il trattamento sintomatico con antinfiammatori. Usate il paracetamolo (Tachipirina®) e non l'acido acetilsalicilico (Aspirina®), perché quest'ultimo aggrava i sintomi favorendo le emorragie.

Prevenzione: non esiste un vaccino contro la dengue e l'unica prevenzione è quella di evitare di farsi pungere dalle zanzare, ricordandosi che la *Aedes aegypti* punge soprattutto di giorno.

Diarrea del viaggiatore

La diarrea del viaggiatore è la più comune tra le malattie che si possono contrarre in viaggio e il Cile è compreso nelle aree del globo considerate ad 'alto rischio', caratterizzate da una probabilità di contrarre l'infezione superiore al 20%. Può essere causata da diversi tipi di virus, batteri, protozoi o parassiti.

Sintomi: crampi, dolore addominale, gonfiore, nausea, vomito, a volte febbre.

Terapia: se venite colpiti da diarrea dovete bere molti liquidi, preferibilmente soluzioni reidratanti contenenti sali minerali, e bevande zuccherate per riattivare le funzioni di assorbimento dell'intestino. Qualche scarica diarroica al giorno non richiede alcuna cura particolare, ma se cominciate ad avere più di quattro o cinque scariche al giorno, dovreste prendere un antidiarroico a base di loperamide (Imodium® e Dissenten®). Se la diarrea dura più di tre giorni o si accompagna a febbre, sangue o muco nelle feci, è bene assumere un antibiotico intestinale (rifaximina-Normix®, ciprofloxacina-Ciproxin®). Se i sintomi non migliorano rapidamente, è opportuno rivolgersi a un medico.

Prevenzione: alcune misure di igiene alimentare sono utili per prevenire la diarrea. Evitate di bere l'acqua corrente a meno che non sia stata bollita, filtrata o disinfettata con soluzioni chimiche (compresse di cloro o soluzioni a base di iodio); mangiate solo frutta e verdura cotte o sbucciate; state attenti ai prodotti caseari che possono contenere latte non pastorizzato; siate molto selettivi nell'acquisto di cibo dai venditori ambulanti. I cibi devono essere ben cotti, e cotti di recente; la frutta e la verdura devono essere sbucciate personalmente. Il vaccino anticolerico attualmente disponibile ha anche una limitata attività nel prevenire la diarrea del viaggiatore.

Epatite virale A

Questa malattia, dopo la diarrea del viaggiatore, è l'affezione che si contrae più facilmente viaggiando.

Sintomi: ittero (colorazione gialla della cute e degli occhi), nausea, a volte febbre e può provocare un lungo periodo di astenia con tempi di recupero molto lenti.

Diagnosi: esami di laboratorio.

Terapia: non esiste una terapia specifica.

Prevenzione: vaccinazione e profilassi comportamentale (evitare cibi e acqua potenzialmente contaminati, in particolare i molluschi). La vaccinazione consiste in due dosi iniettate a distanza di 6-12 mesi una dall'altra ed è consigliata ai viaggiatori in area tropicale; la prima dose fornisce già una buona protezione, ma il richiamo conferisce una immunità duratura (30 anni almeno).

Epatite virale B

Come l'epatite virale A, anche l'epatite virale B è un'infezione a carico del fegato diffusa in tutto il mondo. A differenza dell'epatite virale A, però, questa malattia si contrae di solito con i rapporti sessuali o attraverso il contatto con sangue infetto, generalmente a causa di trasfusioni di sangue o con l'uso di aghi infetti (tatuaggi, piercing, iniezioni, interventi chirurgici, uso di droghe iniettabili). Fra le conseguenze a lungo termine si segnalano epatite cronica, cancro al fegato e cirrosi.

Sintomi: ittero (colorazione gialla della cute e degli occhi), nausea, a volte febbre; può provocare un lungo periodo di astenia con tempi di recupero molto lenti.

Diagnosi: esami di laboratorio.

Terapia: non esiste una terapia specifica: indicati dieta e riposo.

Prevenzione: vaccinazione e profilassi comportamentale (utilizzare protezione durante i rapporti sessuali ed evitare ogni strumento potenzialmente contaminato). Il vaccino contro l'epatite virale B è sicuro e molto efficace. Richiede due iniezioni nell'arco di un mese, più una dose di richiamo dopo sei mesi. In Italia la vaccinazione è obbligatoria per tutti i nuovi nati.

Fascioliasi

La fascioliasi (malattia dovuta al verme *Fasciola hepatica*) è una parassitosi che si localizza nelle vie biliari e nella cistifellea delle pecore, che ne rappresentano il serbatoio naturale. Le uova del verme, emesse con le feci dell'erbivoro, contaminano le acque dolci e l'uomo in genere si infesta per ingestione di pesci, acqua oppure ortaggi irrigati con acqua inquinata dalle forme larvali o dalle uova del verme.

Sintomi: molto diversi a seconda dei casi. Si può avere febbre, ingrossamento del fegato, anemia e, in casi gravi, anche fibrosi epatica.

Diagnosi: si basa sulla individuazione del parassita e delle sue uova nelle feci e nella bile.

Terapia: è necessario l'intervento di un medico.

Prevenzione: evitare di consumare pesci e vegetali crudi.

Febbre tifoide

La febbre tifoide è una malattia infettiva sistemica di origine batterica trasmessa da cibo o acqua contaminati da feci umane. Se non curata può causare complicazioni a livello intestinale.

Sintomi: di solito il primo è la febbre oppure un'eruzione cutanea di colore rosa sull'addome.

Diagnosi: esame del sangue o delle feci.

Terapia: uso di antibiotici e ricovero ospedaliero.

Prevenzione: vaccinazione, raccomandata a tutti i viaggiatori che hanno in programma un soggiorno in Cile. Esistono due vaccini di efficacia paragonabile: uno per via orale, composto da tre capsule da assumere a giorni alterni, e uno per via intramuscolare, iniettabile in una sola dose. Entrambi hanno validità triennale. Utile osservare anche tutte le regole di igiene alimentare.

Hantavirus

Molto rara tra i viaggiatori, è un'infezione rapida e progressiva con alto tasso di mortalità che si contrae tramite esposizione agli escrementi di roditori selvatici. Alla fine del 2010 è stata registrata un'epidemia nelle zone rurali delle regioni meridionali e centrali del paese, mentre da allora sono stati segnalati solo casi sporadici. Non è consigliabile dormire in un *refugio* (rifugio o capanno) abbandonato, dove si corre il rischio di esposizione a escrezioni contaminate: l'opzione più sicura consiste nel piantare la tenda. Nelle zone di diffusione dell'hantavirus, i campeggiatori possono ottenere maggiori informazioni presso le stazioni delle guardie forestali.

Sintomi: febbre, mal di testa, dolori addominali e vertigini.

Diagnosi: specifici esami del sangue.

Terapia: di supporto, non esiste trattamento specifico.

Prevenzione: evitare le aree contaminate da roditori infetti.

HIV/AIDS

L'HIV/AIDS è presente in tutti i paesi del Sud America; secondo le stime, in Cile ha colpito lo 0,4% della popolazione adulta (circa 40.000 casi).

Come si trasmette: il virus HIV si trasmette attraverso il sangue e gli emoderivati infetti, e da una madre infetta ai propri figli durante la gravidanza e il parto, ma anche mediante scambi di sangue attraverso aghi o strumenti infetti durante cure mediche o dentistiche, l'agopuntura, le iniezioni endovena, i tatuaggi e il piercing. La via di trasmissione più frequente sono tuttavia i rapporti sessuali; il rischio di infezione è proporzionale, oltre che alla diffusione dell'infezione nel paese visitato (massima in Africa e Caraibi), al numero di rapporti, al numero di partner diversi, al numero di partner sconosciuti, al contatto con partner promiscui (in particolare le prostitute) e alla presenza nel partner di altre malattie a trasmissione sessuale.

Diagnosi: un esame del sangue permette di fare la diagnosi. È consigliato, anche in assenza di sintomi, se si sono avuti comportamenti a rischio.

Terapia: se il test risulta positivo è necessario rivolgersi a un centro specializzato, per valutare l'opportunità di un trattamento.

Prevenzione: la prevenzione del contagio per via sessuale è basata sull'uso di sistemi di barriera (profilattici) durante tutti i rapporti sessuali a rischio, completi e incompleti. Ci si protegge inoltre evitando tutti gli altri comportamenti a rischio sopra elencati.

Malattia di Chagas

Malattia parassitaria presente nelle zone rurali isolate dell'America centrale e meridionale, viene trasmessa da una piccola cimice che si nasconde nelle fessure dei muri, nei tetti di stoppie delle capanne di fango e nelle fronde delle palme. L'insetto colpisce di notte, e dopo una settimana compare una vescica dura e di colore viola. La malattia di Chagas dev'essere curata non appena si manifesta, perché le infezioni trascurate possono portare a gravi complicazioni, anche fatali nel giro di qualche anno.

Sintomi: in fase acuta febbre elevata, tachicardia, ingrossamento dei linfonodi, anemia.

Diagnosi: esame del sangue specifico.

Terapia: antiparassitari specifici, da usare sotto controllo medico in ospedale.

Prevenzione: attualmente non esiste vaccino. La prevenzione consiste nell'adottare tutte le precauzioni al fine di evitare la punture di insetti.

Rabbia

La rabbia è un'infezione virale che colpisce il cervello e il midollo spinale ed è praticamente sempre fatale. Il virus della rabbia è trasmesso dalla saliva di animali infetti solitamente tramite il morso o più raramente attraverso abrasioni della pelle. Qualsiasi morso o graffio da parte di un animale dev'essere pulito immediatamente e a fondo con abbondante acqua e sapone. Se poi esiste anche la minima possibilità che l'animale sia infetto è necessario contattare le autorità sanitarie per verificare se occorre un ulteriore trattamento.

Sintomi: i sintomi iniziali sono quelli di una malattia virale aspecifica; seguono alterazioni cognitive, alterazioni della sensibilità e dolore nella sede della morsicatura.

Diagnosi: per la diagnosi bisogna ricorrere all'ospedale.

Terapia: immunoglobuline specifiche, trattamento in terapia intensiva.

Prevenzione: vaccinazione preventiva (tre iniezioni, praticate nell'arco di un mese), più sicura del trattamento post-esposizione. Chi non si fosse sottoposto alla vaccinazione preventiva e sia stato morso da un animale sospetto, necessita di quattro iniezioni, la prima delle quali da praticare entro 24 ore dal morso o quanto prima, oltre alla somministrazione delle immunoglobuline specifiche e alla detersione accurata della ferita. In caso di morso o graffio da parte di un animale sospetto, anche le persone vaccinate si devono sottoporre a due ulteriori richiami.

Scabbia

La scabbia è una malattia infettiva provocata da minuscoli acari che vivono nella pelle, in particolare fra le dita, e causa una eruzione cutanea molto pruriginosa.

Sintomi: prurito intenso.

Diagnosi: viene fatta mediante l'osservazione delle caratteristiche lesioni sulla pelle.

Terapia: consiste nell'applicazione di una lozione acaricida (Nix®, Mitigal®). Bisogna medicare tutto il corpo dopo aver fatto un bagno caldo (spesso sono necessari due trattamenti in 48 ore). L'igiene personale è fondamentale per sterminare gli acari. Durante la cura, dovete lavare tutti i vostri abiti e le lenzuola in acqua bollente (non dimenticate di disinfettare anche la valigia e qualsiasi altro oggetto dove potrebbero essersi annidati gli acari).

Prevenzione: igiene della persona e dell'ambiente.

Tetano

Questa malattia potenzialmente fatale è presente in tutto il mondo, in particolare nelle zone rurali. Durante i viaggi il rischio di infezione è maggiore, per la maggiore facilità di ferirsi. Il tetano si sviluppa quando una ferita viene infettata da un germe che vive nelle feci degli animali; perciò è bene disinfettare con una lozione adeguata ogni taglio, puntura o morsicatura d'insetto.

Sintomi: il primo sintomo del tetano può essere difficoltà di deglutizione o l'irrigidimento della mandibola o del collo, cui fanno seguito dolorose contrazioni muscolari in tutto il corpo.

Diagnosi: in base ai sintomi.

Terapia: immunoglobuline antitetano e terapia di supporto.

Prevenzione: vaccinazione (ciclo iniziale di tre dosi, seguito da un richiamo ogni 10 anni). Detersione e disinfezione accurata delle ferite, anche di quelle lievi. La malattia è difficile da curare.

Tifo esantematico o petecchiale

Questo tipo di tifo, detto anche endemico, è trasmesso dalle zecche, dagli acari e dai pidocchi, ma è molto raro tra i viaggiatori.

Sintomi: febbre, dolori muscolari, esantema.

Diagnosi: viene fatta tramite un esame del sangue.

Terapia: antibiotici, somministrati sotto controllo medico.

Prevenzione: evitare le punture degli insetti vettori della malattia mentre camminate nella macchia boschiva e controllate la presenza di eventuali punture dopo aver attraversato aree forestali.

Rischi ambientali

Acqua

» Nelle città cilene l' acqua del rubinetto in genere è di buona qualità, ma il suo elevato contenuto di minerali può provocare problemi gastrici, quindi chi ha lo stomaco delicato farebbe meglio a usare l'acqua in bottiglia, consigliabile anche quando ci si trova nelle zone rurali. Pertanto è prudente adottare le seguenti precauzioni:

» Non bevete mai acqua del rubinetto

» L'acqua in bottiglia è generalmente sicura – all'acquisto verificate che la confezione sia ben sigillata

» Evitate il ghiaccio

» Evitate le spremute fresche – possono essere state diluite con acqua del rubinetto

» Il modo migliore per sterilizzare l'acqua è farla bollire per almeno un minuto (3 minuti oltre i 2000 m)

» Le soluzioni iodate sono la sostanza chimica migliore per la purificazione dell'acqua; ne è sconsigliato l'uso in gravidanza e alle persone con problemi alla tiroide, in alternativa si può utilizzare il cloro

» Anche i filtri per l'acqua risultano efficaci nel tenere lontani i microbi. Assicuratevi che il vostro filtro sia dotato di una barriera chimica come lo iodio e abbia pori di dimensioni inferiori a quattro micron.

Calore

Cercate di non strafare appena arrivati. Piedi e caviglie gonfi sono disturbi frequenti, come i crampi muscolari provocati dalla sudorazione eccessiva. Potete prevenire questi disturbi evitando la disidratazione e un'eccessiva attività al caldo. Bevete soluzioni reidratanti e mangiate cibi salati.

» **Collasso da calore** La disidratazione è la causa principale del collasso da calore, di cui i principali sintomi sono: emicrania, capogiri e spossatezza. Nel momento in cui si avverte lo stimolo della sete, la disidratazione è già in atto: cercate di bere molta acqua in modo tale da produrre un'urina chiara e limpida. In caso di collasso da calore occorre reintegrare i liquidi persi con acqua e/o succhi di frutta. Le compresse di sali minerali reperibili in commercio possono essere di aiuto. È altrettanto importante riequilibrare la temperatura corporea con acqua fredda e ventilatori. La prevenzione consiste nell'evitare di compiere attività motoria nelle ore più calde in zone a elevata umidità ambientale.

» **Colpo di calore** Il collasso da calore è il precursore del più serio colpo di calore: in questo caso viene colpito il meccanismo della sudorazione, con un eccessivo innalzamento della temperatura corporea, comportamento irrazionale e convulsioni, ed eventualmente anche perdita di conoscenza e morte, per cui è essenziale il ricovero in ospedale. L'intervento d'urgenza consiste nello spostare all'ombra la persona colpita, coprirla con un lenzuolo e un asciugamano umido e farle vento continuamente. Se possibile, è consigliabile ricorrere con urgenza a fleboclisi di soluzioni elettrolitiche per reintegrare i liquidi perduti.

Cibo

» Mangiate solo carne e pesce ben cotti e cotti di recente, mai riscaldati

» Mangiate frutta e verdura cotta o sbucciata personalmente; comunque lavatene la superficie prima di sbucciarla

» Il cibo poco manipolato è più sicuro

» Le uova, ben cotte, devono essere servite nel guscio

» Scegliete latticini provenienti dalla grande distribuzione o latte bollito

» Ponete attenzione al cibo venduto dalle bancarelle, se non caldo e ben cotto

» Evitate cibo lasciato per lungo tempo a temperatura ambiente (diffidare dei buffet)

» Ponete attenzione all'igiene delle mani e delle stoviglie

» I pasti consumati al ristorante sono meno sicuri di quelli in case private.

Ipotermia

» L'ipotermia è l'abbassamento della temperatura corporea legato alla permanenza al freddo.

» L'ipotermia acuta può manifestarsi in breve tempo dopo un improvviso calo della temperatura. L'ipotermia cronica è causata da un calo graduale della temperatura nel giro di alcune ore.

» L'ipotermia è accompagnata dall'insorgere dei seguenti sintomi: spossatezza, insensibilità cutanea (particolarmente delle dita dei piedi e delle mani), brividi, difficoltà di parola, comportamento irrazionale e violento, letargia, tendenza a barcollare, vista annebbiata e crampi muscolari. Spesso l'irrazionalità si rivela allorché il malato afferma di avere caldo e di volersi svestire.

» Per combattere l'ipotermia è innanzitutto necessario mettersi al riparo dal vento e/o dalla pioggia, togliersi gli abiti umidi e indossare vestiti asciutti e caldi. Si consiglia di bere liquidi caldi (niente alcol) e di mangiare cibo facilmente digeribile ad alto contenuto energetico.

» Tali accorgimenti potrebbero essere sufficienti nelle fasi precoci di ipotermia, ma se lo stadio è più avanzato è indispensabile distendersi accanto al soggetto colpito in un sacco a pelo caldo al fine di trasmettergli calore. Il paziente non dev'essere massaggiato né fatto sedere accanto al fuoco; se possibile, fategli fare un bagno tiepido.

» Una diagnosi e una cura precoce dell'ipotermia lieve è l'unico modo di prevenire lo stadio più grave di questa patologia, che è una condizione critica.

Immersioni e surf

» Chi ha intenzione di fare immersioni e surf prima della partenza dovrebbe consultare un medico specializzato per essere sicuro di mettere in valigia i farmaci e i dispositivi medici adeguati per la cura di ferite e graffi causati da coralli e delle infezioni che possono colpire l'apparato uditivo ai Tropici.

» I sub devono verificare che la loro assicurazione li copra nell'eventualità che vengano colpiti da embolia; è possibile stipulare una polizza specifica tramite un'organizzazione come **Divers Alert Network** (DAN; Divers Alert Network Europe P.O. BOX DAN, Roseto degli Abruzzi; informazioni nazionali ☎085 893 0333; emergenze nazionali ☎800-279 802; emergenze internazionali ☎06 4211 8685; www.daneurope.org).

» Prima della partenza sottoponetevi a una visita di idoneità effettuata da un medico specialista. Determinati disturbi e patologie sono incompatibili con le immersioni, ma per i centri di immersione meno seri il guadagno viene prima della sicurezza dei propri clienti.

Mal di montagna

» La mancanza di ossigeno ad altitudini oltre i 2500 m può provocare disturbi più o meno seri nella maggior parte delle persone, ma il mal di montagna vero e proprio si verifica normalmente a 3000-4000 m di quota ed è influenzato da fattori come rapidità dell'ascesa, grado di allenamento, il fatto di dormire ad alta quota ed eventuali malattie preesistenti.

» In genere i sintomi del mal di montagna si sviluppano durante le prime 24 ore trascorse in quota, ma possono manifestarsi anche successivamente, fino a un massimo di tre settimane dopo. Tra i sintomi più lievi si segnalano emicrania, letargia, capogiri, disturbi del sonno e mancanza di appetito. Quelli più gravi comprendono affanno, tosse secca e irritativa (seguita da espettorato spumoso e rosato), forte cefalea, mancanza di coordinazione e di equilibrio, stato confusionale o di incoscienza, vomito, comportamento irrazionale e sonnolenza.

» Potete contrastare i sintomi più lievi riposandovi alla stessa altitudine finché il malessere non scompare, di solito entro uno o due giorni. Per combattere il mal di testa si possono prendere il paracetamolo o l'aspirina. Tuttavia, se i sintomi persistono o peggiorano è necessario scendere di quota immediatamente; può giovare scendere anche di appena 500 m.

PREVENIRE IL MAL DI MONTAGNA

» Ponete attenzione a una accurata acclimatazione: salite lentamente e concedetevi molti giorni di riposo, se possibile fermatevi ogni 1000 m di dislivello e seguite comunque la regola generale di non salire per oltre 600 m al giorno dopo aver superato i 2500 m di quota.

» Se è possibile, dormite a un'altitudine inferiore rispetto a quella massima raggiunta durante la giornata.

» Bevete molti liquidi e monitorate l'idratazione assicurandovi che l'urina sia limpida e abbondante.

» Consumate pasti leggeri e ricchi di carboidrati per immagazzinare più energie.

» Evitate le bevande alcoliche, i sedativi e il tabacco.

» La prevenzione del mal di montagna è inoltre basata, nelle spedizioni in alta quota, sull'uso di acetazolamide (Diamox®), da assumersi sotto diretto controllo medico.

Morsi e punture

MORSI DI ANIMALI

» Evitate di toccare o di dar da mangiare ad animali, fatta eccezione per quelli domestici, avendo cura di accertarvi che non siano portatori di malattie infettive.

» In genere, le malattie trasmesse dagli animali sono una diretta conseguenza di comportamenti a rischio da parte dei pazienti.

» Qualsiasi morso o graffio da parte di un mammifero, compresi i pipistrelli, dovrebbe essere pulito prontamente e a fondo con abbondante acqua e sapone, avendo cura di applicare sulla parte interessata una soluzione antisettica come iodio o alcol. Bisognerebbe contattare immediatamente le autorità sanitarie locali per la somministrazione della profilassi post-esposizione contro la rabbia, anche se si è già stati vaccinati.

» Inoltre, sarà opportuno iniziare ad assumere un antibiotico, perché le ferite provocate dai morsi e dai graffi di animali si infettano facilmente.

RAGNO EREMITA DEL CILE

Il ragno eremita del Cile (*Loxosceles laeta*) è diffuso in tutto il paese. Sebbene in genere non siano aggressivi, questi insetti spesso si nascondono nei vestiti o nelle lenzuola e morsicano chi inavvertitamente li disturba. Il loro veleno è molto pericoloso: tra gli effetti possibili figurano lesioni nella sede del morso, insufficienza renale e anche la morte. Il ragno eremita è lungo da 8 a 30 mm (zampe incluse) e può essere riconosciuto per il colore marrone, per la macchia che ricorda la forma di un violino sul dorso e gli insoliti sei occhi (la maggior parte dei ragni ha otto occhi), ma ricordate che se siete così vicini da riuscire a contarli, probabilmente sarete troppo vicini. Controllate sempre gli abiti prima di indossarli, il letto prima di coricarvi, e non lasciate i vestiti sul pavimento. Se venite morsi, mettete del ghiaccio sulla ferita e recatevi immediatamente da un medico.

SANGUISUGHE

Presenti nelle foreste pluviali umide, le sanguisughe non trasmettono alcuna malattia, ma le loro morsicature provocano un prurito molto intenso che dura alcune settimane e le ferite possono infettarsi con facilità. Se venite morsicati applicate un antisettico a base di tintura di iodio per prevenire l'infezione.

SERPENTI

I serpenti rappresentano un rischio in alcune parti del Sud America, mentre non ci sono serpenti sull'Isola di Pasqua.

» Nel dubbio, date per scontato che i serpenti siano tutti velenosi e non cercate mai di prenderli. Se attraversate a piedi aree note per la presenza di serpenti indossate scarponi e pantaloni lunghi.

» Se venite morsi da un serpente, non lasciatevi prendere dal panico. Immobilizzate l'arto colpito steccandolo e bendandolo – esercitando una forte pressione – come per una frattura.

» L'uso del laccio emostatico e la suzione del veleno sono pratiche ormai sconsigliate.

» Anche l'uso di sieri antiofidici può essere più pericoloso che benefico.

» Cercate subito l'aiuto di un medico e rimanete sotto osservazione.

ZANZARE

Per prevenire le punture delle zanzare è importante adottare alcune precauzioni:

» Applicate repellenti sulla pelle scoperta. Molto efficaci sono quelli a base di dietiltoluamide o DEET (OFF! Active® 30% di DEET), anche se da usare con cautela perché in alta quantità potrebbero essere tossici per i bambini. Ugualmente indicati sono quelli contenenti KBR/icaridina, ad alta concentrazione (Autan Protection Plus® 16-20% di KBR), anch'essi controindicati per i bambini piccoli.

» Dormite sotto una zanzariera, meglio se impregnata di permetrina.

» Scegliete una camera dotata di zanzariere e, in mancanza di aria condizionata, ventilatori.

» Spruzzate permetrina sugli abiti nelle zone più a rischio.

» Indossate abiti con maniche lunghe e pantaloni lunghi in colori chiari.

» Usate serpentine antizanzare.

Scottature

Il sole rappresenta sempre un rischio, perciò seguite sempre queste precauzioni:

» Usate una crema solare ad alto fattore di protezione (SPF 30) e applicatela nuovamente dopo aver fatto il bagno. Fate molta attenzione a coprire le zone che normalmente non sono esposte al sole, per esempio i piedi.

» Indossate sempre un cappello a tesa larga e occhiali da sole.

» Evitate di prendere il sole durante le ore più calde (dalle 10 alle 16).

» In caso di scottature, state all'ombra fino a quando il disturbo non è passato, applicate compresse fresche sulla parte dolorante, e, se necessario, prendete un antidolorifico.

» Può essere efficace anche applicare due volte al giorno una crema di idrocortisone all'1%.

Salute femminile

Articoli sanitari Nelle zone urbane del Cile si trovano facilmente tutti gli articoli sanitari.

Candidosi vaginale Caldo, umidità e antibiotici possono contribuire all'insorgenza di questo disturbo, che si cura con creme oppure ovuli antimicotici, sul genere del clotrimazolo (Gyno-Canesten®). In alternativa si può assumere un'unica compressa di fluconazolo (Diflucan®).

Controllo delle nascite La disponibilità di anticoncezionali può essere limitata, pertanto è preferibile portare con sé una scorta del proprio metodo contraccettivo.

Gravidanza Normalmente è possibile viaggiare durante la gravidanza, tenendo presente alcune precauzioni importanti.

» Prima di partire sarebbe meglio farsi visitare accuratamente. Il periodo migliore per mettersi in viaggio è quello tra la sedicesima e la ventottesima settimana, quando il rischio di problemi collegati alla gravidanza è minimo e le donne si sentono generalmente bene. I periodi più rischiosi per viaggiare sono le prime 12 settimane della gravidanza, quando maggiore è il pericolo di aborto, e le settimane successive alla trentesima, quando potrebbe verificarsi un innalzamento della pressione arteriosa con il conseguente rischio di un parto prematuro. La maggior parte delle compagnie aeree non accetta a bordo le passeggere oltre la trentottesima settimana ed effettivamente nelle ultime settimane di gravidanza i voli a lungo raggio possono essere molto faticosi. Prendete nota di alcune informazioni importanti, come il gruppo sanguigno, che potranno esservi utili qualora doveste essere sottoposte a trattamento sanitario mentre vi trovate all'estero.

» Controllate che la polizza di viaggio copra anche le spese per un eventuale parto e l'assistenza postnatale, ma ricordate sempre che un'assicurazione non può fare molto nei paesi dove le strutture sanitarie sono carenti.

» Evitate di viaggiare in zone rurali in cui trasporti e assistenza sanitaria siano carenti.

» La malaria è una malattia ad alto rischio di gravità in caso di gravidanza e nessun farmaco antimalarico assicura una protezione totale. L'Organizzazione Mondiale della Sanità raccomanda alle donne in stato di gravidanza di non mettersi in viaggio verso zone in cui la malaria sia resistente alla clorochina.

» La diarrea del viaggiatore può portare velocemente alla disidratazione e causare un'inadeguato flusso di sangue alla placenta. Gran parte dei farmaci utilizzati per curare i diversi tipi di diarrea sono sconsigliati in gravidanza; l'unico considerato sicuro è l'azitromicina.

Infezioni delle vie urinarie Possono essere aggravate dalla disidratazione o da lunghi viaggi in autobus senza soste; bevete molto e portatevi un antibiotico per curarle (ciprofloxacina-Ciproxin®).

Viaggiare con i bambini

Tutti coloro che viaggiano con bambini dovrebbero avere qualche nozione su come curare i disturbi di minore entità, e anche sapere a chi rivolgersi per i trattamenti sanitari.

Animali Spiegate ai bambini che non devono avvicinarsi a cani o altri mammiferi, i cui morsi possono provocare la rabbia o altre malattie. Qualunque morso, graffio o leccatura di un animale dovrebbero essere immediatamente puliti a fondo; se c'è la possibilità che l'animale sia infetto dalla rabbia, rivolgetevi immediatamente a un medico.

Cibo e acqua Ricordate di evitare cibo e acqua a rischio di contaminazione. In caso di attacchi di vomito o diarrea, è particolarmente importante provvedere a reintegrare accuratamente i liquidi e i sali perduti. Potrebbe essere utile portare con sé delle sostanze per preparare soluzioni reidratanti da sciogliere nell'acqua dopo averla fatta bollire.

Farmaci I repellenti per insetti devono essere applicati in concentrazioni e quantità ridotte. Per qualunque farmaco assicurarsi che non sia controindicato per i bambini.

Problemi cutanei Nei climi caldi e umidi, qualunque ferita o irritazione della pelle può provocare un'infezione, perciò la parte colpita dovrebbe essere tenuta asciutta e pulita.

Vaccinazioni Controllate le vaccinazioni di routine e valutate la possibilità di effettuarne altre, considerato il fatto che alcuni vaccini non si possono somministrare ai bambini sotto l'anno di età.

guida linguistica

La pronuncia dello spagnolo non è difficile, in quanto molti suoni sono simili a quelli della lingua italiana e quasi tutte le parole si leggono come si scrivono. Tenete presente che le lettere v e b sono simili alle equivalenti italiane, ma più dolci (una via di mezzo tra una 'v' e una 'b') e la lettera r si pronuncia come in 'rosa', ma più vibrata. La j e la g (quest'ultima solo se davanti a 'e' e 'i') si pronunciano come una 'h' aspirata, mentre la z si pronuncia come il 'th' inglese, ll si pronuncia come il gruppo 'gl' di 'aglio' e la ñ come la 'gn' di 'gnomo'.

Le sillabe accentate sono indicate dall'accento acuto, come per esempio ***días***. Negli esempi di questo capitolo abbiamo utilizzato la forma di cortesia; nei casi in cui viene fornita anche l'alternativa informale, abbiamo aggiunto le abbreviazioni 'form.' e 'inform.'. Ove necessario, abbiamo indicato sia la forma maschile sia quella femminile, separate da una barra, con la forma maschile per prima, come per esempio ***perdido/a*** (perso/a).

Da notare che nello spagnolo parlato in America Latina il plurale del tu familiare è ***ustedes*** e non ***vosotros***, come in Spagna.

Se volete imparare qualche espressione in più per comunicare con la gente del posto, portate in viaggio il pratico frasario Lonely Planet *Capire e farsi capire in spagnolo latino americano*, che fornisce una serie di frasi utili per le varie situazioni in cui si può trovare un viaggiatore, oltre a una sezione sulla grammatica, la pronuncia e un dizionario di 3500 parole. Lo potete acquistare nelle migliori librerie e sul sito http://shop.lonelyplanetitalia.it.

In Cile non esiste uno spagnolo 'standard'. Persino i viaggiatori che parlano in maniera fluente lo spagnolo come seconda lingua rimarranno sconcertati dalla quantità di espressioni gergali utilizzate dai cileni e dalla loro pronuncia spesso differente. In Cile si parla attenuando le consonanti in finale di parola (anche di termini stranieri) al punto da farle totalmente sparire, con conseguente difficoltà a distinguere il singolare dal plurale. Per esempio, ***las islas*** (le isole) può sembrare 'la ila' a chi non abbia familiarità con la lingua locale. I cileni tendono a parlare più rapidamente di altri sudamericani – il convenzionale ***¿quieres?*** (vuoi?) sembra più 'querí' in bocca a un cileno.

Tra le altre peculiarità del Cile vi è la pronuncia della seconda persona informale dei verbi in 'ar' come 'ai' invece che 'as'. Perciò ***¿Adónde vas?*** (Dove vai?) sarà più '¿Adónde vai?' Nel sud in particolare, la diffusa interiezione ***pués*** (che significa 'bene' o 'certamente') viene abbreviata in 'pue' o 'po', utilizzata all'interno delle frasi o alla fine delle parole per dare maggiore enfasi, per esempio ***sí po o no po***. Tra gli altri termini vernacolari figurano: ***¿Cachai?/Te cacho*** (Hai capito?/Ho capito), ***fome*** (noioso, monotono), ***luca*** (un migliaio di pesos) e ***pasarlo chancho*** (divertirsi molto). Il termine gergale più utilizzato è ***huevón***, che dal significato letterale di 'uova grandi' è passato al significato di 'tizio' oppure usato come verbo, come in ***No me hueves***, o nella forma abbreviata, ***No me hue*** (Non mi prendere in giro). ***Así con la hueva pu huevón*** non significa in realtà nulla; chiedete a un cileno di spiegarvelo.

SALUTI E CONVERSAZIONE DI BASE

Ciao.	*Hola.*
Arrivederci/A presto.	*Adiós.*
Come va?	*¿Qué tal?*
Bene, grazie.	*Bien, gracias.*
Mi scusi (per chiedere un'informazione).	*Perdón.*
Mi scusi (mi dispiace).	*Lo siento.*
Per favore.	*Por favor.*
Grazie.	*Gracias.*
Prego.	*De nada.*
Sì/No.	*Sí./ No.*

Non capisco.	*Yo no entiendo.*
Mi chiamo ...	*Me llamo ...*

Come si chiama/ti chiami?
¿Cómo se llama Usted? (form.)
¿Cómo te llamas? (inform.)

Parla/parli inglese?
¿Habla inglés? (form.)
¿Hablas inglés? (inform.)

ALLOGGIO

Vorrei una camera singola/doppia.
Quisiera una habitación individual/doble.

Quanto costa a notte/persona?
¿Cuánto cuesta por noche/persona?

La prima colazione è inclusa?
¿Incluye el desayuno?

albergo	*hotel/hostal*
aria condizionata	*aire acondicionado*
bagno	*baño*
bungalow	*cabaña*
campeggio	*terreno de cámping*
finestra	*ventana*
guesthouse	*pensión/hospedaje*
letto	*cama*
locanda	*hostería*
ostello della gioventù	*albergue juvenil*

CIBO E BEVANDE

Posso vedere il menu, per favore?	*¿Puedo ver el menú, por favor?*
Che cosa mi consiglia?	*¿Qué recomienda?*
Avete piatti vegetariani?	*¿Tienen comida vegetariana?*
Non mangio (carne rossa).	*No como (carne roja).*

Numeri

1	*uno*
2	*dos*
3	*tres*
4	*cuatro*
5	*cinco*
6	*seis*
7	*siete*
8	*ocho*
9	*nueve*
10	*diez*
20	*veinte*
30	*treinta*
40	*cuarenta*
50	*cincuenta*
60	*sesenta*
70	*setenta*
80	*ochenta*
90	*noventa*
100	*cien*
1000	*mil*

Era delizioso!	*¡Estaba buenísimo!*
Alla salute!	*¡Salud!*
Il conto, per favore.	*La cuenta, por favor.*

Vorrei un tavolo per ...	*Quisiera una mesa para ...*
le (otto)	*las (ocho)*
(due) persone	*(dos) personas*

prima colazione	*desayuno*
pranzo	*comida*
cena	*cena*
ristorante	*restauranto*

EMERGENZE

Aiuto!	*¡Socorro!*
Se ne vada!	*¡Vete!*

Chiamate ...!	*¡Llame a ...!*
un dottore	*un médico*
la polizia	*la policía*

Mi sono perso/a.	*Estoy perdido/a.* (m/f)
Sono malato/a.	*Estoy enfermo/a.* (m/f)

LA LINGUA DI RAPA NUI

Sebbene i rapa nui dell'Isola di Pasqua parlino lo spagnolo, molti di loro parlano ancora la lingua indigena dell'isola (anch'essa chiamata rapa nui). A causa della posizione remota dell'isola, la lingua rapa nui ebbe un'evoluzione relativamente indipendente, ma conserva alcune similitudini con altre lingue della Polinesia, come l'hawaiano, il tahitiano e il maori. Oggi questa lingua mostra sempre più l'influenza dello spagnolo e dell'inglese. Si ritiene che la scrittura rongorongo, simile ai geroglifici e sviluppata dagli isolani qualche tempo dopo l'arrivo degli spagnoli nel 1770 e ancora in uso intorno al 1860, sia stata la prima forma scritta di rapa nui. La lingua scritta utilizzata oggi fu sviluppata nel XIX secolo dai missionari, che trascrissero i suoni della lingua nell'alfabeto romano. Purtroppo, benché la maggior parte comprenda il rapa nui, solo pochi giovani dell'isola lo parlano correntemente, nonostante gli sforzi operati per la conservazione di questo idioma in via di estinzione e della sua cultura.

La pronuncia della lingua rapa nui è piuttosto semplice, con vocaboli brevi e lunghe come in spagnolo e in italiano. Ci sono solo dieci consonanti, più un colpo di glottide ('), che si pronuncia come la pausa nella pronuncia di 'uh-oh.' Qualsiasi tentativo di esprimere alcuni saluti e frasi di base in lingua rapa nui sarà molto apprezzato dalla gente del posto, indipendentemente dal livello di competenza. Per un maggiore approfondimento sul rapa nui, procuratevi una copia del South Pacific Phrasebook edito da Lonely Planet. Per saperne di più e per conoscere gli sforzi che si stanno facendo a tutela della cultura locale, visitate il sito della Easter Island Foundation www.islandheritage.org.

Ciao.	***'Iorana.***
Ciao (andando via).	***'Iorana.***
Come va?	***Pehē koe/kōrua?*** (sing/pl)
Bene.	***Rivariva.***
Grazie.	***Maururu.***
Come ti chiami?	***Ko āi to'ou ingoa?***
Mi chiamo ...	***To'oku ingoa ko ...***
Come?	***Aha?***
Quale?	***Hē aha?***
Chi?	***Ko āi?***
Quanto costa?	***'Ehia moni o te me'e nei?***
Alla salute!	***Manuia paka-paka.***

Mi fa male qui.	***Me duele aquí.***
Sono allergico/a a (gli antibiotici).	***Soy alérgico/a a*** (m/f) ***(los antibióticos).***
Dove sono i servizi igienici?	***¿Dónde están los baños?***

ORA E DATA

Che ore sono?	***¿Qué hora es?***
Sono (le 10).	***Son (las diez).***
È (l'una) e mezzo.	***Es (la una) y media.***

mattino	***mañana***
pomeriggio	***tarde***
sera	***noche***
ieri	***ayer***
oggi	***hoy***
domani	***mañana***

lunedì	***lunes***
martedì	***martes***
mercoledì	***miércoles***
giovedì	***jueves***
venerdì	***viernes***
sabato	***sábado***
domenica	***domingo***

PER STRADA

Dov'è ...?	***¿Dónde está ...?***
Qual è l'indirizzo?	***¿Cuál es la dirección?***
Me lo può scrivere?	***¿Puede escribirlo, por favor?***
Me lo può mostrare (sulla cartina)?	***¿Me lo puede indicar (en el mapa)?***

all'angolo	***en la esquina***
al semaforo	***en el semáforo***
dietro ...	***detrás de ...***
lontano	***lejos***
davanti a ...	***enfrente de ...***
sinistra	***izquierda***

Cartelli

Abierto	Aperto
Cerrado	Chiuso
Entrada	Entrata
Hombres/Varones	Uomini
Mujeres/Damas	Donne
Prohibido	Vietato
Salida	Uscita
Servicios/Baños	Servizi igienici

vicino	*cerca*
accanto a ...	*al lado de ...*
di fronte a ...	*frente a ...*
destra	*derecha*
sempre dritto	*todo recto*

SHOPPING E SERVIZI

Vorrei acquistare ...	*Quisiera comprar ...*
Sto solo guardando.	*Sólo estoy mirando.*
Posso vederlo?	*¿Puedo verlo?*
Non mi piace.	*No me gusta.*
Quanto costa?	*¿Cuánto cuesta?*
È troppo caro.	*Es muy caro.*
Mi fa un po' di sconto?	*¿Podría bajar un poco el precio?*
C'è un errore nel conto.	*Hay un error en la cuenta.*

bancomat	*cajero automático*
internet café	*cibercafé*
mercato	*mercado*
ufficio postale	*correos*
ufficio turistico	*oficina de turismo*

TRASPORTI

aereo	*avión*
autobus	*autobús*
imbarcazione	*barco*
minibus	*micro*
taxi collettivo	*colectivo*
treno	*tren*
primo	*primero*
ultimo	*último*
prossimo	*próximo*

Un biglietto di ..., per favore.	*Un billete de ..., por favor.*
prima classe	*primera clase*
seconda classe	*segunda clase*
sola andata	*ida*
andata e ritorno	*ida y vuelta*

Voglio andare a ...	*Quisiera ir a ...*
Ferma a ...?	*¿Para en ...?*
Che fermata è questa?	*¿Cuál es esta parada?*
A che ora arriva/parte?	*¿A qué hora llega/sale?*
Può avvisarmi quando arriviamo a ...	*¿Puede avisarme cuando lleguemos a ...?*
Voglio scendere qui.	*Quiero bajarme aquí.*

aeroporto	*aeropuerto*

biglietteria	*taquilla*
cancellato	*cancelado*
fermata dell'autobus	*parada de autobuses*
in ritardo	*retrasado*
marciapiede	*plataforma*
orario	*horario*
stazione ferroviaria	*estación de trenes*
posto vicino al corridoio	*asiento de pasillo*
posto vicino al finestrino	*asiento junto a la ventana*

Vorrei noleggiare un/una ...	*Quisiera alquilar ...*
automobile	*un coche*
bicicletta	*una bicicleta*
fuoristrada	*un todoterreno*
motocicletta	*una moto*

(fare l')autostop	*hacer botella*
benzina	*bencina/gasolina*
camion	*camion*
casco	*casco*

Domande

Come?	*¿Cómo?*
Cosa?	*¿Qué?*
Quando?	*¿Cuándo?*
Dove?	*¿Dónde?*
Chi?	*¿Quién?*
Perché?	*¿Por qué?*

gasolio	***gasóleo***
meccanico	***mecánico***
seggiolino per bambini	***asiento de seguridad para niños***
stazione di servizio	***gasolinera***
È questa la strada per ...?	***¿Se va a ... por esta carretera?***
(Per quanto tempo) posso parcheggiare qui?	***¿(Cuánto tiempo) Puedo aparcar aquí?***
L'automobile ha avuto un guasto (a ...).	***El coche se ha averiado (en ...).***
Ho avuto un incidente.	***He tenido un accidente.***
Ho finito la benzina.	***Me he quedado sin gasolina.***
Ho una gomma a terra.	***Tengo un pinchazo.***

'RN' indica che una determinata parola è in uso a Rapa Nui (Isola di Pasqua).

ahu (RN) – piattaforma in pietra per *moai* (statue)

alameda – viale alberato

albergue juvenil – ostello della gioventù

alpaca – camelide domestico imparentato con il lama, da cui si ricava la lana

altiplano – altopiano del Cile settentrionale, della Bolivia, del Perú meridionale e dell'Argentina nord-occidentale

anexo – interno telefonico

apunamiento – mal di montagna

araucanos – gruppi di popolazioni native, di cui fanno parte mapuche, picunche e pehuenche

arroyo – torrente, ruscello

asado – barbecue

ascensor – funicolare

ayllu – comunità nativa di Norte Grande

aymara – abitanti andini dell'*altiplano* andino del Perú, della Bolivia e del Cile settentrionale

bahía – baia

balneario – località balneare o spiaggia

barrio – quartiere

bencina – benzina

bencina blanca – gas bianco usato per i fornelli da campeggio

bidón – tanica

bodega – cantina o magazzino per la conservazione del vino

bofedal – pascolo alluvionale sull'altiplano

cabañas – bungalow

cacique – capotribù indio

calefón – boiler

caleta – piccola insenatura

callampas – bidonville/baraccopoli, letteralmente 'funghi'

cama – letto; anche posto in cuccetta

camanchaca – nebbia oceanica lungo il deserto sulla costa

camarote – cuccetta su una nave

carabineros – polizia

caracoles – strade tortuose; letteralmente 'lumache'

carretera – autostrada o strada statale

casa de cambio – cambiavalute

casa de familia – modesta sistemazione in famiglia

cerro – collina

chachacoma – pianta endemica andina; si dice che dia sollievo dal mal di montagna

chilote – abitante di Chiloé, talvolta con significato di 'zotico'

ciervo – cervo

ciudad – città

cobro revertido – telefonata a carico del destinatario

cocinerías – tavola calda economica

Codelco – Corporación del Cobre, impresa statale che supervisiona le attività estrattive del rame

colectivo – taxi collettivo, chiamato anche *taxi colectivo*

completos – hotdog serviti con contorni vari

comparsa – gruppo di musicisti o ballerini

comuna – unità governativa locale

congregación – in era coloniale, concentrazione di diverse popolazioni native in una città, v. anche *reducción*

cordillera – catena di montagne

costanera – strada che costeggia il mare, un fiume o un lago

criollo – termine coloniale per uno spagnolo nato in America

desierto florido – raro ed effimero fenomeno di fiori selvatici nel deserto a Norte Chico

DINA – Dirección Nacional de Inteligencia; temuta agenzia creata dopo il colpo di stato del 1973 per sovrintendere le operazioni di intelligence militari e di polizia

elaboración artesanal – produzione su piccola scala, spesso familiare

empanada – involucro di pasta con ripieno dolce o salato

encomienda – sistema coloniale del lavoro in cui le comunità native lavoravano per *encomenderos* spagnoli

esquí en marcha – sci di fondo

estancia – esteso allevamento di buoi o pecore con lavoratori dipendenti residenti sul posto

estero – estuario

feria – mercato dell'artigianato

Frontera – regione colonizzata dai pionieri, tra Río Biobío e Río Toltén, dominata da gruppi nativi araucanos fino alla fine del XIX secolo

fuente de soda – caffè economico che serve sandwich, succhi e bevande; tavola calda

fuerte – forte

fundo – *hacienda,* piccola tenuta a coltivazione irrigua nel centro del paese

garúa – nebbia del deserto proveniente dalla costa

geoglifi – grandi figure o motivi precolombiani sulle pendici delle colline del deserto

golfo – golfo

golpe de estado – colpo di stato

guanaco – camelide selvatico imparentato con il lama; anche idrante usato dalla polizia

hacienda – grande tenuta rurale, con lavoratori dipendenti residenti sul posto

hare paenga (RN) – casa di forma ellittica (che ricorda una imbarcazione)

hospedaje – alloggio economico, solitamente sistemazione in famiglia con bagno in comune

hostal – albergo, pensione spesso a gestione familiare, di solito più economica di un hotel

hostería – locanda o guesthouse in cui vengono serviti i pasti

hotel parejero – albergo a ore per coppie in cerca di intimità

huaso – mandriano a cavallo, versione cilena del gaucho o del cowboy

IGM – Instituto Geográfico Militar; organizzazione che redige e pubblica le carte geografiche

intendencia – unità amministrativa coloniale spagnola

invierno boliviano – 'inverno boliviano'; stagione estiva delle piogge sull'*altiplano* del Cile

isla – isola

islote – piccola isola, isolotto

istmo – istmo

IVA – *impuesto de valor agregado*, imposta sul valore aggiunto

küchen – torte dolci in stile tedesco

lago – lago

laguna – laguna

latifundio – grande proprietà terriera, come il *fundo*, la *hacienda* o la *estancia*

lista de correos – fermo posta

llareta – fitto arbusto sull'*altiplano* cileno che sembra un morbido cuscino

local – parte di un indirizzo che indica il numero di un ufficio quando nello stesso edificio ne esistono parecchi

lomas – colline desertiche lungo la costa

maori (RN) – uomini eruditi, da quel che si dice in grado di leggere le tavolette Rongo-Rongo

mapuche – abitanti nativi della zona a sud del Río Biobío

marisquería – ristorante di pesce

matrimonial – letto matrimoniale

matua (RN) – antenato, padre; termine legato alla figura del capo dei primi emigranti polinesiani

media pensión – mezza pensione in albergo

mestizo – persona di origine mista india e spagnola

micro – piccolo autobus

minga – organizzazione di lavoro reciproco tra i nativi mapuche

mirador – belvedere, punto panoramico

moai (RN) – grandi statue antropomorfe

moai kavakava (RN) – sculture lignee dette 'statue delle costole'

motu (RN) – piccolo isolotto al largo della costa

municipalidad – municipio

museo – museo

ñandú – nandú; grande uccello inabile al volo, simile allo struzzo

nevado – cima di montagna innevata

oferta – tariffa promozionale, spesso stagionale, per biglietti aerei o di autobus

oficina – impresa mineraria di estrazione di nitrati del XIX e degli inizi del XX secolo

onces – 'undici'; tè pomeridiano cileno

palafitos – case su palafitte di Chiloé

pampa – vasta distesa desertica

parada – fermata dell'autobus

parrilla – locale dove si può gustare la *parrillada*

parrillada – grigliata di carne mista

peatonal – viale commerciale pedonale

peña folclórica – associazione culturale di musica folk

penquista – abitante di Concepción

pensión – abitazione privata in cui sono offerte sistemazioni a breve termine

pensión completa – pensione completa in albergo

picada – ristorante informale per famiglie

pingüinera – colonia di pinguini

playa – spiaggia

porteño – nativo o residente di Valparaíso

portezuelo – passo di montagna

posta – clinica o pronto soccorso

precordillera – colline pedemontate

propina – mancia

puente – ponte

puerto – porto

pukao (RN) – acconciatura sulla testa di un *moai*

pukará – fortezza di epoca precolombiana

puna – altopiani andini, di solito oltre i 3000 m

punta – punta

quebrada – burrone

quinoa – grano originario delle Ande coltivato nella *precordillera* settentrionale

Rapa Nui – nome polinesiano dell'Isola di Pasqua

reducción – in epoca coloniale, concentrazione di diverse popolazioni native in una città allo scopo di controllo politico o per impartire l'istruzione religiosa

refugio – riparo rustico nei parchi nazionali o in zone remote

residencial – alloggi economici

río – fiume

rodeo – annuale raduno del bestiame in *estancia* o *hacienda*

Rongo-Rongo (RN) – scrittura indecifrabile su tavolette lignee

ruka – tradizionale casa mapuche dal tetto di paglia
ruta – strada

salar – lago salato, acquitrino salmastro o depressione salata
salón de cama – autobus con sedili reclinabili
salón de té – letteralmente 'sala da tè', ma in realtà un caffè elegante
santiaguino – nativo o residente di Santiago
seno – stretto, fiordo
sierra – catena montuosa
s/n – 'sin número'; indirizzo di una via senza numero civico
soroche – mal di montagna

tábano – tafano, mosca cavallina
tabla – piatto misto di antipasti
tejuelas – ciottoli, tipici dell'architettura di Chiloé
teleférico – teleferica, seggiovia
termas – sorgenti termali di acqua calda
todo terreno – mountain bike
toqui – capo mapuche
torres – torri
totora (RN) – tipo di canna usata per costruire zattere

Unidad Popular – coalizione di sinistra che sostenne Salvador Allende nelle elezioni presidenziali del 1970

ventisquero – ghiacciaio
vicuña – specie selvatica parente del lama che vive ad altitudini elevate nel nord del paese
villa – villaggio, cittadina
viscacha – specie selvatica andina affine al cincillà
volcán – vulcano
yaghan – abitanti nativi dell'arcipelago della Tierra del Fuego

zampoña – cornamusa
zona franca – zona duty-free

I NOSTRI AUTORI

Carolyn McCarthy

Autrice coordinatrice; Patagonia settentrionale, Patagonia meridionale, Tierra del Fuego Carolyn soffre di una grave forma di 'dipendenza da Cile' da quando, alcuni anni fa, ha lavorato come guida di trekking nella Regione dei Laghi. Durante le ricerche per questa guida ha percorso in auto la Carretera Austral e ha fatto trekking nel Parque Nacional Torres del Paine e sull'Isla Navarino. Per Lonely Planet ha contribuito alle guide *Argentina, Panama, Yellowstone & Grand Teton National Parks, The Travel Book, Best in Travel* e *Trekking in the Patagonian Andes*. I suoi articoli sono apparsi su riviste come *National Geographic, Outside, Lonely Planet Magazine* e su altre pubblicazioni. Potete visitare il suo blog sul sito www.carolynswildblueyonder.blogspot.com.

Jean-Bernard Carillet

Isola di Pasqua (Rapa Nui) Giornalista e fotografo, Jean-Bernard è un appassionato di isole e un istruttore di sub. Ha viaggiato in lungo e in largo nel Pacifico e ha visitato quattro volte l'Isola di Pasqua. Per questa edizione è andato alla ricerca delle escursioni più divertenti, dei paesaggi più belli, degli alloggi con il migliore rapporto qualità-prezzo e del pisco sour più forte. Durante il viaggio ha particolarmente apprezzato un picnic all'alba ad Ahu Tongariki e un'escursione a piedi lungo l'aspra costa settentrionale. Jean-Bernard ha scritto numerosi articoli per riviste di viaggi e immersioni e ha contribuito a molte guide Lonely Planet.

Bridget Gleeson

Santiago, Cile centrale Bridget è una scrittrice di testi di viaggio residente a Buenos Aires, ma da quando sua sorella si è innamorata di un cileno, attraversa spesso le Ande per andare a trovare la sua famiglia a Santiago. Grazie a loro ha imparato a preparare un perfetto pisco sour e a contrattare il prezzo delle *machas* (vongole) fresche. Oltre ad aver collaborato a numerosi titoli Lonely Planet, Bridget scrive articoli sulla cucina dell'America Latina, vino e viaggi per *Budget Travel*, *Afar*, Jetsetter e BBC Travel.

Per altre notizie su Bridget:
lonelyplanet.com/members/bridgetgleeson

Anja Mutić

Norte Grande, Norte Chico Originaria della Croazia ma residente a New York, Anja Mutić è sempre stata affascinata dalle antiche civiltà del Sud America. Da quando ha visitato il continente nel 2001, ci torna regolarmente per lavoro o per piacere. Negli ultimi due mesi trascorsi in Cile si è presa un forte acquazzone nell'Atacama, considerato il deserto più arido del mondo.

Kevin Raub

Sur Chico, Chiloé Kevin Raub è cresciuto ad Atlanta e ha iniziato la carriera come giornalista di musica a New York, lavorando per le riviste *Men's Journal* e *Rolling Stone*. Lo stile di vita rock 'n' roll non poteva durare per sempre, perciò dopo una lunga vacanza ha iniziato a scrivere guide di viaggi e ha abbandonato gli States in favore del Brasile. Malgrado un cane abbia mangiato un angolo della targa dell'auto che aveva noleggiato, Kevin è sopravvissuto indenne al suo secondo viaggio attraverso il Sur Chico e Chiloé. Questa è la sua diciannovesima guida per Lonely Planet. Il suo sito internet è www.kevinraub.net.

Per altre notizie su Kevin:
lonelyplanet.com/members/kraub

Altri contributi:

Grant Phelps ha scritto l'inserto sul vino del Cile. Nato e cresciuto in Nuova Zelanda, Grant ha completato il master in enologia prima di iniziare la sua decennale carriera di 'vinificatore volante' internazionale, operando in sette regioni diverse prima di stabilirsi in Cile, dove vive e lavora da 12 anni. Residente a Valparaíso, Grant è attualmente Capo Enologo di Viña Casas del Bosque, nella Valle de Casablanca.

dietro le quinte

SCRIVETECI!

Le notizie che riceviamo dai viaggiatori sono per noi molto importanti e ci aiutano a rendere migliori le nostre guide. Ogni suggerimento (positivo o negativo) viene letto, valutato dalla Redazione e comunicato agli autori Lonely Planet.

Visitate lonelyplanetitalia.it per inviare i vostri suggerimenti, per leggere i consigli degli altri viaggiatori italiani e per conoscere le novità del nostro catalogo.

lonelyplanetitalia.it/lettere
lettere@edt.it

N.B.: Se desiderate che le vostre informazioni restino esclusivamente in Redazione e non vengano utilizzate nei nostri prodotti – cartacei, digitali o web – ricordatevi di comunicarcelo. Per leggere la nostra politica sulla privacy, visitate il sito www.edt.it/privacy/.

I LETTORI

Ringraziamo i viaggiatori che hanno utilizzato la precedente edizione di questa guida e ci hanno scritto:
Daniel Alton, Carla Artuso, Timoshenko Aslanides, David Atchason, Roberta Attenhofer, Markus Averes, Carina Baskett, Anna Becke, Frank Beer, Julia Bender, Patty Benjamin, Susannah Bennett, Andres Bernhard, Yvonne Bierings, Ulrik Bjerre Holm, Eric Bodden, Bernd Breugem, David Brewer, Joanna Burton, Anne Callan, Marina Carrascosa, Paula Carvalho, Heino and Tilo Caspelherr, Flavio Chaimowicz, Valentina Chiarini, Kenneth Crosby, Rikkert Dahmen, Owen Davies, Chris de Sharks, Sergio de la Barrera, Peter Dobbinga, Su Dore, Alexandru Dumitru, Hilde Dunker, Jennifer Durst, Henk Edelman, Bini Elhanan, Domenico Fontana, Bettina Freie, Susan Fussell, Federica Gallo, Anna Galluccio, Miguel Garcia-Valenzuela, Roberto Garretón, Filip Geirnaert, Lori Gibson, Tina Goldbach, Giada Gorno, James Grant-Peterkin, Gemma Grau Colom, Rico Guler, Kathleen Hanley, Amanda Helderman, Kay Henderson, Timo Hettinger, Julie Hilton, Ward Hobert, Luise Hoffmann-Briel, Gerlinde Hruza, Elia Inderle, John Joosten, Jane Jowitt, Pieter Klootwijk, Mike Knife, Katrina Korfmacher, Andreas La Rosé, Martha Labadie, Cestmir Lang, Lara le Saux, Nando Leerentveld, Laurent Lemasson, Chris Leverington, Dave Liston, Raymond L'Italien, Marion Londres, Julia Lutte, Bruno Maia, Irene Maldonado, Ben Martin, Donna Mccready, Ciaran Mcintyre, Lachlan Mckenzie, Dario Melita, Petra Melling, Corina Merboth, Aisha Moinuddin, Eduardo Mondragón Vial, Melanie Morcom, Kathi Morrison, Sebastian Müller, Marja Myllykoski, Seagan Ngai, Bill Nicholson, Michel Niggemann, Sandra Olsson, Kerian Parry, Joshua Paul, Samuel Peak, Ellie Pegler, Matt Pepe, Davide Pianezze, Jason Pietryga, Margaretha Polzin, Ture Rademacher, John L Rector, Ricardo Rodriguez, Vassen Romain, Patrick Roman, David Rousseau, Robert Runyard, Malula Sanchez, Alex Scheelke, Anne-Marie Schweizer, Ricardo Sepulveda, Christian Sigl, Yerka Siglic, Daniela Silvagni, Hans Simon, Mike Sinclair, Alfonso Spoliansky, Paul Steele, Nicolas Sternsdorff, Katie Stetson, Silvia Stock, Adam Stoffel, Ben Strom, Trevor Sze, Sergi Teixido Baste, Frauke Thorade, Alvaro Toro, Kariina Tshursin, Tuhiira Tuki, Denise Turcinov, Sarah Turner, Fran Ugalde, Lorena Ulloa, Hans van Kleef, Marianne van der Walle, Jefferson Vasconcelos, Carla Veloso, Ivan Verunica, Margaret Vile, Greg Vlacich, Brenda Walker, Frank Weidemann, Marlies Weidenfeller, Nikola Weiss, Shane White, Francesca Whitlock, Mirijam Wiedenmann, Mariëtte Wilmes, Adam Wolf, Jonathan Wright, Julia Yada, Natasha Young, Julie Zack, Andrea Zanghellini, Andrew Zimet, May Zimmerli, Oliver Zoellner, Andrew Zur e Jonathan Zwart

NOTA DEGLI AUTORI

Carolyn McCarthy

Un viaggio in Patagonia aiuta a ricordare quanto c'è di buono al mondo. Grazie mille a Pancho Vio, Alejandro Gonzalez, Cristian Solis, Trace Gale, Nicolas, LaPenn, Hernan Jofre, Nadine Lehner, Philippe Reuter, Christel, Mery Bravo e Mirella Delgado. Un ringraziamento speciale ad Andres della spedizione Zapata tábano. Desidero infine ringraziare i miei coautori per il prezioso contributo. Tutte le volte che vado in Patagonia un'automobile o un camion si rompono: grazie, Subarito, per non avermi piantato in asso sulla Carretera Austral.

Jean-Bernard Carillet

Un enorme ringraziamento a tutta la squadra Lonely Planet, dai redattori ai responsabili della cartografia, e in particolare a Maryanne ed Errol per la loro fiducia. Un *grand merci* a Carolyn, autrice coordinatrice, per il suo sostegno. Sull'Isola di Pasqua, un ringraziamento speciale ad Antoine, Ema, Sergio Rapu, Tita, Lionel e a tutto il personale di Sernatur. A casa, un meritato *bisou* a mia figlia Eva e a Christine, che mi ha sempre sostenuto.

Bridget Gleeson

Grazie al mio cognato cileno, Germán Parra, per avermi fatto conoscere la sua cultura, e alla sua famiglia, in particolare Emelina Nanjari, per avermi accolta nella loro casa, aiutato a migliorare il mio spagnolo e insegnato come dev'essere una perfetta *paila marina*.

Anja Mutić

Obrigada a Hoji per avermi accompagnato in questa avventura ed essere sempre stato al mio fianco: insieme a te il viaggio è stato infinitamente più divertente. *Hvala mama*, grazie mamma per essere sempre la mia più grande sostenitrice. Desidero ringraziare lo straordinario staff Lonely Planet, e in particolare la mia commissioning editor Kathleen e la coautrice Carolyn. Grazie di cuore a tutte le persone fantastiche che ho incontrato lungo il cammino, soprattutto a Eileen Smith di Santiago che mi ha fornito innumerevoli consigli di prima mano, a Ercio a Copiapó e a Marcelo nella Valle del Elqui.

Kevin Raub

Un grazie speciale a mia moglie, Adriana Schmidt Raub, che potrei cercare di convincere a trasferirsi in Cile. E lungo la via: Carolyn McCarthy, Tracy Katelman, Megan Vibet, Margarita Gross, Britt Lewis, Juan Pablo Mansilla, Karin Terrsy, Alfonso Spoliansky, Amory Uslar, Fernando Claude, Rodrigo Venturelli, Ernesto Palm de Curto, Catherine Bérard e tutto lo staff di Secret Patagonia, Kurt Shillinger, Tracy Katelman, Macarena Bruce, Diego Meier, Renato Arancibia, Diego Meier, Mark McMonigal e Sirce Santibeñez.

RICONOSCIMENTI

Le cartine climatiche sono adattate da Peel MC, Finlayson BL & McMahon TA (2007) 'Updated World Map of the Köppen-Geiger Climate Classification', *Hydrology and Earth System Sciences*, 11, 163344.

QUESTA GUIDA

La nona edizione di *Chile & Easter Island*, qui proposta in settima edizione italiana, è stata scritta e aggiornata da Carolyn McCarthy, Jean-Bernard Carillet, Bridget Gleeson, Anja Mutić e Kevin Raub. Carolyn McCarthy, Jean-Bernard Carillet e Kevin Raub erano autori anche delle due precedenti edizioni, insieme a Greg Benchwick e Victoria Patience.

Traduzione Ada Danese, Daniela Donato, Laura Lancioni, Sofia Luda di Cortemiglia, Barbara Ponti, Andrea Robino Rizzet, Laura Santi

coordinamento Paola Masi

Edizione italiana a cura di Cesare Dapino

Responsabile redazione guide Silvia Castelli

Coordinamento Cristina Enrico

Aggiornamenti e adattamenti Luciana Defedele

Editing Maria Lorenza Chiesara, Silvia Dacomo, Flavia Peinetti

Impaginazione Carla Degiacomi

Rielaborazione copertina e pagine a colori Alessandro Pedarra, *supervisione* Sara Viola Cabras

Rielaborazione grafica cartine Guido Mittiga

Produzione Alberto Capano

Ringraziamo per la consulenza

Natura Luca Borghesio

Salute Dr. Guido Calleri

Viaggio aereo da/per l'Italia Alberto Fornelli

Cartine disponibili in Italia Ennio Vanzo – Libreria VEL di Sondrio

indice

A

B

C

000 riferimenti cartine
000 riferimenti letture

000 riferimenti cartine
000 riferimenti letture

N

O

P

000 riferimenti cartine
000 riferimenti letture

Q

R

S

T

000 riferimenti cartine
000 riferimenti letture

Finito di stampare presso Stampatre, Torino

Ristampa 2 3 4 5 6

Anno 15 16 17 18

NOTE

come usare la guida

Questi simboli aiutano a individuare le diverse sezioni:

- Da vedere
- Spiagge
- Attività
- Corsi
- Tour
- Feste ed eventi
- Pernottamento
- Pasti
- Locali
- Divertimenti
- Shopping
- Informazioni/trasporti

Questi simboli forniscono le informazioni essenziali per ogni sezione:

- Telefono
- Orari
- Parcheggio
- Vietato fumare
- Aria condizionata
- Internet
- Wi-fi
- Piscina
- Piatti vegetariani
- Menu in inglese
- Per famiglie
- Animali ammessi
- Autobus
- Traghetto
- Metropolitana
- Metropolitana
- London Tube
- Tram
- Treno

Le sezioni sono organizzate secondo le preferenze dell'autore

Attenzione a questi simboli:

TOP Raccomandato dai nostri autori

FREE Non è richiesto alcun pagamento

Opzione verde o ecosostenibile

I nostri autori hanno selezionato queste opzioni in virtù del loro impegno per la sostenibilità – per esempio perché supportano le comunità e i produttori locali, operano in modo rispettoso dell'ambiente o contribuiscono a progetti di tutela ambientale.

Legenda delle cartine

Attrazioni, turismo

- Spiaggia
- Tempio buddhista
- Castello
- Chiesa
- Tempio hindu
- Moschea
- Sinagoga
- Monumento
- Museo/galleria
- Rovine
- Enoteca/vigneto
- Zoo
- Altri luoghi di interesse

Attività, corsi e visite

- Immersioni/snorkelling
- Canoa/kayak
- Piste da sci
- Surf
- Nuoto/piscina
- Passeggiate/trekking
- Windsurf
- Altre attività/corsi/visite

Pernottamento

- Hotel
- Campeggio

Pasti

- Pasti

Locali

- Bar/cocktail bar
- Caffetteria/bar

Divertimenti

- Divertimenti

Shopping

- Shopping

Informazioni

- Ufficio postale
- Informazioni turistiche

Trasporti

- Aeroporto
- Posto di confine
- Autobus
- Funivia/funicolare
- Pista ciclabile
- Traghetto
- Metropolitana
- Monorotaia
- Parcheggio
- S-Bahn
- Taxi
- Treno/ferrovia
- Tram
- Tube
- U-Bahn
- Altri trasporti

Strade

- Autostrada
- Superstrada
- Strada principale
- Strada secondaria
- Strada minore
- Vicolo
- Strada sterrata
- Zona commerciale
- Gradinata
- Tunnel
- Ponte pedonale
- Itinerario a piedi
- Variante itinerario
- Sentiero

Confini

- Internazionali
- Stato/provincia
- Contesi
- Regionali/urbani
- Parco marino
- Dirupo
- Mura

Popolazione

- Capitale (nazione)
- Capitale (stato/provincia)
- Grande città
- Città/villaggio

Geografia

- Rifugio/capanno
- Faro
- Punto panoramico
- Monte/vulcano
- Oasi
- Parco
- Passo
- Area picnic
- Cascate

Idrografia

- Fiume, torrente
- Fiume stagionale
- Palude/mangrovia
- Barriera corallina
- Canalo
- Acque
- Lago stagionale/asciutto/salato
- Ghiacciaio

Territorio

- Spiaggia/deserto
- Cimitero (cristiano)
- Cimitero (altro)
- Parco/foresta
- Area sportiva
- Edifici d'interesse
- Principali edifici d'interesse

Cile e Isola di Pasqua
7ª edizione italiana - Febbraio 2013
Tradotto dall'edizione originale inglese:
Chile & Easter Island (9th edition, October 2012)

ISBN 978-88-6639-956-8

Pubblicato da EDT srl
su autorizzazione di Lonely Planet Publications Pty Ltd
ABN 36 005 607 983

EDT srl
17 via Pianezza, 10149 Torino, Italia
☎ (39) 011 5591 811 - fax (39) 011 2307 034
edt@edt.it, lonelyplanetitalia.it

In copertina foto di Dede Vargas/Getty Images: Lago Pehoé e Los Cuernos, Parque Nacional Torres del Paine, Patagonia cilena.
Molte delle fotografie di questo libro sono state fornite da Lonely Planet Images: www.lonelyplanetimages.com

Stampato da Stampatre, Torino (Italia)

Questo libro è stampato su carta ecosostenibile